우리계약법

진 홍 기

法 文 社

머리말

저자는 실무를 하면서 수많은 다양한 사건을 접하였다. 특히 계약과 관련된 사건을 할 때는 판례가 중요하다 보니 판례를 찾는 데 급급하게 되었다. 하지만 계약에 관한 기본적인 법리를 구하기 위해 교과서를 찾게 되지만 계약법이라는 이름으로 된 교과서 자체가 없었기 때문에 민법총칙, 채권총론, 채권각론의 각 교과서에서 관련된 부분을 찾아내어 터득할 수밖에 없었다. 더구나 대법원에서 다투게 되는 사건을 할 때는 일본 교과서뿐만 아니라 일본 최고재판소 판례도 찾아 그곳에서 사건을 해결할 수 있는 조그만 실마리라도 찾으려고 애썼다. 민사실무에서 계약법이 가장 중요한 법이라는 점을 누구도 부인할 수 없고, 또 변호사시험을 비롯한 모든 시험에서도 계약법은 대단히 중요한 지위를 점하고 있다고 보아야 한다.

그러던 중 교수로서 법학전문대학원에서 계약법이라는 이름으로 강의할 수 있게 되었다. 그러나 계약법을 강의하면서 학생들을 위해 강의안이 아니라 산뜻한 기본서를 써야 한다는 생각이 지워지지 않았다. 그렇지만 실무를 거친 교수로서 어떻게 계약에 관한 기본서를 써야 하는지에 대한 고민을 하지 않을 수 없었다. 그러던 중 저자는 초빙교수로 일본 「오사카대학교 법학연구과」에서 강의할 기회를 얻게 되었고, 그곳 Law School 교수들과 논의하면서부터 기본적인 방향이 설정되기 시작하였다. 그것은 바로 기본, 즉 기본적인 법원리를 먼저 쉽게 서술하고 난 후 관련된 중요한 판례를 통하여 그 기본원리가 어떻게 적용되는지 분석·설명하는 것이었다.

이 책은, 지금까지 판덱텐 체계에 따라 저술된 우리나라뿐만 아니라 일본의 기존의 교과서형식을 따르지 않고 계약법이라는 나름대로 큰 테두리 안에 필요하고도 충분한 법원리와 판례를 찾아 모으고 재구성하는 일부터 시작한다. 즉, 이 책은 말하자면 기존의 민법총칙, 채권총론과 채권각론 중 법정채권 부분을 뺀 나머지 부분을 계약이라는 집 속에 모두 집어넣어 재구성하고자 노력한 결과의 산물이다. 말하자면 민법에서 채권각론 중 법정채권 부분과 물권법, 친족상속법을 뺀 나머지 부분을 계약법이라는 이름의 책 속에 집약해 놓은 것이라고 해도 과언이 아니다. 그러므로 이 책을 읽는 독자들은 계약법이라는 큰 집에 들어가 기존의 민법총칙, 채권총론, 채권각론 중 법정채권 부분을 뺀 나머지 부분에 관한 필요한 기본원리는 물론이고 관련된 중요한 판례를 자연스럽게 이해하고 터득하게 될 것이다.

저자는 실제 강의에서 법조문은 반드시 학생들에게 읽게 하고 난 후 읽은 법조문을 머리의 한구석에 두고 각 부분의 기본적인 법원리를 이해하도록 설명한 후 관련된 중요판례를 먼저 사실관계를 요건사실에 맞게 정리하여 이해하도록 하고 난 후 법원이 그 구체적인 사안에 기본적인 법원리를 어떻게 적용하였는지 판결요지를 분석·비판하는 방식으로 진행하였다. 그러므로 이 책은 모든 판례를 판결요지만 따서 열거하는 기존의 형식을 버리고 중요한 판례(leading case)의 사실관계를 정확하게 정리하고 법원은 어떻게 보고 판단하였는지 필요한 판결요지를 정리하는 쪽을 선택했다. 따라서 촌각을 다투는 수험생들은 중요한 판례를 찾아 읽는 번거로움을 피할 수 있을 것이다. 그러므로 이 책은 일일이 사실관계도를 곁들여 중요한 판례의 사안을 소개하고 그 다음에 법원은 이 사안에 기본적인 법원리를 어떻게 적용하였는지를 상세하고도 쉽게 정리해 두었다. 또 기본적인 법원리를 설명할 때도 도표를 그려 그것들을 조금이라고 쉽게 이해할 수 있도록 해 두었다.

나아가서 우리나라 판례가 없거나 우리 법원의 판례가 형성되도록 도움을 주었다고 생각되는 일본 최고재판소 판례도 소개하여 두었다. 그 결과 실무를 하는 분들은 사건을 해결하기 위한 기초적인 법원리를 터득할 수 있을 것이다. 그러나 다른 한편 시험을 준비하는 학생들은 이 부분을 읽기 곤란하다고 생각하면 이 부분을 뛰어넘어 그대로 계속 읽어도 좋다.

특히 강조하고 싶은 것은 저자의 짧은 지식 때문에 이 책에 저자의 독창적인 부분은 거의 없다고 해도 과언이 아니다. 그렇다 보니 저자는 대부분 앞선 선학들의 연구업적을 빌려다가 저자 나름대로 발췌하고, 분석하고, 정리하는 방식으로 쓸 수밖에 없었다. 나아가서 수험생을 위한 교과서이면서도 실무가에도 도움이 되는 계약에 관한 기본서를 소개하고자 하는 것이 저자의 입장이다. 그렇지만 형식과 지면의 한계 때문에 우리나라의 문헌은 교과서 이외의 논문은 구체적으로 소개하거나 인용할 수 없었다. 다만 실무가들이 사건 해결을 하면서 조금이나마 도움을 주기 위해 쉽게 접할 수 없는 일본서의 경우에는 교과서 외에 주제에 따른 단행본들도 말미에 붙여 소개해 놓았다. 덧붙일 것은, 교과서에서 다루지 않지만, 실무에서 중요하게 다루어진다고 생각되는 현대적인 거래형태의 계약에 관해서도 독립된 장을 두어 간략하게 소개하였다.

민법은 상법 등 정책과 관련되어 개정이 빈번한 법들과 달리 그렇게 변화무쌍한 법이 아니므로 적용되는 기본적인 법원리는 그렇게 크게 변하지 않는다. 그러므로 이러한 관점에서 이 책은 계약에 관한 기본적인 법원리를 소개하는 데 충실하면서도 중요한 판례를 중심으로 법원이 어떻게 법원리를 적용하여 계약법을 형성하고 창조해 냈느냐는 차원에서 서술하였다. 또한, 이 책은 지면 때문에 수험생들이 기타 교과서에서 볼 수 있듯이 거의 모든 판례를 그저 요지만 소개하지는 않았다. 왜냐하면 기본적인 법원리를 이해하고 터득하기 이해서는 지엽적인 판례가 아니라 중요한 판례를 중심으로 사실관계와 법원의 판결요지를 공부하는 것이 무엇보다도 중요하기 때문이다. 그러므로 이 책을 읽다가 추가로 더 필요하다고 생각된다면 관련된 판례는 중요판례를 중심으로 쉽게 발견할 수 있으므로 그리 염려할 필요가 없다.

계약법서로는 처음 저술이다 보니 이곳저곳에 흠이 많고 부족하다. 하지만 저자는 일단 현재의 모습대로 이 책을 출간하고 법령이 개정되거나 기본적인 법리를 변경한 판례의 내용이 발견되면 나중에 개정판을 내어 추가로 반영하려고 한다.

이 책이 나오기까지는 여러분들의 도움과 질책이 있었다. 그분들의 존함을 일일이 여기에 들지 않겠지만 지면을 통해 그분들에게 저자의 감사한 마음을 전하고 싶다.

2019년 2월

저자 씀

차 례

제1편 계약 일반론

제1장 채권법에서 계약법으로 3

제1절 법률행위법에서 계약법으로 3

Ⅰ. 법률행위법과 계약법의 관계 3

1. 협의의 계약법과 광의의 계약법 3
2. 계약의 성립 · 효력 · 해제 4

Ⅱ. 계약법의 구성과 재구성 5

1. 계약총칙과 계약각칙 5
2. 계약각칙의 의의 – 일상생활 중에서 가장 많이 사용되는 전형계약 5
3. 매매와 기타의 계약 8
   가. 민법전과 전형계약 / 8
   나. 일반적으로 하고 있는 계약의 분류 / 9
4. 판례에 나타난 계약유형 9

제2절 민법총칙의 재구성 10

Ⅰ. 민법전에서의 법률행위 10

1. 민법총칙의 구조 10
   가. 민법총칙의 구성방식 / 10 나. 인 · 물 · 행위 / 11
2. 민법총칙과 계약법 11
   가. 법률행위와 계약 / 11 나. 계약의 상위개념 / 12
3. 우리계약법의 구조 12
   가. 실질적인 계약법 / 12
   나. 계약에 관한 규정이 있는 곳—구체적인 예 / 13
   다. 우리계약법 / 14

Ⅱ. 법률행위의 내용 14
1. 법률행위의 중심부분 14
가. 계약에 관한 원칙 / 14 나. 원칙에 대한 예외 / 15
다. 중간정리–이중구조 / 16 라. 소송과의 관련성 / 17
마. 무효 · 취소 / 18
2. 법률행위 부수 부분 18
가. 계약의 효력에 관한 원칙 / 18 나. 계약내용의 조정 / 19
다. 계약의 주체와 객체 / 20
(1) 계약주체의 분리=대리 20 (2) 인과 물 21

제2장 계약법 공통원리 24

제1절 계약의 성립 24

제1관 계약내용에 관한 진정한 합의 24

Ⅰ. 원 칙 24
1. 합의의 의의 24
가. 의사교환을 통한 합의 / 24
나. 합의에 관한 두 가지 자유 / 25
(1) 계약체결 방식의 자유 25 (2) 계약체결의 자유 26
(3) (광의의) 계약자유의 원칙 26
2. 합의의 분석 26
가. 합의의 범위 / 26
나. 합의의 심도 · 숙도 / 27
(1) 합의의 심도 27 (2) 합의의 숙도 28

Ⅱ. 합의와 관련된 제도 · 법리 29
1. 민법총칙에 규정된 것 30
가. 심리유보 · 허위표시 / 30
(1) 심리유보 30 (2) 허위표시 31
나. 계약의 유효요건으로서 계약 내용의 확정성 · 가능성 / 33
(1) 계약 내용의 확정성 33 (2) 계약 내용의 가능성 33
2. 민법총칙에 규정이 없는 것 33
가. 전형계약에 관한 정의규정 / 34 나. 계약 유인의 개념 / 35

제2관 계약의 유효성–계약의 성립 관한 제1요건 35

제1항 의사의 완전성 …… 35

Ⅰ. 개관－민법규정 …… 35

1. 착오란 무엇인가 …… 36
2. 착오의 요건 …… 36
3. 사기·강박이란 무엇인가 …… 37
4. 사기·강박의 요건 …… 38

Ⅱ. 의사표시이론의 성립 …… 39

1. 의사표시란 무엇인가 …… 40
   가. 의사표시는 법률행위의 구성요소이다 / 40
   나. 의사표시는 법률행위의 원동력이다 / 41
2. 의사표시의 구조 …… 41
   가. 의사표시 분석의 대강(틀) / 41
   나. 착오·사기·강박의 의사표시론에서의 위치 / 43

Ⅲ. 의사표시이론의 재구성 …… 46

1. 착오이론의 전개－제1단계 …… 46
   가. 출발점 / 47
      (1) 착오의 분류 47
      (2) 성상의 착오를 둘러싼 판례 47
   나. 착오에 관한 판례의 전개 / 48
   다. 착오에 관한 학설의 전개 / 54
   라. 판례·학설에 관한 비판적 검토 / 55
      (1) 일원설의 영향력 55
      (2) 착오성립 여부에 관한 판단(틀) 56
   마. 착오를 이유로 한 계약취소와 손해배상책임 / 58
2. 사기·강박이론의 전개－제2단계 …… 59
   가. 사기·강박의 현상 / 59
   나. 사기·강박에 대한 전망 / 61
      (1) 사기·강박과 불법행위 61
      (2) 입법에 의한 부분적 해결 62
   다. 중간 정리 / 62
      (1) 이론의 역할 62
      (2) 민법이 상정하는 인간상 63

제2항 계약내용(법률행위 내용)의 타당성 …… 63

Ⅰ. 개 관 …… 63

1. 계약내용이 법령에 반하는 계약 …… 63
2. 계약내용이 공서양속에 위반하는 계약 …… 64

Ⅱ. 고전형의 계약내용규제이론 66
1. 공서양속 위반 66
가. 공서약속의 민법상의 지위 / 66 나. 공서양속의 개념 / 66
2. 법령위반 67
가. 강행규정과 임의규정 / 67 나. 단속규정과 효력규정 / 68
Ⅲ. 현대형 내용규제이론 69
1. 존재의식의 재평가로 69
가. 판례의 동향 / 69
(1) 경제적 질서 69
(2) 103조의 소비자문제나 노동문제에의 적용확대 76
(3) 공서양속위반의 판단요소로서의 법령위반 77
나. 새로운 견해의 등장 / 78
2. 규제기술의 정밀화로 79
가. 초일반조항으로서의 역할 / 79
나. 탈일반조항으로 향한 모색 / 79
(1) 103조를 위반한 계약조항의 무효화 80
(2) 계약해석에 의한 유형의 성형 80
다. 중간 정리 / 81
제3관 유효성 · 제2 효과 82
제1항 계약의 무효와 취소 82
Ⅰ. 민법전 고유의 문제 83
1. 무효와 취소의 이동(異同) 83
가. 무효와 취소 문제에 관한 평가 / 83
(1) 무효와 취소 제도의 연쇄 83 (2) 기타 무효 · 취소 원인 84
나. 무효 · 취소의 대비 / 84
(1) 무효 · 취소의 기본적 효과 84 (2) 무효 · 취소의 그 밖의 효과 85
2. 무효와 취소의 접근 87
가. 무효와 취소 원인의 접근 / 87 나. 무효와 취소 제도의 접근 / 88
Ⅱ. 무효와 취소의 효과와 관련된 문제 90
1. 계약무효판단의 최종적 해결 90
가. 부당이득 반환청구권의 발생 / 90
나. 부당이득 반환청구권의 제한 / 91
(1) 불법원인급여 91 (2) 반환범위에 관한 제한-현존이익 93

2. 무효판단이 미치는 범위와 그 확대 ········ 95
가. 무효행위의 전환 / 95 나. 무효 범위의 확대 / 96

제2항 계약이 무효 · 취소된 때 제3자 보호 ········ 98

Ⅰ. 제3자 보호제도의 취지 ········ 98
1. 제3자란 누구인가 ········ 98
가. 제3자 보호 논리 / 98
(1) 제3자 정의 98 (2) 계약에서 제3자의 법적 지위 99
나. 제3자 논의의 실질적 의미 / 100
(1) 민법상 기본원칙 100
(2) 제3자를 보호하기 위한 무효 · 취소의 예외 100
2. 제3자 보호의 요건과 효과 ········ 101
가. 민법 관련 조문 / 101
나. 무효 · 취소에 관한 민법의 해석론 / 103
(1) 등기의 요부 104 (2) 취소의 시간적 제한 104

Ⅱ. 제3자 보호제도의 확장 ········ 107
1. 무효 · 취소론의 내부에 존재하는 문제점 ········ 107
가. 비교대조 / 107 나. 제3자 보호제도 확장 이유 / 108
2. 무효 · 취소론의 외부로 향한 해석－108조 2항의 유추 적용 ········ 109
가. 구체적 사례 / 109
(1) 일본 최고재판소 판례 사건 개요 109
(2) 일본 최고재판소 판례의 법적인 쟁점 110
(3) 일본 최고재판소의 판단 111
나. 일본 최고재판소 판례에 대한 검토 / 111
(1) 우리 대법원 판례에 의한 108조 2항 유추 요건의 완화 111
(2) 유추요건 완화의 한계 113

제2절 계약의 효력 발생 ········ 115

제1항 계약으로부터 발생하는 채무 ········ 115

Ⅰ. 계약에 따른 채무의 이행과정 ········ 115
1. 계약으로부터 발생하는 채무의 내용 ········ 115
가. 계약의 구속력 / 115
(1) 채무의 발생 115 (2) 계약의 구속력의 근거 116
(3) 임의규정의 존재의의 116
나. 계약의 해석 / 117
2. 당사자의 계약상 의무의 이행 ········ 123

가. 계약으로부터 발생한 채무의 현실화 / 123
(1) 채무실현의 연기 123 (2) 조건 · 기한의 종류 124
나. 계약을 이행하는 여러 모습 / 125
Ⅱ. 계약해석에 관한 관습과 신의칙의 상호관계 127
1. 계약이행 조정과 관습 · 신의칙의 역할 127
가. 판례에 나타난 구체적 사례 / 127
(1) 일본 최고재판소 판례에서 사건의 내용 · 쟁점 128
(2) 일본 최고재판소의 판단 129
나. 일본 최고재판소의 판단에 대한 검토 / 130
(1) 계약해석의 기준으로서의 사실인 관습 130
(2) 계약해석에 의한 이행과정의 조정 130
2. 계약으로 생긴 규범의 설정과 관습 · 신의칙에 의한 해석 131
가. 관습법 / 131
(1) 법률과 동일한 효력을 가지는 관습과 106조 사실인 관습 및 임의규정과의 관계 132
나. 재판실무에서 판례법의 지위와 역할 / 133
제2항 계약으로 발생한 채무의 소멸 134
Ⅰ. 전 제 134
1. 계약으로 발생한 채무의 소멸원인 134
2. 기간의 계산 134
Ⅱ. 소멸시효의 제도 135
1. 소멸시효 제도의 구성 135
가. 소멸시효의 기본적 부분 / 135
(1) 소멸시효의 대상 136 (2) 소멸시효 완성의 요건 136
(3) 소멸시효완성의 효과 136
나. 소멸시효의 주변 부분 / 137
(1) 소멸시효 중단 · 정지 137 (2) 시효이익의 포기 · 원용 138
다. 특수한 소멸시효 제도 · 법리 / 138
2. 소멸시효에 관한 해석상 발생하는 여러 가지 문제 139
가. 소멸시효의 기산점 / 139
나. 소멸시효 중단사유 / 140
(1) 재판상의 청구 141 (2) 재판 외의 청구 142
(3) 기타 소멸시효 중단 사유 143
다. 소멸시효 이익의 원용권자 / 143
Ⅲ. 시효제도를 둘러싼 법리 · 이론 145

1. 해석론적 문제 – 시효이익 원용권의 제한 146
가. 구체적 사례 / 146
(1) 일본 최고재판소 판례 사건의 내용 146
(2) 일본 최고재판소의 판단 146
나. 일본 최고재판소 판례에 대한 검토 / 147
다. 우리 판례의 입장 / 148
2. 시효 인정에 관한 원리론적 문제－시효제도의 존재이유 149
가. 시효제도에 관한 두 가지의 시각 / 149
(1) 사실상태의 존중 149 (2) 증명의 곤란 149
나. 두 견해의 비교대조 / 150
(1) 실질적 · 형식적 양면에서 본 두 견해의 우열 150
(2) 시효중단 · 시효이익의 원용과의 관계 150

제3장 계약을 체결하는 당사자(계약의 주체)와 계약의 목적(계약의 객체) 152

제1절 대 리 152

제1항 대리에 관한 일반적인 설명 152

Ⅰ. 대리제도가 계약법에서 차지하는 위치 152
1. 대리란 무엇인가 152
가. 계약에서 대리의 기능 / 153 나. 대리의 구조 / 154
2. 대리구조에서 세 당사자의 관계 155
가. 대리인과 상대방 사이의 관계 / 156
(1) 대리의 요건 156
(2) 착오 · 사기 · 강박과 선의 · 악의 판단 대상이 되는 자 156
나. 본인과 대리인 사이의 관계 / 157
(1) 대리권의 수여 157 (2) 대리권의 범위 158
다. 상대방과 본인 사이의 관계 / 158
(1) 현명이 없는 때 대리인이 체결한 계약의 효과 159
(2) 대리인에게 대리권이 없는 경우 160

Ⅱ. 대리인이 대리권을 행사할 때의 제약 161
1. 대리권 행사의 여러 모습 161
가. 복대리 / 161 나. 자기계약 · 쌍방대리의 금지 / 162
2. 대리인의 대리권의 남용－대리권 행사의 목적위반 163

Ⅲ. 무권대리인의 법률행위의 효력 168

1. 본인과 상대방 사이의 관계 168
가. 본인 측으로부터 본 무권대리인의 법률행위 / 168
나. 상대방 측으로부터 무권대리에 관한 조치 / 174
2. 무권대리인과 상대방 사이의 관계－무권대리인의 책임에 관한 요건과 효과 175
가. 무권대리인의 책임에 관한 요건 / 175
나. 무권대리인의 책임에 관한 효과 / 176

제2항 표현대리 176

Ⅰ. 표현대리 제도의 취지 177
1. 표현대리란 무엇인가 177
가. 대리제도 중 표현대리의 중요성 / 177
나. 표현대리와 유권대리의 관계－표현대리의 평가 / 179
2. 표현대리의 종류 181
가. 125조 대리권 수여표시에 의한 표현대리 / 181
나. 126조 권한을 넘는－권한유월(踰越)－표현대리 / 181
다. 129조 대리권소멸 후의 표현대리 / 182

Ⅱ. 표현대리 제도에 관한 해석상의 여러 가지 문제 182
1. 표현대리 성립에서 본인에 관한 요건 183
가. 대리권수여의 표시 · 대리인 권한의 종류 / 183
(1) 대리권수여표시－명의대여 183
(2) 권한을 넘은 표현대리에서 기본대리권－등기신청행위 등 185
나. 대리권수여표시의 수신인 / 188
2. 표현대리 성립을 위한 상대방에 관한 요건 189
가. 민법조문의 취급과 해석상의 취급 / 189
나. 민법의 표현대리 조문의 일반조항화 경향 / 191
(1) 상대방의 무과실을 판단하는 방법 191
(2) 126조 권한을 넘은 표현대리에서 정당한 이유의 판단 193

Ⅲ. 표현대리에 관한 민법의 적용범위의 확장 194
1. 표현대리 기본형의 분류 194
가. 두 가지 표현대리의 유형 / 194
(1) 126조 권한을 넘은 표현대리의 활용 195
(2) 125조, 126조, 그리고 129조 복합형의 발생 195

제3항 표현대리에 관한 그 밖의 문제 199

Ⅰ. 특수한 표현대리 문제 ······ 199

1. 126조 권한을 넘은 표현대리의 확장 · 전용 ······ 199

가. 일상가사채무 / 199

(1) 일본 최고재판소 판례의 소개 200 (2) 일본 최고재판소 판례의 검토 200
(3) 대법원 판례의 전개 201

나. 부동산등기에 권한을 넘은 표현대리 적용가부 / 203

(1) 일본 최고재판소 판례에서 다루어진 문제의 소재 203
(2) 우리 대법원의 입장 204
(3) 일본 최고재판소 판례의 검토 207

2. 무권대리와 무권대리인의 본인상속 및 본인의 무권대리인상속－'이중자격' 론의 일환 ······ 208

가. 이중자격에 관한 문제의 소재 / 208

나. 일본 최고재판소 판례의 사고방식 / 209

다. 종래 학설의 사고방식 / 211

라. 최근 학설의 사고방식 / 211

마. 신 · 구양설의 대비 / 212

바. 무권대리인의 상속과 유사한 문제 / 213

Ⅱ. 법정대리 ······ 214

1. 제한능력자 ······ 214

가. 제한능력자제도의 취지 / 214

나. 제한능력자제도의 내용 / 216

(1) 미성년자 216
(2) 피성년후견인, 피한정후견인, 피특정후견인 217

다. 제한능력자제도의 문제점과 대응책 / 218

(1) 제한능력자보호 확장의 필요성 218
(2) 제한능력자제도의 유연화 219
(3) 제한능력자자유의 침해 219
(4) 제한능력자제도와 사실적 계약관계론 220

라. 제한능력자와 거래한 상대방 보호 / 220

(1) 제한능력자가 속임수(사술)를 써서 거래한 때에 대한 판례의 태도 220
(2) 제한능력자와 거래한 상대방의 최고권 222

2. 부재자 ······ 222

제2절 계약의 주체인 사람과 계약의 객체인 물건 ······ 223

Ⅰ. 계약의 주체로서 사람의 법적 지위 ······ 224

1. 법인격의 존재 ······ 224

가. 권리능력 / 224

나. 사람의 출생과 사망 / 224
(1) 권리능력에 관해 민법에 규정이 있는 경우 225
(2) 권리능력에 관해 민법에 규정이 없는 경우 227
2. 법인격의 동일성 ······ 228
가. 주 소 / 228 나. 신분증명 / 228
Ⅱ. 계약의 객체－물 ······ 230
1. 물의 분류 ······ 230
가. 물(물건)이란 무엇인가 / 230 나. 부동산과 동산 / 230
다. 기타 물의 분류 / 231
2. 물에 관한 소유권의 귀속 ······ 231
가. 주물 · 종물 / 231 나. 원물(元物) · 과실 / 231
3. 물의 단위 ······ 232
Ⅲ. 주체와 객체의 이분법 극복 ······ 232
1. 권리의 객체의 확대(물＜객체) ······ 232
가. 채 권 / 233
(1) 물건을 객체로 하지 않는 계약 233 (2) 채권을 객체로 하는 계약 233
나. 지적재산권(무체재산권) / 233
2. 주체와 객체로서의 사람(인＞주체) ······ 234
가. 인 체 / 234 나. 인 격 / 235

제4장 계약 주체의 하나로서의 법인 ······ 237

제1절 법인이란 무엇인가 ······ 237
Ⅰ. 법인의 의의 ······ 237
1. 법인의 기능 ······ 237
가. 구체적 사례로 본 법인의 유용성 / 237
나. 계약법에서 법인의 지위에 관한 검토 / 239
(1) 단체와 법인 240 (2) 사업과 법인 240
(3) 재산과 법인 240
2. 법인의 종류 ······ 241
가. 영리법인 · 공익법인 · 그 이외의 법인 / 241
나. 사단법인과 재단법인 / 243
Ⅱ. 법인의 기본문제 ······ 244
1. 사회의 구성과 법인의 역할 ······ 244

가. 법인의 편재 / 244
(1) 법인의 자연성 244 (2) 저조한 법인본질론 245
나. 시민사회의 부재 / 246
(1) 비영리단체에 대한 법인격부여 246
(2) 시민사회로서의 비영리단체 246
2. 공익법인제도의 제정 · 개정 247
가. 비영리단체법의 입법 경위 / 247 나. 법인론의 새로운 전개 / 248

제2절 법인의 법률행위에 의한 일반적인 법률관계 249

Ⅰ. 개 관 249
1. 법인의 기본구조 249
가. 존속 중인 의사결정과 재산 / 249
(1) 법인 의사의 결정 250 (2) 법인의 의사결정 실행 251
(3) 법인 소유 재산 251
나. 법인의 설립과 소멸 / 252
(1) 법인의 설립 252 (2) 법인의 소멸 252
2. 법인의 대외적인 법률관계 253
가. 법인의 법률행위능력 / 253 나. 법인의 불법행위능력 / 254
3. 법인의 내부적 법률관계 255
가. 이사의 책임 / 255 나. 법인 사원의 지위 / 255

Ⅱ. 이사의 권한 255
1. 이사의 권한 내의 행위인지 여부에 관한 구체적인 사례 255
가. 이사의 행위가 법인의 목적의 범위에 들어가는지 여부에 관한 판단 / 256
나. 법인의 목적에 의한 범위를 벗어난(정관 등에 의한 제한 밖) 이사의 행위의 효력 / 257
다. 법인의 불법행위법에 의한 피해자 보호 / 259
2. 법인에 관한 법률관계에 대한 중간정리 259

제3절 법인의 주변에 존재하는 인적 조직 260

Ⅰ. 법인에 관한 변칙적인 현상 261
1. 권리능력 없는 사단 261
가. 구체적인 예 / 261
(1) 법인이 아닌 단체가 할 수 있는 법률행위 261
(2) 단체재산과 개인재산의 분리에 관한 법률관계 262
(3) 법인과 권리능력 없는 사단의 차이 263
나. 권리능력 없는 사단에 관한 법적 검토 / 264

(1) 법인 · 사단 · 조합 개념 상호관계 264
(2) 법인 · 사단 · 조합 개념 논의의 필요성 265
(3) 대법원 판례의 전개 266

2. 법인격부인론 267
가. 구체적인 예 / 267
(1) 계약당사자의 법인에 대한 청구 267
(2) 계약당사자 이외 자의 법인에 대한 청구 267
나. 법인격부인론에 관한 검토 / 268

제2편 계약의 성립 매매계약을 표준 계약으로

제1장 계약의 성립단계 271

Ⅰ. 계약체결 단계 272
1. 계약에서 합의의 대상 272
가. 계약의 중심부분과 주변부분 / 272 나. 계약서 작성의 의의 / 273
2. 합의의 시점 275
가. 격지자들 사이의 계약의 성립 / 275
(1) 청약에 관하여 276 (2) 승낙에 관하여 277
나. 합의에 의하지 아니한 계약의 성립 / 279

Ⅱ. 교섭 단계 280
1. 계약체결 교섭의 좌절 280
가. 교섭 단계에서 자유 / 280
나. 교섭 단계에 있어서의 책임 / 282
(1) 학설의 제안 282 (2) 판례의 동향 283
2. 교섭 단계의 통제 287
가. 예 약 / 287
나. 계약금 / 288
(1) 계약금 취지의 인정 288 (2) 계약의 이행의 착수 289

제2장 계약의 효력 293

Ⅰ. 계약에서 당사자의무(채무)내용의 결정: 계약이행의 전제 294

1. 합의에 의한 의무(채무) 294
가. 기본적 채무 / 294
(1) 기본적 채무의 내용 294 (2) 기본적 채무의 상호관계 295
나. 계약의무(채무)내용의 특정 · 수정: 약관론 / 296
(1) 약관의 이점 · 결점 297 (2) 약관규제의 동향 297
2. 합의에 의하지 않은 채무 298
가. 임의규정 등에 의한 보충 / 298
나. 신의칙에 의한 보충: 부수의무론 / 299

Ⅱ. 계약의무(채무)내용의 실현: 계약이행의 과정 300
1. 이행의 조정 300
가. 이행의 태양: 일시 · 장소 / 300
나. 이행에 부수하는 사항: 과실 · 이자 / 301
2. 이행의 장해 302
가. 이행정지: 동시이행의 항변 / 303
(1) 동시이행의 항변권 행사의 요건 304
(2) 동시이행의 항변권 행사의 효과 307
(3) 불안의 항변 308
나. 이행불능: 위험부담 / 309
(1) 민법의 원칙(룰) 310
(2) 위험부담에서 채권자주의의 제한 315

Ⅲ. 계약의무(채무)내용의 보증: 계약이행 완료 후의 담보책임 316
1. 개 관 317
가. 담보책임의 종류 / 317
나. 담보책임의 법적 성질 / 319
(1) 법정책임설 320 (2) 계약책임설 320
2. 하자담보책임 323
가. 하자담보책임의 요건 / 323
(1) 「숨은 하자」와 기간 제한 324 (2) 무과실책임인가 326
(3) 하자담보책임의 적용범위 327
나. 하자담보책임의 효과 / 328
(1) 손해배상 · 계약해제 328 (2) 하자보수청구 329
3. 기타의 담보책임 330
가. 수량지정매매의 경우 / 330 나. 타인물건의 매매의 경우 / 332

제3편 계약의 이행

제1장 계약당사자의 의무(채권)내용의 확정 337

Ⅰ. 채권은 무엇인가 338

1. 채권의 지위 338

가. 채권과 물권 / 338

(1) 채권과 물권의 상위점 338 (2) 채권과 물권 구별의 상대화 339

나. 채권과 청구권 개념의 구별 / 340

다. 채권과 채무 개념의 구별 / 341

2. 계약과의 관계를 중심으로 본 채권 · 채무—채권의 발생원인 342

가. 약정채권 · 채무와 법정채권 · 채무 / 342

나. 급부의무와 부수의무 / 342

다. 이행청구권과 손해배상청구권 / 345

Ⅱ. 계약(채권)내용확정의 방법 345

1. 기본원칙 346

가. 가능성 · 확정성 · 적법성 / 346 나. 계약의 해석의 기준 / 347

2. 민법상의 세칙—채권의 종류에 관한 규정 348

가. 특정물채권 · 종류채권 · 금전채권 / 348

(1) 특정물채권 348 (2) 종류채권 350

(3) 금전채권 352

나. 이자채권 / 354

(1) 민법에 따른 규율 354

(2) 이자에 대한 특별법에 따른 규제 355

다. 선택채권 / 357

3. 학설상의 분류 358

가. 인도채무와 행위채무 / 358 나. 결과채무와 수단채무 / 358

제2장 계약의 자발적 이행—채권의 임의실현 361

제1절 변 제 361

제1항 계약이행(변제) 과정 362

Ⅰ. 계약이행(변제)의 환경 362

1. 변제의 시기 ········· 362
가. 확정기한이 있는 경우 / 362 나. 불확정기한이 있는 경우 / 363
다. 기한이 정해지지 않은 경우 / 363
2. 계약이행(변제)의 장소 등 ········· 364
Ⅱ. 변제의 행위 ········· 365
1. 변제를 위해 필요한 행위 ········· 365
가. 계약에 따른 이행(변제)의 제공 / 365
(1) 이행(변제) 제공의 원칙적 요건 365
(2) 이행(변제) 제공의 예외적 요건 366
나. 이행(변제)제공의 효과—변제의 수령 / 368
2. 변제에 대신하는 행위 ········· 370
가. 대물변제 / 370
나. 변제공탁 / 371
(1) 공탁의 요건 371 (2) 효 과 373
Ⅲ. 이행(변제) 제공의 효과 ········· 373
1. 채무의 소멸 ········· 373
가. 변제충당 / 374
(1) 변제충당의 의의 374 (2) 변제충당의 순서 375
나. 무효변제 / 376
2. 변제한 증거의 교부 ········· 378
제2항 계약이행(변제)의 당사자 ········· 378
Ⅰ. 계약이행을 해야 할 상대방(변제를 받아야 하는 자) ········· 378
1. 계약이행 상대방에 관한 원칙 ········· 378
2. 권리자에 대한 무효변제－제1 예외 ········· 379
3. 무권리자에 대한 유효한 변제－제2 예외 ········· 380
가. 채권의 준점유자에 대한 변제 / 380
(1) 채권의 준점유자에 대한 변제 제도의 본래 취지 381
(2) 채권의 준점유자 개념의 확장 382
(3) 변제자의 선의 · 무과실 386
(4) 변제 개념의 확장 389
(5) 채권의 준점유자에 대한 변제의 효과 390
나. 영수증 소지자에 대한 변제 / 391
Ⅱ. 계약에 따른 이행을 해야 하는 자(변제를 해야 하는 자) ········· 391
1. 계약에 따른 이행을 해야 하는 자에 관한 원칙 ········· 391

2. 예 외 ······ 391
가. 제3자에 의한 이행(변제)의 요건 / 391
나. 제3자에 의한 이행(변제)에 따른 대위권의 발생 / 392
(1) 제3자에 의한 이행(변제)에 따른 대위권의 발생요건 393
(2) 제3자에 의한 이행(변제)에 따른 대위의 효과 395

제2절 상 계 ······ 397

Ⅰ. 상계 제도의 취지 ······ 397
1. 상계의 본래 취지 ······ 397
가. 상계의 방법과 효과 / 398 나. 상계와 유사한 여러 제도 / 399
2. 상계의 대상 ······ 399
가. 상계의 요건–상계적상 / 400 나. 상계가 금지되는 채권 · 채무 / 402
3. 상계의 당사자 ······ 404

Ⅱ. 계약에서 상계의 기능 ······ 406
1. 상계의 담보적 기능 ······ 406
가. 법정상계–상계를 계약 후 이용하는 방법 / 406
나. 약정상계–상계를 계약으로 사전에 이용하는 방법 / 407
2. 상계와 압류의 경합 ······ 408
가. 상계와 압류의 경합 문제의 소재 / 408
나. 판례의 전개 / 409
다. 판례에 대한 평석 / 413

제3절 채권양도 ······ 415

Ⅰ. 채권양도에서 양도인 · 양수인 사이의 관계 ······ 416
1. 채권양도의 가능성 ······ 416
가. 채권양도에 관한 기본원칙 / 417 나. 예 외 / 417
2. 채권양도의 기능 ······ 422

Ⅱ. 채권양수인 · 채무자 간의 관계 ······ 424
1. 양수인의 채무자에 대한 종전 권리의 주장 ······ 424
2. 종전의 권리 이상의 주장 ······ 426
가. 이의를 보류하지 않는 승낙 제도의 취지 / 427
나. 이의를 보류하지 않은 승낙으로 채무자가 양수인에게 대항할 수 없는 요건 / 429
다. 이의를 보류하지 않은 승낙의 효과 / 430

Ⅲ. 복수의 채권양수인 간의 관계 ………… 431
1. 채무자 이외의 제3자 대항요건－확정일자의 요구 ………… 431
가. 제3자 대항요건 제도의 의의 / 431
나. 확정일자의 요구 제도의 변용 / 434
2. 동시도달의 경우－한계 사례의 등장 ………… 435
가. 채권에 관한 권리의 귀속 / 435
나. 양수인들 사이의 권리–사후의 조정 / 438
3. 대항요건의 간략화－자산유동화에 관한 법률 ………… 439

제4편 계약위반과 손해배상

제1장 계약의 강제적인 실현 ………… 443
제1절 계약의 강제이행 ………… 444
Ⅰ. 제도의 변천 ………… 444
1. 민법전 이전 ………… 444
가. 비교법 / 444 나. 우리법의 입장 / 445
2. 민법전 제정 이후 ………… 445
가. 학설의 접근(통설) / 445
나. 강제이행제도의 적용으로 민법에 나타난 현상 / 446
Ⅱ. 계약의 강제이행제도의 현상 ………… 447
1. 계약의 강제집행 방법 ………… 447
가. 인도채무의 경우 / 447 나. 행위채무의 경우 / 448
2. 계약의 강제집행에 대한 예외 ………… 449
제2절 계약위반(채무불이행)–손해배상의 요건 ………… 450
서설 － 채무불이행에 관한 학설의 이론적 틀의 전환 ………… 451
Ⅰ. 손해배상책임에 관한 학설의 개요 ………… 451
Ⅱ. 새로운 견해의 등장 ………… 452

제1항 계약위반(채무불이행)—손해배상책임의 발생 요건 453

Ⅰ. 전형적인 계약위반 유형 453

1. 계약위반의 적극적 요건: 채무의 내용에 좇은 이행 454

가. 계약위반의 여러 모습—지체 · 불능 · 불완전이행 / 454

(1) 이행불능 455 (2) 이행지체 457

(3) 불완전이행 459

나. 인도채무 · 행위채무에서 채무의 내용 / 461

(1) 인도채무의 경우 461 (2) 행위채무의 경우 461

2. 계약위반의 소극적 요건: 책임 있는 사유—귀책사유 462

Ⅱ. 계약위반의 확장적 유형 465

1. 계약책임의 확장 현상—서론 465

2. 계약구조면에서의 확장 467

가. 이행보조자의 과실 / 467 나. 안전배려의무—부수의무 / 471

3. 시간면에서 계약책임의 확장 473

가. 계약체결상의 과실 / 473 나. 계약의 여후효 / 474

제2항 계약위반(채무불이행)에 따른 계약해제 474

Ⅰ. 일반적인 계약해제 474

1. 일반적인 계약해제의 요건 475

가. 계약해제를 위한 실체적 요건 / 475

(1) 채무불이행 해제의 유형 475 (2) 상대방의 귀책사유의 요부 476

나. 계약해제를 위한 절차적 요건 / 479

(1) 최 고 479 (2) 계약해제를 둘러싼 기타 문제 483

2. 계약해제의 효과 483

가. 계약해제에 따른 당사자 사이의 효력 / 483

(1) 원상회복의무 483 (2) 가해자의 손해배상의무 489

나. 계약해제의 제3자에 대한 효과(대제3자) / 491

3. 계약의 구조화와 그에 따른 계약해제의 가부 495

가. 요소인 채무 / 496

나. 계약해제의 범위 / 498

Ⅱ. 특수한 계약해제 500

1. 합의에 의한 계약해제 500

2. 사정변경의 원칙에 의한 계약해제 502

3. 계약의 해지 ··· 504
가. 발 생 / 504 나. 계약해지의 효력 / 505

제3절 계약위반에 의한 손해배상(계약해제의 효과) ··· 505

Ⅰ. 손해배상의 범위 ··· 505
1. 서 설 ··· 505
2. 393조의 손해배상에서의 지위 – 예전의 고찰방식 ··· 506
3. 393조의 내용 ··· 508
4. 실무상 손해배상청구소송에서의 요건사실 ··· 512

Ⅱ. 손해배상에 관한 금전적 평가 – 손해액 산정 기준시를 중심으로 ··· 513
1. 머리말 ··· 513
가. 손해배상과 373조와의 관계 / 513 나. 손해의 개념과의 관계 / 514
2. 손해배상액 산정에 관한 판례의 상황 ··· 516
가. 이행불능의 경우 / 518 나. 이행지체의 경우 / 520
3. 판례의 태도에 대한 학설의 대응 ··· 521
가. 다원론 / 521 나. 이원론 / 522
다. 우리 판례의 전개 / 523
(1) 이행지체를 이유로 한 전보배상청구 523
(2) 이행불능의 경우 524 (3) 이행거절의 경우 524

Ⅲ. 손해배상에 관한 기타 문제 ··· 525
1. 손해배상액 조정을 위한 민법상 규칙 ··· 525
가. 과실상계 등 / 525 나. 배상자대위 등 / 526
2. 손해배상액을 간략화하기 위한 규정 ··· 529
가. 금전채무의 특칙 / 529 나. 손해배상액의 예정 / 530

제2장 계약이행 실현을 향한 계약내용의 변경 ··· 532

제1절 경 개 ··· 532

Ⅰ. 개 관 ··· 532
1. 경개의 제도 ··· 532
2. 경개의 유형 ··· 533
(1) 채무내용을 변경하는 경개 533
(2) 채권자 · 채무자를 변경하는 경개 533

Ⅱ. 경개의 기능 535
1. 채무의 경감 535
2. 채무자의 변경 535

제2절 채무인수 536

Ⅰ. 채무인수의 의의 536
1. 채무인수의 유형 536
2. 채무인수와 이에 유사한 제도의 지위 539

Ⅱ. 확대적 채무인수론의 전개 541
1. 계약인수 541
2. 계약결합 547

제5편 계약상 권리의 보호(보전)

제1장 채권의 상대성 553

Ⅰ. 채권의 상대성의 의미 553
1. 채권이 상대적인 것이란 무슨 의미인가? 553
2. 상대성의 2가지 측면 554
가. 채권은 채무자의 의사에 의존한다(의존성) / 554
나. 채권은 물에 대한 지배가능성이 희박하다(희박성) / 555
3. 채권의 상대성에 대한 예외적인 제도 555

Ⅱ. 채권의 상대성의 귀결 556
1. 내용의 자유 556
2. 채권은 공시가 필요 없다 558

제2장 계약상 권리에 관한 제3자의 침해(채권침해) 559

Ⅰ. 불법행위에 의한 손해배상 559
1. 판례의 승인 559
2. 학설의 구성 560

Ⅱ. 채권에 기한 방해배제청구권 ······ 561
1. 판례의 승인 ······ 561
2. 학설의 구성 ······ 563

제3장 계약당사자의 책임재산의 보전 ······ 564

제1절 채권자대위권 ······ 564

Ⅰ. 채권자대위권 제도의 이해 ······ 564
1. 채권자대위권의 원형 ······ 564
가. 채권자대위권제도의 취지와 연혁 / 564
나. 채권자대위권제도는 강제집행의 체계인가 채권자보호 실익인가 / 566
2. 채권자대위권 제도의 활용 현상 ······ 567
가. 판례의 전개 / 567
(1) 전용형의 발생 567
(2) 본래형의 변용 570
나. 학설의 구성 / 573

Ⅱ. 채권자대위권 제도의 해석 ······ 574
1. 채권자대위권 행사의 요건 ······ 574
가. 채권자 쪽에 관한 요건 / 574
나. 채무자 쪽에 관한 요건 / 575
2. 채권자대위권 행사의 효과 ······ 580
가. 채권자대위권 행사의 방법과 범위 / 580
나. 채권자대위권 행사의 효과 / 581

제2절 채권자취소권(사해행위취소권) ······ 585

Ⅰ. 채권자취소권 제도의 이해 ······ 585
1. 채권자취소권 제도의 전제 ······ 585
가. 채권자취소권 제도의 취지 / 585
나. 채권자취소권 제도의 공백 / 588
2. 채권자취소권에 관한 법률적 구성 ······ 589
가. 종래의 학설 / 589
나. 최근의 학설 / 590
다. 우리 민법규정 / 591

Ⅱ. 채권자취소권 제도의 해석 ······ 591
1. 채권자취소권 행사의 요건 ······ 591
가. 채권자에 관한 요건 / 592

(1) 채권자취소권행사에 관한 실체적인 요건 592
(2) 채권자취소권행사에 관한 절차적인 요건 600
나. 채무자에 관한 요건 / 601
(1) 채무자에 관한 요건 601
(2) 수익자 · 전득자에 관한 요건 608
2. 채권자취소권행사의 효과 ······ 609
가. 채권자취소권행사에 의한 취소의 효과 / 609
나. 채권자취소의 범위 / 611

제6편 계약상 의무(채권)의 확보

서설 – 채권자평등의 원칙 ······ 625
Ⅰ. 채권자평등의 원칙의 지위 ······ 625
1. 채권자평등의 원칙의 의미 ······ 625
2. 채권자평등의 원칙이 미치는 범위 ······ 626
가. 자발적 계약이행의 경우(평시) / 626
나. 계약위반으로 인한 강제이행의 경우(비상시) / 627
Ⅱ. 채권자평등의 원칙의 회피 – 담보의 설정 ······ 627
1. 담보의 의의 ······ 627
2. 담보의 종류 ······ 628

제1장 계약상 의무이행을 위한 인적 담보 ······ 630

제1절 보증계약 ······ 630
Ⅰ. 보증계약에 관한 일반적인 검토 ······ 630
1. 보증계약이란 무엇인가? ······ 630
가. 보증계약의 기능 / 630
나. 보증계약 / 632
(1) 보증계약의 당사자 632
(2) 보증계약의 법적 성질 633
(3) 보증계약 방식의 요구 633
2. 보증계약에서 보증인의 지위 ······ 635
가. 보증인의 의무 / 635
나. 보증인의 채권자에 대한 항변 / 637

다. 보증인의 주채무자에 대한 구상권 / 640

Ⅱ. 특수한 보증계약 ······ 640

1. 근보증계약 ······ 640

2. 연대보증 ······ 645

3. 공동보증 ······ 645

Ⅲ. 보증인의 구상과 변제자 대위－변제에 의한 대위 ······ 647

1. 변제에 의한 대위문제의 상황 ······ 647

2. 대위권자와 채무자 · 채권자의 관계 ······ 648

가. 대위권자와 채무자와의 관계 / 648

(1) 구상권 행사의 범위 649 (2) 사전구상권 652

나. 대위권자와 채권자와의 관계 / 652

(1) 채권의 일부에 대한 대위변제 652

(2) 채권자의 담보보존의무 653

3. 대위권자 사이의 상호관계 ······ 655

가. 대위자들 사이의 대위 비율에 관한 규칙 / 655

나. 대위비율에 관한 특약 / 659

제2절 연대채무 ······ 662

Ⅰ. 연대채무의 고유한 문제 ······ 662

1. 연대채무의 의의 ······ 662

가. 연대채무의 기능 / 662

나. 연대채무의 법적 성질론 / 665

2. 연대채무의 효력 ······ 667

가. 채권자와 연대채무자 사이의 관계 / 667

나. 채무자 사이의 상호관계－연대채무의 대내적 효력 / 668

Ⅱ. 연대채무와 관련된 문제 ······ 670

1. 부진정연대채무 ······ 670

2. 다수당사자의 채권 · 채무 관계 ······ 671

제7편 특수한 계약

제1장 특수한 매매계약 · 매매에 유사한 계약 ········· 675

제1절 서 론 ········· 675

제2절 특수한 매매계약 ········· 675

Ⅰ. 특수한 매매계약의 주체와 대상 ········· 675

1. 소비자거래 ········· 676
   가. 방문판매규제의 개요 / 676 나. 청약철회제도 / 677
2. 부동산거래 ········· 678
3. 계속적계약 ········· 679

Ⅱ. 매매계약 목적의 특수성 ········· 681

1. 담보를 위한 소유권 이전 ········· 681
2. 재산관리를 위한 소유권 이전 ········· 683
   가. 신 탁 / 684 나. 종신정기금 / 685
   다. 제3자를 위한 계약 / 685

제3절 매매에 유사한 계약 ········· 686

Ⅰ. 교 환 ········· 686

Ⅱ. 화 해 ········· 687

제2장 매매 이외의 민법상 전형계약 ········· 688

제1절 비권리이전형계약 ········· 688

제1항 임대차계약 – 용익물권 포함 ········· 688

Ⅰ. 임대차계약의 의의 ········· 688

1. 임차권과 그 이외의 권리 ········· 688
   가. 임차권과 지상권 · 전세권의 대비 / 689
   나. 무상의 대차 · 비배타적인 대차 / 691

2. 부동산에 관한 임대차 법제도의 발전 691
가. 토지임대차 · 주택임대차 / 691
나. 농 지 / 692

Ⅱ. 임대차계약의 성립 693
1. 임대차계약서의 작성 693
2. 임대차계약에서 금전의 수수 694
가. 임대차보증금 / 694
나. 상가임대차계약에서 권리금 / 694

Ⅲ. 임대차의 효력 695
1. 임대인의 의무 695
가. 임대차목적물을 임차인에게 사용 · 수익하게 할 의무 / 695
나. 임대차목적물의 수선 · 비용상환 의무 / 696
2. 임차인의 의무 697
가. 임차인의 차임지급의무 / 697
나. 임차인의 임차목적물반환의무 / 698
다. 임차인의 보증금반환청구권(임대인의 보증금반환의무) / 699
3. 임대인과 임차인의 권리 · 의무 관계의 조정 700

Ⅳ. 임대차계약의 종료 703
1. 기간만료 · 해지신청에 의한 계약의 종료 703
가. 임대차계약 존속기간 / 703
(1) 토지임대차 703
(2) 주택임대차와 상가건물임대차 703
나. 임대차계약의 종료 / 704
(1) 토지임차인의 임대차계약 갱신청구권 704
(2) 주택임대차와 상가건물임대차 704
2. 그 이외의 이유에 의한 임대차 계약의 종료 706
가. 임차인의 채무불이행 / 706
나. 임대차 목적 건물의 멸실 / 707
다. 기타 임대차계약 종료 / 708

Ⅴ. 임대차와 제3자 709
1. 임차권의 양도 · 전대 709
가. 적법한 임차권 양도 · 전대 / 709
(1) 임대인의 승낙을 받은 임차권 양도 709
(2) 임대차계약의 해지와 전차인의 지위 710
나. 위법한 임차권 양도 · 전대의 효력 / 711
(1) 임대인의 승낙을 받지 않은 임차권 양도 711
(2) 임차권에 대한 양도담보권의 설정 713

2. 임차권의 대항력 714
가. 임대차계약의 제3자에 대한 대항요건 / 714
(1) 토지임차권의 대항력 715
(2) 주택 · 상가건물 임대차의 대항력 716
나. 임차권에 기한 불법점거자에 대한 방해배제 / 717

Ⅵ. 특별법에 따른 주택임대차의 보호 718
1. 주택임대차보호법 개관 718
가. 주택임대차보호법과 민법과의 관계 / 718
나. 주택임대차보호법의 적용범위 / 718
다. 임대차기간의 보장 / 719
라. 주택임차권의 법적 성질 / 719
2. 주택임차권의 대항력 720
가. 대항력을 갖추기 위한 요건 / 720 나. 주택임차권 대항력의 내용 / 722
3. 주택임차권의 우선변제력 727
가. 우선변제권의 법적 성질 / 727 나. 우선변제권의 성립요건 / 727
다. 우선변제권 행사의 요건 / 728
라. 우선변제권의 내용 / 728
(1) 저당권자와 동일한 지위 728
(2) 우선변제의 대상이 되는 목적물과 임대차 존속 729
마. 임차인의 경매청구권 유무 / 730
4. 소액임차인의 최우선변제권 730
가. 소액임대차의 성립요건 / 730
나. 소액임차권의 행사요건과 그 내용 / 731
5. 대항력과 우선변제권의 상호관계 731
가. 대항력과 우선변제권을 겸유할 수 있는지 여부 / 731
나. 우선변제권을 행사한 대항력 있는 임차인의 지위 / 733
6. 주택임차권의 등기 735
가. 임차권등기명령신청 / 735
나. 임차권등기를 한 임차인의 지위 / 735
7. 대항력 있는 임차권이 있는 주택 양도인의 담보책임 735

Ⅶ. 상가건물의 임대차 736
1. 상가건물임대차보호법 개관 736
2. 상가건물임차권의 존속기간 736

제2항 소비대차계약 등 – 신용형계약 737

Ⅰ. 소비대차 – 신용형계약의 기본형 738

1. 민법전의 규율 738

가. 소비대차계약의 성립과 효력 / 738

(1) 낙성적 소비대차계약의 가부 739 (2) 특정대출(융자)한도계약 740

나. 소비대차 기간의 종료 / 740

2. 소비대차에 대한 특별법에 의한 규제 741

가. 이자제한법 / 741

나. 대부업 등의 등록 및 금융이용자 보호에 관한 법률 / 742

Ⅱ. 소비대차계약의 파생형 742

1. 할부거래 – 신용매도형여신 742

가. 할부거래(할부매매)의 의의 / 742 나. 할부거래에 대한 규제 내용 / 743

2. 신용카드계약 – 제휴형여신 744

가. 제휴형여신 유형 / 744

나. 신용카드계약과 리스계약의 문제점 / 746

(1) 항변의 대항(접속) 747 (2) 담보리스와 진성리스 749

제3항 고용 · 청부 · 위임 등 – 서비스제공형계약(역무형계약) 750

Ⅰ. 서비스제공형(역무형)계약 개관 750

1. 서비스제공형계약의 유형 750

가. 개 관 / 750 나. 소비임치계약 / 751

2. 서비스제공형계약 유형 752

가. 고용고약 / 752 나. 도급계약 / 752

다. 위임계약 / 754

3. 고용 · 도급 · 위임 계약의 상호 비교 755

가. 세 유형 계약의 상호 대비 / 755

(1) 고용과 도급 · 위임–종속계약인가 독립계약인가 755

(2) 도급과 위임–결과인가 행위인가 756

나. 다른 계약유형과의 대비 / 757

(1) 도급계약과 매매계약 757 (2) 원형으로서의 서비스제공계약 759

Ⅱ. 고용 · 도급 · 위임 계약 기본형의 문제점 760

1. 계약상의 책임 760

가. 안전배려의무 / 760

나. 도급계약에서 하자담보책임 / 761

(1) 도급계약에서 하자담보책임 개관 761
(2) 도급인의 하자보수에 갈음한(대신하는) 손해배상청구권 761
(3) 도급계약의 불완전이행과 표준약관 검토 762
2. 고용 · 도급 · 위임계약의 종료 ······ 763
가. 고용계약에서의 해고권남용 / 763
(1) 해고권 남용 763 (2) 근로기준법 의한 명문화 763
(3) 해고기간 중의 임금-위험부담과의 관련 763
나. 도급 · 위임 계약의 중도해제 · 해지 / 764
(1) 도급계약의 중도해제 · 해지 764 (2) 위임계약의 중도해지 766
다. 기타 문제 / 767
(1) 도급 · 위임계약의 종료 사유 767
(2) 사망 후 · 능력상실 후의 위임 767
Ⅲ. 서비스제공형계약의 파생형의 문제점 ······ 768
1. 다수당사자 사이의 계약 ······ 769
가. 하도급계약 / 769
나. 도급에서 목적물 소유권의 귀속 문제 / 769
다. 여행계약 / 771
(1) 여행계약의 의의와 법적 성질 771 (2) 여행계약의 효력 772
2. 비대등자 사이의 계약 ······ 774
가. 소비자계약 / 774
(1) 서비스계약(봉사계약) 774 (2) 특정 단속적 역무 제공계약 774
나. 전문가계약 / 775
Ⅳ. 계약위반과 손해배상 ······ 776
1. 계약위반(채무불이행) ······ 776
2. 손 해 ······ 777
가. 신뢰이익과 이행이익 / 777 나. 도급의 경우의 사고방식 / 777
제2절 조합 등 - 조직형계약 ······ 778
Ⅰ. 조직형기본계약으로서의 조합 ······ 778
1. 조합계약의 의의 ······ 778
가. 조합과 사단법인 / 779
나. 최근의 입법에 있어서 조합의 이용 / 780
2. 조합계약의 상호법률관계 ······ 780
가. 조합사무의 집행 / 780 나. 조합재산의 처분 · 변경 / 781
Ⅱ. 조직형계약의 파생형 ······ 782

1. 구체적 사례 ………… 782
가. 가맹사업계약 / 782　　나. 회원계약 / 784
2. 조직형계약에 의한 조직성 ………… 785

제3절 증여 · 사용대차 등 – 호의형계약 ………… 787

Ⅰ. 민법(실정법)상의 문제 ………… 788
1. 호의형계약의 성립 ………… 788
가. 요식성 · 요물성의 요구 / 788　　나. 증여계약의 철회 / 789
2. 호의형계약의 효력 ………… 790
가. 증여자의 하자담보책임 / 790
나. 증여자가 전혀 담보책임을 지지 않는 경우 / 790
다. 무상계약에 있어서의 주의의무의 정도 / 791
3. 호의형계약의 종료 ………… 791

Ⅱ. 호의형계약에 관한 이론 ………… 791
1. 무상계약의 기능 ………… 791
가. 증여계약 / 791　　나. 사용대차계약 / 792
2. 무상계약의 법적 보호 ………… 793
가. 유상계약과의 대비 / 793
(1) 반대급부의 부재 793　　(2) 계약목적의 고려 793
(3) 무상행위의 기초이해 794
나. 단순한 약속과의 대비 / 795
(1) 이웃(隣人)소송 796　　(2) 자연채무 797
(3) 사무관리나 심리유보에의 착안 797
(4) 재산교환법 797

■ 주 ………… 799

■ 찾아보기
판례색인 ………… 819
사항색인 ………… 825

사실관계 차례

사실관계 1.2.1 부동산양도세액에 관한 공통의 착오 [93다24810] ····· 49
사실관계 1.2.2 동기착오 이유 법률행위 취소 요건과 일부 취소 및 효과 [97다44737] ····· 50
사실관계 1.2.3 쌍방 공통사항에 대한 동기착오 [2005다13288] ····· 52
사실관계 1.2.4 착오 기한 의사표시 취소와 손해배상 성부 [97다13023] ····· 58
사실관계 1.2.5 매도인 배임행위 적극가담 이중매매 [70다2038] ····· 71
사실관계 1.2.6 103조 반사회성(동기불법)과 금품지급 대가 주지임명 해당성 [99다38613] ····· 74
사실관계 1.2.7 사회질서 위반과 법정증언 대가 약정 [93다40522] ····· 75
사실관계 1.2.8 사회질서 위반과 불법원인급여-물권적 청구권행사 가부 [79다483(전)] ····· 92
사실관계 1.2.9 103조와 불법원인급여 이익의 종국성 [93다55234] ····· 93
사실관계 1.2.10 제한능력자의 현존이익 [2008다58367] ····· 94
사실관계 1.2.11 사기에 의한 의사표시 취소 후 제3자 [75다533] ····· 105
사실관계 1.2.12 108조 2항 유추적용 가능성 [80다1475] ····· 112
사실관계 1.2.13 계약의 보충해석과 신사약정 [93다32668] ····· 119
사실관계 1.2.14 법률행위의 자연적 해석 [93다2629,2636(병합)] ····· 121
사실관계 1.2.15 당사자명의 도용 계약체결과 진정한 당사자 확정 [94다4912] ····· 122
사실관계 1.2.16 사실인 관습 [76다983] ····· 127
사실관계 1.3.1 친권자의 대리권 남용 [2016다3201] ····· 164
사실관계 1.3.2 대리권남용과 표현대리 적용 가부 [86다카1004] ····· 165
사실관계 1.3.3 묵시적 추인 [2001다44291] ····· 169
사실관계 1.3.4 무권대리 행위의 추인 등 [91다15584] ····· 170
사실관계 1.3.5 추인의 상대방 [2017다3499] ····· 173
사실관계 1.3.6 표현대리의 본질은 무권대리인가 [83다카1489(전)] ····· 178
사실관계 1.3.7 125조 대리권 수여 표시에 의한 표현대리의 요건 [97다53762] ····· 183
사실관계 1.3.8 127조 표현대리의 정당한 이유 및 판단기준시기와 법정대리 적용 가부 [97다3828] ····· 186
사실관계 1.3.9 126조 권한을 넘은 표현대리 [91다3994] ····· 190
사실관계 1.3.10 126조 월권대리에서 정당한 이유 [88다카13219] ····· 192
사실관계 1.3.11 일상가사 상호대리권 [80다2077] ····· 201
사실관계 1.3.12 108조 2항 유추가능성 [80다1475] ····· 205
사실관계 1.3.13 통정허위표시 등기에 기한 부동산양수인의 108조 2항 제3자 [94다12074] ····· 206
사실관계 1.3.14 무권대리인이 본인을 상속한 경우 무권대리의 효과 [94다20617] ····· 210
사실관계 1.3.15 무능력자의 사술 [71다940] ····· 221

사실관계 2.1.1 신의칙상 고지의무 [2005다5812] ····· 283

사실관계 2.1.2 계약의 중도파기 [2002다32301] ········· 285
사실관계 2.1.3 계약교섭의 부당파기 [99다40418] ········· 285
사실관계 2.1.4 일부 이행의 착수 [2005다39594] ········· 290
사실관계 2.1.5 이행의 착수 [99다62074] ········· 291
사실관계 2.2.1 약관일부 무효 [90다카23899] ········· 298
사실관계 2.2.2 동시이행 [77다1241,1242(전)] ········· 305
사실관계 2.2.3 원인채무와 어음반환 [98다47542,47559] ········· 306
사실관계 2.2.4 불안의 항변권 [2004다24106,24113] ········· 309
사실관계 2.2.5 수령지체 중 이행불능 [91다14116] ········· 311
사실관계 2.2.6 채권자지체와 이행불능 [2001다79013] ········· 313
사실관계 2.2.7 채무자의 담보책임 [2002다70075] ········· 318
사실관계 2.2.8 채무불이행경합 [2002다51586] ········· 322
사실관계 2.2.9 특정물하자 [2003다20190] ········· 324
사실관계 2.2.10 법률적 장애 [98다18506] ········· 325
사실관계 2.2.11 수량지정매매 [2002다65189] ········· 331

사실관계 3.1.1 제3자에 대한 토지인도청구 [80다1362] ········· 340
사실관계 3.1.2 숙박계약에서 안전배려의무 [96다47302] ········· 343
사실관계 3.1.3 여행업자의 주의의무 [98다25061] ········· 344
사실관계 3.1.4 선물환계약의 특질 [2001다38593] ········· 353
사실관계 3.1.5 의사의 의무 [2001다52568] ········· 359
사실관계 3.2.1 명백한 이행거절과 구두의 제공 [94다16083] ········· 367
사실관계 3.2.2 절대적 불확지공탁 [96다11747(전)] ········· 372
사실관계 3.2.3 참칭상속인에 대한 변제 [93다32200] ········· 381
사실관계 3.2.4 예금통장절취와 예금인출 [2006다44791] ········· 383
사실관계 3.2.5 폰뱅킹과 계좌이체 [98다20059] ········· 387
사실관계 3.2.6 가압류에 반대채권 상계 [82다카200] ········· 410
사실관계 3.2.7 양도금지특약 [99다52817] ········· 418
사실관계 3.2.8 양도금지특약과 중과실 [96다18281] ········· 419
사실관계 3.2.9 양도제한과 중과실 [2003다44370] ········· 420
사실관계 3.2.10 집합채권양도 [2002다40456] ········· 423
사실관계 3.2.11 채권양도사전통지 [2000다2627] ········· 425
사실관계 3.2.12 질권설정과 승낙 [2000다13887] ········· 427
사실관계 3.2.13 이의 무보류 질권설정 [96다22648] ········· 428
사실관계 3.2.14 이중양도의 대항요건 [93다24223(전)] ········· 436

사실관계 4.1.1 이행불능 [2005다29474] ········· 455
사실관계 4.1.2 가압류 [93다951(전)] ········· 457
사실관계 4.1.3 지연손해금 지체 [2004다11582] ········· 458
사실관계 4.1.4 확대손해 [96다39455] ········· 460
사실관계 4.1.5 이행대행자의 과실 [98다51077,51084] ········· 468

사실관계 4.1.6 가압류와 무자력 해제 [2005다39211] ········· 478
사실관계 4.1.7 이행지체와 최고 [94다35930] ········· 480
사실관계 4.1.8 이행인수와 특별사정 [2006다69479,69486] ········· 482
사실관계 4.1.9 해제와 원상회복 [95다25138,25145] ········· 484
사실관계 4.1.10 원상회복의 동시이행 [2005다38843] ········· 485
사실관계 4.1.11 해제와 원상회복 [98다43175] ········· 488
사실관계 4.1.12 해제와 손해배상범위 [2002다2539] ········· 490
사실관계 4.1.13 계약해제청구권보전가등기 [81다카1110] ········· 493
사실관계 4.1.14 채권양수인 [2000다23433] ········· 494
사실관계 4.1.15 주된채무 [2004다67011] ········· 496
사실관계 4.1.16 부수의무 [2005다53705,53712] ········· 497
사실관계 4.1.17 묵시적 합의해제 [2004다37904] ········· 501
사실관계 4.1.18 사정변경해제 [2004다31302] ········· 503
사실관계 4.1.19 휴업손해 [2001다82507(전)] ········· 509
사실관계 4.1.20 이행불능 후 가격등귀 [94다61359,61366] ········· 519
사실관계 4.1.21 이행지체 전보배상 [97다24542] ········· 523
사실관계 4.1.22 이행거절과 손해액산정 [2005다63337] ········· 524
사실관계 4.1.23 대상청구 [92다4598] ········· 527
사실관계 4.2.1 면책적채무인수 [96다27476] ········· 538
사실관계 4.2.2 계약인수 [2007다31990] ········· 542
사실관계 4.2.3 이행인수와 최고 [2004다13083] ········· 544
사실관계 4.2.4 제3자를 위한 계약 [97다28698] ········· 546

사실관계 5.3.1 등기청구권 [84다카1131,11323(전)] ········· 568
사실관계 5.3.2 명도청구대위 [88다카4253,4260] ········· 569
사실관계 5.3.3 물권적 청구권과 일신전속권 [2006다82700] ········· 576
사실관계 5.3.4 사해행위취소와 대위 [2000다73049] ········· 577
사실관계 5.3.5 방해제거청구권 대위 [99다38699] ········· 578
사실관계 5.3.6 채권자대위권 행사 통지 후 제3채무자가 채무자의 채무불이행을 이유로 계약을 해제한 경우 [2011다87235] ········· 583
사실관계 5.3.7 통정허위표시의 취소 [97다50985] ········· 587
사실관계 5.3.8 고도개연성 진정명의회복 [99다53704] ········· 593
사실관계 5.3.9 채권발생 고도의 개연성 [2004다53173] ········· 594
사실관계 5.3.10 저당권설정 부동산 [2005다65197] ········· 595
사실관계 5.3.11 이중양도손배와 사해행위 [98다56690] ········· 598
사실관계 5.3.12 우선변제권확보 [2000다21017] ········· 599
사실관계 5.3.13 채무본지변제와 사해의사입증 [2004다10985,10992] ········· 603
사실관계 5.3.14 변제갈음 채권양도 [2003다1205] ········· 604
사실관계 5.3.15 유일한 재산 무상양도 [2000다41875] ········· 605
사실관계 5.3.16 특별한 사정과 사해행위 [2000다25842] ········· 607

사실관계 5.3.17 수익자의 악의추정 [2006다5710] ······ 608
사실관계 5.3.18 저당권이 설정된 부동산 [2001다33734] ······ 612
사실관계 5.3.19 근저당과 일부변제 [2006다43620] ······ 613
사실관계 5.3.20 가등기부동산 [2003다19435] ······ 614
사실관계 5.3.21 근저당설정부동산지분처분시 사해행위가 되는 피담보채권액 [2012다5643] ······ 616
사실관계 5.3.22 사해행위취소의 상대효 [89다카35421] ······ 620

사실관계 6.1.1 보증인의 상계권 [2000다16251] ······ 638
사실관계 6.1.2 연대보증과 신의칙 [2003다45410] ······ 642
사실관계 6.1.3 계속적 보증과 해지 [99다8353] ······ 643
사실관계 6.1.4 공동보증 [2000다55089] ······ 646
사실관계 6.1.5 확정채무연기 + 미통지 [2002다14853] ······ 650
사실관계 6.1.6 쌍방미통지 [95다46265] ······ 651
사실관계 6.1.7 채권자 담보보존의무 [97다1013] ······ 653
사실관계 6.1.8 우선변제특약 [2000다37319] ······ 660
사실관계 6.1.9 명의허용연대보증인 [2002다47631] ······ 664
사실관계 6.1.10 담보한도액제한 [98다8776] ······ 665

사실관계 7.2.1 임대차 목적물의 멸실(화재)과 임차인의 책임 [80다508] ······ 707
사실관계 7.2.2 임차권 양도와 무단전대 [2006다10323] ······ 712
사실관계 7.2.3 임차권의 대항력 발생시기 [99다59306] ······ 721
사실관계 7.2.4 양수인의 제3채무자 지위 승계 [2011다49523(전)] ······ 723
사실관계 7.2.5 임차인의 대항력과 우선변제권 [86다카2076] ······ 732
사실관계 7.2.6 제2차 경매와 우선변제권 [2005다21166] ······ 733
사실관계 7.2.7 리스(렌탈)계약과 임대차계약 [95다51915] ······ 749
사실관계 7.2.8 수급인의 하자담보책임 [88다카31866] ······ 758
사실관계 7.2.9 가맹사업계약 구조 [2016다238212] ······ 784

도표 차례

도표 1.1.1 계약의 성립 · 효력 · 해제 ······ 4
도표 1.1.2 민법상 계약의 내용관련도 ······ 6
도표 1.1.3 법률행위 ······ 12
도표 1.1.4 실질적 의미의 계약법 ······ 13
도표 1.1.5 「법률행위」의 구조 ······ 16
도표 1.1.6 계약관련 소송구조 ······ 17
도표 1.1.7 대리의 구조 ······ 20
도표 1.1.8 계약(≒법률행위) 내용관련 조직도 ······ 21
도표 1.1.9 민법 내용 관련도 ······ 23
도표 1.2.1 계약에서의 합의 ······ 25
도표 1.2.2 합의의 심도 · 숙도 ······ 29
도표 1.2.3 심리유보 · 허위표시 ······ 32
도표 1.2.4 착오 관련 소송의 주장 ······ 37
도표 1.2.5 의사표시와 법률행위 ······ 40
도표 1.2.6 동기와 의사표시 구조 ······ 42
도표 1.2.7 표시착오와 내용의 착오 ······ 45
도표 1.2.8 계약의 성립에 대한 해석과 착오 ······ 46
도표 1.2.9 의사표시의 하자에 대한 대처 ······ 57
도표 1.2.10 법률행위 이론(법리)의 구조 ······ 82
도표 1.2.11 무효와 취소 ······ 85
도표 1.2.12 무효와 취소의 차이점 ······ 87
도표 1.2.13 무효 · 취소의 제도적 연쇄 ······ 91
도표 1.2.14 무효행위의 전환과 일부무효 ······ 96
도표 1.2.15 무효와 계약의 일체불가분성 ······ 97
도표 1.2.16 계약에서 제3자 ······ 99
도표 1.2.17 사기로 인한 매매계약의 취소 ······ 105
도표 1.2.18 전득자의 지위 ······ 106
도표 1.2.19 민법상 제3자 보호규정 ······ 107
도표 1.2.20 일본판례(108조 2항 유추 적용) ······ 110
도표 1.2.21 통정허위표시의 전형모델 ······ 110
도표 1.2.22 일본 최고재판소의 108조 2항 유추적용 요건 변화 ······ 113
도표 1.2.23 일본 최고재판소의 사실인 관습에 의한 계약해석에 관한 사건내용 ······ 128
도표 1.2.24 민법 제1조의 관습 ······ 131
도표 1.2.25 보증인 · 물상보증인 · 제3취득자 · 후순위저당권자 ······ 145
도표 1.3.1 대리의 구조 ······ 154

도표 1.3.2 대리인 행위의 본인귀속 요건 ········ 161
도표 1.3.3 자기계약(①)과 쌍방대리(②) ········ 163
도표 1.3.4 표현대리와 무권대리 ········ 179
도표 1.3.5 표현대리의 유형 ········ 195
도표 1.3.6 일본판례(129조와 126조 복합형)의 사실관계 ········ 196
도표 1.3.7 일본판례(125조와 126조 복합형)의 사실관계 ········ 197
도표 1.3.8 복합형 표현대리 ········ 198
도표 1.3.9 일본 최고재판소 사실관계 ········ 204
도표 1.3.10 무권대리와 상속 ········ 209
도표 1.3.11 양설의 비교(무권대리상속) ········ 212
도표 1.3.12 타인물 매매와 이중양도 ········ 214
도표 1.3.13 의사능력과 행위능력 ········ 215
도표 1.3.14 제한능력자의 분류 ········ 216
도표 1.3.15 사람의 동일성에 관한 증명 ········ 229
도표 1.3.16 주체와 객체로서의 사람 ········ 235
도표 1.3.17 사람과 물의 현대적 관계 ········ 236
도표 1.4.1 법인의 사회적 수요와 작용 ········ 241
도표 1.4.2 법인의 분류 ········ 244
도표 1.4.3 시민사회의 구성 ········ 247
도표 1.4.4 이사의 권한을 넘은 행위에 관한 효과 ········ 260
도표 1.4.5 조합과 사단의 대비 ········ 265

도표 2.1.1 계약의 교섭단계 ········ 272
도표 2.1.2 낙성 · 요식 · 요물 계약 ········ 274
도표 2.1.3 격지자 간 계약성립 ········ 276
도표 2.1.4 원시적 불능과 후발적 불능 ········ 283
도표 2.2.1 계약의 성립에서 계약의 이행까지 ········ 293
도표 2.2.2 채무의 견련성 ········ 296
도표 2.2.3 과실과 이자의 (취득)취급 ········ 301
도표 2.2.4 과실 · 이자의 귀속 ········ 302
도표 2.2.5 광의의 채무불이행 ········ 303
도표 2.2.6 위험부담에 관한 2가지 ········ 310
도표 2.2.7 매도인의 담보책임 분류 ········ 317
도표 2.2.8 하자담보책임 ········ 321
도표 2.2.9 담보책임과 채무불이행책임 ········ 321
도표 2.2.10 하자담보책임에 관한 시각 ········ 322

도표 3.1.1 채권 · 채무 관련 용어 ········ 341
도표 3.1.2 계약상 의무의 분류 ········ 342
도표 3.1.3 특정물에 관한 계약 ········ 348
도표 3.2.1 충당의 과정 ········ 375

도표 3.2.2-1 타인물로 변제한 경우(현존) ········· 377
도표 3.2.2-2 타인물로 변제한 경우(소비 · 양도) ········· 377
도표 3.2.3 압류된 채권의 변제와 그 법률관계 ········· 379
도표 3.2.4 변제에 의한 대위 ········· 393
도표 3.2.5-1 변제자의 분류 ········· 396
도표 3.2.5-2 제3자에 의한 변제 ········· 396
도표 3.2.6 변제로 대위가 발생하지 않는 경우 ········· 397
도표 3.2.7 상계 ········· 398
도표 3.2.8 상계 ········· 401
도표 3.2.9 상계와 압류 ········· 404
도표 3.2.10 채권양도 ········· 404
도표 3.2.11 보증의 경우 ········· 405
도표 3.2.12 제3취득자의 경우 ········· 405
도표 3.2.13 상계의 담보적 기능 ········· 406
도표 3.2.14 상계와 압류 ········· 409
도표 3.2.15 상계와 압류 ········· 409
도표 3.2.16 일본 최고재판소 판례 – 상계예약과 3각상계 ········· 414
도표 3.2.17 채권양도에서의 법률관계 ········· 416
도표 3.2.18 계약해제의 대항가능성 ········· 430
도표 3.2.19 이의 무보류 승낙과 저당권 ········· 431
도표 3.2.20 복수의 양수인 ········· 432
도표 3.2.21 일본 최고재판소 판례 – 4중 양도 ········· 437

도표 4.1.1 강제이행과 손해배상 ········· 443
도표 4.1.2 계약상 채무이행 내용 ········· 454
도표 4.1.3 채무자 귀책사유와 불가항력 ········· 463
도표 4.1.4 계약책임의 확장 ········· 465
도표 4.1.5 이행보조자책임과 사용자책임 ········· 470
도표 4.1.6 채무불이행해제의 유형 ········· 476
도표 4.1.7 해제과정–이행지체 ········· 479
도표 4.1.8 취소 · 해제와 제3자 보호 ········· 491
도표 4.1.9 해제 말소등기와 제3자 ········· 495
도표 4.1.10 합의해제의 위치 ········· 500
도표 4.1.11 채무불이행과 손해배상 ········· 506
도표 4.1.12 손해배상의 범위(사실적 인과관계론) ········· 508
도표 4.1.13 손해발생 예견가능한 자 ········· 510
도표 4.1.14 예견가능시 기준점 ········· 511
도표 4.1.15 통상손해와 특별손해의 구별실익 ········· 512
도표 4.1.16 적극적손해와 소극적손해 ········· 516
도표 4.1.17 가격변동 배상액 산정기준시 ········· 517

도표 4.1.18 손해배상에서의 법해석 · 적용 과정 ······ 522
도표 4.1.19 보험관계 ······ 529
도표 4.2.1 면책적채무인수 ······ 537
도표 4.2.2 병존적채무인수 ······ 539
도표 4.2.3 이행인수와 제3자를 위한 계약 ······ 540
도표 4.2.4 골프회원권 양도 ······ 543
도표 4.2.5 계약결합유형 A–① 연쇄계약 ······ 548
도표 4.2.6 계약결합유형 B–② 하위계약 ······ 548
도표 4.2.7 계약결합유형 C–③ 복합계약 ······ 548
도표 4.2.8 도급계약에서 하수급인의 지위 ······ 549

도표 5.1.1 채권보호와 상대성극복 ······ 556
도표 5.1.2 채권 · 물권 · 혼인 ······ 557
도표 5.2.1 채권침해의 유형론 ······ 560
도표 5.3.1 책임재산보전제도 ······ 565
도표 5.3.2 채권의 추심 ······ 566
도표 5.3.3 채권자대위권 (본래형) ······ 567
도표 5.3.4 채권자대위권 (전용형 1) ······ 568
도표 5.3.5 채권자대위권 (전용형 2) ······ 569
도표 5.3.6 대위권행사에 의한 채권의 회수 ······ 571
도표 5.3.7 일본 최고재판소 판례 – 무자력요건을 요하지 않는 등기청구권 대위행사 ······ 572
도표 5.3.8 일본 최고재판소 판례 – 보험금청구권 ······ 573
도표 5.3.9 대위권행사의 요건 ······ 575
도표 5.3.10 채권자대위 ······ 580
도표 5.3.11 일본 대심원연합부–채권자취소권 행사의 상대방과 그 효과 ······ 588
도표 5.3.12 취소권행사의 요건 ······ 592
도표 5.3.13 특정물채권도 피보전채권이 될 수 있는가? ······ 596
도표 5.3.14 수익자(D2) · 전득자(D3)의 선의 · 악의 ······ 609

도표 6.1.1 인적담보 ······ 628
도표 6.1.2 계약에서 보증당사자의 법률관계 ······ 631
도표 6.1.3 근보증 유형 ······ 641
도표 6.1.4 일본 최고재판소 판례 – 담보보존의무와 면제특약 ······ 655
도표 6.1.5 대위자 상호간의 관계 (1) ······ 656
도표 6.1.6 대위자 상호간의 관계 (2) ······ 657
도표 6.1.7 보증인 vs. 물상보증인(채무액 3,000만 원) ······ 658
도표 6.1.8 대위비율에 관한 특약 ······ 659

도표 7.1.1 부동산거래에서 계약체결과정과 구속력 ······ 679
도표 7.1.2 계속적거래계약의 구조 ······ 680
도표 7.1.3 담보목적 소유권이전의 분류 ······ 683

도표 7.1.4 신탁계약의 당사자 ······ 684
도표 7.1.5 제3자를 위한 계약의 당사자 ······ 686
도표 7.2.1 지상권 · 전세권 · 임차권 ······ 690
도표 7.2.2 주택 · 상가 임대차 존속보장 ······ 705
도표 7.2.3 임차권 양도(①)와 전대(②) ······ 709
도표 7.2.4 임차권의 대항력과 소유자 · 지번의 상이 ······ 715
도표 7.2.5 임차권의 대항요건의 두 가지 분류 ······ 717
도표 7.2.6 제휴형 신용공여 ······ 743
도표 7.2.7 중간형 제휴형여신 ······ 745
도표 7.2.8 선불식 할부계약알선(신용카드 계약) ······ 745
도표 7.2.9 리스 ······ 746
도표 7.2.10 D(신용카드사)의 주장 ······ 747
도표 7.2.11 Z(소비자)의 주장 ······ 748
도표 7.2.12 일본 최고재판소 판례 – 잘못 입금한 구체적 사례 ······ 751
도표 7.2.13 고용 · 도급 · 위임의 관련성 ······ 759
도표 7.2.14 도급과 위임 ······ 768
도표 7.2.15 도급인의 대금지급 후 하도급인(수급인)의 대금미지급 ······ 770
도표 7.2.16 서비스제공형계약에서의 손해배상의 효과 ······ 778
도표 7.2.17 조합과 사단법인의 구조(종전의 견해) ······ 780
도표 7.2.18 가맹사업계약의 구조 ······ 783
도표 7.2.19 예탁금회원제 클럽 ······ 785
도표 7.2.20 거래와 조직에 의한 계약의 분류 ······ 787
도표 7.2.21 증여계약의 철회 구조 ······ 789
도표 7.2.22 채무원인으로 본 유상계약 · 무상계약 ······ 794
도표 7.2.23 계약과 단순한 약속 ······ 795

참고문헌

Ⅰ. 기 본 서

[국내문헌]

곽윤직 · 김재형	곽윤직 · 김재형, 「민법총칙」, 박영사, 제9판, 2013
김증한 · 김학동	김증한 · 김학동, 「민법총칙」, 박영사, 제10판, 2013
양창수 · 김재형	양창수 · 김재형, 「민법 Ⅰ 계약법」, 박영사, 2010
고상룡	고상룡, 「민법총칙」, 법문사, 전정판, 1999
김기선	김기선, 「한국민법총칙」, 법문사, 3개정증보, 1985
김상용	김상용, 「민법총칙」, 법문사, 전정판증보, 2004
김상용	김상용, 「채권각론」, 법문사, 개정판, 1998
김용한	김용한, 「채권법총론」, 박영사, 1983
김주수	김주수, 「민법총칙」, 삼영사, 전정판, 1996
김형배	김형배, 「채권총론」, 박영사, 제2판, 1998
백태승	백태승, 「민법총칙」, 집현재, 2016
이영준	이영준, 「민법총칙」, 박영사, 개정증보판, 2007
이은영	이은영, 「채권각론」, 박영사, 제3판, 1999
현승종	현승종, 「채권총칙」, 일신사, 1975
황적인	황적인, 「현대민법론 Ⅳ」, 박영사, 1980

[일본문헌]

星野(Ⅰ)	星野英一, 「民法概論 Ⅰ(序論 · 總則)」, 良書普及會, 1971
星野(Ⅱ)	星野英一, 「民法概論 Ⅱ(物權 · 擔保物權)」, 良書普及會, 1972/73
星野(Ⅲ)	星野英一, 「民法概論 Ⅲ(物權總論)」, 良書普及會, 合本新訂版, 1976
星野(Ⅳ)	星野英一, 「民法概論 Ⅳ(契約)」, 良書普及會, 改訂版, 1994
星野(借)	星野英一, 「借地借家法」, 有斐閣 1969
星野 外	星野英一 編集代表, 「民法 1, 2」, 有斐閣, 1984
星野 · 平井 · 能見	星野 · 平井 · 能見 編, 「民法判例百選 Ⅱ」, 第5版, 有斐閣
鈴木(民總)	鈴木祿弥, 「民法總則講義」, 創文社, 2訂版, 2003
鈴木(物權)	鈴木祿弥, 「物權法講義」, 創文社, 2訂版, 2003
鈴木(債權)	鈴木祿弥, 「債權法講義」, 創文社, 4訂版, 2001
鈴木(相續)	鈴木祿弥, 「相續法講義」, 創文社, 1986
北川(I)	北川善太郎, 「民法總則(民法講要Ⅰ)」, 有斐閣, 第2版, 2001

北川(Ⅱ)	北川善太郎, 「物權(民法講要Ⅱ)」, 有裵閣, 第3版, 2004
北川(Ⅲ)	北川善太郎, 「債權總論(民法講要Ⅲ)」, 有裵閣, 第3版, 2004
北川(Ⅳ)	北川善太郎, 「債權各論(民法講要Ⅳ)」, 有裵閣, 第3版, 2004
四宮・能見	四宮和夫・能見善久, 「民法總則」, 弘文堂, 第6版, 2001
內田(Ⅰ)	內田貴, 「民法Ⅰ(總則・物權總論)」, 東京大學出版會, 2訂補訂版, 2003
內田(Ⅱ)	內田貴, 「民法Ⅱ(債權各論)」, 東京大學出版會, 1997
內田(Ⅲ)	內田貴, 「民法Ⅲ(債權總論・擔保物權)」, 東京大學出版會, 第2版, 2004
平井	平井宜雄, 「債權總論」, 弘文堂, 第2版, 1994
潮見(總論Ⅰ)	潮見佳男, 「債權總論Ⅰ」, 信山社, 第2版, 2003
潮見(總論Ⅱ)	潮見佳男, 「債權總論Ⅱ」, 信山社, 第2版, 2003
潮見(各論Ⅰ)	潮見佳男, 「債權各論Ⅰ」, 信山社, 第2版, 2003
奧田	奧田昌道, 「債權總論」, 悠悠社, 增補版, 1992
大村(Ⅰ)	大村敦志, 「基本民法 Ⅰ(總則・物權總論)」, 有裵閣, 2007
大村(Ⅱ)	大村敦志, 「基本民法 Ⅱ(債權各論)」, 有裵閣, 2005
大村(Ⅲ)	大村敦志, 「基本民法 Ⅲ(債權總論・擔保物權)」, 有裵閣, 2005
大村(消費)	大村敦志, 「消費者法」, 有裵閣, 第2版, 2003
大村(家族)	大村敦志, 「家族法」, 有裵閣, 第2版補訂版, 2004
我妻(總論)	我妻榮, 「新訂債權總論」, 岩波書店, 1964
我妻(各論上)	我妻榮, 「債權各論上卷」, 岩波書店, 1954
近江(Ⅰ)	近江幸治, 「民法講義 Ⅰ(民法總則)」, 成文堂, 第5版, 2005
近江(Ⅳ)	近江幸治, 「民法講義 Ⅳ(債權總論)」, 成文堂, 第3版補訂, 2009
近江(Ⅴ)	近江幸治, 「民法講義 Ⅴ(契約法)」, 成文堂, 2006
廣中・星野	廣中俊雄・星野英一, 「民法典の百年 Ⅰ, Ⅲ」, 有裵閣, 1998
於保	於保不二雄, 「債權總論」, 有裵閣, 新版, 1972
淡路	淡路剛久, 「債權總論」, 有裵閣, 2002
前田	前田達明, 「口述債權總論」, 成文堂, 第3版, 1993
來栖	來栖三郎, 「契約法」, 有斐閣, 1974, 「民法判例百選Ⅰ 總則物權編」, 有裵閣, 第7版, 2009
笠井	笠井修, 「保證責任 契約法理論」, 弘文堂, 1999
廣中	廣中俊雄, 「民法解釋方法に關する十二講」, 有裵閣, 1997
落合	落合誠一, 「消費者契約法」, 有裵閣, 2001
田村	田村善之, 「知的財産權法」, 有斐閣, 第3版, 2003
新井	新井誠, 「信託法」, 有裵閣, 第2版, 2005
能見	能見先久, 「現代信託法」, 有裵閣, 第2版, 2004
加藤一郎	加藤一郎, 「農業法」, 有裵閣, 1985

加藤 加藤雅信, 「新民法大系Ⅴ 事務管理 不法行為 不當利得」, 有裴閣, 2001

三井 三井健 編, 「專門家の責任」, 日本評論社, 1993

Ⅱ. 단 행 본

[착오]

磯村哲, 「錯誤論考」, 有裴閣, 1997年

일본의 착오법에 큰 영향을 준 독일 착오법에 관한 역사적인 연구를 중심으로 한 논문집. 또 독일법에 관해서는 이 밖에 小林一俊, 「錯誤法の研究」(酒井書店, 1986年)이 있다. 여기에 대해 프랑스법에 관한 연구로서 野村豊弘, 「意思表示の錯誤(1)~(7・完)」 法學協會雜誌 92卷 10号, 93卷 1~6号(1975~76年)가 있다.

[공서양속]

大村敦志, 「公序良俗と契約正義」, 有裴閣, 1995年

山本敬三, 「公序良俗の再構成」, 有裴閣, 2000年

위 두 책은 모두 1990년대의 공서양속론 전개를 보여주는 것. 전자는 계약정의를, 후자는 헌법적 가치를, 각각 실현하는 것으로서, 민법 9조에 종래와는 구별되는 의의를 부여하고 있다. 또 그 밖에도 공동연구로서 椿壽夫 編, 「公序良俗違反の研究」(日本評論社, 1995年)이 있다.

[시효]

內池慶四郎, 「出訴期限規則略史」, 慶應通信, 1968年

명치 초기의 시효법사에 관한 흥미 깊은 연구. 또 유럽에 있어서의 시효법사에 대해서는, 독일에 대해서는 吉野悟, 「近世私法史における時效」(日本評論社, 1989年), 프랑스에 대해서는 金山直樹, 「時效理論展開の軌跡」(信山社, 1994年)이 있다.

[대리]

高橋三知雄, 「代理理論の研究」, 有裴閣, 1976年

독일 학설의 강한 영향아래 대리이론을 재검토할 필요성을 강조한 것. 사적자치론・법률행위론으로의 강한 관심에 보다, 이채를 보이고 있다.

[성년후견]

米倉明, 「信託法」・「成年後見の研究」, 新靑出版社, 1998年

최근 성년후견입법의 유력한 담당자의 한 사람이었던 저자의 논문집. 입법에 있어서 영국・독일・프랑스 등 제외국의 입법을 참조하였고, 비교법적 연구로서는 「高齡社會の成年後見法」(有裴閣, 改訂版, 1999年), 須永醇 編, 「被保護成年者制度の研究」(勁草書房, 1995年) 등이 있다.

[인격권]

五十嵐淸, 「人格權論」, 一粒社, 1989年

인격권의 법리는 판례에 의해 형성되고 있지만, 본서는 중요판례를 소재로 한 저자의 개별 연구로 총론적인 논설을 추가함으로써 정리된 것으로서, 인격권법의 전모를 엿보아 알 수 있다.

[법인]
福地俊雄, 「法人法の理論」, 信山社, 1998年
森泉章, 「新法人法入門」, 有斐閣, 2004年

[계약성립]
池田清治, 「契約交渉の破壊とその責任」, 有裵閣, 1997年
龍澤昌彦, 「契約成立硏究」, 有背閣, 1997年

전자가 계약성립에 향한 교섭과정의 실태를 법이론으로 처리한 것인데 반하여, 후자는 청약과 승낙이라고 하는 기본개념을 다시 검토할 가치가 있는 것. 또 전자와 문제의식을 공유하면서, 소유권이전의 문제와 관련을 시야에 흡수한 것으로서 横山美夏, 「不動産賣買契約の成立と所有權移轉(1)(2)」, 早稻田法學 65卷 2号, 3号(1990年)이 중요. 또 후자에 관한 역사적인 연구로서 野田龍一, 「通信と近代契約法」(九州大學出判會, 2001年)

[계약효력]
河上正二, 「約款規制法理」, 有裵閣, 1988年
柚木馨, 「賣主瑕疵擔保責任の硏究」, 有裵閣, 1963年
潮見佳男, 「契約規範の構造と展開」, 有裵閣, 1991年
森田宏樹, 「契約責任の歸責構造」, 有裵閣, 1963年

최초의 것은, 약관규제에 관한 스탠다드 워크로, 계약조건으로서의 약관의 특수성에 착안한 것. 그 밖에 보다 제도적인 관점에 입각한 石原全, 「約款法の基礎理論」(有裵閣, 1995年), 당사자의 교섭력의 차를 직시한 山本風, 「不當條項規制と自己責任・契約定議」(有裵閣, 1997年). 더욱, 근년의 약관연구에 있어서 파이오니아적인 역할을 한 山下友信, 「普通保險約款論 (1)~(5・完)」, 法學協會雜紙 96卷 9号~97卷 3号(1979~80年)도 참조.

다음의 것은 하자담보책임에 관한 논쟁에 있어서 법정책임설을 옹호한 논자의 대저. 이에 대하여 본문 중에서도 다룬 바같이, 五十嵐・北川・星野 각 교수에 의하여 계약책임설이 주장되었다.

뒤의 둘은, 금일 계약책임론을 대표하는 논자의 논문집. 뉴앙스의 차는 있지만, 당사자의 합의를 중시하면서, 세련된 이론구성을 전개하고 있는 점에서는 공통이다.

[채권양도]
米倉明, 「債權譲渡 禁止特約の第3者效」, 學陽書房, 1976年
池田眞郞, 「債權譲渡の硏究」, 弘文堂, 增補版 1997年, 初版 1993年

전자는 채권양도특약의 제3자효에 대해, 유통성의 확보라는 이익과 특약에 의하여 추구된 이익의 바란스라고 하는 관점에서 치밀한 분석을 하였다.

후자는 467조(指名債權の譲渡の對抗要件), 468조(指名債權の譲渡における債務者の抗弁)의 각각에 대해, 입법과정을 중시한 해석론을 전개하였다. 모두 이익형량의 방법이나 입법자의사의 자리매김이라고 한 방법론적인 관점에서도 흥미가 깊다. 또 大村敦志, 「法源・解釋・民法學」(有裵閣, 1995年)에는, 후자에 대한 장문의 서평(텍스트론에서 본 프랑스법 연구)이 수록되어 있다.

[계약위반 – 손해배상의 요건]
北川善太郎, 「契約責任の研究」, 有裵閣, 1963年
潮見佳男, 「契約規範の構造と 展開」, 有裵閣, 1991年
________, 「契約責任の体系」, 有裵閣, 2000年
落合誠一, 「運送責任の基礎理論」, 弘文堂, 1979年
森田宏樹, 「契約責任の歸責構造」, 有裵閣, 2002年
高橋眞, 「安全配慮義務の研究」, 成文堂, 1992年

최근 것은 계약책임의 구조에 관한 파이오니아적 연구. 제2의 것은 제4의 것과 같이 계약책임론의 현재 도달점을 시사한 연구, 제3 · 제5의 것은 표제 테마에 관한 대표적 연구. 또 제4의 것은, 제3의 것을 포함하여 이것을 비판하는 논문이 수록되어 있는데, 모두 합쳐서 읽으면 좋다. 안전배려의무에 관해서는 최후에 게재한 논문집 외에 下森定 編, 「安全配慮義務法理の形成と展開」(日本評論社, 1988)도 있다.

[계약해제]
勝本正晃, 「民法に於ける事情變更の原則」, 有裵閣, 1926年
五十嵐清, 「契約と事情變更」, 有裵閣, 1969年

사정변경의 원칙에 관한 연구로서 각각 전전 · 전후를 대표하는 노작. 최근에는 보다 젊은 세대를 중심으로, 더욱 더 진보한 재교섭의무 등에 관한 연구가 진행되어가고 있다.

[손해배상]
平井宜雄, 「損害賠償法の理論」, 東京大學出版會, 1971年

종래의 통설인 상당인과관계설을 비판한 연구로서 명성이 높은 것. 채무불이행책임과 불법행위책임의 쌍방을 건너, 손해배상법의 이론을 크게 갱신하고, 그 후의 학설에 큰 영향을 준 것. 위 책을 읽으면 오늘날의 학설이 어떻게 위 책에 짐을 진 것인지를 알 수 있다.

[채무인수]
野澤正充, 「契約譲渡の研究」, 弘文堂, 2002年

민법전에는 규정이 없는 계약상의 지위 이전에 대해 역사적인 시점과 실천적인 관심에 근거하여 분석을 전개. 제도의 생성 · 발전이라는 관점으로부터 보고, 흥미 깊게 검토가 되고 있다. 본 UNIT는 이 책에 觸發된 바 크다.

[채권침해]
吉田邦彦, 「債權侵害論 再考」, 有裵閣, 1991年

상세한 비교법적인 검토를 기초로 하여, 채권침해에 관한 새로운 유형론을 전개. 채권의 상대성과는 무엇인가를 재고하게 하는 일방으로, 불법행위이론에도 영향을 미친 광대성이 있는 연구. 또 好美清光, 「債權に 基づく 妨害排除についての考察」(一橋大學研究年報, 法學研究 2号 [1959年])은 표제의 문제에 관한 고전적 연구.

[채권자대위]
池田辰夫, 「債權者代位訴訟の構造」, 信山社, 1995年

민법과 민사소송법이 교차하는 테마에 관한 민사소송법학자에 의한 연구. 민법학 측에서 고전적 연구로서는 松坂佐一, 「債權者代位權の研究」(1950年)도 참조.

[사해행위취소]

佐藤岩昭, 「詐害行爲取消權の理論」, 東京大學出判會, 2001年

본문에 서술된 소권설을 전개한 연구. 이 문제에 관한 기본적 연구이고, 소권설에 찬성하는가 반대하는가에 관계없이, 참조할 가치가 있다. 책임설을 전개한 것으로는 下森定, 「債權者取消權に關する一考察(1)(2)」, 法學志林 57卷 2號, 3=4号(1959/60年)을 참조.

[보증채무]

西村信雄, 「身元保證の硏究」, 有裵閣, 1965年

高橋眞, 「求償權と代位の硏究」, 成文堂, 1996年

[연대채무]

談路剛久, 「連帶債務の硏究」, 弘文堂, 1975年

제1의 것은 표제 테마에 관한 대표적 연구. 같은 저자의 「繼續的保證の硏究」(有裵閣, 1952年)도 참조. 제2의 것은 논문집. 구상과 대위에 관하여는 寺田正春, 「弁濟者代位制度論序說(1)-(3)」, 大阪市立大學法學雜誌 20卷 1~3号(1973-74年)가 이른 시기의 연구. 제3은 프랑스 법은 소재로 한 연구이고, 독일법에 관해서는, 椿壽夫, 「連帶債務論序說」, 法學論叢 62卷 5号(1956年)이 있다.

[특수한 매매]

中田裕康, 「繼續的賣買の解消」, 有裵閣, 1994年

道垣內弘人, 「信託法理と私法體系」, 有裵閣, 1996年

전자는 계속적계약에 관한 대표적인 연구. 후자는 일본민법 측에서 본 신탁론. 전자에 선행하는 것으로서는 西村信雄, 「繼續的保證の硏究」(有裵閣, 1952年), 후자에 선행하는 것으로서는 四宮和夫, 「信託の硏究」(有裵閣, 1985年)이 있다. 또한 미국 신탁법의 관점에 입각한 신탁론으로서 樋口範雄, 「FiduciarD 휘두셔리-「信認」시대」(有裵閣, 1999年)도 참조. 또 西宮和夫, 「信託法」(有裵閣, 新版, 1989年)은 신탁법에 관한 대표적인 체계서.

[임대차]

邊渡洋三, 「土地建物の法律制度 上中」, 東京大學出版會, 1960-62年

斐道太郎, 「土地所有權の近代化」, 有斐閣, 1967年

水本浩, 「借地借家法の基礎理論」, 一粒社, 1966年

모두 다 소위 임차권물권화론을 전개한 것이지만, 최근의 것은, 일본법에 관한 연구를 포함하는 것이고, 후 2개는, 영국법을 모델로 한 논의를 전개한 것. 또한, 외국법에 관해서는, 보다 젊은 세대에 의한 실증적인 연구로서, 戒能通厚, 「イギリス土地所有權法 硏究」(岩波書店, 1980年), 原田順孝, 「近代土地賃貸借法の硏究」(東京大學出版會, 1980年)도 참조. 일본법의 역사에 대해서는, 민법전에 이른 규정의 연혁에 대해 小柳春一郎, 「近代不動産賃貸借法の硏究」(信山社, 2001年), 판례의 전개에 대해 廣中俊雄, 「不動産賃貸借法の硏究」(創文社, 1992年) 참조.

[신용형계약]

長尾治助,「消費者信用法の形成と課題」, 商事法務研究會, 1984年

竹內紹夫,「消費者信用法の理論」, 有斐閣, 1995年

소비자법 연구를 이끌어가는(담당한) 주요한 한 사람으로서 長尾治助・竹內紹夫 양교수의 논문집에서, 표제의 주제(테마)에 관한 연구를 모은 것. 또, 소비자법 전체에 대해서는「消費者保護 現代の經濟構造と法」(筑摩書房, 1975年)이 선구적인 업적이지만, 최근의 것으로서는 大村敦志,「消費者法」(有斐閣, 第2版, 2003年)도 참조.

[역무형계약]

高橋眞,「安全配慮義務の 硏究」, 成文堂, 1992年

안전배려의무에 관한 논문을 중심으로 한 논문집. 또, 같은 주제에 대해, 奧田昌道・下森定・國井和郞 각 교수 등 복수의 논자의 논문을 모은 논문집으로서, 下森定 編,「安全配慮義務の形成と展開」(日本評論社, 1988年)이 있고, 중요하다.

[호의형계약]

廣中俊雄,「契約法の理論と解析」, 創文社, 1992年

廣中교수의 논문집 중에서,「有償契約と無償契約」등, 계약법의 기초이론에 관한 논문집을 모은 것(이전에는 同,「契約法の研究」(有斐閣, 1958年)에 수록되어 있는 것을 중심으로 한다). 역사적인 기초연구이고, 同,「契約法とその法的保護」(創文社, 初版, 1974年, 著作集版, 1992年)도 참조.

법령약어표

※ 본서에서 민법의 경우 별도의 표기를 하지 아니한다.

가맹사업법	가맹사업거래의 공정화에 관한 법률
가소	가사소송법
공익법인법	공익법인의 설립·운영에 관한 법률
대부업법	대부업 등의 등록 및 금융이용자 보호에 관한 법률
도시정비법	도시 및 주거환경정비법
민조	민사조정법
민집	민사집행법
방문판매법	방문판매 등에 관한 법률
보증인보호법	보증인 보호를 위한 특별법
비영리단체법	비영리민간단체 지원법
상	상법
약관규제법	약관의 규제에 관한 법률
전자상거래법	전자상거래 등에서의 소비자보호에 관한 법률
하도급법	하도급거래 공정화에 관한 법률
할부거래법	할부거래 등에 관한 법률
헌	헌법
회	채무자 회생 및 파산에 관한 법률

일러두기

※ 이하의 용어는 본서에서 다음을 의미한다.

明	明治
大	大正
昭	昭和
平	平成
大判	大審院 判決
大連判	大審院 連合部 判決
最判	最高裁判所 判決
最大判	最高裁判所 大法廷 判決
民集	最高裁判所民事判例集 또는 大審院民事判例集(昭和21년(1946년)까지는 '大審院' 판례)
民錄	民事判決錄
判時	判例時報
P	원고(Plaintiff, Complaint), 복수의 경우 Pt
D	피고(Defendant), 복수의 경우 Dt
T	소외(Third Party, Outside Litigation)
U	후순위저당권자
Z	제3자

제 1 편

계약 일반론

제1장 채권법에서 계약법으로
제1절 법률행위법에서 계약법으로
제2절 민법총칙의 재구성
제2장 계약법 공통원리
제1절 계약의 성립
제1관 계약내용에 관한 진정한 합의
제2관 계약의 유효성-계약의 성립 관한 제1요건
제1항 의사의 완전성
제2항 계약내용(법률행위 내용)의 타당성
제3관 유효성 · 제2효과
제1항 계약의 무효와 취소
제2항 계약이 무효 · 취소된 때 제3자 보호
제2절 계약의 효력 발생
제1항 계약으로부터 발생하는 채무
제2항 계약으로 발생한 채무의 소멸
제3장 계약을 체결하는 당사자(계약의 주체)와 계약의 목적(계약의 객체)
제1절 대 리
제1항 대리에 관한 일반적인 설명
제2항 표현대리
제3항 표현대리에 관한 그 밖의 문제
제2절 계약의 주체인 사람과 계약의 객체인 물건
제4장 계약 주체의 하나로서의 법인
제1절 법인이란 무엇인가
제2절 법인의 법률행위에 의한 일반적인 법률관계
제3절 법인의 주변에 존재하는 인적 조직

제1장 • 채권법에서 계약법으로

제1절 법률행위법에서 계약법으로

계약법은 민법의 핵심이면서 모든 법의 기초가 되는 법이다.[1] 교과서에서 계약법은 채권각론 첫 부분에서 시작된다. 그러나 계약법이라고 하는 이름으로 개별적인 법은 존재하지 않는다. 그러므로 「우리계약법」은 민법에서 계약법을 구성할 수 있는 조문을 찾아내어 우리가 설계할 계약법의 구조 안에 한데 모으는 일부터 시작한다. 차례로 보자. 먼저 민법총칙 중 법률행위에 관한 부분(103조~184조)은 주로 계약에 적용된다. 그래서 본서에서는 우선 법률행위법부터 시작해서 이것과 계약법의 관계를 살펴본 다음에 계약법의 내용에 관해 개괄적으로 미리 설명하자.

Ⅰ. 법률행위법과 계약법의 관계

1. 협의의 계약법과 광의의 계약법

위에서는 무턱대고 계약법이라는 말을 사용했지만, 이 말을 사용하는 경우에는 그것이 민법전을 염두에 두고 무엇을 가리키는가에 유의할 필요가 있다. 계약법이라는 말은 한편으로는, 민법전 제2장 계약부분을 가리키지만(교과서에서 형식적 의미의 계약법, 협의의 계약법이라고 한다), 다른 한편 보다 넓게는, 계약에 관한 사법의 전체를 가리킨다(실질적인 의미에서의 계약법, 광의의 계약법). 우선 여기에는 상법 등도 포함된 가장 넓은 의미의 계약법 아니라, 민법의 테두리 안에서 광의의 계약법은, 민법 제3편 채권 제2장 계약이라는 제목으로 규정된 것들로 채권의 발생을 내용으로 하는 채권계약[2]을 말하고, 여기에 협의의 계약법을 추가해서, 채권총론의 일부(이행강제, 손해배상, 변제 등)와 민법총칙의 일부(법률행위) 등을 포함한다. 그러므로 광의의 계약법은 물권계약, 혼인・협의이혼・입양과 같은 친족법상

계약, 상속재산 분할협의와 같이 상속법상 계약, 단체법상의 계약을 포괄한다.[3)]

광의의 계약법 = 협의의 계약법(민법 제3편 제2장 계약) + α(총칙 · 채권총론의 일부)

그러므로 여기에서 설명하는 계약법은, 광의의 계약법 전체가 아니라는 점에 주의할 필요가 있다. 물론 협의의 계약법은 광의의 계약법의 중요 부분을 차지하지만 그 전부는 아니다. 따라서 이 책에서는 민법 편제나 체계 그리고 민법 조문의 순서에 구애받지 않고 일상생활 나아가서 계약에 관한 실무에서 볼 수 있는 계약의 진행과정을 염두에 두고 설명한다.

2. 계약의 성립 · 효력 · 해제

그러면 첫 번째 질문은 협의의 계약법 부분에서는 무엇이 정해져 있고, 무엇이 정해져 있지 않느냐이다. 이것도 아주 어림잡아 말하면, 협의의 계약법에 정해져 있지 않은 것은 계약의 성립 · 효력 · 해제에 관한 것이라고 말할 수 있다. 이와 반대로 무엇이 정해져 있지 않느냐는 두 번째 질문에 대한 답은 계약의 유효성에 관한 것에서부터 계약의 이행 · 불이행에 관한 것까지 포함해서 많은 부분이 정해져 있지 않다. 전자는 민법총칙의 법률행위의 부분에, 후자는 채권총론에 각각 관련 규정이 두어져 있다. 이것을 도표로 표시해 둔다(도표 1.1.1).[4)]

도표 1.1.1 계약의 성립 · 효력 · 해제

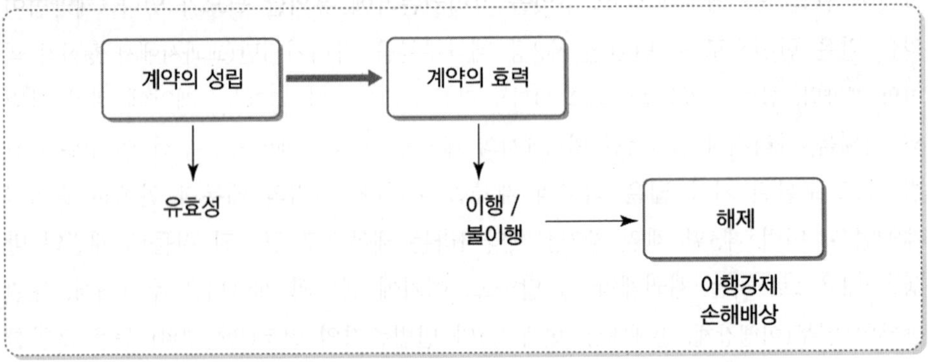

다만 이것도 어디까지나 우선 잠깐 이해를 돕기 위해 하는 이야기이다. 예를 들면 계약의 효력에 관한 규정 중에는 당사자의 의무내용을 정하는 규정이 포함되어 있지만, 채무자의 행위가 계약위반(채무불이행)에 해당하는지 여부는 이러한 의무내용(어떠한 의무를 지우고 있는 것인가)과 관련되어 있다. 그러니까 계약의 이행・불이행의 문제의 일부는 협의의 계약법 중에서 취급되고 있다고 생각할 수 있다.

Ⅱ. 계약법의 구성과 재구성

1. 계약총칙과 계약각칙

그러면 협의의 계약법(이하 '계약법')에는 계약의 성립・효력・해제에 관한 규정이 두어져 있는데, 이들은 어떻게 배치되어 있는가. 과연 성립・효력・해제라는 순서대로 규정이 두어져 있는 것인가. 이들 사이에 대한 답은 반은 맞고 반은 틀린 것이다.

민법전 제3편 제2장 계약(계약법)은 각종의 계약에 이름을 붙인 것을 표제로 하는 제2절에서부터 제15절의 부분과, 총칙이라고 제목이 붙여진 제1절로 나누어져 있다. 보통 전자를 계약각칙, 후자를 계약총칙이라고 부르고 있다(그래서 각각에 관한 논의는 계약각론, 계약총론이라고 하고 있다).

이들 중 계약총칙 부분을 보면, 그중에는 계약의 성립・효력・해지, 해제로 나누어져 있다. 그 의미에서, 조금 전 질문에 대한 답은 '반은 맞다'. 그러나 여기에 두어진 규정은 계약 일반에 적용되는 규정이고, 개별적인 계약유형에 관련된 규정은 계약각칙 부분에 두어져 있다. 예를 들면 매매의 성립과 효력에 관한 고유한 규정은 제1절에 총칙 부분에 있지 않고, 제3절에 두어져 있다. 결국 계약법에서는 우선 총칙・각칙이라고 하는 틀이 먼저 짜여 있고(우선하고), 그 다음에, 계약의 성립・효력・해지, 해제라는 구조가 작동하고 있다는 의미이다. 이것이 반은 아니다라는 의미이다.

2. 계약각칙의 의의–일상생활 중에서 가장 많이 사용되는 전형계약

그러면 각칙은 어떻게 편성되어 있는 것인가. 민법 제3편 제2장 제2절 내지 제15절(계약각칙) 부분에는 13종류의 계약유형으로 나누어 각 규정이 배치되어 있다. 이 부분에 규정이 두어진 계약유형을 민법상의 전형적인 계약(전형계약)이라고 부르는 것이 많다. 전형계약 유형은 계약법의 역사를 집약한 것이라고 말할 수 있고, 여기에는 일상생활에 나타나는 매우 중요한 계약유형의 대부분을 모아 놓은 것이다.

구체적으로 얘기해 보자. 우리가 살아가기 위해서는 의식주를 갖추는 것이 필요하지만 의식은 기본적으로 매매에 의하여 조달된다(자급자족도 가능하니까). 여기에 대해 주택의 조달은 약간 복잡한데 다양한 계약이 여기에 관련되어 나타난다. 이것을 도표로 표시해서 보자(도표 1.1.2).

도표 1.1.2 민법상 계약의 내용관련도

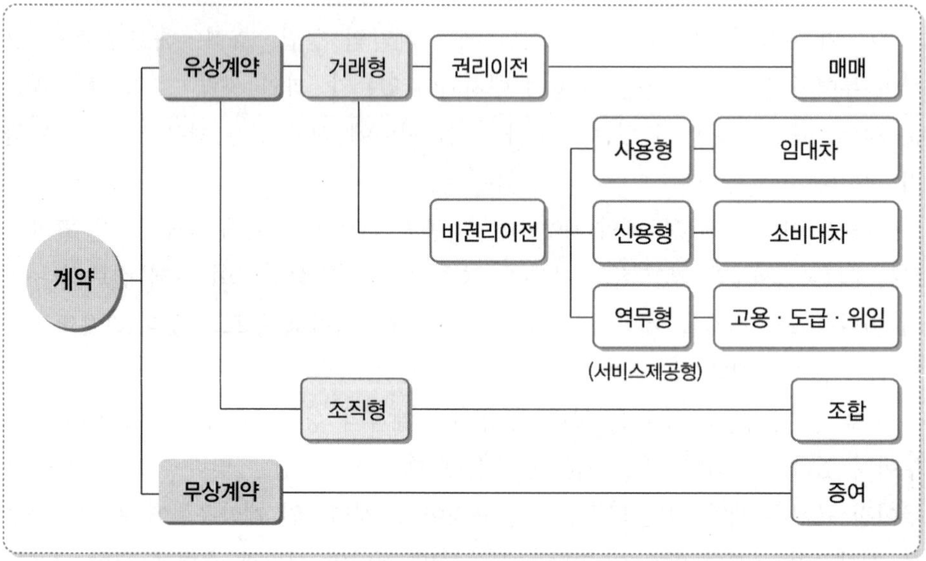

예컨대, 어떤 사람이 어떤 주택을 원한다고 하는 경우 그 기본은 다른 사람의 것을 사기도 하고 빌리기도 하고 스스로 건축하기도 하는 어떤 것이다. 즉 매매 · 임대차 · 도급이라고 하는 계약유형이 여기에 이용되고(사용하고) 있는 것이 된다(거저 빌리는 것을 임대차와 구별하여 사용대차라고 부른다). 물론 얻는(증여, 더 나아가서 상속도 중요) 것도 있고, 바꾸는(교환) 것도 없지는 않다.

이들 계약에 의하여 주택을 손에 넣는 것이 가능하지만 이 가능성은 추상적인 가능성이고 현실에서 자금이 없으면 물론 무리한 것이 많다. 그래서 필요한 자금은 '번다'든가 '빌린다'든가 하는 수밖에 없다. 즉 이것은 고용 · 소비대차라고 하는 계약으로 조달한다.

주택취득에 간접적으로 관련된 계약유형은 그 밖에도 여러 가지가 있다(또 있다). 우선 물건을 찾는('구한다'는) 것이 필요하지만 이것은 부동산소개소에 부탁하는 것이 편리하다(위임). 다음으로 집을 지으려면, 개축이라면 집을 지을 때까지 물건을 물건보관창고업자에 맡겨 둘 필요가 있다(임치). 또 아파트라면 주택관리조합이 필요하다(조합). 나아가서 건축과정에서 이웃과 사이에 분쟁(trouble)이 생기면 이에 대한 법적 처리도 필요하다(화해). 그 밖에 운송과 보험도 중요한 계약이지만 이들은 상법전에 규정되어 있다.

이상은 일상생활에서부터 출발된 계약유형을 살펴본 것이지만 더 많은 유형의 계약에 대하여 관심을 가지는 독자는 기업거래에서 출발한 계약유형을 정리해 보면 좋지 않을까 생각된다. 어찌 되었든지 간에, 13종의 계약유형과 일상생활에 있어서 많이 볼 수 있는 계약유형과는 거의 겹쳐(overlap) 있다(그렇다고 하지만 종신정기금과 같이 이제는 그다지 사용되지 않는 계약유형도 있다 - 도대체 종신정기금이 독립한 계약유형이라고 말할 수 있는가도 의문이다). 다만 이들의 계약유형에 딱 들어맞는다고 결정하는 것이 타당하지 않은 계약도 꽤 많이 있다. 이들은 비전형계약이라고 부르고 있다. 예를 들면 신용카드계약, 팩토링계약, 자동판매기설치계약, 방송출연계약, 프랜차이즈계약 등 우리가 살고 있는 실제 경제사회에서 많이 볼 수 있는 현대형 계약이다.[5] 이러한 계약들이 실무에서는 중요도가 높다. 덧붙여 둘 것은 비전형계약 중에서 일정한 전형계약의 구성부분이 함께 포함되어 있는 계약을 많이 볼 수 있는데, 이것을 특히 혼합계약 또는 혼성계약이라고 부른다. 그렇지만 본서에서는 전형계약 유형을 중심으로 이야기를 진행하고, 다만 비전형계약에 관해서 실무에서 많이 이용되고 중요한 것(사회적으로 정착되어 있고 한 개의 유형으로 되어있다고 보아도 좋은 것)은 관련 전형계약과 더불어 설명하면서 나아가겠다.[6] 나아가서 전형계약·비전형계약을 둘러싼 이론적인 문제도 있으나 이들에 대해서는 맨 나중에 따로 설명한다.

전형계약과 비전형계약을 구별하여 얻는 이점이라면, 전형계약은 합의의 흠결보충이 민법에 있는 조항으로 쉽게 이루어질 수 있지만, 비전형계약에서는 그렇지 못하다는 점이다. 그러나 실무에서는 계약서가 작성되는 때가 많고 판례를 통해 해석되는 예가 늘어가고 있다. 한편 이 둘이 결합된 혼합계약의 경우는, 만약 전형계약의 징표가 지배적인 경우에는 원칙적으로 전형계약의 법규정이 전면적으로 그러나 보충적으로 적용되지만(흡수의 원칙이라고 부른다), 그 징표가 서로 유사한 정도로 중요성을 가지는 경우에는 선택·절충이 이루어진다(결합의 원칙이라고 부른다).[7)]

3. 매매와 기타의 계약

가. 민법전과 전형계약

그런데 여러분들이 유의해야 할 것은, 본서에서는 13종의 전형계약을 민법전에 열거되어 있는 순서대로 살펴보는 것은 아니라 실무에서 중요하다고 생각되는 어떤 종류의 유형으로 분류해(그룹을 형성해) 나가면서 설명하는 방식으로 진행한다. 일반적인 분류로 이용되는 방식은 교환형·사용형·서비스형·기타라고 하여 나누는 방법이다. 그러나 본서에서는 그대로 따르는 것이 아니라, 이것을 참고로 하면서 계약법이라는 커다란 그림을 그리고 이것들을 합리적이고도 실무에 가깝도록 해석하기 위해 약간 다르게 나누는 방법을 사용하고자 한다.

여기에서 앞에서 든 민법 전반 계약에 관한 내용관련도를 보면서 설명한다(6면, 도표 1.1.2). 거기서 계약에는 세 개의 분류기준을 들고 있다. 첫째로, 유상인가 무상인가. 둘째로, 유상이라면 거래형인가 조직형인가. 셋째로, 거래형도 권리이전형인가 비권리이전형인가로 나뉘어 있다. 이러한 분류기준에 따르면, 앞서 내용관련도 가장 우측에 쓰여 있는 것과 같이 각종의 계약유형은 대충 여섯 개 그룹으로 분류할 수 있지만, 그중에서 실제로, 실무에서 가장 중요도가 높은 계약유형은 역시 유상=거래=권리이전형의 매매이다.[8)] 왜냐하면 거래에서는 모두 금전이 오가기 때문이다. 기타의 5개 유형의 중요도는 다양하지만 어느 경우에도 매매의 중요도에 비교하면 뒤떨어진다.

그래서 제2편 계약법 중 전반은 매매의 설명에, 후반은 기타 계약의 설명으로 배열한다. 매매의 이야기가 지나치게 많다는 감이 없지는 않지만, 매매의 중요성은 아무리 강조해도 지나치지 않는다. 왜냐하면 예컨대 영미법에서는 매매법(the sale of goods act)과 계약법(law of contract)이라는 두 개의 축이 어깨를 나란히 하고 있다는 것으로 잘 설명할 수 있다.

그렇지만 다음의 점에도 주의해 두기를 바란다. 그것은 본서에서는 계약총칙 여러 규정은 매매와 관련지어 설명하기로 한다는 것이다[9)]. 여기에는 다음의 두 가지 이유가 있다. 하나는 총칙·각칙을 나누지 않고, 매매와 관련한 규정을 하나의 군(郡)으로 다 묶어서 하나의 법원리로 설명하는 방법이 계약 실무와 연관하여 합리적일 뿐만 아니라 계약법을 설명하고 해석하는 실질적인 방법일 수도 있다는 것이다. 또 하나는 여기에는 이론적인 정통성도 있고, 한편으로 계약총칙 규정은 매매를 염두에 두고 만들어진 것이 많이 있고, 또 매매에 가장 잘 적합하며, 다른 한편으로는, 민법은 매매의 규정을 다른 유상계약에도 준용한다는 것을 예정해 두고 있는데(567조), 실은 매매의 규정이 바로 계약총칙으로서 가장 중요한 자리를 차지하고 있다고 볼 수 있다. 이와 같은 사정을 고려한다면 계약법을 공부하는 학생으로서는 우선 매매법을 이해하고 난 다음에 그것을 본보기(모델)로 해서 다른 계약유형에 관해서도 매매법과 비교하면서 검토하는 것이 계약법 전체를 이해하는 데 도움이 된다고 생각한다.

더욱 지금까지 나와 있는 우리나라 표준적인 민법(계약법) 교과서를 보면 계약총칙 규정을 설명하기 전에 계약의 구속력이나 계약자유의 원칙에 관해 설명하고 있는 것이 많다. 이와 같은 이야기는 불법행위에 관한 이야기와 한데 모아서, 또 다른 편에서 총괄하여 취급하는 것이 좋은 방법이다. 그러나 불법행위법 부분은 계약법에 관한 본서의 범위를 넘어서는 부분이므로 더 이상 깊이 들어가 설명하지 않기로 한다.

나. 일반적으로 하고 있는 계약의 분류

본서는 본문에서 서술한 관점으로부터 전형계약을 분류하고 있지만, 일반적으로 넓게 분류하는 방법은 [도표 1.1.2]와 같은 것이므로, 다시 한 번 봐주기 바란다. 또 유상계약(매매임대차 등), 무상계약(증여 · 사용대차 등)이라고 하는 대비분류도 누차 사용되고 있다.

4. 판례에 나타난 계약유형

위에서 잠깐 언급했듯이 현대 경제사회의 거래 모습은 매우 다양하고도 복잡해지고 있다. 이 부분은 현대계약이라고 부르고 민법상의 전형계약과 구별하여 설명하는 예도 많다. 판례에 나타난 것들은 소프트웨어계약(95다7932), 전속계약(92다33176), 리스계약(95다51915), 의료계약(85다카1491), 턴키계약(92다41559), 영상물제작공급계약(96다14364,14371), 제작물공급계약(94다42976), 골프회원권계약(98다20714), 콘도회원권계약 등 그 수는 이루 말할 수 없다. 본서에서는 이들 현대계약 중에서 중요한 계약을 따로 지면을 할애해서 설명해 나간다.

제2절 민법총칙의 재구성

민법총칙에 두어진 계약법 관련 부분에 관한 자세한 논의에 들어가기 전에, 먼저 법률행위 전체를 개관해 둔다(제1편의 각 장을 읽어나가면서 본절을 다시 한 번 회상하면서 읽으면 좋다). 구체적으로 전반부에서는 법률행위란 무엇인가, 그리고 그것이 민법전 중에서 어떠한 위치를 차지하고 있느냐를 설명한다. 그 다음에 법률행위를 논의의 중심에 두고 민법총칙을 본서의 계약법 서술에 맞도록 어떻게 재구성하느냐는 질문으로 넘어간다.

Ⅰ. 민법전에서의 법률행위

1. 민법총칙의 구조

가. 민법총칙의 구성방식

먼저 민법총칙은 어떻게 구성되어 있느냐, 그리고 그중에서도 법률행위란 계약법에서 어떠한 위치를 차지하고 있느냐는 문제로부터 이야기를 시작하고 싶다. 민법총칙 구성방식(장의 주역)을 보자. 법률행위에서 취급하고 있는 것은, 민법총칙 중에서 제5장 제2절 법률행위라는 부분만이 아니라, 제3장 법인을 제외한 모든 것이다. 좀 더 상세하게 하나씩 살펴보자.

민법총칙에는 180조 남짓한 규정이 포함되어 있다. 민법총칙은 1조에서부터 시작해서 184조에서 끝난다. 총칙에 두어진 규정은 일곱 개의 장으로 나누어 배치되어 있다. 제1장 통칙에는 1조와 2조가 두어져 있다.

통칙 2조의 규정(특히 1조)에 대해서는 곧 설명하기로 하고, 지금은 이에 계속된 민법전 일곱 개의 장에 주목해보고 싶다. 이들 일곱 개의 장은, 인·물·행위·시간이라는 개념에 의해 네 개의 장으로 정리될 수 있다. 즉 인에 관한 제2장·제3장, 물(物)에 관한 제4장, 행위에 관한 제5장, 그리고 시간에 관한 제6장·제7장과 같이 정리된다. 인·물·행위·시간 중에서도, 시간은 다소 차원이 다른 문제이지만, 나머지 세 개의 요소는 서로 밀접한 관계를 가지고 있다. '어떤 사람이 어떤 물에 대하여 어떤 행위를 한다.' 이것이 민법(재산법)의 가장 단순하고 추상적인 구조이다. 여기에서 '행위'라는 용어를 눈여겨 봐주기 바란다.

나. 인 · 물 · 행위

재산법 규정의 대다수는, 골똘히 생각한다면, 인 · 물 · 행위의 3요소와 관련된 것이라고 파악될 수 있다. 그러니까, 모든 규정을, 이 3개 요소에 의해 분류할 수 있다. 현재 프랑스 민법전 등은 그렇게 편성되어 있는데, 제1편 인, 제2편 물, 제3편 재산의 취득방법이라는 편별을 취하고 있다. 그러나 일본 민법전은 물론이고 우리 민법전은 판덱텐(Pandekten) 방식을 취하고 있다. 판덱텐은 로마법 대전[10]의 학설휘찬(Pandekten)을 말한다. 독일 민법전(BGB)이 최초의 판덱텐 체계를 따른 근대 법전이다. 이러한 판덱텐 방식 아래에서는, 민법총칙에는, 물권 · 채권에도 다 같이 적용되는 것 같은 추상적 · 일반적인 규정만이 두어져 있다. 따라서 인 · 물 · 행위에 관한 규정 전부가 민법총칙에 포함되어 있다는 의미는 아니다.

인 · 물 · 행위 3요소 중에서, 가장 복잡한 것은 행위이다. 민법총칙 중에서도 행위 부분이 가장 복잡하고, 또 중요하다. 또한 물권편 · 채권편에 두어져 있는 규정의 대부분은 행위에 관한 구체적인 규정이다(물권에는 물에 관한 약간의 규정도 있다. 인에 관한 규정은 어쨌든 거의 없다). 그러므로 행위=법률행위를 중심에 두고 민법총칙을 공부하는 것이, 이론적 · 실제적으로 계약법을 이해하는 데 가장 적절한 방법이라고 말할 수 있다.[11]

2. 민법총칙과 계약법

가. 법률행위와 계약

그렇다면 과연 법률행위란 무엇인가. 여러분들은 의문을 가지고 생각하고 있을지 모르지만 민법전에 법률행위가 무엇인지 정의하는 규정은 없다(최근의 법률에는 정의규정이 있는 것이 적지 않지만, 민법전에는 이와 같은 정의규정이 거의 없다). 논의를 진행하기 위해 법률행위란 잠정적으로 그것을 하는 자의 의사표시의 내용대로 법적 효과가 발생하는 행위라고 정의해둔다(여기서 의**사**라는 용어에 주의하자. 의**지**가 아니다). 전형적인 법률행위로 계약을 상정하면 좋다. 아주 간단한 예를 들면 P와 D가 어떤 물을 어떤 금액으로 사고판다는 계약을 한다면 그 내용대로 효과가 발생한다. 구체적으로 매도인 P에게는 목적물인도의무가 발생하고, 매수인 D에게는 대금지급의무가 발생한다. 이것을 도표로 표시해 둔다(도표 1.1.3). 이것이 바로 매매계약의 내용이다.

도표 1.1.3 법률행위

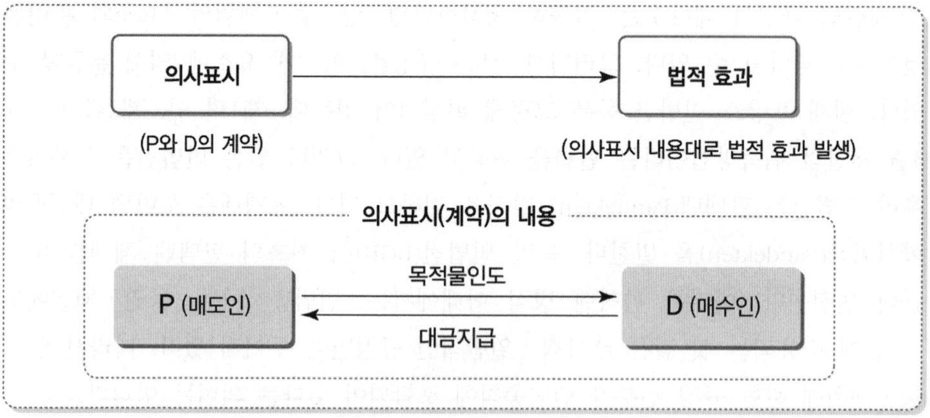

나. 계약의 상위개념

또 앞에서도 한마디 해두었듯이 계약 이외에, 「유언」과 같은 단독행위도 법률행위에 포함된다는 점을 잊지 말자. 실제로 법률행위란 개념은 계약이나 유언의 상위개념으로서 근대 이후에 독일에서 만들어진 개념이다(영미 계약법이나 프랑스법에는 법률행위란 개념 자체가 없었다). 그렇기에 법률행위의 실질적인 모습은 계약이나 유언에서 볼 수 있다. 그리고 그중에서도 특히 중요한 것은 계약이고, 사실 법률행위는 계약을 상정하여 논의를 거듭해 왔다고 해도 지나친 말이 아니다. 그러므로 법률행위에 대해서 생각할 때에는 먼저 계약을 염두에 두고 생각하는 것이 좋다.

3. 우리계약법의 구조

가. 실질적인 계약법

법률행위≒계약이라는 도식을 상정했을 때, 그렇다면 무엇 때문에 법률행위에 대하여 공부하는가. 법률행위를 공부하는 것이 바로 계약에 대해서 공부하는 것인가? 여러분들은 그렇게 생각할지도 모른다. 그것이 틀린 것은 아니지만, 좀 더 정확하게 표현하면, 법률행위를 공부하는 것은 계약(어떤 계약법)의 일부에 대해서 공부하는 것이다. 왜냐하면, 먼저 서술한 바와 같이, 행위(계약)에 관한 규정들 중에서 민법총칙에 포함되어 있는 것은, 대단히 추상적 규정들밖에 없기 때문이다. 거꾸로 말하면, 계약에 관한 중요한 규정이라도 민법총칙에 포함되지 않은 것도 적지 않다고 정리할 수 있다.

그러면 어디에 포함되는 것인가. 민법전 여기저기에 포함되어 있다고 말하는 것이 정답이다. 구체적으로, 우선 계약각칙이라고 부르는 부분에 계약이라는 부분이 있다(민법전 제3편 제2장 계약). 이것은 더욱 총칙과 각칙으로 나누어져 있다. 여기에 많은 규정이 포함되어 있다. 일반적으로 계약법이라고 말한다면 이 부분을 지칭하는 것이 보통이다. 그러나 주의하고 싶은 것은 계약에 관한 민법규정 전체를 계약법(실질적인 의미의 계약법)이라고 부른다면, 거기에는 좁은 의미의 계약법만이 아니라, 그 밖에 채권총칙 규정의 일부, 그리고 민법총칙에 상당한 부분이 포함되어 있는 것이다. 결국 실질적인 계약법은 계약총칙·각칙만이 아니라 채권총칙·민법총칙에 걸쳐서 존재한다. 이것을 알기 쉽게 도표로 표시해 둔다(도표 1.1.4).

도표 1.1.4 실질적 의미의 계약법

민법전 제3편 제2장 「계약」 = 계약법	① 계약총칙, ② 계약각칙
「채권」	③ 채권총칙의 일부
「총칙」	④ 민법총칙의 대부분

나. 계약에 관한 규정이 있는 곳-구체적인 예

예를 들어서, 넓은 의미의 계약의 성립에 있어서, 대단히 중요한 규정은 민법총칙에 두어져 있다. 또한 계약으로부터 발생하는 의무(채무)가 실행(이행이라고 한다)되지 않았을 때 이루어지는 손해배상에 관한 규정은 제3편 제1장 채권총칙에 두어져 있다. 다른 한편 계약위반(계약불이행)의 경우 계약을 끝내는(해제라고 한다) 것이 가능하지만 계약해제에 관한 규정은 제2장 제1절 제3관 계약총칙에 두어져 있다. 더욱이 매매계약에 있어서의 목적물의 인도·대금지불의 장소·시기에 대해서는 계약각칙, 특히 제2장 제3절에 규정이 두어져 있다.

다. 우리계약법

본서의 제목에서 알 수 있듯이 우리 민법상의 계약법은 실질적인 의미에서 파악할 수 있고, 또 관련 규정들은 민법의 계약총칙·각칙 부분만이 아니라 채권총칙·민법총칙에 걸쳐 이곳저곳에 존재한다. 그러므로 본서는 종전 교과서들이 판덱텐 체계에 따라 서술된 것을 실무에 나타난 거래 현상에 맞추어 민법 관련 규정을 계약법이라는 큰 틀에 따라 재구성해서 설명한다. 특히, 채권총론은 불법행위로부터 발생하는 채권에 관해서도 적용할 수 있는 다양한 규칙 또는 법리들에 관해 설명하고 있지만 그럼에도 불구하고 본서는 계약에 적용되는 것들을 중심으로 논의해 나간다. 그러므로 본서는 예전 교과서에서 민법총칙, 채권총론, 채권각론이라는 제목으로 서술된 내용을 민법총칙, 채권총론은 그대로 수용하고, 채권각론만은 법정채권 부분만 제외하고 모두 본서의 내용으로 하고 있다.

Ⅱ. 법률행위의 내용[12)]

법률행위의 자리매김에 관해서는 이상의 설명에서 이해할 수 있다고 생각한다. 그러므로 다음은 제1편 법률행위라는 제목으로, 그 다음은 어떠한 문제를 채택할 것인가를 설명해둔다. 본서 제1편 법률행위의 중심부분은 민법총칙 제5장 법률행위 부분 설명에 대응되지만, 민법총칙 중 몇 가지 기타 문제에 관해서도 법률행위와 관련지어 설명한다. 여기에서는 상세한 논의는 뒤로 미루고 이 시점에서 구체적으로 어떠한 문제가 있고, 어떠한 순서로 논하는가는 다음에서 서술하는 바와 같다. 간략하게 앞에서 게시한 내용관련도(도표 1.1.2)를 다시 한번 보면서 읽어주기 바란다.

1. 법률행위의 중심부분

먼저 계약을 넓은 바탕으로 하고 법률행위에 대해 살펴본다.

가. 계약에 관한 원칙

계약이 성립되면, 그 내용대로 효력이 발생한다. 이것이 계약법의 대원칙이다.

앞서 본 [도표 1.1.1](4면)에서 성립→효력 부분이 굵은 화살표로 되어 있는 것은 이것이 대원칙이라는 것을 보여준다. 이것은 당연한 것같이 생각될지도 모르지만, 이것이 모든 논의의 출발점이다. 그러나 이 원칙이 민법전에는 쓰여 있지 않다. 계약의 성립에 대해서도, 계약의 효력에 대해서도, 원칙 부분을 정한 규정은 민법전에는 존재하지 않는다.

그러면 계약의 효력 부분은 뒤로 미루고 계약의 성립에 관한 원칙규정이 왜 없느냐고 생각해보자. 규정은 없지만 계약은 당사자의 의사의 합치(합의)에 의해 성립한다고 생각된다. 이것은 당연한 것이므로 규정이 두어져 있지 않다. 당연한 것은 쓰지 않는 것이 민법전 편찬시기의 기본방침이었다고 이해된다. 법전을 쓰는 자로서는 간편하다고 해도 좋지만, 읽는 자로서는 반드시 이해하기 쉬운 점은 아니다.

나. 원칙에 대한 예외

그러면 계약의 성립에 관한 규정이 민법전 중에 전혀 없는 것이라고 말한다면, 반드시 그렇지도 않다. 확실히 '계약은 당사자의 의사의 합치에 의하여 성립한다'는 원칙을 명기한 규정은 없다. 그러나 민법전이 이 원칙을 전제로 하는 것은 다음과 같은 두 가지 종류의 규정이 존재하는 것이기 때문이라고도 생각할(알) 수 있다. 첫째는, 계약총칙 부분에 두어진 규정이다(528조 이하). 이것은 계약성립에 관한 예외적인 경우를 규율하는 것이다. 여기서부터 역으로 원칙을 생각할 수 있다. 그러나 지금은 이 점은 다루지 않고 나중에 자세하게 설명한다. 또 하나는 민법총칙 중에도 계약의 성립에 관한 규정이 있다. 제5장 법률행위에 두어진 몇 가지 규정들(103조, 109조, 110조)이 그것들이다. 이들 규정이 어떠한 것인가에 관해서는 이하 간단히 설명한다.

[도표 1.1.1]을 보면, 계약의 성립으로부터 아래로 향한 축이 커지고 있다. 바로 거기에 계약의 유효성(및 무효/취소 제3자)이라는 항목이 있는데, 103조, 109조, 110조 및 이들의 효과에 관한 139조 이하(무효·취소)는 여기에 자리 잡혀 있다(**강**박이라는 용어에 주의. **협**박이 아니다). 그것은 이와 같은 것이다. 당사자의 의사의 합치에 의해 계약은 **일응은** 성립한다. 그러나 표면적으로 보면 의사가 합치되어 있고, 계약이 일응 성립되어 있어도, 그 계약은 의사의 완전성, 내용의 타당성이라는 두 가지 조건을 만족하지 않는다면 효력이 생기지 않는다. 즉 의사의 합

치에 의해 일응 성립한 계약은, 나아가서 의사가 불완전하지 않고, 또 내용이 부당하지 않은 경우에, 비로소 **완전히** 효력이 생긴다. 이 부분에 관해서도 다시 자세하게 설명한다.

다. 중간정리－이중구조

여기까지의 이야기를 정리해 보면, 다음과 같이 생각할 수 있다.

도표 1.1.5 「법률행위」의 구조

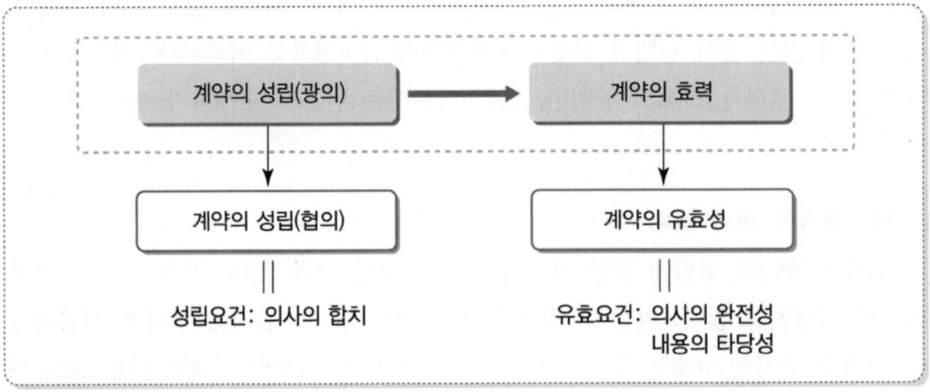

그런데 [도표 1.1.5] 하단의 성립요건・유효요건 등이라는 두 단계만 번거롭게 에둘러서(빙 돌려서) 생각하는 것은, 왜 그러한가? 오늘날에는 사고의 경제 때문이라고 생각하는 것이 좋을 것이다.[13] 의사가 합치되어 있다면 계약이 성립한다(계약의 성립요건). 보통 그것만으로 충분하다(족하다). 의사의 완전성이나 내용의 타당성을 특별히 내세워 문제로 삼는 것까지도 아니다. 그러나 당사자가 의사가 '불완전'했다, 내용이 '부당'하다고 주장하는 경우에는, 한번 성립되었던 계약의 효력이 뒤집힌다(계약의 유효요건). 결국 원칙적으로 계약의 성립요건을 만족한다면 계약은 성립하지만 예외적으로 계약의 유효요건을 갖추지 못한다는 것이 주장・입증이 되면 효력은 발생하지 않는다고 생각하는 것이다.

그리고 넓은 의미의 계약의 성립에 있어서 민법전에는 유효요건(예외적 요건)만이 쓰여 있다. 그러나 그 전제로 성립요건(적극적 요건)이 염두에 두어져 있다는 것이다. 이같이 생각하는 것이다. 지금으로서는 처음엔 알기 어려울지도 모르지만 중요한 부분이다.

본서에서는 먼저 성립요건에 관한 문제에 대하여 간단히 다룬다. 이어서 유효요건 중 최초의 의사의 문제에 대한 내용 문제를 다룬다. 전자는 109・110조, 후자는 110조에 관한 것이라는 점은 이미 서술하였다. 이들 부분에 관해서는 다시 자세하게 설명한다.

라. 소송과의 관련성

계약의 성립요건과 계약의 유효요건을 실제로 소송에서 문제가 된 경우에 입각하여 생각해 본다면 다음과 같이 이해된다. 계약의 성립을 주장하는 자(원고, P: Plaintiff, 앞으로 판례를 소개할 때 P라고 표시한다)는 계약의 성립요건이 충족되었다는 점을 주장・입증하여야 한다(주요사실에 대한 주장・입증책임). 만약 의사의 합치를 증명할 수 없다면 계약의 성립이라고 말할 수 없다. 여기에 대해 계약의 성립을 부정하는 당사자(피고, D: Defendant, 앞으로 판례를 소개할 때 D라고 표시한다)로서는 의사의 합치가 입증되었다고 해도, 계약의 유효요건을 갖추지 못했다는 것을 다시 주장・입증한다면 계약의 효력을 부정할 수 있다(항변). 즉 ① 자기의 권리를 주장하는 자는, 그것을 위한 원칙적 요건=적극적 요건을 주장하면 충분하고, ② 원칙적 요건이 입증된 경우 상대방의 권리・주장을 부정하는 자는 예외

도표 1.1.6 계약관련 소송구조

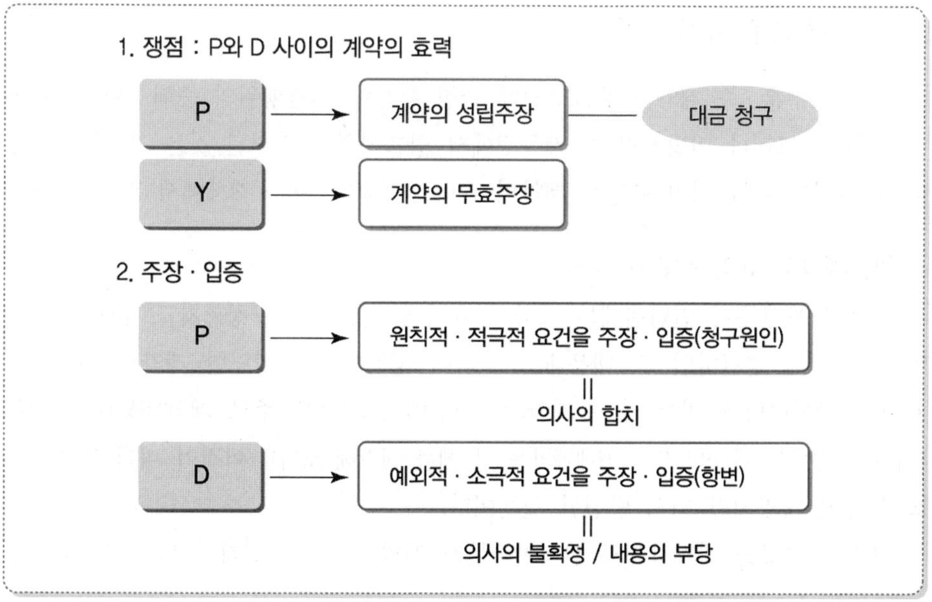

적 요건=소극적 요건을 주장·입증할 필요가 있다(도표 1.1.6). 이것은 민사소송법에서 말하는 입증책임에 관한 문제이다. 이 부분은 민사소송법 강의에서 자세하게 살펴보기 바란다. 그러나 본서에서는 실체법인 계약법을 논의하면서 절차법인 민사소송법 분야로 소송실무에서 중요하게 다루는 요건사실은 실체법을 설명한 뒤에 마지막 부분에서 간략하게 설명하기로 한다.

마. 무효·취소

계약의 유효요건을 갖추지 못한 것, 구체적으로 착오나 공서양속위반이 있다는 사실이 주장·입증되면, 계약은 효력이 생기지 않게 된다. 그러나 효력이 생기지 않는다는 것은 대충 말하는 것이고, 법적으로 정확하게 표현하면 무효나 취소 어느 쪽이 되고, 이 중 어느 쪽인가에 따라서 그 결과에 차이가 생긴다. 또 하나 주의해야 할 것은, P와 D 사이에 계약이 무효로 되거나 취소되어도, P와 D 사이의 계약과는 아무런 관계가 없는 Z(제3자라고 부른다)에 대해서는 이러한 흠결을 주장할 수 없는 때가 있다는 것이다. 민법 관련 규정은 민법총칙 중 제5장 법률행위의 제1절 총칙·제2절 의사표시(103조, 107조~110조) 외에, 제4절 무효와 취소 부분이다. 서술순서는, 제2장 제1절 제3관 유효성·제2효과 제1항 무효와 취소, 제2항 제3자 보호가 여기에 대응한다.

2. 법률행위 부수 부분

이상의 부분, 즉 계약의 유효요건에 관한 부분이 법률행위의 중핵 부분을 차지하고 있다. 그러나 민법총칙 중 제규정에서 법률행위에 관련된 것은 그 밖에도 있다. 본서에는 이들 여러 규정을 계약의 효력, 계약의 주체·객체에서 각 설명한다.

가. 계약의 효력에 관한 원칙

앞에서 보았듯이 민법전에는 계약의 효력에 관한 원칙규정조차도 두어져 있지 않다. 계약이 성립하면 그 내용대로 효력이 생긴다. 즉 성립한 계약의 내용대로 효력이 발생한다고 하는 것이 계약의 효력이다. 그것은 주로 계약내용대로 의무(채무)가 발생한다(P와 D가 매매계약을 한 예를 생각해 보자). 이것이 비록 민법전에 쓰여 있지 않았지만 역시 당연한 결론이다.

그런데 이것을 계약자유의 원칙이라든지 계약구속력의 원칙 등으로 부른다. 전자는 당사자가 내용을 자유로이 결정할 수 있다는 점에 주목(착안)한 것이고, 후자는 당사자가 결정한 것 그것만으로 구속력을 가진다고 하는 것에 착안한 것이다. 또 법률행위 자유의 원칙, 사적자치의 원칙이라는 원칙도 있는데, 그것은 이상의 양자에 대강 대응하는 것같이 생각된다(다만 법률행위 일반에 대해서도 대상은 넓어진다).

이들 원칙들도 민법전에 쓰여 있지 않다. 그러나 이들 원칙들은 계약법 혹은 법률행위를 일관하는 대원칙이라고 말하고 있다. 그런데 법률행위란 개념에는 이들 원칙이 들어 있다고 말할 수도 있다(법률행위의 정의를 생각해내면 좋다). 만약 그렇다고 한다면 민법전 총칙 제5장의 법률행위라는 표현이 이들 원칙을 나타내고 있다고 말할 수 있다.

나. 계약내용의 조정

계약내용의 결정은 당사자의 자유에 맡겨져 있고, 그 내용대로 의무가 발생한다면, 계약효력에 관해서는 특히 자세하게 규정을 둘 필요가 없다(의무란 바꾸어서 채무라고 말해도 다소 같다. 계약이라는 큰 틀에서 보면 계약을 맺은 당사자는 계약에 따라 이행할 의무가 있다. 한편 채권법에서는 사람에 대한 의무를 채무라고 부르고, 사람에 대한 권리를 채권이라고 부른다). 어떠한 일도 당사자가 결정한 대로 집행하는 것이 규범(rule)이 된다는 뜻이기 때문이다. 또한 계약이행(채무이행)에 관해서도 의무(채무)는 그 내용대로 이행되지 않으면 안 된다는 것이 계약법의 원칙이므로, 이 점에 대해서도 특별한 규범은 두어져 있지 않다.

그러나 민법총칙에는 채무의 발생, 채무의 이행에 대하여 극히 일반적인 규정으로 몇 개가 두어져 있다. 하나는 계약내용의 결정에 대해 관습이 달성하는 역할에 관한 규정이고(106조. 105조는 그 전제를 확인하고 있다), 또 하나는 채무이행의 방법에 대해서 신의성실을 요구(신의성실의 원칙: 신의칙)하는 규정이다(2조) 또한 다소 미세하지만 계약이 성립해도 곧(바로) 이행할 의무(채무)가 발생하는 것은 아니다. 이것은 조건·기한과 관계가 있다. 이와 관련된 규정은 제5장 법률행위 제5절에 있다. 이상은 모두 원칙에 대한 예외라기보다는 계약의 이행과정에 관한 미세조정을 위한 규정이라고 말하는 편이 적당할 것이다. 본서에서는 채무의 발생에서 이들 규정을 자세하게 검토한다.

나아가서 법률행위 바로 그 자체에 문제는 없지만 계약으로부터 발생한 채무가 시간의 경과에 의해 소멸한다는 규범이 있다. 「소멸시효」이다. 이와 관련된 규정은 민법총칙 제7절 소멸시효 부분에 있다. 그 전제로서 시간 계산에 관한 규범이 필요한데, 그것은 민법총칙 제6장 기간에 두어져 있다. 이것도 함께 소멸시효에 대해서는 본서 채무의 소멸에서 각각 자세하게 검토한다.

다. 계약의 주체와 객체

이상 계약의 성립, 계약의 효력에 대해서 살펴보았다. 이것은 계약 바로 그 자체에 관한 이야기였지만, 계약에는 계약을 일으키고 이행하는 주체(사람)와 계약의 목적이 된 객체(물 등)가 꼭 있어야 한다.

(1) 계약주체의 분리=대리

그런데 한마디로 계약의 주체에 관해 말한다면, 그 기능에 따라 두 가지를 구별할 필요가 있다. 두 개의 주체로는 계약을 체결하는 주체(행위주체)와 그 계약의 효과가 귀속하는 주체(효과귀속주체)이다. 통상 이 둘은 일치한다. 예컨대 내가 물건을 산 경우(매매계약을 체결한 것은 나), 산 물건은 내 물건이지만, 돈을 지급하지 않으면 안 되는 사람도 나라고 하는 것이 원칙이다(매매계약의 효과가 귀속하는 것도 나). 그러나 이 둘의 주체가 따로따로 분리되는 경우도 있다. 그 대표적인 예가 대리에서 나타난다.

일반적으로 P의 대리인으로서 D가, T와 계약을 한 경우 D가 한 계약의 효력은 P에게 귀속한다. 친구 P가 D에게 '서점에 가서 우리계약법 책을 한권 사다 주지 않을래'라고 부탁해서, D가 친구의 대리인으로 서점에 주문을 했다고 하는 경우 계약의 효과는 친구 P에게 귀속한다. 결국 대금을 지급할 의무를 부담하는 자는 내가 아니라 친구이다. 물론 책도 친구의 것이 된다.

도표 1.1.7 대리의 구조

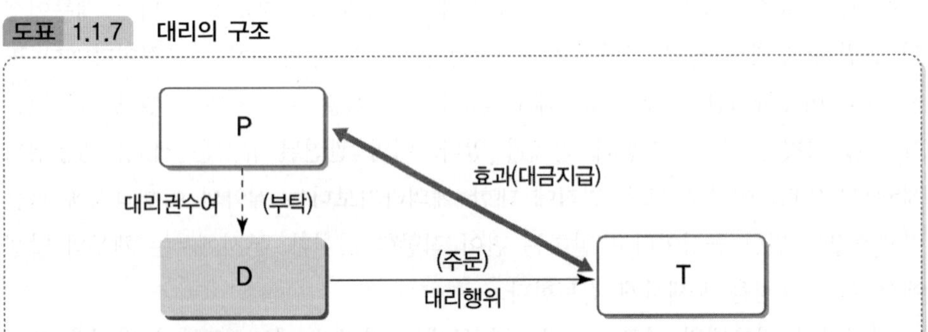

도표 1.1.8 계약(≒법률행위) 내용관련 조직도

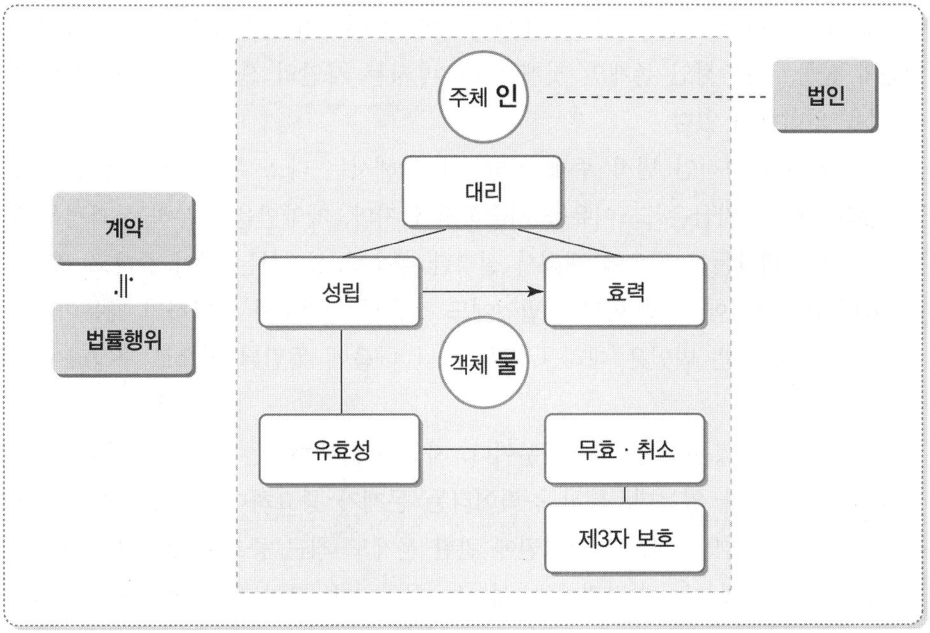

계약(≒법률행위)에 관한 내용관련 조직도(도표 1.1.8)에서 보면, 계약의 주체가 계약의 성립과 계약의 효력에 쌍방과 관련하는 것같이 쓰여 있는 것은, 이같이 주체는 계약을 체결하여 계약이 성립하게 하는 주체와 계약의 효력이 미치는 주체라는 양면을 가지고 있기 때문이다. 다시 반복하지만 대리 등이 없는 경우에는 이 둘의 주체는 일치한다.

대리의 문제는 꽤 어렵다. 법률행위론 중에는 응용문제에 속하지만 이론상으로 보나 실제 실무에서도 중요한 지위를 차지한다. 즉 실무에서 중요도가 대단히 높고 법리 논쟁이 치열하게 전개되는 부분이다. 본서에는 대리라는 제목으로 상세하게 검토한다.

(2) 인과 물

계약(보다 넓은 법률관계)의 주체에 해당할 수 있는 존재로서는 인(생물로서 사람) 외에 법인(회사 등)이 있다. 양자를 아울러(모두 합쳐) 인이라고 부르는 때도 있다(동물은 포함하지 않는다. 동물은 물의 일종이다). 또한 법인을 제외하기 위해 사람을 자연인이라는 용어를 사용하는 때도 있다. [도표 1.1.8]을 다시 보자. 또한 법인은 personne morale(법적 사람), 자연인은 personne physique(개인, 자연인)이라고 구분하여 부르는 프랑스어에서 유래한 용어이지만,[14] 전자가 인간의 정신활동의 산물=관념적인 존재인 것에 반해, 후자는 자연의 산물=물리적인 존재라는 것을 의미하고 있다.

이 중에서 관념적인 법적 주체 = 법인에 관해서는 다소 복잡하게 뒤얽힌 설명이 필요하다. 또 지금은 그 이유를 서술하지 않지만, 계약법을 공부하는 과정을 염두에 두면 대리라든지 공유에 대해서 설명한 다음에 설명하는 편이 좋다고 생각된다. 왜냐하면 대리에 관한 법리가 법인에도 적용되는 경우가 허다하기 때문이다.

그러므로 본서는 법인은 대리를 다루고 난 다음에 독립된 편으로 구성하여 취급한다.

그렇다면 남아있는 것은 자연인뿐이다. 자연인에 대해서는 출생 · 사망 · 주소 · 실종이라는 문제가 있는데, 특히 능력이라는 문제가 중요하다. 이 문제에 대해서는 대리와 함께 설명한다. 또 인격권에 관한 문제도 최근 중요한 쟁점으로 떠오르고 있는데, 본서에서는 인격권에 대해서는 한마디에 그치고, 자연인에 대해서는 그 법인격을 중심으로 검토한다. 이것이 인과 물 전반 부분이다.

계약의 객체로서 오늘날까지 중요한 의미를 가지는 것은 물(物)이다. 예컨대 매매는 물의 소유권을 이전하는 계약, 임차권은 물의 이용을 허락하는 계약이다. 매수인 또는 임차인이 대가로서 지급하는 대금 또는 차임은 금전이고, 금전도 특수한 성격을 띠고 있어서 적어도 역사적으로는 물로서 이해되어 왔다.[15]

물에 대해서는 그 종류가 구별되어 있고, 종에 따라서 다르게 취급된다. 종류 자체에 대해서는 민법총칙에서 규정이 있으므로, 본서에는 이것을 인과 물에서 다룬다. 다만 물에 관한 법적인 취급에 관한 규정은 우리 민법전에는 총칙이 아니라 독립해서 제2편 물권에 두어져 있다. 거기에 두어진 규정은 분량도 많고 또 중요도도 높은 것이므로, 계약의 객체로서의 물의 연장선상에서 취급하는 것은 적당하다고 말할 수 없다. 이 부분은 물권법 또는 재산법에서 상세하게 다루는 편이 좋다.

이상을 간단히 정리하면 첫째로, 본서 계약법에서는 인 · 물 · 행위에 관한 일반성이 높은 규정을 많이 포함하는 부분을 대상으로 한다. 둘째로, 본서의 대상은 법률행위를 중핵으로 하는 부분과 이것과 연관하는 것이 상대적으로 독립성이 높고, 물권 · 법인에 관한 부분으로 구분할 수 있다. 한마디로 민법총칙의 특징은 권리(채권)의 요소에 관한 부분이라고 말해도 좋다.

여기에 대해서 본서에서 계약에 관한 보다 구체적인 규정을 대상으로 하는 채권각론은 권리(채권)의 발생에 관한 부분이고, 일단 발생한 권리의 실행이나 확보에 관한 규정을 대상으로 하는 채권총론은 권리(채권)의 실현에 관한 부분이라고 말할 수 있을지도 모른다. 또한 민법의 재산법 부분을 대상으로 하는 부분은 사인의 권리 중 가족관계와 밀접하게 관련하는 것(신분권 · 상속권)은 본서에서 취급하지 않는다. 이것을 도표로 나타낸다.

도표 1.1.9 민법 내용 관련도

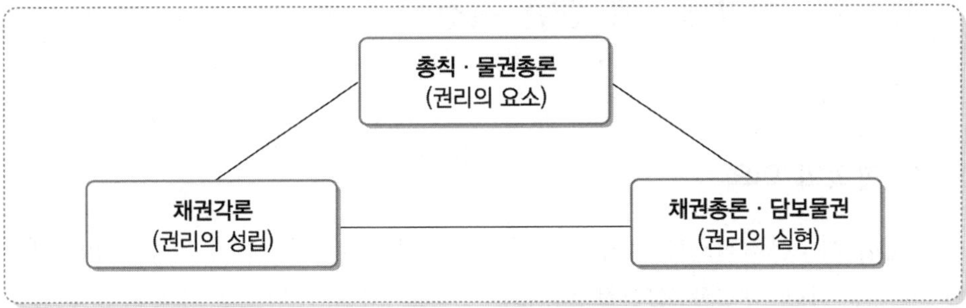

제2장 • 계약법 공통원리

제 1 절 계약의 성립

제 1 관 계약내용에 관한 진정한 합의

Ⅰ. 원 칙

1. 합의의 의의

지금까지는 본격적으로 계약법에 관한 서술에 들어가기 전에 민법규정에 나타난 계약에 관한 규정을 실질적 의미의 계약법이라는 개념으로 수용하여 이들을 다른 민법 규정들과 함께 본서를 서술하기 위해 재구성하고 계약의 상위개념으로서 법률행위를 중심으로 개괄적으로 계약법을 간단하게 살펴보았다. 이제부터는 좀 더 깊게 구체적인 민법 규정을 들면서 파고들어 가자.

계약은 청약과 승낙이라는 두 개의 의사표시의 합치로 성립한다고 일반적으로 설명하고 있다.[16] 계약이 성립하면 그 내용대로의 효력이 발생한다. 제1장 제2절에서도 이 점을 강조했지만, 이것이 계약법을 이해하는 데 모든 출발점이다. 그러면 계약이 성립한다는 것은 어떤 의미를 가지는 것인가. 이것도 이미 서술했듯이 계약은 당사자(계약을 체결한 사람들)가 계약의 내용을 합의함으로써 성립한다. 예를 들면 매매계약에서, 매도인 P와 매수인 D가, 어떤 물건을 얼마에 사고파는가에 관하여 서로 합의한다면, 원칙적으로 이런 합의로 계약이 성립한다. 이것은 당연한 듯하지만 조금 더 파고들어 생각한다면 다음과 같은 것을 의미한다.

가. 의사교환을 통한 합의

우선 확인해둘 필요가 있는 것은 여기서 말하고 있는 합의는 당사자가 **서로 상대방에 대하여** 자기의 의도를 분명하게 드러내는 것을 전제로 하고 있다는 것이다. 매도인 P가 어떤 물을 팔겠다는 의사를 보이고 **그것에 대하여** 매수인 D가 산다는 의사를 표시함으로써 비로소 합의가 성립한다. 그러한 의미에서 합의는 의사교환(통신, 커뮤니케이션)을 전제로 하고 있다고 말할 수 있다. 바꾸어 말하면 예컨대 P가 팔자고 생각하고 D가 사자고 생각해도, 상대방에 대하여 어떠한 말도 하지 않고 마음 안에 생각하는 것만으로는 합의가 존재한다고 말할 수 없다. 합의란 자기의 의사를 전하기 위한 어떠한 동작(action, 보통 언어를 사용한다)을 매개로 당사자가 쌍방으로 상대방의 의사를 (서로) 확인해나가는 것까지를 포함한다고 말해야 한다. 그 의미에서 합의란 의사표시의 합치라고 말할 수 있다. 이것을 도표로 표시해 둔다(도표 1.2.1).

도표 1.2.1 계약에서의 합의

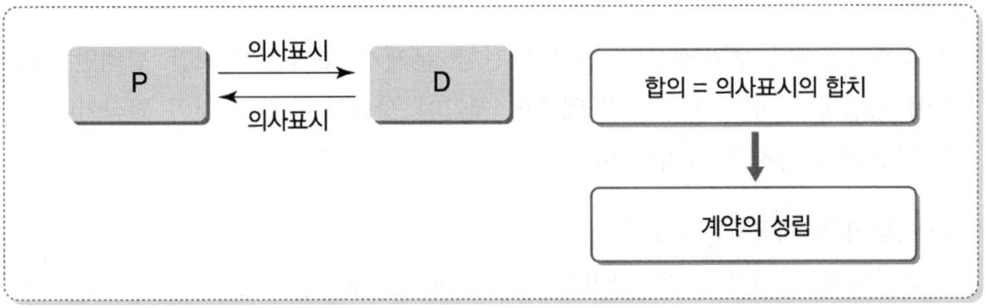

나. 합의에 관한 두 가지 자유

계약의 성립=당사자의 자유=두 가지 의사표시의 합치라고 하는 위의 도식은 다음의 두 가지의 것(두 가지의 자유)을 포함하고 있다.

(1) 계약체결 방식의 자유

하나는 당사자의 의사는 밖으로 표시되지 않으면 안 되지만 그 표시의 방법은 특별히 결정되어 있지 않다.

합의를 한 것을 보이기 위해(나타내기 위해) 합의한 내용을 표시하는 서류에 꼭 서명(sign)할 필요는 없다. 결국 계약서를 작성하지 않아도 말로 합의하면(구두합의가 있으면) 계약은 성립한다. 이것을 방식의 자유라고 부른다. 다만 합의가 성립한 것을 다시금 합의의 내용을 증명하기 위해서는 계약서가 있으면 대단히 편리하고, 나중에 분쟁이 발생한 때에 단순한 구두약속으로는 계약내용에 관한 증명이 곤란하다. 그러므로 계약서는 실무에서 중요한 증거가 된다.

(2) 계약체결의 자유

또 하나는 당사자가 합의를 해버리지 않는 한, 어느 때든지 계약교섭을 중단할 수 있다. 백화점 양복매장에서 어떤 양복도 시험삼아 입어 볼 수 있고, 또 지하 식료품매장에서 시식을 해도 최종적으로 산다고 하는 의사표시를 하기까지는 '다시 생각해보니 아니야'라고 말하여 사지 않을 수 있다. 이것을 계약체결(체약)의 자유라고 부른다. 그렇지만 최근에는 계약교섭이 상당히 구체화하여 계약이 성립한다고 하는 기대를 상대방이 품는 것이 당연하다고 하는 단계에 이르렀다고 한 경우에는, 예컨대 계약이 성립하였다고는 말할 수 없는 때도 계약교섭을 중단한 자는 손해배상책임을 진다고 해석하고 있다(이 부분에 관해서는 다시 자세하게 설명한다).

입증책임문제나 손해배상의 범위에 관한 문제가 있기는 하지만 합의만 하면 계약이 성립하고, 합의조차 하지 않으면 계약이 성립하지 않는 것이 원칙이다. 이 점을 단단히 파악하고 있기를 바란다.

(3) (광의의) 계약자유의 원칙

머리말에서 당사자가 계약내용을 자유롭게 결정하는 것이 가능하다는 사고방식을 계약자유의 원칙이라고 부른다고 서술하였지만, 교과서에서는 이것을 내용의 자유라고 부르고, 방식의 자유, 체약의 자유를 포함하여 넓은 의미의 계약자유의 원칙이라는 용어를 사용하고 있다.

2. 합의의 분석

여기까지가 일반적인 설명이지만, 더 파고 들어가 생각하면 계약의 성립=당사자의 자유=두 가지 의사표시의 합치라고 하는 도식에는 다음과 같은 애매한 점이 남아있다는 것을 알 수 있다. 미리 한마디로 문제점을 지적하면 합의의 유무의 판단은 반드시 그리고 언제나 쉽지 않다.

가. 합의의 범위

먼저 합의의 범위에 관한 문제가 있다. 매매계약에 있어서 매도인 P와 매수인 D 사이에서 모든 계약내용에 관해 합의가 성립하여, 결국 P · D의 의사표시가 **완**

전히 일치되어 있다면 문제가 없다. 그러나 어떤 부분에 관하여는 일치하지만 어떤 부분에 관하여는 일치하지 않았어도, 합의가 있다고 말할 수 있을까.

이 점에 관한 일반적인 사고방식은 계약의 **본질적 부분**에 관한 합의가 있다면 계약은 성립한다고 하는 것이다. 민법에 명문규정은 없지만 판례나 학설도 이와 같이 생각하고 있다고 말할 수 있다. 판례는, 계약이 성립하기 위하여는 당사자 사이에 의사의 합치가 있어야 하고, 이러한 의사의 합치는 당해 계약의 내용을 이루는 모든 사항에 관하여 있어야 하는 것은 아니나 그 본질적 사항이나 중요 사항에 관하여는 구체적으로 의사의 합치가 있거나 적어도 장래 구체적으로 특정할 수 있는 기준과 방법 등에 관한 합의는 있어야 한다(2000다51650)고 했다. 일본 최고재판소 판례는 '양자는 계약의 요소라고 할 만한 점에서 서로 합치하지 않고 있다.....'라는 표현을 쓰고 있고, 이것은 '요소가 되어야 하는 점에 관한 합치'라고 한다면 계약은 성립한다는 사고방식을 전제로 하고 있다[17](大判昭 19.6.28. 民集 23券, 387頁[17][15]).

나. 합의의 심도 · 숙도

다음 합의의 심도 · 숙도라고 불러야 하는 문제가 있다. 심도(深度)란 합의에 관한 분석을 심도 있게 하기 위해 쓰는 가칭용어라고 생각해 보자. 심도는 합의의 내용이 계약자가 얼마나 '깊이' 계약내용에 관해 생각하고 계약을 맺었는지를 평가하는 잣대라고 하자. 숙도(熟度)는 일반적으로도 쓰이고 있는 것 같지만, 여기에서는 그 의미를 확장해서 쓰고 있다.[18] 숙도는 합의의 내용이 계약자가 얼마나 '곰곰이' 계약내용에 관해 '따져보고' 계약을 맺었는지를 평가하는 잣대라고 하자. 합의의 범위는 양적인 문제인 데 반해 이것은 합의의 질적인 문제가 된다고 말할 수 있다. 문제를 둘로 나누어볼 수 있다.

(1) 합의의 심도

앞에서 서술한 바와 같이 당사자의 의사는 밖으로 표시되지 않으면 안 된다. 표시가 있어야 비로소 합의가 문제로 된다. 그런데 여기서 **의사표시**의 합치는 **표시**의 합치인가 **의사**의 합치인가. 물론 표시와 의사 사이에 어긋남이 없다면 이와 같은 것을 문제로 삼을 필요는 없다. 그래서 실제로 의사표시의 불일치가 없다고 하는 경우가 많을 것이다. 그러나 합의 과정에서 의사표시의 엇갈림이 일어날 수 있다. 예컨대 도곡동 소재 유창영어회화 학원의 직원이 도곡역 부근에서 학원소개책자를 보여주고 귀하에게 어떤 종이에 주소·성명을 써 달라고 부탁했다고 하자. 그런데 그 종이는 같은 학원의 입학신청서였던 경우를 생각하여 보자. 귀하는 분명히 계약서에 서명을 하였다. 그러나 그것을 계약서라고 생각한다면 귀하는 계약을 할 의도는 전혀 없었다. 위와 같은 사례를 꼼꼼히 따져보면, 의사표시를 하는 단계에서 진정한 의사의 단계로 분해한다면 표시의 단계에서는 의사의 합치가 있지만 진의의 단계에서는 합치가 없다고 할 수 있다.

이 점에 관한 현재의 일반적인 사고방식은 계약의 성립에 관한 한 표시의 합치가 없더라도 그것으로 충분하고, 구태여 진의의 합치까지는 필요하지 않다고 하는 것이다(이것을 표시주의라고 부르고, 진의가 필요하다고 하는 사고방식을 의사주의라고 부르고 있다). 곧 뒤에서 의사의 완전성 문제를 다루겠지만, 합의와는 별도로 의사의 완전성이 문제로 되는 것은 어떻든 합의가 있다고 해도 거기에 걸맞은 의사가 완전히 존재한다고는 말할 수 없는 경우가 있다고 하는 사고방식에 입각하고 있기 때문이다. 만약 계약의 성립에 관하여 진의의 합치를 문제로 하지 않는다면, 문제를 두 단계로 나누어서 생각해야 할 필요가 없어지게 되어버리고 만다. 그렇지만 이러한 생각은 받아들이지 않는다. 앞에서 인용한 일본 최고재판소 판례는 계약의 성립에 진의의 합치를 요구하였다.[19] 참고로 학설은 오늘날 대체로 이것에 비판적이고, 최고재판소 판결에는 이것과 동일한 사고방식을 서술한 것은 눈에 띄지 않은 것 같다.

(2) 합의의 숙도

또 하나의 닮은 문제로서 어떻든 합의는 있다고 말할 수 있지만, 그것이 계약의 효력 발생이라는 법적인 효과를 생기게 하는 것 같은 합의가 있다고 말할 수 있느냐는 문제가 있다. 예를 들면 유창영어회화 학원의 직원이 '아가씨·오빠'라고 부드럽게 말을 걸어서, '네. 유창영어회화 학원에 들어오면 좋아요'라고 말했다고 해보자. 귀하는, 귀찮아서 무심결에 '들어가요, 들어간다니까'라고 대답하였다. 이러한 경우에도 계약이 성립하였다고 말할 수 있을 것인가. 확실히 의사표시가 있었다고도 말할 수 있다. 그것에 진의가 없었다는 것은 아니다. 그러나 이것을 합의라고 파악해도 좋을 것인가에 관한 사고방식은 반드시 뚜렷이 확립되어 있지는 않다. 그러나 일반적으로 말하여, 적어도 중요도가 높은 계약에 관하여는 똑똑히 곰곰이 생각해서 표시한 의사가 확인되지 않는 한 계약은 성립하지 않는다고 하는 사고방식이 유력한 것이 아닌가 생각한다. 예를 들면 부동산매매계약의 경우에는 구두약속만으로는 계약은 성립하지 않는다고 하는 것이 일반적인 거래에서 법의식이 아닌가 생각되는데, 거기에는 이제 서술한 바와 같은 사고방식이 인정된다고 말하여도 좋다(약혼을 하는 데는, 그것에 어울리는 장소를 마련해서 형식에 따라서 합의하는 것, 어떤 의미에서 같은 것이지 않을까).

여기까지의 이야기를 정리하여 도표로 나타내어 본다(도표 1.2.2).

도표 1.2.2 합의의 심도 · 숙도

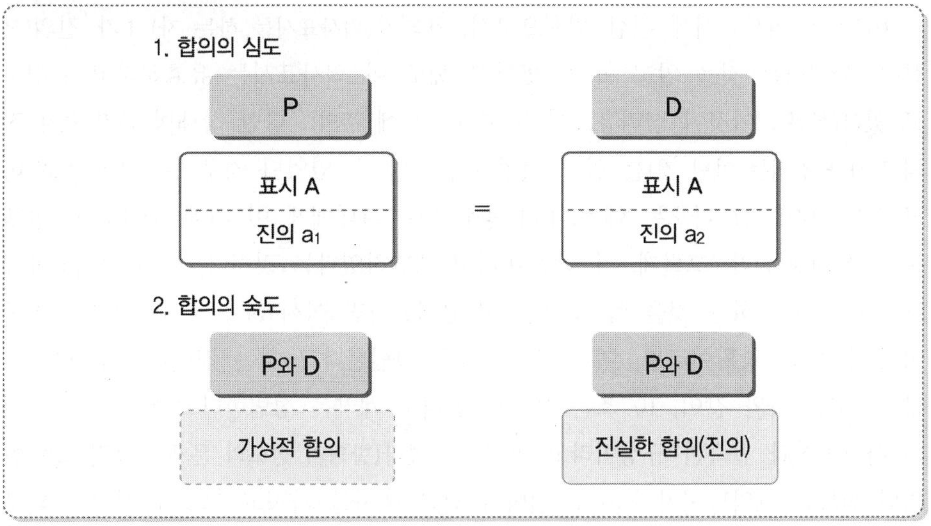

Ⅱ. 합의와 관련된 제도 · 법리

머리말에서도 서술한 바와 같이 민법전은 계약의 성립 = 합의에 관하여 직접 규율하는 규정을 가지고 있지 않다. 그러므로 이상의 이야기도 '이와 같이 합의를 나누어 생각할 수 있다'라는 의미에서 보다 더 합의를 이해하기 위해서 한 이야기였다. 그러나 이상에서 서술한 사고방식과 관련하는 제도나 법리가 존재하지 않는다고 하는 것은 아니다. 여기에서 이들에 관하여 아주 간단하게 언급해 두는 것으로 하자.

1. 민법총칙에 규정된 것

가. 심리유보 · 허위표시

먼저 가장 중요한 규정을 들면 107조, 108조에서 규정하고 있는 심리유보 · 허위표시라고 하는 제도이다. 순서대로 보자.

(1) 심리유보

107조는 의사표시에 관한 원칙으로서, 표의자(의사표시를 하는 자) P가 진의(본심)가 아니라는 것을 알고 표시하였다고 해도 이 의사표시는 유효하다고 규정하고 있다(본문). 이것이 심리유보이다('裡'의 용어에 주의). 다만 상대방 D가 P의 진의(표시가 진의는 아닌 것)를 알고 있었다거나 알 수 있었던 경우에는 별론으로 하고 있다(단서). 잘 나오는 예는, P가 농담으로 '자네에게 이 시계 줄까'라고 말했는데, 상대방 D가 '그럴게, 자 받았다'라고 대답하였다는 것이다. 이때 상대방에게도 농담이라고 하는 것을 알 수 있는 상황이었다면 어찌됐든, 상대방이 믿었어도 어쩔 수 없는 상황이라면, 여기에도 계약은 성립한다고 하는 것이다. 이상에서도 알 수 있는 바와 같이, 107조는 표시의 합치로 계약은 성립한다고 하는 표시주의의 사고방식과 친숙한 규정이라고 말할 수 있다(합의의 심도의 문제). 그러므로 합의의 심도는 계약당사자가 서로 얼마나 같은 의사를 가지고 그것에 걸맞게 외부로 표시했는지에 관한 척도이다.

근로관계에서 비진의 의사표시로 무효가 된 예로 92다37673의 사실관계(事實關係, 事案, 이하 '사안'이라 함)와 판결요지(判決要旨, 이하 '판지'라고 함)는 다음과 같다.

P는 1967.5.1. D회사에 입사하여 맥아부 제맥과 사원으로 근무하여 오다가 1977.9.26.에 퇴직하면서 당시 D회사 단체협약상의 퇴직금규정에 따라 그때까지의 퇴직금으로 금 3,078,460원을 지급받은 다음, 같은 해 11.1. 재입사하였다가 1990.10.15. 정년퇴직을 하면서 퇴직금 22,012,429원을 지급받았지만, D회사의 단체협약상의 퇴직금규정을 보면 1966.5.14.자 단체협약에서는 근속연수별 누진지급제였으나, 1967, 1975, 1977년도에 각 체결된 단체협약을 거치면서 누진지급률을 적용받는 종업원의 범위가 축소, 조정되어 오다가 1979.10.1.자 단체협약부터는 전 종업원에 대하여 퇴직금지급률을 단수지급제로 변경하였으며, 1988.5.12.에 체결된 단체협약에서는 다시 판시와 같이 변경, 규정되어 이것이 매년 그대로 갱신, 체결되어 현재에 이르고 있는데, P는 D회사의 위

와 같은 경영방침에 따라 근속기간의 단절 등의 불리함은 제대로 인식하지 못한 채 회사를 사직할 의사가 없이 회사 상사인 제맥과장 T1의 권유에 의하여 사직원을 제출함으로써, D는 P가 D회사를 의원퇴직하였다가 약 1개월 후 재입사한 것처럼 서류상 처리했으나 P는 위와 같이 퇴직처리가 된 후 재입사하기까지 1개월여 동안에도 D회사에서 근무내용에 아무런 변동 없이 같은 부서에서 근무를 계속하여 왔다.

대법원은 사직원 제출이 근속연수의 기산점은 그대로 둔 채 퇴직금지급률을 변경하려는 방침에 따라 중간퇴직금을 받겠다는 의사에 기한 것이지 근로계약을 해지하거나 퇴직금 산정에 있어 근속연수를 제한하려는 내심의 의사에 기한 것으로 볼 수 없어 비진의 의사표시에 해당되고 사용자도 이를 알고 있었으므로 사직원 제출행위는 무효라고 했다.

여기서 잠깐 시야를 돌려 심리유보에 관해 잡담적인 보충설명을 해 보자. 어린 시절에 남동생이나 여동생에게 '이 돈(십원) 줄까'라고 말해서, 동생이 '응'이라고 하는 대답하면, 10원짜리 돈을 높이 올려서 '그래 주었다'고 말만 해서, 그들을 애태웠던 사람들이 많았다고 생각한다. 그들이 민법을 공부하고 있으면 '주마'라고 하는 것은 보통 '증여한다'고 하는 의미로 그 말로 계약을 성립한다고 주장할 것이다. 그렇다면 귀하는 '지금 것은 농담이었다는 것을 알았을 것이다'라고 방어하는 것이 되지만, 이에 관한 한 귀하에게 다소 불리하고, 다른 이론이 필요하게 된다. 이와 같이 실무에 다다르면 심리유보에 관한 접근방식이 다양하게 존재하고 있다. 심리유보 법리는 실무에서 중요도가 높다.

(2) 허위표시

107조에 이어서, 108조는 상대방과 통모하여 이루어진 허위의 의사표시를 무효로 하고 있다(동조 1항). 이것이 허위표시이다. 이것은 107조의 경우와는 분명히 다른데, 표의자 P에게 진의가 없다는 것을 상대방 D가 알았다고 하는 때가 상정된다. 예를 들면 다액의 빚을 진 P가 D와 짜고, P의 채권자에 의한 강제집행(P의 재산을 압류하여 그 매각대금으로부터 배당을 받는 절차로서 상세한 설명은 민사집행법 교과서에 넘긴다)을 피하기 위해 자기가 가지고 있는 보석류를 D에게 증여하였다고 하는 경우 D로서는 P가 진정하게 자기에게 주지 않는다는 것을 충분히 알고 있었다. 나중에 D가 이들의 보석을 자기 것이라고 주장해도 이러한 주장을 받아들임으로써 D를 보호할 필요가 없다. 그러므로 P의 의사표시는 무효로 된다.

이상과 같이 허위표시의 경우에는 적어도 당사자 사이에는 표시가 아니라 진의가 우선하는 것처럼 보인다. 확실히 P가 행한 허위표시는 효력이 없다. 그러나 P와 D의 관계는 다음과 같이 볼 수도 있다. 강제집행을 모면할 목적으로 P와 D는 P의 재산명의인을 D라는 것같이 보이게 조작하는 계약을 체결했다. 이 계약에 관해서는 P와 D의 의사표시 단계에서도 진의 단계에서도 완전히 일치하고 있다. P와 D가 이 계약내용을 적어둔 비밀계약서를 작성하는 경우를 상정한다면 이것을 쉽게 알 수 있다. 그래서 P와 D 사이에 마치 실제로 거래를 한 것처럼 보이게 한 증여계약은 이 은폐된 진정한 계약의 이행으로서 만들어진 것이다. 따라서 예로서 108조가 없더라도, 목적을 달성한 후에 D가 보석을 P에게 반환하여야 하는 것은 P와 D의 본래의 계약의 취지로부터 이끌어낼 수 있다.

그럼에도 불구하고 108조 1항이 두어진 것은 허위의 계약이 진실한 계약이라고 믿은 제3자 Z에 대하여 P는 이것을 허위라고 말할 수 없다(무효라고 대항할 수 없다)는 규정을 2항에 두었기 때문이다. 108조 2항에 관하여는 다음에 제3자 보호 부분에서 다시 자세하게 설명하기 때문에, 여기에서는 의사표시 하자에 관한 설명으로 그치고 이 이상은 들어가지 않는다. 이상을 정리하여 도표로 나타내 둔다(도표 1.2.3).

도표 1.2.3 심리유보 · 허위표시

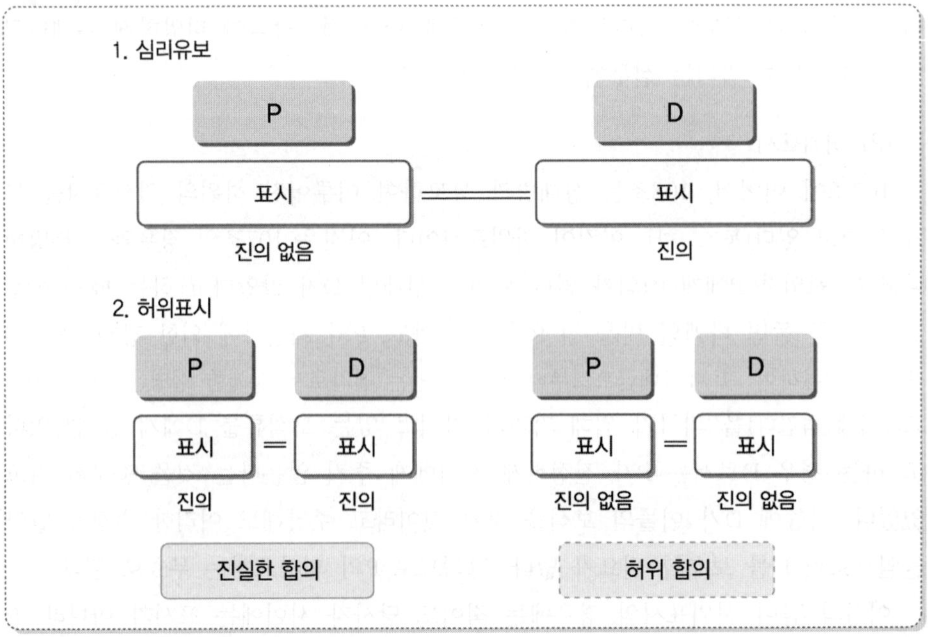

나. 계약의 유효요건으로서 계약내용의 확정성 · 가능성

앞에서도 서술한 것처럼 계약의 유효요건은 의사의 완전성에 관한 것과 내용의 타당성에 관한 것으로 분류되는 것이 보통이지만, 계약내용에 관한 유효요건으로서 보통 내용의 확정성 · 가능성과 적법성 · 사회적 타당성의 4개를 들 수 있다. 이 중 뒤의 2개는 바로 내용의 타당성으로 취급하여야 할 문제이지만, 앞의 2개는 실은 오히려 합의의 존재에 관한 문제로 평가해야 하는 것이 아닐까 생각한다.

(1) 계약내용의 확정성

계약내용이 일정한 정도로 확정되어 있지 않으면, 그 계약은 무효가 된다. 예를 들면 P와 D가 팔자, 사자고 하는 이야기를 서로 나누었어도(회화를 교환하였어도), 도대체 '무엇을 얼마에' 팔고 사는 것인지 정확하게 결정하지 않았다면 매매계약은 무효다. 그러나 이 경우에는 도대체 합의가 성립되지 않았다고 보아야 한다. 먼저 서술한 바와 같이, 위의 예에서는 매매계약의 목적물도 대금도 특정되지 않았다는 것이므로 매매계약은 성립할 수 없다(합의의 범위의 문제). 또 산다, 판다고 하는 정도의 이야기가 오고간 것만으로는 계약을 성립시키기에 만족할 만한 진지한 합의가 없었다고도 말할 수 있다(합의의 숙도의 문제). 그러므로 합의의 숙도는 계약당사자가 서로 얼마나 진정한 의사를 가지고 그것을 계약내용으로 확정했는지에 관한 문제이다.

(2) 계약내용의 가능성

계약내용이 상식적으로 보아 전혀 불가능한 때 그 계약은 무효로 된다. 예를 들면 P와 D가 '은하여행을 시켜 주께'라는 약속을 했어도, 적어도 현시점에서는 이 계약은 실현할 수 없으므로 무효로 된다. 그러나 이 경우에도 여전히 합의는 성립되어 있지 않다고 보는 편이 좋다. '보름달(음력 8월 보름달)을 가져다 줘'라고 우는 자식에게 '그래 그래'라고 답해도 그것은 착실한 답은 아니다. 누구의 눈에도 전혀 불가능한 것이 분명하다면 그 합의는 진의가 아니라는 것도 분명하므로 계약은 성립하지 않는다고 말해야 할 것이다(합의의 심도의 문제).

2. 민법총칙에 규정이 없는 것

두 가지 제도의 법리에 대하여 다루고 간다.

가. 전형계약에 관한 정의규정

계약의 성립에 관한 흥미로운 규정은 민법전에 열거되어 있는 각 계약유형(전형계약유형이다)에 관하여 민법 제3편 제2장 제2절에서 모두에 두어진 정의규정을 예로 들 수 있다. 예컨대 매매에 관하여는 563조가 여기에 해당한다. 이 규정은 목적물과 대가에 관해 합의가 있다면 매매계약은 효력을 가진다고 정하고 있다.

매매계약의 성립요건으로서 목적물과 대금의 특정 정도에 관한 2001다7940의 사안과 판지는 다음과 같다.

P와 D는 제1토지(D의 소유)의 매매대금은 금 3,921,742,850원, 제2토지의 매매대금은 금 178,561,250원으로 하고 위 대금 중 제1토지에 대하여 금 392,175,000원, 제2토지에 대하여 금 17,857,000원을 계약체결일에 납부하고 나머지 금 3,529,567,850원과 금 160,704,250원은 1997.3.24.까지 납부하기로 하며, 다만 위 각 매각대금은 위 각 토지의 가격이 P조합의 아파트단지 조성공사로 인하여 상승되었음을 참작하여 P가 그 상승된 금액 부분의 감액을 구하는 소송을 법원에 제기하여 법원의 감액 판결을 얻으면 그에 따라 조정하고(계약조항 제10조, 특약조항), 판결에 따라 대금액수의 조정(감액 또는 조성비 공제 등)이 있을 경우에는 기 납부된 금액의 이자 또는 미납에 의한 연체료도 동시 비례하여 조정된다(계약조항 제11조, 특약조항)는 매매계약을 체결하였다.

대법원은 매매계약에 있어서 그 목적물과 대금은 반드시 계약체결 당시에 구체적으로 특정할 필요는 없고 이를 사후에라도 구체적으로 특정할 수 있는 방법과 기준이 정해져 있으면 족한 것이고, 이 경우 그 약정된 기준에 따른 대금액의 산정에 관하여 당사자 간에 다툼이 있는 경우에는 법원이 이를 정할 수밖에 없다고 전제하고, 매매대금의 결정에 관한 당사자 간의 특약내용을 해석하고 그 약정에 따라 이 사건 각 토지의 대금을 산정한 이상, 그 금액이 당초 예정한 금액과 차이가 크다고 해서 원심판결에 당사자의 의사를 무시하고 사법권의 한계를 벗어났다거나 특약의 취지를 오해하여 매매대금을 정할 기준과 매매대금까지 결정하는 등의 위법이 있다고 할 수는 없다고 했다.

목적물과 대가를 제외한 기타 부분에 관해서는 비록 합의가 없어도 매매계약은 성립하지만 목적물과 대가에 관한 합의가 없다면 매매계약은 성립하지 않는다고 말할 수 있다는 뜻이다. 결국 563조는 일반 매매계약에 관한 본질적 부분(요소)이 무엇인가를 정하고 있다고 말할 수 있다. 이것은 합의의 범위에 관련된 규정이다.

나. 계약 유인의 개념

계약당사자의 계약교섭이 시간 축에 따라 전개되는 경우 쌍방의 복수의 의사표시가 존재한다. 청약 그것이 아니라, 그 전 단계의 의사표시라고 파악되는 것이 있는데, 이러한 의사표시를 청약의 유인이라고 부른다. 여러분은 이 개념이 계약의 숙도에 곧바로 연관된 것은 이미 알고 있다.

그러면 여기서 시야를 돌려 격지간의 의사표시에 관해 살펴보자. 당사자가 서로 보지 않고, 지리적으로 멀리 떨어져 있어서 우편 등으로 의사표시를 하는 때, 의사표시의 효력은 언제 발생하느냐는 문제가 생긴다. 531조가 원칙(도달주의)을 정하고 있지만, 예외로 113조나 531조는 발신주의에 따른다. 일본 최고재판소 판례는 또한 여기의 도달은, 상대방의 지배권에 들어가는 것으로 충분하다고 해석하고 있다.[20]

제 2 관 계약의 유효성-계약의 성립 관한 제1요건

제 1 항 의사의 완전성

계약당사자 사이에 합의를 할 수 있으면 그러한 합의로 계약은 성립한다. 그러나 그것은 어떻든 계약은 성립하고, 당사자의 어느 쪽의 의사에 불완전성이 인정된다면 그 계약의 효력은 부정된다. 결국 의사의 완전성이 문제가 될 수 있다. 이 문제에 관해 먼저 의사의 완전성에 관련된 제도를 민법규정을 직접 보면서 개관하고(I), 그 뒤에 이 부분에서 가장 어려운 착오론을 중심으로 의시표시론의 사고방식을 소개하며(II), 그와 관련하여 판례·학설의 전개모습을 살펴본다(III).

이하 부분은 우리계약법에서 처음으로 등장하는 가장 험한 곳이라고 생각한다. 그러나 거기에서 전개되는 것은 어떤 형의 법률론의 하나로서 전형적인 예라고 볼 수 있다. 세부(사항)에 구애받지 말고 생각의 맥락(조리)을 뒤좇아 갈 예정이다.

I. 개관-민법규정

의사의 완전성에 관련된 규정으로서 여기에서 드는 것은 109조, 110조이다. 전자는 착오에 관하여, 후자는 사기·강박에 관해 정하고 있다.

1. 착오란 무엇인가

착오는 일상용어의 수준에서 생각하면 틀림(잘못), 실수라는 것이다.

P와 D가 매매에 관한 합의를 하였다(어떤 물건을 얼마에 팔고 산다는 의사표시가 합치하였다). 그러나 P 또는 D의 의사표시가 어떤 실수(잘못)에 기한 것이었다고 하는 경우 109조의 요건이 충족된다면 그 의사표시는 취소할 수 있고, **따라서** 계약도 취소할 수 있다('따라서'의 의미에 대해서는 다음에 설명한다).

착오가 있는 계약이 취소되는 것은, 적어도 계약의 한쪽당사자의 의사가 완전하다고는 말할 수 없기 때문이다. 그럼 어떤 작은 틀림(잘못), 실수가 있는 때도 착오가 있기만 하면 무조건 계약을 취소한다면 어떻게 되겠는가? 그것은 계약의 기본 틀을 흔드는 것으로 받아들이기 힘들다. 그러므로 어떤 일정한 조건을 만족하는 경우에만 착오를 이유로 계약을 취소할 수 있다.

2. 착오의 요건

착오를 이유로 계약을 취소할 수 있는 조건은 무엇인가. 109조를 살펴보면 본문에는 '의사표시는 법률행위의 중요부분 착오가 있는 때에는 취소할 수 있다'고 되어 있다. 그러나 단서에는 '그 착오가 표의자의 중대한 과실로 인한 때에는 표의자는 스스로 취소하지 못한다'는 규정이 계속된다. 결국 첫째 계약의 중요부분의 착오일 것(①)과 둘째 표의자에게 중과실이 없을 것(②)이 착오에 의한 의사표시를 취소할 수 있다고 인정되는 조건(요건사실이라고 부른다)이다.

앞에서 든 예에서 생각해보면 귀하는 도곡동 소재 유창영어회화 학원에 들어갈 예정으로 계약을 하였지만 귀하가 기입한 신청서는 같은 학원에 병설된 색동영어학원으로 거기에서는 초등학생에게 영어를 가르치고 있었다면 귀하의 의사표시에는 착오가 있었던 것으로 인정될 것이다. 그러나 도곡동 영어회화 학원 교실에 냉·난방이 완비되어 있다고 생각했는데 다시 확인해보니 냉방이 안 되어 있다고 하는 경우 그 정도로는 중요부분의 착오라고는 부를 수 없다. 또한 도곡전철역 앞에서 학원 직원이 선전용 소책자를 나누어주고 있고 그 선전용 소책자에는 영어학원은 초등학생을 대상으로 한다고 명시되어 있었으며, 그렇기 때문에 성년·일반을 대상으로 하는 것이라고 생각한 것이라면 과실은 있다고 해도 중과실까지 있다고 말할 수는 없을 것이다. 그러나 귀하가 도곡초등학교 앞에서 배포되고 있었던 선전용 소책자를 직접 받고 기입했다고 하는 때는, 귀하로서는 무언가 잘못하는 게 아닌가(무언가 이상하다고) 하고 있는 것이다=중과실이 있다고 할 수 있을지 모른다.

그러므로 착오에 대한 논의를 하거나 실무에서 어떠한 계약이 착오로 취소할 수 있는지 여부를 판단하는 데는 과연 계약의 중요부분에 대한 착오에 의하여 체결된 점과 착오를 일으킨 당사자에게 중대한 과실이 있는지 여부가 관건이 된다.

그러면 여기서 착오의 요건사실은 무엇인지에 관해 살펴보자. 여기에서 주의해야 하는 것은, 109조 중에는, ①이 원칙적인 요건이고, ②는 예외적인 요건이라는 점이다. 이전에도 서술한 바와 같이 어떤 규범(룰)의 적용을 받고자 하는 자는 그 규범의 원칙적 요건(적극적 요건)만을 주장·입증하면 족하다. 따라서 예컨대 P가 그 소유토지를 3억 원에 D에게 매도하고, 대금을 청구(청구원인)한 때 D가 착오를 이유로 계약취소를 주장(항변)하기 위해서는, 중요부분의 착오만을 주장·입증하면 충분하고, 중과실의 존부는 P가 주장·입증(재항변)하는 것이 된다. 계약의 성립도 포함하여 이상을 정리하면, 다음과 같이 된다(도표 1.2.4).

도표 1.2.4 착오 관련 소송의 주장

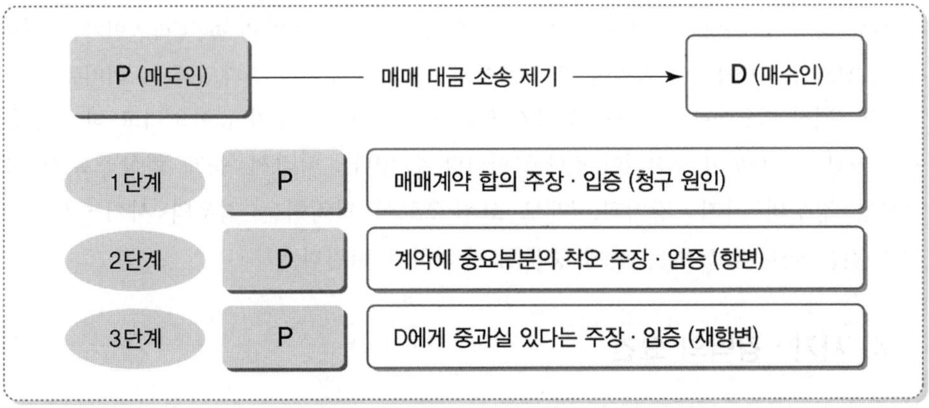

3. 사기·강박이란 무엇인가

먼저 사기·강박에 대해서도 일상용어에서 어떻게 사용되고 있는지부터 생각하기 시작해 보자. 사기라 함은 '속이는 것', 강박이라 함은 '위협하는 것'이다. 여기에서도 두 가지 점에 주의할 필요가 있다.

하나는 사기 · 강박도 역시 일단 성립한 계약의 효력을 부정하는 제도이다. 따라서 실제 소송실무에서 사기 · 강박은 계약에 기한 청구에 대해 항변으로서 주장된다. 이 점은 착오와 같다. 다만 착오와 사기 · 강박에는 한마디로 '계약의 효력을 부정한다'고 말해도, 그 결과에 이르는 이치는 같다. 즉 착오의 경우나, 사기 · 강박의 경우에도 취소할 수 있는 것으로 되어 있고, 취소라는 행위가 있어야만 비로소 계약의 효력이 부정된다. 또한 사기에 관하여는 110조 2항 · 3항이 두어져 있다. 특히 동조 3항은 제3자 보호 규정으로 대단히 중요하다. 이상과 같은 착오 · 사기 · 강박의 귀결(효과라고 부른다)의 차이점에 대해서는 뒤에서 다시 자세히 검토한다.

또 하나 주의할 점은 이것도 착오와 같은 것이지만 속임이나 위협이 조금이라도 있다 해도 그것만으로 바로 민법상의 사기 · 강박이 성립하는 것은 아니라는 것이다. 당사자는 '속아서 혹은 협박 당해서 계약을 체결하였다'고 주장하게 된다. 결국 의사가 완전하지 않았다고 하는 것이 사기 · 강박에 의한 의사표시가 취소가 능하게 된다는 이유이지만, 어쨌든 합의가 되었던 것에 계약의 효력을 부정하기 위해서는, 거기에 충분할 만큼 실질을 가진 속임이나 위협이 있어야 한다. 극단적으로 말하면 모든 계약에 어느 정도 속임이나 위협의 요소가 없는 것은 아니다(앞에서 든 예로 설명하면, 도곡영어회화 학원이 수업료에 알맞은 좋은 학원인가는 귀하가 잘 모르고, 귀하는 이 학원이 좋고 좋아서 견딜 수 없어서 간다고 하는 의미는 아닐 것이다. '멋진 학원이예요', '학원에 가지 않으면 영어회화가 늘지 않아요'라고 하는 권유에는 속임이나 위협이 포함되어 있다고 아니할 수 없다). 따라서 '문제 현상'으로서 파악하는 경우의 사기 · 강박과, '제도 요건'으로서 파악하는 경우의 사기 · 강박은 같은 것은 아니라고 하는 점에 충분히 유의하기 바란다.

4. 사기 · 강박의 요건

그러면 사기 · 강박의 요건은 무엇인가. 110조 규정만으로는 명확하지 않다. 그러나 일반적으로 필요한 요건으로서 첫째, 고의(속일, 위협할 의도, 그것에 의하여 의사표시를 하도록 하는 의도-①), 둘째, 위법한 행위(사회적으로 허용되는 한도를 넘어선 행위가 행하여진 것-②), 셋째, 인과관계(위법한 행위의 결과로서 의사표시가 행하여진 것-③)라고 할 수 있다(①②는 사기 · 강박의 개념에 포함된 것으로 생각할 수 있다. ③은 말미암다(원인이 되다)라는 문언으로 표현되고 있다). 여기에서 주의해야 하는 것은, 이들의 요건을 만족하는지 여부의 판단은 꽤 엄격하게 이루어지고 있다는 것이다. 일본 최고재판소 판례는 강박의 성립은 느슨하게 인정되는 것처럼 생각할지도 모르지만, 실제로는 좀 더 미묘한 사건(case)이 문제로 되는 것이 많고, 강박의 성립을 인정하지 않는 것이 많다.[21] 그 배후에는 아마 형법 347조에 의한 사기·**협**박(용어에 주의)의 개념에 영향이 있다고 생각된다.

그러면 여기서 위에서 설명한 것을 이해하기 위해 눈을 돌려 제3자에 의한 사기에 관해 좀 더 자세히 살펴보자.

사기는 상대방에 의한 것이 아니라 제3자에 의해 사기·강박이 이루어진 경우에도 역시 취소만이 가능하다. 다만 사기의 경우에는 사기에 의한 의사표시가 이루어진 것을 상대방이 알고 있는 경우에 한한다(110조 2항). 유효한 계약이 성립되었다고 생각하고 있는 상대방의 신뢰(기대)를 보호하는 취지이다. 강박에 대해서는 이와 같은 취급을 하지 않고 있다. 강박의 경우에는 의사결정에 대해서 보다 강도의 압박이 더해지고 있기 때문에 상대방의 보호를 후퇴시켜서라도 표의자를 보호할 필요가 있다고 하는 것일 것이다.

여기서 잠깐 멈춰서 일상용어와 법률용어에 관해 살펴본다. 지금까지 우리는 법률적으로 사용되는 말이 추상적이어서 일상 쓰는 말과 전혀 다른 때도 많다는 것을 보고 있다. 일상용어와 법률용어는 비록 같은 언어를 사용하고 있어도, 그 의미는 완전히 일치하지 않는다. 일상용어 쪽이 범위(외연)가 넓지만, 일반적으로는 법률용어 쪽이 제한적으로 사용되고 있는 것이 많다. 착오·사기·강박은 그 전형적인 예라고 할 수 있다. 그 밖에 예컨대 제조물책임이라는 용어에 대해서도 똑같다. 제조물책임이라는 일상용어로 지적되는 사회현상 중 제조물책임법(PL법)에 의한 제조물책임이 인정되고 있는 것은 일부에 지나지 않는다.

Ⅱ. 의사표시이론의 성립

법제사로 보면, 근대에 있어서 민법전 편찬에 이르기까지, 착오·사기·강박은 계약의 유효성을 부인하는 제도로서 각각 독립하여 발전해 왔다. 그러나 근대민법전에서는 이들 제도는 서로 접근하는 위치에서 한데 모아서 두어지기에 이르렀다. 그래서 그것과 거의 동시에 이들 제도를 통일적으로 설명하고자 하는 시도가 이루어지게 되었다.

의사표시이론(혹은 단순히 의사이론)은 그와 같은 시도의 결과로 나타난 하나의 사고방식이지만 19세기의 독일 민법학에 의해 수립된 것으로, 우리 민법도 이들의 영향을 강하게 받고 있다. 착오 · 사기 · 강박에 관한 각종의 구체적인 논의는 이러한 사고방식을 근거로 하여 전개되고 있다. 뒤에서 서술하는 바와 같이 오늘날에는 이러한 사고방식은 그냥 그대로의 형태로서 유지할 수 없게 되고 있다. 그러나 그 기본을 잡아(파악해) 두는 것은 착오 · 사기 · 강박을 둘러싼 논의를 이해하기 위해서는 불가결하다고 말할 수 있다.

1. 의사표시란 무엇인가

앞에서는 의사표시라는 용어를 내심의 의사에 머무르지 않고 그것을 밖으로 표시하는 행위를 포함하는 것으로서 사용하였다. 그러나 의사표시이론은 의사표시라는 용어에 그 이상의 의미를 주고 있다. 의사표시는 법률행위라는 개념을 지탱하는 핵심 개념으로서 사용되고 있다. 이하 둘로 나누어 이것을 보고 가자.

가. 의사표시는 법률행위의 구성요소이다

의사표시는 우선 법률행위의 **구성요소**로 자리매김할 수 있다. 한 사람 한 사람의 인간을 한 묶음으로 파악하여 그가 하는 사고의 표시가 **1개**의 **의사표시**로 파악되어, 법률행위는 1개 이상의 의사표시에 의해 이루어진다는 것이다. 예컨대 계약은 2개의 의사표시로부터 이루어지는 법률행위이고, 유언은 1개의 의사표시로 되는 법률행위이다. 이것을 도표로 표시해 둔다(도표 1.2.5).

도표 1.2.5 의사표시와 법률행위

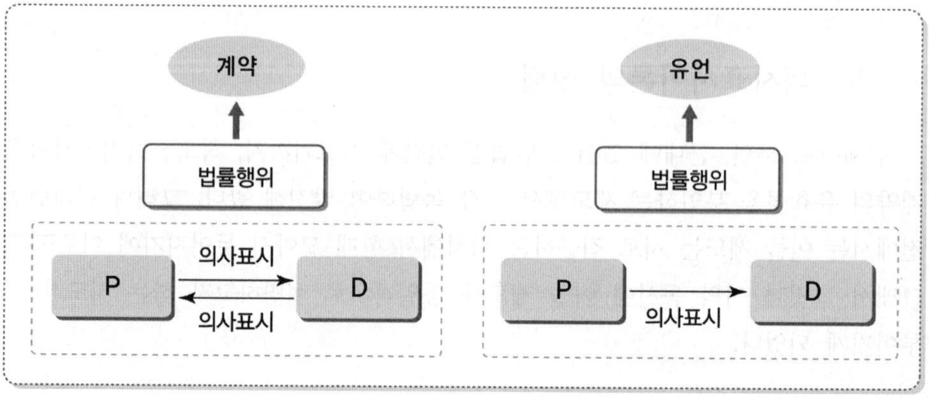

민법전은 이와 같은 구별을 전제로 하는 것처럼 볼 수 있다(예컨대 109조에는 의사표시, 법률행위라는 용어 모두가 나타나 있다). 법률행위와 의사표시 구별을 엄격하게 관철하면 109조에 의한 법률행위인 계약이 취소될 수 있게 되는 것은 그것을 구성하는 일방의 의사표시가 취소되는 결과 계약의 성립요건인 합의, 즉 의사표시의 합치가 없게 되었다고 생각하는 것이 된다. 그러나 참고로 학설은 오늘날 반드시 이와 같이 엄밀하게 생각하고 있지는 않고, 일방의 의사표시에 불완전성이 있다면, 그것으로 **바로** 계약이 무효로 된다고 판단되고 있는 것같이 생각된다. 또 민법전 자체도 양자의 구별을 철저하게 하지는 않는다. 예컨대 110조가 의사표시를 취소할 수 있다고 말하고 있는 것을 이어받아서, 140조는 취소하여야 하는 행위라고 말하고 있지만 이 행위란 법률행위 그 자체인가 그것을 구성하는 의사표시인가는 분명치 않다.

어느 쪽이든 법률행위가 의사표시에 의하여 구성된다는 것만은 확실한 것이므로 이 점을 똑똑히(꼭) 이해할 필요가 있다.

나. 의사표시는 법률행위의 원동력이다

법률행위를 의사표시로 환원하여 이해하기 위해서는 또 하나의 의미가 있다. 법률행위의 구속력의 근거를 의사표시에서 구한다는 의미이다. 머리말에서 설명한 바와 같이 법률행위는 그 내용대로 효력을 가진다고 하지만 그것은 당사자가 그렇게 되기를 원하기 때문이라고 설명한다. 결국 최초에 의사가 있고, 그것에 의해 법률행위가 성립하고, 거기에 법적인 효력이 주어진다는 의미이다. 이와 같은 견해, 결국 법률행위라는 제도의 **원동력**은 의사표시라고 하는 견해를 의사주의라고 부르고 있다. 이미 서술한 바와 같이 앞에서 계약의 성립에 관한 의사주의와는 별도의 차원의 이야기라는 데 주의하기 바란다.

또 법률행위(계약)의 구속력에 관해서는 별도의 사고방식이 있지만 거기에 관해서는 계약의 효력에서 설명한다. 여기에서는 의사표시에는 기술적인 의미만이 아닌 사상적인 의미가 있다는 것을 이해해두면 좋다.

2. 의사표시의 구조

가. 의사표시 분석의 대강(틀)

19세기 독일 의사표시 이론은 당시에 성황을 이루었던 심리학 등을 참고로 하면서 의사표시의 구조에 대해 다음과 같은 분석의 대강(틀)을 제시하였다. 이것을 도표로 표시해 둔다(도표 1.2.6).

도표 1.2.6 동기와 의사표시 구조

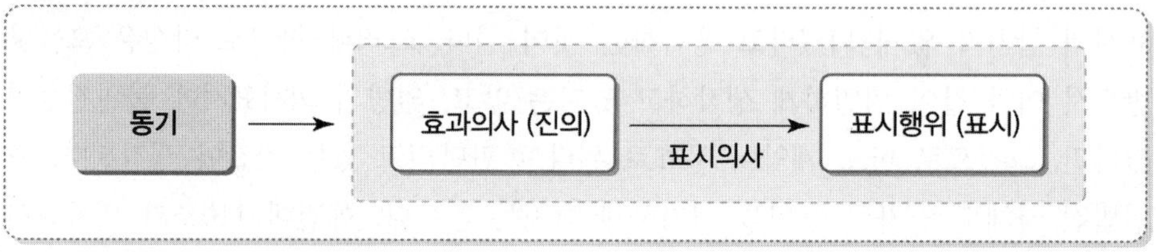

이 틀의 요점은 의사표시의 중심에 「효과의사」(진의)를 앉혔다는 점이다. 그래서 한편으로는 이 효과의사가 표시의사에 매개되어 표시행위로서 표출된다는 관념을 정식화하는 것과 함께 다른 한편으로는 효과의사의 형성 이전의 심리과정을 '동기'로서 의사표시에서 빼버렸던 것이다. 이에 의하면 의사표시의 동기는 '효과의사를 형성하게 된 사정' 또는 '법률행위로 달성하고자 하는 경제적 · 사회적 목적'이라고 설명할 수 있다.

여러분들은 이러한 사고방식을 어떻게 생각하고 있는가.[22] 자연스러운 사고방식이라고 생각하고 있는 사람이 많을지도 모른다. 예컨대 동네 편의점에서 김밥을 사는 경우를 생각해보자. 우선 '김밥을 사자'라는 효과의사가 형성된다. 그리고 김밥을 계산대에 가지고 가서 '이것 주세요'라고 말한다(혹은 계산대에 줄지어 세우는 동작으로 나타낸다)라고 하는 표시행위가 이루어진다. 그러나 사는 사람의 입장에서 볼 때 그가 야식으로 먹기 위해 사는 것인가, 아니면 다음날 어디 놀러가기 위해 마련하는 도시락으로 하기 위해 사는 것인가는 김밥을 매수하는 동기에 지나지 않는다. 이러한 동기는 파는 쪽에서는 사는 사람이 말하기까지는 알 수 없다. 또 다른 예를 들면 전원주택을 건축하기 위해 토지를 샀고 계약당시에는 건축이 가능한 것으로 알았는데, 나중에 확인해 보니 건축이 불가능하게 된 사정이다. 이렇게 된 때 매수인이 이런 이유로 계약을 취소한다는 주장은 학설상 '동기의 착오'라고 한다. 이 부분에 관해서는 뒤에서 더 자세히 살펴본다. 이렇게 생각하면 이 도식에는 설득력이 있는 것처럼 보인다. 뒤에서 서술하는 바와 같이 실제로는 그렇게 단순하게 생각되는 경우도 적잖이 존재하는 것이지만, 이렇게 설명할 수도 있다는 것만은 확실하다.

나. 착오 · 사기 · 강박의 의사표시론에서의 위치

이상과 같은 의사표시 이론에 의하면 착오란 효과의사가 없는 것, 사기 · 강박이란 효과의사는 있지만 그것이 어떠한 외부적인 요소에 의하여 완전하지 못하게 된 것이라고 평가된다.

예컨대 참치김밥을 사려고 갔는데 대단히(몹시) 급하였기 때문에 보통의 참치김밥 옆에 있었던 김치김밥을 계산대에서 가지고 가버리고 말았던 경우에는, 효과의사는 없는데도 불구하고(보통의 참치김밥이라고 생각하여) '김치김밥을 사고자 한다'는 표시행위를 해버리고 말았다는 의미에서 착오가 있었던 것으로 된다.

판례는 P가 채무자란이 백지로 된 근저당권설정계약서를 제시받고 그 채무자가 T1인 것으로 알고 근저당권설정자로 서명날인을 하였는데 그 후 채무자가 T2로 되어 근저당권설정등기가 경료된 경우, P는 그 소유의 부동산에 관하여 근저당권설정계약상의 채무자를 T2가 아닌 T1로 오인한 나머지 근저당설정의 의사표시를 한 것이고, 이와 같은 채무자의 동일성에 관한 착오는 법률행위 내용의 중요부분에 관한 착오에 해당한다(95다37087)고 했다.

이와 같은 착오는 '(법률행위의) 내용의 착오'라고 부르고, 독일민법에서는 법률행위의 효력을 부정하여야 하는 착오로 되고 있다. 또 다른 예는 내일 유원지에 놀러가려고 편의점에서 도시락을 주문하는데, 주문서에 1개라고 쓰려고 했는데 10개로 써버리고 말았는데, '1'이라고만 써 넣었더라면 그것은 다스 단위였다라는 표시행위에 관한 착오도 있을 수 있다. 이것들을 일괄하여 표시의 착오라고 부르고, 역시 법률행위의 효력이 부정되어야 하는 착오가 된다.

판례는 사기에 의한 의사표시란 타인의 기망행위로 말미암아 착오에 빠지게 된 결과 어떠한 의사표시를 하게 되는 경우이므로 거기에는 의사와 표시의 불일치가 있을 수 없고, 단지 의사의 형성과정 즉 의사표시의 동기에 착오가 있는 것에 불과하며, 이 점에서 고유한 의미의 착오에 의한 의사표시와 구분된다고 전제하고, 신원보증서류에 서명날인한다는 착각에 빠진 상태로 연대보증의 서면에 서명날인한 경우, 결국 위와 같은 행위는 강학상 기명날인의 착오(또는 서명의 착오), 즉 어떤 사람이 자신의 의사와 다른 법률효과를 발생시키는 내용의 서면에, 그것을 읽지 않거나 올바르게 이해하지 못한 채 기명날인을 하는 이른바 표시상의 착오에 해당하므로, 비록 위와 같은 착오가 제3자의 기망행위에 의하여 일어난 것이라 하더라도 그에 관하여는 사기에 의한 의사표시에 관한 법리, 특히 상대방이 그러한 제3자의 기망행위 사실을 알았거나 알 수 있었을 경우가 아닌 한 의사표시자가 취소권을 행사할 수 없다는 민법 제110조 제2항의 규정을 적용할 것이 아니라, 착오에 의한 의사표시에 관한 법리만을 적용하여 취소권 행사의 가부를 가려야 한다(2004다43824)고 했다.

이와는 조금 다른데, 유원지에 놀러가는 날이 내일이라고 생각해서 김치김밥을 샀지만 실은 다음 주에 유원지에 놀러가는 것으로 되어 있다고 하는 경우에는, 이것도 착오에는 다름이 없으나 앞에서 본 내용·표시의 착오와 구별하여 동기의 착오라고 부르고, 원칙적으로는 동기의 착오를 이유로 법률행위의 효력을 부정하는 것은 아닌 것으로 보고 있다. 여기에 효과의사(진의)와 동기를 구별하는 의미가 있다. 그렇다고 하더라도 동기의 단계의 문제는 원칙적으로 고려되지 않는다고 해도, 상대방(또는 제3자)의 개입에 의한 경우는 별론으로 한다. 예에서 확실하게 김치김밥을 사고, 편의점에 도시락을 주문하는 효과의사는 있었다. 그러나 편의점의 아주머니·아저씨에게 속아서('내일이 소풍이네요'라는 말을 들었다) 혹은 협박당해서('소풍 도시락은 우리집 주먹밥이 아니면 가만 안 놔둘거야'라는 말을 들었다), 사고 주문하는 것이었던 경우에는 사기 또는 강박의 요건을 충족한다면 법률행위의 효력이 부정되는 것이다.

우리민법의 규정도 이와 같은 구별을 전제로 하고 있다고 생각된다. 이것은 심리유보·허위표시와 더불어 착오의 경우를 의사의 부존재(현대어화 이전에는 의사의 흠결이라는 표현이 사용되었다), 사기·강박의 경우를 의사표시의 하자라고 불러서 이 둘을 나누는 점이 엿보인다(116조, 140조 2항). 효과도 전자는 무효, 후자는 취소되어 서로 구별된다. 다만 의사표시 이론 자체에 의문이 제기되는 것과 연동해서 효과의 구별도 재검토하고자 하는 움직임이 보인다. 이 점은 효과 부분에서 설명한다.

그러면 여기서 위에서 설명한 것을 이해하기 위해 눈을 돌려 잡담적인 보충설명으로 표시의 착오와 내용의 착오의 구별에 관해 좀 더 자세히 살펴보자. 이 두 가지의 구별에 대해, 약간 좀 더 설명하여 둔다. 표시의 착오는 효과의사의 형성 자체에는 문제가 없었지만, 효과의사에 걸맞은(어울리는) 표시를 하지 않고 틀리게 표시했다(빠뜨렸다, 하는 데 실패했다)고 하는 경우이다. TV 프로그램으로 유명해진 요리사가 만든 '종가네 포장김치'를 팔고 있는 A 편의점인데, 이것을 종가네 포장김치를 주문할 예정으로(의도로) 갔다가 '종손 포장김치'라고 주문서에 쓰고 말아서, 종손 포장김치가 들어간 도시락이 배달되었다고 하는 것이 그 좋은 예이다. 내용의 착오는 효과의사에 걸맞은 표시는 이루어졌지만 효과의사 형성 자체에 실수가 있어서 진정한 효과의사와 다르게 효과의사를 형성해서 이를 표시했다고 하는 경우이다. 아주 흔하게 드는 예로 홍콩달러와 미국달러가 동일한 것으로 잘못 알고 홍콩 100달러를 미국 100달러로 표시하는 경우이다. 꽤 어려운 것이지만 도표와 맞추어 생각해보길 바란다(도표 1.2.7). 여기에서는 어떻든 구별할 수 있지만 실제로는 매우 미묘한 예이다. 용어법으로서도 쌍방을 내용의 착오라고 부르는 것, 표시의 착오라고 부르는 것 등도 있다.

도표 1.2.7 표시착오와 내용의 착오

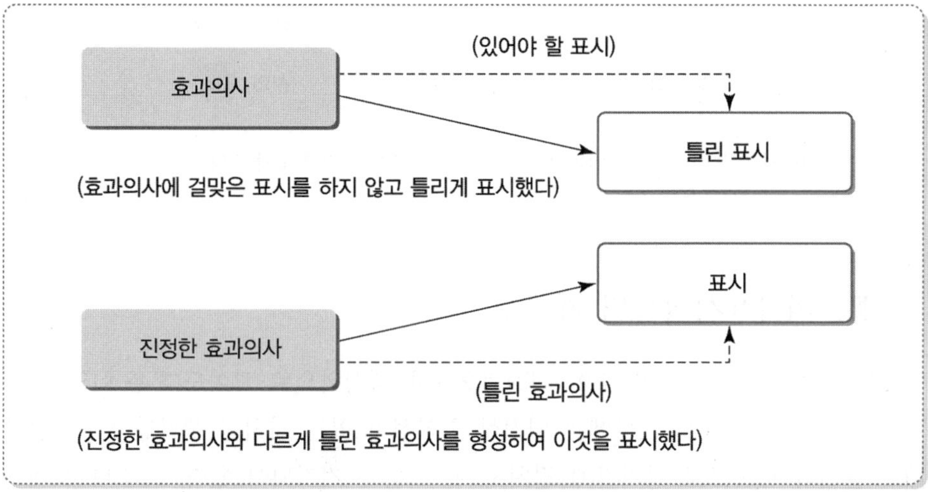

그러면 여기서 위에서 설명한 것을 이해하기 위해 눈을 돌려 잡담적인 보충설명으로 계약의 성립(해석)과 착오의 문제에 관해 좀 더 자세히 살펴보자. 이 양자의 관계에 대해서도 보충적인 설명을 덧붙여 둔다. 예컨대 여러분이 서점에서 우리계약법 Ⅱ를 주문하였다고 하자. 귀하는 우리계약법 Ⅱ를 우리계약법 시리즈의 연속편이라고 생각하고 주문하였지만(그러나 우리계약법 Ⅰ은 아직 출판되지 않았다), 서점은 귀하가 주문한 우리계약법 책이 다른 출판사에서 이미 출간되어 나온 동명 서적이라고 생각해서 팔았던 경우 서점의 이해가 일반적인 이해라면, 이 기간의 서적에 대하여 계약이 성립한 것으로 된다(우리계약법 Ⅱ라고 하는 표시는 이 기간의 서적을 의미하는 것으로서 합치하고 있다). 그러나 귀하에게는 표시에 대응하는

진의(효과의사)가 없다. 여기에서, 착오의 문제가 나온다는 의미이다. 그러나 수년이 지나서 우리계약법 시리즈의 우리계약법Ⅱ가 간행되었다면, 오히려 이러한 본매매계약이 성립하였다고 보아야 한다는 것이 될지도 모른다. 그렇다면 귀하의 표시는 진의와 일치하고 있었던 것이 되고, 반대로 서점 측의 착오가 문제로 된다. 여기에도 도표로 들어둔다(도표 1.2.8).

도표 1.2.8 계약의 성립에 대한 해석과 착오

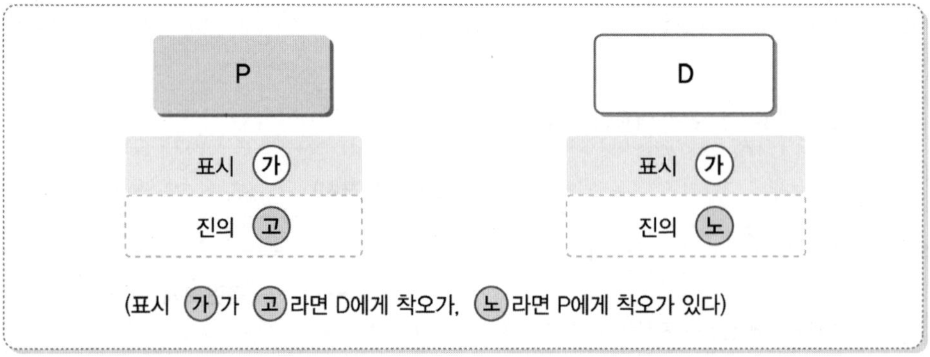

Ⅲ. 의사표시이론의 재구성

여태까지 보아 온 바와 같이 실질적으로나 형식적으로 보아도(혹은 이론상이나 조문상으로도) 의사표시 이론에는 일정한 합리성이 있는 것처럼 생각된다. 그 나름대로 근거가 있으므로 장기간에 걸쳐서 이 이론은 지지되어 왔다. 그러나 오래전부터 이 이론을 뒤흔드는 것 같은 판례・학설의 전개가 보이는 것도 확실하다.[23)] 결론을 먼저 내린다면 판례・학설의 전개 중에는 의사표시이론을 재구성하는 쪽으로 향하는 큰 흐름을 간파할 수 있다.[24)] 중심적인 문제는 동기의 착오를 어떻게 인정할 것인지 여부다.

1. 착오이론의 전개–제1단계

우선 이른 시기부터 논의가 시작되어 최근까지 논의가 중첩되어(거듭 쌓여져) 있는 착오이론의 전개를 더듬어 본다.

가. 출발점

(1) 착오의 분류

여태까지의 설명을 읽어보면 효과의사와 동기를 구별(준별)하는 의사표시이론에 대한 위화감을 가지는 사람도 있었을 것이다. 확실히 관념적으로는 이 둘을 구별할 수 있을지도 모른다. 그러나 실제로는 그리 간단히 구별할 수 없는 경우도 있지는 않는가. 이러한 위화감이 하나의 출발점이다.[25)]

또 하나의 출발점도 확인해 둘 필요가 있다. 의사표시이론은 내용의 착오, 동기의 착오라는 구별을 사용하고 있다. 그러나 109조가 사용하고 있는 것은 중요부분의 착오라고 하는 개념이고 내용의 착오, 동기의 착오라는 개념은 적어도 법조문을 아무리 살펴보아도 명시적으로는 사용되지 않고 있다. 여기에 **이론상**의 개념과 **조문상**의 개념의 관계를 어떻게 생각하여야 하느냐 하는 문제가 숨어있다.

또 착오의 분류로서 위에서 다룬 것 이외에 사람에 대한 착오·물건의 착오, 동일성의 착오·성상의 착오·수량의 착오 등 그 종류가 많이 있다. 이들은 로마법 이래의[26)](의사표시이론 이전의) 착오의 분류이다. 이상과 같이 착오의 분류에는 로마법(그리고 로마법 영향이 강한 프랑스)에서 유래하는 것, 독일법의 의사표시이론에 유래하는 것, 그리고 일본민법에서 유래하는 것이 혼재되어 있다. 이들을 구별하지 않으면 혼란이 생긴다.

(2) 성상의 착오를 둘러싼 판례

다음 미묘한 부분의 하나로 성상의 착오가 요소의 착오인지 여부가 문제가 되는 것이 많다. 예컨대 P가 토지(답) 1389평을 전부 경작할 수 있는 농지인 줄 알고 또 타인이 경작하는 부분은 즉시 인도해 줄 것으로 믿고, 이를 대금 110,000원에 D로부터 매수하여 그 대금 외에 잔금지급기일 도과로 인한 손해 금 4,000원, 등기비 명목으로 900원 도합 금 114,900원을 지급하고 그 소유권 이전등기를 마쳤으나, 타인이 경작하는 부분은 인도되지 않고 있을 뿐 아니라 위 토지를 측량한 결과 그중 약 600평이 하천을 이루고 있는 경우이다(67다2160). 분명한 예로 도시계획상 유통업무설비지구로 확정되어 행정청에 의하여 공용수용될 계쟁 토지(감정가격에 따라 손실보상을 지급받게 되어 있는 토지)를 일정기간 농지로 사용하다가 적당한 시기에 건축까지 가능한 토지로 잘못 알고 매매계약을 체결한 것은 매매목적물의 성상에 관한 착오라고 할 수 있다(79나3851). 일본 최고재판소 판례는 말이 수태하고 있는가 아닌가가 문제로 된 사건[27]이나 딸기잼의 품질을 둘러싼 사건(最判昭 33.6.14. 民集 12券9号, 1492頁) 등이 유명한 사례이다.

나. 착오에 관한 판례의 전개

그렇다면 현실적으로 재판의 대상이 된 사건에 대해서 착오가 성립되는지 여부의 판단을 해야 하고 게다가 그러한 경우에 109조를 적용하지 않으면 안 되는 법원은 어떻게 문제를 해결하려고 해 왔던 것일까. 이 점을 천천히 음미하기로 하자. 먼저 중요부분의 착오는 무엇을 말하고 있는지 이에 관한 판례를 살펴본다. 법률행위의 중요부분의 착오는 표의자가 그러한 착오가 없었더라면 그 의사표시를 하지 않았으리라고 생각될 정도로 중요한 것이어야(주관적 요건)하고, 보통 일반인도 표의자의 처지에 섰더라면 그러한 의사표시를 하지 않았으리라고 생각될 정도로 중요한 것이어야(객관적 요건) 한다(93다55487). 그러므로 여기서 중요부분이란 개별적인 법률행위에서 표의자가 의사표시의 내용의 중요한 부분으로 판단해서, 만약 이 점에 대해 만일 착오가 없었다면 의사를 표시하지 않았어야 하고 또 그러한 표시하지 않았을 것이라는 점이 일반거래통념에 비추어도 지당하다고 인정되는 것이라고 할 수 있다.

이 점에 관해서 일본 최고재판소 판례의 기본적 입장은 대정(大正)시대 초기(1910년대)에 모여 있다. 시간적으로는 앞뒤가 바뀌어 있지만 일본 최고재판소 판례는 중요부분의 착오에 대하여 다음과 같이 말하고 있다(大判大 7.10.3. 民錄 24集, 1852頁〈47〉). '법률행위의 요소라 함은 법률행위의 주요부분을 지칭하는 것으로, 법률행위의 주요부분이라 함은 개별 법률행위에 있어서 표의자가 의사표시의 내용의 요부(要部)로 해서, 이 점에 대해 만일 착오가 없었다면 의사를 표시하지 않았어야 하고 또 표시하지 않을 것이 일반거래상의 통념에 비추어 지당하다고 인정되는 것을 말한다'라고 되어 있다. 그렇기 때문에 법률행위의 요소는 추상적이 아니라 구체적으로 결정되는 것이다.[28]

계약당사자 모두가 동일하게 착오를 일으킨 때는 어떻게 될까? 당사자 쌍방 공통착오에 관한 93다24810의 사안과 판지는 다음과 같다.

사실관계 1.2.1 부동산양도세액에 관한 공통의 착오 [93다24810]

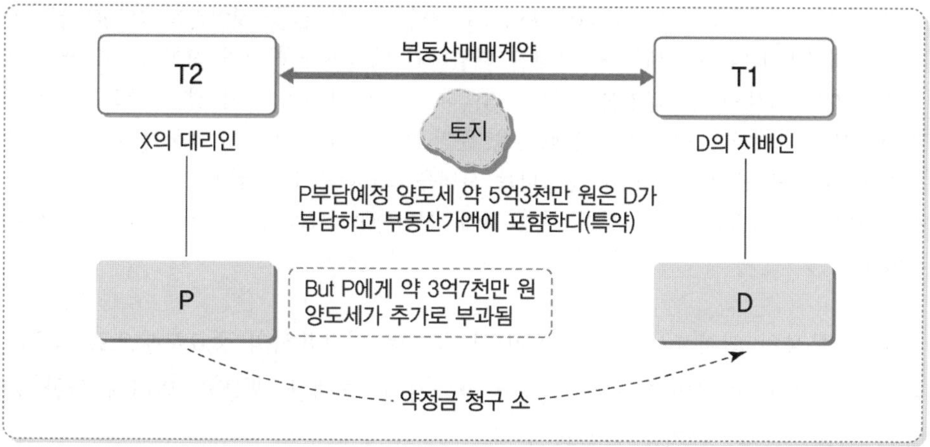

D의 지배인인 T1은 P의 대리인인 T2와 이 사건 부동산에 관한 매매계약을 체결함에 있어서 T1은 D은행 본점의 지시를 받고 위 부동산의 양도로 인하여 P가 부담하여야 할 양도세액은 금 532,399,720원이라고 확인하고 위 양도세 금액에 한정하여 D가 부담할 것이라는 특약을 하였다. 한편 D가 부담할 세금의 액수를 한정하는 특약을 넣게 된 것은 매도인인 P에게 부과되는 양도소득세, 방위세 및 주민세 등도 전액 매수인인 D가 부담하는 조건으로 매매계약을 체결하는 경우에는 과세관청이 D가 부담하는 세금도 과세표준의 산출근거인 양도가액에 포함시켜 또 다시 양도소득세 등을 부과하게 되어 D가 부담할 세금의 액수가 거듭 늘어나고, 그 액수를 확정할 수 없게 되는 문제점이 생기기 때문에 이를 예방하기 위하여 원래의 매매대금에 대한 양도소득세 등의 세금과, D가 위 세금을 부담할 경우 이를 양도가액에 포함시킴으로써 추가로 납부하여야 할 세금까지만을 D가 부담하고, 다시 그로 인하여 추가로 부과되는 세금은 D가 부담하지 않겠다는 점을 명확하게 하기 위한 것이었다. 그러나 P에게 추가로 부과된 양도세액은 D가 당초에 부담하기로 하였던 액수에 거의 육박하는 금 377,802,450원이 되었다. 그 결과 P는 위 계약상 D가 위와 같이 추가로 부과된 세금도 부담할 의무가 있다고 주장하여 D에게 그 납부를 촉구하였으나 D는 위 매매계약서에 기재된 금액 외에는 더 이상 세금을 부담할 의무가 없다고 다투어 이 사건 약정금 소송을 제기하였다. 쟁점은 T2가 P가 납부하여야 할 양도소득세 등의 세액이 D가 부담하기로 한 금 532,399,720원뿐이므로 P의 부담은 더 이상 없을 것이라고 인식하고 이 사건 매매계약을 체결한 것이 착오에 해당하느냐이다.

이에 관해 원심은 "P의 대리인인 T2는 이 사건 부동산의 양도와 관련하여 P가 납부하여야 할 양도소득세 등의 세액이 금 532,399,720원뿐이고 이를 D가 부담할 것이므로 P의 세금부담은 전혀 없을 것으로 착오를 일으켜 이 사건 매매계약을 체결"한 것이라고 판시했다. 대법원은 "P의 대리인인 T2가 P가 납부하여야 할 양도소득세 등의 세액이 D가 부담하기로 한 금 532,399,720원뿐이므로 P의 부담은 없을 것이라는 착오를 일으키지 않았더라면 D와 이 사건 매매계약을 체결하지 않았거나 아니면 적어도 동일한 내용으로 계약을 체결하지는 않았을 것임이 명백하고, 나아가 P가 그와 같이 착오를 일으키게 된 계기를 제공한 원인이 D측에 있을 뿐만 아니라 D도 P가 납부하여야 할 세액에 관하여 P와 동일한 착오에 빠져 있었다는 사정을 고려하면 P의 위와 같은 착오는 이 사건 매매계약의 내용의 중요부분에 관한 것에 해당(78다719, 90다카7460, 91다11308)한다"고 판시했다.

한편 통상의 의사표시의 연유(동기)의 착오는 의사표시의 중요부분으로 착오의 대상이 되는가? 동기의 착오에 있어서 표의자의 '중대한 과실'의 의미에 관한 97다44737의 사안과 판지는 다음과 같다.

사실관계 1.2.2 동기착오 이유 법률행위 취소 요건과 일부 취소 및 효과 [97다44737]

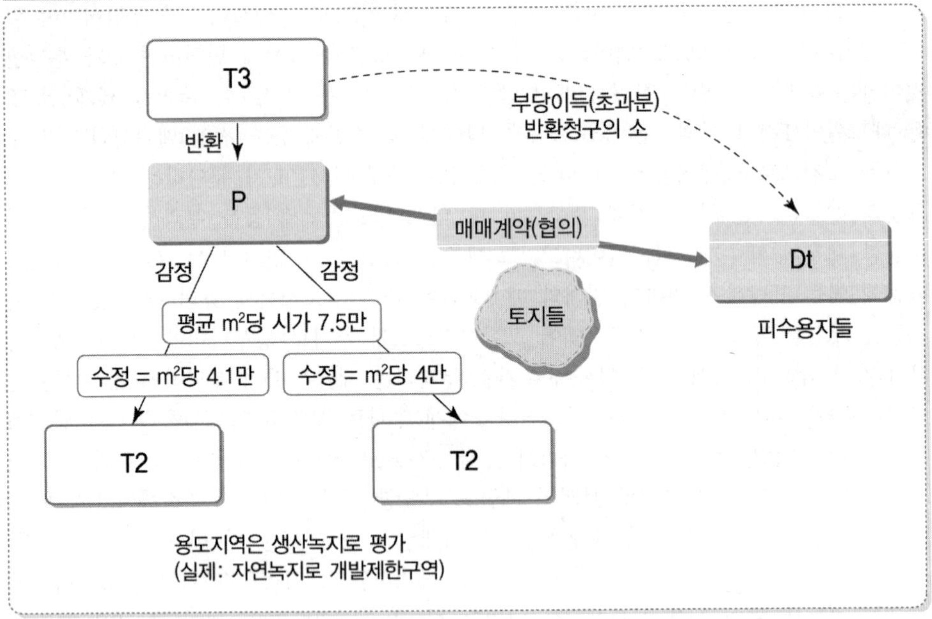

(1) P는 1995.3.경 자연녹지 개발제한구역으로 지정되어 있었던 이 사건 토지들이 인천신공항고속도 부지로 편입되게 되자, 공공용지의취득및손실보상에관한특례법("공특법"이라고 한다)에 정한 절차에 따라 이를 취득하기 위하여 소유자인 Dt(이하 피고들은 Dt로 표시함)에게 협의를 요청하였다. (2) P는 위 협의에 앞서 1994.12.30.경 공특법이 정

하는 바에 따라 대금액을 결정하기 위하여 T1 및 T2에게 감정평가를 의뢰하여, T1 및 T2가 평가한 감정서를 각 제출받은 후, 그 두 감정가격의 산술평균치인 금 75,000원을 Dt에게 대금 결정 기준액으로 제시하였다. (3) 그 결과 P는 Dt와 1995.3.7.부터 4.6.까지 사이에 매매계약을 체결하여, 해당 금액을 지급하였다. 그런데 매매계약서에는 '물건의 표시'란에 그 대금 결정 내역에 관하여 단가와 면적을 기재함과 아울러, 대금결정 방법에 관하여도 매매계약서 제1조 제1항에 '가격은 공특법 제4조 및 동법시행령 제2조 관련 조항의 규정에 따라 산정된 단가를 쌍방 협의에 의하여 정하였음'을 명시하였다. (4) T1 및 T2는 위 매매계약이 체결된 후 이 사건 토지들 용도지역을 생산녹지(실제는 자연녹지 개발제한구역)[29]로 잘못 알고 여기에 근거하여 평가하였음을 발견하고 다시 평가・작성한 정정서를 P에게 통보하였다. (5) 이에 P는 정정서를 기준으로 계산한 금액을 초과하는 금액(㎡당 금 34,500원)을 반환할 것을 요청하였다. Dt와 함께 과다 지급을 받았던 T3은 P의 반환요청에 따라 과다 지급액 부분을 P에게 반환하였다. P는 Dt를 상대로 부당이득금반환 청구의 소를 제기하였다.

쟁점은 ① P가 두 감정기관의 평가액을 잘못 알고 이를 기준으로 제시한 금액으로 협의매수계약을 체결한 것은 목적물의 매매대금에 관한 착오라고 할 수 있는데 이것이 동기의 착오에 해당한다면 법률행위를 취소하기 위한 요건은 무엇인지, ② P가 이 사건 토지들의 용도 및 감정평가서의 내용 등을 면밀히 검토하여 그 잘못된 점을 발견해내지 못한 것이 중대한 과실에 해당하는가이다.

이 사건에 적용할 기본적인 전제(법리)로 다음과 같이 판시하였다. 동기의 착오가 법률행위의 내용의 중요부분의 착오에 해당함을 이유로 표의자가 법률행위를 취소하려면 그 동기를 당해 의사표시의 내용으로 삼을 것을 상대방에게 표시하고 의사표시의 해석상 법률행위의 내용으로 되어 있다고 인정되면 충분하고 당사자들 사이에 별도로 그 동기를 의사표시의 내용으로 삼기로 하는 합의까지 이루어질 필요는 없다(88다카31507). 또 여기서 '중대한 과실'이라 함은 표의자의 직업, 행위의 종류, 목적 등에 비추어 보통 요구되는 주의를 현저히 결여하는 것을 의미한다(94다25964). 이 사건에 들어가 대법원은 다음과 같이 적용하였다. "따라서 P나 D가 이 사건 토지들을 매매한 목적, 토지이용계획확인서의 성격 및 그에 대한 일반인의 신뢰 등을 고려해 볼 때 이 사건 토지들이 관리지역에 해당하는지는 이 사건 매매계약에서 중요한 사항이고 계약 체결 경위에 비추어 그러한 사항은 이 사건 매매계약의 내용이 되었으므로, 이 사건 토지들이 농림지역임에도 관리지역이라고 잘못 알고 이 사건 매매계약을 체결한 P는 이를 이유로 이 사건 매매계약을 취소할 수 있다."

쌍방에 공통하는 동기의 착오에 관한 2005다13288의 사안과 판지는 다음과 같다.

사실관계 1.2.3 쌍방 공통사항에 대한 동기착오 [2005다13288]

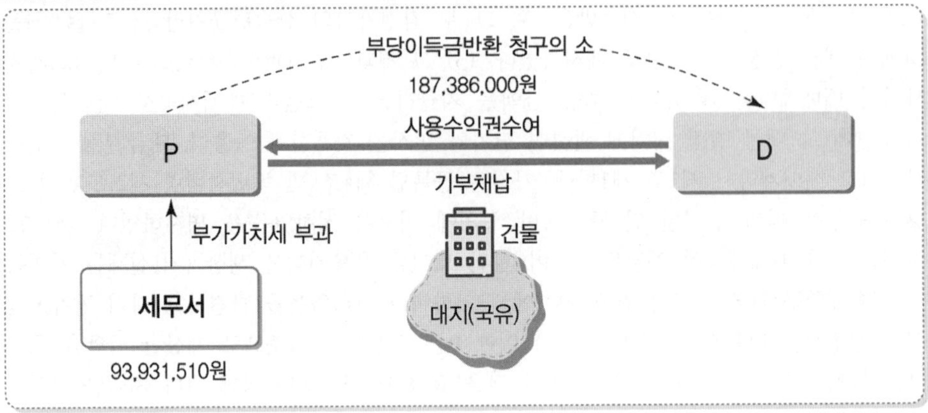

P가 국유지인 판시 대지 위에 건물을 신축하여 D에게 기부채납하는 대신 위 대지 및 건물에 대한 사용수익권을 받기로 약정하고('이 사건 계약'), 이에 따라 P가 건물을 신축하여 D에게 소유권을 이전하고 사용·수익허가를 받았는데, 그 사용수익허가의 조건은 건물의 감정평가액 802,559,990원을 기부채납금액으로 하고 대지 및 건물의 연간사용료를 187,386,000원으로 하여 사용료 합계가 기부채납액에 달하기까지의 기간 동안 사용료를 면제한다는 것이었다. 그런데 위 과정에서 P와 D 담당자는 위 기부채납이 부가가치세 부과대상인 줄을 몰랐거나 이를 고려하지 아니한 채 계약을 체결하고 조건을 결정했고, 그 후 P에게 위 기부채납에 대한 103,931,510원{=80,255,999원(본세)+23,675,517원(가산세), 10원 미만 버림}의 부가가치세가 부과되어 P가 이를 납부했다.

이에 관해 원심은 "일반적인 거래의 경우 부가가치세가 부과될 것을 전제로 유상거래행위를 할 때에는 부가가치세를 누가 부담할 것인지를 따로 정하는 경우를 제외하고서는 재화나 용역을 공급하는 자가 공급가격에서 부가가치세를 공제한 나머지 가격에 해당하는 재화나 용역을 제공하는 것이 거래의 일반적인 경험칙이다. 그런데 이 사건 계약에 기한 기부채납에 대하여 부가가치세가 부과된다는 점에 관하여 P와 D 공통으로 착오에 빠져 있었고, 이러한 착오의 상황을 고려하여 계약체결에 대한 당사자의 진의를 추정하여 그와 같은 동기의 착오가 없었더라면 당사자가 약정하였을 내용대로 계약을 수정하는 것이 당사자의 이익을 위하여 타당하다"고 판시했다. 그러나 대법원은 "부가가치세법 제15조가 사업자가 재화 또는 용역을 공급하는 때에는 부가가치세 상당액을 그 공급을 받는 자로부터 징수하여야 한다고 규정하고 있으나 공급자가 위 규정을 근거로 공급을 받는 자로부터 부가가치세 상당액을 징수할 권리가 없는 이상(대법원 2002.11.22. 선고 2002다38828 판결 등 참조), 부가가치세의 부담에 관한 별도의 약정이 없을 경우에 공급받는 자가 부가가치세를 부담한다는 일반적인 거래관행이 확립되어 있거나 기부채납에 있어 부가가치세를 국가가 부담하는 관행이 있다고 단정할 수 없다"고 했다.

결국 대법원은 착오가 없었더라면 D가 부가가치세를 부담함을 전제로 계약내용을 정하였을 것으로 보는 것이 당사자의 진정한 의사에 부합한다는 원심은 법률행위의 해석 내지 관계 규정의 해석·적용에 관한 법리를 오해했다고 본 것이다. 또 착오의 유무를 결정하는 시기는 계약체결시 즉 표의당시를 표준으로 한다(4286민상149).

상대방이 착오를 제공한 예로 78다719의 사안과 판지는 다음과 같다.

D(국가) 산하 세무공무원은 귀속재산을 색출하기 위하여 군정법령 시행당시 일본인 명의로 있는 등 귀속재산으로 보이는 토지의 소유자들을 찾아가 이를 환수하기 위한 여러 가지 조치를 취하였는데 1975.9.30. 담당공무원이 P를 찾아가 본건 토지는 위 군정법령 시행당시 일본인 소유로서 귀속재산이므로 현소유자들을 상대로 원인무효로 소유권이전등기말소소송을 제기하여 강제로 환수한 후 공매에 부칠 것이나 현소유자들이 자진해서 이를 국가에 증여하여 환수에 협조하면 우선매수권을 부여하여 수의계약으로 불하해 주겠다고 여러 차례에 걸쳐 강력히 권고하므로 P는 본건 토지가 귀속해제되어 그 소유가 적법한 것인 줄을 전연 모르고 소유권이전등기말소소송에 의하여 강제 환수되어 공매됨으로써 소유권이 박탈될 것으로 잘못 알고 1975.9.30. 본건 토지를 국가에 증여하고 1975.11.26. D 명의로 그 소유권이전등기를 경료해주었다.

이에 관해 대법원은 귀속해제된 토지인데도 귀속재산인 줄로 잘못 알고 국가에 증여를 한 경우 이러한 착오는 일종의 동기의 착오라 할 것이나 그 동기를 제공한 것이 관계 공무원이었고 그러한 동기의 제공이 없었더라면 위 토지를 선뜻 국가에게 증여하지는 않았을 것이라면 그 동기는 증여행위의 중요부분을 이룬다고 할 것이므로 뒤늦게 그 착오를 알아차리고 증여계약을 취소했다면 그 취소는 적법하다고 했다.

이러한 사고방식에 서서 잘 인용되고 있는 선례가 되는 일본 최고재판소의 중요한 판례(리딩 케이스: 그 후의 판결을 이끄는 판결)는 다음과 같이 말하고 있다. “통상의 의사표시의 연유(＝동기-저자 주)에 속하여야 하는 사실이라고 하더라고, 표의자가 이로써 의사표시의 내용에 추가하는 의사를 명시 또는 묵시적으로 하였다는 경우에는 의사표시의 내용을 조성하는 것으로서(것이 되고) ...... 그 착오가 없었더라면 그 표의자가 의사표시를 하지 않았을 양으로 하였다고(것이라고) 인정될 수 있는 경우에 있어서 소위 법률행위 요소의 착오존재로 하는 것으로 한다.”[30]

이로써 동기도 표시되었다고 한다면 중요부분에 포함한다는 판례의 판단의 틀이(짜임새가) 정립된 것이다. 여기에 의사표시이론의 제1보를 내디뎠다고 말할 수 있을 것이다.

다. 착오에 관한 학설의 전개

참고로 학설은 내용의 착오와 동기의 착오를 구별하지 않는 견해(일원설)와, 이러한 구별을 유지하는 판례의 입장(이원설이라고 불린다)으로 나뉘어 있다. 일원설은 상대방의 예견(인식)가능성(표의자가 착오에 빠진 것을 상대방이 알았거나 알 수 있었던 경우에만 착오에 의한 취소 주장을 인정한다)이라는 요건을 부가함으로써 착오취소가 인정되는 범위를 줄이고 상대방을 보호할 수 있다고 주장한다. 한편 새로운 이원설은 중요부분의 착오를 무제한으로 확대하는 방법에 대해서는 반대하고, 동기의 착오를 이유로 법률행위(계약)의 효력을 부정하는 것이 필요하다고 해도 그것은 다른 방법에 의해 달성되어야 한다고 주장한다. 그렇다면 판례는 어떤 견해에 입각해 있을까? 예견가능성에 관해 판례는 법률행위의 상대자가 그 착오를 알았는가 알지 못하였는가를 묻지 않고 표의자의 의사의 중요부분에 착오가 있는가 없는가에 의하여 결정된다고 하고 있다(4286민상149).

참고로 昭和(소화) 10년대(1930년대 후반)가 되면 일본의 학설 중에는 방금 소개했던 대심원판단 틀에 대하여 비판을 던진 견해가 등장한다.[31] 이들의 견해는 표시유무에 의한 내용의 착오와 (단순한) 동기의 착오를 구별하는 것은 실제로 쉽지 않고, 또 구별해서는 안 된다고 한다. 그러나 동기의 착오를 배제하지 않는다고 한다면 착오취소(일본 민법은 우리와는 달리 의사표시에 착오가 있다면 무효로 하고 있다)가 인정되는 범위가 넓어지고 상대방의 기대를 해친다는 것이다. 그래서 이러한 점에 대하여 상기의 학설은 상대방의 인식가능성(표의자가 착오에 빠진 것을 상대방이 알았거나 알 수 있었던 경우에만 착오무효의 주장을 인정한다)이라고 하는 요건을 부가함으로써 위와 같은 문제에 대처해야 한다고 하였다. 내용의 착오와 동기의 착오를 구별하지 않는 이러한 견해를 일원설이라고 부르고, 이러한 구별을 유지하는 판례의 입장은 이원설이라고 불리고 있는 것이다.[32]

일원설은 어떤 의미에서 취소로 하는 데 족한 착오를 취소로 하면 좋다고 하는 실제적인 입장에 이른다. 또 이 견해는 종래보다도 넓게 착오무효를 인정하여야 한다고 하는 판단을 도입하기 쉽다. 그 때문에 결과의 타당성에 강한 관심을 향한 전후 민법학 주류파의 지지를 끌어 모으는 것이 되었다. 그래서 어느 시기

(1970년대)에는 이것이 지배적인 학설이라고 말하여도 좋은 상황이 출현하였다.

그러나 이와 같은 사고방식은 어떤 착오가 취소로 이끄는 착오(이것이 요소의 착오라는 것으로 된다)인가 아닌가는 사전에는 명확하지 않다는 점을 간과하고 있다. 또 이 사고방식에는 이를 떠받치는 기초이론－의사표시이론에 대신하는 것이 빠져 있다[33]. 일본 최고재판소 판례는 더 나아가서 일원설의 비판에도 불구하고 위 대심원이 정립한 도식을 답습하고 있다.[34] 이런 판례의 태도는 변할 것 같지도 않다.

그래서 최근 학설 중에는 새로운 관점에서부터 이원설을 지지하려고 하는 견해가 눈에 띄게 되었다. 그렇다고 하더라도 이 새로운 이원설은 동기의 착오를 원칙적으로 배제하고자 하는 것이 아니다. 다만 요소의 착오를 무제한으로 확대하는 방법에 대해서는 반대하고, 동기의 착오를 이유로 법률행위(계약)의 효력을 부정하는 것이 필요하다고 해도 그것은 다른 방법에 의해 달성되어야 한다는 것이다[35]. 해석론으로서는 110조 2항을 유추 적용하는 것을 제안하는 것이라든지, 동기의 착오를 사기・강박과 나란히 하자있는 의사표시의 하나로 평가해서 140조를 잘 읽어서 이해해야 한다는 것 등이다.[36]

라. 판례・학설에 관한 비판적 검토

이상과 같은 판례・학설의 동향을 어떻게 평가해야 할까. 아주 간단하게 추가로 검토한다.

(1) 일원설의 영향력

최초로 제창된 지 반세기 이상의 세월이 지났지만 일원설은 판례가 채용하는 것은 아니다. 그러나 그것은 일원설이 판례에 전혀 영향을 주지 않았다고 의미하는 것은 아니다. 일원설을 지지해서 보다 넓게 보다 유연하게 착오취소를 인정하여야만 한다고 하는 사고방식은 판례에도 간접적인 영향을 주었다고 생각된다. 확실히 판례(특히, 하급심 재판례)는 판단의 틀로서 이원설을 유지하고 있지만, 꽤 유연하게 착오취소를 인정하는 것같이 되고 있다. 그러나 일원설이 제시한 판단 틀은 너무나도 막연한 것이라고 하는 최근의 학설의 비판에는 들어야 할 점이 있다는 것도 또한 확실하다. 판례가 일원설로 용단을 내리지 않는 것은 어떤 의미에서 당연한 것이라고 말할 수 있을지도 모른다.[37]

(2) 착오성립 여부에 관한 판단(틀)

그런데 둘째로, 문제는 착오의 성부에 관해 어떠한 판단의 틀을 사용해야 하느냐이다. 이 점은 두 가지로 나누어 생각하는 편이 좋다. 한편으로는 중요부분의 착오는 무엇이냐는 문제이다. 이 개념은 109조의 중심적인 요건임에도 불구하고 종래 깊이 파고 들어간 검토가 그다지 추가로 이루어지지 않았던 것같이 생각된다. 그러나 착오취소의 성부를 이해하는 것이 바로 이 개념이라고 하는 것은 더욱 더 의식되어도 좋다.[38] 그리고 여기에서 말하는 중요부분이란 판례에 의하면 당사자가 법률행위(계약)의 본질적 부분으로 취급한 부분이다. 이러한 사고방식 자체는 정당하다고 생각한다. 다만 중요부분의 판정에서 표시의 유무만을 기준으로 하는 점에는 문제가 있다. 계약내용 중 무엇을 중요부분으로 하였는가는 당해 법률행위 즉 계약의 해석의 문제이다. 그렇다면 일반적으로는 동기로 된 사정이라 하더라도 당해계약에 있어서 계약내용에 들어가 있는 것은 중요부분이다.[39] 한편 이렇게 생각해도 중요부분의 착오가 되지 않는 동기의 착오를 어떻게 할 것이냐는 문제는 여전히 남는다. 확실히 이 점에 대한 해결 수단은 필요하다고 생각되지만 이것을 해석론으로 처리하는 것은 매우 곤란하다. 110조 2항이나 140조를 원용하는 해석론은 일종의 편법이고 아무리 생각해도 괴로운 것이다. 해석론으로서는 한편으로는 다음에서 서술하는 사기의 개념을 확장하여 대처하는 것이 좋다고 생각한다. 그렇다고 하더라도 누락된 점에 대해서는 109조와 110조 1항의 취지를 유추하는 것밖에 없지만 근본적으로는 입법에 의한 해결을 할 필요가 있다고 생각된다.[40]

그러면 여기서 위에서 설명한 것을 이해하기 위해 눈을 돌려 정적 안전과 동적 안전은 어떤 의미를 가지는지에 관해 좀 더 자세히 살펴보자. 착오취소가 넓게 인정된다면 표의자는 구제되지만 상대방이나 상대방과 계약을 맺은 제3자는 난처해진다. 착오취소를 그다지 인정하지 않는 사고방식은 표시가 합치된 이상 계약은 성립한다는 원칙에 입각한 것이지만, 그 배후에는 상대방이나 제3자의 이익을 보호하고자 하는 발상이 인정된다(동적 안전의 보호라고 부르고 거래안전의 보호라고도 부른다). 이러한 사고방식의 배경에는 제2차 세계대전 전의 일본은 근대적인 상품의 거래제도의 완성을 급선무로 해 왔기 때문이었다는 이유가 강하였지만, 전후 시기에서부터는 진정한 의사를 흠결한 자가 계약에 구속되어 결과적으로 권리를 잃어버리는 것에 대한 의문의 목소리가 강하게 되었다(동적 안전에서 정적 안전으로 회귀되었다).[41] 착오취소를 넓게 인정하고자 하는 경향은 이와 같은 발상의 전환에 의해 지지되고 있다. 이 경향은 착오만이 아니라 나중에 다루는 공서양속 위반에서도 엿볼 수 있다.

수고하는 김에 여기서 동적 안전인가 정적 안전인가 하는 관점으로부터 107조 내지 110조가 취하고 있는 태도를 정리하여 둔다(도표 1.2.9). 착오나 심리유보에서는 표의자의 책임이 크고 상대방의 관여 정도가 낮으면 동적 안전을 도모하고, 사기·강박과 허위표시에서는 상대방의 관여 정도가 높고 표의자의 책임이 작으면 정적 안전을 도모하고 있다고 할 수 있다.

도표 1.2.9 의사표시의 하자에 대한 대처

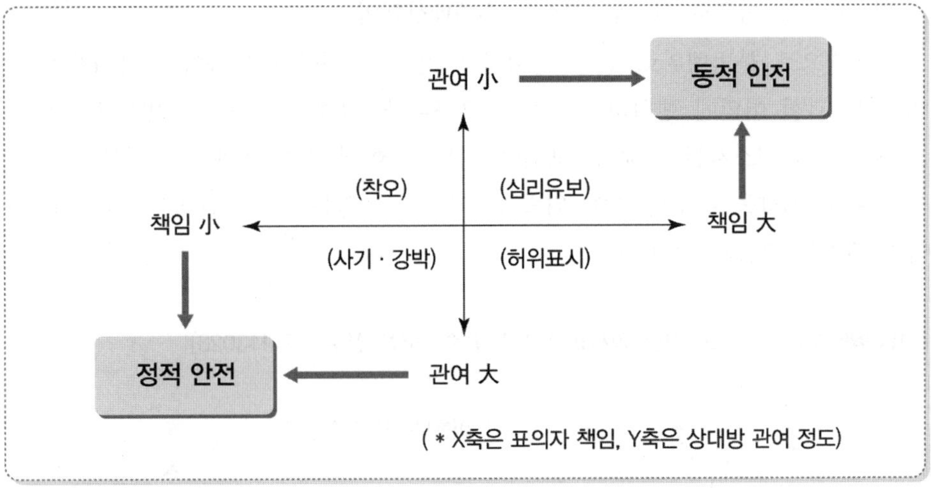

또 이 도식으로부터 생각해보면 사기·강박의 경우에도 무엇보다도 정적 안전을 추구해야 한다는 것이지만, 민법은 표의자에게 취소를 인정할 뿐이다. 이것은 사기·강박이란 의사의 부존재가 아니라 의사표시의 하자로 되기 때문이라는 것이지만, 이와 같은 구별에 의문이 있다는 것은 이미 서술한 바 그대로이다.[42]

그러면 여기서 위에서 설명한 것을 이해하기 위해 눈을 돌려 법학에서 학설이 차지하는 역할에 관해 좀 더 자세히 살펴보자. 여러분은 법학은 법령과 판례를 공부하는 것으로 다한다고 생각할지도 모른다. 법학에서 학설의 과제는 법의 발견을 용이하게 하는 것이다. 학설은 판례에 나타난 법원리를 발전시키고, 판례도 없는 때는 구체적·개별적 문제에 관한 해결책을 제시하는 방법으로 연구함으로써 실무에도 영향을 끼친다. 제도화된 법학은 안정적 기능, 발전적 기능, 부담경감적 기능, 발견적 기능을 수행함으로써 법의 발견·획득을 위한 중요한 수단으로 작용한다. 그러나 학설은 판례와 같이 규범적으로 승인된 법적 권위(auctoritas)를 가지지 않고, 다만 그 이유제시의 무게만이 있다(veritas). 그러므로 학설은 고권에 기하여(ratione imperii) 법관을 기속하는 법원(法源)이 아니라, 이성의 힘에 의하여(rationis imperio) 법관을 설득함으로써 고려되는 법인식의 자료이다. 그러므로 학설을 무턱대고 경시할 것이 아니라 학설이 제시하는 문제점과 그에 대한 해결책을 터득함으로써 보다 완벽한 법학으로 나아갈 수 있을 것이다. 실제로 판결에서 학설을 제시하는 때도 꽤 있다(뒤에서 판례를 자세히 보면 학설을 인용한 예도 꽤 있다).

마. 착오를 이유로 한 계약취소와 손해배상책임

일반적으로 불법행위로 인한 손해배상책임이 성립하기 위하여는 가해자의 고의 또는 과실 이외에 행위의 위법성이 요구된다. 그렇다면 착오로 법률행위를 취소하는 때에 취소자는 손해배상책임을 지는가? 이에 관한 판례를 살펴본다. 착오를 이유로 계약을 취소한 것이 위법하다고 할 수 있는지에 관한 97다13023의 사안과 판지는 다음과 같다.

사실관계 1.2.4 착오 기한 의사표시 취소와 손해배상 성부 [97다13023]

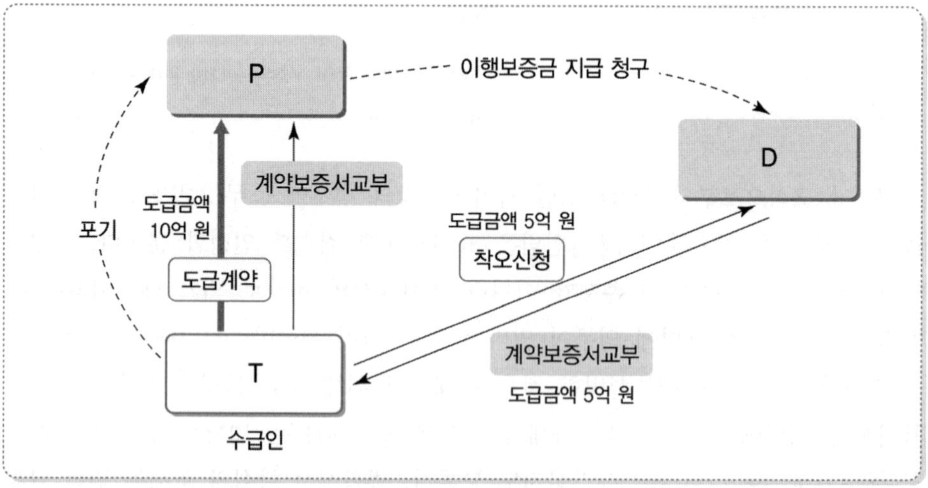

(1) P가 1994.5.30. 이 사건 욕실공사에 관하여 실시한 경쟁입찰에서 건설업법에 의한 도급한도액이 금 500,000,000원인 T가 도급금액 금 1,052,400,000원에 낙찰 받았다. (2)

그래서 P와 T는 도급금액의 10%에 상당하는 계약보증금 105,240,000원 중 금 5,240,000원은 현금으로 납입하되 나머지 금 100,000,000원은 D가 발행하는 계약보증서를 교부하는 것으로 대체하기로 약정하고, T가 계약보증서를 발급받아 P에게 교부하는 것으로 약정하였다. (3) 그런데 T는 1994.6.16. D에게 계약보증서 발급신청하면서 도급금액이 금 1,052,400,000원임에도 불구하고 계약보증신청서에 도급금액을 금 500,000,000원으로 기재함으로써 D는 T가 수급할 공사의 도급금액이 금 500,000,000원인 것으로 잘못 알고서 T 앞으로 도급금액을 금 500,000,000원으로 기재한 계약보증서를 발급하여 주었다. (4) T는 같은 달 17. P와 도급계약을 체결하면서 위 계약보증서를 교부하였는데, 그 후 T는 P에게 도급계약상의 수급인 지위를 포기한다는 통보를 하였고, 그 결과 1995.1.4. 위 도급계약은 해지되었다. P는 위 계약보증서를 근거로 하여 이행보증금의 지급청구의 소를 제기하였고, D는 T가 제출한 계약보증신청서만 믿고 T로부터 입찰결과통보서를 제출받거나 P에게 조회하여 도급금액을 확인하지 아니한 과실이 있으므로 불법행위에 기한 손해배상책임이 있다고 주장하였다. 이 사건에서 제1쟁점은 D가 T로부터 입찰결과통보서 등을 제출받거나 P에게 도급금액 등을 조회하여 도급금액이 T의 도급한도액 범위 내인지 여부를 확인하는 것을 게을리하여 T가 제출한 계약보증신청서만 믿고서 계약보증서를 발급한 것이 D의 중대한 과실에 해당하는가이다. 제2쟁점은 D가 P에 대하여 불법행위로 인한 손해배상책임을 부담하는가이다.

이에 관해 대법원은 "D는 T가 수급할 공사의 실제 도급금액이 T의 도급한도액을 초과한 금 1,052,400,000원이라는 점을 알았더라면 T에게 계약보증서를 발급하지 않았을 것이므로 도급금액에 관한 D의 착오는 법률행위의 중요부분의 착오에 해당하고, 민법 제109조에서 중과실이 없는 착오자의 착오를 이유로 한 의사표시의 취소를 허용하고 있는 이상, D가 비록 T가 수급할 공사의 실제 도급금액을 확인하지 아니한 과실로 인하여 착오에 빠져 계약보증서를 발급한 것이지만 그러나 그 착오를 이유로 보증계약을 취소한 것이 위법하다고 할 수는 없으므로 손해배상책임을 지지 않는다"고 판시하였다.

2. 사기 · 강박이론의 전개–제2단계

다음에는 비교적 최근에 관심을 모으고 있는 사기 · 강박이론을 재검토하는 동향을 다루고자 한다.

가. 사기 · 강박의 현상

착오이론의 유연화의 배후에는 사기 · 강박이라고 말하기는 어렵지만 동기 형성에 문제가 된 사례에 관해 표의자를 구제해서는 안 된다는 판단이 발동하고 있다. 예컨대 서울대 서점 교과서매장에서 우리계약법 II가 산더미처럼 쌓아올려진 책장 바로 옆에 작년 교과서인 우리계약법 I 이 놓여 있었다고 상정해 보자. 그런데 서점 직원이 금년에는 이번에 출간된 우리계약법Ⅱ가 교과서로 지정되어 있다는 것을 잘 알고 있지만 작년에 팔리지 않고 재고로 남아 있는 우리계약법Ⅰ도 모두 다 팔아버리려고 흡사한 제목의 책을 놓아 매장에 두었다고 해보자. 그래서 여러분 중에 누군가가 우리계약법Ⅰ을 샀다. 서점 직원은 속으로 이건 '잘못되었다'고 생각했지만 아무런 말도 하지 않았다고 해보자. 만약 이것이 사기에 해당한다면 잘못 산 사람은 매매계약을 취소할 수 있어야 한다. 사기라고는 말하기 어렵다고 하면 착오라고 말할 수 없느냐가 실무에서도 문제가 된다.

Ⅰ.에서 서술한 바와 같이 실제 소송에서 사기나 강박은 좀처럼 인정되지 않는다. 실무에서 사기를 당했다면 피해자는 반드시 가해자를 형사고발하고 사기로 인정되면 가해자는 처벌되는데, 피해자는 특별한 사정이 없는 한 민사소송을 제기하고 사기를 이유로 계약을 취소하여 원상회복을 도모하게 된다. 이러한 예에서 보는 바와 같이 적극적으로 속이고 있다고는 말하기 어렵지만 상품 전시의 방법에 문제가 있는 위에서 든 사례에서 사기가 인정되기는 어렵다. 또 적극적으로 협박하지는 않았지만 좀처럼 싫다고는 말하기 어려운 환경 중에서 권유를 한 사례에서도 강박이 된다고 보기 어렵다. 예를 들면 교실에서 교사 스스로가 '교과서를 사지 않으면 학점을 받지 못한다'라고 말하여 자기 책을 팔았다면 강박이 될지도 모르겠지만, '강의에서 설명하지 않아도 교과서에 쓰인 것은 시험에 출제된다'라고 말한 정도에 이른 때는 어떻게 될 것인가.

이와 같은 사례는 한편으로 (유연화된)착오로 처리되는데, 다른 한편 오늘날에는 불법행위로 처리되는 사례도 증가하고 있다. 운전 중에 (전방 확인을 해태하여) 보행자에게 부상을 입혔다고 하는 것이 불법행위의 전형적인 예이지만, 이것과 똑같이 생각된다. 실제 상거래에서 상대방은 적절한 정보를 제공해야 하는데 그렇지 않았다거나 혹은 강제적인 권유를 하지는 말았어야 했는데 이들 의무를 해태했다는 경우를 생각해 볼 수 있다. 이런 경우 불법행위가 성립하고 의무위반으로부터 생긴 손해를 배상할 의무가 발생한다(750조 참조). 상세히는 소비자법 교과서를 참조하기 바라지만 투자권유나 악덕상술 등을 둘러싸고 이와 같은 판단을 시사한 판례는 하급심을 중심으로 꽤 많은 수에 달한다.

나. 사기 · 강박에 대한 전망

(1) 사기 · 강박과 불법행위

그런데 왜 종래의 사기 · 강박이론은 사기 · 강박의 성립을 아주 넓게는 인정하지 않은 태도를 취해 온 것일까. 이 점에 대해 앞의 Ⅰ.에서 형법과의 관련성을 지적하였지만 보다 내재적으로 본다면 이것은 의사표시이론의 귀결이 되는 것이라고 말할 수 있다. 의사표시이론은 '애초에 효과의사가 있다'라고 생각할 수 있다. 결국 효과의사란 표의자의 주체적 판단의 결과이다. 다른 말로 한다면 효과의사의 형성단계(진의의 수준(레벨))와 거기에 이른 제반 사정을 고려한 단계(동기 수준) 간에 비약이 존재한다.[43] 표의자는 어디까지나 자기의 책임으로 결단하는 것이므로, 동기 수준의 사정은 원칙적으로 고려되지 않고 예외적으로 상대방에게 심한 악성이 인정되는 때에 한해서 사기 · 강박이 성립된다.[44]

그러나 오늘날에는 이러한 '강한' 인간상을 전제로 할 수 없다는 형(타입)의 거래도 증가되고 있다. 정보나 교섭력의 면에서 한쪽 당사자가 열등한(열악한) 입장에 서게 된 경우(예컨대 소비자가 사업자와 거래하는 경우나 하도급에서 중소기업이 대기업과 거래하는 경우 등)에 그자는 스스로 주체적으로 판단하여 확고한 효과의사를 형성한다고 하기보다는 상대방이 제공하는 정보에 의존해서 상대방의 적극적인 권유에 따라서 혹은 상대방이 제시하는 조건에 어쩔 수 없이 효과의사를 형성하도록 강요당하기 때문이다.

이 같은 사정을 고려한다면 사기 · 강박의 개념도 확장되어야 한다. 또 불법행위에 의한 손해배상은 사기 · 강박에 의한 취소에 흡수되어야 한다. 110조에는 단순히 사기 · 강박이라고만 말하고 있으므로 조문의 문언은 이와 같은 해석론에 결정적인 방해가 되는 것은 아니다. 이것을 방해하고 있는 것은 물론 의사표시의 근저에 있는 인간상은 아닌가라고 생각된다.[45] 그렇다면 이론적인 자세를 가다듬게 하는 것이 사기 · 강박 이론의 오늘날의 과제라고 말할 수 있다. 그렇다고 해도 반복해서 서술하는 바와 같이 형법과의 연관 등도 있고 또 사기 · 강박이란 개념은 현재 이대로 놔두고 싶어 하는 요청도 있다. 이 점을 중시한다면 새로운 입법에 의하여 사기 · 강박을 확장한 새로운 개념을 도입하는 것도 좋을지도 모른다.[46]

그렇지만 현재로서는 입법은 물론 법원의 해석을 바꾸는 것도 쉽지 않다. 그렇다고 한다면 현재와 같이 불법행위책임을 인정하는 것도 어쩔 수 없는 대안으로서 승인되어야 한다고 말할 수 있다.

(2) 입법에 의한 부분적 해결

소비자를 보호하기 위한 목적으로 제정된 법률로는 현재 할부거래 등에 관한 법률(할부거래법), 방문판매 등에 관한 법률(방문판매법), 약관규제에 관한 법률(약관규제법) 및 전자상거래 등에서의 소비자보호에 관한 법률(전자상거래법) 그리고 소비자기본법을 들 수 있다. 특히 1999년에 제정된 할부거래법은 소비자가 사업자의 부당한 권유행위에 의해 계약을 체결한 경우 소비자에게 계약취소를 인정하는 규정을 두고 있다(동법 4조). 이에 따라, 민법상 사기·강박이 성립하지 않아도 특별법으로 계약의 효력이 부정되는 경우가 인정되는 것이다. 구체적으로 살펴보면 거짓 또는 과장된 사실을 알리거나 기만적 방법을 사용하여 소비자를 유인한 경우(방문판매법 23조, 34조. 전자상거래법 21조)에는 벌칙규정이 설계되어 있다. 이들 특별법에 관해서는 법원이 앞으로 어떻게 관련 규정을 적용하는가를 지켜보지 않으면 안 된다. 또 이들 특별법에서 사용하는 제개념에 관해 이론적인 검토를 추가해 둘 필요가 있다.[47] 이 부분에 관해서는 소비자법 등 특별법 강의에서 자세히 다루고 있으므로 거기에서 관련된 사항을 터득해 둘 필요가 있다.

다. 중간 정리

간단한 정리에 대신하여 여기까지의 이야기를 이해하는 데 필요한 요점을 두 가지 들어 둔다.

(1) 이론의 역할

하나는 이론(틀·본다는 정도의 의미이다)이라고 하는 것에 관해서이다. 앞에서 잠깐 법학에서 학설이 차지하는 비중에 관해 살펴보았다. 착오·사기·강박에 관해 민법상 존재하는 것은 109조·110조 2개의 규정뿐이다. 그러나 착오·사기·강박에 관해 이해하기 위해서는 이 두 개의 규정을 읽는 것만으로는 충분하지 않다. 이것이 실무에서 실제로 어떻게 적용되는지 알기 위해서는 먼저 관련 판례를 살펴보지 않을 수 없다. 그렇지만 또한 이들 규정을 적용하고 있는 판례를 찾아 읽어보아도 똑같이(또한) 충분하다고 말할 수 없다. 실정법(법률이나 판례의 규범(룰))은 이들을 통일적으로 설명하고자 하는 이론에 의하여 지지되고 있기 때문이다. 그런데 이 이론은 명시적인 것이 있는 경우도 있고 묵시적인 것이 있는 경우도 있다. 즉 실정법을 잘 설명하고 있는 경우도 있고 반드시 그렇지 않은 경우도 있다. 어느 경우에도 출발점으로 이론을 알아두는 것이 유익하고 또 필요하다. 그러나 그것은 기존의 이론을 잘 이해하지 않고 그대로 받아들여도 좋다고 하는 것은 아니다. 비판적인 시점에 서서 이론의 불비를 인식한다고 하는 것도 민법을 이해하는 데 필요한 것이다.

(2) 민법이 상정하는 인간상

또 하나는 민법이 상정하는 인간상과의 관계에 관해서이다. 의사표시이론은 착오 · 사기 · 강박이라고 했던 법제도를 통일적으로 설명하기 위한 이론이다. 그것은 법 기술과 관련된 이론이지만 거기에 끝나는 것이 아니라, 거기에는 인간에 대한 견해가 숨겨져 있다. 그렇기에 의사표시이론의 재편성을 도모한다고 하는 것은 현대에 어울리는 새로운 인간상을 탐구한다고 하는 것이다.[48]

제 2 항 계약내용(법률행위 내용)의 타당성

I. 개 관

일단 성립한 계약이 **확정적**인 효력을 가지려면 한편으로는 의사에 불완전함이 없어야 하는데, 구체적으로는 착오 · 사기 · 강박이 없는 것이 필요하다. 다른 한편으로는 계약내용(법률행위의 내용)에도 부당한 요소가 없어야 한다. 계약내용의 타당성에 관해선 통상적으로 네 개의 요건을 들 수 있다는 것은 앞에서 설명했던 그대로다. 그리고 그때에 계약내용의 확정성 · 가능성의 2요건에 관해서는 오히려 합의의 존재의 문제로써 다루어야 하는 것으로 논의하였다. 그렇다면 고유한 의미로서 계약내용의 타당성에 관련된 요건으로 계약내용의 적법성과 사회적 타당성의 2요건이 남는다. 한편 법률행위의 유효요건으로서 적법성과 사회적 타당성은 별개의 요건으로 파악하고 있다.[49] 일단 이것들에 대해 민법이 어떻게 규정하고 있는지 살펴본다.

1. 계약내용이 법령에 반하는 계약

계약내용이 적법하지 않다는 것은 위법이라는 것, 즉 법령(=법률 · 명령)이 명하는 내용에 반대되는 것을 의미한다. 그리고 법령이 명하는 내용에 반하는 계약은 무효라는 것으로 생각될 수 있다. 몇 개 정도의 예를 들어보자. 예를 들어 살인계약(사람을 살인하는 것을 행하는 계약=도급계약의 일종. 664조 참조)은 무효이다. 그것은 사람을 죽인다는 행위를 금지하는 법률에 위반되기 때문이다.[50] 형법은 규정의 체재(體裁)로서 사람을 죽이면 어떠한 형벌에 처한다고 했을 뿐 '살인해서는 안 된다'라는 명령을 명시하고 있지는 않지만 특별법에는 이 점을 좀 더 확실히 하여 금지규정과 처벌규정을 분리하여 써 놓은 예도 있다.[51] 민법에도 금지규정의 예가 있다. 예를 들어, 질권에 관해 332조는 설정자의 대리점유를, 339조는 유질계약을 각각 금지하고 있다. 그러나 우리민법은 일본 민법과는 달리 공동유언을 금지한다는 규정을 두고 있지 않다.

여태까지의 상황으로 보면 계약이 무효가 되는 것은 어째서인지에 관한 답은 명확하다. 한쪽에서 금지해 나가면서, 다른 쪽에서는 이 금지를 파괴하는 행위를 유효로 하는 것이 이상하기 때문이다. 금지한 이상 위반행위는 무효로 한다는 것이 법질서의 일관성으로 봤을 때 당연하다. 그렇다면 위법인 계약이 무효가 되는 것은 당해 금지규정이 존재하고 있다는 것이 된다. 그러니 당해규정 이외에 이것에 단언할 규정을 특별히 만드는 것은 필요하지 않다.

의용민법의 기초자들[52]은 이상과 같이 생각했던 것 같지만 어느 시기 이후는 이것과 다른 설명이 된 것같이 되어서 그러한 현상이 오늘까지 이어져왔다. 103조가 이것을 규정하고 있다는 사고방식이 나타난 것이다.[53] 참고로 독일법학의 영향을 강하게 받은 일본 대정(大正) 시기의 학설은 법령위반에 관한 독일 민법 134조, (공서)양속위반에 관한 138조는 일본 민법 91조(우리민법 105조)와 90조(우리민법 103조)를 대응하도록 규정한 것이라고 생각했다.[54] 허나 이후에 설명하지만 105조는 다른 목적을 위해 규정된 것이고 법령위반을 염두에 두고 있지는 않다.

2. 계약내용이 공서양속에 위반하는 계약

명확한 금지규정이 존재하는 때는 그것에 위반한 계약은 무효가 된다. 그렇다면 금지규정만 없다면 어떤 내용의 계약이라도 무효가 되지 않는 것인가. 역으로 말하자면 계약내용의 부당성 때문에 계약의 효력을 부정하기 위해서는 법률에 의한 금지가 불가결한 것인가. 계약자유의 원칙을 완전히 관철하자면 이와 같은 결론도 있을 수 있다(형법에서는 그렇게 되어 있다. 법률의 규정이 없는 한 처벌할 수 없다. 이것을 죄형법정주의라고 부른다).

하지만 현실사회에서는 이와 같은 사고방식을 관철하고 있는 입법예는 없다고 생각하는 편이 옳다. 많은 나라에서는 공공의 질서 또는 선량한 풍속에 반하는 계약에 관해서는 명문의 규정이 없어도 그 효력이 부정된다는 취지의 규정을 두고 있다. 민법도 103조를 두어 선량한 풍속 기타 사회질서(공서양속이라고 약칭된다)에 위반하는 계약(위법행위)을 무효로 하고 있다. 예를 들어 셰익스피어의 『베니스의 상인』에서는 주인공이 꾼 돈(借用金)을 갚지 못한다면 자신의 신체의 살을 건넨다는 약속을 하였지만 우리법제 하에서는 이와 같은 계약은 공서양속에 반하는 계약, 즉 사회적으로 바라봤을 때 도저히 허락할 수 없는 내용의 계약으로서 무효가 될 것이다. 최근에는 생명윤리에 관한 논의가 왕성했지만 같은 사고방식에 따라 인간의 장기 혹은 수정란의 매매는 무효가 될 가능성이 높다.

물론 장기매매나 수정란매매를 금지할 법률을 만든다면 이들 계약은 법령위반의 계약으로서 무효가 될 것이다. 실제의 경우 장기에 관해 최근에 이를 금지하는 규정이 만들어졌다. 하지만 법률이 없어도 사회적으로 봤을 때 당연히 금지해야 한다고 여겨지는 내용의 계약은 무효로 하자. 그리고 이와 같은 권한은 재판관에게 부여하자라는 취지에서 두어진 것이 바로 103조이다. 판례는 당초부터 오로지 보험사고를 가장하여 보험금을 취득할 목적으로 체결한 생명보험계약의 효력에 관해, 생명보험계약은 사람의 생명에 관한 우연한 사고에 대하여 금전을 지급하기로 약정하는 것이어서 금전을 취득할 목적으로 고의로 피보험자를 살해하는 등의 도덕적 위험의 우려가 있으므로, 그 계약 체결에 관하여 신의성실의 원칙에 기한 선의(이른바 선의계약성)가 강하게 요청되는바, 당초부터 오로지 보험사고를 가장하여 보험금을 취득할 목적으로 생명보험계약을 체결한 경우에는 사람의 생명을 수단으로 이득을 취하고자 하는 불법적인 행위를 유발할 위험성이 크고, 이러한 목적으로 체결된 생명보험계약에 의하여 보험금을 지급하게 하는 것은 보험계약을 악용하여 부정한 이득을 얻고자 하는 사행심을 조장함으로써 사회적 상당성을 일탈하게 되므로, 이와 같은 생명보험계약은 사회질서에 위배되는 법률행위로서 무효(99다49064)라고 했다. 의용민법 기초자들은 이와 같이 생각하여 103조를 둔 것으로 보인다.

Ⅱ. 고전형의 계약내용규제이론

이상과 같이 법령위반=무효, 공서양속위반=무효라는 실정법상의 규칙(룰) 에 대해 부당한 내용의 계약은 그 효력이 부정되고 있다. 즉 계약의 내용에 규제가 이루어지는 것이다. 그리고 이 규칙의 배후에는 의사표시이론과 같이 확실한 것은 아니지만 계약내용규제를 지지하는 일군의 생각방식이 존재하고 있다. 이것을 내용규제이론이라 부른다면 고전적인 내용규제이론(1920년대에 성립하여 70년대까지 지배)은 대부분 다음과 같은 것이었다고 말할 수 있을 것이다.

1. 공서양속 위반

가. 공서약속의 민법상의 지위

계약자유의 원칙을 출발점으로 한다면 공서양속위반을 이유로 하는 계약내용규제는 그러한 자유의 예외로서 평가된다. 그렇다면 단순히 내용이 부당하다는 것뿐만이 아니라 누군가가 봐도 '이상한', 사회질서에 반하는 것이 명확하지 않다면 계약의 효력은 부정되지 않는 것으로 예상된다. 우리 민법전의 본래의 사고방식은 이와 같은 것이었다고 말할 수 있다. 그리고 의용민법전 제정이후 잠시 동안은 이와 같은 사고방식이 유지되었다. 하지만 1920년대부터 40년대에 걸쳐 단체주의적인 법사상이 강해짐에 따라 공서양속이야말로 원칙이고, 계약자유가 오히려 예외인 것이라는 사고방식이 서서히 힘을 불려나갔다. 이에 더해 제2차 세계대전 중에는 공서양속=국체(國體)라고 보는 방식마저 등장하게 되었다. 전후가 되면서 되돌아오게 되어, 공서양속위반은 다시금 예외의 지위로 물러나게 되었다. 그래도 103조를 원용하는 대법원 판례는 상당한 숫자에 달한다.[55)]

나. 공서양속의 개념

그런데 선량한 풍속 및 사회질서는 공서양속이라고 말하는데 공서란 무엇이고 양속이란 무엇인가. 애초부터 공서는 국가질서를 가리키고, 양속은 성풍속을 가리키는 것으로 생각되어 왔다. 하지만 실제 판례에는 이와 같은 개념규정에서 벗어난 것들이 많이 나타난다. 그래서 점차 공서양속=사회적 타당성이라는 완만한 도식을 취하는 사고방식이 유력해졌다(이것은 전술의 공서양속의 지위의 변화와 관련됨).

애초부터 공서양속은 애매한 언어였다는 것이지만, 이렇게 된다면 무엇이 공서양속에 반하는가를 103조의 문언에서 명확하게 정하는 것은 굉장히 곤란해진다. 이와 같이 내용을 확실하게 알 수 있도록 정하지 않는 규정 즉 추상적 · 포괄적인 규정을 일반조항(또는 제왕조항)이라고 한다.[56] 그리고 선량한 풍속과 사회질서의 관계에 관하여 사회질서가 상위개념이라고 파악하고 있다.[57] 103조는 전형적인 일반조항으로 이전에 설명한 착오에 관한 일원론은 109조를 일반조항화하려고 하는 것이라고 말할 수 있다.[58] 법원이 공서양속위반으로 판시한 사례의 전체로부터 봐서 공서양속의 범위는 사후적으로 인식하는 수밖에 없다. 판례 중 성년여성도 종중 구성원이 된다는 2002다1178(전)에서 별개의견은 이러한 문제를 103조를 통해 해결해야 한다고 했다.

그런데 현시점에서 공서양속의 범위를 명확하게 하기 위해 판례를 유형적으로 정리하는 작업이 이루어지게 되었다. 이 작업은 1920년대 초에 일본 학설에 의해 시도되었지만[59], 그때에 정립된 유형은 극히 최근까지 많은 교과서에 그대로 답습되어 왔다.[60] 여러 가지 유형 중 전쟁 전에 눈에 띄는 것은 가족질서, 성풍속에 반하는 것(첩계약 등), 사회습속에 반하는 것(도박을 위해 빌린 돈 등)이었다. 반면 일본 최고재판소 판례는 영업의 자유에 반하는 것(경업금지계약)이나 인신의 자유에 반하는 것(예창기계약)에 대해선 대체로 냉담한 태도를 취하고 있었다(103조 위반으로 취급하지 않음)고 말하는 게 좋겠다. 전쟁 전에는 순풍미속이라는 말이 있었지만 공서양속은 이것을 지키기 위해 기능하였다고 말해야 할 것이다.

2. 법령위반

가. 강행규정과 임의규정

1920년대 후반이 되면서 내용규제이론에 관련된 또 다른 문제가 새롭게 제기되었다.[61] 법령위반행위효력론이라고 불러야 할 문제인데 이 문제에 관한 논의를 소개하기 위해 그 전제로서 강행규정과 임의규정의 구별을 할 필요가 있다.

일단 중요한 것은 법률의 규정은 그 모든 것이 사람들에게 무언가를 금지하거나 명령하거나 하는 것은 아니라는 것이다. 그중에는 당사자의 법률관계에 대해 당사자가 결정하지 않은 경우에 대비해서 표준적인 결정을 한 것에 불과할 때도 있다. 그것에 따르는 것을 강제하고 위반행위를 허락하지 않는 강행법규(강행규정)에 대해서 표준을 표시하는 것만으로 당사자의 합의로 별도의 결정을 허용하는 규정을 임의규정(임의법규)으로 부르고 있다. 민법에는 임의규정이 적지 않다. 아주 대략적으로 말하면 계약의 내용에 관한 규정(민법전의 계약각론에 두어져 있는 전형계약유형에 관한 규정)의 대부분이 이와 같은 것이고, 상속에 관한 규정의 일부도 그와 같은 성격을 갖고 있다. 예를 들어 민법에는 차임은 월말에 지급한다고 나와 있지만(633조), 당사자가 합의에 의해 월초에 지급하기로 해도 상관없다. 또한 법정상속인(1000조~890조)에 없는 사람이 유언에 의해 재산을 주는 것도 가능하다(1078조). 이상의 것들은 예부터 넓게 일반적으로 인정되어 왔다. 103조는 이와 같은 것을 확인하는 것뿐이다.

다음의 문제는 임의규정과 강행규정은 어떤 방식으로 구별되느냐이다. 규정상 명확한 상황이 없는 것은 아니다(670조, 신원보증법 6조 등). 하지만 많은 상황에서는 어느 쪽인가는 법령해석에 의해 결정할 수밖에 없다.

나. 단속규정과 효력규정

임의규정, 강행규정의 구분은 주로 민법상의 규정에 관한 것(또는 당해 규정의 직접의 효력에 관한 것)이지만 이것과 비슷하지만 다른 구별로서 단속규정, 효력규정이라는 구별이 있다. 이것은 주로 행정법상의 규정에 관한 것으로서 당해 규정의 간접적인 효력에 관계된 것이다. 이들 두 종류의 구별은 별도의 차원의 것이지만 그 발상에는 공통점이 있다.

행정 목적을 위해 여러 가지 법령이 제정되었지만, 세상에서 이루어지는 계약 중에는 이들 법령에 반하는 것들도 있다. 그럼 법령위반이라 하면 곧장 계약은 무효인가. 방금 전 내용이 법령에 반하는 계약에서는 계약이 무효가 되는 예시를 의식적으로 선택하여 들었지만, 실제는 반드시 그렇게 되리라곤 생각할 수 없다. 행정법령 중에서는 위반행위를 무효로 하는 것들이 있겠지만, 위반에 행정상 처분・형사상 처벌이라는 제재를 가할 뿐이지 위반행위의 효력을 부정하지 않는 상황도 있다. 그리고 전자를 효력규정, 후자를 (단순한)단속규정(또는 공익규정)이라 부르고 있다. 확실히 살인계약이나 마약매매계약은 무효가 되어야 한다. 하지만 예를 들어 면허를 받지 않고 하는 택시 영업은 법령위반인 것인가, 심야에 자가용에 타서 귀가하는 사람이 운전수를 향해 '당신은 면허가 없으니까 이 운송계약은 무효다'라고 주장하는 것은 이상하지 않은가. 법령위반임이 틀리지 않지만 계약은 계약이 아니냐는 의미이다.

그럼 효력규정과 단속규정의 구별은 어떻게 이루어지는가. 일반적으로 생각되는 판단요소(판단의 틀)는 ① 규정의 취지, ② 행위의 반사회성, ③ 거래의 안전, ④ 당사자의 공평의 4가지이고, ①②는 무효의 방향으로 ③④는 유효의 방향으로 작용하는 요소(factor)라고 말해진다. 살인의 경우에는 ①②가 무거운 데 비해, 택시의 경우는 ④에 무거움이 이동하게 된다.

이상과 같은 논의가 이루어졌던 배경에는 그 순간순간의 정책적인 필요에 따라 제정되는 행정법령에 의해 민법상의 문제인 효력의 영향을 받는 것은 곤란하다는 걱정을 눈치챌 수 있다. 공법은 공법, 사법은 사법이라고 엄하게 구분하는 자세가 보인다. 어떠한 규정이 강행법규에 위반하는지에 관해 판례는 외국환관리법과 그 시행령에 있는 금지규정에 저촉되는 행위에 관해 "원래 자유로이 할 수 있어야 할 대외거래를 국민경제의 발전을 도모하기 위해 과도하게 제한하는 규정들로 단속법규에 해당"하고(72다2161(전)), "부동산중개업에 관련된 법령에서 정한 한도를 초과해서 중개수수료를 약정한 것은 그 한도를 초과한 범위는 무효"(2006다32159(전))라고 했다. 실제로 이 문제가 빈번히 쟁점화되어 온 것은 제2차 세계대전 중에서부터 전후에 걸쳐서 일어난 것이고, 전시중의 경제통제위반행위의 효력이 쟁점이 되었다.[62] 무엇보다도 일본 최고재판소 판례는 '근선굴(斤先掘) 계약'이라고 불리는 무면허의 채광계약을 무효[63]로 한 예가 있지만 이는 협의의 통제위반의 사례가 아니다. 전시중은 잠깐 미뤄두고 전후가 되면 경제통제의 합리성 자체에 대한 강한 의문(그것은 잘못되었다는 기분)이 제기되었고 통제위반에서도 계약은 유효로 하는 견해도 생겨났다.[64] 그 결과 일본 최고재판소 판례 중 행정법령은 원칙적으로 단속규정에 불과하다고 판시한 예[65]도 있고 이러한 사고방식이 유력해졌다.[66]

Ⅲ. 현대형 내용규제이론

1. 존재의식의 재평가로

가. 판례의 동향

(1) 경제적 질서

이미 보았던 것과 같이 제2차 세계대전 후를 놓고 공서양속위반은 정치적 질서 · 가족적 질서(양자는 밀접한 관계에 있다. 가정제도를 생각해보라)를 지키는 것을 주된 역할로 했다. 그런데 1930년대 이후는 경제적인 문제에 대해, 그것도 질서유지를 위해서라기보다도 더 경제적 약자를 보호하기 위해 103조가 적용된 예가 꽤 나 나타나게 되었다. 즉 공서양속위반은 경제적 질서에도 확장 적용되기에 이르렀다. 먼저 폭리로 이익을 챙기는 경우이다. 판례는 객관적으로 급부와 반대급부 사이에 현저한 불균형이 존재하고, 주관적으로 위와 같이 균형을 잃은 거래가 피해 당사자의 궁박, 경솔 또는 무경험을 이용하여 이루어진 경우에 한하여 성립한다(94다31969)고 했다. 애초부터 의용민법 기초자는 이와 같은 적용을 전혀 염두에 두고 있지 않았다. 그렇지만 일본 최고재판소 판례는 독일 민법 138조 2항을 참조해 나가면서, 상대방의 급박·경솔·무경험에 올라타서 큰 이익을 얻은 폭리행위를 무효로 한다는 판단을 하였다.[67]

이러한 상대방의 급박·경솔·무경험을 이용한 불공정한 법률행위를 사회질서에 위반하는 행위의 하나로 보고 민법은 독립된 특별규정을 따로 두고 있다. 107조다. 법률행위가 불공정한 때에 해당하는지 여부를 결정하는 시점은 법률행위시이다(94다34432). 그 이후 이 폭리행위의 법리는 의용민법 시절인 1945년(昭20년)대에는 고리에 대하여 적용하였다. 이과 관련해서 판례는 금전소비대차계약과 함께 이자의 약정을 하는 경우 양쪽 당사자 사이의 경제력의 차이로 인하여 그 이율이 당시의 경제적·사회적 여건에 비추어 사회통념상 허용되는 한도를 초과하여 현저하게 고율로 정하여졌다면, 그와 같이 허용할 수 있는 한도를 초과하는 부분의 이자 약정은 대주가 그의 우월한 지위를 이용하여 부당한 이득을 얻고 차주에게는 과도한 반대급부 또는 기타의 부당한 부담을 지우는 것이므로 선량한 풍속 기타 사회질서에 위반한 사항을 내용으로 하는 법률행위로서 무효라고 하고 있다(2004다50426(전)). 1955년에는 대물변제예약(대금을 변제하지 않으면 그 수배의 가격의 부동산을 건네주지 않으면 안 된다)에 대하여 원용되어, 공서양속위반의 중요한 하나의 유형이 되기에 이르렀다.[68] 또 최근에 들어서 불공정한 법률행위에 관한 해석은 사회질서위반 법리와 결합되어 사회 각각에서 발생하는 문제에 대처하고 있다. 그 좋은 예로 종중재산의 분배에 관한 종중총회의 결의 내용에 관해 판례는 법률행위의 불공정성을 확장해석하고 있다.

P가 T 등에게 명의신탁되어 있던 토지를 반환받기 위한 소제기 등에 필요한 모든 권한을 회장인 D2에게 위임해서, 이에 D2가 P를 대표하여 종토반환소송을 제기하여 승소판결이 확정되었는데, 그 후 P가 '종토 환원을 위하여 사비를 출연하고 소송실무를 대행하여 종토 전부를 종중으로 환원하여 감사의 의미로 환수 종토의 일부를 증여하기로 한

다'면서 D2, D3, D4 등에게 종토 일부를 증여하기로 하는 결의를 한 사안에서 대법원은 D2 등이 종중재산의 회복에 기여한 부분이 있다고 하더라도 이는 선관주의의무를 부담하는 종중의 임원으로서 당연히 해야 할 업무를 수행한 것에 지나지 않으므로 이들에게 실비를 변상하거나 합리적인 범위 내에서 보수를 지급하는 외에 이를 벗어나 회복한 종중재산의 상당 부분을 D2 등에게 분배하는 위 증여 결의는 그 내용이 현저하게 불공정하거나 사회적 타당성을 결여하므로 무효라고 했다(2017다231249).

부동산 소유자가 자기 소유의 부동산을 이중으로 매도하더라도 원칙적으로 계약자유의 원칙에 따라 정당하다. 그런데 매수인이 매도인의 배임행위에 적극 가담한 부동산의 이중매매의 효력에 관해 이러한 경우에는 사회질서위반법리로 해결해야 하지 않느냐는 논의가 있었다. 판례는 매수인이 매도인의 배임행위에 적극 가담하면 무효라는 견해를 견지했다. 이중매매가 그 매수인이 매도인의 배임행위에 적극 가담함으로써 이루어진 때에 관한 70다2038의 사안과 판지는 다음과 같다.

사실관계 1.2.5 매도인 배임행위 적극가담 이중매매 [70다2038]

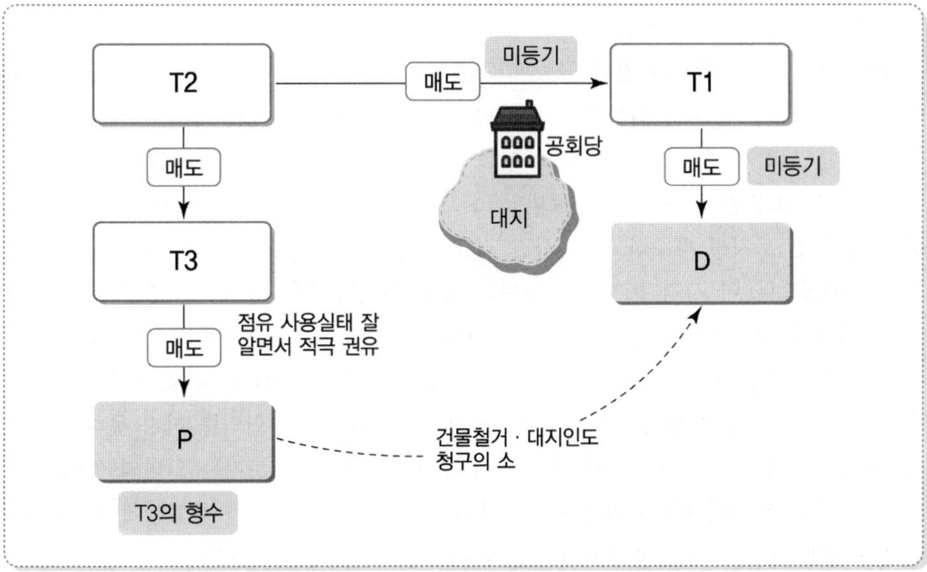

(1) 망 T1은 T2로부터 이 사건 대지(235평)를 매수하였으나 소유권이전등기를 하지 않고 있다가 D에게 1959.7.10. 매도하였다. (2) D는 이 사건 대지상에 공회당(112평)을 신축하고 계속 점유 · 사용하여 왔으나 위 건물은 건물지방자치에 관한 임시조치법 2조 8조에 따라서 1961.11.1. 소유권보존등기를 마쳤지만 위 대지에 대해서는 소유권이전등

기절차를 경료하지 못하였다. (3) T3은 "밀양읍에 거주하는 자로서 위 대지에 관한 위와 같은 매매관계, 밀양읍의 점유·사용실태 등을 잘 알고 있었음에도 불구하고 1967.10.경 이 사건 대지가 아직도 T2 명의로 등기되어 있었음을 기화로" 'T2와 숙친한 T4를 사주하여' T4로 하여금 인천시내에 거주 중인 T2를 왕방하여 T2에게 위 대지의 이중매매를 적극 권유케 하였다. (4) T2는 위와 같은 권유를 받아들여 T5에게 위 대지의 매매를 위임하였고, T2를 대리한 T5는 1969년 초에 T3에게 그 대지를 20만원에 매도하는 계약을 체결하였다. 이 사건 대지를 매수한 T3은 그의 형수인 P 앞으로 소유권이전등기를 경료한 것이다. P은 D를 상대로 공회당 건물의 철거와 그 대지의 인도를 청구하였다. 쟁점은 매수인인 T3이 매도인인 T2의 배임행위에 적극 가담하여 이 사건 부동산을 매수한 행위가 103조에 의하여 무효로 되는가이다.

이에 관해 대법원은 "이중매수는 T3의 일련의 행위들이 T2의 배임행위에 적극 가담함으로써 이루어진 것이므로 위 매매는 사회정의에 위반되는 반사회적 법률행위에 해당된다"고 판시하였다.

부동산 이중매매에서 제2양수인의 행위가 공서양속에 반하는지 여부의 판단기준에 관한 2009다23283의 사안과 판지는 다음과 같다.

T1, T2, T3, P, D, T1(원심 공동피고)은 T2 재단법인 소유의 서울 동작구 상도동 대지 위에 건물('이 사건 건물'이라 한다)을 소유하던 중 이 사건 건물의 지붕과 담장이 침범한 인접지 일부를 매수하고 이를 같은 동 대지('이 사건 토지')로 분할하여 1973.10.26. 소유권이전등기를 경료받았고, P는 1978.3.30. T1로부터 이 사건 건물과 함께 이 사건 토지를 매수하고 이 사건 건물에 관하여는 바로 자신 앞으로 소유권보존등기를 마쳤으나 이 사건 토지에 관하여는 소유권이전등기를 마치지 못한 상태에서 등기권리증만을 교부받아 보관하고 있다가 D재건축조합이 재건축사업 부지에 포함된 이 사건 토지를 매수하기 위하여 등기부상 소유자인 T1에게 2004.5.13. 및 2005.4.22. 매수협의를 위한 공문을 발송하였으나 위 공문이 반송되어 매수협의를 하지 못하고 있었던 중 D의 사무장인 T3은 T4로부터 "T5(P의 처)가 이 사건 토지는 그녀의 것이고 그녀가 이 사건 토지의 등기권리증도 소지하고 있다고 한다"는 말을 들었는데, 한편 D는 T2가 P에게 이 사건 건물을 3,500만 원에 매도할 것을 제의하였다가 P가 1억 원을 요구하여 협상이 결렬된 사실을 알고 있었고, T3도 P에게 이 사건 건물을 매도할 것을 제의하였다가 P가 과다한 금액을 요구하여 그 매수를 포기하였는데, T3은 그 즈음 연락이 닿은 T1에게 이 사건 토지를 매도할 것을 제의하였고, T1은 위 제의를 승낙하여 2005.6.4. 이 사건 토지를 3,600만 원에 D에게 매도(이하 '이 사건 매매계약'이라 한다)

하고 D 앞으로 소유권이전등기를 마쳐주었다. 그 당시 T3은 T1로부터 이 사건 토지에 관한 등기권리증을 분실하였다는 말을 듣고 등기권리증의 교부를 요구하지 아니하였고, T1이 이 사건 토지의 진정한 소유자인지 여부를 더 나아가 확인하지 아니하였는데, T1은 위 이중매도로 인하여 배임죄로 기소되어 유죄판결이 확정되었다.

대법원은 판단의 전제로 "어떠한 부동산에 관하여 소유자가 양도의 원인이 되는 매매 기타의 계약을 하여 일단 소유권 양도의 의무를 짐에도 다시 제3자에게 매도하는 등으로 같은 부동산에 관하여 소유권 양도의 의무를 이중으로 부담하고 나아가 그 의무의 이행으로, 그러나 제1의 양도채권자에 대한 양도의무에 반하여, 소유권의 이전에 관한 등기를 그 제3자 앞으로 경료함으로써 이를 처분한 경우에, 소유자의 그러한 제2의 소유권양도의무를 발생시키는 원인이 되는 매매 등의 계약이 소유자의 위와 같은 의무위반행위를 유발시키는 계기가 된다는 것만을 이유로 이를 공서양속에 반하여 무효라고 할 것은 아니고, 그것이 공서양속에 반한다고 하려면, 다른 특별한 사정이 없는 한 상대방에게도 그러한 무효의 제재, 보다 실질적으로 말하면 나아가 그가 의도한 권리취득 자체의 좌절을 정당화할 만한 책임귀속사유가 있어야 한다. 그리고 제2의 양도채권자에게 그와 같은 사유가 있는지를 판단함에 있어서는, 그가 당해 계약의 성립과 내용에 어떠한 방식으로 관여하였는지(당원의 많은 재판례가 이 문제와 관련하여 제시한 "소유자의 배임행위에 적극 가담하였는지" 여부라는 기준은 대체로 이를 의미한다)를 일차적으로 고려할 것이고, 나아가 계약에 이른 경위, 약정된 대가 등 계약내용의 상당성 또는 특수성, 그와 소유자의 인적 관계 또는 종전의 거래상태, 부동산의 종류 및 용도, 제1양도채권자의 점유 여부 및 그 기간의 장단과 같은 이용현황, 관련 법규정의 취지·내용 등과 같이 법률행위가 공서양속에 반하는지 여부의 판단에서 일반적으로 참작되는 제반 사정을 여기서도 종합적으로 살펴보아야 할 것이다. 그리고 법률행위로 인한 부동산물권변동에 등기를 요구하는 민법 제186조의 입법취지 등에 비추어 보면, 제2의 양도채권자가 소유자가 같은 부동산에 대하여 이미 다른 사람에 대하여 소유권양도의무를 지고 있음을 그 채권 발생의 원인이 되는 계약 당시에 알고 있었다는 것만으로 당연히 위와 같은 책임귀속이 정당화될 수는 없다"고 했다. 적극적으로 나아가, 이 사건 토지의 종류와 용도, D가 이 사건 토지를 취득하는 목적, 이 사건 매매계약의 내용 등에 비추어 보면 그러한 사정만으로는 D가 법률상 소유자로 추정되는 등기부상 명의자인 T1로부터 이 사건 토지를 매수한 행위가 T1의 배임행위에 적극 가담함으로써 공서양속에 반하는 법률행위에 해당한다고 인정하기에는 부족하다고 했다.

103조에 따르면 법률행위의 내용이 선량한 풍속 기타 사회질서에 위반할 때 무효이다. 그렇다면 내용 자체가 사회질서에 반하지 않는다면 충분한다. 한편 판례는 법률적으로 이를 강제하거나 법률행위에 반사회질서적인 조건 또는 금전적 대가가 결부된 경우에도 위반된다고 하고 있다. 문화재의 관리직의 양도·양수와 관련된 문제와 관련되어 있다. 전통사찰의 주지직을 거액의 금품을 대가로 양도·양수하기로 하는 약정에 관한 99다38613의 사안과 판지는 다음과 같다.

사실관계 1.2.6 103조 반사회성(동기불법)과 금품지급 대가 주지임명 해당성 [99다38613]

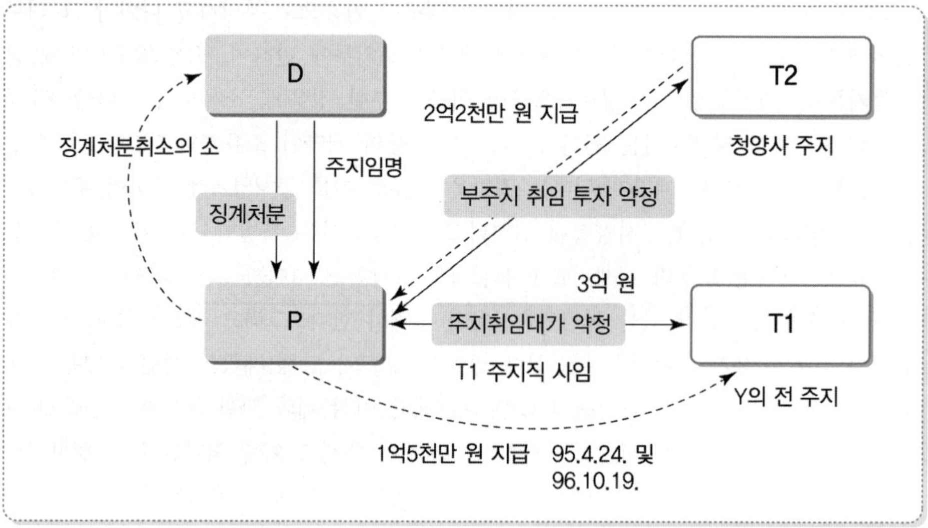

(1) P는 D 법인의 총무원장과 협의를 거쳐 사전 내락을 받아둔 상태에서 D 법인 소속 사찰 전 주지인 T1과 'T1이 주지직에서 사임하고 P가 후임 주지로 취임하는 대가로 3억 원을 지급하기로 약정하였다. (2) 한편 P는 T2와 T2가 투자하면 T2를 위 사찰의 부주지로 임명하기로 약정하고 T2는 2억 2,000만 원을 주었다. (3) 이에 P는 1995.4.24. T1에게 1억 5,000만 원을 지급하였고, D 법인 총무원장은 P를 사찰의 후임 주지로 임명하였으며, P는 1996.10.19. T1에게 나머지 1억 5,000만 원을 지급하였다. (4) D 법인은 P를 징계처분하자 P는 D 법인을 상대로 징계처분의 무효확인을 구하는 소송을 제기하였다. 쟁점은 P와 T1 사이의 약정 내용이 선량한 풍속 기타 사회질서에 반하는 행위로서 무효라고 하지만 D 법인이 위와 같은 약정이 있음을 알고 이를 묵인하거나 혹은 방조한 상태에서 P를 주지로 임명한 행위 자체도 무효인가이다.

이에 관해 대법원은 "민법 제103조에 의하여 무효가 되는 법률행위는 법률행위의 내용이 선량한 풍속 기타 사회질서에 위반되는 경우뿐만 아니라, 그 내용 자체는 반사회질서적인 것이 아니라고 하여도 법률적으로 이를 강제하거나 법률행위에 반사회질서적인 조건 또는 금전적 대가가 결부됨으로써 반사회질서적 성질을 띠게 되는 경우 및 표시되거나 상대방에게 알려진 법률행위의 동기가 반사회질서적인 경우도 당연히 포함한다. P와 위 사찰의 전임 주지이던 T1과 사이에 한 앞서 본 약정은 전통사찰보존법 소정의 전통사찰인 위 사찰의 주지직을 거액의 금품을 대가로 양도, 양수하는 계약으로서 그 내용이 선량한 풍속 기타 사회질서에 반하는 행위로서 무효"라고 판시하였다.

다른 한편 판례는 법률행위의 내용이 아니라 법률행위의 성립 과정상 불법이 사용된 경우에는 103조에 해당하지 않는다고 하고 있다(94다34432). 즉 법률행위의 성립 과정에서 불법적 방법이 사용된 데 불과한 때에는, 그 불법이 의사표시의 형성에 영향을 미친 경우에는 의사표시의 하자를 이유로 그 효력을 논의할 수는 있으나 반사회질서의 법률행위로서 무효라고 할 수는 없다는 판단이다.

103조는 사법질서에도 관련이 있다. 법정증언 대가 지급약정과 사회질서 위반에 관한 93다40522의 사안과 판지는 다음과 같다.

사실관계 1.2.7 사회질서 위반과 법정증언 대가 약정 [93다40522]

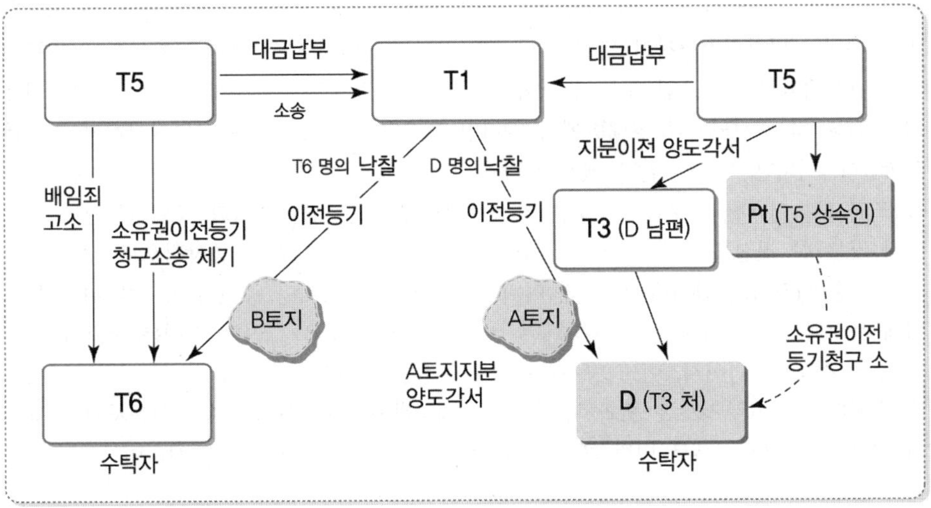

(1) T1은 T2 소유였던 이 사건 부동산을 경락받은 다음 1976.8.20.경 이를 일반에게 입찰매각하기에 이르렀다. (2) T5가 이에 직접 응찰하지 못하는 사정이 있어 그 대신 T3에게 동인 명의로 응찰하고 동인 명의로 낙찰되면 T5가 그 대금을 완납하되 소유권이전등기는 T3 앞으로 경료하기로 부탁하였다. (3) 그런데 T3은 T1이 공매하는 입찰에서 응찰 명의인을 T3의 아내인 D 명의로 함으로써 D 명의로 낙찰이 이루어지고 T1과 D는 같은 달 25. 이 사건 부동산을 D가 금 2,950,000원으로 매수하는 계약을 체결하였으며,

T5는 위 계약에 따라 1977.2.25. 및 1977.8.24. T1에게 위 매매대금을 완납하였고, T3은 1982.7.16. 이 사건 부동산에 관하여 D 명의로 소유권이전등기를 경료하였다. (4) 그런데 T5는 1976. 8.26. T1이 공매하는 인후동 토지를 매수함에 있어서 T6에게 T6의 이름으로 낙찰 받게 하였으나 그 후 T6이 명의수탁사실을 부인하자 T6을 배임죄로 고소하는 한편 1977.9.경 T1과 T6을 D(T3의 처)로 하여 소유권이전등기소송(전주지방법원 77가합259)을 제기하였다. (5) 위와 같은 소송에서 T5는 T5와 T6과의 사실관계를 잘 알고 있는 T3이 형사사건에서 참고인 및 증인으로 진술 및 증언을 해주어야만 T5도 T6으로부터 인후동 토지를 찾게 될 것으로 생각하고, 1978.1.4. T3과 사이에 T3이 D 명의로 이 사건 부동산을 낙찰 받은 공로와 위 형사사건에서 T5를 위하여 진술하는 등 재산을 찾음에 협력하는 대가로 D에게 이 사건 부동산의 5/12 지분을 양도하기로 약정하는 각서를 작성하여 주었다. (6) P들(T5의 소송수계인)은 D를 상대로 이 사건 부동산에 관하여 소유권이전등기청구소송을 제기하였다. 쟁점은 T5와 T3 사이에 T3이 T1과 T6을 상대로 한 소송에서 사실대로 증언할 것을 조건으로 하여 체결한 위 양도약정이 반사회질서의 행위로서 103조에 의하여 무효가 되는지 여부이다.

이에 대해 대법원은 “민법 제103조에 따라 무효로 되는 반사회질서행위는 법률행위의 목적인 권리의무의 내용이 선량한 풍속 기타 사회질서에 위반되는 경우뿐만 아니라 그 내용 자체는 반사회질서적인 것이 아니라고 하여도 법률적으로 이를 강제하거나 법률행위에 반사회질서적인 조건 또는 금전적 대가가 결부됨으로써 반사회질서적 성질을 띠게 되는 경우 및 표시되거나 상대방에게 알려진 법률행위의 동기가 반사회질서적인 경우를 포함한다. 어떠한 사실을 알고 있는 사람과의 사이에 소송에서 사실대로 증언하여 줄 것을 조건으로 어떠한 급부를 할 것을 약정한 때, 증인은 법률에 따라 증언거부권이 인정되지 않는 한 진실을 진술할 의무가 있고, 그러한 급부의 내용이 통상적으로 용인될 수 있는 수준(예컨대 증인에게 일당 및 여비가 지급되기는 하지만 증인이 증언을 위하여 법원에 출석함으로써 입게 되는 손해에는 미치지 못하는 경우 그러한 손해를 전보하여 주는 경우 정도)을 넘어서, 어느 당사자가 그 증언이 필요함을 기화로 증언하여 주는 대가로 용인될 수 있는 정도를 초과하는 급부를 제공받기로 한 약정은 반사회질서적인 금전적 대가가 결부된 경우로 민법 제103조에 해당하여 무효로 된다”고 판시하였다.

(2) 103조의 소비자문제나 노동문제에의 적용확대

그리고 1970년대 이후 폭리행위의 법리는 요건을 느슨한 형태로 소비자문제 등에 적용되게 된다.[69] 초기 일본의 하급심판결로 주목된 것으로서 말하자면 다단계판매방식을 무효로 한 것이 있다.[70] 또한 영리를 목적으로 윤락행위를 하도록 권유・유인・알선 또는 강요하거나 이에 협력하는 것은 선량한 풍속 기타 사회질서에 위반되므로 그러한 행위를 하는 자가 영업상 관계있는 윤락행위를 하는 자에 대하여 가지는 선불금 명목의 채권은 계약의 형식에 관계없이 무효이다(2004다27488,27495). 일본 최고재판소 판례는 호스티스의 보증에 관한 케이스이지만 이 판결 자체는 적용을 부정했다.[71] 다른 한편 이것도 1970년대 이후의 현상이라고 말해도 좋지만 일본 최고재판소 판례는 여러 가지의 근로(노동)문제에 대해 공서양속위반을 근거로 무효라는 판단을 하고 있고[72] 그러한 예가 급증하고 있다.[73] 최근에는 103조에 관한 새로운 일본 판례의 꽤 많은 부분은 근로사건에 관한 것으로 되어 있다.[74] 판례는 노사간에 합의에 의해 농성기간 중의 행위에 대하여 근로자들에게 민·형사상의 책임이나 신분상 불이익처분 등 일체의 책임을 묻지 않기로 한 경우, 그 취지는 위 농성중의 행위와 일체성을 가지는 행위 또는 위 농성중의 행위와 필연적으로 연속되는 행위로서 불가분적 관계에 있는 행위에 대해서도 면책시키기로 한 것으로 보고, 면책합의 이전의 농성행위 등으로 인하여 면책합의 이후에 처벌을 받고 그로 인하여 결근한 행위가 형식상 회사의 인사규정 등의 징계해고사유에 해당한다고 하더라도 이를 이유로 징계해고한 것은 위 면책합의에 반한다고 전제하고, 면책합의가 압력 등에 의하여 궁지에 몰린 회사가 어쩔 수 없이 응한 것이라고 하여도 그것이 민법 104조 소정의 요건을 충족하는 경우에 불공정한 법률행위로서 무효라고 봄은 별문제로 하고 민법 103조 소정의 반사회질서행위라고 보기는 어렵다고 했다(92다14786). 판례는 근로자 D가 P회사를 퇴사한 후 그와 경쟁관계에 있는 중개무역회사를 설립·운영하자 P회사가 경업금지약정 위반을 이유로 하여 D를 상대로 손해배상을 청구한 사안에서, D가 고용기간 중에 습득한 정보나 P회사의 거래처와의 신뢰관계는 경업금지약정에 의해 보호할 가치가 있다고 보기 어렵고, 경업금지약정이 D의 이러한 영업행위까지 금지하는 것으로 해석(직업선택의 자유를 과도하게 제한)된다면 103조에 위반하는 법률행위로서 무효라고 한다(2009다82244).

(3) 공서양속위반의 판단요소로서의 법령위반

법령위반행위의 효력에 관해서도 변화가 나타나고 있다. 효력규정인가 단속규정인가를 추상적·일반적으로 판단하는 것이 아니라, 공서양속위반의 유무를 판단할 때 한 가지 요소로서 법령위반을 고려하는 판례가 출현하고 있다. 예를 들어 식품위생법을 위반하여 제조한 '불량식품'을 소비자가 사서 먹은 경우 업주는 동법에 따라 과태료 처벌을 받는 것은 당연하고, 소비자가 돈을 내서 먹었지만 이러한 식품판매행위는 103조 위반이다. 일본 최고재판소 판례는 식품위생법에 위반하는 유해물질을 함유하고 있는 과자의 판매계약을 103조 위반이라고 하였던 것이 있다.[75] 일본 최고재판소 판례는 독점금지법위반의 대부에 대해 103조 위반이 될 가능성을 시사하였다.[76] 증권회사 또는 그 임직원이 자본시장법(구 증권거래법)을 위반하면서 고객을 유치하려고 고객의 증권거래와 관련하여 발생한 손실을 보전하여 주기로 하는 약속이나 그 손실보전행위를 하는 경우가 금융거래에서 가끔 있었다. 이에 관해 판례는 정당한 사유 없는 손실보전 약속 또는 그 실행행위는 사회질서에 위반되어 무효라고 하고 있다(99다30718). 위험관리에 의하여 경제활동을 촉진하는 증권시장의 본질을 훼손하고 안이한 투자판단을 초래하여 증권시장에서 가격형성의 공정성을 왜곡하는 행위로서, 증권투자에 있어서의 자기책임원칙에 반하는 것이라는 점이 그 이유이다. 최근 주목받고 있는 일본 최고재판소 판례는 증권회사에 의한 손실보장계약을 103조 위반이라고 했다.[77] 더욱이 일본 최고재판소 판례는 애인에 대한 유증을 일정한 한도에서 유효로 했다.[78] 이는 전통적인 공서양속위반의 적용영역인 가족문제에 관해 규제완화의 조짐이 생기고 있다는 것을 나타내는 판결로서 주목받고 있다.[79]

나. 새로운 견해의 등장

이상과 같이 최근 20년 정도 사이에 종래의 방식과는 발상이 다른 판례가 꽤나 축적되었다. 그리고 이것에 주목한 새로운 견해는 종래의 내용규제이론의 재편성에 이어지는 듯한 논의를 전개하기 시작하고 있다.

첫째로, 공서양속위반의 영역이 경제문제로 이동하는 추세에 주목하여 한쪽에서는 계약자유에 대항하는 계약정의의 원리가, 다른 쪽에서는 소비자보호나 경쟁유지라고 하였던 시장환경의 정비를 위한 경제적 공서가 각각 생성되고 있다는 견해가 논의되고 있다. 요컨대 103조는 이러한 법적 가치를 확보·유지하기 위해 적극적으로 이용되어야 한다는 것이다. 둘째로, 공서양속위반을 매개로 하였던 헌법가치의 실현을 중시한다는 관점에 입각하여 개인의 국가에 대한 권리보호청구권이라는 개념을 도입함으로써 103조 발동을 적극적으로 요청해가며 정당화하는 견해도 논의되고 있다.[80]

어느 쪽의 견해도 이미 공서양속을 계약 안으로 편입해서 외부적인 제약으로서 본다는 태도를 갖고 있지는 않다. 계약을 둘러싼 거래질서는 국가에 의해 지탱되고 있고, 국가를 빼고서 계약에 관해 논의할 수는 없다는 것이 정면으로부터

의식되고 있다. 하지만 이러한 견해들은 공서양속이야말로 원칙이라는 한때의 사고방식과는 다르다. 지향되고 있는 것은 국민의 자유를 방향잡고 지원하는 공서이고, 자유 없는 공서가 아니기 때문이다.

2. 규제기술의 정밀화로

가. 초일반조항으로서의 역할

이상과 같이 공서양속위반의 적용영역이나 기본원리가 변화함으로써 법기술적인 면에서도 변화가 생기고 있다. 일단 주목되는 것은 요건의 총합화가 진전되고 있다. 애초부터 103조는 일반조항으로서 넓은 판단대상과 유연한 판단기준을 갖고 있었지만, 보다 넓게 그리고 보다 유연한 규범이 생성되어가고 있다.[81] 구체적으로 두 가지 점에 주목할 필요가 있다. 하나는 법령위반이 공서양속위반의 판단요소에 포함되어가고 있다는 것으로 이것은 이미 말한 대로이다. 여기서는 다른 하나의 점에 대해 좀 더 상세히 말해보자.

원래 공서양속위반은 계약내용을 판단대상으로 삼았다. 하지만 폭리행위론의 판단기준으로도 엿볼 수 있듯이(급박, 경솔, 무경험에 이용된다) 오늘날에는 계약당사자의 주관적 사정(다른 말을 빌리자면 계약교섭과정에 놓여진 모든 사정)이 고려되고 있는 듯이 보인다. 그 의미로 폭리행위론은 104조를 해석하는 것으로 가능하고, 공서양속의 수비범위를 넘어 사기, 강박에 의해 포괄(cover)할 수 없는 영역을 차지하는 법리로 이용되고 있다.

이러한 논의에는 찬반 양론이 있다.[82] 확실히 모든 것을 공서양속위반 법리로 처리하는 것은 너무 지나치겠지만, 그렇다고 착오를 일반조항화하거나 계약법이 아닌 불법행위법을 도입하는 방법으로 해결하는 것에 비교하면, 이론적인 결점은 상대적으로 적은 듯이 생각된다. 다만 근본적인 해결을 하기 위해선 모든 제도를 가능한 한 그 적용범위를 확정하고, 그래도 넘치는 부분에 대해선 의사의 완전성과 내용의 부당성의 쌍방을 고려한 신제도로 입법에 의해 해결해야 한다.[83]

나. 탈일반조항으로 향한 모색

일반조항이 아무리 편리하다고 해도 너무 비대해져버린 이상 그 과도한 일반성 때문에 매끄러운 규제로 바라보지 않는 기능부전을 일으킨다. 그 때문에 103조 이외에서 처리해야만 하는 문제나 처리할 수 있는 문제에 관해선 103조의 적용범위에서 벗어나는 방법으로 처리하는 작업을 하는 것도 필요하다. 그 경계의 지침은 103조의 성질에서부터 도출된다.[84)]

(1) 103조를 위반한 계약조항의 무효화

첫째로, 103조는 본래 그 적용 효과로 계약전체를 무효로 한다는 것을 예정하고 있다. 하지만 실제로는 예를 들어 부당한 계약조항(예를 들어 계약에서 고액의 위약금을 결정하는 조항)의 규제에 사용되는 상황에는 오직 그 조항만을 무효로 하는 법리(계약의 일부무효)가 적용된다. 하지만 계약조건을 없애는 데 공서양속에 반한다고 말하는 것은 아무리 생각해봐도 지나치다. 부당성의 정도가 낮은 경우도 포함하여, 필요한 범위 내에서 계약조항의 무효를 부정하기 위해선 전용의 법리 · 제도가 필요하다 생각된다. 이것도 입법에 따라 처리되어야 하는 문제이겠다.

(2) 계약해석에 의한 유형의 성형

(가) 계약의 일부무효의 법리

둘째로, 가령 계약의 일부 조항을 무효(137조)로 인정했다 하더라도, 103조는 당초 맺은 계약의 효력 발생을 저지하는 것밖에는 할 수 없고, 새로운 뭔가를 덧붙이는 것(계약의 개정이라 한다)은 할 수 없다. 하지만 실제로 계약의 효력을 부정하는 것만 아니라 적절한 조항을 늘려서 공정한 내용의 계약유형을 성형(成形)하는 편이 좋을 때가 있다. 그러기 위해선, 계약의 해석이라는 수단을 활용할 필요가 있다. 예를 들어 일본 최고재판소 판례는 정해진 기일까지 빚을 갚지 않은 경우에는 빚 금액의 수배의 가격에 해당하는 부동산을 대신 양도한다는 약속(대물변제예약)에 대해, 폭리행위=무효의 방식에서 청산의무의 도입으로 방향을 바꾸어 나갔는데[85)] 이것은 주목할 가치가 있는 (해결)방식이다.[86)] 나아가서 P가 약정이율이 15일에 원금의 10%에 해당하는 금액으로 정하여 D에게 대여한 경우 '대부업 등의 등록 및 금융이용자 보호에 관한 법률' 및 동법 시행령에 의하면 이자율은 연 66%를 넘지 못하도록 되어 있으므로, 이자 약정 중 연 66%를 초과하는 부분은 무효라고 보아야 한다는 하급심 판례가 있다.[87)] 그러므로 당사자 사이의 경제적 차이로 인하여 이율이 사회통념상 허용되는 한도를 초과하여 현저하게 고율로 정해진 이자 약정은 무효이다(2004다50426(전)).

판례는, 구 부동산중개업법('공인중개사의 업무 및 부동산 거래신고에 관한 법률'로 전문 개정되기 전)은 부동산중개업을 건전하게 지도 · 육성하고 부동산중개 업무를 적절히 규율함으로써 부동산중개업자의 공신력을 높이고 공정한 부동산거래질서를 확립하여 국민의 재산권 보호에 기여함을 입법목적으로 하고 있으므로(제1조), 입법목적을 달성하기 위해서는 고액의 수수료를 수령한 부동산 중개업자에게 행정적 제재나 형사적 처벌을 가하는 것만으로는 부족하고 구 부동산중개업법 등 관련 법령에 정한 한도를 초과한 중개수수료 약정에 의한 경제적 이익이 귀속되는 것을 방지하여야 할 필요가 있으므로, 부동산 중개수수료에 관한 위와 같은 규정들은 중개수수료 약정 중 소정의 한도를 초과하는 부분에 대한 사법상의 효력을 제한하는 이른바 강행법규에 해당하고, 따라서 구 부동산중개업법 등 관련 법령에서 정한 한도를 초과하는 부동산 중개수수료 약정은 그 한도를 초과하는 범위 내에서 무효(2005다32159(전))라고 했다.

(나) 입법에 의한 부분적 해결

약관의 규제에 관한 법률에는 부당한 계약조항을 규제하는 규정이 두어져 있다. 면책조항(동법 7조 면책조항의 금지)이나 배상액예정조항(동법 8조 손해배상액의 예정)에서 일정한 요건을 바탕으로 이것을 무효로 한다.

다. 중간 정리

지금까지 논의한 내용을 요약해서 두 가지 것들을 중심으로 간단히 정리한다.

첫째는 사회=국가상이라는 것이다. 내용규제이론에 관해 생각함에 대해서는, 사회적으로 지켜야 할 가치로서 무엇을 상정하는가, 또 어떤 종류의 가치실현을 위해 국가는 무엇을 해야 하는가 하는 문제를 피해서 나아갈 수는 없다. 의사표시이론과 같이 내용규제이론을 놓고 보아도 기술적인 문제와 의사적인 문제가 뼈대가 되어 있다는 것이다.

둘째는 이론(또는 틀 짜기, 보는 방식)이다. 이론은 학자의 견해(학설)이다. 착오 · 사기 · 강박 · 공서양속이라는 법적 제도는 그것 자체가 벌거숭이로 존재하고 있지 않고, 이론적인 설명에 의해 지탱되어 존재한다. 그리고 명문의 규정은 없지만 이것들의(이들의) 유효요건을 전제로 하여 구축된 보다 고차원의 이론 (법률행위이론)에 의해 계약의 성립요건으로서 합의의 존재가 불가결이라는 것이 지적된다. 이것을 표시하면 다음과 같이 된다(도표 1.2.10).

도표 1.2.10 법률행위 이론(법리)의 구조

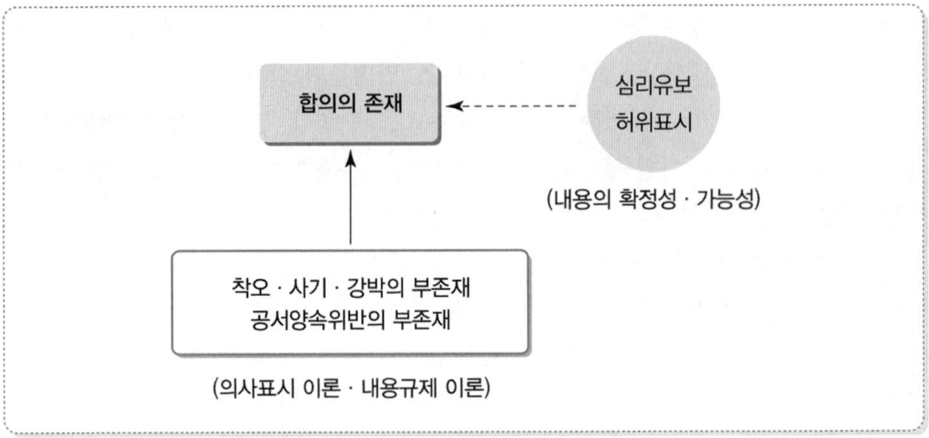

법률행위론은 이상과 같은 사고 양식이 특별히 현저하게 나타난 부분이다. 다만 민법의 규정 · 제도 모든 것이 어떤 일정한 사상이나 이론을 기초로 해서 자리 잡혀진 것은 아니므로 주의가 필요하다.

제 3 관 유효성 · 제2 효과

제2관에서는 계약이 유효하기 위한 계약유효성의 요건에 관한 설명을 끝냈다. 여기서 말하는 요건이란 계약성립요건이 아닌 착오나 공서양속위반 따위의 소극적 유효요건(이러한 사유가 있으면 계약이 무효취소되는 요건)이 되는 제도(계약의 효력을 부정하는 제도)로서 요건이었다.

본관에서는 계약유효성의 효과를 다룬다. 계약이 유효하기 위한 요건이 되는 제도의 효과, 즉 계약이 착오나 공서양속위반에 해당된 경우의 효과에 관해 검토한다. 구체적으로는 우선 무효와 취소에 대해서 설명하고, 이어서 제3자 보호에 관한 문제에 초점을 맞추기로 한다.

제 1 항 계약의 무효와 취소

우선 민법전의 무효 및 취소의 부분에 관해 설명하고(Ⅰ), 그 다음에 거기에 쓰여 있지 않지만 관련된 문제를 언급하고자 한다(Ⅱ).

Ⅰ. 민법전 고유의 문제

민법전은 무효와 취소를 구분하는 사고방식에 기초하여 만들어졌으므로 우선 양자의 같은 점과 다른 점에 관해 설명한다. 이어서 그럼에도 불구하고 최근에는 양자의 차이가 상대화 되어가고 있고, 서로 접근하는 경향에 있다는 것을 설명한다.

1. 무효와 취소의 이동(異同)

가. 무효와 취소 문제에 관한 평가

앞에서 본 바와 같이 착오 · 사기 · 강박 또는 공서양속위반의 경우 계약의 효력은 부정된다(물론 각각의 요건을 만족하는 것이 필요하다). 그런데 이들의 경우 모두가 계약의 효력이 부정되는 것은 확실하지만 법적으로 보면 이들을 취급하는 데는 차이가 있다. 각각의 규정을 보면 공서양속위반의 경우에는 그 효과는 무효가 되어 있는 데 반해, 착오 · 사기 · 강박의 경우에는 '취소할 수 있고'라고 되어 있다. 이 무효와 취소란 어디가 어떻게 다른 것인가. 어째서 이와 같은 차이가 이루어져 있는 것인가. 이것이 여기서의 주제(테마)이지만 구체적으로 무효와 취소를 비교하기 전에 먼저 주의해 두고 싶은 점이 두 가지 있다.

(1) 무효와 취소 제도의 연쇄

첫째는, 착오 · 사기 · 강박 · 공서양속위반과 무효 · 취소와의 관계에 대해서이다. 되풀이하지만 공서양속위반의 효과는 무효이고, 착오 · 사기 · 강박의 효과는 취소이다. 즉 착오 · 사기 · 강박이나 공서양속위반이라는 제도로부터 보면, 무효 · 취소가 그 효과이다. 하지만 시점을 바꿔서 무효 · 취소를 중심으로 생각할 수도 있다. 무효 · 취소를 하나의 제도로서 파악하면, 무효 또는 취소의 요건, 효과라는 것을 생각할 수 있다. 무효 · 취소에 해당한다고 하기 위해선 어떠한 요건이 필요하고, 만약 무효 · 취소에 해당하게 된다면 구체적으로 법적 효과는 어떻게 되는 것인가. 이러한 문제의 방법도 가능하게 된다. 참고로 우리민법은 착오라면 취소할 수 있지만 일본 민법은 무효라고 하고 있다. 이하에서는 이와 같은 관점에서 무효 · 취소를 보기로 한다.

(2) 기타 무효 · 취소 원인

둘째로, 착오 · 사기 · 강박 · 공서양속위반 이외에도 무효 · 취소의 원인이 되는 것이 있다는 것을 확인해두고 싶다. 무효원인으로는 착오 · 공서양속위반 외에 제1관에서 건드렸던 심리유보 · 허위표시(107조, 108조)가 있다. 한편 취소원인이 되는 사유로 사기 · 강박 외에 중요한 것은 제한능력이다. 실로 행위능력은 계약의 유효요건으로서 생각할 수 있는 것이지만, 본서에는 이것은 계약의 주체의 문제로 따로 떼어내어 나중에 설명한다. 예를 들어 미성년의 경우에는 단순히 계약을 할 수 없다는 것을 여러분은 알고 있다. 이것이 제한능력의 대표적 사례이다. 제한능력의 경우의 취소의 효과에 대해서는 민법에 특별한 규정이 있다. 이 규정에 관해서는 따로 검토하지만 그 전제로서 제한능력자의 대표적인 예는 미성년자라는 것, 그리고 제한능력의 경우에 계약은 취소할 수 있다는 두 가지 점만을 일단 알고있어 주면 한다.

나. 무효 · 취소의 대비

무효 · 취소를 서로 비교해 보자. 무효 · 취소의 기본적 효과와 그 외의 점으로 나눠서 대비해보자.

(1) 무효 · 취소의 기본적 효과

우선 기본적 효과로 무효의 경우에는 애당초 계약의 효력이 부정된다. 바꾸어 말하면 계약을 맺을 때 무효이고 어떠한 효력이 없다. 한편 취소의 경우에는 취소한다는 별도의 행위가 이루어져야 비로소 계약의 효력이 부정된다. 바꾸어 말하면 무효인 행위는 그러한 행위가 있는 것으로 충분하고 그 외에 아무것도 하지 않아도 효력이 발생하지 않지만, 취소의 대상이 되는 행위는 취소한다라는 또 다른 행위를 하지 않으면 효력을 부정할 수 없다(=유효인 채로 된다). 바꾸어 말하면 계약 체결시에는 취소가능지만 일응 유효하고, 다만 취소할 수 있는 당사자가 취소한다는 의사표시를 한다면 계약 체결시로 소급해서 무효가 된다. 따라서 착오 · 사기 · 강박이나 제한능력의 효과가 모두 취소라고 말하는 것은 정확하지 않고, 엄밀히 말하자면 취소가능한 것이 된다. 취소에 대해서는 140조(법률행위의 취소권자), 141조에 명문규정이 있다. 이들의 규정으로부터 취소라는 행위가 필요하다는 것, 취소하기까지는 계약은 유효인 채로 남아있다는 것을 엿볼 수 있다. 이에 반해 무효에 관해서 명문의 규정은 없다. 무효라는 언어로부터 내용은 명확하다고 말할 수 있지만 굳이 말하자면 138조를 예로 드는 것도 불가능하지는 않다. 126조는 추인해도 무효가 유효로 바뀌지 않는다고 해석하고 있지만, 이것은 아무것도 하지 않아도 무효는 무효라는 것을 전제로 한 규정이라고 말할 수 있기 때문이다.

이상이 무효와 취소의 효과에 관한 기본적인 차이지만, 그러나 양자의 공통되는 측면도 파악해 두고 싶다. 그것은 무효와 취소 둘 다 계약의 효력을 부정한다는 점에서는 변함이 없다. 무효・취소의 기본적 효과의 차이는 다음의 두 가지에 의해 더욱 완화되므로 이러한 공통된 면은 보다 명확하게 된다. 첫째, 취소가 이루어지면 그것에 의해 계약은 효력을 잃지만, 이러한 효력은 계약시로 소급된다(소급효라고 한다. 141조를 보라). 즉 취소를 하면 처음부터 효력이 없었다는 것이 되므로, 취소를 해버리면 무효여도 취소여도 변함없다. 둘째, 이론상으로 무효는 아무것도 하지 않아도 무효가 되지만, 실제로는 당사자가 무효를 주장하지 않으면 일단은 성립하고 있는 계약은 유효한 것으로서 이행을 독촉 받게 되는 것이다.

이상을 도표로 정리해 두자(도표 1.2.11).

도표 1.2.11 무효와 취소

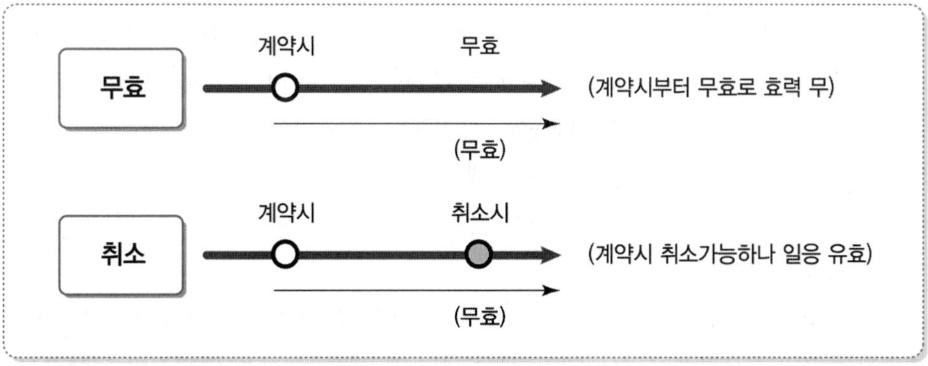

(2) 무효・취소의 그 밖의 효과

그럼 기본적 효과의 차이는 그렇게 크지 않다고 설명했지만, 실제로 그 차이는 그 밖의 미세한 차이와 연결되어 있다. 그 미세한 차이가 실무에서 대단히 중요하다. 즉 실무에서 중요도가 매우 높다. 이하 차이를 열거한다. 첫째 주장권자

(①), 둘째 주장기간(②), 셋째 추인의 효과(③), 넷째 법정추인(④), 다섯째 기타 효과(⑤)이다. 이들 각각에 관해 좀 더 자세히 건드려두자.

우선 ①과 ②에 대해서 살펴본다. 무효는 주장을 하지 않아도 무효가 된다. 역으로 말하면 **'누구든 언제나'** 주장할 수 있다고 말해도 된다. 이에 반해 취소에는 취소한다라는 의사표시가 필요하지만 주의해야 될 것은 취소의 의사표시를 할 수 있는 자는 한정되어 있다(이것을 취소권자라고 한다)는 점이다. 140조가 규정하는 바와 같이 제한능력자 자신 또는 하자가 있는 의사표시를 한 자(착오 · 사기 · 강박을 받은 자), 그의 대리인(본인 · 대리인 또는 상속인 등과 같은 승계인)만이 취소권을 행사할 수 있다. 그래서 취소권은 일정한 기간 내에 행사하지 않으면 어느새 행사할 수 없게 된다. 146조가 정한 3년 또는 10년이라는 기간이 그것이다(이에 반해 무효에는 기간제한이 없다). 기간의 차이는 실제로는 중요하지만 나중에 소멸시효 부분에서 간단히 건드린다.

다음으로 ③, ④에 관해 본다. 취소 가능한 행위는 취소권자가 추인(나중에 최초의 계약을 '그것으로 좋다'라고 확인하는 것)하면 계약을 체결한 시점(계약시)부터 유효했던 것이 된다(143조 확인적 규정이었던 단서도 무의미). 추인의 방법 · 요건에 대해서는 143조, 144조를 봤으면 하지만 뚜렷한 특징이라면, 일정한 일을 한다면 그것으로 추인한 것이 되어버린다는 것이다. 145조가 그것을 정해놓고 있다(법정추인이라고 한다). 이것도 조문을 잘 읽어두길 바란다. 이상은 취소의 경우에 대한 설명이지만 이에 반해 무효의 경우에는 추인이 원래부터 불가능하다(139조). 단 무효원인이 있었다는 것을 안 다음에 '그리해도 좋다'라고 확인한 경우에는 취소와 달리 그 시점에서 새로운 계약(법률행위)을 한 것으로 본다고 되어 있다. 그러나 최초의 계약시에 효력은 소급하지 않는다(공서양속위반이라면 어찌 되는가, 각자 생각해 보길 바란다).

마지막으로 ⑤기타 효과에 관해 살펴본다. 이것은 139조~146조 이외의 곳에 존재하는 차이점으로서 모든 무효 · 모든 취소에 공통된 것은 아니지만, 제3자 보호의 유무나 반환청구의 가부 · 범위에 차이가 있다. 제3자 보호는 뒤로 돌리고 반환청구에 관련된 문제는 나중에 살펴볼 Ⅱ.에서 다룬다.

여기서도 도표로 정리해 두자(도표 1.2.12).

도표 1.2.12 무효와 취소의 차이점

	주장권자	주장기간	추인효과	법정추인
무효 →	제한 무	제한 무	소급효 무	없음
취소 →	취소권자	3년 · 10년	소급	있음

2. 무효와 취소의 접근

가. 무효와 취소 원인의 접근

무효와 취소의 차이점과 같은 점에 관해 설명했는데 이와 같은 차이가 생기는 것은 어째서인가. 여태까지의 설명으로 알 수 있듯이 일단 취소가 되면 무효와 취소는 그 근본적인 성격이 그다지 바뀌지 않는다. 차이는 취소권의 행사에는 여러 가지 법적 제약이 걸려 있다는 점에 있다. 그러므로 취소 가능한 행위라도 실제로는 취소가 이루어지지 않는 경우가 생기고, 그 결과 취소 가능한 행위의 효력이 부정되지 않는 경우가 꽤 많게 된다.

이처럼 무효에 비하면 취소의 경우에는 계약의 효력이 유지되는 경우가 많게 된다는 것이지만, 이 차이는 무효원인 · 취소원인의 차이에 의해 설명됐다. 즉 공서양속위반의 경우에는 사회적인 관점에서의 효력부정이므로 효과는 무효이다. 한편 제한능력의 경우에는 제한능력자 개인의 보호가 목적이다. 하지만 이와 같은 보호를 너무 철저히 한다면 상대방은 불안정한 지위에 놓인다. 그래서 취소라는 약한 효과를 인정함으로써 쌍방 이해관계의 균형을 유지하도록 한 것이다. 그런데 당사자의 의사에 착안하여 효력을 부정하는 경우에는 그 효과는 같지 않다. 이것은 어째서인가. 한때는 착오와 사기 · 강박의 성질의 차이에서 구해졌다. 이미 설명한 대로 착오는 의사의 흠결(진의가 없다)이고 의사의 불완전함이 중대하므로 효과는 취소이고, 사기 · 강박도 하자 있는 의사표시(진의는 있다)이고 의사의 불완전의 정도는 비록 작지만 그 효과는 취소이다.

그런데 최근에는 무효원인과 취소원인의 성질의 차이가 좁혀지고 있다. 이미 설명한 대로 동기의 착오도 또한 요소의 착오에 포함될 수 있다고 한다면, 착오=의사의 흠결이라고는 말하기 어렵게 되고 이상과 같은 설명은 반드시 들어맞지 않게 된다. 또한 이것도 이미 설명한 대로 공서양속위반이라고 하지만 소비자나 근로자의 보호를 위해서 쓰이는 경우도 나오고, 그 경우에는 오히려 제한능력자의 보호와 공통되는 면을 인정할 수 있으며, 공서양속위반의 경우에도 역시 이상의 설명으로부터 보기 시작한다.

나. 무효와 취소 제도의 접근

그런데 최근에는 무효와 취소의 격차가 좁혀지는 경향이 나타나고 있다. 실제로는 해석에 의해 무효의 다양화가 가늠되는 결과가 나오고 있다. 여기서는 두 가지의 점만을 언급해두자.

첫째, 140조는 취소할 수 있는 법률행위는 제한능력자, 착오로 인하거나 사기·강박에 의하여 의사표시를 한 자, 그의 대리인 또는 승계인만이 취소할 수 있다고 하여 취소권자를 제한하고 있다(취소권자의 제한). 일본 최고재판소 판례는 착오를 이유로 계약의 취소를 주장할 수 있는 자는 착오에 빠진 표의자뿐이라고 하였다.[88] 한편 누구라도 주장할 수 있는 통상의 무효를 절대무효, 주장권자가 제한된 무효를 상대무효라고 부르고 있는데, 이러한 용어법에 의하면 착오취소는 마치 상대무효에 가깝다(공서양속위반에 대해서도 경우에 따라선 똑같이 취급해야 한다는 견해도 있다). 한편 판례는 유동적무효라는 개념도 사용하고 있다. 국토이용관리법상의 토지거래허가구역 내의 토지에 관하여 관할 관청의 허가를 받기 전에 체결한 매매계약은 처음부터 허가를 배제하거나 잠탈하는 내용의 계약일 경우에는 확정적 무효로서 유효화될 여지가 없지만, 이와 달리 허가받을 것을 전제로 한 거래계약일 경우에는 일단 허가를 받을 때까지는 법률상 미완성의 법률행위로서 소유권 등 권리의 이전에 관한 계약의 효력이 전혀 발생하지 않음은 확정적 무효의 경우와 다를 바 없으나, 일단 허가를 받으면 그 계약은 소급하여 유효한 계약이 되고 이와 달리 불허가된 경우에는 무효로 확정되므로 허가를 받기까지는 유동적무효의 상태에 있다고 했다(97다36965,36972).

둘째로, 판례는 공서양속위반에 의한 무효의 경우에 「일부무효」의 법리에 따라 이를 인정하는 것이 적지 않다(138조). 판례는 하나의 법률행위의 일부분에 무효사유가 있더라도 그 법률행위가 가분적이거나 그 목적물의 일부가 특정될 수 있다면 그 나머지 부분이라도 이를 유지하려는 당사자의 가정적 의사가 인정되는 경우 그 일부만을 무효로 할 수 있다고 했다(2013다207538). 예를 들어 금전소비대차에서 과다한 위약금조항을 무효로 하는 것이 있는데, 그러한 경우에도 차용금(=소비대차계약) 자체는 무효로 되지 않는다. 한편 법률행위의 일부가 강행법규인 효력규정에 위반되어 무효가 되는 경우 그 부분의 무효가 나머지 부분의 유효·무효에 영향을 미치는가의 여부를 판단함에 있어서 개별 법령이 일부무효의 효력에 관한 규정을 두고 있는 경우에는 그에 따라야 한다(2010다23425). 구체적인 사안을 보면 임차인의 월차임 연체에 대하여 월 5%(연 60%)의 연체료를 부담시킨 계약조항 및 임차인의 월차임 연체 등을 이유로 계약을 해지한 경우 임차인에게 임대차보증금의 10%를 위약금으로 지급하도록 한 계약조항은 약관규제법(약관의 규제에 관한 법률 제6조, 제8조)에 따라 무효이다(2009다20475,20482). 일본 최고재판소 판례는 예컨대 위약금조항 중 일정의 액을 초과하는 부분만 무효가 된다고 한 예도 있다(예를 들어 연 120%에 대해 연 40%를 초과하는 부분은 무효가 된다). 이와 같이 수량적인 일부를 무효로 하는 것이 아니라, 계약조항 중 어떤 사항에 관한 부분만을 취소하여 무효로 하는 것도 있다. 일본 최고재판소 판례는 유니온숍 협정 중 다른 노동조합에 가입한 자 등에 대해 해고의무를 정한 부분만을 무효로 했다.[89] 이러한 판결의 배경에는 공서양속위반이라고 해도 반드시 계약 전체의 효력을 부정할 필요는 없다는 것이 그 이유다. 이에 더해 일부무효에 대해서 통상의 무효를 전부무효라고 부르고 있다.

그러면 위에서 설명한 것을 이해하기 위해 눈을 돌려 학설이 주장하는 계약이행 단계론에 관해 살펴보자. 참고로 학설은 법령위반행위의 효력을 판단할 때에는 계약이행이 종료되었는지 여부(예를 들어 매매계약의 경우 목적물의 인도가 종료되어 있는가)를 고려하여야 한다는 주장이 있고, 또 이러한 견해가 유력해지고 있다(이행단계론으로 불리고 있다). 계약이행이 완료된 계약을 무효로 하기 위해서는 미이행의 경우에 비해 상대방 또는 제3자의 기대를 해치는 정도가 높기 때문이라는 것이 그 이유이다. 그러나 이것은 무효주장에는 기한이 없음에도 불구하고 주장기간에 제한이 붙은(계약이행 전에 한정하여 무효주장이 가능하다) 무효를 새로이 인정한다는 것과 다르지 않으므로 법리상 문제가 있다.

Ⅱ. 무효와 취소의 효과와 관련된 문제

무효와 취소와 관련된 문제로서 한편으로는 (취소의 결과도 포함해서) 무효의 뒤처리의 문제가 있고, 다른 한편 무효(또는 취소)의 판단은 어디까지 영향을 미치느냐는 문제가 있다.

1. 계약무효판단의 최종적 해결

가. 부당이득 반환청구권의 발생

무효 · 취소에 의해 계약의 효력이 부정되면 어찌 되는가. 계약은 효력을 가져다주지 못하므로 당사자를 구속하지 아니한다. 보다 구체적으로 당사자 간에 계약으로 발생하는(발생하였거나 발생한) 채무는 없는 것이 된다. 예를 들어 매매계약이 착오를 이유로 취소가 된다면 착오에 기한 의사표시가 있으면 매도인(賣主)은 목적물인도의무를, 매수인(買主)은 대금지급의무를, 각각 지는 것은 아니다. 그럼 그것은 도대체 어떠한 것을 의미하는가.

두 가지의 국면으로 나눠서 생각할 필요가 있다. 하나는 계약에서 정해진 의무가 아직 이행되지 않은 경우이다. 이 경우에는 의무는 애초부터 없었다는 것이 되므로, 앞으로 더 이상 이행할 필요도 없다. 그것뿐이다. 다른 하나는 계약으로 의무가 이행되어버린 경우도 생각할 필요가 있다. 이 경우에는 그렇게 할 의무가 없는 데도 있다고 생각하여 이행해버리는 것이 된다. 예를 들어 물건을 넘겨주었다거나 돈을 지급했다가 그 전제가 되는 매매가 무효였다고 하자. 이와 같은 경우 즉 계약상 의무 없이 물건(돈도 포함하여)을 넘겨줘 버리면 상대방에 대해 물건(및 금전)의 반환청구권이 발생한다. 즉 무효 · 취소에 의해 계약이 효력을 잃게 되어버리면, 계약에 따라 상대방에게 넘겨준 것을 돌려달라고 청구할 수 있다. 이것이 대원칙이다.

당연하다고 말할 수 있지만 민법전에는 규정이 있다. 단 무효 · 취소 부분에서가 아니라 뒤의 741조 이하에 규정이 있다. 741조는 법률상 원인 없이 타인으로부터 이익(이 이익을 부당이득이라고 한다)을 받은 자는 그것을 반환할 의무를 진다고 규정하고 있다. 무효 · 취소에 의해 계약당사자는 상대방으로부터 얻은 물건(돈도 포함하여)을 자기 손에 가지는 법률상 원인을 잃으므로 741조에 의해 반환의무를 진다. 바꾸어 말하면 물건을 인도한 쪽의 당사자는 반환청구가 가능하다.

더욱이 계약의 무효・취소 이외에도 다양한 경우에 741조는 적용되지만 지금은 더 이상 이것에 깊이 들어가지 않는다. 이러한 부당이득에 관한 자세한 것은 교과서에서 법정채권관계론으로 설명하고 있다.

741조에 의한 뒤처리도 포함하여 무효를 관련 모든 제도 중에 평가하면 다음과 같이 된다(도표 1.2.13).

도표 1.2.13 무효 · 취소의 제도적 연쇄

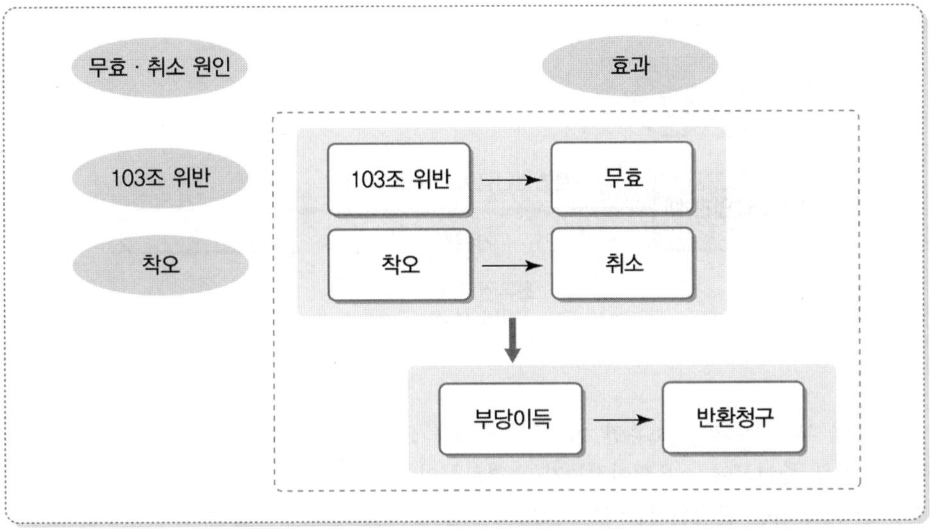

나. 부당이득 반환청구권의 제한

이상의 원칙에는 몇 가지 예외 또는 세칙이 있다. 여기서는 두 가지 점을 알아두었으면 한다.

(1) 불법원인급여

하나는 상대방이 부당이득을 해도 반환청구할 수 없는 경우가 있다. 불법원인급여라고 불리는 경우인데 746조에 규정되어 있다. 이것은 불법의 원인에 의해 그 급부(급부란 의무의 이행으로서 물 등을 준 것 혹은 그 주어진 물건)가 이루어진 경우에는 반환청구를 할 수 없다는 것이다.

예를 들어 도박을 위해 빌린 돈(차용금)은 공서양속에 반하여 무효가 된다. 그렇다면 불법원인에 의해 금전을 빌려준 것이 되며, 746조 적용으로 반환청구를 할 수 없다. 한편 부당이득이 발생해도 물건의 소유자는 소유권을 근거로 자기 물건을 반환받을 수 있을까? 부당이득반환청구권을 제한하는 746조가 채권적 청구권과는 전혀 그 근거를 달리하는 물권적청구권까지를 제한하는 효력이 있느냐는 문제가 있다. 이에 관한 79다483(전)의 사안과 판지는 다음과 같다.

사실관계 1.2.8 사회질서 위반과 불법원인급여-물권적 청구권행사 가부 [79다483(전)]

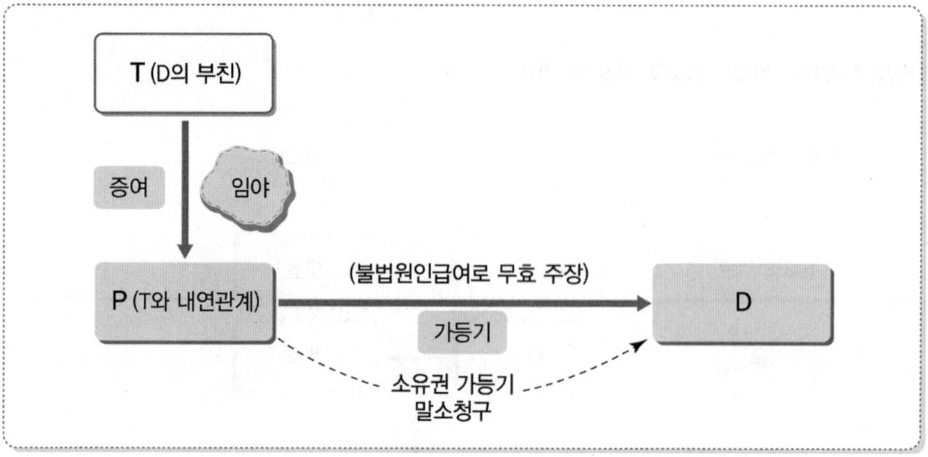

T(D의 부친)는 자기 소유인 이 사건 임야를 P와 불륜의 내연관계를 맺고 그 대가로 P에게 이를 증여하여 소유권이전등기를 경료하여 주었다. 이에 D는 P 앞으로 경료된 위 소유권이전등기는 불법원인급여를 원인으로 한 것이기 때문에 무효라고 주장하였다.

대법원은 기본적인 전제(법리)로 다음과 같이 판시하였다. "민법 746조는 민법 제103조와 표리를 이루어 사회적 타당성이 없는 행위를 한 사람은 그 스스로 불법한 행위를 주장하여, 복구를 그 형식 여하에 불구하고 소구할 수 없다. 따라서 소유권에 기한 반환청구도 할 수 없다"고 판시하였다.

다만 공서양속위반=불법원인급부라는 도식은 항상 성립하는 것은 아니다(예전에는 항상 성립한다고 여겨졌지만, 오늘날에는 위법성의 정도가 고려된다). 일본 최고재판소 판례는 예를 들어 가령 독점금지법에 위반한 대부가 공서양속위반으로 되어도 아마도 대주(貸主)의 반환청구자체는 인정될 수 있다고 했다. 그리고 746조가 규정하는 이익이란 무엇인가? 이에 관한 93다55234의 사안과 판지는 다음과 같다.

사실관계 1.2.9 103조와 불법원인급여 이익의 종국성 [93다55234]

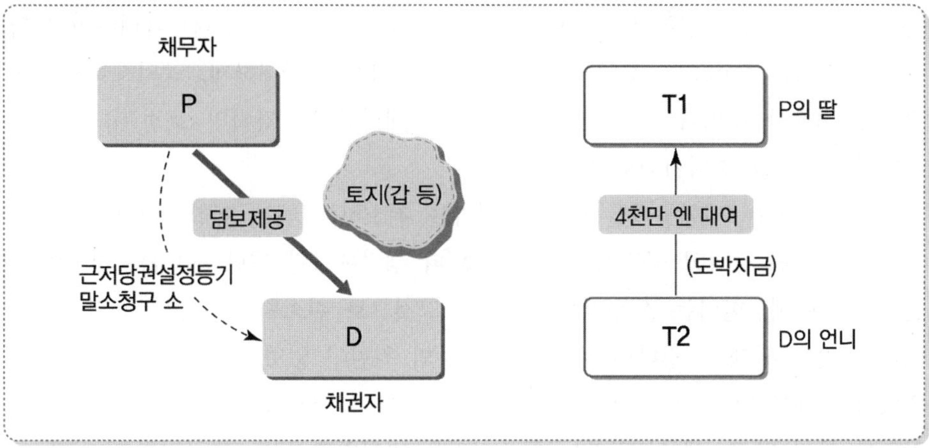

(1) T1(P의 딸)은 1990.12. T2(D의 언니)에게 연말연시를 맞아 한국의 카지노에 가서 도박을 하고 싶으니 금 200,000,000원 정도의 도박자금을 빌려주면 한국에 거주하는 어머니인 P에게 명의신탁해 둔 부동산들을 담보로 제공하겠다고 제의하였다. (2) 이를 승낙한 T2는 T1에게 같은 달 하순경 일본국 화폐와 한국 화폐를 합하여 일본국 화폐로 환산한 금 40,000,000엔 상당을 빌려준 후 그 채무담보조로 이 사건 부동산들에 관하여 채무자는 P, 근저당권자는 D, 채권최고액은 금 300,000,000원으로 된 근저당권설정등기를 경료하여 주었다. (3) 이에 P는 D를 상대로 위 근저당권설정등기의 말소등기 청구의 소를 제기하였다. 쟁점은 도박자금 용도로 돈을 빌려준 소비대차계약이 선량한 풍속 기타 사회질서에 위반한 사항을 내용으로 하는 법률행위로서 무효라면 그 소비대차계약상의 채무를 담보하기 위하여 경료된 근저당권설정등기도 무효가 되는가이다.

대법원은 기본적인 전제(법리)로 다음과 같이 판시하였다. "여기서 말하는 이익에 사실상의 이익도 포함되나, 그 이익은 재산상 가치가 있는 종국적인 것이어야 하고, 그것이 종속적인 것에 불과하여 수령자가 그 이익을 향수하려면 경매신청을 하는 것과 같이 별도의 조치를 취하여야 하는 것은 이에 해당하지 않는다."

(2) 반환범위에 관한 제한–현존이익

다른 하나, 반환의 범위에 관한 문제가 있다. 부당이득 일반에서도 이득자가 선의인가 악의인가에 따라 반환의 범위가 달라진다(741조, 748조). 어떠한 것에 대해 선의 또는 악의란 그것을 몰랐었다, 알고 있었다라는 것이고, 오늘날에는 논리적 색채가 옅어지고 있다(단 조금도 없다는 것은 아니라는 면도 있다). 법률상의 원인이 없었다는 것을 알고 있었던 이득자(악의의 이득자)는 자기가 얻은 이익에 이자를 붙여서 돌려주지 아니하면 안 되지만, 이것을 몰랐던 이득자(선의의 이득자)는 그 받은 이익이 현존한 한도에서(이것을 현존이익이라고 부른다) 돌려주면 된다. 이것이 741조·748조가 정한 규범(룰)이다. 선의자에 관대하게, 악의자에게는 엄격하게 적용한 것이다. 이 규범에는 더욱이 세밀한 몇 가지의 조정 규범·예외 규범이 있다. 그 하나가 141조 단서이다.

141조 단서는 제한능력을 이유로 계약을 취소하는 때는 제한능력자는 현존이익을 반환하면 좋다고 규정하고 있다. 좀 더 생각해보면 제한능력자는 자신이 제한능력자에 해당한다는 것을 알고 있다면, 그것으로 취소원인이 있다는 것을 알고 있다는 것이 된다. 그렇다면 이득에 법률상의 원인이 없었다는 것에 대해서도 악의였다고 해야 한다(적어도 악의의 것도 있을 것이다). 하지만 141조 단서는 선의·악의를 묻지 않고, 제한능력자는 현존이익을 반환하면 된다고 규정하고 있다. 이것은 제한능력자를 특히 두텁게 보호하는 규정이라고 말할 수 있다.[90]

그러면 현존이익이란 무엇인가. 이에 관한 2008다58367의 사안과 판지는 다음과 같다.

사실관계 1.2.10 제한능력자의 현존이익 [2008다58367]

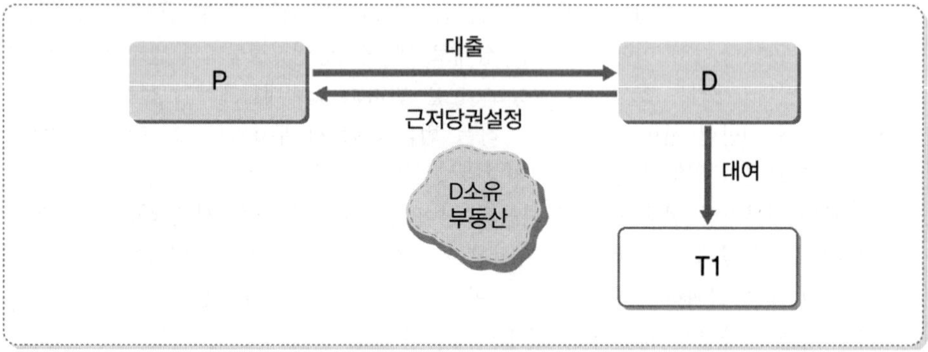

D(의사무능력자)가 자기 소유의 부동산에 근저당권을 설정해 주고 P로부터 금원을 대출받아 이를 T에게 대여하였다. 쟁점은 여기서 무엇이 현존하는 이익은 대출금인지 여부이다.

이에 관해 대법원은 "대출로써 받은 이익이 T에 대한 대여금채권 또는 부당이득반환채권의 형태로 현존하므로, P는 대출거래약정 등의 무효에 따른 원상회복으로서 위 대출금 자체의 반환을 구할 수는 없더라도 현존이익인 위 채권의 양도를 구할 수 있다"고 판시하였다.

이 점에 관해 일본 최고재판소 판례는 받은 금전이 채무의 변제나 생활비에의 충당에 의해 수중에 남아있지 않는 때는, 현존이익은 없다는 것으로 되느냐가 쟁점이었지만, 본래는 감소해야 할 자기의 재산이 감소하지 않았다는 의미로 현존이익은 있다고 했다.[91] 그렇게 된다면, 돈이 손에 들어온 것에 의해 낭비한 듯한 경우만이 현존이익이 없다는 것이 된다.[92] 이래도 좋은 것인가 아닌가 어찌하면 좋을까는 각자 생각해 보길 바란다.

2. 무효판단이 미치는 범위와 그 확대

가. 무효행위의 전환

무효인 행위가 다른 법률행위의 요건을 갖춘 때에 다른 법률행위로서는 효력이 인정되는 것이 있다. 비록 가족법의 영역에서의 그 예를 볼 수 있지만, 비밀증서유언(1069조)의 방식을 갖추지 않은 유언도 자필증서유언(1066조)으로서는 유효하다(1071조). 일본 최고재판소 판례는 또한 적출이 아닌 아들(혼인 외의 성관계에 의해 태어난 아이)을 아내의 적출자로서 신고한 사건(케이스)에 관해 이것을 인지(비적출자로서 인정하는 것, 자신의 아이라고 인정하는 것이다. 855조)의 신청으로 전환하고 있다.

여기서 방식에 대해서 잠깐 건드려두고 싶다. 민법에는 재산상의 행위에 관해 그 행위를 하기 위해서 무언가의 형식에 따르는 것을 필요로 하고 있는 경우는 거의 없다. 하지만 가족관계에 관한 법률행위에 대해서는 어떤 종류의 형식에 따르지 않는다면 그 관계가 성립되지 않는 것도 있다. 혼인(812조), 양자결연 등이 그 예이다. 단 재산법에서도 어떤 계약에 대해서는 방식이 아닌 물의 인도가 성립요건으로 되어 있는 것이 있다. 소비대차계약이 그 예이다(598조). 증여계약은 방식도 물건의 인도도 필요하다고 되어 있지 않고, 합의만으로 성립한다고 되어 있는데(이와 같은 계약을 낙성계약이라고 한다), 서면에 의하지 않은 증여로 이행되지 않는 것은 철회할 수 있으므로(555조), 실질적으로 증여계약은 서면작성이라는 방식을 요하는 요식계약 또는 물의 인도를 요하는 요물계약으로 되어 있다고 말할 수 있다.

더욱이 Ⅰ.에서 건드린 일부무효의 문제도, 보기에 따라서는 무효행위의 전환에 연관되어 있다. 여기에서는 다시 한 번 생각을 바꾸어 살펴본다. 계약의 일부를 무효로 함으로써, 전체 계약 조항에서 남아 있는 조항의 효력은 인정되기 때문이다. 무효행위의 전환은 어떤 행위 A를 A로서는 (그대로는) 무효이지만 B로서 유효로 하는 것인데 반해, 일부무효는 A로서는 (전체로는) 유효라고 말할 수 없지만 a_1을 뺀 나머지 a_2(잔부)를 유효로 전환하는 것이다. 양자의 관계를 도표로서 나타내면 위와 같이 된다(도표 1.2.14).

도표 1.2.14 무효행위의 전환과 일부무효

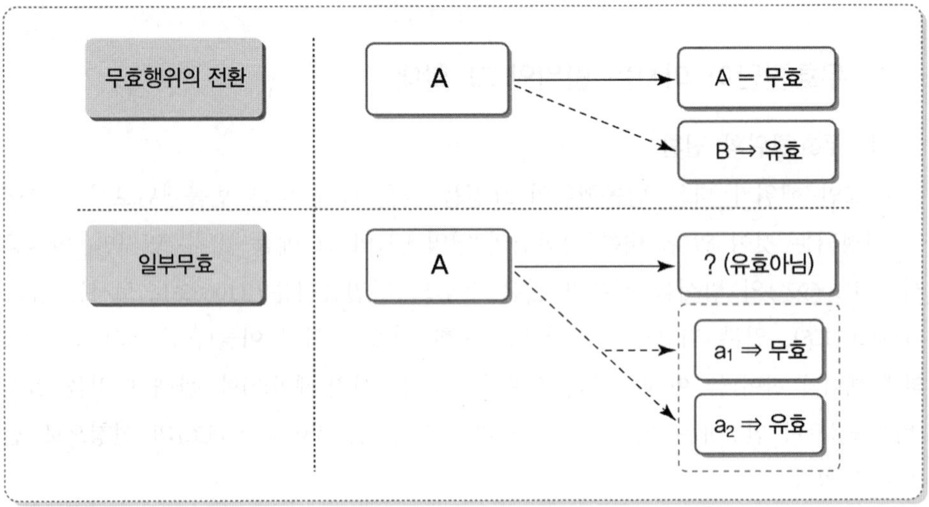

주의해야 할 점은 둘 다 당사자의 당초의 의사와는 완전히 일치하지 않는 효과가 부여된다는 것이다. 이 점에 주목하면 무효행위의 전환 · 일부무효란 법관에 의한 계약의 개정(수정)과 다를 바 없다고도 말할 수 있다. 그럼 이와 같은 개정을 어느 정도까지 인정해야 하는가(조문은 없다). 그다지 깊이 파고 든 논의는 이루어지지 않지만 계약자유의 원칙과 관련하여 꽤 중요한 문제라고 말할 수 있다.

나. 무효 범위의 확대

이상은 무효판단이 미치는 범위(사정)를 **한정**하여 일단은 무효라고 판단된 행위를 별도의 행위로서 구해내는 이야기였는데, 다음에서는 역으로 무효판단이 미치는 범위(사정)가 **확정**되어, 무효인 행위뿐 아니라 그것과 관련한 행위까지 무효로 처리되는 것이 있다. 사례를 들어서 설명하자.

이전에 소개한 바대로 일본 최고재판소 판례는 술집에서 종사하는 여인에게 선불금 명목으로 미리 준 돈은 103조 위반으로 반환을 청구할 수 없다고 한다.

예창기계약(딸을 예기 ⇒ 창기로서 일하게 하여 반환한다는 조건으로 돈을 꾸는 계약)에 관한 제2차 세계대전의 일본 최고재판소 판례는 가동(稼動)계약 부분은 무효라고 했지만, 소비대차부분은 유효로 하고 있었다. 이것들 두 가지의 부분은 별개의 계약이라는 것이 그 이유였다. 그러나 이후 양자 간에는 밀접관련성이 존재하고 일체불가분이라고 하였다('밀접하게 관련하여 서로 불가분'이라고 서술하고 있다). 즉 어떤 계약 A1에 무효원인이 존재하는 경우에는 당해계약이 무효가 되는 것은 물론이지만, 경우에 따라선 이것과 밀접하게 관련된 계약 A2도 또한 무효가 될 수 있다(밀접관련성)는 사고방식을 보여준 것이다.[93)]

또한 일본 최고재판소 판례는 도박을 위해 빌린 돈을 무효로 하고 있지만, 이것도, 도박으로 발생한 계약 A1(진다면 금전을 갚는 계약)이 무효이므로, 그러기 위한 지급에 충당할 것을 명시하여 이루어진 차용금 A2도 또한 무효로 된다고 보는 것이 가능하다(이것을 동기의 불법이라고 부르고 있다)고 한다.[94)] 법률행위 자체는 사회질서에 반하지 않지만 그 동기가 선량한 풍속 기타 사회질서에 위반하는 경우 그 법률행위를 무효로 볼 것인가에 관한 문제를 말한다.

이상은 다음과 같이 된다(도표 1.2.15).

도표 1.2.15 무효와 계약의 일체불가분성

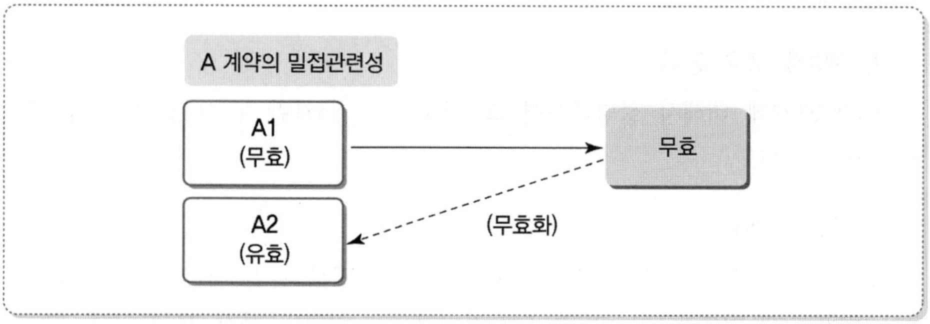

그렇다고 하더라도 여기서 위에서 든 A1+A2를 한 가지의 계약 A로 생각한다면 무효의 범위의 확장 등이라는 번거로운 사고방식을 취할 필요는 없다. 실제로 예창기계약에 대해서는 한 가지의 계약으로 생각하는 방식이 자연적인지도 모른다. 하지만 한 가지의 계약이라고는 말하기 어려운 경우에는 이러한 사고식에 의할 수밖에 없다.[95)]

제2항 계약이 무효·취소된 때 제3자 보호

무효와 취소를 비교하면 몇 가지 다른 점이 있지만 둘 다 계약의 효력이 부정된다는 점이 공통이었다. 그 의미를 보다 구체적으로 말하면 다음과 같다. 첫째, 계약으로부터 발생할 셈이었던(발생할 예정이었던, 발생해야 했던) 계약상 의무(채무)가 발생하지 않는다. 그 때문에 둘째, 그 채무가 미이행의 경우에는 이행할 필요가 없어진다. 셋째, 채무가 이미 이행된 경우에는 채무의 이행으로서 상대방에게 준 물(이익)의 반환을 청구할 수 있다.

당사자 사이에는 이렇게 되는 것이 원칙이지만 제3자가 나오면 반드시 이렇게 되지는 않는다. 제3자 보호의 규정이 두어져 있기 때문이다. 계약이 무효·취소된 때 제3자 보호가 여기의 주제가 된다. 전반에는 제3자 보호의 규정에 관해 추가로 기초적인 설명을 하고(Ⅰ), 후반에는 이것들 제3자 보호 규정이 적용되는 영역을 확대하는 데에 대해서 검토하기로 한다(Ⅱ).

Ⅰ. 제3자 보호제도의 취지

1. 제3자란 누구인가

가. 제3자 보호 논리

제3자 보호에 대해서 설명하자면 그 전제로서 제3자란 누구냐는 말부터 시작할 필요가 있다.

(1) 제3자 정의

제3자란 당사자 이외의 자라는 것이다. 계약을 예로 들면 계약을 맺은 자(예를 들어 매매계약의 매도인·매수인)가 당사자이고, 그 이외의 자가 제3자이다. 단 지금부터 문제로 하는 제3자는 이와 같은 의미로서의 제3자라기보다는 범위가 조금 좁다. 계약당사자 이외 자로 그 계약에 관해 이해관계를 가진 자가, 바로 여기서 말하는 제3자이다. 도표를 보면서 구체적으로 생각해보자(도표 1.2.16).

도표 1.2.16 계약에서 제3자

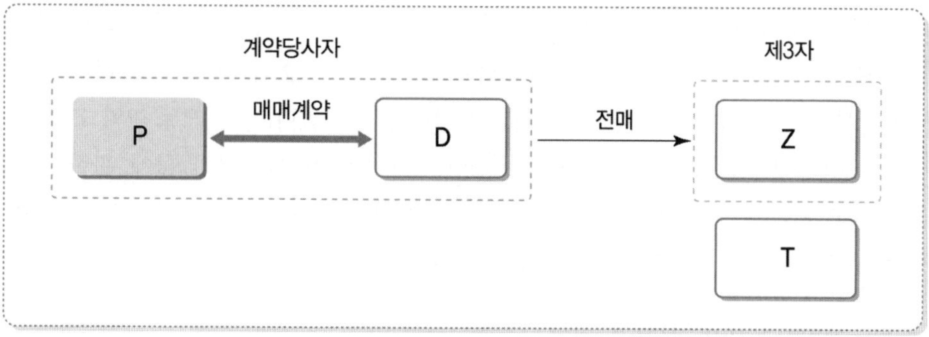

어떤 동일한 물이 P로부터 D에게, D로부터 Z에게 순차로 팔렸다고 하자. 매매계약이 두 개 연속하여 맺어진 것이다. 이 경우 P와 D만의 매매계약을 중심으로 생각하면 그 당사자는 P와 D이고, Z는 매매계약과는 직접 관련이 없는 제3자가 된다. 하지만 Z는 P와 D의 계약과 **전혀 관계가 없는**(**무관계한**) 인간(T)과는 조금 성격이 다르다. 왜냐하면 Z는 P와 D의 계약이 유효인가 무효인가라는 점에 관해 이해관계를 가지고 있지만, T는 전혀 그렇지 않기 때문이다. 지금부터 문제로 하는 제3자에 포함되는 것은 Z와 같은 사람이고, T와 같은 사람은 포함되지 않는다.

(2) 계약에서 제3자의 법적 지위

그런데 P와 D의 계약의 효력에 관해 Z가 이해관계를 가진다고 말했는데 그것은 어떤 것을 의미하는가. 아니면 Z는 P와 D가 맺은 계약에 의해 어떠한 영향을 받는 것인가. 이 문제를 생각할 때 다음과 같은 법적인 명제가 출발점이 된다. '자신이 권리를 가지지 않은 물을 유효히 처분하는 것은 불가능하다.' 바꿔서 말하면 다른 사람의 물을 마음대로 팔아도 그것에 의해 물건의 소유권은 이전하지 않는다라는 것이다. 어떤 의미에서 이것은 당연하다(그러니 민법전에는 쓰여 있지 않다). 여러분 중 누군가가 친구에게 내가 소유하는 컴퓨터를 팔겠다는 약속을 마음대로 했다고 하자. 약속하는 것 자체는 상관없지만(계약은 유효하다. 569조 참조), 그것으로 인해 컴퓨터의 소유권이 이전하는 것은 아니다. 나의 컴퓨터를 팔 수 있는 것은 원칙적으로 나뿐이다.

그런데 가령 지금 P와 D의 계약의 효력이 부정되었다고 하자. 그렇게 된다면 목적물의 소유권은 P로부터 D에게 이전되지 않는다(물론 인도가 완료된 것은 있지만, 무효·취소에 의해 소유권은 이전하지 않은 것으로 된다. 인도 완료의 목적물은 반환청구의 대상이 된다). 결국 D는 그 목적물의 소유권을 가지지 않는 것이 된다. 그 때문에 D는 Z에게 그 목적물의 소유권을 넘길 수 없다. 역으로 말하면 무권리자로부터 물을 산 자가 된 Z는 권리를 취득할 수 없다. 그러므로 P와 D의 계약이 유효인가 무효인가는 Z에게 큰 영향을 미치는 것이다. Z의 물에 관한 권리취득은 P와 D의 매매계약이 유효라는 것을 전제로 하고 있다. 만약 P와 D의 계약의 효력이 부정되면 Z는 목적물의 소유권을 취득할 수 없다.

나. 제3자 논의의 실질적 의미

이상은 말하자면 논리적인 귀결이지만 다음으로 이 결과의 당부에 관해서 생각해 본다

(1) 민법상 기본원칙

P와 D의 계약의 효력이 부정되면, Z는 권리를 취득할 수 없게 되는 것이 원칙이다. 그렇지 않으면 P는 견딜 수 없다. 내(P)가 여러분 중 누군가(D)에 의해 협박당해서 내가 소유한 컴퓨터를 그 자에게 팔았다고 하자. 이것은 강박에 의한 계약이므로 취소할 수 있다. 그리고 P는 취소권을 행사하였다. 그런데 D는 그것을 제3자(Z)에게 팔아버렸다. 이때 계약은 없었다는 것이 되었으므로, D는 타인의 물을 마음대로 판 것과 같다. 그러므로 Z는 소유권을 얻는 것이 불가능하다. 이렇게 되는 것이 원칙으로서 이 결과는 나(P)의 입장으로는 극히 당연하고 지당한 것이다. 하지만 제3자(Z)의 입장에서 생각해 보면 어떻게 되는가. D가 소유자라고 생각해 샀는데 실제는 그렇지 않았다는 때에, 소유권을 취득할 수 없으면 Z는 곤란하지 않은가. 확실히 곤란하겠지만 곤란해도 어쩔 수 없다. 그렇게 생각하는 것이 민법의 기본적인 사고방식이다. 이 점은 확실히 잡아두고 싶다. Z는 곤란하겠지만, Z가 소유권을 취득하면 이번엔 P가 곤란해진다. 이때 P의 이익과 Z의 이익은 정면으로 대립하고 있고, 그렇다면 물은 하나밖에 없으므로 어느 쪽을 우선시할 수밖에 없는 것인데, 그때의 규범(원칙)은 원래의 권리자 P를 보호한다는 것이다(이것을 정적 안전이 동적 안전에 우선한다고 표현한다).

(2) 제3자를 보호하기 위한 무효·취소의 예외

그런데 이 원칙은 D가 P의 물을 Z에게 마음대로 팔아버리면 상식에도 합치한다. P로서는 이것을 저지할 수 없음에도 불구하고 권리를 잃어서는 못 견딜 것이

다. 이것에 대해 Z는 D가 진짜 소유자인지 아닌지 확인하는 것도 불가능하지는 않다. 그러므로 Z가 이것을 잘 알아봤어야 한다.

하지만 P와 D의 사이에 매매계약이 체결되어 있는 때는 이것은 유효한 것이 보통이다. 그렇다면 D로부터 목적물을 사려고 하는 Z는 D에게 소유권이 있는 것을 보통은 의심하지 않는다(P=도매상, D=소매점, Z=소비자라는 예를 생각하면 쉽게 이해할 수 있다). 그런데 나중에 P와 D의 매매는 무효였다 또는 취소되는 결과가 생긴다는 결과가 생기면 Z는 목적물의 소유권을 얻을 수 없게 된다. 과연 이대로 좋은 것인가.

실제로는 이 같은 경우에 일정한 요건 아래에서 제3자 Z를 보호하는 제도는 민법 중에 몇 가지 있다. 그중 여기서 문제로 삼는 것은 P는 Z에 대해, P와 D 사이의 매매계약의 효력을 부정할 수 없도록 만드는 제도이다. 이 제도는 무효·취소의 효과를 제3자와의 관계에서는 제한한다는 것이고, 어디까지나 무효·취소의 예외로서 평가된다는 것을 확인해 둔다.

2. 제3자 보호의 요건과 효과

이상이 기본적인 사고방식이다. 그렇다면 구체적으로 어떠한 경우에 무효·취소의 효과가 제한되어 제3자가 보호되는 것인가. 이것이 다음의 문제이다.

가. 민법 관련 조문

우선 조문에 확실히 정해져 있는 경우부터 보자. 108조 2항, 109조 2항과 110조 3항을 보고 싶다. 108조 2항은 허위표시에 의한 무효는 선의의 제3자에게 대항하지 못한다고 규정하고 있다. 그리고 109조 2항과 110조 3항은 사기에 의한 취소는 역시 선의의 제3자에게 대항하지 못한다고 말하고 있다.

반복되는 이야기지만 이들 규정에서 말하는 선의는 알지 못한다라는 것이다. 108조의 경우 P와 D의 계약이 허위표시에 의한 것이라는 것 또는 사기에 의한 것이라는 것을 Z가 알지 못했을 때만 Z는 보호받는다. 판례는 실제로 전세권설정계약을 체결하지 아니하였으면서도 임대차계약에 기한 임차보증금반환채권을 담보할 목적 또는 금융기관으로부터 자금을 융통할 목적으로 임차인과 임대인 사이의 합의에 따라 임차인 명의로 전세권설정등기를 경료한 경우, 위 전세권설정계약이 통정허위표시에 해당하여 무효라 하더라도 위 전세권설정계약에 의하여 형성된 법률관계에 기초하여 새로이 법률상 이해관계를 갖게 된 제3자에 대하여는 그 제3자가 그와 같은 사정을 알고 있었던 경우에만 그 무효를 주장할 수 있다고 전제하고, 통정한 허위표시에 의하여 외형상 형성된 법률관계로 생긴 채권을 가압류한 경우 그 가압류권자는 허위표시에 기초하여 새로이 법률상 이해관계를 가지게 된 제3자에 해당하므로, 그가 선의인 이상 위 통정허위표시의 무효를 그에 대하여 주장할 수 없다(2009다35743)고 했다. 참고로 학설은 한편 허위표시의 제3자는 선의 외에 과실까지 없어야 하는지에 관해 무과실까지 요구할 필요가 없다고 한다. 그러나 선의에 대한 입증책임은 이를 부인하는 자가 진다(70다466). 허위표시인지 여부는 실무에서 많은 경우 일정한 객관적 사실(간접사실)로부터 추단하는 방법으로 이루어진다. 대체로 당사자들 사이의 특수한 인적관계나 대가의 유무, 거래의 동기 등 사정으로 판단한다(63다493, 78다226 참조).[96] 이에 더해 Z가 어느 시점에서 선의일 필요가 있느냐는 문제가 있는데, 일본 최고재판소 판례는 제3자가 이해관계에 들어간 시점을 기준으로 했다.[97] 그 결과 앞에서 든 P, D, Z의 컴퓨터 매매의 예라면 Z가 D로부터 목적물을 산 시점에 선의인지 악의인지가 문제가 된다.

방금 보호된다라고 말했는데 조문상으로는 요즘 대항하지 못한다라는 식으로 쓰여 있다. 대항하지 못한다라는 것은 조금 어려운 사고방식인데, 주장할 수 없다라는 의미라고 생각하면 된다. 허위표시에 의한 계약, 사기에 의한 계약은 계약당사자(P와 D) 사이에는 무효 또는 취소가 가능하지만 당사자(P)는 그 무효 · 취소를 제3자(Z)에 대해서는 주장할 수 없다는 것이다. 그 결과 제3자와의 관계에서는 유효하다는 것과 같은 것이 된다. 여기서 유효와 같다는 표현을 사용하고 있는데 유효라고는 할 수 없는 것은 당사자 사이의 효력은 부정되지 않기 때문이다. 그러므로 대항하지 못한다는 의미는 '선의의 제3자에 대한 관계에서 유효로 되는 것은 허위표시의 무효를 주장할 수 없게 된 결과'이다.[98]

조금 더 구체적으로 말하면 다음과 같이 된다. 예를 들어 사기에 의한 취소의 예로 생각하면 P가 계약을 취소하는 경우 제3자 Z가 악의이면 P는 Z에 대해 P와 D 간의 계약의 취소를 주장하여 Z가 D로부터 얻은 목적물을 P에게 반환해 달라고 청구할 수 있다. 하지만 Z가 선의인 때는 P는 Z에 대해서 취소를 주장할 수 없다. 그러므로 취소한 것을 전제로 하여 Z에 대해 목적물을 반환해 달라고 청구할 수 없다. 다만 이 경우에도 P와 D 간에는 계약은 취소되어 있으므로 D가 P에 대해 목적물을 반환할 의무를 지는 것은 변함없다. 실제로는 (Z의 수중에 있는) 목적물을 돌려줄 수 없으므로, D는 그것에 대신하는 금전으로 반환하는 것이 된다. 그러므로 P와 D 간에 계약의 효력이 부정되는 것에 전혀 의미가 없는 것은 아니고, 다만 목적물 자체를 되찾을 수 없는 점에서는 계약이 유효로 취급된 것과 같게 된다.

여기서 결국에 P는 목적물에 상당하는 돈을 되찾을 수 있으므로, 그것으로 충분한 것은 아닌가라고 생각할 수도 있다. 물론 돈은 되찾을 수 있지만, 물건 자체를 되찾는 것과 목적물을 돈으로 쳐서 되찾는 것 간에는 큰 차이가 있다는 점에 주의할 필요가 있다. 물이라면 형태가 있는 한 되찾을 수 있지만(재산법에서 소유권에 기한 물권적 청구권을 생각해 주기 바란다), 중요한 것은 돈이면 D가 1원도 갖고 있지 않는 때는, 권리는 있어도 권리실현이 안 되므로 그것은 그림의 떡에 불과한 것이 된다. 그러므로 민법에서는 물이 누구에게 귀속하는가에 큰 관심이 있다. 이 점은 지금부터 몇 번이나 나오는 중요한 점이다.

그러면 여기서 위에서 설명한 것을 이해하기 위해 눈을 돌려 소급효와 대항불능이 무엇을 의미하는지에 관해 좀 더 자세히 살펴보자. 소급효는 효과를 소급시키는 것이고, 대항불능은 권리를 주장할 수는 없지만 사후에 효력을 바꾸거나 사람에 의해 효력을 바꾸는 기교적인 사고방식을 포함하고 있고, 이런 것들에 대해 익숙해질 때까지는 정확한 의미를 알아듣기 어렵다. 하지만 이것들은 민법의 기본기술이므로 잘 생각하여 이해해 두어야 한다.

또 어떤 물에 관해 매매가 P → D → Z로 순차로 이루어졌지만, P와 D 간의 매매는 D의 사기에 의한 것이었다고 하자. 이 경우에도 P가 취소권을 행사하지 않는다면 P와 D 간의 매매는 유효이므로 Z는 목적물의 소유권을 획득한다. 하지만 P가 취소권을 행사하면 P와 D 간의 매매는 **소급하여 효력을 잃는다**(소급효, 141조는 처음부터 무효인 것으로 본다고 한다). 그렇게 된다면 Z는 무권리자와 거래를 한 것이 되고 소유권을 취득할 수 없다. 이것이 원칙이지만 Z가 선의의 제3자라면 P는 취소의 효과를 Z에게는 주장할 수 없다(대항불가).

나. 무효·취소에 관한 민법의 해석론

108조 2항, 110조 3항은 조문만 보는 한 설명은 조문 이외에 아무것도 없다. 다만 조문으로부터 이해하기 어려운 해석상의 문제가 몇 가지 있다. 여기서는 두 가지의 문제를 소개해 둔다. 다만 좀 더 자세한 검토는 물권법의 해당 부분에서 설명하는 것이 일반적이므로 여기에서는 더 이상 깊게 들어가지 않는다.

(1) 등기의 요부

설명의 전제로서 부동산등기라는 제도에 관해 아주 간단히 이해해 둘 필요가 있다. 부동산(토지와 건물)에 관해서는 등기라는 제도가 있다. 이것은 누가 권리자인가를 등기부라는 장부에 등록하는 제도이다. 이 장부는 대법원이 관할하는 등기소(전국각지에 있는 등기소이다)에 보관되어 있다. 부동산에 관한 권리는 등기부에 등록하는 것으로 되어 있다. 이 등기가 본래 어떤 의미를 가지는지는 재산법(물권)에서 상세하게 다루어지지만, 여기서의 문제는 108조 2항, 109조 2항과 110조 3항의 제3자에 해당한다고 하기 위해서는 부동산의 경우 등기까지 해 놓을 필요가 있는지 문제된다. 이것이 첫 번째 문제이다.

이 점에 관해 일본 최고재판소 판례는 108조 2항, 109조 2항, 110조 3항 어느 쪽도 등기는 제3자가 되는 요건으로 필요하지 않다고 했다.[99] 그러므로 등기의 점에서는 제3자를 제약하고 있지 않은 것이 된다. 참고로 학설은 이와 같이 판례를 이해하는 것에 약간의 반대론도 있다.

(2) 취소의 시간적 제한

둘째 문제는 당장 110조 3항에 관련된다. 여기서 말하는 제3자는 어디까지나 이해관계에 들어가 있을 필요가 있는지 문제가 그것이다. 이것만으로는 무엇을 말하고 있는가 알지 못하겠지만 다음과 같은 것을 생각하면 쉽게 이해할 수 있다. P로부터 D에게, D로부터 Z에게, 순서대로 매매가 이루어졌는데, P와 D 간의 매매가 취소되었다는 사례는 D와 Z의 매매와 P의 취소의 **시간**적인 전후관계에 의해 두 가지 경우로 나눠서 생각할 수 있다. 첫째, P와 D 간의 매매계약이 체결된 후 취소 **전**에 D와 Z의 매매가 이루어진 때(①)와 둘째, P와 D 간의 매매계약을 P가 취소한 **후**에 D와 Z의 매매가 이루어진 때(②)가 된다(도표 1.2.17). 즉 ①인 때 Z는 취소 전 제3자인데 반해, ②인 때 Z는 취소 후 제3자인 셈이다.

도표 1.2.17 사기로 인한 매매계약의 취소

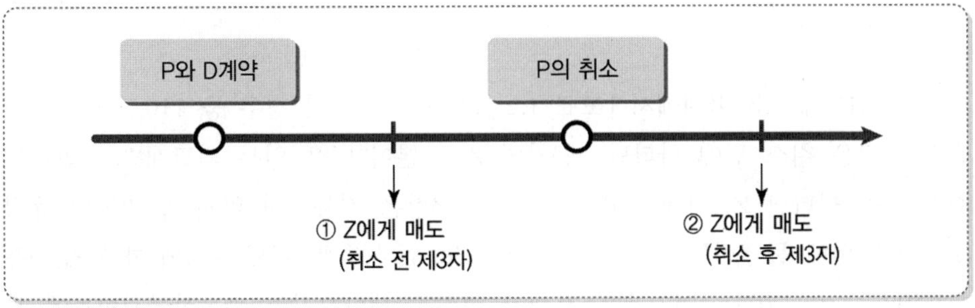

이에 관한 75다533의 사안과 판지는 다음과 같다.

사실관계 1.2.11 사기에 의한 의사표시 취소 후 제3자 [75다533]

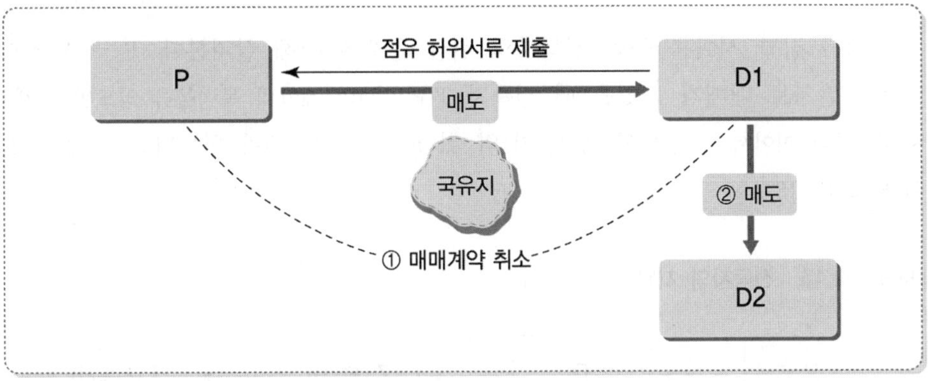

(1) D1은 이 사건 국유잡종재산인 토지(2필지)를 "전혀 점유한 일이 없으면서도 이를 포함하여 이 사건 토지 2필지 전부를 점유 사용하고 있는 것처럼" 허위의 증명서류를 P(관할 세무서)에게 제출하여 P와 이 사건 토지를 매수하는 계약을 체결하였다. (2) 그러나 P는 국유재산법 제27조 제1항 내지 위 매매계약 제8조에 의하여 위 매매계약을 취소하였다. (3) 그런데 D2는 P와 D1 사이의 위 매매계약이 취소된 이후에 D1로부터 이 사건 토지를 다시 매수·취득하였다. P는 사기를 원인으로 매매계약을 취소하고, D들을 상대로 소유권이전등기의 말소등기소송을 제기하였다. 쟁점은 D2가 110조(사기·강박에 의한 의사표시) 3항에서 말하는 선의의 제3자에 해당하는가 하는 것이다.

대법원은 이 사건에 적용할 기본적인 전제(법리)로 다음과 같이 판시하였다. "사기에 의한 법률행위의 의사표시를 취소하면 취소의 소급효로 인하여 그 행위의 시초부터 무효가 되고 취소한 때에 비로소 무효로 되지 않으므로 취소를 주장하는 자와 양립되지 아니하는 법률관계를 가졌던 것이 취소 이전에 있었든가 이후에 있었든가는 가릴 필요 없이 무릇 사기에 의한 의사표시 및 그 취소사실을 몰랐던 모든 제3자에 대하여는 의사표시 취소로 대항하지 못한다."

일본 최고재판소 판례에서 [도표 1.2.17]에서 두 가지 경우 중 110조 3항이 적용되는 것은 취소 전에 나타난 제3자인 Z(①)뿐이다.[100] 일본 최고재판소 판례는 취소 후에 나타난 Z(②)에 대해서는 110조 3항은 적용되지 않지만, 별도의 규정(186조)에 의해 물권변동 문제로 처리한 예도 있다(출현시간의 시점에 따라 제3자를 제한한다는 것이 된다). 여기서는 자세한 설명은 생략하지만 부동산물권변동에 관한 186조에 의해 처리된다는 것으로 된다면 Z는 등기를 구비할 필요가 있다. 그렇다면 실제 둘째 문제는 첫째 문제와 서로 관계가 있다. 이 문제는 취소와 등기로 불리는 어려운 문제로서 다양한 논의가 있지만 여기서는 문제를 지적함에 그친다.

여기서 잠깐 시야를 돌려 전득자의 취급 문제에 관해 살펴본다. P → D → Z → T로 순차로 매매가 되었을 때 전득자 T(P와 D의 계약의 목적물을 양도받은 제3자 Z로부터 이어서 이것을 양도받은 자)의 취급은 어떻게 해야 하느냐는 문제가 있다(도표 1.2.18).

도표 1.2.18 전득자의 지위

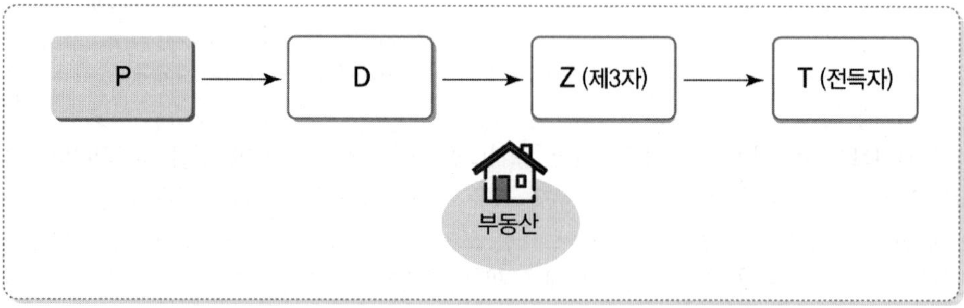

이 문제는 부동산에 관한 소유권이전등기가 이루어졌을 때 우리 법제상 부동산물권변동에 관해 공신의 원칙이 채용되어 있지 않으므로 복잡한 결과가 발생할 수 있다는 점만 지적하는 데 그친다.

Ⅱ. 제3자 보호제도의 확장

후반의 주제는 두 가지인데 모두 다 넓은 의미로는 제3자 보호의 확장이라는 것과 관계가 있다. 단 확장의 방법이 조금 다르다는 데 주의해야 한다.

1. 무효 · 취소론의 내부에 존재하는 문제점

가. 비교대조

Ⅰ.에서 설명한 것으로 알 수 있듯이 다양한 무효원인 · 취소원인 중 제3자 보호 **규정**이 두어져 있는 것은 허위표시와 착오, 사기 · 강박의 경우뿐이다. 우선 일람표에서 그것을 확인해 두자(도표 1.2.19).

도표 1.2.19 민법상 제3자 보호규정

원인	제3자 보호규정	효과
공서양속	×	무효
심리유보	○ (107②)	무효
허위표시	○ (108②)	무효
착오	○ (109②)	취소
사기 · 강박	○ (110③)	취소
제한능력	×	취소

그럼 문제는 심리유보, 허위표시, 착오, 사기 · 강박 이외의 경우에도 제3자 보호를 인정할 필요는 없느냐는 점이다. 이 점에 대해서는 민법전 자체는 필요하지 않다고 보아 규정을 두지 않았던 것으로 생각된다. 하지만 오늘날 이것으로 좋은가 아닌가는 더욱 생각해 봐야 할 문제이다.

나. 제3자 보호제도 확장 이유

먼저 결론을 내리면 제3자 보호를 인정해야 하는 경우가 몇 가지 있다고 생각된다. 법해석의 기술로서는 108조 2항을 유추적용한다는 것으로 되는데, 유추할 수 있는 실질적인 이유는 어디에서 구해지는 것일까. 보통 유추해석(적용)은 일정한 사항을 직접 규정하고 있는 법규가 없는 경우 그와 가장 유사한 사항을 규정하고 있는 법규를 적용하는 것을 말한다.

우선 107조 심리유보를 보면 이것은 유효가 원칙으로 되어 있기 때문에, 제3자 보호의 필요성은 없지만 제2항에 '선의의 제3자에게 대항하지 못한다'라고 규정하여 제3자 보호규정을 두고 있다. P와 D의 계약이 유효가 된다면 Z는 선의여도 악의여도 보호되는 것이 되기 때문이다. 하지만 그래도 무효가 되는 때가 있다. 그 경우에는 제3자 보호가 필요하다. 여기에서 제3자는 표시에 대응하는 진의가 있다고 믿은 점에서 허위표시의 경우의 제3자와 똑같은 지위에 있다.

다음으로 착오이지만 몇 번이나 설명한 대로 요소의 착오와 사기와의 갈림길은 애매하다. 물론 착오는 실수했다는 것이고 사기는 속았다는 것으로, 상대방의 관여의 정도에 차이가 있다. 하지만 실수한 것도 속은 것도, 본인에게도 잘못이(과실이) 있다는 점에서는 그다지 차이가 없다고도 말할 수 있다. 이것은 강박과 비교했을 때 명확하게 된다. 위협당한 때는 본인은 어떻게도 할 수가 없다. 그렇기 때문에 강박의 경우에는 제3자 보호를 하지 않고 본인을 두텁게 보호해야 한다는 주장도 있을 수 있다. 이것에 비해서 실수한 경우에는 사기와 마찬가지로 잘못한 본인보다도 선의의 제3자를 보호해야 할 필요가 크다고도 말할 수 있다. 그런데 110조는 사기나 강박을 구별하지 않고 제3자 보호규정을 두고 있다.

한편 더 나아가서 공서양속위반, 제한능력에 관해서는 제3자를 보호해야 한다는 견해는 그다지 없다. 공서양속이나 제한능력자에도 보호의 필요성은 높다고 할 수 있을 것이다. 다만 공서양속위반을 확장하면 그것과의 균형을 유지해야 하기 때문에 제3자 보호 필요성이 있는 듯이 생각할 수 있다. 그런데 민법은 공서양속위반으로 무효가 될 때도 103조에 제3자 보호규정을 따로 두고 있지 않다. 제한능력에 대해서도 마찬가지로 최근, (지적능력이 감퇴한)고령자 등을 일정한 요건 아래서 제한능력자로서 보호하려고 하는 입법이 이루어졌지만, 이 경우에도 제3자 보호가 생각돼 다행일지도 모른다.

2. 무효 · 취소론의 외부로 향한 해석 – 108조 2항의 유추 적용

마지막으로 108조 2항의 유추적용이라는 흥미진진하지만 동시에 성가신 문제가 있다.

가. 구체적 사례

우선 구체적인 사례부터 보는 것으로 하자. 여기서 독자들은 우리계약법에 왜 일본 최고재판소 판례를 소개하느냐고 의문을 제기할 수도 있다. 그러나 우리 법제와 일본 법제는 거의 같은 뿌리에서 출발했다는 점을 상기해주기 바란다. 일본 최고재판소 판례에서 다루는 법해석 방법과 법리를 터득해 보자는 것이다. 다음은 일본 최고재판소 판례(最判昭 45.9.22. 民集 24券10号, 1424頁[24][22]〈58〉)이다.

(1) 일본 최고재판소 판례 사건 개요

사건 관계인은 P, D, A, B, C이다. 부동산의 처분, 등기의 이전은 각각 도표(사안)와 같은 경위로 이루어졌다(도표 1.2.20). 즉 P는 B의 자금 원조를 얻어 자기의 첩인 A부터 토지를 매입했는데(①), B는 소지하고 있던 P의 등기권리증 · 인감도장을 꺼내 들어 마음대로 P로부터 자기(B) 앞으로 (불실의) 소유권이전등기를 해 버렸다(②). P는 이것을 알았고 B는 등기를 원래대로 되돌리는 약속을 하기는 하였지만, 비용 사정 때문에 실제로는 말소등기를 하지 않았고 불실등기는 그대로 방치되었다. 이윽고 B와 결혼한 P가 C은행으로부터 이 토지를 담보로 차금을 할 때에도 B명의가 되어 있는 그대로 위 토지에 저당권을 설정했다(③). 그 후 D는 이 토지를 B로부터 사들였다(④).[101] 그 결과 P와 D 사이에 위 토지의 소유권의 귀속이 다투어지게 되었다(P로부터 D에 대한 이전등기말소등기청구의 소가 제기되었고, D로부터 P에 대해서는 소유권확인 · 토지인도 청구의 소가 제기되었다). 1 · 2심에서는 P가 승소하여, D가 상고하였다.

도표 1.2.20 일본판례(108조 2항 유추 적용)

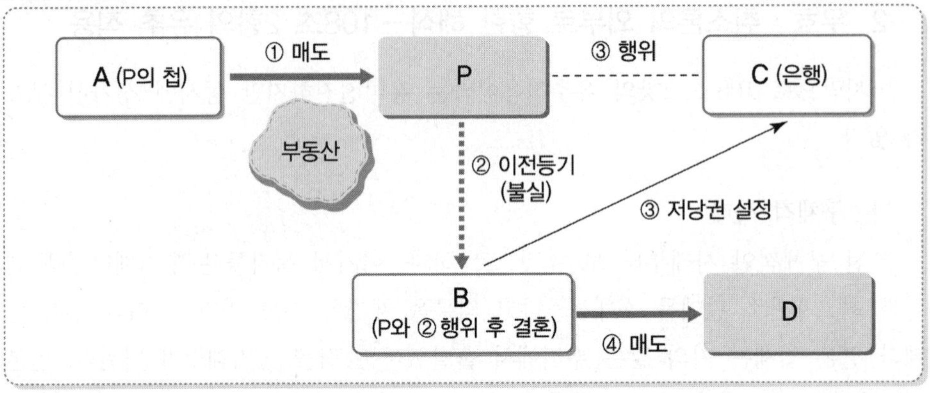

(2) 일본 최고재판소 판례의 법적인 쟁점

이 사건에서 쟁점이 되는 것은 108조 2항 유추적용의 가부였지만, 먼저 108조 2항이 적용되는 본래 사건과 이 사건이 어디가 닮았고, 어디가 다른지를 생각해 보자. 여기서 이 사건과 대비해야 하는 사건은, P와 B가 통모하여 만들어 낸 허위의 계약에 기초하여 B에게 등기를 이전하고, 이것을 신뢰한 D가 B로부터 부동산을 양수하였다는 것이다. 즉 모델(전형)과 같은 사건이다(도표 1.2.21).

도표 1.2.21 통정허위표시의 전형모델

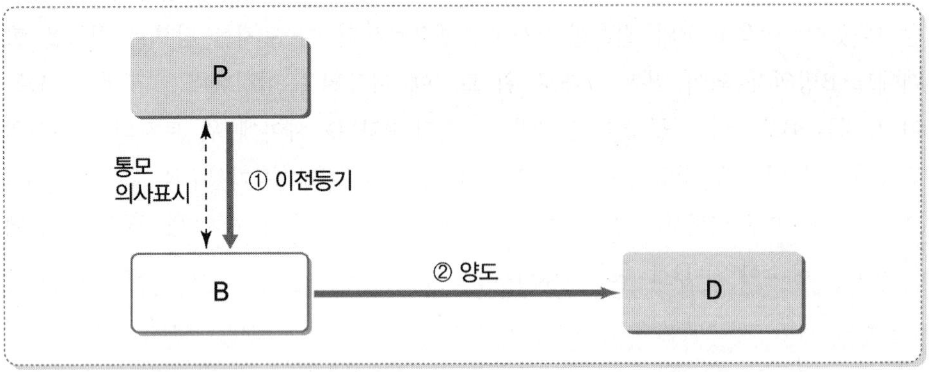

이 사건의 사안과 바로 앞에 든 모델(도표 1.2.20)을 대비해보면, B의 등기가 허위인 것인 점과, 그럼에도 불구하고 D가 이것을 신뢰한 점에는 양자가 공통된다. 하지만 다른 점도 있다. 우선 모델(전형)과 다르게, 이 사건 사안에는 P와 B

사이에는 가공의 거래조차 없다. 즉 다른 말로 하면 P의 적극적인 관여에 의해 허위의 등기(부실등기로 불린다)가 이루어진 것은 아니라는 것이다.[102)]

이 경우 108조 2항의 요건을 만족시키지 않는다고 하면 D가 거래한 B는 무권리자이므로 D는 소유권을 취득하지 않는 것이 마땅하다. P측은 당연히 이와 같이 주장했을 것이다.[103)] 그리고 이 사건에서 1・2심은 이것을 지지했다. 하지만 D측은 상고하여 이 경우에도 108조 2항이 적용되어야 한다고 주장한 것이다.

(3) 일본 최고재판소의 판단

일본 최고재판소는 어떤 판단을 했는가. 결론은 파기환송이었다. 108조 2항의 유추적용의 여지가 있으므로 다시금 심리를 하여 재판하라는 것이다(D가 선의인가 아닌가). 그 이유는 다음과 같다. P가 모르는 사이에 B가 마음대로 등기를 했다고 하더라도 P가 부실등기의 존재를 알면서도 그대로 방치하고 있었던 경우에는 108조 2항을 유추적용해도 좋다, 그리고 사전이든 사후이든 승인만 이루어져 있다면 그것으로 그만이라는 것이다.

그런데 정말로 P는 B가 마음대로 D에게 등기를 해도 좋다는 승인을 했던 것인가. 그 점에 대해서 최고재판소는 승인해 놓았다는 것과 동일시된다고 생각하고 있고, 그것은 묵시적 승인이라는 문언으로 표현되어 있다. 그리고 (묵시의) 승인의 존재는 P・B의 관계(특히 이 사건에서 유의해 볼 점은 부부였다는 점이다), 부실등기의 방치, 저당권설정시의 경위 등의 사실로부터 도출되고 있다고 본 것이다.

나. 일본 최고재판소 판례에 대한 검토

주의해야 할 점은 108조 2항 적용의 전제로서 본래는 통모에 의한 의사표시가 필요하다는 것이다. 지금 소개한 최고재판소 판례 사건에는 엄밀히 분석해보면 어느 쪽의 요건도 만족시키고 있지 않다.[104)]

(1) 우리 대법원 판례에 의한 108조 2항 유추 요건의 완화

이에 관한 80다1475의 사안과 판지는 다음과 같다.

사실관계 1.2.12 108조 2항 유추적용 가능성 [80다1475]

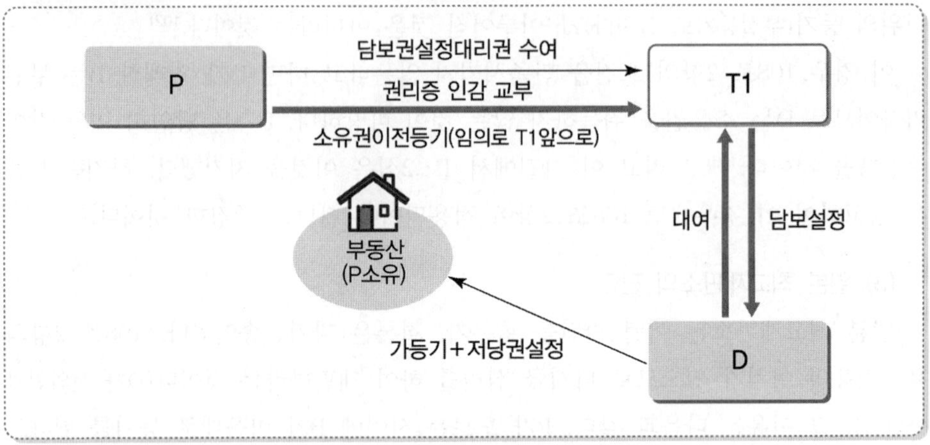

(1) P는 T1에게 권리증, 인감증명서들을 교부하여 이 사건 부동산에 관한 담보권설정의 대리권을 수여하였다. 그런데 T1이 이를 자기 앞으로 소유권이전등기를 하였다(그러나 법원은 P가 T1의 소유권이전등기 행위를 통정·용인하였거나 이를 알고도 방치하였다고 볼 자료는 없다는 사실을 확정했다). (2) T1이 소유권이전등기를 마친 20여 일이 지난 다음 D는 T1이 본건 부동산에 대한 진실한 소유자로 믿고 금원을 대여하고, T1은 이를 담보하기 위해 D에게 본건 부동산에 담보권을 설정하였다. 쟁점은 위와 같은 경우 108조를 유추할 수 있는가이다.

이에 관해 원심은 108조 2항 등을 유추적용할 수 있다고 하였지만, 그러나 대법원은 T1 명의의 소유권이전등기에 있어 P가 이를 통정·용인하였거나 이를 알고도 방치하였다고 볼 자료가 없으므로 108조를 유추할 없다고 판시하였다. 그러나 대법원은 증거가 없다는 이유로 유추적용을 하지 않았던 것으로 보인다.

하지만 일본 최고재판소 판례는 이것들의 요건을 완화하여 해석해 왔다(도표 1.2.22). 우선 벌써부터 통모라는 말이 의미하는 것 같은 당사자의 적극적인 협력관계는 필요하지 않다고 해왔다. 단독행위에 대해서도 허위표시는 있을 수 있다고 했다.[105] 나아가 상대방의 승낙은 필요하지 않다는 판단까지 하고 있다.[106] 다른 한편 진짜 권리자인 P의 확실한 의사표시도 필요하지 않다고 하고 승인, 그것도 사후적인 승인으로도 충분하다[107]고 하고, 나아가 묵시적 승인이어도 좋다[108]고 하였다.

도표 1.2.22 일본 최고재판소의 108조 2항 유추적용 요건 변화

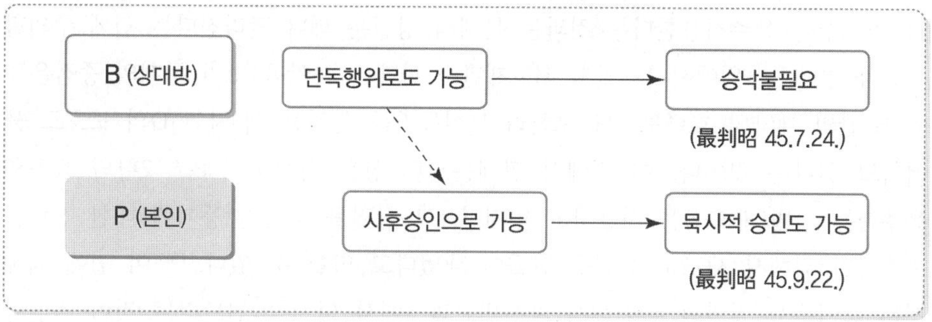

이렇게 통모와 의사표시라는 두 가지의 요건 모두가 완화된 것이지만, 그중 통모의 요건은 108조 1항에 계약을 무효로 하는(B를 보호하지 않는다) 것을 이유로 하는 것이다.[109] 따라서 제3자 D와의 관계는 그다지 중요하지 않고, 그 완화에는 이유가 있다. 하지만 의사표시의 요건은 제3자 D와 관계가 없는 것이 아니다. 108조 2항으로 제3자가 보호되는 이유는, P가 적극적으로 허위의 계약을 한 점에 구해지기 때문이다.[110] 일본 최고재판소 판례는 이 점도 완화시켜 버리고 적극적으로 허위의 계약을 하지 않아도 그것과 마찬가지로 평가할 수 있는 사정이 있다면 된다고 생각하여, 구체적으로는 부실등기에 승인을 부여했다고 평가하면 된다고 한 것이다.

(2) 유추요건 완화의 한계

이같이 일본 최고재판소 판례는 108조 2항 적용요건을 완화하고 있지만, 이와 같은 완화는 무제한으로 이루어져도 좋을 것인지 여부는 검토가 필요한 곳이다. 108조 2항의 적용 영역을 확대하면 확실히 제3자 D의 보호는 두텁게 되지만, 그것은 진실한 소유자인 P의 이익이 침해된다는 것과 다를 바 없다.[111] 일본 최고재판소 판례는 기교적이어도 어찌 되었든 승인을 인정[112]하고 있지만, 이 요건조차 빼고 단순히 부실등기를 방치했다는 것만으로 108조 2항을 적용하게 되면, 진짜 권리자 P의 희생은 그 책임의 정도에 비해 너무나도 커진다. 그러한 의미에서 일본 최고재판소 판례는 108조 2항 적용의 한계사례라고 말할 수 있을지도 모른다. 조금 성질이 다른 사건이지만 108조 2항의 적용이 무제한이지는 않은 것을 판시한 예도 있다.[113]

더욱이 이상의 설명으로부터 추측할 수 있듯이 108조 2항이나 110조 3항을 유추적용한다는 것과, 위에서 든 일본 최고재판소 판례(最判昭 45.9.22.)와 같은 사안에서 110조 2항을 유추적용한다는 것과는 문제의 성질은 꽤나 달라진다는 점에 주의할 필요가 있다.[114] 위에서 든 일본 최고재판소 판례는 사안을 보면 문제의 중점은 P와 B 간의 계약의 효력보다도 오히려 부실등기를 신뢰한 제3자인 D의 보호로 옮겨가고 있다는 것이다. 이 점에서 판례는 형식상은 확실히 108조 2항의 요건의 유추라는 기법(테크닉)을 사용하고 있지만, 그 실질을 보자면 등기에 대한 신뢰를 보호하기 위해서 새로운 법리를 만들어 내었다고 말할 수 있다.[115] 이 점에 대해서는 등기문제 일반과 관련해서 재산법교과서에서 다시금 건드리는 것이 적절할 것으로 생각하고 지금 당장은 여기까지 논의하는 것으로 한다.

그러면 여기서 위에서 설명한 것을 이해하기 위해 눈을 돌려 앞에서도 잠깐 언급했지만 법의 해석과 창조에 관해 다시 한번 살펴보자. 법적용을 하는 것은 일본 최고재판소 판례 사실관계(도표 1.2.20) 중에, 이것에 적용할 수 있는 규범(도표 1.2.21의 모델)에 대응되는 관계를 찾아내는 것이다. 따라서 법적용에 있어서는 사실을 사안과 같이 처리할 수 있는 것(사실인정), 모델과 같은 규범을 찾아내 그 내용을 명확하게 할 수 있다는 것(법해석), 그리고 규범에 맞닿은 사실이 있는지 없는지를 판단할 수 있는 것(성질결정)의 세 가지가 필요하다.

그런데 여기서 취급한 사건의 경우에는 사실과 규범이 완벽히 들어맞지는 않았다. 보통 이 같은 경우에는 규범을 적용하는 것이 가능하지 않는 것이 된다. 그 의미로는 앞에서 든 최고재판소 사건에서 1·2심의 태도는 정당한 것이다. 하지만 최고재판소는 이 사건의 사실에 적용이 가능하게끔 규범에 수정을 가한 것이다. 그 조작은 법의 해석의 형식을 띠어 이루어졌지만(말하자면 108조 2항의 유추적용이라는 재판상의 기술이다), 실제로는 법의 창조라고 해석해야 할 것이다.이러한 귀결은 우리 법제가 대륙법계이므로 법원은 반드시 실재하는 법령을 찾아 이에 근거하여 사건의 당부를 판단하여야 한다는 점에서 불가피한 선택이다.

법의 해석·적용에 대해서는 나중에 조금 더 제대로 된 설명을 하지만 이상의 것은 알아 두면 좋겠다.

제 2 절 계약의 효력 발생

제1절에서는 계약의 성립에 관한 모든 문제에 대한 설명을 마쳤다. 계약내용관련 조직도(도표 1.1.8, 21면)에서 보면 계약의 성립부터 **밑**으로 나가는 축에 따라서 계약의 유효성에 관한 설명을 해 나갔다. 본절에서는 성립한 계약의 효력에 관한 모든 문제를 검토한다. 같은 그림으로 말하자면 계약의 성립부터 **오른쪽 굵은 화살표**로 나아가는 것이 된다.

더욱이 미리 주의해 두어야 하겠지만 여기서 다루는 것은 계약의 효력뿐만이 아니다. 오히려 계약의 효력에 **관한** 문제라는 것으로 말하는 쪽이 정확하다. 조금 더 구체적으로 말하면 제1항에서는 채무의 발생과 그것에 관련된 문제를 설명하고, 제2항에서는 발생한 채무의 소멸에 관한 문제로서 소멸시효의 문제를 다룬다.

제 1 항 계약으로부터 발생하는 채무

그럼 이 항에서는 우선 채무의 내용·이행에 대해서 그 개략을 서술하고(Ⅰ), 이어서 그 안에서 나오는 관습과 신의칙에 관해 추가로 조금 깊게 검토한다(Ⅱ).

Ⅰ. 계약에 따른 채무의 이행과정

1. 계약으로부터 발생하는 채무의 내용

가. 계약의 구속력

(1) 채무의 발생

머리말에서도 서술한 바와 같이 계약이 성립되면 그 내용대로 효력을 갖는 것이 원칙이다. 여기서 '효력을 가진다'라는 것은 '채무를 발생시킨다'는 말로 바꿀 수 있다. 어떤 물건을 팔고 사는 것으로 매매계약이 성립한다면 그 계약을 근거로 해서 매도인에게는 그 물건의 인도의무가, 매수인에게는 대금의 지불의무가 각각 발생한다. 즉 계약이란 그 당사자 사이에 채무를 발생시키는 규범(규칙)이다. 계약을 체결한다는 것은 채무 발생 원인이 되는 규범을 당사자가 스스로 만들어 내는 것을 의미한다(이것을 프랑스 민법 1134조는 적법하게 성립한 계약은 당사자 간에 대해 법률로 대신한다라고 표현하고 있다).

그리고 그 계약이라는 규범의 내용은 당사자 자신에 의해 자유롭게 결정되는 것이 원칙이다. 앞의 매매의 예로 말하자면 무엇을, 얼마에, 사고팔 것인가는 원칙적으로 당사자의 결정에 맡겨져 있다(단 법령·공서양속에 의한 제약은 있다).

(2) 계약의 구속력의 근거

이상과 같이 계약이 성립되면 그 내용대로 효력이 발생하고 계약에서 정한 대로 채무가 발생한다. 이것을 계약의 구속력이라고 부르고 있다. 그럼 계약은 어째서 구속력을 가지는 것인가. 여러분들은 계약이니까 당연한 것이 아니냐고 생각할 수도 있다. 하지만 그 당연함을 분석해 볼 필요가 있다. 문제는 두 가지로 나뉜다.

첫째로, 어째서, **당사자**는 계약을 지켜야 한다고 생각할 수 있는 것인가. 이것에는 세 가지의 설명이 있을 수 있다. 자신들의 의사에 묶인다(자신이 원한다, 그러므로 자신이 구속된다)라는 철학적 설명(의사이론), 약속이 지켜지지 않으면 물의 교환이 성립되지 않는다는 공리적 설명(교환이론), 상대방은(상대는) 약속을 신뢰하고 있으므로 이것을 배반해서는 안 된다는 윤리적 설명(신뢰이론)의 세 가지가 가능하다.

둘째로, **국가**가 계약에 구속력을 인정한다는 것은 어떠한 것인가. 두 가지의 단계로 설명이 가능하다. 우선 국가가 거래를 직접적으로는 통제하지 않고 사인에 맡긴다는 정책결정을 하고 있다는 것이 실질 단계에서의 설명이다. 다음으로 형식 단계에서는 사인간의 계약에 구속력을 인정한다는 상위 규범(예를 들어 앞의 프랑스 민법 1134조가 그 예)을 설정하고 있다고 설명할 수 있다.

조금 추상적인 말이지만 이상이 계약법(혹은 법률행위론)의 근본을 지탱하는 사고방식이다. 그러면 여기서 위에서 설명한 것을 이해하기 위해 눈을 돌려 근대법 이전에는 계약의 구속력에 관해 어떠한 사고방식을 채택하고 있었는지 좀 더 자세히 살펴보자. 국가가 계약의 구속력을 인정한다는 것은 당연하지만 실제로는 반드시 당연한 것은 아니다. 예를 들어 로마법 하에서는 모든 계약이 아닌 어떤 형태의 계약에 대해서만 구속력이 인정되어 있었다.[116] 그러므로 모든 계약에 구속력이 인정된다는 것은 어떤 의미에서는 놀랄 만한 제도이다.

(3) 임의규정의 존재의의

그런데 민법전에는 계약에 적용되는 규정이 상당수 두어져 있다. 예를 들어 563조 이하에는 매매에 적용되는 규정이 나열되어 있다. 계약내용의 결정이 당사자에 위임되어 있다고 한다면 매매의 내용은 당사자가 결정하면 될 터인데 그럼 어째서 563조 이하의 규정이 두어져 있느냐는 의문을 가질 수 있다. 이들 규정은 말하자면 매매의 **표준적**인 내용을 정하고 있다고 생각해도 좋다. 따라서 만약 당사자가 이들의 규정에 따르지 않고 싶다면 이들의 규정과 다른 내용으로 결정하면 된다. 예를 들어 566조는 매매계약의 비용은 당사자가 반반씩 부담한다고 되어 있지만, 매도인이 전액을 부담한다고 계약으로 합의하면 그것이 당사자 간의 규범이 된다. 이상과 같은 규범이 가능하다는 것을 확실히 나타내는 규정이 바로 105조이다. 합의로 민법에 규정된 내용과 다르게 결정할 수 있다는 규정을 임의규정이라고 부른다(이것에 대해 당사자의 합의로는 그 내용을 변경할 수 없다는 규정이 강행규정이다. 이것들의 용어에 대해서는 이전에 설명했다). 더욱 106조는 105조의 특칙이지만, 이것에 관해서는 다음 Ⅱ.에서 자세히 다룬다. 계약과 민법규정의 우위를 나타내면 다음과 같다.

강행규정 > 합의(계약) > 임의규정

나. 계약의 해석

그럼 계약당사자 사이에는 계약으로 정한 대로 채무가 발생하는 것이라면, 당사자가 무엇을 계약내용으로 정했느냐에 따라 채무의 내용이 정해진다. 계약내용이 명확하고, 무엇을 정했느냐에 대해 당사자 간에 다툼이 없으면 문제는 발생하지 않는다. 하지만 계약내용이 분명하지 않기 때문에, 무엇을 정했느냐에 관해서 당사자 간에 의견 대립이 생기는 경우도 많이 있다. 계약해석이라는 작업이 필요하게 되는 것은 바로 이때다. 재판실무에서는 누가 어떤 내용으로 어떤 계약을 체결하였느냐를 결정하는 것이 중요하고 또 이것을 정확하게 해석하여 사실관계를 확정하는 것이 법률을 적용하기 위해 필요하다. 그러나 그리 쉽지 않다. 계약의 해석은 실무에서 중요도가 매우 높다.

그러면 계약의 해석은 어떻게 이루어지는가. 우리 민법에 그러한 규정이 없지만 유럽계약법원칙(PECL)에는 관련 조항이 있다.[117] 일반적으로 해석이라고 하면 인간의 어떠한 표현행위의 의미를 이해하는 것이다.[118] 이하 이 점에 관해 생각해 보면, 당사자의 약속을 단순화하기 위해서 계약서가 있는 경우를 염두에 둔다(단

구두 약속으로도 계약은 성립하고, 구두 계약의 해석도 문제가 되는 것은 있다). 한마디로 계약의 해석이라고 하지만 두 가지의 문제를 구별해서 생각하는 편이 좋다. 첫째는, 계약서에 **쓰여 있는** 것의 의미가 분명하지 않은 경우이고 둘째는, 애초부터 계약서에 **적혀 있지 않는** 경우이다.

첫째 경우에는 쓰여 있는 말의 의미가 문제가 되는데 그 경우에 계약서의 작성자의 의도에 중점을 두느냐(주관적 해석), 아니면 말이 가지고 있는 객관적 의미에 중점을 두느냐(객관적 해석)라는 대립이 있다. 객관적 해석은 합리적인 당사자라면 계약내용을 그렇게 이해하리라고 보고 이에 따라 해석하는 것을 의미한다.[119] 판례는 당사자의 진정한 의사는 물론이고 거래의 관행 등 객관적 요소들을 고려하여 '합리적'으로 법률행위(계약)를 해석하여야 하고(88다카15949), 그러한 해석은 당사자가 표시행위에 부여한 의미 즉 외부로 표시된 행위에 의하여 '추단되는 의사'(93다4908)를 '객관적'으로 확정하는 것이라고 하고 있다(95다29130).

타인 명의로 계약을 체결한 예로 2001다32120의 사안과 판지는 다음과 같다.

P는 1988.3.22. 망 T1(P의 부)의 권유에 따라 T2로부터 이 사건 토지를 대금 19,500,000원에 매수하면서 이 사건 토지가 농지인 점을 고려하여 농지취득이 가능한 T1에게 그 매수인 명의 및 소유권이전등기 명의를 신탁하기로 하고, T1을 매수인으로, P는 T1의 대리인으로 각 기재하여 부동산매매계약을 체결했고, 1988.5.7. 이 사건 토지에 관하여 수탁자인 T1 명의로 이 사건 소유권이전등기를 마친 후 부동산 실권리자명의 등기에 관한 법률의 시행에도 불구하고 그 유예기간 내에 실명등기를 하지 아니했다.

대법원은 계약을 체결하는 행위자가 타인의 이름으로 법률행위를 한 때 행위자 또는 명의인 가운데 누가 계약의 당사자인가를 판단함에 있어서는 우선 행위자와 상대방의 의사가 일치한 경우에는 그 일치한 의사대로 행위자 또는 명의인을 계약의 당사자로 확정하여야(자연적 해석) 하고, 행위자와 상대방의 의사가 일치하지 않는 경우에는 그 계약의 성질·내용·목적·체결 경위 등 그 계약 체결 전후의 구체적인 제반 사정을 토대로 상대방이 합리적인 사람이라면 행위자와 명의자 중 누구를 계약당사자로 이해할 것인가에 의하여 당사자를 결정하여야(규범적 해석) 한다(2001다32120)고 했다.

한편, 금융실명제가 실시된 후 예금계약의 당사자확정에 관하여 대법원은 금융실명제하에서 금융기관은 일단 예금명의자를 예금주로 전제하여 예금거래를 처리하여야 하고(예금주확정 원칙), 예금명의자가 아닌 출연자 등을 예금계약의 당사자라고 볼 수 있으려면, 금융기관과 출연자 등과 사이에서 실명확인 절차를 거쳐 서면으로 이루어진 예금명의자와의 예금계약을 부정하여 예금명의자의 예금반환 청구권을 배제하고, 출연자 등과 예금계약을 체결하여 출연자 등에게 예금반환청구권을 귀속시키겠다는 명확한 의사의 합치가 있는 극히 예외적인 경우에 해당하여야 한다(2008다45828(전))고 했다.

한편 계약내용에 흠결이 있을 때 당사자가 충분하게 합의를 하지 못한 때 이를 보충하는 해석을 '보충적 해석(ergänzende Auslegung)'이라고 부르고 있다.[120] 이에 관한 93다32668의 사안과 판지는 다음과 같다.

사실관계 1.2.13 계약의 보충해석과 신사약정 [93다32668]

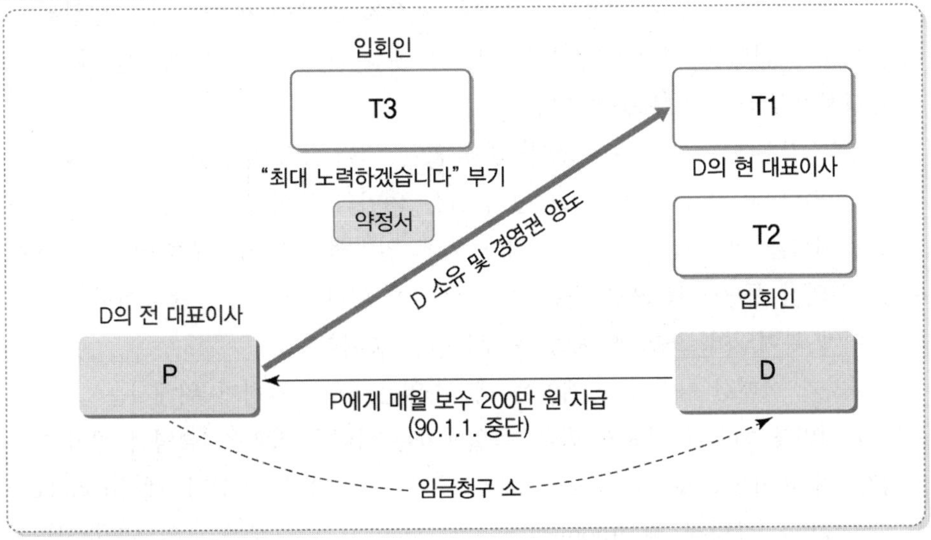

(1) T1과 T2가 D회사의 전사장인 P로부터 D에 대한 소유 및 경영권을 인수하는 과정에서, P는 1987.2.20.경 한일은행 전무 T3 사무실에서 T1과 T2가 모두 참석한 자리에서 T3의 중재 아래 인수 후 대표이사로 취임할 예정이던 T1에게 P를 약정일로부터 향후 6년 이상 명예회장으로 추대하고 모든 예우를 사장과 동일하게 한다는 내용 등이 기재된 약정서에 서명 날인을 요구하였으나, T1은 이를 거절하였지만 T3이 T1에게 '서로 섭섭지 않게 대우해 주는 것이 좋지 않겠느냐'고 설득하여 T1이 위 약정서의 말미에 "최대 노력하겠습니다"라는 문구를 부기하고 서명 날인하였다. (2) T1이 D의 대표이사 사장으로 취임하자 1989.12. 31.까지 P에게 매월 보수로 금 2,000,000원을 지급하고 D의 승용차

를 제공하면서 운전기사의 보수 및 차량유지비를 부담해 오다가 1990.1.1. P에 대한 보수지급을 중단하고 제공한 승용차도 회수하였다. 이에 P는 D를 상대로 임금청구의 소를 제기하였다. 여기서 쟁점은 T1이 위 약정서의 말미에 "최대 노력하겠습니다"라고 기재한 표시행위에 의하여 부여한 객관적인 의사가 P가 제시한 위와 같은 의무를 D가 법률적으로는 부담하겠다는 취지였는지 여부였다.

이에 관해 대법원은 "어떠한 의무를 부담하는 내용의 기재가 있는 문면에 "최대 노력하겠습니다"라고 기재되어 있는 경우 특별한 사정이 없는 한 당사자가 위와 같은 문구를 기재한 객관적인 의미는 문면 그 자체로 볼 때 그러한 의무를 법적으로는 부담할 수 없지만 사정이 허락하는 한 그 이행을 사실상 하겠다는 취지로 해석함이 상당하다"고 판시하였다.

또 판례는 2005다13288에서 계약당사자 쌍방이 계약의 '전제'나 '기초'가 되는 사항에 대하여 모두 같은 내용으로 착오를 일으켜 계약을 체결한 경우 법원은 그러한 착오가 없었을 때에 약정하였으리라고 예상되는 내용으로 계약을 체결하였다고 당사자의 의사를 '보충'하였다.[121]

둘째의 경우에는 계약서에 쓰여 있지 않은 것이므로, 엄밀히는 해석이라고는 말할 수 없다. 이것을 보충이라고 불러 좁은 의미의 해석과 구별한다. 더욱이 구체적인 해석을 할 때는 당사자의 의사 외에 일반적으로 임의규정이나 후술하는 관습·신의칙 등을 기준으로 하는 것으로 되어 있다. 이것들을 통틀어서 객관적인 의미가 부여되어, 또한 빠져 있는 부분이 보충된다.

당사자가 어떠한 내용으로 계약을 체결하였는가를 확정하기 위해서는 그 표현수단의 의미를 해명할 필요가 있다. 독일에서는 이러한 작업을 '설명적 해석 또는 해명적 해석(Erläutende Auslegung)'이라고 부르고, 다시 '자연적 해석(natürliche Auslegung)'과 '규범적 해석(normative Auslegung)'으로 구분하고 있다.[122] 자연적 해석은 계약서상의 문자나 언어에 구속되지 않고 당사자의 실제의 의사 즉 내심적 효과의사를 찾아서 계약을 해석하는 것이다.[123] 그리고 규범적 해석은 계약의 흠결이나 공백이 있는 경우 가정적인 당사자의 의사(hypothetischer ParteiTille)에 의하여 계약을 보충하는 것이다. 이에 관한 93다2629,2636(병합)의 사안과 판지는 다음과 같다.

사실관계 1.2.14 법률행위의 자연적 해석 [93다2629,2636(병합)]

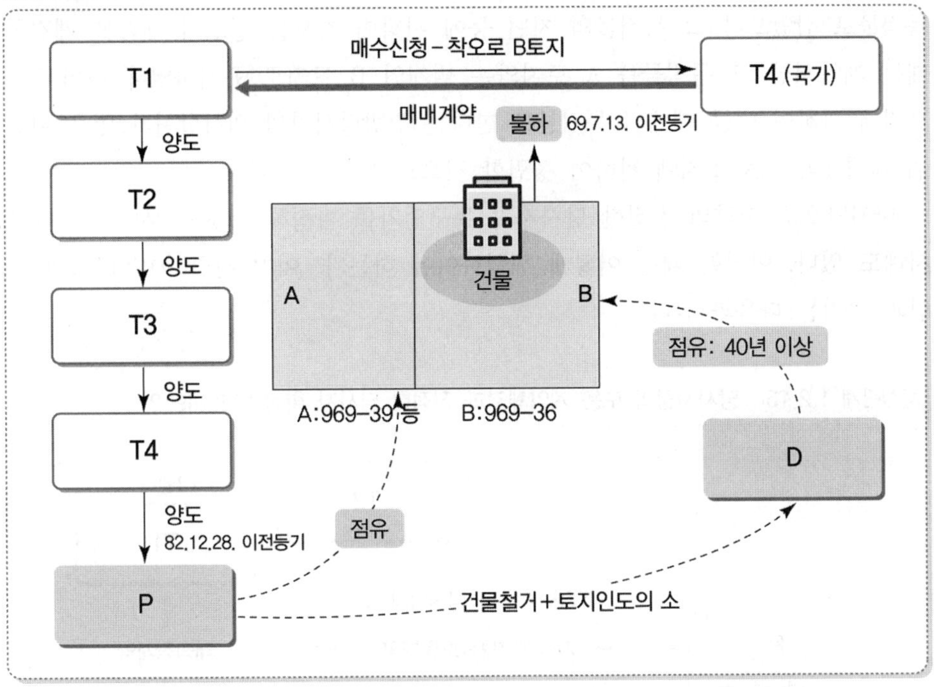

(1) D가 그 선대부터 이어받아 현재까지 이 사건 토지(위 사실관계에서 B)를 40년 이상을 점유하여 왔고, T1은 이 사건 토지에 인접하고 있는 국유재산 토지(위 사실관계에서 A 등)를 점유하고 있던 중 국유지를 불하받으려고 하는 과정에서 자신이 점유하는 국유지의 지번이 이 사건 토지인 것으로 착각하여 이 사건 토지 매수신청(불하신청)을 하여 국가로부터 이를 불하받아 1969.7.13. 소유권이전등기를 경료하였다. (2) 그 후 이 사건 토지에 관하여 T1을 거쳐 순차로 T2, T3, T4에게 소유권이전등기가 경료되었고, 1982.12.28. P 앞으로 소유권이전등기가 경료되었다. (3) 한편 D가 이 사건 토지상에 건물을 소유하면서 이를 점유하고 있고, T1이 불하받으려던 국유지는 위 매매계약 체결 당시부터 현재에 이르기까지 국유로 남아 있다. P는 이 사건 토지가 그의 소유임을 전제로 D를 상대로 그 지상 건물로부터 퇴거하라는 취지의 소송을 제기하였다. 한편 D는 국가의 위 불하는 무효이므로 이 사건 토지에 관한 T1 및 P 명의의 등기가 원인무효임을 이유로 하여 P 등을 상대로 하여 그 말소를 구하는 소송을 제기하였다. 쟁점은 법률행위 즉 국가와 T1 사이의 매매계약을 어떻게 해석하고 좁게는 매매계약의 목적물을 어떻게 특정해야 하는가이다.

이에 관해 대법원은 "계약의 해석에 있어서는 형식적인 문구에만 얽매여서는 아니 되고 쌍방당사자의 진정한 의사가 무엇인가를 탐구하여야 한다"고 판시하였다.

그러므로 부동산의 매매계약에서 쌍방당사자가 모두 특정의 A 토지를 계약의 목적물로 삼았으나 그 목적물의 지번 등에 관하여 착오를 일으켜 계약을 체결할 때는 계약서상 그 목적물을 A 토지와는 별개인 B 토지로 표시하였다 하여도 A 토지에 관하여 이를 매매의 목적물로 한다는 쌍방당사자의 의사합치가 있은 이상 위 매매계약은 A 토지에 관하여 성립한 것으로 보아야 한다.

마지막으로 계약의 진정한 당사자가 누구인가를 확정하는 것이 분명하지 않은 사례도 있다. 이러한 때는 어떻게 해석하여야 하는가? 이에 관한 94다4912의 사안과 판지는 다음과 같다.

사실관계 1.2.15 당사자명의 도용 계약체결과 진정한 당사자 확정 [94다4912]

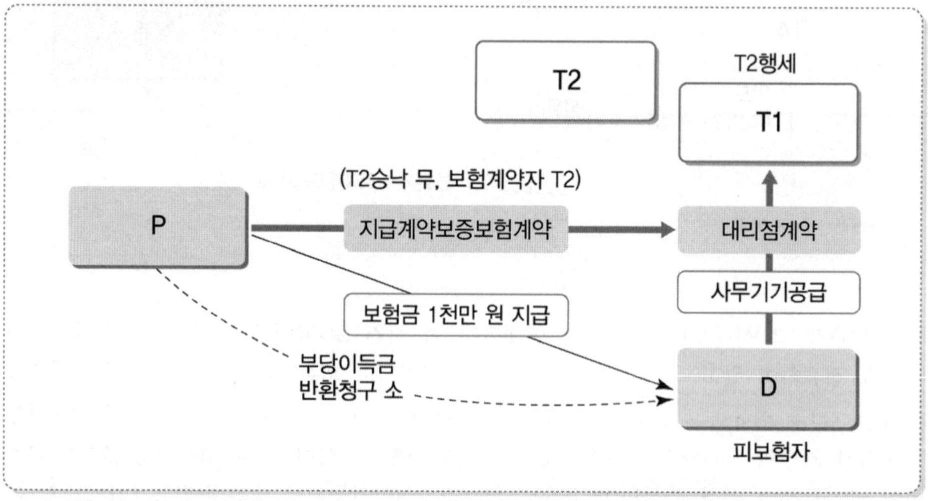

(1) 자신의 명의로 사업자등록을 할 수 없는 사정이 있던 T1은 평소 친분이 있던 T2 모르게 그의 명의로 케논판매본부라는 상호로 문구류 판매업을 시작하면서 1989.12.2. D와 D가 공급하는 사무기기 및 용품을 실수요자에게 판매하기로 하는 내용의 대리점계약을 체결하였다. (2) 그런데 T1은 위 대리점계약상의 영업보증금의 지급담보를 위하여 T2의 승낙을 받지 않고 T1이 자신의 명의로 사업자등록조차 할 수 없는 처지였음에도 불구하고 이러한 사정을 숨긴 채 마치 자신이 보험가입에 아무런 지장이 없는 T2인 것처럼 행세하여 임의로 T2의 명의를 사용하여 P와의 사이에 피보험자를 D, 보험가입 금액은 금 10,000,000원, 보험기간을 1989.12.2.부터 1990.12.1.까지로 하는 지급계약 보증보험계약(이 사건 보험계약)을 체결하였다. (3) 그 후 T1이 위 영업보증금의 지급을 지체하자 D는 위 대리점계약을 해지하고 P에게 보험금의 지급을 청구하여 이에 P는 1990.

3.2. D에게 보험금 10,000,000원을 지급하였다. P는 D를 상대로 부당이득금 반환 청구의 소를 제기하였다. 쟁점은 이 사건 보험계약에서 T1이 자신의 명의로 사업자등록조차 할 수 없는 처지였음에도 불구하고 이러한 사정을 숨긴 채 마치 자신이 보험가입에 아무런 지장이 없는 T2인 것처럼 행세하여 P와 계약을 체결하였음도 불구하고 계약의 당사자가 여전히 P와 T1인가이다.

이에 관해 대법원은 “행위자 또는 명의인 가운데 누구를 당사자로 할 것인지에 관해 일치하는 의사를 확정할 수 없을 경우에는 계약의 성질, 내용, 체결 경위 및 계약체결을 전후한 구체적인 제반 사정을 토대로 상대방이 합리적인 인간이라면 행위자와 명의자 중 누구를 계약 당사자로 이해할 것인가에 의하여 당사자를 결정하여야 한다. 그러므로 T1이 마치 자신이 T2인 것처럼 행세하여 P와 계약을 체결하였으므로 P는 T1이 T2인 줄로만 알고 이 사건 보험계약을 체결하기에 이른 것이므로 P와 T1 사이에 T1을 이 사건 보험계약의 당사자로 하기로 하는 의사의 일치가 없었다고 볼 여지가 있어 보인다”고 판시하였다.

2. 당사자의 계약상 의무의 이행

가. 계약으로부터 발생한 채무의 현실화

(1) 채무실현의 연기

계약으로 채무가 발생하면 그 채무는 곧바로 이행하지 않으면 안 되는가. 계약에서 아무것도 정하지 않는다면 그렇게 생각해야겠지만, 당사자는 이것도 스스로 정할 수 있다. 구체적인 방법으로 계약에 조건 · 기한을 달 수 있다

조건을 다는 것은 계약의 효력발생=채무의 발생을 어떠한 사항의 존부에 걸게 한다는 것이다. 예를 들어 ‘**대학에 합격하면** 자동차를 선물한다’는 것은 대학합격을 조건으로 하는 증여계약이라고 말할 수 있다. 이에 대해 기한을 다는 것은 계약의 효력 혹은 계약에서 정해진 채무이행 시기를 시간의 경과에 걸게 한다는 것이다. 예를 들어 ‘**내년이 되면** 자동차를 선물한다’는 것은 내년의 1월 1일을 기한으로 하는 증여계약이라고 말할 수 있다.

두 가지 점을 더 보충해 두자. 첫째로, 끝까지 파고들어 생각하면 조건 · 기한은 계약(법률행위)에 달려 있는 것인지 채권 · 채무에 달려 있는지 반드시 명확하지 않은 때가 있다. 예를 들어 매매대금에 관해 그 지급시기가 정해져 있는 때, 기한 도래까지는 계약은 유효히 성립하고 있지만 시기가 도래하기까지는 대금채무의 효력이 구체화되지 않았다고 생각해야 할지도 모른다. 이것에 대해 2년 계약으로 아파트를 빌리는 경우 2년이 지나면 구체적인 채권 · 채무관계를 발생시키

는 임대차계약자체가 소멸한다고 생각하는 편이 자연스럽다.

둘째로, 조건과 기한을 서로 비교하면 조건의 경우는 실현 여부를 알지 못하는 것에 대해, 기한의 경우는 현실적으로 반드시 실현된다는 차이가 있다. 다만 구체적인 계약에 들어가 따져보면, 어느 쪽인지 판단하는 것이 어려운 것도 있다. 판례는 "재건축사업을 추진하던 자들과 사업 진행에 필요한 운전자금을 출자하고 사업상의 이익에 참여하기로 하는 등의 공동사업계약을 체결하고 그들에게 운전자금을 지급한 자가, 그 후 사업진행이 순조롭지 않자 공동사업관계에서 탈퇴하면서 '스폰서가 영입되거나 사업권을 넘길 경우나 사업을 진행할 때'에는 위 출자금을 반환받기로 한다는 청산약정을 체결"하였던 사안에서, 위 부관에서 정해진 사유가 발생하지 않는 한 언제까지라도 위 투자금을 반환할 의무가 성립하지 않는 정지조건이라기보다는 불확정기한이라고 보았다(2009다16643). 따라서 부관이 붙은 법률행위에서 부관에 표시된 사실이 발생하지 아니하면 채무를 이행하지 아니하여도 된다고 보는 것이 상당한 경우에는 조건으로 보아야 하고, 표시된 사실이 발생한 때에는 물론이고 반대로 발생하지 아니하는 것이 확정된 때에도 그 채무를 이행하여야 한다고 보는 것이 상당한 경우에는 표시된 사실의 발생 여부가 확정되는 것을 불확정기한으로 정한 것으로 보아야 한다(2003다24215). 일본 최고재판소 판례는 이 점에 대해서는 '출세 갚기'(출세하면 지급한다는 약속)는 조건인지 기한인지가 쟁점화된 판례가 저명하다(大判大 4.3.24. 民錄 21集, 439頁〈94〉. 기한이라고 하였다).

(2) 조건 · 기한의 종류

넓게 조건은 정지조건 · 해제조건으로 구별할 수 있다. 그 조건이 실현된(조건성취라고 한다) 경우에 (계약 또는 채무의)효력이 발생한다는 조건이 정지조건, 효력이 사라진다는 조건이 해제조건이다(147조). 조건이 붙은 권리는 조건이 성취되기까지는 계약의 효력이 발생하지 않으므로 확정적이지 아니지만, 일정한 범위 내에서 법적으로 보호가 부여되어 있다. 그러므로 당사자가 조건부권리를 침해해서는 안 된다(148조). 특히 조건성취를 방해해서는 안 되지만, 역으로 고의로 조건을 성취시켜도 안 된다(150조). 이에 관한 판례를 살펴본다. P는 T가 하도급받은 부분에 대한 공사를 완공하여 준공필증을 제출하는 것을 정지조건으로 하여 공사대금채무를 부담하거나 위 채무를 보증하였다. 그러나 D는 위 공사에 필요한 시설을 해주지 않았을 뿐만 아니라 공사장에의 출입을 통제함으로써 상대방에게 나머지 공사를 수행할 수 없게 하였다. 이러한 D의 행위는 고의에 의한 경우만이 아니라 과실에 의한 경우에도 신의성실의 원칙에 반하여 조건의 성취를 방해한 때에 해당한다(98다42356). 일본 최고재판소 판례는 조건성취의 방해[124]에 관해 그리고 조건성취의 촉진[125]에 관해 조건을 가진 당사자를 보호했다. 또한 조건부권리도 다른 권리와 마찬가지로, 처분・상속 등의 대상이 된다(149조). 다만 불법조건이 걸려 있는 경우에는 그 효력이 부정될 뿐만 아니라 계약전체가 무효가 된다(151조). 더욱이 151조는 당사자의 의사를 추정하는 규정이다(각각 기성조건, 불능조건, 수의조건이라고 불린다).

기한에는 시기와 종기가 있다. 그 기한이 도래하기까지 계약에서 정해진 이행청구가 가능한 것이 시기, 그 기한의 도래에 의해 계약의 효력이 잃게 되는 것이 종기이다(152조). 기한은 통상 채무자를 위한 것이지만(153조) 채무자는 기한에 의해 발생하는 이익(예를 들어 1월 1일까지는 자동차를 선물하지 않아도 된다. 이것을 기한의 이익이라고 한다)을 포기할 수 있다(1월 1일보다 전에 선물을 해버려도 된다. 153조 2항). 역으로, 채무자에게 일정한 사정이 생기면 기한의 이익은 잃게 된다(1월 1일보다 전에도 선물을 하지 않으면 안 된다. 388조).

나. 계약을 이행하는 여러 모습

그럼 계약의 성립으로 채무가 발생하면 채무를 지는 자(채무자)는 그 채무를 이행하지 않으면 안 된다. 채무자가 계약에서 정해진 채무를 이행하지 않는(계약위반 또는 채무불이행이라고 한다)다면 어떻게 되는가에 대해서는 뒤에서 자세하게 검토하겠지만 지금 여기서는 먼저 채무를 어떻게 이행해야 하는가를 설명해 둔다. 원칙은 단순하다. 채무의 내용대로 이행한다는 것이다. 예를 들어 매매계약에서 매수인은 4월 1일 오후 3시까지 대금 10만 원을 지급한다는 것을 계약으로 정한 것이라고 한다면, 매수인은 계약에서 정한 그대로 매매대금을 지급하지 않으면 안 된다. 즉 1시간 늦어도 단돈 1,000원이 부족해도 채무불이행이 된다.

이것이 원칙이지만 조금 더 유연하게 생각할 수는 없는가?. 예를 들어 약속한 시간보다 10분 늦었다, 약속한 금액에 10원이 부족하다는 경우 이들은 엄밀히 말하면 채무는 확실히 계약대로는 이행되지 않았다. 하지만 이러한 정도만으로 계약을 이행하지 않았다, 소란피울 정도의 것인가. 극히 작은 지연이나 부족의 경우에는 이것을 새삼스럽게 책망하지 않는다는 것이 상식에 합치하는 것이 아닌가. **채권자**에는 그 정도의 관용은 기대되지 않겠는가. 이러한 질문을 하는 것은 어쩌면 상식이 아닌지 모르겠다. 매매계약에서 미세한 대금이 지급되지 않았을 때에도 매매계약을 해제할 수 있는가에 관해, 대법원은 P가 위 매매계약의 가장 핵심적인 해제사유로 주장한 D가 그 계약에 따라 1967.2.13.까지에 P에게 지급하여야 할 매매대금 중 금 11,670,000원만을 지급하였을 뿐 나머지 금액은 P의 수차에 걸친 최고에도 불구하고 이를 지급지 않았다는 주장에 관하여 총 매매대금이 2,000만원인 부동산의 매매대금 중 미지급액이 불과 105,000원일 뿐 아니라 그 미지급액에 대하여 월 5분의 지연이자를 지급하기로 약정한 사안에서 위와 같은 미지급액이 있다는 이유만으로 위 매매계약을 해제한다는 것은 신의칙에 위배된다(71다352,353,354)고 했다. 또한 예를 들어 4월 1일로만 정해져 있는 경우 역으로 채무자는 그 날의 밤 11시 55분경에 채권자의 집의 문을 두드려 대금을 지급한다고 말해도 되는가. 조금 더 상식적인 기간에 지급한다는 배려가 **채무자**에 있어야만 한다는 것이 아닌가. 일본 상법에는 관련규정을 두고 있다(상 520조 참조).

이같이 계약이행(채무의 이행)에 유연함을 가져오자는 사고방식이 신의성실의 원칙("신의칙")으로 1920년대 의용민법 적용시대에 학설·판례에 의해 제창되어 그 후 전후의 일본 민법 개정 때에 1조 2항에 규정이 두어졌다. 신의성실의 원칙은 법률관계의 당사자는 상대방의 이익을 배려하여 형평에 어긋나거나 신뢰를 저버리는 내용 또는 방법으로 권리를 행사하거나 의무를 이행하여서는 안 된다는 추상적 규범이다(91다3802).

신의칙으로부터 파생된 금반언의 원칙에 관한 86다카2788의 사안과 판지는 다음과 같다.

D가 T1로부터 그 소유의 건물을 보증금 15,000,000원에 임차하여 주민등록까지 옮기고서 입주하였지만 그 후 T2회사가 P은행으로부터 대출을 받을 때 T1이 위 건물을 담보로 제공하면서 위 건물의 담보가치를 높이고자 D에게 부탁하여 D가 사실은 위와 같이 보증금을 주고 임차했으면서도 P는 직원에게 보증금없이 입주하고 있다고 말하고 그와 같은 내용의 확약서까지 만들어 주어서 P은행으로 하여금 위 부동산에 대한 담보가치를 높게 평가하도록 하여 위 회사에게 계속 대출해 주었다. 대법원은 P은행이 건물명도청구를 하자 D가 이를 번복하면서 위 임차보증금의 반환을 내세워 그 명도를 거부하는 것은 금반언 및 신의측에 위반된다(97다12211)고 했다.

또, 2조 2항은 '권리는 남용하지 못한다'(권리남용 금지의 원칙)고 하고 있다.

판례는 권리남용이라고 평가하기 위해서는 주관적으로 그 권리행사의 목적이 오직 상대방에게 고통을 주고 손해를 입히려는 데 있을 뿐 행사하는 사람에게 아무런 이익이 없는 경우이어야 하고, 객관적으로는 그 권리행사가 사회질서에 위반된다고 볼 수 있어야 한다(97다42823)고 했다.

구체적인 예로, 판례는 송금의뢰인이 착오송금임을 이유로 거래은행을 통하여 혹은 수취은행에 직접 송금액의 반환을 요청하고 수취인도 송금의뢰인의 착오송금에 의하여 수취인의 계좌에 금원이 입금된 사실을 인정하고 수취은행에 그 반환을 승낙하고 있는 경우, 수취은행이 수취인에 대한 대출채권 등을 자동채권으로 하여 수취인의 계좌에 착오로 입금된 금원 상당의 예금채권과 상계하는 것은 송금의뢰인에 대한 관계에서 신의칙에 반하거나 상계에 관한 권리를 남용(2007다66088)하는 것이라고 했다.

Ⅱ. 계약해석에 관한 관습과 신의칙의 상호관계

후반은 관습과 신의칙에 초점을 맞추어 그 기능이나 상호관계를 추가로 검토한다.

1. 계약이행 조정과 관습 · 신의칙의 역할

가. 판례에 나타난 구체적 사례

구체적 사례를 들어서 생각해 본다. 이에 관한 76다983의 사안은 다음과 같다.

사실관계 1.2.16 사실인 관습 [76다983]

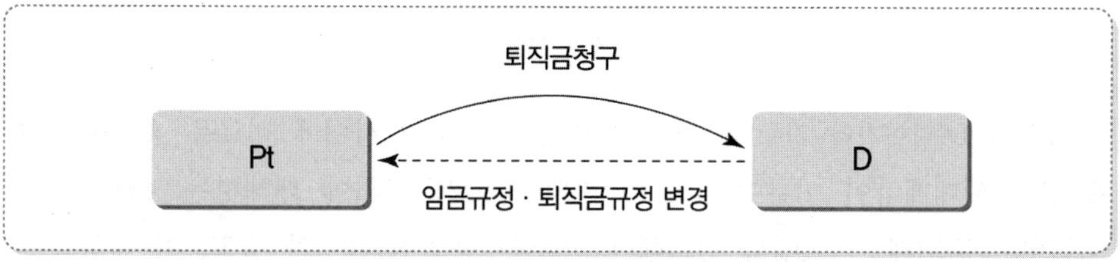

(1) D가 노사협의회의 협의 또는 종업원들의 동의 등을 거치지 않고 퇴직금 산정에 있어 상여금을 기초임금에서 제외한다는 취지로 직원 임금규정과 직원 퇴직금 규정 변경하였다. (2) Pt가 제기한 퇴직금청구의 소에서 D는 과거부터 상여금을 퇴직금 산정의 기

초임금인 평균임금 중에 포함시키지 않아왔던 것이 사실인 관습이라고 주장하였다.

대법원은 이 사건에 적용할 기본적인 전제(법리)로 다음과 같이 판시하였다. "사실인 관습은 일반 생활에 있어서의 일종의 경험칙에 속하고, 경험칙은 일종의 법칙이므로 법관이 어떠한 경험칙의 유무를 판단함에 있어서는 당사자의 주장이나 입증에 구애됨이 없이 법관 스스로 직권에 의하여 이를 판단할 수 있다." 그러므로 대법원은 D가 가사 과거에 관계법규에 위배된 퇴직금산정을 여러 해 반복하였다 하여 그것이 바로 관습이 되었다고는 볼 수 없다고 판단하였다. 본 판결은 사실인 관습을 규범설적인 태도를 취한 것으로 보인다.

앞에서도 보았듯이 계약을 해석하는 데 가장 중요한 근거는 당사자의 의사이다. 만약 당사자가 계약을 완벽하게 체결하여 계약에서 정한 대로 계약을 이행하는 데 전혀 문제가 생기지 않는다면 사실인 관습이 적용될 여지는 없다. 그러나 그렇지 못한 때도 있다. 사실인 관습의 해석에 관해 위에 든 우리 대법원 판례가 미흡하므로 좀 더 확실히 이해하기 위해 일본 최고재판소 판례를 소개한다.

(1) 일본 최고재판소 판례에서 사건의 내용 · 쟁점[126]

일본 최고재판소 판례는 '시오가마 철길(rail) 넣기(入)' 사건이라고 불리는 유명한 사건(大判大 10.6.2. 民錄 27集, 1038頁[18][16]〈44〉)에서 사실인 관습에 관해 심도 있게 다루었다. 사안과 판지는 다음과 같은 것이었다(도표 1.2.23).

도표 1.2.23 일본 최고재판소의 사실인 관습에 의한 계약해석에 관한 사건내용

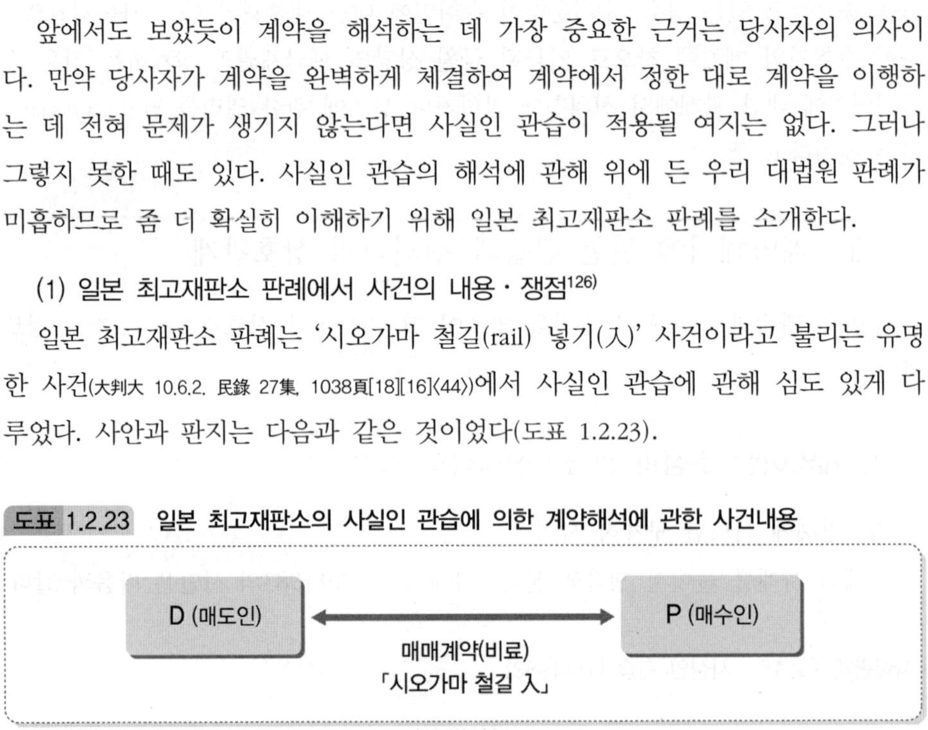

매도인 D(니이가타 거주)와 매수인 P(센다이 거주) 사이에 비료용 大豆粕 11차에 관한 매매계약이 이루어졌다. 이 계약 중에서 10차에 대해서는 '4월 30일에 시오가마 철길(레일) 入에서 인도해야 한다'는 문언이 들어가 있고, 이 문언의 의미를 둘러싼 싸움이 발생했다. 이 점에 대해서 매도인 D는 목적물(肥料)의 인도장소를 시오가마 역으로 정했을 뿐이므로 P가 매매대금을 제공하지 않았으므로 계약을 해제할 수 없다고 주장한 데 대해, 매수인 P는 인도장소를 시오가마 역으로 정한 것이 아니라 매도인 **선이행**(먼저 목적물을 인도한다)의 취지가 포함됐다고 주장한 것이다. 그러면 이 점의 해석의 차이는 구체적으로는 어떠한 의미를 가지는가. 본 사건에서는 매수인 P가 매도인 D의 불이행을 이유로 계약을 해제하여 손해배상을 청구한 것이지만, P의 항변은 매도인 선이행인데도 불구하고 D의 이행이 이루어져 있지 않으므로 해제권이 발생한다(544조 참조)는 전제에 서 있다. 이러한 매수인 P의 주장에 대해 D는 선이행의 약속은 없으므로 P가 대금의 제공(지급의 준비를 하여 수취를 재촉하는 것. 460조 참조)을 할 때까지는, D도 이행할 필요가 없다고 반론했다(동시이행의 항변이라고 한다. 536조 참조).

(2) 일본 최고재판소의 판단

그럼 이 사건에 대해 원심(최상급심이 재판의 대상으로 되어 있는 판결을 내린 법원)은 어떻게 해서 '시오가마 철길(레일) 入'의 의미를 결정하려고 했느냐면, 감정에 의해 다투어지고 있는 문언의 관습상의 의미를 정하려고 했다. 그리고 감정인은 (이와 같은 문언을 사용하여 약속을 했을 때에는) 매도인선이행으로 하는 관습이 있다고 하였다. 즉 매수인 P의 해석이 지지받은 것이다. 이에 D는 상고하여 가령 그와 같은 관습이 있다고 해도 P는 당사자가 이것에 따를 의사를 갖고 있었다는 것을 **증명**하지 않으면 안 된다고 주장했다. 하지만 일본 대심원은 D의 위 상고를 배척했다. 즉 당사자가 관습의 존재를 알고 있었고 동시에 특별히 반대하고 있지 않는다면, 이러한 관습에 의한 것이라고 추정된다고 한 것이었다.

그러면 여기서 위에서 설명한 것을 이해하기 위해 눈을 돌려 106조와 105조는 어떤 관계에 있는지에 관해 좀 더 자세히 살펴보자. 106조는 이러한 사실인 관습에 관련된 규정이다. 이 규정의 의미는 105조와 대비하면 명백해진다(105조는 106조를 이끌어 내기 위해 그 전제로서 두어진 규정이다). 105조는 당사자가 합의로 임의규정과는 다르게 정한 때는, 이것을 확실히 하는 의사의 합치(합의)가 필요하다는 전제를 밝히고 있다고 생각된다(105조에서 의사를 표시한 때라는 표현을 쓰고 있다). 이것이 원칙인데 임의규정과는 다른 관습이 존재할 때는, 106조는 관습에 의한 합의가 있다고 평가할 수 있다면 충분하다고 하고 있다(다른 관습이 있는 경우라는 표현을 쓰고 있다).[127] 이것을 근거로 하여 일본 최고재판소 판례는 알고 있으면서 반대하지 않는다면 그것에 의한 의사가 있다고 평가해도 좋다는 것이다.

나. 일본 최고재판소의 판단에 대한 검토

일본 대심원의 위 판결과 관련하여 두 가지의 문제를 검토해 볼 필요가 있다. 모두 계약의 해석에 관련된 문제이다.

(1) 계약해석의 기준으로서의 사실인 관습

첫째는, 위 일본 최고재판소(대심원) 판례는 106조가 애초부터 상정하고 있는 경우와 조금 벗어나 있다. 106조가 생각하고 있는 것은 당사자가 계약으로 확실히 아무것도 정하고 있지는 않지만, 관습에 따른다는 의도를 가지고 있다는 때에 대처하기 위한 규정이다. 예를 들어 계약에서 구체적으로 목적물 인도 장소는 결정해 놓지 않았다는 경우이다.[128] 하지만 위 일본 최고재판소(대심원) 판례는, 사안을 들여다 보면 당사자는 계약에서 아무것도 정하지 않은 것이 아니라, '시오가마 철길 입(入)'이라고 정한 것의 의미가 문제가 된 것이다. 그러므로 이 사안에서는 관습에 의한 보충이 아닌, 관습에 의한 해석이 문제가 되어 있었다. 이 점에서 일본 최고재판소(대심원) 판결은 관련 조문으로부터 조금 벗어나지만 계약의 해석에 관해 관습을 사용하기 위한 기준으로서도 106조를 적용했다는 것이 이 판결이라고 말할 수 있다.[129]

(2) 계약해석에 의한 이행과정의 조정

둘째로, 실제 계약의 해석은 계약의 이행과정을 조정하기 위해서도 사용될 수 있다. 위 사건에서 일본 최고재판소(대심원) 판례는 매도인의 채무불이행이 문제가 됐지만 채무불이행이라고 말할 수 있는지 없는지의 판단의 전제로서는 그와 같은 '채무가 있었다'는 것(그러나 이 사건에서는 선이행의 의무가 있었다), 그리고 그것을 적절히 '채무를 이행하지 않았다'는 것, 이 두 가지가 필요한 요건이다. 그 중 전자는 계약의 해석에 의해, 후자는 신의칙에 의해 각각 판단된다. 여기서 주의해야 할 것은 계약의 해석에도 신의칙이 관련되어 사용되는 것이 많이 있다는 것이다.[130] 그러나 신의칙(또는 민법에 규정되어 있지도 않은 형평의 관념)은 당사자 사이에 체결된 계약을 무효로 선언할 수 있는 근거가 될 수 없다(2016다35833(전)). 일본 최고재판소 판례는 유명한 일본 대심원의 '후카가와 건너기(深川渡)' 사건에서, '후카가와 인도(深川渡)'라는 계약조항의 의미가 문제가 되었는데, 법원(원심)은 관습에 의한 해석에 의해 매도인 지정의 후카가와의 창고에 반입할 것을 의미한다고 해석했다. 게다가 매도인이 지정하지 않아도 신의칙에 비추어 매수인이 물어보아야 한다고 판시했다.[131]

2. 계약으로 생긴 규범의 설정과 관습 · 신의칙에 의한 해석

관습은 계약의 해석 · 보충의 기준으로서, 신의칙은 계약에서 정해진 채무의 이행의 구체적 모습을 지배하는 원칙으로서 각각 작용(일)하고 있다. 어느 쪽도 넓은 의미로는 계약이행 과정을 어떻게 조정하느냐에 관계가 있다. 그런데 관습 · 신의칙은 이것 외에 규범설정의 기능도 있다. 마지막으로 이 점에 관해 설명한다.

가. 관습법

법관이 재판을 할 때 따라야 할 규범은 원칙적으로 헌법과 국회가 제정한 법률뿐이다(헌 103조). 다만 예외로서 관습이 법률과 같은 취급을 받는다(1조). 이 경우의 관습을 관습법이라고 부른다. 여기에는 두 가지의 경우가 있다. 이것을 도표로 표시해 둔다(도표 1.2.24).

도표 1.2.24 민법 제1조의 관습

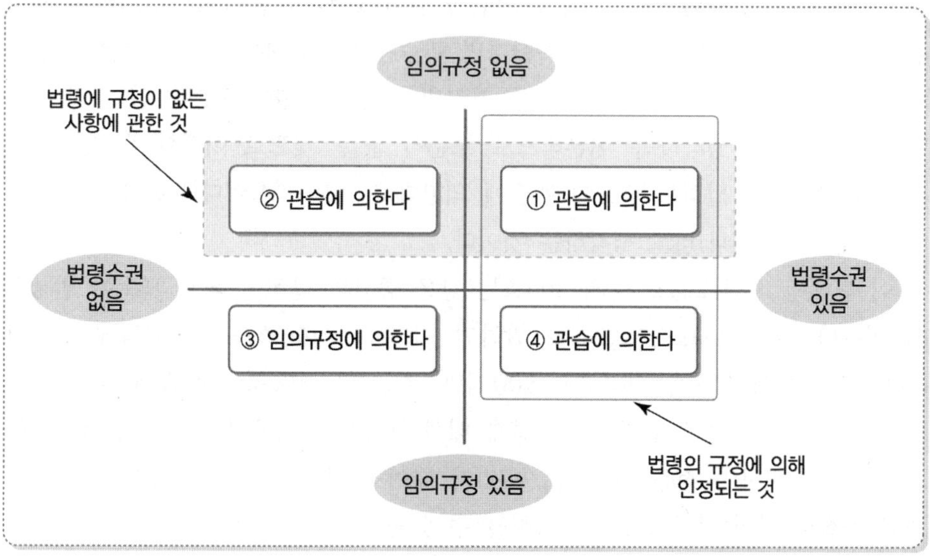

첫째로, 법률(법령) 자체가 관습에 의한다고 규정한 경우(예를 들어 224조 등)이고 둘째는, 법률(법령)에 규정이 없는 사항에 관해 관습이 있는 때다(위 도표에서

②와 ④). 다만 어느 쪽도 공서양속에 반하지 않는 관습이라는 요건이 필요하다. 106조는 '사회질서와 관계없는 규정과 다른 관습'이라고 표현하고 있다.

(1) 법률과 동일한 효력을 가지는 관습과 106조 사실인 관습 및 임의규정과의 관계

보통 관습법은 사회의 거듭된 관행으로 생성한 사회생활규범이 사회의 법적 확신과 인식에 의하여 법적 규범으로 승인, 강행되기에 이른 것을 말하고, 반면에 사실인 관습은 사회의 관행에 의하여 발생한 사회생활 규범인 점에서 관습법과 같으나 사회의 법적 확신이나 인식에 의하여 법적 규범으로서 승인된 정도에 이르지 않은 것이라고 설명하고 있다. 판례는, 관습법이란 사회의 거듭된 관행으로 생성된 사회생활규범이 사회의 법적 확신과 인식에 의하여 법적 규범으로 승인·강행되기에 이른 것(80다3231)을 말하고, 법적 규범으로 승인되기에 이르렀다고 하기 위해서는 헌법을 최상위 규범으로 하는 전체 법질서에 반하지 아니하는 것으로서 정당성과 합리성이 있다고 인정될 수 있어야 한다(2001다48781(전))고 한다. 그런데 법률과 동일한 효력을 가지는 관습(1조)과 사실인 관습(106조)은 어떠한 관계에서 있는가. 106조는 법률에 규정이 없는 경우에만 관습의 효력을 인정하므로, 그 한도에서는 관습은 임의규정보다도 지위가 낮다(못하다)(관습<임의규정)라는 것이 된다. 하지만 106조의 요건을 만족한다면 관습은 임의규정보다도 우선한다(관습>임의규정)는 것으로 된다. 일견하면 두 가지의 규정에는 서로 모순이 있는 것 같지만, 다음과 같이 생각하면 '이론적으로 모순이 없는' 것으로 이해할 수 있다. 즉 106조는 1조에서 말하는 법률이 관습에 의한다고 하는 경우이다(106조는 1조가 말하는 법률에 해당한다)라고 생각하는 것이다.

이 견해에 서면 224조 등과 106조는 같은 종류의 규정이 되고 모순이 발생하지 않는다. 위의 [도표 1.2.24]로 말하면 이전에는 106조를 임의규정에 의한다(③)로 평가해서 모순을 지적하고 있었지만, 최근에는 106조는 관습에 의한다(④)로 평가해야 한다고 보고 있다. 이렇게 해석하면 문제 자체가 해소된다. 106조는 224조 등에 비하면 적용범위(사정, 射程)가 넓어져 약간 위화감이 있지만, 상법 1조와 동질의 규정으로 생각하면 이해될 수 있을 것이다.

종래 반드시 이같이 생각되지 않았던 것은 106조를 당사자의 의사에 관한 문제로 평가하고 있어서, 어쩌면 이해하기 어려운 규정이었기 때문일 것이다. 106조가 법률행위에 관해 '관습은 임의규정에 우선한다'고 확실히 규정하지 않은 것은,

일본 의용민법 기초자 중에 의견이 갈렸던 것을 조정한 결과이다(기초자 중에는 관습보다도 임의규정이 우선한다는 견해를 가진 사람도 있어서, 의사를 개재시킨다는 완충지대(cushion)를 둠으로써 타협이 이루어졌다).[132]

한편 다른 표현으로 사실인 관습을 말해보면 이것은 일반 생활에 있어서의 일종의 경험칙에 속하고, 또 경험칙은 일종의 법칙이므로 법관이 어떠한 경험칙의 유무를 판단함에 있어서는 당사자의 주장이나 입증에 구애됨이 없이 법관 스스로 직권에 의하여 이를 판단할 수 있다(76다983). 한편 관습법은 법적 규범이므로 당사자의 주장 · 입증을 기다리지 않고 법원이 직권으로 이를 확정하여야 한다.

나. 재판실무에서 판례법의 지위와 역할

이상과 같이 법률 · 관습 이외는 법관을 구속하지 않는다. 그러면 판례는 어떠한가. 민법을 필두로 해서 실정법의 교과서는 판례를 상당히 중시하고 있다. 실제로 민법이 어떻게 운용되어 있는가를 알기 위해선 판례를 아는 것이 반드시 필요하기 때문이다. 이론적으로 판례는 법관을 구속하지 않는다. 하지만 대법원의 판례가 사실상의 구속력을 가지는 것은 부정할 수 없다. 또한 여태까지도 봐 왔듯이(의사의 완전성을 둘러싼 불법행위법의 개관이나 내용의 타당성에 관한 공서양속위반의 확장 또는 108조 2항의 유추적용에 의한 제3자 보호 등 여러 분야에서 판례는 중요한 지위를 차지한다), 판례는 실제로 새로운 법리를 만들어 내고 있다. 특히 영미와 같이 보통법 국가의 법원은 특수한 상황을 해결할 수 있는 법령이 없을 때는, 재판관이 동일 · 유사한 사안에서 형성 · 집적된 판례의 해석을 통해 일종의 법원(法源)이 된다. 이에 반해 대륙법(시민법) 국가에 속한 우리나라 법원은 반드시 입법기관이 제정한 법조문을 '보수적'으로 해석하지 않으면 안 된다. 이런 의미에서 관습법의 역할이 크다고 생각할 수 있다.

그런데 법관이 새로운 법리를 만들어 내는 데는 다양한 기법(테크닉)이 사용된다. 그중 자주 사용되는 것 중에 한 가지가 바로 신의칙이다. 예를 들어 계약이 성립할 때까지는 당사자는 언제든지 계약교섭을 그만 둬도 좋다. 따라서 계약이 성립한다고 생각하여 이행의 준비를 했지만, 상대방의 교섭파기에 의해 그 준비가 헛되게 됐다고 하는 경우 교섭파기를 한 자는 전혀 책임을 지지 않는 것이 원칙이다. 하지만 판례는 일정한 요건이 충족되는 경우에는, 교섭파기자에게 손해배상책임을 지게 하고 있다. 일본 최고재판소 판례는 계약준비단계에 두는 의무에 관해 그 의무의 근거로서 신의칙을 들고 있다.[133] 그 외에도 예를 들어 안전배려의무에 관해 노동자를 고용하고 있는 사용자가 노동자의 안전을 확보할 의무를 지는 것으로 판시했다.[134] 이것은 당사자가 합의하고 있지 않아도 생기는 의무라고 여겨진다. 민법전에는 규정은 없지만 판례는 신의칙을 근거로 이와 같은 의무를 인정하고 있다.[135] 이 부분에 관해서는 다시 자세하게 설명한다.

제2항 계약으로 발생한 채무의 소멸

Ⅰ. 전 제

1. 계약으로 발생한 채무의 소멸원인

계약으로부터 발생한 채무는 그 계약에서 정해진 채무를 이행(변제라고도 한다)함으로써 소멸하는 것이 가장 정상적이지만, 다른 원인에 의해 소멸하는 경우도 있다. 예를 들어 상계(492조)나 면제(506조) 등에 의해서도 채무는 소멸한다. 주된 소멸원인에 대해서는 469조 이하에 규정이 있는데, 이것들에 관해서는 따로 독립된 항을 두어 자세하게 설명한다. 그러므로 여기에서는 그 밖의 중요한 소멸원인인 소멸시효에 관해 설명할 필요가 있다. 더욱이 소멸시효가 다른 소멸원인과는 별도로 민법총칙에 규정되어 있는 것은 재산법에서 다루는 취득시효와 더불어 시효라는 추상적인 제도로 평가되기 때문이다.

2. 기간의 계산

소멸시효에 대해서는 따로 독립된 항에서 설명하고 여기서는 그 전제가 되는 기술적인 문제를 건드려두고 싶다. 시효라는 것은 시간의 경과로 권리가 소멸(소멸시효)한다든지(소멸시효) 발생(취득시효)하기도 하는 제도이지만, 그 시간 경과의 계산 방법을 알아 둘 필요가 있다. 이와 관련된 규정은 155조~160조(민법전 제6장 기간)에 있다.

기간의 계산에는 시간 단위와 일·주·월·년 단위가 있다. 어느 쪽이냐에 따라 기산점·만료점이 다르다. 시간 단위로 계산하는 경우(시간단위 계산), 예를 들어 지금부터 24시간이라는 경우에는 곧바로 기산하여 24시간 후에 기간만료가 된다(156조). 그러나 실제 시간 단위의 약속은 그다지 이루어지지 않는다. 그 이상의 단위의 경우에는 초일을 넣지 않고 계산을 시작하여(157조. 초일불산입의 원칙이라고 부르고 있다) 최종일의 종료로 기간은 만료한다(159조). 날짜로 계산(일 단위 계산)하는 경우 예를 들어 4월 1일에 '오늘부터 3일 간'이라면, 4월 1일을 제외하여, 4월 2일이 제1일, 4월 3일이 제2일, 4월 4일이 제3일로, 4월 4일이 종료로 기간이 만료된다. 이에 더해 주・월・년을 단위로 하는 경우(주・월・년 단위계산)에는 달력(calendar)에 따라서 계산한다(160조). 그런데 주・월・년의 도중부터 기산하는 경우에는 최후의 주・월・년의 기산일에 해당하는 날의 전날이 만료일이 된다(160조). 예를 들어 4월 1일부터(5월 1일부터) 1개월이라는 기간이면 4월 30일(5월 31일)이 만료일이 되고, 4월 10일(5월 10일)부터 1개월이라는 기간이면 5월 9일(6월 9일)이 만료일이 되는 것이다.

이상이 기간 계산에 관한 원칙인데 예외가 몇 가지 있다. 우선 기산일에 대해서는 두 가지 중요한 예외가 있다. 하나는 4월 1일부터 3일간이라는 방식에서 1일의 최초부터 계산할 때는 초일을 제외하지 않는다(157조. 시작하는 기간이 오전 영시부터 시작하는 경우이다). 즉 초일불산입의 원칙과 맞추어 생각하면 그 일이 완전한 1일이 아닌 어중간한 때에는 산입하지 않는다. 또 하나, 이상과 같은 민법의 사고방식 그 자체에 관한 예외가 있다. 그것은 연령계산의 경우로서 이때는 초일을 산입한다. 예를 들어 4월 1일생의 사람은 초일산입으로 계산하면, 이듬해 3월 31일의 종료로 연령을 계산하는 하나의 년이 된다. 4월 1일이 조생으로 넣는 것도 그 때문이다. 다음으로 만료일에 대해서도 예외가 있는데, 기간의 말일이 토요일 또는 공휴일에 해당한 때에는 기간은 그 익일로 만료한다. 이것에 대해서 조문을 읽어주기 바란다(161조, 160조 2항 단서 참조).

Ⅱ. 소멸시효의 제도

1. 소멸시효 제도의 구성

가. 소멸시효의 기본적 부분

시효라는 제도는 일본 민법이 탄생한 메이지 초기에는 '기만**득면**(期滿得免)'으로 불리고 있었다. 기한이 오는 것에 의해 권리를 **얻기도 하고**, 의무를 **면하기도** 하는 것이다. 이 중 권리를 얻는 쪽이 취득시효이며, 의무를 면해지는 쪽이 소멸시효이다. 취득시효에 대해서는 보통 재산법 물권변동 부분에서 설명하고 있으므로 여기에서는 자세하게 들어가지 않는다, 여기서는 소멸시효만을 다룬다. 어떠한 권리가 어떠한 요건 아래 잃게 되는가. 우선 이 점부터 봐보자.

(1) 소멸시효의 대상

첫째로, 시효에 의해 소멸하는 권리에 대해서 살펴본다. 이것은 대략 말하면 재산권 일반이다. 하지만 조금 더 정밀하게 봐볼 필요가 있다. 다음의 두 가지의 점에 주의해주면 좋겠다. 첫째, 재산권이 아니라는 이유로 소멸시효의 대상에서 배제되는 것은 인격권(예를 들어 명예 · 씨명 등에 관한 권리) · 신분권(예를 들어 부모의 자식에 대한 권리) 등이다(①). 둘째, 재산권 중에도 소멸시효가 걸리지 않은 권리가 있다(②). 소유권이다. 그러나 소유권에는 소멸시효가 없지만 타인이 소유권이 대상이 되는 물을 시효취득한다면 그 결과로서 소유권이 소멸되는 것이 있다. 한편 점유권도 재산권이지만 그 성질상 점유를 상실하면 소멸하므로 소멸시효 문제가 생기지 않는다. 이 점도 재산법에서 설명하고 있다.

(2) 소멸시효 완성의 요건

둘째로, 소멸시효완성의 요건에 관해서 살펴본다. 권리는 그것을 행사하지 않는 상태로 일정 기간 내버려 두면[방치하면] 시효에 의해 소멸된다. 일정기간은 채무(계약에 의한 권리 등)의 경우는 10년(162조), 그 이외의 재산권(예를 들어 지상권, 지역권과 같은 권리가 바로 그러하다. 지상권은 남의 토지에 건물 등의 소유를 위해 혹은 수목을 재배하기 위한 토지이용권으로, 지역권과 같이 모두 물권으로 여겨지고 있다. 279조)의 경우에는 20년(162조 2항)이다. 다만 채권이지만 정기금채권으로 불리는 것은 대금을 분할하여 지급하는 경우에는 원칙대로 10년의 소멸시효에 걸린다. 즉 163조 1호는 기본권리인 정기금채권에 기하여 발생하는 지분채권의 소멸시효를 정한 것이다. 더욱이 소유권은 소멸시효의 대상이 되지 않는다(시효에 걸리지 않는다)는 것은 162조 1항 · 2항을 아울러서 읽어 보면 안다(어느 쪽에도 포함되어 있지 않다).

(3) 소멸시효완성의 효과

다음 소멸시효의 효과이다. 시효에 의해 권리는 소멸하지만 시효의 효력은 기산일로 거슬러 올라간다(167조). 예를 들어 2000년 4월 1일에 성립한 보통 채권의 시효는 초일불산입 원칙에 따라 계산하면 2010년 4월 1일에 완성한다. 그렇게 되면 채권은 없어지지만, 없어지는 것은 2010년 4월 1일에 있어서가 아니라 2000년 4월 1일에 있어서이다. 즉 시효가 완성되는 2010년 4월 1일이 시점이 아니다. 이것은 취득시효의 경우에도 공통된 것이다. 더욱이 이와 같은 소급효가 있는 결과로 취득시효의 경우에는 취소와 등기라는 문제와 닮은 조금 어려운 문제(취득시효와 등기라고 불린다)가 생기는데, 이것도 재산법(물권법)에서 다루어지는 문제이므로 더 이상 들어가지 않는다.

그러면 위에서 설명한 것을 이해하기 위해 눈을 돌려 정기금채권의 소멸시효에 관해 좀 더 자세히 살펴보자. 정기금채권으로부터 기간마다 발생하는 채권(지분적 채권)의 소멸시효는 일반채권과 다르지 않지만, 1년 이하의 기간으로 정한 경우에 대해서 163조가 두어져 있다(일반채권보다도 짧은 5년이라는 기간이 설정되어 있다).

나. 소멸시효의 주변 부분

이상이 소멸시효의 요건·효과의 기본적인 설명이지만 실제로 시효는 위에서 본 것보다 조금 더 복잡한 제도이다. 소멸시효라는 시스템은 시효 중단·정지, 원용·포기라는 하부시스템이 뒤이어 관련되어 있다. 다음은 이것들에 대해서 살펴보기로 한다(이하의 설명은 취득시효에도 해당한다).

(1) 소멸시효 중단·정지

첫째로, 시효의 중단·정지에 관해 살펴보기로 한다. 채권에 대해서 10년, 그 외의(기타) 재산권에 대해서 20년이라는 기간이 중단되거나 정지하는 때가 있다. 여기서 중단이란 채권자·채무자의 의도적인 행위(권리확인행위)에 의해 시효기간의 진행이 멈추는 것을 말한다. 168조는 시효 중단사유로서 청구, 압류·가압류·가처분, 승인의 세 가지를 열거하고 있지만, 그중 앞의 두 가지는 채권자 측, 마지막 한 가지는 채무자 측으로부터 유래하는 중단사유이다. 각각의 중단사유에 관하여는 나중에 다시금 자세하게 설명한다. 정지란 당사자의 의도와 관계없이 일정한 사실에 의해 시효기간의 진행이 멈추는 것이다. 전형적인 예는 182조의 천재·사변인데, 그 외 몇 가지 경우에도 시효는 정지한다(179조~180조를 참조해 주기 바란다). 더욱이 중단의 경우 중단사유가 없어진 후에는 다시금 영으로 돌아가 새로이 기간계산이 시작된다(178조). 이러한 중단에 대해 정지의 경우에는 일정한 기간 사이 시계가 멈출 뿐이다(182조 등).

(2) 시효이익의 포기 · 원용

둘째로, 시효이익의 원용 · 포기에 관해서 살펴본다. 채권에 대해서 10년, 그 외의 재산권에 대해서 20년이라는 기간이 만료되는 것을 시효가 완성한다라고 말하지만 곧바로 시효완성=(시효의)효력발생은 아니다. 당사자(채무자)가 시효의 효력을 향수하기 위해서는 시효가 완성했다는 것을 원용하는 것이 필요하다. 여기서 원용한다란 시효를 주장하는, 끌어내는 것이다. 실제 재판이 된 경우 채무자가 시효를 주장해서 비로소(처음으로) 시효가 문제가 되고, 법관이 마음대로 시효이므로 채무는 소멸되어 있다고 판단을 할 수 없다. 시효완성의 효력이 발생하는지 여부는 시효이익을 받으려는 당사자의 원용에 달려 있는 것이다(취소권의 행사와 비교하라). 이러한 결론은 재판실무와 밀접하게 관련되어 있다. 법리로 보면 당사자의 원용이 없어도 소멸시효기간이 완성하면 채무는 당연히 소멸된다 하겠으나 변론주의의 원칙상 당사자가 시효이익을 받겠다는 뜻으로 이를 원용하지 않는 이상 그 의사에 반하여 재판할 수 없다(65다2445). 일본 최고재판소 판례는 시효원용이 이루어져야 비로소 시효의 효과가 확정적으로 생기고 시효완성에 의해 자동적으로 효과가 발생하는 것이 아니라고 했다.[136] 그렇지만 이것을 뒤집음으로써, 완성한 시효의 효력을 받는 것을 적극적으로 끊을 수 있다. 이것을 시효이익의 포기라고 부르고 있다. 따라서 시효이익을 받을 채무자는 소멸시효가 완성된 후 시효이익을 포기할 수 있고, 이것은 시효의 완성으로 인한 법적인 이익을 받지 않겠다고 하는 효과의사를 필요로 하는 의사표시이다(2014다32458). 184조는 **사전**에 시효의 이익의 포기를 할 수 없다고 하고 있지만(예를 들어 매매계약에서 대금채권에 대해서는 소멸시효를 주장하지 않는다고 정해도 포기의 효력은 발생하지 않는다), 이 규정은 **사후**(시효완성 후)에는 포기할 수 있는 것을 포함하고 있다.

다. 특수한 소멸시효 제도 · 법리

이하에서 세 가지의 제도 · 법리에 관해 살펴본다.

첫째는, 단기소멸시효제도이다. 이것은 시효의 일종이지만 통상보다도 짧은 1년, 3년의 시효기간을 정하고 있다(163조~164조). 예를 들어 사립대학의 수업료(164조 4호), 음식대금(164조 1호)은 1년의 단기소멸시효에 걸린다. 일상의 소소한 채권은 빨리 시효로 소멸시키려고 하는 것이다(지난 해 봄 친목회의 식대가 1년 이상 지나서 청구되어도 곤란하다. 영수증은 버렸다고 말하는 경우가 많기 때문). 병원의 치료비는 3년의 단기소멸시효에 걸린다. 이러한 단기시효에 걸리는 채권은 어떠한 종류가 있는지 꼼꼼히 규정을 읽어주기 바란다.

둘째는, 제척기간이다. 예를 들어 취소권에 대해서는 단기 3년과 장기 10년의 기간이 두어져 있다(146조). 이 중 단기 3년은 시효기간인 데 반해, 장기 10년은 제척기간이라고 해석되고 있다. 따라서 제척기간에 있어서는 소멸시효에 있어서와 같은 기간진행의 중단이 있을 수 없다(99므1855). 일본 최고재판소 판례는 제척기간에 관해 중단·정지나 포기·원용 등은 문제가 되지 않는 것이 원칙이라고 했다.[137] 그렇지만 예외를 인정하는 방향으로 한 발 내딛어 179조의 유추에 의해 시효정지를 인정했다.[138] 즉 제척기간인 10년의 기간이 경과되기만 하면 자동적으로 취소권은 소멸된다.

셋째로, 권리실효의 원칙이라고 불리는 특수한 사고방식이 있다. 권리불행사에 대한 상대방의 신뢰를 보호하려고, 시효완성 전이어도 권리행사가 인정되지 않는다. 판례는 권리자가 실제로 권리를 행사할 수 있는 기회가 있었음에도 불구하고 상당한 기간이 경과하도록 권리를 행사하지 아니하여 의무자인 상대방으로서도 이제는 권리자가 권리를 행사하지 아니할 것으로 신뢰할 만한 정당한 기대를 가지게 된 다음에 새삼스럽게 그 권리를 행사하는 것이 법질서 전체를 지배하는 신의성실의 원칙에 위반하는 것으로 인정되는 결과가 될 때에는 실효의 원칙에 따라 그 권리의 행사가 허용되지 않는다고 했다(92다3670). 일본 최고재판소 판례는 일반론으로서 권리실효의 원칙을 인정하고 있다.[139] 그러나 실제로 권리실효의 원칙이 적용된다고 하더라도 예외적인 경우에 한정되어야 할 것이다.

2. 소멸시효에 관한 해석상 발생하는 여러 가지 문제

다음으로 몇 가지의 해석상의 문제로 넘어가자.

가. 소멸시효의 기산점

소멸시효의 기간은 권리행사를 할 수 있는 때부터 진행하는 것이 원칙이다(166조 1항). 예를 들어 매매대금의 지급기일이 2001년 4월 1일로 정해져 있다면 대금청구는 이 날부터 가능하게 되므로 이 날이 소멸시효의 기산점이 된다. 기산점을 정하는 원칙은 지금 서술한 대로지만, 실제로는 다툼(쟁점)이 되는 사례가 많다. 실무에서도 중요도가 매우 높다. 296조와 같이 민법전 자체가 의문을 해결하고 있는 예도 있지만, 판례의 해석에 맡기고 있는 부분이 많다. 예를 들어 일본 최고재판소 판례는 임대차계약의 해지에 관해서 1회라도 미지급이 있다면 최고 없이 해지가 가능하다는 특약(최고를 요구하는 544조에 관한 특약)이 있다고 하더라도, 첫 회의 미지급이 있던 시점부터가 아닌 최종지급일부터 기산해야 한다고 한 예가 있다.[140] 또 무단전대를 이유로 하는 해지권(629조)은 전대차계약에 기초하여 그 토지의 사용이익이 개시된 시점부터 기산해야 한다고 했다.[141] 더욱이 계속적인 피해가 생기는 사고에 대해서도 기산점이 쟁점이 되는 것이 적지 않다. 계약법 영역이 아니지만 특히 불법행위에 의한 손해배상청구의 경우 시효기간은 3년으로 짧으므로(766조 전단), 기산점을 언제로 하느냐라는 중요한 문제가 된다. 대법원 판례는 불법점거에 의한 불법행위로 인하여 피해자의 토지에 관한 소유권이 상실되지 아니하였다면 가해자의 불법행위는 계속하여 이루어지고 그로 인하여 손해도 계속 발생하여 나날이 새로운 불법행위에 기인한 손해가 발생하는 것이고, 따라서 766조의 적용에 관하여서는 나날이 발생한 새로운 각 손해를 안 날로부터 별개로 소멸시효가 진행한다(66다615(전))고 했다. 또 일조방해로 인하여 건물 등의 소유자 내지 실질적 처분권자가 피해자에 대하여 건물 등의 전부 또는 일부에 대한 철거의무를 부담하는 경우가 있다면, 이러한 철거의무를 계속적으로 이행하지 않는 부작위는 새로운 불법행위가 되고 그 손해는 날마다 새로운 불법행위에 기하여 발생하는 것이므로 피해자가 그 각 손해를 안 때로부터 각별로 소멸시효가 진행한다(2006다35865(전)). 일본 최고재판소 판례는 불법행위가 아니라 계약법상의 안전배려의무(의무불이행)가 문제가 된 예이지만, 유해물질이 체내에 축적되는 것에 의해 생기는 질병, 특히 진행성의 질병에 대해서 어떻게 생각해야 하는가가 다투어진 사안에서, 최종의 행정상의 결정이 있던 날을 기산점으로 한 예가 있다.[142]

더욱이 취득시효에도 기산점에 관한 문제가 실무에서 중요한 위치에 있지만, 이것은 재산법(물권법)에서 설명하는 것이 보통이므로 여기서는 설명을 생략한다.

나. 소멸시효 중단사유

앞에서 설명한 대로 중단사유는 크게 세 가지로 나눌 수 있다. 그중에서 가장 중요한 것은 청구이다. 여기서는 주로 청구에 관련된 몇 가지의 문제를 건드려 두고 싶다. 청구에는 재판상의 청구와 재판 외의 청구가 있다. 민법전이 시효중단사유로서 상정하고 있는 것은 재판상의 청구이지만, 재판 외의 청구에도 일정한 효과가 인정되어 있다. 이 두 가지의 청구에 대해서 순서대로 보자.

(1) 재판상의 청구

먼저 재판상의 청구인데 세 가지의 점을 건드려 둔다. 첫째, 통상의 소송에 의한 재판상의 청구(①) 외에, 지급명령의 신청(금전 등의 청구를 위한 간이적인 절차로 민사소송법 462조 참조), 소송상 화해절차(당사자가 소송의 계속 중에 화해를 신청하여 법원에 의한 소환이 이루어지든가, 임의로 출석함으로써 이루어진다. 민사소송법 145조 1항 참조), 파산절차참가·채무자회생절차참가신청(절차를 진행하는 법원에 채권을 신고하는 것으로 회 32조, 128조 참조)에 의해서도 시효는 중단된다. 한편 지급명령 사건이 채무자의 이의신청으로 소송으로 이행되는 경우 지급명령에 의한 시효중단 효과는 지급명령을 신청한 때 발생한다(2014다228440).

또한 일본 최고재판소 판례는 민사조정법에 의한 조정신청도 중단사유에 해당한다고 되어 있다(민조 35조의 유추적용).[143] 가사소송법(가사심판법은 1991년 폐지됨)에 의한 가사조정도 중단사유에 해당한다고 명문화되었다(가소 49조). 그러면 원고로서가 아니라 피고로서 재판에 참가한 때는 어떻게 되는가? 판례는 D가 변론에서 시효중단의 주장 또는 이러한 취지가 포함되었다고 볼 만한 주장을 하지 아니하는 한 단순한 D의 응소행위가 있었다는 사정만으로 당연히 시효중단의 효력이 발생하지 않는다고 하였다(2003다17927,17934). 그러나 시효를 주장하는 자가 소를 제기한 데 대하여 D로서 응소하여 그 소송에서 적극적으로 권리를 주장하고 그것이 받아들여진 경우도 시효중단사유의 하나로 규정하고 있는 재판상의 청구라고 할 수 있다(92다47861(전)). 일본 최고재판소 판례는 통상의 소송에서 P가 아닌 D로서 소송에 응소한 경우에도 시효는 중단된다고 한다.[144] 둘째, 시효가 중단되는 것은 이것들의 행위가 권리행사의 성질을 가지기 때문이다(②). 그러니까 소를 취하하거나, 소가 부적법으로 각하된 경우에는 중단의 효과는 발생하지 않는다(170조, 171조). 또한 지급명령·화해에 대해서는 정규의 소송으로 진행해야 할 경우가 있지만, 이것을 태만히 하면 중단의 효력을 잃게 된다(172조, 173조). 셋째, 재판에서 권리의 일부가 주장된 경우(5000만 원의 채권 중의 1000만 원만 청구한 경우), 즉 일부청구에서 중단의 효력은 어떤 범위에서 생기느냐(③)는 문제가 있다. 판례는 청구부분이 특정될 수 있는 경우의 일부청구는 나머지 부분에 대한 시효중단의 효력이 없고, 나머지 부분에 관하여는 소를 제기하거나 그 청구를 확장(청구의 변경)하는 서면을 법원에 제출한 때에 비로소 시효중단의 효력이 생긴다고 하였다(74다1557). 일본 최고재판소 판례는 남은 부분에 대해서는 미치지 않는다[145]고 했었지만 그 후 이것을 유지하면서, 결과적으로 전체에 중단의 효력이 미친다고 했다.[146] 그런데 시효 중단을 위한 재소(再訴) 사건에 관한 판례는 "확정된 승소판결에는 기판력이 있으므로, 승소 확정판결을 받은 당사자가 그 상대방을 상대로 다시 승소 확정판결의 전소(前訴)와 동일한 청구의 소를 제기하는 경우 그 후소(後訴)는 권리보호의 이익이 없어 부적법하다. 하지만 예외적으로 확정판결에 의한 채권의 소멸시효기간인 10년의 경과가 임박한 경우에는 그 시효중단을 위한 소는 소의 이익이 있다. 나아가 이러한 경우에 후소의 판결이 전소의 승소 확정판결의 내용에 저촉되어서는 안 되므로, 후소 법원으로서는 그 확정된 권리를 주장할 수 있는 모든 요건이 구비되어 있는지 여부에 관하여 다시 심리할 수 없다. 대법원은 종래 확정판결에 의한 채권의 소멸시효기간인 10년의 경과가 임박한 경우에는 그 시효중단을 위한 재소(再訴)는 소의 이익이 있다는 법리를 유지하여 왔다. 이러한 법리는 현재에도 여전히 타당하다. 다른 시효중단사유인 압류·가압류나 승인 등의 경우 이를 1회로 제한하고 있지 않음에도 유독 재판상 청구의 경우만 1회로 제한되어야 한다고 보아야 할 합리적인 근거가 없다. 또한 확정판결에 의한 채무라 하더라도 채무자가 파산이나 회생제도를 통해 이로부터 전부 또는 일부 벗어날 수 있는 이상 채권자에게 시효중단을 위한 재소를 허용하는 것이 균형에 맞다"고 했다(2018다22008(전)).

(2) 재판 외의 청구

다음 재판 외의 청구에 대해서 살펴본다. 재판 외의 청구는 시효를 완전히 중단시키지는 않지만, 청구 후 6개월 이내에 재판상의 청구 등 별도의 절차를 밟으면 시효는 중단된다. 재판 외의 청구를 최고라고 부르고 있다(174조). 시효완성 전에 최고하여, 그 후 6개월 전에 소송을 제기하면 시효는 중단되므로 최고는 시효를 정지시키는 것과 같은 역할을 하고 있다. 더욱이 재판상의 청구에는 해당하지 않지만, 그러나 전혀 의미가 없다고도 말하기 어려운 것에 관해서도 판례는 최고로서의 기능을 인정한다는 점을 분명히 해서 적절한 해결을 표시하고 있다. 예를 들어 일본 최고재판소 판례는 채권 그 자체가 아닌 그것에 부수되는 유치권 항변을 한 경우에도 최고의 의미는 있다고 했다.[147]

(3) 기타 소멸시효 중단 사유

압류 · 가압류 · 가처분은 권리의 실현 · 보전을 위해서 행해지는 예비적인 절차이다(압류에 대해 민집 83조, 188조, 223조 등 참조하고, 가압류 · 가처분에 대해서는 민집 276조, 277조, 300조를 참조하기 바란다). 일본 최고재판소 판례는 더욱이 부동산 강제경매에서 배당요구(민집 188조→동 88조)는 압류에 준하는 것으로서 중단사유에 해당한다고 했다.[148] 그렇다면 판례는 어떤 견해에 입각해 있을까? 구 경매법(1990.1.13. 법률 제4201호로 폐지)에 의한 임의경매의 신청은 채권자가 권리실행에 착수하는 것으로서 소멸시효의 중단사유가 되는 것은 당연하고, 개정 전의 민사소송법(1990.1.13. 법률 제4201호로 개정되기 전의 것) 604조에 의하면 법원은 경매절차의 개시를 결정한 부동산에 대하여 다른 경매의 신청이 있어도 다시 개시결정을 하지 못하고 집행기록에 첨부하되 이로써 배당요구의 효력이 있고, 이미 개시한 경매절차가 취소된 때에는 개시결정이 된 것으로 간주하도록 규정되어 있으므로 이와 같은 기록첨부에 의하여 소멸시효의 진행은 중단된다고 하였다(91다17092). 이것들은 청구와 마찬가지로 이러한 절차에서 채권자의 권리행사를 간파할 수 있기 때문에 시효중단사유로 되어 있다.

따라서 압류 · 가압류 · 가처분이 취소되어 버리면 시효중단의 효력을 발생시키지 않는다(175조, 민집 286조). 더욱이 이것들의 절차가 채무자 이외의 자에 대해서 취해진 경우에는 채무자에 대한 통지가 없으면 시효중단의 효력은 발생하지 않는다(176조).

승인이란 채무자가 채무의 존재를 인정하는 것이다. 채무의 일부의 지급이나 이자의 지급 등이 이것에 해당한다. 새로이 법률행위를 행하는 것이 아니므로, 권리능력자라는 것은 필요로 하지 않는다(177조).

다. 소멸시효 이익의 원용권자[149]

소멸시효의 원용권자는 당사자(채무자)이다. 그 외의 원용권자는 없는가. 판례는 채권의 소멸시효가 완성된 경우 이를 원용할 수 있는 자는 시효이익을 직접 받는 자만이고 제3채무자는 이를 행사할 수 없다고 하였다(92다35899). 일본 최고재판소 판례는 이 점에 관해 이전부터 당사자에 한정하지 않고 시효에 의해 직접 이익을 받는 자를 원용권자로 한다는 사고방식을 취하고 있다.[150] 이러한 입장에서 보면 소멸시효의 원용(援用)이란 소멸시효에서 시효의 완성으로 이익을 받을 자가 소멸시효가 완성한 권리의 소멸을 주장하는 것이다. 이에 관한 판례를 살펴본다. 채권담보의 목적으로 매매예약의 형식을 빌어 소유권이전청구권 보전을 위한 가등기가 경료된 부동산을 양수하여 소유권이전등기를 마친 제3자는 당해 가등기담보권의 피담보채권의 소멸에 의하여 직접 이익을 받는 자이므로, 그 가등기담보권에 의하여 담보된 채권의 채무자가 아니더라도 그 피담보채권에 관한 소멸시효를 원용할 수 있다(95다12446). 일본 최고재판소 판례는 보증인・물상보증인・제3취득자 등을 원용권자로 하고 있다(大判昭 8.10.13. 民集 12券, 2520頁; 最判昭 42.10.27. 民集 21券8号, 2110頁〈99〉; 最判昭 48.12.14. 民集 27券11号, 1586頁〈100〉). 판례는 채권자가 물상보증인이나 저당부동산의 제3취득자에 대하여 그 피담보채권의 실행으로서 임의경매를 신청하여 경매법원이 경매개시결정을 하고 경매절차의 이해관계인인 채무자에게 그 결정이 송달된 경우에는 시효의 이익을 받은 채무자는 제176조에 의하여 당해 피담보채권의 소멸시효 중단의 효과를 받는다고 했다(89다카32606). 참고로 학설은 이와 같이 원용권자를 확대하는 경향에 관해 시효에 의해 직접적으로 이익을 받아야 하는 자라는 정식은, 시효이익 향유에 대한 제약으로서 기능하고 있는 것은 아닌가라는 의문도 제기하고 있었다.[151] 하지만 최근 일본 최고재판소 판례는 담보물권의 후순위저당권자에 의한 원용은 인정되지 않는다는 원칙을 보여줌으로써, 원용권자의 확대에도 한도가 있다는 것을 보여주었다.[152] 한편 채무자에 대한 일반 채권자는 자기의 채권을 보전하기 위하여 필요한 한도 내에서 채무자를 대위하여 소멸시효 주장을 할 수 있을 뿐 채권자의 지위에서 독자적으로 소멸시효의 주장을 할 수 없다(97다22676). 그렇지만 참고로 학설은 무엇보다 이러한 판례의 태도에 대해 후순위권리자와 제3취득자의 이익 상황에는 차이가 있다는 것이라고 말하기는 어렵다는 비판도 이루어지고 있다. 또한 일본 최고재판소 판례는 매매예약의 가등기가 이루어진 부동산에 관해 이보다 후순위에 있는 저당권자[153]를, 그리고 이 부동산의 제3취득자[154]를 각각 예약완결권의 소멸시효의 원용권자로 판시했다.

그러면 여기서 위에서 설명한 것을 이해하기 위해 눈을 돌려 보증인・물상보증인・제3취득자・후순위저당권자는 어떠한 자들인지에 관해 좀 더 자세히 살펴보자. 물권법 중 담보물권 부분에서 설명하는 것이 보통이지만 이것들은 대략 다음과 같은 자이다.

도표 1.2.25 보증인 · 물상보증인 · 제3취득자 · 후순위저당권자

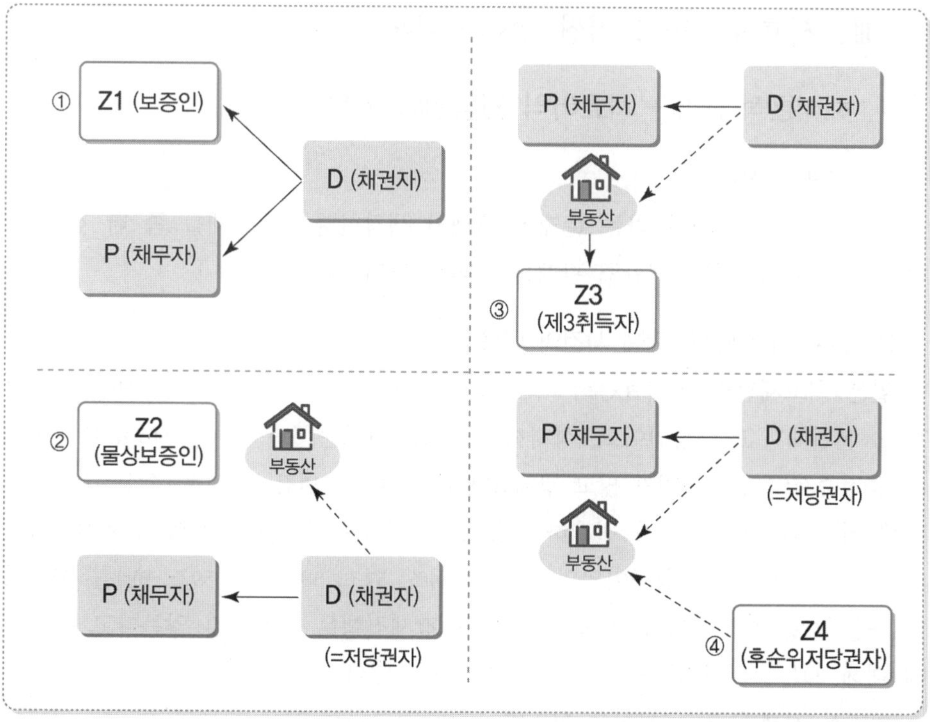

우선 보증인(Z1)은 채무자(P)가 변제하지 않을 때에 채무자를 대신하여 변제를 할 채무를 지는 자이고, 물상보증인(Z2)은 채무자(P)의 채무를 담보하기 위해서 채권자(D)를 저당권자로 해서 자기의 부동산에 저당권을 설정한 자이다. 다음으로 저당권이 붙은 부동산을 채무자(D) 또는 물상보증인(Z2)으로부터 취득한 자가 제3취득자(Z3)이다. 그리고 후순위저당권자(Z4)란 동일한 부동산에 관해 저당권자인 채권자(D) 등 저당권을 설정한 복수의 사람들 가운데 등기의 순위가 뒤인 자를 말한다. 저당권이 설정된 부동산을 둘러싼 다수의 당사자들은 이해관계가 서로 다르므로 실무에서도 법적인 분쟁이 많고 따라서 중요도가 높다.

Ⅲ. 시효제도를 둘러싼 법리 · 이론

1. 해석론적 문제 – 시효이익 원용권의 제한

가. 구체적 사례

우선 원용권의 제한이라는 문제에 대해서 생각한다. 이 문제를 좀 더 깊이 이해하기 위해 일본 최고재판소 판례를 분석해 보자.

(1) 일본 최고재판소 판례 사건의 내용

일본 최고재판소 판례(最大判昭 41.4.20. 民集 20券4号, 702頁[43]〈103〉) 사실관계부터 살펴보자. 본건에서 P는 상인이고, 상사사건이므로 시효는 5년이다(상 64조). D는 P에게 공정증서(소송을 거치지 않고 강제집행이 가능하다. 민집 59조)를 작성하여 주고 P로부터 돈을 빌렸다. P가 변제하지 않았으므로 D는 약 10년 후에 강제집행하였다. P가 이것에 대해 청구이의의 소(민집 44조, 57조, 58조 3항, 59조 3항)를 제기했다. P는 소송에서 시효가 완성되었으므로 강제집행은 인정되지 않는다고 주장한 데 대해, D는 시효완성 후에 채무의 승인이 있었다고 주장했다.

여기서 전제가 되는 지식을 확인해 두자. 시효완성 **전**에 채무의 승인이 이루어져 있었다고 하면 그것은 시효의 중단사유가 된다(168조). 이것에 대해 시효완성 **후**에 채무의 승인이 이루어지면 시효이익의 포기가 된다. 그럼 어떠한 경우에도 승인이 있다면 곧바로 시효의 이익을 포기한 것이 되는 것일까.

확실한 것은 시효완성을 알고 있다면 그렇게 된다(이하 명제 A로 한다)라는 것이다.

(2) 일본 최고재판소의 판단

그럼 이 사건에 대해서 원심은 어떠한 판단을 내린 것일까. 원심은 승인이 있다면 완성을 알고 있었다는 것으로 추정한다(이하 명제 B로 한다)는 사고방식을 취하고 있다. 이것은 돌연 나타난 사고방식이 아닌 일본 최고재판소 판례가 종전부터 취하고 있던 사고방식[155]과 다르지 않다. 이것에 대해서 일본의 최고재판소는 어떻게 말했는가 하면, 알지 않는 것이 보통이므로 이 추정은 이상하다고 했다. 그럼 종래의 판례와의 관련은 어떻게 되느냐는 의문이 생기지만, 일본의 최고재판소는 단적으로 판례를 변경한다고 서술하고 있다.

여기서 잠깐 멈춰서 판례의 변경은 어떻게 하는지에 관해 살펴본다. 대법원은 자유롭게 종전 판례를 변경할 수 있는가. 이 질문에 대한 답은 가능은 하지만 절차는 엄중히 이루어진다는 것으로 설명할 수 있다. 하지만 판례변경절차가 귀찮으므로, 확실히 판례변경이 되는 예는 그다지 없다. 사안이 다르다 등으로 해서, 실질적으로 판례를 변경해 버리는 것이 적지 않다. 대륙법 체계, 즉 성문법 질서 아래에서는 판례는 다만 참고할 수 있고 법률해석상의 기준을 제시하지만 판례 자체를 법규로 볼 수는 없다. 다만 판례 변경에는 반드시 전원합의체의 합의가 있어야 된다. 그 결과 탄생한 판례를 전원합의체 판결이라고 한다.

그러면 이러한 판례변경에 의해 시효의 주장이 인정되었느냐 하면, 실제로는 그렇지 않다. 그 이유는 어째서인가. 일본 최고재판소 판례는 시효완성 사실을 알지 않아도 승인한 이상은 시효의 원용은 할 수 없다(이하 명제 C로 한다)고 했다. 그 이유는 신의칙에 반한다(보다 구체적으로는 모순행위의 존재와 상대방의 신의의 보호를 들고 있다)라는 것이었다. 그리고 최고재판소는 이와 같이 생각해도 시효제도의 존재이유에 반하지 않는다고 덧붙이고 있다.

나. 일본 최고재판소 판례에 대한 검토

이 일본 최고재판소 판례는 승인의 사실부터 악의를 추정하는 명제 B를 부정했는데, 새로이 '선의여도 승인하면 원용할 수 없다'라고 하는 명제 C를 세웠다. 이 명제 C는 원용권의 상실이라는 논리를 사용하고는 있지만, 결국은 '이익포기에는 악의는 불요'라고 한 것과 같은 것이 된다. 따라서 본 판결은 실질적으로는 명제 B만이 아닌 명제 A까지 부정한 것이 된다.[156]

이같이 생각함으로써 판례는 시효이익의 포기를 넓게 인정한 것이 된다. 그것은 역으로 말하면 시효의 효력을 인정하는 경우를 좁게 하는 것을 의미한다. 일본 최고재판소 판례는 이 점을 의식하여 이와 같이 생각해도 시효제도의 존재이유에 반하지 않는다고 덧붙였다.[157] 더욱 나아가 시효의 이익의 포기가 없어도 시효의 원용이 허용되지 않는 경우가 있다고 했다. 이 사건에서 당사자에게 주어진 구체적 사정을 고려하여 본 건에서는 소멸시효의 원용은 신의칙에 반하여 권리남용이 되는 것으로 하고 있다(농지를 둘러싼 싸움이었지만 구체적으로는 경작의 사실과 당사자 간의 친족관계가 고려되었다).[158] 이와 같이 판례는 원용권에 신의칙에 의한 제한으로 덮어씌우고 있는 것이다.

이렇게 되면 '시효를 인정하고 싶지 않는 경우에는 인정하지 않는다', '가능한 한 시효는 인정하지 않는다'는 인상조차 생긴다. 이래도 과연 시효제도의 존재이유에 반하지 않는 것인가. 애초부터 시효제도의 존재이유란 무엇인가. 이것이 마지막 문제이다.

다. 우리 판례의 입장

그렇다면 판례는 어떤 견해에 입각해 있을까? 소멸시효 중단사유로서의 승인은 시효이익을 받을 당사자인 채무자가 시효의 완성으로 권리를 상실하게 될 상대방에 대하여 그 권리가 존재함을 인식하고 있다는 뜻을 표시하면 되는 것이므로 반드시 명시적인 방식에 의해서만 성립하는 것은 아니고 묵시적인 방식에 의하여도 가능하다. 다만 그와 같이 묵시적인 방식에 의한 승인이 있다고 하기 위해서는 시효의 완성으로 이익을 받을 채무자의 어떠한 행위 내지 의사표시가 시효의 완성으로 권리를 상실하게 되는 상대방에 대하여 그 권리가 존재함을 인식하고 있다는 뜻을 표시한 것으로 평가될 수 있는 정도에 이르러야 한다(2006다43651). 또 채무자가 시효완성 전에 채권자의 권리행사나 시효중단을 불가능 또는 현저히 곤란하게 하였거나, 그러한 조치가 불필요하다고 믿게 하는 행동을 하였거나, 객관적으로 채권자가 권리를 행사할 수 없는 장애사유가 있었거나 또는 일단 시효완성 후에 채무자가 시효를 원용하지 아니할 것 같은 태도를 보여 권리자로 하여금 그와 같이 신뢰하게 하였거나, 채권자보호의 필요성이 크고 같은 조건의 다른 채권자가 채무의 변제를 수령하는 등의 사정이 있어 채무이행의 거절을 인정함이 현저히 부당하거나 불공평하게 되는 등의 특별한 사정이 있는 경우에는 채무자가 소멸시효의 완성을 주장하는 것은 신의성실의 원칙에 반한다(2004다71881). 나아가서 '진실·화해를 위한 과거사정리위원회'의 진실규명에 관한 판례는 "채무자가 소멸시효의 이익을 원용하지 않을 것 같은 신뢰를 부여한 경우에도 채권자는 그러한 사정이 있은 때로부터 상당한 기간 내에 권리를 행사하여야만 채무자의 소멸시효의 항변을 저지할 수 있는데, 여기에서 '상당한 기간' 내에 권리행사가 있었는지는 채권자와 채무자 사이의 관계, 신뢰를 부여하게 된 채무자의 행위 등의 내용과 동기 및 경위, 채무자가 그 행위 등에 의하여 달성하려고 한 목적과 진정한 의도, 채권자의 권리행사가 지연될 수밖에 없었던 특별한 사정이 있었는지 여부 등을 종합적으로 고려하여 판단할 것이다. 다만 신의성실의 원칙을 들어 시효 완성의 효력을 부정하는 것은 법적 안정성의 달성, 입증곤란의 구제, 권리행사의 태만에 대한 제재를 이념으로 삼고 있는 소멸시효 제도에 대한 대단히 예외적인 제한에 그쳐야 할 것이므로, 위 권리행사의 '상당한 기간'은 특별한 사정이 없는 한 민법상 시효정지의 경우에 준하여 단기간으로 제한되어야 한다(2012다202819(전))"고 했다.

2. 시효 인정에 관한 원리론적 문제 – 시효제도의 존재이유[159]

가. 시효제도에 관한 두 가지의 시각

시효라는 것은 비도덕적인 제도라고 불린다. 확실히 소멸시효는 자기가 채무의 이행을 하지 않는데 채무를 면하게 한다는 제도이고, 취득시효는 타인의 물을 자신의 물로 만들어 버리는 제도이다. 말하자면 빚을 갚지 않기(빌린 돈 떼어 먹기), 남의 물건 가로채기가 인정될 수 있다는 것이다. 그러기 위한 요건은 깊이 파고 들어가서 말하자면 시간이 경과하는 것일 뿐이다. 실로 시효=시간의 효과로서 권리를 잃기도 하고 얻기도 하는 효과가 생기는 것이다. 과연 이것은 정당한 것이냐는 의문에 답하기 위해서, 예부터 시효의 존재이유는 무엇인가라는 논의가 이루어져 왔다. 크게 나누면, 거기에는 두 가지의 사고방식이 있다.

(1) 사실상태의 존중

하나는 현재 형성된 사실 상황을 존중하는 사고방식이다. 10년 내지 20년에 걸쳐 마치 채무가 없는 듯한(소멸시효) 또는 마침 권리가 존재하고 있는 듯한 (취득시효) 상태가 이어져 왔으므로 그것을 존중하자고 하는 것이다.

10년 내지 20년의 경과에 의해 의무가 소멸하든가 권리가 발생한다는 것은 정당한 것으로서 이것을 인정하는 것이 시효라는 제도라고 생각할 수 있다. 이 사고 방식은 실체법설 또는 권리소멸설로 불리고 있다(이하 A설로 한다).

(2) 증명의 곤란

다른 하나는 증명의 곤란을 중시하는 사고방식이다. 자신이 정말로 채무를 변제한 경우 또는 자신이 정말로 어떤 물건을 소유하고 있는 경우라고 하더라도, 그것을 증명하는 것은 때에 따라서는 간단하지 않다. 특히 시간이 지나면 증거가 흩어져 없어지므로 증명의 곤란은 크게 된다. 그래서 일정한 시간의 경과로 증명을 면제하려고 하는 것이 시효제도라고 생각하는 것이다. 이쪽은 소송법설 또는 추정설이라고 불리고 있다(이하 B설로 한다).

A・B 양설의 발상의 차이를 명확히 하기 위해 다음의 사실을 확인해 두자. 즉 시효제도는 비변제자・비소유자(무권리자라고 부르는 것으로 한다)를 보호함과 동시에 변제자・소유권자(권리자라고 부른다)도 함께 보호한다는 것이다. 이 사실을 근거로 한 다음에, A설은 무권리자 보호를 적극적으로 인정하는 사고방식임에 대해, B설은 권리자 보호야말로 시효제도의 목적이고, 그 결과로서 (결과적으로) 무권리자가 보호되는 것은 필요악이라고 하는 사고방식이라고 말할 수 있다.[160)]

나. 두 견해의 비교대조

A・B 양설은 예부터 대립하고 있다. 최근의 20년 정도의 상황을 보면 우선 일본 구민법전(메이지민법. 메이지 29년(1896년) 4월 27일 법률 제89호)의 기초자들에게 큰 영향을 준 보아소나드(Boissonade)의 시효관을 참고하여 B설이 유력히 주장되었다[161)]. 하지만 이 주장을 받아들이면서 A설부터 반론이 이루어져 현재에도 논의가 결말이 나지 않았다. 여기서 두 가지의 점부터 양설을 비교・대조해 두는 것으로 마친다.

(1) 실질적・형식적 양면에서 본 두 견해의 우열

첫째는, 실질면・형식면의 쌍방으로부터 본 경우의 A설과 B설의 우월이다. 우선 실질적인 측면인데 시효는 부도덕하다는 비판에 대한 설명으로서는 B설이 매력적이라는 것은 사실이다. A설에서는 정색하고 나선다(갑자기 태도를 바꾸어 강하게 나온다)는 느낌이 든다. 하지만 결과로서 무권리자도 보호해버린다는 것은 타당하다는 설명으로서는 조금 설득력이 약하다.

이 점에서는 A설 쪽이 시원하다. 다음으로 형식면인데 조문의 서술방식은 A설에 유리하다. 민법전은 '취득한다'(245조), '소멸한다'로 단언하고 있고, '추정한다'라고는 하지 않는다. 문언만이 해석의 결정적인 근거가 되는 것은 아니지만 B설은 조금 씁쓸하다.

(2) 시효중단・시효이익의 원용과의 관계

둘째로, 시효중단이나 시효이익의 원용에 관한 규정이나 판례와의 관련에 대해서 건드려 둘 필요가 있다. 시효중단이나 시효의 원용제도는 시효를 그다지 성립시키지 않는 방향으로 기능하므로, 이것들의 제도가 존재하는 것 자체가 B설에 유리하다. 또한 판례는 중단을 느슨하게 인정하는 경향이고, 또한 원용권을 제한

하는 경향도 인정된다. 이 점에도 B설이 유리하다. 반면 원용권자의 범위에 대해서는 판례는 이것을 넓게 인정하자고 하는 경향이다. 이 점은 A설에 유리하다.

여기서 A · B 양설 중 어느 쪽이 나으냐는 것은 이 이상으로는 논하지 않는다. 시효제도의 존재이유라는 논의는 조금 추상적인 느낌이 들지만, 시효라는 알기 어려운 제도를 **이해**하고, 또 그 제도를 해석~~운용~~ 한 뒤에 이와 같은 논의가 일정한 의미를 갖고 있다는 것을 이해해주면 된다. 다른 말로 바꾸면 A설도 B설도 시효제도(제정법＋판례)를 통일적으로 설명하려고 시도하는 이론이고, 개별의 문제에 대해서 찬성 · 반대, 긍정 · 부정을 논하는 의견과는 다른 것이라고 말해도 좋다.

여기서 잠깐 시야를 돌려 시효로 소멸한 채무의 취급은 어떻게 해야 하는지에 관해 살펴본다. 시효에 의해 채무가 소멸한다고 해도 완전히 채무가 없어져 버린 것은 아니다. 확실히 재판으로 청구를 받은 것은 없어지지만, 채무자가 상대방에 대해 채권을 가지는 때는 일정한 요건 하에서 상대방은 시효로 소멸한 채권으로 상대방의 채권을 상계할 수 있다(495조). 또한 채무자가 시효로 소멸한 채무를 임의로 변제하면 상대방은 이것을 수취해도 부당이득으로 되지 않는다. 이상과 같은 다루어지고 있는 것도 B설에 유리한 사실이라고 말할 수 있다.

제3장 • 계약을 체결하는 당사자(계약의 주체)와 계약의 목적(계약의 객체)

제 1 절 대 리

제 1 항 대리에 관한 일반적인 설명

계약을 맺는 예를 들면서 앞에서 한 이야기들은 비록 계약에서 제3자가 나타나는 것도 있었지만 매매계약에서 보듯이 기본적으로 매도인, 매수인 이렇게 두 명의 계약당사자가 등장하는 이야기였다. 그런데 대리에 관해 그 구조로 봤을 때는 적어도 세 명의 등장인물이 꼭 필요하고, 이 세 명의 관계를 항상 생각해두지 않으면 안 된다. 그 때문에 문제는 더 복잡해질 수밖에 없다. 대리는 계약법 중 법률행위 부분에서 두 번째 어려운 부분에 해당된다. 우선 대리에 관한 기초적인 법리를 조금 자세히 설명하고(I), 그 다음 대리권의 범위에 관한 문제(Ⅱ)를 논하며, 마지막으로 무권대리에 대해서 생각한다(Ⅲ).

I. 대리제도가 계약법에서 차지하는 위치

1. 대리란 무엇인가

먼저 대리가 무엇이냐에 관한 질문으로부터 시작한다. 대리란 일상용어 수준으로 말하자면 어떤 사람(P)을 위해 그 사람을 대신해서 다른 사람(D)이 무언가를 하는 것이다. 민법에서 '대신한다'라는 부분은 바뀌지 않지만 '무언가를'이라는 부분은 계약(법률행위)에 한정된다. 즉 P를 위해 D가 대신 (Z와) 계약을 체결한다는 것이 민법상 대리의 기본형이다(뒤의 도표 1.3.1 참조, 154면). 이상을 출발점으로써 대리란 무엇인가를 조금 더 자세히 생각해보자.

가. 계약에서 대리의 기능

무릇 왜 '대리는 필요한가,' 그 '존재의의는 어디에 있느냐'라는 질문부터 시작하자.

세상에는 스스로 계약을 하는 것이 불가능한 사람이 있다. 예를 들어 유아, 지적장애자, 부재자 등이다. 이러한 사람들은 스스로 자신의 재산을 관리할 수 없다(여기서 관리는 사실상의 것이 아닌 법률상의 관리이고, 관리 목적으로 계약 체결을 하는 것을 가리킨다). 이같이 스스로 재산을 관리할 수 없는 자에 대해서는 그자를 대신하여 재산을 관리하는 자가 필요하다. 즉 이와 같은 사람을 대신하여 타인과 계약을 맺는 자가 필요하다. 이것이 대리인이 필요한 첫 번째 이유다. 본인은 대리를 통해 스스로 행위를 하지 않고도 타인의 능력과 자질을 이용하여 자기가 원하는 법률행위의 효과를 얻음으로써 자산의 활동영역을 내실 있게 넓힐 수 있게 된다(이른바 '사적자치의 확장'이다).[162)]

지금 설명한 것은 대리인이 없으면 곤란한 경우였다. 이것과 달리 대리인이 반드시 없어서는 안 되는 것은 아니지만, 있는 쪽이 좋다고 말해지는 때도 있다. 예를 들어 어떤 사람이 서울과 부산에서 계약을 맺을 필요가 있을 때 부산에 대해서는 대리인에게 의뢰하면, 일부러 서울에서 부산까지 갈 필요가 없어진다. 더욱이 소송을 하는 경우 물론 본인이 법원에 가도 되지만 변호사가 가주는 편이 안심이다. 이같이 자신이 직접 할 수도 있지만 다른 사람에게 대리해 주도록 부탁하는 편이 편리한 때도 있다. 이것이 대리인이 필요한 그 두 번째 이유다.

이상의 이유로부터 추측할 수 있듯이 대리에는 그것을 필요로 하는 성질로 두 가지의 형으로 구분된다. 첫 번째 형은 필요불가결한 것으로서 민법이 당연히 의무적으로 대리인을 붙이도록 규정하고 있다(4조(성년) → 932조 → 936조, 22조 → 25조). 이것을 「법정대리」라고 부른다. 민법에서 법정대리가 발생하는 예는 여기저기서 발견할 수 있다. 민법을 살펴보면 본인과 일정한 지위가 부여되어 있을 때는 친권자(911조), 미성년후견인(932조) · 성년후견인(936조) · 한정후견인(959조의3), 유언집행자(1103조 1항), 부재자재산관리인(25조), 상속재산관리인(1023조, 1044조, 1047조)이 있고, 또 법원의 선임에 의한 경우 그리고 부모가 친권자인 때(909조 1항), 후견인(932조 내지 935조)인 때 등 법률의 규정에 따라 바로 대리권을 얻게 되는 경우가 그것들이다. 두 번째 형은 대리가 있으면 편리하다는 것으로 민법은 이것을 위한 제도를 정해두고는 있지만, 이것을 사용하는가 사용하지 않는가는 본인의 자유에 맡겨져 있다. 이것을 임의대리라고 부른다. 임의대리는 민법이 아니라 본인의 대리인에 대한 수권행위에 의하여 발생한다.[163)]

그러면 여기서 잠깐 멈춰서 대리의 필요성에 관해 쉬운 예를 들어 다시 정리해 본다. 예를 들면 유아는 어머니가 운전하는 차에 타지 않으면 유아원에 갈 수 없지만 이에 반해, 어른은 자신이 차를 운전할 수 있지만 택시를 타도된다는 것과 같은 것이다. 여기서 중요한 것은 차로 날라주는 것(대리효과의 귀속)과 차를 운전하는 것(대리행위)은 같지 않다는 점이다. 법제사로 되돌아보면 대리는 거래의 필요성에 따라 발전해 왔으므로, 대리에 관한 이론은 임의대리를 중심으로 짜여 있다. 그 때문에 아래에서 하는 설명도 임의대리를 염두에 두고 해 나간다. 법정대리에 관해서는 필요에 따라 언급하고, 이것을 지탱하는 제한능력자제도 등은 추가로 설명하는 것으로 마친다.

나. 대리의 구조

다음 대리의 짜임새 즉 대리는 계약이라는 큰 틀을 생각했을 때 어떤 구조를 가지고 있는지에 대해 봐보자. D가 P를 위해 대신하여 Z와 계약을 체결한다는, 즉 'D가 P를 대리하여 계약을 맺는다'는 경우 P를 **본인**, D를 **대리인**, Z를 **상대방**이라 부르는 것이 보통이다. 이것을 도표로 표시해 둔다(도표 1.3.1). 이 세 명의 등장인물로부터 보자면 대리란 어떠한 것인가.

도표 1.3.1 대리의 구조

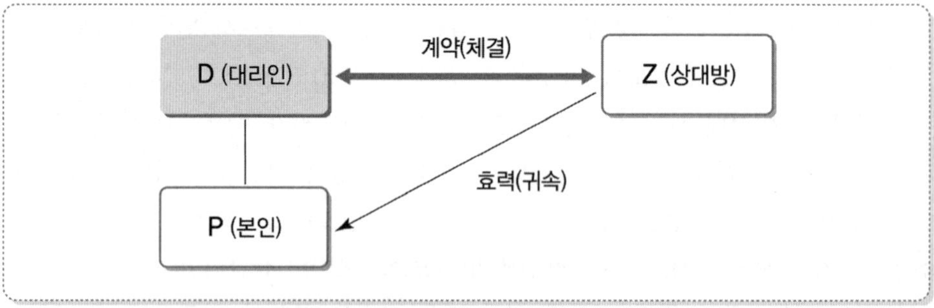

예를 들어 P가 D를 대리인으로 보내서 Z로부터 물건을 사는 매매계약을 체결하는 경우를 예로 들자. 이때 매매계약을 실제로 맺은 것은 Z와 D이다. 하지만

그 매매계약의 효력은 Z와 D가 아니라, Z와 P 간에 생긴다. 즉 대금지급의무를 지는 것은 D가 아니라 P이다. 또한 Z가 인도의무를 지는 상대방도 D에 대해서가 아니라 P에 대해서이다. D가 Z로부터 산 물건을 P에게 파는 것과는 다르다는 점에 주의하기 바란다.

본인 P로부터 보자면 대리인 D에게 나 대신 계약해 달라고 한 것이지만, 이것은 어디까지나 D가 대신해 준 것이고, Z와의 계약의 효력은 P에게 생긴다. 한편 대리인 D의 관점에서는 자신이 상대방 Z와 계약을 맺은 것이지만, 그 효력은 자기 자신에게는 생기지 않고, P에 대해서 생기는 것이 된다. 즉 D는 자신이 맺은 계약에 구속되지 않는다. 계약에 구속되는 자는 P이다. 대리에 있어서는 타인의 행위의 효과가 자신에게 귀속한다는 결과가 생긴다. 반대로 말하자면 계약의 효력은 자신이 아닌 타인에게 미친다(대리의 타인효라고 부른다). 자신이 맺은 계약의 효력은 자신에게 귀속되는 것이 원칙이지만, 대리의 경우에는 이것과 다른 것이 생기는 것이다.

마지막으로 상대방 Z로부터 보자면, D와 맺은 계약의 효력이 P와의 사이에 생기는 것이 된다. 대리에서는 **계약체결**에서의 당사자와 계약의 **효력귀속**에서의 당사자가 다르게 되는 것이 생기는 것이다. 통상으로는 두 국면에서의 당사자는 일치하지만 대리에서는 이것이 따로따로 되어 있다. 여기서 다시 계약(≒법률행위)내용관련 조직도(도표 1.1.8, 21면)를 보기 바란다. 이 도표에는 계약의 주체가 대리를 매개로 계약의 성립과 계약의 효력의 쌍방에 관련하여 그려져 있지만, 이것은 지금 설명한 것 즉 계약의 주체는 **성립**의 차원과 **효력**의 차원에서 문제가 된다는 것을 보여주고 있다.

또 대리와 유사한 제도로 사자에 관해 한마디 해두자. 단순히 의사를 전달하기만 하는 사람은 대리인이 아니라 사자라고 불린다. 예를 들어 편지를 지참해서 전달하거나 단순히 말은 전해주는 자가 그 예다. 실제로는 대리인과 사자의 구별이 어려운 때도 있다.[164)]

2. 대리구조에서 세 당사자의 관계

다음 세 당사자 간의 상호 관계는 어떻게 되는가를 봐보자.

가. 대리인과 상대방 사이의 관계

우선 Z와의 계약은 대리인 D에 의해 체결된다. 이 계약의 효력이 P에 미치는 것이다(타인효).

(1) 대리의 요건

이와 같은 결과가 인정되는 즉 대리의 효과가 생기기 위해서는 다음 두 가지의 요건을 충족시킬 필요가 있다. 첫째, 본인으로부터 수여받은 대리권의 범위 내에서 계약을 체결하여야 한다(①). 둘째, 본인을 위해서 계약체결을 한다는 것을 상대방에 표시해야 한다(②, 현명이라 한다). 이 두 가지의 요건을 만족하면 대리인 D의 행위의 효력은 본인 P에게 귀속한다. 예를 들어 P가 D에게 어떤 책을 사는 것을 부탁한(의뢰한) 경우 D가 그 책을 사기 위해 계약하는 것과 P를 위해서 하는 계약이라고 상대방에게 표시할 필요가 있다. 그러나 다른 물건을 산 때는 P를 위해 한다고 말하지 않았다고 해도, 효과는 P에게는 귀속하지 않는다(어떻게 되는가는 뒤에서 설명한다). 이상에 관해서는 114조에 규정이 있다. 이 규정은 대리의 기본규정이므로 여러 번 반복해서 읽어주길 바란다.

(2) 착오 · 사기 · 강박과 선의 · 악의 판단 대상이 되는 자

그런데 D와 Z의 계약의 효력이 P에게 귀속한다는 것은 그 계약이 계약으로서 유효하다는(착오가 있거나 공서양속위반이 아니다) 것을 전제로 한 이야기이다. 의사의 점이나 내용의 점에 문제가 있다면, 보통의 경우와 같이 계약의 효력은 부정된다. 이 점에 대해 대리에서 특히 문제가 되는 것은 의사의 불완전은 누구에 대한 문제이냐는 것이 있다. 상대방은 Z 한 사람이지만, 이쪽에는 본인 P, 대리인 D의 두 사람이 있다. 그 어느 쪽에 대해서 착오 · 사기 · 강박을 문제로 하는가. 혹은 선의인가 악의인가를 문제로 할 때에는 P, D의 어느 쪽에 대해 생각해야 하는가. 일반적으로 어떠한 법률요건이 어떠한 사실에 관해 선의 · 악의 또는 선의라고 하더라도 그에 관한 과실 또는 중과실의 유무가 문제가 되는 경우 그러한 인식이나 과실은 본인의 것으로 평가되어 그 법률요건이 충족되는지 여부가 가려진다. 이것을 인식귀속이라고 부른다.[165] 이러한 것들의 점에 관해서는 계약을 체결하는 것은 대리인 D이므로, D에 대해서 생각하는 것이 원칙이다(116조. 그러나 116조 2항은 예외). 그러므로 대리행위가 있는 경우 악의 또는 과실은 대리인을 기준으로 판단한다(116조 1항). 더욱이 정확히 대리인으로 선임돼 있다면 대리인의 행위능력은 문제가 되지 않는다(117조). 대리인이 부동산을 이중으로 매수한 경우, 그 매매계약이 반사회적 법률행위인지 여부의 판단기준에 관하여 판례는, 대리인이 본인을 대리하여 매매계약을 체결함에 있어서 매매대상 토지에 관한 저간의 사정을 잘 알고 그 배임행위에 가담하였다면, 대리행위의 하자 유무는 대리인을 표준으로 판단하여야 하므로, 설사 본인이 미리 그러한 사정을 몰랐거나 반사회성을 야기한 것이 아니라고 할지라도 그로 인하여 매매계약이 가지는 사회질서에 반한다는 장애사유가 부정되는 것은 아니(97다45532)라고 했다. 그러므로 미성년자나 피한정후견인·피특정후견인 등 행위능력에 제한이 있는 사람은 단독으로는 유효히 계약을 체결할 수 없는 것이 있지만, 대리인으로서는 유효히 체결할 수 있다. 효과가 귀속하는 것은 대리인이 아니라 본인이므로, 본인의 동의하에 제한능력자를 대리인으로 하는 것을 막을 이유는 없다는 것이 그 이유가 아닐까 생각된다.

나. 본인과 대리인 사이의 관계

대리인 D가 체결한 계약의 효력이 본인 P에게 미치는 것은 P와 D 사이에 일정한 법률관계가 있기 때문이다. 기본적으로 P가 D에게 대리권을 수여할 필요가 있다. 대리권은 대리행위로 그 효과를 본인에게 귀속시킬 수 있는 자격 내지 지위이다.[166] 그러므로 대리권의 존재가 타인효 발생의 근거가 된다. 아무리 D가 'P를 위해 계약한다'고 말하고 있어도, P 쪽에서 '대신 계약을 해주시오'라고 의뢰하지 않으면, P는 D가 Z와 맺은 계약에 구속되지 않는다. 이것이 원칙이다(예외에 대해서는 제2항 표현대리에서 설명한다).

(1) 대리권의 수여

그러면 대리권의 수여는 어떻게 하는 것인가. 이것은 계약으로 이루어진다. P가 D에게 내 대신 계약해달라고 의뢰하는 계약은 위임계약이므로(680조), 위임계약으로 대리권이 수여되는 것은 민법상 당연하다. 그리고 위와 같이 대리인의 자격, 지위, 권능만을 부여하는 것을 목적으로 하는 법률행위를 수권행위(授權行爲)라고 한다. 그런데 민법은 본인과 대리인 사이의 법률관계와 외부적 대리를 엄하게 구별하고 있다. 따라서 판례도 위임과 대리권 수여는 별개의 독립한 법률행위로 파악하고 있다(4294민상251).[167] 참고로 학설은 이러한 두 행위의 엄격한 구별(峻

別)을 근거로 수권행위의 원인이 된 법률관계의 흠으로 대리행위는 어떠한 영향을 받느냐는 문제에 관하여 거래안전을 이유로 무인성을 주장하는 견해도 있다. 유인성·무인성 인정여부의 문제는 기초적 내부관계가 무효, 취소, 해제된 때, 하자 없는 수권행위도 그 영향을 받아 소급적으로 실효되는지 여부에 관한 문제이다. 그러나 원인된 법률관계의 흠은 대리권의 존부에도 당연히 영향을 미친다고 보는 것이 타당하다.[168] 한편 위임계약이 아니라 다른 계약으로 대리권이 부여되는 때도 있을 수 있다. 예를 들어 노동계약에 부수하여 대리권이 부여되는 경우(고용한 사람에게 대리권을 부여한다) 등을 생각하면 된다. 더욱이 통상, 대리권을 수여할 때 대리인에게 위임장이라 불리는 서면을 준다. 위임장은 대리권의 수여를 증명하는 서면이다. 이것은 법률상으로 반드시 주어야 할 필요는 없지만 대리권의 존재·범위를 상대방에게 확실히 해주기 위해 필요한 것이다. 하나의 방법으로 본인의 인장을 대리인에게 교부하는 것은 사무처리 위임과 관련하여 대리권의 수여를 추단하게 하고, 묵시적으로도 대리권 수여를 할 수 있다. 묵시적으로 대리권을 수여하는 부분에 관해서는 나중에 더 살펴본다. 판례는 본인의 부재중에 대비하여 인장을 맡긴 것은 대리권의 수여를 인정할 수 없다고 한다(65다44).

(2) 대리권의 범위

대리인에게 부여된 대리권의 범위(대리인의 권한의 내용)는 위임계약 등 대리권을 발생시키는 기본계약으로 결정된다. 대리인의 권한을 정하지 않은 때에는 보존행위 등 일정의 행위를 할 수 있음에 그친다(118조). 매매계약의 체결과 이행에 관하여 포괄적으로 대리권을 수여 받은 대리인의 권한에 관해 판례는, 부동산의 소유자로부터 매매계약을 체결할 대리권을 수여받은 대리인은 특별한 다른 사정이 없는 한 그 매매계약에서 약정한 바에 따라 중도금이나 잔금을 수령할 수도 있다고 보아야 하고, 매매계약의 체결과 이행에 관하여 포괄적으로 대리권을 수여받은 대리인은 특별한 다른 사정이 없는 한 상대방에 대하여 약정된 매매대금지급기일을 연기하여 줄 권한(91다43107)도 가진다고 했다.

다. 상대방과 본인 사이의 관계

이상에서 설명한 요건을 충족하고 있다면 대리인 D가 상대방 Z와의 사이에 맺은 계약의 효력은 본인 P에 직접 귀속된다(114조). 이 계약으로 대리로 발생한 의무를 취득하는 것은 D가 아니라 P가 된다. 또 판례는, 계약이 적법한 대리인에 의하여 체결된 경우에 대리인은 다른 특별한 사정이 없는 한 본인을 위하여 계약상 급부를 변제로서 수령할 권한도 가지고, 대리인이 그 권한에 기하여 계약상 급부를 수령한 경우 그 법률효과는 계약 자체에서와 마찬가지로 직접 본인에게 귀속되고 대리인에게 돌아가지 아니한다. 따라서 계약상 채무의 불이행을 이유로 계약이 상대방 당사자에 의하여 유효하게 해제되었다면, 해제로 인한 원상회복의무는 대리인이 아니라 계약의 당사자인 본인이 부담한다. 이는 본인이 대리인으로부터 그 수령한 급부를 현실적으로 인도받지 못하였다거나 해제의 원인이 된 계약상 채무의 불이행에 관하여 대리인에게 책임 있는 사유가 있다고 하여도 다른 특별한 사정이 없는 한 마찬가지(2011다30871)라고 했다.

이것은 대리 기구(mechanism)가 정상적으로 기능할 때의 이야기이지만, 이들 요건 중 어떤 것이 빠진다면 어떻게 될까. 대리인이 체결한 계약 자체는 유효하다는 것을 전제로 한다면(의사나 내용에 문제가 없음), 대리에 관한 고유의 두 가지 요건은 현명과 대리권이지만, 이것들이 빠지게 되면 각각 다음과 같이 된다.

(1) 현명이 없는 때 대리인이 체결한 계약의 효과

현명이 없는 경우에는 대리인 D의 행위의 결과는 D에게 귀속된다. 상대방 Z로서는 D와 계약하는 것이 되고 그러한 경우 D가 본인 P를 위해 계약을 체결한다고 말하지 않는 이상, D에게 그 효과가 미친다고 생각하는 것이 마땅하기 때문이다(115조). 다만 대리인 D가 P를 위해 하는 것을 본인 P가 알 수 있는 경우에는 현명이 있는 때와 같이 취급해도 된다(115조 단서). 예를 들어 백화점 내의 물건을 산 경우에는, 현명이 없어도 백화점의 판매원 D가 체결하는 계약의 효과는 백화점 P에게 귀속된다.

양수인이 양도인을 대리해서 채권양도 통지를 한 2010다96911의 사안과 판지는 다음과 같다.

하도급인 T가, 도급인 D가 T에게 지급할 의무가 있는 공사대금 중 일부를 하수급인 P에게 직접 지급하는 것에 동의한다는 내용의 '하도급 대금 직불동의서'를 작성하여, P에게 교부하고, 하수급인 P는 이를 도급인 D에게 내용증명우편으로 발송하여 D가 수령했다.

이에 관해 대법원은 전제로서 다음과 같이 판시했다. 채권양도의 통지를 양수인이 양도인을 대리하여 행할 수 있음은 일찍부터 인정되어 온 바이지만, 대리통지에 관하여 그 대리권이 적법하게 수여되었는지, 그리고 그 대리행위에서 현명(顯名)의 요구가 준수되었는지 등을 판단함에 있어서는 양도인이 한 채권양도의 통지만이 대항요건으로서의 효력을 가지게 한 뜻이 훼손되지 아니하도록 채무자의 입장에서 양도인의 적법한 수권에 기하여 그러한 대리통지가 행하여졌음을 제반 사정에 비추어 커다란 노력 없이 확인할 수 있는지를 무겁게 고려하여야 한다. 특히 양수인에 의하여 행하여진 채권양도의 통지를 대리권의 '묵시적' 수여의 인정 및 현명원칙의 예외를 정하는 민법 제115조 단서의 적용이라는 이중의 우회로를 통하여 유효한 양도통지로 가공하여 탈바꿈시키는 것은 법의 왜곡으로서 경계하여야 한다. 채권양도의 통지가 양도인 또는 양수인 중 누구에 의하여서든 행하여지기만 하면 대항요건으로서 유효하게 되는 것은 채권양도의 통지를 양도인이 하도록 한 법의 취지를 무의미하게 할 우려가 있다고 했다. 나아가서 대법원은 서면에 "D 귀하"라고 기재된 것은 적어도 일차적으로는 '하도급거래의 공정화에 관한 법률' 제14조 제1항 제2호에 정한 하도급대금 직접 지급의 요건을 갖추기 위하여 서면을 D에게 보내어 D의 동의를 얻으려는 취지이므로 그 문서가 채권양도의 합의를 포함하고 있다 하더라도 그와 같은 취지로 작성된 T명의의 문서가 P에게 교부되었다는 것만으로 T가 P에게 채권양도의 통지까지 대리할 권한을 수여하였다고 볼 수 없다고 했다.

한편 판례는 대리인이 매매위임장을 제시하고 계약서에는 대리관계를 표시하지 않고 자기 이름만 기재하였다고 하더라도 이것은 본인을 위한 것을 표시하였다고 본다(81다1349).

(2) 대리인에게 대리권이 없는 경우

대리인에게 대리권이 없는 때는, 전혀 대리권이 없는 경우뿐만 아니라 대리인이 대리권의 범위를 넘어 법률행위를 한 때도 포함된다. 이와 같은 행위의 효력은 본인 P에게 미치지 않는 것이 원칙이다(무권대리라 한다. 130조). 그 결과 무권대리인이 본인을 대신해서 책임을 지게 된다(135조). 단 일정한 요건이 충족되는 때에는 본인에게 책임이 부과된다(표현대리라 한다. 125조~129조). 무권대리에 대해서는 Ⅲ.에서 자세히 설명하고, 표현대리에 관해서는 나중에 설명하므로 지금은 이러한 기본적인 설명 이상으로 더 들어가지 않는다.

이상을 모아서 도표로 표시해 두자(도표 1.3.2).

도표 1.3.2 대리인 행위의 본인귀속 요건

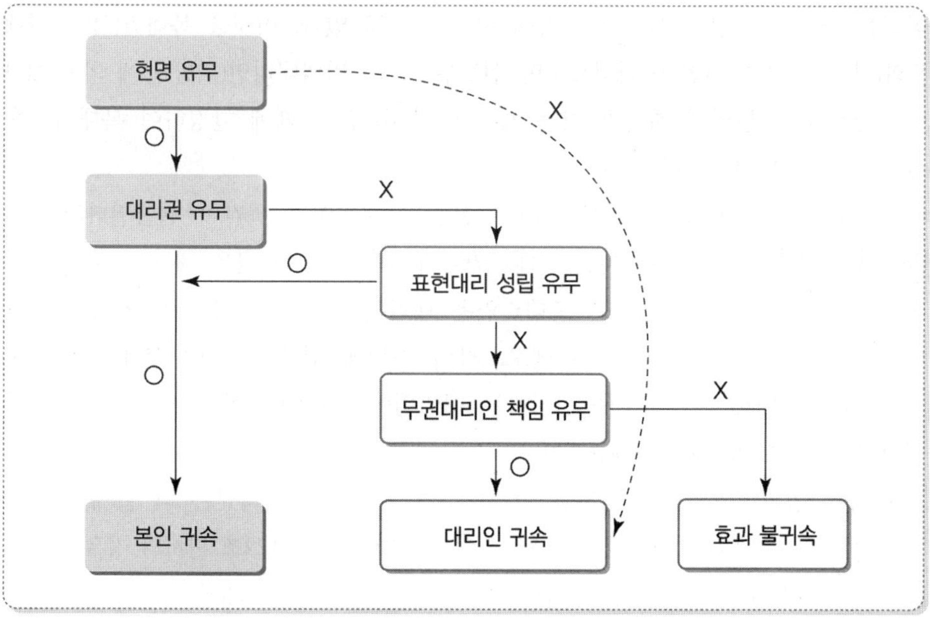

Ⅱ. 대리인이 대리권을 행사할 때의 제약

대리권행사의 방법은 위임계약 등 대리권을 수여하는 계약에서 정해진다(대리권을 수여하는 행위를 수권행위라고 한다). 단 민법의 규정으로(1) 또는 판례로(2) 다음과 같은 일반적인 제약이 과해져 있다.

1. 대리권 행사의 여러 모습

본인과 대리인의 관계는 강한 신뢰관계를 기초로 하고 있다. 그 때문에 대리인은 본인의 이익을 위해서 충분한 배려를 할 필요가 있다. 이것을 나타내는 규정이 대리의 부분에는 없지만, 대리권 발생의 주된 원인인 위임계약에 관해서 수임자(대리인)의 주의의무에 관한 규정이 있다(681조). 이하에 설명하는 두 가지의 제약은 이 일반적인 주의의무를 구체화한 것으로서 파악할 수 있다.

가. 복대리

대리인은 본인이 자기를 신뢰하여 부탁받은 것이므로, 원칙적으로 자신이 행위를 하지 않으면 안 된다(자기집행의무). 하지만 때에 따라 대리인 D 자신도 또 대리인을 사용하고 싶고 사용할 수밖에 없는 경우도 있다. 이것을 **복**대리(복(復)자에 주의)라 부르고 있지만 예외적으로만 인정된다. 즉 임의대리인(위임 등에 의한 대리인을 말한다)은 본인의 허가가 있는 때나 어쩔 수 없는 때에 한정하여 복대리인을 선임하는 것이 허락된다(120조).

선임된 복대리인은 그 권한 내에는 본인의 대리인과 똑같이 취급된다(123조). 바꾸어 말하면 복대리인은 본인의 대리인이다. 복대리인이 맺은 계약의 효력은 직접 본인에게 귀속한다. 그리고 복대리인은 대리인과 본인의 내부관계에서 부당한 위임사무처리(681조)에 관하여 이행보조자의 지위에 있다. 더욱이 복대리인의 선임과 감독에 대해서는 이것을 선임하는 대리인이 본인에 대해 책임을 지는 것이 원칙이다(121조 1항. 예외는 동조 2항).

이상은 임의대리의 경우이지만 법정대리의 경우에는 대리인은 더 넓게 복대리인을 선임할 수 있다(122조 본문). 단 책임도 무거워진다(122조 단서의 경우 이외는 과실의 유무에 관계없이 책임을 진다).

여기서 잠깐 멈춰서 공동대리에 관해 살펴본다. 대리인이 여럿 있는 경우 원칙적으로 각자가 대리행위를 할 수 있다. 그러나 민법 규정(친권의 공동행사에 관한 909조 2항 본문)이나 수권행위에서 공동대리를 정하였다면 공동으로 대리하여야 하고 그렇지 않으면 대리로서의 효과가 생기지 않는다.

나. 자기계약 · 쌍방대리의 금지

대리인은 대리행위를 할 때 본인의 이익을 도모하지 않으면 안 되고, 자기 또는 타인의 이익을 위해서 본인을 희생하는 것은 허락되지 않는다(충실의무). 그 때문에 자기 또는 타인의 이익과 본인의 이익이 저촉되는(하는) 듯한 행위를 하는 것이 금지되어 있다. 이것이 자기계약 · 쌍방대리의 금지이다(124조). 자기계약과 쌍방대리의 차이는 도표와 같다(도표 1.3.3). 자기계약은 대리인 D가 본인 P를 대리하면서 다른 한편으로는 대리인 자신이 상대방이 되어 계약을 체결하는 것을 말한다. 예를 들어 P의 대리인 D가 P 소유의 부동산을 대리인 D(자기)에게 매도하는 경우이다(①). 쌍방대리는 대리인 D가 동일한 법률행위에 관하여 계약당사자 본인 P와 상대방 Z 모두의 대리인이 되어 계약을 체결하는 것을 의미한다. 예를 들어 대리인 D 한 사람이 등기권리자 P와 등기의무자 Z 모두의 대리인으로 등기를 신청하는 경우이다(②).

도표 1.3.3 자기계약(①)과 쌍방대리(②)

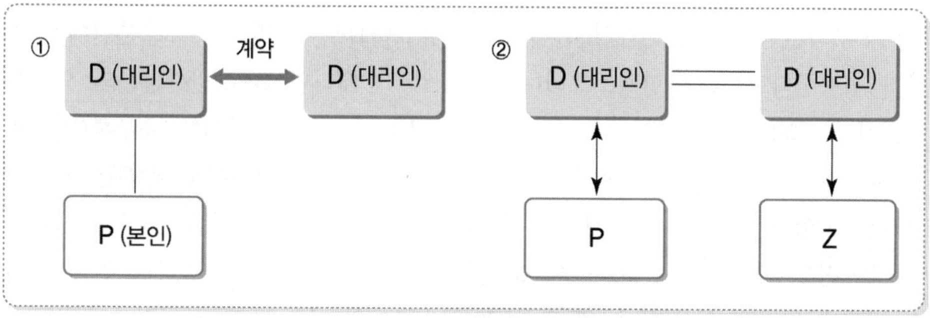

또한 자기계약·쌍방대리의 금지에 반하는 대리행위는 무권대리가 된다고 해석되고 있다. 그렇다면 위에서 설명한 대로 **사후**에 P의 추인이 있다면 그 효력은 P에게 귀속한다. 일본 최고재판소 판례는 단, **사전**이고 **포괄적**으로, P에게 자기계약·쌍방대리를 인정하게 만드는 계약은 무효로 된다고 했다.[169] 참고로 학설은 이러한 종류의 계약은 공서양속위반이라고 하는 것이 많다. 현대어화와 더불어 본인이 애초에 허락한 행위에 대해서는 금지의 대상 외로 됨에 이르렀지만, **특정**된 행위에 한정되는 것으로 해석해야 할 것이다.

2. 대리인의 대리권의 남용—대리권 행사의 목적위반

다음 대리권의 남용이라 불리는 문제에 관해 생각해 보자. 대리권 남용행위를 설명하면 대리인이 객관적으로는 대리권한의 범위 내에서 대리행위를 하였어도 그것이 본인과의 내부관계에서 대리권부여의 참뜻에 현저히 반하여 본인에 대해 중대한 배신행위가 되는 것을 의미한다.[170] 기본적으로 대리인 D는 수여받은 대리권의 범위 내에서만 유효하게 행위를 할 수 있다. 또한 본인 P의 이익을 위해 행위를 할 의무를 진다. 따라서 권한 외의 행위의 효과는 P에게 귀속되지 않고, 또한 이와 같은 행위를 하는 것은 P에 대한 의무위반(배신행위)이다. 그럼 형식적으로는 권한 내의 행위이지만 본인의 이익을 도모할 의사가 없는 경우는 어떤가. 예컨대 대리인 D가 본인 P의 이익이 아니라 자기 자신의 이익(사리)을 챙길 목적으로 대리권을 남용한 때, 상대방(제3자) Z가 그러한 사실을 알았거나 또는 알 수

있었던 경우에, 본인 P와 상대방(제3자) Z 사이의 법률관계는 어떻게 되는가.[171]

이것이 여기에서 생각해야 할 문제이다. 사고방식은 나뉘어 있다. 일본 최고재판소 판례는 형식을 존중하여 대리인 D의 대리행위는 그것이 진의가 아니라도, 선의·무과실인 상대방 Z와의 관계에서는 유효하므로[172] 원칙적으로 본인에게 효과가 귀속한다고 (말)하면서, 그러나 상대방 Z가 대리인 D의 권한남용의 의도를 알았거나(악의) 알 수 있었던 경우(선의·유과실)에는 107조 단서를 유추하여 대리행위를 무효(효과불귀속)로 한다고 하고 있다.[173] 일본 최고재판소 판례는 외견상으로는 본인의 이익을 위해 행위를 했던 것처럼 보이지만 실제로는 그럴 생각이 없다는 점을 파악하여 심리유보의 모델을 적용한 것이다.[174] 그렇다면 판례는 어떤 견해에 입각해 있을까? 이에 관한 2016다3201의 사안과 판지는 다음과 같다.

사실관계 1.3.1 친권자의 대리권 남용 [2016다3201]

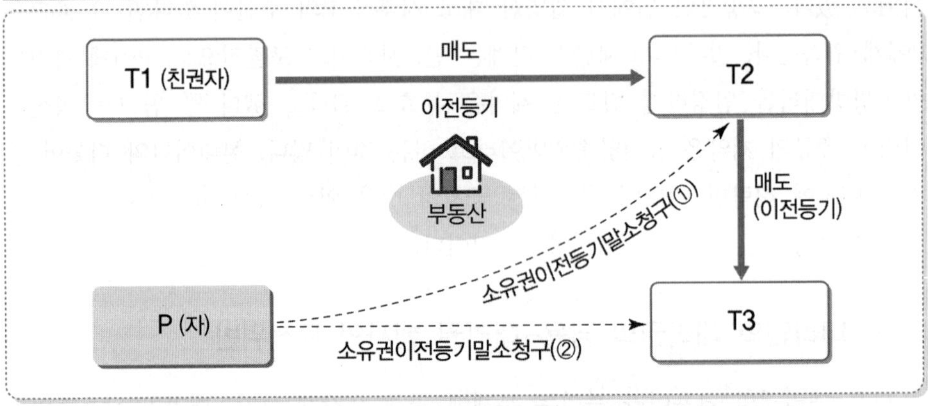

(1) T1은 친권자로서 P를 대리하여 2011.6.30.경 T2에게 甲 부동산을 매도하고 T2 앞으로 소유권이전등기를 마쳐주었다. (2) T2는 2013.8.26. 甲에 관하여 T3 앞으로 소유권이전등기를 마쳐주었다. (3) P는 T2 명의의 소유권이전등기의 말소를 구하는 소를 제기하였는데, 위 매매계약이 T1의 친권남용에 의해 체결된 것이어서 그 효과가 P에게 미치지 않으므로, T2가 소유권이전등기를 말소할 의무가 있다는 판결이 선고되었다. 이에 T2가 불복하여 상고하였으나 기각되었다. (4) P는 T2 명의의 소유권이전등기가 원인무효이므로, 이에 터 잡은 T3 명의의 소유권이전등기 역시 원인무효라고 주장하면서 이 사건 말소등기청구의 소를 제기하였다.

이에 대해 대법원은 상대방이 이러한 사실을 알았거나 알 수 있었을 때에는 107조 1항 단서의 규정을 유추적용하여 행위의 효과가 본인인 자(子)에게는 미치지 않는다고 판시하였다(2016다3201).

대리권의 남용과 예금계약의 성립에 관한 86다카1004의 사안과 판지는 다음과 같다.

사실관계 1.3.2 대리권남용과 표현대리 적용 가부 [86다카1004]

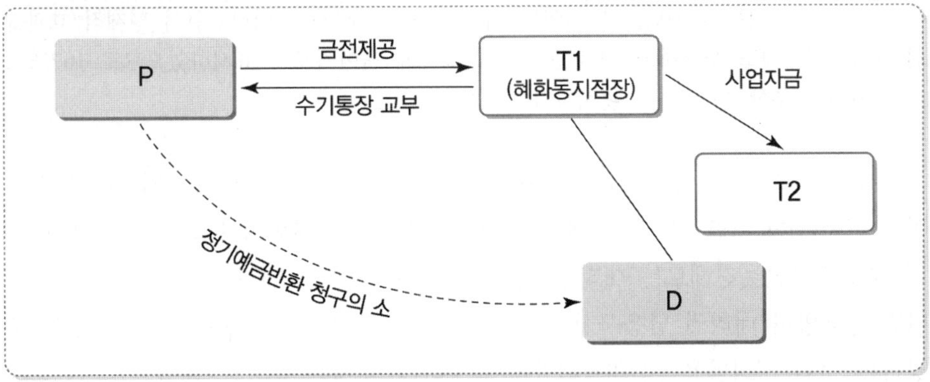

P는 그 대리인을 통하여 D 혜화동지점 창구에서 사채중개인 등이 알려준 암호대로 창구 직원에게 "3개월 만기의 통장식정기예금을 하러 왔다"고 말하고 예금거래신청서의 금액란에는 빈칸으로 작성하여 금전과 함께 제공하면, 지점장대리인 T1은 T2의 사업자금을 마련하기 위해, 통상적인 방법인 컴퓨터에 의한 기계식통장이 아니라 수기식통장을 만들어 P에게 교부하여 왔다. 또 이율은 은행의 정규예금 금리의 약 3배에 달하는 사채이율로서 그 지급 방식은 사채이자와 은행의 정규예금이자와의 차액을 사채중개인을 통하여 정기적으로 지급되었다. P는 D를 상대로 정기예금반환청구의 소를 제기하였다. 쟁점은 P가 T1이 금전을 수령한 것이 D를 대리하여 P와 예금계약을 체결할 의사가 없었음을 알았거나 이를 알 수 있었느냐이다.

이에 관해 대법원은 기본적인 전제로 "진의 아닌 의사표시가 대리인에 의하여 이루어지고 그 대리인의 진의가 본인의 이익이나 의사에 반하여 자기 또는 제3자의 이익을 위한 배임적인 것임을 그 상대방이 알거나 알 수 있었을 경우에는 위 법 제107조 제1항 단서의 유추해석상 그 대리인의 행위는 본인의 대리행위로 성립할 수 없다 하겠으므로 본인은 대리인의 행위에 대하여 아무런 책임이 없고, 이때 그 상대방이 대리인의 표시의사가 진의 아님을 알거나 알 수 있었는가의 여부는 표의자인 대리인과 상대방 사이에 있었던 의사표시의 형성과정과 그 내용 및 그로 인하여 나타나는 효과 등을 객관적인 사정에 따라 합리적으로 판단하여야 한다"고 판시했다. 이 사건에 적용하여 대법원은 "이 사건 예금계약에 관한 T1의 의사는 D의 의사나 이익에 반하여 자기 또는 T2의 이익을 위하여 배임적인 의도로 한 것이고 P가 T1의 예금계약의사가 진의가 아님을 통상의 과실로 알지 못한 채 이 사건 예금계약을 체결한 것이므로 어차피 P와 D와의 관계에 있어서는 이 사건 예금계약자체가 성립되지 아니하였으므로 P는(D에 대하여 T1의 사용자임을 이유로 그의 불법행위를 원인으로 한 책임을 묻는 것은 별문제로 하고) 정당한 예금계약이 성립되었음을 전제로 하는 예금반환청구는 할 수 없다"고 판시했다. 대리행위의 법률효과 귀속에 관한 대리인의 진의는 이를 본인에게 돌리려는 것이므로 원래 의미의 의사와 표시의 불일치는 없지만, 그 진의는 대리인 또는 제3자가 대리행위의 경제적 효과를 얻으려는 것임에도 불구하고 이를 숨기고 본인에게 돌아가도록 표시하였으므로 107조 1항 단서를 유추할 수 있다고 판시하였다.[175]

한편 참고로 학설은 대다수가 이 판례의 입장을 기본적으로는 지지하고 있지만, 107조(진의 아닌 의사표시) 단서를 사용하는 것은 편법이라고 하는 견해가 유력하다. 또 다른 견해로는 대리권남용행위는 원칙적으로 대리행위로서 유효하지만 다만 상대방이 대리권 남용사실을 알면서도(=악의 내지는 중과실) 그 유효성을 주장하는 것이 권리남용·신의칙위반에 해당하는 때에는 무효로 해야 한다는 견해(권리남용·신의칙위반설)가 있다.[176] 상법학자의 대다수가 이러한 견해를 채택하는 것은, 이 설이 거래보호(안전)의 관점으로부터, 권리남용행위가 무효로 되는 경우를 가능한 한 제한하고자 하는 데 목적이 있기 때문이다.[177] 이것과는 달리 애초부터 이 경우에는 권한 외의 행위가 된다고 생각하는 여지도 있고, 학설에는 이 견해를 지지하는 것도 있다. 확실히 107조 단서의 원용에는 차용이라는 느낌이 든다. 그래서 신의칙에 의해 상대방 Z의 주장은 제한된다고 하는 견해도 유력하다. 당분간 이같이 해석하는 것이 무난할 수도 있다.

그렇다면 여기서 잠깐 멈춰서 위에서 본 바와 같은 107조 단서의 원용이 아니라 '115조 단서를 유추할 수는 없는가'에 관해 살펴본다. 위에서 본 권리남용·신의칙위반설에 말하는 바와 같이 곧바로 신의칙을 언급하지 않고, 이를 해결하기 위한 다른 궁리를 할 여지는 없는 것인가. 여기서는 대리에 관한 현명주의를 선언한 115조 단서에 착안해 보는 방법을 살펴보자. 이 규정은 본인 P를 위한 것이라고 말하지 않고 D가 체결해도, P를 위한 것이라고 상대방 Z가 알고 있다면 효력은 대리인 D가 아닌 P에 귀속한다고 규정하고 있다(이하 'A명제'라고 한다). 여기서부터 P를 위한 것이라고 말하고 D가 계약해도 P를 위한 것이 아니라는 것을 Z가 알고 있다면, 효력은 P가 아닌 D에게 귀속하는 것이라는 규범(이하 'A'명제'로 한다)을 끌어낼 수는 없는가.[178] 107조 단서가 아닌 115조 단서를 유추해보자는 것이다(115조 유추적용설. 누군가를 위해서이냐를 표시가 아닌 진의로 결정하자는 점에서, 두 가지의 명제는 공통점을 가지고 있다. 단 A명제가 대리인 D의 형식적인 의도를 문제로 하는 것임에 대해, A′명제는 D의 실질적인 의도를 문제로 하자고 한다는 점에서 서로 차이가 있다). 살짝 무리가 있지만 이같이 생각할 수 없는 것은 아니다. 대리권의 남용은 민법에는 잘 된 해석이 좀체 안 보인다는 문제도 있다는 예이지만, 여러분 스스로 생각해 봤으면 한다.

참고로 학설은, 다른 한편, 대리권남용행위를 기본적으로는 대리권 권한 내의 행위로 파악하고(따라서 상대방에 대해서는 대리행위로서 유효), 다만 상대방이 악의 또는 과실이 있는 경우에는 무권대리가 된다고 하는 견해도 있다(표현대리유추설).[179] 그렇다면 대리권남용은 애초부터 대리권의 범위 외라고 생각된다면, 이 문제는 무권대리의 문제로 환원된다.[180] 즉 원칙적으로 행위의 효과는 본인 P에게 귀속하지 않지만, 상대방 Z가 선의·무과실이라면 표현대리가 되어 본인 P에게 효과가 귀속하고 상대방 Z가 악의 또는 과실이 있는 경우에는 무권대리가 된다.

그러면 여기서 시야를 돌려 친권자·후견인의 대리권과 그 남용에 관해 살펴본다. 친권자나 후견인(제한능력자의 법정대리인)의 대리권(친권자에 관한 920조, 후견인에 관한 949조)에 관해서도 건드려 놓자. 법정대리인은 복대리인의 선임에 관해서는 임의대리인보다도 넓은 권한을 인정받고 있다(122조). 왜냐하면 제한능력자의 법정대리인은, 임의대리인의 경우와는 달리, 본인의 허락에 의한 복대리인 선임을 인정하는 것이 불가능하기 때문이다. 다른 한편 자기계약·쌍방대리에 관해서는 형식적으로는 이것들에 해당하지 않아도 본인의 이익을 해치는 행위를 하는 것이 보다 넓게 금지되어 있다(이해상반행위라 한다. 친권자에 관한 921조, 성년후견인에 관한 949조의3 참조).[181]

그렇다면 판례는 어떤 견해에 입각해 있을까? 판례는 친권자의 미성년자에 대한 이해상반행위인지 여부의 판단기준에 관하여 민법 제921조의 이해상반행위란 행위의 객관적 성질상 친권자와 그 자 사이 또는 친권에 복종하는 수인의 자 사이에 이해의 대립이 생길 우려가 있는 행위를 가리키는 것으로서 친권자의 의도나 그 행위의 결과 실제로 이해의 대립이 생겼는가의 여부는 묻지 아니한다(94다6680)고 했다. 그러므로 판례는 미성년자의 친권자인 모가 자기 오빠의 제3자에 대한 채무의 담보로 미성년자 소유의 부동산에 근저당권을 설정하는 행위가, 채무자를 위한 것으로서 미성년자에게는 불이익만을 주는 것이라고 하더라도, 민법 제921조 제1항에 규정된 “법정대리인인 친권자와 그 자 사이에 이해상반되는 행위”라고 볼 수는 없다(91다32466)고 했다. 친권자가 자(子)를 대리하는 법률행위는 친권자와 자(子) 사이의 이해상반행위에 해당하지 않는 한, 그것을 할 것인가 아닌가는 자(子)를 위하여 친권을 행사하는 친권자가 자(子)를 둘러싼 여러 사정을 고려하여 행할 수 있는 재량에 맡겨진 것으로 보아야 한다. 이같이 친권자가 자(子)를 대리하여 행한 자(子) 소유의 재산에 대한 처분행위에 대해서는 그것이 사실상 자(子)의 이익을 무시하고 친권자 본인 혹은 제3자의 이익을 도모하는 것만을 목적으로 하여 이루어졌다고 하는 등 친권자에게 자(子)를 대리할 권한을 수여한 법의 취지에 현저히 반한다고 인정되는 사정이 존재하는 때에만 친권자에 의한 대리권의 남용에 해당한다(2008다73731). 일본 최고재판소 판례는 친권자나 후견인에도 대리권의 남용이 있을 법도 하지만 이것을 알고 또는 알 수 있었으리라는 제3자는 본인에의 효과귀속을 주장할 수 없다고 했다.[182] 단 이 경우에는 친권자・후견인에 넓은 재량권이 인정되기 때문에 남용의 인정은 신중히 이루어지고 있다.

Ⅲ. 무권대리인의 법률행위의 효력

대리인이라 칭해지는 자에게 대리권이 전혀 없었던 경우 또는 대리권은 있지만 그 범위를 넘어서 행위를 한 경우 이것들의 경우가 모두 무권대리라고 하였다. 이 경우의 법률관계를 좀 더 자세히 검토하자.

1. 본인과 상대방 사이의 관계

가. 본인 측으로부터 본 무권대리인의 법률행위

무권대리에서 무권대리인의 법률행위(계약 등)의 효과는 본인에게 귀속하지 않는 것이 원칙이다(130조). 하지만 이것은 당연히는 귀속하지 않는다는 것이고, 본인이 효과귀속을 원하는 때에는 다르다. 무권대리인으로부터 제멋대로 대리를 당했지만 그 결과가 자신에게도 괜찮다는 때도 있다. 그때 본인은 상대방에 대해서 추인의 의사표시를 하면 된다(130조 2항 단서에도 주의). 추인은 당초에 빠져있던 대리권을 사후적으로 보충한다는 의미가 있다. 추인된 계약은 원칙적으로 계약 시에 거슬러 올라가서 효력을 가지게 된다(소급효를 가짐).[183]

그러면 추인은 반드시 명시적인 의사표시를 하여야 효력이 있는지가 문제된다. 판례는 어떤 견해에 입각해 있을까? 이에 관한 2001다44291의 사안과 판지는 다음과 같다.

사실관계 1.3.3 묵시적 추인 [2001다44291]

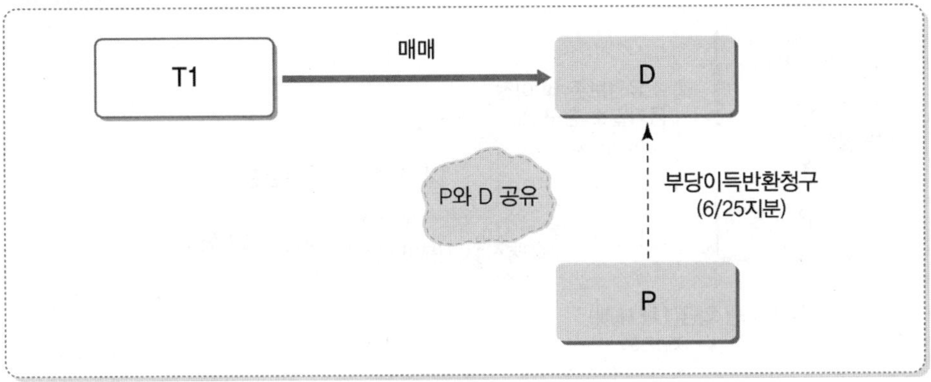

(1) T1은 1997.2.11. 합병 전의 부산 동래구 온천동 1586의 9 임야 561㎡("이 사건 임야")를 D로부터 협의취득하면서 이 사건 임야에 관한 손실보상금으로 금 323,470,000원을 D에게 지급하였다. (2) 그런데 이 사건 임야의 분할 전 모 토지인 온천동 산 204의 2 임야 2,976㎡에 관하여 1974.2.26. D 명의로 마쳐진 소유권이전등기 중 D의 법정상속분 19/25를 넘는 부분(6/25지분)은 P의 상속분에 해당한다. (3) 이에 P는 이 사건에서 이 사건 임야 중 P의 지분에 대한 부산광역시 동래구의 협의취득이 유효함을 전제로 D가 수령한 이 사건 임야에 대한 손실보상금 중 P의 지분에 상당한 금원을 부당이득금으로 반환하여 달라는 소송을 하였다.

이에 대해 대법원은 "무권리자가 타인의 권리를 자기의 이름으로 또는 자기의 권리로 처분한 경우에, 권리자는 후일 이를 추인함으로써 그 처분행위를 인정할 수 있고, 이러한 경우 특별한 사정이 없는 한 권리자 본인에게 위 처분행위의 효력이 발생함은 사적자치의 원칙에 비추어 당연하다(79다2151, 87다카2238). 이때 추인은 명시적으로뿐만 아니라 묵시적인 방법으로도 할 수 있고, 그 의사표시는 무권대리인이나 그 상대방 어느 쪽에 하여도 무방하다. 그런데 P가 자기 지분에 상당한 금원의 반환을 청구하고 있음이 분명하므로 P가 무권리자인 D의 위 처분행위를 묵시적으로 추인한 것"이라고 판시하였다.

무권대리인의 추인에 관한 91다15584 사실관계는 약간 복잡하지만 사안과 판지는 다음과 같다.

사실관계 1.3.4 무권대리 행위의 추인 등 [91다15584]

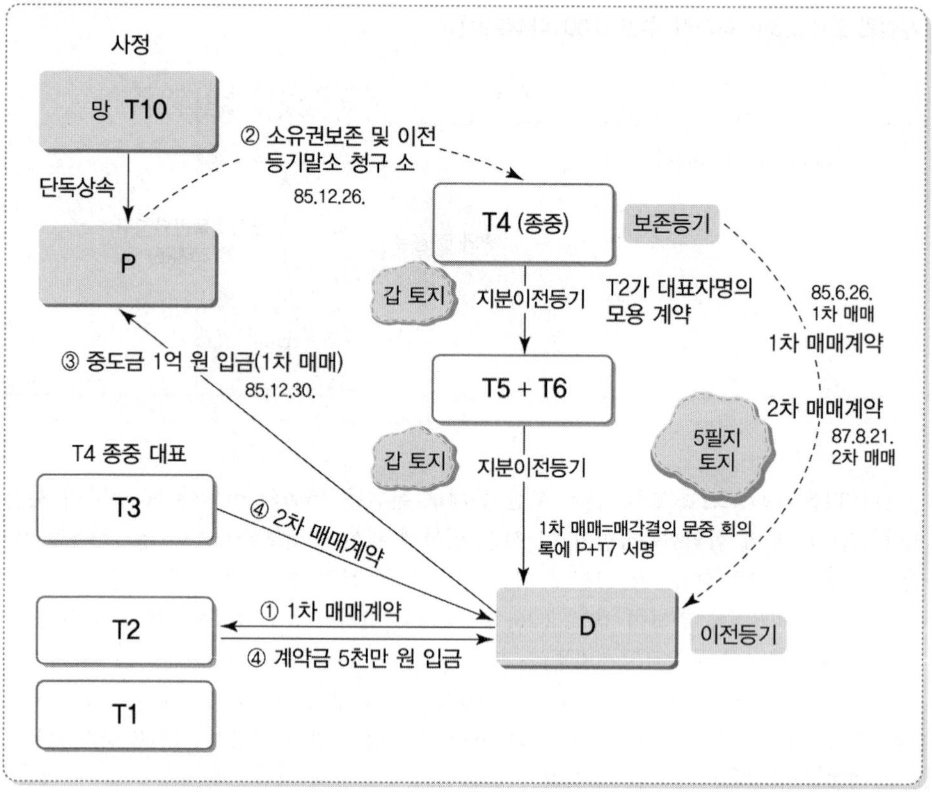

쟁점이 된 각 토지는 원래 망 T10의 소유 명의로 사정받은 것으로 그 적장손인 P가 단독 상속하였다. 그런데 T1, T2, T3 등 3형제는 자신들의 부(망 T11)를 공동선조로 하는 T4문중을 조직하여 1960.3.24. 이 사건 토지에 관하여 T4 명의로 소유권보존등기를 마쳐 두었다. 그 후 T2는 그 문중 대표자 명의를 모용하여 1982.1.26. 일부 5필지의 토지(원판결 별지기재목록 5항 기재 토지) 중 827분의 562지분은 T5에게, 그 나머지 지분은 T6에게 각 매도하여 1982.2.2. 그 지분소유권이전등기를 하여 주었고, 다시 D는 T5, T6로부터 위 각 지분을 매수하여 1985.10.8. D 명의로 그 지분소유권이전등기를 마쳤다. 한편 D는 아파트건축사업에 꼭 필요하여 소유권이전등기 신청서류상 그 대표자가 T2로 되어 있는 것을 확인하고 이 사건 토지 중 위 목록 5항 기재 토지를 제외한 나머지 5필지의 토지의 매매교섭을 벌이던 중, T2는 문중의 대표자인 T3으로부터 위 매각처분에 대한 동의를 얻는 것이 사실상 어려웠던 관계로 마침 문중이 "안동권씨문중"으로 명명되어 있음을 이용하여 같은 안동권씨이며 그와 당숙질 사이인 P에게 피고참가인 문중 T4의 실체를 감추고 위 5필지(원판결 별지목록 제1항 내지 4항, 6항 기재)의 토지는 안동권씨문중 소유인데 그 처분에 동의하여 달라고 제의하자, P는 최소한 자신도 그 문중원으로 포함되어 있는 보다 넓은 범위의 또 다른 안동권씨문중으로 착각하고 1985.6.24. T7과 함께 나머지 5필지 토지의 매각 결의에 찬성하는 문중회의록에 서명날인하고 이를 기초로 하여 T2는 1985.6.26. 마치 안동권씨문중이 위 5필지 토지의 매각 결의를 한 양 문중회의록(위조됨)을 D에게 제시·교부하여 나머지 5필지 토지를 D에게 대금 549,450,000원에 매도하기로 하는 매매계약('제1차 매매계약')을 체결하고, D는 같은 날 T2에게 계약금 50,000,000원을 지급하였다. 그러나 그 중도금 지급 약정기일 이전부터 문중의 대표자인 T3은 T2의 문중 대표권과 위 '제1차 매매계약'의 효력을 부인하면서 위 5필지 토지에 관하여 같은 해 1.19. T8 앞으로 소유권이전청구권가등기를 마쳐 두었다. 한편 P는 같은 해 10.20. 이 사건 토지에 대한 단독소유권을 주장하면서 종전에 위 5필지 토지의 처분에 동의하기로 한 의사를 철회하겠다는 내용의 통지서를 T2에게 발송하는 한편, 같은 해 12.26. 이 사건 토지 전부에 관한 T4 문중 명의의 소유권보존등기의 말소 등 청구의 소(서울지방법원 북부지원 85가합1302. '전소')를 제기하였다. 이에 T2와 D는 당황하여 위 매매에 따른 중도금 지급과 수령을 미루고 그 해결책을 궁리하다가 D는 1985.12.30. P에게 위 '제1차 매매계약'에 따른 중도금 100,000,000원을 직접 지급하였다. 그런데 P는 전소에서 망 T10을 공동선조로 하는 T4(참가인) 문중이 허무의 문중이라는 논거를 들어 실제로 그 소유권보존등기신청을 한 행위자인 T3을 상대로 이 사건 토지에 관한 위 소유권보존등기의 말소를 구함과 아울러 위 보존등기에 터잡아 된 지분소유권이전등기 및 가등기의 명의자들을 상대로 각 그 해당 등기의 말소를 구하였으나, 1986.8.13. 제1심 법원은 망부를 공동선조로 하는 문중도 실재할 수 있는 것인데 자연인인 T3을 상대로 참가인 문중 명의의 위 보존등기의 말소를 구함은 부적법하다는 이유로 그 부분에 대하여는 P의 소를 각하하고, 나머지 등기의 말소를 구하는 부분에 대하여는 이 사건 토지는 P의 소유가 아니고 실재로는 참가인 문중의 소유라는 전제하에서 P의 청구를 기각하였다. 그런데 D는 P가 뜻밖에 '전소' 제1심에서 패소하자 이 사건 토지가 T1, 2, 3의 망부인 T11을 공동선조로 하는 참가인 문중의 소유라고 속단하고서 위 사건이 항소심(서울고등법원 86나3612호)에서 계속 중인데도 불구하고 그 매매목적물인 위 5필지 토지에 대한 P의 권리관계를 아예 부인하고 P에게는 아무런 통지도 없이 1987.8.12. 당시 참가인 문중의 대표자로 확인된 T3과 위 5필지의 토지에 관하여 매매대금은 금 649,450,000원(제1차 매매계약의 대금보다 금 100,000,000원이 더 많다)으로 하고, 위 대금 중 D가 제1차 매매계약의 계약금으로 T2에게 지급한 금 50,000,000원과 중도금 일부로 P에게 직접 지급한 금 100,000,000원을 합친 금 150,000,000원 상당액은 이를 T4 문중이 위 제2차 매매계약의 계약금으로 지급받은 것으로 치고, 그 나머지 해당금

499,450,000원만을 잔대금으로 계상하여 지급하기로 하는 내용의 매매계약('제2차 매매계약')을 다시 체결하면서 제2차 매매계약 당일 위 잔대금 499,450,000원을 T4 문중의 문중원인 T3, T2 및 망 T1의 장남인 T9에게 일시불로 지급한 뒤 T8 앞으로 된 가등기가 말소된 다음 1987.8.21.에 위 제2차 매매를 원인으로 하여 위 5필지의 토지에 관하여 D 앞으로 소유권이전등기를 경료하였다. 다른 한편 D는 P가 제기한 위 '전소'에서 상대방인 T3을 보조참가하여 P의 위 토지들에 대한 소유권을 적극적으로 다투었다. 그러나 전소의 항소심은 그 원심판결 중 소각하한 부분만이 유지하고, 나머지 부분에 대하여는 이 사건 토지는 T4 문중의 소유가 아니라 P의 단독 상속재산이라는 것으로 그 사실인정을 뒤바꿔서 그 부분에 대한 제1심 원고 패소판결이 취소하고 원고 승소판결을 선고하였고, 위 항소심판결은 1989.7.11. 상고기각판결로 그대로 확정되었다. 이에 P는 이 사건 토지가 P의 단독소유임을 전제로 D를 상대로 중 명의로 소유권보존등기가 원인무효이므로 이에 터잡은 D 명의의 소유권이전등기도 원인무효이므로 위 소유권이전등기의 말소등기 소송을 제기하였다. 쟁점은 P가 D로부터 '제1차 매매계약'에 따른 중도금 100,000,000원을 직접 수령함으로써 무권리자인 T2가 T4 문중의 대표자를 사칭하여 위 매매계약을 체결한 것을 인정한 것이므로 무권대리의 추인에 해당하느냐이다.

이에 관해 원심은 "P가 위 중도금을 직접 수령하고 동시에 P·D 및 T2 사이에 그 나머지 대금의 지급방법 등에 관하여 앞서 본 바와 같은 약정을 한 사실이 T4 문중의 위 주장과 같이 무권대리의 추인에 준하는 효과를 발생케 한 것이라거나 P·D 사이에 새로운 합의를 이룬 것이라 하더라도 위에서 본 바와 같은 제반사정에 비추어 보면 D가 참가인 T4 문중 사이에 위 제2차 매매계약을 체결한 것은 D만의 입장에서 보더라도 위 주장과 같은 추인의 효과는 새로운 합의의 성립관계를 소멸 내지 파기시킨다는 의사를 명백히 표시한 것이라고 봄이 상당하다"고 판시했다.

대법원은 위와 같은 사실인정과 판단은 모두 정당한 것이라고 판시했다. 그렇다면 무권리자가 위법한 행위를 한 때도 본인이 추인하면 그 효과는 본인에게 귀속되는가? 이에 관한 2017다3499의 사안과 판지는 다음과 같다.

사실관계 1.3.5 추인의 상대방 [2017다3499]

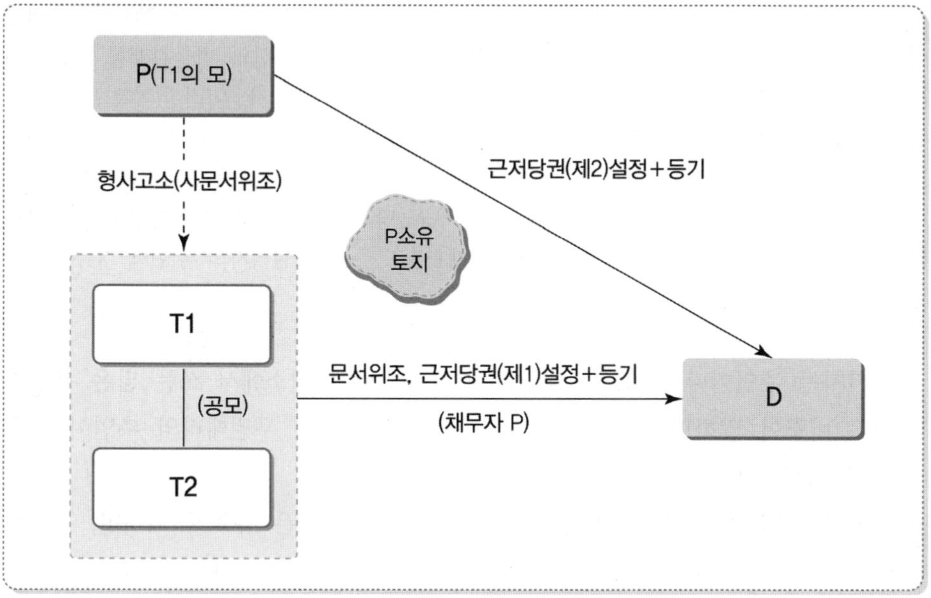

(1) P는 T1의 모친으로서 이 사건 토지의 소유자이다. (2) T1은 2010.12.21.경 D 조합에 입사하여 근무했고, T2는 T1과는 친구 사이로 1993.2.20.경 D 조합에 입사하여 D의 평택항 지점장으로 근무하다가 2013.8.14.경 퇴사하였다. (3) T2와 T1은 공모하여 P 명의의 대출거래약정서, 근저당권설정계약서 등을 위조하고 이를 행사해서 이 사건 토지에 관하여 2012.5.18. D 앞으로 채무자 P, 채권최고액 3억 2,200만 원인 근저당권설정등기(이하 '제1근저당권설정등기'라 한다)를 하고 2억 3,000만 원을 대출받았다. 이후 P는 T2와 T1을 사문서위조, 사기 등으로 고소하였고, 이들은 유죄판결을 받았다. (4) 제1근저당권설정등기가 된 후 2012.5.21. 관련 법규에 따라 그 설정자인 P에게 등기완료통지가 되었다. (5) D는 제1근저당권설정등기의 담보대출금 2억 3,000만 원에 대한 이자 납입이 연체되자, 2012.8. 하순 P에게 대출금채무와 관련하여 기한의 이익 상실 예고통지를 하였고, 그 이후에도 연체가 계속되자 P에게 대출금 이자납입을 독촉하고 2012.11.16. 이 사건 제1근저당권설정등기에 기한 임의경매 실행예정 통지를 하였으며, P는 2012.11. 19. 이를 직접 수령하였다. (6) P는 2012.12.31. 직접 D의 평택항 지점을 방문하여 관련 서류(대출거래약정서, 근저당권설정계약서)에 자필 서명한 다음 이 사건 토지에 관하여 D 앞으로 채무자 P, 채권최고액 1,680만 원인 근저당권설정등기(이하 '제2근저당권설정등기'라 한다)를 하고 1,400만 원을 대출받아 그중 13,237,000원을 제1근저당권설정등기의 피담보대출금의 이자로 납부하였다.

대법원은 기본적인 전제(법리)로 다음과 같이 판시하였다. "법률행위에 따라 권리가 이전되려면 권리자 또는 처분권한이 있는 자의 처분행위가 있어야 한다. 무권리자가 타인의 권리를 처분한 경우에는 특별한 사정이 없는 한 권리가 이전되지 않는다. 그러나 이러한 경우에 권리자가 무권리자의 처분을 추인하는 것도 자신의 법률관계를 스스로의 의사에 따라 형성할 수 있다는 사적자치의 원칙에 따라 허용된다. 이러한 추인은 무권리자의 처분이 있음을 알고 해야 하고, 명시적으로 또는 묵시적으로 할 수 있고, 그 의사표시는 무권리자나 그 상대방 어느 쪽에 해도 무방하다. 권리자가 무권리자의 처분을 추인하면 무권대리에 대해 본인이 추인을 한 경우와 당사자들 사이의 이익상황이 유사하므로, 무권대리의 추인에 관한 민법 제130조, 제133조 등을 무권리자의 추인에 유추적용할 수 있다"고 했다.

여기서는 추인이나 소급효 등과, 계약(법률행위)의 취소에서 쓰는 닮은 용어가 나온다. 바꾸어 말하면 취소할 수 있는 계약의 추인과 무권대리의 추인이 같은 것이냐는 질문이다. 그렇지만 다음과 같은 차이가 있다.

첫째로, 취소할 수 있는 계약을 추인한다면 그 계약은 유효가 되지만, 무권대리행위는 추인한다면 그 행위의 효과가 본인에 귀속한다. 둘째로, 취소의 경우에는 추인을 하지 않아도 어떻든 유효하고 추인은 이것을 확정시키는 것일 뿐이지만, 무권대리는 추인하여야 비로소 그 효과가 본인에 귀속하고, 추인하지 않으면 무권대리 그대로 남아 있다.

나. 상대방 측으로부터 무권대리에 관한 조치

상대방으로서는 추인이 이루어지는지 아닌지 모른 채로 계속된다면 그는 불안정한 지위에 놓인다. 그 때문에 상대방에게 일정한 법적보호가 주어져 있다. 물론 나중에 설명하는 무권대리인의 책임이나 표현대리의 성립이 상대방으로서는 큰 보호이지만, 여기서 문제가 되는 것은 더 좁은 의미로서의 보호이다. 두 가지가 있다.

첫째로, 상대방에게 최고권이 인정되어 있다(131조). 상대방은 일정한 기간을 정하여 본인에 대하여 추인할지 여부의 확답을 요구할 수 있다. 만약 그 기간 내에 답장이 없다면 거래거절로 간주된다(무권대리가 되는 것이 원칙이기 때문이다). 추인거절이 확정된다면 상대방은 바로 무권대리인에 대한 책임추궁으로 넘어갈 수 있다. 둘째로, 상대방에게 계약의 철회권이 인정되어 있다(134조). 본인의 추인이 없는 사이에 선수를 쳐서 자기 쪽에서 먼저 그만두는 것도 가능하다. 추인을 기대할 수 없는 경우에는 이쪽이 좋을 때도 있다. 예를 들어 단순히 계약을 했을 뿐 미이행 때에는 재빨리 손을 빼서 다른 계약 상대를 찾는 쪽이 빠르다. 더욱이 134조 단서를 보며 참조해 주기 바란다(상대방이 대리인으로서 한 것임을 알았거나 알 수 있었을 때에는 그럴 수 없다).

2. 무권대리인과 상대방 사이의 관계-무권대리인의 책임에 관한 요건과 효과

추인이 이루어지지 않은 경우 또는 거절된 경우 무권대리인이 한 행위의 효과는 본인에게 귀속하지 않는다. 다른 한편 무권대리인의 법률행위의 효과는 바로 무권대리인에 귀속하는 것도 아니다. 이 점은 대리권에 관해 현명이 없는 경우와 대비했으면 한다(115조 참조). 그럼 거래가 이루어지지 않은 무권대리에 의한 행위는 어떻게 될까. 아무에게도 효과가 귀속되지 않는다면 행위(계약) 자체가 무효로 되는 것과 같지 않은가. 이 질문에 대한 답은 그렇다고 말할 수도 있지만, 그렇지 않다고도 말할 수 있다. 이는 민법전이 일정한 때 무권대리인의 책임을 인정하기 때문이다(135조). 이하 그 무권대리인의 책임에 관한 요건과 효과를 설명한다.

가. 무권대리인의 책임에 관한 요건

먼저 상대방이 무권대리인의 책임을 묻기 위한 요건은 135조 1항에 정해져 있다. 무권대리인의 책임은 본인에의 효과불귀속을 전제로 하는 책임이므로 첫째, 대리권이 있었다는 것(①) 또는 둘째 추인이 있었다는 것을 무권대리인이 증명한다면(②), 본인에게 무권대리 행위의 효과가 귀속되고, 무권대리인은 이 책임을 지는 것이 아니다.

다음으로 무권대리인의 책임이 인정될 수 없는 경우를 봐보자. 135조 2항은 무권대리인의 책임을 추궁할 수 없는 두 가지의 경우를 정하고 있다. 첫째는, 상대방이 무권대리인에게 대리권이 없는 것을 알고 있었던 경우(고의) 또는 과실에 의해 대리권이 없음을 알지 못한 경우(과실)이다. 바꾸어 말하면 무권대리인에게 책임추궁을 위해서는 상대방이 대리권 부존재에 대해 선의·무과실이었다는 것이 필요하다. 무권대리인이라는 것을 알면서도(알고 있음에도 불구하고, 안 채로) 계약을 한 상대방은 보호할 필요가 없다. 또 다른 하나는 대리인이 행위능력이 없는 자(제한능력자)인 경우이다. 제한능력자 보호의 관점으로부터 이와 같은 취급이 규정되어 있지만 그렇게 된다면 상대방으로서는 제한능력자가 대리인이라 일컬어질 때는, 그 대리권의 존재를 충분히 조사하지 않으면 위험하다는 것이 된다. 무권대리가 된 경우에 무권대리인의 책임추궁이 불가능해지기 때문이다.

이상의 두 가지의 경우에는 무권대리인의 책임을 추궁할 수 없다. 그 때문에 무권대리로부터는 어떠한 효과도 발생하지 않는다. 그 의미로 무권대리인이 한 행위는 무효가 되는 것과 같다.

나. 무권대리인의 책임에 관한 효과

그럼 무권대리인은 어떠한 책임을 지는가. 계약에 따른 이행 또는 이행할 수 없다면 손해배상이 그 책임 내용이다. 이행인가 손해배상인가는 상대방이 이것을 선택한다(135조 상대방에 대한 무권대리인의 책임). 계약으로부터 발생하는 채무가 무권대리인에게도 이행할 수 있고, 또 상대방이 계약대로 이행을 원하는 때에는 이행이 선택될 것이다. 하지만 그렇지 않은 때에는 손해배상이 선택되겠다.

결국 이것은 무권대리행위의 효과를 무권대리인에 귀속시키는 것과 동등하지만 당사자의 의사에 의해서가 아니라 민법 규정으로 생기는 결과라는 점에 주의가 필요하다.

제2항 표현대리

앞에서는 무권대리에 관해서 설명했다. 본항 표현대리에서는 무권대리 중 표현대리라고 불리는 특수한 제도에 관해서 설명하고자 한다.[184] 특수한 예라지만 표현대리에 관한 판례가 꽤 많고 실무상으로도 대단히 중요한 부분에 속한다. 그러므로 실무에서 중요도가 매우 높다. 또한 이론상으로도 흥미가 있는 문제로 그 이유에 관해서는 바로 뒤에 설명한다.

이하의 이야기는 세 가지로 나뉜다. 우선 처음으로 표현대리의 의의와 종류에 관해 설명하고(Ⅰ), 이어서 주요한 해석상의 문제를 다루며(Ⅱ), 마지막으로 적용범위의 확장이라는 현상을 건드린다(Ⅲ).

Ⅰ. 표현대리 제도의 취지

1. 표현대리란 무엇인가

가. 대리제도 중 표현대리의 중요성

우선 표현대리란 무엇인가라는 개념설명부터 시작한다. 어떤 사람이 대리인으로서 계약을 체결한 때 그 행위가 대리의 요건을 만족하고 있다면, 그 행위의 효과는 본인에게 귀속된다는 점은 여러 번 설명하였으므로 반복하지 않는다. 이것이 전형적 · 표준적(normal)인 대리이고, 무권대리에 대하여 유권대리라고 불리는 것도 있다. 하지만 대리인이라 칭하고 있는 자에게 대리권이 없는 때는 행위의 효과는 본인에게 귀속되지 않는다. 이러한 행위는 무권대리가 되고 무권대리인에게 책임이 생긴다. 이같이 대리행위는 대리권의 유무에 의해 유권대리와 무권대리로 이분된다. 이제부터 설명하는 표현대리는 어떤 의미에서는 이 두 가지의 **중간**의 성질을 가진 것으로서 평가하는 것이 가능하다.

중간이라는 것이 의미를 설명하자. 한마디로 말하자면 표현대리는 일정한 요건(이 부분에 관해서는 뒤에서 자세하게 본다)이 충족되면 무권대리 중 유권대리와 마찬가지로 본인에게 효과가 귀속한다. 표현대리의 성립이 문제가 되는 경우에는 대리인 D가 본인 P로부터 (그 계약에 대해) 대리권을 수여받지 않고서 상대방 Z와 계약을 하고 있는 것이 전제로 되어 있다(도표 1.3.1 참조). 그러므로 본래대로라면 이것은 무권대리여서 본인 P에게는 효과가 귀속되지 않고, 무권대리인 D가 책임을 질 뿐이다. 그런데 표현대리의 경우에는 상대방 Z가 본인 P에의 효과귀속을 주장할 수 있는 때가 있다. 그렇다면 표현대리는 마치 유권대리와 다름없이 취급된다.

또 표현대리의 성립을 주장할 수 있는 것은 상대방 Z이고, 무권대리인 D는 표현대리 법리상 표현대리라고 주장할 수 없다. 또 표현대리는 반드시 주장해야만 하는 것이냐는 문제가 있다. 일본 최고재판소 판례는 다른 방식으로, 말하자면, 상대방이 표현대리를 주장하거나 무권대리인의 책임을 추궁하거나를 선택하는 것이 가능하다고 한다.[185] 이에 관한 83다카1489(전)의 사안과 판지는 다음과 같다.

사실관계 1.3.6 표현대리의 본질은 무권대리인가 [83다카1489(전)]

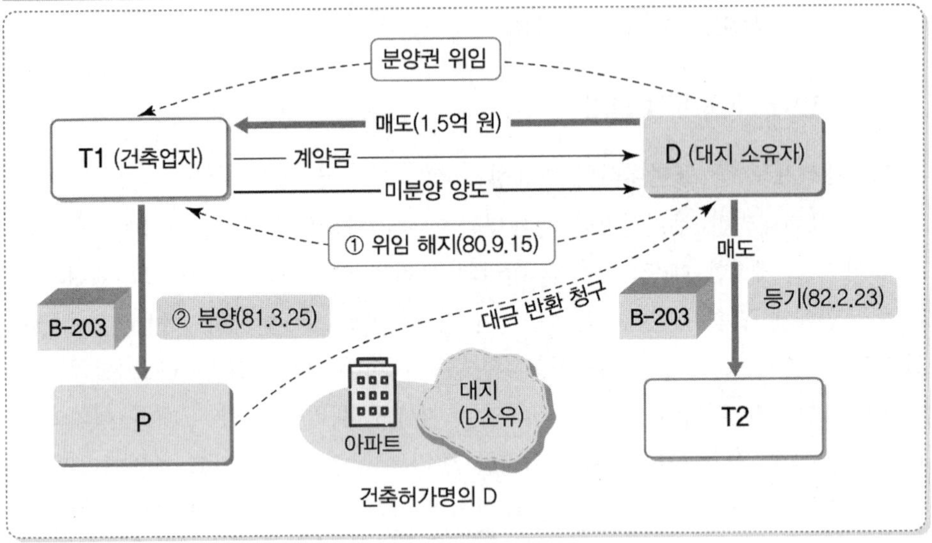

(1) D는 1980.7.1. 아파트건축업자인 T1에게 그의 소유인 이 사건 대지를 대금 1억 5,000만원에 매도하기로 하고, 그 날 계약금으로 1,500만원을 받았다. 위 매매계약 시 D와 T1은 T1이 이 사건 대지에 아파트를 건축하여 매도할 계획이므로 건축허가명의는 일단 D로 하되, 사실상 분양권자인 T1의 편의를 위해 D가 T1에게 아파트분양권을 위임하는 방식을 취하고 T1은 아파트를 매각하여 매매대금을 지급하기로 약정하였다. (2) T1은 아파트 18개의 분양을 시작하였으나 대금을 제대로 지급하지 않자 D는 1980.9.15. 위 아파트 분양위임을 해지한 후 분양위임장을 회수함과 동시에 T1은 아파트를 단독으로 계속 분양하므로 1981.3.7. 당시 미 분양된 아파트 4채를 대지대금에 갈음하여 D가 양수받아 분양하기로 하고, 그 취지를 분양사무실 입구에 공고하였다. (3) 그런데 T1은 1981.3.25. D로부터 분양권을 위임받은 양 가장하여 위 아파트 4채 중 하나인 B동 103호를 P에게 매도하였다. 한편 D는 1982.2.23. T2에게 위 103호를 매도하고 소유권이전등기를 경료해 주었다. 이에 P는 이행불능을 이유로 위 매매계약을 해제하고 D를 상대로 대금(1,450만원)의 반환을 청구하는 소를 제기하였다. 쟁점은 D로부터 분양권을 위임받았다고 가장한 T1로부터 위 아파트 B동 103호를 매수한 P가 D를 상대로 한 소송에서 T1이 D의 대리인이라는 주장에 표현대리 주장도 포함되어 있는지 여부이다.

이에 대해 대법원은 기본적인 전제(법리)로 다음과 같이 판시하였다. "변론에서 당사자가 주장한 주요사실만이 심판의 대상이 되는 것으로서 여기에서 주요사실이라 함은 법률효과를 발생시키는 실체법상의 구성요건 해당사실을 말한다. 표현대리가 성립된다고 하여 무권대리의 성질이 유권대리로 전환되는 것은 아니므로, 양자의 구성요건 해당사실 즉 주요사실은 서로 다르다고 볼 수밖에 없다. 그러므로 유권대리에 관한 주장 가운데 무권대리에 속하는 표현대리의 주장이 포함되어 있다고 볼 수 없다."

이상의 관계를 도표로 표시하면 다음과 같이 된다(도표 1.3.4). 무권대리권이 책임을 지는 경우는 표현대리와 협의의 무권대리인 때(광의의 무권대리)이지만 본인에게 그 효과가 귀속되는 때는 대리인에게 대리권이 있는 때와 표현대리가 일정한 요건을 갖춘 때이다.

도표 1.3.4 표현대리와 무권대리

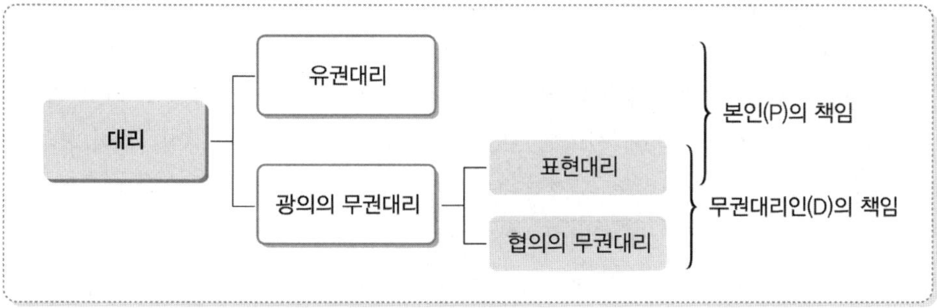

나. 표현대리와 유권대리의 관계-표현대리의 평가

어째서 표현대리의 경우에는 본래 무권대리인 것이 유권대리와 같이 취급되는 것일까.

대리의 기본적인 사고방식으로 보면 이것은 기묘한 것이다. 대리제도는 대리인 D의 행위를 본인 P에게 귀속시키는 제도이지만 이것이 가능한 것은 대리권이 있기 때문이다. 그러나 대리권이 없다면 이와 같은 효과는 발생하지 않는다. D에게 대리권이 **없는**데도, **있다**고 생각해서 거래에 따른 Z는 본인 P에 대해서 효과귀속을 주장할 수 없는 것이 원칙이다(도표 1.3.1 참조). P는 자신이 알지 못하는 곳에서 D가 제멋대로 자기가 대리인이라 칭하여 행한 행위에 대해서 책임을 질 이유가 없기 때문이다. 그러므로 Z로서는 D와 거래할 때는 정말로 D가 P의 대리인인지 여부를 조사할 필요가 있다. 제대로 조사하지 않고서 무권대리인과 계약해 버린다면 본인 P에게 효과를 귀속시키는 것이 불가능해진다.

무엇보다 조사했어도 상대방은 대리권이 있다고 생각해 버리는 때도 있다. 본인 P가 대리인 D에게 무언가의 권한을 주고 있고 그 결과 대리권이 있는 듯이 보이는 경우이다. 이 경우에는 Z가 D에게 대리권이 있다고 생각하는 것은 무리가 아니지 않은가. 또한 P는 효과를 귀속당해도 어쩔 수 없는 것 아니냐는 사고방식으로부터 표현대리라는 제도가 나오게 되었다. 즉 외견상 대리권이 있는 듯이 보이는 점에 착안하여 '마치' 유권대리와 같이 취급하는 것이다.

더욱 추상적으로 말하자면 어떤 법률상태의 **외관**이 있는 때, 본인 P를 희생하면서 그 **외관**을 신뢰한 상대방 Z를 보호해 주는 법리가 된다. 이같이 추상적인 단계에서 생각하면 민법 중에 유사한 제도를 꺼내 보는 것이 가능하다. 예를 들어 108조 2항, 110조 3항을 생각해 내줬으면 한다. 이것들의 규정은 유효한 법률행위가 있다(실제로는 허위표시로 무효이든가 사기로 취소가능하거나 한다)고 생각한 제3자를 보호하는 규정이다. 표현대리는 이것들의 규정과 똑같이 거래에서 제3자를 보호하기 위한 규정이다(P와 D에 대해 상대방 Z가 제3자라는 것). 그리고 제3자 보호의 이유는 **외형**에 대한 신뢰의 보호 법리에서 구해지기 때문이다. 이와 같은 제도들을 표현법리, 외관이론 등으로 부르고 있다. 바꾸어 말하면 표현대리제도는 108조, 110조 등과 같이 표현법리, 외관이론의 일환을 이루는 제도로 생각할 수 있다(이외에 본서의 대상범위에 포함되지 않는 제도로는 249조의 선의취득이라는 것도 있지만, 이것은 물권법 부분에서 다루는 문제이므로 여기서는 더 이상 논의하지 않기로 한다).

그렇다면 법률에서 명백하게 금지된 행위를 한 경우에도 표현대리제도 적용되는가? 판례는, 사립학교법 제16조를 비롯하여 제19조, 제1조 그 밖에 같은 법의 여러 규정을 아울러 살펴보면 사립학교법 제16조에서 학교법인의 재산의 처분에 관한 사항 등을 이사회에서 심의·결정한다고 한 것은 사립학교의 설치 경영을 목적으로 설립된 학교법인의 특수성을 고려하여 그 재정과 사무기능의 적정을 기함으로써 사립학교의 건전한 발달을 도모하고저 하는 데 목적이 있다 할 것이고, 따라서 학교법인을 대표하는 이사장이라 하더라도 이사회의 심의·결정을 거쳐야 하는 이와 같은 재산의 처분 등에 관하여는 법률상 그 권한이 제한되어 이사회의 심의·결정 없이는 이를 대리하여 결정할 권한이 없는 것이라 할 것이므로 이사장이 한 학교법인의 기본재산처분행위에 관하여는 민법 제126조의 표현대리에 관한 규정이 준용되지 아니한다(83다548)고 했다. 또 판례는, 비법인사단인 D주택조합의 대표자가 조합원 총유에 속하는 재산의 처분에 관하여는 조합원 총회의 결의를 거치지 아니하고는 이를 대리하여 결정할 권한이 없고 이러한 처분행위에 관하여는 민법 제126조의 표현대리에 관한 규정이 준용될 여지가 없다(2001다73626)고 했다.

표현대리에 공통되는 특징이라고 생각되는 방식에 대해서는 다시 항을 바꾸어 설명하자.

2. 표현대리의 종류

민법전은 표현대리에 관해 세 가지의 유형을 인정하고 있다고 설명하고 있다 (민법 기초자는 반드시 이것들 세 가지를 전부 정리해서 생각하고 있지는 않았다. 세 가지로 정리하는 것은 일종의 이론이다).

가. 125조 대리권 수여표시에 의한 표현대리

우선 본인 P가 D에 대해서 대리권을 부여했다는 것을 상대방 Z에 대해서 표시한 때는 실제로 대리권을 부여하고 있지 않았어도 D가 P의 대리인으로서 행한 법률행위는 P에게 귀속된다. 125조가 이것을 정하고 있다. 이 규정이 타인이라고 말하고 있는 것은 대리인 D, 제3자라고 말하고 있는 것으로서 상대방 Z에 해당한다.

이 규정의 **요건**에 대해서는 아래에서 검토하겠지만, 여기서는 먼저 **효과**의 측면을 언급해 둔다. 이 규정에서 '책임이 있다'라는 의미는 본인으로서 책임을 진다 (행위의 효과가 귀속된다)라는 것이라고 이해(해석)되고 있다.

더욱이 대리권수여표시가 이루어졌다는 것은 D 앞으로가 아니라고 해도 D를 대리인으로 하는 의사표시가 이루어졌다는 것이 틀림이 없으므로, D의 행위는 애초부터 유권대리라고 이해하는 방식도 전혀 불가능하지는 않다(단 계약에 의하지 않은 대리권수여를 어떻게 설명하는가가 문제가 된다). 실제로 민법 기초자 중에는 이와 같이 생각하고 있던 사람도 있다. 하지만 그 후에는 이것을 표현대리의 하나의 유형으로서 해석하는 것이 지배적인 견해이다.

나. 126조 권한을 넘는-권한유월(踰越)-표현대리

어떤 법률행위의 대리권을 부여받은 사람(D)이 부여된 대리권한 외의 행위를 한 때 만약 상대방(Z)이 그 점에 대해서 권한이 있다고 믿을 만한 사정(정당한 이유)이 있다면, 역시 그 행위의 효과는 본인 P에게 귀속된다(126조). 이것도 **요건**에 관해서는 대리권수여표시에 의한 표현대리와 함께 뒤에서 상세하게 설명하지만 먼저 **효과**를 보자면, 조문상 125조를 준용한다고 되어 있고 먼저의 설명이 맞아떨어진다.

다. 129조 대리권소멸 후의 표현대리

일단 대리인이 된 자(D)의 대리권이 소멸하였는데 계약의 상대방(Z)이 이것을 과실 없이 알지 못한 때에도 D의 행위의 효과는 본인 P에게 귀속된다(129조). 129조의 효과는 조문상 125조, 126조와 조금 다르게 쓰여 있다('대항하지 못한다'라고 되어 있다). 하지만 해석으로서는 125조, 126조, 129조는 통일적으로 이해되고 있고 문언의 차이는 별로 중시되고 있지 않다.

또 대리권의 소멸원인으로서 위임계약의 종료 외에 본인의 사망, 대리인의 사망·성년후견의 개시 또는 파산을 들고 있다(127조).

Ⅱ. 표현대리 제도에 관한 해석상의 여러 가지 문제

다른 표현제도에서 보는 것과 같이 표현대리에서 중요한 것은 본인과 상대방의 이해조정을 어떻게 도모하는가라는 점이다. 표현대리는 무권대리인의 행위를 본인에게 예외적으로 귀속시키는 제도이므로 본인 측에서는 효과를 귀속 당해도 별 수 없다는 사정이 필요하고(본인 측의 요건=귀책사유), 상대방 측에는 대리권이 있다고 믿은 것은 무리가 아니라는 사정이 필요하다(상대방의 요건=보호사유). 이것은 표현대리에서 넓게 이해되고 있는 기본적인 사고방식이다.

표현대리의 세 종류에는 모두 다 이상과 같은 양 당사자의 사정을 고려하기 위한 요건이 **조문**상 또는 **해석**상 설정되어 있다.

그중 가장 알기 쉬운 것은 129조이다. 129조의 경우 일단은 D를 대리인으로 신뢰해서 대리권을 부여했다. 그리고 그것이 없어진 것을 세상에 철저하게 주지하지 않았다는 것이 본인 P의 귀책사유가 된다. 다른 한편 상대방 Z에게는 선의·무과실이 요구되지만, 이것이 상대방을 보호하기 위한 사유가 된다.

이에 반해 125조, 126조의 경우에는 두 가지의 사유에 대해서 불명료한 점이 적지 않다. 이하 주요한 문제점에 관해 설명하자. 앞에서는 표현대리의 효과에 관해 설명했는데 여기부터는 표현대리 성립요건에 관한 설명이다. 이 부분은 실무에서 중요도가 매우 높다.

1. 표현대리 성립에서 본인에 관한 요건

가. 대리권수여의 표시 · 대리인 권한의 종류

125조의 경우에는 무언가의 대리권수여표시를 한 것이, 그리고 126조의 경우에는 어찌되었든지 간에 무언가의 어떤 대리권(기본대리권이라 부른다)을 부여한 것이 본인 측의 귀책사유로 되어 있다. 지금 '무언가의'라고 설명했지만 이 대목이 정말로 문제가 되는데 어떠한 대리권수여표시 · 어떠한 대리인의 권한이 125조의 대리권수여표시, 126조의 기본대리권이 되느냐가 쟁점이다. 이 점에 관해서는 판례를 통하여 조금 더 자세하게 보자.

(1) 대리권수여표시–명의대여

본인이 타인에게 자기의 이름으로 거래를 하도록 허락한 이른바 명의대여의 경우에도 125조가 적용되는가? 한편 명의대여로 이루어진 행위가 대리행위에 해당하는 것인가는 의사표시 일반원칙에 돌아가 해석할 수 있다. 이에 관한 97다53762의 사안과 판지는 다음과 같다.

사실관계 1.3.7 125조 대리권 수여 표시에 의한 표현대리의 요건 [97다53762]

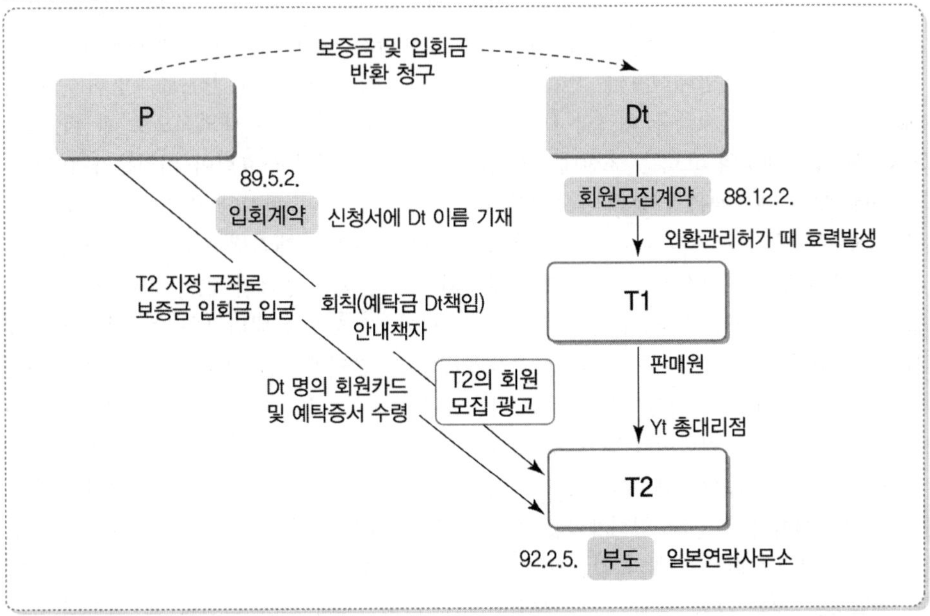

(1) 호텔과 골프장을 운영하는 Dt(피고들)는 1988.12.2. 일본국 법인인 T1회사와 사이에 Dt가 운영하는 호텔 등의 시설이용에 우대를 받을 수 있는 회원('우대회원')을 일본국 내에 주소를 둔 자를 대상으로 모집하기 위한 계약(이하 '이 사건 계약'이라고 한다)을 체결하면서, 그 계약의 효력은 Dt가 대한민국 외환관리법령에 따라 재무부장관이 정하는 외환관리상의 허가·승인 또는 인증('외환관리허가')을 얻는 날 발생한다는 특약을 하였다. (2) T1회사는 그 후 Dt가 외환관리허가를 얻지 못하고 있는 가운데, T1회사를 '판매원', T2회사를 Dt의 '일본 연락사무소 및 총대리점'으로 기재하고 회원증서는 Dt가 발행하여 우송한다는 내용을 담은 회원안내책자를 발간하고, 예탁금의 반환은 Dt 책임이라는 내용을 담은 회칙 등을 사용하여 회원모집에 대한 안내를 하였으며, 1989.3.27. Dt의 총대리점인 T2회사가 Dt가 운영하는 호텔 등의 시설에 대한 우대회원을 모집한다는 광고를 게재하는 한편 P의 사무실에서 그에 대한 설명회를 개최한 후, 같은 해 4.27.부터 같은 달 30.까지 회원가입을 희망하는 10여명의 시찰단으로 하여금 Dt가 운영하는 호텔 등의 시설을 이용하도록 알선하였다. (3) 이에 P는 1989.5.2. 법인회원으로 T2회사와 Dt 이름이 기재된 입회신청서 서식으로 된 입회계약을 체결하고, 그 보증금 및 입회금으로 합계 금 4,800,000엔의 일화를 T2회사가 지정하는 은행구좌에 입금하였다. T2회사는 P에게 Dt 명의로 된 회원카드와 보증금 및 입회금의 영수증 그리고 예탁증서 및 입회승인통지서를 교부하여 주었다(그러나 T2회사는 1992.2.5.경 부도를 내고 도산하였다). P는 Dt가 P에게 우대회원 대우를 하여 주지 아니하므로 이를 이유로 입회계약을 해제하고 P는 납부한 보증금 및 입회금의 반환을 구하는 부당이득금반환 청구의 소를 제기하였다. 쟁점은 P가 T2회사와 입회계약을 체결할 당시 외환관리허가라는 정지조건이 성취되지 아니하여 T2회사에게 체약대리권이 발생하지 아니하였다고 하더라도 Dt는 T2회사로 하여금 회원안내책자의 작성·사용을 Dt의 승낙 또는 묵인하에 사용하게 하여 Dt의 이름으로 입회계약을 체결할 대리권이 있다는 표시를 널리 대외적으로 한 바 있으므로, 위 입회계약의 효력은 표현대리의 법리에 따라 Dt에게도 효력이 미치는가이다.

이에 대해 대법원은 기본적인 전제(법리)로 다음과 같이 판시하였다. "민법 제125조가 규정하는 대리권 수여의 표시에 의한 표현대리는 본인과 대리행위를 한 자 사이의 기본적인 법률관계의 성질이나 그 효력의 유무와는 직접적인 관계가 없이 어떤 자가 본인을 대리하여 제3자와 법률행위를 함에 있어 본인이 그 자에게 대리권을 수여하였다는 표시를 제3자에게 한 경우에는 성립될 수가 있고, 또 본인에 의한 대리권 수여의 표시는 반드시 대리권 또는 대리인이라는 말을 사용하여야 하는 것이 아니라 사회통념상 대리권을 추단할 수 있는 직함이나 명칭 등의 사용을 승낙 또는 묵인한 경우에도 대리권 수여의 표시가 있은 것으로 볼 수가 있다." 이 사건에 들어가 대법원은 다음과 같이 적용하였다. "T2 회사가 P 등과 입회계약을 체결한 것은 Dt를 대리하여 한 것이라고 볼 수 있으므로, 만일 T2 회사가 위와 같은 명칭 등을 사용하여 회원모집안내를 하거나 입회계약을 체결하는 것을 Dt가 승낙 또는 묵인한 바 있다면, 그에 의하여 민법 제125조의 표현대리가 성립될 수가 있다"고 판시하였다.

일본 최고재판소 판례는 명칭(동경지재후생부(東京地裁厚生部))의 사용을 **묵인**했다는 사실이 표시에 해당하는가가 문제가 되었다.[186] 일반론부터 들어가 보자. 무릇 대리권을 수여했다는 표시(대리권수여표시)로서 생각할 수 있는 것은 어떠한 때인가. 상대방 Z에 대해서 본인 P가 '대리권을 D에게 주었다'라는 표시가 있었다면 문제는 없다. 그러기 위한 수단으로서는 상대방(Z)에게 직접 연락, 공시, 대리인(D)에게 위임장의 교부 등이 생각될 수 있다. 그리고 보통 대리권수여표시는 특정인에게 할 수도 있고, 백지위임장을 교부하는 때와 같이 불특정다수인에게 할 수도 있다. 그러나 실제로 문제가 되는 많은 경우는 대리권이 있다고 추단할 수 있는 직함이나 명칭을 타인이 사용하는데도 불구하고 본인이 명시적 또는 묵시적으로 그렇게 하도록 승인하는 경우이다.

일본 최고재판소는 어떻게 판단했는가. 명칭・칭호 등의 사용을 허락하고 대리행위의 외형을 만들어 낸 자는 이 외형을 신뢰한 제3자에 대해 책임을 지는 것으로 판시하였다. 조문과 비교해보면 이것은 다소 느슨한 표시를 인정한다는 것이라고 말할 수 있다. 적극적인 행위를 필요로 하지 않고 묵인으로 족하다는 것으로 하고 있기 때문이다(위에서 살펴본 바와 같이 108조 2항 유추법리와 비교하라).

(2) 권한을 넘은 표현대리에서 기본대리권－등기신청행위 등

125조가 법정대리에도 적용되는가? 여기서도 일반론부터 시작하고 싶다.

권한을 넘은(권한유월) 표현대리의 전형적인 예는 어떠한 것인가를 생각해보자. 예를 들어 대리인 D가 1억 원을 빌리는 권한을 부여받았는데 2억 원을 빌려 버린 경우 돈을 꾸기 위해 저당권을 설정하라는 권한을 부여했는데 이것을 매각해버린 경우 또는 아파트관리 권한을 부여했는데 이것을 매각해버린 경우 등 다양한 경우를 생각할 수 있다. 그러나 이상의 예로는 어떠한 것도, 기본대리권은 법률행위(계약)를 하는 권한이다. 하지만 일본 최고재판소 판례는 등기신청의 대리권이 기본대리권이 되느냐가 문제가 되었다. 통상의 법률행위와 달리 등기신청행위는 공법상의 행위이지만, 이와 같이 사법상의 대리권이 아닌 것이라도 기본대리권이 될 수 있는가가 다투어졌다. 결론으로서 등기신청대리에도 표현대리의 성립을 부정하지 않았다. 등기신청의 대리권도 기본대리권이 될 수 있다고 했다. 이때의 논거(주문에 붙여진 판결 이유)는 등기신청도 특정한 사법상의 거래행위의 일환

으로 하는 것이라고 했다.[187] 거래행위와의 일체성 · 연속성을 중시한 것이다. 그렇다면 판례는 어떤 견해에 입각해 있을까? 이에 관한 97다3828의 사안과 판지는 다음과 같다.

사실관계 1.3.8 127조 표현대리의 정당한 이유 및 판단기준시기와 법정대리 적용 가부 [97다3828]

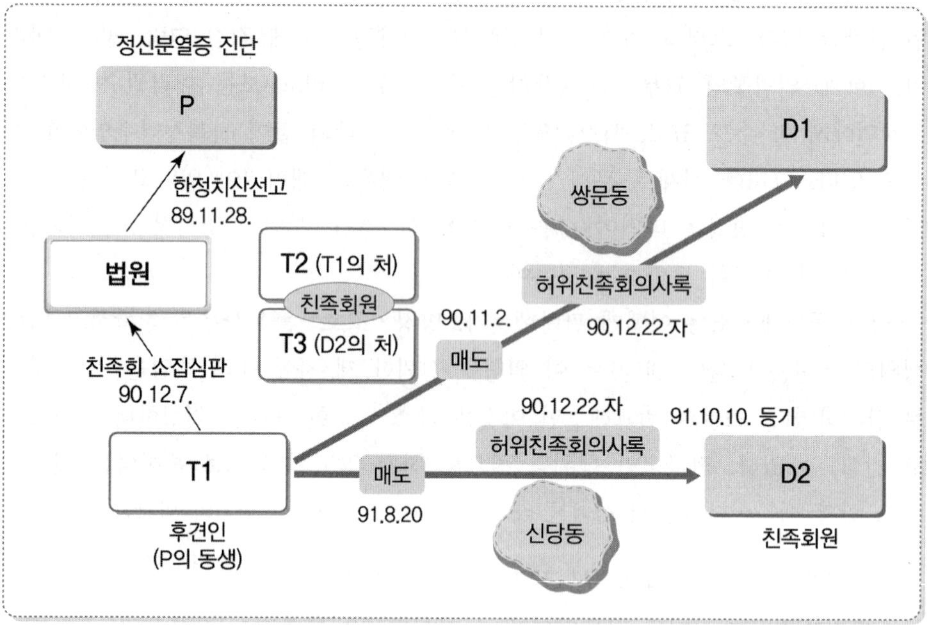

(1) P가 정신분열증 등의 진단을 받고 국립서울정신병원에 강제입원되어 있는 동안 P의 동생인 T1의 신청에 의하여 서울가정법원으로부터 P는 1989.11.28.자로 한정치산선고를 받았고, 뒤이어 위 T1이 P의 후견인으로 선임되었다. (2) 그 후 서울가정법원은 T1의 신청에 의하여 1990.12.7.자 같은 법원 90느8191호로 한정치산자인 P의 친족회원으로 D2, T1의 처인 T2, D2의 처인 T3을 선임하고, 후견인인 T1이 P 소유의 이 사건 부동산들(신당동 및 쌍문동 소재)을 포함한 여러 부동산을 매각함에 있어서 그 동의 여부를 의결하기 위한 친족회를 1990.12.22. 10:00 P의 거택에서 소집한다는 심판을 하였다. (3) 그런데 T1은 1991.8.20.경 이 사건 신당동 부동산을 D2에게 금 120,000,000원에 매도한 다음 실제로 친족회가 소집되거나 개최된 바도 없이 허위로 작성된 친족회원 3인 명의로 매도 결의 취지가 적힌 1990.12.22.자 친족회 의사록을 첨부하여 1991.10.10. D2 앞으로 소유권이전등기를 경료하여 주었다. (4) 한편 T1은 1990.11.2.경 D1에게 이 사건 쌍문동 부동산을 매도하였다. 그러나 D1이 매수할 당시에는 위 부동산의 처분에 관하여 법원으

로부터 친족회원의 선임이나 그 동의의결을 위한 친족회의 소집에 대한 심판을 받지 아니하였다. 위 매매에 동의한다는 취지가 담긴 친족회 의사록이 구비되지도 아니하였다가 사후에 서울가정법원으로부터 친족회원의 선임 및 친족회의 소집에 관한 1990.12.7.자 심판을 받은 다음 허위로 작성된 1990.12.22.자 위 친족회 의사록을 첨부하여 등기신청을 하고 D1 앞으로 소유권이전등기를 경료하였다. 이에 P는 한정치산선고를 받아 P의 후견인인 T1이 친족회의 동의 없이 P의 부동산을 D2에게 매도(처분)하였으나, 위 한정치산선고가 취소되어 능력자로 복귀하였으므로 T1의 위 매도행위를 취소하여 D2를 상대로 소유권이전등기의 소를 제기하였다. 쟁점은 ① 표현대리 법리는 친족회의 동의와 같은 공법행위에도 적용될 수 있는가, ② D들이 친족회의 동의가 있었는지 여부를 확인하였어야 하는데도 막연히 부동산 중개업자를 통하여 T1이 P의 후견인으로 선임된 후 1년 이상 이 사건 부동산의 관리를 전담하여 온 사실만을 확인한 것이(매매 당시 친족회의 동의를 받았는지 여부에 대해서는 전혀 확인하지 않은 것이) 친족회의 동의가 있다고 믿은 데에 정당한 이유가 되는가 여부이다.

이에 대해 대법원은 기본적인 전제(법리)로 다음과 같이 판시하였다. "민법 제126조 소정의 권한을 넘는 표현대리 규정은 거래의 안전을 도모하여 거래상대방의 이익을 보호하려는 데에 있으므로 법정대리라고 하여 임의대리와는 달리 그 적용이 없다고 할 수 없고, 따라서 한정치산자의 후견인이 친족회의 동의를 얻지 않고 피후견인의 부동산을 처분하는 행위를 한 경우에도 상대방이 친족회의 동의가 있다고 믿은 데에 정당한 사유가 있는 때에는 본인인 한정치산자에게 그 효력이 미친다." 이 사건에 들어가 대법원은 다음과 같이 적용하였다. "이 사건에서 매매 당시 이미 이 사건 신당동 소재 부동산에 관하여 친족회원의 선임 및 친족회의 소집에 관한 법원의 심판이 있었고 그에 따른 동의의 뜻이 담긴 친족회 의사록을 구비하고 있었던 이상 매수인인 D2로서는 위 T1이 P의 후견인으로서 P 소유의 위 부동산을 처분함에 있어서 친족회의 동의를 받았다고 믿을 만한 정당한 이유가 있었다."

그러면 인감증명서의 교부나 주민등록표 교부의 대리 신청 권한도 기본대리권으로 인정될 수 있는가. 대부분 대리인이라고 하는 자가 가족관계등록부 등 일정한 신분관계를 나타내는 서류를 보여주고 또 상대방이 이것으로 대리권이 있다고 믿는 때에 법정대리권이 문제가 된다.[188] 전자는 아슬아슬하지만 후자는 아마 인정되지 못할 것이다(전자도 사자라고 생각하면 안 됨). 좀 더 들여다보면 기본대리권이 될 만한지 여부를 판단함에 있어서는 행위의 중요도도 영향을 받는다(등기신청은 부동산거래에서 필요하고도 꾀나 중요한 행위이지만, 단순한 인감증명서 교부나 주민등록표 교부는 그렇지 않다). 좀 더 구체적으로는 인감도장(실인)이나 등기권리증 등을 맡겨뒀는가 어떤가도 관련지어 생각해보면 그러하다. 이에 대해 판례는 "민법 제126조의 표현대리가 성립하기 위하여는 무권대리인에게 법률행위에 관한 기본대리권이 있어야 하는바, 증권회사로부터 위임받은 고객의 유치, 투자상담 및 권유, 위탁매매약정실적의 제고 등의 업무는 사실행위에 불과하므로 이를 기본대리권으로 하여서는 권한초과의 표현대리가 성립할 수 없다" 판시하였다. 그러므로 기본대리권은 법률행위에 한정된다는 것으로 정리해도 좋다.

이상과 같이 125조에서나 126조에 관해서도 표현대리가 성립되기 위한 본인에 관한 요건은 조문보다도 느슨하게(표현대리도 인정하는 방향으로) 해석되고 있다고 말할 수 있다. 그러나 무엇보다도 이 요건을 한없이 느슨하게 한다는 것은 아니다.

나. 대리권수여표시의 수신인

대리권수여표시는 위임장에 의해 이루어지는 것이지만, 때에 따라서는 대리인 D에게 **백지**위임장이 교부되는 것이 있다. 백지위임장이란 위임장의 필요 사항의 일부가 빠져 있는 것을 말하지만 이 결여가 원인이 되어 문제가 생기는 것이 있다. 문제는 빠져 있는 필요사항의 성질에 의해 두 가지로 크게 분류할 수 있다. 하나는 대리인의 **권한**의 기재가 빠져 있는 경우인데 이때는 권한을 넘은 대리행위가 생기는 것이고 126조의 문제로 귀착된다. 다른 하나는 위임장의 **수신인**이 공란으로 된 때인데 여기서는 후자의 경우에 대해서 생각하고 싶다.

우선 위임장은 누구 앞으로 되어 있느냐를 생각해보자. 대리인 D와 상대방 Z(P가 D에게 교부하고, D는 Z에게 제시하므로)가 답이다. 공란은 이 쌍방에 대해서 생길 수 있다. 그 결과로서 다음과 같은 분쟁이 생기게 된다.

첫째, 위임장에 대리권을 수여한 자(D)의 이름이 표시되어 있지 않으면, D 이외의 자(D′)가 위임장을 사용하는 때가 있을 수 있다(①). 둘째, 위임장에 법률행위의 상대방(Z)의 이름이 표시되어 있지 않으면, Z 이외의 자(Z′)에 대해 위임장이 사용되는 때가 있을 수 있다(②).

그럼 ①②의 경우 각각 대리권수여표시가 있다고 말할 수 있는가에 대답하기 위해선, 누구에 대해 어떠한 표시가 이루어졌다고 봐야 하는지를 생각할 필요가 있다. ①이라면, 'D′에 대리권부여'라고 Z에게 표시한 것이 되고, ②라면, 'D에게 대리권부여'라고 Z′에 표시한 것이 된다.

일본 최고재판소 판례는 백지위임장 사건에서 이것들의 문제 중에서 ②에는

125조를 적용하는 것을 전제로 하고 있는 모양이지만(상대방 표시 있음), ①에는 적용하지 않았다(상대방 표시 없음).[189] 왜일까. 일본 최고재판소 판례는 ①은 거래의 상태가 아니기 때문에 표시로 평가할 수 없다고 설명했다(이 같은 경우는 예상하기 힘들기 때문에 귀책성이 부족하다).

여기서는 본인에 관한 요건은 유형에 따라 어떤 경우에는 125조를 적용하고, 어떤 경우에는 적용하지 않는 방법으로 요건이 완화되는 것과 같이 적용 한계도 만들어져 있는 것이다.

2. 표현대리 성립을 위한 상대방에 관한 요건

이상과 같이 본인 측의 요건은 꽤 느슨하게 되어 있다. 물론 이것은 거래 안전(동적 안전)의 요청에 의한 것이지만, 이 요청만으로 모든 것이 결정된다는 것은 아니다. 본인 측의 요건 완화도 보충되는 듯한 경향도 없는 것이 아니라, 상대방에 관한 요건에 관해서도 매우 완화하는 경향이 나타나 있다.

가. 민법조문의 취급과 해석상의 취급

전에 건드렸던 대로 125조와 129조에는 표현대리 성립을 위해 상대방은 선의 · 무과실(법문에는 '과실로 인하여 그 사실을 알지 못한 때'라고 되어 있다)이어야 한다는 요건이 확실히 쓰여 있다. 이것에 대해 개정 전 125조에는 특별한 요건은 쓰여 있지 않았고, 126조에는 정당한 이유라는 문언이 있을 뿐이었다.

그러면 먼저 125조, 129조, 126조에 관해 표현대리가 성립되려면 상대방의 요건을 어떻게 생각해야 하느냐가 이하의 문제이다.

125조에 관해 일본 최고재판소 판례는 상대방에게는 선의 · 무과실이라는 요건이 필요하다고 한다.[190] 보다 자세히 말하면 이 요건은 소극적 요건으로서 상대방에게 입증책임은 없다(상대방은 대리권수여표시만을 입증하면 된다). 반대로 본인 측에서 상대방의 악의 또는 과실을 입증한다면 표현대리의 성립은 저지된다. 129조에 관해서도 똑같이 해석되고 있다. 단 조문상은 선의가 적극적 요건으로 되어 있고 무과실(법문은 '사실을 알지 못한 때')만이 소극적 요건이다. 이 같은 판례의 사고방식은 현재로는 민법에 명문화되어 있다(125조와 129조 단서를 보라). 다음으로 126조 표현대리에 관한 것이지만, 거기서 말하는 정당한 이유는 선의 · 무과실과 같은 것이라는 게 일반적 사고방식이다. 바꾸어 말하면 여기서 말하는 정당한 이유는 상대방 Z가 대리인 D에게 당해 행위를 할 권한이 있다고 믿었고(선의) 또 그렇게 믿은 데 대하여 과실이 없다(무과실)는 것을 의미한다.[191] 물론 정당한 이유의 입증책임은 상대방에게 있다. 이렇게 해석하여야 하는 이유는 126조의 표현대리에서는 대리권 외관 자체가 일반적으로 본인이 직접 관여하여 만들어진 것이므로 125조나 129조와 달리 본인 P가 입증책임을 진다고 볼 수 없고, 나아가서 법문의 구조를 보더라도 이를 표현대리의 적극적 요건으로 규정하고 있기 때문이다.[192]

그렇다면 판례는 126조 권한을 넘은 표현대리의 성립요건을 어떻게 보고 있는지 살펴보자. 이에 관한 91다3994의 사안과 판지는 다음과 같다.

사실관계 1.3.9 126조 권한을 넘은 표현대리 [91다3994]

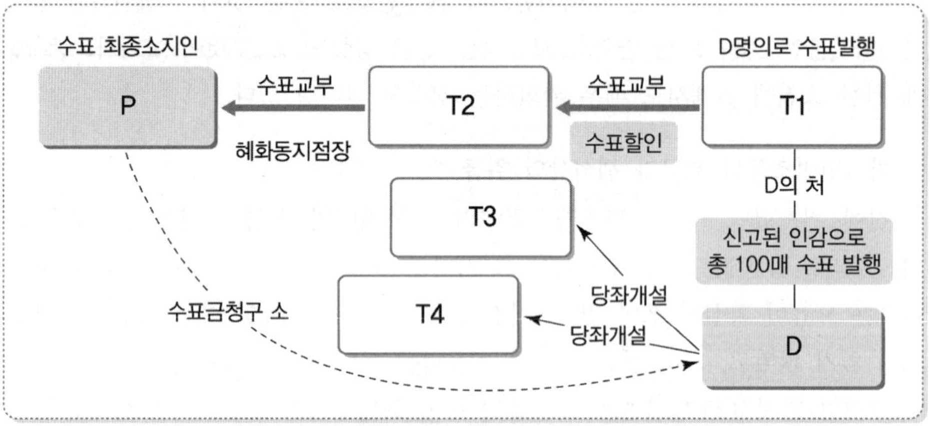

(1) D 처인 T1은 1989.9.4.경 수표할인을 받기 위하여 D가 T3 은행 구미지점에 신고한 인감도장을 사용하여 T2에게 이 사건 수표를 발행하였다. P는 T1이 T2에게 발행한 이 사건 수표를 순차로 양수받아 최종 소지인이 되었다. 이 사건 수표의 이자 명목으로 지급한 D 명의의 가계수표 1매는 같은 해 10.4. 지급되었다. (2) 그런데 D는 경북 상주군에서 가스를 판매하는 상회를 경영하면서 1985.2.16. T4 은행 상주지점에 당좌를 개설하였고, 1989.4.1.경부터는 구미시에도 별도로 가스대리점을 경영하면서 같은 해 6.26. T3 구미지점에 당좌를 개설하였다. 그리하여 T1은 위 상회의 경리업무를 보면서 1988년부터 약 2년 동안 D의 위 거래은행으로부터 D의 수표용지를 수령해서 대리점에서 사용하는 D의 인장이나 D의 위 거래은행에 신고된 인장을 사용하여 모두 100여장의 D 명의의 수표를 발행해 왔으나 D가 피사취계를 내기 전까지는 대부분의 어음과 수표가 정상적으로 지급되어 왔다. (3) 한편 T1은 1988년경 T5에게 현금 및 D 명의의 수표로 합

계 금 35,000,000원을 대여하였다가 이를 받지 못하자 1988.10.27. T5 소유의 광업권을 양수하기로 하는 공정증서를 작성한 후 이러한 사실을 D에게 알린 적이 있고, D도 그 무렵부터 T1이 D 명의의 수표를 발행해오고 있는 사실을 알고 있었다. (4) P는 이 사건 수표의 최종 소지인으로서 수표금 청구의 소를 제기하였다. 쟁점은 T2가 T1에게 D를 대리하여 D 명의의 이 사건 수표를 발행할 권한이 있다고 믿을 만한 충분한 사정이 있었다고 할 수 있느냐는 것이다.

이에 대해 대법원은 "D는 T1의 수표 발행을 위와 같이 방치함으로써 위 수표를 교부받은 T2로 하여금 T1이 D 명의의 수표를 발행할 권한이 있다고 믿게 할 만한 외관을 조성하였고, T1이 D 명의의 이 사건 수표를 발행할 때 그 상대방인 T2로서는 종전의 수표들이 정상적으로 지급된 이상 T1에게 D를 대리하여 D 명의의 이 사건 수표를 발행할 권한이 있다고 믿을 만한 충분한 사정이 있었다" 판시하였다.

나. 민법의 표현대리 조문의 일반조항화 경향

이상과 같이 상대방의 요건(보호사유)에 관해 조문상으로는 어쨌든 해석론으로서는 125조, 126조, 129조의 어느 쪽의 경우에도 상대방의 선의・무과실이 요건으로 되어 있다. 세 가지의 규정은 표현대리로서 일괄하여 생각되고 있다는 것은 이 점에도 나타나 있다(그러므로 이 부분은 이론에 의해 해석하는 방향이 잡혀 있다).

(1) 상대방의 무과실을 판단하는 방법

그런데 이것들의 규정에서 말하고 있는 무과실이란 어떠한 것인가. 우선 구체적으로 말하자면 대리인이 **인감도장**(**실인**)이나 **등기권리증**(어느 쪽도 부동산의 처분에서는 상대방을 믿게 하여 주는 중요한 역할을 다한다)을 소지하고 있는 경우에는, 처분권한이 있다고 믿은 점에 대해 상대방이 과실이 없다(무과실)는 것으로 취급될 가능성이 높다고 말해진다. 판례는 대리인이라고 말하는 자가 부동산소유권자의 권리문서와 인감증명서, 인감도장을 소지하고 자기가 대리인이라고 표명하여 근저당권설정계약을 체결하였을 때 정당한 이유가 있다고 보았다(68다999). 이때에 어떻게 인감도장(실인)이나 등기권리증을 입수했는가(본인과 대리인의 관계)도 실제 재판에서 고려된다고 말해진다. 그렇다면 정당한 이유 법리를 어떻게 구성해야 본인과 상대방 사이의 이해관계의 균형을 잡을 수 있을까. 그렇다면 판례는 어떤 견해에 입각해 있을까? 이에 관한 88다카13219의 사안과 판지는 다음과 같다.

사실관계 1.3.10 126조 월권대리에서 정당한 이유 [88다카13219]

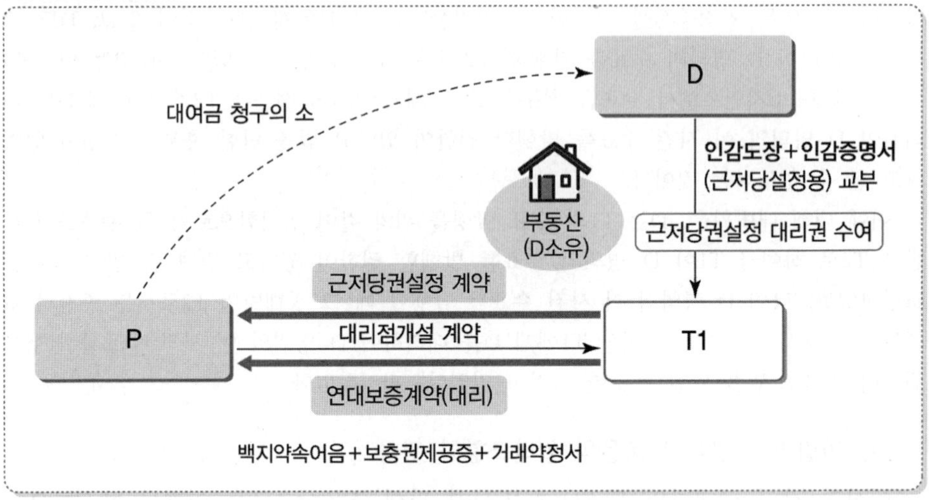

(1) D는 식품제조업체인 P 회사와의 사이에 P의 금호대리점개설계약을 체결하기 위해 T1에게 자기 소유의 이 사건 부동산에 대한 근저당권설정에 사용하라면서 D의 인감도장과 용도가 근저당권설정용이라고 기재된 인감증명서를 교부하였다. (2) P는 1984.7.11. D를 대리한 T1과 P의 금호대리점개설계약을 체결함에 있어서, D의 P에 대한 물품대금채무를 담보하기 위하여 D를 대리한 T1과 D 소유 부동산에 관하여 근저당권설정계약을 체결하였다. 그런데 T1은 위 근저당권설정에 필요한 서류 외에도 P의 직원으로부터 받은 백지약속어음, 백지어음보충권제공증, 거래약정서 등의 발행인 또는 보증인 란에 D의 도장을 찍어 P의 직원에게 교부함으로써 D를 대리하여 P와 연대보증계약도 체결하였다. (3) P는 D를 상대로 대여금 청구의 소를 제기하였다. 쟁점은 P가 T1과 연대보증계약을 체결함에 있어서 T1이 위조한 백지약속어음, 백지어음보충권제공증, 거래약정서 등과 근저당권설정에 필요한 서류 및 D의 인감도장, 용도가 근저당권설정용으로 된 인감증명서 등을 소지하고 있었다는 점으로 D를 대리하여 위 연대보증계약을 체결할 권한이 있는 것으로 믿는 데 정당한 사유가 있느냐는 것과 이때 정당한 사유는 어떻게 판단하여야 하느냐는 것이다.

이에 대해 대법원은 기본적인 전제(법리)로 다음과 같이 판시하였다. “표현대리에 있어서 상대방이 대리인이라고 칭하는 자가 대리권을 갖고 있다고 믿었음에 과실이 있는가의 여부는 계약성립 당시의 제반사정을 객관적으로 판단하여 이를 결정하여야 한다.” 이 사건에 들어가 대법원은 다음과 같이 적용하였다. “대리인이라 칭하는 T1이 국민학교만을 졸업하여 계약내용을 충분히 이해할 능력이 부족하더라도 T1이 그 계약당시 위와 같이 위조한 각 서류와 근저당권설정에 필요한 서류 및 D의 인감도장, 용도가 근저당권설정용인 인감증명서 등을 소지하고 있었다는 점만으로는 P가 T1에게 D를 대리하여 연대보증계약을 체결할 권한이 있는 것으로 믿는데 정당한 사유가 있었다고 보기 어렵다."

정당한 이유에 관해 좀 더 이론적으로 바라보면, 다음의 두 가지의 점에서 주의할 필요가 있다. 첫째로, 과실의 유무의 판단은 대리인이 가리킨 권한의 외관이라는 **객관**적 사정에 의존하고 있다는 것이고, 둘째로, 과실의 유무의 판단에 있어서는, 상대방의 사정만이 아니라 **본인** 측의 사정도 함께 고려되고 있다는 것이다. 이것은 당사자들의 직업이나 사회적 지위 또는 본인과 대리인 사이의 인적 관계도 고려되어야 한다는 것을 의미한다. 대법원 81다524사건에서 보듯이 인적 관계가 인감이나 등기필증을 쉽게 접근하여 획득한 경우에는 과실을 부정하는 방향으로 작용할 수도 있다는 것으로 알 수 있다.

한편 정당한 이유를 판단하는 시기는 언제로 해야 하는가? 정당한 이유를 판단하는 시기는 대리행위시(계약체결시)인가 계약이행시인가가 문제되는데, 참고로 학설은 대리행위 당시라고 보고 있다. 그러므로 판례는 대리인이 계약을 체결한 후 잔금을 수령할 때가 되어서야 비로소 본인 명의의 등기권리증을 상대방에게 제시한 사정은 과실의 유무의 판단에서 고려될 수 없다(97다3828)고 판시하였다.[193]

이같이 실제로는 상대방의 (선의)무과실의 판단은 본인과 상대방의 모든 사정을 종합적으로 고려해 이루어지는 경향에 들어서 있다. 이것은 말하자면 이 요건이 일반조항화되어가고 있다는 것을 의미한다.

(2) 126조 권한을 넘은 표현대리에서 정당한 이유의 판단

이와 같이 표현대리 성립을 위해 상대방의 (선의)무과실을 요건으로 하는 경향은, 세 가지의 규정의 어느 쪽에도 많든 적든 인정되지만, 특히 126조에서 현저하다(그 결과 정당한 이유는 종합하여 판단되는 경우가 많고, 입증책임의 소재도 애매하게 되어 있다). 그 이유로서는 다음의 두 가지가 생각된다. 첫째는, 126조에 관해서는 본인에 관한 요건의 완화가 뚜렷하다는 것이다. 하지만 이것은 125조에도 해당된다. 다른 하나는 세 가지의 규정 중 126조가 적용되는 때가 많다는 것이다. 거기에다가 표현대리를 인정할 것인지 여부가 문제되는 한계적 사례에 대해서 125조나 129조도 같이 적용된다는 것이 많다. 이 마지막 쟁점이, 다음의 주제(테마)가 된다.

그러면 실무에서 상대방 Z가 표현대리를 주장하는 때의 요건사실에 관해 정리해보자. 먼저 권한을 넘은 표현대리에 관한 요건부터 본다. P가 그 소유의 토지에

저당권을 설정해서 금전소비대차계약을 체결하는 권한을 D에게 수여했는데 D는 P의 대리인으로서 Z와 매매계약을 체결하였다는 사례를 들어본다. Z가 126조 표현대리를 주장하려면 ① D와 Z가 매매계약을 체결한 사실, ② D가 P의 대리인이라고 표시한 사실(현명), ③ Z가 D에게 당해 계약(법률행위)에 관해 대리권이 있다고 믿은 사실, ④ Z가 ③에서 보듯이 믿은 데 정당한 이유(법률행위를 할 권한이 있다고 믿음에 과실이 없었다)가 있다는 것을 근거로 삼을 수 있는 구체적 사실(평가근거사실), ⑤ 당해 계약(법률행위) 이외의 특정한 법률행위에 관한 대리권(기본대리권)이 발생했다는 사실을 주장·입증해야 한다. 한편 129조 표현대리를 주장하는 때는 대리인 D에게 대리권이 있었는데 대리행위 당시에는 대리권이 소멸했다는 사실과 대리인 D가 기존의 대리권의 범위 내에서 법률행위를 한 사실을 주장·입증해야 한다.

Ⅲ. 표현대리에 관한 민법의 적용범위의 확장

1. 표현대리 기본형의 분류

앞에서는 민법에 존재하는 표현대리제도 즉 125조, 126조, 129조가 정하는 표현대리가 어떤 것인가를 개괄적으로 설명했다. 여기서는 이것들 세 가지의 규정에 또 다른 각도로부터 빛을 비추어 자세하게 보는 것부터 시작하고 싶다.

가. 두 가지 표현대리의 유형

동등하게 표현대리라고 해도, 이것들 세 가지의 규정은 전적으로 같은 차원에서 존재하고 있는 것은 아니다. 구체적으로 말하자면 125·129조와 126조는 성질을 달리한다. 125조나 129조는, 대리권수여표시가 이루어진 경우와 대리권이 소멸한 경우에 관한 규정이지만, 어느 쪽의 경우에도 실제로는 대리권이 전혀 존재하지 않는다(무권대리)는 데 공통점이 있다. 그 외관이 있을 뿐이고 실질은 대리권은 영(0)이다. 그런데 126조는 권한을 넘은(권한유월) 표현대리에 관한 규정인데, 여기에는 **무언가의** 대리권(기본대리권)의 존재가 전제로 되어 있다. 이 관계를 그림으로 그린다면 다음과 같이 된다(도표 1.3.5).

도표 1.3.5 표현대리의 유형

	대리권 범위 내	대리권 범위 외
대리권 ○	유권대리	126조
대리권 X	125조 · 129조	?

(1) 126조 권한을 넘은 표현대리의 활용

위 그림으로부터 알 수 있듯이 권한의 결여를 감추어서 씌워 버리고 있는 125 · 129조 표현대리와는 달리, 126조 표현대리는 어떤 특정한 권한은 있지만, 그것을 넘어서 행위가 이루어졌다는 경우를 포함하고 있는 것이다. 이것을 월권대리라고 부르기도 한다. 126조를 적용하려면 우선 대리인에게 대리권이 있어야 한다(이것을 기본대리권이라고 한다). 그러므로 대리권은 법률행위여야 하므로 단순한 사실행위로는 부족하다. 91다32190사건에서 증권회사 직원이 증권회사로부터 고객유치, 투자상담 등을 위탁받고 고객에게 투자상담을 하였다. 그런데 대법원은 위 직원은 단순히 사실행위를 위임받은 것에 불과하므로 증권매매계약의 월권대리를 인정할 수 없다고 보았다. 그런데 권한은 있지만 그것을 넘는다는 것은, 현실에서는 자주 일어나는 것으로, 126조가 상정하는 때는 이외에도 몇 가지 예를 들 수 있다. 그렇기 때문에 그것들의 유사의 사례에 대해서 126조 그 자체 혹은 그 기초가 되는 사고방식을 유추할 수는 없지 않느냐는 문제가 생긴다.

단 그중에는 성질이 조금 다른 두 가지의 문제가 포함되어 있다. 하나는 표현대리제도 내부에서의 126조의 이용(활용)이고, 다른 하나는 표현대리제도를 넘어서 이루어지는 126조의 이용(전용)이다. 여기서 다루는 것은 전자이고, 후자는 특수한 문제로서 뒤에서 다시 항을 바꾸어 건드리는 것으로 한다.

(2) 125조, 126조, 그리고 129조 복합형의 발생

그래서 표현대리제도의 내부에서의 126조 표현대리가 어떻게 활용되고 있는지

상황을 본다. 한마디로 말하자면 판례는 126조를 사용하여 두 가지의 복합형표현대리를 만들어 내고 있다. 하나는 129조와 126조의 사고방식을 끼워 맞춘 것이고 다른 하나는 125조와 126조의 사고방식을 끼워 맞춘 것이다. 경합적용·중복적용이라 불리는 것이 많지만, 실제로는 새로운 규범이 생겨난 것으로 봐야 하겠다. 그렇다면 실제로 판례를 봐보자.

(가) 129조와 126조의 복합형

이 유형(pattern)을 처음으로 다룬 일본 최고재판소 판례는 대심원연합부판결(大連判昭 19.12.22. 民集 23券, 626頁[35][32]〈80〉)이다. A가 P로부터 돈을 꿀 때에 D로부터 받아서 맡아 두고 있었던 인감도장(실인)을 무단으로 이용하여, D를 연대보증인(돈을 꾼 A와 같이 채무를 진다)으로 세워 연대보증계약을 체결했지만, 돈을 꾼 시점에서 인감도장(실인) 보관의 의뢰기간은 지났고, 유효로 되어 있던 과거의 대리행위의 대리권도 이미 소멸해 있었다. 이것을 도표로 표시해 둔다(도표 1.3.6).

도표 1.3.6 일본판례(129조와 126조 복합형)의 사실관계

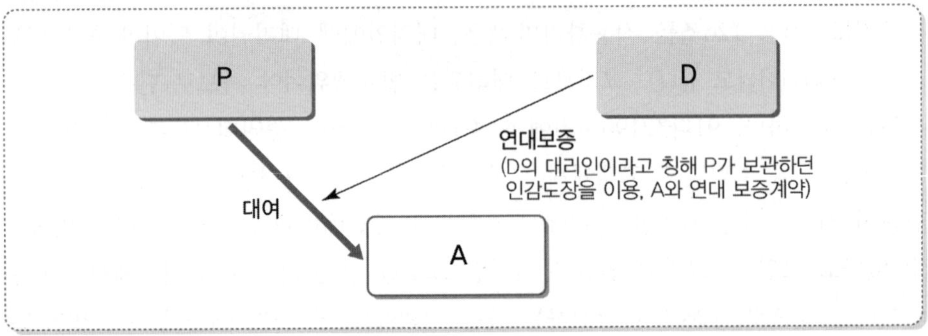

일본 최고재판소(대심원)가 채택한 법리(법률이론)는 2단계로 되어 있다. 전단에는 129조의 취지를 설명하고, 그 다음 대리권의 범위 **외**의 행위에 관해서는 이 규정은 적용되지 않는다고 하고 있다. 이것은 129조 자체 적용에 관한 이론이다. 하지만 후단에는 129조 본래의 경우와 비교하여, 권한 **외**의 경우에도 상대방을 보호할 필요성은 변하지 않는다는 판단을 나타내고 있다. 그리고 이러한 실질적 판단에 서서, 126조를 꺼내 들어, 129조와 126조를 결합해서 생각하면 표현대리가 인정되는 것으로 판시하고 있다. 참고로 학설은 대리권이 소멸되었음에도 불구하고 대리행위를 한 경우 129조 외에 126조가 적용될 수 있다고 한다.[194] 판례도

같다. 이어서 대법원은 126조 소정의 표현대리를 주장하는 경우에는 동법 129조 소정 표현대리의 권한을 초과한 대리행위가 있었다는 것을 이유로 129조와 126조의 중복적용을 주장하는 취지로 해석함이 상당하다고 판시하였다(75다2324).

그러나 권한을 넘은 대리행위가 범죄행위가 되거나 그 과정에서 문서위조 등 범죄행위가 개입된 경우에는 126조를 적용할 수 없음은 당연하다. 그러므로 판례는 같은 맥락에서 사립학교 이사장이 재산처분에 관한 의결이나 주무관청으로부터 허가도 받지 않고 처분한 경우는 무효(83다548)라고 했다.

(나) 125조와 126조의 복합형

대리인이 수여된 대리권의 범위를 넘어서 대리행위를 한 경우에도 125조 외에 126조가 적용될 수 있는가? 통설・판례는 이러한 경우에도 126조를 적용할 수 있다고 하고 있다.[195] 일본 최고재판소 판례의 사실관계는 살짝 복잡하지만 대략 다음과 같다.[196] D가 A에게 산림을 매각하고 난 후, 등기에 필요한 서류와 백지위임장을 A의 대리인인 B에게 넘겼다. 그런데 B가 이것들을 써서, 자기가 D의 대리인이라 제멋대로 칭하여, P와 산림에 관한 교환계약을 체결해 버린 것이다. 이것을 도표로 표시해 둔다(도표 1.3.7).

도표 1.3.7 일본판례(125조와 126조 복합형)의 사실관계

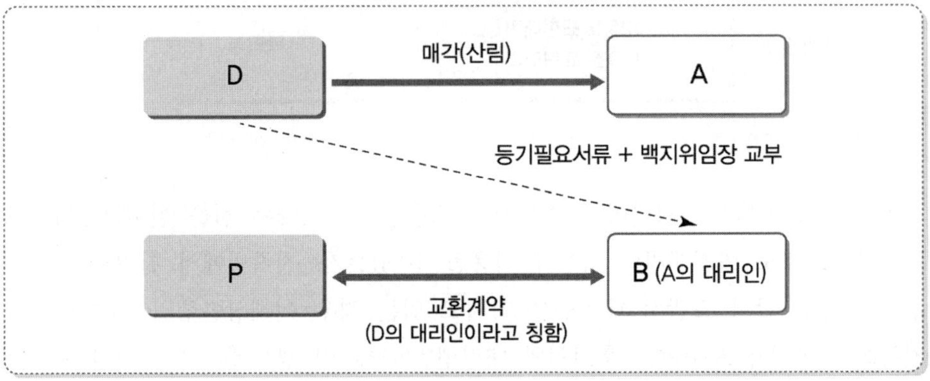

원심은 백지위임장은 누가 사용해도 된다는 취지의 것은 아니었다(A 앞으로 되어 있었다)고 판단하고 125조를 적용하지 않았다(앞에서 한 설명을 생각해 냈으면 한다). 이것에 대해 최고재판소는 우선 원심의 인정사실에 대해 A도 B도 D의 신뢰를 받은 특정타인이라는 평가를 내리고, 125조 적용의 여지를 인정했다. 그 다음

에 본건 계약(A 또는 B의 권한 외의 계약)에 대해서 B에게 대리권이 있다고 믿은 데 정당한 이유가 P측에게 있다면 D에게 책임이 생긴다고 판시하고 있다. 그 판결이유로 들고 있는 것은, 125조·126조가 걸려 있을 뿐이지만, 앞에서 본 일본 최고재판소 판례(大連判昭 19.12.22.)와 같이 표시된 대리권을 넘은 대리행위에 대해서도 125조와 126조를 합치면 표현대리가 인정된다는 취지라고 생각된다.

이상의 두 가지의 유형의 표현대리 창설에 의해 외관만으로 대리권이 없고, **거기다** 외관상의 대리권의 범위를 넘은 경우에도 표현대리가 인정될 수 있다는 의미이다. 이러한 통합형 표현대리의 창설로 도표 오른쪽 밑의 빠진 부분이 채워진 것이다(도표 1.3.8). 여기서 아래 도표와 앞의 [도표 1.3.5] 표현대리의 유형을 비교해 보자.

도표 1.3.8 복합형 표현대리

	대리권 범위 내	대리권 범위 외
대리권 O	유권대리	126조 표현대리
대리권 X	125조 표현대리 129조 표현대리	복합형

앞에서 125조가 법정대리의 경우에도 적용될 수 있다는 점을 살펴보았다. 그렇다면 126조도 법정대리의 경우에 적용될 수 있는가? 친족법에서 친권자나 성년후견인 등과 같이 포괄적 대리권을 가지고 있는 경우 이해상반행위(921조)이거나 친족회의 동의가 요구되는 후견인의 대리행위(950조)인 경우에는 대리권이 제한된다. 이에 관한 97다3828사건에서 부재자재산관리인이 법원으로부터 재산의 매각허가를 받았는데 매각하지 않고 담보조로 근저당권을 설정하였다. 이러한 후견인의 대리행위에 관해서 대법원은 126조의 적용을 긍정하였다. 125조의 경우와 비교하여 생각해 주기 바란다.

제 3 항 표현대리에 관한 그 밖의 문제

Ⅰ. 특수한 표현대리 문제

1. 126조 권한을 넘은 표현대리의 확장 · 전용

126조 표현대리는 125조나 129조의 표현대리를 확장하기 위해서 사용되는 것뿐만 아니라, 그것을 넘어 표현대리 이외의 제도 · 법리의 확장에도 사용될 수 있다. 물론 무차별하게 전용되는 것이 아니라 전용이 가능한 경우는 제한되어 있다. 이하 두 가지의 예를 들지만 모두 표현대리 이외의 표현법리의 확장에 관련된 것이다.

가. 일상가사채무

첫째로, 일상가사채무(827조)에 관한 문제가 있다. 민법 827조는, 일상의 가사에 관한 채무(일상가사채무)에 대해서 부부는 연대책임을 진다고 하고 있다. 이 **규정**은 그렇게 말하고 있을 뿐이지만 더욱이 그 **해석**으로서 일상의 가사에 관한 행위(일상가사행위)에 관해서는 부부는 서로 대리권(일상가사대리권)을 가지는 것으로 여겨져 있다. 어째서 이와 같은 제도가 있는가에 대해서는 친족상속법에서 다루지만 여기서는 대리권에 관한 문제를 다룰 뿐 그 밖의 것들은 깊이 파고들지 않는다[197]. 부부가 일상생활을 부드럽게 해나가기 위해서 필요한 규정이라고만 말해 둔다.

자 그러면 남편 없이 아내가 일상가사행위의 범위를 넘어 대리행위를 한 경우는 어떻게 되는가. 판례는 부인이 남편 명의로 분양받은 45평형 아파트의 분양금을 납입하기 위한 명목으로 금전을 차용하여 분양금을 납입하였고, 그 아파트가 남편의 유일한 부동산으로서 가족들이 거주하고 있는 경우 그 금전차용행위는 일상가사에 해당한다고 판시하였다(98다46877). 예를 들어 보자. 아내가 남편의 명의로 쌀을 주문한 경우라면 이것은 일상가사행위이지만, 아내가 남편의 명의로 다이아몬드 반지나 모피 코트를 샀다는 경우에는 어떤가. 만약 이것들의 행위가 일상가사행위가 아니라고 한다면 무권대리가 되는 것인가. 만약 그렇다고 해서 표현대리는 성립되지 않는가. 이것이 여기서의 문제이다.

판례는 법정대리의 하나인 일상가사행위의 대리권을 기본대리권으로 해서 여기에 126조를 사용하여 표현대리를 인정하고 있다. 이렇게 126조의 적용을 확장한 법리는 무엇이고 또 문제는 없는가?

(1) 일본 최고재판소 판례의 소개

이 문제에 관한 리딩케이스(선례가 되는 주요한 판례)가 되는 일본 최고재판소 판례는 상고가 기각된 판결로, 결론으로는 원심의 판단을 그대로 인정했다. 그렇다고 하기에는 꽤나 긴 법률이론을 전개하고 있는 것은, 학설에 다툼이 있었던 이 문제에 대해서 일본 최고재판소의 사고방식을 명시하고자 했던 것이라고 생각된다.[198)]

우선 판결에 이른 논리를 더듬어보자. 일본 최고재판소가 제기한 해석론[199)]은 다음과 같은 것이었다. ① 일상가사행위의 범위는 개개인의 부부의 내부적 사정이나 지역적 관습에 따라 다르지만, 동시에 그 법률행위의 종류·성질 등을 객관적으로 고려하여 판단해야 한다. 하지만 ② 일상가사에 관한 대리권을 기초로 해서 넓게 일반적으로 126조 소정의 표현대리의 성립을 긍정하면 부부의 재산적 독립을 해친다. 따라서 ③ "당해월권행위의 상대방인 제3자가 그 행위가 당해부부의 일상의 가사에 관한 법률행위의 범위 내에 속한다고 믿은 데 대해 정당한 이유가 있을 때에 한해, 민법 126조의 취지를 유추적용하여, 그 제3자의 보호를 꾀한다면 충분하다." 말하자면 일상가사행위의 **범위**에 대해서 126조를 유추적용한다는 것이었다. 여기서 주의할 것은 이것은 일상가사대리권을 기본대리권으로 해서 126조를 적용한 것과 **전혀 같지 않다**는 것이다. 일본 최고재판소는 일반적으로 표현대리를 성립시키는 것은 상당하지 않다고 말하고 있고, 이것과는 다른 사고방식을 채용하고 있는 것이다.[200)]

(2) 일본 최고재판소 판례의 검토

그렇다면 어째서 일본 최고재판소는 126조의 취지를 유추적용하였을 뿐 표현대리의 성립 그 자체를 부정하는 것인가. 그 이유는 부부의 재산적 독립에서 구해지고 있다.[201)] 우리 법제상 부부별산제가 원칙으로 여겨져 있어서, 남편은 남편, 아내는 아내대로, 자신의 재산을 관리·처분하는 것으로 되어 있다(830조). 그럼 왜 827조가 두어져 있느냐고 질문하면, 827조는 최저한의 공동성(共同性)을 배려하여 두어진 예외규정이다. 그래서 한정적으로 해석할 필요가 있다. 일본 최고재판소는 그렇게 생각하고 있었던 것 같다.

그렇다면 126조의 적용은 전혀 할 수 없다고 하면 되는 것이 아니냐는 의문이 바로 생긴다. 하지만 일정한 정도까지의 제3자 보호는 역시 필요하다. 그래서 일본 최고재판소는 이 요청에 부응해서 일상가사의 **범위**의 결정 방식을 조정하기 위해 126조를 유추한다는 방법을 채용한 것이다.

(3) 대법원 판례의 전개

그렇다면 판례는 어떤 견해에 입각해 있을까? 사실상의 부부관계에서 일상가사에 관한 80다2077의 사안과 판지는 다음과 같다.

사실관계 1.3.11 일상가사 상호대리권 [80다2077]

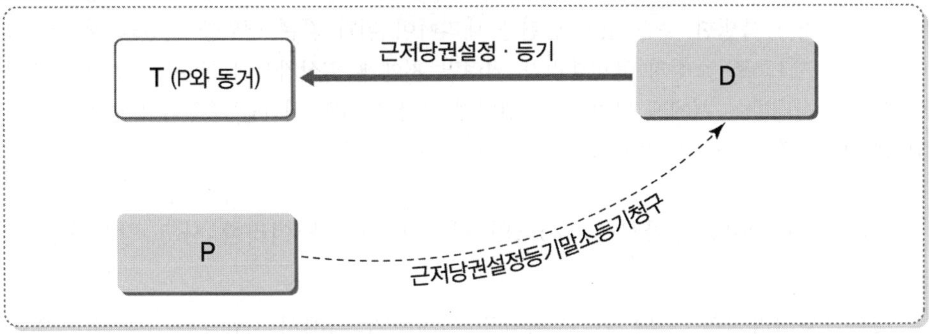

(1) T는 처와 약 15년 전부터 별거하고 약 9년 전부터 P를 만나 같은 집에서 동거하며 P와 T는 제반사정 하에 사실상의 부부관계를 맺고 실질적인 가정을 이루어 대외적으로도 부부로 행세하여 왔다. (2) T는 D와 본건 근저당권설정계약을 체결하였다.

대법원은 이에 대해 다음과 같이 판시하였다. "T와 P 사이에 일상가사에 관한 사항에 관하여 상호대리권이 인정되어 왔다고 볼 것이므로 위 T에게도 P의 일상가사에 관한 대리권이 있었다 할 것이고 또 그 판시와 같은 사정으로 해서 D로서는 T에게 P를 대리하여 본건 근저당권 설정계약을 체결할 권한이 있었다고 믿을만한 상당한 이유가 있었다."

처가 임의로 남편의 인감도장과 대리방식으로 발급받은 인감증명서를 소지하고 남편을 대리하여 보험계약상의 채무를 연대보증한 98다18988의 사안과 판지는 다음과 같다.

D2(제1심 공동피고)는 1993.3.17.경 T1회사로부터 자동차 1대를 할부로 구입하기 위하여 그 할부금채무를 담보할 목적으로 P보험회사와 사이에 보험가입금액을 금

13,970,000원으로 한 할부판매보증보험계약을 체결함에 있어서, T2(D1의 처)는 친정 오빠인 D2로부터 연대보증을 서달라는 부탁을 받고, D1(T2의 남편) 집 책상 서랍에 보관되어 있던 D1의 인감도장을 임의로 꺼내어 D1 명의의 인감증명발급용 위임장을 위조한 다음 이를 이용하여 D1의 보증보험연대보증용 인감증명서를 대리방식으로 발급받아 '보증보험연대보증용' 인감증명서와 인감도장을 소지한 채 출석하여 D2의 대리인으로서 위 보험계약상의 모든 채무를 연대보증했다. 그렇지만 인감증명서와 인감도장은 위와 같이 연대보증계약을 체결할 때 사용하였고, 이로 인하여 사문서위조 및 위조사문서행사로 형사처벌을 받았을 뿐만 아니라 D1과 재판상이혼하였다.

대법원은 전제로서 다음과 같이 판결했다. 타인의 채무에 대한 보증행위는 그 성질상 아무런 반대급부 없이 오직 일방적으로 불이익만을 입는 것인 점에 비추어 볼 때, 남편이 처에게 타인의 채무를 보증함에 필요한 대리권을 수여한다는 것은 사회통념상 이례에 속하므로, 처가 특별한 수권 없이 남편을 대리하여 위와 같은 행위를 하였을 경우에 그것이 민법 제126조 소정의 표현대리가 되려면 처에게 일상가사대리권이 있었다는 것만이 아니라 상대방이 처에게 남편이 그 행위에 관한 대리의 권한을 주었다고 믿었음을 정당화할 만한 객관적인 사정이 있어야 한다(98다18988)고 했다.

논리적으로 본다면 확실히 126조의 단순한 적용과 이러한 사고 방식과는 다르다.

일상가사대리권의 '범위 외에' 책임을 인정하기 위해서 126조를 사용하고 있는 것이 아니라 대리권의 '범위를 결정하는 데에' 126조를 이용하고 있기 때문이다. 하지만 과연 실제상으로도 차이가 나타나는 것인가. 다이아몬드 반지와 모피코트를 샀다고 하는 예를 생각해 본다면, 126조를 적용하면 어느 쪽에 대해서도 표현대리가 성립할 것 같은데, 126조 유추라고 한다면 적어도 반지의 경우 일상가사대리의 범위에서 벗어나는 것 같다. 다만 126조를 적용하는 경우에도 정당한 이유를 가지고 제3자 보호 법리를 통제한다면, 유추의 경우와 같은 결과가 된다고도 말할 수 있다. 그러므로 판례는 처가 남편이 지는 사업상 거액(2억 원)의 채무에 관하여 남편과 연대하여 부담한 경우 처가 이와 같은 연대채무 부담약정을 남편에게 수여한다는 것은 사회생활에서 극히 이례적인 일이라고 판단하고, 상대방에게 과실이 있다(96다54942)고 본 것이다.[202]

여기서 잠깐 시야를 돌려 그렇다면 일상가사행위에도 임의대리권을 인정할 수 없는가라는 문제에 관해 살펴본다. 그렇다면 어째서 유추적용에 구애되는 것인가. 생각할 수 있는 답은 일상가사행위의 대리는 법정대리이므로 대리권의 범위는 정해져 있을 것이라는 것이다. 그럼 126조를 직접 적용함으로써 처리할 가능성은 전혀 없는 것인가. '법정대리이므로'라는 논의를 부정하지 않는 한은 무리하게도 생각되지만, 이 논의를 회피할 길은 남겨져 있다. 법정대리라는 전제를 취하지 않고(판결이 말하는 '무언가의 대리권을 수여하고 있지 않는 이상'이라는 전제를 움직인다), 임의대리권 수여를 인정하는 방법을 취한다는 것이다(126조를 **유추**하지 않고 대리권을 인정할 수 있다면 126조를 **적용**하고, 인정할 수 없다면 적용하지 않는다).[203]

더욱이 법정대리에도 표현대리의 적용이 있느냐는 문제에 관해서는 이 외에 서울의 어느 구청장의 권한에 대해서 논의되고 있다.

이상을 정리하면 결국 판례는 827조와 126조의 사고방식을 조합하여 '일상가사행위에 대해서 부부상호에 대리권을 인정한다. 하지만 그 **범위**는 상대방의 신뢰도 고려하여 결정한다'라는 법리를 새로 만들었다는 것이 된다.

나. 부동산등기에 권한을 넘은 표현대리 적용가부

둘째로, 부동산등기에 권한을 넘은 표현대리를 적용할 수 있느냐는 문제가 있다. 이것은 이전에 설명한 108조 2항 유추법리와 관련된다. 다시 한 번 앞에서 다룬 판례를 생각해 보라. 출발점이 되는 이 법리를 다시 한 번 되풀이 한다. 부동산의 권리변동에 대해서는 등기가 이루어진다. 통상은 진실한 권리자와 등기부상의 권리자는 일치하지만 무언가의 사정에 의해, 어떤 부동산이, 등기부상 진실한 권리자 P가 아닌 타인 D의 명의로 되어 있다는 사태가 발생하는 경우가 있다.

이 경우 Z가 이 부동산을 D의 것이라고 생각해서 D로부터 샀다고 해도, Z는 소유권을 취득하지 못하는 것이 원칙이다. 하지만 D 명의의 등기가 P의 관여로 이루어졌다는 사정이 있는 때(108조의 통모에 의한 허위표시에 준하는 사정이 있는 때)는, 108조 2항의 유추적용으로 선의의 제3자 Z는 보호된다. 이상이 108조 2항 유추법리의 기본이었다.

(1) 일본 최고재판소 판례에서 다루어진 문제의 소재

지금부터 다룰 문제는 다음과 같은 이야기다. P가 D에게 어떤 종류의 부실등기를 할 권한을 주었지만, D가 그 권한을 넘는 등기를 한 경우에는 어떻게 될까. P는 이 경우에 허위의 외관을 만들어 낸 책임을 지는가. 바꾸어 말하자면 Z는 보호되는가. 일본 최고재판소 판례 사실관계를 보자.[204] P와 A가 서로 모의하여 매매・가등기를 위장하려고 계획했지만, A가 제멋대로 가등기를 본등기로 고쳐서 D1에게 양도해버렸다(가등기・본등기에 대해서는 물권법 중 등기부분을 참조해주기 바란다). 이하 D4까지 차례로 양도가 이루어졌다(도표 1.3.9).

도표 1.3.9 일본 최고재판소 사실관계

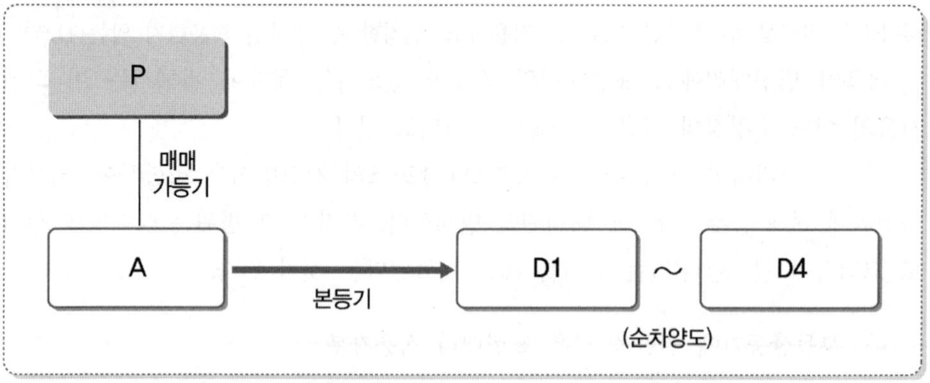

원심은 본건 등기는 무효라고 하여 P를 보호하였다. P는 가등기에는 관여하였지만 본등기에 관해서는 전혀 모르고 있었으므로, 본등기에 대해서는 책임이 없다는 것이 그 이유였다. 108조 2항 유추법리에 의하면 본등기에 관하여 P의 묵시적 승인이 있었다고 말할 수 있느냐가 문제가 되었지만 원심은 승인이 있다고는 말할 수 없다고 판단했다.[205)]

그러나 일본 최고재판소는 D가 선의・무과실이었는가 여부를 심리할 필요가 있다고 판단하고 파기환송 판결을 내렸다. 그 파기환송 이유로는 조문상으로 108조 2항+126조, 실질적으로는 외관존중과 거래보호를 들고 있다(가등기의 외관을 가장한 자가 그 외관에 기초하여 이루어진 본등기를 신뢰한 선의・무과실의 제3자에 대해서 책임을 지우는 것은 108조 2항, 126조의 법의에 비추어, 외관존중 및 거래보호의 요청이라 해야 하기 때문이다[206)]).

(2) 우리 대법원의 입장

그렇다면 대법원 판례는 어떤 견해에 입각해 있을까? 108조 2항의 유추적용 가능성에 관한 80다1475의 사안과 판지는 다음과 같다.

사실관계 1.3.12 108조 2항 유추가능성 [80다1475]

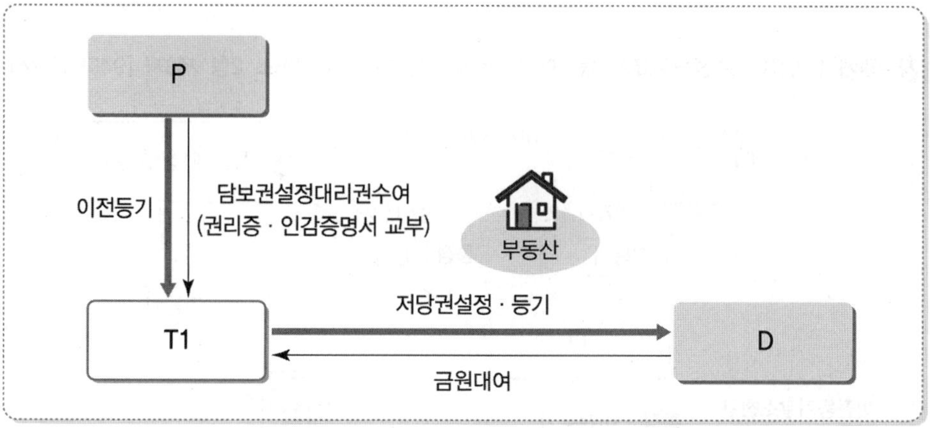

(1) P는 T1에게 권리증, 인감증명서들을 교부하여 본건 부동산에 관한 담보권설정의 대리권을 수여하였다. 그런데 T1은 이를 자기 앞으로 소유권이전등기를 하였다(그러나 P가 T1의 소유권이전등기 행위를 통정 · 용인하였거나 이를 알고도 방치하였다고 볼 자료는 없다). (2) T1이 소유권이전등기를 마치고 20여 일이 지난 다음 D는 T1을 본건 부동산에 대한 진실한 소유자로 믿고 금원을 대여하고, T1은 이를 담보하기 위해 D에게 본건 부동산에 담보권을 설정하였다. 쟁점은 이 같은 때 ① 126조나 ② 108조를 유추할 수 있는가이다.

이에 대해 대법원은 기본적인 전제(법리)로 다음과 같이 판시하였다. "민법상의 표현대리제도는 대리인에게 대리권이 없음에도 불구하고 마치 대리권이 있는 것과 같은 외관이 있고 그러한 외관의 발생에 관하여 본인이 어느 정도의 원인을 주고 있는 경우에 그 무권대리 행위에 대하여 본인이 책임을 지게 함으로써 그러한 외관을 믿은 선의 · 무과실의 제3자를 보호하고 거래의 안전을 보장하며 나아가서 대리제도의 신용을 유지하려는데 그 목적이 있다." 이 사건에 들어가 대법원은 다음과 같이 적용하였다. "D가 T1을 본건 부동산에 대한 진실한 소유자로 믿고 금원을 대여하고 그 부동산에 담보권을 설정하였다. 그러나 T1을 P의 대리인이라 믿고 한 것이 아님이 분명할 뿐 아니라 T1은 분명히 그 명의 소유권이전등기를 한 불과 20여 일 만에 D에게 본건 소유권이전의 가등기 및 저당권설정등기를 하였지만 T1 명의의 소유권이전등기에 있어 P가 이를 통정 · 용인하였거나 이를 알고도 방치하였다고 볼 자료가 없다. 그러므로 민법 제126조나 민법 제108조 2항을 유추할 것이 못된다"고 판시하였다. 결론적으로 대법원은 위 사건에서 증거가 없으므로 108조 2항을 유추 적용할 수 없다고 판단하였다.

통정허위표시 등기에 기한 부동산양수인의 108조 2항 제3자 해당성에 관한 94

다12074의 사안과 판지는 다음과 같다.

사실관계 1.3.13 통정허위표시 등기에 기한 부동산양수인의 108조 2항 제3자 [94다12074]

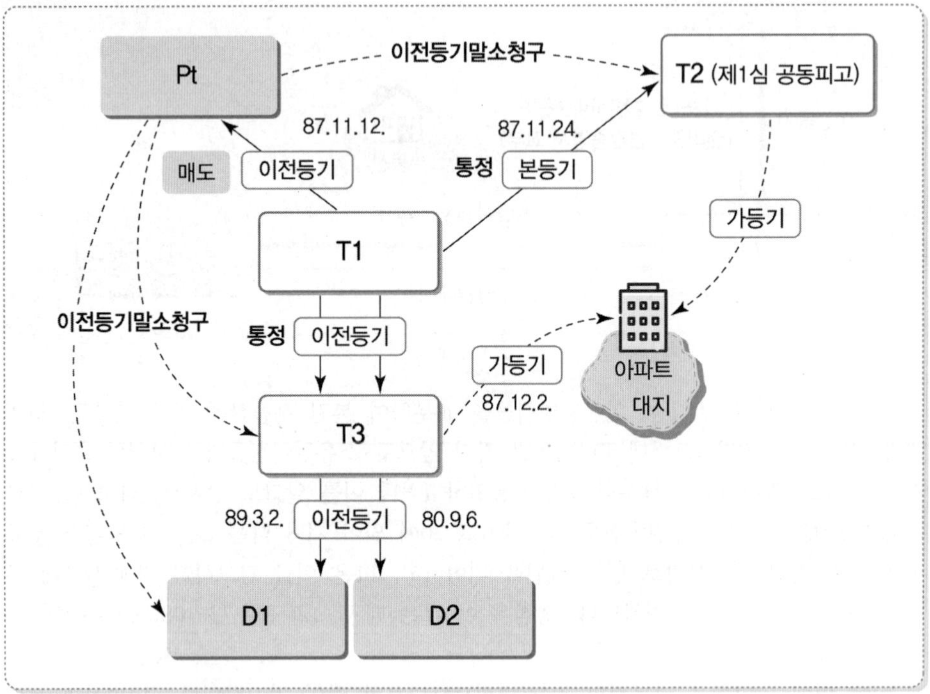

(1) T1 회사는 이 사건 각 부동산(아파트 디(D)동 408호, 414호, 504호, 506호 및 같은 아파트 이(E)동 111호)을 건축하여 T1 명의로 소유권보존등기를 하였다. 그런데 이 사건 각 부동산에 관하여 1987.2. 5. 매매예약을 원인으로 하여 T2(제1심 공동피고 D) 명의의 소유권이전등기청구권 보전을 위한 가등기가 경료되었다. (2) Pt(원고들)는 1987. 11.9. T1로부터 이 사건 각 부동산을 매수하고 1987.11.12. 위 각 부동산에 관하여 위 매매를 원인으로 한 소유권이전등기를 하였다. 그러나 그 후 1987.11.24. 위 각 부동산에 관하여 T2의 위 가등기에 기하여 매매를 원인으로 한 소유권이전의 본등기가 마쳐졌고, 이로 인하여 위 가등기 후에 이루어진 위 각 부동산에 관한 Pt 명의의 위 소유권이전등기는 직권으로 말소되었다. (3) 그런데 위 각 부동산에 관하여 1987.12.2. 매매예약을 원인으로 T3(제1심 공동D) 앞으로 소유권이전등기청구권 보전을 위한 가등기가 경료되었고, 그 후 그 가등기에 기하여 이(E)동 111호에 관하여는 1989.3.2.에, 디(D)동 408호, 414호, 504호, 506호에 관하여는 1990.5.17.에 각 T3 명의의 소유권이전등기가 마쳐졌다. 한편 위 각 부동산 중 이(E) 111호에 관하여는 1989. 3.2. T3으로부터 D1 앞으로

소유권이전등기가, 디(D)동 408호, 414호, 504호, 506호에 관하여는 1990.9.6. T3으로부터 D2 앞으로 소유권이전등기가 각 마쳐졌다. (4) 그렇지만 위 각 부동산에 관한 T2와 T3 명의의 위 가등기 및 소유권이전의 본등기는 T1이 그 재산을 도피 또는 은닉할 목적으로 T2 및 T3과 통정하여 아무런 원인도 없이 이루어진 것이다. 그러나 Dt(D1, D2)가 T3으로부터 실질적으로 이 사건 각 부동산을 각 매수하였고 또 Dt가 이를 매수하면서 T2와 T3 명의의 각 가등기 및 이에 기한 본등기의 원인이 된 각 의사표시가 통정허위표시임을 알지 못하였다. (5) Pt는 T2와 T3은 물론이고 Dt를 상대로 이 사건 부동산에 관하여 경료된 각 소유권이전등기의 말소등기 청구의 소를 제기하였다. 쟁점은 D들이 T3으로부터 실질적으로 이 사건 각 부동산을 양수하고 또 이를 양수함에 있어 T2와 T3 명의의 각 가등기 및 이에 기한 본등기의 원인이 된 각 의사표시가 T1이 그 재산을 도피 또는 은닉할 목적으로 T2 및 T3과 통정하여 이루어진 통정허위표시임을 알지 못하였다면, Pt는 선의의 제3자인 Dt에 대하여는 T2와 T3 명의의 위 각 가등기 및 본등기의 원인이 된 각 의사표시가 통정허위표시로 무효라고 주장할 수 없느냐는 것이다.

이에 대해 대법원은 기본적인 전제(법리)로 다음과 같이 판시하였다. "통정허위표시의 무효를 대항할 수 없는 제3자란 허위표시의 당사자 및 포괄승계인 이외의 자로서 허위표시에 의하여 외형상 형성된 법률관계를 토대로 새로운 법률원인으로써 이해관계를 갖게 된 자를 말한다(80다1403). 허위표시에 의하여 외형상 형성된 법률관계를 토대로 실질적으로 새로운 법률상 이해관계를 맺은 선의의 제3자에 대하여는 허위표시의 당사자뿐만 아니라 그 누구도 허위표시의 무효를 대항하지 못한다. 따라서 위와 같은 선의의 제3자에 대한 관계에 있어서는 허위표시도 그 표시된 대로 효력이 있다." 이 사건에 들어가 대법원은 다음과 같이 적용하였다. "Dt가 통정 허위표시자로부터 실질적으로 부동산을 양수하고 또 이를 양수함에 있어 통정 허위표시자 명의의 각 가등기 및 이에 기한 본등기의 원인이 된 각 의사표시가 허위표시임을 알지 못하였다면, Pt는 선의의 제3자인 Dt에 대하여는 그 각 가등기 및 본등기의 원인이 된 각 허위표시가 무효임을 주장할 수 없고, 따라서 Dt에 대한 관계에서는 그 각 허위표시가 유효한 것이 된다. 각 허위표시를 원인으로 한 각 가등기 및 본등기와 이를 바탕으로 그 후에 이루어진 Dt 명의의 소유권이전등기도 유효하므로, 선의인 Dt에 대하여 Pt는 그 부동산의 소유권자임을 주장할 수 없다" 판시하였다.

(3) 일본 최고재판소 판례의 검토

하지만 일본 최고재판소 판례[207]와 같은 결론을 이끌어내는 데는 126조를 꺼내든 것이 불가결한 것인가라는 의문을 제기할 수 있다. 앞에서도 시사한 바와 같이 가등기와 본등기는 별개의 것이기 때문이라는 논거를 받아들이지 않고, 108조 2항만을 적용하여 가등기에 대해서 승인하고 있다면 본등기에 대해서도 묵시적 승인이 있었다고 하는 것도 가능한 것이었다고 생각한다.[208] 하지만 일본 최고재판소는, 125조+126조나 129조+126조와 유사한 사고방식에 따라 문제를 처리한 것이다. 이것도 일본 최고재판소가 새로운 규칙을 만들어 낸 것으로서 평가받는다. 참고로 학설은 이 규범을 지지하고 있지만, 108조 2항 유추법리의 확장의 한계에 대한 논의가 있다는 것은 이미 설명한 바 그대로이고, 126조를 이용했다고 해서 이 한계가 없어지는 것은 전혀 아니다.

앞에서 본 바와 같이 판례는 새로운 법규범을 정립하는 데에 126조의 사고방식을 원용하는 것이었다. 어느 쪽도 126조를 사용하는 것이 불가결하고·필연적이라는 것은 아니지만 여태까지의 논의의 경과로부터(827조의 경우) 또는 표현대리의 확장의 경우와의 유사성으로부터(108조 2항의 경우) 126조를 전용해 왔다고 볼 수 있다. 새로운 법리의 성립은 법관에게 일대결심을 필요하므로 객관적으로 본다면 반드시 필요한 것은 아니어도 판결에 이르게 된 논거(판결이유)에 원용할 수 있는 것은 원용하고 싶다는 기분이 들었을 것이다. 그것은 어찌되었든지 사실로서 이상의 두 가지의 문제의 해결에 126조가 전용되는 것은 확실하다. 그 때문에 126조의 이용의 문제의 일환으로서 이것을 설명한 것이다.

2. 무권대리와 무권대리인의 본인상속 및 본인의 무권대리인상속 – '이중자격'론의 일환

가. 이중자격에 관한 문제의 소재

이 문제는 일본에서 1980년대에 들어와서 논의된 것이 많아진 것이다. 여기에는 두 가지의 기본형이 있다. 출발점은 같고, D가 P의 무권대리인으로 상대방 Z와 계약을 체결했다는 상황이다. 이 경우 P가 **추인**하지 않는 이상 P에게 효과가 귀속되지 않고, D는 무권대리인으로서의 책임을 진다.

그럼 이 상황에서 상속이 생겼다면 어떻게 되느냐는 문제가 있다. 두 가지의 형이란 D(무권대리인)가 P(본인)를 상속한 경우와 역으로 P(본인)가 D(무권대리인)를 상속한 경우이다. 각각 '무권대리인의 본인상속,' '본인의 무권대리인상속' 등으로 불리지만, 일독만으로는 알기 어려운 표현일지도 모른다. 여기서는 ① 무권대리인 D가 본인 P를 상속, ② 본인 P가 무권대리인 D를 상속한 경우로 나누어 간단하게 설명한다. 이것을 도표로 표시해 둔다(도표 1.3.10). 또 실제로는 상속인이 1인이 되는 때는 적고 많은 사례는 ①은 D가 다른 상속인과 함께 P를 상속, ②

는 P가 다른 상속인과 함께 D를 상속한 것이 된다. 하지만 논의를 단순하게 하기 위해 우선 단독상속의 경우를 염두에 두고 생각한다.

도표 1.3.10 무권대리와 상속

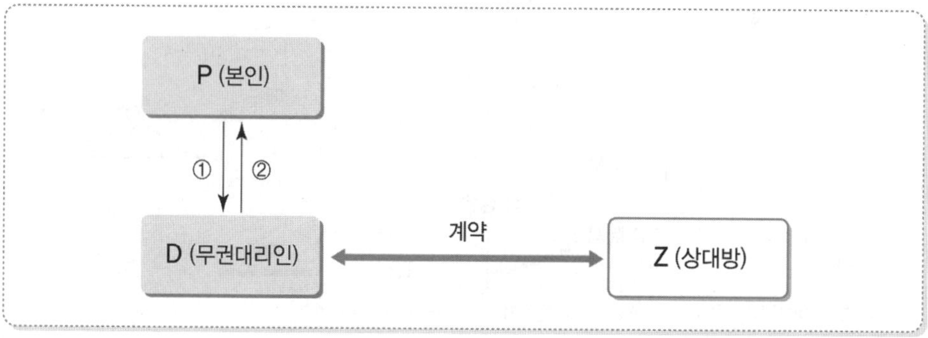

자 이 경우 어떠한 문제가 생기는 것일까. 우선 상속으로 무엇이 생기는가, 상속인은 어떠한 지위에 서 있느냐는 것부터 생각하기 시작할 필요가 있다. 한마디로 말하면 상속인은, 상속으로 무권대리인+본인의 이중자격을 가지게 된다. 이 경우에 무권대리인의 책임을 지는 건가, 추인하여 본인으로서 책임을 지는 건가. 상대방 Z의 입장에 선다면 Z로서는 추인하라고 말하고 싶을 것이다. 상속인은 추인해야 한다는 것은 아니지만 그와 같이 취급되지는 않느냐는 점이 문제가 된다. 먼저 일본 최고재판소에서 다루어진 사안과 법리를 살펴보자.

나. 일본 최고재판소 판례의 사고방식

이 문제에 관해 일본 최고재판소 판례는 두 가지의 판결이 있다. 사안은 무권대리인의 본인 상속[209]과, 본인의 무권대리인 상속[210]에 관한 것들이다. 양 판결의 결론을 먼저 소개하면 전자에 대한 결론은 당연히 상속인에 효과가 귀속되고, 후자의 결론은 상속인은 추인을 거절할 수 있다는 것이었다. 그러면 그 논거는 어떠한 것이었을까. 전자에는 본인이 행위를 한 것과 같은 것이 되므로 당연유효(효과귀속)하고, 후자에는 추인거절은 신의칙에 반하지 않는다는 것으로 되어 있었다.

그렇다면 대법원 판례는 어떤 견해에 입각해 있을까? 무권대리인이 본인을 상속한 경우에 관한 94다20617의 사안과 판지는 다음과 같다.

사실관계 1.3.14 무권대리인이 본인을 상속한 경우 무권대리의 효과 [94다20617]

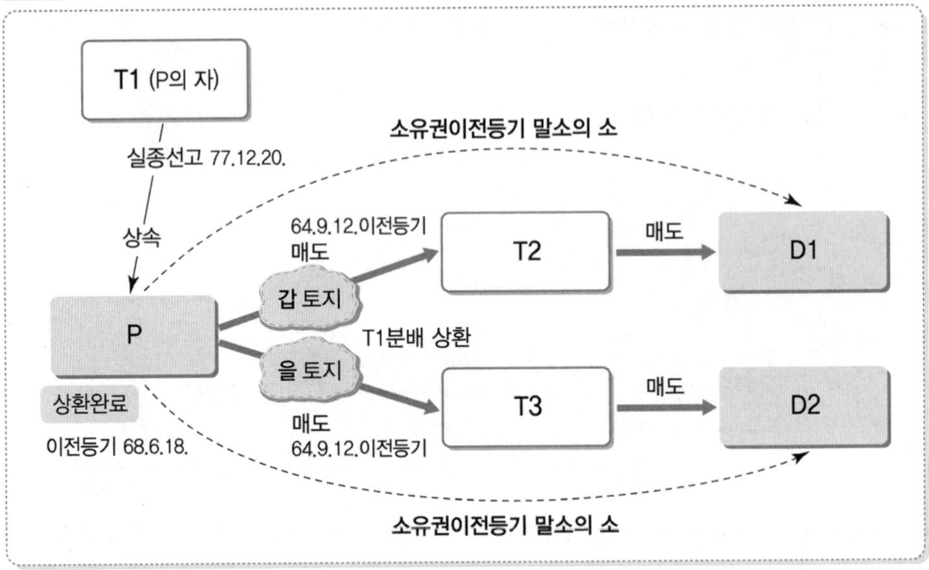

(1) P의 아들인 T1은 농지개혁법에 의하여 이 사건 제1, 2부동산을 각 분배받아 그 대금을 상환하여 오던 중 한국전쟁 때 의용군으로 참전하여 그 생사가 분명하지 않게 되었다. (2) P는 1958.11.20. T1을 대신하여 그 대금 상환을 완료하고 1963.6.18. T1 명의로 소유권이전등기를 경료하였다. 그 후 P는 인천지방법원에 T1에 대한 실종선고를 청구하여 1977.12.20. 위 법원으로부터 같은 달 10.자로 그 실종기간이 만료되었다는 내용의 실종선고를 받음으로써 T1의 단독 재산상속인이 되었다. (3) 그런데 P는 위 실종기간만료 전인 1964.9.12.에 가정형편이 어렵자 T1의 대리인인 것처럼 T1의 인장을 사용하여 이 사건 제1부동산을 T2에게, 이 사건 제2부동산을 T3에게 각 매도하였다. (4) D1은 이 사건 제1부동산을 T2로부터, D2는 이 사건 제2부동산을 T3으로부터 각 매수하여 부동산소유권이전등기등에관한특별조치법에 의하여 T1로부터 직접 D들 명의로 각 소유권이전등기를 마쳤다. (4) P는 T1의 단독 재산상속인이 된 지금에 와서 T2 및 T3 사이의 매매계약의 효력을 부인하고 그 매매계약에 터잡아 위 각 부동산에 관하여 소유권이전등기를 경료하고 이를 점유하는 D들에게 위 각 소유권이전등기의 말소와 위 각 부동산의 점유로 인한 임료 상당의 부당이득금의 반환을 구하는 소를 제기하였다. 쟁점은 P가 T1의 단독 재산상속인이 된 후 T2 및 T3 사이의 매매행위가 무권대리행위이므로 무효라고 주장할 수 있는가이다.

이에 대해 대법원은 "P는 T1의 무권대리인으로서 민법 제135조 제1항의 규정에 따라 매수인인 위 T2, T3에게 위 각 부동산에 대한 소유권이전등기를 이행할 의무가 있다. 그러한 지위에 있는 P가 T1로부터 위 각 부동산을 상속받아 그 소유자가 되어 D들에게 원래 자신의 매매행위가 무권대리행위여서 무효였다는 이유로 D들 앞으로 경료된 위 각 소유권이전등기가 무효의 등기라고 주장하여 그 등기의 말소를 청구하거나 위 각 부동산의 점유로 인한 부당이득금의 반환을 구하는 것은 금반언의 원칙이나 신의성실의 원칙에 반하여 허용될 수 없다"고 판시하였다.

다. 종래 학설의 사고방식

참고로 학설은 위에서 소개한 일본 최고재판소 판례의 결론을 지지하는 견해가 많다. 단 ① (무권대리인 본인상속)에 관해서도 ②와 같은 논리로 설명하는 것이 보통이다. 즉 ①의 경우에도 당연유효(효과귀속)로 되지 않고, 스스로 무권대리행위를 한 D가 P의 지위를 승계한 경우에는, 추인을 거절하는 것은 신의칙에 반하는 것으로 허용되지 않는다고 생각해야 한다는 것이다.[211] 그러나 상대방이 악의이거나 선의지만 과실이 있다는 이유로 무권대리인의 책임이 발생하지 않은 경우에는 위 주장이 타당하지 않다. 이것에 대해 반복되는 것이지만 ②의 경우에는 자신이 책임져야 할 점이 없는 P가 D의 지위를 승계하여도 또한 추인거절이 허용되는 것이다. 참고로 학설은 본인이 추인을 거절하더라도 특별한 사정이 없는 한 신의칙에 위반된다고 할 수 없으므로 무권대리는 당연히 유효하다고 한다.[212] 단 이때에도 P는 무권대리인으로서의 책임을 상속하고 있으므로 Z에게 배상(또는 이행)을 할 필요가 있다(무엇보다 추인거절로 이행은 불능이 되어 있다).

하지만 이것은 어디까지나 **무권대리인**으로서의 책임이고, **본인**으로서는 추인할 필요는 없다. 또한 무권대리인으로서의 책임과 본인으로서의 책임을 구별해 봐도, 결국은 같은 것이 되지 않느냐고 생각할 수도 있지만 약간의 차이점이 있다. 즉 무권대리인으로서의 책임을 지는 것은 상대방이 선의·무과실의 경우에 한정된다(135조 2항)는 것을 다시 머리에 떠올렸으면 한다.[213]

라. 최근 학설의 사고방식

참고로 학설은 이상과 같은 유력설에 대해 최근에는 비판을 하고 있다. 유력설은 신의칙을 근거로 선행하는 자기의 행위와 저촉하는 행위가 허용되는지 여부를 기준으로 하고 있다(A설. 모순행위금지설이라고 불러놓자). 이것은 P와 상관없이 D의 사정에 착안한 세세한 사고방식, 구체적인 타당성을 중시한 사고방식이라고 말할 수도 있지만 이것을 비판하는 견해는 이같이 생각할 필요는 없고, 이론적으로 세련되게 딱 잘라서 결론을 내는 것이 가능하다고 주장한다.

이 최근의 사고방식은 문제의 요점(point)은 유효인가 무효인가(유권대리가 되는가 무권대리인 그대로인가, 본인에 효과가 귀속되는가 아닌가)에 있는 것이 아니라, 이행청구를 할 수 있는지(이행청구 가능성) 여부에 달려 있다고 주장한다. 상속이 **없는** 경우 무권대리인은 이행청구를 받아도 이행불능의 경우가 대부분이다. 그 경우에는 결국은 무권대리인이 배상책임을 지는 것으로 귀착된다. 하지만 상속이 **있다면** 본인의 지위와 무권대리인의 지위가 동일인에 귀속하므로 그 자는 본인으로서 추인하여 이행하든가, 추인하지 않고 무권대리인으로서 이제야 가능하게 된 이행을 하든가, **어느 쪽이든** 이행청구를 거절할 수 없다. 그리고 이것은 ①② 어느 쪽도 동일하다. 이렇게 설명하는 것이다. 이 사고 방식의 주장자는 이것을 이행불능전환설이라고 칭하고 있다(B설).[214]

마. 신·구양설의 대비

두 가지의 사고방식은 그 발상에 있어서 크게 다르지만(B설은 A설에 비해 효과중심이고 기능적이다), 실제상으로는 어디가 달라지는 것일까. 하나는 앞에서 언급했지만, 무권대리인의 책임의 요건(상대방의 양태)과 관계가 없는 경우인가(A설이라면 ①) 아닌가, 다른 하나는 이행거절을 인정하느냐(A설이라면 ②)이다. 이것을 도표로 표시해 둔다(도표 1.3.11).[215]

도표 1.3.11 양설의 비교(무권대리상속)

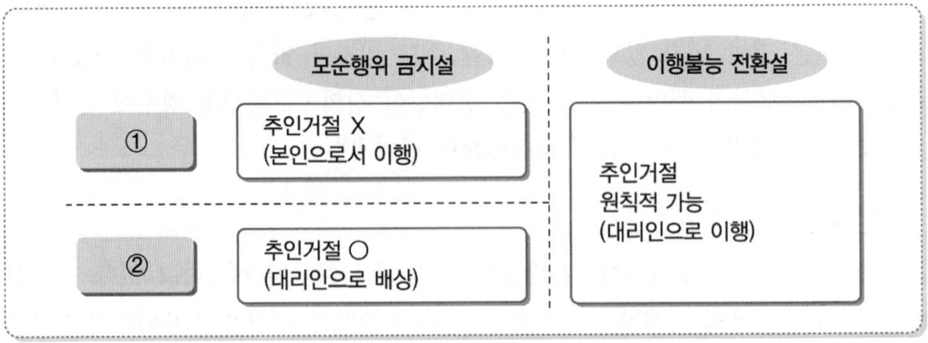

A설과 B설의 우열은 이것들의 상위점에 대해서 어떻게 생각하는가에 달려 있지만 그 외에 다음과 같은 약간 이론적인 문제에도 관계되어 있다. 하나는 A설도 그럴듯하지 않느냐, B설 쪽이 세련돼서 좋다고 생각하느냐이다. 이것은 통일적인 설명(이론)의 의의를 어떻게 평가하는 것에 달려 있다. 다른 하나는 ②의 경우 P

는 이행불능이 된 D의 채무를 상속하는 것이지만 상속에 의해 이것이 이행가능으로 전환한다고 생각해도 좋다는 것은 아니냐는 것이다. 이것은 이행불능이라는 것을 어떻게 생각하느냐는 것이며 그 자체가 큰 문제이다.[216)]

여기서는 이상의 점을 지적함에 그친다. 다음은 각자 생각해보길 바란다.

잠깐 시야를 돌려 무권대리인의 지위를 공동상속한 경우에 관한 판례를 살펴본다. 일본 최고재판소 판례는 공동상속에 관해 본인(P)을 무권대리인(D)이 다른 상속인과 같이 공동으로 상속한 사건에 대해, 공동상속인 전원이 추인하지 않는 이상 무권대리행위는 유효로 되지 않는다고 한 것이 있다.[217)] 당연유효로 하지 않고 추인거절을 할 수 있는지 여부를 검토한 것인데, 공동상속인 전원에 의한 추인을 구할 필요가 있는지 여부에 관해서는 더욱 검토할 여지가 있겠다.[218)]

일본 최고재판소 판례는 또한 본인에 의한 추인거절이 된 후에 무권대리인이 본인을 상속한 사건(케이스)에 대해 최근의 판례는 이 경우에는 무권대리행위는 유효로 되지 않는다고 하고 있다(最判平 10.7.17. 民集 52券5号, 1296頁[37]〈84〉). 당연히 유효가 되는 것이 아니라고 한 것이다.

바. 무권대리인의 상속과 유사한 문제

마지막으로 유사한 문제가 다른 곳에도 발생하는 것을 지적해 두자. 한 가지는 타인물건의 매매의 경우이다. 우리 민법에서 타인물건의 매매는 유효라고 여겨지고 있다(뒤에서 매매를 설명할 때 다룬다). 다만 이 경우에는 매도인은 소유자로부터 목적물을 취득하여 매수인에게 이전할 의무를 진다(569조). 단 소유자가 이것에 응할지 여부는 알 수 없다. 먼저 말을 붙여 놓았다면 그렇게 될 수도 있지만 제멋대로 타인의 물건을 팔아버리면 이행할 수 없는 일이 생길 수 있다. 즉 무권대리인의 상속과 유사한 문제는 권한 없이 타인의 부동산을 처분(무권처분)한 경우에도 생긴다.[219)] 그 다음은 무권대리에 가까운 상황이 된다. 그리고 이 상황에서 타인 물건의 매도인(D)이 소유자 본인(P)을 상속하거나 소유자 본인(P)이 매도인(D)을 상속한다면 무권대리와 상속과 같은 문제가 생긴다.

다른 하나는 부동산의 이중양도의 경우이다. 동일한 부동산을 두 사람의 상대방에게 연달아 매각하는 것이 있을 법하다. 그런 것이 법적으로 인정되는가라는 문제가 있지만 그 점은 재산법 부분에서 설명하는 것이 보통이므로 여기서는 이것은 가능하다고만 말해두자.

그럼 그러한 경우 소유권이전등기를 먼저 구비한 매수인이 최종적으로 소유권을 취득한다(186조). 결과적으로 등기를 하지 않은 쪽은 소유권을 취득할 수 없으므로 매도인의 책임을 추급할 수밖에 없다. 이러한 상태에서 이중매도인(D)이 소유권을 얻은 양수인(P)을 상속 또는 소유권을 얻은 양수인(P)이 이중매도인(D)을 상속한다면 이것도 무권대리와 상속과 유사한 상황이 된다(도표 1.3.12).

도표 1.3.12 타인물 매매와 이중양도

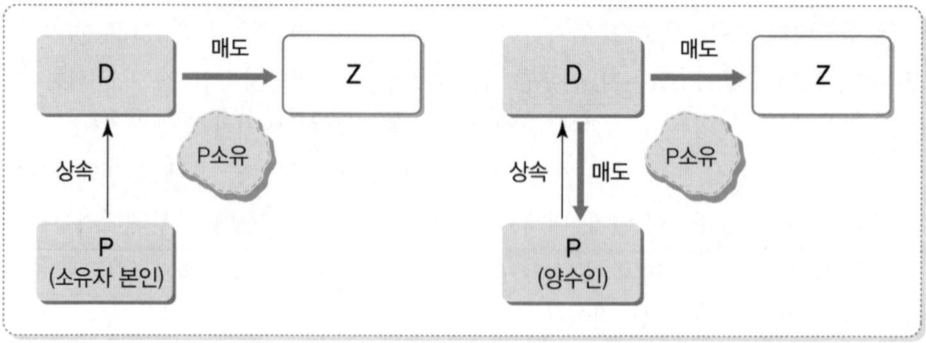

Ⅱ. 법정대리

민법이 법정대리를 예정하고 있는 경우 중 중요한 것은 제한능력자에 관해서이지만 이 외에 부재자의 경우도 법정대리의 대상이 된다. 전자는 **정신적**인 이유에 의해, 후자는 **물리적**인 이유에 의해 스스로 재산관리를 할 수 없는 경우라고 말할 수 있다. 각각 순서대로 봐보자.

1. 제한능력자

가. 제한능력자제도의 취지

본절 제1항 모두에서 설명했던 대로, 또한 다음에 설명하듯이 태어난 지 얼마 안 된 아이라도, 의식불명의 중병인도, 권리의무의 주체가 될 수 있다. 예를 들어 부모가 재산을 놔두고 사망한다면 이러한 제한능력자도 그 재산을 상속하는 것이 된다. 하지만 이같이 당연히 권리의무를 취득하는 경우와는 별도로, 태어난 지 얼마 안 된 아이나 의식불명의 중병인이 자기 능력으로 타인과 계약하여 권리의무를 취득하는 것은 불가능하다. 또한 이같이 극단적인 경우가 아니어도 초등학생이나 정신장해가 있는 사람은 충분히 생각하여 계약하기에 필요한 능력(판단력)이 있는지 여부가 의문이다. 권리의무의 주체가 되는 것과 그러기 위해서 필요한 행위를 할 수 있는 것은 별개이다.

그래서 민법은 일정한 범주(카테고리)에 속하는 자는 완전히 유효한 계약은 할 수 없다는 제도를 마련해두고 있다. 이것을 행위능력제도라고 부른다(이전에는 행위무능력자제도라고도 불려졌다. 오늘날에는 제한능력자제도라고 불린다). 구체적으로는 미성년자, 피성년후견인, 피한정후견인, 피특정후견인이라는 네 가지 범주의 자가 그 대상이 된다. 이러한 자들은 유효하게 행위를 할 능력(행위능력)이 제한되어 있기 때문이다(제한능력자라고 불린다). 이것은 바꾸어 말하면 그 이외의 자는 완전한 행위능력을 가진다는 것이다. 따라서 제한능력자 이외의 자가 행한 계약은 그 밖에 무효·취소의 원인이 없는 이상 유효하다는 것이 원칙이다. 단 제한능력자의 범주에 속하지 않아도 일시적으로 적절한 판단력을 잃고 있었다고 인정될 만한 경우에는(알코올이나 약물 사용에 의한 경우 등) 계약은 무효가 된다.

이와 같은 상태를 의사능력이 없다라고 말한다. 의사능력이란 구체적으로는 7세~10세 정도(초등학교 저학년 정도)의 판단력으로 되어 있다.

그러면 여기서 잠깐 시야를 돌려 의사능력과 행위능력의 관계에 관해 살펴본다. 보통 의사능력과 행위능력의 관계에 대해 설명할 때에는 의사능력의 유무로부터 출발하여 의사능력이 없는 자를 보호하는 제도로서 행위능력이 파악될 수 있는 것이 많다. 이것은 의사주의에 합치한 설명이다. 하지만 민법의 규정에 따라 말하자면 정형적인 제한능력에 해당하지 않는 경우를 그때그때 필요에 따라(ad hoc) 다루기 위한 개념으로서, 의사무능력이 원용된다고 설명하는 쪽이 알아듣기 쉬울 수도 있다. 이것을 도표로 표시해 둔다(도표 1.3.13).[220]

도표 1.3.13 의사능력과 행위능력

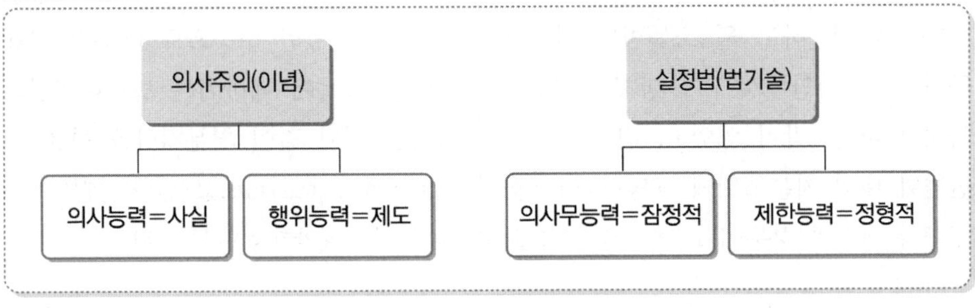

나. 제한능력자제도의 내용

다음으로 행위능력제도의 구체적인 내용을 설명하자. 제한능력자제도는 사적자치의 원칙이라는 민법의 기본이념 특히, 자기책임 원칙의 구현을 가능케 하는 도구로서 인정되는 것으로서 거래의 안전을 희생시키더라도 행위무능력자를 보호하고자 함에 있다(91다32466, 2005나15057). 제한능력자에는 미성년자, 피성년후견인, 피한정후견인, 피특정후견인이라는 네 가지 범주(Kategorie)가 있다(도표 1.3.14). 이 중에서 최초의 것과 뒤의 세 가지의 부류는 살짝 성질이 다르다. 순서대로 설명하자.

도표 1.3.14 제한능력자의 분류

분류	심판	관리인	동의	동의불요행위	대리권
미성년자	제도 ×	법정대리인	5조	5조 1항 단서	932조
피성년후견인	9조, 929조	성년후견인	10조	10조 4항	938조의1
피한정후견인	12조, 959조의2	한정후견인	13조	13조 4항 단서	959조의4
피특정후견인	14조의2 959조의9	특정후견인	제도 ×	제도 ×	959조의11

(1) 미성년자

미성년자는 성년에 달하지 않는 자, 즉 만 19세에 달하지 않은 자(4조)가 일률적으로, 동시에 당연히 포함돼 있다. 미성년자가 법률행위를 하기 위해서는 법정대리인(통상은 양친. 920조)의 동의가 필요하다(5조 1항). 동의가 없는 행위는 취소가 능하다는 것이 원칙이다(5조 2항). 판례는 만 19세가 넘은 미성년자인 P가 신용구매계약을 체결하고 월 소득범위 내에서 스스로 얻고 있던 소득으로 다수의 신용구매를 한 사안에서 P가 당시 스스로 얻고 있던 소득에 대하여는 법정대리인의 묵시적 처분허락이 있었고, 위 각 신용구매계약은 위와 같이 처분허락을 받은 재산범위 내의 처분행위에 해당한다고 볼 수 있다(2005다71659,71673)고 했다. 예외는 5조 3항, 8조의 경우이다(5조 3항은 용인(?)의 범위에는 계약가능하다는 것).

(2) 피성년후견인, 피한정후견인, 피특정후견인

이것에는 성년자 중 일정한 요건을 만족하는 것으로서 동시에 신청에 따라서 가정법원에 의해 후견개시의 심판이 이루어진 자가 포함된다(9조, 12조, 14조의2). 일정한 요건이란 정신적 제약(정신상의 장해)으로 사무를 처리할 능력(사물의 형편의 당부를 판단하는 능력)이 지속적으로 결여된 사람(성년후견), 사무를 처리할 능력이 부족한 사람(한정후견), '일시적 후견' 또는 '특정한 사무에 관한 후원'이 필요한 사람이 불충분한 자(특정후견)라는 것이다. 정신장해가 있어서 재산관리능력이 없는 자들 중 장해의 정도가 높은 자부터 순서대로 성년후견·한정후견·특정후견의 대상이 된다. 성년후견·한정후견·특정후견의 개시의 심판이 이루어지면 피성년후견인에는 성년후견인, 피한정후견인에는 한정후견인, 피특정후견인에는 특정후견인이 붙여지는데(9조, 12조, 14조의2), 그 취지는 가족관계등록부와는 별개의 특수한 공부(후견등기시항이라고 불리는 것. 후견등기에 관한 법률 참조)에 기재된다. 그래서 피성년후견인의 행위는 일용품의 구입 등(10조 단서)을 빼고, 모두 취소 가능한 것이 된다(10조 4항). 피한정후견인에 대해서는 일정한 행위에 대해 한정후견인의 동의가 필요하고, 동의 없는 행위는 취소 가능하게 된다(13조). 한편 민법은 한정후견인에 대해서는 '가정법원은 한정후견인에게 대리권을 수여하는 심판을 할 수 있다'(959조의4 1항)고 규정함으로써 한정후견인을 법률상 당연한 법정대리인으로 취급하지 않고 있다. 그리고 피특정후견인에 대해서도 특정후견의 심판이 있어도 행위능력은 제한되지 않는다. 피특정후견인에 대해서도 법원의 심판에 의해 정해진 특정의 법률행위에 대해서 피보조인의 동의가 필요하게 되며, 동의 없는 행위는 역시 취소 가능하게 된다. 또한 한정후견인과 마찬가지로 특정후견인은 피특정후견인의 당연한 법정대리인으로 취급되지 않는다(938조 1항).

행위능력제도는 판단력이 충분하지 않은 자가 거래를 함으로써 손해를 입는 것을 방지하는 제도로서 그 목적은 제한능력자의 보호에 있다. 만약 이와 같은 제도가 없으면 앞에서 설명한 대로 판단력의 유무는 의사능력의 유무라는 형태로 그때그때 사정에 따라(ad hoc) 판단되는 것이 된다. 그런데 의사능력이 없었다는 증명은 어렵다. 다른 한편 의사능력의 유무는 밖에서는 알지 못하는 것도 있으므로 일단 의사무능력=무효가 된다면 거래의 상대방이 곤란하게 된다. 그래서 정형적으로 세 가지의 카테고리(범주)에 들어가는 자를 제한능력자로서 획일적이고 동시에 확실하게 그자들을 보호하고 있다. 그자들과 거래하는 자도 등기사항증명서를 보면(단 교부청구를 할 수 있는 자는 제한되어 있다) 행위능력의 제한의 유무를 알 수 있게끔 한다는 제도가 채택된 것이다. 최근 개정된 후견등기에 관한 법률에 따르면 본인만이 신청에 따라 등기사항부존재증명서('후견등기부에 현재 효력이 있는 후견등기사항이 없다는 취지를 증명하는 서면'을 말한다)를 인터넷을 이용하여 발급받을 수 있다(동법 15조의2).

여기서 잠깐 시야를 돌려 제도의 변천에 관해 살펴본다. 2011년 개정이전에는 현재의 피성년후견인 · 피한정후견인(피특정후견인이라는 카테고리는 아예 존재하지 않았다)은 금치산자 · 한정치산자라고 불렀고, 미성년자와 합쳐서 무능력자라고 총칭되어 왔지만(구 19조 참조), 개정된 민법에선 이것을 대신하여 제한능력자라는 용어가 도입되었다(15조 참조). '금', '무'라는 부정적인 어감을 가진 자구를 피해서 제도의 인상(image)을 꾀한다는 상징효과를 노린 조치이지만, 결과적으로 구법에서는 완전한 행위능력을 가지지 않는다는 질적인 측면에 착안하고 있었다면, 신법에서는 일정한 제한으로 행위능력이 제한되고 있다는 양적인 측면에 초점을 맞춘 용어법이 채용된 것이다. 단 제한능력자가 단독으로는 유효하게 할 수 없는 행위에 관하여 (행위)무능력이라는 표현을 사용하는 것은 금후도 있을 법하다.

다. 제한능력자제도의 문제점과 대응책

2011년의 개정 전의 무능력자제도에는 몇 가지의 문제점이 지적되었지만, 개정된 민법에서는 그것들은 어느 쪽도 어떻든 해결해 주고 있다. 여기서는 다음의 네 가지로 간단하게 건드려 두자.

(1) 제한능력자보호 확장의 필요성

첫째는 무능력자를 보호하는 제도로서 종래의 두 가지의 범주는 충분히 기능하고 있지 않는 것은 아니냐는 것이다. 개정 전 민법은 심신이 박약한 자에 대해서는 한정치산, 심신이 상실된 자에게는 금치산 선고를 할 수 있도록 되어 있었다. 그러나 구체적으로는 정신장해의 정도가 보다 낮고 한정치산자 · 금치산자라고는 할 수 없는 자에 대해서도 일정한 요건 하에 후견인을 붙여줄 수 있도록 해야 하는 것이 아닌가라는 주장이 일찍이 있었다. 그래서 개정된 민법은 이러한 요청에 따라서 특정후견이라는 카테고리를 새롭게 만든 것이다(14조의2 이하, 876조의6 이하).

(2) 제한능력자제도의 유연화

둘째로 무능력자제도는 고정적 · 획일적으로 사용하기 어렵다는 비판이 있어서, 한편으로 종래의 유형화를 끝내고 제도를 일원화하여 개인마다 필요한 범위로 효과(동의 · 대리의 대상이 되는 사항)를 정하면 된다는 제안이 있었고, 다른 한편으로는 성년후견 등 법정후견제도 외에 계약 근거(base) 제도를 만들어야 한다는 제안이 있었다. 이 중 전자에 관해서는 유형은 유지되는 것으로 하면서, 특히 신설된 특정후견에 관해서는 동의 · 대리의 대상사항을 유연하게 정하는 것 같은 조치가 이루어졌다. 무엇보다 사리변별능력이 불충분의 영역(단계)을 넘어서서 현저히 불충분한 상황에 달한 경우에는 이미 특정후견의 대상으로는 할 수 없다는 것으로 되어 있고, 선긋기가 유지되어 있다(14조의2 1항 단서). 이것은 특정후견과 후견의 구별에 대해서도 똑같다(12조 1항 단서). 후자에 대해서는 임의후견계약이라고 불리는 계약유형이 창설되었다. 즉 2013년 7월 1일 개정민법은 현재 정신적 제약이 없는 사람이라도 미래를 대비하기 위한 '임의후견제도'를 새롭게 신설하였다(959조의14). 임의후견이란 후견계약에 의한 후견으로 일반 성인이 질병, 장애, 노령, 그 밖의 사유로 인한 정신적 제약으로 사무를 처리할 능력이 부족한 상황에 있거나 부족하게 될 상황에 대비하여 자신의 재산관리 및 신상보호에 관한 사무의 전부 또는 일부를 미리 다른 자에게 스스로 위탁하고 그 위탁사무에 관해 대리권을 수여하는 계약을 체결하여, 그 계약으로 선임한 후견인으로부터 재산관리 및 일상생활과 관련된 사무에 대해 보호와 지원을 제공받는 제도이다(동조 1항).

(3) 제한능력자자유의 침해

셋째는 무능력자제도는 무능력자로 된 자의 자유를 과도하게 제약하는 것이 아니냐는 비판도 이루어졌다. 이것에 대해서는 무능력자제도와 함께 존재하고 있던 다양한 자격제한의 철폐를 노림과 동시에 본인에게 사리변별능력이 남아있는 경우(한정후견 · 특정후견의 경우)에는 가능한 한 본인의 의사가 존중되도록 절차적인 배려가 이루어졌다. 구체적으로는 신설된 특정후견에 대해 본인 이외의 자의 신청에 의한 개시 또는 동의를 필요로 하는 사항결정의 심판의 때는 본인의 동의를 요하는 것 외에(14조의2 2항, 14조의3 2항), 피한정후견인 · 피특정후견인의 이익이 침해될 우려가 없음에도 불구하고 한정후견인 · 특정후견인이 동의를 주지 않은 경우에는, 피한정후견인 · 피특정후견인은 법원에 동의를 대신하는 허가를 구하는 것이 가능한 것으로 하였다(13조 3항, 14조의3 3항).

(4) 제한능력자제도와 사실적 계약관계론

넷째는 사실적 계약관계라고 불리는 관계에 관한 문제이다. 사실적 계약관계는 예컨대 표를 사서 전차에 탄다든지 자동판매기에서 주스를 사는 행위를 말한다. 여기서 문제가 되는 것은 이것들 행위를 제한능력자는 행할 수 있는가 없는가라는 것이다. 만약 가능하다고 한다면 이것들 계약에는 행위능력은 필요하지 않다고 해도 괜찮은가. 만약 안 된다고 한다면 제한능력자는 버스에 타거나 주스를 사거나 하는 것도 어렵게 되겠지만 그것으로 괜찮은가. 이미 다룬 바와 같이 개정 민법은 '일용품의 구입 등 일상생활에 필요하고 그 대가가 과도하지 아니한 법률행위'(일상생활행위)에 대해서는 취소의 대상이 되지 않는 것으로 했다(10조 단서, 13조 1항 단서). 사실적 계약관계의 대다수 경우에는 이 규정이 아마 적용될 것이므로 문제의 대부분은 해소하였다(그러나 무엇보다도 능력자가 계약하는 경우도 포함하여 사실적 계약관계에 있어서 '합의'란 무엇인가라는 근본문제는 아직 남아 있다).

여기서 잠깐 시야를 돌려 사실상의 대리에 관해 살펴본다. 행위능력제도가 이용하기 쉬운 제도가 됐다고 해도 필요한 모든 경우에 바로 성년후견인 등이 선임되는 것은 아니다. 실제로 본인 주위의 자들이 사실상의 대리인으로서 행위를 해버리는 경우도 또한 남겨지지 않을 수 없겠다. 일본 최고재판소 판례는 이 같은 사실상의 대리는 법적으로는 무권대리밖에 안 되지만, 나중에 성년후견인 등에 취임한 자가 추인거절을 해낼 수 없는 예외적인 경우가 있다고 한다.[221]

라. 제한능력자와 거래한 상대방 보호

행위능력제도의 취지에서 생각하면 상대방의 보호에도 일정한 배려가 이루어져야만 한다. 민법은 두 가지의 제도를 준비하고 있다.

(1) 제한능력자가 속임수(사술)를 써서 거래한 때에 대한 판례의 태도

그 하나가 17조인데, 속임수를 써서(사술을 이용하여) 능력자라고 믿게 한 때에는 취소권을 잃게 되는 것으로 되어 있다. 판례는 무능력자가 상대방으로 하여금 그 능력자임을 믿게 하기 위하여 적극적으로 사기수단을 쓴 것을 말하는 것으로서 단순히 자기가 능력자라 칭한 것만으로는 동조에 소위 사술을 쓴 것이라 할 수 없다(4287민상77)고 하였다. 더 나아가서 미성년자가 사술을 쓴 때는 아예 그를

'보호할 필요'조차 없다는 견해가 있다.[222] 일본 최고재판소 판례는 이 규정의 적용에 대해 속임수(사술)를 꽤나 확장하고 있다. 예를 들어 '상당한 자산을 가지고 있으므로 안심하고 거래해 줬으면 한다'라는 발언을 들어서 속임수(사술)에 해당한다고 하고 있다.[223] 하지만 일본 최고재판소 판례는 속임수를 무제한으로 확장해 나가는 것이 아니라 단순한 침묵이라고 평가되는 사례에 대해서는 속임수에 해당되지 않는다고 했다.[224] 그렇다면 판례는 어떤 견해에 입각해 있을까? 무능력자의 사술에 관한 71다940의 사안과 판지는 다음과 같다.

사실관계 1.3.15 무능력자의 사술 [71다940]

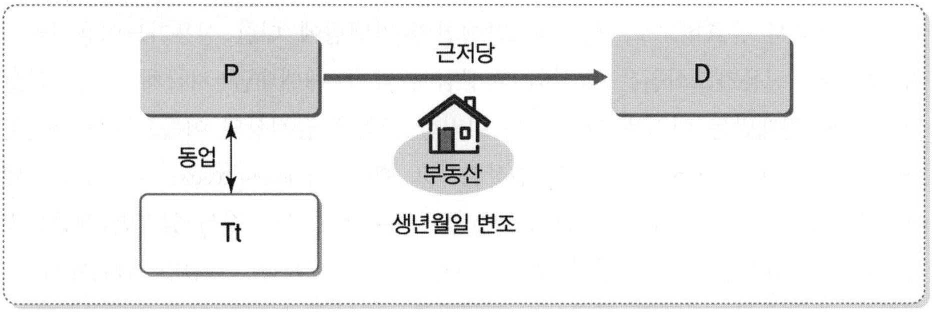

(1) P는 Tt(소외인들)와 석유곤로 판매업을 동업하기로 함에 있어서 D와 계속적인 거래를 하려면 외상대금 채무의 확보를 위하여 D에게 적당한 담보물을 제공하여야 하므로 그 담보로서 P 소유의 이 사건 부동산을 제공하기로 합의가 되어 1969. 5.13. P는 D에게 D를 근저당권자, 채권최고액을 금 500만원으로 한 이 사건 근저당권설정등기를 하여 주었다. (2) P와 Tt는 P가 미성년자라는 사실을 D가 알면 D는 P와의 근저당권설정계약 체결을 거부할 것이 명백하므로 D로 하여금 P를 성년자로 믿게 하기 위하여 미리 관계동사무소 직원과 서로 짜고(통정하여) P의 생년월일을 1948.2.17.로 기재한 인감증명을 교부 받아 이를 D에게 제시 행사하여 D로 하여금 P를 성년자로 오신케 하여 이 사건 근저당권설정계약을 체결하였다.

이에 대해 대법원은 "미성년자가 사술로써 상대방으로 하여금 성년자로 믿게 하고 한 의사표시는 이를 취소할 수 없다. D로 하여금 P를 성년자로 오해하도록 믿게 한 것은 P와 Tt이므로 P는 이 사건 근저당권설정계약의 의사표시를 취소할 수 없다"고 판시하였다.

그렇다고 하더라도 이전에 소개했던 현존이익에 관한 일본 최고재판소 판례[225]와 더불어 생각해보면 판례는 민법전 자체가 생각해온 선보다도 제한능력자 보호를 후퇴시킨다는 듯한 인상을 준다.[226] 미성년자의 신용카드이용계약 취소로 현존 이익이 있는지에 관해 판례는, 미성년자들인 Pt(원고들)가 신용카드발행인 D카드 주식회사와 사이에 신용카드 이용계약을 체결하여 신용카드거래를 하다가 신용카드 이용계약을 취소한 사안에서, 미성년자가 그 행위로 인하여 받은 이익이 현존하는 한도에서 상환할 책임에 관하여(141조), 신용카드 이용계약이 취소됨에도 불구하고 신용카드회원과 해당 가맹점 사이에 체결된 개별적인 매매계약은 특별한 사정이 없는 한 신용카드 이용계약취소와 무관하게 유효하게 존속한다 할 것이고, 신용카드발행인이 가맹점들에 대하여 그 신용카드사용대금을 지급한 것은 신용카드 이용계약과는 별개로 신용카드발행인과 가맹점 사이에 체결된 가맹점 계약에 따른 것으로서 유효하므로, 신용카드발행인의 가맹점에 대한 신용카드이용대금의 지급으로써 신용카드회원은 자신의 가맹점에 대한 매매대금 지급채무를 법률상 원인 없이 면제받는 이익을 얻었으며, 이러한 이익은 금전상의 이득으로서 특별한 사정이 없는 한 현존하는 것으로 추정된다고 했다(2003다60297,60303,60310,60327)고 했다. 민법의 해석원리로서 일시적으로 거래의 안전이 강조된 적이 있지만 제한능력자 제도는 거래의 안전에 있어서는 장해가 된다. 그러므로 가능한 범위에서 그 폐해를 제거한다는 자세가 취해졌다고 생각할 수 있다.

(2) 제한능력자와 거래한 상대방의 최고권

속임수(사술)가 없다고 판단되면 상대방으로서는 제한능력자 측의 취소에 노출되는 것이 된다. 그래서 민법은 17조와 더불어 다른 하나의 배려를 표시하고 있다. 15조이다. 제한능력자와 거래한 상대방은 취소가능이(하게) 된 계약에 대해서 일정한 기간을 정하여 취소하는가 추인하는가 어떤가의 응답(대답, 返答)을 촉구할 수 있다(최고권이라고 부른다). 이것에 의해서 상대방은 취소되든지 추인되든지 간에 불안정한 지위로부터 벗어나는 것이 가능하게 된다. 구체적으로 어떠한 절차를 취할 필요가 있는가. 어떠한 경우에 어떠한 결과가 되는가. 이것들에 대해서는 15조를 잘 읽어 놓았으면 한다(무권대리에 관한 131조도 비교해 봤으면 한다).

2. 부재자

어떤 사람이 소식을 끊어버린 경우 그 자가 그때까지 형성한 법률관계는 어떻게 되는가. 즉 부재자의 법률관계는 어떻게 하는가. 민법은 2단계의 제도를 준비해 두고 있다. 제1단계로서 부재자에게 재산관리인(법정 · 임의 어느 쪽이든)이 없는 경우 이해관계인 등의 청구에 의해 가정법원은 필요한 처분(특히 재산관리인의 선임)을 집행한다(22조). 부재자가 재산관리인을 두고 있는 경우에도 부재자 자신이 생사불명이 된 경우에는 이것도 청구에 의하여 법원은 공익 관점에서 재산관리인을 개임하는(다시금 고친다) 것이 가능하다(23조). 판례는 부재자 T가 6.25사변 전부터 가사 일체와 재산의 관리 및 처분의 권한을 그 모인 W에게 위임하였으나 W가 부재자의 실종 후 법원에 신청하여 동 부재자의 재산관리인으로 선임된 사안에서 부재자의 생사가 분명하지 아니하여 민법 제23조의 규정에 의한 개임이라고 볼 수 있으므로 이때부터 부재자의 위임에 의한 "갑"의 재산관리 처분권한은 종료되었다고 봄이 상당하고, 따라서 그 후 W의 부재자 T의 재산처분에 있어서는 법원으로부터 민법 제25조에 따른 권한 초과 행위 허가를 받아야 하고 그 허가를 받지 아니하고 한 부재자의 재산매각은 무효(76다1437)라고 했다. 관리인의 지위에 대해서는 24조~26조에 규정이 있지만 25조가 시사하는 바와 같이 관리인은 대리권을 가진다는 것으로 상정되어 있다.

나아가 제2단계로서(제1단계를 건너뛰어도 되지만) 부재자를 사망한 자로 본다는 실종선고라는 절차가 존재한다. 이것에 대해서는 다음 인과 물에서 사망과 합쳐서 설명한다.

제 2 절 계약의 주체인 사람과 계약의 객체인 물건

제1절에서 설명한 대리는 계약의 성립의 면과 효력의 면으로 계약의 주체(당사자)가 분리된다는 이야기였다. 본 절에는 계약의 주체 그 자체에 대해서 그리고 계약의 객체에 대하여 더 검토해보고 싶다. 구체적으로는 우선 오랫동안 계약의 주체 · 객체로 동일시되어 온 사람(人)과 물건(物)에 대해서 설명한다(Ⅰ, Ⅱ). 그런 후 오늘날에는 주체=사람 / 객체=물이라는 단순한 이원론을 재검토하고 있다는 것을 덧붙인다(Ⅲ).

Ⅰ. 계약의 주체로서 사람의 법적 지위

1. 법인격의 존재

가. 권리능력

계약을 체결하면 그로부터 채무가 발생하고 당사자는 이에 따라 권리의무를 갖게 됨에 이른다. 이같이 권리·의무를 가진 권능을 권리능력이라고 부른다. 그리고 이와 같은 능력을 갖춘 자격을 법적 인격(법인격)이라 부른다.

권리능력은 거래를 중심으로 하는 사법세계에서 주체로서의 참가자격이다.[227] 이 자격이 인정되는 것을 민법에서는 사람(人)이라고 부르고 있다. 민법상의 사람의 개념은 생물로서의 '사람'(이하 인간이라 부른다)의 개념을 기초로 하고는 있지만 양자가 반드시 일치하지는 않는다.

오늘날에 이르러서는 모든 인간은 권리·의무의 주체가 될 수 있다는 것이 원칙이다(예외로서 외국인에 관한 법률이 잔존하고 있지만 그 타당성에는 문제가 있다[228]). 하지만 이전에는 예컨대 물건과 동급으로 취급되던 노예는 인간이지만 권리·의무의 주체가 아닌 객체였다.

다른 한편 오늘날에는 인간 이외에도 권리능력이 인정되고 있는 존재가 있다. 바로 법인이라 불리는 게 그것이다. 법인에 관해 본서에서는 다음에 설명하겠지만 지금 여기서는 회사와 같은 것을 생각해 주면 좋다. 회사는 인간과 같이 권리·의무의 주체가 될 수 있다. 즉 회사는 권리능력 또는 법인격을 가진 것이다. 더욱이 법인과 구별하여 인간을 자연인이라 부르는 경우가 있다(민법전에는 자연인을 사람이라고 부르고 있다).

권리능력/법인격: (민법상의) 사람＝자연인(인간)＋법인

나. 사람의 출생과 사망

법인은 따로 떼어 두고 자연인에 대해서 조금 더 설명을 계속하도록 하자. 사람(자연인)이란 어떠한 것인가. 그것은 인간으로서 **살아있는** 것이다. 태어나기 전에는 사람이 아니고, 죽어버리면 또한 사람이 아니게 된다. 이것은 당연한 것처럼

보이지만 법적으로는 큰 의미를 갖고 있다. 두 가지를 살펴보자. 첫째는 갓 태어난 아이도, 의식이 없는 중환자도, 개념상으로는 모두 권리의무의 주체가 될 수 있다는 것이다(전자에 대해서 3조 참조. 더욱이 모든 인간이 권리의무를 가진다는 것을 명시하는 규정은 없지만, 이 규정은 그것을 전제로 하는 규정으로 파악되고 있다). 다른 하나는 죽어버리고 만다면 더 이상 권리의무의 주체가 될 수 없기에 그 사람에게 귀속된 권리의무를 처리할(상속을 개시하게 된다) 필요가 생긴다는 것이다(997조).

그렇다면 인간은 언제 태어나 언제 죽는가, 즉 법적인 인간으로서 취급되는 것은 언제부터 언제까지인가. 이 점에 관해서 많은 경우에는 상식적으로 판단하면 되지만 어려운 문제가 생기는 때도 있다.

(1) 권리능력에 관해 민법에 규정이 있는 경우

민법은 세 가지의 종류의 특별한 규정을 마련해 두고 있다. 첫째는 출생에 관한 규정으로 태아에게 일정한도 내에서 권리능력을 인정하고 있다. 구체적으로는 불법행위에 의한 손해배상청구와 상속(및 유증)에 대해서 태아는 태어난 것으로 의제된다. 즉 사고가 발생한 시점, 상속이 개시한 시점에는 태아인 사람도 나중에 무사히 태어난다면, 거슬러 올라가 배상청구권・상속권을 취득한다(762조, 1000조 3항).[229]

다른 하나는 사망에 관한 규정으로 동시사망의 추정이라는 규정이 있다(30조, 32조의2). 마지막 하나는 전 절에서도 잠깐 다루었지만 부재자에 대한 실종선고이다.

그러면 여기서 눈을 돌려 동시사망의 추정에 관해 좀 더 자세히 살펴보자. 사망의 추정에 관한 규정(30조)[230]은 1962년의 법 개정에 의해 추가되었다. 그때까지는 항공기나 선박의 사고 등으로 부부・친자 등 서로 상속하는 관계에 있는 사람이 같이 사망한 경우에 상속관계가 어떻게 되는가에 대해서 싸움이 생기기 쉬웠다. 예컨대 P・D부부가 신혼여행 중에 동일한 사고로 사망한 경우 P가 먼저 사망한다면 D가 P를 상속(그리고 D의 상속인이 D를 상속한다)하지만 D가 먼저 사망한 것이라면, 반대로 P가 D를 상속한다(그리고 P의 상속인이 P를 상속한다). 입증이 곤란한 근소한 시간의 선후에 의해 상속관계는 큰 영향을 받는 것이다. 그래서 30조는 이와 같은 경우에는 P・D는 **동시에** 사망하였다고 추정하는 것으로 했다. 상속인이 되기 위해서는 상속개시시(피상속인의 사망시)에 생존하고 있는 것이 필요하므로(1001조의 상속개시 전이라는 표현을 참조), P・D는 서로 상대방을 상속하지 않는 것이 된다(그리고 P의 유산은 P의 상속인이, D의 유산은 D의 상속인이, 각각 상속한다). 더욱이 이 규정은 어디까지나 추정한다는 것이므로 이것과 다른 사실(P가 먼저 죽었다, D가 먼저 죽었다)이 입증되면 그것을 전제로 상속이 개시된다.

(가) 실종선고의 요건 · 효과

실종선고가 이루어지면 부재자는 사망한 사람으로 취급됨에 이른다. 판례는, 호적상 이미 사망한 것으로 기재되어 있는 자는 그 호적상 사망기재의 추정력을 뒤집을 수 있는 자료가 없는 한 그 생사가 불분명한 자라고 볼 수 없어 실종선고를 할 수 없다(97스4)고 했다. 그렇게 된다면 부재자의 재산은 일시적으로 관리됨에 멈추지 아니하고 상속에 의하여 종국적으로 누군가(상속인)에게 귀속되는 것이 된다. 판례는, 실종선고로 인하여 실종기간 만료시를 기준으로 하여 상속이 개시된 이상 임의로 실종기간이 만료하여 사망한 때로 간주되는 시점과는 달리 사망시점을 정하여 이미 개시된 상속을 부정하고 이와 다른 상속관계를 인정할 수는 없다(94다21542)고 했다. 통상적으로는 부재자의 7년간의 생사불명으로, 전쟁 · 해난 등의 위난의 경우에는 1년간의 생사불명으로 실종선고의 신청이 가능하다(27조).

전자를 보통실종, 후자를 특별실종 등으로 부르고 있다. 어느 쪽도 가정법원이 선고한다.

양자는 요건뿐만 아니라 효과도 조금 다르다. 보통실종은 7년 경과시에, 특별실종은 위난의 종료시에 사망으로 취급되고 있다(28조). 더욱이 실종선고에 의해 처리되는 것은 재산상의 문제뿐만이 아니다. 예컨대 부부 어느 쪽에 대해서 실종선고가 이루어지면 그 자는 사망한 것으로 취급되기 때문에 다른 한쪽은 재혼이 가능하게 된다(810조의 반대해석). 무엇보다 이전의 혼인의 효과만을 부정하기 위해서는 재판에 의해 이혼하는 수단도 있다. 이 경우에는 3년간의 생사불명으로 이혼할 수 있다(840조 5호).

(나) 실종선고의 취소

그런데 실종선고에 관한 큰 문제는 실종자가 생존한 것이 명확해졌다는 경우이다. 최근에는 적지만 전쟁 등의 뒤에는 충분히 있을 법한 것이었다. 남편이 죽었다고 생각하고 있었는데 시베리아에서 혹은 남양제도에서 인양되어 왔다 혹은 아우슈비츠로부터 생환해 왔다는 경우도 없지는 않다. 이 경우에 특히 중대한 것은 재산관계(상속인이 된 자는 현존이익의 범위에서 반환의무를 진다. 29조)보다도 신분관계이다. 구체적으로는 아내가 재혼해버렸다는 경우이다. 이것은 비극이지만 비극이기에 소설 등의 테마에서는 자주 거론된다.[231]

소설은 제쳐두고, 민법에서는 어떠한가. 실종자가 생환한 경우에는 가정법원은 본인・관계자의 청구에 기초하여 실종선고를 취소하게 된다(29조 1항 본문). 이에 의해 선고의 효력은 뒤집힌다. 하지만 이에는 예외가 있다. 실종선고 후 취소 전에 선의에 의해 행해진 행위는 그 효력을 잃지 않게끔 되어 있다(29조 1항 단서). 그런데 새로운 혼인의 양 당사자(P가 실종하여, 그 아내 D가 Z와 혼인한 경우라면, D・Z)의 쌍방이 선의라면 후의 혼인이 유효가 된다고 설명하고 있는데, 더욱 나아가 항상 뒤의 혼인을 유효로 하는 견해도 있다(1996년의 민법개정요강은 후자의 입장을 취하고 있지만 지금은 법개정은 실현되어 있지 않다). 어느 쪽이든 전혼이 자동적으로 부활하는 것은 아니다.

더욱이 29조 1항 단서는 재산관계에도 적용된다. 직접의 상속인에 대해서는 먼저 서술한 대로 29조 2항이 적용되지만, 제3자와의 관계는 29조 1항 단서로 처리되고 있다. 즉 A가 실종하여 그 상속인이 된 B가 상속한 재산을 C에 양도한 경우 B・C가 선의라면 이 양도는 유효하다. 이것이 판례의 사고방식이며 조문에도 적용되고 있다. 무엇보다 제3자 보호의 일반적인 사고방식으로 하자면, 선의・악의는 보호의 대상이 된 C에 대해서만 문제 삼으면 된다는 것이 된다. 학설에서 유력한 생각 방식이다.

(2) 권리능력에 관해 민법에 규정이 없는 경우

생과 사에 관해서는 최근에는 인공임신중절・인공생식과 뇌사의 문제가 중요하다.[232] 이들에 관해서는 헌법・형법・의사법(medical law) 등의 문제가 중심을 이루지만, 민법에도 영향이 없는 것은 아니고 규정이 없어도 몇 가지의 문제에 대한 대처가 필요하게 된다. 그중 친자법이나 상속법에 관한 문제에 대해서는 이러한 문제를 자세하게 취급하는 책에 넘길 수밖에 없다.[233] 또한 인체에 관한 문제에 대해서는 다음에 다룬다. 여기선 당분간은 다음의 사실을 지적하여 문제를 제기하는 것으로 매듭짓고 싶다. 그것은 오늘날에는 사람의 생사는 **자연**에만 속하는 것이 아니며 **작위**(作爲)가 미칠 수 있는 형편에 이르고 있다는 것이다. 인공임신중절의 가부는 사실상 모친의 선택에 맡기고 있고, 뇌사판단의 가부 또한 가족의 동의에 의존하고 있다(물론 본인의 사전의 동의가 필요).[234] 즉 모친이 아니오, no라고 말한다면 태어났을 생명이 없어지며, 가족이 네, yes라고 말하면 결국 당도할 죽음이 빨라지는 것이 된다. 이와 같은 선택권・동의권의 성질을 어떠한 것으로 생각하는가는 이후의 과제일 것이다(예컨대 아이의 학교의 선택권, 아이의 계약에 대한 동의권은 친권의 내용을 이룬다고 생각할 수 있음과 대비하라. 913조 이하 참조).

2. 법인격의 동일성

가. 주 소

살아 있는 인간은 어느 장소를 거점으로 하여 활동을 하고 있다. 이 장소가 주소이다(18조). 실제로는 그 장소에 항상 머무르고 있는 것은 아니지만 법률관계는 주소를 기초로써 형성되어 처리된다. 무엇보다 민법의 개별적 규정과의 관계로 주소가 문제가 되는 경우는 그다지 많지는 않다(467조 참조). 하지만 소송의 관할(어느 법원에 소송을 일으킬 것인가) 등 이외에 국제적인 거래 등에는 준거법의 선택(어느 나라의 법을 적용하는가)에 대하여 주소는 중요한 재판요소 중 하나가 된다.

한 사람에게는 하나의 주소만이 있을 수 있는가. 이 점은 일본에서는 이미 극복된 문제로 생각되고 있으며 법률관계마다 정해지면 충분하다는 복수설이 흔들림 없는 통설로 되어 있다. 하지만 주소는 본래 씨명(氏名)과 같이 사람을 동정(同定)하는(사람의 동일성을 보증한다) 것이며, '한 사람은 하나의 주소와 하나의(포괄적인) 재산만을 가진다'라는 사고방식을 가지게 되었다는 것이다. 이에 구애되지 않는 민법은 어느 의미에선 유연하고 기동적이지만 거기에 인격의 동일성·통합성에 대한 감각이 약하다는 것을 발견하는 것이 불가능하지는 않다(이것과 정반대의 특색이 법인에 대해서 인정된다).

나. 신분증명

애초에 우리나라법은 사람의 동일성의 동정에 대해서 반드시 충분한 배려를 해주고 있다고 말할 수는 없다. 사람의 존재는 한국인의 경우는 출생증명서를 곁들인 출생신고에 따라 가족관계등록부에 등록된다(가족관계의 등록 등에 관한 법률 9조, 20조, 25조). 외국인의 경우에는 외국인등록이 이루어진다.[235] 또한 주소 등의 거주관계는 전입신고·전출신고 등에 의해 주민등록표에 등록된다.[236]

이렇게 공부상의 등록은 이루어지고 있지만, 어떤 사람이 공부상의 인간 A라는 것을 증명할 수는 없다. 공식적인 신분증이 없기 때문이다. 다양한 행위시에는 호적초본이나 주민등록표가 요구되지만, A 명의의 호적초본 또는 주민등록표를 제출해도 그 사람이 A라는 보증은 없다. 또한 우리나라에서는 중요한 거래를 할 때에는 본인의 동일성을 증명하기 위해 등록된 도장(인감, 실인)을 날인하는 관행이 있고, 어떤 인감(도장)이 인감도장(실인)이라는 것을 증명하는 인감증명제도가 존재한다(이 제도는 법적 근거는 없다). 사람의 동일성의 증명에 관하여 도표로 나타낸다(도표 1.3.15). 그러나 A 명의의 인감도장 a가 찍혀 있어도 그 인장으로 찍은 사람이 A라는 보장은 역시 없다. 엄격하게 동일성을 확보하기 위해서는 인간 자체와 A랑 a를 연결하는 방법이 필요하지만 위의 여러 제도에서는 동일성 증명은 서류상에서 완결하는 데에 머무르고 있어서 충분한 수단이 강구되지 않고 있다.

도표 1.3.15 사람의 동일성에 관한 증명

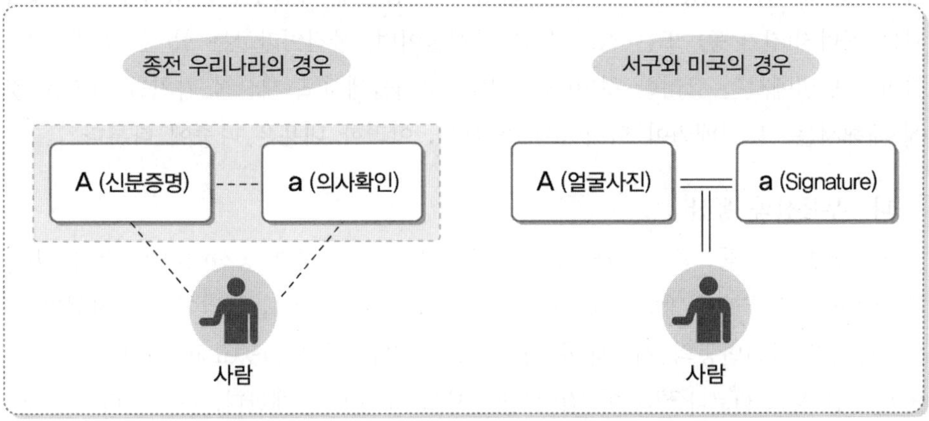

여기에서 이 정도의 동일성 증명(사실은 이것으로 맞춰)이 좋다고 하고 있는 점에 우리나라 사회에서 사람의 동일성에 관한 관념의 특색을 발견할 수 있을 것이다.

이제 IT혁명으로 발전된 전자 거래와 동일성 확보 문제에 관해 본다. 지금까지의 거래에 있어서 사람의 동일성 확보는 상대방과 실제로 대면하거나 상대방의 주택·사무소가 있는 장소에 현존하고 있는지 등에 따라 사실상 확보되어 왔다. 그러나 오늘날 급속하게 발전하고 있는 컴퓨터 네트워크의 거래(전자거래)에서는 이러한 수단에 의한 동일성의 확보가 어려워지고 있다(소위 가장행세, "스푸핑"이 다발할 가능성이 있다). 그래서 전자거래에 있어서 사람의 동일성 확인을 위한 대책이 강구되고 있으며, 그 일환으로 1999년 전자서명법이 제정되었다.

Ⅱ. 계약의 객체-물

1. 물의 분류

가. 물(물건)이란 무엇인가

물건에 관한 규정은 민법전에는 총칙 부분에 놓여 있다.[237] 민법에 정의와 같은 규정이 있는데 거기에서는 물건은 유체물이라고 이르고 있다. 유체물이라고 말하고 있으므로 무체물이라는 것이 상정되는 셈인데 예를 들어 형법에서 화제가 되는 에너지(전기 등) 또는 정보 등은 무체물이며, 물건이라고는 할 수 없게 된다. 적어도 민법에서는 그러한 것이다. 그러나 무체물에서도 재산적 가치를 가지는 것에 대해서는 그 지배권이 역시 문제가 된다. 이러한 내용은 나중에 다룬다.

나. 부동산과 동산

자, 민법상의 물, 즉 유체물 중에는 부동산이라는 것과 동산이라는 것이 있다. 본서에서도 지금까지 막연하게 사용해 왔던 분류이다. 어떤 물건이 부동산인가 동산인가에서 물권변동의 시스템이 다르므로 이러한 분류는 중요하다(게다가 강제집행의 방법 등도 다르다[238]). 이 점에 대해서도 규정이 존재한다. 99조이다. 동조에 따르면 토지와 그 정착물이 부동산이고, 그 외가 동산이라는 것이다. 정착물 중 가장 중요한 것은 건물이다. 건물은 토지와는 별개의(독립한) 부동산으로 간주되고 있다(358조 참조). 수목은 토지에 부속된 정착물이지만 독립된 부동산으로 거래할 수 있다. 이 경우에는 명인방법(明認方法)을 해 놓지 않으면 대항할 수 없다. 구체적으로는 나무줄기를 깎아 소유자 이름을 쓰기도 하고 또는 팻말을 세우거나 하는 것 등으로 이루어진다. 이것은 관습상 취급이다. 입목에 대한 등기를 할 수 있게 되었지만(입목에 관한 법률) 오늘날까지도 명인방법이 이루어지고 있다.

그러면 물건에서 중요한 위치를 차지하고 있는 토지와 건물은 무엇인가. 또한 지표(토지 표면)의 어떤 부분이 토지라고 말할 수 있는지 어떤 구조물이 건물인지 여부는 많은 경우에 상식으로 판단할 수 있지만, 이 점이 문제가 될 수 없는 것은 아니다. 예를 들어 판례는 토지가 바닷물이나 적용하천의 물에 개먹어 무너져 바다나 적용하천에 떨어져 그 원상복구가 불가능한 상태에 이르렀을 때에는 거래의 대상이 되지 못한다고 한다(2002두1823). 일본 최고재판소 판례는 바다에 접한 그

대로의 상태로는 소유권의 객체인 토지에 해당하지 않는다고 한다.[239]

다. 기타 물의 분류

물건의 분류로는 이 밖에 주물·종물, 원물·과실이라는 분류가 있는데 이것은 주로 물건의 귀속에 관련된 것이기 때문에 절을 바꾸어 설명한다. 특정물·종류물이라는 분류 및 금전이라는 특수한 범주의 존재도 중요하지만 이러한 내용은 채권의 목적과 관련하여 나중에 자세히 다루기로 한다(다만 돈은 물권 부분에서 약간 접하기로 한다).

2. 물에 관한 소유권의 귀속

두 가지를 설명하고 가고자 한다.

가. 주물·종물

이것은 물건의 처분에 관련된 개념이다. 소유자가 자기의 소유물 A의 상용에 제공하기 위해서 별개의 다른 소유물 B를 부속시킨 경우 A를 주물, B를 종물이라고 부른다. 그리고 주물을 처분하는 경우 종물도 처분된 것으로 생각한다. 이것이 100조의 취지이다. 처분의 의사표시를 해석하는 기준을 정한 것이라고 할 수 있다. 특별한 의사표시를 하면 그러하지 아니하다. 예를 들어 집을 팔 경우 창호 등을 생각하면 좋다. 집이 주물이고 창호가 종물로서 특약이 없는 한 집이 팔리면 창호도 함께 팔리는 것이다.

나. 원물(元物)·과실

이것은 물건의 사용·수익 개념이다. 어떤 물건 A에서 산출물 B가 생겼을 경우 B를 천연과실이라고 부르고 A를 원물(元物)이라고 부른다. 보통 과실은 천연과실이지만 이 밖에 광물과 동물의 새끼 등도 이에 포함된다. 이에 대해 어떤 물건 A의 수익(사용의 대가)을 법정과실이라고 부른다. 원본에 대한 이자가 대표적이다. 판례는, 이자채권은 원본채권에 대하여 종속성을 갖고 있으나 이미 변제기에 도달한 이자채권은 원본채권과 분리하여 양도할 수 있고 원본채권과 별도로 변제할 수 있으며 시효로 인하여 소멸되기도 하는 등 어느 정도 독립성을 갖게 되는 것이므로, 원본채권이 양도된 경우 이미 변제기에 도달한 이자채권은 원본채권의 양도당시 그 이자채권도 양도한다는 의사표시가 없는 한 당연히 양도되지는 않는다

(88다카12803)고 했다. 원물이 P에서 D로 이전한 경우의 분리방법은 천연과실과 법정과실이 서로 다르다(101조). 천연과실의 경우에는 분리시 원물 소유자의 물건이 된다. 새끼를 밴 말을 살 경우 태어난 어린 말은 매수인의 물건이 된다. 법정과실의 경우에는 일할(日割)로 분배한다. 연리 10%의 채권을 1년 한가운데에 매각한 경우에는 배당·이자 5%씩 나누게 된다.

3. 물의 단위[240]

마지막으로 민법전에는 조문이 없지만, 물과 권리(소유권)와의 대응관계에 대해서도 한마디 해 둔다. 통상 하나의 물건에 대해서는 하나의 소유권이 성립한다. 이것은 하나의 물건에 복수의 소유권이 성립하지 않는 것, 복수의 물건에 하나의 소유권이 성립하지 않는다는 것을 보여주고 있다(일물일권주의라는 것이다). 전자에 대해서는 예를 들어 부합 규정은 이러한 사고방식을 전제로 하고 있다(재산법 중 물권부분에서 다룬다). 다만 이것에도 예외가 있다. 예를 들어 부동산의 경우 등기부상에서 지번을 붙여서 인위적으로 다른 토지와 구별되는 토지(일 필지, 두 필지로 계산)는 한 개의 물로 되지만, 일필의 토지의 일부를 점유하고 있는 때에는 토지의 전부가 아니라 그 부분만 시효취득한다. 또한 재단저당제도가 있고 복수의 물건을 일괄하여 한 개의 저당권의 목적물로 할 수 있다. 나아가서 저당권은 아니지만 양도담보라고 불리는 담보의 경우에도 여러(복수의) 목적물을 일괄하여 담보로 취할 수 있다고 되어 있다(집합동산양도담보). 이것도 중요한 문제이지만 물권법 부분에서 설명하고 있으므로 여기에서는 더 깊게 들어가지 않는다.

Ⅲ. 주체와 객체의 이분법 극복

존재를 사람과 물건으로 양분하고 사람=권리의 주체, 물건=권리의 객체로 하는 것이 민법의 기본개념(기본적인 사고방식)이다. 하지만 오늘날에는 이 도식은 그대로 들어맞지 않게 되고 있다[241]는 점에 유의할 필요가 있다.

1. 권리의 객체의 확대(물〈 객체)

물건(유체물)은 권리의 객체가 될 수 있지만(소유와 거래가 금지되는-마약 등의 금제품) 권리의 객체는 물건(유체물)에 한정되지 않는다.[242]

가. 채 권

계약에서 채권이 발생한다. 그 채권을 크게 분류하면, 물건의 처분 · 사용과 관련한 채권과 사람의 행위에 관한 채권으로 나눌 수 있다. 예를 들어 전자는 매매 · 증여 · 임대차 등의 계약으로부터 생기는 채권이고, 후자는 고용 · 위임 등의 계약으로부터 발생하는 채권이다. 다른 말로 하면 물건에 관한 채권과 서비스에 관한 채권이 있다고 말해도 좋다. 여기에서 앞의 이야기를 두 가지로 나눈다.

(1) 물건을 객체로 하지 않는 계약

첫째는 물건을 객체로 하지 않는 계약이 있다는 것이다. 역사적으로 보면 물건에 대한 채권이 중요한 위치를 차지해 왔던 시대가 길었다. 왜냐하면 물건=계약의 객체라는 도식은 대략 말하면 잘못은 없었다. 그러나 오늘날은 서비스에 대한 채권의 중요성은 비약적으로(기하급수적으로) 증가하고 있고, 이 도식은 실태에서 상당히 떨어져 버렸다.

(2) 채권을 객체로 하는 계약

두 번째는 채권을 객체로 하는 계약이 있다는 것이다. 오늘날 물건(특히 금전)을 목적으로 하는 채권은 그 자체가 물건과 같이 거래되도록 되어 있다. 무기명채권(증권의 소지인이 권리자가 된다. 예를 들어 상품권)은 동산과 의제되어 있지만(99조 3항), 지명채권(채권자가 정해져 있다. 예를 들어 골프회원권)도 재산으로 거래의 대상이 되는 경우가 많아지고 있다고 할 수 있다. 2009년에 성립한 자산유동화에 관한 법률은 어떤 종류의 금전채권의 양도를 간소화하고 이를 촉진하고자 하는 목적으로 제정되었다(이 부분은 나중에 채권양도를 설명할 때 자세하게 본다).

나. 지적재산권(무체재산권)

발명 · 창작 등 지적 활동의 생산물은 그 자체는 일종의 정보이기 때문에, 그대로의 형태로 이를 독점할 수는 없다. 물론 비밀로 할 수 있지만 일단 공표되면 정보의 성질상 그 내용을 알게 된 자는 이를 이용할 수 있게 된다. 정보이용자에게는 이것은 고마운 얘기다. 그러나 발명 · 창작은 정도의 차이는 있지만 시간과 노력이 소요된다. 그 성과를 그냥 가지게 된다는 것이 공평하다고는 말할 수 없다. 또한 그렇게 되면 발명 · 창작 의욕의 감퇴로 이어질 수 있으므로 효율성 관점에서도 적절하다고는 말할 수 없다. 그래서 발명가 · 창조자에 대한 독점권을 주었으므로, 특허권이나 저작권이 된다. 그러나 이 권리는 미래에 영원히 계속되는 것이 아니라 일정기간 지나면 잃고 그 후 해당정보는 인류가 공유하는 지적재산이 된다.

이러한 권한에 대한 자세한 내용은 지적재산권에 관한 책을 참조해 주고[243] 여기에서는 어떤 종류의 정보가 마치 물건인 것처럼 보호되고 있다는 것만을 지적해 두고 싶다.

2. 주체와 객체로서의 사람(인 > 주체)

사람(자연인. 법인은 여기서 생각하지 않는다)은 권리의 주체에 해당할 수 있지만, 동시에 권리의 주체 이외의 측면도 가지고 있다.

가. 인체[244]

인체에 관해서는 두 가지 측면을 접할 필요가 있다. 하나는 처분의 대상(계약의 객체)으로서의 측면이다. 살아있는 인간(人身) 자체가 처분의 대상이 되지 않는 것은 민법이 당연한 전제로 하는 것이다(인신매매는 매매로 성립하지 않는다). 그러면 인체의 일부 처분은 어떤가. 최근에 제정된 장기 등 이식에 관한 법률은 장기매매를 금지하였다.[245] 또한 혈액에 대해서는 판매 자체를 금지하는 법률은 없는 것 같지만[246] 1970년 전후부터 일본 적십자사 혈액 센터를 중심으로 한 헌혈(献血) 체제가 확립되어 있다(그 이전에는 민간업자에 의한 매혈이 이루어지고 있었고, 직업적 매혈자들도 적지 않았다). 생식자(生殖子(정자, 난자, 수정란))는 취급이 반드시 명확하지 않지만 향후 검토가 필요해질 것이다.

다른 하나는 보호의 대상으로 측면이다. 타인의 고의・과실에 의해 인신손해가 발생한 경우 그 손해배상의 대상이 되는 것은 민법이 예정하고 있는 부분이다(750조, 755조).

다만 종래에는 인체의 가치는 그 가동능력에 따라 계산되어 왔다(逸失이익을 산출한다. 이것에 대해서는 불법행위로 인한 손해배상 부분에서 설명한다). 그러나 학설은 배상액을 정액화해야 한다는 논의도 유력하다(니시하라[247] 1). 이 견해의 배경에는 인신 가치를 더 추상적・일반적으로 생각하려고 하는 경향을 살펴 볼 수 있다.

주체로서의 사람・객체로서 사람을 설명하면 다음 도표와 같다(도표 1.3.16).

도표 1.3.16 주체와 객체로서의 사람

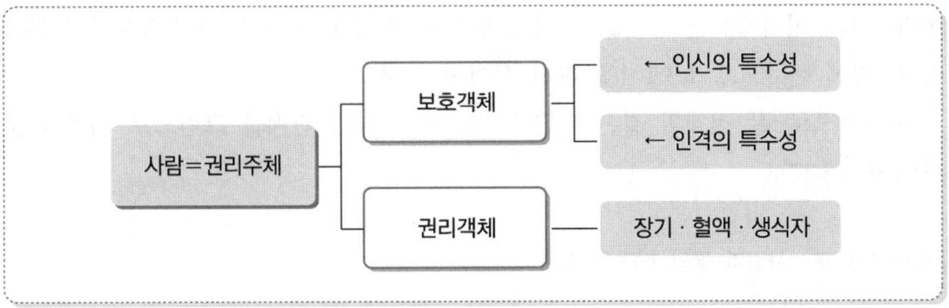

나. 인격[248]

인격도 인신과 똑같이 법의 보호대상이 된다. 명예훼손에 관한 규정이 이것을 보여주고 있다(751조, 764조). 그러나 문제는 그 앞에 있다. 두 가지 점이 중요하다.

하나는 보호의 범위이다. 명예가 보호의 대상이 되는 것이 확실하다면, 다른 어떤 이익이 보호의 대상이 되는 것일까. 한때 하급심에서 흔히 볼 수 있었던 것은 소음 · 진동 등에 의한 생활방해의 케이스였지만, 최근 일본 최고재판소는 사도(私道)의 통행에 대해 당 부지 소유자에 대한 방해배제를 요구할 권리를 인격권적 권리라고 평가하고 있다(最判平 9.12.18. 民集 51券10号, 4241頁). 게다가 성과 이름이 정확하게 호칭되는 이익(외국인), 옛 성을 사용하는 이익(여성)이 보호되는지 여부가 다투어지고 있는 것이 주목된다.

다른 하나는 보호의 내용이다. 이 점에 있어서 판례는 “명예는 생명, 신체와 함께 매우 중대한 보호법익이고 인격권으로서의 명예권은 물권의 경우와 마찬가지로 배타성을 가지는 권리”라고 할 것이므로, 사람의 품성, 덕행, 명성, 신용 등의 인격적 가치에 관하여 사회로부터 받는 객관적인 평가인 명예를 위법하게 침해당한 자는 손해배상(751조) 또는 명예회복을 위한 처분(764조)을 구할 수 있는 이외에 인격권으로서 명예권에 기초하여 가해자에 대하여 현재 이루어지고 있는 침해행위를 배제하거나 장래에 생길 침해를 예방하기 위하여 침해행위의 금지를 구할 수도 있다(2010다60950)고 하였다. 일본 최고재판소 판례는 명예를 침해당한 자는 손해배상 · 명예회복 처분 외에, 침해행위의 금지를 구할 수 있다고 판시했다. 그 이유는 “명예는 생명 · 신체 모두에 매우 중요한 보호법익이며, 인격권으로서 명예권은 물권의 경우와 마찬가지로 배타성을 갖는 권리라고 해야 하기 때문이다"라고 했다.[249] 물권과 똑같다는 것은 무엇을 의미하느냐는 나중에 설명하기로 한다. 지금 여기에서는 효과로 금지도 인정될 수 있다는 것을 머릿속에 놓아두고 싶다. 앞에 든 [도표 1.3.16]을 다시 상기해 두자.

마지막으로 절 전체의 결론에 갈음하여 인과 물의 관계를 그림으로 내걸어 둔다(도표 1.3.17).

도표 1.3.17 사람과 물의 현대적 관계

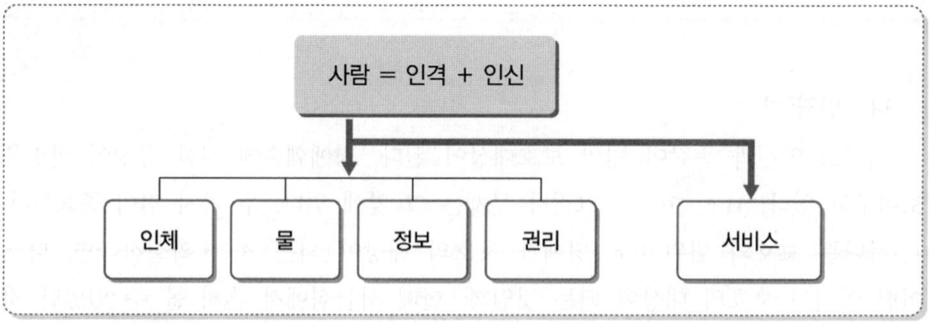

제4장 • 계약 주체의 하나로서의 법인

제 1 절 법인이란 무엇인가

자연인과 더불어 권리 · 의무의 주체가 되는 존재, 그것이 법인이다. 민법전은 자연인에 관한 규정에 계속하여 법인에 관하는 규정을 두고 있다. 하지만 법인에 대해서 이해하기 위해서는 법기술의 면에서는 대리에 관한 지식이 불가결하고 사회현상의 면에서는 단체에 대해 관심을 두는 것이 유익하다. 이하에는 법인에 관한 설명을 하고 싶다.

나아가 민법전의 법인의 규정은 1975년 공익법인의설립 · 운영에관한법률이 제정[250]됨으로써 크게 모습이 바뀌었다. 그러나 이하에 대해서는 기본적으로 민법규정을 전제로 설명하고 필요에 따라서는 특별법을 곁들인다.

Ⅰ. 법인의 의의

1. 법인의 기능

가. 구체적 사례로 본 법인의 유용성

우선 법인에는 어떠한 것이 있는가, 법인에는 무엇인가 좋은 것이 있는가를 생각하고 싶다.

어떠한 것이 있는가는 법인의 종류에 관련돼 있는데, 법인에 관해 말하기 위해서는 구체적인 이미지가 있는 쪽이 좋으므로 우선 이것부터 시작해보도록 하자. 신문 등에 경기대책으로 법인세감세에 대한 말이 나오는 경우가 있는데 법인세를 내는 것은 영리사업을 행하고 있는 법인으로[251] 구체적으로는 회사(주식회사)가 이것에 해당한다. 우리나라 삼성전자, 신한은행 등의 대기업부터 근처의 상점까지 방대한 수의 주식회사가 존재하고 있다(근처의 채소가게나 세탁소가 주식회사인 경우도 있다). 또한 학교(학교법인), 종교단체(종교법인)도 법인이다. 그 밖에 각종의 단체 중에 법인인 것들도 포함된다. 뒤에 서술하지만 여태까지 사단법인, 재단법인으로 불린 것들(40조, 43조)이 여기에 속한다.

무엇인가 좋은 것이 있는가에 관해서인데 자세히는 뒤에 생각하기로 하고 법인이라는 이미지로 생각해보자. 예컨대 근처의 상점이 법인(회사)인 것과 아닌 것은 어떻게 다른가. 우선 첫째 회사에는 왠지 모르게 신용이 있는 것 같은 느낌을 가지는 사람들이 있을지도 모른다. 또한 아버지는 명함에 대표이사, 사장 등으로 직함을 박아 넣을 수 있어서 좋아할지도 모른다. 이것들은 말하자면 **상징적인** 이점이 있다. 또한 세제 면에서 유리한 점도 있다. 상점을 법인으로 한다면 절세를 꾀할 수 있다(법인세·소득세, 상속세 등). 개인기업이 법인으로 되어 있는 것은 이런 이점 때문이 크다. 이것은 **실질적인** 이점이다.

이상은 대략적인 이미지이다. 다음으로 구체적인 예시(사례)에 따라 조금 더 법인의 의의에 대해서 살펴보아 생각해보고 싶다.

사례

대학생인 P가 시험 전 어느 날 교과서의 완전 복사본을 인쇄·제본해서 학생들에게 판매하기로 생각했다.

① 기업자(P)는 어떻게 자금이나 노동력을 모으면 좋을까?

물론 전부 자신이 하는 것도 하나의 수단이다. 이런 경우 이익도 전부 자신의 것이 된다. 하지만 P에게는 저금해 놓은 돈이 없고 시험공부도 바쁘다. 그러한 경우에는 **계약**으로써 조달하는 것이 첫 번째 방법이다. 돈은 빌리고 사람은 고용하면 되는 것이다. 두 번째 방법으로서 생각할 수 있는 것은 협력하여 줄 동료 즉 **동업자**를 구하는 것이다. 어떠한 사람은 돈을 내고 어떠한 사람은 노동력을 제공하고 아니면 어떠한 사람은 아이디어를 내는 방식으로 그룹으로 같이 사업을 하는 것을 생각해볼 수 있다.

② 공동사업을 하는 경우에 대외적인 계약은 누가 하는가?

계약은 전원이 함께 하는 것이 된다. P, D, 그리고 Z의 세 명이 같이 일하는 경우에는 이 세 명이 예컨대 인쇄소에 실제로 모두 나가서 계약서에 도장을 찍어도 되고 그것이 힘들면 P가 D와 Z로부터 대리권(위임장)을 얻어서 혼자 나가서 자신도 포함하여 세 명의 이름으로 계약하는 것도 가능하다. 하지만 세 명이라면 몰라도, 동료가 더욱 많아지게 되면 두 방법 모두 꽤나 힘들다. 더욱 간단히 계약을 할 수는 없을까. 그래서 **대표자**를 결정한다는 아이디어가 떠오른다. 구체적으로는 이 대표자에 대해서 전원이 사전에 포괄적인 대리권(노트의 복사제작 관계의 계약 일체에 대한 대리권)을 부여하면 된다.

③ 만약 사업이 실패하면 전원이 차용금을 갚는 것이 되는가?

그렇게 될 수밖에 없다. 하지만 장사가 잘 되고 있는 사업이라면 한 사람당 부담은 적다. 역으로 돈을 지급할 수 있는 사람이 많으므로 대외적인 신용도 높아진다. 그러면 고액의 부채가 발생한 경우는 어떨까. P, D, Z는 각각 고액의 부채를 짊어질 수도 있다. 이것을 피할 방법은 없는 것인가.

여기서 조금 시점을 바꿔보자.

④ 복사본은 원하지만 번잡하고 성가신 것은 피하고 싶은 사람들(A)은 어떻게 하면 될까?

우선 누군가 복사본 제작 사업을 해줄 사람을 찾는 것을 생각할 수 있다. 그것조차도 힘들어서 하고 싶지 않다면 사업을 할 사람이 나타나길 기다릴 수밖에 없다. 그럼 사업을 같이 해보자고 하는 사람이 나온 때 사는 사람은 완성된 복사본을 1권 확보하기 위해서 어떻게 해야 할까. 먼저 예약하는 것(여기서는 사전에 계약을 한다는 것)을 생각할 수 있을 것이다. 다행스럽게(목적한 대로) 복사가 잘 될지 모르는 경우에는 멋들어지게 만드는 것이 가능하면 산다는 조건으로 계약을 할 수밖에 없다.

⑤ 우선 필요한 자금을 내줬으면 좋겠다는 말을 들으면 어떻게 할까?

그렇다면 그만두겠다고 하는 사람도 있을 것이고 앞뒤를 바꿀 수 없기 때문에 결단하여 이에 응해서 출자할 사람도 있을 것이다. 그때는 엄청난 고액이라도 돈을 내줄 것인가. 또한 실패해도 돌려주지 않겠다는 말을 하면 어떻게 할까. 그것은 이해타산을 고려할 지점이다. 채산이 나오는가를 판단하여 투자할지 말지를 결정하는 것이다.

그럼 출자를 했지만 그래도 부족한 정도의 적자가 발생한 경우는 어떻게 될까. 출자자 A의 입장에서는 모른다고 말하고 싶다. 과연 그것을 말할 수 있을까. 여기에도 문제가 있다.

⑥ 출자금을 돌려줬으면 좋겠다고 출자자(A)가 말을 꺼내면 어떻게 할까?

사업을 행하는 측(P)으로서는 일단은 '이제 와서 돌려줄 수는 없어'라고 답할 것이다. '무슨 일이 있어도 돌려줄 수 없어'라는 확약을 미리 받은 경우라면 이것을 방패로 삼을지도 모른다. 그것으로 A가 손을 뺄 수도 있다. 하지만 A의 채권자가 A가 소유한 출자금반환청구권에 대해 강제집행(채권의 경우에는 압류로서 지불을 요구한다. 민집 83조 4항 참조)을 해오면 어떻게 될까. P로서는 이것을 저지하지 못한다면 곤란하다. 이것도 하나의 문제가 된다.

나. 계약법에서 법인의 지위에 관한 검토

앞에 든 사례를 토대로 하여, 문제를 정리하여 더 검토해보자. 세 가지의 관점으로부터 생각하는 것이 된다.

(1) 단체와 법인

사람이 모인 경우 즉 사회학적으로 본다면 단체가 있는 경우 그 단체가 누군가와 어떠한 계약(법률행위)을 체결하기 위해서는 단체의 구성원 전원이 해야 할 필요가 있다. 하지만 한 사람이 단체를 위해 행위를 한다(그리고 그 행위의 효과가 단체 전체에 귀속된다)는 쪽이 편리하다. 이것을 인정하기 위한 기술이 법인이다. 법인은 법인 자신의 이름으로 계약하고, 자신의 이름으로 권리를 취득하고(부동산 등기 · 예금이 자주 문제가 된다), 자신의 이름으로 소송을 제기할 수 있다.

(2) 사업과 법인

또 무언가 사업을 하려고 하는 경우 자금이나 노동력을 모을 필요가 있다. 이 때 자금을 내는 사람으로서는 이익이 크고 확실한 것을 원하는 한편 부담이나 위험은 적은 것으로 기대하고 있다. 최저한의 자금출연 요청으로서는, 예컨대 사업이 실패하여도 최초에 낸 금액 이상의 것은 잃고 싶지 않다(출자자의 유한책임)는 것이다. 역으로 자금을 모으는 사람으로서는 제공받은 금액이나 물건을 출자자 마음대로 빼가버리면 곤란하다. 사업을 위한 재산을 출자자 또는 그 채권자로부터 독립시키고자 한다(법인재산의 독립성). 법인은 후자의 요청을 만족하고 전자의 요청도 만족하는 경우가 많다.

(3) 재산과 법인

법인재산의 독립성이라는 성질을 활용하면 어떠한 특정의 목적을 위해서 만들어진 재산을 다른 재산으로부터 분리할 수 있다. 예컨대 채소가게나 세탁소 등을 회사로 하여 개인자산과 분리할 수 있다(이것은 실제로는 세법상의 이점을 위한 것이지만). 기업이 특정의 업무를 위해서 일정액을 출자하여 별도 회계의 자회사를 만드는 것도 가능하게 된다. 또한 자산가의 기부에 의해 공익을 위해서 재단을 만든다는 것도 예시가 된다.

이상과 같이 회사만 바라본다면 법인은 첫째로 단체활동의 수단, 둘째로 사업을 위한 자금조달의 수단, 그리고 셋째로 재산의 분리 · 운용의 수단으로 사용될 수 있다. 다만 이러한 것들은 법인이라는 법기술에 의하지 않으면 실현될 수 없다는 것이라고 주장할 수도 있지만 꼭 그렇다고는 말할 수 없다. 이것을 도표로 표시해 둔다(도표 1.4.1). 하지만 법인은 법적으로 본다면 ① 자기의 이름으로 행위할 수 있다. ② 자기의 재산의 독립성을 보유한다는 효과를 가지고 있고, 더 나아가서 ③ 출자자의 책임을 유한책임으로 한다는 효과를 가진다는 것이 많으므로,[252] 먼저의 목적 달성에 편리한 제도라고 말할 수 있다. 또한 ①②에 대해서는 민법에 특별한 규정은 없지만 이것은 법인이 자연인과 더불어 사람(법인격)으로서 구성된다는 것의 당연의 귀결이라고 말할 수 있기 때문이다. 이것은 형식적으로는 법인이라는 용어 또는 법인의 규정의 위치로부터 설명하는 것이 가능하다.

도표 1.4.1 법인의 사회적 수요와 작용

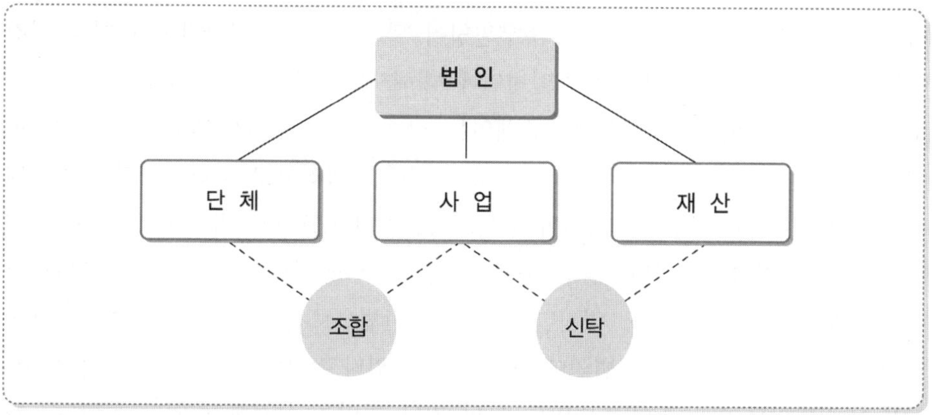

2. 법인의 종류

다음으로 법인의 종류에 관해 설명한다. 두 가지 기준에 의한 분류가 중요하다.

가. 영리법인 · 공익법인 · 그 이외의 법인

법인은 그 **목적**에 의해 영리법인, 공익법인, 그 외의 법인으로 분류된다(32조, 39조).

영리법인이란 영리사업을 운영하는 것을 목적으로 하는 사단으로 상사회사설립의 조건에 좇아(39조) 신청에 의해 법인격을 취득한 것이다(상 169조, 171조 참조). 대표적인 영리법인은 회사이지만 회사가 아닌 영리법인도 이론상 가능하다. 영리법인에 관해서는 주로 회사법으로 취급된다고 생각하면 된다(상 169조 참조).

민법상 비영리법인이란 공익에 관한 사단 · 재단으로, 영리를 목적으로 하지 않는 법인이다. 제사, 종교, 자선, 학술, 기예, 사교 등에 관한 법인이 생각된다(32조 참조). 예컨대 학교법인이나 종교법인 등을 떠올렸으면 좋을 듯싶다. 한편 공익법인의 설립·운영에 관한 법률(공익법인법)에 의하면 재단법인이나 사단법인으로서 사회 일반의 이익에 이바지하기 위하여 학자금·장학금 또는 연구비의 보조나 지급, 학술, 자선(慈善)에 관한 사업을 목적으로 하는 법인을 공익법인으로 하고 있다(동법 2조). 바꾸어 말하면 공익법인은 종교활동을 영위하는 법인, 학교법인, 의료법인, 사회복지법인, 공익법인법을 적용받는 공익법인, 법인세법 시행령 제36조의 지정기부금단체 등이 여기에 해당한다고 보면 좋다. 공익법인의 경우에는 이것을 허가·감독하는 주무관청이 있다(32조, 공익법인법 4조). 예를 들면 종교법인이나 학교법인은 문화체육관광부가 주무관청이 될 것이다. 공익법인법의 제정 이전에는 민법에 기초하여 설립된 공익법인에 대해서도 주무관청의 허가·감독이 이루어졌지만 공익법인법 제정으로 종래와는 크게 다른 새로운 제도가 설립되기에 이르렀다. 한편 비영리법인이라고 하더라도 영리를 **목적**으로 하면 안 되는 것이지 수익을 올리는 것 자체가 금지되어 있는 것은 아니다. 비영리법인으로서 주차장이나 유치원을 경영하는 사원(寺院) 등도 적지 않다. 공익법인에 대해서는 그와 관련된 특별법이 있는 경우도 있지만 민법이 일반법으로서 적용된다. 민법전 제3장의 법인규정은 주로 비영리법인에 통용되고 있었다고 말할 수 있다. 민법전 제3장은 영리법인도 아니고 공익법인도 아닌 기타 법인을 상정하고 있다고 할 수 있는데, 영리를 목적으로 하지 않지만 공익을 목적으로 하는 것도 아닌 법인이 이것에 해당한다.[253] 이전에는 친목·상호부조 등 구성원의 정신적 이익을 위한 단체는 영리법인에도 공익법인에도 해당하지 않기 때문에 상법에 의해서도 민법에 의해서도 법인이 되는 것이 불가능했다. 다만 특별법이 있다면 달라진다(31조). 그러므로 특별법에 의한 사단법인도 있다는 의미이다. 실제로 예컨대 노동조합·협동조합이나 주민회 등은 법인격을 취득할 수 있다.[254] 이와 같은 것을 중간법인이라고 부르던 적도 있다. 전국공무원노동조합원의 파업은 위법이라는 전제를 세우면 위법행위를 법인의 목적으로 삼고 있으면 법인격을 취득할 수 없다고 할 것이다. 이러한 논의는 일단 제쳐두고 특별법이 없는 경우에는 위와 같은 단체가 법인이 되는 것은 불가능하였다. 예컨대 동창회 등은 법인격을 취득할 수 없었다. 한편 입법론이 전개되었지만 이것에 대해서는 뒤에서 언급한다. 다른 한편 법인에 준하는 것으로서 권리능력 없는 사단을 인정하는가 하지 않는가라는 문제도 나오지만 이 문제에 대해서는 다음에 다루는 것으로 하고 여기서는 용어만을 소개해 둔다.

나. 사단법인과 재단법인

법인에는 크게 사단법인과 재단법인이 있다. 민법은 학술, 종교, 자선, 기예, 사교 기타 영리 아닌 사업을 목적으로 하는 사단 또는 재단은 주무관청의 허가를 얻어 이를 법인으로 할 수 있다(32조)고 규정하고 있고, 상법은 이 법에서 "회사"란 상행위나 그 밖의 영리를 목적으로 하여 설립한 법인을 말한다(상 169조)고 규정하고 있다. 이러한 규정들을 종합해 볼 때 법인에는 사단법인과 재단법인이 있다는 것과 함께 사단법인은 공익법인(즉 민법상의 사단법인)도 영리법인(예컨대 상법상의 회사)도 될 수 있다는 것과 아울러 재단법인은 공익법인으로서만 존재한다는 것을 나타내고 있다.

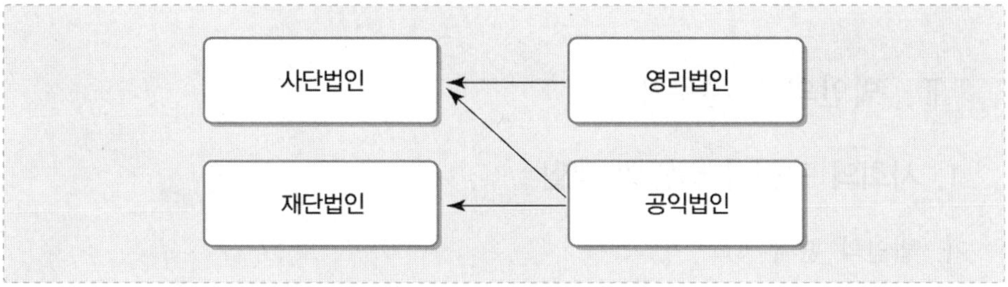

좀 더 구체적으로 설명하면 사단법인이란 단체에 법인격을 인정한 것이고 재단법인이란 독립된 재산에 법인격을 인정한 것이라는 점이 일단의 구별이다(사단을 둘러싼 논의에 대해서는 권리능력 없는 사단을 설명할 때 자세하게 다루도록 한다). 단 단체는 재산을 갖고 있는 것이 많고 역으로 재산이 있다면 그것을 낸 사람들이 있는 것이므로 사회적 실체로서 양자가 그만큼 다른 것은 아니다. 더욱이 사단법인과 재단법인이 기술적으로는 어떻게 다른가에 대해서는 나중에 설명한다.

이상을 도표로 정리해 둔다(도표 1.4.2).

도표 1.4.2 법인의 분류

	사단법인	재단법인
공익법인	○	○
중간법인	△	△
영리법인	○	×

※ ○ – 설립가능, × – 설립불가능, △ – 특별법으로 설립가능

Ⅱ. 법인의 기본문제

1. 사회의 구성과 법인의 역할

가. 법인의 편재

(1) 법인의 자연성

법인제도 특히 회사제도는 민법전 제정 무렵부터 급속도로 우리사회에 침투했다. 단체를 독립적인 법주체로 생각하는 것은 우리사회에서는 친숙해지기 쉬운 사고방식이었다(단체주의적인 발상). 다른 한편 우리사회에는 일종의 독특한 실용주의(pragmatism)도 있어서 법인이라는 법기술에 대한 이점(merit)도 있다면 이것을 이용하고자 하는 요청도 강하다(도구주의적 발상). 이 때문에 오늘날에는 법인은 어떠한 면에서는 과잉할 정도로 많아서 우리사회를 덮기에 이르렀다. 그리고 이것을 우리는 당연하듯이 느끼고 있다.

그러나 예컨대 가까운 곳의 작은 상점이 주식회사가 된다는 것은 유럽과 미국에선 생각할 수 없는 것이다. 애초에 주식회사는 대규모회사에게만 인정되어야만 하는 사회적 형태이고 제도도 그에 걸맞은 중후한 것이 마련되어 있다. 그런데 우리나라에서는 영세기업이 주식회사제도를 사용하는 것으로서 회사법은 크게 삐뚤어져 왔다고 할 수 있다. 그 배후에는 누구나 회사제도를 사용한다는 발상이 뿌리박힌 사정이 있는 것이 아닐까 생각한다. 또한 우리나라에서는 회사에도 인권

을 인정해 주어야 한다는 사고방식을 가지고 있다. 헌법재판소는 2009헌가27 전원재판부 사건에서 법인도 법인의 목적과 사회적 기능에 비추어 볼 때 그 성질에 반하지 않는 범위 내에서 인격권의 한 내용인 사회적 신용이나 명예 등의 주체가 될 수 있고 법인이 이러한 사회적 신용이나 명예 유지 내지 법인격의 자유로운 발현을 위하여 의사결정이나 행동을 어떻게 할 것인지를 자율적으로 결정하는 것도 법인의 인격권의 한 내용을 이룬다고 판시하였다. 일본 최고재판소 판례는 구체적으로 회사의 정치헌금을 인정했다.[255] 이러한 것들은 회사=단체라는 사고가 사회에 존재하고 있는 것이 아닐까라는 감각에 유래하는 것이겠다. 일본 최고재판소 판례는 최근 단체의 성질을 고려하여 세무사회의 정치헌금은 법인의 목적의 대상 외의 행위로 하는 판결(最判平 8.3.19. 民集 50券3号, 615頁〈17〉)이 나타나고 있다. 보다 한층 더 깊은 검토가 필요한 곳이다.

(2) 저조한 법인본질론

위와 같이 우리에게는 법인(특히 회사)에 대한 위화감이 없다. 그리고 이것에 의해 법인본질론에 대한 관심이 낮음을 설명하는 것이 가능할지도 모른다.

법인본질론이란 법인은 사회적인 실재인가(법인실재설) 법적인 기술인가(법인의제설)라는 논의이다. 우리나라도 어느 시기까지 논의되어왔지만 오늘날에는 그다지 의미가 없다는 점에서 관심은 적어졌다. 이것은 전후의 민법학의 실익본위의 사고방식이 관념론을 좋아하지 않았다는 사정에 의한 것이 크지만, 더욱 파고들면 회사는 실재하고 있지 않은가 회사는 실재로 쓸모가 있지 않는가라는 단체주의·도구주의에 다다르는 것같이 생각한다.

하지만 유럽에서 법인본질론이 다퉈져 왔다는 의의를 놓쳐서는 안 된다.[256] 거기서는 인(人), 사람이란 살아있는 인간을 말하며, 그 외의 것을 인간과 동일시하는 것은 그다지 간단한 것이 아니었다. 사람=자연인+법인이라는 도식은 강한 저항 속에서 겨우 태어났던 것이다. 그 때문의 출산의 고통이 법인본질론이라고 말할 수 있을 것이다(그 외에 중세이래의 실재론 대 유명론이라는 철학적인 대립도 영향을 주고 있다고 생각된다). 그리고 오늘날에도 여전히 법인에는 의심의 눈초리가 향해지고 있다. 그 때문에 어떠한 법인이 인정되는가 또한 법인에는 어떠한 활동이 인정되는가가 논쟁의 대상이 되는 것이다.

나. 시민사회의 부재

(1) 비영리단체에 대한 법인격부여

법인이 편재하는 중에 한 가지 크게 결핍된 것이 중간법인 부분이었던 것은 이미 말한 바대로다. 중간법인은 협동조합, 새마을금고, 신용조합과 같이 공익법인도 영리법인도 아닌 중간적인 법인을 뜻한다. 영리도 공익도 아닌 단체(비영리단체)에는 원칙적으로 법인격을 인정하지 않는다는 법제도는 이전부터 문제시되어 왔지만, 자원봉사단체 등의 시민활동단체에도 법인격을 부여해야만 한다는 목소리가 갑작스레 높아지게 되었다. 그러나 민법은 법인을 비영리법인과 영리법인으로 분류하고 있어 구민법하에서 중간법인에 해당하던 것은 민법에서는 비영리법인에 포함되게 되었으므로 중간법인의 개념은 따로 인정할 실익(實益)이 없어졌다.

민법은 주로 비영리법인에 대하여 규정하고 있는데 그 외에 특별법에 의하여 규정되고 있는 많은 특수 비영리법인이 있다. 이것을 받아들여 2017년에 비영리민간단체지원법(비영리단체법)이 제정되었다. 비영리단체법에 의하면 비영리민간단체는 영리가 아닌 공익활동을 수행하는 것을 주된 목적으로 하는 민간단체이다(2조).

동법의 내용에 자세하게는 발을 들이지 않지만 유의할 점 한 가지를 열거해 두겠다. 그것은 비영리민간단체를 지원할 경우 **법인격**을 부여한다는 단계(등록을 신청한다, 비영리단체법 4조)와 세법상의 이점(우대조치: 조세특례제한법 및 기타 조세에 관한 법령이 정하는 바에 의하여 조세를 감면할 수 있다. 비영리단체법 10조)를 강구한다는 단계를 나누어서 생각할 필요가 있다. 구체적으로는 일정한 요건(비영리단체법 2조)을 만족한다면 넓게 법인격을 부여하는가, 그 외의 우대조치를 받기 위해 더욱 엄격한 기준을 분명하게 해야 한다는 두 번째 단계가 이전의 제도를 생각하게 만든다.

(2) 시민사회로서의 비영리단체

그런데 비영리단체법 입법을 둘러 싼 논의는 흥미 깊은 문제를 제기하고 있다. 그것은 비영리활동을 어떻게 받아들이는가, 그리고 그것과의 관계에서 법인을 어떻게 받아들이면 되느냐는 문제이다. 이에 대한 해답은 사회발전론과 연관되어 있다.

근대사회를 국가와 시민사회의 두 영역으로 나누어 시민사회란 시장이라고 포착하는 방법이 있지만 이것에 대해 시민사회=시장이 아니라 광의의 시민사회는 시장과 그 외의 것으로 되어 있는 것으로서 시장 이외의 것을 협의의 시민사회라고 부르는 시각도 있다(도표 1.4.3).

도표 1.4.3 시민사회의 구성

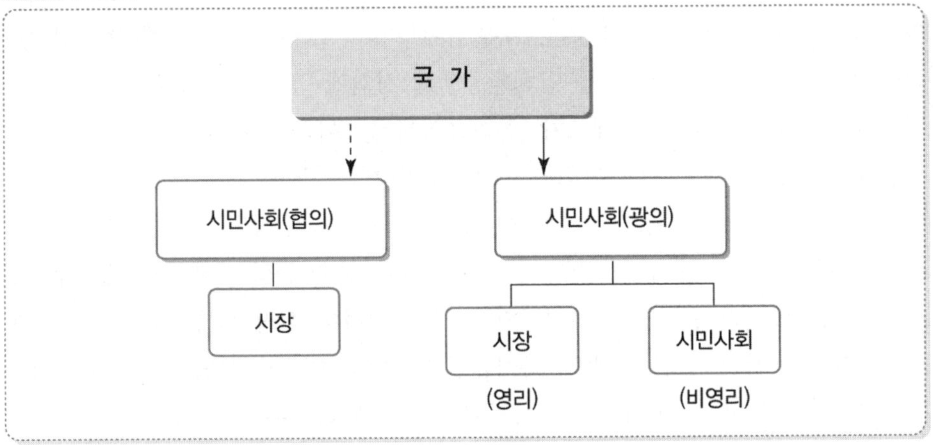

후자의 시각에 의하면 근대사회는 영리부문만이 아닌 비영리부문에 의해서도 유지되고 있고 오늘날 특히 중요성을 더하고 있는 후자에 대한 법적 지원도 중요한 과제라는 것이 된다. 그렇게 생각한다면 우리가 비영리라는 다양한 네트워크를 만들기 위한 수단의 한 가지로서 법인을 파악할 가치의 필요성도 나온다.

2. 공익법인제도의 제정 · 개정

가. 비영리단체법의 입법 경위[257]

앞에서 언급한 비영리단체법은 사업의 직접 수혜자가 불특정 다수이고, 구성원 상호간에 이익분배를 하지 아니할 것, 그리고 상시 구성원수가 100인 이상일 것이라는 등의 요건을 갖추고 영리가 아닌 공익활동을 수행하는 단체에 법인격을 부여하고 있다(2조). 동법은 비영리민간단체의 자발적인 활동을 보장하고 건전한 민간단체로의 성장을 지원함으로써 비영리민간단체의 공익활동증진과 민주사회발전에 기여하려는 목적으로 제정되었다. 이러한 입법으로 공익성이 높은 것에서부터 낮은 것까지 다양한 단체가 법인격을 취득하는 것이 가능하지만 민법전에 정한 공익법인제도 그것에 저촉되는 것은 아니었다. 그러나 비영리민간단체에 관한 법인제도의 검토는 공익법인제도의 재검토의 필요성을 다시 한 번 인식하는 계기가 되었다. 이러한 움직임에 따라 2017년 12월에 법인의 설립·운영 등에 관한 민법의 규정을 보완하여 법인으로 하여금 그 공익성을 유지하며 건전한 활동을 할 수 있도록 하기 위해 앞에서 본 공익법인법이 출범한 것이다. 사립학교법에 의한 학교법인, 종교, 언론과 기타 특별법에 의해 설립된 법인을 제외한 민법에 의한 공익법인은 자선, 장학 등 공익활동으로 사회에 공헌하는 바가 크지만 공익법인에 대하여는 국가의 면세조치, 공과금면제 등 여러 가지 혜택이 주어지므로 설립자가 이를 사적 목적에 이용함으로써 공익법인을 통한 각종 탈법행위가 이루어져 도리어 사회에 폐해를 끼치는 사례도 있으므로 민법상의 공익법인의 설립허가제, 감독관청에 의한 검사, 감독권, 설립허가의 취소 등의 규제만으로는 새로운 양상의 공익법인의 공익성을 유지하기가 극히 어려운 실정이라는 점을 감안하여 공익법인에 관하여 민법에 대한 특례규정을 마련함으로써 사법자치의 원칙아래 공익성을 보장하여 그 본래의 목적사업에 충실하게 하려는 목적으로 제정되었다.

이렇게 태어난 공익법인제도는 다음과 같은 특색을 가지는 것이 되었다. 첫째, 공익법인은 재단법인이나 사단법인으로서 사회 일반의 이익에 이바지하기 위하여 학자금·장학금 또는 연구비의 보조나 지급, 학술, 자선(慈善)에 관한 사업을 목적으로 하는 법인이다(공익법인법 2조). 둘째, 주무관청은 32조에 따라 공익법인의 설립허가신청을 받으면 관계 사실을 조사하여 재단법인은 출연재산의 수입, 사단법인은 기본재산(회비·기부금 등으로 조성되는 재원(財源))의 수입으로 목적사업을 원활히 수행할 수 있다고 인정되는 경우에만 설립허가를 한다(공익법인법 4조). 셋째, 출연(出捐)하거나 기부한 재산에 대해 조세특례제한법으로 정하는 바에 따라 상속세·증여세·소득세·법인세 및 지방세를 감면할 수 있다(공익법인법 15조).

나. 법인론의 새로운 전개[258)]

이런 가운데 법인을 둘러싼 학설의 논의에도 변화의 조짐이 보이고 있다. 법인의 법기술적인 측면(전술한 출자자의 유한책임이나 법인재산의 독립성)에 주목하여 여기까지의 논의에 추가하여 단체로서 법인의 조직(비영리법인의 지배(거버넌스))이나 구성원의 권리(단체의 권리가 아닌 단체에 대한 권리)를 중시한 논의가 계속해서 이루어지고 있는 중이다. 이미 언급한 바와 같이 오늘날 비영리단체가 수행하는 사회적 역할을 무시하기 어렵고 그러한 측면에 대한 관심도 높아지고 있다. 회사법이 경제사회 발전에 발맞추어 개정되는 것과 어우러져 법인론은 새로운 단계에 들어갔다고 할지도 모르겠다.

제2절 법인의 법률행위에 의한 일반적인 법률관계

본편 제1절에서는 법인이 무엇인지에 관해 총론적인 이야기를 했다. 이 부분(본절)은 각론이다. 구체적으로는 법인을 둘러싼 법률관계를 설명한다.[259] 전반부에서는 기본구조와 대외적 관계·내부적 관계로 나누어 그 개략을 설명(Ⅰ)하고, 후반부에서는 이사의 권한에 관한 문제를 검토한다(Ⅱ).

또한 이하의 설명에서는 민법이 정하고 있는 사단법인, 재단법인을 주로 상정하고 있다(무엇보다도 종전 민법상의 공익법인에 관한 판례·학설도 고려하고 있다. 그러나 공익법인법이 정하는 절차에 대해서는 언급하지 않는다).

Ⅰ. 개 관

1. 법인의 기본구조

자연인뿐만 아니라 법인도 '태어나서,' '살다가,' '죽는다.' 자연인에 대하여 민법에서 문제 삼는 것은 대부분 살아있을 때의 일이다. 법인도 우선 '살아 있다'는 때부터 시작하자.

가. 존속 중인 의사결정과 재산

자연인의 경우 다양한 의사결정을 내리고 그것을 실행하는 것은 원칙적으로 **본인** 자신이다. 법인은 신체가 없는 관념적인 존재이므로 법인 그 자체가 결정·실행할 수는 없다. 따라서 누군가 자연인(또는 그 집합체)이 **법인의 이름으로** 결정·실행하게 된다. 그리고 그 행위의 **효과**가 법인에 **귀속**되는 것이다. 반복되지만 이러한 관계는 자연인의 경우 대리를 상기시킨다. 그러므로 법인에 대해 생각할 때에는 대리와 대비해 보면 유익한 경우가 많다(법인의 대표에 관하여는 대리에 관한 규정을 준용한다. 59조 2항 참조).

(1) 법인 의사의 결정

법인의 의사결정은 두 단계로 이루어진다. 첫째는 **추상적**인 결정 단계이다. 어떤 법인이 도대체 무엇을 하기 위한 것이냐는 결정이지만 이는 법인의 설립 때에 결정된다. 구체적으로는 정관(定款) 기타 기본약관에서 결정된다. 과거 사단법인·재단법인의 기본약관은 각각 정관·기부행위라고 불리었지만, 일반사단법인·일반재단법인의 기본약관은 모두 정관이라고 불린다(40조, 43조). 정관을 정하는 것은 원칙적으로 설립자이다(40조, 43조, 참조). 정관에는 법인의 목적 이외에 명칭, 사무소에 관한 규정 외에 일반사단법인의 경우에는 사원에 관한 규정, 일반재단법인의 경우 설립자가 출연하는 재산에 관한 규정 등이 놓여진다(40조, 43조).

둘째는 보다 **구체적**인 결정 수준이다. 정관에 정한 목적 범위 내에서 법인이 활동하는 것이지만 더 구체적인 결정(목적실현을 위해 사람을 고용하거나 물건을 구입하거나 등)은 누가 어떻게 할 것인가 하는 것이다. 이것은 기본적으로 이사가 한다고 생각하면 된다(58조. 일반사단법인 중 예외적인 경우 및 일반재단법인의 경우에 대해서는 후술한다). 이사는 법인의 구체적 의사결정기관으로서 필수적인 것이다(58조).

정관 및 이사. 이것이 기본적인 결정의 메커니즘이다. 비유적으로 말하면 정관은 법인의 **헌법**과 같은 것이며 이사는 그것을 구체화하는 **정부**에 해당한다고 할 수 있다. 그러면 이 밖에 결정에 참여하는 기관은 없는가.

국가에 비유하여 말하면, **의회**는 없는가 하는 것이 우선 문제가 된다. 일반사단법인의 경우는 이에 해당하는 것으로서 모든 사원이 참여하는 총회가 있다(68조). 여기에서 사원이란 법인의 구성원이다. 그러나 일상용어로 말하면 사원은 법인(회사)에 고용된 자(종업원)이고 법인의 구성원은 아니다. 주식회사의 경우에는 주주가 사원에 해당한다. 총회는 특별 다수결(42조 1항)에 따라 정관을 변경할 수 있기 때문에 그 의미는 첫째 단계의 결정에도 관여하고 있다. 총회는 민법이 규정한 사항 외에 일반사단법인에 관한 일체의 사항에 대해 결의할 수 있는 것이 원칙이다. 즉 두 번째 단계(수준)에 있어서는 총회의 결정은 이사의 결정에 우선하는 것이 원칙이다. 이사의 대표권은 정관에 규정한 취지에 위반할 수 없고 특히 사단법인은 총회의 의결에 의하여야 한다(이사의 업무집행에 개입할 수 있다. 59조 1항 참조).

또한 법 기술적으로는 결정기관으로서 사원총회의 존부가 일반사단법인과 일반재단법인의 큰 차이 중 하나이다. 그러나 실상을 보면 모두 이사회에서 실질적인 결정이 이루어지고 있는 것이 많다고 생각된다.

마지막으로 **법원**은 어떤가. 여기까지 오면 비유도 힘들지만 법인에도 일종의 감독기관은 존재한다. 과거 공익법인의 경우에는 주무관청이 이에 해당하는 것이었지만 오늘날 일반사단법인 · 일반재단법인은 더 이상 주무관청의 감독에 복종하지 않는다. 오늘날에는 기본적인 감독기관은 감사이고, 그래서 이사의 업무집행의 상황을 감사한다고 되어 있다(67조). 무엇보다 감사는 정관의 규정 또는 총회의 결의에 따라 임의로 두는 것이 원칙이다(66조).

(2) 법인의 의사결정 실행

일반사단법인의 경우에는 결정을 실행에 옮기는 것은 원칙적으로 이사이다(58조). 실제 사무는 법인의 직원에 의해 이루어지고 있는 것이지만 이들은 법인에 의해 고용되어 있는 자로서 이사회의 보조자로 일하고 있을 뿐이다. 위의 회사 종업원의 경우와 동일하다. 그러나 이사는 특정 행위의 대리권을 타인에게 줄 수 있으므로 이를 토대로 하여 직원이 법인을 위하여 행위하는 것은 가능하다

(3) 법인 소유 재산

공익법인의 재산에 대해 현재 민법에 특별한 규정을 두고 있지 않지만 공익법인법은 기본재산제도를 도입했다(동법 11조). 기본재산은 재단법인에서는 출연재산의 수입, 사단법인에서는 회비 · 기부금 등으로 조성되는 재원의 수입이다. 재단법인의 기본재산과 주무부장관의 허가에 관해 판례는, 재단법인의 기본재산에 관한 사항은 정관의 기재사항으로서 기본재산의 변경은 정관의 변경을 초래하기 때문에 주무부장관의 허가를 받아야 하고 따라서 기존의 기본재산을 처분하는 행위는 물론 새로이 기본재산으로 편입하는 행위도 주무부장관의 허가가 있어야만 유효하다고 전제하고, 재단법인 명의로 소유권이전등기가 경료된 부동산이 재단법인의 기본재산에 편입되었다고 인정하기 위해서는 그 편입에 관한 주무부장관의 허가가 있었음이 먼저 입증되어야 한다(82다카499)고 했다. 반면 일반재단법인의 경우에는 재산에 대하여 법인격이 부여되는 것이 그 성질이므로 재단법인 설립자의 재산 출연은 필수적이다(43조). 재단법인을 설립할 때 출연재산의 귀속 시기에 관해 판례는, 재단법인을 설립함에 있어서 출연재산은 그 법인이 성립된 때로부터 법인에 귀속된다는 민법 제48조의 규정은 출연자와 법인과의 관계를 상대적으로 결정하는 기준에 불과하여 출연재산이 부동산인 경우에도 출연자와 법인 사이에는 법

인의 성립 외에 등기를 필요로 하는 것은 아니지만, 제3자에 대한 관계에 있어서, 출연행위는 법률행위이므로 출연재산의 법인에의 귀속에는 부동산의 권리에 관한 것일 경우 등기를 필요로 한다(78다481,482(전))고 했다.

나. 법인의 설립과 소멸

법인의 탄생과 사망은 자연인처럼 간단하지 않다. 설립 · 해산이 그에 해당한다.

(1) 법인의 설립

역사적으로 보면 법인의 설립은 점차 완만하게 인정되는 방향으로 진전되어 오고 있다. 원래는 법인은 특별한 존재이고 예를 들어 국왕의 특허장에 의해 인정된 적이 있었다(동인도회사 같은 것). 그러나 오늘날 회사는 상법의 규범을 준수하는 한 자유롭게 설립할 수 있다(준칙주의라고도 함). 다만 공익법인의 경우에는 주무관청의 인 · 허가가 필요하다. 종교법인, 학교법인 등은 그와 관련된 특별법의 규칙을 준수하는 한 주무관청은 반드시 설립을 인정해야 한다. 이를 인가주의라고 부른다. 민법상 비영리법인의 경우에는 주무관청은 설립을 인정할 것인가 여부의 재량권을 가진 것으로 해석되었다(32조). 이것을 허가주의라고 부른다.

또한 유언으로 재단법인을 설립하는 것도 가능하지만 이 경우에는, 유언집행자가 유언의 효력이 발생한 후 지체 없이 유언에서 정한 사항을 기재한 정관을 작성해야 하는 것으로 되어 있다(47조). 민법에서 설립등기는 성립요건으로 되어 있기 때문에 등기가 이루어진 시점에서 법인은 성립한다(33조).

(2) 법인의 소멸

법인은 해산하여 그 활동을 중지하고 동시에 청산절차가 시작된다. 해산사유로는 일반사단법인 · 일반재단법인의 공통된 것으로서 존립기간의 만료, 법인의 목적의 달성 또는 달성의 불능 기타 정관에 정한 해산사유의 발생, 파산 또는 설립허가의 취소이다(77조). 또 일반사단법인의 고유의 사유로 사원총회의 결의, 사원의 결원이(78조), 공익법인은 주무관청의 설립허가 취소로 소멸된다(공익법인법 16조). 청산절차가 종료될 때까지 법인은 청산을 위해 계속 존속하고(81조), 마지막으로 남은 재산은 정관에 정해진 사람에게 귀속되지만(80조), 정관의 규정에 따라 귀속이 정해지지 않은 경우에는 사단법인에 있어서는 총회의 결의에 따라 결정한다(80조 2항). 그래도 남은 재산은 국고에 귀속된다(80조 3항). 사원에게 분배하는 것은 아니다. 이 점은 중요하다.

청산절차에 대해서는 81조 이하를 참조해 주기 바란다.

2. 법인의 대외적인 법률관계

자, 법인의 대외 관계에 들어가지만 여기에 대해 생각해 봐야 하는 경우에는 먼저 법인의 능력이라는 문제를 언급해 둘 필요가 있다. 그러나 사실 능력의 문제는 이사의 권한 문제에 귀착하는데 이에 대해서는 뒷부분에서 다룬다.

가. 법인의 법률행위능력

자연인의 권리능력은 특히 제한이 설치되어 있지 않다. 무엇보다 외국인에 대해서는 제한이 있을 수 있다(3조 2항). 행위능력에 대해서도 제한능력자보호 제도가 있지만, 그 이외에는 제한이 없다. 법인의 경우는 어떨까. 제3자와의 관계에서 이 점은 중요하다. 왜냐하면 권리능력과 행위능력이 제한된다면, 법인과 사이에서 제한범위 외의 거래를 하면 그 거래행위의 효력이 법인에 귀속하지 않는 경우가 생기기 때문이다.

그런데 법인에 대해서는 34조가 존재한다. 이 규정은 법인의 목적에 의해 법인의 권리・의무의 범위가 제한된다는 것을 규정하고 있다. 이것은 법인이 예외적으로 인정했던 만큼의 옛 시대의 자취라고 전해지고 있다. 그 시대에는 목적실현에 필요한 범위 내에서만 권리・의무의 귀속이 가능하면 된다고 생각됐다는 의미이다. 그러나 오늘날 34조의 적용을 느슨하게 하고자 하는 견해가 강해지고 있다. 구체적으로 어떻게 다루어야 하는지는 나중에 설명한다.

자, 그러면 34조의 제한은 도대체 법인의 무엇을 제한했다는 것일까. 이 점에 대해서는 크게 두 가지 사고방식이 있다. 하나는 법인의 **권리능력**을 제한하는 것이라는 생각이다. 역사적인 관점에서 볼 때 이 사고방식은 설득력이 있다. 그러나 권리능력의 제한이라고 하면 원하는 목적 범위 외의 행위는 무효로 하는 것밖에 되지 않는다는 것이 되어버린다. 또 하나는 권리능력의 제한이 아니라 **행위능력**의 제한 또는 **이사의 대표권**에 추가된 제한이라는 생각이다. 이러한 생각을 철저히 하면 원하는 목적 범위를 벗어나도(목적 범위 외라도), 표현대리에 의해 권리・의무가 법인에 귀속하는 것이 있을 수 있게 된다.

참고로 학설은 최근 후자의 사고방식이 유력하지만 판례의 입장은 명확하지 않다. 일본 최고재판소 판례는 제2차 세계대전 전에는 권리능력의 제한이라는 입장에 서서 제한적으로 해석했다.[260] 그러나 전후 법인의 목적을 완만하게 해석하여 무효가 되는 경우를 적게 하는 해결방법을 취하고 있다.[261] 이것은 34조는 권리능력의 범위의 제한이라는 생각에 서 있는 것으로도 이해할 수 있지만, 실질적인 관계로 후자의 개념에 접근해 있어서 중간적인 것을 지향한다고 할 수 있다. 판례는 법인의 권리능력은 법인의 설립근거가 된 법률과 정관상의 목적에 의하여 제한되나 그 목적 범위 내의 행위는 법률이나 정관에 명시된 목적 자체에 국한되는 것이 아니라 그 목적을 수행하는 데 있어 직접·간접으로 필요한 행위는 모두 포함된다(91다8821)고 판시하였다.

나. 법인의 불법행위능력

자연인은 타인에게 손해를 끼친 경우에는 이를 배상할 책임을 지는 것이 원칙이다(750조). 법인의 경우에는 법인 자체가 타인에게 손해를 가할 수는 없지만 **이사**가 법인의 활동으로 행한 행위로 타인에게 손해를 줄 수 있다. 그 결과 법인은 손해를 배상할 책임이 있다(35조). 이때 직접 행위자인 이사 자신도 배상책임이 있지만(750조 참조) 동시에 법인도 또한 배상책임을 진다고 말하고 있다. 즉 피해자는 이사 개인의 책임추궁뿐만 아니라 법인에 대해서도 책임추궁을 할 수 있는 것이다. 이사의 행위는 법인의 활동의 실행으로 이뤄진 것이기 때문에 법인도 책임을 지는 셈이다. 이것은 실제로 피해자는 법인의 재산으로 손해를 충당할 수 있다는 것을 의미한다.

자연인의 경우 불법행위의 전형적인 예로서 떠올리는 것은 자동차 사고와 같은 사실행위에 의한 것이다. 법인에서도 그와 같은 것이 전혀 문제가 되지 않는 것은 아니지만, 실제로 35조는 법인과 거래하는 제3자를 보호하는 구실(역할)을 하고 있다. 이것은 다음과 같은 사정에 의한다. 법인에 책임을 인정하는 요건으로 이사가 직무를 수행함에 있어서 제3자에게 손해를 입힌 경우를 들고 있다. 그런데 이 요건은 객관적·외형적으로 판단되는 것으로 돼 있다. 그 결과 이사회의 권한이 없더라도(부족하더라도) 외부에서 보아 권한 행사로 볼 수 있는 것 같은 행위인 한 35조의 불법행위책임이 성립하게 된다. 따라서 이사의 행위가 권한 외의 행위이고, 게다가(또한) 표현대리도 성립되지 않는 경우라도 35조의 불법행위책임은 이루어질 수 있다. 이 점은 다음에서 다시 접한다.

3. 법인의 내부적 법률관계

가. 이사의 책임

이사는 법인에 대하여 선량한 관리자의 주의의무(선관주의의무, 61조)를 진다(644조). 그 위에 이사(다른 임원도 마찬가지)는 임무해태로 인한 발생한 손해에 대해 법인에 대해 손해배상책임을 진다는 규정이 두어졌다(65조).

한편 이사(다른 임원도 마찬가지)의 제3자에 대한 손해배상책임에 대해서도 민법은 특별한 규정을 두고 있다(35조). 제3자에 대해서는 일반 불법행위책임이 발생하지만 임무해태 대한 고의·중과실에 관해만 책임을 묻고 있다는 점에서 피해자인 제3자를 두텁게 보호한다.

나. 법인 사원의 지위

민법은 일반사단법인의 사원의 지위도 명확히 돼 있다. 판례는 "사단법인의 사원의 지위는 양도 또는 상속할 수 없다고 규정한 민법 56조의 규정은 강행규정이라고 할 수 없으므로, 비법인사단에서도 사원의 지위는 규약이나 관행에 의하여 양도 또는 상속될 수 있다(2001다19097)"고 판시하였다.

Ⅱ. 이사의 권한

법인에 관한 법률문제는 이사의 권한을 둘러싼 분쟁에 집약적으로 나타난다. 권한의 범위는 어떻게 결정하는가, 권한을 넘는 행위는 어떻게 되는가를 아래 사례에서 생각해 보자.

1. 이사의 권한 내의 행위인지 여부에 관한 구체적인 사례

사례 1

T 대학교 생활협동조합(이하 "생협")은 조합원이 된 T 대학생 및 직원에게 생활 물자를 공급하는 것, 그 생활의 개선과 문화의 향상을 도모하는 것을 목적으로 하는 법인이다.[262)]

먼저 다음과 같은 질문을 해 보자. 아래 행위를 하는 것은 생협의 목적의 범위에 포함되는가? 또한 포함되지 않는다고 하면 어떻게 될까.

A－1 생협이 조합원에 점포를 이용하게 한다.
A－2 생협이 조합원에 공제사업에의 가입을 허용한다.
B－1 생협이 비조합원에 점포를 이용하게 한다.
B－2 생협이 비조합원에 공제사업에의 가입을 허용한다.
C－1 생협이 자동차운전면허학원 경영을 위해 자동차를 구입한다.
C－2 생협이 사법시험학원 경영을 위해 강사를 고용한다.
C－3 생협이 C－1, C－2의 사업 경영을 위해 전 점포를 매각한다.

가. 이사의 행위가 법인의 목적의 범위에 들어가는지 여부에 관한 판단

이 문제에 대한 접근 방법에는 다음 두 가지가 있다. 하나는 목적 **자체**를 어디까지 확장할 수 있느냐는 방법이지만 또 다른 하나는 목적을 **위한** 행위에 어디까지를 포함하느냐는 방법이다. 어쨌든 어느 근처가 한계가 될지는 반드시 근본적으로 명백한 것은 아니다. A－1은 문제없이 목적의 범위 내에 들어가는 것으로 치고, A－2는 어떨지, B－1과 B－2 여부는 어떤지 문제가 될 수 있다. 생협이 조합원을 위한 공제사업(보험이라고 생각하면 된다)을 할 수 있고, 정관에 정하여두면 문제는 발생하지 않으며, 규정이 없어도 목적의 범위로 해석하고 있다(생활개선에 해당한다고 말할 수 있을 것이다[263]).

반면 조합원 이외의 자에 의한 이용(원외 이용)은 원칙적으로 인정되지 않는다. 판례는 농업협동조합(특수농업협동조합 포함)이 비조합원이 생산한 농수산물의 판매행위를 할 수 있는가 여부와 관련해서 "비조합원은 조합의 사업을 농업협동조합법 59조의 제한범위 내에서 일반적으로 이용할 수 있어 농업협동조합은 비조합원이 생산한 농수산물의 판매행위를 할 수 있다(74다208)"고 판시하였다. 일본 최고재판소 판례는 생협의 사례는 아니지만 농업협동조합·노동금고의 조합원이 아닌 자에 대한 대출을 목적범위 외로 판단하고 있다.[264] 일본 최고재판소 판례는 그러나 후자는 신의칙에 의해 무효주장을 배척했다. 만일 여기까지 목적의 범위 내에 포함해도 C－1과 C－2도 목적에 들어가는지 의문으로 생각하는 사람이 있을 것이고 C－3에 이르면 목적을 위해 필요한 행위라고 생각하는 사람은 소수일지도 모른다. 일본 최고재판소 판례는 병원경영을 하는 재단법인이 새로운 사업을 위해 부지·건물·비품을 매각한 것을 목적범위 외라고 한 것이 있다(그러나 여기에서도 신의칙에 의한 무효의 주장은 배척되었다).[265]

나. 법인의 목적에 의한 범위를 벗어난(정관 등에 의한 제한 밖) 이사의 행위의 효력

그 때 효과는 법인에게 귀속하지 않는다. 이유는 능력이 없다(권리능력과 행위능력은 다르다)로 하거나, 이사회의 권한 범위를 벗어난 것으로 해석하게 된다. 그러면 상대방은 곤란하지만 상대방 보호 방안은 뒷전으로 하면서도 다른 제한을 취해 보자.

사례 2

T 대학교 생활협동조합(이하 "생협")은 100만 원 이상의 지출은 이사회의 결의를 필요로 한다는 규정이 정관에 있었다. 또한 1,000만 원 이상의 지출에 대해서는 조합원대회의 의결을 필요로 하는 의결이 있었다.

이러한 조합의 의결 없이 이사는 지출할 수 있을까. 사실은 있다라고 할 수도 있지만 법적으로는 할 수 없다. 법적으로는 할 수 없다는 의미를 약간 상세하게 설명하면 내부적으로 의무위반이 되고 대외적으로는 권한이 없는 행위가 된다. 이것이 원칙이다.

그러면 여기서 눈을 돌려 먼저 상대방 보호는 어떻게 될까라는 질문에 관해 좀 더 자세히 살펴보자.

경우를 나누어 생각해 보자.

① 목적의 범위를 벗어난 경우[사례 1]
② 정관 등에 의한 제한이 있는 경우[사례 2]
③ 법률에 의한 제한의 경우

우선 목적 범위 외의 경우(①)는 어떤가. 목적범위를 행위능력 또는 이사 권한의 제한이라고 해석한다면 표현대리가 성립할 수 있다. 다음으로 정관 등에 의한 제한의 경우(②)는 어떤가. 먼저 판례는 대표권제한 취지가 등기되어 있지 않다면 법인은 그와 같은 정관의 규정에 대하여 선의냐 악의냐에 관계 없이 제3자에 대하여 대항할 수 없다(91다24564)고 했다. 이사는 법인의 사무에 관하여 각자 법인을 대표하지만 정관에 규정한 취지에 위반할 수 없고 특히 사단법인은 총회의 의결에 의하여야 한다(59조). 이 경우에 대해서는 과거의 민법은 선의의 제3자에게 대항할 수 없다는 명문의 규정이 마련되어 있었다. 그러면 악의의 경우는 어떠했는가? 표현대리는 성립하는가? 선의·무과실이 요건으로 되어 있기 때문에 언뜻 보면 성립하지 않는 것같이 생각된다. 그러나 잘 생각하면 60조와 126조는 선의의 대상이 다르므로 전혀 성립되지 않는 것은 아니다. 그러므로 판례는 대표이사의 대표권한 범위를 벗어난 행위라 하더라도 그것이 회사의 권리능력의 범위 내에 속한 행위이기만 하면 대표권제한을 알지 못하는 제3자가 그 행위를 회사의 대표행위라고 믿은 신뢰는 보호되어야 하고, 대표이사가 대표권의 범위 내에서 한 행위는 설사 대표이사가 회사의 영리목적과 관계없이 자기 또는 제3자의 이익을 도모할 목적으로 그 권한을 남용한 것이라 할지라도 일단 회사의 행위로서 유효하고, 다만 그 행위의 상대방이 대표이사의 진의를 알았거나 알 수 있었을 때에는 회사에 대하여 무효가 되고(비진의표시설), 이는 민법상 법인의 대표자가 대표권한을 남용한 경우에도 마찬가지라고 했다. 나아가서 법인의 대표자의 행위가 직무에 관한 행위에 해당하지 아니함을 피해자 자신이 알았거나 또는 중대한 과실로 인하여 알지 못한 경우에는 법인에게 손해배상책임을 물을 수 없다(35조)고 하고, 여기서 중대한 과실이라 함은 거래의 상대방이 조금만 주의를 기울였더라면 대표자의 행위가 그 직무권한 내에서 적법하게 행하여진 것이 아니라는 사정을 알 수 있었음에도 만연히 이를 직무권한 내의 행위라고 믿음으로써 일반인에게 요구되는 주의의무에 현저히 위반하는 것으로 거의 고의에 가까운 정도로 주의를 결여하고, 공평의 관점에서 상대방을 구태여 보호할 필요가 없다고 봄이 상당하다고 인정되는 상태(2003다34045)라고 했다. 하급심(서울중앙법원 2012가합40337)은 법인 또는 비법인사단의 대표자가 법률 또는 정관에서 총회의 결의를 거치도록 규정한 대외적 거래행위에 관하여 이를 거치지 아니한 경우라도 그러한 결의는 사단의 내부적 의사결정에 불과하다고 할 것이므로 거래 상대방이 그러한 대표권제한 사실을 알았거나 알 수 있었을 경우가 아니라면 그 거래행위는 유효하다고 봄이 상당하고, 이 경우 거래의 상대방이 대표권제한 사실을 알았거나 알 수 있었음은 이를 주장하는 법인 또는 비법인사단 측이 주장·입증하여야 한다고 판시하였다. 일본 최고재판소 판례는 정관의 제한은 알고 있었지만(악의), 그러나 제한을 벗기는 별도의 의결이 있는 줄 알았다(선의)는 경우가 있을 수 있지 않겠느냐고 판단했다.[266]

아까 접했지만 신용협동조합법에는 비조합원의 이용은 원칙적으로 허용되지 않는다는 법률의 규정에 의한 제한(③)이 있다(40조).[267]

이러한 제한은 정관의 제한과 동일하게 취급할 수 있는가. 이러한 경우에는 60조 적용의 여지는 없다고 생각된다. 법률은 몰라도 악의로 간주된다는 일반적인 생각에 의한 것이다(반대로 말하면 경우 정관을 몰랐다면 선의로 된다). 그러면 표현대리는 어떤가. 이것은 정관의 경우와 같고, 표현대리의 성립가능성이 없는 것은 아니다. 그런데 판례는 "도시 및 주거환경정비법('도시정비법')에 의한 재건축조합의 정관은 재건축조합의 조직, 활동, 조합원의 권리의무관계 등 단체법적 법률관계를 규율하는 것으로서 공법인인 재건축조합과 조합원에 대하여 구속력을 가지는 자치법규이므로 이에 위반하는 활동은 원칙적으로 허용되지 않는다. 계약체결의 요건을 규정하고 있는 강행법규에 위반한 계약은 무효이므로 그 경우에 계약상대방이 선의·무과실이더라도 민법 제107조의 비진의표시의 법리 또는 표현대리 법리가 적용될 여지는 없다(2013다49381)"고 판시하였다. 일본 최고재판소 판례는 시정 촌장의 월권행위(법령에 의한 제한을 넘은 행위)에 대해서는 126조의 유추 적용이 있을 수 있다고 했다.[268]

다. 법인의 불법행위법에 의한 피해자 보호

하지만 60조로도 표현대리로도 보호되지 않는 경우는 어떻게 될까. 그러나 그 경우에도 이사의 불법행위로 법인이 책임을 질 가능성이 또 남아 있다(35조도 같은 취지). 그것도 안 되는 경우에는 이사 등이 개인으로 책임을 지게 된다(750조).

2. 법인에 관한 법률관계에 대한 중간정리

이상의 설명의 포인트를 다시 확인해 두자.

첫째 기본적인 사고방식이다. 이사의 권한 문제는 대리 문제의 변형으로 생각할 수 있다. 관념적인 존재인 법인은 자기 스스로 행위를 할 수 없다(재산은 있지만 노쇠한 노인(누워 있는 고령자)을 머리에 떠올려 보라). 그러므로 이사를 대리인으로 세워서 행위한다(59조). 다만 법인은 목적이나 법령에 의한 제한(34조) 외에 법률에 의한 제한, 정관 및 총회 결의에 의한 제한(구민법 53조 단서. 후술하는 바와 같이 일반법인법에서도 일반사단법인에 관해서는 마찬가지로 해석할 수 있다. 58조, 59조 참조)이 있다는 점이 특별하다. 또한 이사는 법인에 의해 선임되는 점은 임의대리에 가깝지만 그 권한은 일정한 제한이 있기는 하나, 기본적으로 무제한인 것·포괄적인 것이 있다는 점은 법정대리에 가깝다.

둘째 권한유월(踰越)의 경우의 처리이다. 도표로 설명하면 다음 그림과 같다(도표 1.4.4). 우선 목적 범위에 있지만 표현대리를 인정하면 문제는 감소하지만 판례는 이를 인정하지 않는 것처럼 보인다. 따라서 목적범위를 완만하게 해석하여 처리하게 할 수밖에 없다. 일본 최고재판소 판례는 다만 영리법인에 대해서는 정치 헌금도 할 수 있다고 할 정도로 목적에 의한 제한은 없다시피 판단했다.[269] 일본 최고재판소 판례는 공익법인에 대해서도 이같이 점차 완만한 판단을 하고 있다.[270] 다음 법인에 고유한 규정에 의해 효과를 귀속시킬 수 없는 경우에도 표현대리(126조)의 적용이 문제가 될 수 있는 점에 주의할 필요가 있다. 이와 관련하지만 법령의 제한과 정관 등의 제한의 차이에도 주의를 요한다.

도표 1.4.4 이사의 권한을 넘은 행위에 관한 효과

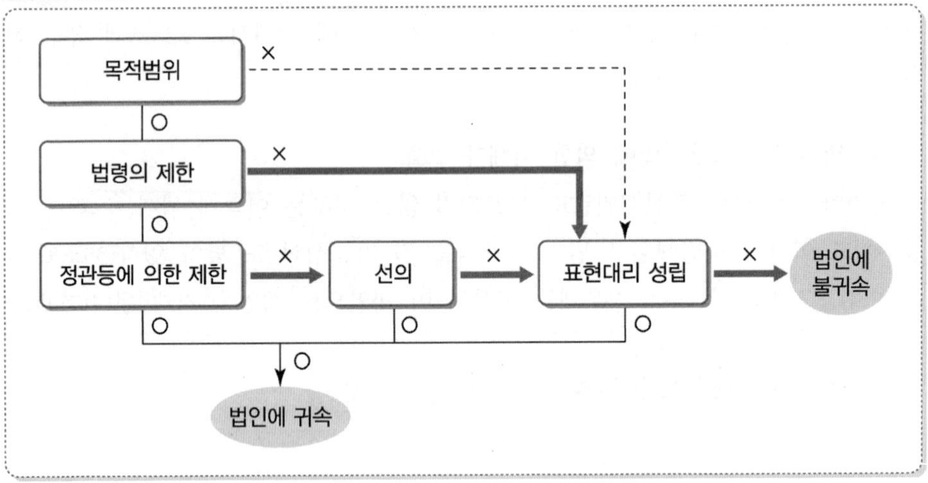

마지막으로, 불법행위책임이 문제되지만 이것도 법인의 책임, 이사 등의 책임과 2단으로 되는 점에 주의(덧붙여 표현대리와 불법행위책임의 적용 관계에 대해서는 어느 쪽을 먼저 적용해야 하는지, 어느 쪽의 적용범위가 넓은지 여부 등에 대해서는 미묘한 문제가 있다)할 필요가 있다.

제 3 절 법인의 주변에 존재하는 인적 조직

본절에서는 한편으로는 법인과 관련하여 남아있는 변칙적인 문제에 관해 서술한다. 다른 한편 법인에 관한 특별법 제정의 영향에 대해서도 한마디 덧붙이고 싶다.

Ⅰ. 법인에 관한 변칙적인 현상

1. 권리능력 없는 사단

가. 구체적인 예

사례

T 대학동창회는 법인격을 가지지 않은 단체이다. 그러나 동창회에는 정관이 있고 회장과 협의회도 설치되어 있으며 고유의 재산을 가지고 있다.

① 회장 P는 모임의 이름으로 다음을 수행할 수 있는가?

A. 부동산의 등기

B. 예금계좌의 개설

C. 소송의 제기

② 동창회의 채권자는 회원의 개인재산에 대하여 강제집행할 수 있는가. 반대로 회원 개인의 채권자는 동창회의 재산에 집행할 수 있는가.

(1) 법인이 아닌 단체가 할 수 있는 법률행위

①에 관해서는 먼저 원칙론으로부터 시작할 필요가 있다. 법인이라면 그 이름으로 행위할 수 있지만 법인이 아니라면(독립된 법인격이 없는 경우) 그 이름(모임 이름)으로 행위할 수 없다. 이것이 원칙이다. 그러면 법인이 아닌 단체는 어떤 형태라면 행위할 수 있는가? 물론 P 개인의 이름으로 행위하는 것은 가능하지만 이것으로는 단체의 행위라고 말할 수 없다. 그 이외에 모든 회원의 대리인으로 행위하는 것을 생각할 수 있다. 후자의 경우 부동산의 소유권, 예금채권은 누구에게 귀속하느냐고 질문하면 모든 사람에게 귀속된다고 할 수 있다. 그런 의미에서 개인이 아닌 동창회 구성원 전원의 재산이 되는 것이지만, 동창회 고유의 재산이라고는 할 수 없다.

실제로는 어떤 종류의 단체에는 B와 C는 인정하고 있다. 예금은 T 대학동창회 대표자 P라는 명의로 할 수 있다. 소송에 대해서는 민사소송법 52조가 있고, 그 이름으로 소송을 할 수 있다. 이런 효과를 인정할 수 있는 단체가 바로 권리능력 없는 사단이다. 일본 최고재판소 판례는 권리능력 없는 사단이 성립하기 위한 요건으로서 단체로서의 조직을 갖추고, 거기에는 다수결 원칙이 행해져서 구성원의 변경에도 불구하고 단체 그 자체가 존속하는 것이 필요하다고 하고 있다.[271] 판례는, 자연부락이 비법인사단으로서 존재하는 사실을 인정하려면 우선 그 자연부락의 구성원의 범위와 자연부락의 고유업무, 자연부락의 의사결정기관인 부락총회와 대표자의 존부 및 그 조직과 운영에 관한 규약이나 관습이 있었는지의 여부 등을 확정하여야 한다(2006다64573)고 했다.

(2) 단체재산과 개인재산의 분리에 관한 법률관계

②에 대한 대답의 전제로 **누가** 채권자이냐는 의미를 생각할 필요가 있다. 채권자 D가 회원 Z의 채권자라면 Z 개인의 재산에 대해서만 강제집행이 가능하고 회원 전원의 채권자라면 모든 회원의 재산에 대한 집행이 가능하게(회원의 채무는 연대채무가 된다. 연대채무에 대해서는 414조 이하 참조) 된다. 즉 누구의 채권자로 되는가는 그 누구의 재산에 강제집행할 수 있다는 것일 뿐이다. 동창회 채권자이지만 동창회 회원 전원의 채권자라면, 그 채권자는 전원의 재산을 충당할 수 있게 된다. 반대로 Z 개인 채권자는 Z의 재산밖에는 잡을 수 없다.

무엇보다도 동창회의 재산은 Z를 포함한 모든 회원의 공유재산이므로 Z의 지분에 대한 압류는 할 수 있다는 의미이다.

권리 능력 없는 사단에 대하여서는 어떠한 법규범을 적용할 것인가에 관하여 민법은 재산귀속관계를 총유로 한다는 규정을 두고 있을 뿐이다(276~278조). 즉 권리능력 없는 사단의 재산관계에 관하여는 법인 아닌 사단의 사원이 집합체로서 물건을 소유할 때에는 총유로 하되, 총유에 관하여는 사단의 정관 기타 규약에 의하는 외에(275조), 그 재산은 사원총회의 결의에 의하여 관리·처분되고, 각 사원은 정관 기타의 규약에 좇아 총유물을 사용·수익할 수 있으며(276조), 총유물에 관한 사원의 권리의무는 사원의 지위를 취득 상실함으로써 취득 상실된다(277조). 교회가 법인 아닌 사단으로 성립하기 전에 설립의 주체인 개인이 취득한 권리의무가 바로 성립 후의 교회에 귀속되는지 여부에 관하여 판례는, 교회가 그 실체를 갖추어 법인 아닌 사단으로 성립한 경우에 교회의 대표자가 교회를 위하여 취득한 권리의무는 교회에 귀속되나, 교회가 아직 실체를 갖추지 못하여 법인 아닌 사단으로 성립하기 전에 설립의 주체인 개인이 취득한 권리의무는 그것이 앞으로 성립할 교회를 위한 것이라 하더라도 바로 법인 아닌 사단인 교회에 귀속될 수는 없고, 또한 설립 중의 회사의 개념과 법적 성격에 비추어, 법인 아닌 사단인 교회가 성립하기 전의 단계에서 설립 중의 회사의 법리를 유추적용할 수는 없다(2007다37394,37400)고 했다. 판례는, 일부 교인들이 교회를 탈퇴하여 그 교회 교인으로서의 지위를 상실하게 되면 탈퇴가 개별적인 것이든 집단적인 것이든 이와 더불어 종전 교회의 총유 재산의 관리처분에 관한 의결에 참가할 수 있는 지위나 그 재산에 대한 사용·수익권을 상실하고, 종전 교회는 잔존 교인들을 구성원으로 하여 실체의 동일성을 유지하면서 존속하며 종전 교회의 재산은 그 교회에 소속된 잔존 교인들의 총유로 귀속됨이 원칙(2004다37775(전))이라고 했다. 그런데 일본 최고재판소 판례는 권리능력 없는 사단에 관해 동창회의 채권자는 동창회의 재산밖에 잡을 수 없다고 했다.[272] 즉 회원의 유한책임이 인정되는 것이다. 바꾸어 말하면 대표자는 물론이고 사원은 책임을 지지 않는다. 반대로 회원의 채권자는 동창회 재산에 대하여 적어도 직접적으로 집행할 수 없다고 즉 단체재산의 독립성도 보장되게 한다는 뜻이다. 개인 명의로 등기되어 있어도 단체재산인 부동산에 대해 그 개인의 채권자는 집행할 수 없다. 각 사원의 지분권이나 지분반환청구권을 압류할 수 있는 것은 아닌지가 문제될 수 있다. 그렇지만 일본 최고재판소 판례는 사단법인과 마찬가지로 권리 능력 없는 사단에 지분권·지분반환청구권은 존재하지 않는다고 생각하면 문제 자체가 발생하지 않게 된다고 했다.[273]

(3) 법인과 권리능력 없는 사단의 차이

결국 법인과 권리능력 없는 사단과는 그 이름으로 등기를 할 수 있는지 여부의 점만이 다르다(부동산등기법 26조). 그러면 기타의 점은 같은데 이 점만이 다르다고 하기 위해 어떠한 다른 합리적인 이유가 있는 것일까. 사실 별로 없다. 등기관에게 실질적 심사권이 없다(필요서류 구비 여부만을 심사하는 것일 뿐 권리의 유무에 대해서는 심사하지 않음)는 것을 이유로 어쩔 수 없다고 하는 경우가 많은데, 이러한 제약은 권리능력 없는 사단에 해당하는지 확인하는 기준을 명확하게(그래도 무리라면 어딘가 다른 기관이 증명서를 발급하는) 세운다는 방법을 극복할 수 없는 것은 아니다.

그러나 원래 등기사항을 제외하고(등기가 가능하다면 이 점도 포함) 권리능력 없는 사단을 법인과 동일하게 취급하는 것은 정당한 것인가. 이 점에 대해서는 생각이 나눠질 것이다. 한편으로 정당하다는 사고방식도 있을 수 있다(실체는 법인과 동일한 것이기 때문에). 다른 하나는 부당하다는 생각도 있을 수 있다(법인격을 가지고 있지 않으니까). 판례는, 주택건설촉진법에 의하여 설립된 재건축조합은 민법상의 비법인사단에 해당하고, 비법인사단의 경우에는 대표자의 대표권 제한에 관하여 등기할 방법이 없어 민법 제60조의 규정을 준용할 수 없고, 비법인사단의 대표자가 정관에서 사원총회의 결의를 거쳐야 하도록 규정한 대외적 거래행위에 관하여 이를 거치지 아니한 경우라도, 이와 같은 사원총회 결의사항은 비법인사단의 내부적 의사결정에 불과하다고 전제하고, 그 거래 상대방이 그와 같은 대표권 제한 사실을 알았거나 알 수 있었을 경우가 아니라면 그 거래행위는 유효하다고 봄이 상당하고(법인의 경우와 비교해 보라), 이 경우 거래의 상대방이 대표권 제한 사실을 알았거나(고의) 알 수 있었음(과실)은 이를 주장하는 비법인사단측이 주장·입증(2002다64780)하여야 한다고 했다. 결국은 법인으로 등기신청을 하지 않은 것 등의 정도를 중시하는지가 판단의 분기점이 될 것이다. 일본의 학설 상황을 보면, 실체를 중시하고 권리 능력 없는 사단을 법인과 동일시하는 것을 정당하다고 하는 견해(사고방식)가 강하다고 할 수 있다.

그러면 여기서 눈을 돌려 먼저 비슷한 문제 하나 즉 내연의 경우는 어떠한 점이 같은지를 살펴보자. 비슷한 문제는 혼인신고는 하지 않지만 사실상 부부와 같다는 경우도 발생(내연(內緣)이라고 불러왔다. 최근에는 사실혼이라고도 한다)한다. 이 경우에도 일본에서는 내연을 최대한 혼인과 마찬가지로 취급하고자 시도되고 있다(자식이 적출자가 되는지 여부와 함께 상속권을 가지느냐는 두 가지 점 이외는 거의 동일하게 취급). 다만 최근에는 이에 대한 비판도 있다.[274]

나. 권리능력 없는 사단에 관한 법적 검토

권리능력 없는 사단을 둘러싼 논란은 민법이 단체를 어떻게 취급하느냐는 근본적인 문제에 관련된다. 문제는 두 가지다.

(1) 법인·사단·조합 개념 상호관계

첫째는 다소 기술적인 문제이지만 법인, 사단, 조합이란 개념의 상호관계를 어떻게 이해하느냐는 문제이다. 이 문제는 역사적으로 보는 것이 좋다.

역사적으로 보면 영국과 프랑스에서 법인은 조합의 특별한 것으로서 발전해 왔다.[275] 일본에서도 민법의 기초자는 법인격 없는 단체는 조합이라고 생각해 왔다. 그러나 우리법제하에서는 다음의 두 가지 점에서 변화가 생겼다. 하나는 우리 민법전에는 조합에 대해서도 재산의 독립을 인정하고 있다는 것이다(자세한 내용은 뒤에서 살펴본다). 그 결과 법인 및 조합의 차이는 별로 분명하지 않게 되었다. 이것과도 관련되어 있지만 다른 하나는 종래 독일의 학설을 참고하여 조합과 사단은 단체로서의 성격(성질)이 다르다는 논의가 전개되고, 법인격이 인정되는 것은 계속성(연속성)을 가지고 조직을 갖춘 사단형의 단체뿐이라고 설명되어 왔다는 것이다. 권리능력 없는 사단은 사단인 단체는 법인과 같이 취급해야 한다는 논의로 전개된 것이다.

후자의 논의에 대해서는 조합형 단체(회원 상호의 계약적 결합)와 사단형 단체(회원의 조직적 결합)를 명확하게 나눌 수 없다는 것은 아니냐는 비판을 받았던 것 같이 돼 있다. 오히려 역사적 경위를 중시하여 법인(재단법인은 제외)은 조합의 특수한 것으로 생각해야 하며 그것으로 충분 것인 셈(뜻)이다.[276] 그렇게 생각한다면 권리능력 없는 사단은 법인에 가까운 효과를 주는 조합이 될 것이다. 도표로 설명하면 다음과 같다(도표 1.4.5). 그러면 사단이라는 개념은 재단법인을 인정하기 위하여 필요하게 된 개념에 불과하다고 생각된다.

도표 1.4.5 조합과 사단의 대비

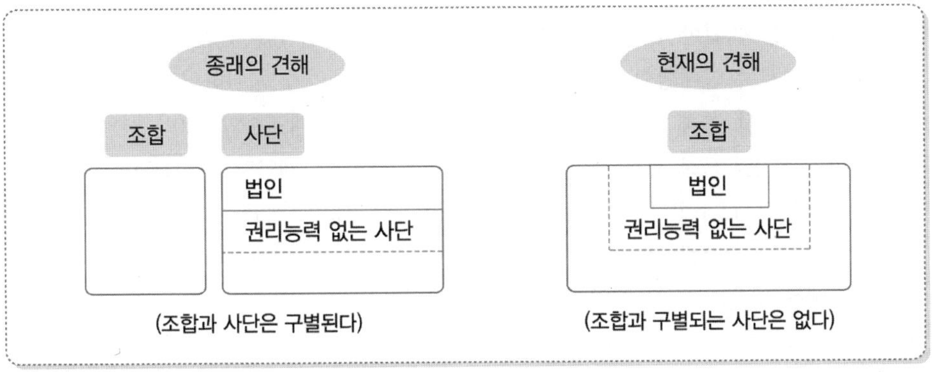

(2) 법인 · 사단 · 조합 개념 논의의 필요성

둘째 이념에 관련된 근본적인 문제가 있다. 권리능력 없는 사단이라는 개념을 통해 법인이 아닌 것을 법인에 접근하게 취급할 필요가 있느냐는 것이다. 법인격이 있는지 없는지는 양자택일이 아니라 중간적인 것을 인정하자는 것은 **유연한** 사고방식으로 있다. 그러나 과연 그런 취급을 해야 할까. 확실히 예전에는 비공익 · 비영리의 중간단체는 원칙적으로 법인격취득을 인정할 수 없다는 문제가 있었다. 그러나 비영리단체법을 거쳐 공익법인법이 제정됨에 따라 이 문제는 입법으로 해결되었다고 할 수 있다. 법인이라는 제도가 있고, 법인격이 있는 것과 없는 것을 구분하는데, 이러한 구별이 없는 것같이 하는 것은 정말 바람직할까.

권리능력 없는 사단론이 거의 이견 없이 받아들여지고 있는 배경에는 우리나라에서 단체라는 것이 자연스러운 존재로 간주되고 있다(인위적인 것이 아닌)는 사정이 있을 것이다. 이것은 '내연'에도 마찬가지다. 단체의 설립과 결혼이 의사에 의해 행해진다고 하는 감각이 부족한 것이다. 결과적으로 어찌됐든지 단체가 있으니까 부부 동연이니까라고 하는 논의가 나오게 된다. 당연하다고 되어 있는 권리능력 없는 사단론은 내연론과 함께 재검토되어야 하지 않을까.

(3) 대법원 판례의 전개

그러면 여기서 눈을 돌려 먼저 권리 능력 없는 사단을 둘러싼 최근의 판례에 관해 살펴보자.

먼저 비법인사단의 대표자가 사단의 제반 업무처리를 타인에게 포괄적으로 위임한 2008다15438의 사안과 판지는 다음과 같다.

D1조합 등을 설립한 T1은 T2(D1조합 대표자)로부터 권한을 위임받아 D1조합의 업무를 수행하면서 분양대행회사인 D2와 조합원모집대행계약을 체결하였고, 그에 따라 Pt가 분양대행회사를 통해 조합원가입계약을 체결하였는데, 대표자인 T2의 개인 명의 계좌를 통하거나 현금으로 분담금을 지급받았고, 계약서에는 계약당사자로 D1 조합 등을 통칭하는 명칭인 T3조합이 기재되어 있다. 이에 D1조합의 대표자가 T1에게 대표자의 모든 권한을 포괄적으로 위임하여 T1이 그 조합의 사무를 집행하던 중 불법행위로 타인에게 손해를 발생시킨 데 대하여 불법행위 피해자가 D1조합을 상대로 35조에서 정한 법인의 불법행위책임에 따른 손해배상청구를 했다.

이에 관해 대법원은 D1조합의 등기부상 대표자는 조합 설립시부터 T1에게 대표자로서의 모든 권한을 일임하여 T1이 조합의 도장, 대표자의 신분증 등을 소지하면서 조합 대표자로서 사무를 집행한 점, D1조합의 등기부상 대표자는 T1으로부터 월급을 받는 직원에 지나지 아니하여 T1의 사무집행에 관여할 지위에 있지 않았고, 실제로도 일절 대표자로서의 사무를 집행하지 않은 점 등 여러 사정에 비추어 볼 때, T1은 D1조합을 실질적으로 운영하면서 법인을 사실상 대표하여 법인의 사무를 집행하는 사람으로서 민법 제35조에서 정한 '대표자'에 해당한다고 보아야 한다(2008다15438)고 했다.

권리능력 없는 사단인 이상 그 구성원은 단체재산에 대해 지분을 갖는 것은 있을 수 없는 것인가? 최근에 이러한 점의 재고를 촉구하는 계기를 잉태하는 판례가 나타나고 있다. 일본 최고재판소 판례는 '무소유공유일체'를 표방하는 단체에 가입시 낸 모든 재산 출연의 일부에 대해서는 탈퇴시 반환해야 한다고 했다.[277] 또 가입집단의 구성원 자격을 정하는 회칙의 당부가 다투어졌는데, 이 사안은 입회지이용의 대가를 입회집단 내에서의 분배를 둘러싼 것이었다.[278] 공익법인법이 도입한 기본재산과의 관계도 포함해 향후 검토가 필요하다.

2. 법인격부인론

가. 구체적인 예

사례

T 대학교 학생 P(19세 이상)는 교재판매사업을 목적으로 D 회사를 설립했다. 그러나 이 회사는 값나가는 재산은 없다. 또한 처음에는 같은 반 학생 몇 명이 주주로 이름을 같이 올리고 있었지만 지금은 P가 이 모든 주식을 소유하고 있다. P는 D 회사의 사업자금으로 회사 명의로 Z에게 500만 원의 빚을 졌지만 실제로 P는 이 돈으로 스포츠카를 구입하였다. 대금회수를 위해 Z는 어떻게 하면 좋은가?

① Z는 먼저 누구에게 청구해야 하는가?

② P에 대한 청구는 할 수 있는가?

(1) 계약당사자의 법인에 대한 청구

D 회사 명의로 계약이 되어 있는 이상은 당사자(차주)는 D 회사이다. 따라서 Z는 먼저 D 회사에 청구해야 한다. 이것이 ①의 답이다. 이 경우 D 회사가 반환하면 문제될 게 없지만, D 회사에 재산이 없는 경우에는 어떻게 하는가? Z는 P에 대해 청구하고자 하는 것이다. 왜냐하면 실질적으로는 P에 빌려준 것에 다름이 없다 하고 돈을 쓴 것도 P이기 때문이다.

(2) 계약당사자 이외 자의 법인에 대한 청구

하지만 이러한 청구는 할 수 없는 것이 원칙이다. P가 빌린 것은 아니기 때문이라는 것이 그 이유이다. 물론 P가 D 회사의 보증인 등이 있으면 별론으로 한다(실제로는 그렇게 되어 있는 경우가 많다). 그러면 P가 보증인이 되어 있지 않는 한 P는 D 회사의 명의로 돈을 빌리면 돌려주지 않아도 좋다고 하는 것이 되는가? 그렇다는 것이 ②에 대한 해답이다. D 회사는 재산이 충분하지 않아서 돈을 빌려주는 것은 위험하다고 생각하면 Z로서는 빌려주지 말거나 보증인을 취하는 등의 조치를 강구했어야 한다. 잘 생각하지 않고, 돈이 없는 회사 D에 빌려준 Z가 나쁜다는 것이다. 그러나 P는 더 나쁘지 않은가? 또한 Z는 D 회사가 아니라 P에 빌려준 거 아닌가. 항을 바꾸어 이 점을 검토하자.

나. 법인격부인론에 관한 검토

법인과 그것을 설립한 개인은 다른 인격이고 재산도 별개라고 하는 것이 원칙이다. 원래 재산을 분리하기 위하여 법인이라는 법기술이 있다. 그러나 법인 D가 완전히 형해적(形骸的)인 것인 경우에도 그렇게 말할 수 있을까. 이 경우에는 법인 D의 존재를 부정하고 뒤에 있는 P에 법적 효과를 귀속시켜야 하지 않겠는가. 이것이 법인격부인이라는 개념이다. 일본 최고재판소 판례는 법인격부인 개념을 인정[279]하고 있지만 그 적용 범위에 대해서는 더욱 검토를 필요로 한다.

검토시 주의해야 할 것은, **이념**으로서의 법인격부인 및 **기술**로서의 법인격부인을 구별할 필요가 있다. 물론 개인의 은신처로 법인이 사용되는 것은 피할 필요가 있다. 또한 계약의 당사자가 누구라는 명의의 문제에 얽매이지 않고 실체를 볼 필요가 있는 것도 사실이다. 그런 점에서 보면 법인격부인이라는 개념에 좋은 점이 있다. 그러나 거기에서 즉시 법인격부인이라는 법리가 나온다는 셈이 아니다. 오히려 때에 따라 적절한 결과를 얻기 위해 개별적인 제도·법리에 따라 세밀하게 생각해 나갈 필요가 있다. 예를 들어 앞의 예에서 계약의 진정한 당사자 P로 해석하는 것을 생각할 수 있다, P가 P'라고 자칭하고 항상 P'라는 이름으로 계약했다는 경우에는 P'라고 칭하고 있는 P가 계약하고 있는 것이 아닌가. 이와 같은 생각이다.

이러한 대책이 다한 곳에서 비로소 법인격부인이라는 고유의 법리가 필요하지만 만일 이를 인정하면 그 요건은 법인격 **형해화 사실(事實)**만으로 충분하냐는 문제이다. 법인격 **남용의도**도 필요할지도 모른다.

또한 쉽게 법인격을 부정하자는 논의는 어떤 의미에서 권리능력 없는 사단론과 정반대의 논쟁이다. 모두 법인인데 의미를 그다지 깊게 생각하지 않고, 실체를 우선시키면 좋다고 생각하고 있다. 권리능력 없는 사단은 법인이 아닌 것을 법인과 동일시하는 반면 법인격부인은 법인을 법인이 아니라는 것처럼 취급한다. 이 점에서 두 논의는 대조적이지만, 근본적으로 이어진 토론이라고 할 수 있다.

제 2 편

계약의 성립

매매계약을 표준 계약으로

제1장 계약의 성립단계

제2장 계약의 효력

제1장 • 계약의 성립단계

지금까지 우리는 제1편 제2장에서는 계약의 성립과 그 장해요소, 일반적인 계약의 효력 그리고 모든 계약에 공통으로 적용되는 기본적 원리(대리, 인과 물 등)에 관해 민법총칙 교과서에서 다루는 것들 특히 법률행위론을 중심으로 살펴보고, 제3장에서는 계약을 체결하는 주체와 계약의 목적물(계약의 주체와 객체)에 관해 살펴보았으며 마지막으로 제4장에서는 계약의 주체의 하나인 법인에 관해 살펴보았다. 이제부터는 본격적으로 계약법에 관해 살펴본다. 앞에서 본 제1편은 계약법의 기본전제라고 한다면 이제부터는 계약체결과정과 그 이행(계약전반)에 관한 구체적이고 세세한 이야기가 된다. 제1장에서는 통상 교과서에서 계약총론에서 다루는 주제도 포함하여 기본적 계약유형으로 다른 어느 것보다도 중요한 매매를 중심으로 서술한다. 우선 매매계약의 성립에 대하여 좀 더 검토한다(이미 제1편에서도 설명하였는데 여기서 다시 한 번 참조하면 좋다).

계약이 성립되면 당사자는 계약내용에 따라서 서로 상대방에게 채무를 진다. 바꾸어 말하면 계약에 기초하여 채무는 계약의 성립 시점에서 발생한다. 그러므로 계약이 언제, 어떻게, 성립하는가는 중요한 의미를 지닌다. 그러면 우선 이 점에 대하여 생각한다(Ⅰ). 그런데 여러 단계를 거쳐 계약이 완결되는 복잡한 계약 실무에서는 계약의 성립 이전에 당사자 사이에서 사전 교섭이 이루어지는 때가 많다. 이것을 그림으로 그려본다(도표 2.1.1). 이러한 교섭단계도 계약을 전체로 보는 시각에서 파악하고자 하는 노력으로 생각해 볼 필요가 있다(Ⅱ).

도표 2.1.1 계약의 교섭단계

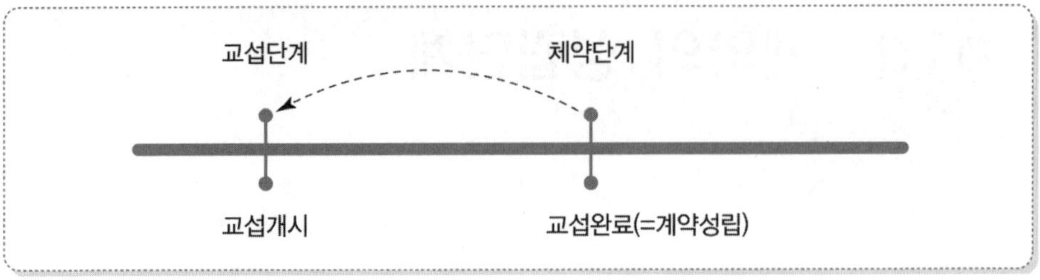

Ⅰ. 계약체결 단계

우선 계약을 체결하는 전 과정에서 교섭단계를 빼고 실제로 계약을 체결하는 단계(계약체결단계)에 한정하여 생각해보자. 통상 계약의 성립에는 양 당사자의 합의(의사표시의 합치)가 필요하다고 한다. 민법에 이것을 명시적으로 가리키는 규정은 없지만 실마리가 되는 규정이 없지는 않다. 이 점에 대해서는 바로 뒤에서 다루는 것으로 하고, 지금은 이것(계약의 성립＝당사자의 의사표시의 합치)을 전제로 하자. 그렇다고 한다면 다음의 두 가지 문제가 나타난다. 한 가지는 무엇에 대하여 합의가 필요하느냐는 문제(합의의 대상의 문제)이고, 또 한 가지는 언제 그 합의가 있었느냐는 문제(합의의 시점의 문제)이다.

1. 계약에서 합의의 대상

가. 계약의 중심부분과 주변부분

계약의 성립에서 당사자의 합의가 필요하다고 하는 것은 계약 혹은 법률행위의 정의 자체로부터도 나올 수 있지만, 조문상의 근거로서는 민법전의 각 계약유형에 관한 규정의 덩어리(매매의 절을 포함하여 14개의 절로 정리되어 있다)의 최초에 두어진 규정(＝정의규정으로 불리는 것이 많지만, 정의하고 있는지 여부는 의문이 있으므로 단순히 모두규정(冒頭規定)이라고 부르는 편이 좋다)을 원용하는 것도 가능하다. 예를 들면 매매에 대해서는 563조가 이것에 해당한다. 563조에 의하면, 매매의 효력이 생기는 것은, 일방당사자(매도인)가 재산권의 이전을 약속하고, 상대방 당사자(매수인)는 대금의 지급을 약속하면 충분하다. 물론 계약에서 여러 모로 기타 사항에 관해 정하는 때도 많겠지만, 하여튼 재산권의 이전과 대금의 지급이 약속된다면 그것은 매매계약으로 손색이 없다. 이같이 말하는 것은 다음의 두 가지 의미가 있다. 하나는 적어도 이들 점에 대해서조차도 합의가 없다면 매매계약이 성립한다고는 말할 수 없고, 또 하나는 이들 점에 대해서 합의가 있다면 매매계약이 성립하는 데 지장이 없다. 결국 563조는 매매계약이 성립하는 데 필요하고 충분한 합의의 대상을 나타내고 있다.

이같이 어떤 계약이 성립하기 위해 합의가 필요한 내용을 그 계약의 중심부분·핵심부분 등으로 부르고 있다(본질적 부분이라고 부르는 것도 있다. 예전에는 계약의 요소라고 불러왔다). 이에 관해 대법원은 2000다51650사건에서 "계약이 성립하려면 계약의 '중요한 점'에 대해서는 의사의 합치가 있어야 한다. 여기서 중요한 점이란 계약의 본질적 요소"라고 판시하였다. 따라서 매매의 경우에는 재산권이전의 대상의 되는 목적물과 그에 대한 대금이 핵심부분이다. 그러므로 대법원은 2005다39594사건에서 "부동산매매에 관한 가계약서에 매매목적물과 매매대금 등이 특정되고, 중도금지급방법에 관한 합의가 있다면 그것으로 족하다"고 판시하였다. 그 밖의 내용은 계약의 주변부분·부수부분 등으로 불린다.[1] 주변부분에 관해서는 합의가 있다면(있다고 보이면) 그것은 계약내용의 일부로 되지만, 특히 합의가 없어도 계약의 성립에는 지장이 없다.

나. 계약서 작성의 의의[2]

그런데 563조는 또 하나의 의미를 가지고 있다. 그것은 매매계약의 성립에는 합의만이 필요하고 그 이외의 내용은 필요하지 않다고 하는 의미이다. 구체적으로는 계약서의 작성 혹은 목적물이랑 대금의 인도는 성립요건이 아니라고 하는 것을 가르쳐주고 있다(이것을 방식의 자유라고 부르고 있다).

이같이 합의만으로 성립하는 계약을 낙성계약이라고 부르고 있다. 이것에 대해 계약서의 작성을 요건으로 하는 계약을 요식계약, 물건의 인도를 요건으로 하는 계약을 요물계약이라고 부른다. 우리 민법전은 폭넓게 낙성계약을 인정하고 있지만, 모두가 낙성계약이라고 하는 의미는 아니다. 예를 들면 증여는 다소 요식계약에 가깝게 되어 있고, 소비대차는 원칙적으로 요물계약이다.

계약 전반에 관해 상세하게는 각각 관련된 부분에서 설명하겠지만, 우선 정리하기 위해 간단한 표를 들어둔다(도표 2.1.2).

도표 2.1.2 낙성 · 요식 · 요물 계약

낙성계약	증여 · 매매 · 교환 · 임대차 · 고용 · 도급 · 위임 · 조합 · 종신정기금 · 화해
요식계약	없음 (단, 증여는 요식계약에 가깝다)
요물계약	소비대차 · 사용대차 · 임치

그러면 낙성계약인 매매의 경우에는 계약서는 전혀 의미는 없다는 것이냐고 말하는 것은 아니다. 계약서에는 증거로서의 의미가 있다. 구두약속으로도 이행이 이루어져 버리면 별로 문제가 되지 않지만 미이행의 경우에는 서로 말하였다, 말하지 않았다고 하는 식으로 서로 자기에게 유리한 주장만 내세워 결말이 나지 않은 논쟁이 되어버리고, 계약의 성립을 증명하는 것은 어렵게 된다. 그래서 예를 들면 부동산매매와 같이 중요한 거래에 관해서는 계약서를 교환하는 것이 보통이다. 그러나 계약서는 어디까지나 증거에 지나지 않으므로 계약서가 없어도 기타의 증거(예컨대 증인)에 의해 합의의 존재가 증명될 수 있다면 계약은 성립됐다고 말할 수 있다.

여기서 잠깐 시야를 돌려 주변부분의 대처는 어떻게 해야 되는지에 관해 살펴본다. 또 한 가지 계약서에는 의미가 있는 것이 있다. 먼저 설명한 계약의 중심부분–매매의 경우에는 목적물과 대금–에 대해서는 당사자는 잘 고려하여 계약을 체결하는 것이 보통이다. 그러나 기타 세세한 계약조건에 관하여는 반드시 그렇지는 아니하다. 그런데 인쇄된 계약서 등을 사용하는 경우 거기에 서명이 된다면 거기에 쓰인 조항에 대해서는 가령 일방당사자가 잘 생각하지 않았다고 하여도 합의가 되었다고 하는 판단이 이루어지는 것이 원칙이다. 결국 계약서는 주변적인 계약조항을 계약에 삽입하는 작용을 한다. 바꾸어 말하면 계약서는 당사자의 합의가 미치는 범위를 명확하게 하는 것이라고 말할 수 있다(다음 항 이하에서 실제로 사용되고 있는 매매계약서의 예문을 든다. 계약의 중심부분 · 주변부분의 각각에 대하여 어떻게 정해져 있는가를 알 수 있다).

그러면 여기서 위에서 설명한 것을 이해하기 위해 눈을 돌려 계약체결을 제한

하는 구체적인 모습에 관해 살펴보자. 이것은 계약내용은 원칙적으로 계약 당사자가 결정한다는 주의(계약자유의 원칙)에 대한 예외를 의미한다. 상대방 선택을 제한하는 모습을 보면, 먼저 다수의 특별법은 국민의 일상생활과 밀접한 관련을 가지는 재화를 공급하는 공익적 독점기업에 대해서는 상대방선택의 자유를 제한하고(전기사업법 14조 등), 노동조합 가입을 이유로 한 고용거부의 금지(노동조합 및 노동관계조정법 81조 2호)나 여성의 고용을 차별하는 것을 방지(남녀고용평등법 6조)하는 것과 더불어 단체협약의 기준에 미달하는 근로계약의 효력을 부인(노동조합 및 노동관계조정법 제33조)한다. 방식의 자유를 제한하는 모습으로는 법정방식을 갖추지 않으면 계약의 효력이 부정(국가를 당사자로 하는 계약에 관한 법률 11조)된다. 그 밖에 국가의 허가나 증명 또는 신고를 필요로 하는 모습으로서 계약이 유효하기 위하여 행정관청 인가·허가 또는 행정관청에의 신고를 요한다든지 행정관서의 증명이 있어야 하는 것으로 규정(국토의 계획 및 이용에 관한 법률 118조, 사립학교법 28조, 전통사찰보존법 6조)하고 있다.

2. 합의의 시점

가. 격지자들 사이의 계약의 성립

당사자가 서로 상대방에 대해 합의로 이 물건을 얼마에 팔려고 한다, 좋다. 사겠다라고 결정한 때는 합의의 시점을 문제로 삼는 의미는 거의 없다. 물리적으로는 서로 향한 합의가 없어도 동시적으로 서로 의사교환을 할 수 있는 경우(예를 들어 전화에 의한 경우)에는 똑같다. 이에 반해 의사교환의 시간이 걸리는 때(예컨대 당사자가 서로 다른 장소에서 편지에 의하여 계약하는 때)에는 그 시간차를 고려해 넣는 것이 필요하다. 교통이나 의사교환의 수단이 발달하지 않았던 시대에는 이것은 중요한 것이 되었다. 실제로도 계약의 성립에 관한 528조 이하의 규정 대부분은 이러한 상황에 대응하기 위한 규정이다.

구체적인 문제에 대하여 아래와 같은 예를 생각해보자. 먼저 이것을 알기 쉽게 도표로 표시해 둔다(도표 2.1.3). 서울에 있는 상점주인 P가 부산의 식품회사인 D에 대해 한 상자에 만원인 '부산어묵' 100상자를 보내달라고 편지로 주문한다(의사표시 갑). D는 이것에 대해 '네'로 답신을 보낸다(의사표시 을)라고 하는 예이다. 이때 의사표시 갑을 청약, 을을 승낙이라고 부른다. 합의가 성립한다고 하는 것은 갑·을 두 개의 의사표시(청약과 승낙)가 합치한다고 하는 의미이지만 여기에 관해서는 몇 가지의 문제가 있을 수 있다.

도표 2.1.3 격지자 간 계약성립

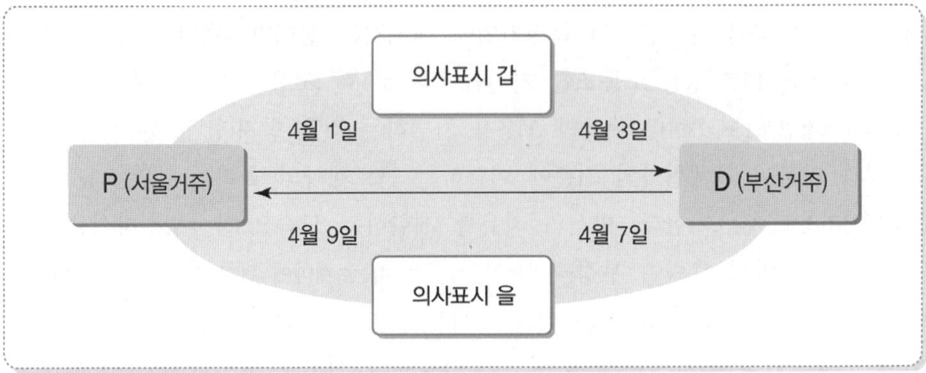

(1) 청약에 관하여

우선 청약의 효력발생시기인데, 이것은 도달 시(4월 3일)이다(의사표시 효력에 관한 원칙인 111조 1항 참조). 따라서 도달 전에는 P는 청약을 철회할 수 있다(예를 들면 보통우편으로 발신한 후에 속달이나 전화, 전자메일을 사용한다). 이때에도 D는 특히 곤란하지 않다.

일단 청약이 상대방 앞으로 도달하여 효력이 생긴다면 그 청약은 당장은 철회할 수 없게 된다. 결국 청약은 일정기간 동안 구속력을 가지고 있다(청약의 구속력이라고 한다. 527조 계약의 청약의 구속력). 상대방의 기대를 저버리지 않도록 하기 위해 꼭 필요하다. 구체적으로는 승낙기간이 붙여진 청약의 경우에는 그 청약은 그 기간을 통해서 효력을 가지고, 기간 중에 청약자의 곁에 승낙이 도달되지 않는다면 실효한다(528조. 승낙의 연착에 관하여 530조가 있다). 또 승낙기간이 없는 청약의 경우에는 승낙의 통지를 받기에 상당한 기간은 철회할 수 없게 된다(529조).

판례는 근로계약의 종료와 관련하여 예외를 인정하고 있다. 대법원은 91다43138사건에서 "근로자가 사직원의 제출방법에 의하여 근로계약관계의 합의 해지를 청약하고 이에 대하여 사용자가 승낙함으로써 당해 근로관계를 종료시키게 되는 경우 근로자는 위 사직원의 제출에 따른 사용자의 승낙의사가 형성되어 확정적으로 근로계약 종료의 효과가 발생하기 전에는 그 사직의 의사표시를 자유로이 철회할 수 있다. 그러나 근로자가 사직의 의사표시를 철회하는 것이 사용자에게 불측의 손해를 주는 등 신의칙에 반한다고 인정되는 특별한 사정이 있는 경우에 한하여 그 철회가 허용되지 않는다"고 판시하였다.

그러면 여기서 눈을 돌려 먼저 철회와 취소는 서로 어떻게 다른지에 관해 살펴보자. 철회는 종전에 행하여진 의사표시의 효과를 장래에 향하여 소멸시키기 위해 하는 의사표시다. 취소와 유사하지만 취소할 수 있는 것은 취소원인(사기・강박・행위능력의 제한)이 있는 때로 제한되고, 또 취소에는 소급효가 있다(이 점에 대해서는 앞에서 자세하게 다루었다). 현대어화 이전에는 528조나 529조에는 조문상 취소라고 되어 있지만 위와 같은 이유로 철회로 바꾸어졌다(또 555조에 대해서도 같다).

여기서 잠깐 시야를 돌려 청약발신 후에 청약자의 사망・행위능력의 상실에 관해 민법은 어떻게 다루고 있는지에 관해 살펴본다. 이때도 111조 2항을 참조하면 좋다.

(2) 승낙에 관하여

다음 승낙의 효력발생시기 즉 청약과 승낙의 합치=계약의 성립 시점은 언제일까. 111조 1항을 적용한다면 앞에서 든 도표에서 D의 승낙의 도달시(4월 9일)가 된다. 그러나 민법전은 승낙에 관하여는 발신시(4월 7일)에 효력이 발생한다는 사고방식을 가지고 있다(531조. 승낙 후의 청약의 철회의 연착에 관하여 527조).

왜 민법은 이같이 승낙에 있어서만 도달 시에 효력이 발생한다고 하는 사고방식(도달주의라고 하는)을 대신해서 발신 시에 효력이 발생한다고 하는 사고방식(발신주의라고 하는)을 취하고 있는가. 이것은 난문이고 실제로도 민법전 제정 시에도 민법기초위원 사이에 논쟁이 있었다. 도달주의・발신주의 쌍방에는 어느 쪽도 이점・불리한 점이 있지만, 현행 규정은 [도표 2.1.3]에서 D가 승낙을 발신한 때로부터 즉시 이행(새 어묵의 생산 발송 등)으로 이전할 수 있다는 이점(신속성의 요청)을 중시한 것이 된다(다만 D에게는 승낙 발신 후는 철회할 수 없다는 불리한 점도 있다). 승낙이 쉽사리 도착하지 않은 때 P로서는 곤란하지만 이것을 피하기 위해 청약에 승낙기간을 붙여두는 것이 좋은 방법이다. 예를 들면 4월 8일까지는 회답이 도착이라고 기간을 붙여두면, 4월 7일 발송되었어도 계약은 성립되지 않는다(528조 2항).

그러면 여기서 눈을 돌려 528조와 531조 1항의 관계에 관해 살펴보자. 참고로 학설은 다수설(해제조건설: a condition subsequent)은 격지자에 대한 승낙은 그 기간 내의 부도달을 해제조건으로 한다고 하고, 소수설(정지조건설: a condition precedent)은 승낙의 통지가 기간 내에 청약자에게 도달할 것을 정지조건으로 승낙의 통지가 발송된 때에 소급하여 유효한 계약이 성립한다고 주장한다. 승낙에 관하여는 531조 1항의 발신주의가 원칙이라고 한다면, 528조 2항은 그 예외를 정한 규정이 된다. 양자의 관계에 관하여는 논의가 있지만, 후자는 해제조건부 발신주의를 취한 것으로 모순되는 것은 아니라고 하는 것이 기초자의 생각방법이었다[3]. 그러면 연착된 승낙·변경을 가한 승낙은 민법이 어떻게 다루고 있는지에 관해 살펴본다. 이것들은 새로운 청약으로 볼 수 있다(530조, 534조).[4]

이상과는 다르게 예외적으로 승낙의 발신 없이 계약이 성립하는 것이 되는 때가 있을 수 있으나(531조 2항), 이들에 관해서는 항을 바꿔서 서술한다.

청약과 승낙이라는 논의에서 잠깐 시야를 돌려 계약의 경쟁체결에 관해 살펴본다. 이것은 계약내용에 관하여 다수인으로 하여금 서로 경쟁하게 하여 자기에게 가장 유리한 조건을 제시한 자를 골라 이 자를 상대방으로 하는 계약을 체결하는 것을 말한다. 그러나 청약이냐 아니면 청약의 유인이냐를 결정하기 힘든 때가 많다. 먼저 사경매에서 ① 값을 올려가는 경매(예: Sotheby 경매)에서는 고가의 매수표시(이하에서는 매매의 경우를 상정한다)를 기다리는 때는 경매인의 표시는 청약의 유인으로 보고, 먼저 최저가격을 표시하여 그보다 고가로 사겠다는 표시를 기다리는 때에는 최고가격의 제시가 승낙이 된다. 반면에 ② 값이 내려가는 경매(입찰)에서는 최저가격의 제시가 승낙이 된다. 다음으로 입찰로부터 낙찰을 결정하는 과정–입찰에 붙이는 자가 입찰을 붙인다는 표시(입찰광고)를 하고 이 표시에 따라 경쟁자가 입찰을 한 후, 입찰에 붙인 자가 개찰–에서는 경쟁자의 입찰이 청약, 낙찰을 결정함으로써 승낙한 것이 된다(단 국가를 당사자로 하는 계약에 관한 법률 7조는 반드시 입찰에 의하여야 한다고 규정하고 있다). 마지막으로 실무에서 많이 제기되는 문제를 보자. 예컨대 D기업의 기업 인수·합병에서 우선협상대상자로 선정된 P의 지위는 어떠한가(통상 MOU를 작성한다). 앞에서 논의한 것을 기초로 생각해 보기 바란다. 대법원은 2000다45273사건에서 "토지구획정리사업 오피스텔 부지로 예정되어 있던 토지의 일부에 대한 소유권을 이전받지 못한 오피스텔 수분양자들이 분양자에게 미이전 토지에 관한 대토를 포기하는 반면 분양자가 분할 후 위 미이전 토지에 대하여 환지 대신 환지청산금을 교부받아 그 금원으로 수분양자 등에게 부과될 환지청산금을 처리하여 달라고 한 요구는 토지구획정리사업의 시행에서 분양자가 분할 후 미이전 토지에 대하여 환지 대신 환지청산금이 교부되는 것을 조건으로 하여 분양자가 교부받는 환지청산금 상당을 수분양자 등이 부과받을 환지청산금 범위 내에 지급하여 달라는 의사표시로서 상대방의 승낙이 있으면 곧바로 합치에 이를 수 있을 정도로 확정될 수 있는 청약에 해당한다"고 판시하였다.

나. 합의에 의하지 아니한 계약의 성립

위에서 취급한 예외, 즉 531조 2항의 경우로부터 출발해보자. 531조가 규정하고 있는 것은 청약자의 의사표시 또는 관습에 기초하여 승낙의 발신은 없고 승낙의 의사표시로 인정될 수 있는 사실에 의하여 계약이 성립하는 때도 있다(의사실현에 의한 계약성립이라고 부르고 있다). 구체적인 예로 청약자로부터 송부된 상품을 스스로 사용하여 소비한 경우 등이 이러한 때에 해당한다고 해석되고 있다. 하지만 청약에 대해 상품을 송부하는 경우([도표 2.1.3]의 D가 부산어묵을 송부한다고 하는 경우)에는 그러한 행위가 P에 대한 묵시적 의사표시로 평가되므로 531조 2항에 호소하는 것은 아니라고 말할 수 있다. 실제로 양자의 구별은 때에 따라 미묘하다.

이같이 민법전은 이미 명시적 의사표시(승낙)가 없더라도 계약이 성립하는 때를 인정하고 있다. 그러나 이들의 경우에는 어디까지나 어떠한 사실을 승낙의 의사표시로 평가하여 계약을 성립시키고 있다. 여기에 앞서 더 나아가서 의사표시 없이 계약의 성립을 인정하는 것이 가능하느냐는 문제가 있다. 이것이 사실적 계약관계라고 부르는 문제이다.[5] 이것은 예를 들면 자동판매기의 이용 버스에의 승차 등에 관해 이야기되는 문제이다.

이와 같은 행위에 대해서는 다음의 두 가지 문제점이 있다.

① 이들의 행위에는 행위능력이 필요하지 않다(자동판매기에서 주스를 산 자가 초등학생이라고 하여도 취소를 인정하는 것은 이상하지 않는가). ② 이들의 행위 자체에 의하여 계약은 성립하는가(자동판매기에게 의사표시를 구하는 것은 우습지 아니한가)의 두 가지 점이다. 사실적 계약관계로는 ①②를 동시에 긍정하기 위한 이론이지만 ①② 각각을 개별적으로 분명하게 구분할 수 없지도 않다(①에 관해서는 5조에 의하여 ②에 관해서는 묵시적 의사표시가 있다고 하는 것 등. 또 ①에 관해서 조금 더 보충한다면, 피성년후견인에 대해서도 성년후견제도의 정비를 위해 민법 개정으로 일상적인 소액거래(일용품의 구입 등 일상생활에 필요하고 그 대가가 과도하지 아니한 법

률행위)에 대해서는 행위능력이 있다는 규정이 도입되었다. 10조 단서).

이렇게 생각한다면 사실적 계약관계이론은 필요하지 않다고 말할 수 있지만 컴퓨터단말기에 의한 계약이 사회적으로 중요한 의의를 갖게 된 오늘날에 있어서는 사실적 계약관계이론이 제시한 문제를 또 한 번 다시 음미해 보고, 계약성립에 관한 견해 그것을 재검토하는 것도 필요하지 않을까 생각된다. 그러나 여기에서는 자세한 논의는 하지 않고 문제의 제기로 머문다.[6]

Ⅱ. 교섭 단계

계약체결 단계에 선행하는 계약을 체결하기 위한 교섭단계에 관한 문제로 넘어가고자 한다. 구체적으로 우선 계약체결을 위한 교섭이 좌절된 경우에 생기는 책임에 관하여 검토하고, 이어서 계약체결 교섭단계에 있어서 자기의 권리확보를 위한 당사자가 취할 수 있는 수단에 대해서 생각해 보자.

1. 계약체결 교섭의 좌절

가. 교섭 단계에서 자유

계약체결 교섭단계에서 책임 문제는 최근에 이르러 활발히 논의가 되는 주제이지만, 이들에 관하여 논술하기 전에 전제를 확인해두는 것이 좋다. 그것은 계약체결 교섭에 관한 민법의 고전적인 사고방식이다.

앞에서도 서술한 바와 같이 계약이 성립되면 당사자 사이에는 계약에 근거하여 채무가 발생한다. 이들은 바꾸어 말하면 계약이 성립하지 않는다면 당사자는 어떠한 의무도 발생하지 않는다고 하는 것을 의미하고 있다. 결국 계약이 성립될 때까지는 당사자는 언제든지 교섭을 그만두고 다른 더 유리한 교섭상대방을 구하는 것이 허용된다. 이것이 고전적인 사고방식으로 당사자는 계약체결의 자유(체약의 자유)가 있다고 표현되고 있다. 이 사고방식은 거래내용이 단순하여 교섭에서도 그다지 시간이 걸리지 않는 시대에는 그런대로 합리성이 있었다(오늘날 예를 들면 백화점에서의 물건을 사는 것을 상상해 보기 바란다). 고객에게 다양한 권유가 있지만, '좀 더 작은 것을 보고 난 다음 살게요' 말하고 매장을 떠나는 것은 흔히 있다.

그러나 거래가 복잡해지고 교섭 시간이나 비용이 많이 들어가는 계약이라면 사정은 달라진다. 이 경우 계약이 성립되리라고 생각하여 시간이나 비용을 투입한 당사자의 기대를 보호할 필요성이 생길 수 있다. 이것을 받아들여 일정한 상황에서 당사자는 성실한 교섭의무(반드시 일반적인 표현은 아니다. 판례는 다음에서 서술하는 별도의 표현을 사용하고 있다)를 부담한다고 하는 사고방식이 서서히 일반적인 것으로 되어 왔다.

이같이 오늘날에는 계약성립을 향한 교섭과정이 특별히 중요한 주제로 되지만 실제로는, 민법전 자체도 계약체결 교섭과정을 완전히 무시하였다고 하는 의미는 아니었다. 먼저 본 바와 같이 일정기간 동안 청약을 철회할 수 없다. 여기에 이미 계약성립 전의 상대방의 신뢰를 보호한다는 사고방식이 나타났다고 말할 수 있다.

또 민법전에는 규정이 없지만 오래전부터 청약의 유인이라는 개념에서도 교섭과정에 대한 배려가 보인다. 청약의 유인은 청약 이전의 의사표시로 청약과 구별하기 위한 개념이지만, 거기에는 청약 이전에 당사자 사이에 어떠한 접촉·교섭이 있다는 인식이 포함되어 있다고 말할 수 있다. 구체적인 예를 들면 구인광고, 주택의 임대광고, 물품판매광고, 상품목록의 배부다. 예를 들면 할인매장의 광고용 쪽지에 ○○사의 카메라, 10만원이 들어있다고 해보자. 만약 이것을 청약에 해당한다고 생각한다면, 이것을 본 사람 하나하나마다 광고용 쪽지를 가지고 그 매장에 나아가서 여기 나와 있는 카메라를 주세요라고 말하면 그 시점에서 계약은 성립한다(가령 재고가 없어도 그 상점은 인도의무를 부담하는 것이 된다. 그러나 재고가 전혀 없는 때를 상상해 보자). 그러나 광고용 쪽지는 청약이 아니라면(청약의 유인에 지나지 않는다), 여기 나와 있는 카메라를 주세요라고 하는 것이 청약이 되고, 그 상점은 또 승낙을 할 것인가 안 할 것인가 선택의 여지가 있다고 하는 것이 된다. 이같이 청약의 유인은 아마도 계약체결과정에서 이른 단계에서 당사자를 계약에 구속시키지 않기 위한 개념이라고 하는 의미이다. 대법원은 93다32507사건에서 "한국토지개발공사의 이주자택지 공급대상자에 대한 이주자택지계약체결 통보는 비록 그 통보에 계약의 요소가 되는 내용을 명시하고 있지만 계약이 성립되는 확정적인 것이라고 할 수 없어 청약이 아니"라고 판시하였다.

이상에서 보는 바와 같이 이전부터 계약체결 교섭과정에 대한 배려가 이루어지지 않았다고 하는 의미는 아니었다. 그러나 교섭과정이 정면으로 문제가 되었던 것은 역시 최근의 일이다.

나. 교섭 단계에 있어서의 책임

이 문제에 대하여는 우선 학설이 먼저 나아가서 문제를 제기하였고, 최근이 되어서야 판례가 나타났다. 참고로 학설을 차례로 보고 가자.

(1) 학설의 제안

계약체결 교섭단계에 있어서 당사자의 책임에 관한 논의는 독일법에 유래하는 계약체결상의 과실이론에 따라 특수한 계약책임의 성립을 인정한다는 형식으로서 우선 전개되었다. 민법은 "불능한 것에 대해서는 채무가 없다(Impossibillium nula obligatio)"고 하는 일부 로마법원(法源)을 이어 받은 다른 나라의 입법례[7]를 받아들여 535조를 두게 되었다.[8] 이 이론이 상정하는 사례는 당초에는 꽤 예외적인 것이었다. 예를 들어 보면 청평에 있는 별장을 매매하는 교섭이 이루어졌지만 계약성립(계약체결) 이전에 그 별장이 화재로 이미 소실되어 버린 예를 들고 있는데, 이때에 발생한 채무는 본디부터 이행불능이 되어 계약은 성립되지 않지만 이 사실을 알지 못하고 계약을 한 때에 매도인에게 과실이 있는 때(매도인이 이러한 사실을 쉽게 확인할 수 있었는데도 부주의로 확인하지 않은 때)에는 매수인은 매도인이 계약체결교섭을 위해 지출한 비용을 배상할 필요가 있다고 설명하고 있었다.[9]

그러면 여기서 눈을 돌려 원시적 불능과 계약의 무효에 관해 좀 더 자세히 살펴보자. 본문에서 서술한 사고방식은 계약체결 시에 이미 목적물이 존재하지 않아서 목적물인도의무 이행이 불가능하게 된 경우(원시적 불능이라고 부르고, 계약 체결 후의 불능이 된 후발적 불능과 대비된다. 이것을 [도표 2.1.4]로 표시해 둔다)에는 그 계약은 무효이다(유효로 될 수 없다-계약내용이 가능한 것은 계약의 유효요건이다)라는 사고방식에 입각하는 것이었다. 오늘날에는 반드시 이같이 생각하지 않으면 안 된다는 의미는 아니다(계약은 유효하게 성립되었다고 생각한다면 뒤에서 서술하는 후발적 불능의 경우와 똑같이 취급된다)라고 하는 사고방식이 유력하게 되고 있다.

도표 2.1.4 원시적 불능과 후발적 불능

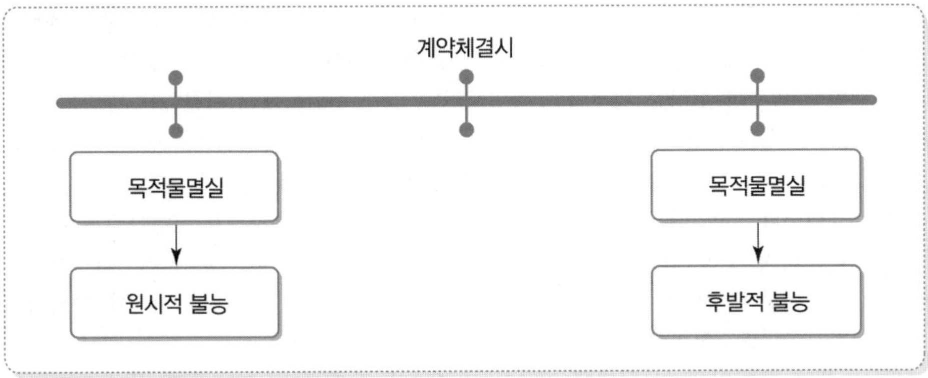

그 후 계약체결상의 과실이론을 확장하는 설명이 있는 것처럼 되고,[10] 위에서 예를 들고 있는 ① 원시적 불능의 경우 이외의, ② 계약체결에 이르지 않은 경우(교섭파기의 경우), ③ 부당하게 계약을 성립하게 한 경우(부당권유의 경우), ④ 계약체결 전에 상대방에게 인신손해 등을 준 경우 등도 이러한 이론이 적용되는 범위 안에 들어갈 수 있는 것이라고 설명됐다.

(2) 판례의 동향

매매계약에서 신의칙상 고지의무에 관한 2005다5812,5829,5836의 사안과 판지는 다음과 같다.

사실관계 2.1.1 신의칙상 고지의무 [2005다5812]

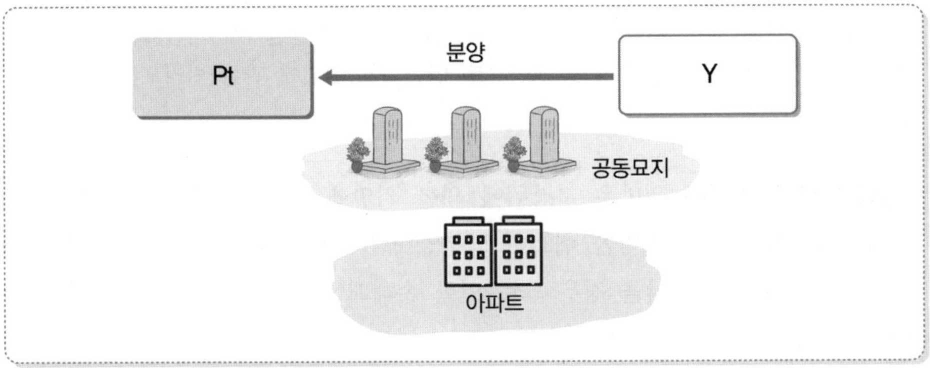

Y가 분양한 아파트단지 내 두 개동(118동 및 116동)의 북서쪽으로 아파트단지 바로 옆에 초등학교가 위치하여 있고 위 초등학교의 바로 뒤편 야산에 분묘 기수가 4,300여 기에 이르는 대규모의 공동묘지가 조성되어 있었다. 원심은 "이 사건 공동묘지는 그 규모와 위치에 비추어 현장을 방문하여 확인하거나 인근 주민들에게 탐문하는 방법으로 쉽게 그 존재를 알 수 있는 것으로 보이고 또 실제 현장을 방문한 원고들 중 상당수는 공동묘지의 존재를 알았을 것으로 추측된다. 위 공동묘지의 존재는 이로 인하여 장차 분양계약의 효력이나 이에 따른 채무의 이행에 장애를 가져와 수분양자가 분양목적물에 대한 권리를 확보하지 못할 위험이 생길 사정에 해당하지도 아니한다. 그러므로 Pt(수분양자들) 모두에 대한 관계에서 고지의무가 없고, 따라서 부작위에 의한 기망행위에 해당하지도 아니한다"고 판시하였다.

이에 대해 대법원은 이 사건에 적용할 기본적인 전제(법리)로 다음과 같이 판시하였다. "청약은 이에 대응하는 상대방의 승낙과 결합하여 일정한 내용의 계약을 성립시킬 것을 목적으로 하는 확정적인 의사표시인 반면 청약의 유인은 다시 유인한 자가 승낙의 의사표시를 함으로써 비로소 계약이 성립한다. 상가나 아파트의 분양광고의 내용은 청약의 유인으로서의 성질을 갖는 데 불과한 것이 일반적이다." 이 사건에 들어가 대법원은 다음과 같이 적용하였다. "이 사건에서 광고 내용이나 조건 또는 설명 중 구체적 거래조건, 즉 아파트의 외형 · 재질 등에 관한 것으로서 사회통념에 비추어 수분양자가 분양자에게 계약내용으로서 이행을 청구할 수 있다고 보이는 사항에 관한 한 수분양자들은 이를 신뢰하고 분양계약을 체결하고 분양자들도 이를 알고 있었다고 보아야 한다. 그러므로 분양계약시에 달리 이의를 유보하였다는 등의 특단의 사정이 없는 한, 분양자와 수분양자 사이에 이를 분양계약의 내용으로 하기로 하는 묵시적 합의가 있었다. 그리고 부동산 거래에 있어 거래 상대방이 일정한 사정에 관한 고지를 받았더라면 그 거래를 하지 않았을 것임이 경험칙상 명백한 경우에는 신의성실의 원칙상 사전에 상대방에게 그와 같은 사정을 고지할 의무가 있고, 그와 같은 고지의무의 대상이 되는 것은 직접적인 법령의 규정뿐 아니라 널리 계약상, 관습상 또는 조리상의 일반원칙에 의하여도 인정될 수 있다. 그러므로 원심은 고지의무의 위반으로 인한 기망행위에 관한 법리오해 등의 위법이 있다"고 판시했다.

그러므로 고지의무 위반은 부작위에 의한 기망행위에 해당하므로 원고들로서는 기망을 이유로 분양계약을 취소하고 분양대금의 반환을 구할 수도 있고 분양계약의 취소를 원하지 않을 경우 그로 인한 손해배상만을 청구할 수도 있다(2004다48515).

계약의 중도파기에 관한 2002다32301의 사안과 판지는 다음과 같다.

사실관계 2.1.2 계약의 중도파기 [2002다32301]

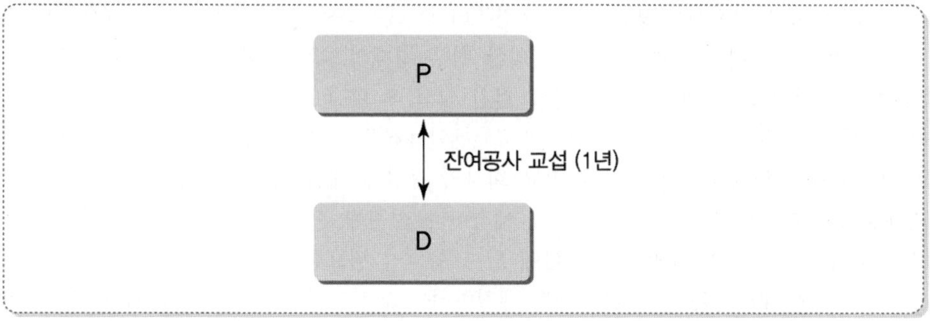

계약체결과정에서 D는 P의 공사비용 조정 요구를 수용하는 태도를 보였을 뿐 아니라 P에게 지급할 추가 공사비용의 범위에 관하여 자신의 의견을 P에게 표명하고, 위 추가 공사비용 항목을 포함한 99년도 예산안을 국회에 제출했다. 더구나 교섭기간 중 D의 대표자는 P의 대표이사와 만나 추가 공사비용 지급을 위한 예산확보를 위하여 노력하겠다는 분명한 의사를 표시하면서 추가 공사비용의 지급을 전제로 잔여 공사 이행을 P에게 요구했다.

이에 대해 대법원은 "D는 P에게 잔여 공사의 완성을 적극적으로 요구하는 한편 잔여 공사의 완성을 위하여 P가 추가로 지출할 수밖에 없게 된 공사비용을 지급해 줄 것이라는 정당한 기대 내지 신뢰를 부여하여 P로 하여금 추가 공사비용의 지출 부담하에 잔여 공사를 완성하게 하였음에도 불구하고 상당한 이유 없이 추가비용 지급을 위한 계약교섭을 파기했다. 그러므로 D는 P에게 손해를 배상하여야 하는데 D가 P에게 배상하여야 할 손해는 바로 P가 잔여 공사를 완성하는 과정에서 추가로 지출하게 된 공사비용이다"고 판시하였다.

또 계약교섭의 부당파기에 관한 99다40418의 사안과 판지는 다음과 같다.

사실관계 2.1.3 계약교섭의 부당파기 [99다40418]

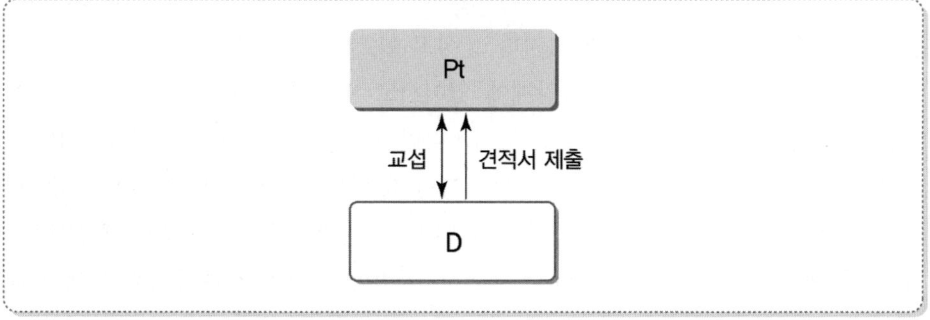

강교공사(강교부분에 대한 견적금액은 604억 원)의 하도급과 관련해서 Pt는 1994. 12.7. D 회사의 견적서를 받고 1995.5.경부터 D 회사와의 실질적인 교섭을 하였으나 D 회사는 Pt가 요구하는 금액과 조건에 의할 경우 경제성, 수익성이 없기 때문에 계약체결에 이르지 않아 약 11개월의 장기간에 걸친 교섭 후 95.11.경 사실상 계약체결이 결렬되었다. 위와 같은 계약체결교섭과정에서 ① 계약체결을 위한 교섭기간 중인 같은 해 5월 19일과 6월 10일에 2차례에 걸쳐 피고 회사의 공장에 대한 감리단의 실사가 있었고, ② 강교공사가 대규모의 건설공사로서 그 제작이나 설치에 관한 방법이 원도급계약서상 특별하게 규정되어 있어 계약체결을 함에 있어 합의가 필요한 특수한 계약조건이 많았다.

이에 대해 대법원은 "하도급계약을 체결하려는 교섭당사자가 견적서를 제출하는 행위는 통상 주문자의 발주를 권유하는 영업행위의 수단으로서 계약체결의 준비·교섭행위 즉 청약의 유인에 해당한다. 건설하도급공사는 공사금액이 수백억 원에 달하는데다가 공사기간도 14개월이나 되는 장기간에 걸친 대규모의 공사다. 그러므로 특별한 사정이 없는 한 공사금액 외에 구체적인 공사시행 방법과 준비, 공사비 지급방법 등과 관련된 제반 조건 등 그 부분에 대한 합의가 없다면 계약을 체결하지 않았으리라고 보이는 중요한 사항에 관한 합의까지 이루어져야 비로소 그 합의에 구속되겠다는 의사의 합치가 있었다고 보는 것이 실제 당사자의 의사와 부합하는 해석이다. 어느 일방이 교섭단계에서 계약이 확실하게 체결되리라는 정당한 기대 내지 신뢰를 부여하여 상대방이 그 신뢰에 따라 행동하였음에도 상당한 이유 없이 계약의 체결을 거부하여 손해를 입혔다면 이는 신의성실의 원칙에 비추어 볼 때 계약자유 원칙의 한계를 넘는 위법한 행위로서 불법행위를 구성한다"고 판시하였다.

일본 판례는, ②(교섭파기)의 패턴에 관해 1975년(昭和 50年)도 초경부터 이 문제를 취급한 판결이 하급심에서 나타나게 되었다.[11] 이어서 일본 최고재판소 판례는 맨션 구입희망자 D(매수인)가 P(매도인)에게 전기용량 등에 관하여 문의를 하고, P측이 여기에 대응하여 용량변경을 하였던 경위가 있었던 사안에서 최종적으로는 매매계약이 성립되지 않았기 때문에 P가 손해배상을 청구했다. 최고재판소는 D의 "계약체결 준비단계 있어서의 신의칙상의 주의의무 위반"을 이유로 하여 손해배상책임을 인정한 원심을 지지하고 상고를 기각하였다.[12]

이같이 판례는 계약체결 교섭단계에 있어서도 당사자는 일정한 주의의무를 부담한다는 입장을 취하기에 이르고 있다. 다만 이러한 의무위반이 계약책임인가, 불법행위책임인가 아니면 그 어느 것도 아닌 제3의 책임인가에 관하여는 명확하지 않다. 참고로 학설은 신의칙상의 부수의무를 위반한 것이라는 주장(계약책임설)과 계약 체결시 특히 주의를 기울여 무효인 계약에 의하여 상대방에게 불의의 손해를 주지 않도록 하여야 한다는 일반적인 주의의무를 위반하여 상대방에게 위법한 손해를 준 것이라는 주장(불법행위책임설)이 대립되어 있다. 하급심을 통하여 훑어보면 불법행위책임으로 해석한 것이 많고, 계약체결상의 과실이론 그대로 채용된 것이라고 하는 의미는 아니다. 또 하나 주의하여야 할 것은 이러한 책임은 무제한으로 인정될 수 있다는 의미가 아니고 책임을 부정한 예도 꽤 있다. 일본 최고재판소 판례의 상고이유에서도 서술되고 있는 바와 같이 계약성립 이전에는 당사자에게는 교섭이탈의 자유가 있다는 것이 어디까지나 원칙이기 때문이다.[13] 문제는 어느 단계에 도달해야 책임이 발생하느냐는 것이고 계약교섭에 들어갔다는 것만으로 언제나 책임이 생기는 의미는 아니다. 계약으로부터의 이탈자유(교섭이탈의 자유)와 계약에 대한 기대와의 균형을 잡는 것으로서 성실교섭의무를 취할 필요가 있다. 또 ③의 균형에 대하여는 오늘날에는 불법행위에 의한 처리가 이루어지고 있는 것이 많기 때문에 자세하게는 뒤에서 다시 서술한다. 일본 판례는 신의칙상의 의무위반을 논거로 하는 희귀한 예이다. 다만 불법행위에 대해서도 언급하고 있다.[14]

2. 교섭 단계의 통제

앞의 항목의 마지막에 서술한 교섭이탈의 자유, 체약에의 기대를 사전에 확보하는 방법은 없는 것일까. 실제로 민법전은 그와 같은 방법을 몇 가지 준비해 두고 있다. 예약(564조)과 계약금(565조)의 두 가지이다. 차례로 보자.

가. 예 약

564조에서 말하고 있는 예약의 개념은 일상적인 예약의 개념(열차나 호텔의 예약 등)과는 다르다. 556조에서 규정하는 예약은 일방당사자에게 매매를 완결하는 권리를 부여하는 것이다. 결국 일방 당사자가 매매를 완결할 의사표시를 하는 때 매매는 성립되고 그렇지 않다면 성립되지 않는다는 의미이다(다만 문제는 564조 2항이다). 이 같은 권리를 예약완결권이라고 부르고 있다. 이러한 예약완결권을 얻어두면 계약의 성부를 자유롭게 결정할 수 있다. 그러한 의미에서 이러한 권리에는 독자적인 가치가 있으므로 유상으로 부여되는 것도 있다(옵션권 등이라고 부르고 있다). 예약은 그 이외의 채권담보를 위해 이루어지고 있는 것도 많이 있지만, 이 점에 대해서는 보충설명으로 다루기로 한다. 매매예약성립 요건에 관해 판례는 “매매예약에 터잡아 맺어질 본 계약의 요소가 되는 매매목적물, 이전방법, 매매가액 및 지급방법 등의 내용이 확정되어 있거나 확정할 수 있어야 한다(93다4908,4915,4922)"고 했다.

또 일상의 예약은 계약법 차원에서 본계약 이외에 지나지 않는다. 다만 여기에는 이행기 도래 전에 해약(계약 해제 또는 해지)에 관해 명시 또는 묵시적 합의를 붙여둔다고 생각되는 것이 많다. 그 의미에서 이들의 계약에 구속력은 일반적인 계약에 비교하여 낮다고 말할 수 있다. 이것이 예약이라고 하는 언어가 되어 나타난 것이 아닐까. 이와 같은 계약의식의 문제에 대해서도 보충설명으로 다루기로 한다.

나. 계약금[15)]

565조에서 정하고 있는 계약금도 실제로는 계약의식의 문제와 관련되어 있다. 그러나 우선 계약금이라고 하는 것은 어떠한 것이냐는 점에서부터 출발해보자. 계약금은 매매 등 계약을 체결할 때에 일방으로부터 상대방에게(매매의 경우에는 매수인으로부터 매도인에게로) 지급되는 대금의 1할 내지 2할 정도의 금전을 가리킨다. 그 기능은 다양하지만 일반적으로 계약성립의 증거로 되는 경우(증약계약금), 해제권유보의 대가로 교부된 경우(해약계약금), 채무불이행의 경우에 위약금으로 되는 경우(위약계약금) 등이 있다고 설명하고 있다.

(1) 계약금 취지의 인정

어떤 금전의 수수가 계약금이라는 것, 그래도, 어떠한 취지의 계약금인가가 계약에 있어서 분명히 정해지지 않은 때는 계약에 따른다면 좋지만 그렇지 않은 경우도 적지 않다. ① 그것이 계약금인가 아닌가 또 ② 어떠한 취지의 계약금인가가 문제가 된다. ①의 경우에 관해서는 금액의 다소가 결정적인 단서로 되는 것이 많다(대금의 반을 지급한다고 한다면 계약금이라기보다 채무의 일부이행이라고 볼 수 있다). 565조는 ②의 문제에 관한 것이고 계약금은 원칙적으로 해약계약금이다. 구체적으로는 이때는 이행의 착수 또는 매수인은 계약금을 포기하여 해약할 수 있고 매도인은 계약금이 배액을 반환하여 해약할 수 있다(계약금포기·계약금배액반환이라고 불리고 있다). 계약금과 관련해서 실무에서는 부동산매매계약서를 예로 들면 보통 "매수인이 매도인에게 중도금(중도금이 없을 때에는 잔금)을 지불할 때까지는 매도인은 계약금의 배액을 상환하고, 매수인은 계약금을 포기하고 이 계약을 해제할 수 있다"는 조항을 두고 있다.

한편 이러한 규정은 임의규정이고 이것과 다른 취지의 계약금의 수수가 금지되는 것은 아니지만, 어떠한 계약금에 관한 합의가 이루어진 때 그것이 565조를 배제하는 취지가 있는지 여부에 관하여는 해석의 여지가 있다. 판례는 매매계약에 있어서 당사자 사이에 교부되는 계약보증금은 원칙적으로 다른 약정이 없는 한 해약금의 성격을 가진다고 본다(93다46742). 일본 최고재판소 판례는 위약계약금으로서의 합의가 된 사항에 관해 그 계약금은 동시에 해약계약금도 될 수 있다는 판단을 적시한 것이다.[16] 참고로 학설은 이 판결에 대해 위약계약금은 계약의 구속력을 강하게 하지만 해약계약금은 구속력을 약하게 하는 것으로, 쌍방의 기능을 합쳐서 가지고 있다고 하는 모순을 내포하는 것은 아니냐는 지적이 있었다. 그러나 이러한 계약금은 당해합의에서 계약금포기·계약금배액반환으로서 해약은 가능한 것이지만, 자유로이 계약에서 벗어날 수 없다고 하는 정도의 구속력을 부여하는 것이라고 하는 생각이라면 특별히 모순이 있다고 생각할 필요가 없지 않을까 생각된다.[17]

(2) 계약의 이행의 착수

565조에 관하여는 한 번 더 언급하여 두지 않으면 안 된다. 그것은 계약해제를 할 수 있는 한계를 긋는 이행의 착수를 어떻게 해석해야 하느냐는 문제이다. 일본 최고재판소 판례는 이행의 착수에 관해 일반론을 제시하는데, 이행의 착수는 '객관적으로 외부에서 인식할 수 있는 것과 같은 형태로 이행행위의 일부 또는 이행의 제공에 불가결한 전제행위를 하는 것'이라고 하는 명제를 제시하였다.[18] 또 이 판결은 또 하나의 문제를 포함하고 있다. 예컨대 P가 D에게 A부동산을 매도하는 계약을 체결하였다고 하자. 그것은 P와 D 중 **누구**의 이행의 착수가 이루어졌기 때문에 해제할 수 없게 되었느냐는 문제이다. 이 점에 관하여 학설은 다수의 의견(상대방의 착수만)과 소수의견(자기 자신의 착수를 포함한)으로 견해가 나뉘어 있다.

판례는 어떠한가. 일부이행의 착수에 관한 2005다39594의 사안과 판지는 다음과 같다.

사실관계 2.1.4 일부 이행의 착수 [2005다39594]

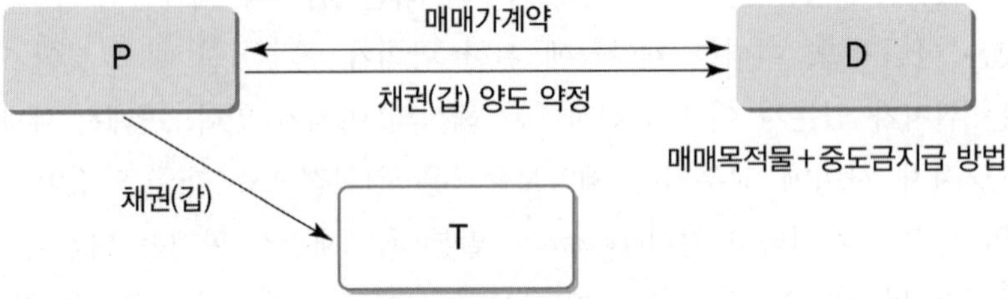

가계약서에 잔금지급 시기가 기재되지 않았고 후에 그 정식계약서가 작성되지 않았다. 이 사건 매매계약 당시 채무자인 T도 위 계약에 참석한 자리에서 P가 중도금일부의 지급에 갈음하여 P의 T에 대한 대여원리금 채권을 D에게 양도하기로 약정했다(채권양도의 통지도 그 자리에서 이루어졌다). 이 사건에서 쟁점은 565조의 '이행에 착수할 때까지'의 의미가 무엇이냐는 점이다.

대법원은 이 사건에 적용할 기본적인 전제(법리)로 다음과 같이 판시하였다. "계약이 성립하기 위하여는 당해 계약의 내용을 이루는 본질적 사항이나 중요한 사항에 관하여는 구체적으로 의사의 합치가 있거나 적어도 장래 구체적으로 특정할 수 있는 기준과 방법 등에 관한 합의는 있어야 한다(2000다51650). 부동산 매매에 관한 가계약서 작성 당시 매매목적물과 매매대금 등이 특정되고 중도금 지급방법에 관한 합의가 있었다면 그 가계약서에 잔금 지급시기가 기재되지 않았고 후에 정식계약서가 작성되지 않았다 하더라도 매매계약은 성립하였다. 이행에 착수한다는 것은 '객관적으로 외부에서 인식할 수 있는 정도로 채무의 이행행위의 일부를 하거나 또는 이행을 하기 위하여 필요한 전제행위'를 하는 경우를 말한다(2002다46492)." 이 사건에 들어가 대법원은 다음과 같이 적용하였다. "T도 위 계약에 참석하였기 때문에 위 채권양도의 통지도 그 자리에서 이루어졌다고 봄이 상당하므로, P는 위 매매계약과 함께 그 채무의 일부이행에 착수한 것이다. 이행의 착수는 객관적으로 외부에서 인식할 수 있는 정도로 채무이행행위의 일부를 행하거나(가령 중도금의 지급) 이행에 필요한 전제행위를 하는 것이다. 당사자가 채무의 이행기 전에는 착수하지 아니하기로 하는 특약을 하는 등 특별한 사정이 없는 한 그 이행기 전에 이행에 착수할 수도 있다" 판시하였다.

그렇다면 채권자와 채무자 중 누구의 이행의 착수인가? 이 점에 관한 99다62074의 사안과 판지는 다음과 같다.

사실관계 2.1.5 이행의 착수 [99다62074]

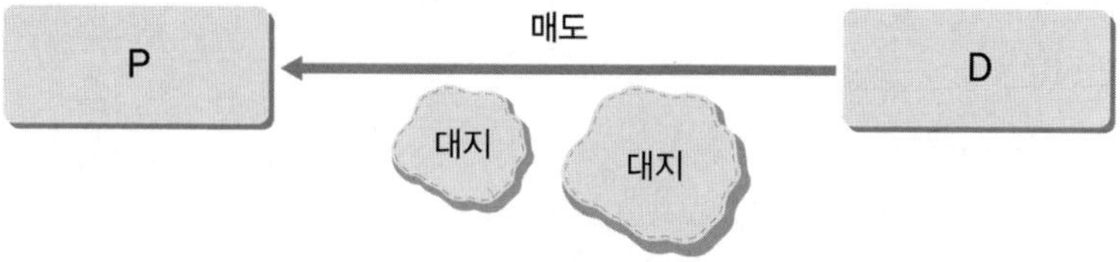

P는 D로부터 1996.4.8. 김해시 대지와 같은 달 26. 진해시 대지를 각 매수하고, 각 그 계약일에 그 계약금을 지급하고, 각 그 계약내용에 따라 1, 2차 중도금을 지급했다. 그러나 D 공사가 위 매매계약의 이행에는 전혀 착수한 바가 없다. 매수인 이행지체 시 선별적으로 계약해제권을 행사한다거나 계약을 해제하겠다고 했다.

이에 관해 대법원은 "민법 제565조 제1항에서 말하는 '당사자의 일방'은 매매 쌍방 중 어느 일방을 지칭한다. 상대방이라 국한하여 해석할 것이 아니다. 비록 상대방인 매도인이 매매계약의 이행에는 전혀 착수한 바가 없다 하더라도 매수인이 중도금을 지급하여 이미 이행에 착수한 이상 매수인은 민법 제565조에 의하여 계약금을 포기하고 매매계약을 해제할 수 없다"고 판시하였다.

이행의 착수에 관하여는 더 상세한 일본 최고재판소 판례가 몇 개가 나왔다. 일본 최고재판소 판례 하나는 이행기 전 대금의 구두의 제공에 관하여, 이것은 이행기를 정하지 않은 취지 등을 감안하여 이행의 착수에 해당하지 않는다고 했다.[19] 또 하나는 계약금배액반환에 의한 해제에는 현실의 제공이 필요하다고 한 것이다.[20] 이들 판례들을 종합하여 본다면 일본 최고재판소는 이행의 착수에 관한 명제를 기초로 하면서도, 계약체결 교섭과정에 있어서 당사자의 이익 상황을 구체적으로 고려하는 것이 가능한 법리로 전개하고 있다고 말할 수 있다.[21]

그러면 여기서 눈을 돌려 먼저 구두의 제공과 현실의 제공은 어떠한 차이점이 있는지에 관해 좀 더 자세히 살펴보자. 채무자가 채무를 이행한다면 이제는 더 이상 채무불이행책임을 지지 않는다고 말할 것까지는 없지만, 그 이전에 변제의 제공을 한 단계에서 비로소 채무불이행책임을 면한다(461조). 변제의 제공은 채무자가 채무의 이행의 준비를 하여 채권자에게 수령을 구하는 것이다. 제공에는 정도가 있고, 완전하게 준비를 다하여, 수령마저 한다면 이행이 완료하는 상태로 행하여지는 것이 원칙이지만(현실의 제공), 예외적으로 이 정도의 달하지 않은 준비도 좋다고 하는 것이 된다(구두의 제공). 좀 더 상세한 설명은 나중에 변제 부분에서 설명한다.

제2장 • 계약의 효력

제1장 제1절의 매매계약을 중심으로 계약의 성립에 관한 설명에 이어서 여기에서는 성립한 매매계약이 가지는 효력에 대하여 설명한다. 바꾸어 말하면 계약의 성립에 관한 논의에서 계약의 효력에 관한 설명으로 넘어간다. 구체적으로 매매계약의 효력에 관하여는 성립한 계약으로부터 발생하는 채무의 내용에 착안하면서 이것을 설명할 수 있지만 동시에 채무의 이행에 초점을 맞추어 생각해 볼 수도 있다. 이하에서는 계약에 따라 발생한 채무의 내용의 확정방법(Ⅰ), 그리고 그 실현에 관한 사항의 처리방법(Ⅱ)에 관하여 서술한 다음에 마지막으로, 매도인의 담보책임이라고 부르는 특수한 책임을 채무내용의 보증이라고 하는 관점에서 설명하지만(Ⅲ), 계약이행이라는 큰 틀에서 관점을 다르게 한다면, 각각 계약이행의 전제(Ⅰ), 계약이행의 과정(Ⅱ) 계약이행 완료 후의 책임(Ⅲ)으로 자리매김을 할 수 있다(예시의 전단과 후단을 참조).

채무내용으로부터 보는가 이행단계로부터 보는가는 시점이 서로 다른 것이지만, 양자는 다음 항의 도표와 같은 관계에 서 있다는 말할 수 있다. 이것을 알기 쉽게 도표로 표시해 둔다(도표 2.2.1).

도표 2.2.1 계약의 성립에서 계약의 이행까지

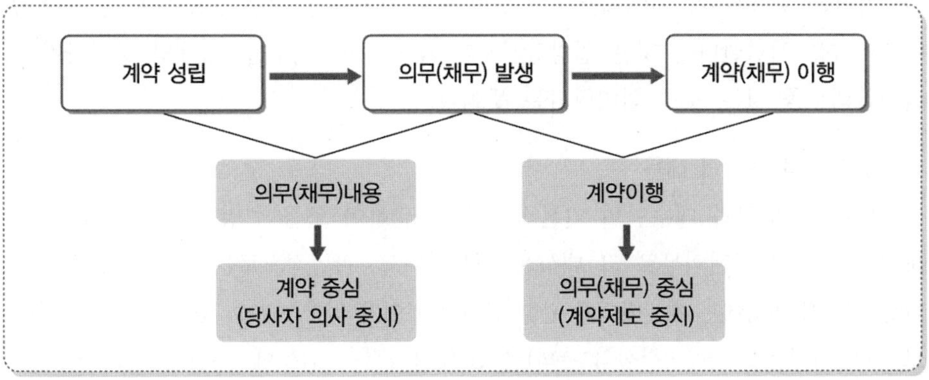

Ⅰ. 계약에서 당사자의무(채무)내용의 결정: 계약이행의 전제

매매계약이 성립한다고 한다면 당사자는 서로 그 계약내용에 기초하여 일정한 의무(채무)를 진다. 매매의 효력을 분명하게 하는 것으로서는 매매라는 계약으로부터 발생하는 개별적인 당사자의 채무의 내용을 명확하게 하는 수밖에는 없다. 그러니까 이하에서 매매계약의 당사자가 지는 채무의 내용에 관하여 본다. 또 이행되어야 하는 각 당사자의 채무의 내용을 명확하게 하는 것은 이행의 전제를 확정하는 것으로 가능하다.

매매계약의 각 당사자가 지는 채무는 계약에서 구체적으로 합의한 채무와 합의에 의하지 않는 채무로 나누어지는데 이것을 순서대로 설명해본다.

1. 합의에 의한 의무(채무)

가. 기본적 채무

당사자가 어떠한 채무를 지는가를 결정하는 것은 기본적으로 계약당사자 자신이다. 이것을 당사자에게 내용결정의 자유가 있다고 표현할 수 있다. 계약자유의 원칙이라고 말할 때 이러한 내용결정의 자유를 가리킨다고 하는 것이 많다(넓은 의미로 계약자유의 원칙이라고 말할 때 앞에서 언급한 방식의 자유, 체약의 자유를 포함하고 있다. 나아가 여기에 상대방선택의 자유를 추가하는 것이 된다).

그렇지만 무엇보다도 어떤 계약이 매매라고 말하기 위해서는 다음과 같은 의무(채무)에 대해 그 발생이 합의되지 않으면 안 된다. 그것은 563조가 정하고 있는 채무, 즉 매도인의 재산권에 관한 권리이전의무와 매수인의 대금지급의 의무이다. 이러한 두 의무가 매매에서부터 발생하는 기본적인 채무이다. 다른 말로 하면 매매계약을 체결한다는 것은 일방당사자가 재산권이전의무를, 상대방 당사자가 대금지급의무를 지는 것을 의미한다는 뜻이다.

(1) 기본적 채무의 내용

이러한 매도인과 매수인의 기본적 채무에 관하여 조금 설명하고 둔다. 먼저 매도인의 재산권 이전의무로 그 대상은 재산권이고, 관념적으로는 모든 재산권이 포함된다(현재 민법에는 채권매매에 관한 규정이 두어져 있다. 579조 참조). 그러나 실제로 많은 규정(또 판례·학설의 논의)은 소유권이전을 염두에 둔 것이다. 소유권의 이전에 한정하여 말한다면, 그것은 목적물의 인도의무, 등기이전의무 등이 포함되어 있다. 또 우리 민법은 타인의 물건의 매매도 계약으로서도 유효하다고 정하고 있고, 그 경우 매도인은 목적물을 취득하여 매수인에게 이전하는 의무를 진다(569조). 다음 매도인의 대금지급의무인데, 이것에 대해서는 특별히 설명하는 것은 없다. 다만 우리 민법에서 대금액의 특정을 꽤 엄격하게 요구하고 있지 않다는 것만을 설명해 둔다. 예를 들면 시가에 의한다라고 한 결정방법도 좋다. 원칙적으로 매도인은 대금을 지급받으면 매수인에게 완전한 소유권이전의무를 진다. 당사자 사이에 특약(가령 저당부동산의 매매에서 매수인이 저당권의 부담을 인수하면서 그 금액을 공제하기로 합의한 경우(2000다18578))이 없는 한 매도인은 매수인에게 물건에 대한 제한이나 부담이 없는 완전한 소유권을 이전해 주어야 한다. 그러므로 매매목적 부동산에 관하여 저당권등기나 가등기 또는 가압류 등기가 경료되어 있는 때에는, 매도인은 원칙적으로 이러한 등기를 말소하여 완전한 소유권이전등기를 매수인에게 경료해 주어야 한다(2000다18578). 아울러 매도인의 소유권이전등기의무와 아울러 가압류등기의 말소의무도 매수인의 대금지급의무와 동시이행관계에 있다(2000다8533).

(2) 기본적 채무의 상호관계

그런데 재산권이전의무와 대급지급의무의 상호관계에 대해서도 한마디 언급해 둔다. 매매계약의 특색은 이러한 두 의무가 상호연관되어 있다고 하는 점이다. 마찬가지로 A로부터 B에게 물건의 소유권의 이전, B로부터 A로 금전의 이전이 있었다고 할 때에도, 이 둘이 독립한 계약에 따라 이행된다면, 그것은 매매가 아니다(두 개의 증여가 된다).

매매와 같이 양 당사자가 서로 다른 사람을 상대로 채무를 생기게 하는 계약을 쌍무계약이라고 하고, 여기에 대해 증여와 같이 일방당사자만의 채무를 지는 계약을 편무계약이라고 부른다. 쌍무계약은 당사자(매매에서는 매도인 · 매수인)의 의무가 쌍방 채무의 상호의존성(이것을 견련성이라고 부른다) 때문에, 어떤 일정한 취급을 받지만 이 점에 대해서는 뒤에서 설명하고, 지금은 이 견련성에 주의를 촉구하는 것으로 그친다.[22]

그러면 여기서 눈을 돌려 견련성에 관해 좀 더 자세히 살펴보자. 일반적으로 쌍무계약으로부터 발생하는 채무에 관하여, 한쪽이 이행하지 않을 때 상대방도 이행할 필요가 없는데, 이와 같은 관계를 이행상 견련성이라고 표현한다. 또 한쪽이 소멸하면 다른 쪽도 소멸하는 것으로 해석되는 것이 많은데, 이러한 관계는 존속상 견련성이라고 부른다. 더욱이 한쪽이 성립하지 않는 경우에는 다른 쪽도 성립하지 않지만(계약 전체가 성립하지 않는다), 이와 같은 관계를 성립상 견련성이라고 부르고 있다. 본문에서는 이렇게 다양한 국면에서 구체적인 견련성을 가져오는 쌍무계약의 일반적인 성질을 견련성이라고 부른다. 이것을 알기 쉽게 도표로 표시해 둔다(도표 2.2.2).

도표 2.2.2 채무의 견련성

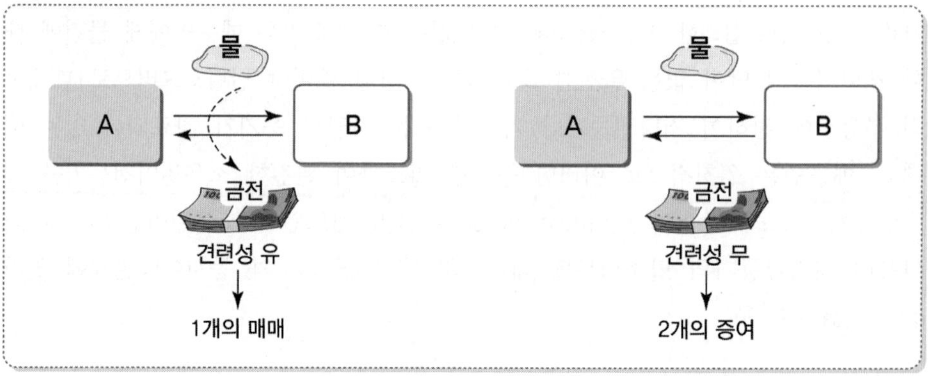

나. 계약의무(채무)내용의 특정 · 수정: 약관론[23)]

이전에 서술한 바와 같이 계약의 중심 · 핵심 부분에 관하여 합의가 성립한다면 그것만으로 계약이 성립한다. 매매에 관해 보면 기본적 의무(채무)가 되는 재산권이전의무와 대금지급의무에 관해서만 합의가 있어도 좋다. 결국 목적물과 대금이 결정되어 있다면 좋다고 하는 것이다.

그러나 실무에서는 그 이외의 내용에 관해서도 결정해 두는 편이 좋다. 이들의 점에 대해서도 합의를 했다면 그것은 당사자를 구속한다. 예를 들면 목적물 인도나 대금지급 방법(장소 · 기일 등)에 관해 합의가 이루어진 때가 많다. 더욱 채무불이행에 대비하여 계약해제, 위약금 혹은 손해배상책임제한, 소송관할에 관해 합의가 이루어질 수 있다. 당사자는 여러 차례 민법규정과 다른 것을 정할 수 있지만, 이러한 합의는 기본적으로 유효하다(뒤에서 서술하는 담보책임에 관해 일정한 경우에 그 면책특약을 무효로 하는 584조가 있지만 이 규정은 역으로 일정한 경우에는 면책특약이 유효하다는 것을 제시해주고 있다).

(1) 약관의 이점 · 결점

이들의 합의는 실제로 계약서에 계약조항으로써 기재된 것이 많다. 그래서 어떤 사람이 동일한 계약을 다수 체결하는 때에는 사전에 계약조항을 정한 서면을 작성해 두고 개별계약에 그것을 사용하고 있다. 계약을 체결할 때마다 계약조항을 정하는 것보다도 편리하기 때문이다. 이같이 한쪽 당사자에 의해 사전에 작성된 획일적인 계약조항을 약관이라고 부르고 있다.

약관도 그에 합의에 이른 이상은 계약내용이 되고 당사자를 구속한다. 이 점에는 통상의 계약과 다르지 않다. 그러나 약관에는 다음과 같은 문제가 있다. 첫째 약관은 일방 당사자에 의해 작성되므로 작성자에게 유리한 조항을 담기가 쉽다(내용의 부당성). 둘째 약관은 계약의 중심부분이라기보다 계약의 주변부분에 관련된 것이 많고, 종종 세세한 내용이므로, 당사자(작성자가 아닌 측)는 내용을 쉽게 이해하지 못하는 때가 많다(의사의 희박성). 셋째 약관은 획일적 · 일률적으로 사용되고 있으므로 상대방이 내용변경 신청을 하여도 쉽게 받아들여지기 어렵다(교섭의 곤란성).

(2) 약관규제의 동향

이들의 문제에 대처하기 위해 독일, 영국, 프랑스는 1970년대 후반에 잇달아 규제 입법을 하였다. 또 이에 조금 앞서 새로운 EU의 지령(EU Directive)이 나왔다(1993년). 그런데 우리나라에서도 입법기운이 높아져서 1987년에는 약관규제에 관한 법률(약관규제법)이 제정되기에 이르렀다. 종래의 약관규제는 민법의 일반원리(공서양속위반이나 합리적 해석의 기법 등)가 이용되고 있었지만, 약관규제법에서는 부당한 계약조항의 규제에 관해 특별 규정이 마련되었다. 구체적으로 살펴보면 무효로 되는 부당조항의 리스트가 제시된 것과 함께(약관규제법 7조, 8조), 일반조항이 두어졌다(동법 11조).

약관은 획일적 · 일률적으로 계약체결에서 불리한 지위에 있는 소비자에게 사용되고 있으므로 특히, 약관이 개별적인 계약에 편입되어 효력을 가지는지가 가끔 문제가 된다. 이때 당사자의 개별약정우선의 원칙이 적용된다(동법 4조). 나아가 당사자에 의해 계약에 편입된 약관조항은 불공정조항으로 판단될 때 무효가 된다(98다18506). 이때 전부무효여야 하는가 일부무효로는 인정할 수 없느냐는 문제에 관해 판례는 "보통거래약관의 작성이 아무리 사적자치의 영역에 속하는 것이라고 하여도 행위원칙에 반하는 약관조항은 사적자치의 한계를 벗어나는 것으로서 법원에 의한 내용통제 즉 수정해석의 대상이 되는 것은 지극히 당연하다. 대법원은 이러한 수정해석은 조항전체가 무효사유에 해당하는 경우뿐만 아니라 조항 일부가 무효사유에 해당하고 그 무효부분을 추출·배제하여 잔존부분만으로 유효하게 존속시킬 수 있는 경우에도 가능하다(90다카23899)"고 판시하였다.

사실관계 2.2.1 **약관일부 무효 [90다카23899]**

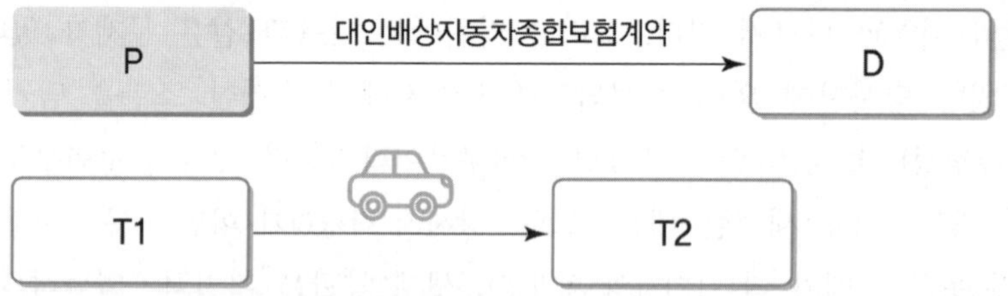

- Fact=T1이 이를 무단운전하여 T2를 들이받아 현장에서 사망하게 함
- Point=보험자면책

그리고 개별약정이 있는가 없는가도 이 단계에서 검토하고, 개별약정이 있다고 인정되면 개별약정을 우선시키고 약관의 적용을 배제한다(99다4634). 약관규제 등 약관에 관한 상세한 논의는 경제법 강의를 듣기 바란다.[24] 그러므로 여기에서는 계약법과 관련된 중요한 부분만 다루고 더 깊게 들어가지 않는다.

2. 합의에 의하지 않은 채무

가. 임의규정 등에 의한 보충

앞에서 보았듯이 매매계약의 성립에는 목적물·대금에 관한 합의가 있으면 충분하다. 그 밖의 점에 대해서는 물론 합의를 해도 좋지만 합의가 없어도 계약은 성립한다. 그러면 합의가 없는 사항에 대해서는 어떻게 되는가. 예를 들면 목적물 인도·대금지급의 방법에 관해 어떠한 합의도 이루어지지 않은 경우 당사자는, 언제, 어떠한 방법으로 목적물을 인도하고 대금을 지급하면 좋을 것인가.

이같이 합의가 없는 사항에 관해 민법규정 등이 보충하고 있다. 구체적으로 지금 설명한 문제는 585조, 586조, 587조 세 개의 조항으로 처리된다. 그 자세한 내용은 뒤에서 다시 설명한다. 또 매매계약의 체결비용(계약서에 첨부하는 인지대 등)에 관해 558조도 계약을 보충하기 위한 목적으로 두어진 규정이다. 즉 당사자들이 실제 계약에서 이 부분들에 관한 조항을 두지 않은 때 그 계약에 보충하도록 민법에 두어진 규정들이다. 그 밖에 특별법으로 할부거래에 관한 법률(할부거래법) 11조도 같은 취지로 제정되었다(할부계약해제 및 기한이익상실에 관한 특칙을 두어 할부거래업자의 소유권유보 실행을 규제하고 있다).

이상에 관해 세 가지 점을 보충하여 둔다. 첫째 민법전에 규정되어 있지 않은 사항에 관해 거래관행으로 다른 취급을 하고 있다면 그러한 취급이 적용된다(106조 참조). 둘째 585조~587조와 558조 등은 임의규정이고 이것과 다른 합의를 하는 것은 허용된다(105조). 계약당사자는 관행(관습)에 관해서도 물론 관습과 다르게 합의해도 무방하다(106조 참조). 셋째 임의규정이든 관습이든 당사자가 어느 것도 결정하지 않았던 때는 어떻게 하느냐를 결정한다는 의미는 크다. 실제로 '이 계약은 매매다'(성질 결정이라고 부른다)라고 하는 것의 의미는 민법에 매매라고 하는 계약유형에 구비된 규범을 적용하고, 당사자 의사를 보충·조정한다고 하는 점이다.

나. 신의칙에 의한 보충: 부수의무론

지금 서술한 것은 기본적 의무(주된 채무라고 부른다)를 이행하기 위해 구체화하는 규범에 관한 것이지만, 합의에 의하지 않고 당사자의 기본적 의무(채무) 이외의 의무가 부가되는 것이 있다. 이와 같은 의무는 부수의무라고 불리는 것이 많다. 예를 들면 가구판매에서 인도에 관해 매도인 측이 배달·설치한다고 하는 합의가 된 때에는, 매도인은 매수인의 집에 목적물을 반입할 때 주거시설 내의 벽이나 기타 가구에 상처를 입혀서는 안 된다는 주의의무를 진다. 이러한 의무는 매매계약에 부수한 의무로서, 계약상의 의무라고 생각되고, 증명책임이나 시효 등에 관해 계약법의 규칙에 따른다. 또 이러한 의무는 신의칙을 근거로 하여 이끌어 내어진 것이 보통이지만, 계약의 성질로부터 이끌어 내어지는 의무라고 말해도 좋다. 중요한 것은 당사자의 명시적 합의가 없어도 이렇게 일정한 의무가 발생하는 경우가 있다.

Ⅱ. 계약의무(채무)내용의 실현: 계약이행의 과정

앞에서도 언급한 바와 같이, 매매계약에서 기본적 의무(채무)만 정해졌다면 그 계약이행에 지장이 생기는 때도 있을 수 있다. 그러기에 채무내용의 실현에 완전을 기하기 위해, 다른 말로 한다면 이행과정을 통제하기 위해 한편으로 계약당사자는 미리 합의를 교환하고, 다른 한편으로는 합의가 없는 때에 대비해서 민법전은 일련의 규정을 두고 있다. 구체적으로 이행을 원활하게 행하기 위한 보충규정으로서 이미 서술한 약간의 규정(585조~587조)이 두어져 있는 이외에, 채무이행과정에서 발생하는 장애에 대응하기 위한 규정(536조~537조)들이 설계되어 있다.

1. 이행의 조정

가. 이행의 태양: 일시 · 장소

매매계약은 성립과 동시에 이행된다. 우리들이 일상적인 물건을 살 때 대부분은 이들에 해당한다(현실매매라고 부른다). 그러나 때에 따라서는 이행을 위한 준비가 필요한 때가 있다. 그때에는 목적물과 대금지급 이외에 예를 들면 배달은 다음날 오후 3시, 지불은 이달 말이라고 하는 것과 같이 이행의 태양에 관해 정할 수 있는 것도 있다.

그런데 이행의 장소 · 일시가 계약을 체결할 때 부득이하게 불완전하게 정해지는 때가 가끔 있다. 그래서 민법은 목적물의 인도의 기한만이 정해진 때에는 대금지급 기한에 대해서도 동일한 기한이 정해져 있다고 추정하고 있는 규정(585조)이나 목적물 인도장소만이 정해진 때에는 대금에 대해서도 동시에 지급한다는 약속이 있다면 인도장소=지급장소라고 되는 규정(586조)을 두고 있다. 당사자의 의사를 추측하는 규정이다.

그러면, 이행의 장소 · 일시가 전혀 정해져 있지 않은 때에는 어떻게 되는가. 이때 계약이 성립한 그 시점 · 그 장소에서 이행이 된다고 하는 합의가 있었다고 해석할 수 있는 때도 있지만, 그와 같이 생각하는 것은 합리적이지 않은 때도 있다. 이때에는 거래관행(관습) 등에 의하여 계약내용을 보충할 수밖에 없다. 이 부분에 대해서는 앞에서 서술하였으므로 자세한 이야기는 되풀이하지 않는다.

나. 이행에 부수하는 사항: 과실 · 이자

합의 또는 민법의 규정으로 이행일시(이행기라고 함)가 정해진다고 해도, 이것에 부수하는 세세한 문제가 또 남아있다. 그것은 과실(果實) · 이자의 귀속을 어떻게 정해야 하느냐이다. 물론 이 점에도 합의로 정할 수 있지만 합의가 없는 때에 대비해 민법에는 과실수취권은 인도시까지는 매도인에게 속하고, 또 인도시부터 매도인은 대금의 이자를 지급할 의무를 부담한다고 정한 규정(587조)이 두어져 있다(도표 2.2.3). 특정물 매매에 있어서 매수인의 대금지급채무에 대한 이자의 발생시점은 언제인가? 특정물의 매매에 있어서 매수인의 대금지급채무가 이행지체에 빠졌다 하더라도 그 목적물이 매수인에게 인도될 때까지는 매수인은 매매대금의 이자를 지급할 필요가 없는 것이므로, 그 목적물의 인도가 이루어지지 아니하는 한 매도인은 매수인의 대금지급의무 이행의 지체를 이유로 매매대금의 이자 상당액의 손해배상청구를 할 수 없다(95다14190). 따라서 매매목적물이 인도되지 않고 대금도 완제하지 않은 경우 과실은 매도인에게 귀속된다(2004다8210). 그러나 매매목적물이 인도되지 않았더라도 매수인이 대금을 완제하면 그 시점 이후의 과실은 매수인에게 귀속된다(2004다8210)(도표 2.2.4). 다만 쌍무계약이 취소된 경우 선의의 매수인(201조 1항)은 수령한 매매목적물로부터 수취한 과실을 반환할 필요가 없으므로, 선의의 매도인도 수령한 매매대금으로부터 수취한 이자를 반환할 필요가 없다(92다45025)(선의의 매수인에 관해서는 재산법 강의를 참조해 주기 바란다).

도표 2.2.3 과실과 이자의 (취득)취급

	성립 전	인도 전	인도 후
과실	(매도인)	매도인	매수인
이자	(매수인)	매수인	매도인

도표 2.2.4 과실 · 이자의 귀속

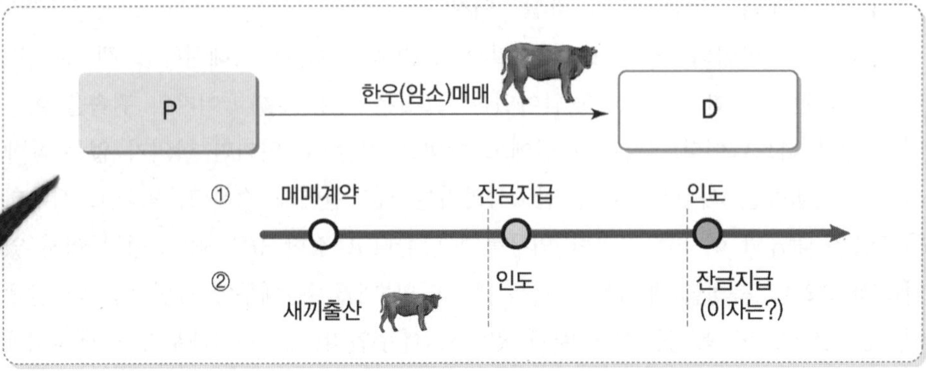

또 일본 최고재판소 판례는 이 규정의 취지에 관해 大聯判大 13.9.24. 民集 3券, 440頁[55]〈44〉에서 다음과 같이 판시하고 있다(히라가나로 되어 있어서 句讀点을 보충하여 인용). “원래 동조는 매매의 목적물에 관해 그 인도 전에 과실이 발생하거나 혹은 매도인이 목적물을 사용한 경우에, 매수인이 매도인에 대해 그 과실 혹은 사용대가를 청구하는 것을 할 수 있도록 하는 경우에는, 매도인이 매수인에 대하여 목적물에 관리 및 보존에 요하는 비용의 상환 및 대금에 이자를 청구할 수 있도록 하는 것이고, 상호 간에 복잡한 관계가 발생하게 하지 않고, 이를 피한다고 하는 취지인 것”이다.

이같이 종전에는 매도인 · 매수인이 갖는 채권을 상계한다고 하는 사고방식으로 이 규정은 설명돼 왔다. 그러나 오늘날에는 오히려 인도시에 과실수취권과 이자채권이 서로 상대방에게 이전한다고 생각할 수 있는 것처럼 되고 있다.[25] 이 점은 나중에 서술할 위험부담과도 연관되어 있으므로 여기에서는 주요한 점만을 머리에 한 구석에 넣어두기를 바란다.

2. 이행의 장해

그리고 이행기가 도래했지만 계약당사자 중 한쪽 당사자에 의한 채무의 이행이 이루어지지 않았다고 하는 경우(채무불이행의 경우)에는 어떻게 될까. 당해 채무자의 책임이 있는 사정으로 이행이 이루어지지 않은 때에는 상대방 당사자로는 이행강제(389조)나 이행에 갈음하는 손해배상(390조)을 청구할 수 있고 그 이외에 계약해제를 할 수(387조, 544조, 546조)도 있다. 이 부분에 관한 상세한 설명을 뒤로 미루기로 하고 다만 여기에서는 결론만 제시해 둔다.

그러나 위와 같은 해결방법이 전부는 아니다. 한편 이와 같은 최종수단을 쓰기 전에 스스로 이행하지 않는다고 하는 잠정적인 대항수단에 호소할 수도 있다. 다른 한편 상대방에게 책임을 지울 수 없는 사정으로 이행할 수 없게 된 때에는 특수한 방법으로 처리한다. 전자가 동시이행의 항변, 후자가 위험부담이라고 불리고 있다. 이것을 알기 쉽게 도표로 표시해 둔다(도표 2.2.5).

도표 2.2.5 광의의 채무불이행

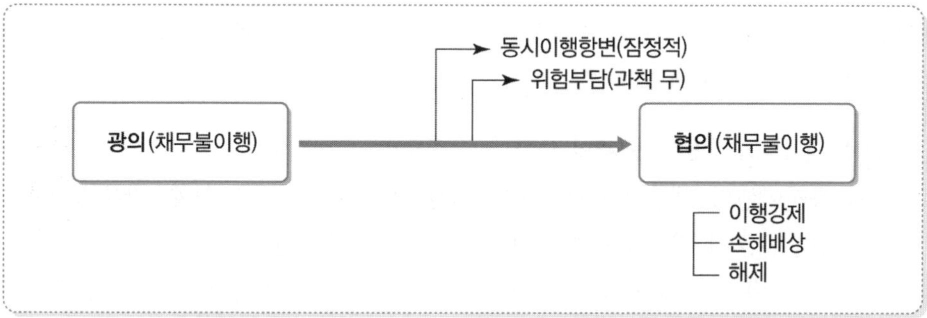

또 강제이행이나 손해배상은 채무의 성질상 당연히 인정되는 구제방법이지만 해제나 동시항변·위험부담은 쌍무계약의 성질(견련성)로부터 유래하는 제도이다. 즉 일방의 채무가 이행되지 않는다면, 상대방은 이행할 필요가 없다고 하는 사고방식에 근거한 것이다.[26] 그러한 의미에서, 계약해제·동시이행항변·위험부담은 쌍무계약의 효력이라고도 말할 수 있다. 좀 더 자세히 보면 앞에서 잠깐 견련성에 관해 설명한 바와 같이 쌍무계약에서 채무의 견련성(상호의존성)은 채무의 성립, 이행 및 소멸의 세 측면에서 나타난다(성립). 원칙적으로 상환(相換)으로 이행되어야 한다(이행). 동시이행의 항변권은 바로 이행상의 견련성에 기한 것이다. 일방의 채무가 그에게 책임 없는 사유로 소멸된 경우 타방의 채무는 소멸한다(소멸). 이것이 위험부담의 문제이다. 이 가운데 일단 성립한 계약을 해소로 이끄는 해제에 대해서는 나중에 다시 설명하는 것으로 하고 여기에서는 다른 두 제도에 관하여 설명한다.

가. 이행정지: 동시이행의 항변

상대방에게 채무불이행이 있으면, 채권자는 계약을 해제하여 계약으로부터 이

탈해 버림으로써 자기 스스로의 채무의 이행을 면할 수 있다. 그러나 그와 같은 드라마틱한 수단, 최종적인 수단에 다다르기 전에 취할 수 있는, 가능하고도 보다 유연한 수단도 있다. 그것이 동시이행의 항변이다. 이것은 상대방이 이행하지 않는 이상 자기도 이행하지 않아도 좋다(상대방의 이행시까지 자기의 이행을 연기하는 것이 가능하다)는 권리이다. 결국 동시이행항변권을 가진 때에는 예컨대 자기 채무의 이행기가 지나고 있는 경우에도 채무불이행의 책임을 추궁당하지 않는다는 것이다(프랑스법에서는 이것을 불이행의 예외(=항변)라고 부르고 있다). 판례는 이것을 공평의 관념과 신의칙에 입각한 제도라고 한다(98다53899). 이것을 정한 규정은 536조이지만(이 규정은 임의규정으로서 합의로 별도의 이행기를 정하는 것도 가능), 이 규정을 좀 약간 상세하게 봐두자.

(1) 동시이행의 항변권 행사의 요건

먼저 동시이행의 항변권을 행사하기 위한 요건(요건사실)은 첫째, 쌍무계약으로부터 발생한 채무일 것(①) 둘째, 상대방이 이행의 제공을 하지 않을 것(②) 셋째, 상대방의 채무의 변제기가 도래해 있을 것(③), 이 세 가지가 필요하다. 동시이행의 항변은, 이행의 단계에서 쌍무계약의 상호의존성이 나타난 것이므로(기술한 바와 같이 이행상 견련성이라고 부르고 있다) ①이 본질적인 요건이다. 매수인이 선이행하여야 할 중도금을 지급하지 아니한 채 잔대금지급일을 경과한 경우에는 어떻게 되는가? 매수인의 중도금 및 이에 대한 지급일 다음날부터 잔대금지급일까지의 지연손해금과 잔대금의 지급채무는 매도인의 소유권이전등기의무와 특별한 사정이 없는 한 동시이행관계에 있다(90다19930). 이렇게 동시이행항변권을 행사하기 위한 요건은 간단하게 제시할 수 있지만 실제 사건에서는 동시이행항변권의 행사와 채무불이행 성립여부와 연관하여 풀기 어려운 문제가 몇 가지 있다. 이 점은 아래 효과 부분을 설명할 때 살펴보자.

그러나 동시이행항변권을 행사하기 위한 본질적 요건은 차츰 완화되는 경향이고, 엄밀한 의미에서는 견련성을 가진다고 말할 수 없는 것 같은 채무 사이에도 정책적으로 동시이행의 항변이 인정되고 있다. 이에 관해 대법원은 "도급인의 보수채무의 이행지체를 원인으로 한 지연배상을 구하는 경우 이행제공의 계속을 요하지 않는다(2002다43370)"고 판시하였다. 완화된 판례의 하나이다. 일본 최고재판소 판례는 처음에는 부동산임대차 종료 후에 있어서 가옥명도의무와 보증금반환의무는 서로 동시이행의 관계에 서지 않는다고 했지만[27] 참고로 학설은 보증금반환채무의 이행을 확보하기 위해서는 동시이행의 항변을 인정하지 않으면 안 된다고 하여 반대하는 견해가 많다.

이에 관해 대법원은 부동산임대차 종료 후 가옥명도의무와 보증금반환의무의 상호관계에 관한 77다1241,1242(전) 사건에서 기본적인 전제(법리)로 다음과 같이 판시하였다. "임대차계약에서 대가관계에 놓인 것은 임대인이 임대목적물을 임차인에게 인도하여 이를 사용·수익하게 할 의무와 임차인의 차임지급의무이다."

사실관계 2.2.2 동시이행 [77다1241,1242(전)]

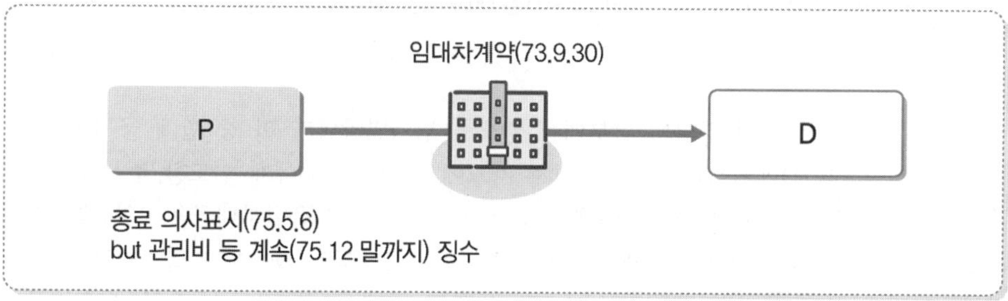

"한편 임차보증금은 임차인의 차임 기타 손해배상채무를 담보하기 위하여 임대인에게 교부되는 것이다(그러므로 엄격하게 본다면 동시이행관계에 있는 것은 목적물인도의무와 차임지급의무라고 볼 수도 있다). 그럼에도 불구하고 임대차계약이 종료된 경우 임차인의 임차건물 명도의무와 임대인의 임차보증금 반환의무를 동시이행으로 파악하는 것은 경제적 약자인 임차인을 특별히 보호(임차보증금의 반환을 보장)하기 위해 정책적으로 인정하는 것이라고 보아야 한다"고 판시하였다. 그러나 이 사건에서 원심은 임대차계약이 종료된 경우 임차인의 임차건물 명도의무는 임대인의 보증금 반환의무에 앞선 선이행관계에 있다고 하였다. 임대차계약에서 임대인·임차인 각각의 의무에 관해서는 임대차계약 부분에서도 다시 자세하게 설명한다. 그러면 동시이행항변권 행사 요건관계가 확장되기 위한 요건은 어떤가. 이에 관한 판례를 살펴본다. 원칙적으로 각 당사자가 부담하는 채무에 관한 약정내용에 따라 그것이 대가적 의미가 있어 이행상의 견련관계를 인정하여야 할 사정이 있어야 한다(2005다58656·58663). 이어서 비쌍무계약에서도 동시이행항변권 행사 요건관계를 확장시키려면 양 채무가 동일한 법률요건으로부터 생겨서 공평의 관점에서 보아 견련적이행을 하게 하는 것이 마땅한 경우라야 한다(2000다36118). 비쌍무계약에서의 동시이행항변권 행사와 연결해서 원인채무와 어음반환이 동시이행 관계에 있는지에 관한 98다47542,47559의 사안과 판지는 다음과 같다.

사실관계 2.2.3 원인채무와 어음반환 [98다47542,47559]

Fact=P는 금 9천만 원 상당의 할부대금 카드를 넘겨받았다가 이 중 합계 금 1천3백만원 상당의 카드를 D에게 반송하고, 나머지 카드에 대해서는 D에게 인도할 추심금 중 일부 지급

(1) P는 금 9천만 원 상당의 할부대금 카드를 넘겨받았다가 이 중 합계 금 1천3백만 원 상당의 카드를 D에게 반송하고, 나머지 카드에 대해서는 D에게 인도할 추심금 중 일부 지급했다. (2) P는 D와 D가 T에게 추심권한을 위임한 물품할부대금을 P의 책임하에 추심하여 이 중 30% 상당액을 제외한 나머지 70% 상당액을 D에게 지급하기로 약정하였다. 그런데 종료시 D는 P로부터 선급금 등으로 발행 교부 받아 사용한 어음(5천만 원) 중 P가 미지급한 금원(물품대금추심금)을 제외한 4천9백43만 원을 지급하여야 하고, P는 D로부터 담보조로 교부 받아 둔 D발행 어음(3천5백만 상당)을 반환하여야 했다. (3) D는 P에 대하여 4천9백43만 원 물품대금채권이 있는데, 그 담보로 P가 발행한 액면금 3천5백만 원 상당의 약속어음을 교부 받았다. 이 사건에서 쟁점은 물품대금의 이행기가 도래한 이후 D는 P에 대하여 4천9백43만 원 및 이에 대한 지연손해금(변제할 때까지) 청구할 수 있느냐 여부다.

이에 관해 원심은 "P는 D에게 D로부터 담보조로 교부받아 둔 금 3천5백만 원의 D 발행어음을 반환할 의무가 있고, D의 P에 대한 위 금 49,430,800원 중 금 3천5백만 원의 지급의무와 P의 D에 대한 위 어음의 반환의무는 동시이행의 관계에 있다. 그러므로 D의 채무 중 3천5백만 원에 대해서는 지연손해금을 지급할 필요가 없다"고 판시하였다. 그러나 대법원은 이 사건에 적용할 기본적인 전제(법리)로 다음과 같이 판시하였다. "채무자가 어음의 반환이 없음을 이유로 원인채무의 변제를 거절할 수 있는 것은 채무자로 하여금 무조건적인 원인채무의 이행으로 인한 이중지급의 위험을 면하게 하려는 데에 그 목적이 있다. 그러나 기존의 원인채권에 터잡은 이행청구권과 상대방의 어음반환청구권이 민법 제536조에 정하는 쌍무계약상의 채권채무관계나 그와 유사한 대가관계가 있어서 그러는 것은 아니다. 원인채무 이행의무와 어음 반환의무가 동시이행의 관계에 있다. 이것은 어음의 반환과 상환으로 하지 아니하면 지급을 할 필요가 없으므로 이를 거절할 수 있다는 것을 의미한다. 채무자는 어음의 반환이 없음을 이유로 원인채무의 변제를 거절할 수 있는 권능을 가진다. 그러나 채권자는 어음의 반환을 제공하여 채무자에게 적법한 이행의 최고는 할 수 있다. 채무자는 원인채무의 이행기를 도과하면 원칙적으로 이행지체의 책임을 진다(93다11203,11210).” 이 사건에 들어가 대법원은 다음과 같이 적용하였다. “D는 P에게 금 49,430,800원 및 이에 대한 지연이자를 지급하여야 한다. 그러므로 D는 단지 어음을 반환 받을 때까지 원인채무의 이행을 거절할 수 있을 뿐이고, 추심하였다면 즉시 P에게 지급하여야 지체책임(이자지급채무)을 지지 않는다.”

그러므로 상대방이 이행을 하였으나 일부이행에 불과한 때, 이행이 불완전한 때 어느 범위에서 동시이행의 항변권을 인정해야 하는지는 공평의 원칙과 신의칙에 따라 결정해야 한다.[28]

또 동시이행의 항변은 권리이전형계약에서 주로 문제가 되고, 비이전형계약에서는 보통 문제가 되지 않는다.[29]

(2) 동시이행의 항변권 행사의 효과

다음은 동시이행의 항변권을 행사한 때 발생하는 효과인데 앞에서도 서술한 바와 같이 실체법상으로는 동시이행의 항변권을 가지는 채권은 이행지체에 빠지지 않는다(채무불이행이 되지 않는다)는 효과가 발생한다. 그러면 여기서 먼저 눈을 돌려 이행거절이 있는 경우 동시이행항변권의 운명에 관해 살펴보자. 이행기를 도과한 후에 채무자가 이행거절을 한 때 또는 채무자의 이행거절상태가 계속되던 중에 이행기가 도래한 때, 채권자의 이행의 제공이 없더라도 이행거절만으로 채무자는 이행지체에 빠지는가. 이행의 제공에 의하여 동시이행의 항변권이 봉쇄되더라도 그 제공이 계속되는 동안에 한하여 동시이행의 항변권이 배제된다(98다13754, 13761). 따라서 상대방은 이행지체에 빠진다(상대방은 이 기간 동안 지연배상을 청구할 수 있다). 동시이행권에 관해 주의할 점은 이것은 주된 급부의무 사이에서만 문제되고 부수의무 상호간 또는 부수의무와 주된급부 사이에는 인정되지 않는다는 것이다. 그러므로 토지의 매매계약과 아울러 그 토지대금의 지급을 담보하기 위하여 토지 위에 건축업자의 비용으로 건축하여 완공될 건물을 담보로 제공하기로 하는 담보권설정계약이 상호 불가분적으로 결합되어 있는 때 건축업자가 신축한 건물과 그 대지의 분양대금에서 ‘먼저’ 위 토지의 잔대금을 토지소유자에게 지급하면 토지소유자는 건물과 그 대지의 소유권이전등기에 필요한 서류를 수분양자들에게 직접 교부하기로 약정했을 때에는, 건축업자의 매매 잔대금 지급의무는 그 소유권이전등기의무보다 선이행하기로 약정한 것이므로 건축업자의 동시이행 항변은 받아들일 수 없게 된다(99다47501). 그리고 계약이 해제되지 않은 상태에서 잔대금지급기일이 도래한 경우에, 중도금(및 잔금의 합산액)지급의무와 소유권이전등기 소요서류의 제공의무 사이에서도 동시이행관계에 있다. 이때 양 채무는 기한의 정함이 없는 채무로 전환된다(97다54604,54611). 그러면 여기서 눈을 돌려 수령지체(동시에 자기채무도 이행지체)에 빠진 자가 그 후 상대방이 자기 채무의 이행제공 없이 이행을 청구하면 동시이행 항변권을 여전히 가지는지에 관해 살펴보자. 참고로 학설은 해제와는 달리 본래의 급부를 청구하려면 자기 채무를 이행하여 그와 상환으로만 이행하게 할 수 있다고 보아야 한다는 견해가 있다.[30] 비록 상대방이 일단 이행의 제공을 하였어도 여전히 반대급부를 부담하고 있는 이상 채무자가 채무이행을 구하려면 자기채무의 이행과 상환으로 구하는 것이 공평의 원칙에 맞는다(66다1174, 72다163). 다음 반대채무의 이행제공이 계속되는 경우에 채무자는 소송상 항변으로 동시이행관계를 주장할 수는 없는가. 이에 관해 판례는 "이행제공의 계속되고 있으면 동시이행의 항변권이 소멸한다"고 하였다(98다13754,13761). 그리고 쌍무계약에서 먼저 현실의 제공으로 수령지체에 빠지게 하였더라도 이행의 제공이 계속되어야 한다(98다13754,13761). 마지막으로 동시이행항변으로 이행이 되지 않고 있는 동안 지연배상의 청구는 할 수 있느냐는 문제가 있다. 학설 · 판례(98다13754,13761)는 이행제공이 계속되는 동안에만 동시이행항변권이 배제되어 그 기간 동안의 지연배상을 청구할 수 있다고 본다.

그러나 소송법상으로는 상대방의 청구가 기각되는 것이 아니라 상환이행의 판결(P가 채무를 이행하는 것을 상환으로 D에게 이행하라고 하는 판결)이 내려진다. 동시이행의 항변권의 존재만으로 이행지체가 성립하지 않는가? 판례는 채무자가 동시이행의 항변권을 가지고 있다면, 비록 이행거절의사를 구체적으로 밝히지 않았더라도 이행거절권능의 존재 자체로 이행지체책임은 발생하지 않는다(당연효)고 하였다(97다54604,54611).

또 소송 외에서도 상대방이 동시이행의 항변을 소멸하게 하여 채무불이행 책임을 추급하려면 자기 채무의 이행(변제)의 제공을 할 필요가 있지만(②의 요건을 충족하는 것으로 한다), 예외적으로, 변제의 제공을 할 필요성이 없게 되는 경우도 있다. 일본 최고재판소 판례는 변제의 제공을 할 필요가 없다는 것을 제시했다.[31]

(3) 불안의 항변

일본 하급심 판례는 동시이행의 항변과 대비하여 생각해도 좋은 실무에서도 중요한 항변으로서 불안의 항변이라고 부르는 것을 인정하고 있다.[32] 선이행의 의무를 부담하는 당사자가, 상대방의 이행이 행하여질 것인가 그렇지 않을 것인가 하는 불안을 느낀 때에는 자기의 의무의 이행을 거절할 수 있다고 판시했다. 또 매매목적물에 관하여 권리주장을 하는 자가 있는 때, 매수인은 대금지급을 거절할 수 있다고 하는 588조도 똑같은 사고방식에 기초한 것이라고 말할 수 있는데, 양자를 모두 합쳐서 생각할 수 있다. 중도금 선이행의무이행과 불안의 항변에 관한 2004다24106,24113의 사안과 판지는 다음과 같다.

사실관계 2.2.4 불안의 항변권 [2004다24106,24113]

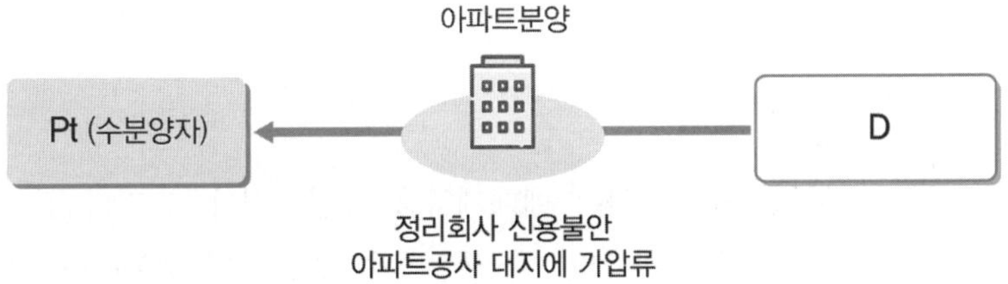

D가 Pt(수분양자)에게 아파트 분양 후 D의 부도로 채권자들이 아파트 대지에 대하여 가압류했다. 쟁점은 건설회사의 신용불안이나 재산상태의 악화의 경우 536조 2항의 불안의 항변권과 588조의 대금지급거절권을 행사할 수 있느냐이다.

이에 관해 대법원은 "Pt의 중도금지급의무는 D가 아파트에 입주시켜 주어야 할 의무보다 선이행하여야 할 의무이나, D의 신용불안이나 재산상태의 악화 등은 D의 의무이행이 곤란할 현저한 사유가 있는 때(536조 2항) 또는 매매의 목적물에 대하여 권리를 주장하는 자가 있는 경우에 매수인이 매수한 권리의 전부나 일부를 잃을 염려가 있는 때(588조)에 해당한다. 그러므로 Pt는 D가 그 의무이행을 제공하거나 매수한 권리를 잃을 염려가 없어질 때까지 자기의 의무이행을 거절할 수 있고, 원고들에게는 이러한 거절권능의 존재 자체로 인하여 이행지체책임이 발생하지 않는다"고 판시하였다.

그런데 실무에서 불안의 항변을 없애기 위해 어떻게 하는 것이 좋을까? 공탁에 의하여 위험을 제거하는 방법으로 처리하는 487조를 참조할 수 있다.

나. 이행불능: 위험부담[33)]

계약성립 후에 채무이행이 불능으로 된 때(후발적 불능의 경우), 그것이 채무자에게 책임을 돌려야 하는 것이라면(예를 들어 주택매매에서 매도인이 실화로 목적물이 멸실되었다), (협의의)채무불이행으로 된다. 그러나 채무자의 책임으로 돌릴 수 있는 사유가 없는 때(예를 들어 낙뢰에 의한 화재로 목적물이 멸실), 당사자의 권리 · 의무는 어떻게 될 것인가. 이것을 도표로 표시해 둔다(도표 2.2.6).

도표 2.2.6 위험부담에 관한 2가지

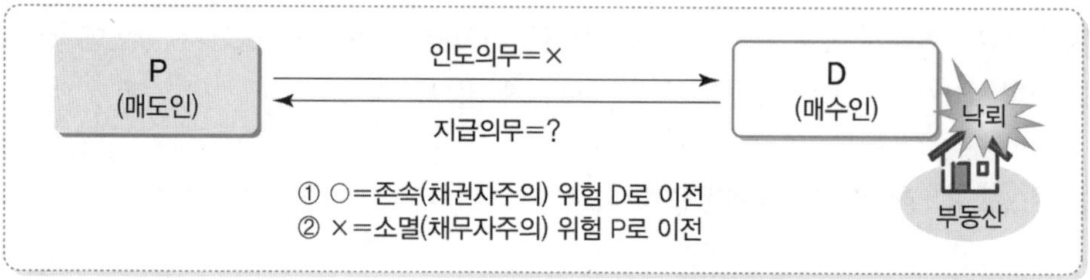

(1) 민법의 원칙(룰)

P가 D에게 갑 부동산을 매도하는 매매계약을 체결하였다. 그러나 갑 부동산이 낙뢰에 의한 화재로 멸실되어 버렸다. 이러한 경우 우선 P의 채무(매도인의 목적물 인도채무)는 이행불능이 되어 소멸한다. 그러므로 채무불이행책임은 생기지 않는다. 그러나 여기서 문제는 D의 채무(매수인의 목적물에 대한 대금지급채무)가 어떻게 될 것인가 하는 것이 여기에서의 관건이다. 이때 생각할 수 있는 것은 D의 채무가 ① 존속하는가, ② 소멸하느냐이다. ①이라면 D는 매매목적물을 얻을 수 없는데도 대금은 지급하지 않으면 안 되지만(P는 집을 잃어버렸는데 대금은 얻을 수 있다), ②라면 D는 목적물은 얻을 수 없으나 대금도 지급하지 않아도 좋다는 결과가 된다(P는 집을 잃고 대금도 얻을 수 없다). 결국 재해에 의한 부동산 멸실(에 의한 채권소멸)의 리스크는 ①의 경우에는 매수인 D가, ②의 경우에는 매도인 P가 각각 부담한다는 뜻이다. 그러므로 이것을 위험부담의 문제로 부르고 있다. 또 전통적으로 ①을 채권자주의, ②를 채무자주의라고 부르고 있다(이렇게 채무자주의라고 부르는 것은 이행불능으로 된 채권 즉 목적물 인도채권에 주목하여 채무자, 채권자라고 하는 언어를 사용하고 있는 점에 주의하라).

이 문제에 대해 민법전은 어떠한 해결책을 제시해주고 있는 것일까. 민법전은 두 가지 경우를 나누어 규정을 두고 있다. 하나는 당사자 쌍방의 책임 없는 사유로 이행이 불가능하게 된 때이다. 이때에는 채무자주의(②)가 취해지고 있다(537조). 그러나 채권자의 수령지체 중에 당사자 쌍방의 책임 없는 사유로 이행할 수 없게 된 때에는 채권자주의(①)가 취해지고 있다(538조). 이것들을 차례로 다시 정리해

본다. 우리 민법은 위험부담에 관해 채무자위험부담주의 원칙을 고수하고 있다. 그러므로 당사자쌍방의 책임 없는 사유로 이행불능이 된 때 채무자(사안의 매도인 A)는 자신의 반대급부청구권도 상실한다(537조). 그 결과 첫째, 일부불능의 경우에는 나머지 가능한 부분의 급부는 하여야 하고, 그의 반대급부청구권도 이에 대응하여 감축된다(627조 1항 유추). 둘째, 채무자가 이미 반대급부를 수령하였다면 모두 반환하여야 한다(741조. 부당이득반환). 셋째, 채무자가 이행불능을 원인으로 급부에 갈음하는 이익을 취득한 경우 채권자는 그 대상을 청구하고 자기의 반대급부를 이행할 수 있다(대상청구권). 넷째, 예외적으로 채권자주의에 따라 해결하는 때도 있다. 채권자에게 책임 있는 사유로 또는 채권자의 수령지체 중에 당사자쌍방에게 책임 없는 사유로 이행불능이 된 때에 이행불능이 된 채무자의 급부의무는 소멸하지만 상대방의 (반대)급부의무는 소멸하지 않는다. 여기서 '채권자에게 책임 있는 사유'는 신의칙상 비난 받을 수 있는 경우이다(2001다79013). 2007다8464,8471의 사건에서 부동산매수인이 매매목적물에 설정된 근저당권의 피담보채무에 관하여 그 이행을 인수하였으나 매수인이 그 변제를 게을리 하여 근저당권이 임의경매로 실행됨으로써 매도인이 매매목적물에 관한 소유권을 상실하였다. 이에 관해 대법원은 "특별한 사정이 없는 한 매수인에게 책임 있는 사유로 인하여 소유권이전등기의무가 이행불능으로 되었으므로 위험부담의 문제로 해결해야 한다" 판시하였다.

건물건축공사계약에서 수급인의 인수최고에도 불구하고 도급인이 이를 수령하지 않고 지체하던 중 이행불능이 된 때에 관한 91다14116의 사안과 판지는 다음과 같다.

사실관계 2.2.5 수령지체 중 이행불능 [91다14116]

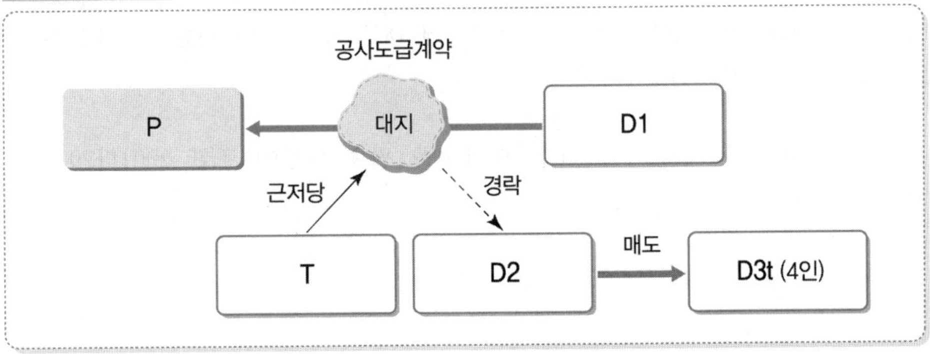

(1) P(수급인)는 D1(도급인)로부터 아파트 등 공사(85.7억 원)에 관한 공사도급계약을 체결하고, 86.12.경 골조와 견본주택 건설하여 공사대금(기성고)을 청구하였다. (2) 그런데 D1은 당초의 설계와 다르게 시공하였고 콘크리트의 강도를 규정보다 약하게 시공하는 등 부실공사를 하였다는 등의 이유를 들어 그 공사대금 지급을 거절했다. P에 대한 차용금 6억 원도 변제하지 아니하고 그 담보를 위하여 교부한 위 D1의 계열회사 명의의 액면금 1억 원 약속어음 2장도 지급거절되었다. (3) 이에 P는 1987.2.27.경 위 공사도급계약을 해제하고, 1988.6.22. D1에게 공사대금을 지급하고 이 사건 기성부분을 인도해 가라고 최고하였다. (4) 그런데 근저당권자 T1은 대지에 대하여 임의경매를 신청하였고, 그 절차에서 D2가 1988.4.20. 이를 금 40억 원에 경락 받아, D3t 4인(D3 포함)에게 가등기에 기한 소유권이전의 본등기를 경료하였고, D3t가 D1・D2 사이에 제소전화해로 기성부분을 무단히 철거하였다.

이에 관해 대법원은 기본적인 전제(법리)로 다음과 같이 판시하였다. "건물신축공사 중 공사도급계약이 수급인의 해제통고로 해제된 경우 상당한 부분이 이미 완성된 상태였다면 원상회복이 중대한 사회적, 경제적 손실을 초래하게 되고 완성된 부분이 도급인에게 이익이 된다고 할 것이므로 도급인은 수급인에게 기성부분에 대한 보수를 지급할 의무가 있다." 이 사건에 들어가 대법원은 다음과 같이 적용하였다. "P가 D1에게 공사금을 지급하고 기성부분을 인도해 가라고 최고하였으므로 P는 이로써 자기 의무의 이행제공을 하였다고 볼 수 있고, D1은 아무런 이유 없이 그 수령을 거절함으로써 이때부터 수령지체에 빠졌다. 수령을 거절하던 중 쌍방이 책임질 수 없는 제3자(D3)의 불법행위로 기성부분이 철거되어(∵ P의 D1에 대한 기성부분의 인도의무가 위험부담으로 소멸되었다) 이행할 수 없게 되었으므로 도급인의 수급인에 대한 공사대금지급채무는 여전히 남아 있다. 유치권은 타물권인 점에 비추어 볼 때 수급인의 재료와 노력으로 건축되었고 독립한 건물에 해당되는 기성부분은 수급인의 소유라 할 것이므로 수급인은 공사대금을 지급받을 때까지 이에 대하여 유치권을 가질 수 없다(유치권에 대해서는 담보물권 강의를 참조). 채권자를 수령지체에 빠지게 하려면 반드시 채무자는 자기 채무의 이행의 제공을 하여야 한다. 본건에서 P는 D1에게 공사대금을 지급하고 이 사건 기성부분을 인도해 가라고 최고함으로써 이행의 제공을 하였다. 그런데 P의 D1에 대한 기성부분의 인도의무가 위험부담으로 소멸되었다. 그러나 D1의 P에 대한 기성부분에 대한 공사대금채무는 여전히 존속한다" 판시하였다.

이어서 채권자지체와 구두 또는 이행제공 필요 여부에 관한 2001다79013의 사안과 판지는 다음과 같다.

사실관계 2.2.6 채권자지체와 이행불능 [2001다79013]

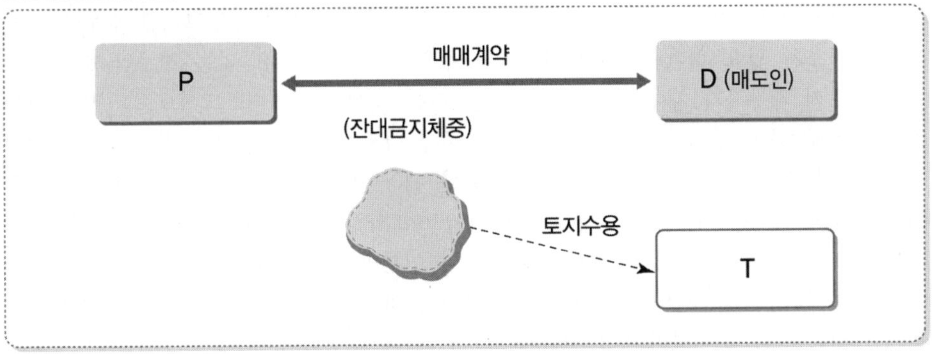

(1) P(승계참가인)는 D(매도인)와 토지매매계약(13억 원)을 체결하고, 계약금과 1차 중도금을 지급했다. (2) 매매계약에 따라 선이행 의무가 있는 2차 중도금의 지급일이 1998.1.15.임에도 그 이행을 지체하자 D가 1998.2.12. P에게 1998.2.28.까지 위 2차 중도금을 지급할 것을 최고하였으나 P는 1998.2.24. 및 1998.3.4. D에게 '매매계약은 공동주택사업의 승인을 조건으로 체결되었는데 그 조건의 성취가 불가능하다'는 등의 이유로 매매계약의 실효를 주장하면서 계약금과 1차 중도금 합계 금 4억 3,000만 원의 반환을 요구하였다. (3) D는 공동주택사업승인은 매매계약의 조건이 될 수 없으므로 2차 중도금의 지급을 거듭 최고하였고 T는 2001.4.12. D를 피공탁자로 수용보상금(4억 9천만 원)을 공탁, 부동산을 수용하였다. 이 사건에서 쟁점은 ① 538조 1항 소정의 '채권자의 책임 있는 사유,' ② '채권자의 수령지체 중에 당사자 쌍방의 책임 없는 사유로 이행할 수 없게 된 때'에 해당하기 위하여 현실제공이나 구두제공이 필요한지 여부였다(변제의 제공에 대해서는 추후 자세히 논의함).

이에 관해 원심은 "D는 P에게 잔대금 지급을 요구한 후 P의 여러 차례에 걸친 계약금과 1차 중도금 반환요구에 대해 대응을 하지 아니하고 이 사건 매매계약을 해제하지 아니하여 이 사건 매매계약이 유효인 상태에서 당사자 쌍방의 책임 없는 사유로 D의 소유권이전등기의무가 이행불능 되었다. 그러므로 민법 제537조에 따라 채무자인 D는 P에게 2차 중도금과 잔금의 이행을 청구할 수 없고, 이미 수령한 계약금과 1차 중도금을 부당이득으로 P에게 반환하여야 한다" 판시하였다. 그러나 이에 관해 대법원은 기본적인 전제(법리)로 다음과 같이 판시하였다. "민법 제538조 제1항 소정의 '채권자의 책임 있는 사유'라고 함은 채권자의 어떤 작위나 부작위가 채무자의 이행의 실현을 방해하고 그 작위나 부작위는 채권자가 이를 피할 수 있었다는 점에서 신의칙 상 비난 받을 수 있는 경우를 의미한다. 민법 제400조 소정의 채권자지체가 성립하기 위해서는 민법 제460조 소정의 채무자의 변제제공이 있어야 하고, 변제 제공은 원칙적으로 현실제공으로 하여야 하며 다만 채권자가 미리 변제 받기를 거절하거나 채무의 이행에 채권자의 행위를 요하는 경우에는 구두의 제공으로 하더라도 무방하다. 그러나 채권자가 변제를 받지 아니할 의사가 확고한 경우에는 구두의 제공을 한다는 것조차 무의미하므로 그러한 경우에는 구두의 제공조차 필요 없다. 그러나 그러한 구두의 제공조차 필요 없는 경우라 하더라도, 이는 그로써 채무자가 채무불이행책임을 면한다는 것에 불과하다. 그러므로 민법 제538조 제1항 제2문 소정의 '채권자의 수령지체 중에 당사자 쌍방의 책임 없는 사유로 이행할 수 없게 된 때'에 해당하기 위해서는 현실 제공이나 구두 제공이 필요하다"(변제의 제공에 대한 논의는 '변제' 부분에서 상론한다). 이 사건에 들어가 대법원은 다음과 같이 적용하였다. "P의 수령거절의 의사가 확고하여 이른바, 채권자의 영구적 불수령에 해당한다고 하더라도, 채무자인 D는 P를 수령지체에 빠지게 하기 위하여 소유권이전등기에 필요한 서류 등을 준비하여 두고 P에게 그 서류들을 수령하여 갈 것을 최고하는 구두제공을 하였어야 한다. 즉 P가 계약의 실효를 주장하면서 계약금과 1차 중도금 반환을 요구하므로 D로서는 적어도 등기에 필요한 서류를 준비하였으니 잔금의 지급하라고 구두로 이행의 제공을 하였어야 한다" 판시하였다.

민법전은 채무자주의를 채택하고 있으므로 매매 등 물권의 설정・이전의 경우에는 일방의 채권이 소멸해도 상대방의 채권은 소멸하지 않지만 기타의 경우에는 일방이 사라지면 상대방도 사라진다는 의미이다.[34] 결국 매매 등을 제외하고 두 채권은 상호의존적인 관계에 있다(이것을 존속상의 견련성이라고 부르고 있다).

다시 한 번 물권변동(설정・이전)과 연계된 위험부담 문제를 살펴보자. 예외적인 채권자주의 원칙(룰)이 적용되는 시점은 물권의 설정・이전의 대상이 특정물인가 불특정물이냐에 따라 차이가 있다. 특정물에서는 계약성립과 동시에 이 원칙(룰)이 적용되지만, 불특정물의 경우에는 특정이 생긴 시점으로부터 위험부담 문제가 적용된다. 특정의 시점은 375조 2항에 따라 이행에 필요한 행위를 완료한 시점이 되지만 실제로 이행에 필요한 행위를 했느냐에 관해서는 꽤 판단이 어렵다(이 점에 대해서는 뒤에서 자세하게 다루기로 한다).[35]

그러면 여기서 위에서 설명한 것을 이해하기 위해 눈을 돌려 특정물과 불특정물에 관해 좀 더 자세히 살펴보자. 일반적으로 거래에서 목적물의 개성에 착안하여 이루어지는 때와 그렇지 않은 때가 있는데, 전자에서 목적물은 특정물, 후자에서의 목적물이 불특정물이다. 예를 들면 애완견점에서 개를 한 마리 살 때에 '눈 주위가 검은' 이 개가 예쁘기 때문에 산다고 했을 때 특정물, 어느 쪽도 좋다고 하고 '이 종류의 개'로 산다고 한 때에는 불특정물로 된다. 이 개를 산 때에는 바로 그 개가 죽어버리면 이행불능이 된다. 여기에 대해 '이 종류의 개'를 샀다고 한다면 그러한 종류에 속하는 개 한 마리가 죽었다는 것만으로는 이행불능으로 되지 않지만, 예를 들면 매수인이 '이 개'라고 하는 지정하여 다른 개와 구별된 개집에서 사육되어, 매수인이 거래를 갖게 된 상태가 된다면(이것이 특정에 해당한다), 이미 '이 개'가 죽어버렸다면 이행은 불능으로 되었다고 볼 수 있게 된다. 다시 설명하면 불특정물이 특정물로 바뀌어야 위험부담의 문제가 될 수 있다.

(2) 위험부담에서 채권자주의의 제한

쌍무계약으로부터 발생하는 채권의 성질로부터 바라본다면 537조가 타당하고, 538조는 이상한 감이 있다. 왜 이와 같은 규정이 두어져 버린 것일까. 그것은 주로 로마법 이래의 제도에 따랐다고 하는 것이 그 이유이지만, 반드시 이것으로 충분한 설명이라고는 말할 수는 없다. 확실히 계약과 동시에 소유권이 이전하므로 위험도 동시에 이전한다고 하는 설명은 있을 수 있다. 참고로 학설은 그러나 오늘날에는 소유권은 인도·등기·대금지급 등 계약에서 정해진 절차가 모두 이루어져야 비로소 이전한다는 견해가 유력하고, 계약시에 소유권이 이전한다는 견해는 꽤 평판이 나쁘다. 그러므로 동산매매에서는 인도로 위험이 이전하고, 부동산매매에서는 소유권이전 또는 점유이전 양자 중 어느 하나가 실행되며 위험은 매수인에게 이전한다고 보고 있다.[36] 이런 이유도 있고 해서 538조의 채권자주의는 대단히 평판이 나쁘다. 일본 최고재판소 판례는 조문에 따라 이러한 사고방식을 유지하고 있는 것으로 보인다.[37] 참고로 학설은 이래저래 이 규정의 적용범위를 제한하려고 하는 견해가 많다(이 규정도 임의규정인지라 당사자가 계약에서 다르게 합의해 두는 것은 가능하다. 다만 여기에서의 문제는 그러한 합의가 없는 경우에 분쟁해결방법이다). 이런 문제를 해결하는 사고방식은 여러 가지가 있지만, 소유권이전시기를 계약 체결시보다도 늦추는 사고방식을 취한 뒤에, 소유권이전시기에 위험도 이전한다(과실수취권도 합쳐서 이전)는 견해가 대세이다. 소유권이전과 위험부담의 이전과 관련해서 실무에서는 부동산매매계약서를 예로 들면 다음과 같은 조항을 두고 있다.

> **제00조(위험부담)**
> 1. 이 계약 체결 후 소유권이전시까지, 천재지변 또는 불가항력에 의해 본 물건의 전부 또는 일부가 멸실 또는 훼손된 때, 매도인은 그 손실을 부담하고 매수인은 매매대금의 감액 또는 원상 회복 비용을 청구할 수 있다.
> 2. 제1항의 멸실 또는 훼손 때문에 매수인이 계약의 목적을 달성할 수 없는 때, 매수인은 이 계약을 해제할 수 있다.
> 3. 제2항에 따라 매수인이 이 계약을 해제한 때, 매도인은 수령한 계약금을 매수인에게 반환한다.

그러나 명문의 규정이 있는 이상 이와 같은 해석론은 역시 궁색하다. 538조는 장래 민법을 크게 개정한다고 하면, 맨 먼저 문제 삼게 될 규정의 하나인 것임에는 틀림이 없다. 537조에 대해서는 고용계약과의 관계가 깊으므로 거기에서 언급하는 것이 좋을 듯하다.

Ⅲ. 계약의무(채무)내용의 보증: 계약이행 완료 후의 담보책임

다음으로 담보책임에 관하여 설명한다. 담보책임은 매매의 내용(목적물)에 대해 매도인이 계약으로 어떠한 부분에 관해 보장한다는 약속에 기초한 특수한 책임이다(프랑스법에서는 여기에 말하는 담보는 garantie이고, 담보(권)을 의미하는 sûreté와 구별된다). 그런데 이 책임은 매도인이 이행을 종료된 후에 생기는 문제라는 점을 염두에 두어야 한다.

담보책임은 로마법 이래 오랜 역사를 가지고 있는 제도이고 실제거래에 있어서도 대단히 중요한 의미를 가지고 있다. 또 민법전이 매매의 효력에 관하여 두고 있는 규정의 대부분은 이 담보책임에 관한 것이다(570조, 572조~584조, 즉 570조에서 전 15조에 의한 담보책임을 면하는 특약이라고 하는 표현이 나타나 있다). 그래서 이하에서는 이 담보책임에 대하여 약간 상세하게 본다. 먼저 제도의 개관을 하고 이어서 하자담보책임과 기타의 담보책임으로 나누어 해석론상의 문제를 검토한다.

1. 개 관

가. 담보책임의 종류

569조 이하에 규정한 담보책임은 다음과 같이 분류할 수 있다. 먼저 이것을 알기 쉽게 도표로 표시해 둔다(도표 2.2.7).

도표 2.2.7 매도인의 담보책임 분류

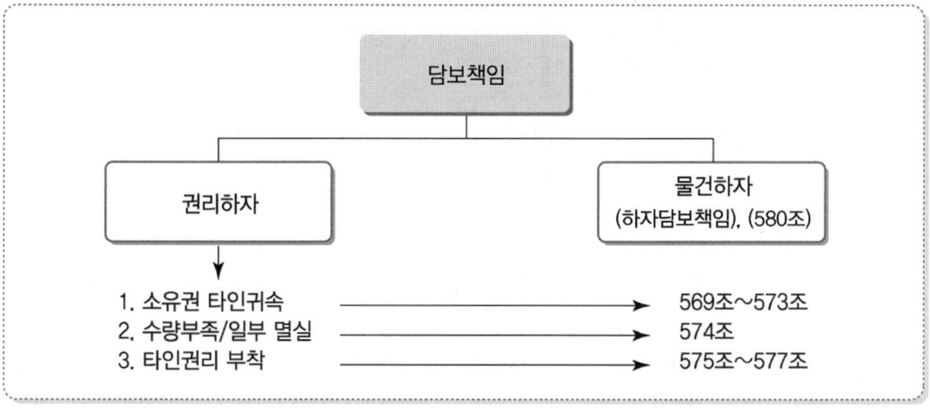

먼저 담보책임은 권리하자에 관한 책임과 물건의 하자에 관한 책임으로 대별할 수 있다. 특히 후자를 하자담보책임이라고 부르고(570조), 담보책임 중에서도 가장 중요하다. 전자는 다시 세 부류로 나눌 수 있다. 첫째, 목적물의 소유권의 전부 또는 일부가 타인에게 속하는 경우(타인의 물건의 매매라고 부른다. ①)이다. 이 경우의 담보책임을 로마법 이래 추탈(追奪)담보책임이라고 부르고 있다. 나중에 본래의 권리자가 나타나서 목적물을 가지고 가버릴 때 매도인이 지는 책임이라는 의미이다. 570조~572조에 규정되어 있다. 둘째, 목적물에 수량부족 또는 일부멸실이 생긴 경우(574조. ②)이다. 셋째, 목적물에 용익권이나 담보권 등 타인의 권리가 부착되어 있는 경우(575조, 576조. ③)이다. ①과 ②에 관해서는 뒤에서 차례로 보고, 먼저 ③에 관해 살펴본다. 경매목적물과 담보책임에 관한 2002다70075의 사안과 판지는 다음과 같다.

사실관계 2.2.7 채무자의 담보책임 [2002다70075]

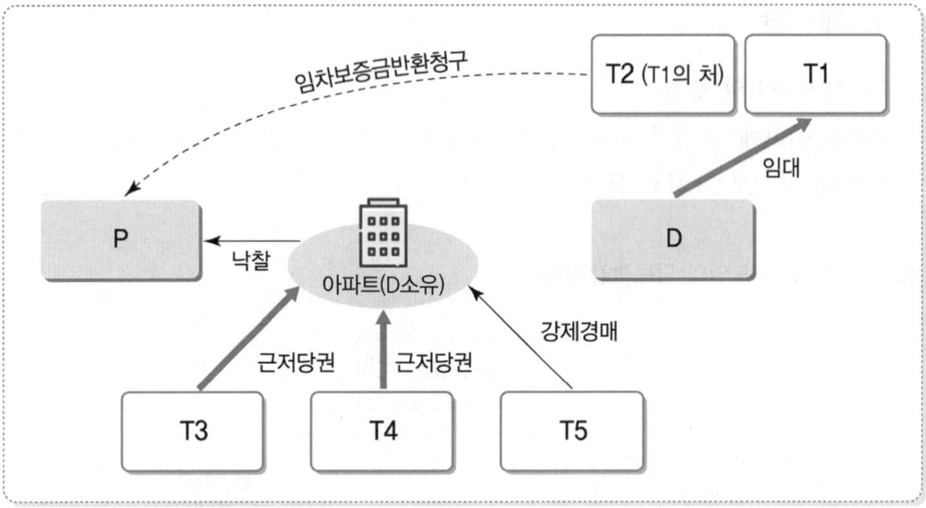

D의 소유 아파트에 1998.5.29.에 근저당권자 T3로 하는 근저당권(채권최고액 3천6백만 원)과 1999.10.18. T4를 근저당권자로 하는 등기(채권최고액 2천4백만 원)가 경료됐다. T1은 99.6.경 D로부터 아파트를 임차(임차보증금 7천만 원)하여 같은 해 6.29. T1의 처 T2가 전입신고를 했다. 12.23. 채권자 T5 강제경매신청으로 P가 최고가입찰신고인이 되어 2001.1.10. 대금지급기일이 지정됐다(같은 달 20. 낙찰허가결정 고지). 임차권의 대항력이라도 유지될 수 있도록 선순위 근저당권을 말소하여 달라는 T1의 간청으로 대금지급기일 전 선순위 근저당권 피담보채무를 변제하고, 2001.1.6. 근저당권설정등기를 말소했다. T2는 2001.3.8. P를 상대로 임차보증금반환청구의 소를 제기했다. 이 사건에서 쟁점은 낙찰대금지급기일 직전에 후순위 임차권의 대항력(임차권의 대항력에 관해서는 임대차를 설명할 때 자세히 본다)을 존속시키고도 이를 낙찰자에게 고지하지 아니하여 낙찰자가 대항력 있는 임차권의 존재를 알지 못한 채 낙찰대금을 지급한 때 채무자는 어떤 책임지느냐이다.

이에 관해 원심은 "D는 강제경매를 당하는 채무자로서 경매절차에 별 관심이 없었을 뿐만 아니라 법률전문가도 아닌 관계로 T2의 독촉에 밀려 선순위 근저당권을 소멸시키면서도 그로 인하여 임차권의 대항력이 유지되어 낙찰자에게 대항할 수 있게 되었다. P로서는 그 임차보증금반환채무를 인수하게 되어 동액 상당의 손해가 발생한다고 하는 구체적인 사실 내지 법적 효과에 대하여 확실히 알고 있었다고 볼 수 없으므로, P에게 이러한 사정을 고지하지 아니하였다고 하여 D에게 손해배상책임을 물을 수는 없다" 판시하였다. 그러나 이에 관해 대법원은 기본적인 전제(법리)로 다음과 같이 판시하였다. "부동산의 경매절차에 있어서 주택임대차보호법 제3조에 정한 대항요건을 갖춘 임차권보다 선순위의 근저당권이 있는 경우 낙찰로 인하여 선순위 근저당권이 소멸하면 그보다 후순위의 임차권도 선순위 근저당권이 확보한 담보가치의 보장을 위하여 그 대항력을 상실하는 것이다. 낙찰로 인하여 근저당권이 소멸하고 낙찰인이 소유권을 취득하게 되는 시점인 낙찰대금지급기일 이전에 선순위 근저당권이 다른 사유로 소멸한 때에는, 대항력이 있는 임차권의 존재로 인하여 담보가치의 손상을 받을 선순위 근저당권이 없게 되므로 임차권의 대항력이 소멸하지 아니한다. 선순위 근저당권의 존재로 후순위 임차권이 소멸하는 것으로 알고 부동산을 낙찰받았으나, 그 후 채무자가 후순위 임차권의 대항력을 존속시킬 목적으로 선순위 근저당권의 피담보채무를 모두 변제하고 그 근저당권을 소멸시키고도 이 점에 대하여 낙찰자에게 아무런 고지도 하지 않아 낙찰자가 대항력 있는 임차권이 존속하게 된다는 사정을 알지 못한 채 대금지급기일에 낙찰대금을 지급하였다면 채무자는 민법 제578조 제3항의 규정에 의하여 낙찰자가 입게 된 손해를 배상할 책임이 있다" 판시하였다.

또 이상의 담보책임 이외에, 특수한 담보책임으로서 강제경매의 경우의 담보책임(578조), 채권의 매도인의 담보책임(579조)이 규정되어 있다. 이들 중에서 수량부족·일부멸실의 경우의 담보책임은 성질상으로는 권리의 하자와 물건의 하자의 중간 지점에 있고(오히려 물건의 하자에 가깝다), 효과의 점에 착안하여 572조의 다음에 두어져 있다.

이하의 설명은 하자담보책임을 중심으로 한 것이지만 필요에 따라서 기타 담보책임도 언급한다.

나. 담보책임의 법적 성질

그런데 앞에서 서술한 담보책임은 왜 인정되고 있는 것일까. 이 질문은 담보책임의 법적 성질을 생각하는 것과 관계가 있다. 이 문제에 관해 특히, 하자담보책임을 둘러싸고, 법정책임설(구통설)과 계약책임설(신통설)이 대립하고 있다. 그러면 여기서 먼저 눈을 돌려 이러한 논의의 실익이 무엇인지에 관해 좀 더 자세히 살펴보자. 하자담보책임의 법적 성질에 관한 논의는 계약책임에 대한 견해를 둘러싼 이론적인 것과 동시에 실제적인 의의가 있다. 법적 성질을 어떻게 파악할 것인가에 따라 적용범위(특정물에도 하자담보책임의 규정이 적용되는가)를 비롯하여 과실의 요부·대상이나 손해배상의 범위, 하자보수청구권의 유무 등 몇 가지 점에서 구체적인 결과가 영향을 받을 수 있다.

(1) 법정책임설

이것은 하자담보책임은 특정물에 대해서만 특별히 법률에 따라 인정되는 책임이라고 하는 견해이다.[38] 이 견해는 다음과 같이 생각하고 있다. 특정물의 경우에는, 그 물건을 현상(현재의 상태) 그대로 인도하면 계약상 의무를 이행한 것으로 된다(374조). 왜냐하면 예를 들어 숨은 하자가 있는 목적물을 인도하더라도 그 인도에 의해 채무는 이행된 것으로 된다. 그러나 숨은 하자는 없다고 생각하여 매수한 매수인의 기대를 보호하기 위해 특별히 법률이 인정한 책임이 하자담보책임이라고 주장한다.

이 견해로부터는 뒤에서 볼 요건 · 효과에 있어서 하자담보책임의 특수성을 도입하기 쉽다(특별한 책임이므로 특별한 요건 · 효과가 인정된다고 설명할 수 있다). 그러나 특정물은 하자담보책임, 불특정물은 채무불이행책임이라고 일률적으로 구별하는 것이 정말로 타당하느냐는 비판이 30년 정도 전에 유력하게 전개되었다.[39]

그러면 여기서 위에서 설명한 것을 이해하기 위해 눈을 돌려 특정물 교의(Dogma)에 관해 좀 더 자세히 살펴보자. 특정물은 하자가 있어도 채무불이행이 될 수 없고, 다른 말로 한다면 하자 없는 물건을 인도할 의무는 없다(따라서 하자담보책임은 특별한 법정책임이다)는 사고방식을 특정물 교의라고 부르고 있다. 어떤 명화를 샀는데 숨겨진 손상이 있었다고 할 때, 목적물은 그 '손상이 있는 명화'이고, 매도인은 본래 이것을 인도해도 좋고, '손상이 없는 명화'를 인도할 의무는 생기지 않는다고 생각한다. 그러나 뒤에서 서술할 계약책임설은 특정물 교의를 부정하고 하자 없는 물건을 인도할 의무가 있다는 것으로서 채무불이행 책임을 긍정한다.

(2) 계약책임설

대신 유력하게 된 것이 계약책임설이다. 이 견해는 하자담보책임의 규정은 계약책임 규정의 특칙에 지나지 않고, 특정물 · 불특정물을 묻지 않고, 먼저 담보책임 규정이 적용된다고 한다. 그러나 계약책임설은 왜 하자담보책임 특칙이 두어져 있는가 하는 점에 대해서는 반드시 적극적인 이유를 제시하지 않았다.

그러면 이 점을 어떻게 생각하는 것이 좋을까. 앞에서 서술한 바와 같이 담보책임은 매매계약에 의해 매도인이 어떤 물건의 권리이전에 대해 보증을 했음에도 불구하고, 나중에야 권리의 이전 또는 물건의 성질에 문제가 있음이 판명된 때의 책임이다. 일단 목적물이 인도되면, 그에 의하여 매도인의 계약에 따른 채무이행은 완료되었지만 물건 또는 권리에 하자가 있는 때는 담보책임이라는 형태로 매도인의 책임이 다시 문제로 된다. 다만 이행완료 후의 책임이기 때문에, 기간 등에 대하여는 일정한 제약이 부가되어 있다. 결국 본래의 채무불이행책임은 담보책임이라고 하는 특수한 책임으로 전화한다고 보는 것이 가능하다. 이것을 알기 쉽게 도표로 표시해 둔다(도표 2.2.8).

도표 2.2.8 하자담보책임

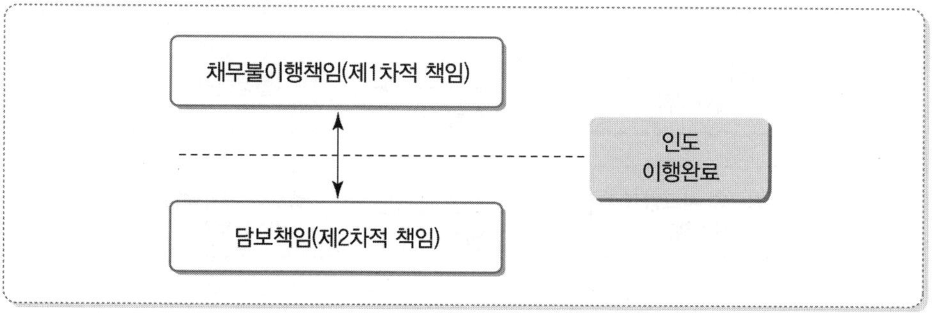

한편 판례는 581조, 580조에 기한 매도인의 하자담보책임은 법이 특별히 인정한 무과실책임이라 하더라도 매매목적물의 하자로 인한 하자담보책임에도 계약책임에 대해 적용되는 과실상계에 관한 396조를 유추적용한다고 하였다(94다23920). 결국 담보책임을 채무불이행책임과 병존하는 책임이 아니라 채무불이행책임이 변화된 것이라는 점에서는, 담보책임은 계약책임이라고 말할 수 있다(도표 2.2.9).

도표 2.2.9 담보책임과 채무불이행책임

채무불이행책임	담보책임
매도인 귀책사유 요?	매도인 귀책사유 불요
매수인의 선·악의 불문	매수인의 선·악의는 발생·책임에 영향미침
손해배상, 강제이행 및 계약해제	계약해제, 손해배상 대금감액청구 및 완전물급부청구
최고 필요	최고 불요
10년의 소멸시효	1년 또는 6월 제척기간

그러나 당초의 채무불이행책임 그것이 아니라 법률에 의하여 규제를 받는 특수한 책임이라고 하는 점에서는 이것을 법정책임이라고 부르는 것도 굳이 그르지는 않을 것이다. 현재의 논의는 이 같은 담보책임을 포함한 계약책임구조에 대한 이해로도 향해져 있다.[40] 그러한 의미에서 종전의 법정책임이 계약책임인가 하는 논의는 극복되어가고 있는 과정이라고 말해도 좋다. 이것을 알기 쉽게 도표로 표시해 둔다(도표 2.2.10).

도표 2.2.10 하자담보책임에 관한 시각

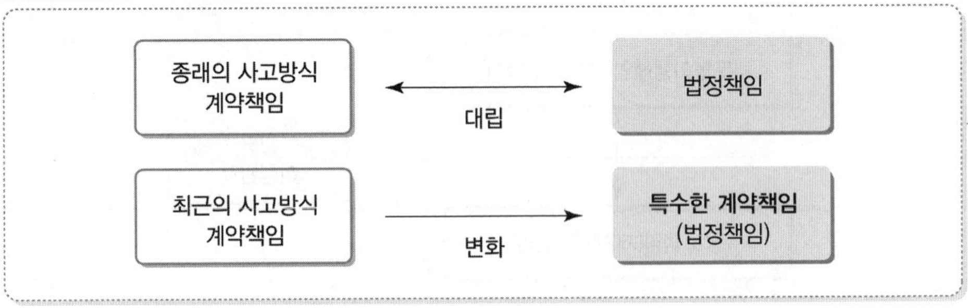

그러면 여기서 눈을 돌려 먼저 계약책임과 담보책임 경합인정 가능성에 관해 좀 더 자세히 살펴보자. 법정책임설에서는 매수인에게는 담보책임법상의 구제수단만이 주어질 뿐이어서 양 책임의 경합을 인정하지 않는다. 하지만 채무불이행책임설에서는 양 책임의 관계에 관하여 담보책임의 우선적용을 인정한다. 판례는 타인의 권리매매에서 계약책임과 담보책임의 경합을 인정하였다(93다37328). 담보책임과 채무불이행 경합에 관한 2002다51586의 사안과 판지는 다음과 같다.

사실관계 2.2.8 채무불이행경합 [2002다51586]

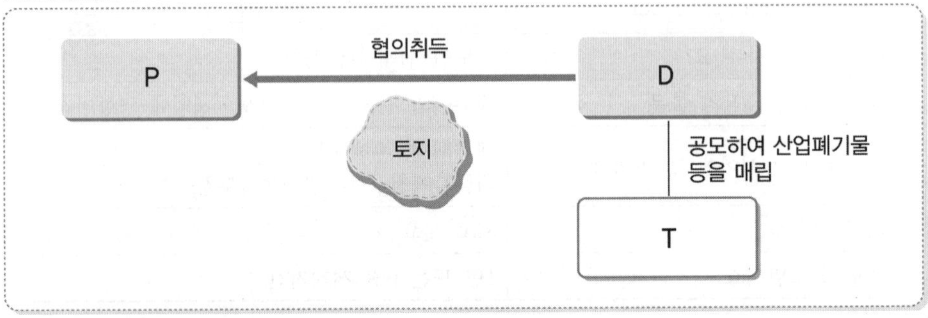

(1) P는 반월 특수지역 개발구역 중 안산 신도시 2단계 건설사업을 수행하기로 하고 1992.7.경 안산시장에게 사업시행지의 매수 및 손실보상 등 업무를 위탁하였고 안산시장은 P를 대리하여 토지의 공유지분권자인 D와 위 토지 취득을 위한 협의를 거쳐 1995.5.16. 위 토지에 대한 D의 지분을 약 금 87.5억 원에 협의취득하고 이에 따라 1995.9.22. P 명의로 소유권이전등기가 마쳐졌다. (2) D는 보상가격을 높이기 위하여 대지 조성공사를 하는 과정에서 토사와 함께 산업폐기물 등을 매립하기로 T 등과 공모하여 1992.6.경부터 1993.11. 하순경 사이에 일반폐기물과 특정폐기물 합계 18,500t을 단속이 뜸한 심야에 집중적으로 실어 운반하는 방법으로 위 폐기물을 은밀히 매립하여 매립부분 주변의 토지에 중금속 등 오염이 확산되고 지하수까지 오염되었다.

이에 관해 대법원은 "D가 협의취득절차에서 보상금을 유리하게 책정받기 위하여 성토작업을 하는 과정에서 폐기물을 다량 매립하였으면서도 폐기물이 존재하지 않는 정상적인 토지임을 전제로 하는 협의취득절차를 진행하여 폐기물이 매립된 토지를 인도하였다면 D는 위 협의취득상의 매도인으로서 계약상의 의무를 제대로 이행하지 않음으로 인하여 P가 입은 손해를 배상할 책임이 있다. 하자 있는 토지를 매도함으로써 D의 위 채무불이행으로 인한 손해배상책임이 발생하더라도 이와 별도로 민법 제580조에 의한 하자담보책임이 발생한다. D는 P에게 하자 있는 토지의 매도로 인한 담보책임으로서 손해배상책임을 부담하지만 그 경우 손해배상의 범위는 위 채무불이행으로 인한 손해배상으로서 위 폐기물처리비용 상당액 중 D의 지분 상당액을 초과하지 않는다. 매도인이 성토작업을 기화로 다량의 폐기물을 은밀히 매립하고 그 위에 토사를 덮은 다음 도시계획사업을 시행하는 공공사업시행자와 사이에서 정상적인 토지임을 전제로 협의취득절차를 진행하여 이를 매도함으로써 매수자로 하여금 그 토지의 폐기물처리비용 상당의 손해를 입게 하였다. 그렇다면 매도인은 이른바 불완전이행으로서 채무불이행으로 인한 손해배상책임을 부담하고, 이는 하자 있는 토지의 매매로 인한 하자담보책임과 경합적으로 인정된다" 판시하였다.

이상을 전제로 하여 좀 더 작은 기술적인 문제를 취급해 보고자 한다. 이상의 논의가 주요한 것이라고 염두에 두고 있는 것은 하자담보책임이므로 우선 하자담보책임에 관해 설명하고, 이어서 기타의 담보책임에 관해 보충적으로 설명한다.

2. 하자담보책임

가. 하자담보책임의 요건

담보책임을 묻기 위한 요건에 관해서는 다양한 문제가 있지만, 여기에서는 크게 나누어서 3가지 점을 검토한다.

(1) 「숨은 하자」와 기간 제한

첫째, 조문 상 명백한 요건에 관해 두 가지를 서술해 둔다.

우선 580조의 요건의 핵심이 되는 숨은 하자에 관해 살펴보면 하자란 문자적 의미로는 손상이지만, 이것은 단순히 물리적인 손상에 한정되지 않는다. 넓게 목적물이 계약으로 약속한 성질을 결여(缺如)하고 있다는 것(계약적합성의 결여)을 가리키는 것이라고 말해야 한다. 명백한 하자에 대해서는 매수인이 그것을 용인하였다고 볼 수 있기 때문이다. 참고로 숨은 하자가 무엇인지에 관해 학설(다수설)은 거래관념에 비추어 일반적으로 그 종류의 물건으로서 통상 지니고 있어야 할 품질・성능・안전성 등을 갖추지 못하여 그 가치나 적합성이 일정한 기준에 미달하는 것이라고 보고 있지만, 매매당사자에 의한 목적을 기준으로 하여 하자를 판단하여야 한다. 반대론(주관설)도 있다.

농산물 하자에 관한 2003다20190의 사안과 판지는 다음과 같다.

사실관계 2.2.9 특정물하자 [2003다20190]

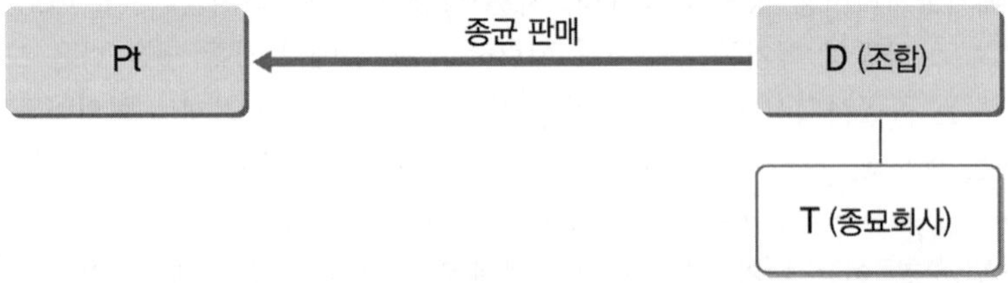

정상적인 제품일 경우 그 접종이 있은 후로부터 약 18개월이 되면 표고버섯으로 성장하여 그 수확이 가능

(1) Pt와 같은 시기에 D로부터 Pt가 매수한 종균과 같은 제품인 T의 제품을 구입한 D의 조합원 농가들이 접종한 표고목에서 발아율이 저조하여 수확기인 1998. 가을경 평균 생산량의 1/100에도 미치지 못하는 표고버섯만이 생산되었다. (2) 정상적인 제품일 경우 그 접종이 있은 후로부터 약 18개월이 되면 표고버섯으로 성장하여 그 수확이 가능하다. 이 사건에서 쟁점은 종균으로서 통상 갖추어야 할 품질이나 특성을 갖추지 못했을 때 580조 제582조의 적용여부이다.

이에 관해 대법원은 "표고버섯 종균을 접종한 표고목의 발아율이 일률적으로 정상적인 발아율의 1/100에도 미치지 못하는 현상이 발생한 경우 종균을 생산한 회사의 대표가 관리를 잘못하여 종균에 문제가 있다. 다른 구입처에서 구입한 종균을 동일한 통상의 접종 및 재배조건에서 접종한 표고목에서는 종균이 정상적으로 발아한 사실 등 제반 사정에 비추어, 그 종균은 종균으로서 통상적으로 갖추어야 할 품질이나 특성을 갖추지 못한 하자가 있다. 표고버섯 종균에 하자가 존재하는 사실을 알았다고 하기 위하여는 종균을 접종한 표고목에서 종균이 정상적으로 발아하지 아니한 사실을 알았다는 것만으로는 부족하고, 종균이 정상적으로 발아하지 아니한 원인이 바로 종균에 존재하는 하자로 인한 것임을 알았을 때라야 비로소 종균에 하자가 존재하는 사실을 알았다고 볼 것"이라고 판시하였다.

또 판례는 매도인이 매수인에게 기계를 공급하면서 당해 기계의 카탈로그와 검사성적서를 제시하였는데, 매도인이 공급한 기계가 매도인이 카탈로그와 검사성적서에 의하여 보증한 일정한 품질과 성능을 갖추지 못한 경우도 하자가 있다고 하였다(2000다30554,30561).

그러면 여기서 눈을 돌려 법률적 장애도 하자에 해당하는지에 관해 살펴보자. 참고로 학설은 경매에서 법률적 장애가 있는 경우에도 담보책임 규정을 적용하므로 권리의 하자로 파악한다(다수설). 법률적 장애에 관한 98다18506의 사안과 판지는 다음과 같다.

사실관계 2.2.10 법률적 장애 [98다18506]

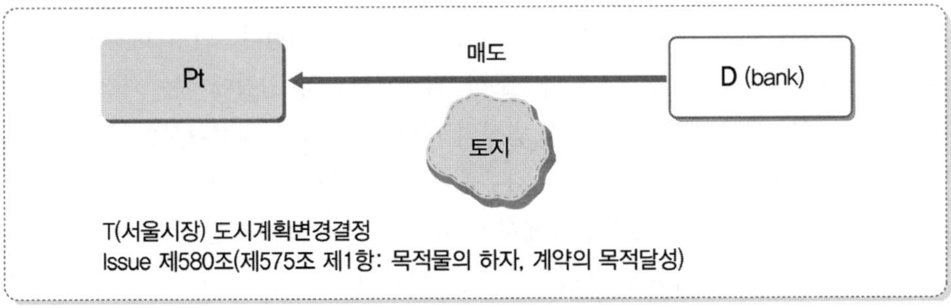

(1) Pt가 D로부터 토지매수계약을 체결하고, 잔금 지급 및 건축허가절차를 지체하던 중 사업계획을 15층 아파트 1동 118세대의 신축·분양으로 변경함에 따라 비로소 주택건설촉진법상의 주택건설사업계획사전결정신청의 대상이 되어 이에 따라 신청하였으나 부결되었다. (2) 매매계약을 해제한 이후인 1997.1.16. T가 토지를 북한산자연공원구역에 편입하는 도시계획변경결정을 하였다. 쟁점은 이러한 경우 580조(575조 1항: 목적물의 하자, 계약의 목적달성)적용할 수 있느냐이다.

이에 관해 대법원은 "건축을 목적으로 매수한 토지에 대하여 건축허가를 받을 수 없어 건축이 불가능한 경우 위와 같은 법률적 제한 내지 장애 역시 매매목적물의 하자에 해당하고, 위와 같은 하자의 존부는 매매계약 성립시를 기준으로 판단하여야 한다(4290민상762)" 판시하였다.

이렇게 목적물을 계약에 따른 채무이행으로서 받은 것임에도 불구하고, 나중에 책임추궁을 할 수 있는 근거는 하자가 은폐된 것이라고 하는 점에서 구해진다. 숨은 하자에 한하고, 수령 후에도 또 책임추궁을 인정할 수 있는 것이 하자담보책임이다.

다음 기간제한에 관한 규정이다. 하자담보책임은 1년이라는 기간제한이 있다(580조→577조). 숨은 하자에 한하고 특별히 수령 후에도 책임추궁을 인정하는 대신에, 추궁할 수 있는 기간은 짧게 제한하고 있다. 또 이 기간의 의미에 대하여 일본 최고재판소 판례는 1년의 기간을 제척기간이라고 하면서(따라서 중단은 없다), 이 기간 내에 "담보책임을 묻는 의사를 재판 외에서 명확하게 알리는 것으로써 족하고, 재판상 권리행사를 하는 것까지는 필요가 없다"고 하고 있다(이 배후에는 1년으로는 너무 짧다고 하는 감각이 있다).[41] 또 일본 최고재판소 판례는 이 이외에, 채권 일반에 관한 10년의 시효(167조 1항)에 의한 제약도 있다고 했다.[42]

(2) 무과실책임인가

둘째, 담보책임은 무과실책임이냐는 질문에 관해 설명한다. 먼저 하자담보책임은 무과실책임이라고 말할 수 있다. 특히 법정책임설의 입장에서는 과실에 의한 채무불이행책임은 발생하지 않지만 법정의 특별한 책임이 과실유무를 묻지 않고 발생하는 것으로 파악된다. 그러나 채무불이행＝과실책임, 하자담보책임＝무과실책임이라고 하는 단순한 도식에 대해서는 다시 한 번 생각해 볼 필요가 있다. 매매에서는 물건의 인도채무가 주요한 문제로 되는데, 이 같은 채무에 대해서는 계약에 꼭 들어맞는 이행이 이루어졌는지 여부에 따라 이행·불이행이 나누어지므로, 특히 과실 유무가 문제가 아니고, 그러한 의미에서 담보책임은 무과실책임에 가깝다고 말할 수 있기 때문이다(이 점에 관해서는 나중에 해당부분을 설명하면서 자세히 살펴본다). 앞에서 서술한 바와 같이, 하자담보책임을 포함하여 생각한다면, 본래의 채무불이행책임도 하자담보책임과 함께 직접 과실을 문제로 하는 것이 아닌 책임(그 의미에서 무과실책임에 가깝다고 말할 수 있다)이라고 생각하는 것이 일관된 논리다.

(3) 하자담보책임의 적용범위

셋째로, 이 규정은 어디까지 적용(유추적용)되느냐의 문제가 있다. 이 점이 남은 두 가지 문제의 초점이다.

하나는 불특정물에 대해서도 적용할 수 있느냐는 문제이다. 앞에서 서술한 것 같이 법정책임설에 의하면 하자담보책임은 특정물 이외의 계약목적물에 대해서는 인정되지 않는다고 주장한다(전술과 같이 이것을 특정물 교의(도그마) 등으로 부른다). 그러나 계약책임설이나 최근의 학설과 판례는 불특정물에 대해서도 하자담보책임 규정의 적용(구체적으로는 기간제한)을 인정하여야만 한다고 주장한다. 이 점에 대해서 일본 최고재판소 판례는 하자담보책임 규정을 적용해야 한다고 하면서 다소 이해하기 어려운 것이지만, 불특정물이라도 특정된 후에는 특정물과 똑같이 취급해야 하고 하자담보책임의 문제로 된다(수령시에 하자를 알지 못했다면 하자담보책임을 추궁할 수 있다)[43]고 한 것(大判大 14.3.13.)으로 이해할 수 있다.

또 일본 최고재판소 판례는 (계약 시에는 알 수 없었던) "하자의 존재를 인식한 뒤에 이행으로서 인용"하지 않는 한 채무불이행 문제로 된다(완전한 급부를 청구할 수 있다)고 하였다.[44] 다만 양자는 일견하면 모순되는 것 같고, 판례가 변경되었다고 하는 견해도 있다. 또 어느 쪽도 원심인용판결인 점에 착안하여 하자담보로서도 채무불이행으로서도 어느 쪽에서도 인정할 수 있다는 것이 판례의 입장이라는 견해도 있다. 어쨌든 일본 최고재판소 판례(最判昭 36.12.15.)의 해석론에서는 불명확한 점이 있다는 비판이 강하다. 최근의 학설의 입장에서 본다면 일본 최고재판소 판례는 특정에 대한 집착을 제거한 방향(수령시에 있어서 매도인의 주관적 태양에 착안하는 방향)으로 판례법이 전개되어야 한다[45]고 본다.[46]

또 하나는 담보책임과 착오와의 관계에 관한 것이다. 이것에 관해서도 판례의 입장을 보아두자. 대법원은 P가 D로부터 매수한 각 서화 중 일부가 위작(僞作)이고, P가 위작인 위 각 서화를 진품으로 알고 매수한 것이 법률행위 내용의 중요부분에 착오가 있는 경우에 해당하는 사안에서, "착오로 인한 취소 제도와 매도인의 하자담보책임 제도는 취지가 서로 다르고, 요건과 효과도 구별된다. 따라서 매매계약 내용의 중요 부분에 착오가 있는 경우 매수인은 매도인의 '하자담보책임이 성립하는지와 상관없이' 착오를 이유로 매매계약을 취소할 수 있다"고 판시했다(2015다78703). 일본 최고재판소 판례는 착오의 규정과 하자담보의 규정이 함께 적용가능한 사안에서는 착오 규정이 우선적용되어야 한다고 하고 있다.[47] 학설은 요건을 만족한다면 어느 쪽도 적용할 가능성이 생기지만, 착오의 경우에서도 기간제한을 해야 한다는 견해가 유력하다. 하지만 기간제한을 할 필요[48]가 있는지 여부는 서로 독립된 문제로서 논의하지 않으면 안 되지만, 착오와 하자담보는 차원이 다른 제도(하나는 계약 성립의 차원, 다른 것은 계약이행의 차원)이고 또 효과도 다르므로, 각각의 요건을 만족하는 이상 어느 쪽으로도 적용할 수 있다고 이해해야 한다.

나. 하자담보책임의 효과

담보책임의 효과에 관해서는 크게 나누어 두 가지가 있다. 세밀하게 나누어 네 가지 점을 서술한다.

(1) 손해배상 · 계약해제

첫째, 손해배상 · 계약해제에 관해 살펴본다. 하자담보책임의 효과는 손해배상 또는 계약해제이다. 다만 일반 채무불이행책임과는 달리, 담보책임을 이유로 하는 계약해제는 계약의 목적을 달성할 수 없는 경우라는 제약이 붙여져 있고(577조), 그렇지 않은 경우에는 손해배상만이 인정된다(580조). 더욱 대금감액청구의 가부에 대하여 약간의 논의가 있지만, 손해배상청구권과 상계와의 실질은 변하지 않는 것으로 인정해도 좋을 것이다. 그런데 여기서 손해배상의 범위에 관련된 두 가지 문제를 소개해 둘 필요가 있다.

하나는 신뢰이익인가 이행이익인가의 문제이다. 과거의 법정책임설에 의하면 하자담보책임은 특별한 책임이고 무과실책임도 되므로, 효과 면에서 손해배상의 범위가 제한되는데, 즉 신뢰이익의 배상(해제한 경우 계약교섭 등에 들어간 비용)에 한정된다고 설명하고 있다. 결국 이행이익의 배상(계약의 실현에 의해 얻을 수 있었던 이익)은 얻을 수 없다고 하고 있었다. 그러나 계약책임설 측에서는 이같이 손해배상의 범위를 한정할 필연성은 없다고 하는 비판이 있었다. 참고로 학설은 매매목적물에 하자가 없는 것으로 믿음으로써 입게 된 손해(신뢰이익의 손해)에 한정된다(다수설)고 한다. 그러나 이 점에 관하여 수량부족의 경우에 관해서이지만, 여기서 잠깐 주목해야 할 판례가 나타났다. 일본 최고재판소 판례는 수량이 대금액 결정의 기초로 된 것에만 머무른 경우에는 수량이 계약대로였다면 매수인이 얻었으리라고 예상되는 이익을 배상할 책임을 지지 않는다고 판시하였다.[49] 반면 이것은 수량대로라는 점에 특별한 의미가 있었다는 것을 입증할 수 있다면 이행이익의 배상을 인정하는 것도 방해하지 않는다고 하는 여운이 있다고 말할 수 있다.

그 의미에서 하자담보＝신뢰이익배상이라고 하는 도식은 배제되어 있다.[50)]

또 하나는 역시 손해배상의 범위에 관련된 것인데, 확대손해(목적물 그것 이외에 대해 입힌 손해. 결함이 있는 제품을 사용하였는데 손해를 보았다고 하는 때 등)도 포함해서 배상받는가 하는 문제가 있다. 소위 제조물책임에 대하여 하자담보책임으로 배상받는 것이 가능하느냐는 것이 여기에서의 문제이다. 실은, 우리와 거의 비슷한 하자담보법을 가진 프랑스에서는 판례가 하자담보책임의 법리에 의해 제조물책임의 문제를 처리해왔다. 그러나 우리나라에서는 이와 같은 사고방식은 받아들이지 않고, 판례는 제조물책임을 불법행위로 처리하는 것이 많고, 2002년에 성립한 제조물책임법도 불법행위법 구조를 채용한 것으로 보인다. 제조물책임의 문제에 관해서는 불법행위법에서 검토하기 때문에, 여기에서는 더 이상 들어가지 않는다.

(2) 하자보수청구

둘째 하자보수청구에 관해 살펴본다. 이에 대해 명문의 규정은 없다. 그러나 이것이 가능한 경우에도 인정되지 않는 것은 실질적으로 이상하지 않는가. 해석론으로서는 채무불이행의 경우에 인정되는 하자보수청구(이것은 완전물급부청구(완전한 이행의 청구)라고 한다)는 하자담보로 되어도 인정되는가. 민법의 하자담보책임에 관한 규정은 매매라는 유상·쌍무계약에 의한 급부와 반대급부 사이의 등가관계를 유지하기 위하여 민법의 지도이념인 공평의 원칙에 입각하여 마련된 제도이다(94다23920). 불특정물매매에서 그 목적물에 하자가 있을 때 완전물급부를 청구할 수 있는가? 자동차매매 후 변속충격이 문제된 사안에서, 대법원은 "종류매매에서 매수인이 가지는 완전물급부청구권을 제한 없이 인정하는 경우에는 오히려 매도인에게 지나친 불이익이나 부당한 손해를 주어 등가관계를 파괴하는 결과를 낳을 수 있다. 따라서 매매목적물의 하자가 경미(무상보증수리에 의한 자동변속기 전체의 교체로 비교적 손쉽게 치유되는 하자에 해당했다)하여 수선 등의 방법으로도 계약의 목적을 달성하는 데 별다른 지장이 없는 반면 매도인에게 하자 없는 물건의 급부의무를 지우면 다른 구제방법에 비하여 지나치게 큰 불이익이 매도인에게 발생되는 경우와 같이 하자담보의무의 이행이 오히려 공평의 원칙에 반하는 경우에는, 완전물급부청구권의 행사를 제한함이 타당하다(2014다28886)"고 판시했다. 그리고 이러한 매수인의 완전물급부청구권의 행사에 대한 제한 여부는 매매 목적물의 하자의 정도, 하자수선의 용이성, 하자의 치유가능성 및 완전물급부의 이행으로 인하여 매도인에게 미치는 불이익의 정도 등의 여러 사정을 종합하여 사회통념에 비추어 개별적 · 구체적으로 판단하여야 한다(2012다72582).

그러면 여기서 위에서 설명한 것을 이해하기 위해 눈을 돌려 하자보수청구권의 법률구성은 어떻게 해야 하는지 관해 살펴보자. 최근에는 이 점에 관한 논의가 전개되고 있다. 참고로 학설은 프랑스법에 따라 하자담보의 효과인 손해배상에는 현실배상도 포함된다고 하는 견해나 계약의 해석에 의해 하자보수의무를 지는 묵시적 특약이 있다는 보는 견해 등이 그 예이다.

3. 기타의 담보책임

기타의 담보책임에 관해 타인의 물건의 매매(569조)와 수량지시매매(574조)를 추가로 설명한다. 그 밖에 남은 것(576조~579조)에 관해서는 민법에 있는 관련 조문을 읽어 봐두기를 바란다. 매수인은 담보책임의 면제나 포기는 할 수 있는가? 판례는 전세권 · 저당권의 제한에 관해 매수인이 매매목적물에 관한 근저당권의 피담보채무를 인수하는 것으로써 매매대금의 지급에 갈음하기로 약정한 경우 576조 1항의 담보책임을 면제하여 주었거나 이를 포기한 것으로 봄이 상당하다고 하였다(2002다11151). 그러면 순서로서는 물건의 하자에 가까운 수량지시매매의 쪽부터 시작한다.

먼저 강제경매와 담보책임에 관해 좀 더 자세히 살펴보자. 건물의 강제경매에서 그 존재가 전제로 되는 지상권 및 임차권이 존재하지 않았던 때는, 해당 건물의 매수인은 목적을 달성할 수 없다. 일본 최고재판소 판례는 매수인은 민법 575조, 578조의 유추적용에 의해 강제경매에 의한 매매계약을 해제할 수 있다고 하고 있다(最判平 8.1.26. 民集 50券1号, 155頁〈35〉). 그리고 578조 1항의 "채무자가 누구인가에 관해 채무자라는 견해와 물상보증인이라는 견해가 대립하지만 판례는 물상보증인이라고 하였다(87다카2641).

가. 수량지정매매의 경우

574조는 수량을 지정한 매매의 목적물이 부족한 경우(및 물건의 일부가 멸실한 경우)는 572조, 573조를 준용한다고 하고 있다. 즉 매수인은 1년의 기간 내에 대금의 감액을 청구할 수 있고, 현재 존재하는 물건만으로는 계약체결하지 않았으리라고 인정된 때는 계약 전부를 해제할 수도 있다. 이 규정이 적용된 매매를 수량지정매매라고 부르고 있다. 수량지정매매에 관한 2002다65189의 사안과 판지는 다음과 같다.

사실관계 2.2.11 수량지정매매 [2002다65189]

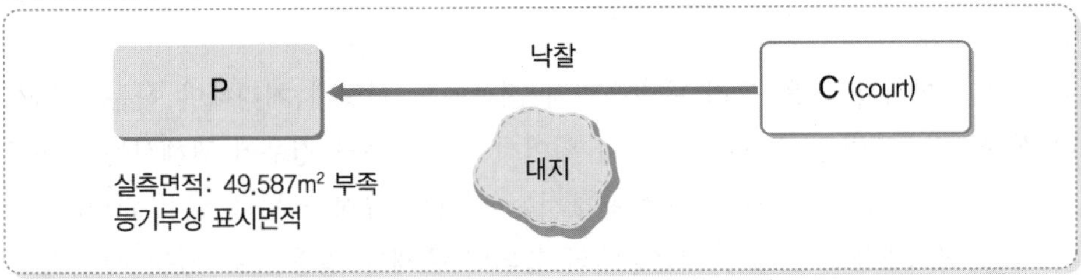

P가 경매법원이 공고한 평수를 중요한 기준으로 삼아 경매에 참가하여 대지 및 건물을 낙찰 받았다. 그러나 경매목적물 중 대지의 실측면적이 등기부상 표시면적인 327㎡보다 49.587㎡ 부족하게 됐다.

대법원은 이 사건에 적용할 기본적인 전제(법리)로 다음과 같이 판시하였다. "일반적으로 담보권실행을 위한 임의경매에 있어 경매법원이 경매목적인 토지의 등기부상 면적을 표시하는 것은 단지 토지를 특정하여 표시하기 위한 방법에 지나지 않는다. 그리고 최저경매가격을 결정할 때 감정인이 단위면적당 가액에 공부상의 면적을 곱하여 산정한 가격을 기준으로 삼았다 하여도 이는 당해 토지 전체의 가격을 결정하기 위한 방편에 불과하다. '수량을 지정한 매매'라 함은 당사자가 매매의 목적인 특정물이 일정한 수량을 가지고 있다는 데 주안을 두고 대금도 그 수량을 기준으로 하여 정한 경우를 말한다. 토지의 매매에 있어 목적물을 등기부상의 면적에 따라 특정한 경우라도 당사자가 그 지정된 구획을 전체로서 평가하였고 면적에 의한 계산이 하나의 표준에 지나지 아니하여 그것이 당사자들 사이에 대상토지를 특정하고 그 대금을 결정하기 위한 방편이었다고 보일 때 이는 수량을 지정한 매매라 할 수 없다. 따라서 특별한 사정이 없는 한 이를 민법 제574조 소정의 '수량을 지정한 매매'라고 할 수 없다(90다15433)"고 판시하였다.

일본 최고재판소 판례는 수량지시매매란 "당사자에 있어서 목적물이 실제 가지는 수량을 확보하기 위해 그 일정한 면적, 용적, 중량, 인원수 또는 척도라는 것을 매도인이 계약에 있어서 표시하고 또 이 수량을 기초로 하여 금액이 정해진 매매"를 가리킨다고 하고 있다(最判昭 43.8.20. 民集 22券8号, 1692頁).

여기에서 중요한 것은 수량지정매매에서 목적물의 수량이 계약의 중요한 구성요소를 이룬다고 하는 것이다. 그것은 가격에 연동하고, 그 수량의 부족은 때에 따라서 계약의 목적을 실현할 수 없도록 만든다. 이와 같은 것으로서 합의된 수량에 대해서는 매도인은 담보책임을 지는 것이다. 결국 수량지정매매는 통상은 주요한 성질로 되지 않는 수량이지만 당사자들이 이것을 계약에서 중요한 것으로서 자리매김을 하는 합의이다. 이같이 특별한 보증이 되므로 담보책임이 생긴다는 의미이다. 이것과 유사한 사정은 다음에서 설명하는 타인 물건의 매매에서도 인정된다.

그러면 여기서 눈을 돌려 수량초과의 경우에는 어떻게 처리해야 하는지 자세히 살펴보자. 민법은 수량지정매매에 있어서 수량부족의 경우에 관해서는 정하고 있지만(574조), 수량초과의 경우에 관해서는 별다른 규정을 두고 있지 않다. 그런데 일본 최고재판소 판례는 대금증액의 합의의 존재를 인정할 수 있는 때는 별도로 하고, 574조를 유추적용해서 증액청구권을 인정할 수 없다고 한다.[51] 참고로 학설은 이것에 반대하는 것도 많지만, 금후에는, 합의의 존재를 인정할 수 있는 것은 어떠한 경우인가가 논쟁이 되고 있는 것 같다.

나. 타인물건의 매매의 경우

이미 본 바와 같이, 569조는 타인의 물건을 매도하더라도 그 매매를 유효로 하고 있고, 타인 물건의 매도인은 목적물의 소유권을 취득하여 매수인에게 이전할 의무를 지도록 하고 있다. 이것을 넘겨받은 570조는 매도인이 소유권 이전에 실패한 때에는, 매수인은 계약을 해제할 수 있다고 규정하고 있다. 한편 선의(권리가 타인에게 속하는 것을 알지 못하는)의 매수인은 손해배상청구도 할 수 있다(동조 후단 참조). 또 571조는 선의의 매도인에게, 매수인이 선의인 때에는 손해를 배상하고 매수인이 악의인 경우에는 손해를 배상하지 않고 계약을 해제하는 권리를 인정하고 있다. 선의의 매도인이 계약해제한 때 계약해제 일반에서 인정하듯 매수인은 원상회복으로 소유권이전등기의 말소 및 점유이전의 의무와 사용이익의 반환의무를 진다(92다25946). 이들의 규정은 일반적으로, 타인물건의 매매의 경우 매도인의 담보책임 즉 추탈담보(追奪擔保)책임을 정한 규정이라고 해석되고 있다.

한편 이들 규정에 관하여 악의의 매수인도 이행불능이 매도인의 귀책사유에 기한 것이라면 일반채무불이행책임으로서 손해배상을 청구할 수 있다(70다2449). 이렇게 악의의 매수인은 손해배상도 청구할 수 있는데, 배상하여야 할 손해배상의 범위는 이행이익 상당액이다(92다37727). 일본 최고재판소 판례는 매수인이 악의인 경우에는, 하자담보책임으로서의 손해배상(570조)은 인정되지 않지만, 매도인의 이행불능이 그에게 책임으로 돌려야 하는 사유에 의한 경우에는, 채무불이행에서 기하여 계약해제·손해배상청구(543조, 551조)를 할 수 있다고 했다.[52] 그러나 이같이 해석한다면, 570조의 적용의 여지는 거의 없어져 버리는 것 같이 보인다.

이것을 합리적으로 설명하기 위해서는 위와 같은 경우에서는 569조가 정한 의무 이상의 의무를 매도인이 지고 있다고 해석하지 않을 수 없다. 결국 목적물이 타인에게 속한 것을 전제로 하여 이것을 취득하여 매수인에게 이전한다는 의무를 매도인이 지고 있는 것을, 다른 말로 하면, 소유권이전을 보증하고 있다고 본다. 확실히 569조는 타인의 물건의 매매를 무효로는 하지 않고, 이것을 유효로 해서 매도인에게 목적물을 취득하여 매수인에게 이전할 의무를 부과하고 있다. 그러나 이 의무는 570조 이하의 규정에 기반을 두고 있다고 한다면 정도가 낮은 담보책임을 수반하는 의무이다. 타인물건의 매매에 있어서 매도인의 의무는 평균적으로 말하여 이와 같을 것이다라고 하는 것이, 입법자의 사고방식이었다는 의미이다.[53] 이러한 생각에 대해, 위에서 든 판례는 이 이상의 의무를 지는－매도인이 특별한 보증을 하고 있다고 보인다－경우도 있다고 생각해 볼 수도 있다.

매도인의 담보책임과 관련해서 실무에서는 부동산매매계약서를 예로 들면 일반적으로 다음과 같은 조항을 두고 있다.

제00조(담보책임)

1. 매도인은 무하자·무담보인 본 물건의 소유권을 매수인에게 이전하는 것을 보증하고, 저당권·지상권·임차권 기타 소유권을 방해할 권리가 존재하는 때, 제00조의 소유권 이전 등기 신청시까지 일체의 방해를 제거해야 한다. 본 물건에 대해 제3자로부터 이의·민원의 제기가 있을 때, 매도인이 이를 인수·해결한다.
2. 이 계약에는 상법 69조의 적용은 없다.

그러면 여기서 위에서 설명한 것을 좀 더 잘 이해하기 위해 눈을 돌려 성질보증과 담보책임[54]에 관해 살펴보자.

수량지정매매와 타인물건의 매매를 대비해 보면 다음과 같은 것을 알 수 있다. 즉 어느 경우에도 중요한 것은 당사자가 무엇을 계약내용으로 삼은 것이냐(무엇을 보증한 것인가)이다. 입장을 바꾸어 생각하면 하자담보책임에 대해서도 같은 측면이 발견된다. 무엇이 「숨은 하자」인가는 하자가 없는 상태가 어떤 것인가를 상정하는 것과 관계된다. 그리고 그것은 당사자가 계약에서 목적물을 어떠한 것으로 정하였느냐에 따라 결정한다. 예를 들면 어떤 방송 기계[55] 또는 어떤 잼[56]에 하자가 있는가 어떤가는 본래 계약에서 어떠한 성능 · 품질로 합의했는가에 관련된다. 어떤 수준의 성능 · 품질이 보증되었는데 그것이 실제로 없다고 하는 것이 거기에서의 문제이다. 결국 하자담보책임 문제는 채무불이행책임의 수령에 의한 변질이라는 문제인 동시에 성질보증에 의한 채무내용의 결정이라고 하는 문제로 환원될 수 있다.

제 3 편

계약의 이행

제1장 계약당사자의 의무(채권)내용의 확정

제2장 계약의 자발적 이행–채권의 임의실현

제1절 변　　제

제1항 계약이행(변제) 과정

제2항 계약이행(변제)의 당사자

제2절 상　　계

제3절 채권양도

제1장 • 계약당사자의 의무(채권)내용의 확정

지금까지 우리는 먼저 민법총칙에 있는 법률행위론을 중심으로 계약의 성립과 하자, 계약에 참가하는 당사자(계약의 주체), 계약의 대상(계약의 객체) 그리고 계약에 공통으로 적용되는 부분(계약법 공통원리) 등에 관하여 살펴본 후, 계약이라는 큰 틀에서 가장 중요한 계약모형이라고 할 수 있는 매매계약을 중심으로 계약이 성립되면 어떠한 효력(계약의 효력)이 생기는지에 관해 살펴보았다. 이제부터는 계약이 성립하면 발생하는 당사자의 권리·의무, 다른 말로 하면 채권·채무라고 할 수 있는데 계약에 관한 문제를 채권·채무에 관한 문제로 환원해서 살펴보자. 이렇게 계약이라는 큰 틀에서 범위를 좁혀서 당사자 권리·의무 즉 채권·채무를 중심으로 계약을 분석하는 이유는 마치 현미경으로 사물을 보듯이 어떤 때는 문제를 풀기 위해 계약에서 문제된 부분(이행이 아니 된 부분)만을 따로 떼어 내어 채권·채무라는 추상적인 개념을 활용하여 면밀히 살펴볼 필요가 있기 때문이다. 오히려 실무에서는 계약내용 중 다툼이 있는 부분만 따로 떼어내어 채권·채무를 중점적으로 분석·평가하는 것이 중요하다. 계약에서 어떤 의무가 실현되었는가(어떤 채무가 실현되었는가) 혹은 실현되지 않았느냐 논의를 하기 위해서는, 그 전제로서 도대체 계약에서 발생하는 어떤 내용의 권리·의무 즉 채권·채무가 존재하는가를 먼저 정할 필요가 있기 때문이다. 민법 제3편 제1장 채권총칙의 첫머리에 있는 채권의 종류에 관한 규정 가운데 이 점에 관계되는 것들이 많다.

그것과 함께 혹은 그것에 앞서 도대체 계약에서 생기는 채권은 어떠한 것이냐는 문제에 대해서도 언급해 두는 것이 좋다. 그러므로 본장에서는 우선 채권이 무엇인가를 간단히 설명한다(Ⅰ). 이어서 그 채권의 내용 확정은 어떻게 행해지는가를 이야기한다(Ⅱ).

Ⅰ. 채권은 무엇인가

1. 채권의 지위

먼저 채권의 개념을 다른 개념과 비교함으로써 채권이라고 하는 것은 무엇인가에 관해 생각해보자.

가. 채권과 물권

처음으로 문제가 되는 것은 물권과의 대비이다. 물권과 채권의 차이에 대해서 필요한 범위 내에서 반복해 둔다.

(1) 채권과 물권의 상위점

소박한 대비를 하자면 물권은 물건에 대한 권리(대물권), 채권은 사람에 대한 권리(대인권)라고 말할 수 있지만, 오늘날에는 이것으로부터 다음 두 가지 점이 도출된다.

첫째, 물건에 대한 직접적 권리인 물권은 하나의 물건에 한 가지 권리밖에는 성립하지 않는다(배타성이 있다). 그러나 채권에는 그러한 제약은 존재하지 않고, 동일한 급부를 목적으로 하는 채권은 복수로 성립할 수 있다(배타성이 없다=비배타성). 이중매매가 유효하게 성립하는 것은 매매계약에 의해 매수인(買主)이 취득하는 권리가 채권이기 때문이다. 이것에 대하여 계약에 의해 물권을 취득하는 것은 양수인의 일방에 한정되기 때문에, 누가 등기를 먼저 마쳤느냐가 중요한 요소로 등장한다.

둘째, 물권은 누구에게도 주장할 수 있는 권리이다(절대성이 있다). 그런데 사람에 대한 권리인 채권은 그 사람(채무자)에 대한 권리에 머물고, 다른 사람(제3자)을 구속하지 않는다(절대성이 없다=상대성). 이러한 의미에서 임차권은, 민법의 규정상, 임대인(貸主)에 대한 채권일지라도 임대차의 대상인 부동산의 양수인을 구속하지 않는다. 한편 동일한 부동산에 관한 이용권리라도 지상권이라면, 등기를 구비함으로써 제3자인 양수인에게도 주장할 수 있다

정리해 보면, 물권은 물이라는 자연에 제약된 권리이고, 배타성·절대성은 거기서 유래하고 있다고 볼 수도 있다. 이에 반해, 채권은 사람과의 관계(특히 약속)라는 인위(작위)를 기초로 하는 권리이고, 그 자유·자재는 이러한 비(非)자연성

(人爲性)에 의한다고 말해도 좋다.

(2) 채권과 물권 구별의 상대화

이상이 물권과 채권의 주요한 차이지만, 다음의 두 가지 점을 보충해둔다. 첫째, 물권과 채권의 구별은 양자택일의 것이 아니고 중간적인 것도 존재한다. 한 번 더 확인해 두자. 앞에서도 임차권과 지상권의 구별에 대해 언급했지만, 사실은 대항요건(이 부분에 대해서는 임대차를 설명할 때 본다)을 준비한 임차권은 물권에 가깝고, 반대로 등기를 하지 않은 지상권은 채권에 가깝다. 물건을 빌린 자의 지위는 물건에 대한 권리일 뿐만 아니라 사람에 대한 권리라고도 말할 수 있으므로 이와 같은 결론은 피하기 어렵다. 둘째, 오늘날에는 물권·채권의 구별은 효과의 차이에 의한 법기술로 파악되고 있는 것에 주의가 필요하다. 예를 들면 저작권은 본래는 물건에 대한 권리는 아니지만, 물권에 가까운 법적보호가 주어지고 있다. 이 권리의 대상을 마치 물건인 것같이 다루는 의제를 우리들이 창출해내었다는 뜻이다.

여기서 잠깐 시야를 돌려 거래대상으로서의 채권에 관해 살펴본다. 물권에 유사한 권리로 되면 확실히 두터운 법적보호가 주어지지만, 오늘날에는 채권도 그 자체가 가치가 있는 권리로 거래의 대상으로 되어가고 있다. 채권을 증권화하는 것이 그 전형적인 예이지만, 통상의 채권에 대해서도 그 재산으로서의 보호는 두텁게 되는 경향이 있다.

이상의 두 가지 점으로부터 알 수 있는 것과 같이 물권과 채권의 구별은 절대적인 것은 아니지만, 그럼에도 불구하고 전형적인 물권과 전형적인 채권 사이에 여전히 차이가 있다는 것은 확실하다. 그 차이는 민법(보다 넓게 사법) 여기저기에 모습이 보인다. 그런 까닭에 양자의 구별은 역시 염두에 둘 필요가 있다.

채권은 채무자에 대한 권리이지만 제3자에 대해서도 효력이 있는가. 채권의 제3자에 대한 효력에 관해 살펴본다. 채권은 상대적 권리라고 말하고 있다. 그러면 채권이 제3자에 의한 불법적인 침해를 받은 경우 채권자가 그 제3자에 대하여 불법행위책임을 추궁하고 혹은 그 침해(방해)행위의 배제를 청구할 수 있는 때도 있는가? 참고로 학설은 제3자의 채권침해로 인한 불법행위는 성립할 수 있지만 제3자의 채권침해에 대한 방해제거청구권은 인정할 수 없다고 한다(이 부분에 대하여는 나중에 다시 한 번 자세하게 검토한다). 토지의 일시경작권에 관한 80다1362의 사안과 판지는 다음과 같다.

사실관계 3.1.1 제3자에 대한 토지인도청구 [80다1362]

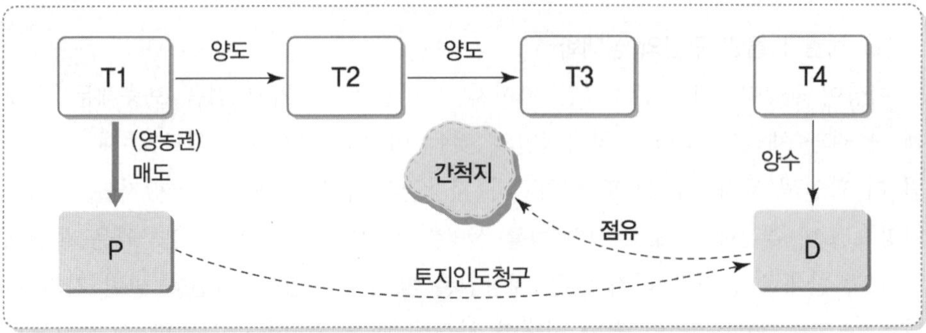

(1) T1은 간척지 내 토지가 준공되면 이주 영농할 수 있는 권리 일체를 T2에게 양도하고, 동인은 다시 T3에게 다시 양도하였다. (2) D는 토지에 관한 이주예정지 지정서를 소지하고 있던 T4로부터 이를 양도받아(점유이전) 위 토지를 점유 경작하고 있다. (3) 그런데 T1은 위 토지의 일시경작권을 P에게 매도하였다. (4) P는 D에게 토지인도청구를 하였다. 이 사건에서 쟁점은 토지의 일시경작권은 채권적인 권리냐이다.

이에 관해 대법원은 "P가 T1로부터 매수한 본건 토지의 일시경작권은 채권적인 권리에 불과하고 제3자에 대한 대세적인 효력은 없다" 판시하였다.

그러므로 여기서 주제(point)는 D의 점유권과 P의 채권의 대립이다. 채권은 물권인 점유권(192조)에 대하여 이를 배척할 수 없다.

나. 채권과 청구권 개념의 구별

다음으로 채권과 청구권의 구별에 관해 설명한다. 로마법의 기원에 있어서는 권리는 소송과 밀접하게 결부되어 있고, 소송으로 청구할 수 있는 권리(소권)야말로 권리 다름 아니었다. 그 후 실체법상의 권리와 소송법상의 권리의 구별에 대응하기 위해 도입되었던 것이지만, 청구권이라는 개념으로 변하였다(권리에는 청구권이 포함되고, 이 청구권이 소송으로 실현된다는 도식으로 완성되었다). 그런데 용어상의 문제이지만 청구권은 채권으로부터 발생하는 것만이 아니고(물권적청구권을 생각해 보자), 채권에는 청구권으로 끝나지 않는 권능도 없다는 의미가 아니다. 즉 채권에는 청구력 외에 급부보유력－급부를 수령하고 적법하게 보유하는 효력, 즉 상대방이 더 이상 돌려달라고 말할 수 없는 권능－이 있다는 것이다. 그러나 채권에 관한 한 청구권과의 용어상의 구별은 반드시 엄밀하게 이루어지고 있지는 않다(예를 들면 손해배상채권과 손해배상청구권은 호환적으로 사용되는 경우가 많다). 따라서 이러한 용어법이 있다는 것을 알고 있다면 계약법을 이해하는 데 좋을 것이다.

다. 채권과 채무 개념의 구별

마지막으로 채권과 채무의 관계에 관해 본다. 자세하게 설명할 것까지는 없지만, 채권과 채무는 표리(表裏)관계이다. P가 D에 대하여 무언가를 요구할 권리를 가지고 있다는 것은, D는 P에 대하여 무언가를 할 의무를 지고 있다는 것에 지나지 않는다. P, D 사이에 존재하는 법률관계를 P로부터 볼 때 채권, D로부터 볼 때에는 채무라고 부르는 것이다. 우리 민법은 이 관계를 규율하는 법을 채권법이라고 부르고 있지만(채권총론, 채권각론) 독일에서는 채무법(Schuldrecht)이라고 부르고 있는데, 보는 시점에 따라 반대로 되고 있다. 더욱 프랑스에서는 똑같은 것을 droit des obligations라고 부르고 있는데, 이것도 채무법으로 번역되지만 obligation은 오히려 채권채무관계를 표시하고 있다(채권은 créance, 채무는 dette라고 부르고 있다).

또 우리 법에서도 항상 채권자 쪽에서 법률관계를 본다는 의미가 아니고, 때에 따라서 채무자 쪽에 시점이 두어지는 것도 있다. 급부, 이행, 변제라는 용어의 구별은 이러한 시점의 차이에 의해 설명될 수 있다. 즉 급부란 채권채무의 대상에 주목한 표현인 데 반해, 이행은 채무자의 행위에, 변제는 채권자가 가지고 있는 채권의 만족(충족)에, 각각 무게를 둔 표현이라고 할 수 있다. 이것을 알기 쉽게 도표로 표시해 둔다(도표 3.1.1).

도표 3.1.1 채권 · 채무 관련 용어

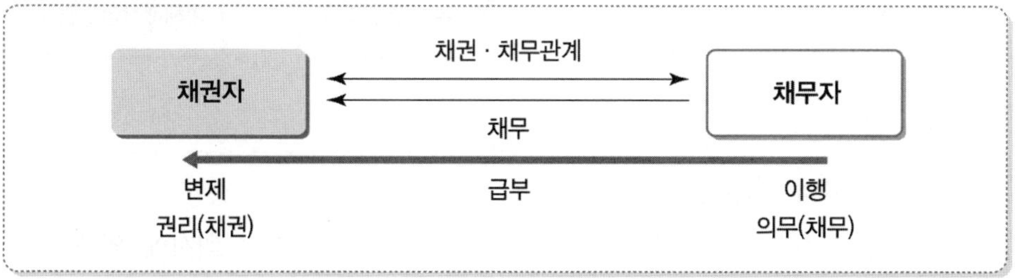

그렇지만 이 점에 관해 그다지 엄밀히 생각할 필요는 없다. 예를 들면 다음 항목은 채권의 발생원인이란 제목이 붙여져 있지만, 거기에서 나오는 것은 약정'채무'나 법정'채무', 급부'의무'와 부수'의무'이다. 보는 관점에 따라서 가려 쓰이고 있다는 것을 의식하고 있으면 충분하다.

2. 계약과의 관계를 중심으로 본 채권 · 채무 – 채권의 발생원인

가. 약정채권 · 채무와 법정채권 · 채무

주요한 채권의 발생원인에 대해서는 민법전 채권각칙의 부분에 규정되어 있다. 계약, 사무관리, 부당이득, 불법행위 네 가지가 바로 그것들이다. 이것들은 계약과 기타로 나눌 수 있다. 계약이 당사자의 의사(합의)에 의해 채권 · 채무를 발생시킨다는 것에 대해, 다른 것들에서 채권채무를 발생시키는 것은 의사가 아니라 법률의 규정이라는 데 큰 차이가 있다. 이 점에 주목하면 채권 · 채무는 약정채권 · 채무와 법정채권 · 채무로 분류된다. 그러므로 계약법에서는 주로 약정채권 · 채무를 다룬다(다양한 채권 · 채무가 있을 수 있다). 한편 법정채무는 주로 금전채무로 변한다. 더욱 이와 같은 구별은 상속에 관해서도 가능하다(유언상속과 법정상속이 존재한다).

약정채무에 관해서는 다시금 다음과 같은 구별도 알아두는 것이 좋다(도표 3.1.2).

도표 3.1.2 계약상 의무의 분류

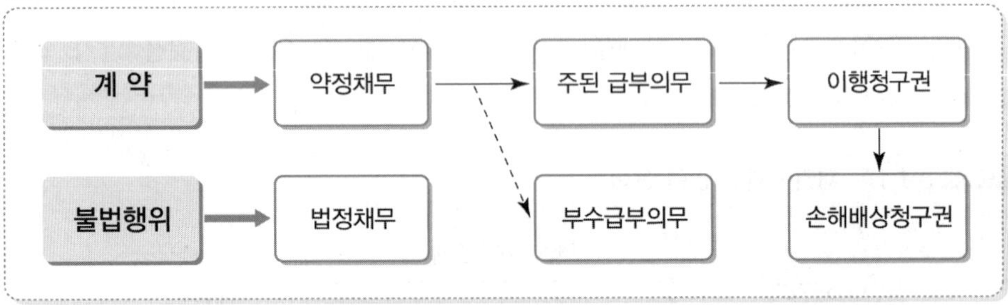

나. 급부의무와 부수의무

계약(약정)으로부터 발생하는 채무의 내용은 모두 당사자의 의사에 의해 결정되지만, 실은 그렇지 않다. 당사자의 의사에 의해 정해지는 것은 통상은 당해 계약의 중요한 부분, 즉 주된 급부에 관한 부분(급부의무)이다. 예를 들면 매매계약의 경우에는 목적물과 대금에 관한 사항이다. 그러나 매매계약에 따라 각 당사자가 지는 의무는 반드시 목적물인도의무와 대금지급의무에 한정되지 않는다. 예를 들면 가구를 판 매도인은 그 배달 · 설치의 의무(그것은 목적물인도의무의 이행방법에 관한 합의에 의함)를 지는 때에는, 특히 명시적 약정이 없어도, 반입 · 설치할 때 매수인의 주거나 다른 가구에 손상이 생기지 않도록 배려하는 의무(보호의무)를 진다.[1] 이것을 쉽게 설명하자면, 가구에 관한 매매계약을 체결한 때 매도인은 그 가구를 매수인에게 인도할 때 매수인의 다른 재산에 피해를 주지 말아야 한다는 의무도 계약의 연장선상에 있다. 여기서 잠깐 멈춰서 위에서 설명한 보호의무(안전배려의무)의 법적 지위에 관해 살펴본다. 참고로 학설은 보호의무를 계약상의 부수적 주의의무의 한 유형으로 파악하고 있다(다수설). 판례에서 들고 있는 예를 보면 고용계약 및 노무도급계약상의 사용자, 기획여행계약의 여행업자(98다25061), 숙박업자(96다47302), 증권회사 직원(2001다2129)에게 보호의무를 부과하고 있다. 안전배려의무의 유형은 ① 급부의무로서 입원환자에 대한 병원의 의무, 탁아소의 유아에 대한 의무, ② 부수의무로서는 예컨대, 피용자와 같이 급부의무의 중핵이 되는 급부는 구별되어 존재하고, 거기에 부수하여 채권자의 생명 · 건강 등의 안전을 배려할 의무가 채무자에게 부과된 경우로 대별된다. 그러면 구체적으로 판례를 보면서 살펴보자. 숙박업자의 보호의무에 관한 96다47302의 사안과 판지는 다음과 같다.

사실관계 3.1.2 숙박계약에서 안전배려의무 [96다47302]

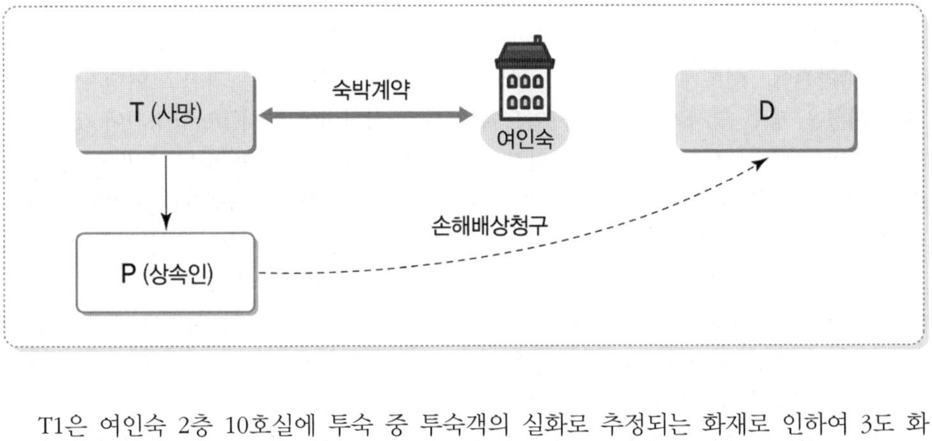

T1은 여인숙 2층 10호실에 투숙 중 투숙객의 실화로 추정되는 화재로 인하여 3도 화상을 입고 치료를 받다가 사망했다. D는 화재가 나기 전날 장기투숙객 중의 한 사람에게 위 여인숙을 맡기고 출타했고, 위 여인숙에는 경보 장치와 소화기가 설치 또는 비치되어 있지 않았다. 대법원은 이 사건에 적용할 기본적인 전제(법리)로 "공중접객업인 숙박업을 경영하는 자가 투숙객과 체결하는 숙박계약은 고객으로부터 그 대가를 받는 일종의 일시 사용을 위한 임대차계약이다. 고객에게 위험이 없는 안전하고 편안한 객실 및 관

련 시설을 제공함으로써 고객의 안전을 배려하여야 할 보호의무를 부담한다" 판시하였다.

여기서 주제는 숙박계약의 특수성을 고려하여 숙박업자에게 부과되는 신의칙상 부수적인 의무이다. 그러므로 숙박업자가 이 의무를 위반하여 고객의 생명·신체를 침해하여 투숙객에게 손해를 입힌 때는 불완전이행으로 인한 채무불이행 책임을 부담한다(이러한 개념에 관해서는 나중에 살펴본다). 또 여행업자의 주의의무에 관한 98다25061의 사안과 판지는 다음과 같다.

사실관계 3.1.3 여행업자의 주의의무 [98다25061]

(1) Pt는 태국 현지인이 운전하는 모터보트에 매달린 바나나보트 앞쪽에 앉았는데, 반대방향에서 여행업자인 D1의 직원인 D2 등이 운전하는 모터보트가 빠른 속력으로 마주 진행하자 운전미숙으로 속력을 줄이지 못하고 충격으로 상해를 입었다. (2) 그런데 국외여행약관에 "여행계약의 이행에 있어 여행종사자의 고의 또는 과실로 여행자에게 손해를 끼쳤을 경우 당사가 여행자가 입은 손해를 배상하여야 한다"고 규정되어 있다. 여기서 기획여행이란 여행의 목적지·일정, 여행자가 제공받을 운송 또는 숙박 등의 서비스내용과 그 요금 등에 관한 사항을 미리 정하고 이에 참가하는 여행자를 모집하는 것이라고 정의하고 있다(관광진흥법 2조 3호). 대법원은, 이 사건에 적용할 기본적인 전제(법리)로 "여행업자는 기획여행계약 상의 부수의무가 있다. 여행자의 생명·신체·재산 등의 안전에 대해 전문업자로서의 합리적인 판단을 하고, 계약내용의 실시에 관하여 조우할지 모르는 위험을 미리 제거할 수단을 강구하거나 또는 여행자에게 그 뜻을 고지하여야 할 신의칙상의 주의의무를 진다" 판시하였다.

안전배려의무 외에 전자제품의 매도인은, 매수인에게 그 제품의 안전한 사용방법을 설명할 의무(설명의무)를 진다. 더욱이 매수인이 타인에게 알리고 싶지 않은 물건을 통신판매를 통해 구입한 경우 매도인은 누구에게 무엇을 팔았는지를 타인에게 알려서는 안 되는 의무(수비의무)를 진다. 이들 의무(부수의무)의 근거는 신의칙(2조)에서 구해지기도 하고 묵시적 의사에서 구해지기도 하지만 결국 어떤 특정한 계약을 체결하였다는 것으로부터 발생하는 계약상 의무인 것은 확실하다. 이와 같이 약정에 의한 의무 가운데서도 당사자의 의사에 의한 것과 직접적으로는 당사자의 의사에 의하지 않는 것이 있다. 후자는 법정의무에 조금 가까운 성격을 지닌 것이라고 할 수 있다(그러기에 계약책임으로 인한 채무불이행과 불법행위와의 경합이 문제로 된다. 의료과오나 안전배려의무에 있어서도 동일하다).

다. 이행청구권과 손해배상청구권

급부의무에 관해 제1차적으로는 이행청구권이 발생한다. 목적물을 인도한다는 약속을 했으니까 채무자가 그 물건을 인도하는 의무를 지고, 반대로 채권자는 인도를 구하는 권리를 가진다. 그러나 이러한 계약이행이 임의로 이루어지지 않은 때(채무불이행의 경우), 채권자는 강제이행을 구할 수 있지만 손해배상의 청구도 할 수 있다(도표 3.1.2, 342면 참조). 그런 까닭에 본래의 이행청구권과 손해배상청구권의 관계가 문제로 된다.

계약불이행(채무불이행)의 경우에 손해배상청구가 가능한 것은 모든 채권에 관해 말할 수 있고, 모든 계약은 이것을 포함하고 있다고 본다면 손해배상청구권은 계약(약정)으로부터 발생한다고 말할 수 있다. 그러나 실제 계약불이행(채무불이행)의 경우에는 손해배상청구권이 발생한다는 제도가 존재하기 때문에 그렇고, 따라서 법률로 인정되고 있으므로 손해배상청구권이 발생한다고 생각하는 쪽이 자연스럽다.

Ⅱ. 계약(채권)내용확정의 방법

앞에서는 채권의 내용확정의 전제로 무릇 채권이란 무엇인가를 설명하였다. 여기서는 채권의 내용을 확정하는 방법에 대하여 생각해 본다. 중심은 채권의 종류에 관한 규정(373조~386조)에 관한 설명이지만(2), 그전에 기본적인 사고방식에 대하여 언급할 필요가 있다(1). 또 민법에 규정은 없지만 중요하다고 생각되는 채권에 관한 학설상의 개념에 대해서도 설명하고 싶다(3).

1. 기본원칙

채권자는 채무자에 대하여 어떠한 급부를 청구할 수 있는 권리를 가지고 있는가, 바꾸어 말하면 채무자는 어떤 의무를 지는가?

이 점은 법정채무라면 법률의 정함에 의해, 약정채무라면 계약에서 합의한 대로 각각 정해지는 것이 원칙이다. 따라서 약정채무에서 채권의 내용확정은 최종적으로 계약해석의 문제로 귀착된다. 채무의 내용을 확정하는 데는 당사자 간에 어떠한 채권·채무를 발생시키는 약정을 했는지가 중요한 근거가 된다.

계약(보다 일반적으로 말하면 법률행위)의 해석에 대해서는, 제1편에서 자세히 검토했으므로 여기서는 다시 설명하지 않는다. 그러나 설명에 앞서 다음 2가지 점은 다시 한 번 되풀이한다.

가. 가능성·확정성·적법성

첫째, 계약내용이 불가능한 계약, 불확정한 계약, 위법한 계약은 무효이다. 채권·채무발생은 계약의 내용을 이루고, 불가능·불확정·위법한 의무를 포함하는 계약은 무효이며, 그와 같은 채무는 성립하지 않는다. 일반적으로 말하면 계약을 유지하는 것이 당사자의 의도에 합치하는 것으로 생각한다면, 계약(채무내용)의 해석에서는 가능·확정·적법하다고 당해 계약을 해석하는 것이 바람직하다. 단지 불가능·불확정·위법=무효라는 도식에서는 다음과 같은 문제도 있다.

우선 불가능한 내용의 계약에 관해서는 2가지 문제가 있다. 하나는 불능=무효(불능이므로 무효)로 하는 것만으로 그냥 넘겨버려도 좋을까 하는 문제이다. 그 이유를 설명하기 위해 흔히 드는 예는 청평에 있는 별장에 관하여 매매계약을 체결했는데, 그 건물이 계약하기 전날에 화재로 소멸되었다고 하는 것이다. 이 경우 계약시에 목적물은 아예 존재하지 않기 때문에 계약 이행은 처음부터 불능(원시적 불능[2])이고, 그러므로 계약은 무효라고 말할 수 있다. 다만 유효라고 생각해서 계약을 체결한 당사자의 신뢰를 보호하기 위해 손해배상이 필요하게 된 경우가 있게 된다(계약체결상의 과실의 이론). 또 하나는 불능=무효로 되지 않는 경우는 없느냐는 문제이다. 지금의 예를 조금 바꾸어 포항지진 다음날에 포항에 있는 건물에 관한 매매계약을 체결했다는 예를 생각해 보자. 매도인과 매수인 모두 다 서울에 살고 있어서 문제의 건물이 소실되었는지 어떤지를 모른다. 그래서 시가의

7할에 상당하는 가격으로 거래가 이루어졌다고 생각해 보자. 이 경우에 이행이 불능으로 되는 것도 내다본 후 계약이 이루어진 것이므로, 이것을 굳이 무효라고 할 필요는 없다고 말할 수 있다.

그러면 여기서 잠깐 시야를 돌려 위와 같은 사례를 생각하면서 원시적 불능과 후발적 불능은 어떠한 차이가 있는지에 관해 살펴본다. 본문에서는, 계약 성립 전에 불능인 경우(원시적 불능)에는 계약은 무효가 원칙이라고 설명하였다. 이에 관해 2가지를 언급해 둔다. 하나는 계약 성립 후의 불능의 경우(후발적 불능)에는 어떻게 되느냐이다. 이때 불능으로 된 데 관해 채무자에게 귀책사유가 있다면 채무불이행, 귀책사유가 없다면 위험부담의 문제가 된다. 이에 대한 자세한 설명은 제2편에서 했지만 주의를 환기하기 위해 확인해 두자. 또 하나는 원시적 불능의 경우를 후발적 불능의 경우와 구별하지 않고 처리해야 한다는 생각이 유력하게 되어가고 있다는 것이다.

다음 불확정한 계약, 위법한 계약에 관해서인데, 이것들은 막바로 무효로 된다는 의미는 아니다. 우선 불확정 쪽인데 의무의 내용은 반드시 사전에 (뜻이나 결과가) 똑같은 것으로 결정되어 있다는 의미는 아니다. 예를 들면 의사나 변호사에게 수술과 소송을 의뢰한 경우(위임계약), 상황에 따라 적절한 행위를 할 약속이 이루어졌다고 보이지만, 의무내용은 상황에 달려있고 구체적으로 정해지지 않는다. 위법=무효라고 말해도 그것은 불확정의 정도에 의한 것이다. 위법 쪽도 마찬가지인데, 결국 어느 정도이냐가 문제가 된다. 예를 들면 잘 알려진 것과 같이 단속규정위반의 법률행위는 위법이지만 바로 위법=무효로 된다는 의미는 아니다.

나. 계약의 해석의 기준

둘째, 계약의 해석에 즈음해서는 임의규정이 문제해결을 위한 중요한 단서가 된다. 당사자의 의사를 탐구한다고 하지만 당사자의 의사가 명료하지 않은 것이 적지 않다. 그 같은 때는 임의규정을 기준으로 해석을 하는 것이다. 임의규정에는 말하자면 표준적인 계약내용(default 値)[3)]이 정해져 있다고 말해도 좋다(예를 들면 앞에서도 보았듯이 대금의 지불시기·지불장소에 관한 585조, 586조 등이 대표적인 디폴트 가치이다).

그래서 그와 같은 임의규정의 대부분은, 각종의 계약유형에 관한 규정을 모아 놓은 계약각칙에 두어져 있다(전형계약에 관한 제 규정). 그러나 몇 개의 계약유형을 통해 적용이 가능한 임의규정도 존재한다. 채권총칙의 첫머리에 두어진 채권의 종류에 관한 제 규정은 그러한 성격의 것으로서 파악할 수 있다. 그러면 다음으로 이들 채권의 종류에 관한 규정의 내용을 알아보자.

2. 민법상의 세칙–채권의 종류에 관한 규정

정통적인 채권총론의 교과서에서는 다섯 종류의 채권이 열거되어 있고 차례대로 설명되어 있다. 그러나 아래에서는 3가지 부류로 나누어 여기에 설명을 덧붙여 둔다. 역시 3부류는 각각 앞에서 언급된 불능·위법·불확정이라는 채권성립의 바깥테두리와도 관련된다.

가. 특정물채권·종류채권·금전채권

이들 3개의 채권은 채권의 목적물에 착안하고 있는 점에서 공통되고 있으므로 일괄적으로 고찰해 보는 것이 좋다. 어떤 종류의 채권이냐에 의해 불능에 관한 고찰방법이 달라지게 된다는 점에 주요한 의미가 있다. 조문으로는 374조~377조가 관련된다.

채권총칙 첫머리의 조문인 373조에 대해서는 뒤에서 설명하기로 한다.

(1) 특정물채권

채권의 목적(내용)이 특정물의 인도인 때에는 채무자는 인도할 때까지 선량한 관리자의 주의(선관주의의무라고 약칭된다)를 가지고 그 물건을 보관하는 의무를 진다(374조). 특정물이란 물건의 개성에 착안하여 정해진 채권의 객체를 말한다. 예를 들면 진돗개라든가 르누아르의 그림 등이 그 예이다.

도표 3.1.3 특정물에 관한 계약

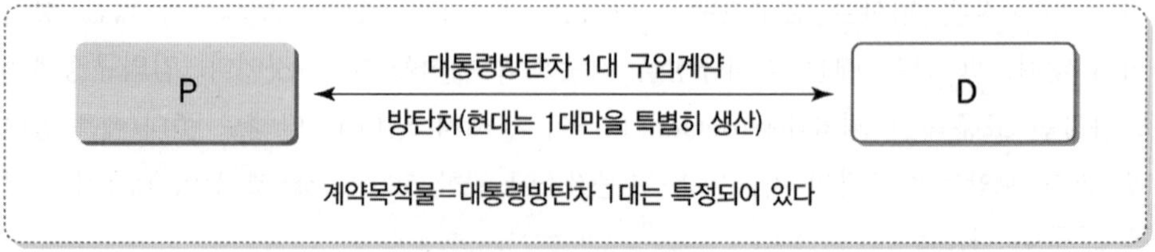

부동산은 일반적으로 특정물이 된다. 민법에 따르면 특정물에 관해 선관주의의무를 다하고 있다면 인도할 때까지 비록 멸실·훼손하여도 현재의 상태로 그대로

인도(현상인도)하면 충분하다. 그러면 여기서 위에서 설명한 것을 이해하기 위해 현상인도의무에 관해 좀 더 자세히 살펴보자. 첫째, 이행기 전에 목적물이 멸실·훼손된 때는 원칙적으로 '훼손된 그대로' 인도하면 충분하다. 참고로 학설은 채무자에게 귀책사유가 있는 때 훼손에 대한 손해배상책임과 현상인도의무는 별개의 문제로 파악한다. 둘째, 이행기 이후에 목적물이 멸실·훼손된 때(462조)는 "이행기에 '현상 그대로' 그 물건을 인도하여야 한다는 의미이다(374조). 참고로 학설은 채무의 이행은 당해 특정물로 해야 되므로 흠 있는 물건의 인도로서 완전한 이행이 됐다는 주장(완전이행설)[4]과 특정물에 생긴 변화가 동일성을 잃을 정도에 이르지 않은 때 물건의 현상인도는 유효한 변제제공이 된다는 주장(변제제공설)[5]이 있다. 한편 현저한 훼손으로 목적물의 동일성이 유지되지 않으면 462조를 적용할 수 없다는 견해도 보인다. 462조는 채권자를 위한 규정이고, 채무의 내용대로 이행하지 못한 때는 인도만으로 채무가 소멸되지 않는다고 한다.[6] 그러므로 이 규정은 이행기(계약시도, 현실 인도시도 아니고, 약정한 인도시)에 목적물 상태 그대로 인도해야 할 것을 정한 규정에 불과하다고 해석하여야 한다.

또한 여기서 말하는 선관주의의무는 보통 목적물 시장의 거래(유상계약)에서 요구되는 의무이고, 무상계약의 경우에는 의무의 수준이 낮아진다. 무상수치인에게는 자기재산과 동일한 주의(695조)라는 것이 그 수준이다. 더욱 여기서 소개했던 3개의 규정(374조, 462조, 695조)은 현행법에서는 체계적인 이유로 뿔뿔이(흩어져서) 배치되어 있지만, 원래는 한 개의 조 규정으로서 고찰되고 있었다.

여기서 잠깐 시야를 돌려 특정물과 부대체물에 관해 살펴본다. 특정물·불특정물(종류물)이라는 구별과 유사한 구별로서 부대체물·대체물이라는 구별이 있다. 전자의 구별이 당사자의 의사에 의한 것인데 대해, 후자의 구별은 거래통념에 의한 것이다. 본문에서 든 특정물은 부대체물이지만, 대체물이라도 특정물일 수 있다(애완동물 가게에서 참다람쥐를 살 때 '이 참다람쥐'라고 지정하여 산다면 특정물이거니와, '참다람쥐 1마리'로서 산다면 불특정물·종류물이다).

그렇다면 과연 '374조의 의미'는 무엇인가? 좀 더 자세히 살펴보자. 되풀이 하지만 374조는 특정물에 관해서 이행기(계약시도 현실의 인도시도 아닌, 약정된 인도시)의 상태로 인도해야 한다는 것을 정한 규정에 지나지 않는다. 이전에는 하자가 있어도 그러한 상태 그대로 인도된다면 채무를 이행한 것이라는 근거로서 이 규정이 원용되었지만, 원래는 그와 같은 적극적인 의미는 포함하고 있지는 않았다.[7]

(2) 종류채권

채권의 목적물을 종류와 수량으로 정하고 있는 경우(이와 같은 목적물을 종류물, 또는 불특정물이라고 한다), 그 채권을 종류채권이라고 부른다(375조 종류채권).

계약의 목적물을 고사리 10kg이라든가 철강재(일정의 규격에 합치한) 10t이라고 정해서 계약을 체결한 경우 결정하는 쪽이 된 경우가 여기에 해당한다. 현대사회에서는, 농산물 등 자연산물도 포함하여 그와 같은 거래형태가 지배적으로 되어오고 있다. 특정물채권인 때는 목적물은 하나로 특정되어 있는 것으로, 그것이 멸실·훼손된다면, 채무의 이행은 전부 또는 일부가 불능으로 된다. 이에 반해, 종류채권의 경우에는 이행불능이라는 것은 생각되지 않는다.

그러면 여기서 잠깐 시야를 돌려 종류채권인 것 같은 제한종류채권에 관해 살펴본다. 특정물채권, 종류채권의 중간에 제한종류채권이라 불리는 것이 있을 수 있다. 쌀(벼)이 세상에서 없어지는 것은 아니라고 해도, 계약 목적물이 어떤 특정한 밭에서 채취한 쌀이라고 해서 범위가 한정된 경우가 그 예이다. 이 경우에는 다양한 원인(수해, 가뭄, 병 등)으로 계약조건을 만족하는 목적물이 전부 없어져 버렸다는 일이 일어날 수 있다. 따라서 이행불능이 일어날 수 있는 것이다. 그렇지만 종류채권과 제한종류채권의 구별은 연속적이다. 예를 들어 계약 목적물이 여주쌀이라고 정해진 때 종류채권으로 보는 것이 보통이겠지만, 이행불능이 전혀 있을 수 없다는 의미는 아니다(여주 쌀이 다 팔려서 구할 수 없게 된 때를 생각해 보자). 한편 일본 최고재판소 판례는 종류채권인가 제한종류채권인가를 결정하기 애매한 경우에는, 계약의 해석에 의해 확정된다고 했다.[8] 이 사건은 유명한 '어망용 타르(tar)'의 매매 사건[9]으로 계약의 해석이 문제로 되었던 것을 지적하고 있다(더욱이 판결의 사안에 관해서는 곧바로 다룬다).

민법전은 종류채권에 관해서 2가지 규정을 두고 있다. 하나는 품질에 대해 당사자가 정하지 않은 때에는 중등의 물건을 인도하는 것으로 한다는 규정이다(375조). 잠실에 있는 생선초밥식당에서 생선초밥 3인분을 주문한 때에는, 송죽매(松竹梅)의 죽, 상중하 중 中이 주문되었다고 해석하는 것이다. 그러나 무엇을 가지고 중등품으로 하는가는 또 한 번 해석할 필요가 있는 것으로 보아, 위 규정만으로는 정확하게 결정하는 데 그다지 도움이 되는 규정이라고는 말할 수 없다. 무릇 실제 거래에서 채권의 목적물의 품질에 대하여 전적으로 정하지 않는(묵시적으로 정하는 때도 포함해서) 때는 그리 없다(375조 1항은 상품의 등급이 적은 반면 거래를 위한 교섭에서 의사교환을 하는 데 들어가는 비용이 높았던 시대의 규정이다).

보다 중요한 것은 또 하나의 다른 규정이다. 종류채권의 목적물의 특정에 관한 규정이다(375조 2항). 목적물이 특정되는 첫 번째 조건은 채무자가 급부를 하는 데 필요한 행위를 완료시킨 때(①)이다. 이때 지참채무라면 채무자가 급부장소에 가서 채권자에게 물건을 제공한 때(현실제공 460조) 특정되고, 추심채무라면 종류물로부터 일정한 수량의 물건을 분리한 후, 받아 갈 것을 채권자에게 통지하여야 (구두의 제공 460조 단서) 특정된다. 목적물이 특정되는 두 번째 조건은 채권자의 동의를 얻어 이행할 물건(급부목적물)을 지정한 때(②), 그 이후부터는 특정된 그 물건이 채권의 목적물로 된다. 이것은 종류채권 목적물의 특정의 시기를 정한 규정이다. 특정되면 채무자는 특정된 물건을 인도하는 의무를 지는데 그 특정된 물건이 멸실·훼손된 경우에는 그 채무는 이행불능이 된다. 예컨대 따로 똑같은 종류의 물건이 존재한다고 해도, 채무자는 그것을 인도할 의무를 지지 않는다. 그 대신에, 채무자는 그 물건의 보관에 관해 선관주의의무를 진다. 더욱 중요한 것은 쌍무계약에서 당사자 일방의 채무가 채권자의 책임 있는 사유로 이행할 수 없게 된 때에는 위험부담이 채권자에게 이전한다(538조 2항). 일본 최고재판소 판례는 소유권도 채권자에게 이전한다고 했다.[10] 그러나 특정에 관해서는 미세한 문제가 몇 개 있다. 요건과 효과에 관해서는 하나씩 들어 살펴보자.

요건 중에서 ②는 그다지 문제가 없다(다만 이것은 채권자에게 사전에 부여된 지정권을 행사한다는 취지이고. 사후 협의에 의한 특정은 당연히 가능하다).

문제는 ① 쪽이다. 채무자가 이행에 필요한 행위라는 것은 어떠한 행위이냐가 문제로 되기 때문이다. 일본 최고재판소 판례는 이 점에 관한 드문 판결로 사안[11]은 어망용(漁網用) 타르의 매매에 관한 것인데, 이 타르는 저수지에 저장되어 있고, 채권자(매수인) P가 필요한 때마다 채무자(매도인) D에게 인도를 요구하고, 채무자 D가 지정하는 장소에 채권자 P가 드럼통을 가지고 받으러 가는 것으로 돼 있다. 그래서 채무자 D로서는, 타르 인수에 필요한 인부를 확보하는 등 조치를 취하고 채권자에게 받으러 갈테니 오라고 연락하고 있다(이것을 구두의 제공이라고 한다)고 한다. 파기환송심은 D가 "이행의 준비를 하고 구두의 제공을 한 것만으로는, P에게 인도하여야 할 잔여 타르를 저수지에서 끄집어내어 **분리**하는 등, 물건의 급부를 하는 데 필요한 행위를 완료"하였다고 인정할 수 없다고 하였다.[12] 즉 판지(判旨)는, 구두의 제공(언어상 제공이라고 하고 있다)을 했어도 필요한 행위를 한 것은 아니라고 하였지만, 그 이상 어떠한 행위가 필요한가는 서술하고 있지 않다(독일 학설에 따라서 다른 물건으로부터의 분리가 필요하다고 하는 견해도 있지만, 판지는 거기까지 서술하고 있지 않다). 명백한 것은 구두의 제공에는, 채무자에게 불이행책임을 면하게 하는 효과가 결부되어 있지만(461조), 이것과 종류채권의 특정에서 필요한 행위가 일치한다는 의미는 아니라는 듯하다.[13] 변제의 제공과 종류채권의 특정은 목적이 다른 제도이므로, 이것은 그리 놀랄 것까지는 없다. 결국 필요한 행위는 각각의 거래관행에 부응하여 다소 구체적으로 정하지 않을 수밖에 없다.

특정의 효과에 관해서는 채권자의 지정에 따라 특정된 물건의 수령을 채권자가 지체하는 경우는 채권자지체가 성립되어 채무자의 보관상의 주의의무가 경감된다(401조. 채권자지체에 관해서는 뒤에서 자세하게 살펴본다). 또 특정물채권으로 전환되면 위험이 채무자로부터 채권자에게 이전된다. 한편 특정 후에, 목적물을 다른 물건으로 대신할 수는 없느냐는 문제가 있다. 바꾸어 말해 채무자에게 변경권(급부변경권)은 없는가. 해석상으로 특정된 물건이 멸실되었지만 채무자가 그럼에도 불구하고 반대급부를 얻기 위해(538조) 채무를 이행하고자 하는 때에는 가능하다고 본다. 참고로 학설은 결론으로서 이것을 인정하고 있지만, 상세히 보면 의견 대립이 있다(한편으로 이 점을 당연하다고 하는 듯한 견해가 있는 것에 대해, 계약의 해석을 매개로 하지 않으면 무리라고 하는 견해도 있다[14]).

(3) 금전채권

금전채권이란 일정한 금액의 금전의 급부를 목적으로 한다. 중요한 것은 금액(금전의 가치)이고, 어떤 종류의 통화로 변제해도 좋다(376조 1항). 금전채권은 말하자면 종류채권의 성격을 극한까지 추진한 것이라고 말할 수 있다. 그러한 의미에서 금전채권에서는 이행불능은 있을 수 없다. 그렇지만 특정의 금전(수집용의 금화 등)이 거래의 대상으로 된 경우는 다르지만, 이 같은 채권은 특정물채권 혹은 종류채권으로 된다. 또한 어떤 종류의 통화로 변제하기로 약정된 경우에는, 그 약정에 따르지 않으면 안 된다(376조 1항 단서). 현대사회에서 금전채권은 금융거래에서 대단히 중요한 위치를 점하고 있다. 쌍무계약으로 생기는 채권의 한쪽은 통상은 금전채권이고, 채권총칙에 두어진 제규정이 염두에 두고 있는 채권도 금전채권인 것이 많다.

어떠한 통화로 변제해도 좋다고 약정해도, 강제통용력이 있는 통화(법화라고 불린다)로 변제하지 않으면 안된다. 어떤 종류의 통화의 급부를 채권의 목적으로 했지만, 당해 통화의 강제통용력을 잃어버린 때에는 다른 강제통용력이 있는 통화로 변제할 필요가 있다(376조 2항). 이것은 당사자의 의사를 추측한 규정이다. 또한 강제통용력이 있는 통화라면 국내화든 외화로든 어느 쪽으로도 변제할 수 있다(376조 3항, 377조). 물론 환율변동이 예상되어, 엔 표시로, 달라 표시로 하자고 지정된 때에는 그 약정에 따르는 것으로 된다.

어떠한 통화로 변제해도 좋은가는, 금전채권은 물건으로서의 금전이 아니라 가치로서의 금전을 목적으로 하는 것이라는 점이 요구된다. 그러나 여기에서의 가치는 명목적인 가치이다. 결국 100만 원의 채권이면 100만 원을 지불하면 좋고, 일본 최고재판소 판례는 이행기까지의 사이에 화폐가치의 변동이 있어도, 그것은 원칙적으로 고려되지 않는다고 했다.[15] 인플레가 있고, 과거의 100만 원이 50만 원의 가치밖에 지니지 않게 되더라도, 가치를 따져서 100만 원을 지급할 필요는 없다는 의미이다(이상의 고찰방법을 명목주의라고 함). 다만 사정변경원칙 적용을 고찰하는 방법이 있지만, 그것에 대해서는 앞에서 언급했던 것으로 마무리한다.

더구나 금전채권에 관해서는 그 성질에서 유래하는 특칙(금전채권의 특칙)이 손해배상과 관련하여 존재한다(376조). 선물환계약에 기한 채권의 법적 성질에 관한 2001다38593의 사안과 판지는 다음과 같다.

사실관계 3.1.4 선물환계약의 특질 [2001다38593]

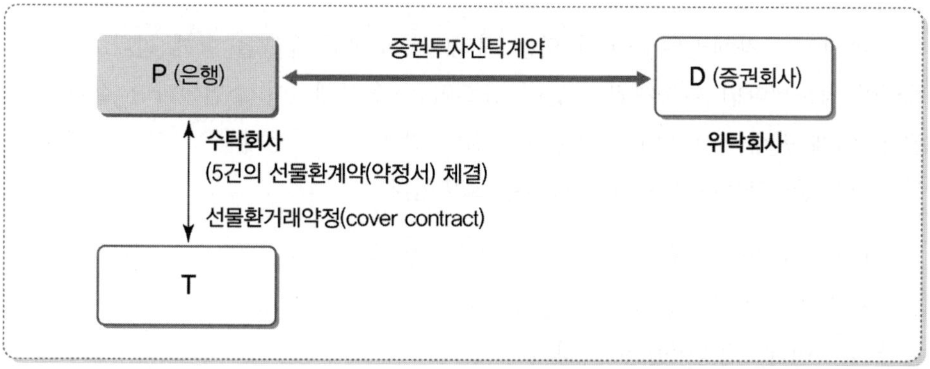

(1) P는 D와 러시아 국공채관련 해외금융상품에 투자·운용할 목적으로 증권투자신탁계약과, 투자원리금이 상환될 시점에서 달러화가 평가절하되는 등으로 인한 위험에 대비해서 모두 5건의 선물환(先物換)계약을 체결(2년 후인 결제일에 D가 P에게 미화

2,300만 달러를 매도하고 그 대가로 한화 202억 1,700만 원을 지급받기로 함)했다. (2) P는 위 선물환(先物換)계약체결 후 T와 별도의 선물환계약을 체결하였다. 그 후 러시아가 모라토리엄을 선언함으로써 P가 D로부터 선물환계약에 따른 미화를 지급받지 못한 채 T와 체결한 반대 선물환거래약정(커버계약)에 의한 미화지급의무를 이행하여야 하게 됨으로써 손해를 입게 되었다. 쟁점은 선물환계약은 금전채권인가, 러시아 모라토리엄으로 채무자는 이행불능을 주장하여 채무불이행책임을 면할 수 있느냐이다.

이에 관해 대법원은 "선물환계약은 장래의 일정기일 또는 기간 내에 일정금액, 일정 종류의 외환을 일정환율로써 교부할 것을 약정하는 계약으로서 그에 기한 채권은 금전채권이다. 러시아국의 지급유예(모라토리엄)로 이행불능이 되지 않았다" 판시하였다.

나. 이자채권

이자채권이란 이자의 지급을 목적으로 하는 채권이다. 이자는 금전 등의 종류물의 사용대가로서 지급되지만, 일정한 기간에 대해 일정한 비율로서 계산된다(예를 들면 연 20%, 일수 30원 등). 이자는 보통 금전의 소비대차(598조)나 소비임치(693조)에서 원금과 함께 붙여지지만, 금전 이외의 목적물(예를 들면 쌀)이나 소비대차 이외의 계약으로부터 발생하는 채권(예를 들면 매매에 대한 대금) 등에도 부가할 수 있다.

이자를 붙이는 데는 일반적으로 이자에 관한 약정(연 ○○%의 이자를 지급한다는 식으로 정한다)이 필요하고, 이것에 의해 이자채권이 성립한다. 이자채권에는 이자발생의 원인이 되는 기본권과 각 기간에 발생하는 개별적·구체적인 이자에 관한 지분권이 있다.

기본권인 이자채권은 기본이 되는 채권(원본채권)과 운명을 함께 한다. 즉 원본채권이 양도된다면 이자채권도 같이 양도되고, 원본채권이 소멸된다면 같이 소멸된다. 이에 반해 지분권인 이자채권은 일단 발생하면 원본채권으로부터 독립한다. 독립하여 양도가능하고 또한 독립하여 소멸한다.

(1) 민법에 따른 규율

민법전은 이러한 이자채권에 관해 2개의 규정을 두고 있다. 하나는 법정이율에 관한 규정이다. 법정이율은 고정되어 있어서 민사에서는 연 5%, 상사에서는 연 6%로 정해져 있다(379조, 상 54조). 고금리의 시대에는 법정이율이 낮다고 느껴졌지만, 저금리시대에는 반대로 상당히 높다고 느껴진다. 이 법정이율은 이자의 약정만 있고 이율이 정해지지 않은 경우에도 적용되지만, 실제로는 금전채무의 이행지체에 의한 손해배상액의 계산에 사용된다는 점이 매우 중요하다(397조, 376조).

또 하나는 복리(중리)를 인정하고 있는가 하는 점이다.[16] 외국에서는 복리(중리)를 금지하고 있는 나라도 있고, 입법론적으로는 검토의 여지도 있다. 그러나 우리나라에서는 채무자 보호는 다음에 서술할 이자제한법에 맡겨져 있고, 복리 자체의 규제는 특별히 하지 않고 있다. 그러므로 복리에 관한 약정이 있다면, 예를 들어 월단위 이자의 원본 산입도 가능하다.

(2) 이자에 대한 특별법에 따른 규제

현재 이자에 관해서는 이자제한법, 대부업 등의 등록 및 금융이용자 보호에 관한 법률('대부업법')이라는 2가지의 법률에 의해 다소 복잡한 규제가 부과되어 있다. 금전의 대주(貸主)가 일반 사인인 경우와 사업자(대금업자)인 경우로 나누어 설명해 보자. 일반 사인(전자)의 경우에는 금전대차에 관한 계약상의 최고이자율은 연 25퍼센트를 초과하지 아니하는 범위 안에서 대통령령으로 정해진다(이자제한법 2조). 이자제한법에 의해 원본의 금액에 따라 특정범위를 넘은 금리의 약정은, 이것을 넘어선 한도에서 무효(일부무효)로 되고 있다(이자제한법 1조 1항, 2조). 그러나 1960년대 후반에 일본 최고재판소 판례는 일본의 이자제한법 제1조 규정의 취지를 실제로는 부정하는 듯한 법리를 전개하였다. 일본 최고재판소 판례는 우선 그동안의 판례를 변경하고, 제한초과이자의 반환청구는 불가능하지만 초과분은 원본에 충당된다는 법리를 확립하였다(最大判昭 39.11.18. 民集 18券9号, 1868頁〈66〉). 이것에 잇따라, 원본에 충당하여도 여전히 초과 지급되었던 것에 대해서는 반환청구가 가능하다고 판시하였다(最大判昭 43.11.13. 民集 22券12号, 2526頁[II 56]〈67〉). 이 판결은 법률구성으로서 원본채권이 없어진 후의 변제는 이자에 대한 변제라고는 말할 수 없다는 논리(법리)를 세웠다. 그러나 그 후에는 그것 자체가 성립하지 않는 논리는 아니다(원본 충당 '후'가 아니고, 일괄변제에 의한 원리금이 '동시'에 없어진 경우에도 같은 이론이 타당하다)라고 했다(最判昭 44.11.25. 民集 23券11号, 2137頁〈68〉). 그러나 이것이 규정의 취지를 실질적으로 부정하는 것이라는 것은 분명하였다(이것은 판례가 취한 반제정법적 해석의 드문 예로 되어 있다[17]). 채무자가 최고이자율을 초과하는 이자를 임의 지급한 경우에는 초과 지급된 이자 상당 금액은 원본에 충당되고, 원본이 소멸한 때에는 그 반환을 청구할 수 있다(이자제한법 제2조). 위와 같은 규정이 도입된 것은 이 정도의 맛을 남겨두지 않으면, 서민에게 금융을 제공하는 자가 없어져 버리지 않겠느냐는 이유에 의한다. 한편 금융을 제공하는 자가 사업자(대금업자)인 때, 그 사업자가 개인이나 중소기업기본법 2조 2항에 따른 소기업(小企業)에 해당하는 법인에게 대부하는 경우에는 그 이자율은 연 100분의 27.9 이하의 범위에서 대통령령으로 정하는 율을 초과할 수 없도록 되어 있다(대부업법 8조).

그러면 여기서 위에서 설명한 것을 좀 더 이해하기 위해 원본충당 후의 이자계산은 어떻게 하는지에 관해 자세히 살펴보자. 이자제한법의 제한초과부분은 원본에 충당된다. 이같이 하여 원본이 줄어든 경우 이자는 어떤 금액을 원본으로 계산하는가? 우선 빌린 돈의 기한이 도래하면 상환해야 하지만 자금 수요가 지속될 경우 만기시 상환에 맞추어 또 다시 빌리는 것으로 하는 차환(借換)이 되었다고(신규로 빌렸다) 보이는가 어떤가가 문제로 된다. 새로운 계약(신규계약)이 이루어졌다고 한다면, 그 시점에서 원본은 다시 계산되는 것이 된다. 다음으로 차환되지 않았다고 해도 기한 전에 일부변제가 이루어졌다면, 그것에 따라서 원본도 감소한다고 생각할 여지가 없지는 않다. 임의변제라면 그렇게 생각하기 쉽고, 판례에 의한 법정충당의 경우에도 그것에 준하여 생각하는 것은 불가능하지 않다. 실제 금융거래 실무에서는 그와 같은 계산이 이루어지고 있는 것 같다.[18]

이와 같이 채무자에게 유리한 판례법이 확립되었던 것이지만, 실제 금융거래에서는 대금업자의 과잉대부, 강제적인 징수가 없어지지 않았다. 그렇게 되기는커녕, 1970년대의 후반부터는 이른바 소비자금융(샐러리맨들을 상대로 하는 금융)이 발전하면서부터 큰 사회문제로 되기에 이르렀다. 그런 까닭에 2002년에 대부업법이 제정되었고, 대부업자 또는 미등록대부업자가 이자율 제한을 위반하여 대부계약을 체결한 경우 이자율을 초과하는 부분에 대한 이자계약은 무효가 되고(대부업법 8조 3항 및 11조 1항), 나아가서 채무자가 대부업자 또는 미등록대부업자에게 위 이자율을 초과하는 이자를 지급한 경우 그 초과 지급된 이자 상당금액은 원본에 충당되고, 원본에 충당되고 남은 금액이 있으면 그 반환청구를 할 수 있다(대부업법 8조 3항 및 11조 1항). 여기서 대부업(貸付業)이란 1금융권과 2금융권에 속하지 않는 업체에 의한 대출 사업을 의미한다.

그 결과 현재의 금리규제는 다음과 같이 되고 있다. 특별한 점이라면 선이자공제금지(이자제한법 3조), 간주이자에 관한 이자제한법의 규정(이자제한법 4조)도 중요하다. 그러면 선이자공제로 대여했을 때는 어떻게 처리되는가? 예를 들어 살펴보자. 천만 원을 이율 24%에 선이자로 2백4십만 원을 미리 공제하고 빌렸다고 하는 경우 선이자를 사전 공제한 경우에는 채무자가 실제 수령한 금액을 원본으로 보아, 이 경우 실제 수령한 760만 원을 원본으로 보고, 이자는 760만 원의 24%인 182만4천 원이 되므로 변제기에 갚아야 할 금액은 942만4천 원이 된다. 조문을 다시 보아 두기를 바란다.

그러면 여기서 위에서 설명한 것을 좀 더 이해하기 위해 눈을 돌려 그림자금융 문제와 대부업법 개정에 관해 좀 더 자세히 살펴보자. 대부업자의 대부분은 형사적법・민사위법(어느 영역에 속하는지 불분명한 중간지대로 그레이 존(gray zone)이라고 부름)의 이율로 대여하고 있지만, 최근 이들 업자 가운데는 형사위법의 이율로 대부하고, 반대를 무릅쓰고 거래상대방에 대해 강제징수를 하는 것이 눈에 띄는데, 이것은 금융당국의 규제의 사각지대에 있는 그림자금융 문제로서 사회적 관심을 모으기에 이르렀다. 이것에 대응하기 위해 2017년에는 개정 전에는 대부상품의 표시 및 광고에 조기상환수수료율 등 조기상환조건을 모호하게 규정하여 소비자의 혼란을 초래하고 있고, 대부계약의 체결 과정에서 개인신용등급의 조회시 신용등급이 하락하여 향후 금융거래에 제약을 받게 되는 경우가 발생하고 있으므로, 대부조건 등에 관한 표시 또는 광고에 조기상환수수료율 등 조기상환조건과 대부계약과 관련된 신용등급의 하락 가능성을 알리는 문구를 포함하도록 하여 소비자를 보호하고 국민의 건전한 금융생활 영위에 기여하고자 대부업법이 개정되고, 이자제한법과 대부업법 모두 최고이율을 2017년을 기준연도로 연 24%로 규정하기에 이르렀다. 연 109.5%를 넘는 이자의 약정이 행해진 경우 금전소비대차 자체가 무효로 되는 것으로 분명히 확인되었다.[19]

다. 선택채권

마지막으로 선택채권에 대해서 살펴본다. 선택채권이란 채권의 목적이 수 개로 선택에 의해 결정한다는 것이다. 그러므로 목적물을 전적으로 특정할 수 없는 채권은 무효라고 말하지 않을 수 없다. 예를 들어 '누가 부동산을 증여한다'는 계약은 무효이다. 그러나 자신이 가지고 있는 건물을 어느 것 하나를 부지와 함께 증여한다는 계약이 이루어진 경우는 어떠한가? 부동산은 종류물이 아니어서 어느 것도 좋다고 하는 의미는 아니지만, 채권자가 A, B라는 2개의 건물을 소유하고 있는 경우 어느 쪽으로 특정하는 규칙(룰)만이 존재한다면, 이 계약(채권)을 무효로 할 필요가 없다.

그래서 민법전은 선택에 관한 비교적 상세한 규칙을 두고 있다(380조~386조). 그러나 실제 거래에서 이와 같은 것이 일어나는 때는 선택의 규칙을 당사자가 결정하는 것이 많고, 그러므로 이들 규정이 적용되는 장면은 거의 없다고 이야기하고 있다. 그러므로 이 책에서는 상세한 설명은 생략한다. 민법에 있는 조문을 읽어보기 바란다. 단지 거기서 예상되는 선택권의 이전고찰방법을, 다른 곳에 있는 고찰방법과 대비해 보면 흥미로울 것이다(예를 들면 변제충당에 관한 476조).

3. 학설상의 분류

앞서 특정물채권과 종류채권에서는 법적인 처리가 다른 것을 설명하였다(효과로 이어졌다). 같은 분류로 민법전에는 특히 규정이 없지만 중요한 채권의 분류로서 다음 2가지가 있다.

가. 인도채무와 행위채무

이 구별은 원래 프랑스법의 주는 채무, 하는 채무에서 유래하지만 프랑스법에 있는 구별과 완전히 일치하지는 않는다.[20] 인도채무란 재산권의 이전 및 그 목적물을 인도할 채무를 가리키고, 행위채무란 무언가를 한다 또는 하지 않는다(행위와 불행위)는 채무를 가리킨다.

제2장 제1절에서 상세히 설명하겠지만 법기술적으로 보면, 이 구별은 강제집행의 방법의 차이를 가져오는 점에서 큰 의미가 있다. 또한 법제사의 관점으로 보면 민법제도(특히 채권총칙)는 인도채무를 염두에 두고 짜여 있고, 행위채무에 관해서는 준비가 안 된 것이 많다. 거래대상으로서 물건이 중요했던 시대에 있어서는 이것은 자연적인 것이지만, 서비스의 중요성이 증대하고 있는 현대사회에서는 행위채무에 관한 법리의 발전이 바람직스럽다. 문제를 제기하는 의미에서도, 이러한 구별은 중요하다고 말할 수 있다.[21] 요컨대 어떠한 계약에서 계약의 어느 쪽 당사자가 계약에 따라 이행하는 모습을 보고 이행하지 않은 때 강제집행방법에 차이가 있다는 점에 착안한 것이다.

나. 결과채무와 수단채무

이 구별도 프랑스학설에서 유래한 것이다[22]. 결과채무란 특정물의 인도의무와 같이 결과의 실현을 가져오는 의무를 가리키는 것에 대해, 수단채무란 의사의 진료의무와 같이 어떠한 결과의 실현(병의 치료) 그것이 아니라, 그것을 위해 전문분야에서 요구되는 행위(일정한 치료)를 할 의무를 가리킨다. 의사의 설명의무와 진료채권에 관한 2001다52568의 사안과 판지는 다음과 같다.

사실관계 3.1.5 의사의 의무 [2001다52568]

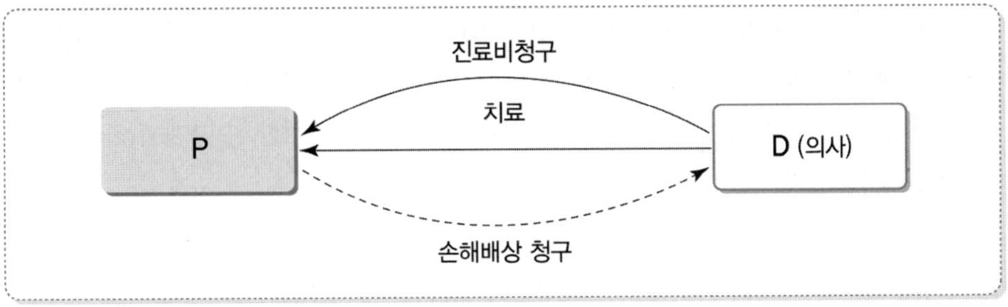

(1) D는 척추전후유압술 및 장골이식술을 받은 후 하반신 완전마비의 후유증이 남게 되었다. 퇴원하기까지 약 8년여 동안 병원에서 입원 치료를 받아왔다. (2) P는 치료비를 청구했고, D는 P를 상대로 의료과오를 원인으로 한 손해배상청구 소송제기했다. 이 사건에서 쟁점은 수술 결과 환자의 질병이 치료되지 아니하고 후유증이 남게 되었다 하더라도 의사는 진료비를 청구할 수 있는가이다.

이에 관해 대법원은 “의사가 환자에게 부담하는 진료채무는 질병의 치료와 같은 결과를 반드시 달성해야 할 결과채무가 아니다. 환자의 치유를 위하여 선량한 관리자의 주의의무를 가지고 현재의 의학수준에 비추어 필요하고 적절한 진료조치를 다해야 할 채무 즉 수단채무이다. 수술 결과 환자의 질병이 치료되지 아니하고 후유증 남게 되었다 하더라도 의사는 진료에 관한 비용을 청구할 수 있다” 판시하였다.

여기서 주제(point)는 의사의 의무(부수의무)의 근거로 신의성실의 원칙(2조 1항)이다. 이 구분은 채무불이행에 관해 어떻게 처리해야 하느냐의 문제이다. 어느 쪽의 채무인가에 의해 입증책임에 차이가 나타난다고 말하고 있지만, 물론 결과의 불실현이 수단의 부적절이라는 것과는 입증의 대상이 다르다고 말해야 할 것이다.[23] 뒤에서 다시 자세하게 설명한다.

여기서 잠깐 멈춰서 학설이 설명하는 2개 분류의 상호관계에 관해 살펴본다. 인도채무는 결과채무인 것이 많고, 행위채무는 수단채무인 것이 많지만, 이와 같은 대응관계가 항상 성립한다는 의미는 아니다. 인도채무이면서도 수단채무인 경우(어떤 희소한 물건을 조달하여 제공하는 채무)나 행위채무이면서도 결과채무인 경우(의사의 치료와 같이 전문지식이 필요하지 않고, 극히 간단한 행위를 내용으로 하는 채무)도 있을 수 있다는 점에 주의해야 한다.

현실이행의 강제, 손해배상이라는 채권의 강제실현을 위한 2대 효력에 관하여 법적인 처리가 상이한 어떤 채권이 존재한다면, 그것에 이름이 주어진다는 것은 자연적인 것이다. 소개한 2가지 분류는 어느 것이나 외국에서 들어온 것이지만, 같은 분류개념을 우리민법전의 규정이나 법리 가운데서 유출하는 것도 가능한 것이라고 (예상)할 수 있다. 그래서 일단 이와 같은 개념이 확립된다고 한다면, 이것들은 실제 거래한 계약에서 채권·채무내용을 확정하기 위한 수단개념 또는 기준으로서도 사용된다.

제2장 • 계약의 자발적 이행 – 채권의 임의실현

앞 장에서는 계약이 성립되어 당사자가 계약내용대로 이행하려는 경우 당사자의 권리·의무를 채권·채무라는 추상적 개념을 바꾸어 계약내용을 확정하는 문제에 관해 설명했다. 계약이 체결되어 유효하게 성립되면 당사자는 계약내용대로 이행해야 하는 것이 원칙이다. 이때 채권자는 가능하다면 강제수단을 사용하지 않고, 채무자가 자발적으로 계약을 이행하도록 해서 채권회수를 꾀하고 싶어 한다. 물론 채무자가 스스로 나서서 계약이행(변제)을 해 주는 것이 가장 바람직하지만 그 외에도, 기능적으로 보면 변제와 거의 다름없는 결과를 얻을 수 있는 경우가 있다. 상계나 채권양도가 그것인데, 계약실무에서도 이들 수단이 이용되는 경우가 많다. 그런 까닭에 본장에서는 계약의 자발적 이행 즉 채권의 「임의의 실현」을 광범위하게 파악하여, 변제 외에 상계나 채권양도도 포함하여 살펴보기로 한다.

제 1 절 변 제

본절에서는 채권의 임의실현의 중심이 되는 변제에 관한 문제를 설명한다. 변제의 개념에 관해서는 역사적으로 논의가 있었지만 현재 그것을 논할 의미가 별로 없다[24]. 여기서는 변제=(계약)이행, 즉 계약에서 정해진 내용대로 의무 즉 채무를 실행하는 것이라고 설명하는 것으로 마무리 해둔다.

그런데 머리말에서는 채권실현의 전제가 되는 채권내용의 확정이라는 문제를 다뤘다. 변제와의 관계에서 말한다면 그것은 채무자는 무엇을 변제하지 않으면 안 되느냐이다. 이것은 변제의 중심문제이지만, 변제에 관해서는 다른 데서도 검토해야 할 문제들이 적지 않다. 그것들은 언제(시기), 어디서(장소), 어떻게(방법)라는 문제와 누가, 누구에게라는 문제로 크게 분류할 수 있다. 이중에서 언제, 어디서는 무엇을에 포함된다고도 말할 수 있지만 어떻게에 포함된다고도 볼 수 있다.

제1항에서는 언제, 어디서를 포함시켜 어떻게의 문제를 다룬다(Ⅰ, Ⅱ). 아울러 계약이행이 된 변제의 효과에 대해서도 언급한다(Ⅲ). 한편 제2항에서는 누가, 누구에게의 문제를 취급하려고 한다.

다른 말로 하면 이하의 제1항에서는 누가, 누구에게라는 변제 당사자의 문제를 당분간 괄호에 묶어 넣고, 변제의 제공과 변제의 종료까지의 과정을 보아 두고자 한다.[25] 가령 P와 D는 3월 1일 P 소유 토지를 D에게 1억 원에 매각하는 매매계약을 체결하고, 소유권이전은 6월 1일로 정했다고 해보자. 위 계약의 이행과정에서 발생하는 문제들은 어떠한 것들이 있는가 상상해 보기 바란다.

제 1 항 계약이행(변제) 과정[26]

Ⅰ. 계약이행(변제)의 환경

무엇을 급부의 대상으로 하는가는 불법행위·부당이득·사무관리에서 발생하는 법정채무에서는 법률의 규정에 의해 정해지고, 약정채무의 경우에는 당사자의 합의에 의해 정해지는 것이 보통이다. 앞에서도 설명하였듯이 계약법에서 다루고자 하는 채무는 약정채무이다. 동시에 변제가 이루어져야 하는 시기나 장소에 대해서도 계약에서 합의로 정해지는 것이 많다. 그러나 시기나 장소에 대해서는 특별히 정해지지 않을 수도 있는데, 민법은 그와 같이 당사자가 미처 계약에서 정하지 않은 때에 대처하는 규정을 두고 있다.

1. 변제의 시기

변제의 시기는 387조에 규정되어 있다. 정해진 시기(이행기)에 변제를 하지 않는 것이 전형적인 채무불이행인데, 이 규정은 채무불이행의 전제로서, 현실적인 이행의 강제(389조)나 손해배상(390조)에 선행하는 위치에 두어져 있다. 그것을 위해 규정의 방법도 언제부터 이행지체로 되는가라는 방법으로 되어 있다.

구체적으로는 387조는 기한의 성질에 따라서 다음 3가지로 나누어 규정하고, 각각 일정한 시점부터 이행지체된다고 하고 있다.

가. 확정기한이 있는 경우

그 기한이 도래한 때로부터 지체된다. 예컨대, 차용금 반환시기를 2019.6.30.로 한 경우 채무자는 2019.6.30.부터 지체책임을 진다. 2019.6.30.까지라는 기한이 정해져 있는 경우 이 기한이 지나감으로써 지체가 된다. 당연한 것 같지만 전에는 기한도래 이후에 부지체(付遲滯)라는 절차가 필요했던 것을, 이제는 그러한 절차가 필요하지 않다는 규정이다. 매매계약에서 대금의 지급을 위해 어음이 교부된 경우 이행기일에 관해 유의할 점이 있다. 매수인이 매도인으로부터 물품을 공급받은 다음 그들 사이의 물품대금 지급방법에 관한 약정에 따라 대금의 지급을 위하여 물품 매도인에게 지급기일이 물품공급일자 이후로 된 약속어음을 발행·교부한 때, 대법원은, 물품대금 지급채무의 이행기는 다른 특별한 사정이 없는 한 약속어음의 지급기일이고, 위 약속어음이 발행인에게 발생한 지급정지사유로 지급기일이 도래하기 전에 지급거절되었더라도 지급거절된 때에 물품대금 지급채무의 이행기가 도래하는 것은 아니다. 그리고 위의 물품대금 지급채무 등과 같은 물품공급계약에서 정하여진 채무에 관하여 체결된 '이행보증보험계약'이 "이행기일이 보험기간 안에 있는 채무"의 불이행으로 인한 손해를 보장하는 내용인 경우에는 위와 같이 지급거절 등 사유의 발생으로 바로 보험계약에서 정하여진 '이행기일'이 도래한다고 할 수 없다(2011다101599)고 했다. 오늘날에도 계약해제에 최고(催告)가 필요한 것과 비교하기 바란다(544조).

나. 불확정기한이 있는 경우

이 기한의 도래를 안 때부터 지체로 된다. 예컨대 갑 회장이 사망하면 토지를 주기로 한 경우 사망을 안 때로부터 지체책임을 진다. 또 예를 들면 P가 D에게, 약혼 중의 자신의 아이 A가 결혼할 때까지 일시적으로 건물을 빌려준다는 약속을 한 경우 A의 결혼에 의해 D의 채무 변제기가 도래하지만 D가 이행지체에 빠지는 것은 이 사실을 안 시점으로부터라는 것이다. 그러나 출세하면 일정한 돈을 지급하기로 약속한 경우와 같이 조건과 불확정기한을 구별하는 것이 쉽지 않다.

다. 기한이 정해지지 않은 경우

이행의 청구를 받은 때로부터 지체로 된다. 기한의 정함이 없는 채무는 계약의 발생과 동시에 이행기에 있다고 생각되지만, 지체에 빠지는 것은 채권자로부터 계약 이행청구를 받은 때로부터가 된다. 1,000만 원을 빌려달라고 해서 빌려준 경우(소비대차의 목적을 달성할 수 있는 정도의 기간이 지나간 후), 대여자(貸主)가 되돌려달라고 말한 시점으로부터 차용인(借主)은 이행지체에 빠지게 된다.

그러면 여기서 위에서 설명한 것을 이해하기 위해 눈을 돌려 387조의 성질·의의에 관해 좀 더 자세히 살펴보자. 이것들의 규정은 언제부터 이행지체로 되는가(따라서 불이행책임을 지는가)를 판단하기 위한 해석규정이다. 그 때문에 당사자 한쪽이 약정으로 이것과 다르게 이행기를 정할 수도 있다(예를 들면 확정기한부라도 최고를 필요로 한다고 정해도 좋다). 한편 이것은 당해채무의 기한이 상기 3가지 중 무엇에 해당하는가를 정하는 것은 아니다. 이 점은 계약해석으로 정해지지 않으면 안 된다. 이들 규정의 효력은 이상과 같이 한정되는 것이다.

더욱 법률의 규정에 의해 이행기가 특별히 정해진 경우도 있다(613조, 597조, 702조 등을 참조). 또한 불법행위에도 기초를 둔 손해배상채무에 관해서는 손해발생과 동시에 지체에 빠지게 된다고 해석된다.

2. 계약이행(변제)의 장소 등

변제의 장소에 관해 일반적인 규정으로는 467조가 두어져 있다. 일차적으로 당사자의 의사표시로, 이차적으로는 채무의 성질에 따라 결정되고, 계약에서 정하지 않은 경우에만 보충적으로 적용된다. 이 규정은 채무를 2종류로 나누고, 특정물의 인도에 관해서는 채권발생 당시에 그 물건이 존재했던 장소(467조 1항 후단)를, 그 밖에 관해서는 채권자의 현 주소지(동조 2항 본문)를, 영업에 관한 채무는 채권자의 현 영업소(동항 단서)를 채무이행장소로 하고 있다. 이 규정도 임의규정이고, 계약에서 정하지 않은 경우에만 보충적으로 적용된다. 또 이것은 계약유형에 관계없는 일반적인 규정이고, 보다 구체적인 임의규정이 있는 경우에는 그 쪽이 우선 적용된다(매매에 관한 586조, 임치에 관한 700조를 참조하라).

더욱 변제의 비용에 관한 규정이 473조에 두어져 있다. 채무자부담이 원칙이다(단서도 참조). 이것도 임의규정이다. 또한 계약체결 관련 비용(예, 계약서의 작성비 등)에 관해서는 별도의 규정이 있고, 비용은 절반으로 하고 있다는 점에 주의할 필요가 있다(매매에 관한 비용은 당사자 쌍방이 균분하여 부담한다. 이러한 비용부담은 566조, 567조에 의해 유상계약에 준용된다). 변제는 채무자가 행하는 것이므로 채무자가 비용을 부담하고, 계약은 당사자 쌍방에 의하여 이루어지므로 쌍방의 비용으로 하는 것이 아닐까.

Ⅱ. 변제의 행위

1. 변제를 위해 필요한 행위

무엇을, 언제, 어디서, 급부해야 하는지 계약에 정해져 있다고 해도, 구체적으로 어떻게 급부하느냐는 문제가 여전히 남는다. 채무의 내용이 부작위채무라면 그 이행에는 채무자의 행위도 채권자의 행위도 필요하지 않지만, 인도채무의 경우나 행위채무도 작위채무의 경우에서는 채무자는 뭔가 계약에 정해진 행위를 해야 한다. 그래서 채권자가 그것을 변제로서 받아들이는 데는, 채권자 쪽에서도 일정한 행위(목적물을 수취하거나 서비스의 제공을 받는 것 등)가 필요한 것도 많다. 그런 까닭에 변제의 과정에서 채무자·채권자의 행위의 태양에 대해서 고찰해 볼 필요가 있다.

가. 계약에 따른 이행(변제)의 제공[27)]

변제의 과정에 있어서 채무자의 어떤 행위가 변제의 제공에 해당하는가? 채무의 변제에 채권자의 협력이 필요하다고 한다면, 채권자의 협력을 얻을 수 없으므로 채무자가 변제할 수 없는 사태가 발생할 수 있다. 이러한 경우까지 채무자에게 불이행의 책임을 지우는 것은 공평하다고 말할 수 없다. 따라서 채무자로서는 계약에서 정해진 자신이 할 수 있는 행위를 하고 채권자의 협력을 촉구한다면 충분하다고 하여야 한다. 변제의 과정에 있어서 채무자의 이와 같은 행위를 변제의 제공이라고 부르고 있다(460조). 변제의 제공이 이루어지면, 그것으로 채무자는 채무불이행책임을 면한다고 생각해야 된다. 실제로 민법은 그같이 규정하고 있다(461조). 더욱 당해채무가 쌍무계약으로부터 발생하는 때에는, 변제의 제공으로 상대방의 동시이행의 항변권(533조)도 없어진다. 이상이 변제의 제공으로 발생하는 효과이다.

그러면 도대체 어느 정도의 행위를 하면 좋은가. 바꾸어 말하면 어떤 행위가 여기서 말하는 변제의 제공에 해당하느냐가 문제로 된다. 변제의 제공의 요건(사실)을 생각할 필요가 있다.

(1) 이행(변제) 제공의 원칙적 요건

이 점에 관한 원칙은 다음과 같다. 곧, 채무내용에 좇아 현실로 변제의 제공을 해야 할 필요가 있다(460조). 이것을 현실의 제공이라 한다. 바꾸어 말하면 현실의 제공은 채권자가 채무자가 제공한 급부를 손을 내밀어 받기만 하면 될 정도로 이루어지는 제공이다. 일반론으로서 채무자가 계약에서 정한 내용 중 할 수 있는 것은 자신이 모두 이행하고, 채권자의 (협력)행위가 없으므로 계약이행이 완료되지 않는다는 단계까지 나아가는 것이 현실의 제공이다.[28] 그러므로 금전채권인 때는 원칙적으로 전액의 제공이 필요하지만 제공된 금전이 조그만 액수만 부족한 경우에는, 신의칙에 따라 그 정도로 제공은 이루어진 것이 된다. 일본 최고재판소 판례는 150만 원 여의 채권에 13,600원이 부족한 경우에도 변제의 제공이라고 한 판례가 있다.[29]

(2) 이행(변제) 제공의 예외적 요건

문제는 어떠한 때에 위에서 논의한 현실의 제공에 대한 예외가 인정되는가이다. 계약의 내용에 비추어 경우에 따라서는 현실의 제공은 필요 없고, 변제의 준비를 완료한 것을 채권자에게 통지하여 수령 촉구를 하면 그것으로 충분하다고 판단되는 때이다. 이것을 구두의 제공이라 한다. 구두의 제공으로 충분하다고 판단되는 일정한 경우란, 첫째, 상대방(채권자)이 미리 변제받기를 거절한 경우(①)와 둘째, 채무의 이행에 관해 채권자의 행위가 필요한 경우(②)이다(460조). 이와 같은 경우에까지 현실의 제공을 요구하는 것은 채무자에게 가혹하다는 이유로 예외를 인정하고 있다. 이 중에서 ①에는 그다지 문제가 없다. ②에 대해서는, 변제할 때에 채권자의 행위(예를 들면 인수)가 필요하다는 것이 아니고, 채무자가 변제를 하기 전에 채권자가 어떠한 행위를 할 필요가 있는 경우를 가리킨다. 예컨대 계약에서 채권자가 이행장소·기일을 지정하기로 약정한 경우 등이다. 그렇지만 어느 정도로 필요하느냐는 문제가 여전히 남아 있다. 원칙적으로 채무자는 변제(계약이행)준비를 완료하여 이 사실을 채권자에게 통지하고 그 변제수령을 최고하면 충분하다. 그렇다면 매매계약에서 매수인이 계약이행에 비협조적인 때 매도인에게 요구되는 이행제공의 정도는 어디까지일까? 판례는 수령거절의사가 확고하다면 구두의 제공도 필요 없다고 한다(2001다79013). 결국 구두의 제공은 현실의 제공이 무의미하고(①의 경우) 혹은 불가능한(②의 경우) 때에 인정된다는 뜻이다.

더욱이 똑같이 구두의 제공으로 좋다고 해도, ①과 ②에서는 그 내용에 차이가 있다는 것도 지적되고 있다.[30]

① "채권자가 미리 변제 받기를 거절한 경우"에 관한 판례를 살펴보자. 쌍무

계약관계에서 일방이 채무이행 거절의사를 명백히 표명한 때(이행거절)에 관한 94다16083의 사안과 판지는 다음과 같다.

사실관계 3.2.1 명백한 이행거절과 구두의 제공 [94다16083]

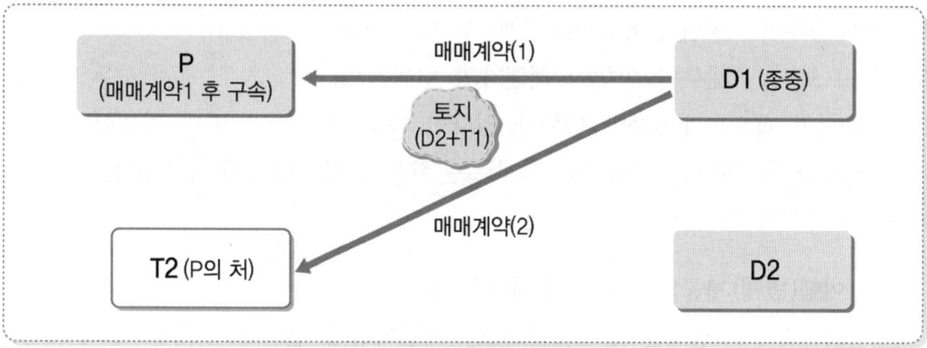

(1) P는 D1 종중으로부터 토지(D2 및 T1 공동명의)를 매수하는 계약을 체결하였다. 그러나 P가 계약금만 지급하고 잔대금 122,132,000원을 지급기일이 도과하여 지급하지 못한 채 구속되면서 소외 T2(P의 처)와 위 매매계약을 무효로 하는 대신 매매대상을 D2 명의 토지(1/2 지분)로 한정하고, 매매대금도 본래 금액의 1/2로 하는 갱신계약을 체결하였다. (2) 그러나 P는 갱신계약의 무효를 주장하면서 당초 매매계약의 토지 전체에 관한 소유권 이전을 요구하였으나 계약 체결 후 3년여 기간 동안 대금지급에 관해 일체 침묵하였다. 그러므로 D1은 갱신계약에 기한 잔대금 미지급을 이유로 갱신계약의 해제를 최종적으로 통지하였다. 이 사건에서 쟁점은 쌍무계약관계에서 일방이 채무이행거절의사를 표명했을 때 계약해제를 하기 위해 자기의 반대채무의 이행제공이 요구되는지 여부이다.

대법원은 이 사건에 적용할 기본적인 전제(법리)로 다음과 같이 판시하였다. "쌍무계약에서 당사자 일방이 미리 그 채무를 이행하지 아니할 의사를 명백히 표시한 경우 상대방은 그 이행최고나 자기 채무의 이행제공이 없이도 계약을 해제할 수 있다. 이러한 채무를 이행하지 아니할 의사의 표명여부는 계약이행에 관한 당사자의 행동과 계약 전후의 구체적인 사정 등을 판단하여야 한다. 당사자 일방이 자기의 채무의 이행을 제공을 하지 않더라도 상대방의 이행지체를 이유로 계약을 해제할 수 있는 것으로, 매수인이 이를 번복할 가능성이 있다고 볼 만한 다른 특별한 사정이 없는 한, 이러한 경우까지 매도인에게 매수인을 이행지체에 빠뜨리기 위하여 구두제공의 방법으로라도 자기의 반대채무를 이행 제공할 것을 요구할 것은 아니다" 판시하였다.

이 사건에서 P는 갱신계약상 대금지급의무의 이행을 거절할 의사를 표명하던 것이다. 여기서 주제(point)는 명백한 이행거절을 한 때는 구두의 제공조차 필요 없다는 것이다. 일본 최고재판소 판례는 ①의 경우에는 채권자의 거절이 완고하다면 구두의 제공조차 필요도 없다고 하고 있다(最大判昭 32.6.5. 民集 11券6号, 915頁〈156〉)(임대차의 존속을 에워싸고 계쟁중인데 임대인의 수령거절의 의사가 명확하다고 하여, 임차인의 구두의 제공이 없어도 이행지체로는 되지 않는다고 하였다).

다음으로 ② "채무의 이행에 채권자의 행위를 요하는 경우"에는 구두의 제공으로 좋다고 해도, 채권자의 행위가 있다면 바로 채무자는 변제 가능한 상태에 두지 않으면 안 된다는 것이므로 실제로는 현실의 제공이 요구되고 있는 것과 그다지 큰 차이가 없다.

나. 이행(변제)제공의 효과 – 변제의 수령

이상과 같이 채권자는 채무자에 의한 채무이행에 협력하지 않으면, 채무자의 책임이 경감되는 한도에서 불이익을 받는다. 앞에서도 서술한 것같이 변제의 제공이 있다면 채무불이행책임은 발생하지 않고, 동시이행항변권도 없어진다. 그러면 채권자는 이 이상의 불이익을 받는 때는 없는가. 만약 있다고 한다면, 그러한 경우에 대한 근거는 어디서 찾을 수 있는가. 이것이 다음 문제이다. 이 점에 관해 400조에 주의할 필요가 있다. 동조(同條)는 채권자에 의한 수령거절 혹은 수령불능이 있는 경우에는 채권자는 지체책임을 진다고 규정하고 있지만, 책임의 내용은 명백하게 정하고 있지 않다. 쉬운 예를 들어 보자. 청과상 A는 B로부터 전화로 과일 1박스를 주문 받았다. A는 이를 출하하여 약속시간에 B의 자택으로 운송하였다. B는 자택에서 현금을 준비하지 못해 수령을 거절하였다. A는 할 수 없이 이것을 가지고 상점으로 돌아왔는데, 과일이 부패하여 타 고객에게 매각하였다. A로서는 어떠한 대응방안이 있는가?

위 사례에 대한 정답을 구하기 전에 눈을 돌려 먼저 400조를 둘러싼 제학설[31]에 관해 살펴보자. 참고로 학설은 이 점에 관해 서로 다른 2개의 견해가 대립되어 있지만, 쟁점은 2가지이다. 첫째 쟁점은 채권자의 의무의 성질을 어떻게 고찰하느냐인데 여기에 대해 수령의무를 인정하는 견해와 인정하지 않는 견해가 대립하고 있다. 수령의무를 인정하는 견해는 수령지체를 채권자의 의무불이행으로 파악하는 데 대해, 이것을 인정하지 않는 견해는 수령지체는 변제제공의 효과를 채권자 입장에서 보고 이를 규정한 데 지나지 않는다고 한다. 일반적으로 전자를 채무불이행설[32], 후자를 법정책임설[33]로 부르고 있다. 둘째 쟁점은 의무의 내용을 어떻게 생각하느냐이지만 법정책임설은 수령지체의 효과로서, 특정물보관의무의 경감, 증가비용의 채권자부담(403조), 위험의 이전(401조)의 3가지를 들고, 공평의 사상 내지 신의성실의 원칙에 입각하여 주장하고 있다. 그렇지만 이것들은 동시에 변제제공의 효과이기도 하다. 한편 채무불이행설은 이것들은 변제제공의 효과이고, 수령지체의 고유한 효과는 채무자에 의한 손해배상청구와 해제가 가능하다는 점에 있다고 한다. 그리고 채권·채무관계는 2조 1항의 신의칙에 기한 협력의무로서 채권자가 목적물을 수령하여야 할 의무도 부담한다고 주장한다.

한편 400조 고유의 존재의의를 줄 수 있는 채무불이행설에 큰 매력이 있지만, 채권자에게 수령의무가 있다고 생각하는 방법에는 저항이 크다고 아니할 수 없다. 일본 최고재판소 판례는 일반론으로서는 법정책임설을 취하고 있다[34]고 말하고 있지만 계속적매매계약에 관하여 신의칙을 이유로 수령의무를 인정하여 손해배상책임을 지도록 한 예도 있다.[35] 참고로 학설은 이러한 판례의 태도를 받아들여 최근 법정책임설을 취하면서도, 계약해석에 의해 수령의무를 인정한 견해(절충설)가 보인다.[36] 그러나 이 견해는 계약해제나 손해배상을 이끄는 것 같은 수령의무를 인정해야 하는 경우는 한정되어 있다는 인식에 서 있다는 점에서는 정당하다고 생각되지만, 해석론으로서는 수령의무를 인정해야 할 경우도 있다는 것을 나타내는 규정으로서 400조를 평가하는 것도 가능하다고 하는 것같이 생각된다.[37] 어쨌든 이 규정은 세련되지 않은 규정이고, 해석을 둘러싼 어려운 문제를 품고 있는 것은 확실하다.

그러면 여기서 위에서 설명한 것을 좀 더 이해하기 위해 눈을 돌려 변제의 제공과 위험의 이전에 관해 살펴보자. 변제제공의 효과는 급부의무의 존속이다. 그리고 채무자는 고의 또는 중대한 과실에 대해서만 책임을 진다(401조). 쌍무계약에서 위험의 이전으로 채무자의 급부의무는 소멸하나 채권자의 반대의무는 소멸하지 않는다(538조 1항 후문). 그리고 이자의 정지 및 증가된 보관비용 등은 채권자가 부담한다(402조). 그러므로 변제제공의 중요한 효과는 채권자지체 중에 채무자는 고의 또는 중대한 과실이 없으면 불이행으로 인한 모든 책임이 없다(401조)는 점이다.

일본 최고재판소 판례는 다시 변제의 제공으로 되돌아가서 제한종류채권을 설명할 때에 언급된 타르 매매 사건에서, 구두의 제공이 있었기 때문이라고 말하고, 특정되었다고만은 할 수 없다고 해서 원판결을 파기했지만, 파기환송심은 특정된 것은 아니라고 하면서도, 이 타르가 후에 모두 멸실되었기(다른 곳으로 반출되었다) 때문에 이행불능이 발생하였다고 전제한 후, 채무자(타르의 매도인)에게는 귀책사유가 없다고 판시하였다(채권자의 계약해제 주장을 배척하였다). 여기서부터 다음 생기는 것은 위험부담의 문제로 되지만, 종류채권의 경우에는 특정 당시에 위험이 이전한다고 한다면, 이 사건에서 위험부담을 하는 쪽은 채무자인 것으로 된다(대금을 청구할 수 없다).

그러나 이와 같은 고찰방법과 위험이전은 변제의 제공 또는 이행거절의 효과가 아니냐는 고찰방법 사이에는 모순은 없느냐는 의문이 생긴다. 여기에서 위험의 이전이 변제의 제공 또는 이행의 거절로 연동하지 않는 것을 정면으로 인정해야 할 것이다. 특정시와 변제제공 또는 이행거절의 시점이 빗나가는 경우는 특수한 케이스이고, 변제제공, 이행거절의 일반적인 효과를 서술한 때에는 사상(捨象)되고 있다고 말하지 않을 수 없다.[38]

2. 변제에 대신하는 행위

변제 그것이 없는 경우 등에는 일정한 요건을 기초로 하여 본래의 변제는 아닌 행위를 함으로써, 변제와 같은 효과가 얻어지는 것이 있다.

가. 대물변제

채권의 본래의 내용인 급부에 대신하여 이것과는 다른 급부를 하는 것을 대물변제라고 한다. 예를 들면 금전을 지급하는 대신 그것에 걸맞은 가치를 지닌 물건을 양도한다는 것이 그 예이다. 법적성질은 유상·요물계약이다(통설·판례). 채무자가 자기 멋대로 이행해도 그것이 채무의 내용에 좇은 이행(변제)이라고는 말할 수 없지만, 채권자의 승낙을 얻어 이행한 때는 그럼으로써 변제와 같은 효과가 생긴다(466조). 대물변제는 당사자의 합의에 기초하여 계약내용(채권의 내용)이 변경되고, 이것에 기초하여 이행했다고 보는 것도 가능하다. 그렇다면 뒤에서 설명할 예정인 경개라고도 말할 수 있다(500조).[39] 그러나 대물변제는 합의와 이행이 동시에 행해지는 점에 그 특색이 있고, 또한 법제사적으로 살펴보면 경개와는 다른 연혁을 지니고 있다.

그렇지만 오늘날 대물변제는 그것 자체로서 그다지 중요한 의미를 지니고 있지 않다. 이에 반해 대물변제예약은 채권담보의 방법으로서 실무에서 꽤 자주 사용되고 있다(오늘날 가등기담보로 불린다). 이것에 대해서는 교과서에서 비전형담보의 하나로 설명하고 있으므로 여기에서는 더 들어가지 않는다.

나. 변제공탁

변제에 준하는 것으로 공탁에 관해 언급해 두자. 채무자는 채권자에 대해 계약에 따라 변제하는 대신에 공공기관인 공탁소에 변제의 목적물을 공탁함으로써 채무를 면할 수 있다. 공탁소는 채권자에 대신하여 이것을 보관한다(488조, 487조). 이것을 일반적으로 공탁이라 부르지만,[40] 담보・보증 등 다른 목적을 위한 공탁도 존재하는데, 이것들과 구별하기 위해 변제공탁이라고 부르기도 한다. 그리고 공탁의 법적성질에 관해 참고로 학설은 제3자를 위한 공탁자(채무자)와 공탁소 간의 임치계약이라고 하지만 판례는 공탁소의 수탁처분에 의하여 이루어지므로 공법관계라고 파악한다(91다39429).

(1) 공탁의 요건

공탁은 모든 채무에 대해서 할 수 있는 것은 아니다. 그 대상은 공탁소가 맡을 수 있는 것에 한정된다. 따라서 급부의 대상이 채무자의 작위・부작위의 경우에는 공탁은 생각되지 않는다. 가장 흔한 공탁의 대상이 되는 것은 금전이다. 공탁에 적합하지 않는 물건, 멸실・훼손의 염려가 있는 물건, 보존에 과분한 비용이 드는 물건(차례로, 거대한 물건, 야채, 가축 등)에 관해서는 변제자는 법원의 허가를 얻어 목적물을 경매하거나 시가로 방매하여 그 대가를 공탁할 수 있다(490조). 변제공탁이 허락되는 것은 첫째, 채권자가 변제의 수령을 거부하고 있는 경우(①) 둘째, 채권자가 수령하는 것이 불가능한 경우(②. 487조 1문) 셋째, 과실 없이 채권자를 확지하는 것이 가능하지 않은 경우(③. 487조 2문)이다. ①의 경우에 구두의 제공을 필요하는지 여부에 관해 논의가 있지만, 판례는 이것을 요구하고 있다. 그 이유에 관해서는 채권소멸의 효과가 생기는 이상, 채무자로서는 해야 할 일을 다한 다음 공탁에 호소하여야 한다는 것으로 설명되고 있다. ②에 대해서는 채권자의 재산이 압류된 때(이때에는 채권자에 대한 변제는 금지된다. 민사집행법 227조 1항을 참조해 주기 바란다. 뒤에서 설명한다)에는 공탁할 수 있느냐에 관해 견해가 대립되어, 공탁실무는 이것을 인정하고 있지 않았다. 이러한 실무에 관해 학설의 반대도 있고, 오늘날 민사집행법 248조 1항, 291조에 따라 공탁할 수 있는 것으로 되어 있다(다만 정확히는 이것은 집행공탁의 일종으로서 변제공탁은 아니다). ③의 예로서는 채권양도의 효력이 다투어지고 있는 경우 복수의 채권양수인 사이에 우선권이 다투어지고 있는 경우 등을 들고 있다(이 부분에 관해서는 뒤에서 본다). 판례는 특정채권에 대하여 채권양도의 통지가 있었으나 그 후 통지가 철회되는 등으로 채권이 적법하게 양도되었는지 여부에 관해 의문이 있는 경우(2006다56015)를 들고 있다. 아울러 비슷한 예로서 양도금지특약에 반하여 채권양도가 이루어졌지만 채권자가 압류를 받은 경우에 공탁하는 것은 민사집행법(248조 1항)상의 집행공탁의 일종(2000다55904)이라고 한다.

96다11747(전)의 사안과 판지는 다음과 같다.

사실관계 3.2.2 절대적 불확지공탁 [96다11747(전)]

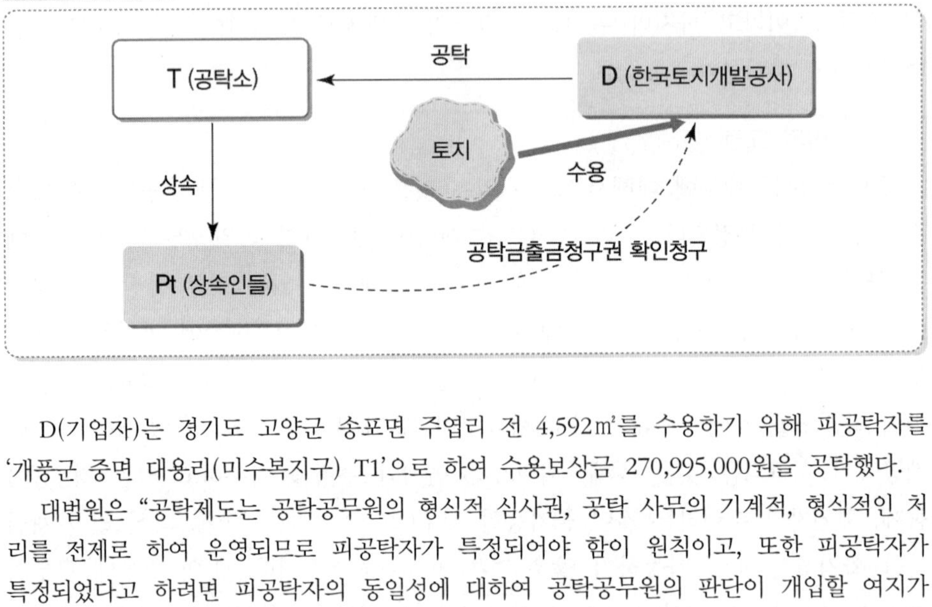

D(기업자)는 경기도 고양군 송포면 주엽리 전 4,592㎡를 수용하기 위해 피공탁자를 '개풍군 중면 대용리(미수복지구) T1'으로 하여 수용보상금 270,995,000원을 공탁했다.

대법원은 "공탁제도는 공탁공무원의 형식적 심사권, 공탁 사무의 기계적, 형식적인 처리를 전제로 하여 운영되므로 피공탁자가 특정되어야 함이 원칙이고, 또한 피공탁자가 특정되었다고 하려면 피공탁자의 동일성에 대하여 공탁공무원의 판단이 개입할 여지가 없고 그 공탁통지서의 송달에 지장이 없는 정도에 이르러야 한다. 그리고 채권자가 특정되거나 적어도 채권자가 상대적으로나마 특정되는 상대적 불확지의 공탁만이 허용될 수 있고, 채권자가 누구인지 전혀 알 수 없는 절대적불확지공탁은 허용되지 아니하는 것이 원칙이다. 하지만 토지수용법 제61조 제2항 제2호는 토지수용의 주체인 기업자가 과실 없이 보상금을 받을 자를 알 수 없을 때에는 절대적불확지공탁이 허용됨을 규정하여, 기업자는 그 공탁에 의하여 보상금 지급의무를 면하고 그 토지에 대한 소유권을 취득하도록 하고 있다. 따라서 이와 같이 절대적불확지공탁을 예외적으로 허용하는 것은 공익을 위하여 신속한 수용이 불가피함에도 기업자가 당시로서는 과실 없이 채권자를 알 수 없다는 부득이한 사정으로 인한 임시적 조치로서 편의상 방편일 뿐이므로, 기업자는 공탁으로 수용보상금 지급의무는 면하게 되지만, 이로써 위에 본 공탁제도상 요구되는 채권자 지정의무를 다하였다거나 그 의무가 면제된 것은 아니"라고 했다(96다11747(전)).

나아가서 판례는 제3채무자가 채권양도의 통지와 채권가압류 및 압류결정의 송달이 경합하자 채권자를 확지할 수 없다고 해서 변제공탁에 관한 487조와 아울러 채권의 압류 및 가압류에서 제3채무자의 집행공탁에 관한 민사집행법 248조 1항, 291조를 근거로 혼합공탁(변제공탁+집행공탁)을 한 경우에도 각각 공탁의 효력이 발생한다고 한다(2006다74693).

공탁은 채무 이행지의 공탁소에 해야 한다(488조). 그래서 공탁을 하였다는 것을 지체없이 채권자에게 공탁 통지할 필요가 있다. 다만 통지가 늦어졌다고 해도 공탁의 효력에 영향은 없다.

(2) 효 과

공탁이 되면, 채무자는 채무를 면한다(487조). 채권자에게는 공탁소에 대해 공탁물을 교부하여 달라는 청구권(공탁물지급청구권)이 생긴다(공탁사무처리규칙 29조 이하). 조문에 규정은 없지만 공탁의 취지로부터 당연한 것으로 해석되고 있다. 다만 채무자가 동시이행항변권을 가지고 있는 때에는 채권자는 자기의 채무의 이행을 하지 않으면 공탁물을 수령할 수 없다(491조, 공탁법 9조). 이때 채권자는 공탁소에 대해 자기의 채무이행이 완료되었다는 것을 증명할 필요가 있다.[41] 공탁이 개재되어도 동시이행의 관계는 확보하고자 하는 사고방식에 따른다. 더욱 채권자가 공탁을 수락할 때까지 채무자는 공탁물을 되찾아갈 수 있다(489조). 공탁을 유효로 하는 판결이 확정된 경우와 공탁에 의해 질권·저당권이 소멸된 경우에는 관계자의 이익 보호의 관점에서 공탁취하는 허락되지 않는다(489조 2항).

Ⅲ. 이행(변제) 제공의 효과

1. 채무의 소멸

변제 혹은 그에 준하는 행위가 이루어지면 채무는 원칙적으로 소멸한다. 이것이 변제의 주된 효과이다. 이것도 명시적인 규정은 없지만 성질상 당연한 것으로 생각되고 있다(규정을 굳이 들고자 하면 공탁에 관한 487조를 들 수 있다. 예외규정이 원칙을 함의(含意)한다). 변제의 효과에 관해서는 다음과 같은 문제가 생긴다.

가. 변제충당

P의 D에 대한 채무가 하나인 경우 변제가 이루어진다면 그것은 하나밖에 없는 그 채무에 대한 변제인 것은 분명하다. D의 P에 대한 100만 원의 채권에 대하여 100만 원의 변제가 이루어진 경우는 물론(전부변제), 50만 원의 변제가 이루어진 경우에도 그 효과는 같다(일부변제). 그렇지만 P의 D에 대한 채무가 복수인 경우(A채권, B채권이라고 하자)에는 어떻게 될까? 50만 원의 채무가 2개인 경우를 생각해 보자. 여기에 대해 P가 100만 원을 지급한다면 2개의 채무는 함께 소멸하므로 특히 문제는 없다. 그러나 지급된 것은 50만 원뿐인 경우는 어떤가? 이 경우 변제에 의해 소멸하는 것은 A채권인가 B채권인가? 이 같은 때 이루어진 변제를 채권에 할당(割當)하는 조작을 변제충당이라 한다.

(1) 변제충당의 의의

이 경우 A채권, B채권의 어느 쪽이 소멸되어도 같지 않느냐고 생각하는 사람이 있을지도 모른다. 어느 쪽이든지, 50만 원분의 채무가 소멸하는 것이기 때문이라는 의미이다. 그러나 A채권이 남느냐 B채권이 남느냐가 P와 D의 이해에 큰 영향을 미치게 하는 점도 있다. 예를 들면 A채권은 무이자, B채권은 연리 20%로 하자. 이 경우 채무자 P로서는 우선 B부터 없어지길 바란다. 혹은 A는 저당권부채권이고 B는 저당권이 없다면, 채무자 A로서는 A부터 소멸되길 바란다고 생각할 것이다.

이같이 채권의 성질에 의해 P · D의 이해에 영향이 생긴다는 이유이지만, A도 B도 금전채권인 것이 여기에서의 논의의 전제이다. 당연하지만 채무자가 동일한 채권자에 대하여 같은 목적 · 종류의 수개의 채무를 부담한 경우에 변제충당의 문제가 생기는 것이므로 어느 한쪽이 특정물채권이고 다른 쪽이 금전채권인 때와 같이 서로 다른 종류의 채권인 때에는, 그것들 사이에서 변제충당문제는 생기지 않는다. 다시 말하면 동종의 권리 · 의무(채권 · 채무)에 관해 전체 채무를 소멸시키기에는 부족한 변제가 이루어진 때에 비로소 변제충당이 문제된다(476조).

더욱 채무는 1개이지만 변제로서 수개의 급부가 이루어진 경우에(10월 입금의 할부매매에서 8월분만 입금된 경우 등) 채무 전체를 소멸시키는 데는 충분하지 않은 변제가 이루어진 때에도 변제충당이 문제로 된다.

(2) 변제충당의 순서

변제충당의 순서는 당사자의 합의로 결정되면 그것으로 좋다. 한편, 비용, 이자, 원본에 대한 변제충당에서 충당의 순서 및 당사자의 명시적 혹은 묵시적 합의에 의한 임의충당도 가능한가? 이에 관해 대법원은. 비용, 이자, 원본에 대한 변제충당에 있어서는 민법 제479조에 그 충당 순서가 법정되어 있고 지정 변제충당에 관한 민법 제476조는 준용되지 않으므로 원칙적으로 비용, 이자, 원본의 순서로 충당하여야 하고, 채무자는 물론 채권자라 할지라도 위 법정순서와 다르게 일방적으로 충당의 순서를 지정할 수는 없으나 당사자 사이에 특별한 합의가 있는 때나 당사자의 일방적인 지정에 대하여 상대방이 지체 없이 이의를 제기하지 아니함으로써 묵시적인 합의가 되었다고 보이는 때에는 그 법정충당의 순서와는 달리 충당의 순서를 인정할 수 있다(2009다12399)고 했다. 그러나 변제충당에 관한 합의가 존재하지 않고 또 성립되지 않는 때도 있는데, 민법은 이에 대비해서 임의규정을 두고 있다. 2단계의 규칙이 두어져 있다. 지정에 의한 충당이 제1단계이다. 우선 어떤 채무에 충당하는가는 변제자가 변제할 때 지정해야 하는 것으로 되어 있다(476조). 변제를 하는 자는 변제자이기 때문이라는 것이 그 이유이다. 그러나 변제자가 변제할 채무를 지정하지 않은 때는 변제수령자가 수령할 때 충당할 수 있지만, 이에 대해 변제자가 그 즉시 바로 이의를 진술하면, 수령자에 의한 변제충당은 실효한다(476조 2항). 변제자의 의사에 반한 충당은 저지되는 것이다. 단지 다시금 지정권이 변제자에게 돌아간다는 뜻이 아니라 이때는 아래에서 자세히 보겠지만 법정충당이라는 제2단계의 규칙이 발동된다(통설). 법정충당의 규칙은 채무자의 의사를 정형적으로 추측한 것이라고 평가되어 있지만, 이 규칙이 발동되기에 이르면 채무자는 이것과는 다른 의사표시를 더 이상 할 수 없다. 이상의 관계를 도식으로 보여준다면 다음과 같다(도표 3.2.1).

도표 3.2.1 충당의 과정

그러면 법정충당의 규칙의 내용을 살펴보자. 변제기에 관해 변제기에 있는 채무와 변제기에 없는 채무에는 전자부터(477조), 모두 변제기에 있는 경우, 모두 변제기에 없는 경우에는 변제의 이익이 큰 채무부터(동조 2호) 충당하고, 변제이익에 관해서는 변제이익이 같은 경우에는 변제기가 먼저 도래하는 것부터(동조 3호) 먼저 충당한다. 이상의 규칙에서 정해지지 않는 경우에는 채무액에 맞추어 충당한다(동조 4호). 채무자는 보통 이와 같이 생각하리라고 평가한다는 의미이다. 이상은 원본채권만을 염두에 둔 것이고, 원본채권 이외에 이자채권, 비용채권이 존재하는 때에는 비용, 이자, 원본의 순으로 충당한다(479조 1항). 그런데 원본뿐 아니라 지연이자도 지급할 의무가 있는 채무자가 그에 미치지 못하는 이행제공을 하면서 이를 원본에 대한 변제로 지정한 경우에는 어떻게 될까? 그 지정의 효력에 관해 대법원은, 채무자가 이행지체에 빠진 이상, 채무자의 이행제공이 이행지체를 종료시키려면 완전한 이행을 제공하여야 하므로, 채무자가 원본뿐 아니라 지연이자도 지급할 의무가 있는 때에는 원본과 지연이자를 합한 전액에 대하여 이행의 제공을 하여야 하고, 그에 미치지 못하는 이행제공을 하면서 이를 원본에 대한 변제로 지정하였더라도, 그 지정은 민법 제479조 제1항에 반하여 채권자에 대하여 효력이 없으므로, 채권자는 그 수령을 거절할 수 있다(2003다22042)고 했다. 이 규칙은 채무자의 이익이 아니고 채권자의 이익에 착안한 것이다. 판례도 같은 취지이다(2002다12871,12888). 먼저 원본을 소멸되게 하는 것에는 채권자는 불리하게 된다는 의미이다. 더욱 비용상호, 이자상호, 원본상호 사이에는 477조의 규칙이 준용된다(479조 2항).

나. 무효변제

채무의 내용에 따른 변제가 이루어지면 그 변제는 통상 유효하고 그 결과 채무는 소멸한다. 그러나 변제가 무효로 되는 때도 있다. 예를 들어 보자. S는 A에 대하여 1억 원의 채무를 부담하고 있는데, A가 사망하자 실자(實子) B가 그 상속인이 되었다. 그런데 S는 A의 부인 C가 청구하자 이에 채무를 변제하였다. C는 위 1억 원을 A가 D에 대하여 지는 채무를 변제하는 데 충당하였다. S에 대한 채권을 A로부터 상속한 B는 위 금원을 다시 S에게 청구할 수 있는가? 어떻게 판단해야 할지 그리 쉽지는 않다. 변제해야 하지 않을 자(채무자가 아닌자)가 변제한 경우 변제를 받지 말아야 하는 자(채권자가 아닌 자)가 변제를 수령한 경우에 관한 문제는 뒤에서 취급하는데 여기서는 먼저 그 밖의 문제를 다루어 둔다. 2개이다.

하나는 변제로서 타인의 물을 인도한 경우이다.

도표 3.2.2-1 타인물로 변제한 경우(현존)

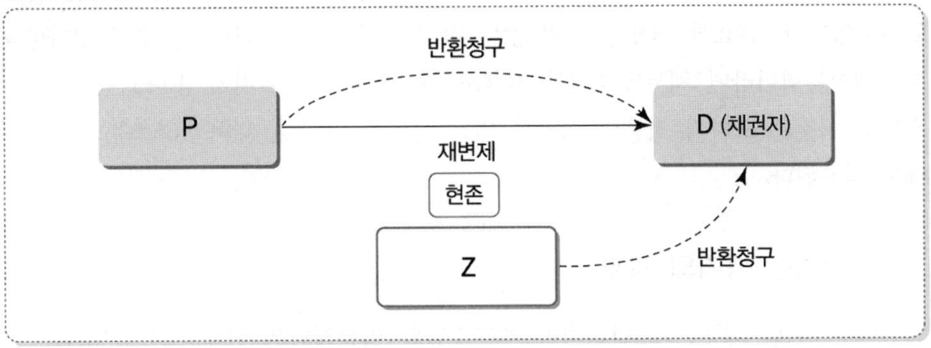

목적물이 현존하는 경우 목적물소유자(Z)는 권리를 상실하지 않는 것이 원칙이고, 변제수령자(채권자 D)에 대해 반환청구할 수 있다(도표 3.2.2-1). 따라서 채권의 목적을 달성하지 않는 이러한 변제는 유효한 변제라고 말할 수 없다. 이 경우 변제자(P)도 수령자에 대해서 목적물의 반환청구를 할 수 있지만, 대신에 유효한 변제를 할 필요가 있다(463조). 결국 수령자는 유효한 변제가 되지 않는 한, 변제자에 대해서 최초에 급부된 목적물을 반환하지 않아도 좋다.

도표 3.2.2-2 타인물로 변제한 경우(소비 · 양도)

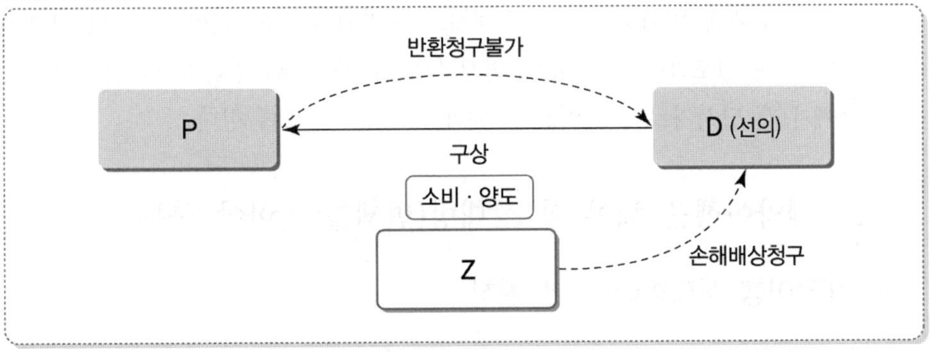

한편, 채권자(D)가 선의로 목적물을 소비한 경우나 양도한 때 그 변제는 유효하게 된다(465조). 단지 선의취득(선의취득에 대해서는 재산법에서 강의하고 있으므로

자세히 설명하지 않는다)이 성립하지 않은 때에는, 변제는 유효해도 권리자(Z)로부터 손해배상청구를 받는다는 것이 저지되지 않는다(도표 3.2.2-2). 그래서 이때에는 변제수령자(D)는 변제자(P)에 대해 구상청구를 할 수 있다(465조 후단).

또 하나는 양도에 대해 제한능력자가 변제한 경우이다. 이와 같은 변제는 취소할 수 있지만, 유효한 변제를 하지 않는 한 목적물을 도로 찾아 올 수는 없다(464조). 제한능력이라면 채무발생원인 자체도 취소가능하다는 것이 많다고 할 수 있으므로 이것은 그다지 적용의 여지가 있는 규정은 아니다. 더욱 465조는 이 경우에도 적용된다.

2. 변제한 증거의 교부

변제가 되면 채무는 소멸하지만 채무소멸의 입증책임은 변제자 쪽에 있다. 그런 까닭에 그 입증을 쉽게 하기 위해 민법은 변제의 증거의 교부에 관한 2가지 규정을 마련하고 있다. 우선 변제자는 수취증서(영수증)를 청구할 권리를 가진다(474조). 또한 변제자는 채권증서(차용증 등)의 반환청구권을 가진다(475조). 모두 임의규정이고, 민법의 레벨에서는 계약으로 이것과 다르게 합의할 수 있다(그러나 대부업법 6조 5항은 474조 영수증 교부청구권을 강행규정으로 하고 있다).

제 2 항 계약이행(변제)의 당사자

제1항에서는 계약의 이행과 그 과정(변제의 과정)에 대하여 설명하였다. 거기에서는 누가 누구에게 변제해야 하느냐(변제의 당사자)는 묻지 않았다. 제2항에서는 이 문제에 관해 검토한다. 변제에는 변제를 받는 자(변제수령자)와 변제를 실시하는 자(변제자)가 당사자로서 관여한다. 차례대로 살펴보도록 한다.

Ⅰ. 계약이행을 해야 할 상대방(변제를 받아야 하는 자)

1. 계약이행 상대방에 관한 원칙

우선 원칙에서 출발해보자. 변제를 받아야 하는 자는 채권자이어야 한다. 바꾸어 말하면 예컨대 매매계약에서 이행을 해야 할 상대방은 매매계약을 체결한 당사자이다. 채권자 이외의 자에 대하여 변제가 된다고 해도 그것은 유효한 변제라고는 말할 수 없고, 그러기에 채무는 소멸하지 않는다. 하지만 채권의 수령권한이 부여된 자는 채권자 본인과 동일하게 본다. 추심권한을 수여 받은 채권자의 대리인(추심위임이라고 한다. 후에 관련된 부분에서 설명한다) 혹은 파산관재인 등이 그 예이다. 이상을 정리하면, 변제수령자=채권자 또는 그 대리인이라는 도식으로 설명할 수 있다. 이것은 채권의 성질로부터 당연히 끌어낸 것이고, 명문의 규정이 없다. 단지 후에 서술할 예외규정은 이것을 암묵적으로 전제하고 하고 있다. 예를 들면 470조의 전제로, 변제받을 권한이 없는 자에 대한 변제는 무효라는 고찰방법이 있는 것은 규정상으로 명확하다(이 규정에 대해서는 나중에 다시 언급하겠다).

2. 권리자에 대한 무효변제 – 제1 예외

이상의 원칙에는 예외가 있다. 첫째, 채권자의 수령 권한이 박탈되어 있는 때이다. 예를 들면 ① 채권이 압류 또는 가압류된 경우(민집 227조, 296조 3항), ② 채권이 질권의 목적인 경우(352조 이하), ③ 채권자가 파산・(개인)회생절차가 개시된 경우(회 384조, 131조, 582조)이다. 이때는 권리자인 채권자에게 변제가 이루어져도, 당해 변제는 유효한 변제라고는 말할 수 없다. 구체적으로 압류된 채권에 대한 변제가 한 예이다. 이것을 알기 쉽게 도표로 표시해 둔다(도표 3.2.3).

도표 3.2.3 압류된 채권의 변제와 그 법률관계

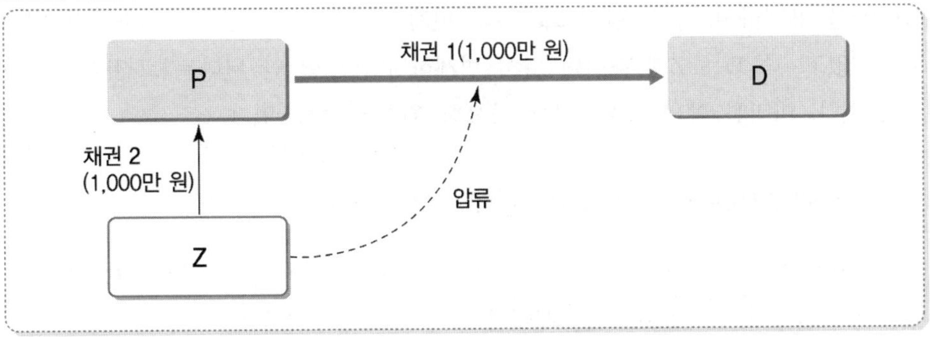

그러면 여기서 위에서 설명한 것을 이해하기 위해 눈을 돌려 먼저 압류의 처분금지효가 어떤 것인지 먼저 보자. 도표를 보면서 설명해 보자. Z가 P에 대한 1,000만 원 채권에 근거하여, P의 D에 대한 1,000만 원의 채권에 대한 강제집행을 하기 위해, Z는 이를 압류할 필요가 있다. 제3채권자인 Z의 신청으로 법원의

압류명령이 떨어지면, P는 당해채권을 처분할 수 없게 되고, 동시에 D는 P에 대한 변제를 할 수 없게 된다(민집 223조, 227조 1항). 금전채권을 압류한 채권자 Z는, 추심명령(推尋命令)이나 전부명령(轉付命令)을 신청할 수 있다. 결국 이 추심(=Z의 집행)의 전단계로서, P의 D에 대한 채권을 현상 그대로 고정하는 것이 압류이다.

2개의 문제점이 있는데 여기서는 문제의 소재만 지적해 두자. 첫째, 압류의 경합(민집 235조)이 있는 때에는 어떻게 되느냐는 문제가 있지만, 이것에 대한 자세한 설명을 생략한다.[42] 둘째, 압류의 경우에 더하여 채권자 P가 파산한 경우 Z가 P의 채권에 질권을 설정한 때도, P는 변제의 수령권한을 잃는데, 상세한 부분은 각각의 제도의 설명에 미룬다.

압류가 이루어져 변제가 금지됨에도 불구하고, D가 P에게 변제해버리면 어떻게 되는가? 제3채무자는 압류에 의하여 채무자에 대한 지급이 금지된다(민집 227조 1항). 이는 채권압류의 본질적 효력이다. 따라서 채무자에게 지급하더라도 이로써 압류채권자에게 대항할 수 없고, 압류채권자가 추심권을 취득하면 그에게 다시 지급하여야 하는 이중변제의 위험을 부담하게 된다. 이 경우 제3채무자는 변제를 받은 채무자에게 부당이득의 반환을 청구할 수 있다. 조문에는 압류채권자 Z는 자신이 받은 손해의 한도에서 다시금 D에게 변제를 구할 수 있다고 쓰여 있다(481조 1항). 현재의 판례・통설은 피해(被害)라는 고찰방법(모법인 프랑스법의 고찰방법[43])을 채택하지 않고, 단적으로 D의 변제는 Z에 대하여는 그 변제로서 대항할 수 없고, 즉 D는 Z에 대하여 다시 변제하지 않으면 안 된다는 고찰방법을 취하고 있다. 이러한 예외는 실무에서 중요한 위치에 놓여 있다.

3. 무권리자에 대한 유효한 변제 – 제2 예외

두 번째 예외는 앞에서 본 것과 정반대로 수령권한이 없는 자에 대한 변제가 있음에도 불구하고 유효로 되는 때이다. 다음의 2가지 경우가 있다.

가. 채권의 준점유자에 대한 변제[44]

진정한 채권자는 아니래도 채권자와 같이 보이는 자(표현채권자)를 채권자라고 믿고 변제를 하면 유효하게 된다(470조). 외관을 신뢰한 변제자를 보호하는 규정이다. 이 규정은 금융거래에서 매우 잘 활용되고 있는 규정이고, 실무에서 중요도가 매우 높다. 규정의 본래 취지를 서술한 뒤에 적용으로 생기는 현상에 관한 문제 몇 개를 들어서 약간 상세하게 설명해보자. 마지막으로 효과도 언급한다.

(1) 채권의 준점유자에 대한 변제 제도의 본래 취지[45]

이 규정에서 말하는 채권의 「준점유자」는 처음에는 상당히 제한적으로 이해·해석되고 있었다. 470조는 의용민법 재산편 457조에서 유래하지만 거기서는 표현상속인, 기명채권의 표현양수인을 들고 있었다. 현행민법에서도 이들은 중요한 위치에 놓여 있다. 판례에 나타난 채권의 준점유자에 관해 살펴보다. 먼저 참칭상속인에 관한 93다32200의 사안과 판지는 다음과 같다.

사실관계 3.2.3 **참칭상속인에 대한 변제 [93다32200]**

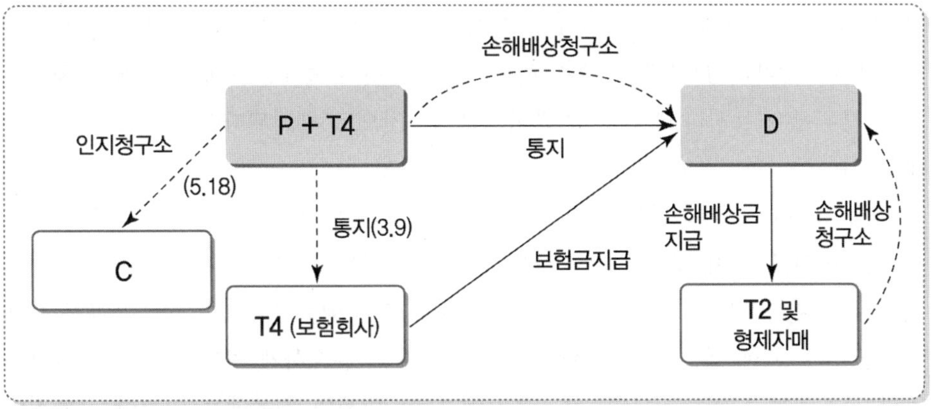

망 T1의 모와 T2, 그 형제자매는 T1이 D소속 덤프트럭(T3 운전)에 치여 교통사고로 사망하자, D를 상대로 손해배상청구소송을 제기하였고, P와 그 모인 소외 T4는 D와 소외 T2에게 P가 위 망인의 친생자이므로 위 망인에 대한 손해배상금을 소외 T2 등에게 3.9. 지급하지 말라고 통지하고, 5.18. 손해배상청구소송을 제기하였다. 그러나 T2는 9.24. D에게 보험금(손해배상금)을 지급하였다. (2) 이에 P는 망 T1의 친생자임을 주장하여 법원에 인지청구의 소를 제기하고 인용판결을 선고받았다. 여기서 쟁점은 인지판결이 확정되기 전 정당한 상속인이 채무자에 대하여 소를 제기하고 승소판결까지 받았다면, 그러한 표현상속인에 대한 변제가 채권의 준점유자에 대한 변제이냐이다.

이에 관해 대법원은 "채무자로서는 그 상속인이 장래 혼인 외의 자에 대한 인지판결이 확정됨으로 인하여 소급하여 상속인으로서의 지위를 상실하게 될 수 있음을 들어 그 권리행사를 거부할 수는 없다. 표현상속인 D에 대한 채무자의 변제는 특별한 사정이 없는 한 채무자가 D가 정당한 권리자라고 믿은 데에 과실이 없다. 채권의 준점유자에 대한 변제로서 적법하다" 판시하였다. 판결이유로 혼인 외의 자의 인지청구의 소가 확정될 때까지 채무자가 판결에 따른 이행을 하지 않고 상소하지 않으면 안 된다고 한다면 결국 부당한 항쟁을 조장하는 결과가 된다고 하였다.

결국 상속권이 있다고 생각하여 상속재산에 포함된 채권을 행사했지만, 실은 선순위의 상속인이 있어서 변제수령자에는 상속권이 없었다고 한 경우(배우자나 아들도 없이 사망한 피상속인의 아버지가 채권을 행사하였지만, 후에 피상속인이 혼인 외의 아들이 있다는 것이 판명된 예를 생각하라)나, 채권을 양수하였으므로 이것을 행사했지만 당해 채권양도가 무효로 된 때 등을 생각할 수 있다. 이 경우 470조의 취지는 채무자가 선의로 변제한 것이라면 이것을 보호하려고 한다는 뜻이다. 이렇게 처리하는 것은 채무자 P가 표현채권자 D에 반환청구를 해서 진정한 채권자 Z에게 다시 변제를 하는 것보다 변제를 유효한 것으로 해서 채권자를 보호하고, 나중에 Z부터 D에게 청구를 하도록 하는 것이 좋고, 그래서 이러한 처리는 많은 경우에 가능하다고 하는 판단이 있었던 것으로 생각된다(기호는 도표 3.2.3과 대응).

더욱 470조에 계속해서 471조는 470조가 적용되지 않고 준점유자에 대하여 유효한 변제로 되지 않는 때, 예컨대 변제의 목적물의 일부가 D로부터 Z에 인도된 경우(혹은 그것에 대응하는 이익이 Z에게 주어졌던 경우(D가 Z의 채무를 변제한다는 것이 그 예)에는 그 한도에서는 P의 변제를 유효하게 보자는 것이다. 471조와의 관계에서 470조를 보면, 준점유자에 대한 변제의 경우에는 이러한 구체적인 이익의 존부를 묻지 않고, 오히려 D와 Z 간의 결제를 요구하는 것이 더 합리적이라고 보는 것이 그 취지인 것같이 생각된다.

그러나 470조의 적용의 상황을 잘 관찰하면, 이상과 같은 해석과는 상당히 다른 해석을 하기에 이르고 있다는 것을 알 수 있다.[46] 왜냐하면 복잡하고 다양한 금융거래에서 준점유자 개념을 확장해서 소비자를 보호하려는 해석이 많이 나타나고 있기 때문이다.

(2) 채권의 준점유자 개념의 확장

첫째 준점유자의 개념의 확장이 두드러진다. 특히 일본 최고재판소 판례는 각종 채권증서의 지참인이 금융기관 등에 지급청구를 한 때에 관해 예금통장(저금통장)과 인감을 지참했던 자를 준점유자로 인정하고 있다.[47] 그렇기 때문에 신고된 인감을 지참한 것만으로는 부족하다. 한편 채권증서가 비록 위조되었던 적이 있었어도 위조된 채권증서 소지자도 준점유자에 해당된다 하고 있다. 이와 같은 준점유자 개념을 확장한 결과, D(표현채권자)가 통장 · 인감을 훔쳤거나 이것이 내다버려졌던 때에도, D에게 변제를 한 P(채무자)는 면책되는 것으로 되었다. 이 경우 금융기관이 채무자 P에게 하든 진정한(참) 채권자 Z에게 하든, 지참인 D로부터 금전을 되돌려 받는 것은 곤란하지만 현재의 판례법은 이러한 리스크를 Z가 지도록 하였다.

위에서 훔친 통장 소지자도 준점유자라고 보았는데, 절취된 예금통장으로 예금인출에 관한 2006다44791의 사안과 판지는 다음과 같다.

사실관계 3.2.4 예금통장절취와 예금인출 [2006다44791]

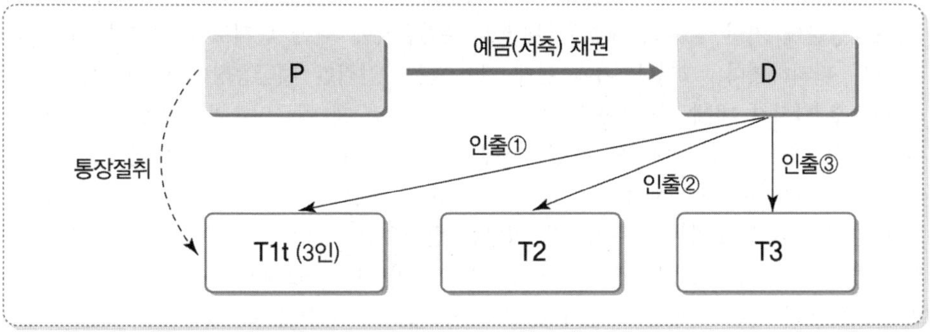

(1) P는 D 지점에 P 명의의 저축예금계좌를 개설함에 있어서 인감 및 비밀번호를 신고하였다. T1t(3인)이 공동으로 P의 집에 침입, 통장을 절취한 다음 통장의 비밀번호가 P의 집 전화번호 끝 네 자리임을 알아냈다. (2) 이에 ① T1t(3인)이 D은행으로부터 현금 2,500만 원 인출(제1예금인출)하고, ② T2로 하여금 다른 지점에서 현금 2,000만 원 인출(제2예금인출)하게 하고, ③ T3(성명불상의 여자)으로 하여금 다른 지점으로부터 현금 1,900만 원 인출(제3예금인출)하게 하였다. (3) D는 다음과 같이 주장했다. 예금거래기본약관에, 거래처가 통장으로 예금 · 이자를 찾고자 할 때에는 신고한 비밀번호 등 필요한 사항을 적고, 거래인감을 날인한 지급청구서를 제출하여야 한다. 다만 거래처가 PIN－Pad기에 직접 비밀번호를 입력하는 경우에는 지급청구서에 비밀번호의 기재를 생략할 수 있다(10조 1항). 또 은행은 예금지급청구서에 찍힌 인영을 신고한 인감과 육안으로 주의 깊게 비교 · 대조하여 틀림없다고 여기고, 예금지급청구서 등에 적힌 비밀번호나 PIN－Pad기를 이용하여 입력된 비밀번호가 신고 또는 등록한 것과 같아서 예금을 지급한 때에는 인감이나 서명의 위조 · 변조 또는 도용이나 그 밖의 다른 신고로 인하여 거

래처에 손해가 생겨도 그 책임을 지지 않는다(16조 1항). 다만 은행이 거래처의 인감이나 서명의 위조・변조 또는 도용 사실을 알았거나 알 수 있었을 때에는 그러하지 아니하다. 그러므로 청구자에게 정당한 변제수령권한이 없을 수 있다는 의심을 가질 만한 특별한 사정이 없다. P는 다음과 같이 주장하였다. 단순히 인감대조 및 비밀번호의 확인 등의 통상적인 조사에만 그칠 것이 아니라 당해 청구자의 신원을 확인하거나 전산 입력된 원고의 연락처에 연결하여 P 본인의 의사를 확인하는 등의 방법으로 그 청구자가 정당한 변제수령권한을 가지는지 여부를 조사하여야 할 업무상 주의의무를 부담하는 것이다. D의 직원들에게 이러한 주의의무를 다하지 아니한 과실이 있다. 여기서 쟁점은 은행 직원이 당해 청구자의 신원을 확인하거나 전산 입력된 예금주의 연락처에 연결하여 예금주 본인의 의사를 확인하는 등의 방법으로 그 청구자가 정당한 예금인출권한을 가지는지 여부를 조사하여야 할 '업무상 주의의무'를 부담하느냐이다.

이에 관해 원심은 "제1예금인출에 기한 금원의 교부는 채권의 준점유자에 대한 변제로서 그로 인하여 그 인출액만큼 원고의 예금채권이 소멸하였다. 그러나 제2예금인출과 제3예금인출에 기한 금원의 교부는 채권의 준점유자에 대한 변제로서 유효하다고 보기 어렵다" 판시하였다. 그러나 이에 관해 대법원은 "절취한 예금통장에서 제1예금인출이 행해진 후 단시간 내에 거래지점을 바꿔가면서 행해진 제2예금인출과 제3예금 인출에 따른 은행의 예금 지급이 채권의 준점유자에 대한 변제로서 유효하다. 정당한 예금인출권한을 가지는지 여부를 조사하여야 할 업무상 주의의무를 부담하는 것으로 보기 위해서는 그 예금의 지급을 구하는 청구자에게 정당한 변제수령권한이 없을 수 있다는 의심을 가질 만한 특별한 사정이 인정되어야 한다. 그러나 이 사건 제2예금인출 및 제3예금인출과 관련하여 위와 같은 특별한 사정이 존재하였던 것으로 인정할 수 있는지는 의문"이라고 판시하였다.

그런데 위 판례에서 보듯이 제2인출과 제3인출은 통장을 절취한 자들이 인출청구를 한 것이 아니라 제3자에게 부탁해서 제3자가 인출청구를 했다. 그러므로 이 부분에서 다소 의문이 있는 것은, 본인으로서(=자기를 위해 한다는 의사를 가지고)가 아니라 본인의 대리인으로서(=타인를 위해 한다는 의사를 가지고) 변제청구를 하는 때 그는 사칭대리인이다.[48] 다시 예를 들어 보자. A 명의 예금통장과 인감을 절도범 B가 A의 대리인을 사칭, 예금지급청구해서 C은행은 이를 지급하였다. 이때 가능한 주장은 C은행은 채권의 준점유자에 대한 변제라고 주장하고, A는 B가 무권대리이므로 민법적용이 없다고 할 수 있다. A의 주장은 인정되느냐이다. 채권자의 대리인이라고 칭하는 자가 채권을 행사하는 때는 어떻게 되는가? 이에 관해 대법원은 민법 제470조에 정하여진 채권의 준점유자라 함은, 변제자의 입장에서 볼 때 일반의 거래관념상 채권을 행사할 정당한 권한을 가진 것으로 믿을 만한 외관을 가지는 사람을 말하므로 준점유자가 스스로 채권자라고 하여 채권을 행사하는 경우뿐만 아니라 채권자의 대리인이라고 하면서 채권을 행사하는 때에도 채권의 준점유자에 해당한다(2004다5389)고 했다. 일본 최고재판소 판례는 본인으로서가 아니라 대리인으로서 환급을 청구하는 자(사칭대리인)도 준점유자에 포함된다고 하고 있다.[49] 그러나 참고로 학설은 사안을 엄격하게 살펴본다면 후자(대리인이라고 칭해서 지급청구를 한 때)에 대해서는, 자기를 위해 한다는 의사가 결여되어 있어서 준점유(210조)의 개념에서 벗어난다는 비판과 혹은 표현대리라면 귀책사유가 필요한데 여기에서 이것을 요구하지 않는 것은 해석상 균형을 잃어버렸다는 비판이 있다[50]. 그러나 학설의 대부분은 대리인이라고 칭했느냐 아니했느냐에 의해 취급이 달라져서는 안 된다고 하여 판례를 지지하고 있다.[51] 생각건대 표현적인 대리인이므로 표현대리규정을 적용해야 한다고 생각되지만[52] 변제제도라는 큰 틀에서 생각해보면 그러한 자가 본인이라고 사칭할까 대리인이라고 사칭할까 하는 그것 자체는 문제가 되지 않기 때문에, 470조에 의하여 처리하여야 할 것이다.[53]

그러면 여기서 위에서 설명한 것을 좀 더 이해하기 위해 눈을 돌려 채권의 이중양도와 준점유자에의 변제에 관해 살펴보자. 지명채권양도의 대항요건(채권은 원칙적으로 양도가 가능하지만 양도의 통지·승낙이 대항요건으로 되어 있고, 이중양도의 경우에는 확정일자의 통지·승낙의 선후에 의해 우열을 정한다)을 늦게 구비한(본래는 양수로서 대항할 수 없다) 양수인은 준점유자라고 말할 수 있느냐가 논의되고 있다. 일본 최고재판소 판례는 일반론으로서는 채권의 이중양도에서의 양수인도 준점유자라고 승인하고 있다.[54] 이러한 견해에 따르면 대항요건(그것이 어떠한 것인가는 채권양도 부분에서 다시 자세하게 설명한다)을 먼저 구비해도, 나중에 대항요건을 구비한 자에 대한 변제가 이루어졌으므로 변제를 받을 수 없게 되어버린 양수인이 생기는 것으로 된다. 참고로 학설은 그런 까닭에 판례에 반대하는 견해도 있지만, 판례를 지지하는 견해가 많다. 판례를 지지하는 근거로서는 권리귀속의 수준에서의 우열과 준점유자에의 변제의 보호는 별개 차원의 제도이고, 470조를 적용해도 채권양도의 원칙이 무의미하게 되는 것은 아니라는 것, 우선양수인은 변제를 받은 양수인에게 부당이득반환청구를 할 수 있다는 것, 그리고 여기에서만 적용범위를 좁히는 것은 다른 것과의 권리보호 균형을 잃게 된다는 것 등을 들고 있다. 그렇지만 위 사건에서 사안의 해결로서 변제자에게 과실이 있느냐 여부가 문제됐다는 것을 부가해 둘 필요가 있다. 그러므로 다음 주제는 변제자의 과실이다.

(3) 변제자의 선의 · 무과실

여기에서는 두 번째 문제로 옮겨간다. 첫 번째와 균형을 맞추기 위해, 현대어화 이전의 470조도 조문상으로는 변제자의 선의만 요구되는 것이었는데도 불구하고, 일본 최고재판소 판례는 변제자에게 단순한 선의를 넘어서서 선의 · 무과실을 요구하여 왔다.[55] 이와 같은 판례의 상황을 받아들여 오늘날에는 선의만이 아니라 무과실이 필요하다는 것이 명문화되기에 이르고 있다(470조). 먼저 예를 들어 보다. P는 타인의 권유로 A를 대리인으로 하여 D에 정기예금을 들었다. A는 B와 같이 D에 가서 P 명의의 정기예금을 담보로 예금담보대출을 받았다. 그 후 P는 D에 문의하여 이러한 사실을 알고, 자기는 대부를 받지 않았다고 진술하였다. 그러나 D는 그대로 P에 대해 상계 통지를 하였다. P는 D가 선의 · 무과실이 아니므로 상계는 무효라고 하여 정기예금지급청구를 하였다. P의 청구는 인용될 수 있는가? 변제자의 선의 · 무과실은 실제로는 우편저금 · 은행예금의 지급을 둘러싸고 다투어진 것이 많다. 이것들에 대해서는 법률(우편저금)이나 약관(은행예금) 중에 예금청구절차가 규정되어 있고, 그 절차에 따르면 면책되는 취지의 문언이 두어져 있지만, 그러나 판례는 절차에 따르는 것만으로 바로 면책되는 의미는 아니라고 하고 있다. 그렇다면 이것들의 절차규정은 선의 · 무과실을 판단하는 하나의 자료로 사용되고 있는 데 지나지 않고, 이를 넘어 470조의 적용을 배제하지 않는다는 것이 아닐까 싶다. 약관에 의한 특약(합의)과의 관계에 대해 말하자면, 이것은 470조는 단순한 임의규정은 아니라고 하는 것을 의미한다.

그러나 어떤 때에 변제자에게 선의 · 무과실이냐는 판단은 금융거래 실무상으로도 대단히 어렵다. 그 예로서 근년이 되어서 다투어지고 있는 현금지급기(CD기)에 의한 현금지급의 문제를 취급해 보자. 일본 최고재판소 판례는 현금지급카드가 도난당해서 비밀번호(이 케이스에서는 비밀번호가 카드에 쓰여 있었다. 生暗證이라 하는 타입)가 해독되어 현금이 인출된 사안에 대해, 진정한 카드가 사용되어 올바른 비밀번호가 입력되어 현금이 지급된 경우에는[56] 은행에 의한 비밀번호관리가 불충분하였다는 등의 특별한 사정이 없는 한 면책조항에 의해 면책된다고 하였다.[57] 이 사건 이후 현재 비밀번호는 카드 위에서 지워져 있지만(제로화로 부름), 이와 같은 상황을 전제로 한다면 특단의 사정이 있다고 말할 수 없는 것은 아니다. 판결의 당부는 제로화가 어느 정도 가능했었느냐라는 판단에 관련되어 있다고

말할 수 있을 것이다.[58)]

그러면 여기서 잠깐 시야를 돌려 470조와 약속과의 관계에 관해 살펴본다. 일본 최고재판소 판례는 면책조항의 적용제한의 요부라는 이론을 취하고 있다.[59)] 이 사고방식은 470조의 무과실의 판단 가운데 특별한 사정으로서 약관 등의 존재를 고려하는 것과 표리관계에 있는 것이라고 말할 수 있지 않은가 싶다(약관을 적용하면서 470조를 고려하는가, 470조를 적용하면서 약관을 고려하는가). 여기서 중요한 것은 단순한 임의규정(합의는 항상 자유=유효), 단순한 강행규정(합의는 항상 금지=무효)의 사이에서, 일정한 합리성이 존재하고 있다면 그 내용으로부터 벗어날 수 있다는 것이다. 바꾸어 말하면 그러한 적용에 있어서 합리적인 합의의 존재가 고려된다는 중간적인 성격의 규정이 존재한다는 것이다.[60)]

그러면 여기서 잠깐 시야를 돌려 판례를 통해 시스템 설치·관리에 관한 책임에 관해 살펴본다. 폰뱅킹으로 자금이체신청에 따라 은행이 예금채권의 준점유자에 대한 이체에 관한 98다20059의 사안과 판지는 다음과 같다.

사실관계 3.2.5 폰뱅킹과 계좌이체 [98다20059]

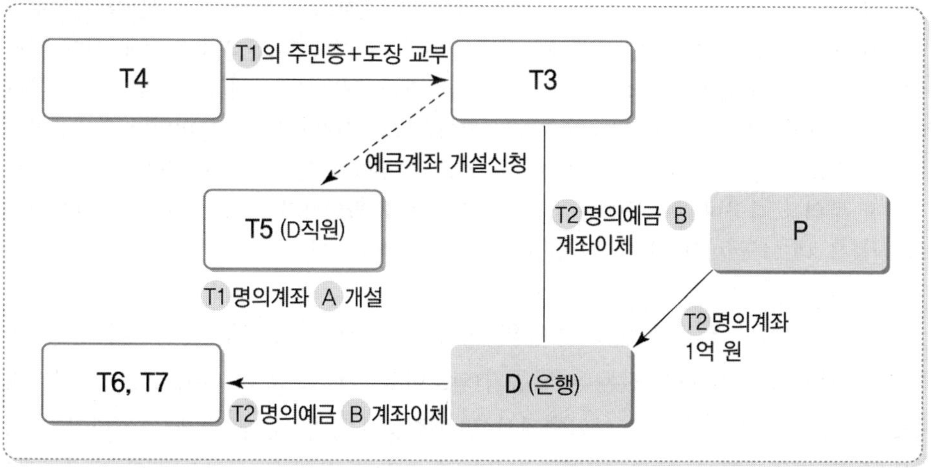

(1) T3은 가계수표를 개설하여 준다는 광고를 내어 이를 보고 찾아 온 T4로부터 가계수표를 개설하려는 T1의 주민등록증과 도장 등을 교부받아 1996.2.10. D 은행 지점에서 마치 자신이 T1인 것처럼 가장하여 T1의 주민등록증을 제시하면서 그 명의의 예금계좌의 개설을 요구하였다. 이에 업무를 담당하는 T5는 T3이 예금개설명의인 본인인지의 여부를 제대로 확인하지 않고 T1 명의로 예금계좌(입금계좌)를 개설하여 줌과 아울러 그

계좌를 폰뱅킹(phone-banking; telebanking)이 가능한 계좌로 등록하였다. (2) T3은 P가 그 직원을 통하여 T2(계좌명의인)의 명의로 개설한 별도의 예금계좌(출금계좌)에 입금한 금 1억 원의 이 사건 예금을 폰뱅킹의 방법으로 위 입금계좌 및 다른 예금계좌로 계좌이체신청을 하고, 위조한 주민등록증을 이용하여 미리 개설하여 둔 T6, T7 명의의 각 예금계좌에 다시 계좌이체하였다. 이용자가 자동음성응답시스템을 통하여 폰뱅킹 비밀번호, 예금주의 주민등록번호, 출금계좌의 비밀번호를 입력하면 전산시스템을 통한 기계적 방법으로 예금주임을 확인하여 계좌이체 등의 서비스를 제공하는 방법으로 진행하였다. (3) '파랑새 폰뱅킹 업무지침과 폰뱅킹 자금이체 서비스약관'에 따르면, 폰뱅킹의 비밀번호는 그 중요성을 감안하여 반드시 본인이 직접 등록하도록 정하고 있다. 그러나 업무를 담당하는 T5는 T3이 예금개설명의인 본인인지의 여부를 제대로 확인하지 않고 T1 명의로 예금계좌를 개설하여 줌과 아울러 그 계좌를 폰뱅킹이 가능한 계좌로 등록하였다. 이에 P는 입금계좌의 개설 및 폰뱅킹의 등록이 계좌명의인인 T2를 참칭한 T3의 신청에 의하여 이루어졌고, 이는 개설인 본인인지의 여부에 대한 확인을 게을리 한 D은행의 담당직원의 과실에 기인한 것이라고 주장하였다. 이 사건에서 쟁점은 자금이체가 기계에 의하여 순간적으로 이루어지는 폰뱅킹에서 채권의 준점유자에 대한 변제로서 은행에 대하여 요구되는 주의의무이다.

이에 관해 원심은 "실제로 거래행위를 한 상대방이 주민등록상의 본인과 다른 사람이었음이 사후에 밝혀졌다면, 특별한 사정이 없는 한, 은행으로 위와 같은 본인확인의무를 다하지 못한 과실이 있는 것으로 사실상 추정된다" 판시하였다. 그러나 이에 관해 대법원은 기본적인 전제(법리)로 다음과 같이 판시하였다. "은행이 거래상대방의 본인 여부를 확인할 필요가 있는 경우에 담당직원으로 하여금 그 상대방이 거래명의인의 주민등록증을 소지하고 있는지 여부를 확인하는 것만으로는 부족하고 그 직무수행상 필요로 하는 충분한 주의를 다하여 주민등록증의 진정 여부 등을 확인함과 아울러 그에 부착된 사진과 실물을 대조하여야 한다"고 판시하여 원심을 지지하였다.

일본 최고재판소 판례는 'P 소유의 자동차가 도난되었는데, 도난자가 그 자동차의 dashboard[61] 중에 있는 예금통장(암호번호는 번호로부터 추지되었다), 기계지불로 현금을 인출하였다'는 사안[62]에서 면책조항이 없는 점에 관해 무권한자가 기계지급 방법에 의해 예금을 환급받은 데 대해서도, 민법 470조의 적용이 있는 것으로 해석해야 한다고 전제한 뒤, 은행의 무과실이라고 하기 위해서는[63] 기계지급 시스템의 설치·관리의 전체에 대하여, 가능한 한도에서 무권한자에 의한 지급을 배제하려는 주의의무를 다하고 있었다는 것이 필요하다고 판단하여, 은행의 과실을 인정하여 면책을 부정하였다(당해 사건에서는 기계지급의 방법에 의해 예금지급을 받았다는 취지를 예금자에게 명시하는 것을 해태하였다고 한 점이 중시되었다).[64] 이 판결은 면책약관과의 관계에 있어서[65] 다른 평성(平成) 5년 일본 최고재판소 판례[66]와 직접적으로 저촉되는 것은 아니지만, 비밀번호관리만이 아니라 시스템 설치·관리 전반이 문제로 된 것을 정면에서 보여준 점에서 큰 의미를 지닌다.

(4) 변제 개념의 확장

세 번째로 변제에 관해서도 개념이 확장되고 있다. 이 문제도 금융거래 중 은행거래에서 생기고 있다. 우선 일본 최고재판소 판례는 정기예금의 기한 전 환급(정기예금의 환급)에 관해 이것도 470조에서 말하는 변제에 해당한다고 하고 있다(前揭 最判昭 41.10.4.). 더욱이 계속해서 일본 최고재판소 판례는 표현예금자에 대해서 예금담보부대출(정기예금을 담보로 실행하는 대부)을 하고, 변제가 이루어지지 않아서(담보로 제공됐던 정기예금을 수동채권으로 하여) 상계처리하였던 때(예금담보대부+상계)에도, 470조의 유추적용을 인정하고 있다.[67] 해석론으로 예금담보대부·상계의 경우 반대채권이 존재하기 위하여 실제 변제의 당사자를 살펴 관념상 결제된 것이라고 볼 수 있다. 예금에 대한 담보설정, 대부, 상계라는 일련의 행위는 실질적으로 보면 대부한 때에 예금의 지급이 이루어진 경우와 동일시하는 것이 가능하다. 현실의 상계는 그 정산행위에 불과하다고 본다. 그러므로 470조를 유추적용할 수 있다. 이것을 기한 전 환급과 동일시할 수 있다는 것이 그 이유이다. 그러므로 위 설명을 바꾸어 말하면 일본 최고재판소 판례는 "이러한 상계는 실질적으로 기한 전 예금계약해지에 의한 지급과 동일시할 수 있으므로 대부계약의 체결에 해당하고, 제3자를 예금자로 인정함에 관해 금융기관으로서 상당한 주의를 다했던 때는, 470조를 유추적용하여, 그 상계를 가지고 진정한 예금자에게 대항할 수 있다"라고 판시하였다.[68]

그러면 여기서 위에서 설명한 것을 좀 더 이해하기 위해 예금과 관련되는 2가지 문제에 관해 살펴보자. 하나는 예금자인정 문제로 불리는 것이다. 예금자인정 문제는 금융(거래)법의 한 장(chapter)을 구성하는 실무에서도 비중이 큰 문제이다. 자금공여자(출연자라는 용어가 사용되었다)와 예금계약의 명의자(예금명의자)가 다른 경우(예를 들면 A가 자기의 100만 원을 B 명의로 예금했다고 한 경우), 누가 예금자로 되느냐라는 문제이다. 참고로 학설은 자금공여자(객관설)와 명의자(주관설)의 견해로 나뉘어 있다. 그러나 앞에서 보았듯이 판례는 금융실명제하에서의 예금자는 특별한 사정이 없는 한 예금명의자라고 확정하였다(2008다45828(전)). 일본 최고재판소 판례는 적어도 정기예금에 관해서는 자금공여자를 예금자로 한다는 사고방식을 취하고 있다(객관설). 이와 같이 생각하면 은행이 B 명의의 예금을 담보로 하여 B에게 대부를 하고, B로부터 대여금에 대한 변제가 없기 때문에 대금채권과 B 명의의 예금채권을 상계하고 난 후에 드디어 A가 나와서 예금은 자신의 것이라고 주장하는 일이 발생하게 된다. 그렇지만 예금채권은 명의자인 B에 귀속하는 것으로 생각된다면(주관설), 적어도 이러한 장면에서는 문제가 생기지 않는다. 단지 그것과는 다르게 특수한 상황에서 문제가 발생하는 때가 있다.

위와 같은 특수한 사안에 관한 것으로, 이상과 같은 예금담보대출+상계의 경우 변제자가 되는 은행의 선의·무과실은 어떤 시점에서 판단되어야 하는가라는 기준시의 문제(선의·무과실 판단 기준시점)이다. 이 점에 관해 일본 최고재판소 판례는 대출시에 은행이 선의·무과실이라면 충분하다 하였다(대출시설).[69] 상계를 변제와 동일시한다는 점을 중시한다면, 이 결론을 지지하는 것은 어렵다. 그러나 기한 전 환급을 하든 예금담보대부를 하든 모두가 실제 예금을 환급하는 것이며 상계가 아니라서, 그와 같은 귀결을 가져오는 합의 자체가 변제에 해당하는 처분이라고 생각할 수 있다면 그것으로 좋다. 그러나 이렇게 생각하는 것을 더 밀어붙이면 변제라는 문언으로부터는 점점 더 벗어나는 것이 되겠지만, 이와 같이 생각할 수밖에 없지 않을까 싶다.[70] 참고로 우리나라 학설은 변제시설이다.

앞에서 잠깐 예금자인정에 관해 살펴보았지만 보통예금·당좌예금 등의 귀속에 관해 살펴본다. 예금자인정문제는 정기예금 같은 고정적 예금을 염두에 두고 논해져 왔지만, 최근에는 보통예금·당좌예금과 같이 유동적인 예금을 둘러싼 분쟁이 나타나고 있고, 일본 최고재판소 판례는 객관설과 다른 방향으로 나아가고 있다.[71]

더욱이 일본 최고재판소 판례는 예금이 아니라 보험금(또는 해약반환금)을 담보로 한 대출(보험계약자대출)에 관해서도 470조의 유추적용을 인정하고 있다.[72] 단지 이 판결을 변제의 개념을 확장해온 종래의 판례법의 경향을 더욱 적극적으로 밀고 나간 것으로 보아야만 하는 것이 아닌지에 관해서는 학설에는 서로 의견이 다르다(물론 여기서의 대부는 보다 변제에 가깝게 보는 시각도 있다).

(5) 채권의 준점유자에 대한 변제의 효과

470조가 적용된다면 그 효과는 어떤가? 변제는 유효하게 되기 때문에, 진정한 채권자는 이제는 더이상 채무자에 대해 변제를 청구할 수 없고, 변제를 수령한 준점유자에 대해서 부당이득반환청구를 하는 수밖에 없다. 여기서 문제는 이러한 준점유자에 대한 변제는 절대적인 효력이 있는지 여부이다.[73] 절대적이라면 변제를 실행한 채무자 자신이 준점유자에게 권한이 없다는 점을 후에 눈치챈 때, 준점유자에 대해 부당이득반환청구를 할 수 있는가. 예전에 일본 최고재판소 판례는 변제는 절대적으로 유효하므로 변제자로부터 준점유자에 대한 부당이득반환청구는 인정되지 않는다고 했다.[74] 참고로 학설은 최근, 이것을 긍정하여야 한다고 하는 견해[75]가 유력하다(결국 변제는 채권자와의 관계에서만 상대적으로 유효하다).

나. 영수증 소지자에 대한 변제

영수증을 지참한 자는 수령권한이 있다고 간주된다(471조). 따라서 영수증소지자를 채권자라고 믿고 한 변제도 유효로 된다. 다만 이 경우에도 변제자에게는 선의 · 무과실이 요구된다. 그렇지만 수취증서를 지니고 있다면 채권자라고 생각하는 것은 무리가 없기 때문에, 채무자는 적극적으로 선의 · 무과실을 입증할 필요는 없다. 채권자 편에서 그렇지 않다는 것(채무자의 악의와 과실)을 입증한다면 변제는 무효로 된다. 단지 여기서 말하는 수취증서는 위조된 것은 포함하지 않는 것으로 해석된다. 그래서 위조된 수취증서의 지참인에게 변제한 채무자는 완전히 보호되지 않는다고 한다면, 이 경우에도 470조의 적용가능성은 있다. 그렇게 되면, 470조는 진실한 수취증서라는 특별한 증서를 휴대한(지닌) 자에 관한 특별한 규정(원칙으로서 변제를 유효로 하는 규정)인 것으로 된다.

Ⅱ. 계약에 따른 이행을 해야 하는 자(변제를 해야 하는 자)

1. 계약에 따른 이행을 해야 하는 자에 관한 원칙

채무변제를 해야 하는 자는 원칙적으로서 채무자이다. 채무자 자신이 계약을 이행하기 위해 이행보조자를 사용할 수 있다(이행보조자의 책임에 관해서는 해당부분에서 다시 자세하게 설명한다). 또한 변제에 관한 권한을 가지는 자도 변제할 수 있다. 채무자의 대리인과 파산관재인이 여기에 해당한다.

2. 예 외

가. 제3자에 의한 이행(변제)의 요건

채무자 이외의 제3자도 일정한 요건을 갖춘다면 유효하게 변제를 실행할 수 있다(469조 1항). 일정한 요건이란 다음과 같다.

우선 첫째 채무의 성질이 이것을 허락하는 것이어야 한다. 그래서 당사자가 반대의 의사표시를 하지 않아야 한다(469조 1항 단서). 그러나 행위채무의 경우에는 전자의 요건을 만족하게 하지 않는 것이 많을 것이다. 제3자의 변제가 허락되는 채무는 주로 인도채무(특히 금전채무)라는 뜻이다. 또한 후자는 법률행위자유의 원칙으로부터 나온다. 이들 요건을 충족하지 않는 변제는 채무의 내용에 좇은 이행이라고 말하기 어렵다. 성질상 대체가 가능하고, 그 위에 당사자가 그것을 허용하고 있다고 하는 것이, 제3자 변제의 제1의 요건이다.

둘째 반드시 채무자의 의사에 반하지 않아야 한다. 이해관계를 가지지 않는 자의 변제에 관해 이 요건이 부과되고 있다(469조 2항). 이것은 반대로 해석하면 이해관계를 가지는 자의 변제에는 이 요건이 부과되지 않는 것을 의미하고 있다. 이와 같은 구별이 되는 것은 제3자의 변제를 받는 것을 떳떳하게 여기지 않는 정직하고 성실한 신사 기질을 배려하는 것으로 여겨진다(501조도 같은 취지이다. 단지 506조, 444조 2항은 이것과 다르고 일관되어 있지 않다). 참고로 학설은 비판이 강하고[76], 이해관계를 넓게 또한 의사를 좁혀서 해석해야 한다고 설명되고 있다.

그러나 일본 최고재판소 판례는 이해관계를 법률상의 이해관계에 제한하고 있다. 예를 들면 물상보증인(채무자를 위해 자신의 부동산에 저당권을 설정한 자)이나 담보부동산의 제3취득자(채무자가 저당권을 설정한 부동산을 경매를 통해 취득한 자) 등은 이해관계를 가지지만, 채무자의 먼 친척에 해당되는 자 등은 이해관계를 가진다고는 말할 수 없다. 그렇지만 일본 최고재판소 판례는 법률상의 이해관계라는 판단 틀을 유지하면서, 그 적용에 대해서는 너그러운 방향으로 나아가고 있는 것 같다. 예를 들면 건물임차인이 대지에 설정된 임차권의 소멸을 막기 위해 차임(대지에 관한 지대)을 변제하는 데는 법률상의 이익이 있다고 한다.[77] 한편 연대채무자나 보증인은 이해관계를 가지지만, 이러한 자들에 의한 변제는 제3자로서의 변제가 아니고 본인(채무자)으로서의 변제이다(뒤에서 다시 자세하게 설명한다).

나. 제3자에 의한 이행(변제)에 따른 대위권의 발생

제3자가 변제를 실행해도 변제에 의해 채무가 소멸하는 것으로 변하지 않는다. 단지 그 후에 특별한 법률관계가 생기는 것에 주목할 필요가 있다. 즉 변제한 제3자는 채권의 효력 및 담보로서 채권자가 가졌던 일체의 권리를 행사할 수 있는 효과가 생긴다(480조~482조). 이것이 제3자의 변제의 효과로 변제에 의한 대위(실무에서는 대위변제)로 부르고 있다. 이것을 알기 쉽게 도표로 표시해 둔다(도표 3.2.4).

도표 3.2.4 변제에 의한 대위

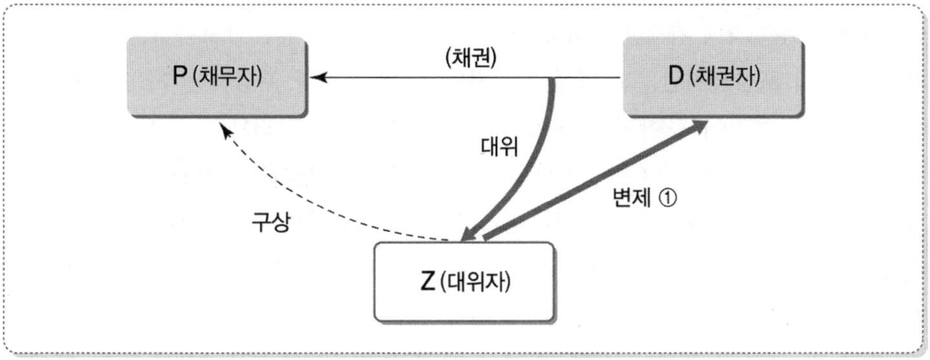

이 제도의 주요한 초점은 [도표 3.2.4]에서 변제자 Z가 채무자 P에 대해 가지는 구상권을 취득·확보하는 점에 있다. 채권의 만족을 받은 채권자 D의 채무자 P에 대한 권리가 Z에게 이전함에 따라 Z의 권리가 보장된다는 의미이다. 이와 같이 Z의 권리를 두텁게 보호함에 따라, Z는 D에게 변제하는 것이 편하게 된다. 그것은 P에게도 D에게도 상호이익이 되므로 이 제도(로마법 이래의 옛 제도)는 합리적이라고 평가되고 있다.

대위는 변제의 효과이지만 그것 자체가 요건·효과를 갖춘 제도이다(착오취소와 부당이득반환청구의 관계와 대비하라). 이하 그 요건과 효과를 순서대로 본다.

(1) 제3자에 의한 이행(변제)에 따른 대위권의 발생요건

제3자에 의한 대위의 가부는 변제를 하는 데 정당한 이익을 가지는지 여부에 의해 달라진다. 정당한 이익을 가지는 자가 변제한 때는 그 변제자는 당연히 채권자를 대위한다(481조). 이것을 법정대위라고 부르고 있다. 변제할 정당한 이익이 있는 자는 어떠한 자인가? 469조 2항과 481조에 규정된 '이해관계' 또는 '변제할 정당한 이익'이 있는 자의 의미에 관해 대법원은, 469조 2항은 이해관계 없는 제3자는 채무자의 의사에 반하여 변제하지 못한다고 규정하고, 481조는 변제할 정당한 이익이 있는 자는 변제로 당연히 채권자를 대위한다고 규정하고 있는바, 위

조항에서 말하는 '이해관계' 내지 '변제할 정당한 이익'이 있는 자는 변제를 하지 않으면 채권자로부터 집행을 받게 되거나 또는 채무자에 대한 자기의 권리를 잃게 되는 지위에 있기 때문에 변제함으로써 당연히 대위의 보호를 받아야 할 법률상 이익을 가지는 자를 말하고, 단지 사실상의 이해관계를 가진 자는 제외된다(2008마109)고 하고 있다. 변제자대위의 문제는 보증계약에서 무겁게 다루고 있다(나중에 다룰 보증계약에 자세한 논의로 미룬다). 물상보증인이나 담보목적물의 제3취득자는 여기에 포함되지만, 그 외에 채무자와 함께 채무를 부담하는 자(연대채무자나 보증인 등)도 여기에 포함되는 점에 주의가 필요하다. 그러므로 근저당권의 피담보채무의 일부를 대위변제한 경우에 관해 대법원은, 변제할 정당한 이익이 있는 자가 채무자를 위하여 근저당권의 피담보채무의 일부를 대위변제한 경우에 대위변제자는 피담보채무의 일부대위변제를 원인으로 한 근저당권 일부이전의 부기등기의 경료 여부와 관계없이 변제한 가액의 범위 내에서 종래 채권자가 가지고 있던 채권 및 담보에 관한 권리를 법률상 당연히 취득하게 되는 것이나 이 때에도 채권자는 대위변제자에 대하여 우선변제권을 가진다고 할 것인바, 이 경우에 채권자의 우선변제권은 피담보채권액을 한도로 특별한 사정이 없는 한 자기가 보유하고 있는 잔존채권액 전액에 미친다고 할 것이고, 이러한 법리는 채권자와 후순위권리자 사이에서도 마찬가지라 할 것이므로 근저당권의 실행으로 인한 배당절차에서도 채권자는 특별한 사정이 없는 한 자기가 보유하고 있는 잔존채권액 및 피담보채권액의 한도에서 후순위권리자에 우선해서 배당받을 수 있다(2001다2426)고 했다. 더욱이 일본 최고재판소 판례는 후순위저당권자나 일반채권자도 정당한 이익을 가지는 자에 포함된다고 하고 있다.[78] 이상과는 다르게 정당한 이익을 가지지 않는 자가 변제하는 때도(전술의 469조 2항의 요건을 만족하는 것은 전제), 변제와 동시에[79] 채권자의 승낙을 얻으면 대위를 할 수 있다(480조 1항). 이것을 임의대위라고 부르고 채권자의 승낙이 대위권발생의 근거가 된다.[80] 이때는 채권양도의 대항요건을 구비하지 않으면, 대위를 가지고 제3자에 대항할 수 없다(480조 2항). 즉 임의대위에 의한 채권의 이전은 채권자의 승낙을 요하므로 채권양도와 동일하게 생각되기 때문에, 이것을 가지고 채무자·제3자에게 대항하기 위해서는 채권양도의 대항요건에 관한 규정을 준용해서 나름대로 필요한 요건을 갖추어야 한다.[81] 다만 참고로 학설은 이같이 임의대위를 제한하는 고찰방법에 비판을 하고 있다.[82]

또한 법정대위 · 임의대위의 쌍방과 함께 대물변제 · 공탁 · 상계에도 적용이 있으며, 변제에 대해서도 임의변제에 한하지 않는다(예를 들면 물상보증인의 저당권이 실행된 경우 등도 포함)고 되고 있다. 또한 다른 요건으로서 대위변제의 결과 구상권이 존재해야 할 필요가 있다. 그러므로 증여로 변제한 때는 구상권은 발생하지 않으므로 대위도 생기지 않는다.

(2) 제3자에 의한 이행(변제)에 따른 대위의 효과

이상과 같은 대위의 요건을 충족하면 대위자는 채권자의 일체의 권리를 행사할 수 있게 된다(482조). 이것이 대위의 효과이다. 보다 분석적으로 살펴보면 이것은 대위에 의해 대위의 대상으로 된 채권(본래채권)이 담보권과 함께 대위자에게 당연히 이전하는 것이라고 설명되고 있다.

이러한 권리이전은 대위자의 구상권을 담보하기 위해 생기는 것이므로 대위자는 구상권의 범위 내에서 이것들의 권리를 행사할 수 있다. 일본 최고재판소 판례는 구상권의 액수가 본래의 채권(원채권)의 액수보다도 적은 경우에는 원채권의 행사는 그 한도에서만 허락된다고 했다.[83] 반대로 원채권의 액수보다 크다 해도 원채권의 한도밖에는 행사할 수 없다. 이것보다 더 깊이 파고 들어간 대위의 효과에 관한 의미에 대해서는 보증부분에서 다시 자세하게 설명하기로 하고, 지금은 앞으로 나아가자.

더욱 대위의 효과로서 앞에서 든 [도표 3.2.4]에서 대위자 Z와 채권자 D 사이에는 다음과 같은 관계가 생긴다. 첫째로, Z는 D에 대해 채권증서 등 교부청구권을 가진다(484조 1항). 둘째, 대위해야 할 자가 있는 경우 채권자 D는 대위할 자를 위해 담보권을 보존할 의무를 진다(485조 1항). 의무위반이 있으면, Z는 손해를 입은 한도에서 면책을 주장할 수 있다. 이 점에 관해서도 보증부분에서 다시 자세하게 설명한다.

변제에 의한 대위에 관해서는 몇 가지 중요한 문제가 여전히 남겨져 있다. 하나는 특약에 관한 문제이고, 다른 하나는 대위자가 복수인 경우의 처리에 관한 문제이다. 이것들에 관해서도, 보증인 · 물상보증인에 관한 설명을 마친 후에 다시 자세히 설명하고자 한다.

마지막으로 요약에 갈음하여 제3자에 의한 변제와 변제에 의한 대위의 관계를 아주 간단히 정리해 두자.

중요한 초점은 2가지이다. 하나는 변제자의 분류(도표 3.2.5-1)와 대위자의 분류를 대응하게 하는 것(도표 3.2.5-2)이고, 또 하나는 대위의 요건으로서는 변제(이 경우 변제의 개념은 넓다 - 대물변제 · 공탁 · 상계 등도 포함)를 한 자가 있다는 점에 더하여, 구상권이 존재해야 한다는 것이 요건이라는 점이다. 예를 들면 채무자 P에게 채무를 지는 제3자 Z가, P의 지시에 따라서(당연히 반대의 의사는 존재하지 않는다), 채권자 D에 대하여 변제를 실행하는 때가 있을 수 있지만, 이때는 구상권이 남아 있지 않으므로(상계에 의해 소멸한다) 대위의 문제가 발생하지 않는다(도표 3.2.6).

도표 3.2.5-1 변제자의 분류

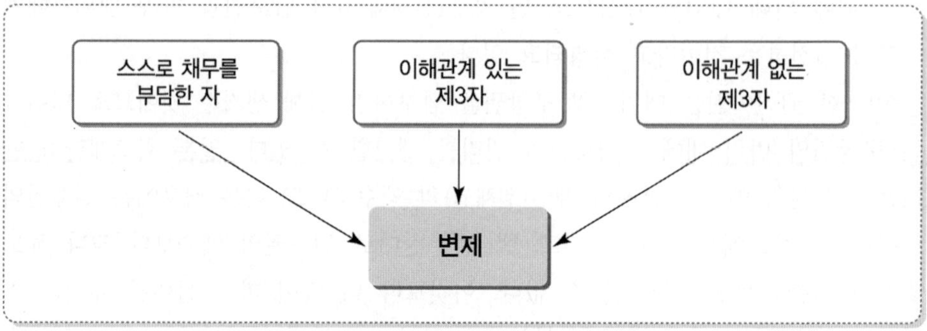

도표 3.2.5-2 제3자에 의한 변제

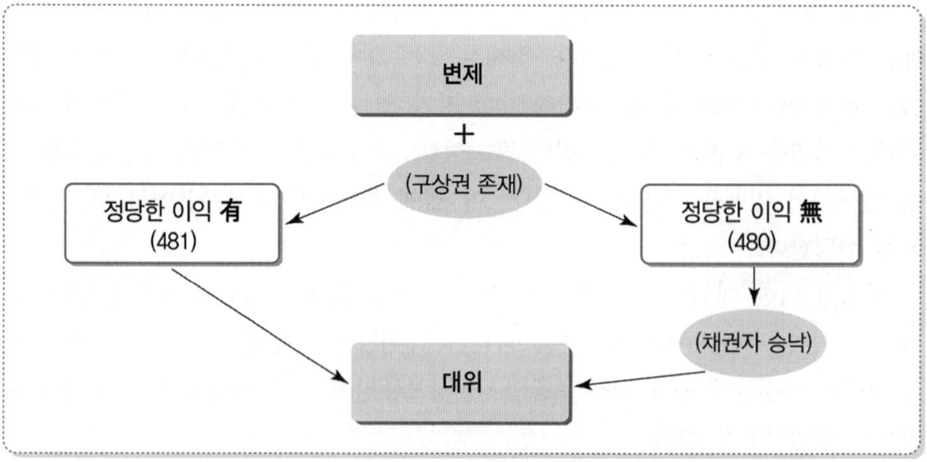

도표 3.2.6 변제로 대위가 발생하지 않는 경우

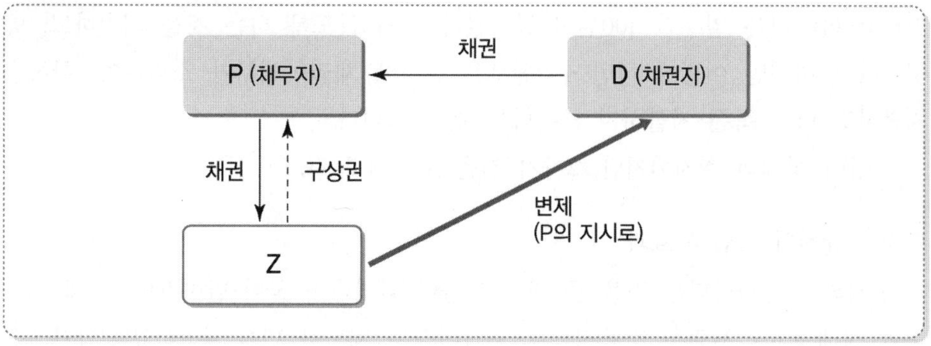

제 2 절 상 계

이 절에서는 상계를 다룬다. 우선 법전상 상계는 어떠한 제도로서 정해져 있는가를 설명하고(Ⅰ), 그 다음에 계약실무에서 상계는 어떠한 역할을 하고 있는지 검토한다(Ⅱ).

Ⅰ. 상계 제도의 취지

1. 상계의 본래 취지

우선 상계란 어떤 것인가를 대략 살펴보자(도표 3.2.7). P와 D가 점심을 같이 먹고 후에 차를 마신다고 하자. 점식식사 때 1000원×2는 P가, 찻값 400원×2는 D가, 각각 일괄하여 지급했다. 이 결과 P는 D에 1,000원, D는 P에게 400원, 각각 금전채권을 가지게 되는 셈이다. 여기서 대차를 결제할 때는 D가 P에게 1,000원을 지급하고, 다음에 P가 D에게 400원을 지급해도 상관없다. 그러나 보통 주고받을 것을 빼고 남은 600원을 D가 P에게 주고 계산을 끝내면 편리하다. 이러한 차감(差減)에 의한 결제제도가 상계이다(492조). 400원분에 관해 P와 D의 상호채권은 서로 지워서 소멸시키고 실제로 금전을 주고받지 않는다. 영미법에서는 상계를 Set-off라고 부르고 있다. 오늘날 금융거래에 있어서는 채권·채무를 청산하기 위한 일괄청산을 네팅(netting)이라고 부르고 있지만 이것은 단순한 상계계약과는 다른 복잡한 성격의 계약이다.

이같이 처리하는 것이 편리하고 공평하다는 것이 상계제도의 본래의 취지이다. 편리하다는 것은 일부러 400원이 왔다갔다 하지 않도록 하는 것을 의미하고, 공평이라고 하지만 이렇게 하면 400원분은 동시에 채권・채무가 소멸하여, 한쪽은 지불하고 다른 쪽은 지불하지 않는다는 것은 아니다.

이상이 상계의 취지이지만, 2가지 점을 보충해 두자.

가. 상계의 방법과 효과

편리하고 공평하다는 것을 좀 더 파고들어 밝혀내어 굳이 말하자면, 상계가 가능한 상태로 된 채권은 자동적으로 차감된다는 제도를 만들 수도 있다(당연상계, 프랑스법이나 구민법이 취한 사고방법). 그러나 현행 우리 민법전에서 상계는 상계의 의사표시로 비로소 그 효력이 생긴다(493조 1항, 더욱 2항도 참조). 상계라는 제도에 사람들은 익숙해져 있지 않아서, 당연히 쌍방의 채권이 소멸하는 것으로 하면 오히려 불편하다는 것이, 그 이유였던 것처럼 보인다. 그러나 상계의 효력은 의사표시를 한 때에 생기는 것이 아니고, 쌍방의 채권이 상계할 수 있는 상태가 된 시점으로 거슬러 올라가 생기는 것으로 되어 있다(493조 2항). 따라서 적어도 상계 효과의 면에서는 당연상계에 가깝게 취급된다고 말할 수 있다. 더욱이 후에 서술하는 것과 같이, 일본 최고재판소 판례는 상계의 기대를 강하게 보호하고 있기 때문에, 상계의 가부는 상계의 의사표시를 한 시점이 아니라 상계가능시를 기준으로 결정되는 것이 많다(예금담보대부에 대하여 470조를 적용해서 선의・무과실의 판단시는 상계시=의사표시 때가 아니라 대부시로 판단한 것도 실질적으로는 이와 같은 고려에 의해 지지되고 있다).[84] 그렇게 되면 상계요건 면에서도 실제로는 당연상계에 가까워졌다는 평가를 받게 되고 있다고 보아도 좋다.

더욱 용어 사용법에 관해 한번 언급해 두자. P가 D에 대해 상계의 의사표시를 한다는 경우 상계하고자 하는 자신의 채권(도표 3.2.7의 a채권)을 자동채권, 상계의 대상이 되는 상대방의 채권(b채권)을 수동채권이라 부르고 있다.

도표 3.2.7 상계

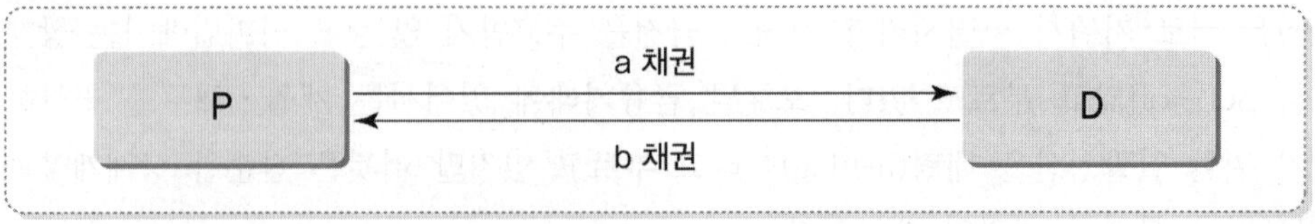

또한 어느 한쪽의 채권을 중심으로 하여 반대쪽의 채권을 반대채권이라 부르는 때도 있다. 특히 도표에서 D의 청구에 대해 P의 채권을 반대채권으로 상계한다는 사용방법을 쓰는 것이 많다.

나. 상계와 유사한 여러 제도

한 가지 더 보충할 것은 어떤 의미에서 상계와 유사한 제도인 혼동에 관해서이다. 상계는 P와 D 사이에 서로 상대방에 대한 채무를 지우는 관계에 선 채권이 존재함으로써 상계로 양 채권이 소멸한다는 것이지만, 혼동은 원래는 서로 다른 자에게 있던 채권·채무가 동일인에게 귀속함으로써 역시 서로 지워서 소멸한다(507조). 바꾸어 말하면 타인에게 지급했던 것과 똑같은 것을 타인으로부터 되돌려 받는 것을 생략하려고 하는 것이 상계이고, 자신이 지급하여 자신이 다시 수취하는 것을 생략하고자 하는 것이 혼동이라고 말해도 좋다.

단지 예외적으로 혼동으로 채권이 소멸하지 않는 때도 있다. 첫째, 제3자의 권리의 목적물로 된 경우에는 채권은 소멸하지 않는다(507조 단서). 예를 들면 권리질이 설정되어 있는 경우 등이 그것에 해당된다(345조). 질권자의 권리를 존속시키기 위해 그 담보목적이 되는 채권을 소멸시켜 버릴 수는 없기 때문이다. 둘째, 권리가 증권에 화체되어 있어서 물건과 동일하게 취급되는 경우에도 채권은 소멸하지 않는다. 어음·수표가 그 전형적인 예이다. 자신이 발행한 수표를 자신이 취득하여도 그것만으로는 당연히 채권채무는 소멸하지 않는다. 따라서 이것을 재차 제3자에 양도할 수도 있다.[85]

2. 상계의 대상

그러면 어떠한 채권에 대해 상계할 수 있는가? 이것이 다음 문제이다. 상계의 성질로부터 나오는 일반적인 요건과 특히 상계가 가능하지 않다고 규정되어 있는 경우로 나누어 고찰해 보자. 더욱 상계가 가능한 상태에 놓여 있는 것을 일반적으로 상계적상이라고 부르지만, 이러한 말로 넓게 상계의 요건을 가리키는 것도 있다. 더욱이 상계의 요건 가운데서 일반적인 요건과 예외적인 금지로 나누어 상계적상으로 전자를 가리키는 용어법도 있다. 색인을 붙이는 방법은 최후의 용어법에 의한다.

가. 상계의 요건–상계적상

P와 D의 채권을 상계하기 위해, 일반적으로 충족되어야 하는 상계요건은 다음과 같다. 첫째, 쌍방이 서로 채권을 부담하고 있을 것(①) 둘째, 동종의 목적의 채무일 것(②), 셋째 변제기가 도래하고 있을 것(③)(이상은 492조 1항), 넷째, 채무의 성질상 허용되지 않는 경우가 아닐 것(④)(492조 1항 단서)의 4가지이다. 차례대로 설명해 보자.

① 우선 P가 D에, D가 P에 각각 채권을 가지고 있지 않다면, 즉 채권이 대립(대향)하고 있지 않으면 상계할 수 없다. 이 경우에 대립하는 2개의 채권은 실제로 반드시 존재할 필요가 있다. 더욱 제3자가 가지는 채권을 자동채권으로 하거나 수동채권으로 상계할 수 있을 때가 있지만, 이것에 대해서는 후에 서술한다.

이와 관련하여 소멸시효에 걸렸던 채권에 의한 상계도 할 수 있는지에 관해 살펴본다. 소멸시효에 걸렸던 채권도 시효완성 전에 상계적상으로 되어 있다면(여기서는 반대채권의 변제기가 도래하고 있다면 그러하다는 것), 이것을 자동채권으로 하여 상계할 수 있다(495조). 그 이유에 관해 민법기초자는 반대채권의 시효완성을 기다려 청구된다면 이제는 더 이상 상계가 불가능하게 되어 버린다는 것은 불공평하다고 설명하였지만, 최근에는 상계할 수 있다는 기대(상계기대)를 보호하는 규정이라고 설명되고 있다. 어쨌든 이 한도에서는 시효로 소멸한 채권에도 효력이 남아있다는 점은 주목할 가치가 있다. ② 다음에 채권의 목적이 동종인 것이 반드시 요구된다. 특정물채권과 금전채권을 상계할 수 없다는 것은 당연하지만(목적물인도청구권과 대금지급청구권), 쌍방이 종류물채권이어도 목적물이 동종이 아니라면 상계할 수 없다(밀감 10kg과 사과10kg은 상계가 불가능하다). 더욱 민법은 이행지가 달라도 상계할 수 있다고 규정하고 있다. 단지 손해가 생긴 경우에는 이것을 전보하지 않으면 안 된다(494조). 종류물의 경우에는 손해(운송비용 등)가 생기는 것도 있다. 그렇지만 실무에서 문제가 되는 예를 보면 상계의 대상은 금전채권인 것이 압도적으로 많다.

③ 변제기의 도래는 실무에서뿐 아니라 실제로도 가장 중요한 요건이다. 변제기가 도래하지 않은 가운데 상계를 허락하면, 채무자가 가지고 있는 기한의 이익(153조)을 잃어버리게 하는 것이므로, 이 요건이 부과되어 있다. 이러한 이유로 (상대방이 채무자인)자동채권의 변제기 미도래의 경우에는 상계할 수 없지만(도표

3.2.8에서 a채권), (자신이 채무자인)수동채권에 관해서는 기한의 이익을 포기하는 것이 가능한 때는 이것을 포기하여 상계할 수 있다. 그러므로 상계의 요건 중 중요한 것은 자동채권의 변제기이다(상대방의 이익은 빼앗을 수는 없지만, 자신의 이익은 포기할 수 있다는 점에 주의)(도표 3.2.8).

도표 3.2.8 상계

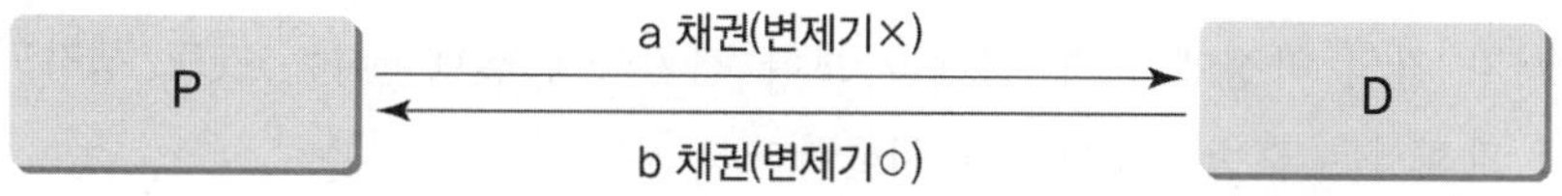

P는 자신의 a채권(수동채권)의 변제기가 도래하지 않아도 D의 b채권(자동채권)에 기한 상계에 응할 수 있다.

더욱이 자동채권에 항변권이 붙어 있는 경우에는 상계는 할 수 없다고 생각되고 있다. 예를 들면 동시이행의 항변권이 부착되어 있을 때 변제기가 도래하고 있다고 해도 동시이행항변의 효과로 채무자(상대방)는 이행지체에 빠지지 않는다. 이때 이행한 것과 같은 결과를 가져오는 상계를 하는 것은 허락되지 않는다는 것이다. 또한 자동채권이 압류되어 있는 때는 처분권이 제한되므로, 상계도 할 수 없게 된다고 해석되고 있다. 결국 자동채권에 대해서는 형식적으로 변제기가 도래하고 있다는 것만이 아니라, 변제를 수령하는 것이 가능한 상태로 되어 있지 않으면 안 된다는 의미이다.

④ 마지막으로 채무의 성질이 상계를 허락하는 것이 필요한 요건이다. 허락되지 않는 경우란 그러한 채무가 현실로 이행되지 않는다면, 채권·채무를 성립하게 한 의미가 없는 경우이다.[86] 행위채무의 대부분은 상계를 허락하지 않는 것으로 해석된다. 농번기에 공동작업을 하는 채무를 상계하여 공동작업을 하지 않는 것은 허락되지 않는다라는 예를 들 수 있다.[87] 그렇지만 이러한 예에서도 항상 상계불가능하다고 단언할 수 있는가는 다소 의문이 없는 것은 아니다. 자신의 것은 자기가 하는 편이 효율적이기 때문이다. 서로 한다는 것에 의미가 있는 경우에는 상계는 허락되지 않을 것이다.[88]

나. 상계가 금지되는 채권 · 채무

상계의 대상으로 되는 채권 그것의 성질과는 별도로, 상계할 수 없게 되는 경우가 있다. 그 첫째, 상계금지의 의사표시가 표시된 경우이다(492조 2항). 계약으로 상계를 금지한다고 정할 수 있다. 그렇지만 이 상계금지특약은 선의의 제3자에 대항할 수 없다(동항 단서). 상계할 수 있다고 생각하여 채권을 양수한 자를 보호한다는 취지이다. 이 문제에 관해서는 다음 Ⅲ.에서 한 번 더 살펴본다. 또 반대로 당사자 간의 약정에 의해 상계를 보다 간편하게 실행한다는 것도 생각되지만, 이것에 관해서는 후반의 2항에서 서술한다.

둘째, 여러 가지 정책적인 이유로부터 상계의 대상이 될 수 없는 채권이 정해져 있다. 첫째, 불법행위로부터 생긴 채권(①. 496조), 둘째, 압류금지채권(②. 497조), 셋째, 지급금지채권(③. 498조) 3가지가 그것이다.

① 불법행위에 의해 생긴 채권의 채무자(주로 사고를 낸 가해자)는 자기가 비록 채권자(피해자)에 대해 다른 채권을 가지고 있더라고 불법행위로 생긴 채권을 수동채권으로 하여 상계할 수 없다. 그 이유는 피해구제는 현금으로 신속하게 처리되어야 할 필요가 있다는 것과, 변제를 받지 않은 채권자가 채무자에게 불법행위를 하는(상계가 가능하면 손해배상채무를 지지 않는) 것을 피할 필요가 있는 점을 든다. 판례는 고의의 불법행위에 의한 손해배상채권에 대하여 상계를 허용한다면 고의로 불법행위를 한 자까지도 상계권 행사로 현실적으로 손해배상을 지급할 필요가 없게 되어 보복적 불법행위를 유발하게 될 우려가 있고, 또 고의의 불법행위로 인한 피해자가 가해자의 상계권 행사로 인하여 현실적으로 직접 변제를 받을 수 없는 결과가 됨은 사회적 정의관념에 맞지 아니하므로 고의에 의한 불법행위의 발생을 방지함과 아울러 고의의 불법행위로 인한 피해자에게 현실의 변제를 받게 하려는 데 있다고 한다(2001다52506). 나아가서 대법원은 법이 보장하는 상계권은 이처럼 그의 채무가 고의의 불법행위에 기인하는 채무자에게는 적용이 없는 것이고, 나아가 부당이득의 원인이 고의의 불법행위에 기인함으로써 불법행위로 인한 손해배상채권과 부당이득반환채권이 모두 성립하여 양채권이 경합하는 경우 피해자가 부당이득반환채권만을 청구하고 불법행위로 인한 손해배상채권을 청구하지 아니한 때에도, 그 청구의 실질적 이유, 즉 부당이득의 원인이 고의의 불법행위였다는 점은 불법행위로 인한 손해배상채권을 청구하는 경우와 다를 바 없다

할 것이어서, 고의의 불법행위에 의한 손해배상채권은 현실적으로 만족을 받아야 한다는 상계금지의 취지는 이러한 경우에도 타당하므로, 민법 제496조를 유추적용함이 상당하다(2001다52506)고 했다.

그렇지만 이와 같은 취지와의 관계에서 생각하면 모든 불법행위채권에 관하여 상계를 금지하는 것은 지나치지 않느냐는 의문도 생긴다. 우선 신속구제의 요청의 관점에서 생각해 보면, 이 요청은 인신손해에는 잘 들어맞지만(약대는 현금으로라는 표현이 사용되고 있다), 물적손해에 대해서는 반드시 타당하지 않다. 다음 가해방지의 요청과의 관계에서 생각해도 이 요청이 고의에 의한 불법행위에는 적합하지만 과실에 의한 불법행위에는 반드시 적합하지 않다.

참고로 학설은 이와 같은 관점으로부터 496조의 적용범위를 한정하는 논의를 전개하고 있다. 그렇지만 일본 최고재판소 판례는 이 규정을 문자 그대로 적용하고 있다.[89] 즉 동일한 교통사고에서 쌍방이 물적손해를 입었던 경우에 그것에 기초한 손해배상청구권은 상계해도 좋지 않으냐는(물적손해이며 고의에 의한 것도 아니다) 의문에 분명하게 부정하는 답을 주고 있다. 그러나 일본 최고재판소 판례는 다수의견에 반대의견도 붙여져 있는 점으로 볼 때 학설의 비판을 의식하고 있다는 것을 엿보이고 있다.[90] 참고로 학설은 더욱 보험과의 관계를 생각하면 상계하지 않는 편이 좋다는 견해도 있다(이것은 혼동에 대해서도 말할 수 있다).

② 민사집행법 기타 법률에서 특정한 종류의 채권에 대하여 압류가 금지되어 있는 것이 있다. 그 취지는 채권자에 현실의 급부가 이루어진 것을 확보한다는 것이다. 예를 들면 부양료[91]·보호금품청구권[92]이나 임금채권[93] 등이 그 예이지만, 보다 개별적·구체적인 규정이 특별법에 두어진 것도 있다. 이것들에 대해서는 그 취지로 보아 상계도 불가능하다는 의미이다.

③ 압류를 받은 채권을 수동채권으로 하는 상계는, 압류 후에 취득한 채권을 자동채권으로서는 상계할 수 없다(도표 3.2.9). 압류 후에 변제할 수 없는 것은 민사집행법 227조 1항에 규정되어 있지만, 압류 후의 상계도 같이 금지되고 있다(497조). 이러한 규정의 적용에 의해 채무자 Z가, 채권자 D에 대한 채권을 가진 T로부터 싸게 매수하여 이것을 자동채권으로 하고, (P에게) 압류당한 반대채권을 수동채권으로 해서 상계하는 것이 저지되고 있다. 이에 반해, 압류 전에 취득하고 있던 채권을 자동채권으로 하여 상계하는 것은 금지되어 있지 않다. 단지 그것이 항상 가능한가 어떤가는 다른 문제이다. 이 점에 관해서도 제2항에서 언급한다.

도표 3.2.9 상계와 압류

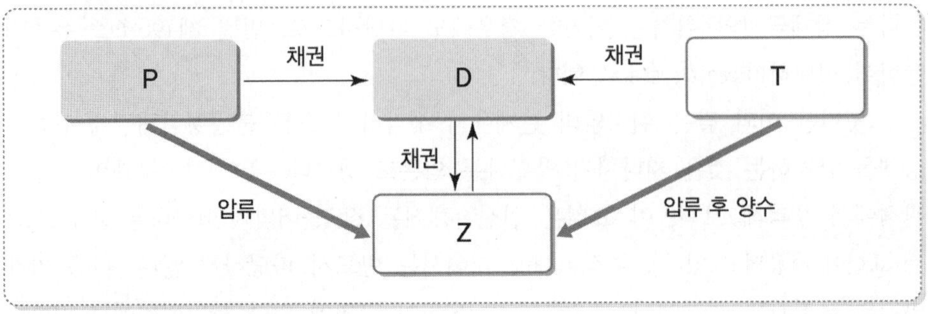

3. 상계의 당사자

두 개의 채권이 대립하고 있지 않아도 상계가 가능한 경우가 몇 개 있다. 이것을 알기 쉽게 도표로 표시해 둔다(도표 3.2.10).

도표 3.2.10 채권양도

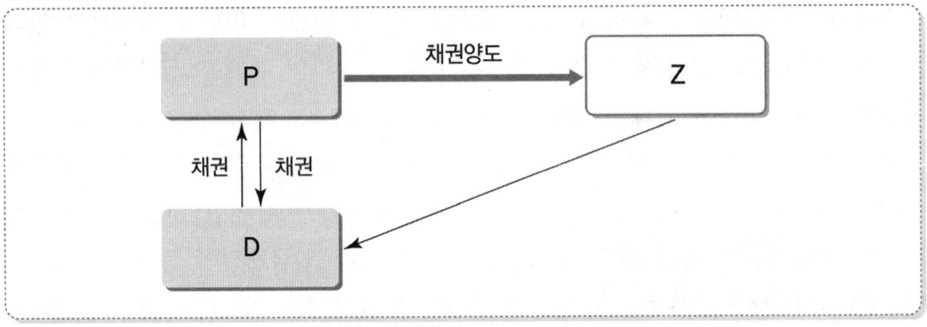

첫째, P의 채권을 Z가 양수한 경우(도표 3.2.10), D가 이의를 보류하지 않고 승낙을 하지 않는 한, Z에 대하여 상계를 주장할 수 있다(452조 2항). 그렇다고 하더라도 항상 상계를 대항할 수 있느냐에 관한 문제가 있지만, 이 점은 후에 언급한다. 더욱 이미 서술한 것 같이 이 케이스에서 P・D 사이에 상계금지특약이 있었다고 해도, Z가 선의라면 D는 위 특약의 효력을 주장할 수 없으므로(반대채권이 있다면) Z쪽이 상계할 수 있다. 상계금지특약에 관한 법리는 뒤에서 볼 채권양도 금지특약과 대동소이하지만 제도 취지의 관점에서 서로 다른 점도 있으므로 나중에 채권양도를 설명할 때 비교하여 들여다 본다.

둘째, T가 D의 채권을 보증하고 있는 경우 T는 자기의 보증채무에 관해 D의 채권을 원용하여 상계할 수 있다(434조 2항). 연대채무에 관해서도 똑같은 취지의 규정이 있다(410조 2항). 이상에 대해서는 각각 관련된 부분에서 또 한 번 언급하겠지만, 결론에는 이론이 없다(도표 3.2.11).

일본 최고재판소 판례는 이것을 인정하고 있지 않지만, 참고로 학설은 적어도 이와 같은 경우에는 제3자 변제와 동시에 인정해야 한다고 하는 견해가 유력하다.

도표 3.2.11 보증의 경우

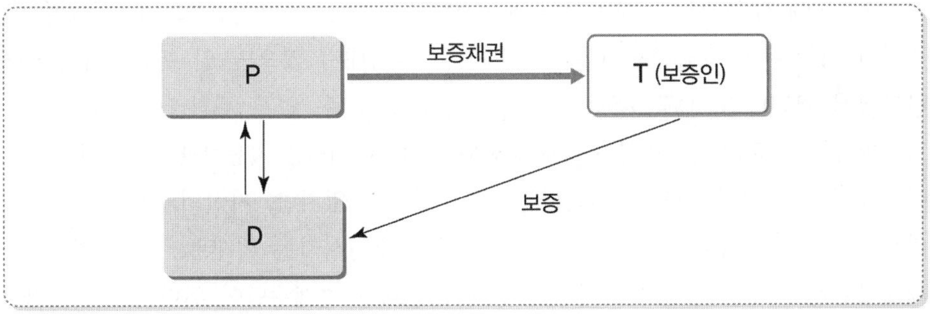

셋째, D로부터 저당권부의 부동산을 취득한 제3취득자 T는, P가 D에 대해 가지는 저당권의 피담보채권에 대해, 자신이 P에 대하여 가지는 채권으로 상계를 하는 것이 가능하냐는 문제가 있다. 이 점은 다소 논의가 있는 부분이다(도표 3.2.12).

도표 3.2.12 제3취득자의 경우

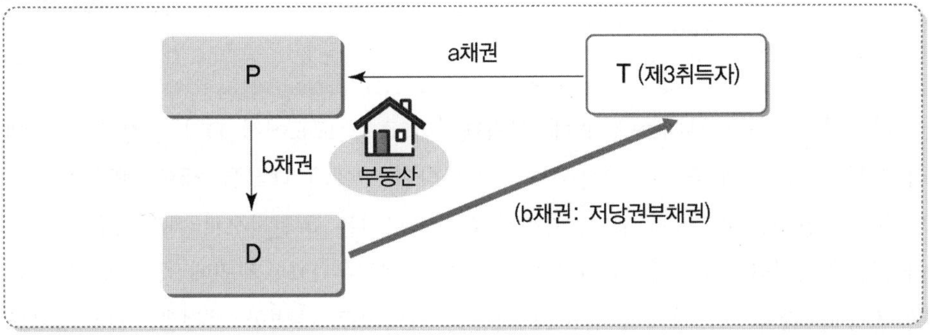

Ⅱ. 계약에서 상계의 기능

1. 상계의 담보적 기능

가. 법정상계 – 상계를 계약 후 이용하는 방법

두 당사자 간에는 상계는 결제를 간략화하는 수단으로 기능하지만 다른 채권자와의 관계를 고려해 넣는다면, 담보로서의 기능이 아주 크게 부각된다(도표 5.3.13). 이제 도표를 보면서 생각해 본다. D도 Z도 P에 대하여 채권을 가지고 있고, D는 P에 대해서도 채무가 있다(P는 a채권을 가진다)고 설정해보자. 상계를 고려하지 않는다면, D도 Z도 P로부터 채권을 받아내지 않으면 안 된다. 이때 P가 무자력에 빠진다면, D도 Z도 채권의 만족을 얻을 수 없게 된다. 여기서 상계를 고려한다면 어떻게 될 것인가. D가 상계를 한다(b채권을 자동채권으로 한다)면 비록 P로부터 돈이 들어오지 않는다는 점은 변함이 없지만, 자신의 채무가 소멸한다는 데 큰 의미가 있다. 결국 자신의 채무를 소멸시키는 형태로, D는 Z에 앞서 채권회수를 도모할 수 있다. 이것이 상계가 중요한 결제수단이 된다는 의미이다.

도표 3.2.13 상계의 담보적 기능

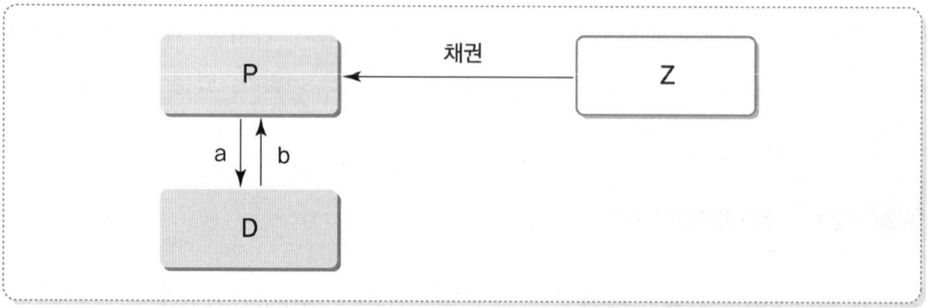

이전에 예금담보부대출에 관해 설명했지만(Ⅱ.), 도표에서 D가 은행으로서 예금계약으로 P의 예금을 수신한다고 설정한다면, P에게 대부를 해도 예금의 한도 내에서는 상계할 수 있게 된다. 따라서 은행으로서는 우선적으로 채권회수가 가능하다는 의미이다. 이 경우 상계를 매개로 P의 예금은 D의 채권에 대한 담보와 같은 기능을 한다. 이 상계의 담보적 기능은 계약으로 특별한 약정을 하지 않아도 상계제도에 동반하여 발생한다. 즉 법정상계제도를 이용함으로써 자기 채권을 우선적으로 회수를 할 수 있을 것이다.

나. 약정상계 – 상계를 계약으로 사전에 이용하는 방법

그러나 예를 들면 은행은 계약으로 자기의 상계의 이익을 더욱 강화할 수도 있다. 앞에서 서술한 바와 같이 상계금지특약을 할 수 있음은 물론이고 그와 동시에 상계에 관한 적극적인 약정도 할 수 있다. 약정상계 혹은 상계예약은 통상 기한의 이익 상실 약관을 전제로(일정한 사유가 발생하면 바로 상계의 효력이 발생한다) 하는 당사자간의 특약이다.[94] 앞에서 본 법정상계는 계약에서 별도로 합의하지 않았지만 민법이 결제수단으로 인정하는 것인데 반해, 약정상계는 계약으로 일정한 요건이 충족되면 상계를 허용하도록 당사자가 합의함으로써 이루어진다. 이러한 상계에 관한 약정에는 몇 개 종류가 있는 것으로 생각되지만 특히 일정한 사정(사건)이 발생한 때는, 당연히 상계의 효과가 생기는 것(정지조건부 상계예약)과 자동채권의 변제기가 도달하여 상계적상으로 된다고 하는 약정(기한의 이익 상실)이 중요하다[95]. 법정상계에서 제3채무자는 수동채권(피압류채권)이 변제기에 있어도, 자동채권이 변제기에 도달하지 않는 한 상계를 가지고 대항할 수 없는 것이 원칙이다.[96] 금융거래 실무에서 은행여신거래 기본약관(가계용)에는 일반적으로 다음과 같은 상계약정 조항을 두고 있다.

> **제00조(은행으로부터의 상계)** ① 채무의 변제기가 도래하였거나, 제7조에 의하여 이를 곧 갚아야 할 경우, 은행은 채무자의 그 채무와 채무자의 은행에 대한 예금 기타의 채권과를 그 채권의 기한 도래 여부에 불구하고, 서면통지에 의하여 상계할 수 있습니다.
> ② 은행이 사전구상권에 의하여 제1항의 상계를 하는 경우에는, …(중략)
> ③ 제1항 및 제2항에 따라 채무자의 채무와 채무자 및 보증인의 제 예치금 기타 채권(이하 "제 예치금 등"이라 합니다)과를 상계할 경우, …(중략)
> ④ 제1항 및 제2항에 의한 상계를 실행하는 경우에는 채무자·보증인·담보제공자의 정당한 이익을 고려하여 신속히 실행하여야 하며, 채권 채무에 대한 이자·지연배상금의 계산기간은 …(중략)
>
> **제00조(채무자로부터의 상계)** ① 채무자는 채무자의 기한도래한 예금 기타의 채권과 은행에 대한 채무와를, 그 채무의 기한도래 여부에 불구하고, 서면통지에 의하여 상계할 수 있습니다. 이 경우, 상계한 예금 기타 채권의 증서·통장은, 채무자가 그 거래용으로 신고한 도장을 찍거나 서명을 하여, 지체 없이 은행에 제출하여야 합니다.
> ② 제1항에 의한 상계를 하는 경우, 채권·채무에 대한 이자·지연배상금의 계산기간은, …(중략)

다만 여기에서는 상계약정이 가능하다는 것과 약관에 관련 조항이 있다는 점만을 서술하고 이들 약정의 의의에 관해서는 다음 항에서 취급한다.

2. 상계와 압류의 경합[97]

가. 상계와 압류의 경합 문제의 소재

상계의 담보적기능을 둘러싸고 상계와 압류라고 불리는 실무에서도 대단히 중요도가 높은 문제가 있다. 이 문제에 관해서는 판례법의 발전이 뚜렷하다. 관련된 사안은 대부분 은행거래에 연관된 것이고, 채권의 준점유자의 변제에 관한 문제와 나란히 은행거래법의 중심문제 중 하나를 형성하고 있다. 우선 문제의 전제를 확인해 보자.

앞에서 든 도표에서(도표 3.2.13) 채권자 Z가 P의 D에 대한 채권에 압류해 왔다고 설정하자. 이때 문제가 될 수 있는 것은, P가 D에 대해 가지는 채권에 관해 P의 채권자 Z가 압류한 때에 해당하는 것인데, 압류된 시점 **그후에도** D는 여전히 P에 대한 반대채권으로 Z가 압류한 채권을 「상계」하고, 상계를 가지고 압류채권자 Z에게 대항할 수 있느냐는 점이다.[98] 이 경우 D는 압류 후에 성립한 채권이나 압류 후에 제3자로부터 취득한 채권으로는 상계할 수 없다. 이것은 이미 서술한 대로다. 논의를 분명하게 하기 위해 되풀이하지만 498조에 의하면, '지급을 금지하는 명령을 받은 제3채무자는 그 후에 취득한 채권에 의한 상계로 그 명령을 신청한 채권자에게 대항하지 못한다'고 되어 있는데, 이에 대한 반대해석으로서 압류 전에 취득한 반대채권이 있다면 상계가 인정될 수 있는 여지가 있지 않을까.[99] 한편 압류 전에 **상계적상**에 있고, 또 상계의 **의사표시**가 있었다면[100] 상계할 수 있다는 점에 대해서는 다른 의견은 없다. 왜냐하면 수동채권(a채권. 예컨대 P의 D에 대한 예금채권)에 관하여는 기한의 이익 포기가 가능하므로, 자동채권(b채권. 예컨대 D의 P에 대한 대부채권)의 변제기만 도래하고 있다면 상계해도 좋다는 의미이다. 결국 압류 당시에 자동채권인 b채권이 처음부터 성립하고 있지 않다면 상계할 수 없는 것은 당연하고, 한편 자동채권 b채권의 변제기가 도달하고 있다면 상계는 가능할 수 있다는 의미이다. 다시 도표를 보면 [도표 3.2.14]에서 앞의 O과 뒤의 X의 사안이다.

문제는 이 중간에서 생긴다([도표 3.2.14]에서의 ? 사안). b채권이 성립하고 있으나 변제기가 도래하지 않은 때도 상계할 수 있는가? 이 사안은 a채권의 변제기와의 전·후 관계에 의해 다시 2가지로 나누어서 생각할 수 있다.

도표 3.2.14 상계와 압류

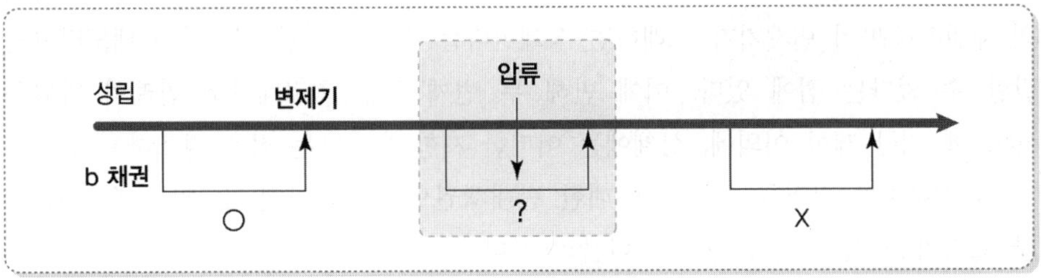

그것은 다음 2가지이다(① a의 변제기가 b의 변제기 ⓣ보다도 앞인 때, ② b의 변제기 ⓣ가 a보다도 앞인 때 2가지로서 [도표 3.2.15]를 참조).

도표 3.2.15 상계와 압류

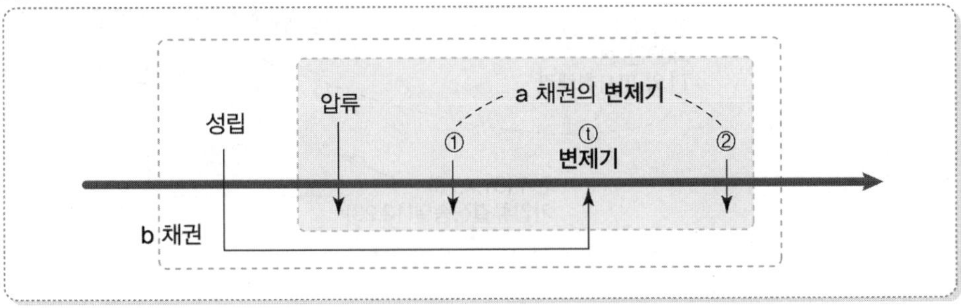

나. 판례의 전개

이 문제에 관해서는 2개의 대단히 유명한 일본 최고재판소 판례로서, 모두 다 대법정판결이 존재한다. 우선 결론부터 얘기하자면, 첫 번째 일본 최고재판소 판례는 ②의 경우(b의 변제기 ⓣ가 더 빠르다)에는 상계가 가능하지만 ①의 경우(b의 변제기 ⓣ가 더 느리다)에는 불가능하다고 하였다.[101] 즉 압류 e당시에 양 채권이 변제기에 달하고 있지 않아도, **자동채권**의 **변제기**가 **수동채권**의 **변제기**보다 **먼저** 도래한 경우에 한정하여 상계를 인정하는 사고방식이다.[102] 한편 두 번째 일본 최고재판소 소화(昭和) 45년 판결은 “제3채무자는, 그 채권을 압류한 후에 취득한 것이 아닌 한, **자동채권 및 수동채권**의 **변제기 전후**를 묻지 않고, **상계적상**에 달했다면, **압류 후**에 있어서도, 그것을 **자동채권**으로 하여 상계”할 수 있다고 하여,[103] 어느 경우에도 상계가능하다고 하였다.[104] 일반적으로 전자를 제한설, 후자를 무제한설이라 부른다. 다음으로 판결이유에 관해 간단히 보면, 첫 번째 일본 최고재판소 판례의 초점은 상대방에 대한 채무(a채권)의 변제를 거부하면서, 자신의 채권(b채권)의 변제기가 도래하면 상계한다는 것은 성실한 채무자의 태도라고는 말할 수 없다는 점에 있다. 이에 반해 두 번째 일본 최고재판소 판례의 방법은 498조에 의한 제한 이외에, 상계에는 어떠한 제한이 없다는 점을 강조하고 있다.

제3채무자가 가압류 채무자에 대한 반대채권으로써 상계할 수 있는 요건에 관한 82다카200의 사안과 판지는 다음과 같다.

사실관계 3.2.6 가압류에 반대채권 상계 [82다카200]

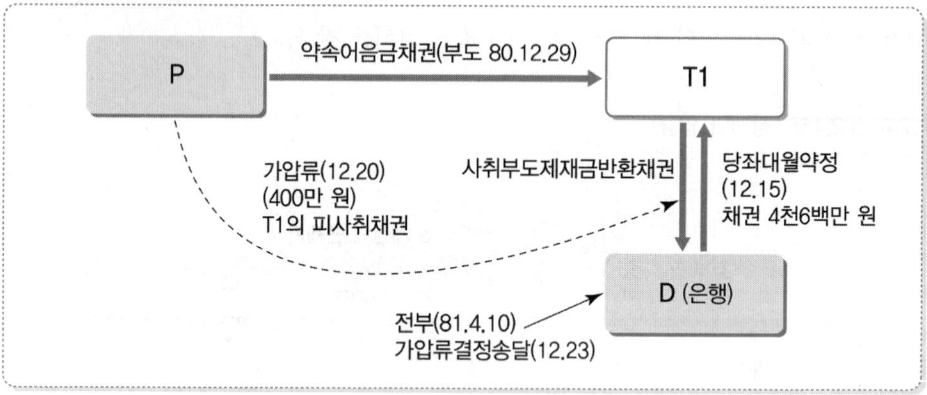

(1) T1은 1980.12.15 D와 당좌계정차월약정을 하였다. T1이 부도를 내어 거래정지처분을 당하는 경우에는 기한 전이라도 D쪽은 임의로 약정을 해지하고 위 T1의 제예치금 기타의 채권과 위 차월원리금을 기한의 도래 여부와는 상관없이 사전통지나 소정의 절차를 생략하고 상계할 수 있도록 하는 특약이 있었다. (2) P는 1980.12.20 T1에 대한 약속어음금 채권의 집행보전을 위하여 T1이 D에 대하여 가진 약속어음 사취부도제재금반환채권에 대한 가압류신청을 하였고 이에 대한 결정정본은 12.23. 송달되었다. 그런데 T1은 D에 대하여 위 가압류명령 송달 당시인 12.23. 현재 46,992,436원의 당좌차월채무를 부담 중 12.29. 당좌부도로 거래정지처분을 받게 되었다. 그럼에도 불구하고 D는 12.31. 위 약정에 의하여 그 당시의 금 84,978,776원의 당좌대월채권과 동년 12.8. T1이 별단예금으로 예치한 사취부도제재금반환채권과를 대등액에서 상계처리 하였다. 이 사건에서 쟁점은 반대채권이 압류 당시 변제기에 이르지 않는 때 피압류채권인 수동채권의 변제기와 동시에 또는 보다 먼저 변제기에 도달해야 하느냐이다.

이에 관해 대법원은 기본적인 전제(법리)로 다음과 같이 판시하였다. “가압류명령을 받은 제3채무자가 가압류 채무자에 대한 반대채권을 가지고 있는 경우에 상계로써 가압류채권자에게 대항하기 위하여는 가압류의 효력 발생 당시에 양 채권이 상계적상에 있거나 반대채권이 압류 당시 변제기에 달하지 않은 경우에는 피압류채권인 수동채권의 변제기와 동시에 또는 보다 먼저 변제기에 도달하는 경우여야 된다." 이 사건에 들어가 대법원은 다음과 같이 적용하였다. "P가 T1의 D에 대한 별단예금의 가압류 당시 D의 T1에 대한 당좌대월채권이나 T1의 D에 대한 별단예금의 반환채권의 변제기가 도래하지는 아니하였으나 D의 자동채권은 D와 T1 간의 당좌대월약정에 따르는 판시와 같은 특약의 효과로서 T1이 거래정지처분을 당한 1980.12.29 기한의 이익을 상실하여 변제기에 이르게 되었다"고 판시하였다.

상계와 압류의 우열에 관한 2011다45521(전)의 사안과 판지는 다음과 같다.

(1) D는 2007. 4.12. T에게 군포시 공장 신축공사(이하 '이 사건 공사'라 한다)를 공사대금 3,080,M 원(공사비 2,800,M 원+부가가치세 280,M 원, 이하 '약정공사대금'), 공사기간 2007.5.21.부터 2007.12.30.까지로 정하여 도급을 주었다. (2) D와 T는 위 계약 당시 공사대금을 5,137,M 원(공사비 4,670,M 원+부가가치세 467,M 원)으로 하는 계약서를 별도로 작성하였는데, 위 계약서는 관공서(시청 및 세무서)에 제출하는 용도로만 사용하되 그 대신 T는 D로부터 위 계약서 상 부가가치세와 이 사건 공사계약의 부가가치세 차액 187,M 원(467,M 원-280,M 원)을 추가로 지급받기로 약정하였다. (3) T는 2008.6.10.경 공장을 완공하여 D에게 인도하였다. (4) P는 2008.1.19. T와 이 사건 공사 중 창호 등 공사를 공사대금 258,500,K 원(부가가치세 포함)에 하도급받기로 하는 공사도급계약을 체결하였고, 2008.5.20. 위 공사도급계약의 공사대금을 302,500,K 원(부가가치세 포함. 이하 '이 사건 하도급채권'이라고 한다)으로 증액하기로 하는 변경계약을 체결하였다. (5) P는 2008.5.30. 위 창호 등 공사를 완성하였으나, 공사대금 중 일부인 212,500,K 원을 지급받지 못하자 의정부지방법원 고양지원 2008차2840호로 위 공사대금의 지급을 구하는 지급명령을 신청하였고, 위 법원은 2008.7.1. 'T은 P에게 212,500,K원 및 이에 대한 지연손해금을 지급하라는 지급명령을 하였으며, 위 명령은 2008.7.23. 확정되었다. (6) P는 이 사건 하도급채권의 보전을 위하여 2008.6.23. 의정부지방법원 고양지원 2008카합1108호로 채무자를 T, 제3채무자를 D, 청구금액을 212,500,000원으로 하여 이 사건 공사대금 지급채권을 가압류한다는 채권가압류결정(이 사건 가압류 결정)을 받았고, 위 결정은 2008.6.30. D에게 송달되었다. (7) P는 위 지급명령에 기하여 2008.8.6. 위 법원 2008타채5588호로 위 가압류를 본압류로 이전하고, 이 사건 공사대금 중 215,758,495 원(지연이자 등을 포함한 금액임)을 추심하기로 하는 채권압류 및 추심명령(이 사건 추심명령)을 받았고, 이 사건 추심명령은 2008.8.11. D에게 송달되었다. (8) D는 2008.4. 22. T에 변제기를 2008.7.25.로 하여 89,480,822원{=83,000,000+(83,M원

×95/365×이자제한법에서 정한 연 30%의 제한이율), 이자제한법 제3조 참조}을 대여하였고, 이를 담보하기 위하여 액면금 100,M원의 약속어음을 교부받았다. 이 사건에서 D는 T에 추가로 할인하여 준 액면금 100,M원의 약속어음에 관한 채권으로 T의 공사대금채권과 상계한다고 항변했다(D의 주장은 T에 대한 어음금채권(배서인에 대한 상환청구권)과 그 원인채권을 모두 행사하는 취지로 보인다). 이에 대해 P는 위 채권의 변제기는 가압류의 효력 발생 당시 아직 도래하지 않아 상계적상에 있지 아니하였고, 자동채권의 변제기가 수동채권의 변제기 이후이므로 D는 압류채권자인 P에게 위 상계로써 대항할 수 없다. 근거는 대법원 1982.6.22. 선고 82다카200 판결이다(변제기 기준설).

이에 관해 원심은 "금전채권에 대한 가압류로부터 본압류로 전이하는 압류 및 추심명령이 있는 때에는 제3채무자는 채권이 가압류되기 전에 압류채무자에게 대항할 수 있는 사유로써 압류채권자에게 대항할 수 있으므로(2000다43819), 가압류 당시 반대채권이 성립 또는 취득되어 있는 한, 제3채무자는 상계적상이 생기면 상계로써 압류채권자에게 대항할 수 있다(무제한설). 제3채무자의 상계에 대한 합리적 기대이익은 보호되어야 하지만 자동채권의 변제기가 피압류채권의 변제기보다 나중에 도래하는 경우에는 제3채무자의 상계에 대한 기대는 합리적이지 않다. 이미 변제기가 도래한 피압류채권의 변제를 거부하면서 반대채권의 변제기가 도래할 것을 기다려 상계를 주장하는 자는 성실한 채무자라고 할 수 없으므로 그러한 채무자는 보호해 줄 필요가 없다(82다카200)(변제기 기준설). 가압류 효력 발생 당시 반대채권이 성립 또는 취득되어 있는 한, 제3채무자는 상계적상이 생기면 상계로써 압류채권자에게 대항할 수 있다고 봄이 타당하므로, D는 T에 대한 100,M 원 약속어음을 담보로 한 대여금 채권을 자동채권으로 하여 이를 T의 공사대금채권과 상계할 수 있다" 판시하였다.

그러나 대법원[다수의견]은 기본적인 전제(법리)로 다음과 같이 판시하였다. "민법 제498조의 취지, 상계제도의 목적 및 기능, 채무자의 채권이 압류된 경우 관련 당사자들의 이익상황 등에 비추어 보면, 채권압류명령 또는 채권가압류명령(이하 채권압류명령의 경우만을 두고 논의하기로 한다)을 받은 제3채무자가 압류채무자에 대한 반대채권을 가지고 있는 경우에 상계로써 압류채권자에게 대항하기 위하여는 압류의 효력 발생 당시에 대립하는 양 채권이 상계적상에 있거나, 그 당시 반대채권(자동채권)의 변제기가 도래하지 아니한 경우에는 그것이 피압류채권(수동채권)의 변제기와 동시에 또는 그보다 먼저 도래하여야 한다. 가압류의 효력이 발생할 당시 피압류채권인 공사대금채권은 이미 변제기가 도래하였으나 이 사건 반대채권인 약속어음 관련 대여금채권은 변제기가 도래하지 아니하였기 때문에 그 당시 양 채권이 상계적상에 있었다고 할 수 없고, 나아가 이 사건 반대채권의 변제기가 공사대금채권의 변제기보다 나중에 도래하므로, 피고는 이 사건 반대채권에 의한 상계로써 압류채권자인 원고에게 대항할 수 없다" 판시하였다. 그러나 반대의견(Dissenting Opinion)은 다음과 같다. "제3채무자의 상계가 금지되는 것은 제3채무자가 지급을 금지하는 명령을 받은 이후에 새롭게 취득한 채권을 자동채권으로 하여 상계하는 것뿐이고, 민법 제498조의 반대해석 상 제3채무자가 그 이전에 이미 취득하여 보유하고 있던 채권을 자동채권으로 한 상계는 이 규정에 의하여 금지되지 아니하고 오히려 허용된다고 보는 것이 당연한 논리적 귀결이다. 그 채권이 제3채무자가 지급을 금지하는 명령을 받을 당시에 이미 이행기가 도래하였는지 여부는 문제될 여지가 없다. 반대채권으로써 상계할 수 있는 제3채무자와 지급을 금지하는 명령을 신청한 채권자 중 누구를 보호할 것인가? 그 대답은 자명하다. 지급을 금지하는 명령을 신청한 채권자의 지위는 원래부터 불확실하고 불안정한 것임에 비하여, 제3채무자는 담보권자와 유사한 지위를 가지는 것이므로 제3채무자의 상계권의 행사가 보장되어야 한다. 따라서 지급을 금지하는 명령을 받을 당시에 반대채권과 피압류채권 모두의 이행기가 도래한 때에는 제3채무자가 당연히 반대채권으로써 상계할 수 있다. 한편 반대채권과 피압류채권 모두 또는 그 중 어느 하나의 이행기가 아직 도래하지 아니하여 상계적상에 놓이지 아니하였더라도 그 이후 제3채무자가 피압류채권을 채무자에게 지급하지 아니하고 있는 동안에 반대채권과 피압류채권 모두의 이행기가 도래한 때에도 제3채무자는 반대채권으로써 상계할 수 있고, 이로써 지급을 금지하는 명령을 신청한 채권자에게 대항할 수 있다."

다. 판례에 대한 평석

참고로 학설은 제한설을 지지하는 쪽과 무제한설을 지지하는 쪽이 서로 팽팽하게 맞서고 있지만 전자가 다소 많다고 말해지고 있다. 또 똑같은 문제가 압류에서만 일어나지 않고 채권양도에 관해서도 발생하는데, 채권양도의 경우에는 상계를 실행한다는 쪽(주로 은행)은 계약으로 양도금지특약(449조)을 붙여 둘 수 있다는 등의 이유로, 압류에 관해서는 무제한설을 취한다고 하더라도 채권양도에 관해서는 제한설을 취해야 한다고 하는 견해도 있다(米倉). 단지 그 후, 일본 최고재판소 판례는 채권양도에 대해서도 무제한설을 취하는 것을 분명히 하고 있다.[105] 채권양도에 관해서는 뒤에서 다시 자세하게 설명한다.

그러면 여기서 위에서 설명한 것을 이해하기 위해 눈을 돌려 판례를 전제로 한 논의는 어떻게 진행되었는지에 관해 좀 더 자세히 살펴보자. 이같이 판례의 태도가 굳어져 가고 있는 것을 보고, 참고로 학설은 최근에는 그것을 전제로 하면서 제한설적인 고찰 방법을 더하려는 견해가 유력하게 되어가고 있다.[106] 이 견해는 계약과 관계없이 민법에 따른 법정상계의 경우와 계약으로 일정한 요건이 충족되면 채권자에게 상계를 허용하는 약정상계의 경우로 나누어, 전자에 대해서는 제한설을 취하지만 후자에 대해서는 무제한설도 좋다고 한다(실제의 은행거래에서는 계약으로 상계에 관한 약정이 붙여진 것이 보통이므로, 판례의 결론이 바뀌는 것은 아니다). 상계에 관한 약정이 있다면 무제한설도 좋다고 하는 이유는 다음과 같다.

즉 특약의 존재를 선의의 제3자에 대항할 수는 없더라도 상계약정의 존재는 금융거래에서는 널리 알려진 공공연한 사실이 되기에 이르렀는데, 거래에 들어간 관계자는 그러한 거래관행을 숙지하고 있으므로 항상 악의라고 보는 것이 가능하다. 다시 말해 약정상계는 일종의 담보의 창설[107]로 보는 것만이 가능하다는 것이다. 이 견해와 같이 법정상계·약정상계로 나누는 고찰방법은 그 자체는 정당한 것이라고 생각한다. 그러나 상계약정이 널리 이루어지고 있다는 사정만 가지고 상계약정의 효력을 긍정해도 좋은가 어떤가 하는 점에 대해서는 의문이 있다. 결론을 긍정하는 데는 넓게 관행으로 이루어지고 있다는 것에 부가하여 관행의 내용도 합리적이어야 할 필요가 있다고 생각된다. 그러면 위에서 든 예에서 은행이 P에 대하여 가지는 b채권에 관해서 P에 대한 압류가 실행되었다면, 당해 채권(b채권)의 변제기를 조작해서 도래하지 않은 기한을 상계 당시로 끌어 올린다는 특약 내용이 과연 합리적인가라는 의문이 남는다. 당장 합리적이라고도 말하고 싶지만, 다른 특약(예를 들면 회생신청, 해제특약 등)과 비교하면서 신중히 검토할 필요가 여전히 있다.[108]

그런데 이상과의 관계에서 그 후의 일본 최고재판소 판례를 하나 소개해 두자(도표 3.2.16). 사안은 A가 B에 대해 갑채권을, B가 D(A의 자회사)에 대해 을채권을 가지고 있고, A와 B 간에 B의 신용이 악화한 때에는, A는 이 2가지 채권을 상계할 수 있다는 상계예약을 했는데, 을채권을 압류한 P(國)가 이 상계예약의 효력을 다투었다.[109]

도표 3.2.16 일본 최고재판소 판례 – 상계예약과 3각상계

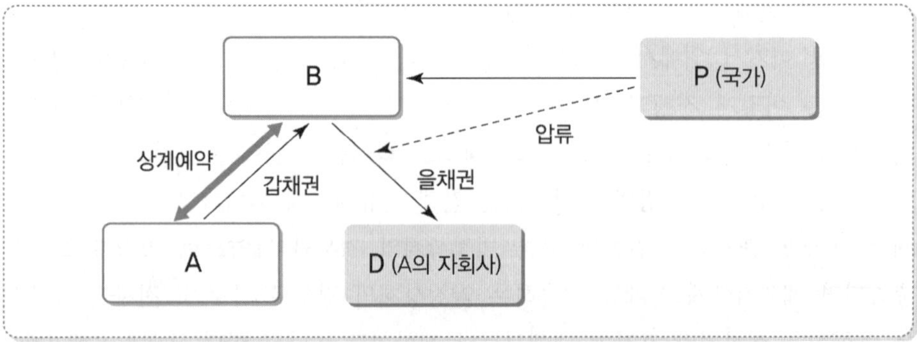

1심은 이전의 일본 최고재판소 판례[110]를 인용하면서 3당사자에 의한 상계예약

도 2당사자의 경우와 변함이 없다고 했지만, 항소심(원심)과 최고재판소는 이것을 부정하고 있다. 2당사자 경우와 결론이 나누어지는 것은 왜 그러한가 하는 점은 어려운 문제이지만 생각해볼만한 가치가 있다(학설에는 다양한 의견이 있다). 생각하여 보라. 더 나아가서 금융기관 사이의 넷팅(netting)에 관해서도 연구해 볼 가치가 있다. 일본의 경우 금융기관 등이 실행하는 특정금융거래의일괄청산에관한법률(일괄청산법)이 1998년 제정되어 있다. 이와 같이 상계합의도 현대의 복잡한 금융거래에 있어서 위험통제(Risk Control)의 일환으로서 중요한 역할을 하고 있다.

더욱 무제한설을 취하든 어떤 2분설을 취하든지 상계권남용이라는 일반이론에 의해 제약받는다고 생각된다.[111] 상계에도 권리남용금지의 원칙이 적용되는가? 판례는 P가 T의 부도로 인하여 T가 발행한 약속어음의 가치가 현저하게 하락된 사정을 잘 알면서 오로지 자신이 T에 대해 부담하는 임대차보증금반환채무와 상계할 목적으로 T가 발행한 약속어음 20장을 액면가의 40%에도 미치지 못하는 가격으로 할인・취득하고, 그 약속어음채권을 자동채권으로 하여 상계를 한 사안에서, “상계권을 행사하려고 하는 자에 대하여는 수동채권의 존재가 사실상 자동채권에 대한 담보로서의 기능을 하는 것이어서 그 담보적 기능에 대한 당사자의 합리적 기대가 법적으로 보호받을 만한 가치가 있음에 근거하는 것이므로 당사자가 상계의 대상이 되는 채권이나 채무를 취득하게 된 목적과 경위, 상계권을 행사함에 이른 구체적・개별적 사정에 비추어, 그것이 위와 같은 상계 제도의 목적이나 기능을 일탈하고, 법적으로 보호받을 만한 가치가 없는 경우에는그 상계권의 행사는 신의칙에 반하거나 상계에 관한 권리를 남용하는 것으로서 허용되지 않는다”고 하여 긍정하고 있다(2002다59481).

제 3 절 채권양도

채권양도에 관해서는 앞에서도 조금 다루었지만 여기서 좀 더 추가로 검토한다. 채권양도에는 도표에서 보듯이 채권자＝양도인 P, 채무자 Z, 그리하여 채권의 양수인 D가 관련되어 있다(도표 3.2.17). 이하 양도인과 양수인(Ⅰ), 양수인과 채무자(Ⅱ), 복수의 양수인 상호(Ⅲ)의 3가지의 관계로 나누어 설명한다. 더욱 이들을 설명할 때 어느 경우에든 물권의 양도와 대비한다는 것을 염두에 둔다면 좀 더 쉽게 이해할 수 있다.[112]

도표 3.2.17 채권양도에서의 법률관계

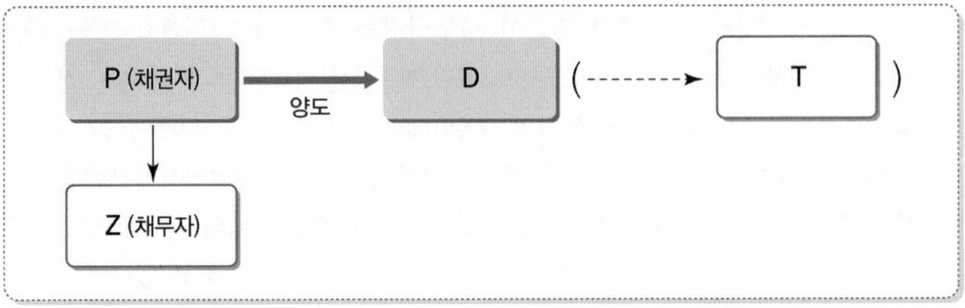

Ⅰ. 채권양도에서 양도인 · 양수인 사이의 관계

1. 채권양도의 가능성

물권의 양도는 권리자인 양도인과 양수인 사이의 합의에 의해 이루어진다. 물권양도를 자유롭게 하려는 것은 소유권권능의 하나(=처분권)이고, 법률이 정하지 않는 한 이것을 방해할 수 없다(211조). 한편 채권은 당연히 양도할 수 있다는 의미는 아니다. 사람과 사람의 관계인 채권에서는 당사자 특히 채무자가 누구인가가 중요하고, 이것을 교체할 수 없다는 견해도 있을 수 있다. 법제사로 보면 로마에서는 채권양도는 인정되고 있지 않았다고 한다(경개가 사용되고 있었다. 502조 참조).

그러나 채권이라 해도, 예를 들면 금전채권에 관해서는 누가 채권자인가는 그다지 중요한 것이 아니다. 금전채권이란 일정액의 금전을 수취한다는 추상적인 권리라고도 말할 수 있다. 그런 까닭에 근대 유럽의 각국의 법전은 채권양도를 인정하고, 일본에서도 구민법은 이것을 인정하는 것을 전제로 특별히 규정을 두지 않았다. 그런데 이것은 법전 반대파의 공격의 재료로 이용되었다. 채권양도를 인정하면, 자신의 계약상대방 이외의 자(채권을 양수한 자)로부터의 지독한 징수에 놓이게 되어 이것은 약육강식을 조장한다는 것이다.

이와 같은 경위에 비추어 현행 민법전은 채권양도가 가능하다는 원칙을 선언하면서(449조 1항), 동시에 예외로서 양도금지합의를 인정하는 양도금지의 취지를 규정하였다(동조 2항). 이하 원칙과 예외의 쌍방에 관해 조금 설명해 보자.

가. 채권양도에 관한 기본원칙

우선 채권양도에 관한 기본 원칙을 본다. 반복되지만 원칙적으로 채권양도는 당사자 간의 합의로 할 수 있다. 물권양도의 경우와 동일하게 이 합의에는 특별한 방식은 요구되지 않는다. 당해 합의의 유효성이 부정된 경우(예를 들면 착오, 공서양속위반 혹은 원시적 불능)에는 채권양도의 효과는 생기지 않는다. 이것도 물권의 경우와 같다. 그러면 도표에서 P → D → T로 채권이 양도되었지만, P와 D 간의 양도가 무효로 된 경우 T는 양도의 대상인 채권을 취득할 수 있는가(기호는 도표 3.2.17과 대응). 이 경우 양도의 목적물이 동산이면 선의취득이 가능하지만(249조), 일반적인 채권은 선의취득의 대상으로 되지 않는다. 다만 무기명채권에 대해서는 물건과 같이 취급되므로 선의취득이 있을 수 있다(99조). 무기명사채, 무기명식 수표, 상품권, 철도승차권, 극장의 입장권 등이 무기명채권에 해당한다.

이 무기명채권 이외에도 일반 채권(기명채권)과는 몇 개 다른 종류의 채권이 존재하고, 이것들에 관해서는 민법 규정이 두어져 있다(508조~515조). 단지 실무에서는 이들 규정이 적용되는 것 같은 채권은 거의 없는 것으로 되어 있고, 이것들은 그다지 중요하게 다루어지고 있지 않다. 그렇기 때문에 본서에서도 이에 관한 자세한 설명은 생략한다.[113] 단지 채권양도에 관해서 이론적인 고찰을 하는데 있어서는 경우에 따라서 이들 규정을 고려하는 것도 필요하다.

나. 예외

다음으로 채권양도에 예외를 두는 방법이 있는데, 특약(합의)에 의한 경우와 그 밖의 경우의 각각에 대하여 서술해둘 필요가 있다.

첫째, 채권의 성질이 양도를 허용하지 아니하는 때(449조 1항 단서)다. 판례는 소유권이전등기청구권에 관하여 이행과정에서 신뢰가 따르므로 특별한 사정이 없는 이상 양도에 채무자의 승낙이나 동의를 필요로 한다고 하였다(2004다67653). 한편 장래채권의 양도는 가능한가? 판례는 장래의 차임채권 · 장래의 이자채권에서 보듯이 장래에 발생될 채권의 경우 현재 그 발생기초가 되는 법률관계가 존재하고 있고, 채무의 이행기까지 그 내용을 확정할 수 있는 기준이 설정되어 있다면 인정할 수 있다고 한다(2004다67653).

둘째, 당사자가 양도금지특약을 한 경우(449조 2항 본문)이다. 양도금지특약이 붙어 있어도, 제3자에게는 대항할 수 없는 때가 있다. 조문상 그러한 의사표시로 선의의 제3자에게는 대항할 수 없다고 되어 있다(466조 2항 단서). 참고로 학설은 무과실이 요구된다는 견해(무과실 요구설)와 양도금지특약자체에 합리성이 결여되어 있으므로 악의의 제3자에게조차 대항할 수 없다는 견해(악의 제3자 대항불가설)가 대립되어 있다. 그렇다면 판례는 어떤 견해에 입각해 있을까? 양도금지특약에 관한 99다52817의 사안과 판지는 다음과 같다.

사실관계 3.2.7 양도금지특약 [99다52817]

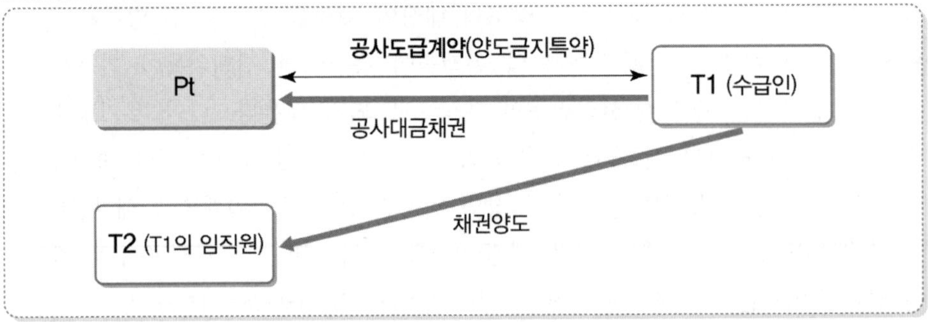

(1) Pt와 T1(수급인)은 공사도급계약을 체결하면서 양도금지특약을 하였고, T1의 임직원인 T2는 위 양도금지특약존재를 알면서도 위 공사대금채권을 양수하였다. (2) Pt는 T2에게 변제하였다(채권양도에 대한 승낙). 이 사건에서 쟁점은 양도금지의 특약에 위반해서 채권을 제3자에게 양도한 경우의 채권은 양도성을 상실하느냐이다.

이에 관해 대법원은 기본적인 전제(법리)로 다음과 같이 판시하였다. "당사자의 양도금지의 의사표시로써 채권은 양도성을 상실한다. 양도금지의 특약에 위반해서 채권을 제3자에게 양도한 경우 악의 또는 중과실의 채권양수인에 대하여는 채권이전의 효과가 생기지 않는다. 그러나 악의 또는 중과실로 채권양수를 받은 후 채무자가 그 양도에 대하여 승낙을 한 때에는 채무자의 사후승낙에 의하여 무효인 채권양도행위가 추인되어 유효하게 되며, 이 경우 다른 약정이 없는 한 소급효가 인정되지 아니하고 양도의 효과는 승낙시부터 발생한다" 판시하였다.

일본 최고재판소 판례는 적어도 선의·무중과실이 필요한 것으로서 해석하고 있다(最判昭 48.7.19. 民集 27券7号, 823頁[Ⅱ27]〈120〉). 그러므로 양도금지채권에 관한 양도에서는 채권양수인의 악의 또는 중과실이 관건이다. 양도금지특약과 중과실에 관한 96다18281의 사안과 판지는 다음과 같다.

사실관계 3.2.8 양도금지특약과 중과실 [96다18281]

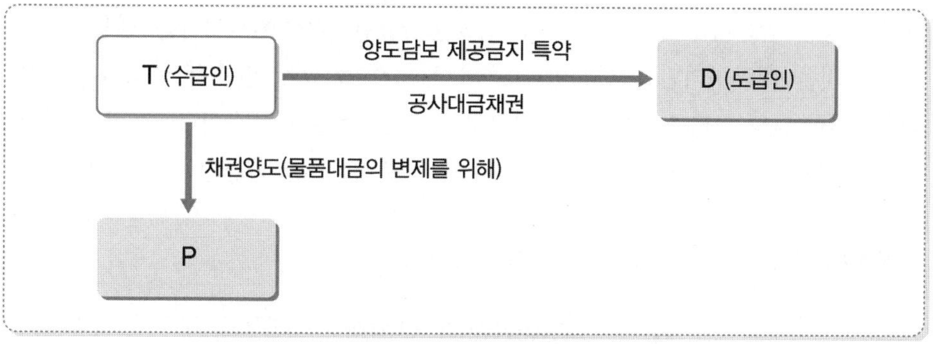

(1) D(도급인)와 T는 공사도급계약을 체결하면서 양도하거나 담보의 목적으로 할 수 없다는 특약을 두었고, 물품대금채무의 변제를 위하여 P에게 공사대금채권의 일부를 양도하였다. (2) D는 금지조항 및 공사지연을 이유로 도급계약을 해지하였다. 이 사건에서 쟁점은 P는 위 도급계약상의 채권에 관하여 양도금지특약이 있음을 알았거나(고의) 아니면 조금만 주의를 기울였으면 그와 같은 양도금지의 특약이 있음을 쉽게 알 수 있었을 것인데 그러한 주의를 전혀 기울이지 아니한 과실(중대한 과실)이 있느냐이다.

이에 관해 대법원은 기본적인 전제(법리)로 다음과 같이 판시하였다. "민법 제449조 제2항이 채권양도 금지의 특약 문언상 제3자의 과실의 유무를 문제삼고 있지는 아니하지만 제3자의 중대한 과실은 악의와 같이 취급되어야 한다. 양도금지 특약의 존재를 알지 못하고 채권을 양수한 경우에 있어서 그 알지 못함에 중대한 과실이 있는 때에는 악의의 양수인과 같이 양도에 의한 그 채권을 취득할 수 없다. 그러나 증거가 없다" 판시하였다.

여기서 말하는 중과실이란 통상인에게 요구되는 정도의 상당한 주의를 하지 않더라도 약간의 주의를 한다면 손쉽게 그 특약의 존재를 알 수 있는데도 그러한 주의조차 기울이지 아니하여 특약의 존재를 알지 못한 것을 말한다. 제3자의 악의 내지 중과실은 채권양도금지의 특약으로 양수인에게 대항하려는 자가 주장·입증하여야 한다(2010다8310).

참고로 학설은 더욱 나아가, 선의·무과실까지 요구할 필요가 있느냐를 에워싸고 논의가 있다. 무과실을 요구하는 견해도 있고, 악의의 제3자에게조차 대항불가능하다고 하는 견해도 있다(米倉). 그러나 거기까지 어떠하든 간에 무과실을 요구해야 하는 것은 아니라고 하는 견해가 유력하다. 한편 양도금지특약 자체에 합리성이 결여되어 있다는 이유로 실무에서는 은행이 예금관리의 간이화를 위해 예금채권에 양도금지특약을 붙이는 예가 많다.

이러한 문제를 어떻게 푸는가는 채권양도에 대한 기본적인 존재의의(스탠스)에 의해 영향을 받는다고 생각할 수 있다. 양도가능한 것이 원칙이라는 점을 강조한다면 이것을 제약하려면 합리적인 이유가 필요하고, 그저 단순히 합의가 있다(더욱이 그것이 널리 알려져 있다)는 것만으로는 충분치 않기 때문이다. 판례를 더 보자. 양도제한 특약과 중과실에 관한 2003다44370의 사안과 판지는 다음과 같다.

사실관계 3.2.9 양도제한과 중과실 [2003다44370]

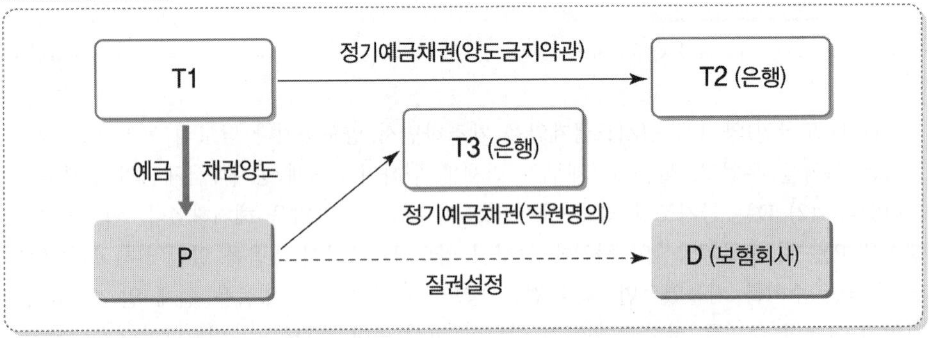

(1) T1은 T2은행에 정기예금개설 후 P에게 양도하였다. 예금거래기본약관 12조 1항은 '거래처가 예금을 양도하거나 질권설정을 하려면 사전에 은행에 통지하고 동의를 얻어야 한다'고 되어 있다. (2) T2는 채권양도를 승낙할 수 없음을 D에게 통지하였다. (3) 그런데 P는 이 사건 정기예금채권을 양수하기 전에 수년 간 명동에 사무실을 두고 사채업을 영위하여 왔고, 이 사건 정기예금채권 양수 당시 주식회사의 대표이사로서 회사를 경영하고 있었으므로 은행거래의 경험이 많고, 또 직원 명의로 T3에 예치한 1억 원의 정기예금채권에 관하여 D에게 질권을 설정하여 주기도 했다. 이 사건에서 쟁점은 은행거래의 경험이 있는 자가 예금채권을 양수한 경우 양도제한의 특약에 관한 중대한 과실이냐이다.

이에 관해 원심은 "정기예금계약을 체결하면서 계약내용으로 편입시킨 예금거래기본약관 제12조 제1항을 근거로 P가 약관내용을 알았다고 볼 증거가 없다"고 판시하였다. 그러나 이에 관해 대법원은 "이 사건 정기예금채권을 양수한 P로서는 이 사건 정기예금채권에 대하여 양도제한의 특약이 존재하는 사실을 알았거나 그렇지 않다고 하더라도 알지 못한 데에 중대한 과실이 있다" 판시하였다.

여기서 판례가 제시한 주제(point)는 은행거래에서 발생하는 채권인 예금채권에 관한 법률관계는 일반거래약관에 의하여 규율되어 은행은 일반거래약관인 예금거래기본약관에 각종의 예금채권에 대하여 그 양도를 제한하는 내용의 규정을 둠으로써 예금채권의 양도를 제한하고 있는 사실은 적어도 은행거래의 경험이 있는 자에 대하여는 널리 알려진 사항에 속한다는 것이다.

채권양도금지특약의 효력의 제한에 관해 다음 2가지 점을 보충해둔다.

하나는 상계금지특약이 있더라도 대상이 되는 채권에 관한 전부명령 – 압류된 채권을 압류채권자에게 이전시키는 집행방법(민집 229조, 231조 1항)은 가능하다[114]는 것이다. 전부명령은 특약의 대상인 양도에는 포함되지 않는다는 것이 그 이유다. 이렇게 해석되지 않으면 양도금지특약이라는 사인간의 합의로 강제집행이 불가능한 채권을 새롭게 만들어 내는 것을 인정하는 것으로 되어 버리기 때문이다.

그러면 여기서 위에서 설명한 것을 좀 더 이해하기 위해 눈을 돌려 강제집행방법으로서의 전부명령에 관해 자세히 살펴보자. 현행 민사집행법 아래에서는 채무자가 가지는 채권을 목적물로 하는 강제집행(채권집행)에서, 압류명령이 제3채무자에게 송달되면 압류의 효력이 생긴다(민집 227조). 이때 다른 채권자로부터의 배당요구가 있을 수 있다.[115] 그러나 압류채권자가 전부명령을 얻으면 다른 채권자의 배당요구를 받는 것이 아니라, 독점적으로 자기 채권의 만족을 얻을 수 있다[116]. 그 효력으로 압류된 채권은 지급에 갈음하여 압류채권자에게 이전된다(229조). 다만 이때 제3채무자 무자력의 위험은 압류채권자가 부담하는 것으로 된다(채권이 존재하지 않으면 전부채권자는 또 다시 채무자에게 변제를 청구할 수 없다).

또 한 가지는 일본 최고재판소 판례는 양도금지특약이 있어도 채무자의 승낙이 있으면 양도는 가능하다고 한다.[117] 당사자간에는 이것으로 좋지만 제3자와의 관계에서는 문제가 생길 수 있다. 그러므로 최근의 일본 최고재판소 판례는 승낙전에 나타난 제3자(압류채권자)에 대해서는 채권양도의 효력을 주장할 수 없다고 판시한 것이 있다.[118]

셋째, 합의에 의한 경우 이외에도 채권양도가 불가능한 경우가 있다. 첫째, 채권의 성질이 허락되지 않는 경우(① 449조 1항 단서)와 둘째, 정책상의 이유에 의해 양도가 금지되어 있는 경우(②)이다. ①은 채권자가 변함으로써 급부의 내용이 크게 변해버리는 듯한 경우(예를 들면 개인교수를 받는 채권 등)이고, 행위채무에 이와 같은 것이 많다. ②는 특정의 채권자에게 급부를 얻게 하는 것이 필요한 경우(예를 들면 부양료청구권, 사회보장급여, 퇴직금 등과 같다. 공무원연금법 32조, 국민연금법 54조, 근로기준법 89조에 규정되어 있다.)이고, 특별법에 규정이 있는 것이 많다(부양청구권에 관해서는 881조). 이와 관련해서 임금채권양도의 효력에 관하여 판례는 사용자는 직접 근로자에게 임금을 지급해야 한다고 하였다(87다카2803(전)).

여기서 잠깐 시야를 돌려 양도금지특약과 상계특약의 대비에 관해 살펴본다. 여기까지의 논의를 상계와 비교해보면 유사하거나 다른 점이 있는데, 2가지 점을 지적해둔다. 첫째, 상계금지특약과 양도금지특약을 비교해 보면, 판례나 제 학설의 태도는 서로 모순되지 않느냐에 관해 생각해 본다(예를 들면 참고로 학설은 전자에는 적극적으로, 후자에는 소극적으로 대처해야 한다는 견해도 있다). 주요한 점은 특약으로 수정된 본래의 제도(상계·채권양도)에 대해 어떠한 태도를 취하는가, 특약의 일반성·공지성을 어떻게 평가해야 하느냐이다. 둘째, 상계, 채권양도의 각각에 관해 그것이 불가능한 경우를 비교해 보는 것은 좋다. 우선 성질상 허락되지 않는 때가 있다. 다음 합의 또는 법률로 허락되지 않는 때도 있다. 여기서 말하는 성질이란 도대체 어떠한 것을 말하는가. 합의, 법률과의 관계에서 고찰해 보는 것도 재미있다. 이상의 2가지 문제는 상계, 채권양도 제도의 본질에 관한 문제라고 말할 수 있다.

2. 채권양도의 기능

채권양도는 다양한 형태로 이용되고 있다.

우선 첫째로 고려되는 것은 변제기 도래 전의 채권을 양도하여 현금으로 바꾼다고 하는 것이다. 변제기 전에 돈이 필요한 경우 혹은 돈이 없는 것이 아니나 변제기를 기다려 지급청구를 하는 것은 번거로운 경우 채권을 양도해 버리면, 변제기를 기다리지 않아도 실질적으로는 채권회수를 할 수 있다. 이 점에 주목하여, 본서에서는 채권양도가 채권의 임의실현 수단으로서의 지위를 차지하고 있다고 보고 설명했다.[119] 그렇지만 수수료(리스크 부담의 대가도 포함되어 있다) 등을 지급할 필요가 있으므로 채권전액을 회수할 수 있다는 의미는 아니다.

둘째, 대물변제로 채권을 양수하는 것을 생각할 수 있다. 이것도 채권회수에 다름이 없지만 채권자가 회수하려고 하는 채권을 양도해 버리는 것이 아니라, 채무자가 가지고 있는 다른 채권을 양수한다는 형태로 변제를 받는 방법이다.

나아가서 셋째로, 채권을 담보로 하여 융자를 받는 것을 생각할 수 있다. P가 D로부터 돈을 꿀 때 Z에 대한 채권을 양도한다는 방법을 취하는 것이다. 만약 꾼 돈(借金)을 갚을 수 없다면, 이 채권은 최종적으로 D에게 귀속된다. 이것은 채권양도담보라는 것인데 이것에 관해서는 실무에서도 중요도가 높고, 교과서에서는 담보법 관련 부분에서 취급되므로 담보법 강의를 참조해 주기 바란다. 더욱 최근에는 다수의 소액채권(예를 들면 리스료채권, 크레디트채권 등)을 일괄하여 양도하고, 증권발행을 통해 이것을 소액화하고, 다시 넓게 일반 투자자로부터 자금을 모으는 방법도 쓰이고 있다. 이것이 채권의 유동화로 불리는 것이다. 이에 따라 채권양도에 관한 대항요건의 간략화가 필요하지만 이 문제에 관해서는 후에 다시 언급한다.

이상과는 달리 넷째, 채권추심을 하기 위해 양도하는 것도 생각할 수 있다.[120] 실무에서는 다수의 거래를 통해 취득한 다양한 채권을 하나로 뭉쳐서 양도하는 것을 가끔 볼 수 있다. 집합채권양도에 관한 2002다40456의 사안과 판지는 다음과 같다.

사실관계 3.2.10 집합채권양도 [2002다40456]

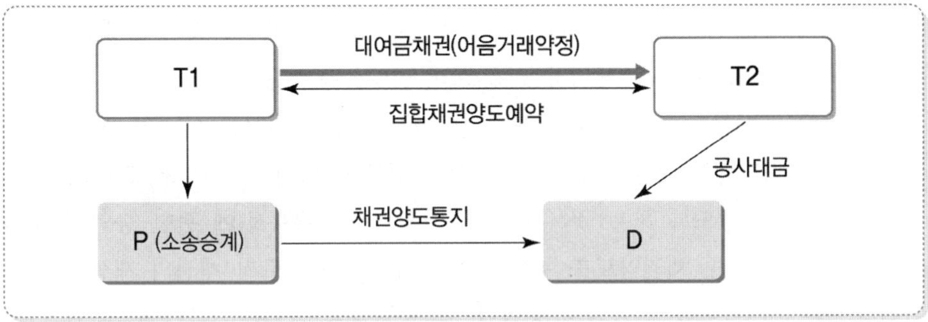

(1) 1994.5.17. T1금융회사와 T2회사 사이에 어음거래약정을 체결하고 어음 할인·보증 등의 형태로 신용을 제공하여 102억 원, 회사채 지급보증액이 10억 원에 달했다. 1998.2.5. T1에 대한 채무담보 위해 T2의 불특정 공사대금채권을 일괄하여 P(T1 소송승계인)에게 양도하기로 하는 집합채권양도예약을 체결하였다. T2는 P에게, 선택권과 예약완결권 그리고 T2를 대리하여 제3채무자에게 채권양도사실을 통지할 수 있는 대리권을 부여하였다. (2) 1998.12.16. T2에 대한 회사정리절차개시결정이 있었고, 1999.1.29. P는 T2에 대한 어음거래로 인한 대여금채권 전액을 정리채권으로 신고하였으나 집합채권양수금채권은 미신고하였는데, 1999.7.21. 인가결정 받은 정리계획 중 양수금채권에 관한 사항은 포함되지 아니하였다. 대여금채권이 정리채권이 됨에 따라 양수금채권(구 회사정리법 241조 본문이 정한 '회사의 재산상에 존재하는 담보권'이 되었다가 P가 이를 신고하지 아니하여 정리계획에 포함되지 아니한 채 정리계획인가결정이 선고됨)은 담보권이 소멸되었다. 이 사건에서 쟁점은 채권양도약정이 P(T1)의 대여금채권의 변제에 갈음하여

이루어진 대물변제의 예약 또는 그에 유사한 무명계약인지, 공사대금채권에 대한 권리가 정리계획에 포함되었는지 여부와 관계없이 권리를 행사할 수 있느냐이다.

이에 관해 대법원은 기본적인 전제(법리)로 다음과 같이 판시하였다. "이와 같이 채무를 담보하기 위하여 체결된 집합채권의 양도예약이 당연히 대물변제의 예약으로서의 성질을 갖는 것이 아니다. 그 채권이 다른 채무의 변제를 위한 담보로 양도되는 것을 예정하고 있는지 또는 다른 채무의 변제에 갈음하여 양도되는 것을 예정하고 있는지에 따라 결정될 수 있고, 계약내용이 명백하지 않을 경우 특별한 사정이 없는 한 집합채권의 양도담보의 예약으로 추정된다. 회사정리법 제241조에 의하여 채권에 관하여 설정된 양도담보권이 소멸되는 경우에는 그 양도담보의 설정을 위하여 이루어진 채권양도 또한 그 효력을 상실하여 양수인에게 양도되었던 채권은 다시 양도인인 회사에 이전된다. 이러한 채권의 이전은 법률의 규정에 의한 것이어서 지명채권양도의 대항요건에 관한 민법의 규정이 적용되지 아니하므로 채무자로서는 채권양수인의 청구를 거부할 수 있다" 판시하였다.

요컨대 본래의 양도(권리의 귀속자체가 최종목적)와는 다른 목적으로 채권양도가 이루어진 때는, 넷째 것을 제외하고 최초의 3가지 경우를 통해서 알 수 있는 것은, 이때 채권은 타인에 대해 무언가를 청구할 수 있는 것만이 아니라, 채권 자체가 가치를 지닌 재산(채권의 재산성)으로서 취급되고 있다는 것이다. 그래서 이와 같은 취급할 수 있도록 하는 것은 채권의 양도가능성(유통성)에 관한 승인인 것이다. 다른 말로 하면, 채권양도를 통해 유통성이 보장됨으로써 채권의 재산성이 높아진다. 앞에서 서술한 채권의 유동화란 이 유통성을 높이는 고안으로 채권의 재산성 자체를 높인다는 것에 다름없다.

Ⅱ. 채권양수인 · 채무자 간의 관계

1. 양수인의 채무자에 대한 종전 권리의 주장

채권양도는 양도의 당사자간(P와 D간)에는 합의만으로 가능하다. 그러나 양수인이 채무자에 대해, 새로운 채권자로서 종전 채권자의 권리의 승계를 주장하여 채무자에게 직접 변제청구를 하기 위해서는, 채무자에 대해 채권양도 통지를 하든가 채무자가 양도를 승낙하는 것이 필요한 요건이다(450조 1항). 조문에서 채무자 외의 제3자에게 대항한다는 의미는 동일한 채권을 이중으로 양수하거나 압류한 자 사이에 우열을 결정하는 표준이 된다는 뜻이다. 이 부분이 실무에서 중요도가 높다. 이 통지 · 승낙에는 제3자에 대한 의미도 있으므로, 이것에 관해서는 나중에 별도로 서술한다. 여기서는 채무자와의 관계에 좁혀서 고찰한다.

이 규정은 다음과 같이 설명되고 있다. 통지한다(또는 승낙이 있다)는 것은 채무자에게 양도 사실을 알린다(또는 채무자가 양도를 알고 있다)는 것을 의미한다. 채무자가 양도를 모른다면, 원래의 채권자인 양도인에 대해 변제해 버린 후에, 양수인이 나타나서 다시 채무자에게 변제청구를 하는 때 생길 수 있다. 이와 같은 이중지급을 피하기 위해, 채무자가 양도를 알지 못하는 경우에는 양수인은 채권자인 지위를 주장할 수 없게 된다는 의미이다. 더욱 이것은 470조 적용 이전의 채무자에 대한 보호이고, 470조는 채무자에 대한 통지나 채권자의 승낙을 전제로 한 뒤에 비로소 적용된다.

채권양도통지는 채권자 P 자신이 채무자 Z에 대해 해야 한다. 양수인 D가 양수했다고 통지하여도, 당연히 양도되었는지 여부는 채무자로서는 확실히 모르기 때문이다(양수했다고 사칭하여 변제를 받으려고 하는 예를 생각할 수 있다). 그러면 채권양도통지는 언제 해야 하는가? 미리 해두는 방법은 없는가? 채권양도 사전통지에 관한 2000다2627의 사안과 판지는 다음과 같다.

사실관계 3.2.11 채권양도사전통지 [2000다2627]

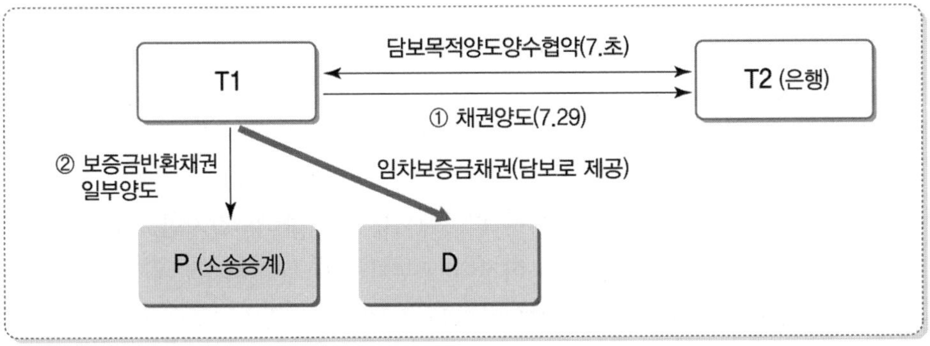

(1) T2은행은 1997.7. 초 T1 앞으로 4억 원을 대출하면서 T1은 담보목적으로 T1이 D에게 가지는 임차보증금채권을 담보로 제공하기로 하고 위 차입금에 대하여 차입금 약정서의 의무사항을 불이행할 때에는 임차보증금 5억4천9백만 원 중에서 대출금상환금에 충당하여도 이의를 제기하지 않는다는 등의 각서를 제출, T1, T2, D 등 작성명의인 4인이 양도양수협약서를 작성하였다. (2) T1의 보증금반환채권은 1997.7.29 실제로 T2로 양도되었고, 그 이후 T1은 P에게 보증금반환채권의 일부를 양도하였다. 이 사건에서 쟁점

은 채권양도가 있기 전에 미리 사전 통지를 해도 되는지이다.

이에 관해 원심은 "D의 승낙하에 작성된 양도양수협약서에 간인을 함으로써 확정일자있는 서면에 의하여 T1의 T2에 대한 채권양도를 승낙하였거나 적어도 양도인인 T1로부터 채권양도의 통지를 받았다고 봄이 상당하다. T1의 양도는 제3자에 대하여도 대항력을 갖게 되므로 그 이후에 T1으로부터 같은 채권의 일부를 양수한 P는 T2에게 대항할 수 없다" 판시하였다. 그러나 이에 관해 대법원은 기본적인 전제(법리)로 "채권양도가 있기 전에 미리 하는 사전 통지는 채무자로 하여금 양도의 시기를 확정할 수 없는 불안한 상태에 있게 하는 결과가 되어 원칙적으로 허용될 수 없다" 판시하였다.

그러므로 T1의 T2에 대한 사전통지는 채권양도통지로서 효력이 없다. 한편 채무자 Z의 승낙은 P에 대해서도 D에 대해서 이루어져도 좋다. 통지와 같은 곤란한 문제가 생길 여지가 없기 때문이다.

통지 또는 승낙이 있다면, 양수인 D는 채무자 Z에 대해, 채권자로서 그의 권리를 행사할 수 있다. 즉 변제청구를 하고, 상대방이 이것에 응하지 않는 경우에는 소송을 제기하여 승소판결을 받고 강제집행을 하는 것이 가능하다. 그렇지만 이상의 효력이 딱 들어맞는 때는, 복수의 양수인이 출현하지 않은 때에 한정된다. 복수의 양수인이 출현한 단계에서는 양수인 상호간 우열이 결정되는 다른 원칙이 참조되지 않으면 안 된다. 원칙의 내용에 대해서는 후에 서술하고, 여기서는 원칙이 바뀐다는 것을 특히 강조해 두고 싶다.

2. 종전의 권리 이상의 주장

그런데 양수인이 행사할 수 있는 권리는, 양도인인 구채권자가 가지고 있는 권리로 제한된다는 것이 원칙이다. 어떤 의미에서는 당연한 것 같지만, 이것은 다음의 것을 의미한다. 즉 통지나 승낙 이전에 채무자 Z가 구채권자 P에 대해 주장할 수 있었던 사항은 신채권자 D에게도 주장할 수 있다는 것이 된다(451조 2항, 1항). 결국 Z는 P에 대한 항변을 가지고 D에게도 대항할 수 있다는 의미이다. 구체적으로는 무효・해제・변제 등에 의한 채권의 부존재(일부 부존재의 경우도 포함한다)나 동시이행항변권 등을 주장할 수 있다. 더욱 상계에 관해서는 앞에서 서술한 대로이다.

그러면 여기서 위에서 설명한 것을 좀 더 이해하기 위해 눈을 돌려 이러한 권리를 물권과 대비해서 살펴보자. 위에서 본 것은 어떤 의미에서는 당연한 것이라고 생각되지만 다른 의미에서는 이것은 당연하다고 할 수 없다. 물권과 비교해서 생각해 보자. P가 D에게 부동산을 양도했다고 하자. 이때 Z가 P에 대해 임차권을 가지고 있다고 해도 이 임차권은 양도에 의해 뒤집히는 것이 원칙이다(매매는 임대차를 깬다). 결국 물권의 경우에는 양도에 의해 그것에 부착했던 이런저런 채권은 제거된다. 채권의 경우에도 같은 모양의 제도를 생각할 수 있다. 현재 어음·수표에 관해서는 Z의 P에 대한 주장은 양도에 의해 차단되는 것으로 되고 있다(항변의 절단[121]). 그러나 기명채권의 경우에는 D가 취득한 것은 P의 종전의 권리이고, 그 이상의 권리는 아닌 것이다.

이것이 원칙이다. 그런데 기명채권에 대해서도 어음·수표와 똑같이 항변이 절단된 경우가 예외적이다. 채무자가 이의를 보류하지 않는 승낙을 한 경우가 그것이다. 이의를 보류하지 않는 승낙이 이루어진다면, 채무자는 구채권자에 대해 가지고 있었던 항변을 신채권자에게는 주장할 수 없게 된다. 이 제도에는 실무에서도 중요도가 아주 높고 해석상 많은 어려운 문제를 포함하고 있지만 제도취지, 요건, 효과의 3가지로 나누어 주요한 문제점에 대해 살펴본다.

가. 이의를 보류하지 않는 승낙 제도의 취지

451조 1항의 제도적 취지에 관해 오래전부터 논의가 되어 왔지만 결말이 보이지 않는다. 판례·통설의 입장은 공신력설로 불리고 있다.[122] 이 규정은 양수인을 보호하여 거래의 안전을 보장하기 위해 법률이 공신력을 주었다는 것으로서 파악한다. 질권설정과 채권의 양도에 이의를 보류하지 않은 승낙에 관한 2000다13887의 사안과 판지는 다음과 같다.

사실관계 3.2.12 질권설정과 승낙 [2000다13887]

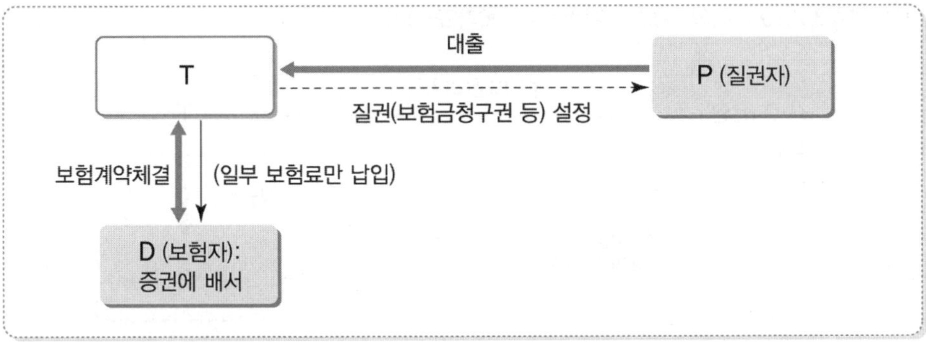

(1) 1997.7.25. T는 D와 보험계약체결하고, 보험료 중 일부 당좌수표로 선납, 단 2, 3회분 보험료에 대해서 백지에 총납입보험료에 대한 납입증명서에 영수일자만을 기재하여 발행하였다. (2) 1997.8.4. P(질권자)는 T에게 대출하면서 보험계약에 질권설정하면서 D는 증권에 배서하였다. (3) 1997.8.25. 당좌수표가 부도로 8.29. P와 D에게 보험료 납입을 최고, 9.10. 보험계약을 해지하였다. 이에 P는 보험금지급청구의 소를 제기하였다. 이 사건에서 쟁점은 D가 질권설정에 이의를 보류하지 아니한 승낙을 하였으므로, 보험료 미납을 이유로 질권자인 P의 보험료환급청구권 행사에 대항할 수 없느냐(P 주장)와 P에게 보험금청구 또는 중도해지환급금청구와 관련하여 중과실이 있느냐(D 주장)이다.

이에 관해 원심은 "P의 이 사건 보험금청구 또는 중도해지환급금청구에 대하여 D는 P의 중과실이 있으므로 보험료 미납을 원인으로 한 보험계약 해지를 들어 대항할 수 있다(P의 보험료청구를 기각)" 판시하였다. 그러나 이에 관해 대법원은 기본적인 전제(법리)로 다음과 같이 판시하였다. "이의를 보류하지 않은 승낙에 대하여 항변사유를 제한한 취지는 이의를 보류하지 않은 승낙이 이루어진 경우 양수인은 양수한 채권에 아무런 항변권도 부착되지 아니한 것으로 신뢰하는 것이 보통이므로 채무자의 '승낙'이라는 사실에 공신력을 주어 양수인의 신뢰를 보호하고 채권양도나 질권설정과 같은 거래의 안전을 꾀하기 위한 규정이다. 채권의 양도나 질권의 설정에 대하여 이의를 보류하지 아니하고 승낙을 하였더라도 양수인 또는 질권자가 악의 또는 중과실의 경우에 해당하는 한 채무자의 승낙 당시까지 양도인 또는 질권 설정자에 대하여 생긴 사유로써도 양수인 또는 질권자에게 대항할 수 있다." 이 사건에 들어가 대법원은 다음과 같이 적용하였다. "D가 질권설정에 이의를 보류하지 아니하고 승낙(D가 증권에 배서한 것을 승낙이라고 봄)하였으므로 보험료 미납을 이유로 질권자인 P의 보험료환급청구권 행사에 대항할 수 없다. 그러나 P가 보험료 미납 사실을 알지 못하는데 중과실이 없다. D는 P에게 보험금을 지급하여야 한다"고 판시하였다.

또 이의 무보류 질권설정에 관한 96다22648의 사안과 판지는 다음과 같다.

사실관계 3.2.13 이의 무보류 질권설정 [96다22648]

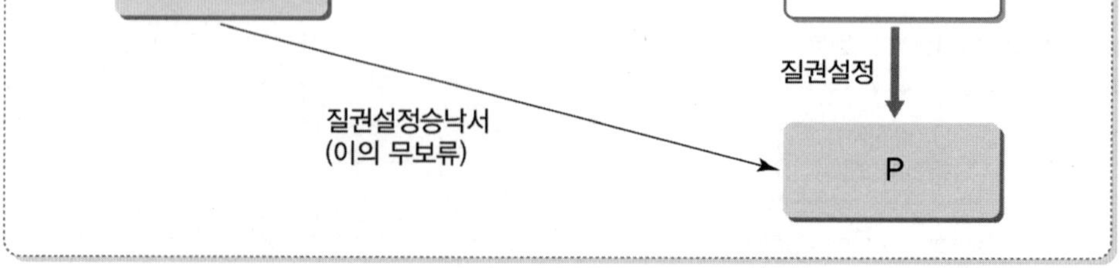

D의 종암지점장 대리는 T에게 허위의 정기예금통장을 만들어 그 정기예금에 대하여 질권을 설정하여 준 것처럼 허위의 질권설정 표시를 하고 위 정기예금에 대한 질권설정 승낙서를 작성하여 달라는 부탁을 받고 아무런 이의를 보류하지 아니하고 승낙한다는 뜻을 통장에 기재하고 질권설정승낙서를 질권자 P에게 교부하였다. 이 사건에서 쟁점은 제451조 제1항을 지명채권에 대한 질권 설정에도 준용할 수 있느냐이다.

이에 관해 대법원은 "이의를 보류하지 않은 승낙으로 인해 채무자는 양수인에게 대항하지 못하게 되며 이 사유는 협의의 항변권에 한하지 아니하고 넓게 채권의 성립, 존속, 행사를 저지하거나 배척하는 사유를 포함한다. 이는 지명채권에 대한 질권 설정의 경우에도 같다. 그러므로 D는 정기예금채권의 부존재를 이유로 질권자인 P에게 대항할 수 없다" 판시하였다.

그러나 오늘날, 참고로 학설은 이러한 공신력설에 대해 비판이 강하다. 주된 이유는 이의를 보류하지 않는 승낙에 공신력을 부여할 만하다는 것만이 451조 1항의 실질이 아니라고 한다(권리외관이 있다고 말하기 어렵고, 채무자의 관여의 정도가 낮다). 그러나 이를 대신할 만한 설명을 찾아내는 데에는 이르지 못하고 있다.

나. 이의를 보류하지 않은 승낙으로 채무자가 양수인에게 대항할 수 없는 요건

이의를 보류하지 않은 승낙으로 채무자가 양수인에게 대항할 수 없는 요건에 관해 학설(다수설)은 양수인의 (중)과실은 문제되지 않는다고 하지만 판례는 양수인은 선의이고 중과실이 없어야 한다고 한다. 일본 최고재판소 판례는 어떤 제도로 이해한다고 해도 악의의 양수인까지도 보호할 필요는 없다[123]고 하므로 이 점에서 판례·학설은 일치하고 있다. 다만 양수인에게 무과실까지 요구해야 하는가에 대해서는 논의가 있다.

더욱 일본 최고재판소 판례[124]에는 결론에 이르는 전제가 되는 한 가지 문제가 포함되어 있었다. 그것은 승낙 후에 생긴 구채권자 P의 채무불이행에 의해 채권의 발생원인인 계약 자체를 채무자 Z가 해제했다고 하는 경우 이 계약해제를 신채권자 D에 대항할 수 있느냐는 문제였다(도표 3.2.18). 말하자면 채권양도의 무인성을 인정할 수 있느냐는 문제라고 할 수 있다. 일본 최고재판소 판례는 이 경우에도 계약해제를 가지고 대항할 수 있다는 것을 전제로 하여 논의를 진척시키고 있다. 게다가 당해채권이 미완성의 일에 대한 도급보수청구권인 것을 알고 있었던 양수인 D는 악의의 양수인에 해당한다고 하고 있다.[125]

도표 3.2.18 계약해제의 대항가능성

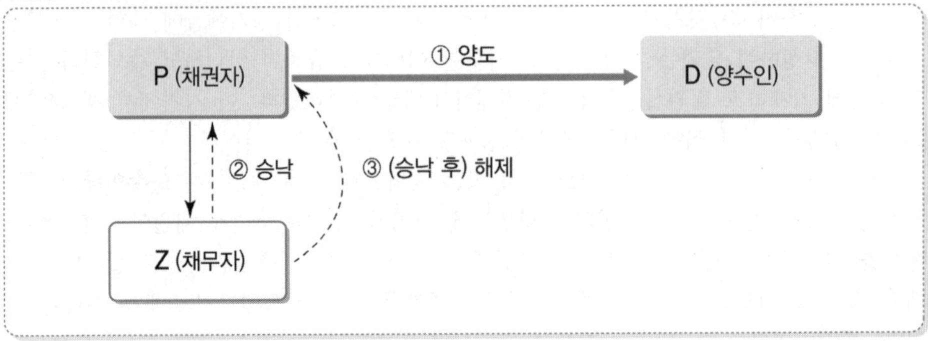

다. 이의를 보류하지 않은 승낙의 효과

마지막으로 이의를 보류하지 않은 승낙의 효과에 관해 살펴본다. 민법에 의하면 이의를 보류하지 않는 승낙을 하면, 채무자 Z는 구채권자 P에 대항할 수 있었던 사유를 가지고 신채권자 D에게는 대항할 수 없게 된다. 문제는 그 앞에 있다. 변제 등에 의해 일단 소멸하였던 채권이 이의를 보류하지 않는 승낙에 의해 부활한 경우에, 그 채권에 부착하고 있었던 담보는 어떻게 될 것인가? 특히 문제로 되는 것은 저당권이다. 피담보채권의 부존재 또는 변제에 의하여 저당권이 부존재하였거나 소멸된 경우 채권양도에 대하여 채무자가 이의를 보류하지 않은 채 이를 승낙하면 무효인 저당권은 당연히 부활하는가? 참고로 학설(다수설)은 저당권의 부활을 인정한다면 무효인 저당권에 공신력을 인정하는 결과가 되므로 저당권은 부활하지 않는다고 한다(등기에 공신력을 부여하지 않는다. 재산법 강의 참조). 이 점에 대해서는 당사자간에는 저당권도 부활한다는 것이 일반적인 사고방식이다. 다만 신채권자 D가, 변제에 의해 이미 저당권은 소멸하였다고 생각하고 있는 후순위저당권자 T1이나 저당부동산의 제3취득자 T2에 대해서도 저당권을 주장할 수 있는가는 또 다른 문제이다(도표 3.2.19). 왜냐하면 제3자가 나타난 경우이므로 앞에서 논의한 논리로는 설명하기 힘들게 된다. 다만 이 점에 대해서 일본 최고재판소 판례는 '이의를 보류하지 않는 승낙' 전의 제3자에게는 저당권부활을 가지고 대항할 수 없다는 지배적인 사고방식을 채택했다.[126]

도표 3.2.19 이의 무보류 승낙과 저당권

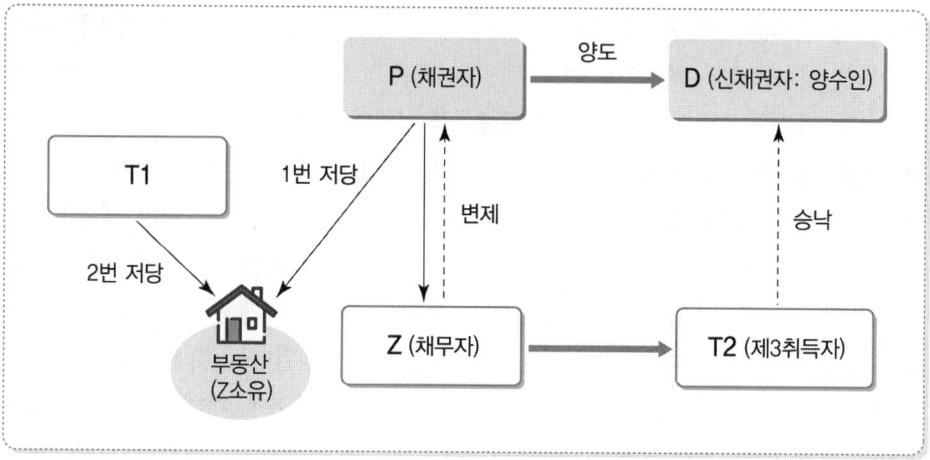

Ⅲ. 복수의 채권양수인 간의 관계

1. 채무자 이외의 제3자 대항요건–확정일자의 요구

가. 제3자 대항요건 제도의 의의

여기까지의 이야기는 양도인 · 양수인 · 채권자 3자 간의 이야기였다. 채무자의 존재는 채권양도에 특유한 것이지만, 이것을 제외하면 양도의 당사자간의 이야기였다. 다른 말로 바꾸면 지금까지 채무자 이외의 제3자는 고려하지 않았다. 그러나 물권의 경우와 똑같이 채권양도에 관해서도 이중양도가 생기는 것을 생각할 수 있다(도표 3.2.20). 이하 이 문제에 대해서 생각해 보자.

결론부터 말하면, 민법은 여기서도 대항요건주의로 문제해결을 도모하고 있다(민법은 물권변동에서 형식주의를 기본으로 하고 있다. 자세하게는 물권법 강의를 참조하기 바란다). 대항요건으로 되는 것은 '확정일자'(증서의 작성일로부터 완전한 증거력을 인정받은 날짜를 말한다. 문서작성 일을 나중에 소급해서 고치지 못하도록 하기 위해 확정시키는 일자를 말한다[127])를 부여받은 통지 또는 승낙이다(450조 2항). 이것의 의미는 당초 다음과 같이 생각되고 있었다. 450조 2항은 동조 1항을 전제로 한 형태로 정해져 있다. 우선 1항부터 출발하자. 단순한(즉 확정일자가 없는) 통지 · 승낙이 채무자와의 관계에서 가지는 의미에 대해서는 이미 설명한 대로지만, 이 통지 · 승낙은 제3자와의 관계에서도 의미를 지니고 있다. 제3자의 범위에 관해 학설(다수설)과 판례(87다카1814)는 당해 채권에 관하여 양수인의 지위와 양립하지 않는 법률상의 지위를 취득한 자 또는 그 채권에 관하여 법률상의 이익을 가지는 자만을 가리킨다(제한설). 제3자의 예로 채권을 이중으로 양수한 자, 그 채권 위의 질권자, 그 채권을 (가)압류한 채권자 등을 들 수 있다. 판례는 선순위의 근저당권부채권을 양수한 채권자보다 후순위의 근저당권자는 대항요건을 갖추지 않는 경우 제3자에 포함되지 않는다고 한다(2004다29279). 여기서 대항의 의미는 첫째, 동일 채권에 관하여 양립할 수 없는 법률상의 지위를 취득한 자에 우선하여 그가 취득한 지위를 무효로 하고 둘째 그 우선하는 효과는 채무자에게도 미쳐 채무자는 우선한 양수인만을 진실한 채권자로 인정하지 않으면 안 된다는 것을 말한다.

그럼 제시된 [도표 3.2.20]에서 채권자 P가 채무자 Z에 대해 가지고 있었던 채권이 전과 다름 없이 P에게 귀속하고 있는가 그렇지 않은가 생각해 보자. 채권은 물권과는 달리 그 채권을 가진 권리자가 등기·등록되어 있을 수 없다. 그러나 양도에 통지·승낙을 요구해 둔다면, 채무자는 당해 채권이 귀속되는 권리자를 알 수 있다. 그러므로 채권을 양수하려고 하는 자가 채무자에게 문의(조회)해 보면, 양도인에게 권리가 귀속하고 있는지 여부를 확인할 수 있다. 결국 채무자를 매개로 하여 채권의 귀속을 공시할 수 있다.

도표 3.2.20 복수의 양수인

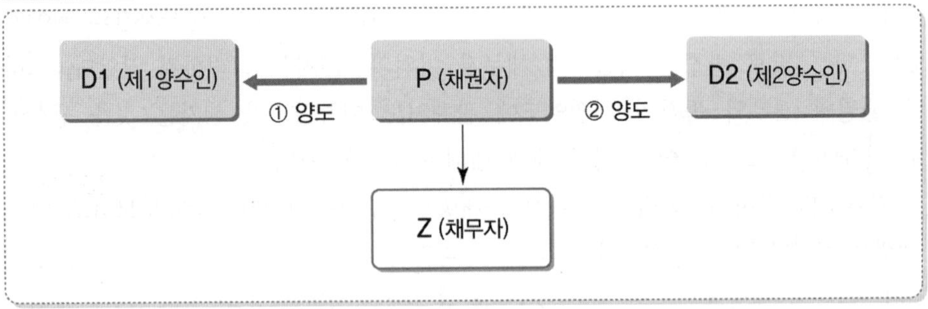

그런데 채무자가 진실을 말한다는 보증이 없다. 또 특히 통지가 없다(채권은 P에 귀속한다)는 채무자 Z의 발언을 믿고 당해 채권을 취득한 D1이 나타난 후에, P와 Z 그리고 D2가 공모하여 D2로부터의 통지가 사전에 있었다고 주장하는 경우 단순한 통지만을 대항요건으로 한다면, D2가 우선하는 것을 저지하는 것은 어렵다. 그런 까닭에 450조 2항은 D1과 D2의 전후 관계를 확정하기 위해 확정일자를 요구하고 있는 것이다. 그렇지만 여기에서도 채무자의 속임수에 넘어가서 이미 양도 완료된 채권을 이중으로 양수한 자의 출현을 저지할 수 없지만, 적어도 앞서 양도를 받아 통지요건을 갖추었던 D1이 나중에 나타난 D2에게 후순위로 되는 것은 피할 수 있다. 더욱 확정일자부증서는 민법부칙 3조(1958.2.22.)에 열거되어 있지만, 공증인사무소에서 사서증서에 어떠한 사항을 기재하고 이에 일자를 기재한 때 그 일자이다(부칙 제3조). 공정증서와 내용증명우편이 중요하고, 실무에서 가장 많이 사용되고 있는 것은 후자다.

그러면 여기서 위에서 설명한 것을 이해하기 위해 눈을 돌려 채권의 이중양도와 채무자의 관계[128]에 관해 좀 더 자세히 살펴보자. 450조 2항은 규정만 보면 제3자에 대한 대항요건을 정하고 있고, 마치 이중양수인의 사이에서의 우선열후(優先劣後)를 결정하는 것만으로 돼 있다고 읽을 수 있다. 그러나 이 규정만으로 우선하는 양수인 D1은 채무자와의 관계에서도 유일한 채권자로서 취급된다(단지 열후하는 양수인 D2에게 변제한 채무자는, 470조에 따라 보호될 여지가 있다→제1절 Ⅱ.). 더욱 확정일자가 없는 통지·승낙에 의한 양수인 D1에 대하여 변제해 버린 후에, 확정일자가 있는 통지·승낙에 의한 양수인 D2가 나타나도, 450조 1항에 따라 이미 유효하게 변제가 이루어져 버린 이상, D2는 이제 와서는 더 이상 변제를 청구할 수는 없다. 이상과 같이, 450조 1항과 2항은 전적으로 독립해 있다는 의미가 아니고, 서로 관련되어 있다는 점에 주의할 필요가 있다.

그러면 여기서 위에서 설명한 것을 이해하기 위해 눈을 돌려 이의를 보류하지 않은 승낙을 얻은 열후양수인은 채무자에게 변제를 요구할 수 있는가라는 질문에 관해 살펴보자. 복수의 양수인이 있고 한쪽의 양도에 관해 확정일자 있는 통지가 된 때, 다른 쪽에 확정일자가 없는 승낙을 했을 때 이것은 어떤 의미를 지니는가? 바꾸어 말하면 대항문제의 단계에서 뒤진 양수인은 이의를 보류하지 않은 승낙을 원용하여 채권의 변제를 주장할 수 있느냐는 것이다. 참고로 학설은 부정적으로 해석하는 것이 일반적인 사고방식이고, 그 이유로서는 그렇게 하지 않으면 450조 2항의 취지가 손상된다고 설명하고 있다. 일응 이 설명을 소개해 두지만, 잘 생각하면 의문이 없다는 의미는 아니다(451조에 관한 후술할 설명 등을 참고하여 생각해 보는 것도 좋다).

또 여기서 잠깐 시야를 돌려 전자공증제도[129]에 관해 살펴본다. 최근에 이르러 공증인법('전자문서 등에 대한 인증'에 관한 규정) 개정에 의해 2010.8.7.부터 전자공증이라 부르는 제도가 가능해지고 있다. 전자적 기록에 기재된 정보(정보시스템이 처리할 수 있도록 변환된 문서)도 공증의 대상으로 하는 것이다. 전자공증시스템은 정보화시대에서 선진공증서비스를 구현하기 위해 최신정보기술을 활용하여 전자공증서비스의 지속적인 확대를 통해 전자공증의 신뢰성 및 사용자 편의를 제고하기 위해 도입되었다. 전자공증제도란 공증인 중에서 일정한 시설 등의 요건을 갖춰 법무부장관으로부터 별도 지정을 받은 지정공증인이 전자문서 및 전자화문서에 전자적 방식으로 공증을 할 수 있는 제도다. 이것으로 채권양도절차의 전자화를 할 수 있게 됐다. 이것까지는 정보양도의 절차를 온라인화 하려고 해도, 확정일자 있는 '증서'가 애로(neck)가 되었다. 전자공증은 온라인에서 이루어지는 것이 예정되어 있으므로, 채권양도통지를 발신하려는 자는 온라인으로 전자공증시스템을 이용하여 확정일자를 얻는 것이 가능하고, 이것을 채무자에게 송신해도 좋다는 것으로 되어 있다. 그러므로 확정일자를 받기 위해 직접 출두할 필요가 없이 전자로 결제할 수 있게 되었다.

나. 확정일자의 요구 제도의 변용

여기까지 서술해 온 제도취지는 확정일자에 의해 증명되어야 하는 것은 통지의 도달(또는 승낙)의 선후라는 것이다. 실제로 450조의 모법인 프랑스법에서는 그와 같이 취급되고 있다. 그런데 전술한 바 같이, 우리나라에서는 확정일자가 있는 증서로서 내용증명우편이 대부분 사용되고,[130] 이것으로 통지가 이루어지는 것이 많지만, 이렇게 하는 방법으로는 통지의 도달일자까지 증명하는 것이 곤란하다. 그러나 일본 최고재판소 판례는 확정일자가 있는 증서에 의해 통지하여도 좋고, 도달 시기를 확정일자 있는 증서로서 증명하는 것이 요구되지 않는 것에 대해서 굳어져 버리고 있다.[131] 참고로 학설은 간편함을 중시하고 이것을 인정하고 있다.

그 결과 오늘날 본래의 제도부터는 약간(꽤) 벗어난 다음과 같은 원칙이 형성되기에 이르렀다. 즉 첫째, 확정일자 있는 통지에 의한 양도와 확정일자 없는 통지에 의한 양도와는, 통지의 선후에 구애받지 않고 확정일자 있는 양도가 우선한다. 이 한도에서는 확정일자에 더욱 의미가 있다. 그러나 일본 최고재판소 판례는 둘째, 제1양도 · 제2양도의 쌍방이 확정일자 있는 통지에 의해 이루어진 때는, 그 날짜의 선후가 아니라 통지가 도달된 날짜의 선후로 우열을 결정한다.[132] 확정일자의 선후는 통지의 도달의 선후와 반드시 일치하지 않기 때문에 결정적인 증거(확정적인 근거)는 아니라는 것이다.

이것에는 그 나름대로 이유가 있다. 확정일자의 사고방식은 통지의 도착의 선후로 우열을 결정하려고 한다는 사고방식에 서 있는 것이다. 그렇지만 현실적으로는 날짜 그것은 도달의 선후의 결정적 증거가 아니므로, 다 같이 되돌아가 도달의 선후로 결정하고자 한다는 의미이다. 그러나 이러한 사고방식에 의하더라도 도달의 선후를 채무자가 조작할 가능성을 제거할 수 없고, 확정일자를 요구한 취지가 완전히 되살려지지 않는다. 그렇다고 하더라도 실제로는 확정일자가 먼저라면 도달도 앞서 있다는 것으로 결말이 나는 경우가 많은 것도 확실하다. 도달시의 조작도 확정일자가 근접하고 있는 경우가 아니라면 일어나는 것이 어렵다. 셋째, 양수인들이 모두 제3자에 대한 대항요건을 갖추지 못한 경우는 어떻게 대처해야 할까? 참고로 학설은 상호간에 우선하지 않는 다수의 변제수령권자가 병존하고 있으므로 불가분채권에서와 같이 채무자는 양수인들 중 어느 쪽으로부터의 변제청구를 거절할 수 없고 또한 어느 쪽에의 변제에 의해서도 채권은 소멸한다(1설)는 견해와 채무자는 어느 쪽으로부터의 변제청구도 거절할 수 있다(2설)는 견해로 나뉜다. 이에 대해 판례는 채무자가 일단 채권양도의 통지를 받고 그 양수인에게 변제할 것을 승낙하였다면 그 후 채권이 이중양도되어 채무자가 다시 위 채권의 양도통지(확정일자 있는 증서에 의하지 않은)를 받고 그 이중양수인에게 변제를 하였더라도 채무자는 1차 양수인에게 채무를 변제할 의무가 있다고 한다(71다2048). 그러나 이에 대한 비판은 먼저 채무자에 대한 통지 또는 채무자에 의한 승낙요건을 갖춘 자가 채권을 취득한 것으로 보는 입장이 타당하다는 것이다.

2. 동시도달의 경우 – 한계 사례의 등장

가. 채권에 관한 권리의 귀속

실무에서 그다지 많지는 않으나 한계적인 사례가 발생하지 않는다는 의미는 아니다. 특히 채무자 P가 도산하기 바로 직전의 경우 등에는 그 채권자가 P가 가지는 우량채권을 다른 채권자보다 먼저 양수하여 채권회수를 도모하고 싶다고 생각할 수 있다. 그렇게 되면 하루를 다투는 사태가 발생한다. 그래서 구체적으로 통지가 동시에 도달하는 사례가 나온다(엄밀하게는 동시에 도달하는 것은 거의 있을 수 없겠지만, 동시도달로 더 이상 선후를 가리는 게 분명하지 않은 사례가 있다. 즉 이 문제는 도달시기를 확정일자로 증명하는 것으로서도 완전히 제거할 수 없다). 채권양수인과 가압류명령을 집행한 자 사이의 우열결정기준에 관한 93다24223(전)의 사안과 판지는 다음과 같다.

사실관계 3.2.14 이중양도의 대항요건 [93다24223(전)]

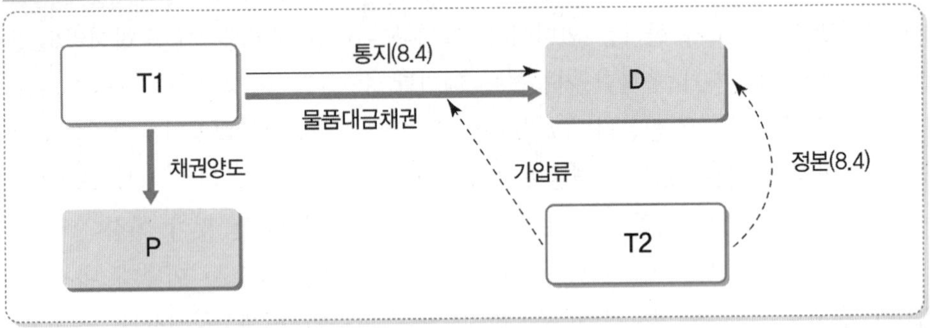

T1이 D에 대한 물품대금채권을 P에게 양도하고 확정일자 있는 내용증명우편으로 위 양도사실을 통지하여 8.4. D에게 도달하였다. T2가 채무자 T1, 제3채무자 D로 된 채권가압류 신청으로 그 결정정본도 8.4. 도달하였다. 이 사건에서 쟁점은 채권양도 통지와 가압류결정 정본이 같은 날 도달된 경우 동시 도달 추정이 가능하냐이다.

이에 관해 대법원은 기본적인 전제(법리)로 다음과 같이 판시하였다. "채권이 이중으로 양도된 경우 양수인 상호간의 우열은 채권양도에 대한 채무자의 인식, 즉 확정일자 있는 양도통지가 채무자에게 도달한 일시 또는 확정일자 있는 승낙의 일시의 선후에 의하여 결정하여야 한다. 채권양도 통지와 채권가압류결정 정본이 같은 날 도달되었는데 그 선후관계에 대하여 달리 입증이 없으면 동시에 도달된 것으로 추정한다. 3채무자로서는 이들 중 누구에게라도 그 채무 전액을 변제하면 다른 채권자에 대한 관계에서도 유효하게 면책된다. 만약 양수 채권액과 가압류 또는 압류된 채권액의 합계액이 제3채무자에 대한 채권액을 초과할 때에는 그들 상호간에는 법률상의 지위가 대등하므로 공평의 원칙상 각 채권액에 안분하여 이를 내부적으로 다시 정산할 의무가 있다"고 판시하였다.

바로 이 사례를 다루고 있는 일본 최고재판소 판례 사안(실제 사안은 이중양도가 아니고 압류도 포함하여 4중양도였다)은 다음과 같다.[133] T1이 D에 대한 채권을 P에게 양도하고, 이에 대해 내용증명우편으로 D에게 양도통지를 하였는데, 그것은 같은 날 오후 영시부터 6시까지 사이에 D에게 도달하였다. 그 후 T1은 동일한 채권을 T2와 T3에게 양도하고, 그 내용증명우편에 의한 양도도 같은 날 오후 영시부터 6시까지 사이에 D에게 도달하였다. 한편 T1의 채권자 Z는 같은 채권을 압류하고, 그 압류통지서도 같은 날 오후 영시부터 6시까지 사이에 D에게 도달하였다.

도표 3.2.21 일본 최고재판소 판례－4중 양도

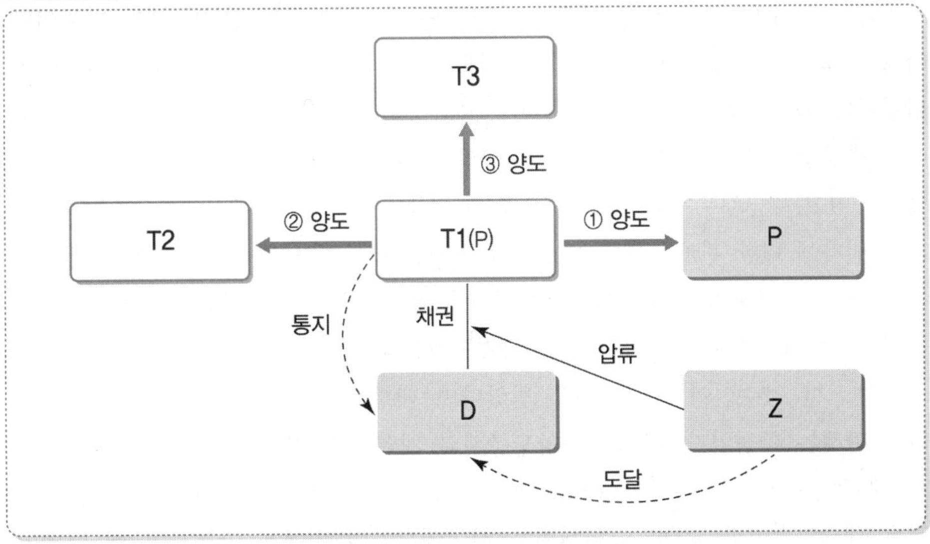

이러한 사안에서 제1양수인 T1(P)가 채무자 D에게 변제청구를 하였다.[134] 원심은 각 양수인은 다른 양수인에 대하여 우선권을 주장할 수 없으므로 채무자에게도 변제청구를 할 수 없다고 하였다. 그러나 최고재판소는 이것을 파기하고, 각 양수인이 함께 채권전액을 청구할 수 있다고 하면서 자판(自判)하였다. 즉 지명채권이 이중으로 양도되고, 또 확정일자 있는 양도통지서가 동시에 제3채무자에게 도달한 때는, 각 양수인은 제3채무자에 대해 각각의 양수채권 전액에 관해 변제를 청구할 수 있고, 양수인 1인으로부터 변제청구를 받은 제3채무자는, 다른 양수인에 대한 변제 기타의 채권소멸사유가 없는 한, 단순히 동순위의 양수인이 따로 존재한다는 것을 이유로 변제책임을 면할 수 없다고 했다.[135] 결국 채무자로서는 양수인으로부터 (변제)청구를 받게 되면 어느 쪽에 대해서도 채권전액을 지급할 필요가 있고, 어느 쪽이든 채권자 중 일방에게 지급해도 좋다고 판결한 것이다.[136] 참고로 학설은 이러한 법률관계를 어떻게 설명하는가 하는 점에 관해 의견이 나누어져 있고, 또 결론도 약간 이론이 있다.

나. 양수인들 사이의 권리-사후의 조정

판례의 해결은 그것으로 좋다고 해도 그 선행문제가 아직 남아 있다. 양수인 사의의 관계를 어떻게 조정해야 할까? 양수인 D1 또는 D2가 채권전액을 변제받았다고 하면 그가 이것을 독차지해도 좋은 것인가, 그렇지 않고 분할(청산)이 필요하다고 한다면 그 절차는 어떻게 하느냐를 생각하지 않으면 안 되기 때문이다. 참고로 학설은 지급거절가능설, 분할채권설, 연대채권설 및 부진정연대채권설로 난립되어 있다. 앞서 본 판례(93다24223(전))는 양수인들은 각각 그 채권전액에 대하여 채권양수금, 압류전부금 또는 추심금의 이행청구를 하고 적법하게 이를 변제받을 수 있고, 제3채무자로서는 이들 중 누구에게라도 그 채무전액을 변제하면 다른 채권자에 대한 관계에서도 유효하게 면책된다고 했다. 양수채권액과 가압류 또는 압류된 채권액의 합계액이 제3채무자에 대한 채권액을 초과할 때에는 공평의 원칙상 각 채권액에 안분하여 이를 내부적으로 다시 정산할 의무가 있다. 그러므로 어느 한 양수인이 전부변제를 받았다면 내부적으로 정산할 의무를 진다. 또 다른 판례는 확정일자 있는 채권양도통지와 채권가압류명령이 동시에 도달됨으로써 제3채무자가 변제공탁을 하고, 그 후 다른 채권압류 또는 가압류가 이루어진 경우 채권양수인과 선행가압류채권자 사이에서만 채권액에 안분하여 배당하여야 한다고 한다(2003다22561).

이러한 법리에 관해 그 후에 나타난 일본 최고재판소 판례 사례는 통지가 동시에 도달한 때에 채무자가 채권자를 알 수 없다(채권자 불확지)는 이유로 공탁(제1절 Ⅰ.)하였는데, 채권자들 간에 공탁금환급청구권의 귀속에 대하여 다투어졌다. 원심은 쌍방이 함께 권리를 주장할 수 없다고 하였지만, 최고재판소는 이것을 파기하고 공평의 원칙에 비추어 보아 채권자의 각 채권액에 따라서 안분한 금액을 각자가 분할취득한다고 판시하였다.[137]

이 사고방식을 보면 분할하지 않고 어느 한쪽 채권자에게 환급해버리고(일본 최고재판소 판례[138]와 동일한 상태로 되돌아가 버린다), 그 후는 채권자들 당사자 간의 문제로 해결하는 것도 있을 수 있다(타방 채권자의 청구를 인정할 것인가 않을 것인가라는 문제를 남겨두는 것이 된다). 하지만 위 일본 최고재판소 판례는 더욱 더 파고들어 환급 단계에서 해결한다고 하는 것으로 최종적인 해결을 보여 주었다(도표 3.2.21). 이러한 해결방법에 의해 남아 있었던 문제의 일부는 처리되었지만,

공탁이 이루어지지 않아서 일방 채권자에 대한 변제가 이루어진 경우의 처리는 여전히 아직 손을 대지 않은 채 그대로 있다.[139] 한편 참고로 학설은 본 판결의 이론에 모순이 없는가를 생각한다면, 양수인 상호간의 관계[140]에 관해 이 경우에도 어느 쪽이든 청산이 이루어져야 한다고 하는 견해(청산의무설)도 보인다. 즉 채권자는 대상채권을 종국적으로 독점할 수 있는 지위에 있지 않기 때문에, 필연적으로 평등분할에 의한 청산의무를 진다는 것이다.[141] 다른 한편 위에서 소개한 두 개의 일본 최고재판소 판례를 변경하여야 한다고 하는 견해도 보이고 있다. 이후 판례가 어떠한 방향으로 진행하였는가. 현재로서는 확정적으로 말하는 것이 어렵다.

3. 대항요건의 간략화 – 자산유동화에 관한 법률

이상에서 서술한 채권양도의 제3자에 대한 대항요건에 관해 금융거래 실무에서 간략하게 처리되는 제도가 마련되어 있다. 자산유동화에 관한 법률에 따라 다음과 같은 예외가 마련되어 있다.[142] 먼저 자산유동화가 무엇인지 본다. 이것은 유동화전문회사가 자산보유자(예컨대 은행이 보유한 부실자산)로부터 유동화자산(자산유동화의 대상이 되는 채권·부동산 기타의 재산권)을 양도받아 이를 기초로 유동화증권(자산으로부터 발생하는 현금흐름을 기반으로 발행되는 증권)을 발행하고, 당해 유동화자산의 관리·운용·처분에 의한 수익이나 차입금 등으로 유동화증권의 원리금 또는 배당금을 지급하는 일련의 행위이다(동법 2조 1호 가목). 자산보유자 또는 유동화전문회사 등은 자산유동화계획에 따른 유동화자산의 양도·신탁 또는 반환이나 유동화자산에 대한 질권 또는 저당권의 설정이 있은 때에는 그 사실을 금융위원회에 등록하도록 되어 있다(동법 6조). 한편 양도인 또는 양수인이 당해 채무자에게 일정한 주소로 2회 이상 내용증명우편으로 채권양도(채권의 신탁 또는 반환을 포함)의 통지를 발송하였지만 소재불명 등으로 반송된 때에는 채무자의 주소지를 주된 보급지역으로 하는 2개 이상의 일간신문에 채권양도사실을 공고함으로써 그 공고일에 채무자에 대한 채권양도의 통지를 한 것으로 본다(동법 7조 1항). 이렇게 채권양도의 대항요건에 관한 특례가 규정되어 있다. 더구나 자산유동화계획에 따라 행하는 채권의 양도·신탁 또는 반환에 관하여 금융위원회에 등록을 한 때에는 당해 유동화자산인 채권의 채무자 외의 제3자에 대하여는 당해 채권의 양도에 관하여 위 등록이 있은 때에 450조 2항의 규정에 의한 대항요건을 갖춘 것으로 본다(동법 7조 3항).

그러면 여기서 위에서 설명한 것을 이해하기 위해 눈을 돌려 증권적채권에 관해 살펴보자. 본문에서 설명한 것은 채권자를 특정하고 있는 채권(지명채권)에 관한 규칙이다. 민법은 이 이외에도 지시채권·기명식소지인지급채권·무기명채권에 관한 특칙을 두고 있다(523조~525조). 이들 채권은 모두 채권과 증권이 결합한 것이고 채권의 행사·양도에 증권이 필요한 것이므로, 일괄하여 증권적채권이라고 불린다. 오늘날에는 증권적채권은 지명채권과 유가증권[143)]과의 중간에 자리 매겨져야 한다고 하지만 실무에서 사용되는 경우가 거의 없어 자세하게 논의할 필요가 없다.

제 4 편

계약위반과 손해배상

제1장 계약의 강제적인 실현
제1절 계약의 강제이행
제2절 계약위반(채무불이행)-손해배상의 요건
제1항 계약위반(채무불이행)-손해배상책임의 발생 요건
제2항 계약위반(채무불이행)에 따른 계약해제
제3절 계약위반에 의한 손해배상(계약해제의 효과)
제2장 계약이행 실현을 향한 계약내용의 변경
제1절 경 개
제2절 채무인수

제1장 • 계약의 강제적인 실현

앞장에서는 계약의 자발적인 실현에 관하여 설명을 마쳤으므로, 본편에서는 채권의 강제에 의한 실현으로 들어간다.

계약에서 채무의 내용에 좇은 이행이 자발적으로 이행되었다면 그것으로 계약의 목적은 달성된다. 또한 상계로 혹은 채권양도로 변제와 (거의) 동일한 상태로 계약목적을 달성할 수도 있었다. 그럼 채권자가 임의로 계약이행을 하지 않는데, 상계할 수 있는 상태도 아니고 채권양도도 할 수 없는(채권의 성질 등에 의하여 불가능하거나 반대채권이 없고 양수인도 없는 등에 의하여 불가능한 때) 때는 어떻게 하여야 좋은가. 변제기가 도래하고 있는데도 채무자가 임의변제하지 않은 상태를 사실상의 채무불이행이라고 부른다면, 사실상의 채무불이행이 있는 때 도대체 채권자는 어떠한 수단에 호소할 수 있는가.

이때 채권자에게는 강제적인 수단에 호소하여 채권의 실현을 도모한다고 하는 길로서 손해배상청구를 하는 길이 있다. 더욱이 채권이 쌍무계약으로부터 유래된 경우에는 (계약)해제라는 길도 있지만, 이것을 제외하고, 먼저 두 가지의 길에 관하여 생각해 본다. 또한 손해배상도 강제적인 수단에 호소하지 않으면 실현할 수 없는 것이 있기 때문에, 이들 두 가지의 길의 관계는 다음에서 보는 바와 같다(도표 4.1.1).

도표 4.1.1 강제이행과 손해배상

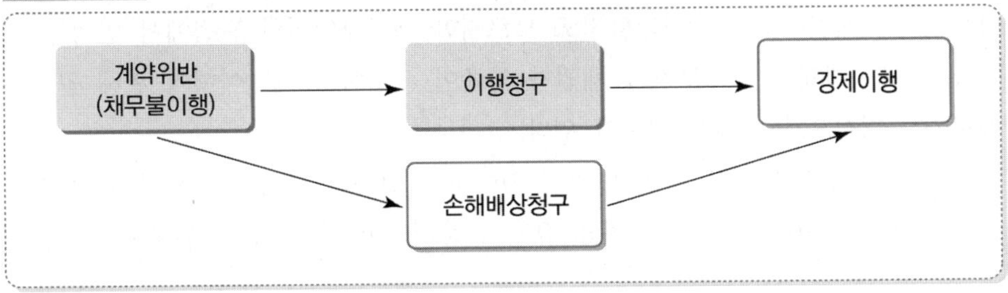

계약은 그 내용 자체의 강제실현을 구할 수 있지만, 손해배상청구를 하여 강제실현을 구할 수 있다는 것을 의미한다. 이러한 점에 입각해서 먼저 계약의 강제이행에 대하여 살펴보고자 한다.

제 1 절 계약의 강제이행

계약의 강제이행제도에 관하여는 제도이해를 둘러싸고 논의가 있어 왔다. 그러면 먼저 제도의 변천을 더듬어 가며 기본적인 사고방법을 설명한 뒤에(Ⅰ), 현재의 제도의 내용을 설명한다(Ⅱ).

Ⅰ. 제도의 변천

우리 민법전에는 389조가 강제이행에 관하여 규정하고 있다. 이 규정의 취지에 대하여는 학설상 논의가 있는데, 이 규정을 보다 잘 이해하기 위해서는 논의의 내용을 간단하게 봐두는 것이 좋다. 또 논의의 맥락을 이해하기 위해서는 비교사법적인 관점에서 접근하는 것이 필요하다.

1. 민법전 이전

가. 비교법

일반적으로 말하여 계약의 내용을 강제적으로 이행하도록 하기 위한 제도를 마련할 당시에는 두 가지 요청을 고려할 필요가 있다. 하나는 가능한 한 실효적으로 권리의 실현을 도모하고자 하는 채권자 쪽의 요청이다. 또 다른 하나는 어거지로 권리의 실현이 꾀해지면 곤란하다고 하는 채무자 쪽의 요청이다. 예를 들면 빌린 돈(借用金)을 갚지 않는 때 채무자를 강제로 데려다가 노예로 일을 시킨다는 것은, 채권자로서는 편리할지도 모르지만 채무자인권의 관점에서 인정할 수 없다. 강제이행제도는 채무자와 채권자 양쪽이 요청하는 계약이행에 관해 균형을 유지하는 형식으로 설계할 필요가 있다.

비교법적으로 본 경우 독일 민법에 있어서는 전자의 요청이 중시된 점에 대하여, 프랑스 민법에 있어서는 후자의 요청이 중시되어 왔다. 조금 구체적으로 말하면 독일에서는 대체로 채권을 강제이행하게 할 수 있다는 것이 원칙이라고 여겨졌고, 이에 반해 프랑스에서는 채무자 자신에 대한 구속을 동반하는 것 같은 경우에는 강제이행하게 할 수 없고, 손해배상만이 가능하다고 되어 있다.[1)]

나. 우리법의 입장

구 의용민법은 프랑스법과 같은 사고방식을 취하였으나 현행민법의 기초과정에서는 이것이 부정되어, 모든 채무에 대한 원칙으로 강제이행하게 할 수 있다고 선언되었다. 이것이 389조 1항이다. 그렇지만 채무의 성질로부터 강제이행이 허락되지 않는 경우가 또한 남아있다고 하는 것이 인정되어 있고(389조 1항 단서), 그 중에서 특별한 경우에 관한 규정도 준비되어 있었다. 그래서 마지막으로, 계약의 강제이행은 손해배상청구를 해도 무방하다는 규정을 두게 되었다(389조 4항). 이것은 당연한 것이라고 말할 수 있지만, 계약의 강제이행과 이행이 되지 않을 때 가능한 손해배상은 반드시 이자택일(二者擇一)은 아니라는 것을 명시하였다는 데 의미가 있다(계약해제에 관한 548조 3항을 참조).

389조의 본래의 내용은 이상과 같은 것이었다고 생각된다. 반복되는 것이지만, 주요한 점은 1항에서 원칙을 선언하였다는 것이다. 다른 말로 바꾸면 389조는 그 이상의 것(구체적인 집행방법 등)을 정하였다고 하는 의미는 아니었다. 그런데 389조에 대한 해석방법은 민법전 제정 후에 크게 변하게 되었다.

2. 민법전 제정 이후

가. 학설의 접근(통설)

구 의용민법전과 현행 민법전을 비교할 때, 현행 민법전은 프랑스법주의로부터 거리를 두고 있는 것이 확실하다. 그렇다고 해도 독일법주의를 채용하였다는 의미는 아니었다. 그러나 그 후의 학설은 기초자의 의도를 넘어서서 독일법 쪽으로 기울고 있었다.

그러면 여기서 위에서 설명한 것을 이해하기 위해 눈을 돌려 위와 같은 통설 형성의 배경에 관해 살펴보자. 그 배후에는 일본 민법학사(民法學史)에서 1900년경부터 1920년경에 걸쳐, 독일법적인 법률구성 도입이 큰 유행(boom)이 되었다고 하는 일반적인 시각이 있었지만, 이 문제에 관해서는 강제집행(소송법상의 용어로 강제이행과 동일한 것. 용어법상의 차이는 판결 등의 존재에 착안하는가 아니면 채권의 실현에 착안하는가에 따름)의 절차를 정한 구 민사소송법이 독일법을 모범으로 했던 것이라는 특수한 사정이 더해졌다.[2)]

그 결과 389조를 다음과 같이 3단계로 나누어 파악하는 방법이 지배적이었다. ① 인도채무에 관해서는 채권자는 국가기관의 실력을 빌려 그 목적물(대부분 물건)을 인도받을 수 있다. 이것을 직접강제라고 부르고, 389조 1항은 이것을 규정한 것으로 푼다. 그러나 행위채무에 관해서는 직접강제를 하면 채무자의 인격을 무시하게 되므로, 직접강제는 인정하지 않는다. 389조 1항 단서는 그 취지라고 해석한다. 이것을 받아, ② 행위채무 중에서 채무자 본인이 이행하지 않아도 목적을 달성될 수 있는 것에 관해 제3자로 하여금 이행하게 하고, (그) 비용을 채무자로부터 추심한다. 이것을 대체집행이라고 하고, 389조 2항은 이것을 규정한 것으로 이해한다. ③ 행위채무 중에서 대체집행이 불가능한 것에 대해서는 (작위채무 중에서 어떤 종류의 것과 부작위채무), 이행하기까지 또는 불이행을 그만두게 하기까지는 일정한 금전을 지급하지 않으면 안 되도록 하는 형태로 채무자에게 압박을 가함으로써 강제한다. 이것을 간접강제라고 하고, 민법에는 규정이 없지만 구 민사소송법 693조(현재는 민사집행법 261조)에 의해 가능하다.

이러한 사고방식의 요점은, ①→②→③의 순번으로 생각해 가는 것이다.

이것은 강제집행방법으로서 바람직한 것은 아니고 또한 강제집행방법은 채무의 성질에 의해 하나로 결정한다는 전제에 서 있는 것이라고 할 수 있다. 그러나 이 같은 전제는 389조에서 본래 포함되어 있었다는 의미가 아니고, 독일법에 치우친 학설에 따라 이것을 가지고 들어온 것이라는 것이다.

그러면 여기서 잠깐 시야를 돌려 금전채무인 양육비의 간접강제에 관해 살펴본다. 양육비에 관해서는 종래 특별한 집행절차가 마련되어 있지 않고, 그 실효적인 확보를 어떻게 도모하느냐는 문제가 제기되고 있었다. 현행법 아래서는 양육비를 지급받지 못하는 때는 양육비 직접지급명령제도[3)]와 담보제공 및 일시금지급명령제도, 이행명령[4)] 및 강제집행 등의 방법으로 양육비 지급을 강제할 수 있다.[5)]

나. 강제이행제도의 적용으로 민법에 나타난 현상

그렇지만 최근 나중에 보태졌던 독일적인 제도의 이해를 제거하고, 민법전 본래의 모습으로 되돌아가는 방향을 목표로 하는 논의가 나오고 있다. 이것은 1960년대 중반부터 유력하게 된 접근방법이다. 이것은 일반적으로 유력한 접근(approach)

방법이 돼 있고, 후에 서술하는 손해배상에서는 이러한 접근방법이 큰 성과를 올린 예이다(그 외에 채권양도 · 사해행위취소권에 관해서도 똑같은 접근방식이 채용되어 있다. 채권총칙에 이와 같은 예가 많은 것은 이 부분이 특히 독일법학의 영향을 많이 받았기 때문이다). 그런데 389조에 대해서는 그렇게 간단하지는 않다.

왜냐하면 오늘날에는 통설을 전제로 한 입법이 이루어지고 있기 때문이다.[6] 보다 구체적으로 말하면 민사집행법에서 간접강제는 다른 집행수단을 이용할 수 없는 때에 한하여 이용할 수 있다는 규정이 두어져 있다(민집 261조). 이렇게 된 이상 389조의 본래의 취지와는 다를지는 몰라도, 통설과 같은 사고방식을 취할 수밖에 없다는 것이 최근까지의 지배적인 견해였다고 말할 수 있다(민집 261조가 없다면 강제이행⊃직접강제이고, 간접강제도 경우에 따라서는 가능하다고 해석할 수 있다).[7]

Ⅱ. 계약의 강제이행제도의 현상

제도취지를 둘러싼 논의를 고려하여 현재의 계약강제이행제도에 대한 설명을 간단히 해둔다. 강제이행하도록 하기 위해서는 계약위반(채무불이행)이 있었다는 것이 필요한 요건이지만, 여기서 말하는 불이행은 사실로서의 불이행이고, 채무자에게 귀책사유가 있느냐는 묻지 않는다(이 점에서 손해배상과는 다르다). 더욱이 강제이행할 수 있다는 것이 필요하지만 자세히 말하면 이 요건은 이행이 여전히 가능하다는 것, 강제이행이 허락되어야 한다는 것으로 나눠진다. 이들의 요건이 충족된 경우에는 민사집행법에 따라 강제집행이 가능해진다. 이하에서는 민사집행법이 정한 절차를 개관하고 난 다음에, 강제집행이 불가능한 예외적인 경우에 대해서 말하고 싶다.

1. 계약의 강제집행 방법

인도채무와 행위채무로 대별하여 보고 가자.

가. 인도채무의 경우

인도채무는 다시금 금전채무와 비금전채무로 나눌 필요가 있다.

금전채무의 경우에는, 채무자의 재산을 강제로 매각하여 그 대금으로부터 지급받는 것이다. 이 절차는 다음 순서로 이루어진다.

압류(처분권 박탈) → 환가(목적물 매각) → 배당(배당금 지급)

(이러한 절차가) 강제집행의 방법으로서 가장 중요한 것인데, 절차의 구체적인 진행방식은, 압류목적물이 무엇인가 (부동산·선박·동산·채권 등)에 따라 다르다(민집 78조~223조).

비금전채무의 경우에는 원칙적으로 대상목적물의 점유를 집행관이 박탈하여 이것을 채권자에게 인도하는 방법으로 이루어진다(민집 136조, 257조, 259조는 예외). 간접강제도 가능하다(민집 261조).

나. 행위채무의 경우

행위채무의 집행방법은 4가지로 나누어져 있다. 첫째로, 대체적행위채무의 경우로 389조 2항을 적용하여 법원은 채무자에 대신하여 제3자에게 이행할 권한을 부여할 수 있다(수권결정이라 부른다, 민집 260조). 간접강제도 가능하다(민집 261조). 둘째로, 부대체적작위채무의 경우로 간접강제에 의해서도 채무의 내용에 좇은 이행이 가능한 경우에는 간접강제에 의한다(민집 261조). 부대체적인 작위채무의 예로서는 연기·강연 등을 들 수 있지만, 이들 중에는 간접강제를 할 수 없는 성질의 채무도 적지 않을 것이다. 셋째로, 똑같은 작위채무이지만 의사표시를 하는 채무에 관해서는 특별하게 취급되고 있다. 이 경우에는 의사표시의 효과가 생기면 좋기는 한데, 의사표시에 갈음하는 판결이 구해져서 판결시에 의사표시가 행해졌다는 것으로 의제된다(389조 2항 단서, 민집 263조). 넷째로, 부작위채무의 경우인데, 법원은 의무위반의 결과를 회복하는 조치나 반복될 수 있다는 우려가 있는 경우에는 예방조치를 취할 수 있다(389조 3항, 민집 260조). 또한 계속해서 행해지고 있는 의무위반에 대해서 간접강제를 이용할 수도 있다(민집 261조). 그러나 한번으로 (집행이) 끝나서 결과가 남지 않는 의무위반에 대해서는 강제집행으로 이것을 잘 대처하기가 곤란하고, 손해배상에 의할 수밖에 없다. 더욱이 유아인도의무의 집행방법은 어느 방법에 의하는가 하는 난문이 있지만, 여기에서는 깊이 들어가지 않고 가족법 교과서로 미룬다.[8)]

2. 계약의 강제집행에 대한 예외

채무가 강제를 허락하지 않는 것이 아니어야 하는 것이 계약강제이행의 요건의 하나이지만, 여기에는 복수의 경우가 포함된다. 명문의 규정이 있는 것은 채무의 「성질」이 허락되지 않는 때이다(389조 1항 단서). 예를 들면 부부의 동거의무(826조)는 이것에 해당한다고 이해되고 있다. 일본 최고재판소 판례는 동거를 명하는 것은 가능하나, 강제집행은 할 수가 없다고 했다.[9] 이것과는 별도로 – 예에 의해 – 첫째 합의에 의해 집행이 허용되지 않는 때(①)와 둘째 법률에 의해 집행이 허용되지 않는 때(②)가 추가된다. ①의 예로서는 강제집행을 하지 않는다는 특약(강제집행특약)이 있는 경우나 처음부터 소송을 제기하지 않는다고 하는 특약(불소구특약)이 있는 경우를 들 수 있다. 예를 들면 일본의 경우인데, 카페 마루타마(丸玉)사건[10]이라고 불리는 전쟁 전의 유명한 사건[11]이 있다. 카페의 여종업원이 손님과의 약속에 따라 다액의 금전의 청구를 했는데, 이것은 소송상의 청구권까지는 주지 않은 취지였다고 해석하여 청구를 배척하였던 것이다. 참고로 학설은 일반적으로 이것을 후자의 특약의 예로 설명하고 있다. ②의 예로서는 소멸시효가 원용되었던 채무(162조. 495조도 참조), 불법원인급부로 되는 이득을 반환하는 채무(746조), 이자제한법위반의 이자채무(이자제한법 1조 2항) 등을 예로 들고 있다.

이상의 관해서 3가지 지적을 덧붙여 둔다.

첫째로, 채권의 효력에 대하여 살펴본다. 강제집행까지 가능한 채권, 소송으로 청구하는 것은 가능하지만 집행할 수 없는 채권, 청구도 할 수 없는 채권이 있다는 것부터, 채권의 효력에는 단계가 있는 것이라는 것을 알 수 있다. 마지막으로 청구도 할 수 없는 채권은 권리라고 말할 수 없다고 생각할 지도 모르지만, 임의로 이행된다면 이것을 수취해도 부당이득이 되지 않는다는 효력(급부보지력)이 남겨져 있다. 정리하면 채권의 효력은 다음과 같이 된다. 집행력은 강제집행을 할 수 있다는 측면을, 공취력은 채무자의 재산을 담보로 할 수 있다는 측면을 가리키는 용어이다. 재산이 이와 같은 부담을 지고 있는 것을 책임이라고 한다. 더욱 소구력은 소송으로 청구할 수 있다는 것이다.

둘째로, 책임 없는 채무, 자연채무라는 개념에 대해서 알아본다. 강제집행특약에 대한 채무를 책임 없는 채무라고 하는 용어법과 합의나 법률에 의해 소구력을 가지지 않는 채무를 자연채무라고 하는 용어법이 있다(전자는 독일에서, 후자는 프랑스에서 유래한다). 이들의 개념은 적어도 현재의 우리나라법에서는 법기술적으로는 의미를 지니지 않는-효과와 일의적으로 연결되어 있지 않는-다고 설명하고 있다. 확실히 그런지는 몰라도, 사고의 정리를 위해서는 의미가 없다는 것은 아니다. 예를 들면 책임 없는 채무와 대비된 것으로서 채무 없는 책임이라고 하는 것이 있다. 타인의 채무를 위해 자신의 부동산에 저당권을 설정한 상태(물상보증인으로 된 상태)가 그 전형적인 예이지만, 이들도 포함하여 채무와 책임의 관계에 대해서 생각해 보는 것은 관련제도의 이해를 찾아가는 데 쓸모없는 것은 아닐 것이다. 또한 자연채무의 개념[12]은 로마시대에서는 소송으로 청구가능한 권리가 한정되어 있었다고 하는 것과 프랑스 옛법에서는 실정법상의 권리와 자연법상의 권리가 관념되고 있었다고 하는 것 등을 법제사적으로 생각나게 하는 것이다. 이와 같은 역사에 비추어 보면 소구가능성을 권리의 속성으로서 인식하는 현행법의 사고방식은 절대적인 것이 아니라는 것을 알 수 있을 것이다.

그러면 여기서 눈을 돌려 위에서 잠깐 언급한 카페 마루타마(丸玉) 사건에 대한 또 다른 설명에 관해 좀 더 자세히 살펴보자. 불소구의 특약이라고 하는 설명이외 다른 설명으로, 카페 마루타마 사건 처리를 설명하는 법리구성은 할 수 없는가에 관해 잠깐 되돌아본다. 몇 가지 법리를 설명할 수 있다. 우선 심리유보로 하는 것이 생각된다(107조).[13] 돈을 주겠다는 것은 농담으로 말했던 것으로 본심은 아니었고, 그것을 알았으리라는 의미이다. 다음 무릇 이것은 계약은 아니라고 생각할 여지도 있다. 법적인 권리로서 소송상 청구를 허락하는 정도까지 무르익었던 약속이라고는 말할 수 없다는 의미이다.[14] 더욱이 사안에서 벗어나지만, 서면에 의하지 않은 증여로서 이행되지 않게 된다면 철회도 생각될 수 있다. 불소구특약, 심리유보, 계약이라고는 말할 수 없는 약속, 무상계약과 여기저기 뿔뿔이 나오는 것은 법과 비법의 경계에 있어서 이것도 저것도 아닌 중간영역(gray zone)에 걸려 있는 문제군으로서 일괄하여 검토하는 것이 필요하다.

제 2 절 계약위반(채무불이행) – 손해배상의 요건

영미계약법에서 계약위반(Breach of Contract)이란, (i) 계약자가 이행해야 할 절대적 의무가 있고, (ii) 이러한 절대적인 의무가 이행하지 않았을 때, 계약내용

(조건)에 따라 이행하지 못하는 것을 말한다.[15] 그렇다면 계약을 이행하지 않을 때 강제적인 구제수단으로는 무엇이 있는가? 앞에서 계약의 강제이행에 관해 살펴보았다. 이하에서는 손해배상을 청구하기 위한 요건으로서 계약위반(채무불이행)에 관해 살펴본다.

서설-채무불이행에 관한 학설의 이론적 틀의 전환

계약위반에 따른 손해배상 본론에 들어가기 전에 참고로 먼저 손해배상에 관한 학설의 변천에 대하여 잠깐 살펴본다. 큰 틀에서 보면 앞에서 살펴본 강제이행에 관한 학설의 변천과 비슷한 게 있다. 즉 이러한 문제에서도 제도 본래의 취지→독일 법적인 이해의 정착→본래취지의 재발견이라는 과정을 거쳐 갔다는 점을 인정할 수 있다.[16] 다만 다른 점이 있다면 강제이행의 경우에는 재발견되어도 본래의 취지로 돌아가는 것도 안 된다는 사정이 있었지만, 손해배상의 경우에는 그와 같은 사정이 없었던 것도 있지만, 본래의 취지로 되돌아간다는 것이 최근의 학설의 경향이다. 그러므로 본서에서도 최근의 학설(일본의 통설)을 소개한다. 그러나 오늘날 옛 통설의 영향은 아직도 남아있으므로 이에 관해 기초적인 것을 알아 두도록 하는 편이 좋다. 그러면 요건·효과에 대해 상세하게 들어가기 전에, 학설의 변천을 개관한다.

Ⅰ. 손해배상책임에 관한 학설의 개요

종전의 학설이 설명하는 계약위반(채무불이행)의 발생요건과 효과로 나누어 정리하면 다음과 같다. 먼저 손해배상의 요건에 관해 본다. 채무불이행에는 이행불능·이행지체·불완전이행의 세 유형이 존재한다고 설명한다.[17] 이들을 뚜렷이 구별해서 쓰고 있지는 않지만, 390조는 이것들을 포함하는 것으로 해석된다. 또 손해배상책임을 묻기 위해서는, 채무자의 고의·과실이 필요한데, 390조에서 채무자의 고의나 과실 없이 이행할 수 없게 된 때(귀책사유: 책임있는 사유)는 이것을 가리키고 있다고 해석된다. 다음은 손해배상의 효과에 관해 본다. 손해배상의 범위는 상당인과관계라고 하는 개념에 의하여 그려진다. 393조 1항·2항은 모두 여기에 대응하는 것이라고 생각할 수 있다.

이러한 사고방법은 한때 넓게 받아들여져, 판례에도 상당한 정도까지 침투하였다. 그러나 오늘날에는 이상과 같은 사고방법은 독일법학에서의 논의를 우리나라 손해배상법에 반영하고자 했던 것이라고 지적하고 있다[18]. 더구나 계약으로부터 발생하는 구체적인 채무는 다양한 모습으로 생길 수 있음에도 불구하고 계약위반 즉 채무불이행의 모습을 억지로 위 세 가지 유형의 하나에 끼워 맞추는 무리한 방법이 될 수 있다.[19] 그래서 불완전이행의 요건으로 이행이 있었으나 불완전한 것이라고 통일적으로 설명하는 견해도 있다.[20]

Ⅱ. 새로운 견해의 등장

그런데 새로운 견해는 위와 같은 독일법적인 이해를 배제하여, 본래의 손해배상제도의 취지를 기초로 한 논의를 전개해야 한다고 주장한다. 구체적으로는 다음과 같다. 우선 요건이다. 손해배상의 일반적인 요건으로서 채무의 내용에 좇은 이행이 없는 것을 들고, 특수한 것으로서는 이행불능을 들면 충분하다. 채무자에게 존재하는 책임 있는 사유도 그것 자체가 또한 문제로 된다면 충분하고, 이것을 막바로 고의·과실로 바꿔놓을 필요가 없다. 효과에 관해서도 법문에 있는 상당인과관계를 사실적인과관계·(손해)배상범위·금전적 평가로 바꿔놓을 수 있다.

이러한 새로운 접근방법 내용에 관해서는 이하 제1항, 제2항에서 구체적으로 서술되어 있는데, 그 특색을 한마디로 집약하여 두면, 다음과 같다. 손해배상책임의 요건에 관하여는, 채무의 내용을 중시함으로써 손해배상 문제를 채권차원에서부터 그 발생원인이 되는 계약차원으로 옮기는 한편 손해배상책임의 효과에 관해서는 법문에 있는 상당인과관계 개념을 해체해서 이것을 손해배상의 범위를 결정하는 문제로 바꾸어 다루는데, 상당인과관계를 393조로 되돌려 보내고, 손해의 금전적평가의 문제를 이것과 독립시켜 다룬다. 이것이 사실적인과관계론(일본에서는 신통설이다)의 기본적인 입장이다. 바꾸어 말하면 사실적인과관계론은 민법전에서 채권총론 단계에 구축된 손해배상론을 해체하여, 390조·393조가 포괄하는 계약법상의 손해배상 책임범위를 제한하는 지향성을 가지고 있다고 말해도 좋다.[21]

이 견해가 일본에서 신통설로 불러도 좋을 만큼 새로운 접근법이 보급된 배후에는 다음과 같은 여러 사정이 있다. 첫째로, 전술한 바와 같이, 강제이행의 경우와 달리 구통설이 입법에 의해 승인되었다는 것과 같은 불리한 사정이 없었다. 둘째로, 비교법이나 법제사에 입각한 신통설의 구통설에 대한 비판에는 어느 정도

파괴력이 있고, 신통설의 주장은 불법행위에 의한 손해배상도 아울러서 설명함으로써 외연을 확장하는 이론으로 제시되어 매력적이었다. 셋째로, 이들 주장 내용 자체는 단순한 것이나(특히 요건에 관하여), 과도한 이론구성을 꺼린 1960년대의 이후의 일본 민법학의 동향에 적합했다.[22)]

참고로 우리나라의 학설은 일본에서 통설이 된 사실적인과관계론 이외에 규범목적설, 상당인과관계론 등이 있다. 이 부분에 대해서는 뒤에서 다시 한 번 설명한다.

제 1 항 계약위반(채무불이행) – 손해배상책임의 발생 요건

이제부터는 본론에 들어가 손해배상책임의 발생요건에 관한 문제를 본다. 먼저 390조가 규정하는 요건부터 검토하고(Ⅰ), 그 후에 그 주변에 자리 잡은 문제에 관해 설명한다(Ⅱ).

Ⅰ. 전형적인 계약위반 유형

채무불이행에 의한 손해배상의 요건으로서는 오늘날 첫째, 채무의 내용에 좇은 이행이 없었을 것, 둘째, 채무자에게 책임 있는 사유가 있어야 한다는 것은 앞에서 설명했다. 이러한 접근방식에 따라 채무불이행의 유형을 다시 한 번 전체적으로 살펴본다. 먼저 채무자의 행동을 기준으로 채무를 전혀 이행하지 않은 경우와 불완전하게 이행한 경우 2가지로 나눌 수 있고, 법률효과(특히 제1차적 급부의무의 존속 여부)를 기준으로 이행불능과 그 밖의 채무불이행 2가지로 나눌 수 있다. 그리고 채무불이행의 발현형태, 의무의 구조를 기준으로 주된채무의 위반과 부수의무의 위반으로 구분할 수 있다. 이러한 큰 틀에 따른 계약위반의 하부유형으로 이행불능, 이행지체, 불완전이행으로 나눈다. 이행거절(채무자가 채무를 이행하지 않을 의사를 진지하고 종국적으로 표시함으로써 채권자로 하여금 객관적으로 채무자의 임의이행을 기대할 수 없게 만드는 경우)도 하나의 유형으로 파악할 수 있느냐에 대한 문제가 있다(544조 단서). 참고로 학설(다수설)은 이행거절과 이행지체 사이에 본질적 차이 있다고 보기 어렵다고 한다. 그러므로 채무불이행의 유형으로서 1차적으로 급부의 강제적 실현이 가능한 이행지체, 2차적으로 그 실현가능성이 없어진 이행불능, 마지막으로 불완전이행(적극적채권침해 포함. 그러나 적극적채권침해에 대해서는 다른 방법(불법행위)으로 접근해야 한다)으로 분류할 수 있다.

판례는 계약상 채무자가 계약을 이행하지 아니할 의사를 명백히 표시한 경우 채권자는 신의성실의 원칙상 이행기 전이라도 이행의 최고 없이 채무자의 이행거절을 이유로 계약을 해제하거나 채무자를 상대로 손해배상을 청구할 수 있다(2004다53173)고 했다.

이하에서 순서대로 검토한다. 또 그 밖에 손해의 발생, 불이행과 손해 사이의 인과관계도 필요하지만 이것들 자체가 독립하여 논해지는 것은 드물기 때문에, 손해배상의 효과를 설명할 때에 그 전제로 하여 종합하여 다룬다.

1. 계약위반의 적극적 요건: 채무의 내용에 좇은 이행

가. 계약위반의 여러 모습–지체 · 불능 · 불완전이행

이미 서술한 바와 같이, 이행지체 · 이행불능 · 불완전이행의 3분법에 대해 오늘날 강한 비판이 퍼부어지고 있다. 사실적인과관계론에 따르면 390조는 이러한 3분법을 전제로 하지 않는다고 본다. 그러나 여기서 이 3분법을 법정유형으로서가 아니라 사실유형으로 파악한다면, 채무불이행의 모습을 정리하기 위한 개념으로 이용할 수 있고 또 계약위반으로 손해배상을 청구할 때 필요한 요건을 결정하는 데 매우 유익하다. 그래서 먼저 위 3분법을 사실유형을 파악하는 방법으로 파악해서 각각의 경우 채무자가 채무의 내용에 좇은 이행을 하지 않았다는 것은 무엇을 말하는가(무엇이 사실로서의 채무불이행이 되는가)를 생각해 본다.[23] (도표 4.1.2)

도표 4.1.2 계약상 채무이행 내용

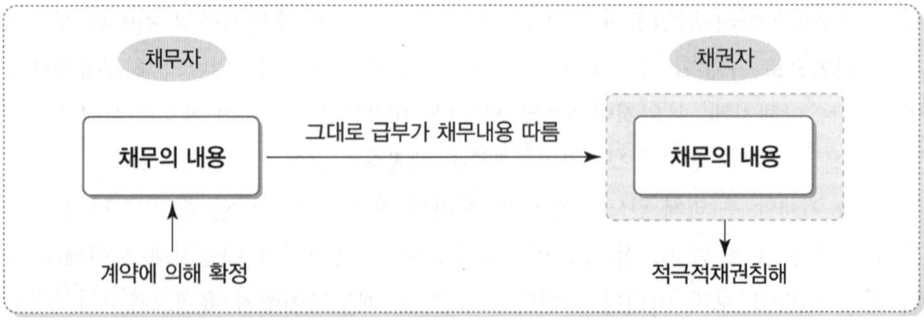

(1) 이행불능

조문상 특별한 서식으로 되어 있는 이행불능부터 살펴보고 간다. 맨 처음에 왜 이행불능만이 특별한 취급을 받았는지에 관해 다루어 본다. 이 점은 언어사용 문제로서 설명된다. 390조 후단의 이행할 수 없게 된 경우를 전단의 이행을 하지 아니한 경우에 포함되는 것은 아니냐는 의심이 생길 수 있으므로, 후단을 내세워 명시했다는 것이 의용민법 기초자의 설명이다. 그래서 더욱 이행불능의 경우에는 귀책사유가 없다면 위험부담의 문제로 된다(538조)는 것을 명시하기 위해, 특히 책임 있는 사유를 부가했다는 것이다.

이상과 같이 해석한다면 이론상으로 이행불능만을 특별히 취급할 이유가 없고, 주의해야 하는 것은 이행불능과 위험부담과의 구별이라는 것을 알 수 있을 것이다.

이행불능이 문제가 되는 것은 주로 인도채무에 관해서이다. 예를 들면 인도할 목적물이 멸실된 때가 전형적인 예이다. 실제로 판례에서 건물의 멸실의 사안이 많다. 여기서의 불능은 물리적 불능이지만 법률상의 불능, 거래통념상의 불능도 또한 이행불능에 포함된다. 전자의 예로서는 임대차의 대상인 토지가 수용된 경우를, 후자의 예로서는 똑같이 임대차의 대상인 토지가 제3자에게 양도되어 등기가 이루어진 경우를 들 수 있다. 이행불능 관한 2005다29474의 사안과 판지는 다음과 같다.

사실관계 4.1.1 이행불능 [2005다29474]

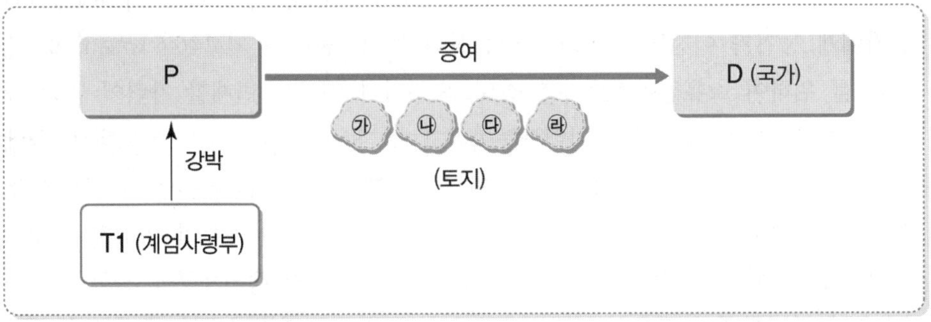

(1) P는 T1에 의한 강박으로 D(대한민국)에게 ㉮ ㉯ ㉰ ㉱ 토지를 증여하였다. (2) P는 강박사실을 알고 하자 있는 의사표시에 기한 소유권이전등기말소등기 청구소송을 제

기하였으나 D의 등기부시효취득으로 패소판결이 내려졌다. (3) 패소일은 '라' 토지에 관해 1998.12.15., '가, 나, 다' 토지에 관해 2000.6.20.이다. 이에 2005.4.18. 토지 '가, 나, 다, 라'에 대한 손해배상청구소송을 제기하였다.

이에 관해 대법원은 "P의 증여 의사표시 취소에 따른 D의 소유권이전등기 말소등기 의무는 위 이전등기청구 사건에서 P의 소유권이전등기청구를 기각하는 판결이 선고되어 확정됨으로써 이행불능이 되었다. 그러나 패소판결이 확정된 1998.12.15.로부터 예산회계법 제96조에 정한 소멸시효기간 5년이 이미 경과한 후에 손해배상청구권을 행사하였음이 명백하다" 판시하였다.

채무일부에 관해 이행할 수 없을 때도 이행불능이 되는가? 쌍무계약에 있어 당사자 일방이 부담하는 채무의 일부만이 채무자의 책임 있는 사유로 이행할 수 없게 된 때에는, 그 이행이 불가능한 부분을 제외한 나머지 부분만의 이행으로는 계약의 목적을 달성할 수 없다면 채무의 이행은 전부가 불능이라고 보아야 한다. 이때 채권자로서는 채무자에 대하여 계약전부를 해제하거나 또는 채무전부의 이행에 갈음하는 전보배상을 청구할 수 있을 뿐이지 이행이 가능한 부분만의 급부를 청구할 수는 없다. 그러므로 신축 예정인 상가건물 중 특정 점포에 관한 분양계약이 체결된 후 분양점포에 관한 소유권이전등기의무가 이행불능에 이른 경우, 그 분양계약상의 채무는 전부 이행불능 상태에 이르렀다(95다5929)고 한다.

참고로 학설(통설)은 사회적 거래관념을 기준으로 하여 급부의 실현이 불가능한 때 법률적불능이라고 한다. 법률적불능은 사회생활에 있어서의 경험법칙 또는 거래상의 관념, 채무자의 이행의 실현을 기대할 수 없는 경우(2000다22850)이므로, 판례는 매매목적부동산에 관하여 제3자의 처분금지가처분의 등기가 이루어졌다면 제3자에게 등기가 이전되면 사회거래의 통념상 이행불능이 되고(2000다47361), 또 채무담보를 위하여 소유권이전등기를 경료, 의무자가 채무를 변제할 자력이 없는 때 제3자에게 등기가 이전되면 이행불능이라고 한다(96다14616). 더욱 인도채무 외에 행위채무에 관해서도 이행불능이 문제가 되는 때가 전혀 없다는 뜻은 아니지만, 행위채무는 인도채무의 경우와는 전혀 다르고, 그래서 우선 채무가 있었고 그것이 이행불능으로 된다는 형태의 판단은 되지 않는다. 아울러 행위채무에 관한 판단의 실질은 불완전이행의 경우와 서로 겹쳐져서 오히려 불완전이행의 문제로서 생각해야 한다고 한다. 한편, 정지조건부 기한이익 상실의 특약을 한 때는 어떻게 되는가. 채권자의 별도의 의사표시가 없더라도 바로 이행기가 도래한 것과 같은 효과를 발생케 하는 이른바 정지조건부 기한이익 상실의 특약을 하였을 경우에는 그 특약에 정한 기한의 이익 상실사유가 발생함과 동시에 기한의 이익을 상실케 하는 채권자의 의사표시가 없더라도 이행기도래의 효과가 발생하고(99다15184), 채무자는 특별한 사정이 없는 한 그때부터 이행지체의 상태에 놓이게 된다(88다카14663, 97다12990등).

이행불능으로 손해배상청구권이 발생(390조)하는데, 이때 급부청구권에 갈음하여 이행이익의 배상을 청구할 수 있다(전보배상청구권). 여기에는 ⓐ 대상청구권, ⓑ 계약해제권(546조)이 있다.

(2) 이행지체

이행지체란 변제기에 이행하지 않는 것이지만, 이것이 바로 채무의 내용에 좇은 이행이 이루어지지 않은 전형적인 경우이다. 원칙적 요건은 ⓐ 이행기가 도래하고, ⓑ 채무의 이행이 아직 가능하며, ⓒ 이행하지 않는 것이 위법해야 한다. 이행지체를 정당화하는 사유(위법성 조각 사유)는 채무자가 유치권이나 동시이행의 항변권 등을 행사하는 때 발생한다.

이행기가 언제 도래하는가에 대해서는 387조가 이에 대한 해석규정을 마련하고 있지만, 이에 대해서는 앞에서 설명하였으므로 되풀이하지 않는다. 채권이 가압류되었으니 채무를 더 이상 이행할 수 없었다는 사유가 위법성을 조각하는가? 가압류에 관한 93다951(전)의 사안과 판지는 다음과 같다.

사실관계 4.1.2 가압류 [93다951(전)]

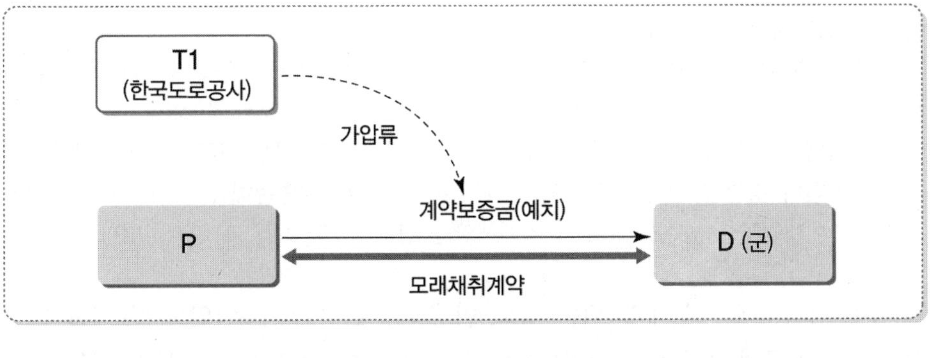

(1) P가 D와 섬진강에서 수중모래 50만㎥를 모래채취계약을 체결하고, 계약보증금으로 5000만원을 지급했고(관련법규상 근거 무), 위 계약으로 모래채취가 허용되었다. D군

은 P로부터 수령한 위 계약보증금을 금융기관에 예치하였다. (2) T1이 P를 채무자, D군을 제3채무자로 하여 위 계약보증금반환채권을 가압류했다. 이 사건에서 쟁점은 채권의 가압류가 있는 경우 제3채무자가 이행지체책임을 면하는지 여부이다.

이에 관해 대법원은 기본적인 전제(법리)로 다음과 같이 판시하였다. "채권의 가압류는 제3채무자에 대하여 채무자에게 지급하는 것을 금지하는 데 그칠 뿐 채무 그 자체를 면하게 하는 것이 아니고, 가압류가 있다 해도 그 채권의 이행기가 도래한 때에는 제3채무자는 그 지체책임을 면할 수 없다고 보아야 한다. 채무자는 비록 타인이 자기의 이행을 방해하고 있더라도 채권자에게 이것을 가지고 계약이행을 할 수 없다는 항변사유로 삼을 수 없다(397조 2항). 그리고 금전채권의 채무자는 과실 없음을 항변할 수 없다(397조 2항)."

지연손해금에 관해서도 이행지체가 되는가? 지연손해금에 대한 지체에 관한 2004다11582의 사안과 판지는 다음과 같다.

사실관계 4.1.3 지연손해금 지체 [2004다11582]

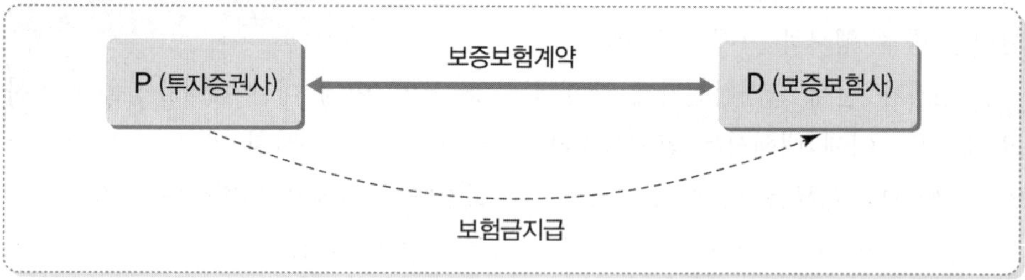

P가 D와 보증보험계약을 체결하고 이에 따른 보험금의 지급을 지체하였다. 이 사건에서 쟁점은 지연손해금지급지체로 인한 지연손해금이다.

이에 관해 원심은 "지연손해금은 D가 보험금 지급의무의 이행을 지체함에 따른 손해배상금이므로, 이를 원금으로 하여 다시 지연손해금의 지급을 구할 수 없다" 판시하였다. 그러나 대법원은 "금전채무의 지연손해금채무는 금전채무의 이행지체로 인한 손해배상채무로서 기한이 정함이 없는 채무이므로 채무자는 확정된 지연손해금채무에 대하여 채권자로부터 이행청구를 받은 때로부터 지체책임을 진다(387조 2항)"고 판시하였다.

더욱 이행지체가 문제가 되는 것도 이행불능과 같이 주로 인도채무에서 발생한다. 인도채무의 경우에는 급부내용이 명확한 것이 많으므로, 채무의 내용에 좇은 이행인지 여부의 판단은 변제기까지 이행이 이루어졌는지 여부에 대한 사실판단으로 집약된다. 이에 반해 행위채무의 경우에는 외관상으로는 변제기에 이행되었어도, 당해 이행이 채무의 내용을 실현하는 것인지 여부가 문제가 된다. 그러므로 이행지체를 독립적으로 논하는 의미는 부족하고, 여전히 불완전이행의 문제로 귀착시켜 논하는 편이 좋다.

이행지체의 경우의 손해배상은 원칙적으로 지연배상이지만 지체후의 이행이 채권자에게 이익이 없는 경우 전보배상(가옥 매도인이 그의 과실로 가옥이 소실된 경우 매수인에게 가옥의 인도에 대신하여 그 집에 해당하는 돈으로 손해를 배상하는 것)이다(395조).

(3) 불완전이행

이상과 같이 채무의 내용이 명확한 경우 조금 더 엄밀히 말하면, 급부의 적합성의 판단을 쉽게 할 수 있는 때는 이행불능·이행지체라는 비교적 단순한 기준을 사용하고, 채무불이행의 존부를 판단할 수 있다. 그래서 인도채무인 때는 이 기준에 의해 처리되는 불이행이 많다.

그러나 이들 기준에서는 적절한 판단을 할 수 없는 것 같은 형태의 불이행도 존재한다. 예를 들면 이행기에 목적물이 인도되었으나, 약속된 품질을 갖추지 않았던 때나 이행에 즈음하여 채권자에 손해를 주었던 때 등이 여기에 해당한다. 불완전이행은 이러한 형태의 불이행을 총칭하는 것으로 파악될 수 있다. 불완전이행이 문제가 되는 것은 주로 행위채무에 관한 것이지만 인도채무에 관해서도 전혀 문제가 되지 않는다는 것은 아니다. 불완전이행의 요건과 효과에 관한 실질적·구체적 규정을 갖고 있지 않다. 그러나 모든 불이행의 경우에서도, 우리나라 손해배상법상 불완전이행도 똑같이 채무의 내용에 좇은 이행이 이루어지지 않는 경우에 포함되고, 손해배상책임이 생기는 것이라는 데 의문이 없다. 그렇기에 불완전이행으로서 처리해도 좋은 것을 무리하게 이행불능·이행지체에 환원하려고 할 필요가 없다(법전상은 불완전이행의 피를 받지 않은 독일에서는 그렇지 아니하다).

불완전이행으로 평가받기 위한 요건은 ① 계약상의 의무를 위반함으로, ② 인하여, ③ 채권자에게 손해를 가하여야 한다. 확대손해에 관한 96다39455의 사안과 판지는 다음과 같다.

사실관계 4.1.4 확대손해 [96다39455]

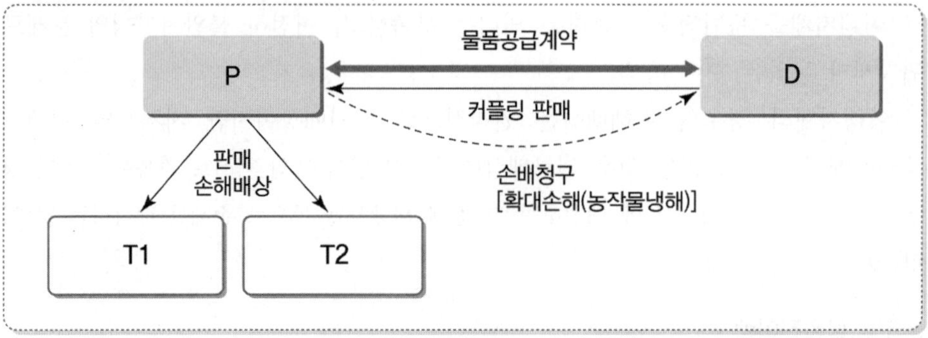

(1) P는 D로부터 농업용 난로의 버너에 사용되는 부품인 커플링(COUPLING)을 공급받아 농업용 난로를 제작하여 T1과T2에게 판매했으나, 농업용 난로가 작동하지 아니하여 농작물에 냉해 피해가 발생하여 T1과 T2에게 손해배상금을 지급하였다. (2) 마구리(길죽한 토막) 부분이 마모되어 오일펌프의 축과 커플링이 헛도는 현상이 발생하였음이 판명되었고, 이로 인하여 오일펌프에 동력이 전달되지 아니하여 오일이 분사되지 아니함으로써 위 농업용 난로가 가동되지 않아 농작물에 냉해가 발생하였다. (3) 이에 P는 냉해로 인하여 발생한 손해배상을 청구하였다. 이 사건에서 쟁점은 부품의 하자로 인한 확대손해발생에 대한 책임을 지우기 위한 요건이다.

이에 관해 대법원은 "매도인이 매수인에게 공급한 부품이 통상의 품질이나 성능을 갖추고 있는 경우 나아가 내한성이라는 특수한 품질이나 성능을 갖추고 있지 못하여 하자가 있다고 인정할 수 있기 위하여는, 매수인이 매도인에게 완제품이 사용될 환경을 설명하면서 그 환경에 충분히 견딜 수 있는 내한성 있는 부품의 공급을 요구한 데 대하여, 매도인이 부품이 그러한 품질과 성능을 갖춘 제품이라는 점을 명시적으로나 묵시적으로 보증하고 공급하였다는 사실이 인정되어야만 할 것"이라고 판시하였다.

여기서 주제(point)는 매매목적물의 하자로 인하여 확대손해 내지 2차 손해가 발생하였다는 이유로 그 확대손해에 대한 배상책임을 지우기 위한 요건이다. 그것은 ⓐ 채무의 내용으로 된 하자 없는 목적물을 인도하지 못한 의무위반사실과 ⓑ 그러한 의무위반에 대하여 매도인에게 귀책사유가 인정될 수 있어야 한다.

그러면 불완전이행과 담보책임과의 관계에 관해 살펴본다. 담보책임의 본질은 채무불이행이라고 이해해야 하고 담보책임에 관한 규정은 일반적인 채무불이행책임을 배제하지 않는다.[24] 그러므로 담보책임은 일반적인 채무불이행책임과 아울러 또는 병존적으로 민법이 특별히 매수인을 보호하기 위해 인정한 별도의 구제수단

인 셈이다.[25)]

나. 인도채무 · 행위채무에서 채무의 내용

이번에는 계약위반(채무불이행)의 유형을 인도채무, 행위채무 각각에 초점을 맞추어 좀 더 상세하게 기술한다.

(1) 인도채무의 경우

인도채무에서 정해진 채무의 내용(급부내용)에 적합하지 않은 급부가 이루어졌음이 분명하다면, 이행불능 · 이행지체로 환원하여 생각할 수 있다. 완전한 급부를 할 수 없다면 이행불능으로 되고, 할 수 있다면 이행지체로 되기 때문이다.

그러나 그 전에 문제가 있다. 2가지를 지적해두자. 첫째로 인도채무에 관해서도, 급부의 적합성 판단이 쉽지 않은 때가 있다. 숨겨진 하자(580조)가 있는 때가 그것이다. 이때는 채무불이행책임과 하자담보책임의 규칙과의 조정이 문제로 된다. 둘째로 급부목적물의 인도를 넘어서 다른 것에 관해서 손해확대가 벌어진 때다. 이때는 채권자 등에게 손해를 가하지 않아야 하는 부수의무 위반이 있다. 그렇게 해석한다면, 다음에서 논의할 행위채무 문제로 환원된다. 똑같이 채무불이행이 아니라 불법행위로 해석할 여지도 있고, 특히 제조물책임의 요건을 채우는 경우에는 제조물책임의 문제로서 처리되는 것이라는 점도 주의할 필요가 있다.

(2) 행위채무의 경우

인도채무와 달리, 행위채무의 경우에는 계약에서 정해진 채무의 본래의 내용을 확정하는 것이 어려운 때가 많다. 그러므로 채무불이행의 유무의 판단은 계약에 정해진 의무내용의 확정, 현실적으로 실행된 행위의 특정, 행위의 적합성 판단이라는 순서로 이루어지게 된다. 실제 판례에서도 그렇게 처리하고 있다고 말해도 좋다.

이때 계약에서 합의한 의무의 발생원인에서 의무내용이 특정되어 있다면 문제는 적지만, 많은 경우에는 계약을 단서(실마리)로 하면서도 의무내용을 적극적으로 구성해 나가야 한다. 결국 의무내용의 확정은 규범적판단을 포함하지 않을 수 없다. 그때의 단서(실마리)로서는 관계 법령의 내용(예를 들면 부동산거래의 중개행위에 관해서는 부동산중개업법이 부과하는 의무), 생명 · 신체 등에 대한 위험의 정도(위험도가 높을수록 고도의 의무가 과해진다), 행위자가 가진 전문적 지식(변호사 · 의사 등은 고도의 의무를 진다. 이들에 대해서는 변호사법, 의료법[26]이 정하고 있다)이 참조되는 것이 많다는 것이다. 이러한 의무위반의 중요한 유형은, 준비의무, 보관의무, 고지의무, 보고의무 또는 비밀유지의무 등과 같은 계약상의 부수의무의 위반이다. 부동산 매매계약에서 매도인의 고지의무에 관한 판례는 나중에 소개한다.

이상과 같은 자료를 참고로 확정된 의무내용에 어떤 특정의 결과의 실현이 포함된 경우와 그것이 포함되지 않는 경우에 주의할 필요가 있다. 전자의 경우에는 정해진 결과를 실현하지 않으면 의무위반이 되지만(결과채무), 후자의 경우에는 결과의 실현을 향해 적절한 행위를 취하고 있다면 충분하다(수단채무).

일반적으로 행위채무에 관해 그 판단과정(process)은 불법행위의 판단과정에 가깝다는 것을 알 수 있다. 사실 예를 들면 의사의 의료과오는 의료계약의 채무불이행으로 구성할 수 있지만, 동시에 업무상과실로 환자에게 손해(상해)를 입혔으므로 불법행위로도 구성할 수 있다. 그래서 어느 쪽으로 구성하여도 판단방법은 그렇게 큰 차이가 없다. 이때 채무불이행책임, 불법행위책임의 어느 쪽으로 처리하느냐라는 문제에 관해 이전에는 청구권경합문제로 불렸다. 그러나 최근에는 소송법 단계 문제를 따로 떼어, 실체법 단계에서 양자의 제도취지를 어떻게 생각할 수 있느냐에 관심이 모아져 있고, 제도간경합문제로 불리는 것같이 되고 있다. 여기에서는 불법행위책임과의 교착이 발생할 수 있다는 것을 지적하는 것에 그치고, 문제 자체의 검토는 불법행위법 교과서로 넘기고 자세히 들어가지 않는다. 단지 후에 서술하는 계약책임의 확장 현상을 이해한 다음에 문제의 존재를 알아 두는 것은 중요한 것이다.

2. 계약위반의 소극적 요건: 책임 있는 사유 – 귀책사유

이행불능의 경우는 별도로 하고, 그 밖의 채무불이행 유형에서는 채무의 내용에 좇은 이행을 하지 않은 때에 관해 조문을 보면 책임 있는 사유는 요건이 아니다. 그러나 의용민법 기초자는 이때도 책임 있는 사유를 두어야 할 필요가 있다고 생각해왔던 것 같다. 앞에서 서술한 바와 같이 구민법초안(의용민법 초안) 단계에서 390조에 후단은 존재하지 않았고, 단 그 불이행이 채무자의 책임으로 돌릴 수 없는 때에는 예외로 한다라는 단서가 있었다. 그렇지만 이것은 당연하다고 생각해서 삭제되었고, 책임 있는 사유는 그것이 중요한 의미를 지니게 된 후단에만 남겨졌다는 것이다.

일본 최고재판소 판례[27]·학설은 이상과 같은 입법경위도 있었던 사정이 있고, 그와 함께 책임 있는 사유가 필요하다는 것을 인정해 왔다(이것을 더욱 나아가서 고의·과실로 바꾸어야 하는가 여부는 이것과는 다른 문제이다). 그래서 일본 최고재판소 판례는 책임 있는 사유에 대한 입증책임은 채무자 측에 있고, 이 때 채무자는 자기에게 책임 있는 사유가 없다는 것을 입증한다면 면책된다고 해석되고, 이 점이 불법행위책임과 큰 차이가 있다고 판단해 왔다.[28]

그러나 일반론에서 벗어나면 이와 같은 사고방식에 의문이 없다는 것은 아니다. 책임 있는 사유가 채무불이행 판단에서 독립된 의미를 지니는 것은 이행불능의 경우에 한정되기 때문이다. 그러면 이와 같은 관계를 알기 쉽게 도표로 표시해 둔다(도표 4.1.3 상단 참조). 먼저 이행지체에서는 인도가 없다는 특별한 사정이 없는 한 책임 있는 사유는 자동적으로 인정된다. 다음으로 불완전이행의 경우에는 채무의 내용에 좇은 이행이 없다고 판단되면, 즉 채무불이행이라고 판단할 수 있다면 거기에 책임 있는 사유가 있다고 판단된다. 결국 책임 있는 사유는 채무의 내용에 좇은 이행의 유무에 흡수되고, 독자적인 요건으로 의미를 가지는 것이 아니다(불법행위에 있어서 과실로의 일원화를 상기하라).

도표 4.1.3 채무자 귀책사유와 불가항력

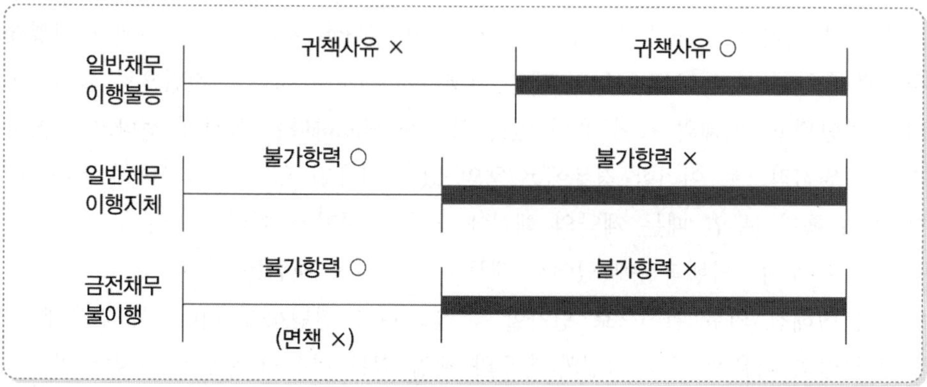

그러면 여기서 잠깐 시야를 돌려 채무자의 면책사유에 관해 살펴본다. 단지 이행지체에 있어서도 특별한 사유(면책사유)가 있는 때는 책임 있는 사유가 없을 수도 있다. 그렇게 생각할 수 있는 때는 천재나 전란 등 불가항력으로 불리는 경우이다. 애당초 의용민법 390조 원안 단서에 있었던 책임으로 돌릴 수 없는 사유란 불가항력을 의미한다는 견해도 있다(도표 4.1.3 중단 참조). 그렇다면 이것을 고의·과실과 동일시하였기 때문에 전반적인 논의가 혼란해졌다고 말해야 될지도 모르겠다.

더욱이 과실이라는 용어는 397조 2항에 나와 있는 점에 주의하고 싶다. 금전채무의 경우에는 과실이 없다는 것, 즉 불가항력이라도 면책이 인정되지 않는다(도표 4.1.3 하단 참조).

그렇다면 이와 관련하여 금전채무에 관한 불가항력 면책에 관해 자세하게 살펴본다. 397조 2항은 금전채무에 관한 특칙으로서 '채무자는 과실 없음을 항변하지 못한다'고 되어 있는데, 이것은 금전채무에서는 불가항력에 의한 면책도 인정하지 않는 취지라고 설명하였다. 그렇다면 예를 들어 천재·전란의 경우에도 빚을 갚지 않으면 채무불이행이 되는가. 한편 그러한 좋지 못한 형편을 회피하기 위해 지불유예령(모라토리엄)을 발령하는 것도 고려[29]되지만, 이 같은 조치가 강구되지 않아도, 개별적으로 면책되는 경우가 있을 수 있다는 견해도 있다. 이렇게 생각한다면, 397조의 불가항력과 책임 있는 사유의 격차는 한층 줄어들게 된다.

마지막으로 지체와 불능이 서로 겹치는 때에 관해 한마디 해둔다. 일본 최고재판소 판례는 이행지체 후에 발생하는 불능은 불능자체에 귀책사유가 없어도, 지체에 귀책사유가 있다면 불이행책임을 진다고 확고하게 판시했다.[30]

그러면 여기서 눈을 돌려 채무불이행의 판단 과정(process)은 실무에서 어떻게 하는지 요약해 보자. 인도채무인 때는 이행기에 인도가 없다는 것만으로 불이행이라고 판단되고, 판례와 같이 책임 있는 사유가 필요하다는 입장에 선다고 가정하더라도 원칙적으로 이러한 경우에는 책임 있는 사유가 있다고 판단하게 된다. 이에 반해 행위채무인 때는 계약의 해석에 의해 당사자가 어떠한 의무를 졌는가를 명확히 한 뒤에, 이행과정에 있어서 채무자의 현실적 행위를 인정하고, 그것이 계약에서 정해진 의무 이행으로 평가할 수 있느냐를 판단하게 된다. 이 경우에 채무의 본래의 내용에 따른 이행의 유무와 책임 있는 사유의 유무는 동시에 판단된다. 이 점은 불법행위에 있어서 과실의 판단과 같다.

그러면 채무불이행에 채무자의 책임능력은 필요 없는지 살펴본다. 채무불이행에 기초하여 손해배상책임을 묻기 위해서는, 채무자에게 책임능력을 필요로 하는지 여부가 문제로 되는 때가 있다. 참고로 학설은 책임 있는 사유를 고의·과실과 동일시 하는 입장에서는 책임능력이 필요하다(통설)고 하지만 본문과 같은 설

명을 하는 한, 최소한의 정신능력이 있다면 책임능력의 유무는 문제가 되지 않는다(불필요설).[31]

Ⅱ. 계약위반의 확장적 유형

현재의 판례의 상황을 보면, 위와 같은 일반적인 설명으로는 (좀처럼) 수습되기 어려운 것 같이 보이는 사례가 적지 않다. 이하에서 그것들에 관해 설명하겠지만, 그 전제로서 계약책임의 확장이라고 불리는 현상에 대해서 말해 두는 편이 좋다.

1. 계약책임의 확장 현상 – 서론

이 현상은 (책임의 법적 성질을 사상(捨象)했다는 의미에서의) 책임의 확장과 (불법행위책임과 대비한 의미에서의) 계약책임의 확장이라는 2개의 측면을 지니고 있다. 전자는 오늘날 보편적으로 보이는 현상이라고 말할 수 있다. 오늘날 경제・사회적인 발달로 계약 당사자들의 사회적인 접촉관계가 밀접하고 복잡하게 되고 있다는 사정이나 여러 가지 피해에 대한 구제의 필요성이 강하게 느껴지고 있다는 사정이 그 배후에 존재한다. 그러나 이 요청을 후자에 의해 실현한다는 것은 필연적인 방향인 것은 아니다. 후자의 요청의 정도는 각국이 지니는 책임법 체계의 기술과 이념에 의해 좌우된다. 더 구체적인 설명을 하자면 다음 표가 유익하다. 살펴보기 바란다(도표 4.1.4).

도표 4.1.4 계약책임의 확장

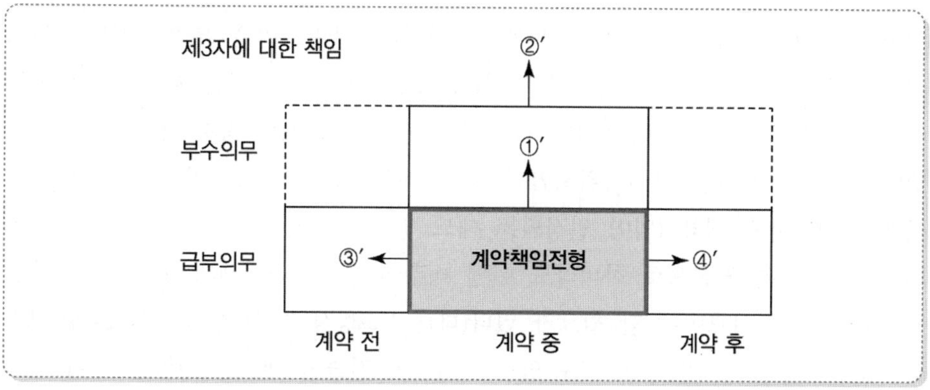

지금까지의 채무불이행책임(계약책임)은, ① 계약에서 정해진 급부에 대해서, ② 계약당사자 간에, ③ 계약존속 중에 한해서 발생하는 것이라고 생각되어 왔다고 말해도 좋다. 그런데 최근에는 ①에 대해서는 명시적으로 정해져 있지 않는 부수적인 사항에 관해(①′), ②에 대해서는 계약당사자 이외의 자가 혹은 계약당사자 이외의 자에 관해(②′), ③에 대해서는 계약성립 전에, 혹은 계약종료 후에도 책임이 발생한다고 생각해야 하는 사태가 증가해가고 있다. 참고로 최근 학설은 이러한 계약책임구조를 바탕으로 해서 채무불이행을 급부의무 위반 불이행, 부수적 주의의무 위반 불완전이행, 보호의무 위반 불완전이행 이렇게 셋으로 분류하는 견해가 있다.[32]

이 사태에 대처하기 위해 독일법에 있어서는 계약책임의 확장이라는 길이 취해졌다. 그 이유는 독일의 불법행위법 적용의 경직성에서 구해진다고 말해지고 있다.[33] 이들 문제를 불법행위책임으로만 처리할 수 없으므로 계약책임의 확장을 도모하였다는 것이다. 오늘날 우리나라에서도 독일의 영향을 받아, 계약책임의 확장을 설명하는 학설이 유력하지만 책임의 확장이 필요하다고 해도, 우리나라에서는 독일과 같은 이유로 계약책임의 확장을 도모할 필요는 없다는 것에 유의해 둘 필요가 있다.[34]

그러면 여기서 잠깐 시야를 돌려 이러한 문제에 대처하기 위한 우리나라법에 있어서 사고방식에 관해 살펴본다. 우리나라에서 모든 것을 불법행위책임법으로 처리하면 좋을 것인가. 그렇게 간단하지 않다. 실용적인 수준에서는 그것이 좋다고 해도 보다 법 원리적인 단계에서 계약책임과 불법행위책임과의 관계를 어떻게 생각할 수 있느냐는 어려운 문제가 남아 있기 때문이다. 비교법적으로 이것은 독일에는 없고 프랑스법과의 비교에서도 시사된다. 프랑스법은 우리나라법과 같이 적용범위가 넓은 불법행위법을 갖고 있다. 그렇기에 독일에서는 계약책임이 되는 듯한 문제가 프랑스에서는 불법행위책임으로 평가되는 것도 적지 않다. 그러나 반면에 우리나라에서는 불법행위책임이 되어 계약책임의 가능성이 추급되지 않는 문제에 대해서도 계약책임이 인정되는 때도 있다.[35] 그렇다면 프랑스법 접근방식의 옳고 그름은 별론으로 하더라도 이에 비추어 우리나라법제의 현상을 다시 한 번 문제를 되돌아보아야 할 필요가 있다(다른 사고방식 즉 만약 계약이 있다면 계약책임에서 처리해야 하지는 않느냐도 있을 수 있다). 전술의 제도간 경합론도 이 같은 발상에 입각한 것이다.

이상을 전제로 구체적인 문제로 나아가자. 설명의 편의상 구조면에서의 확장(상기 (①′ ②′)과 시간면에서의 확장(상기 ③′ ④′)으로 나누어 보고 간다.

2. 계약구조면에서의 확장

가. 이행보조자의 과실

채무이행을 위해 채무자가 사용하는 자를 이행보조자로 부르고 있다. 이러한 이행보조자의 행위에 의해 채무불이행이 발생한 경우 채무자는 자기의 행위에 의한 경우와 똑같이 책임을 지느냐가 여기서의 문제이다. 참고로 학설(통설)은 채무자의 과실로 보는 근거에 관해 채무자는 이행보조자를 이용함으로써 자기 이익의 범위를 확대(채무자가 행위영역을 확대)하는 이상, 그에 동반한 불이익도 감수(위험도 부담)하는 것이 당사자 사이의 공평에도 부합하기 때문이라고 한다. 옛부터 논의되었지만, 오늘날 이행보조자를 이용해서 계약을 이행하는 편이 실제로 많아지고 있고 실무에서도 중요도가 대단히 높은 문제라고 말할 수 있다. 한때 통설은 독일[36]에서의 논의(사용자책임이 인정되기 어려운 특수사정이 있다)를 참고로 하여, 이것을 고의·과실의 연장선상으로 평가해 왔다(고의·과실 또는 신의칙상 이것과 동시해야 하는 사유).[37] 그러나 최근에는 물론 프랑스법을 참조해가면서 사용자책임과 대비해서 이 문제를 생각하는 견해가 유력하게 되고 있는 중이다[38].

참고로 학설(구설)은 구체적으로는 다음과 같이 설명하고 있었다. 첫째, 구설은 이행보조자를 채무자의 수족으로서 사용하는 자(진정한 의미에서의 이행보조자)와 채무자에 갈음해서(대신하여) 계약이행 전부를 인수하고 있는 자(이행대행자)로 나눈다.[39] 즉 협의의 이행보조자(진정한 의미에서의 이행보조자)와 이행대행자로 나누고 전자는 채무자가 '손발과 같이 사용하는 자'라고 정의하여 설명한다.[40] 둘째, 이런 구분을 한 다음에 다음과 같이 적용할 것을 제안한다. 즉 전자에 관해서는 채무자가 항상 사용할 수 있지만 채무자는 그의 고의·과실에 대해 항상 책임을 진다. 한편 후자에 관해서는 이행보조자의 사용이 허락되고 있는지 여부에 의해 다시금 3가지 경우로 나누어, ① 사용이 금지되고 있는 때는 사용 자체가 고의·과실에 해당된다, ② 사용이 허락된 때는 선임·감독에 과실이 있는 때만 책임을 진다, ③ 그 어떤 쪽도 아닌 때는 진정한(참다운) 의미에서의 이행보조자의 경우와 똑같은 책임을 진다고 한다. 그러나 채무자가 협의의 이행보조자에 간섭할 가능성이 필요한 요건인지에 관해서는 논란의 여지가 있지만 그럴 필요가 없다는

견해[41]와 이에 대한 반대 견해도 있다.[42]

이에 반해 그 후 나타난 새로운 견해는 첫째 점에 관해 분류의 기준이 애매하다고 비판하고, 둘째 점에 관해서는 ②에 관해 이행대행자 사용에 따른 책임과 사용자책임과 비교해 볼 때 책임이 인정되는 범위가 좁아진다는 것을 비판한다(사용자책임의 경우에 선임·감독상의 과실이 없다는 증명이 대단히 곤란하다. 이 부분은 불법행위법에서 다루고 있으므로 여기에서는 자세히 다루지 않는다). 그래서 피용자적 보조자와 독립적 보조자에 대치하는 새로운 유형론을 제안하고 있다. 피용자적 보조자란 756조에서 말하는 피용자에 해당하는 자이고, 채무불이행에 대해 이 자에게 책임 있는 사유가 있다면, 채무자는 선임·감독상의 과실을 문제로 삼지 않고 그대로 책임을 진다. 독립적보조자란 도급인과 같이 불법행위법상으로 피용자에서 제외되고 있는 자로, 채무자는 똑같은 요건 아래 이 자에 대해서도 책임을 진다. 2개의 유형에서 요건·효과는 같게 된다. 그러한 의미에서는 이 유형론에는 법기술적으로 어느 정도 의미는 없지만, 여기에서 나누는 유형의 의미는 불법행위법에서의 756조와의 관계에서 분명하지 못한 부분이 있다.

이상이 학설의 현상이지만 실무에서 제기되는 2가지 문제점을 보충해 둔다. 첫째 판례의 상황이다. 판례는 분명하게 학설에서 논의된 유형을 받아들이고 있는가? 임대인의 요청으로 공사를 한 수급인의 과실에 관한 98다51077,51084의 사안과 판지는 다음과 같다.

사실관계 4.1.5 이행대행자의 과실 [98다51077,51084]

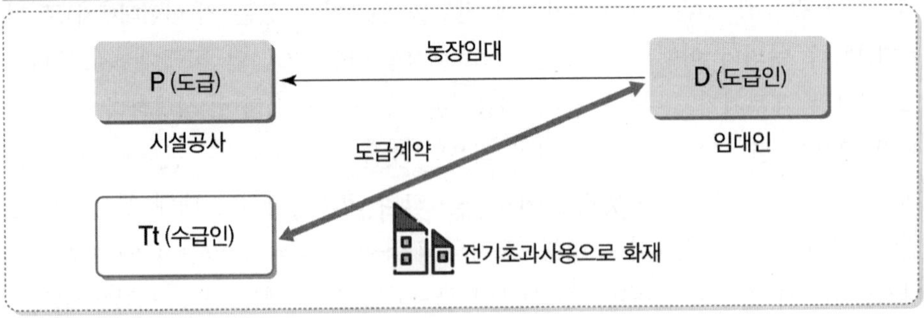

① P는 D(임대인, 도급인)로부터 메추리농장을 임차하고, 그 당시 상태로 반환키로 약정하였다. 시설공사 수급인 Tt가 시설공사를 하던 중, 전소되는 사건이 발생하였다. ② 사건 발생시 2시간 20분 전까지 용접기를 사용하였으나, 화재발생은 산란장의 전력용량

을 초과한 전기용접기를 연결하여 계속 사용함으로써 과부하로 인한 전선의 발열로 인하여 발생한 것으로 추정되었다. 이 사건에서 쟁점은 이행보조자로서의 피용자의 의미이다.

이에 관해 원심은 “특별한 사정이 없는 한 화재발생에 대하여 D(도급인)에게 귀책사유가 있다. 왜냐하면 Tt 등은 D의 ‘지시·감독하에 있는지 여부에 관계없이’ 이행보조자의 지위에 있고 그러므로 과실이 있다. 나아가서 불법행위책임이 면제된다고 해서 채무불이행책임까지 면해지는 것은 아니다” 판시하였다. 이에 관해 대법원은 원심을 지지하였다.

참고로 학설은 이행대행자의 과실에 대한 책임을 묻기 위한 요건으로 채무자는 선임·지휘·감독 등을 할 수 있는 지위에 있어야 한다는 견해(제한설)와 면책규정이나 면책약정이 없는 한 채무자는 선임·지휘·감독에 관계없이 책임을 진다는 견해(무제한설)가 있다. 한편 판례는 위 사건(98다51077,51084)과 마찬가지로 반드시 지시·감독을 받는 관계에 있어야 하는 것이 아니라고 하였다(2005다69485). 그러므로 임대인이 임대차계약상 수선의무를 이행하기 위해 수급인을 시켜 공사 중 과실로 화재가 발행한 때 수급인도 이행보조자로서 임차인에 대한 채무불이행으로서 손해배상책임이 있다(2001다44338). 그러므로 판례는 위에서 논의한 이행보조자 유형에서 구설의 이행대행자를 사용한 때 채무자는 그에 대한 선임·감독상의 과실을 문제로 삼지 않고 그대로 책임을 진다는 견해를 견지하고 있는 셈이다. 한편 채무자의 부탁에 따라 제3자가 호의로 채무이행행위를 한 경우에 관한 판례는, P가 전자상거래 사이트를 통해서 D가 운영하는 리조트의 숙박권을 구매하였고, 위 숙박권에는 무료 승마체험이 포함되어 있었는데, P가 리조트에 숙박하면서 승마체험을 요청하자 D의 이사가 T에게 부탁하여 P가 승마체험을 할 수 있게 하였고, 이에 P가 T의 지도하에 승마체험을 하던 중 말에서 떨어져 상해를 입은 사안에서, D의 이행보조자인 T가 안전에 관한 주의의무를 게을리 한 잘못이 있으므로, D는 제391조에 따라 위 사고에 대하여 과실이 있다고 했다(2017다275447). 이와 달리 채무자의 무과실책임을 인정한 규정이 있다는 점도 유의할 필요가 있다. 금전채무에 대한 책임(397조 2항), 이행지체 중의 채무자의 책임(392조 본문), 매도인의 담보책임(570조 이하), 공작물소유자의 책임(758조 1항 2문), 무권대리인의 책임(135조)이 바로 그러하다. 아울러 이행보조자의 책임과 사용자책임은 무엇이 같고 무엇이 다른지에 관해 알아 둘 필요도 있다. 도표를 참조하기 바란다. 사용자책임에 관한 자세한 논의는 불법행위법을 참조하기 바란다.

도표 4.1.5 이행보조자책임과 사용자책임

	이행보조자책임	사용자책임
계약	현존하는 채권이 전제	채권이 전제되지 않음
의무근거	존재하는 의무위반에 대한 자기책임	불법행위로 발생한 채권
책임	타인의 과실에 대한 자기 책임	피용자 선임 · 감독에 대한 책임
면책	불가	선임 · 감독에 과실이 없음 증명
복종관계	불요	사회적 복종관계

한편 판례에 나타난 사안에서 임차인의 가족 · 동거인 · 전차인도 이행보조자에 해당하는지 여부가 다투어지고 있는 것이 많다. 일본 최고재판소 판례는 승낙 전대차에서 가옥이 전차인의 과실로 소실된 경우 임차인의 임대인에 대한 책임을 인정하였다.[43] 참고로 학설은 이것을 계기로, 이러한 책임을 인정해야 한다는 움직임으로 바뀌었다.[44] 그러나 엄격하게 평가하면 이것은 임대차계약 문제로서 생각하여야 한다(630조 참조).[45] 둘째, 새로운 학설을 비판하는 또 다른 견해도 등장했다. 최근의 이 비판적 견해는 채무의 발생원인이 되는 계약에서, 제3자인 이행보조자의 행위가 채무의 이행행위로서 어디까지 받아들여졌느냐를 문제로 삼아야 한다고 지적하고 있다.[46] 그러나 이 비판적 견해에 의하면 이행보조자의 과실이라는 문제를 독립하여 설정하는 동력은 부족하다. 일본 최고재판소 판례는 다음에 서술하는 안전배려의무와 관련해서 이행보조자의 행위를 문제로 삼았다.[47] 그렇지만 결론의 당부는 별론으로 하고, 거기에서 계약상 의무의 확정과 이행보조자의 책임이 서로 겹쳐진 형태로서 논의되고 있는 것에 주목할 가치가 있다.

그러면 여기서 위에서 설명한 것을 좀 더 이해하기 위해 눈을 돌려 법기술에서 보조개념의 사용에 관해 자세히 살펴보자. 이행보조자의 과실에 관해 최근 학설의 입장은, 손해배상법 전체에서 볼 수 있는 이론적인 틀(paradigm)을 전환시키는 데 적합한 것같이 생각된다. 그러나 바로 이행보조자에 관한 분류가 전혀 필요하지 않다는 것은 아니다. 채무불이행에 관한 사실유형으로서 지체 · 불능 · 불완전 이행의 3유형이 손해배상법을 이해하는 데 유용한 것같이, 이행보조자를 피용자형과 독립형으로 나누고 각각의 경우에 어떻게 판단하여야 하는지 법이론상의 쟁점을 파악하는 데 필요한 개념정리로 의미가 있다. 결과채무 · 수단채무라는 개념도 포함해서, 채무의 본래의 내용을 확정할 때의 보조개념으로서 그것들의 각종 개념을 사용하는 것은 계약법, 특히 계약의 전반적인 해석에 큰 도움이 된다.

나. 안전배려의무 – 부수의무

최근 계약에 명시적으로 정해진 중심적인 의무(급부의무) 이외에, 당해 계약의 성질로부터 당사자의 합의가 없어도 채무자가 부담해야 할 의무(부수의무)가 존재하는 것을 인정하고 있다. 부수의무는 그 실현하고자 하는 계약의 목적이 계약에 따라 구체적으로 다르고, 그 부수의무도 다양하다.[48] 먼저 의사의 설명의무를 들 수 있다. 예컨대 비록 의사가 환자의 동의를 얻는다고 해도 그 동의만으로 수술 등 신체나 건강에 침습(侵襲)을 정당화하기는 어렵고, 의사는 그 동의에 영향을 미칠 수 있는 정보를 환자에게 제공해야 할 의무가 있다(informed consent).[49] 이 부분에 관해서는 나중에 다시 한 번 계약유형을 설명할 때 살펴본다.

부수의무 중에서 가장 중요한 것은 안전배려의무이다. 우리나라 민법전에는 안전배려의무에 관한 규정이 존재하고 있지 않지만, 참고로 학설은 꽤 전부터 독일 민법[50]을 참조하면서 이 의무의 존재를 승인하고 있었다. 그리고 20년 정도 전, 일본 최고재판소 판례는 이러한 의무의 존재를 승인하게 되었다. 그러나 한마디로 안전배려의무라고 말해도, 당사자가 합의한 계약과의 관계에서 다음 3가지의 것을 구별하여 고려하는 편이 좋다[51]. 한편으로는 첫째 급부의무의 일부로서 인정되는 안전배려의무(①. 여객운송계약이나 숙박계약에서 고객의 안전확보는 계약중심 부분을 이룬다)가 존재하지만 이것에 대해서는 특별한 논의가 필요하지 않다. 또 한편으로 보면 둘째 부수의무로서 인정되는 안전배려의무(②), 셋째 (계약관계는 아닌) 어떤 법률관계에 기초를 둔 사회적 접촉관계를 근거로 인정되는 안전배려의무(③)가 존재한다. 구체적으로 판례에 나타난 것들은 숙박계약(93다43590), 여행계약(98다10925), 근로계약(2004다44506), 병원입원계약(2002다63275), 증권투자계약(2005다49799)에서 볼 수 있다. 안전배려의무의 특수성은 이것들의 경우에 가장 두드러지지만, 판례에 나타난 것도 ②③사례(case)이다.

일본 최고재판소 판례는 우선 선례가 되는 중요한 판례로 사회적 접촉관계를 근거로 인정되는 안전배려의무(③유형)에 관한 사안에서 자위대 내부의 차량정비 공장에서 일어난 사고에 관해 안전배려의무 위반을 이유로 국가에게 책임을 인정한 것이 있다.[52] 그 후 잠깐 자위대 관련의 사례가 계속되다가, 얼마 안 있어서, ②의 유형이 등장하게 된다. 노동계약·취학계약에 있어서 사용자나 학교가 지는 안전배려의무가 문제로 되었다. 더욱이 직접적인 계약이 없는 때도 안전배려의무를 인정한 판례도 나타난다. 일본 최고재판소 판례는 회사는 그 지휘·감독 하에서 자사 노동자와 같은 작업을 하는 하도급 노동자에 대해서도 안전배려의무를 진다고 했다.[53]

그러면 여기서 위에서 설명한 것을 이해하기 위해 안전배려의무의 존재이유에 관해 살펴보자. 노동관계와 재학관계 등에 있어서 그러한 관계가 발생하는 현장의 안정성확보 의무는 근로자와 학생들에 대한 지배적인 지위를 가지는 사용자나 학교에 부과된다. 이것은 원리적인 설명이다. 그러면 왜 이것은 불법행위책임이 아니고 채무불이행책임(혹은 그것에 준하는 책임)이 된다는 것인가? 이 질문에 답하기에는 보다 실용적인 설명이 필요하다. 재판실무에서 채무불이행책임이라면 ① 시효기간과 ② 증명책임이라는 두 가지 점에서 원고(청구자)쪽에 유리하다. 실제로는 이 점에 착안하였기 때문에 안전배려의무위반＝채무불이행으로 하는 소송이 계속 발생하였다. 구체적으로 살펴보자. 먼저 시효이다. 불법행위책임 추궁을 위한 시효는 3년(766조)이지만 채무불이행의 시효는 10년(162조)이어서, 채무불이행 쪽이 원고(채권자)에게 유리하다. 또한 일반적으로 불법행위의 경우에는 과실의 증명책임은 채권자(청구자)에 있으나 채무불이행의 경우에는 귀책사유가 없다는 것을 채무자(상대방)가 증명하지 않으면 안 된다. 여기에도 채무불이행 쪽이 유리한 것처럼 볼 수 있다. 그러나 시효는 별문제로 하고 증명에 관해서는 오늘날에는 그만큼의 차이가 없다는 것이 분명해지고 있다. 일본 최고재판소 판례는 행위채무인 안전배려의무에 관해 계약에서 정해진 의무를 특정하고 그 의무위반을 증명해야 하는 쪽은 청구자라고 판시하였기 때문이다.[54] 앞에서 서술한 것같이 이것은 귀책사유가 있다는 것을 증명한다는 것과 거의 동일한 것이므로, 결과적으로 안전배려의무에 대한 입증의 부담은 불법행위의 경우와 큰 차이가 없다.

이와 관련하여 안전배려의무에 미치는 인적범위는 어떤지에 관해 살펴본다. 안전배려의무가 계약당사자 사이의 문제를 넘어서 범위가 넓어지는 경향도 보인다. 앞의 하도급 사례(판례)가 좋은 예이다. 물론 이 때도 일본 최고재판소 판례는 본래 도급기업과 하도급 종업원의 사이에 계약과 유사한 관계(특별한 사회적 접촉의 관계)가 있다고 하고 있다.[55] 그러나 이것을 원도급기업·하도급기업 간의 안전배려의무의 제3자효라고 파악할 수도 있다. 이행보조자의 경우와 같이 최신 학설이라면 이것을 계약내용의 문제로서 취급할 것이다. 이와 같이 계약법이 적용되는 범위는 넓어지고 있다.

3. 시간면에서 계약책임의 확장

가. 계약체결상의 과실

이러한 법리(이것도 독일법에서 유래한다)는 원래는 원시적불능의 경우에 계약당사자에게 일정한 한도 범위 내에서 책임을 부과하기 위하여 전개된 것이다. 이 점은 앞에서 서술한 그대로이므로 다시 반복하지 않는다.

그러나 참고로 최근의 학설은 이 법리를 보다 넓게 적용해야 한다고 강력히 주장하는 것이 증가하고 있다. 종래의 다수설에 대해 계약체결상의 과실은 입법으로 세부사항을 정해야 하는 것임에도 불구하고 독일의 영향으로 위와 같이 포괄적으로 설명하고 있으나 이것은 단지 계약교섭 그 준비단계에서 발생하는 문제에 대한 명칭에 불과하다는 견해도 있다.[56] 어쨌든 2개의 유형이 특히 주목할 가치가 있다. 일본 최고재판소 판례는 하나는 계약교섭이 도중에 좌절됐다는 유형(계약교섭의 중도좌절)인데, 계약준비 단계에서 신의칙상의 주의의무위반을 이유로 하는 손해배상책임을 긍정하였다.[57] 참고로 학설은 이것을 가지고 계약체결상의 과실의 법리가 인정된다고 주장하는 것이 적지 않다. 또 하나는 부당한 계약을 체결하게 했다고 하는 유형(부당계약체결)인데, 이에 대해 하급심은 불법행위에 의한 손해배상 책임을 인정하는 판례가 많다. 참고로 학설은 이것들의 판례를 계약체결상의 과실로 설명하는 것이 있다.

그러나 후자는, 불법행위법이 아니라 법률행위법(착오・사기・강박이나 공서양속위반)에서 처리해야 하는 문제는 아니냐는 의문도 제시되어 있고, 이에 관한 격렬한 논의가 다투어지고 있지만(제도간경합론의 주요의제), 이 점은 일단 여기서는 이 정도로 논의하는 것으로 하자. 문제는 전자이다. 전자에 있어서 중요한 것은 계약성립 이전에도 교섭당사자는 일정한 책임을 진다는 판단이다. 독일법에서는 이러한 판단을 정당화하는 법률구성으로서 불법행위로 다루는 것은 곤란하고, 계약체결상의 과실 법리를 원용하지 않을 수 없다. 그러나 우리나라법에서는 독일과 같이 불법행위법 적용에 제약이 없기 때문에, 불법행위법에 따라 당사자를 보호하는 쪽으로 꾀한다면 좋다고도 말할 수 있다.[58] 그렇지 않다고 하여도, 계약체결상의 과실을 원용할 필요는 전혀 없고,[59] 계약책임에서도 불법행위책임도 아닌 신의칙상의 특별한 책임이라고도 말할 수 있다.[60]

나. 계약의 여후효

계약성립 전에만이 아니라 계약종료 후에도 계약당사자 사이에 일정한 의무가 잔존하는 것도 생각할 수 있다(여후효). 부동산중개업자가 계약 성립 후(주로 채무의 이행 후)에도 져야 하는 선처의무 등을 그 예로서 들지만, 가맹사업(franchise) 계약에 있어서 경업금지의무나 의사나 변호사 등 전문가가 지는 수비(守秘)의무 등도 포함하여 검토해야 한다.

제 2 항 계약위반(채무불이행)에 따른 계약해제

앞에서 계약위반(채무불이행)에 관해 살펴보았다. 계약위반이 발생해서 그 위반으로 손해를 입은 당사자는 먼저 그 계약에서 벗어나기 위해 계약해제를 하고 싶어 한다. 그러므로 본항에서는 매매계약을 전형적 계약으로 해서 계약해제에 대하여 설명한다. 그러므로 계약위반이 있을 때 계약을 해제하는 경우에 생기는 문제점에 관해 살펴본다. 먼저 일반해제에 대해 설명한 후에(Ⅰ), 특수한 해제에 대하여 취급한다(Ⅱ).

Ⅰ. 일반적인 계약해제

해제에 관한 규정은 계약총칙에 두어져 있다. 그러나 이들 규정은 실제로, 매매에 가장 잘 들어맞는 규정이라고 말할 수 있다. 뒤에 서술하는 바와 같이 무상계약에 관해서는 해제를 논하는 의미는 아마 없고,[61] 또 유상계약(쌍무계약)에 있어서도 임대차나 위임 등의 해제에 관해서는 각각 그 계약에 고유한 문제이고, 계약각칙에 별도의 규정이 있으므로 계약총칙 규정이 그대로 적용되지 않는다.

그런데 543조를 잘 들여다보면, 해제권에는, 계약에 의한 것과 법률에 의한 것이 있음을 알 수 있다. 전자를 약정해제권, 후자를 법정해제권이라고 부르고 있다. 이 중에서 주로 문제가 되는 것은 법정해제권 쪽이고, 여기에서 일반해제라고 하는 것도 이 법정해제권을 가리킨다. 이하 법정해제권의 요건, 효과라는 순서로 설명하고, 마지막으로, 쌍방에 관련된 문제를 채택하여 검토한다.

1. 일반적인 계약해제의 요건

민법에 해제권을 법정하는 일반적인 규정은 544조 내지 546조이다. 이들 규정이 정하는 해제의 요건은 어떠한 것인가, 실체적 요건과 절차적 요건으로 나누어 살펴본다.

가. 계약해제를 위한 실체적 요건

544조는 한쪽 당사자에게 채무불이행이 있는 경우 다른 쪽 당사자가 계약을 해제할 수 있다고 하고 있다. 그래서 545조는 정기행위에 관한 채무불이행의 경우에, 546조는 이행불능에 관해 각각 규정하고 있지만, 이들은 544조의 특칙이라고 볼 수 있다. 세 규정을 서로 맞추어보면, 우리 민법은 당사자의 계약위반(채무불이행)이 있으면 다른 당사자는 계약을 해제할 수 있다고 하게 된다. 그래서 이들 규정이 정한 해제를 채무불이행해제라고 부르는 때도 있었다.

(1) 채무불이행해제의 유형

참고로 학설은 544조를 원칙적 유형으로 하고, 545조, 546조를 예외로 파악한다. 그러나 이러한 견해는 종전의 통설의 견해와는 다른 시각에 의한 것이다(도표 4.1.6). 참고로 종래의 통설은 독일 민법학계의 영향을 받아 채무불이행에 따른 해제에는 ① 이행지체, ② 이행불능, ③ 불완전이행에 의한 해제 이렇게 3종이 있다고 하였다. 민법규정과의 관계를 말하면, ①은 544조, ②는 546조에 대응하고, ③은 규정은 없지만 이러한 유형의 불이행도 인정할 수 있다고 했다. 그러나 조문을 순수하게 읽어보면, 먼저 논술한 바와 같이 일원적으로 파악하는 것이 좋은 것같이 생각된다.[62] 그렇지만 544조와 546조를 대비하여 보면 민법에 규정된 순서는 거꾸로 되어 있지만, 이행불능에 의한 해제와 기타의 해제의 둘로 나누어서 생각하는 것도 좋다. 그렇게 말해도, 전자가 후자의 예외라고 하는 성질은 잃지 않지만, 이행불능이 단순한 예외가 아니라, 중요한 예외라고 하는 점을 강조하게 된다.

도표 4.1.6 채무불이행해제의 유형

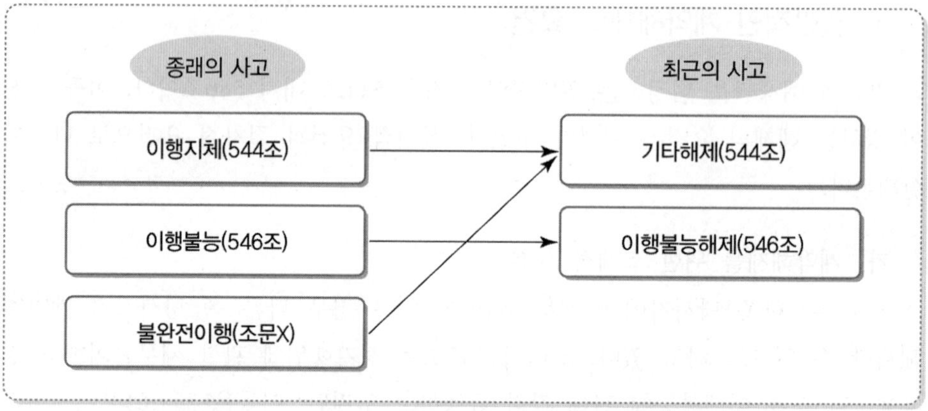

어느 쪽이든, 해제의 요건의 초점은 계약위반(채무불이행)이다. 그래서 이 점을 좀 약간 생각해보자.

우선 채무가 계약에서 정해진 내용대로 이행되지 않은 때, 그것은 원칙적으로 채무불이행으로 평가된다. 544조는 이 원칙에 관계된 규정이다. 이행지체(약정 기일에 물건을 인도하지 않고, 대금을 지불하지 않는)의 경우에는 물론 불완전이행이라고 말할 수 있는 경우(목적물일부의 인도밖에 없고, 목적물에 결함이 있었다)도 이 규정으로 처리된다. 또 이전에 서술한 바와 같이, 상대방이 동시이행항변권을 가지는 때는, 이행지체에 빠지지 않으므로 계약을 해제하고자 하는 당사자는 해제의 전제로서, 자기채무의 이행을 제공함으로써 상대방의 항변권을 소멸하게 할 필요가 있다.

다음으로 예외에 관해서인데, 이행불능의 경우에는 두 가지 사례로 나누어 생각할 필요가 있다(또 매매의 경우 이행불능은 매도인의 채무에 관해서만이 문제로 되지 않는다. 더욱이 금전지급 의무는 불능으로 되는 것은 아니기 때문이다). 두 사례란 ① 채무자에게 귀책사유(채무자의 책임 있는 사유)가 있는 때와, ② 없는 때이다. 전자의 경우에는 채무불이행으로 되어 해제권이 발생한다. 그러나 후자의 경우에는 채무불이행으로 되지 않는다. 546조가 정한 그대로이다. 후자의 경우에는 이것도 이미 설명한 위험부담의 법리에 의해 처리된다.

(2) 상대방의 귀책사유의 요부

계약해제를 위한 실질적요건에 관해 다투어지고 있는 하나의 점이 있다. 그것은 544조에 의해 해제(이행지체에 따른 해제)할 때도 채무자의 귀책사유가 필요한 요건이냐는 점이다. 조문에 그 취지의 규정이 없음에도 불구하고, 이 경우에도 귀책사유가 필요하다는 것이 종래 일반적인 사고방식이다. 그러나 국제거래법의 분야에서 계약해제에 귀책사유를 필요하지 않는다는 사고방식이 강하게 되고 있어서(구체적으로는 1980년 국제물품매매에 관한 국제연합협약(비엔나 협약) 등이 이러한 사고방식을 취한다(동 협약 49조 1항(a)) 최근에는 귀책사유가 필요하지 않다는 견해도 유력하게 되어 가고 있는 중이다. 전에 언급한 바와 같이, 도대체 채무불이행이라고 말할 수 있는지 여부의 단계(level)에서도 채무자의 주관적인 모습을 물어야 하는 것은 아니라는 견해가 유력하게 되고 있다. 시간은 계약의 본질적인 요소의 하나이다. 그러므로 이행지체에서 귀책사유의 요부에 주의가 필요하다. 한편 참고로 학설은 채무자의 귀책사유는 해제권 발생의 필수적요건이 아니고, 귀책사유가 있으면 손해배상책임이 추가로 발생할 뿐이라는 견해도 있다(귀책사유는 손해배상책임의 요건이라고 한다).

다만 채무불이행 사실만 있으면 계약해제를 할 수 있다고 하더라도 국제거래법은, 귀책사유 대신 중대한 계약위반이라는 요건으로 계약해제의 가부를 결정해야 한다고 하는 것처럼 되고 있다. 이 점에 대해서는 나중에 다시 언급한다.

다음 이행불능으로 계약해제를 할 때는 채무자의 귀책사유가 필요하지 않은가? 채무자에게 귀책사유(책임 있는 사유)가 있는 때로 채무불이행이 되고, 채무자에게 귀책사유가 없으면 위험부담의 문제가 된다는 점은 위에서 보았다. 참고로 학설(통설)은, 불완전이행의 경우에도 해제권이 발생한다고 본다. 불완전이행이라고 말할 수 있는 경우(목적물의 일부의 인도밖에 없고, 목적물에 결함이 있다)에도 544조를 적용하고, 추완이 불가능하다면 채권자는 최고하지 않고 계약해제를 할 수 있다(546조의 유추). 그렇다면 실무에서 채무자에게 귀책사유가 없다는 점은 어떻게 판단해야 하는가? 매도인이 원소유자에 대한 소유권이전등기청구권에 관한 가압류 또는 가처분 집행을 모두 해제할 수 없는 때에 관한 2005다39211의 사안과 판지는 다음과 같다.

사실관계 4.1.6 가압류와 무자력 해제 [2005다39211]

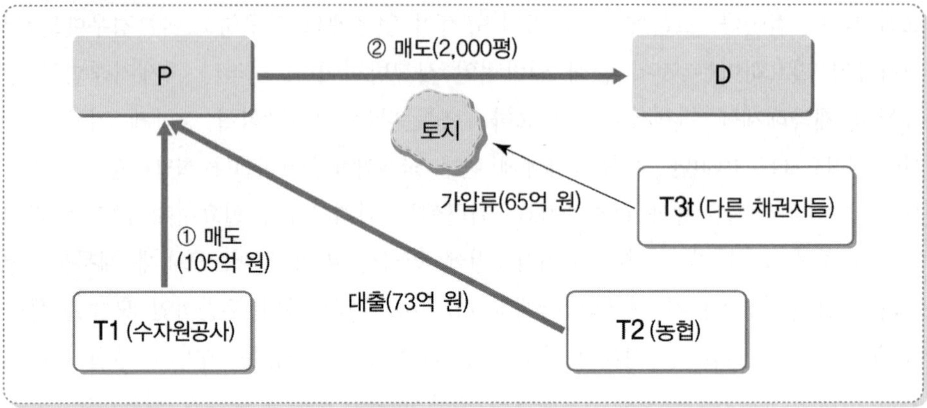

① P는 2000.8.16. T1로부터 자원시설(토지) 46,839㎡를 105억 원에 매수하고, D는 2003.5.19. P로부터 이 중 2,000평을 44억 원에 매수하는 매매계약을 체결하여 계약금 10억 원을 지급하였다. 그러나 P는 매수대금 105억 원 중 73억 8,000만 원을 T2로부터 대출받아 T1에 지급하였으나 이를 상환하지 못했다. ② T1은 위 대출 당시의 특약에 따라 T2에게 대출금을 반환한 후 2003.10.경 P에 대하여 '분양대금을 납부하지 않으면 계약을 해제하겠다'고 통지하고, T3t는 토지의 소유권이전등기청구권 또는 분양권에 대한 가압류의 신청을 하였다(채권액 합계가 약 65억 원에 이름). 그러므로 D는 2003.11.경 P에게 가압류 및 가처분으로 인하여 매매계약에 기한 위 2,000평의 소유권이전등기의무가 이행불능이 되었다는 이유로 매매계약을 해제한다는 내용의 통지를 하였다.

이에 관해 원심은 "이 사건 매매계약 체결 전후에 걸쳐 P의 이 사건 토지에 대한 소유권이전등기청구권(분양권)에 관하여 가압류 및 처분금지가처분 결정이 있었고 그 집행이 유지되고 있다고 하더라도 그러한 사정만으로 이 사건 매매계약에 따른 소유권이전등기가 불가능한 것은 아니다. 매매목적물이 가압류 또는 가처분되는 것을 이 사건 매매계약의 해제사유로 삼기로 하였다거나 P가 위 각 가압류 등을 모두 말소하여 소유권이전등기절차를 이행할 수 없는 무자력의 상태에 빠졌음을 인정할 아무런 증거도 없다" 판시하였다. 그러나 이에 관해 대법원은 기본적인 전제(법리)로 다음과 같이 판시하였다. "매도인의 소유권이전등기청구권이 가압류되어 있거나 처분금지가처분이 있는 때는 그 가압류 또는 가처분의 해제를 조건으로 해서만 소유권이전등기절차의 이행을 명 받을 수 있는 것이어서, 매도인은 그 가압류 또는 가처분을 해제하지 아니하고서는 매도인 명의의 소유권이전등기를 마칠 수 없고, 따라서 매수인 명의의 소유권이전등기도 경료해 줄 수 없다. 채무의 이행이 불능이라는 것은 단순히 절대적·물리적으로 불능인 경우가 아니라 사회생활에 있어서의 경험법칙 또는 거래상의 관념에 비추어 볼 때 채권자가 채무자의 이행의 실현을 기대할 수 없는 경우를 말한다. 그러므로 매도인이 그 가압류 또는 가처분 집행을 모두 해제할 수 없는 무자력상태에 있다고 인정되는 경우에는 매수인이 매도인의 소유권이전등기의무가 이행불능임을 이유로 매매계약을 해제할 수 있다." 사건에 들어가 대법원은 다음과 같이 적용하였다. "사정이 이러하다면 사회의 거래통념에 비추어 볼 때 P로서는 다른 특별한 사정이 없는 한 이 사건 토지의 소유권이전등기청구권에 대한 가압류와 가처분을 모두 해제하여 P 명의로 소유권이전등기를 마친 후 다시 D에게 소유권이전등기절차를 이행하는 것이 불가능하거나 극히 곤란한 무자력 상태에 있다고 봄이 상당하다."

나. 계약해제를 위한 절차적 요건[63)]

채무불이행의 상태가 이미 발생해 있고 실체적으로도 계약해제의 요건을 만족시킨다고 해도(예를 들면 이행기가 지나가고 이행지체에 빠져있다고 하는 경우이다. 또 기한의 도래에 관해서는 387조 참조), 그것만으로 해제를 할 수 있다는 의미는 아니다.

(1) 최 고

계약을 해제하려면 다시 일정한 절차를 밟을 필요가 있다는 것이 원칙이다. 그것이 최고라는 절차이다. 최고는 상대방에게 어떤 행위를 하는 것을 요구하는 것(채무의 이행을 촉구하는 것)이지만, 일정한 기간을 정하여 그 사이에 이행하도록 촉구한 다음이 아니라면 해제할 수 없다(544조). (최고에 의해) 상대방에게는 계약을 이행할 수 있는 마지막 기회가 부여된다고 말해도 좋다(도표 4.1.7). 그 결과 해제권을 행사하기 전에 채무자가 이행 또는 이행의 제공을 하면 해제권은 소멸한다(96다35590,35606). 채권자가 이와 같은 최고절차를 밟은 다음에, 상대방에게 계약해제 의사표시를 하면 해제의 효과가 발생한다(543조). 그러므로 해제권은 취소권 등과 똑같이 형성권이다.

도표 4.1.7 해제과정 – 이행지체

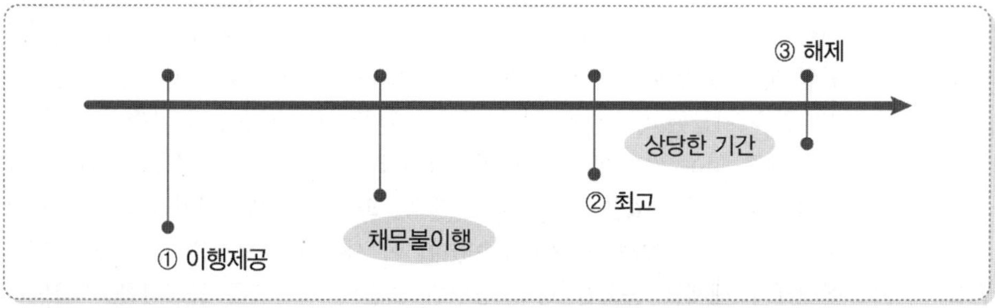

그러면 여기서 잠깐 시야를 돌려 형성권이란 무엇이냐에 관해 살펴본다. 당자사의 일방적인 의사표시만으로 효과가 발생하는 때, 그와 같은 의사표시를 할 수 있는 지위를 형성권이라고 부르고 있다. 바꾸어 말하면 그 의사표시에 의하여 법률관계가 형성된다는 의미이다. 본문에서 서술한 바와 같이, 해제권이나 취소권이 그 예이지만 본서에서 이미 설명한 예약완결권도 여기에 속한다.

또 이 규정의 취지는 상대방에게 일정기간의 유예를 주는 것이므로 실제로 유예가 주어지면 그것으로 충분하다. 그러므로 일본 최고재판소 판례는 상당한 기간을 정하지 않고 최고했다고 해도, 최고와 해제의 의사표시까지 사이에 사실상으로 상당한 기간이 두어져 있다면 그것으로 해제는 유효하다고 한다.[64] 또 상당한 기간은 거래관행 및 신의칙에 의하여 결정된다. 상당한 기간을 정하는 방법은 일정한 "기일"을 지정하여 그 기일에 이행할 것을 최고할 수도 있고(92다35930), 상당한 "기간"을 정하여 그 기간 내에 이행할 것을 최고할 수도 있다(2001다6053,6060,6077).

최고에 관한 판례를 본다. 이행지체와 최고에 관한 94다35930의 사안과 판지는 다음과 같다.

사실관계 4.1.7 이행지체와 최고 [94다35930]

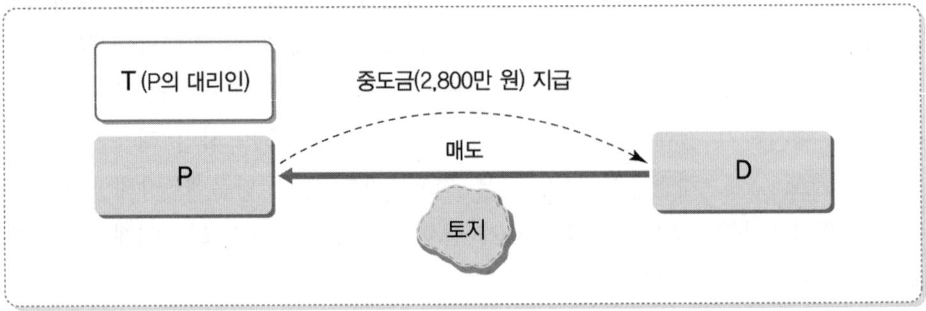

① P를 대리한 T는 1988.3.23. D와 부동산 매매계약을 체결하였다(매매계약을 체결할 당시 매수인란에 P의 대리인 T라고 기재). ② P는 중도금(3,060만 원) 지급기일인 1988.4.30.을 넘긴 5.7. 그 일부인 2천만 원을 지급하는 등, 1년간 수차례에 걸쳐 중도금으로 총 2,800만 원을 지급했고, 260만 원만 지급지체 중 D는 부동산의 가격이 예상 밖으로 크게 오른 관계로 너무 싸게 팔았다고 억울하게 느낀 나머지 중도금 3,060만 원 중금 260만 원이 미지급인 채로 있음을 기화로 천만 원 또는 천6십만 원이라고 현저히 과다하게 최고하여, 1989.8.9. 해약통보서를 발송했다. 이 사건에서 쟁점은 ① 중도금 미지급을 이유로 매매계약 해제를 통고한 경우 상당한 기간이 지나도록 중도금을 지급받지

못했다면 매매계약을 해제할 수 있는가? ② 과다한 이행최고에 터잡은 계약해제는 효력이 있는가이다.

이에 관해 대법원은 기본적인 전제(법리)로 다음과 같이 판시하였다. "매도인이 매수인에게 중도금을 지급하지 아니하였으니 매매계약을 해제하겠다는 통고를 한 때에는, 이로써 중도금 지급의 최고가 있었다고 보아야 한다. 그로부터 상당한 기간이 경과하도록 매수인이 중도금을 지급하지 아니하였다면 매도인은 매매계약을 해제할 수 있다. 채권자의 이행최고가 본래 이행하여야 할 채무액을 초과하는 금액의 이행을 요구하는 내용일 때, 그 과다한 정도가 현저하고 채권자가 청구한 금액을 이행하지 않으면 그것을 수령하지 않을 것이라는 의사가 분명한 경우에 그 최고는 부적법하고 이러한 최고에 터잡은 계약해제는 그 효력이 없다."

여기서 주제(point)는 과다한 이행최고에 터잡은 계약해제의 효력이다.

이상이 이행지체에 의한 최고의 원칙이지만, 이행불능에 의한 해제의 경우에는 최고가 필요하지 않다(546조). 이때는 최고를 한다 해도 상대방이 이행하는 것은 있을 수 없기 때문이다. 또 정기행위의 경우에도 최고는 필요하지 않다(545조). 일정한 일시・기간 내에 이행하지 않는 것은 이행지체가 되지만, 그러한 일시・기간 내에 이행되지 않으면 계약목적이 달성되지 않는 경우(예를 들면 크리스마스 케이크의 배달, 웨딩드레스의 렌탈 등)에는 나중에 이행되어도 채무를 이행한 것으로 되지 않는다. 결국 이러한 경우에는 이행지체에 의해 이행불능이 되었다(이행불능이 되었다는 뜻이다). 그렇기에 역시 최고가 없어도 해제가 인정된다. 참고로 학설은 채무자가 이행거절하는 때(544조 단서)에도 최고가 필요 없다고 한다. 판례는 매매대금의 지급방법 및 매매토지에 관한 기존의 임대차관계 승계 등에 관한 특약이 있고 매수인이 매도인의 계속된 특약사항의 이행촉구에도 불구하고 그 특약의 존재를 부정하면서 이를 이행하지 않는 경우도 최고가 필요 없다고 한다(97다30257).

이행지체의 경우 채무자가 채무내용에 좇은 이행을 하지 않아 계약위반(채무불이행)이 발생하고, 상당한 기간을 정해 최고(이행불능인 때는 필요 없음)한 후 비로소 채권자는 계약을 해제할 수 있다. 한편 실무에서는 계약해제를 할 수 있는지에 관해 판단하기가 곤란한 때도 많다. 이행인수에 관한 2006다69479,69486의 사안과 판지는 다음과 같다.

사실관계 4.1.8 이행인수와 특별사정 [2006다69479,69486]

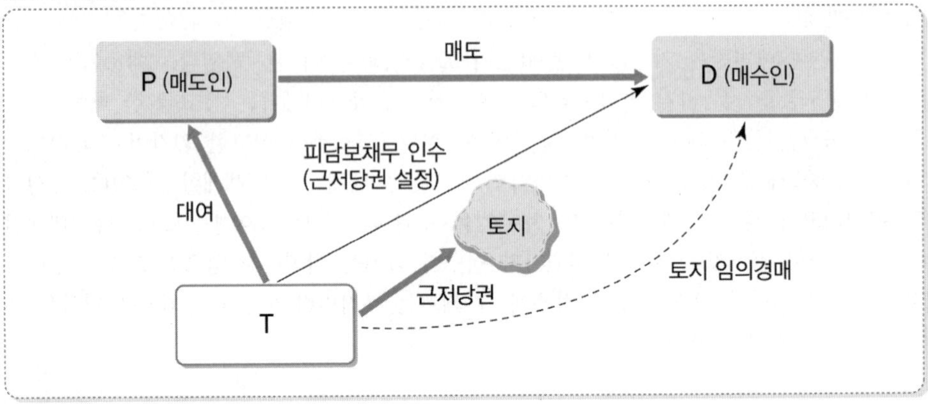

① D(매수인)는 P(매도인)와 매매계약을 체결하면서 P의 T에 대한 차용금 채무를 인수하고, 위 채무에 대한 담보로 토지 위에 근저당권설정등기(차용금 채무의 원금과 동액인 5,000만 원에 불과)가 경료되었다. 매매계약서에 "명의이전 서류 받는 날로부터 잔액에 대한 이자(월 30만 원)를 매수인이 지불한다"고 되어 있었다. P는 자기채무의 이행을 제공을 하였고, 위 잔금지급기일이 경과한 무렵부터 수차에 걸쳐 D에게 인수채무의 변제를 최고했고, P의 수차에 걸친 인수채무의 변제요구에 D가 응하지 않고 있는 사이 인수채무의 채권자인 T가 임의경매를 신청하자, P가 부득이 위 인수채무와 경매비용을 대신 변제해 주고 경매를 취하시켰다.

이에 관해 대법원은 "P가 자신의 채무 이행을 제공하면서 D에게 수차 인수채무의 변제를 최고하던 무렵에는 D가 위 인수채무를 변제하지 않음으로써 '매매대금의 일부를 지급하지 않은 것과 동일하다고 평가할 수 있는 특별한 사유'가 발생하였고, 따라서 P는 D의 이행지체로 인한 계약해제권을 취득하였다. 부동산의 매수인이 매매목적물에 관한 채무를 인수하는 한편 그 채무액을 매매대금에서 공제하기로 약정한 경우 매수인은 계약시 인수한 채무에 대한 변제할 의무가 없고, 채무가액이 공제된 금액만 이행하였다 해도 변제의무를 다한 것이다. 매도인은 인수채무 불이행 이유로 계약해제할 수 없다. 그러나 예외적으로 인수채무 불이행이 매매대금 불완전이행과 동일하다고 평가할 특별한 사유가 있을 시 계약해제권 발생한다. 특별한 사유는 매매계약에 이르게 된 경위, 인수채무 불이행으로 인하여 매도인이 입게 되는 구체적인 불이익의 내용과 그 정도를 기준으로 하여 '매매대금의 일부를 지급하지 아니한 것과 동일하다고 평가할 수 있는 경우'에 해당하는지 여부를 살펴보아야 한다" 판시하였다.

여기서 주제(point)는 매수인이 인수채무를 이행하지 아니하였을 때 계약해제권이 발생하기 위한 요건과 그 판단 기준이다(이행인수에 관해서는 나중에 살펴본다).

(2) 계약해제를 둘러싼 기타 문제

또 계약해제에 관해 생기는 다른 문제로 543조 2항, 547조, 552조에 관해서도 여기에서 언급해 둔다.

543조 2항은 일단 표시된 해제의 의사표시는 철회할 수 없다(철회불가)는 규정이다. 상대방의 지위를 불안정하게 하지 않도록 하기 위한 것이 그 취지이다.

547조는 계약당사자가 복수인 경우(예를 들면 매도인·매수인이 일방 또는 쌍방이 복수인 경우), 당사자 전원이 전원에게 해제권을 행사해야 한다는 규정이다. 이것을 해제권의 불가분성 등으로 부르고 있다. 당사자의 복수성이라고 하는 일반화된 형태로 논의할 필요가 있을지도 모르는 문제이다(예를 들면 무권대리의 추인권은 불가분이라고 하는 판례 등도 종합하여 검토할 필요가 있다).

552조는 해제권의 행사에 기간을 정하지 않은 경우(법정해제의 경우가 대부분일 것이다), 상대방은 상당한 기간을 정하여 해제권을 행사할 것인지 여부를 답하도록 최고할 수 있다(해제권행사여부의 최고권)는 규정이다. 똑같이 '최고'라 치더라도 544조의 그것과는 취지가 다르다는 데 주의해야 한다(물론 16조, 131조의 최고권과 비교해 보면 유익하다). 또 여기에 관련해서 일본 최고재판소 판례는 권리실효의 원칙을 확인하고 있다.[65]

2. 계약해제의 효과

계약해제의 효과에 관한 규정은 548조, 549조이다. 이 중에서 가장 중심이 되는 규정은 548조이다. 거기에는 당사자 간의 효력 외에 해제의 제3자에 대한 효력에 관해서도 정하고 있다. 순서대로 본다.

가. 계약해제에 따른 당사자 사이의 효력

계약해제가 당사자 사이에 미치는 효력 중에서도 중요한 것은 다음의 2가지 점이다.

(1) 원상회복의무

첫째, 계약해제 이후 당사자는 상호채무에 관하여 계약이 없었던 상태로 되돌려 주어야 할 의무를 진다(원상회복의무라고 부른다. 548조 1항). 구체적으로 어떻게 되는가는, 아직 이행하지 않은 채무(미이행채무)와 이미 이행한 채무(이행완료채무)

로 나누어서 생각할 필요가 있다. 미이행채무(전자)는 소멸하게 된다. 이행완료채무(후자)에 관해서는 계약의 이행으로 수취한 것이나 이익을 반환해야 한다. 그러나 실무에서 계약이 해제된 때 무엇을 반환해야 하는지 까다로운 예가 많다. 계약해제와 원상회복에 관한 95다25138,25145의 사안과 판지는 다음과 같다.

사실관계 4.1.9 해제와 원상회복 [95다25138,25145]

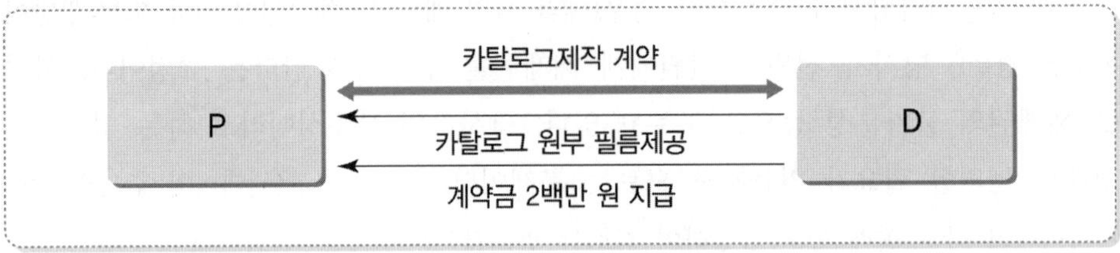

P와 D는 카탈로그제작계약을 맺고, D는 이에 필요한 카탈로그원부와 필름을 카탈로그 제작업자인 P에게 제공하면서 계약금으로 금 2백만 원을 지급하였다. D가 자신의 대금지급의무를 이행하지 않겠다는 의사를 명백히 표시하자 P는 채무불이행을 원인으로 한 손해배상청구소송 제기하였다. 이 사건에서 쟁점은 물품 등의 반환의무도 동시이행의 대상이냐이다.

이에 관해 원심은 "P가 부담하는 위 물품 등의 반환의무와 D의 손해배상의무는 쌍무계약상의 고유의 대가관계에 있는 채무가 아닐 뿐만 아니라, 구체적 계약관계에서 당사자 쌍방이 부담하는 채무 사이에 대가적 의미가 있어 이행상의 견련관계를 인정하여야 할 사정이 있는 경우에 해당하지 않는다" 판시하였다. 그러나 이에 관해 대법원은 "계약이 해제되면 계약당사자는 상대방에 대하여 원상회복의무와 손해배상의무를 부담하는바, 이 때 계약당사자가 부담하는 원상회복의무뿐만 아니라 손해배상의무도 함께 동시이행의 관계에 있다고 봄이 상당하다. 이 사건 카탈로그의 제작을 위하여 D가 P에게 교부한 카탈로그 원부 및 사진필름 등 그 판시 물품에 대한 P의 반환의무와 D의 이 사건 손해배상의무와는 동시이행의 관계에 있다"고 판시하였다.

일본 최고재판소 판례는 "매매계약이 해제된 경우에, 목적물을 인도받은 매수인은, 원상회복의무의 내용으로서, 해제까지의 사이에 목적물을 사용함으로써 받은 이익(사용이익)을 매도인에게 반환하여야 할 의무를 진다"[66]고 판시[67]함으로써, 매매계약 해제시 사용이익의 반환을 인정하였다.[68]

한편 그 반환방법에 관해 548조 2항(반환하여야 하는 금전에는 이자를 붙인다)이나 549조(쌍방의 반환채무는 동시이행으로 한다) 등 약간의 규정이 두어져 있지만,

이들 규정만으로는 충분하지 않다. 그리고 계약이 해제되면 계약당사자는 상대방에 대하여 원상회복의무와 손해배상의무를 부담하는바, 이때 계약당사자가 부담하는 원상회복의무뿐만 아니라 손해배상의무도 함께 동시이행의 관계에 있다(92다25946). 원상회복의 동시이행에 관한 2005다38843의 사안과 판지는 다음과 같다.

사실관계 4.1.10 원상회복의 동시이행 [2005다38843]

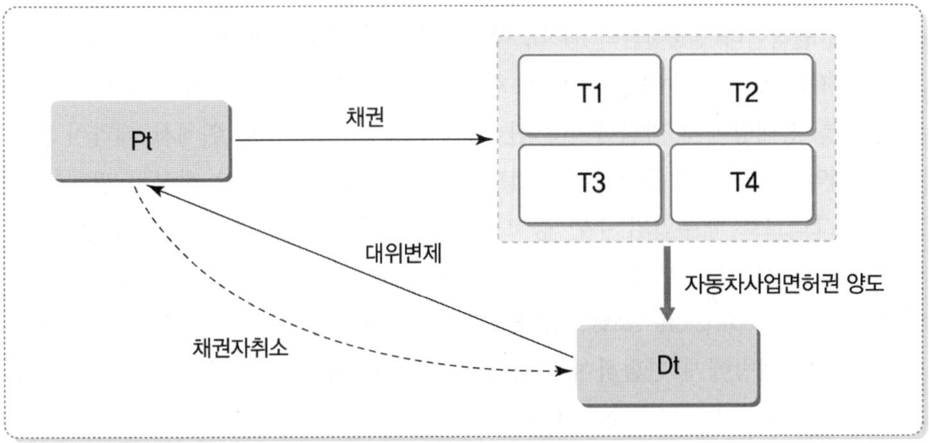

① Pt는 T3, T4에 대하여 14.3억 상당의 채권을 보유하고 있는데, T3, T4의 대표이사들은 권리를 남용하여 시장가보다 훨씬 낮은 가격에 Dt에게 자동차사업면허권을 양도하였다. ② Dt는 T3, T4를 자동차운송사업 면허의 양수대금의 지급조로 대위변제하였다. ③ P는 채권자취소권을 행사하여 위 계약을 취소하고, 면허권을 T3, T4에게 원상회복하는 한편 D에게 그동안의 부당이득 199억을 동시에 회복하라고 주장하여 '면허양수도계약은 무효이므로 면허권을 T3, T4에게 회복시키고, 그동안의 부당이득인 운행수입금 199억을 T3, T4에게 지급하라'는 소송을 제기하였다. 이 사건에서 쟁점은 면허양수도계약이 무효라고 하더라도 T3, T4를 위해 대위변제한 대금은 돌려받아야 하고, 또 대위변제한 대금을 돌려받는 것은 면허를 원상회복하는 의무와 동시이행관계에 있느냐(채권자취소권과 원상회복에 대해서는 나중에 자세히 본다)이다.

이에 관해 대법원은 "쌍무계약이 무효로 되어 각 당사자가 서로 취득한 것을 반환하여야 할 경우 어느 일방의 당사자에게만 먼저 그 반환의무의 이행이 강제된다면 공평과 신의칙에 위배되는 결과가 되므로 각 당사자의 반환의무는 동시이행관계에 있다. Dt가 T3, T4를 대위하여 변제한 금원은 자동차운송사업면허의 양수대금의 지급조로 지출한 것이므로, 이 사건 양도계약의 무효로 인한 원상회복의무로서 Dt의 T3, T4에 대한 각 자동차운송사업 면허권자 명의변경절차이행의무와 T3, T4의 Dt에 대한 각 대위변제금반환 채무는 동시이행관계에 있다" 판시하였다.

계약해제로 인한 원상회복에 관해 발생하는 다른 문제점 포함하여, 아래에서 다시 좀 더 상세하게 다루는 것이 좋을 듯하다. 또 고의·과실에 의해 목적물을 현물로 반환할 수 없게 된 자는 해제권을 행사할 수 없게 된다는 것을 덧붙여 두자(553조 1항. 다만 2항의 적용에 관해서는 문제가 있다).[69]

계약해제로 인한 원상회복은 부당이득에 관한 법리가 적용되는가? 그렇다면 문제를 해결하기 위해 부당이득법 일반에도 접근해야 한다. 부당이득반환에서는 원물반환이 원칙이다(원물반환의 원칙). 부당이득 반환의무의 범위는 548조가 적용되고, 당사자의 선·악의 또는 이익의 현존 여부를 묻지 않으며, 수익자는 받은 이익 전부를 상대방에게 반환하여야 한다(98다43175. 직접효과설 입장). 위에서 계약이 해제된 때 계약당사자가 취득한 사용이익도 원상회복으로 반환해야 한다는 판례를 소개했다. 그러므로 매수인의 수완 등 노력으로 자동차를 운행하여 얻은 운용이익은 채권자가 그 목적물로부터 당연히 취득하였으리라고 인정되는 범위 내에서만 반환하여야 하고(2006다26328·26335), 당사자 일방이 목적물을 이용하였다면 사용에 의한 이익을 상대방에게 반환하여야 하므로 양도목적물 등이 양수인에 의하여 사용됨으로 인하여 감가 내지 소모가 되는 요인이 발생하였다 하여도 감가비 상당은 원상회복의무로서 반환할 성질의 것은 아니다(97다30066). 이에 덧붙여서 부동산매매계약이 해제된 경우 매도인이 반환하여야 할 매매대금에 대하여는 그 받은 날부터 민법 소정의 법정이율인 연 5푼의 비율에 의한 법정이자를 부가하여 지급하여야 한다(2000다9123).

그러나 실무에서는 계약의 목적물이 멸실되거나 제3자에게 넘어간 때가 많다. 그렇지만 원물반환이 불가능(88다카31866)하거나 수령자에게 이익이 되지 않는 경우 멸실·훼손 등으로 인하여 수령한 물건의 반환이 불가능한 경우 그 멸실·훼손이 반환의무자의 책임 없는 사유로 인한 경우에도 가액반환을 하여야 하는가? 참고로 학설(다수설)은 가액반환을 부정한다. 이러한 문제점을 해결하기 위해 부당이득반환에 관한 일반론을 더 상세하게 살펴볼 필요가 있다. 그러나 부당이득법은 법정채권법에 속하는 영역이므로 여기에서는 관련된 부분에 한정해서 살펴보고 자세한 것을 법정채권법 강의에서 보충하기 바란다.

부당이득법은 그 유형론의 발전에 따라 기본적 형태를 급부가 없었던 때 청산으로서의 반환관계와 재화의 귀속법 질서로서의 반환관계로 나누고, 전자를 급부부당이득, 후자를 침해부당이득으로 구별하여 이론화하고 있다. 이것은 일단 **계약**

이 발생하여 급부되었으나, 무효 · 취소 등에 관한 일정한 법적 원리(법리)에 의해 계약이 효력을 잃게 된 경우 그 **해소 · 청산** 관계를 부당이득으로 구성한다.[70)]

(가) 급부이득의 경우

급부(부당)이득의 경우 계약이 효력을 잃으면 그 효력이 부정된다고 하지만 당사자 사이에 표현적인 법률관계가 존재하였다는 것은 확실하다. 반환청구의 대상이 되는 급부는 당사자 사이에 설정된 법률관계(계약 등)를 기초로 해서 실행하여졌다는 의미(뜻)이다. 그렇기에 이러한 급부이득의 반환청구에 관해 그 원인이 된 법률관계를 반영하여 처리할 필요가 있다. 여기서 해제의 효과를 생각하면 그 해제에 이르게 된 원인을 제거하면 그 목적은 계약의 **해소 · 청산**이므로, 무효 · 취소의 경우와 목적을 같이 한다. 참고로 학설은 그렇기 때문에 급부부당이득론이란 해제를 무효 · 취소와 같은 부류로 생각하고, 통일적인 부당이득으로서 구성하고자 하는 견해가 있다. 이 이론은 부당이득법에서의 반환관계에 관한 741조 이하의 규정을 그대로 적용(사용)하지 않고, 당사자가 이미 맺은 원래 계약규범에 구속－따라서 전면적 반환이 기본이다－된다고 한다.[71)]

구체적으로 본다. 동시이행의 항변이나 위험부담 등의 법률관계를 규율하는 법리는 그 관계가 전화된 부당이득에 대해서도 미치게 하는 것이라고 생각할 수 있다. 그러므로 급부부당이득은 계약에 따른 이행(급부) 후 계약이 무효 · 소멸된 경우 급부수령자에게 발생한 이익이고, 급부부당이득 반환의 법리는 계약법을 보충하는 기능을 수행한다고 할 수 있다. 예를 들어 본다. P와 D 사이의 매매계약이 무효로 된 때 매수인 P는 목적물을 매도인 D는 대금을 각각 반환하여야 하는 의무를 부담하고, 이 두 의무가 동시이행의 관계에 서 있다는 것은, 아마도 이론이 없다. 그러나 한편 P가 반환해야 할 목적물이 멸실한 때 P에게 귀책사유는 없는 경우에는, 741조를 적용하여 P가 선의라면 현존이익을 반환하여도 좋다는 사고방식이 아니라, 계약에서 적용되는 위험부담의 법리를 이러한 경우에도 적용해서 처리하여야 할 것이다. 더욱이 과실 등의 처리에 대해서도, 741조가 아니라 매매에 적용되는 법리를 유추해석 적용해야 한다.

또 하나 주의해야 할 점이 있다. 그것은 당초의 이익이 금전인 때 어떻게 처리해야 하는가이다. 첫째, 판례는 현존이익의 축소를 쉽게 인정하지 않는다. 일본 최고재판소 판례 사안[72)]은 D가 P은행에게 추심을 의뢰한 수표가 부도나서 P가 D에게 할인금의 반환청구를 했는데 D는 자신이 추심을 의뢰한 A에게 지급 · 완료했으므로 현존이익이 없다고 주장하였다. 1심은 이를 인용하고 2심도 일부 인용하였으나, 최고재판소는 ① 현존이익의 부존재 입증책임은 D에게 있는데, 입증되었다고는 말할 수 없고, ② 수익자가 악의로 된 시점은 현존이익의 존부의 기준시여야(이득 상실시에 선의였다는 점의 입증책임도 D에게 있다) 한다고 판단하여, D의 주장을 배척하였다. 둘째, 일본 최고재판소 판례는 당초의 이득이 금전인 때는 수익자가 선의라도 이자를 붙여서 반환할 필요가 있다고 했다. 금전의 이자에 관해 손실자가 당연히 이것을 취득하였을 것이라고 생각하여 현존이익에 포함된다고 하는 것이다.[73)]

이상을 종합해 보면 급부이득의 경우에는 748조는 그 형태 그대로 적용되지 않는다(겉[表]의 법률관계 등의 영향을 받고 있다)는 점에 큰 특색이 있다고 말할 수 있다.

(나) 침해이득의 경우

침해(부당)이득은 예컨대, 착오로 타인의 산림에 식재된 목재를 벌채한 경우에 취득한 이익이다. 침해부당이득은 불법행위법을 보충하는 기능을 한다. 침해이득의 경우에는 우선 목적물이 현존하고 있다면, 물권적청구권에 의해 해결할 수 있다. 그러나 목적물이 멸실되었다든가, 그것이 제3자에게 양도·처분되어 수익자의 수중에(주위에) 현존하지 않은 때만 부당이득반환청구권이 등장하는 것이다.

그러면 이때는 741조가 그대로 적용되는 것일까. 사실은 반드시 그러하지는 않다. 물건의 반환을 규율하는 원칙은 203조에 있다(내용은 741조와 유사하지만 다소 다른 국면을 상정한 원칙-특별규정-이기 때문에, 물건에 관한 특별규정으로 이쪽이 먼저 적용된다고 생각해야 한다). 또 목적물로 수취된 과실에 관한 취급도, 201조가 존재한다. 결론적으로 물권적청구권행사로 소유자와 점유자 사이의 원상회복의 법리는 계약이 존재하지 않을 때 적용되므로 계약해제로 인한 원상회복과 다르다. 계약해제로 인한 원상회복과 반환범위에 관한 98다43175의 사안과 판지는 다음과 같다.

사실관계 4.1.11 해제와 원상회복 [98다43175]

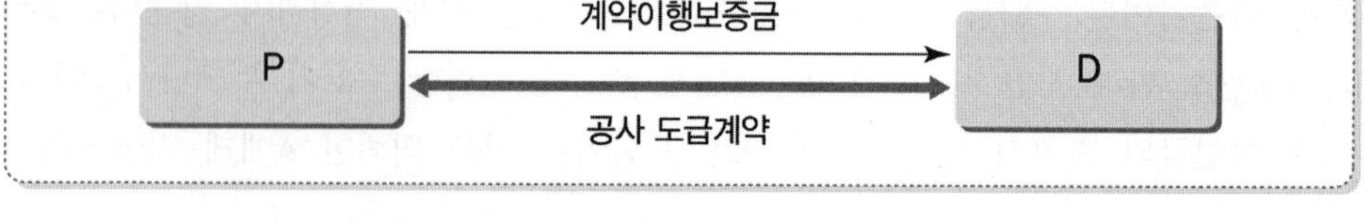

① P는 D와 공사도급계약을 체결하고 계약이행보증금을 납부하였고, 계약이행을 위한 설계비 등을 지출하였다. ② P는 계약의 해제로 D에 대해 손해배상예정액(계약이행보증금)을 청구하였고, 계약해제에 따른 원상회복으로 기 지출한 설계비 등의 반환을 청구하였다.

이에 관해 원심은 손해배상예정액에 대하여 부당하게 과다하므로 5억 원으로 감액하였다. 그러나 P의 설계비 지출 등으로 D가 아무런 이득을 한 바 없다고 하여 반환청구를 배척했다. 그러나 이에 관해 대법원은 "계약해제의 효과로서의 원상회복의무를 규정한 민법 제548조 제1항 본문은 부당이득에 관한 특별 규정의 성격을 가진 것이고, 그 이익 반환의 범위는 이익의 현존 여부나 선의, 악의에 불문하고 특단의 사유가 없는 한 받은 이익의 전부(96다47586)이다" 판시하였다.

그러면 여기서 위에서 설명한 판례를 이해하기 위해 눈을 돌려 이념형으로서의 741조에 관해 좀 더 자세히 살펴보자. 위에서 자세하게 설명한 바와 같이, 급부이득이든 침해이득이든, 741조의 규정이 계약해제의 경우에 그대로 적용되지 않는다.[74] 그럼에도 불구하고, 이들은 일반규정으로 적용되는 때가 여전히 많으므로 존재의의가 있다. 이것을 이상하게 느낄지도 모르지만, 오늘날에 와서는 741조는 이념형으로서 의미를 가지는 데 머무른다고 생각할 수밖에 없지 않을까 싶다. 실은 이러한 지위를 가진 규정은 다른 데에도 없다는 의미는 아니다. 그것들은 공유에 관한 규정이다. 공유의 경우 당사자 사이에 합의가 있는 공유와 합의가 없는 공유로 나누는 것이 가능하지만 전자의 경우에는 당해 공유자의 관계는 조합이라고 해석되는 것이 많다. 그렇다면 그것은 조합규정에 의해 규율된다는 것이 된다. 후자의 경우의 중심을 이루는 것은 상속인데, 상속의 경우에는 고유의 제도・법리가 준비되어 있다. 그렇기 때문에, 조합에도 상속에도 없는 공유의 규정이 적용되는 경우는 극히 작다. 그러나 거기서도 공유의 규정은 공유관계의 이념형을 가리키는 것으로서 존재의의를 잃지 않는다. 부당이득의 경우에도 이와 똑같다고 생각하면 될 것이다.

마지막으로 해제로 인한 원상회복의무는 기한의 정함이 없는 채무가 된다. 판례는 원칙적으로 보증인의 책임은 원상회복의무에도 미친다고 한다(71다1474).

(2) 가해자의 손해배상의무

둘째, 계약해제의 효과는 아니지만 채무불이행의 경우 계약으로 피해를 입은 당사자는 계약해제와 함께 손해배상을 청구할 수도 있다(548조 3항). 이것은 비교법적으로 보면 보편적인 규정이라는 의미는 아니다(독일법에는 해제나 손해배상 중 하나를 선택한다는 명문규정이 있다).

이 점에 관해 다음과 같은 문제가 아주 오래전부터 법학자들 사이에 다투어지고 있다. 그것은 해제에 의한 손해배상은, 신뢰이익에 한정되는가 이행이익을 받을 수 있는냐는 문제이다(이러한 논의의 상당부분은 하자담보책임 부분에서 이미 설명했다). 이에 관한 판례를 살펴본다. 손해배상범위가 신뢰이익인지 여부에 관한 2002다2539의 사안과 판지는 다음과 같다.

사실관계 4.1.12 해제와 손해배상범위 [2002다2539]

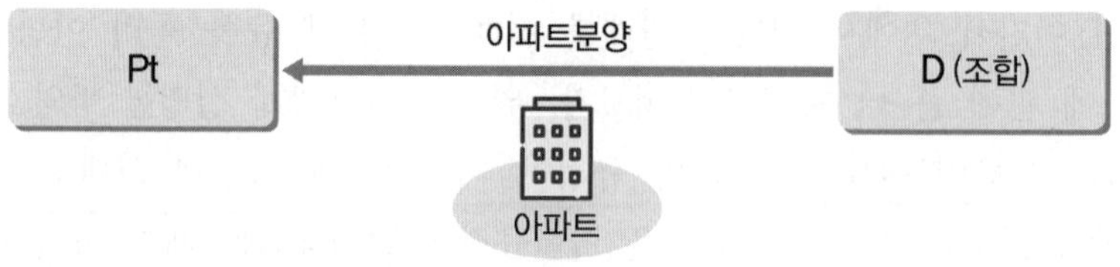

D가 건축한 아파트의 일조방해, 조망방해, 사생활침해 및 시야차단 등으로 인한 생활이익 침해가 수인한도를 넘게 됨

① D가 건축한 아파트의 일조방해, 조망방해, 사생활침해 및 시야차단 등으로 인한 생활이익 침해가 수인한도를 넘게 됐다. ② Pt는 1996.12.경 D로부터 D가 주택재개발사업으로 신축하는 아파트의 1세대씩을 일반분양 받았으나, 아파트의 일조방해, 조망방해, 사생활침해 및 시야차단 등으로 인한 생활이익 침해가 수인한도를 넘게 됐다. 그래서 아파트를 분양 받기 위하여 국민주택채권을 매입하였다가 액면금액의 34%에 매각했다. ③ 이에 채무불이행을 이유로 분양계약을 해제하고 손해배상청구를 했다. 이 사건에서 쟁점은 ① 일조방해, 조망방해, 사생활침해 및 시야차단 등으로 인한 생활이익 침해가 수인한도를 넘은 것을 이유로 하는 계약해제가 가능한가, ② 국민주택채권을 매입하였다가 액면금액의 34%에 매각함으로써 입은 액면가액의 66%에 상당하는 손해를 배상받을 수 있는가이다.

이에 관해 대법원은 기본적인 전제(법리)로 다음과 같이 판시하였다. "채권입찰제 방식의 아파트분양에서 주택채권을 액면가로 매입하였다가 그 액면가에 미달하는 금액으로 매각한 후 분양자의 채무불이행으로 인하여 아파트 분양계약이 해제된 경우 주택채권의 매입가와 그 시세에 상당하는 매각대금의 차액을 신뢰이익의 배상으로 청구할 수 있다. 채무불이행을 이유로 계약해제와 아울러 손해배상을 청구하는 경우에 그 계약이행으로 인하여 채권자가 얻을 이익 즉 이행이익의 배상을 구하는 것이 원칙이지만, 그에 갈음하여 그 계약이 이행되리라고 믿고 채권자가 지출한 비용 즉 신뢰이익의 배상을 구할 수도 있다. 그 신뢰이익 중 계약의 체결과 이행을 위하여 통상적으로 지출되는 비용은 통상의 손해로서 상대방이 알았거나 알 수 있었는지의 여부와는 관계없이 그 배상을 구할 수 있고, 이를 초과하여 지출되는 비용은 특별한 사정으로 인한 손해로서 상대방이 이를 알았거나 알 수 있었던 경우에 한하여 그 배상을 구할 수 있다."

어느 쪽 사고방식을 취하는가는 해제의 법적성질에 관한 이해와 관련된다. 만약 계약해제가 계약을 없었던 것으로 하는 것이라면 손해배상은 인정되지 않고 신뢰이익에 한정하는 것으로 되지만, 계약해제를 채무불이행구제의 한 방법으로 평가한다면, 해제+손해배상의 정식으로 이행이익의 실현을 꾀하는 것이 정당하기 때문이다.

현재의 지배적인 사고방식은 이행이익의 배상을 인정하는 것이지만, 동시에 계약해제는 당사자를 계약으로부터 해방시키는 제도로서 이해하는 것같이 생각된다. 그렇다면 거기에는 해소하여야 할 왜곡·모순이 있는 것이 아닌가, 계약해제는 어떠한 제도인가, 한층 더 들어가서 검토할 필요가 있을 것이다.

나. 계약해제의 제3자에 대한 효과(대제3자)

548조 1항 단서는 제3자 보호규정으로 제3자의 권리를 해하지 못한다고 규정하고 있는데, 이것은 구체적으로 어떠한 것을 의미하고 있는가. 이 점을 분명히 하기 위해 취소의 제3자 보호와 비교하면서, 계약해제의 제3자에 대한 효과를 다루어 보자(도표 4.1.8).

도표 4.1.8 취소 · 해제와 제3자 보호

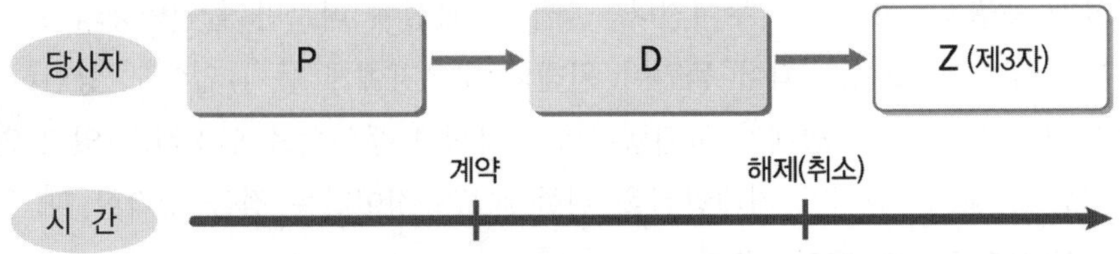

취소	취소 전 → 선의의 제3자 보호	취소 후 → 대항문제
해제	해제 전 → 제3자 보호	해제 후 → 대항문제

도표에서 보듯이 해제 내지는 취소 이전에 나타난 제3자에 대해서는 주관적인 모양(태양)에 차이가 있지만, 이것은 착오 · 사기 · 강박에 있었던 자를 해제를 하는 자와 비교하여 보호할 필요성이 높다는 것을 반영하고 있다. 다만 계약해제 전의 제3자는 등기를 구비할 필요가 있다는 점에 주의하자. 그러면 여기서 계약의 제3자에 대한 효과에 중점을 두고 눈을 돌려 해제의 법률구성[75]에 관해 좀 더 자세히 살펴보자. 참고로 학설은 해제의 법률구성의 관해 고전적 이론구성으로 해제에는 소급효가 있다고 하는 주장(직접효과설이라고 부른다)과 해제에 소급효가 있다는 의미가 아니라 장래에 향하여 계약이 없었던 상태를 만들어내는 것으로 하는 것이라는 주장(간접효과설이라고 부른다)이 있다. 이 밖에 해제권의 행사는 계약관계의 청산을 목적으로 하는 것으로 원계약상의 채권관계가 장래에 향하여 동일성을 유지한 채 청산관계로 변형된다는 주장도 있다(청산관계설). 소급효를 인정하지 않으면, 무권리자인 제3자를 보호하는 규정을 둘 필요가 없는 것같이 보이지만, 그렇다고 제3자 보호가 있다는 쪽이 계약해제(혹은 취소)의 법률구성으로부터 필연적으로 정해진다는 것은 아니다(취소와 등기에 관한 학설의 논의를 참조). 이렇게 복잡한 견해들 가운데 어떻게 정리하는 것이 가장 좋은 방법일까? 법이론적으로 해제, 해지의 경우에도 손해배상이 배제되지 않는다는 점 등은 청산관계설에 의하여 쉽게 설명할 수 있다. 그러나 우리 민법은 해제와 해지를 구별하여 해지에 대하여는 소급효를 부정하면서(550조 1항), 해제에 대하여는 소급효가 있음을 전제로 하여 제3자의 권리를 해하지 못한다는 규정을 두고 있으므로(548조 1항 단서), 민법의 해석상 직접효과설을 따를 수밖에 없다.

한편 참고로 학설은 부동산 매매의 경우(물권변동이 이루어진다), 직접효과설 중 계약의 해제가 이미 발생한 물권변동에 어떠한 영향을 미치는가에 관하여 물권적효과설과 채권적효과설로 나누어진다. 물권적효과설에 따르면 물권변동의 효과도 처음부터 없었던 것으로 되어 물권이 원래의 소유자에게 등기 없이도 당연히 복귀한다. 판례는 우리의 법제가 물권행위의 독자성과 무인성을 인정하고 있지 않는 점과 548조 제1항 단서가 거래안전을 위한 특별규정이라는 점을 생각할 때 물권적효과설이 타당하다고 판시했다(81다카1110).

이제 실무에서 중요한 부분으로 평가되는 곳으로 이동하자. 548조에서 말하는 제3자의 범위는 어디까지인가? 일반적으로 548조 1항 단서에서 말하는 제3자란 일반적으로 그 해제된 계약으로부터 생긴 법률효과를 기초로 하여 해제 전에 새로운 이해관계를 가졌을 뿐 아니라 등기, 인도 등으로 완전한 권리를 취득한 자(71다1995)를 말한다(2003다33004). 이에 관한 판례를 살펴본다. 계약해제로 인한 소급효가 제한되는 경우에 대비할 수 있는 방법은 있는가? 계약해제청구권보전가등기에 관한 81다카1110의 사안과 판지는 다음과 같다.

사실관계 4.1.13 계약해제청구권보전가등기 [81다카1110]

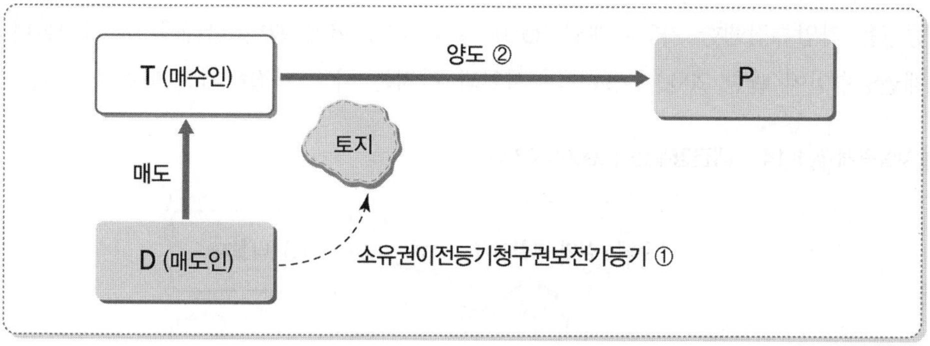

① D(매도인)는 T(매수인)에게 토지를 매도하면서 잔대금이 미지급된 상태에서 소유권이전등기를 하고, D 명의로 소유권이전등기청구권보전의 가등기를 경료하였다. ② 그 후 T는 P에게 토지를 양도했고, P는 소유권이전등기를 경료하였으나 그 이 후 T가 잔대금을 지체하자 D는 계약을 해제하면서 위 가등기에 기한 본등기를 하여 P의 등기는 직권말소됐다.

이에 관해 대법원은 기본적인 전제(법리)로 다음과 같이 판시하였다. “매매계약 당시 계약당사자 사이에 계약이 해제되면 매수인은 매도인에게 소유권이전등기를 하여 주기로 하는 약정이 있었다면 매도인은 그 약정에 기하여 매수인에 대하여 소유권이전등기절차의 이행을 청구할 수 있고, 제3자에게 소유권이전등기가 된 뒤에 계약이 해제된 경우 매도인의 소유권이전등기청구권은 물권변동을 목적으로 하는 청구권이라 할 것이므로 이러한 청구권은 가등기에 의하여 보전될 수 있다. 계약해제시 원상회복 방법으로 매도인에게 소유권이전등기를 하기로 하는 약정에 따른 청구권을 보전하기 위한 가등기가 된 경우에도 그 가등기 후 본등기 전에 된 제3자 명의의 소유권이전등기는 후일 가등기에 기한 본등기가 마쳐지면 말소를 면할 수 없다. 가등기가 된 뒤에 계약당사자가 아닌 제3자가 취득한 권리는 이미 이루어진 가등기에 의하여 보전된 청구권에 기한 본등기가 마쳐지면 실효될 가능성을 띤 상태에서 취득한 권리이다. 매매계약 당사자 사이의 약정에 의하여 생긴 매도인의 소유권이전등기청구권은 계약해제의 소급효 그 자체에 의하여 생긴 것이 아니므로 그 등기청구권의 실현과 계약해제의 소급효 제한에 관한 민법 제548조 제1항 단서의 규정은 직접적으로 관련이 없다.”

여기서 주제(point)는 가등기의 경료 후에 매매계약 당사자가 아닌 제3자가 취득한 권리는 이미 이루어진 가등기에 의하여 보전된 청구권에 기한 본등기가 마쳐지면 실효될 가능성을 띤 상태에서 취득한 권리이므로 그 지위는 가등기에 의하여 순위가 보전된 매도인의 권리보다 앞설 수는 없다는 점이다.

판례가 예시한 제3자의 예를 들면 주택임대차보호법 3조 1항에 의한 대항요건을 갖춘 임차인(2003다12717), 해제된 매매계약에 의하여 채무자의 책임재산이 된 부동산을 가압류집행한 가압류채권자(2003다33004)이다. 이에 관한 판례를 더 살펴본다. 채권양수인에 관한 2000다23433의 사안과 판지는 다소 복잡하지만 다음과 같다.

사실관계 4.1.14 채권양수인 [2000다23433]

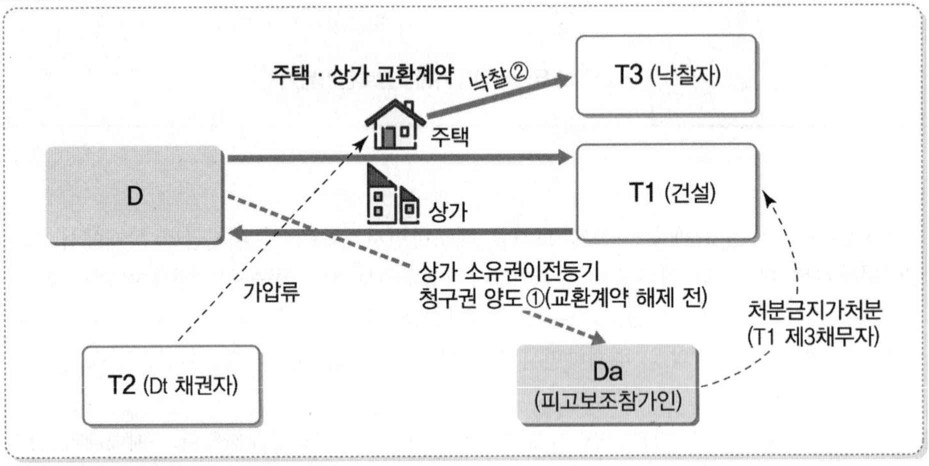

① T1과 D와 교환계약을 체결하였다. ② Da(피고보조참가인)는 교환계약이 해제되기 이전 D로부터 상가에 대한 소유권이전등기청구권을 양수하고, D가 T1에게 양도사실을 통지했다. ③ Da는 소유권이전등기청구권을 피보전권리로, D를 채무자로, T1을 제3채무자로 한 처분금지가처분결정을 받았다. 이 사건에서 쟁점은 계약상의 채권을 양수한 자의 지위이다.

이에 관해 대법원은 "계약이 해제되기 이전에 계약상의 채권을 양수하여 이를 피보전권리로 하여 처분금지가처분결정을 받은 경우 그 권리는 채권에 불과하고 대세적 효력을 갖는 완전한 권리가 아니므로 그 채권자는 민법 제548조 제1항 단서 소정의 해제의 소급효가 미치지 아니하는 '제3자'에 해당하지 않는다" 판시하였다.

여기서 주제(point)는 그렇다면 누가 제3자이냐이다. 제3자란 위와 같은 판례의 취지를 고려하면 '급부된 물건에 관한 권리'를 취득한 자를 말한다(일본 대심원판결, 1909년(明治42.4.15.)). 이러한 법리에 따르면 위 사건의 Da는 물건에 관한 채권을 취득한 자에 불과하다.

여기서 부동산에 관한 매매계약의 해제와 등기와 관련된 문제가 있다. 해제의 의사표시가 있은 후 해제를 원인으로 하는 말소등기가 있기 전에 이해관계를 가지게 된 제3자는 원칙적으로 해제 후에 출현한 제3자이므로 548조 1항 단서의 제3자에 해당하지 않는다. 그러나 선의인 경우에는 어떻게 될까?(도표 4.1.9) 판례는 계약해제로 인한 원상회복등기(말소등기) 등이 이루어지기 전에는 계약의 해제를 주장하는 자와 양립되지 아니하는 법률관계를 가지게 되었고 계약해제 사실을 몰랐던 제3자(선의의 제3자)에 대하여는 계약해제를 주장할 수 없다고 하였다(2000다584).

도표 4.1.9 해제 말소등기와 제3자

해제의 의사표시가 있은 후 해제를 원인으로 하는 **말소등기**가 있기 전에 이해관계를 가지게 된 「선의의 제3자」는?

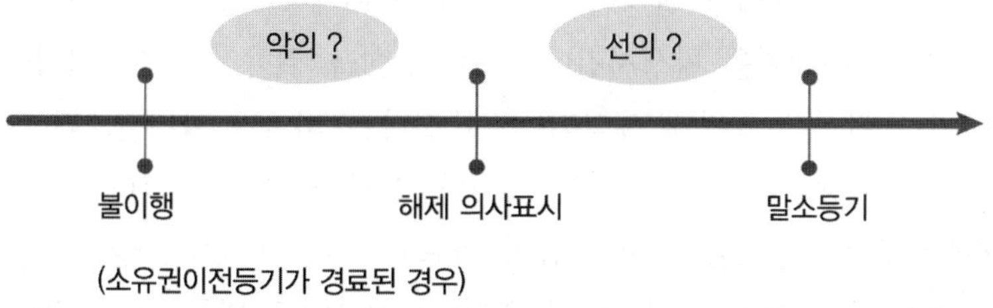

3. 계약의 구조화와 그에 따른 계약해제의 가부

이상의 논의는 계약위반이 발생하면(채무불이행이 있다면) 계약은 해제된다는 전제에서 하는 논의이다. 단순한 계약에 대해서는 이것으로 괜찮지만 현대사회에 계약은 더욱 더 복잡하게 되어가고 있고, 또 일정한 구조를 가지도록 되어 있다. 그 때문에 이와 같은 논의만으로는 정리되지 않는 문제가 제기되고 있다. 이하 요건 · 효과의 각각에 대하여 새로운 문제에 관해 간단히 언급해 두고 싶다.

가. 요소인 채무

계약위반이 발생하면(채무불이행이 있었던 이상), 어떠한 경우에도 반드시 계약이 해제되어야 하는 것일까. 민법 규정만으로는 그런 것같이 보인다(544조, 546조). 그러나 때에 따라서는 이것과 다른 사고방식도 있을 수 있다는 것은, 이미 앞에서 여러 번 시사한 바 그대로이다(담보책임의 경우의 해제요건으로서의 계약의 목적을 달성할 수 없는 경우, 외국법에 있어서 중대한 의무위반).

사실 이와 같은 제한은 우리나라법에서 일반적 해제에 관해서도 있을 수 있다. 이전에 계약으로부터 발생하는 당사자의 의무에는 중심적인 의무 이외에 신의칙을 매개로 부수의무가 발생한다고 서술했지만, 보통은 부수의무위반이 있더라도 계약해제권은 발생하지 않는다고 생각되고 있다. 예를 들면 구입한 가구를 배달하면서 매도인 쪽이 매수인의 집에 있는 가구에 경미한 흠집을 낸 때 확실히 부수의무 위반으로 매수인은 이에 대한 손해배상청구를 할 수 있다. 그러나 이러한 사소한 위반이 있는 때에도 원래의 매매계약을 해제할 수 있다는 것이 아니다. 왜냐하면 부수의무위반이 있어도 계약 본래의 목적은 달성되고 있기 때문이다.

더욱이 판례는 계약에서 발생하는 다양한 의무(채무) 중에 중심적의무의 위반(채무불이행)만이 해제권을 발생시킨다는 사고방식을 취하고 있다. 그럼에도 불구하고 최근에 들어서야 그렇게 해석되는 것 같다는 의미가 아니라, 꽤 전부터 판례는 이러한 사고방식을 취하고 있는 것이다. 예를 들면 일본 최고재판소 판례는 매매계약에서 공조·공과금의 지급 등이 완료되지 않았던 사안에서 '요소인 대금채무'라는 표현으로, 이것을 나타내고 있다.[76] 최근에도 일본 최고재판소 판례는 이 표현을 사용하고 있다.[77] 그러므로 계약해제의 요건으로서 '중대한 의무위반'의 법리는 존재하는 것이다.

그렇다면 판례는 어떤 견해에 입각해 있을까? 상가분양계약상의 업종제한약정에 관한 2004다67011의 사안과 판지는 다음과 같다.

사실관계 4.1.15 주된채무 [2004다67011]

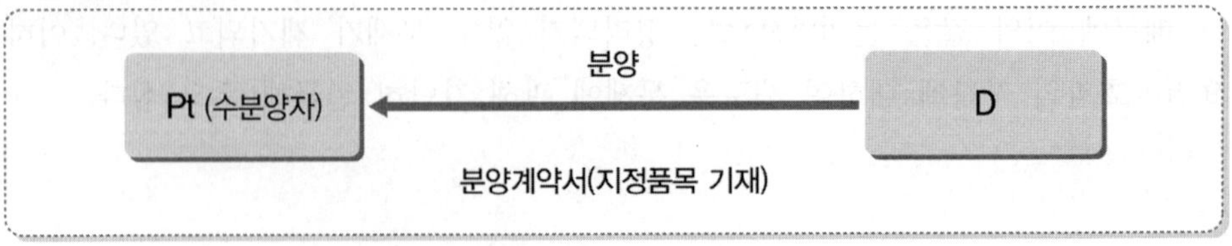

Pt(수분양자)와 D 사이의 지정된 층별 업종의 범위 내에서 분양계약서에 지정품목을 기재하여 분양계약을 체결하였는데, 분양계약서 제8조는 '수분양자들이 위 계약을 위반할 경우 계약해제사유가 된다'고 했다. 또 분양계약서 제6조는 '상가 공동번영을 위하여 갑과 을이 협의한 업종과 취급품목으로만 영업하여야 하며, 다른 업종이나 품목으로 변경하고자 할 경우에는 상가활성화를 저해하지 않는 범위에서 시행하되 갑의 사전 서면 승인을 받아야 한다'고 돼 있었다. Pt의 지정업종과 중복되는 업종변경을 추진하는 다른 수분양자가 D의 소유재산을 가압류하자 그 합의과정에서 Pt에 대한 의견수렴절차 없이 지정업종의 변경요청에 동의했다. 이에 D의 경업금지의무 위반을 이유로 Pt가 분양계약 해제의 의사표시를 하고 분양금 반환을 청구했다. 이 사건에서 쟁점은 주된채무와 부수적 채무의 구별 기준과 상가분양계약상의 업종제한약정에 의한 분양회사의 경업금지의무는 분양계약의 주된 채무인가이다.

이에 관해 대법원은 다음과 같이 판시하였다. "상가분양계약에 있어서 지정업종에 대한 경업금지의무는 수분양자들에게만 적용되는 것이 아니라 분양회사에게도 적용된다. 상가분양계약상의 업종제한약정의 규정취지 등에 비추어 볼 때 분양회사의 경업금지의무는 주된채무라고 봄이 상당하다. 계약의 해제권은 일종의 형성권으로서 당사자 일방에 의한 계약해제의 의사표시가 있으면 그 효과로서 새로운 법률관계가 발생한다."

판례를 더 보자. 매매계약시 향후 작성할 검인계약서상의 매매대금을 실제 대금과는 달리 과세표준액으로 작성하기로 약정하였으나 매수인이 이를 이행하지 않은 경우 부수적 의무 위반에 불과하나 다운계약서를 통해 세금을 절감하는 매매계약을 체결하지 않을 정도로 세금절감이 계약의 '중요부분'이라고 인정될 경우는 해제할 수 있다(92다7795). 한편 부수의무 불이행을 이유로 한 계약해제에 관한 2005다53705,53712의 사안과 판지는 다음과 같다.

사실관계 4.1.16 부수의무 [2005다53705,53712]

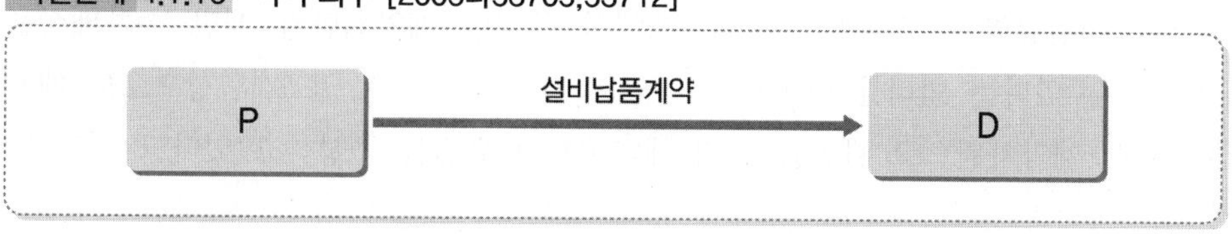

P는 D와 설비납품계약을 체결하고 도장Booth를 납품했다. P는 D의 공장에 설치하여 주고 계약금(200만 원)을 수령하고, 계약대로 설비설치완료했다. 그런데 대기환경보전법상 D가 기계를 작동하려면 배출시설설치신고를 하여야 하고 이를 위해서는 제품 사양서가 필요했다. D가 해당서류를 요구(두 번 이행 최고함)하였으나 P는 이를 제공하지 않았

다. 소송에서 P는 '계약서에 의하면 서류제출의무 없다. 오히려 특약으로 "환경인허가비 별도"라고 명시했다. D는 잔금을 지급하라.' D는 '제품사양서를 발부하는 것은 계약의 주된의무이다. 이를 P가 이행을 하지 않았으므로 계약해제권이 있다'고 주장하였다. 이 사건에서 쟁점은 계약상 주된채무와 부수적채무의 구별이다.

이에 관해 원심은 "도장부스를 가동하기 위해서는 배출시설설치신고를 하여야 하는 이상 이 사건 계약에 따르는 P의 의무에는 도장부스의 설치 이외에도 신고를 하기 위하여 필요한 서류를 교부하는 것도 포함된다. P는 신고에 필요한 서류의 교부를 요구하는 내용의 D의 내용증명우편을 송달받음으로써 이 사건 계약과 관련하여 이행지체의 상태에 빠졌다" 판시하였다. 그러나 이에 관해 대법원은 "P에게 사양서 등의 서류를 교부할 의무가 있다고 하더라도, 그러한 의무가 주된 의무라고 하기 힘들다. 왜냐하면 D로서는 위 신고를 P의 도움없이도 할 수 있기 때문이다. 그러므로 서류의 교부의무가 이 사건 계약의 목적 달성에 필요 불가결한 것이라고도 보기 힘들다. 민법 제544조에 의하여 채무불이행을 이유로 계약을 해제하려면, 당해 채무가 계약의 목적 달성에 있어 필요・불가결하고 이를 이행하지 아니하면 계약의 목적이 달성되지 아니하여 채권자가 그 '계약을 체결하지 아니하였을 것이라고 여겨질 정도'의 주된채무이어야 하고 그렇지 아니한 부수적 채무를 불이행한 데에 지나지 아니한 경우에는 계약을 해제할 수 없다. 계약상의 의무 가운데 주된채무와 부수적채무를 구별함에 있어서는 급부의 독립된 가치와는 관계없이 계약을 체결할 때 표명되었거나 그 당시 상황으로 보아 분명하게 객관적으로 나타난 당사자의 합리적 의사에 의하여 결정하되, 계약의 내용・목적・불이행의 결과 등의 여러 사정을 고려하여야 한다" 판시하였다.

판례의 사고방식은 계약해제의 요건은 계약에 정해진 채무자의 특정한 의무의 이행이 계약의 목적 달성에 있어 필요・불가결하고 이를 이행하지 아니하면 계약의 목적이 달성될 수 없고, 채권자가 그렇지 않으면 '계약을 체결하지 아니하였을 것이라고 여겨질 정도'로 주된(요소인)채무를 이행하지 않았어야 한다는 것이다. 이러한 대법원의 이론전개는 국제거래에서 중대한 계약위반일 때만 손해배상을 청구할 수 있다는 법리를 받아들이고 있는 것으로 보이고, 또 개념상으로도 채권차원에서 계약차원으로 관점을 돌려 계약해제의 요건을 구성하고 있다고 보인다.

나. 계약해제의 범위

1개의 계약으로부터 복수의 채무가 발생하는 경우가 많다. 이때는 그 계약을 복수의 부분으로 분할하여 취급할 수도 있다. 그렇게 되면 해제의 효과는 반드시 계약 전부에 미치느냐는 문제를 제기할 수 있다. 이것이 일부해제는 있을 수 있느냐는 것이다. 이것과 반대로 어떤 거래가 복수의 계약에 의해 구성되고 있는 때, 1개의 계약에 관해 생긴 채무불이행은 원칙적으로(=요소인 채무인 한) 당해계약의 해제만을 가져온다. 그러나 그것만이 아니라, 이것과 밀접한 관련을 가진 다른 계약의 해제도 할 수 있는 것은 아니냐는 질문이 있다. 정리하면 해제권을 행사함으로써 계약의 효력이 상실되는 범위는 어디까지이냐는 문제이다.

유사한 문제로 무효(더욱이 취소)에 관해서는 이전부터 알려져 있다. 우리 민법은 독일법과 같이 일부무효에 관한 규정을 두고 있다(137조). 이에 대한 판례도 꽤 많다. 또 밀접불가분한 관계에 있는 2개의 계약 중에서 하나가 무효라면 다른 계약도 무효로 된다는 처리방법도, 일정한 경우에는 인정되고 있다. 일본 최고재판소 판례는 가장 유명한 소위 창기녀(藝娼妓)계약 사건에서, 일하기로 한 근로계약(稼働계약)이 무효로 될 뿐만 아니라, 그것과 연동한 소비대차계약까지 또한 무효로 된다고 했다.[78]

그러면 해제에 관해서는 어떤가. 계약의 일부해제에 관해서는 특별한 규정이 없다. 그런데 일부불능에서 불능으로 계약목적이 달성될 수 없게 된 때는, 계약전체의 해제가 인정될 수 있다고 해석해야 한다(546조). 그러나 나머지 부분만으로도 아직 계약목적을 달성하는 의미가 있는 경우에, 이 부분까지 해제를 인정할 필요는 없다. 그러므로 해제의 범위는 축소되어야 한다. 이상은 이행지체 등의 경우에서도 동일하다.

반대로 해제의 범위를 확대하여야 하는 때는 없는가. 이미 앞에서 소개한 일본 최고재판소 판례는 아파트 본체에 관한 매매계약과 같이 아파트에 부속해서 설치된 휴양지(리조트)·골프장입회계약이, 별개의 계약으로 맺어 있지만, 휴양지·골프장의 시설로 예정된 실내 수영장이 설치되지 않았기 때문에, 매수인은 위 골프장에의 입회계약뿐만 아니라 아파트매매계약도 해제했던 사안이다. 여기서 수영장을 설치하지 않은 것을 요소인 채무에 관한 불이행으로서 골프장입회계약의 해제를 인정한 것만이 아니라, 이 계약의 전제로 되어 있는 아파트매매계약 자체의 해제도 인정하고 있다.[79] 그 이유는 아마도 두 계약의 밀접관련성에서 구해지고 있다고 해야 한다.

그런데 해제범위의 축소와 확대는 연속적인 관계에 있다는 점에 주의할 필요가 있다. 일부불능이 문제로 된 사례에서는 불능 부분과 가능한 부분을 서로 분리하여 두 계약으로 파악하는 것이 가능하다면, 불능에 의한 해제는 가능 부분에는 미치지 않는다는 것이 당연하다. 오히려 가능한 부분을 해제하는 데 이끌어내기 위해서는 밀접관련성을 끄집어낼 필요가 있다. 역으로 위에서 본 휴양지·골프장의 사건에서 일본 최고재판소 판례는 두 개의 계약이 서로 다른 것이라고 하는 전제에서 출발하였으므로 해제범위를 확장할 필요가 있게 되었다. 만약 두 개의 계약을 합쳐서 1개의 계약으로 생각하면 특별한 논의가 필요 없고, 오히려 해제범위를 골프장입회계약 부분에 대해서만 한정하기 위해, 계약의 일부해제를 이용하게 된다. 이같이 해제범위를 조절하는 데 필요한 이론은 무엇을 하나의 계약으로 관념하는가에 달려 있다. 이것을 알기 쉽게 도표로 표시해 둔다(도표 4.1.10).

도표 4.1.10 합의해제의 위치

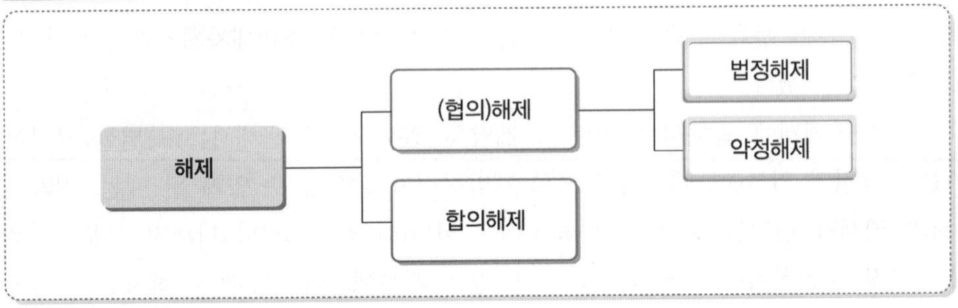

Ⅱ. 특수한 계약해제

당사자에게 계약위반(채무불이행)이 있는 때 인정되는 해제가 법정해제이지만, 그 이외에도 해제가 인정되는 때가 있다. 하나는 약정해제이고, 또 하나는 사정변경의 원칙에 의한 해제라는 것도 있을 수 있다.

1. 합의에 의한 계약해제

543조는 법정해제(불이행해제) 이외에 당사자의 합의로 해제권이 발생하도록 하는 것도 인정하고 있다. 계약을 체결하면서 정해진 사유가 발생하면 해제권이 발생한다는 것을 미리 약정하여 두면(해제권유보조항), 그것에 의해 해제권이 발생한다는 의미이다. 일정한 사실이 발생한다면 그것만으로 계약은 해제되는 것으로 해두면, 이것은 해제요건을 붙여두는 것이 된다. 또 법정해제권에 관해 그 규칙을 수정하는 합의도 할 수 있다. 예를 들면 최고를 필요로 하지 않는 경우 등(무최고

해제조항)도 원칙적으로 유효하다.

또 사전합의에 의하지 않고, 사후합의로 계약을 해제할 수도 있다. 이것을 합의해제라고 부르고 있다(도표 4.1.10). 그러나 계약을 체결한 후 다시 합의하는 것이므로 이것은 새로운 계약임에 틀림이 없다(단지 종전계약을 전제로 하고 있다. 종전계약을 해제하는 계약이다). 이 같은 계약은 당사자 간에 얼마든지 자유로이 할 수 있다는 뜻이지만, 이 계약의 효력은 제3자에게는 대항할 수 없다. 예를 들면 일본 최고재판소 판례는 토지의 임대인 A와 임차인 B가 임대차계약을 합의해제해도, 임차인 B가 소유하는 지상건물의 임차인 C에 대하여 A와 B 사이의 합의해제로 대항할 수 없으므로, A의 C에 대한 인도청구는 인정되지 않는다고 했다.[80] 합의해제는 원칙적으로 명시적으로 합의된 때에 할 수 있다. 한편 묵시적 합의해제를 인정할 수 있는가? 계약의 묵시적 합의해제에 관한 2004다37904의 사안과 판지는 다음과 같다.

사실관계 4.1.17 묵시적 합의해제 [2004다37904]

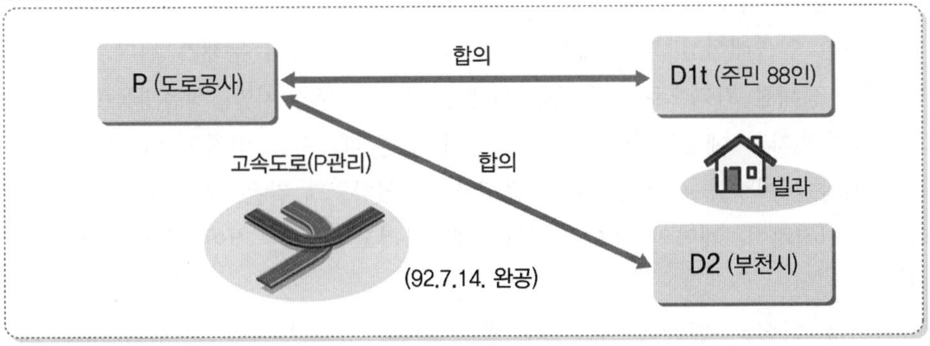

1992.7.14. P(한국도로공사)가 관리하는 부평－신월간 8차선 고속도로 확장공사가 완료되고, P는 공사 착공 후 빌라부지를 매도했고, 빌라는 1997.11.말경 완공됐다. 97.8.경부터 소음 피해가 본격화되어 각종 소음방지 대책을 실시하였으나, 미흡했다. 2000.2.22.와 동년 3.3. P, D1t(주민 88인), D2(부천시)가 참여한 회의에서 방음벽 높이를 7.5m로 조정하는 것에 합의했으나 일부 주민이 중앙환경분쟁조정위원회에 분쟁조정 신청을 하여 2002.2.14. 13m 방음벽 설치를 내용으로 하는 재정명령이 내려졌다. 이에 P는 손해배상 소송을 제기했다. 이 사건에서 쟁점은 계약의 묵시적 합의해제를 인정할 수 있느냐이다.

이에 관해 원심은 "P와 D1t, D2 사이에 2000.2.22와 동년 3.3자 회의 결과 성립된 합의는 P와 D1t, D2의 계약실현 의사의 결여 등으로 쌍방 모두 이행의 제공이나 최고에 이름이 없이 장기간 이를 방치하여 당사자들의 계약을 실현하지 아니할 의사가 일치됨으로써 묵시적으로 합의해제 되었다" 판시하였다. 대법원도 기본적인 전제(법리)로 다음과 같이 판시하였다. "계약의 합의해제는 명시적으로 이루어진 경우뿐만 아니라 묵시적으로 이루어질 수도 있다. 계약의 성립 후에 당사자 쌍방의 계약실현 의사의 결여 또는 포기로 인하여 쌍방 모두 이행의 제공이나 최고에 이름이 없이 장기간 이를 방치하였다면, 그 계약은 당사자 쌍방이 계약을 실현하지 아니할 의사가 일치함으로써 묵시적으로 합의해제 되었다고 해석함이 상당하다."

2. 사정변경의 원칙에 의한 계약해제

일단 성립한 계약은 상대방에게 계약위반(채무불이행)이 있었고, 사전에 약정해제권을 유보하고 있지 않은 한 일방적으로 계약을 해제할 수 없다. 그러나 이들 외에 법률에 쓰여 있지 않은 해제권을 인정해야 하느냐에 관해 다투어지고 있다. 구체적으로 계약체결시와 이행시에 당해 계약을 둘러싼 상황이 크게 변해버리고, 그대로 채무를 실현하도록 하는 것이 적당하다고는 말할 수 없는 것 같은 때, 해제권을 인정할 수는 없느냐는 문제가 이전부터 논의의 대상으로 되어 왔다. 이것은 격심한 인플레이션 등 경제환경이 변화된 경우에 특히 문제가 된다. 예를 들면 어떤 정해진 가격으로 석유제품 판매계약을 체결하였지만, 석유파동(오일쇼크)으로 석유원가가 예상치 못할 정도로 높이 오른 때, 당초 약정한 가격으로는 도저히 계약을 이행할 수 없는 때가 발생할 수 있다. 그 같은 경우 매도인에게 해제권을 인정하여, 계약의 구속으로부터 해방하려고 한다는 것이 일반적으로 드는 예이다.

참고로 학설은 일반적으로 이를 받아들이고 있다[81]. 독일의 행위기초론(Die Lehre von der Geschaftsgrundlage), 프랑스의 불예견론(la theorie de l'imprevision) 및 영미의 목적부도달(frustration)의 법리에 영향을 받아 형성된 것이다. 긍정설에서 드는 요건은 첫째 계약성립 당시에 계약의 기초가 되었던 사정에 현저한 변경이 있을 것, 둘째 사정의 변경이 사정변경을 주장하는 당사자에게 책임 없는 사유로 생긴 것일 것, 셋째 사정의 변경이 당사자가 예견할 수 없었던 것일 것, 넷째 계약내용대로의 구속력을 인정한다면 신의칙에 현저히 반하는 결과가 생길 것이다. 그렇다면 판례는 어떤 견해에 입각해 있을까? 사정변경해제에 관한 2004다31302의 사안과 판지는 다음과 같다.

사실관계 4.1.18 사정변경해제 [2004다31302]

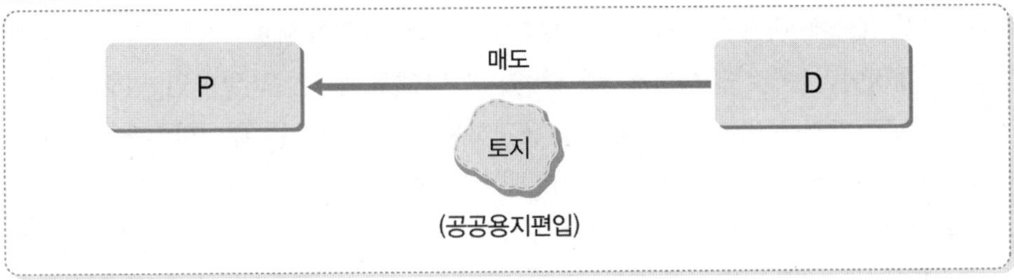

P는 D와 토지매매계약을 체결하면서 음식점을 건축할 수 있을 것으로 생각하였으나 이후 공공용지에 포함이 되면서 P가 의도한 대로 음식점을 건축할 수 없게 되었다. 이 사건에서 쟁점은 사정변경을 이유로 한 계약해제를 인정할 수 있느냐이다.

이에 관해 원심은 "개발제한구역지정이 해제됨에 따라 P가 건축 등이 가능한 토지로 알고 당시의 객관적인 시가보다 훨씬 비싼 가격에 피고로부터 매수하였는데, 그 후 D에 의하여 토지가 공공용지로 지정되어 건축개발이 불가능해지고, 공공용지 개발계획에 따라 토지가 수용될 상황이 되는 등 이 사건 매매계약 당시에 P가 예상하지도 않았고 예상할 수도 없었던 현저한 사정변경이 생겼다. 위 사정변경은 P에게 책임을 돌릴 수 없는 것으로서, 이로 인해 P에게 이 사건 매매계약 당시에는 예상하지 못한 엄청난 손해가 발생하게 되어 이 사건 매매계약을 그대로 유지하는 것은 신의칙에 반한다고 보아 P는 사정변경 또는 신의칙을 사유로 하여 이 사건 매매계약을 해제할 수 있다" 판시하였다. 그러나 이에 관해 대법원은 기본적인 전제(법리)로 다음과 같이 판시하였다. "사정변경으로 인한 계약해제는, 계약성립 당시 당사자가 예견할 수 없었던 현저한 사정의 변경이 발생하였고 그러한 사정의 변경이 해제권을 취득하는 당사자에게 책임 없는 사유로 생긴 것으로서, 계약내용대로의 구속력을 인정한다면 신의칙에 현저히 반하는 결과가 생기는 경우에 계약준수 원칙의 예외로서 인정된다. 계약의 성립에 기초가 되지 아니한 사정이 그 후 변경되어 일방당사자가 계약 당시 의도한 계약목적을 달성할 수 없게 됨으로써 손해를 입게 되었다 하더라도 특별한 사정이 없는 한 그 계약내용의 효력을 그대로 유지하는 것이 신의칙에 반한다고 볼 수도 없다. 지방자치단체로부터 매수한 토지가 공공용지에 편입되어 매수인이 의도한 음식점 등의 건축이 불가능하게 되었더라도 이는 매매계약을 해제할 만한 사정변경에 해당하지 않는다."

그리고 일본 최고재판소 판례는 민법에 명문의 근거가 없으므로 신의칙을 원용하여 일반론으로서는 사정변경에 의한 해제를 인정하였다.[82] 그러나 전후에는 해제를 긍정한 예는 적다. 일본 최고재판소 판례는 대규모 사면붕괴 때문에 골프장 개설에 예상하지 못한 비용청구를 하는 입장에서, 그 경영자가 회원에 대하여 추가예탁금의 지급을 구한 사안에서, 사정변경의 원칙에 의한 해제를 부정하였다(골프회원권계약에 대해서는 나중에 설명한다).[83] 또 계약해제효과로서 해제 이외에 계약의 개정이라는 것도 생각해 볼 수 있다. 앞에서 든 예로 말하면 법원이 타당한 금액으로 가격을 수정하여 계약을 유지하도록 판결한다는 것이다. 과연 법원은 당사자가 체결한 계약의 해석을 넘어 계약의 내용을 수정할 수 있는가? 일본 코베지방법원 이타미지원(하급심판결)은 석유파동 등에 의한 부동산가격의 고등에 관한 사안에서 이와 같은 효과를 인정한 것으로서 주목된다.[84] 단지 계약의 수정에 관해서는 그와 같은 것을 집행할 권한이 재판관에게 있느냐는 큰 문제가 봉착된다.

여기서 잠깐 멈춰서 성문화된 사정변경의 원칙이 있는지에 관해 살펴본다. 특별법 중에는 사정변경의 원칙과 같은 사고방식에 서서, 이것을 구체화한 규정을 두고 있는 것이 있다. 본서에서 취급한 범위에서는, 차임증감청구권(주택임대차보호법 7조)이 그 대표적인 예이다(이 부분은 임대차계약을 설명하면서 살펴본다). 그 밖에는 신원보증인의 책임에 관한 규정(신원보증법 5조)이 잘 알려져 있지만, 이것에 대해서도 뒤에서 자세하게 설명한다.

3. 계약의 해지

계약의 해지는 계속적 계약관계에서 일방적의사표시로 계약의 효력을 장래에 향하여 소멸케 하는 행위이다.

가. 발 생

계약의 해지는 법률의 규정에 의하여(法定解止權) 또는 당사자의 특약(約定解止權)에 의하여 발생한다. 민법에는 법정해지권은 채무불이행을 이유로 하여 인정되는 것도 있고(예컨대 610조 3항, 625조, 640조 등), 기간의 정함이 없음을 이유로 인정되는 것(635조 등), 신의칙 위반을 이유로 하는 것(627조 2항 등) 등 여러 가지가 있다. 그러면 채무불이행을 이유로 하는 544조 내지 546조가 해지에도 준용되는가? 참고로 학설은 일반론으로 이를 인정할 수는 없고, 다만 당사자의 채무불이행이 계속적 계약의 존속기초가 되는 신뢰관계를 해칠 정도가 되어야 해지권을 인정할 수 있다는 견해가 있다.

나. 계약해지의 효력

계약해지로 계약은 장래에 향하여 효력을 잃는다. 그러므로 판례는 매매와 임대차가 혼합된 계약에서 매수인이 계약금을 지급하고 그 잔금지급 이전에 그 목적물을 인도받아 이를 사용·수익하면서 잔금에 대한 이자 상당액으로서 매월 일정 금액 및 그 인도받은 날부터 그 업소와 관련하여 아직 영업허가 등의 명의가 매도인에게 남아 있는 관계로 매도인 앞으로 부과되는 제세공과금, 임대료 및 관리비 등 건물주가 청구하는 일체의 금원을 지급하기로 한 때 매도인의 귀책사유로 이행불능으로 되어 매수인이 이를 해제하였다 하더라도 장래에 향해서만 계약관계가 종료되었다고 한다(96다14616).

제 3 절 계약위반에 의한 손해배상(계약해제의 효과)

제1절에서는 손해배상의 요건이 되는 계약위반을, 제2절에서는 계약해제를 설명하였다. 그러므로 이어서 본절에서는 (손해배상의) 효과를 설명한다. 손해배상의 효과 문제에 중심을 점하는 것은, 예전에는 상당인과관계의 문제로 파악하고 있었으나, 오늘날에는 이것을 손해배상의 범위, 그리고 손해에 대한 금전적 평가의 2개 분야로 나누어 논의하는 것이 많다(Ⅰ, Ⅱ). 관련 조문은 393조이다. 더욱 이들 문제 이외에도 몇 개의 보충규칙(rule)이 존재한다. 조문으로 396조 내지 399조와 관련되고, 그것들도 차례로 언급한다(Ⅲ).

Ⅰ. 손해배상의 범위

1. 서 설

영·미법상의 계약위반으로 인한 구제는 손해배상(Damages), 특정행위의 청구(Suit in Equity for Specific Performance), 계약해제(Rescission)와 원상회복(and Restitution) 그리고 계약으로부터 벗어나는 다른 형태의 구제(Other Forms of Relief Arising Out of “Contractual Situation”)로 구성되어 있다.

우리 손해배상법체계는 무엇보다도 채무자에게 계약위반(채무불이행)이 있다면 채권자는 손해배상청구를 할 수 있다(390조)는 것이다. 이것뿐이라면 채무불이행과 손해배상청구 사이의 관계는 분명하지는 않지만, 이 부분에 관해서는 다음의 도식을 전제로 두어져 있다고 볼 수 있다(도표 4.1.11).

도표 4.1.11 채무불이행과 손해배상

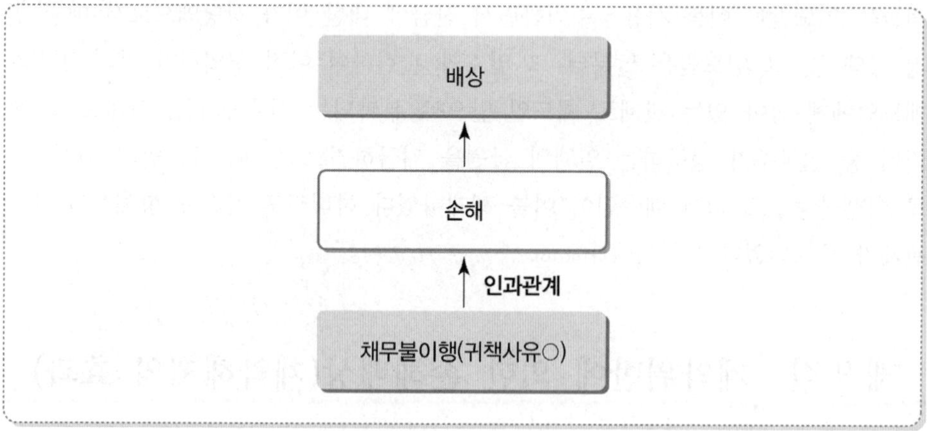

이 중에서 앞절에서 손해배상책임의 발생요건 문제로서 설명한 것은 계약위반(채무불이행)의 부분에 한정되었고, 손해와 인과관계에 대해서는 설명을 뒤로 미루었다. 그러니까, 지금까지 손해와 인과관계는 그 효과인 손해배상과 일체로 논의되는 것이 많았기 때문이다. 본절 바로 앞에서 언급한 것 같이 통설(종전의 통설)은 손해배상의 대상으로 되는 손해는 상당인과관계에 있는 손해이고, 390조는 그것을 명시적으로 표현하고 있다고 생각된다. 그러나 오늘날 390조에 관한 이해는 종전의 견해와 사뭇 다른 것으로 설명되고 있다. 그러면 이 부분을 염두에 두면서 차례로 살펴보자.

2. 393조의 손해배상에서의 지위 – 예전의 고찰방식

우리나라 통설이 393조를 잘 읽어서 이해하는 상당인과관계에 관한 사고방식은 독일에서 유래한 것으로, 다음과 같이 설명하고 있었다. 우선 채무불이행으로부터 발생하는 손해는 모두 배상한다는 것이 원칙이다(완전배상주의). 그러나 그렇게 한다면 무제한으로 배상책임이 미치게 되므로 법리적으로 타당성을 잃는 때가 발생할 수 있다(예를 들어 보자. 잠깐 빌린 휴대용 전화를 친구들이 가지고 가버렸다. 그런데 전화를 걸지 않아서 업주가 아르바이트를 무단으로 해약하여 해고되었다. 그 때문에 돈이 다 떨어져서 교과서를 살 수 없게 되어 민법 강의 학점을 놓쳤다. 그래서 졸업할 수 없게 되어 취직을 못하였다. 그래서 약혼이 해소되고, 걱정해서 상경하려고 하던 모친이 열차사고를 당했다. 이런 때 모든 손해를 배상해야 한다는 것은 법리적으로 타당성이 없다). 그런 까닭에, 상당인과관계라는 개념을 가지고 들어와 완전배상주의에 제동을 걸었다는 셈이다. 그러나 이것에 대해 오늘날 새로운 견해는 두 방향에서 상당인과관계론에 비판을 가하고 있다. 예를 들어 본다. 영화관 P는 영사기의 수리를 수리업자 D에게 의뢰하였는바, D의 과실로 약속일에 영사기를 납품하지 않아서 흥행영화 개봉시기가 늦어졌다. 이러한 지연에 의하여 P는 막대한 손해를 입었는데, 이것을 전부 D에게 배상하라고 할 수 있는가(이행지체)? 다른 예를 들어 보자. 투기적인 상품의 매매로 매도인 A가 인도를 지연하는 사이에 가격이 상당히 변동하여, 매수인 B가 상품을 수령할 때에는 가격이 이행기보다 현저하게 하락하였다. 매수인으로서는 전매의 기회를 잃어버린 결과가 되었는데, B가 입은 손해는 어떻게 산정하여야 할 것인가(이행지체)? 그러면 계약위반으로 인한 손해배상은 어디까지 해야 되는지(손해배상의 범위)에 관한 논의를 계속한다.

첫째, 393조 본래의 취지와 관련된 비판이다. 그 결과 오늘날에는 393조는 완전배상주의를 전제로 하는 것이 아니라, 손해배상범위를 합리적으로 제한한다는 사고방식에 서 있다는 것이 분명해지고 있다(제한배상주의). 특히 예견가능성에 의해 손해배상범위에 선을 긋는다는 것이 393조를 전제로 하는 사고방식이고, 그것은 영국의 판례법(Hardly v. Baxendale, 1854)을 본보기로 했다는 것이다. 이 사건에서 운송업자 Baxendale과 운송계약을 체결하고 목적물이 도착하기를 기다렸으나 지체되었다. 그래서 Hardly는 그동안 조업하였더라면 얻을 이익을 손해배상으로 청구하였다. 법원은 ① 공정하고 합리적으로 볼 때 자연적으로 발생했고, ② 계약체결시 계약위반의 개연적인 결과(the natural and probable result)로 예상한 손해범위 내로 제한하였다. 따라서 조업중단은 특별한 사정에 따른 것이라고 했다. 여기에서 우리 손해배상법 아래에서는 상당인과관계의 개념을 유지할 필요는 없다는 주장이 이끌어져 나왔다. 참고로 학설은 상당인과관계설에도 객관적·주관적·절충적 견해가 있고, 통설(절충설)은 채무불이행 당시 일반인(평균인)이 알았거나 알 수 있었던 사정과 채무자가 특히 알고 있었던 사정(따라서 보통인이 알 수 없는 사정도 포함된다)을 기초로 산정한다(절충적상당인과관계설). 한편 독일의 영향을 받은 견해는 손해배상책임을 발생시키는 규범의 보호범위에 포함되는 손해만을 행위자에게 귀책시켜야 한다고 주장한다(규범목적설). 따라서 이 견해에 의하면 어떤 이익이 보호되는 이익인가는 보호규범의 의의와 목적에 따라 정해야 한다. 계약상의 의무나 법률상의 책임규범 및 그 배후에 있는 주의의무는 특정한 법익의 보호에 기여하고 있다.

둘째, 판례에 의한 상당인과관계의 이용에 대한 비판도 이루어지고 있다. 우리 판례가 손해배상사건에서 상당인과관계라는 용어를 사용한다는 것은 확실하지만 그것은 손해배상범위를 정하는 기준으로서 사용되고 있는 것은 아니라는 지적이 많다. 또 다른 견해는 이러한 접근방식을 기초로 해서 막연히 상당인과관계로 부르고 있는 것을, 사실적인과관계론은 사실적 인과관계, 손해배상의 범위, 손해의 금전적 평가의 3가지로 구분되어야 한다고 주장한다(사실적인과관계론, 도표 4.1.12).

도표 4.1.12 손해배상의 범위(사실적 인과관계론)

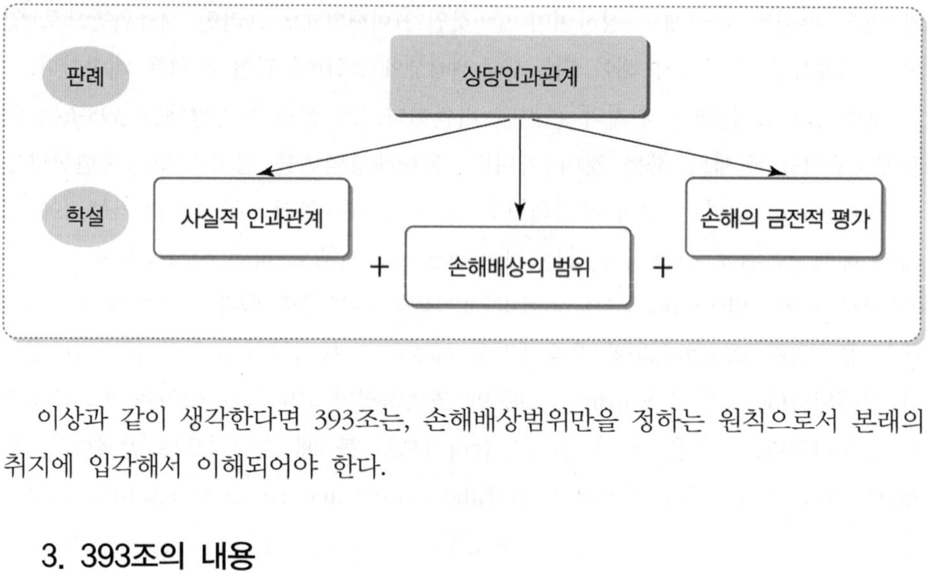

이상과 같이 생각한다면 393조는, 손해배상범위만을 정하는 원칙으로서 본래의 취지에 입각해서 이해되어야 한다.

3. 393조의 내용

그러면 상당인과관계의 개념에 집착하지 말고 393조 그 자체에 되돌아가 본다면, 거기에는 어떠한 기준이 제시되어 있는가? 이 규정은 1항과 2항으로 나누어져 있고, 각각 통상 발생하여야 하는 손해(통상손해)와 특별한 사정에 의해 발생된 손해(특별손해)에 관해 정하고 있다. 즉 1항에서는 손해배상의 대상으로 되는 것은 통상의 손해라는 것을 가리키면서, 2항에서는 특별한 사정으로 인한 손해에서는 그 사정(내지 손해)이 예견가능(알았거나 알 수 있었을 때. 예견가능성)하다면 이것도 손해배상의 대상으로 된다고 표현하고 있다(도표 4.1.13). 이상의 기준에 관해서는 다음과 같은 2가지 문제가 있다.

첫째, 무엇이 통상손해에 해당하고 무엇이 특별손해에 해당하느냐의 판단은 한마디로 구분할 수 있을 정도로 분명하지 않다. 그렇다면 판례는 어떤 견해에 입각해 있을까? 일본 최고재판소 판례는 인도채무의 불이행(부동산거래에서의 채무불이행)을 중심으로 하는 소송에서 가격상승이나 전매이익의 상실에 관한 것이 많다. 그런데 거기서의 구체적인 쟁점은 손해산정의 기준시를 언제로 하느냐는 것이지만, 최근에는 이 점은 금전적평가의 문제로 환원하여 이해되는 것같이 되고 있다. 결론적으로 특정물 관련 소송에서 통상손해냐 특별손해이냐는 구분에 관해서 말하자면, 대체물 획득에 필요한 비용의 지출은 통상손해, 특별히 유리한 전매 기회를 놓쳐서 발생한 손해는 특별손해라고 보았던 것이 아닐까 싶다. 이에 관한 판례를 살펴본다. 불법행위로 인한 손해배상 사건이긴 하지만 휴업손해에 관한 2001다82507(전)의 사안과 판지는 다음과 같다.

사실관계 4.1.19 휴업손해 [2001다82507(전)]

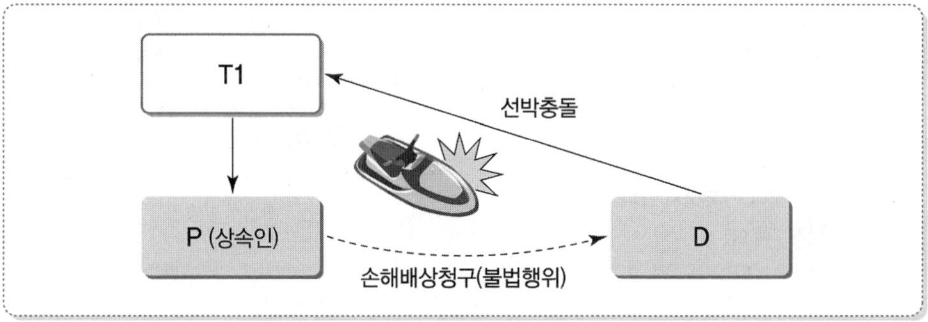

D의 불법행위로 선박충돌 후 T1의 선박이 멸실했다. T1로부터 상속받은 Pt는 멸실 선박에 대한 보상 및 휴업손해 및 위자료를 청구했다.

이에 관해 대법원은 기본적인 전제(법리)로 다음과 같이 판시하였다. "불법행위로 영업용 물건이 멸실 된 경우 이를 대체할 다른 물건을 마련하기 위하여 필요한 합리적인 기간 동안 그 물건을 이용하여 영업을 계속하였더라면 얻을 수 있었던 이익인 휴업손해는 그에 대한 증명이 가능한 한 통상의 손해로서 그 교환가치와는 별도로 배상하여야 한다. 영업용 물건이 일부 손괴된 경우 수리를 위하여 필요한 합리적인 기간 동안의 휴업손해와 마찬가지다."

그 다음에 이와 같은 손해를 어떻게 평가하는가가 문제로 된다. 다만 끝까지 파고들어(골똘히) 생각하면 이 같은 사고방식에는 불명확한 점이 없는 것이 아니다. 그것에 대해서는 나중에 다시 본다.

둘째, 393조 2항의 예견가능성은 ① 누구를 기준으로(당사자), ② 판단시기는 언제인가라는 문제가 있다. 참고로 학설 중 당사자(①)를 채무자로 보는 견해(채무자설)는 채무자에 의하여 예견가능하다면 그에 의하여 손해발생도 예지할 수 있기 때문에 그것을 예지하면서 채무를 이행하지 않고, 또는 이행불능이 되었기 때문에 채무자에게 그 손해를 배상하게 하는 것이 가혹하지 않다고 한다(판례 · 통설). 반대로 채무자와 채권자로 보는 견해(채권자설)는 당해 계약에 편입시킨 채권자의 이익만이 보호받지만, 채무자만이 예견가능하였다는 점에 지나지 않으면 그 이익은 계약에 편입시킨 것이라고 말할 수 없다고 주장한다(소수설)(도표 4.1.13).

도표 4.1.13 손해발생 예견가능한 자

채무자로 보는 견해	채무자와 채권자로 보는 견해
채무자에 의하여 예견가능하다면 그에 의하여 손해발생도 예지할 수 있기 때문에 그것을 예지하면서 채무를 이행하지 않고, 또는 이행불능이 되었기 때문에 채무자에게 그 손해를 배상하게 하는 것이 가혹하지 않다. [판례 · 통설]	당해 계약에 편입시킨 채권자의 이익만이 보호받지만, 채무자만이 예견가능하였다는 점에 지나지 않으면 그 이익은 계약에 편입시킨 것이라고 말할 수 없다. [소수설]

예견가능성의 판단시기(②)에 관해 채무불이행시설은 채무불이행시에 손해가 확대되는 사정을 예견하였거나 예견할 수 있었다는 점에 관계없이 채무를 이행하지 않은 자는 손해배상책임을 져도 어쩔 수 없다고 한다(판례 · 통설). 한편 계약시설은 계약체결시에 예견 가능한 사정에 기초하여 채권자의 이익만 계약에 편입시키기 때문에 계약에 의하여 보호받게 되는 채권자의 이익도 평가된다고 한다(소수설)(도표 4.1.14).

도표 4.1.14 예견가능시 기준점

채무불이행시설	계약시설
채무불이행시에 손해가 확대되는 사정을 예견하였거나 예견할 수 있었다는 점에 관계없이 불이행한 자는 손해배상 책임을 져도 어쩔 수 없다. [판례 · 통설]	계약체결시에 예견가능한 사정에 기초하여 채권자의 이익만 계약에 편입시키기 때문에 계약에 의하여 보호받게 되는 채권자의 이익도 평가된다. [소수설]

일본 최고재판소 판례는 예견가능성에 관해 ① 채무자에 대해, ② 이행시(혹은 불이행시)를 기준으로 판단하고 있다(②에 관한 것이지만 ①도 전제로 하고 있다고 생각된다).[85] ①을 명시하는 판결도 그 후에 나타나고 있다). 이러한 견해의 근거는 채무불이행시 특별한사정에 대한 예견가능성이 있었음에도 불구하고 채무를 이행하지 않은 자(채무자)에게 배상책임을 부담시키더라도 가혹하지 않기 때문이라고 한다. 이것에 대해서는 계약당사자에 대해 계약체결시를 기준으로 판단해야 한다고 하는 비판이 강하다.[86] 이에 관한 판례를 살펴본다. 판례는 특별사정에 대한 예견가능성 유무에 대하여 채무불이행시를 기준으로 판단하고 있다. 전매이익 · 이행이익을 초과하는 확대손해(2002다51586)나 매수인의 잔금지급 지체로 인하여 계약을 해제하지 아니한 사이에 매매대상 토지의 개별공사지가가 급등하여 매도인이 부담하게 된 양도소득세(2005다75897), 부당한 감정가격에 근거하여 그 감정을 믿고 정당한 감정가격을 초과한 대출을 한 경우 산출된 담보가치와 정당한 감정가격에 근거하여 산출된 담보가치의 차액(통상손해)과 연체된 약정이율에 따른 지연손해금(2006다82625)은 특별손해라고 했다. 그러나 채무자가 손해의 액수까지 알았거나 알 수 있었어야 하는 것은 아니다(2002다23598). 결론적으로 당사자 모두(양당사자)가 당초부터 고려할 수 있는 사정에 한정하여 예견가능성을 판단해야 한다는 것이다. 그러나 참고로 학설은 채무를 이행하지 않은 자에게는 가능한 한 배상을 하게 해야만 한다는 것으로서, 판례의 입장이 좋다고 하는 사고방식도 새삼스럽게 제시되고 있다.[87] 양자의 견해가 갈리는 것은 배상범위를 제한하는가 아니하느냐의 차이, 다시 말하면 계약의 구속력을 어느 정도로 인정해야 하느냐의 차이가 아닌가 싶다.[88] 소송실무(소송법)에서 통상손해와 특별손해 구별실익은 통상

손해라면 원고(채권자)가 예견가능성을 입증할 필요가 없다(393조 1항). 그러나 특별손해에 관해서는 채권자 쪽에서 예견가능성을 입증할 필요가 있다(도표 4.1.15).

도표 4.1.15 통상손해와 특별손해의 구별실익

통상손해	특별손해
통상의 손해라면 예견가능성을 입증할 필요가 없다. (393조 1항)	채권자 쪽에서 예견가능성을 입증할 필요가 있다. (393조 2항)

4. 실무상 손해배상청구소송에서의 요건사실

손해배상을 청구하는 자는 ① 작위 또는 부작위에 의하여 계약상의 의무위반, ② 위법성, ③ 채무자의 책임 있는 사유(채무의 내용에 좇은 이행을 하지 않았다는 것), ④ 책임능력을 입증해야 한다. ②에 관해 채무불이행에 있어서 채무자가 계약에서 정해진 확정된 채무의 내용에 좇은 이행을 하지 아니하였다면 그 자체가 바로 위법한 것으로 평가되므로(2000다47361), 손해배상청구권이 생긴다. 그리고 ④에 관해서 실무에서 계약을 위반한다는 인식이 있으면 충분하다. 그러므로 채권자는 (강제)이행청구권(389조 4항)을 행사할 수 있고, 구체적인 손해배상의 방법으로 채권자는 지연배상(본래의 채권의 확장)이나 전보배상(내용의 변경)을 청구할 수 있다. 그리고 손해배상청구권의 소멸시효는 본래의 채권의 성질에 따라 결정된다.

그러면 여기서 위에서 설명한 것을 이해하기 위해 눈을 돌려 면책약관에 관해 좀 더 자세히 살펴보자. 예를 들어 보자. A는 상품의 배달에 C택배회사를 이용하였다. 그런데 운송도중 C의 피용자의 과실로 도난 맞아, 상품은 B에게 배달되지 않았다. B는 이에 의해 손해를 입었는데, C의 약관에는 C의 귀책사유를 묻지 않고 배상액을 일정 한도로 하는 책임제한조항이 있었다. 이것이 A의 B에 대한 책임에 영향을 미치는가? 먼저 결론부터 말하면 채무자의 고의 및 중과실에 대한 면책약정은 103조의 적용으로 무효가 된다. 그러면 채무자가 아닌 이행보조자의 고의에 대한 면책약정은 어떤가? 판례는 '준수하지 아니하여 발생한 사고에 대하여는 용역경비업자가 책임을 지지 않는다'는 약정의 효력에 관해 용역업자의 고의 · 중대한 과실에 기인한 경우까지 적용된다고 보면 무효라고 했고, 피고의 면책을 정한 규정이라고 해석하는 한도 내에서만 유효하다고 본다(94다2169).

나아가서 귀책사유의 존부에 대한 증명책임에 관해 살펴본다. 390조 단서는 그 주체가 채무자임을 확인한다. 판례도 임차건물이 원인 불명으로 그 건물로부터 발생한 화재로 소실된 경우 임차인이 임차건물의 보존에 관하여 선량한 관리자의 주의의무를 다하였음을 입증하여야 한다고 했다(94다38182).

Ⅱ. 손해배상에 관한 금전적 평가 – 손해액 산정 기준시를 중심으로

1. 머리말

손해배상에 본격적으로 들어가기 전에 그 전제가 되는 몇 가지 점을 살펴본다. 손해배상은 금전으로 하는 것이 원칙이다(394조). 손해배상방법으로 원상회복을 인정하는 입법례도 있지만, 우리 민법은 간편함을 이유로 이 원칙을 받아들였다. 따라서 생명 · 신체나 재산에 대해 손해가 생겼다고 해도, 어느 단계에서 그것을 금전으로 환산하는 것이 필요하게 된다. 이것과 관련해서 2가지를 서술해 두고자 한다.

가. 손해배상과 373조와의 관계

373조에 의하면, 채권의 목적인 급부는 금전으로 환산할 수 없는 것이라도 좋다고 되어 있다. 이 규정이 염두에 둔 것은 교사가 가르치는 채무나 의사가 치료하는 채무 등 작위채무라고 말한다. 이것들에 대해서는 예전에 금전으로 환산할 수 없다고 생각되었지만 그것을 전제로 하면서, 설령 그럴지라도 채권의 목적으로 될 수 있다고 했다는 의미이다. 그러나 이 같은 채권도 계약위반으로(채무불이행이 된다면) 손해배상청구권으로 전화한다. 그래서 그 경우에는 어떤 방법으로든 금전으로 환산하게 된다. 394조는 그것을 요구하고 있다. 그러면 2개 규정의 관계는 어떻게 풀어야 하는 것인가? 급부청구권으로서는 금전으로 환산할 수 없더라도 손해배상청구권으로 전환된다면 환산할 수 있다는 설명이 일반적인 것이겠지만, 예전에는 환산할 수 없더라도 오늘날에는 환산할 수 있다고 볼 수 있는 것같이 되었다고 말하는 편이 산뜻한 설명인지도 모르겠다(373조에 의해, 법적으로는 환산할 수 있게 된다는 것을 전제로 하여 394조가 적용된다).

나. 손해의 개념과의 관계

참고로 학설(통설)은 손해란 법익에 관하여 입은 불이익 또는 법익의 침해로 생긴 불이익이고, 계약위반(채무불이행)으로 발생한 손해는 채무의 내용에 따라 이행되었더라면 채권자가 가지게 되었을 이익과 계약위반(채무불이행)으로 채권자가 현재 가지고 있는 이익과의 차액이라고 한다.[89] 즉 계약이행으로 가져다 줄 가정적 전 재산상태(가정적 재산상태)와 계약위반(채무불이행)으로 존재하는 현실적 전 재산상태(현재의 재산상태)의 총체적 차액을, 숫자로 나타낸다.[90] 이 설은 손해를 금전화되는 형태로 파악하고, 이것을 합산한 것을 배상액으로 고려했다고 생각할 수 있다. 요컨대 재산적손해에 관해서는 계약위반(채무불이행)으로 생긴 재산의 감소가 바로 손해라는 것이 이 설의 핵심이다(차액설). 이러한 견해는 금전화되는 형태로 손해를 파악하고, 이것을 합산한 것을 배상액으로 여겼다. 판례는 차액설을 지지한다(91다33070(전)). 손해발생에 대한 판단도 사회통념에 비추어 객관적이고 합리적으로 해야 한다(2001다22833). 이러한 사고방식에 선다면 손해배상범위와 손해에 관한 금전적 평가는 서로 연동시키지 않을 수 없게 된다. 참고로 학설은 피해자의 재산을 구성하는 개개의 권리 또는 법익이 입은 불이익(또는 손실)이 손해라는 견해도 있다(구체적손해설). 이러한 차액설에 대해 현재 일본의 통설은, 불이행에 의해 생긴 **불이익**한 사실(목적물이 인도되지 않은 사실 그 때문에 대체물을 다른 곳에서 구입하는 사실 전매하기 전에 먼저 위약금을 지불한 사실)을 손해로 파악한다(사실설).[91] 이 설은 손해를, 법적평가를 하기 전 자연적으로 발생한 사실 그 자체로 파악하고, 후술하는 손해의 법적평가(보호하여야 하느냐는 가치판단)의 전제사실로서 이해한다.[92] 따라서 이 설에 의하면 어떤 손해가 손해배상을 해야 하는 범위에 들어가면 비로소 그 손해에 대한 금전적평가가 문제로 된다고 생각하고 있다. 이렇게 생각하여 비로소 손해배상범위의 문제와 금전적평가의 문제를 따로 떼는 것이 가능하게 된다.

그러나 차액설과 사실설 사이에는 손해와 배상을 어떻게 평가해야 하느냐에 관해 근본적인 시각차이가 있다. 차액설은 손해배상이라는 것을 계약위반(채무불이행)으로 야기된 손해를 배상하는 것이라고 이해한다. 여기에 대해 사실설은 계약위반(채무불이행) 그 자체를 손해로 파악하고, 그 사실(=손해) 중에서 어느 범위

까지 손해배상법상의 보호의 대상으로 할 수 있느냐는 관점에서 손해배상문제를 생각한다(보호범위설).[93]

그러면 여기서 위에서 설명한 견해의 대립을 이해하기 위해 눈을 돌려 사실설에 대한 의문은 없는지에 관해 좀 더 자세히 살펴보자. 이러한 참신한 사고방식은 매력적이지만, 거기에 문제가 전혀 없는 것은 아니다. 이론적으로는 어쨌든 실제로 손해배상범위와 손해에 관한 금전적평가를 칼로 자르듯이 분명하게(뚜렷하게) 구별하는 것은 곤란한 때가 많다는 점이 지적되고 있다[94]. 예를 들어보자. 100만 원의 상품의 인도가 없어서 그 상품에 대한 대체품을 130만 원에 구입한 때, 차액인 30만 원은 통상손해로 보이지만(손해배상범위의 단계), 동시에 그것은 손해배상액 산정시기를 대체품을 구입한 시기로 정한다는 것이라고도 말할 수 있다(손해에 관한 금전적평가의 단계). 똑같이 100만 원의 상품을 매수해서 시가로 다른 자에게 전매하는 계약을 체결했는데, 전매하기로 예정된 시기의 가격은 130만 원으로 상승된 경우 전매이익 30만 원에 관해 채무자의 입장에서 예견가능하다면 특별손해(67다466, 91다29972)로 되겠지만(손해배상범위의 단계), 동시에 그것은 손해배상액 산정시기를 전매한 때로 한다는 것이라고도 말할 수 있다(손해에 관한 금전적평가 단계). 위와 같은 사안을 손해배상의 본래 취지에 따라 분석해 보자. 본래 똑같은 상품을 인도하는 것이 본래의 손해배상의 취지에 부합하지만 똑같은 상품의 가격이 비록 실제로 손해배상을 할 시점에서 상승했다고 하더라도 그 시장가격으로 구입해서 상대방에게 인도한다는 것이 계약에 따른 이행의 전형이라고 볼 수 있다. 그러므로 위의 사례에서 계약에 정한 상품의 시장가격을 감안하여 손해배상을 하여야 한다는 점에 초점을 맞추는 것이 손해배상에 관한 금전적 평가에 해당한다고 생각할 수 있다(이러한 견해는 물건의 가격을 시장에서 결정한다는 점을 손해배상에서도 받아들여야 한다는 점에 초점이 있다고 생각된다).

이와 같은 분명하지 않은 부분들을 제거할 수는 없는지 여부를 생각해 볼 가치가 있는 문제이지만, 여기서는 더 이상 깊이 들어갈 수는 없다. 아마도 통상손해·특별손해의 구별과 사실설과의 사이에는 어떤 종류의 모순(딱 들어맞지 않는 것) 내지 긴장관계가 있는 것은 아닌가라고 생각된다(손해개념을 추상화하면서 대체품 구입이나 전매이익을 구체적으로 문제로 삼을 때에 긴장관계가 발생하고 있다. 그러나 추상화를 철저히 하면 판례로부터 크게 벗어나는 정도가 되어버린다).[95]

이같이 손해배상에 관한 금전적평가를 손해배상범위의 산정으로부터 완전히 독립시킬 수 있느냐는 의문이 남아 있지 않다는 의미는 아니지만, 이하에서는 당장은, 차액설과 절충적상당인과관계설에 따라 설명하기로 한다. 또 한편으로는 행위채무인 때는 인신손해에 관한 금전적평가도 문제로 될 수 있지만, 주로 불법행위 부분에서 취급되고 있는 문제이므로 이것에 대해서는 불법행위 부분에서 설명하고 있다. 여기에서는 더 이상 깊게 들어가지 않는다.

한편 손해에 관한 개념도 많다. 그러면 여기서 눈을 돌려 손해개념의 종류에 관해 살펴보자(도표 4.1.16). 보통 재산적손해와 비재산적손해, 적극적손해와 소극적손해, 그리고 직접적손해와 간접적손해, 통상손해와 특별손해로 구분한다. 적극적손해는 물건의 파괴나 수리비 소요 등 기존재산의 감소로 재산적손해를 현실적 손해와 장래손실로 나누는 것인 반면 소극적손해는 전매이익, 영업이익, 휴업·사망에 의한 일실손해 등 채무불이행이 없었더라면 얻었을 이익(일실이익)을 의미한다. 그렇다면 이익에 관한 종류도 살펴보자. 신뢰이익은 계약체결비용처럼 계약이 무효·불성립의 경우 그것이 유효하게 성립한 것으로 믿었기 때문에 잃은 손해인데 반해, 이행이익은 전매이익처럼 계약이 완전히 이행되었더라면 얻었을 이익이다. 이러한 구분은 계약의 유효·무효로 손해가 발생하는 데 착안한 것으로, 법익으로부터 구별하는 적극적손해·소극적손해(재산적손해를 현실적손해와 장래손실로 나누는 것)와 그 기준이 다르다.

도표 4.1.16 적극적손해와 소극적손해

적극적손해	소극적손해
기존재산의 감소 (계약위반에 의한 계약상이익의 침해) ☞ 물건의 파괴 / 수리비	계약위반(채무불이행)이 없었더라면 얻었을 이익(일실이익) ☞ 전매이익 / 영업이익 / 휴업 · 사망에 의한 일실손해

2. 손해배상액 산정에 관한 판례의 상황

우선 실무에서는 어떻게 손해배상액을 산정하는지 판례부터 보고 가지만, 당연한 전제를 확인해 둔다. 그것은 손해배상액산정 기준시의 문제가 논해지는 것은, 가격변동(특히 상승)이 있는 사건(case)에서 다루어지는 것이라는 점이다. 문제를 보는 기본적 시각은, 계약을 체결한 시점에서의 가격과 비교해서 급격하게 오른 가격(실무에서는 대부분 부동산거래에서 생긴다)을, 손해배상'범위'의 문제로 다루어야 하느냐(그런 경우 판례에 따르면, 예견가능성을 전제로 특별손해로 취급한다), 그렇지 않으면 손해배상'액' 산정기준에 문제로서 다루어야 할 것이냐(그러한 경우에는 예견가능성을 필요로 하지 않는다)는 것이다.[96] 참고로 학설은 ㉮ 손해는 손해배상 발생시에 확정되고 그 평가는 언제든지 할 수 있으므로(또 채무불이행으로 인한 손해배상은 이행이익을 실현하도록 지향한다) 사실심의 변론종결시를 기준으로 하여야 한다는 견해(판결시설. 다수설), ㉯ 이행불능이 된 때 손해배상청구권이 발생하므로, 책임원인이 발생한 때(가령 이행기)를 기준으로 해야 한다는 견해(책임원인발생시설. 소수설)가 있다. 이들 견해의 근본적 차이는 손해배상책임이 발생한 후 변론종결시까지 사이에 있게 되는 가격변동을 구체적으로 어떻게 적용하느냐에 대한 문제에서 발생한다. 특히 이러한 문제에 관해 일단 상승한 가격이 후에 하락한 경우에 있어서 언제를 손해배상 산정기준시로 하느냐가 흥미롭게도 논의되어 왔다(도표 4.1.17). 일본 최고재판소 저명한 판례는 비록 불법행위에 관한 것이지만, 사안이 그러했다.[97]

도표 4.1.17 가격변동 배상액 산정기준시

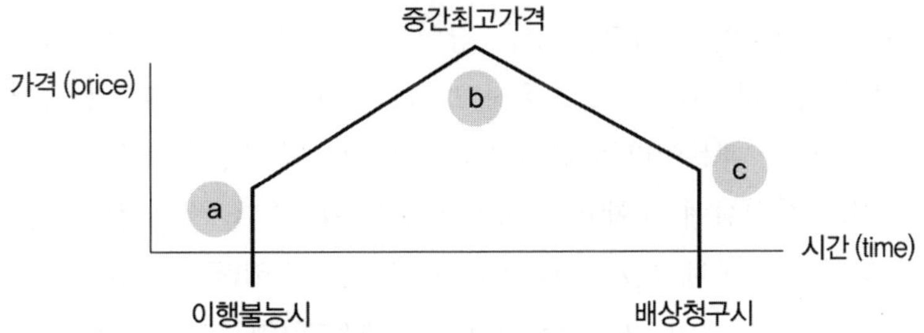

이하에서 관련된 주요한 판례를 소개하면서 구체적인 사건에서 법원의 채택한 사고방식이 어떠했는지를 본다. 그러기 위해 먼저 판례를 분류할 필요가 있다. 분류하는 방법이 여럿 있을 수 있지만, 크게 이행불능의 경우, 이행지체에 의한 해제가 된 경우로 나누는 것이 보통이다. 차례대로 봐보자.

가. 이행불능의 경우

이행불능 유형에 관해 우선 일본 최고재판소 판례, 후키마루(富喜丸) 사건 판결이, 불법행위시를 기준시로 하고 있지만, 중간최고가격(도표 4.1.17의 b)에서 처분했으리라고 예견할 수 있었다면(예견가능성) 이 액수를 배상액으로 할 수 있다고 판시하였다. 이 사건은 불법행위에 관한 것이므로 계약법 차원에서 채무불이행 사건으로 바꿔 놓는다면 채무불이행시를 기준으로 하여, 그 후의 가격상승에 의한 전매이익에 관해서는 393조를 적용해서 예견가능성 여부로 처리한다는 것을 의미한다.[98] 두 개의 일본 최고재판소 판례는 이것을 이어받아, 제2차 세계대전이 끝나자, 사안은 모두 부동산거래에 관한 것으로서 그 가격이 계속 상승되고 있었는데, 두개의 판례는 대략 다음과 같은 사고방식을 보여주었다.[99] 첫째, 가격상승이라는 특별한사정을 예견할 수 있었다면 상승된 가격으로 손해배상을 청구할 수 있다. 둘째, 그러나 가격상승 전에 채권자가 부동산을 처분했다고 예상될 때는 그에 해당하지 않는다. 셋째, 또한 중간최고가격으로 손해배상청구를 하기 위해서는, 그 시점에 있어서 전매 등에 의해 그 이익을 확실히 얻었으리라 예견할 수 있었다는 점이 필요하다.

일본 최고재판소 판례는 전매가 예정되어 있지 않았던 사례(case)였는데, 여기에 이르러서는 가격상승이 전매이익 획득의 가능성과 분리되었다고 말할 수 있다.[100] 결국 가격상승이 고려되는 것은 당연히 전매이익을 얻을 수 있었으리라는 가능성 때문이 아니라, 채권자가 보유하고 있었을지도 모르는 부동산 그것만의 가치를 가지고 있었기 때문이라는 판결이유를 전면에 제시했다는 의미이다.[101] 이러한 논리 전개는 사실설에 적합한 것이라고 말할 수 있다.[102] 그런데 일본 최고재판소 판례 중에는 전매계약을 맺고 있다면 그것을 손해(통상손해)로 파악하는 것도 있어서, 그 손해개념이 흔들리고 있다. 그래서 앞에서 본 바대로, 그 요동은 학설에도 영향을 미치고 있다. 그렇다면 우리 판례는 어떤 견해에 입각해 있을까? 이행불능 후 가격등귀에 관한 94다61359,61366의 사안과 판지는 다음과 같다.

사실관계 4.1.20 이행불능 후 가격등귀 [94다61359,61366]

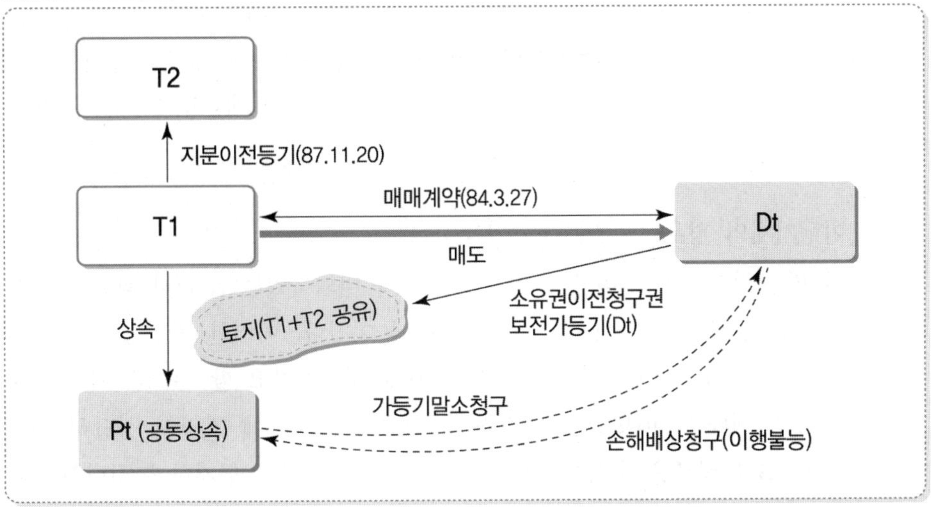

Dt는 1984.3.27. 망 T1로부터 토지구획정리사업으로 환지될 토지(T1과 T2의 공유) 중 환지확정 후의 토지 일부 500평을 4250만 원에 매수하고, 잔대금(2750만 원)은 매매목적물 위에 신축할 건물의 준공 후 은행 융자를 받는 즉시 지급하되, T1이 매매목적물의 분할 및 소유권이전을 책임지기로 약정했다. 단, T2로부터 토지분할에 대한 동의를 받지 못하거나 T2 지분을 양도받을 수 없게 되어 매매목적물에 관한 소유권 이전이 불가능하게 될 경우 Dt가 입을 손해를 담보하기 위해 T1과 T2의 공유이던 임야 중 T1 소유의 3분의 2 지분에 관하여 Dt 명의의 소유권이전청구권 보전을 위한 가등기를 경료하고, 매매목적물에 관한 소유권이전등기가 이행불능으로 확정될 때, 즉시 위 가등기에 기한 본등기절차를 이행하되, 단 소유권이전등기가 이행불능이라고 확정하는 시기는 위 계약일로부터 1년간으로 한다고 약정했다. 그러나 매매계약 체결일로부터 1년 이내에 공유자인 T2로부터 토지분할에 관한 동의를 얻지 못하였을 뿐만 아니라 일부 공유지분은 타인에게 매도되었고, 결국 T1의 잔여 지분만 1987.11.20. 공유자 T2에게 지분이전등기 경료됐다. Pt(T1의 소송수계인)는 가등기말소청구를 했고, Dt는 이행불능을 이유로 손해배상청구를 했다. 이 사건에서 쟁점은 이행불능 후 가격이 등귀한 경우 손해배상의 범위이다.

이에 관해 원심은 "매매계약 당시 피고들이 환지 확정 후 그 지상에 건물을 신축하기 위하여 매매목적물을 매수하는 것이라는 사정을 알았거나 알 수 있었으므로 Pt는 Dt가 매매목적물을 취득하여 그 지상에 건물을 신축하여 얻을 수 있는 이익을 상실함으로써 입은 손해를 모두 배상할 책임이 있고, 손해배상액은 변론종결일에 가까운 1993.5.3. 당시의 시가에 의하여 산정한다" 판시하였다. 그러나 이에 관해 대법원은 "환지확정시 또는 그보다 후인 1993.5.3. 당시의 시가에 이르기까지 등귀하리라는 사정을 알았거나 알 수 있었다고 볼 수 없다. 매도인의 매매목적물에 관한 소유권이전등기 의무가 이행불능이 됨으로 말미암아 매수인이 입는 손해액은 원칙적으로 그 이행불능이 될 당시의 목적물의 시가 상당액이다. 그 후 목적물의 가격이 등귀하였다 하여도 그로 인한 손해는 특별한 사정으로 인한 것이다. 왜냐하면 매도인이 이행불능 당시 그와 같은 특수한 사정을 알았거나 알 수 있었을 때에 한하여 그 등귀한 가격에 의한 손해배상을 청구할 수 있다" 판시하였다.

나. 이행지체의 경우

영화관 P는 영사기의 수리를 수리업자 D에게 의뢰하였는바, D의 과실로 약속일에 영사기를 납품하지 않아서 개봉 개시가 늦어졌다. 이러한 지연에 의하여 P는 막대한 손해를 입었는데, 이것을 전부 D에게 배상하라고 할 수 있는가? 또 투기적인 상품의 매매로, 매도인 A가 인도를 지연하는 사이에 가격이 상당히 변동하여, 매수인 B가 상품을 수령할 때에는 가격은 이행기보다 현저하게 하락하였다. 매수인으로서는 전매의 기회를 잃어버린 결과가 되었는데, B가 입은 손해는 어떻게 산정하여야 할 것인가? 이행지체로 계약이 해제된 경우에는 계약을 해제한 때, 이행지체 후에 이행이 늦어진 경우에는 실제 이행을 한 때, 그리고 현실이행의 청구와 함께 그것이 불가능한 경우 그에 대신하여 손해배상청구(대상청구)를 하는 경우는 사실심변론종결시를 기준으로 한다. 그래서 그 후의 가격등귀로 인한 손해는 특별한 사정에 의한 손해로 390조 2항에 따라서 결정한다. 그러면 여기서 위에서 설명한 것을 이해하기 위해 눈을 돌려 가격변동이 있는 경우에는 어떻게 손해액을 산정해야 하는지에 관해 좀 더 자세히 살펴보자. 앞에서 보았듯이 일단 상승한 가격이 후에 하락한 때 중간최고가격으로 손해배상청구를 하는 경우는 가격등귀의 사실과 그때 전매하여 이익을 얻었으리라는 사실은 특별한사정이므로 이것을 예견할 수 있었다면 최고가격에 이른 때(중간최고가격이 형성된 때)가 기준시이다. 한편 단순히 등귀가 계속된 경우는 등귀를 예견할 수 있었다면 사실심변론이 종결된 때를 기준으로 해야 한다.

일본 최고재판소 판례는 이행지체로 계약을 해제하고 손해배상을 청구하는 유형에 관해 계약해제시를 기준으로 해야 한다고 판시하였다.[103] 계약해제로 손해배상청구권이 비로소 발생하는 것이므로, 이 시점을 기준으로 해야 한다는 사고방식에는 그 나름대로 합리성이 있다. 그런데 일본 최고재판소 판례는 계약이행시를 기준시[104]로 했기 때문에 이행지체로 계약을 해제한 경우 손해배상산정 시점에 관한 사태는 혼란스러워졌다. 생각건대 이행불능의 경우에는 이행불능 시점이 객관적으로 명확하므로 이때를 기준으로 손해배상을 하여야 한다는 것이 합리적이다. 그러나 이행지체의 경우에는 계약이 해소되는 데 시간이 필요하고, 손해배상 기준시를 언제로 할 것인가에 따라서 손해배상액이 달라질 수 있기 때문에 일원론적으로 설명하기 힘들지 않은가 생각된다.

일본 최고재판소 판례는 또 약간 특수한 것으로, 집행불능에 대비하여 예비적으로 대상청구를 한 손해배상청구에 관해 구두변론종결시를 기준시[105]로 했다는 것도 부가해 둔다.

3. 판례의 태도에 대한 학설의 대응

가. 다원론

이상과 같은 판례에 대해 일관된 설명을 할 수 없는가? 특히 이행지체에 관한 2가지의 판결(계약해제시? 계약이행시?)을 어떻게 조화시킬 수 있는가? 이것은 난문이지만, 결론부터 말하면 최근의 학설은 손해배상의 기준시에 관해 일원적인 기준을 추출할 수 있다는 것을 분명하게 하고 있다. 다만 그중에서도 당사자는 복수의 기준시에서 하나를 선택할 수 있다는 견해(당사자선택론. 다원론)[106]와 더욱 나아가, 법관의 재량에 의해 기준시가 선택된다는 견해(법원선택론)[107]가 있다. 후자는 기준시의 문제(금전적 평가)를 법 해석의 문제 밖으로 추방하는 것이라고 할 수 있다.[108]

그렇다면 기준시의 문제와 법해석의 영역은 어떤 연관성이 있는지에 관해 살펴본다. 참고로 학설(최근의 통설)은 계약위반(채무불이행)에 관한 요건에 관해 이행불능을 예외로 하지만 채무의 본래의 내용에 따른 이행이 이루어졌는지 여부로 일원화하여 이것을 계약해석(사실인정의 일종)의 문제로 다루어 손해배상법상의 해석 밖에 둔다. 손해배상액산정 기준시에 관한 처리도, 다른 의미로는 법해석 이외의 영역에서 처리하는 방향으로 지향하고 있다고 말할 수 있다(일본 민사소송법 248조의 신설은, 명문으로 손해액산정에 있어서 재판관의 재량여지를 인정하고 있고, 근래의 통설[109]에 약간 유리한 사정이 있는 것처럼 생각된다. 그러나 이 규정은 채권자가 손해액을 입증해야 하는 것을 전제로 하고 있는 것이고, 또한 극도의 곤란이라는 한정적인 요건을 두고 있는 것을 중시한다면, 이것은 예외를 정한 규정으로 이해하는 것으로 될 것이다[110]). 더욱 법적용에 있어서 법해석과 그 외의 조작의 관계는 다음과 같이 된다(도표 4.1.18).

도표 4.1.18 손해배상에서의 법해석 · 적용 과정

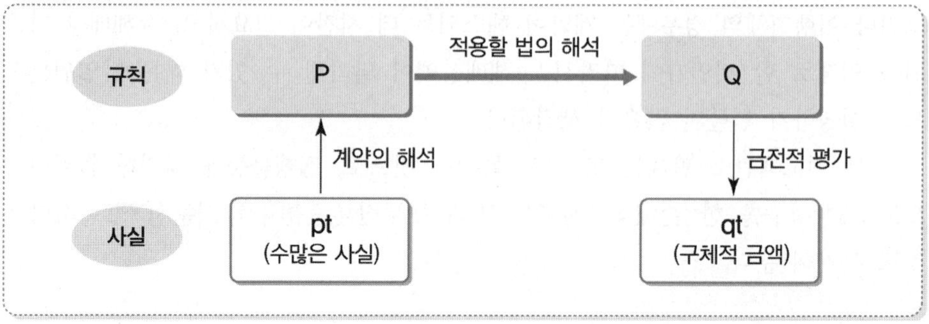

나. 이원론

그런데 아주 최근 이상의 다원론적인 사고방식과는 약간 다른 이원론적 사고방식이 나오고 있다.[111] 부동산 등의 특정물의 경우와 일반 종류물의 경우를 나누어 생각하면 판례를 보다 잘 설명할 수 있지 않느냐는 것이다. 이 견해에 의하면 특정물의 경우에는 가능한 한 계약이 이행된 것과 같은 상태로 회복시키는 것이 바람직하므로, 손해배상액산정기준시는 판결선고시에 가깝게 하는 편이 좋다. 그러나 종류물에 관해서는 딴 곳에서 대체물을 조달할 수 있으므로, 계약이행시 또는 계약해제시에 있어서 손해배상액을 산정하는 것으로 충분하고, 그 후의 가격상승분은 배상액에 포함할 필요는 없다는 것이다. 결국 종류물의 경우에는 채권자에게 손해경감의무가 있다는 것이다.

이 견해는 그런대로 설득력이 있지만, 한편으로는 이 문제에 그치지 않는 무한히 펼쳐진 논의(이행과정에 있어서 당사자의 의무를 어떻게 생각하는가)이기 때문에, 그 당부를 가벼이 판단할 수 없다. 한편 다음과 같은 의문이 없다는 의미가 아니다. 하나는 이것에 의해서도 이행지체에 관해 대법원의 판결을 모순 없이 설명할 수 있느냐는 것이다.[112] 물론 어느 쪽 판결에서도 해제할 수 있는 시기가 선택된다고 설명할 수는 있지만, 그 선택 역시 법관의 재량에 맡겨지는 것이 아닌가 싶다. 한 가지 더 의문점이 있다면, 손해경감의무를 인정하게 되면 특정물에도 이 의무를 지우도록 할 수는 없는가 하는 것도 꺼림칙하다. 이러한 입장에 선다면 채권자가 영업으로 거래를 하고 있는가 등도 고려해 볼 필요가 있다고 생각한다(부동산사업자라면 대체품=등가품을 찾지 않을 것인가). 현시점에서는 가능성을 속에 간직한 견해로 하는 범위 내에서 소개해 둔다.

다. 우리 판례의 전개

그러면 실무에서는 어떻게 대처해야 하는가? 지금까지 펼쳐진 판례를 살펴본다.

(1) 이행지체를 이유로 한 전보배상청구

본래의 이행을 최고하고 상당한 기간이 경과한 때의 시가를 표준으로 한다(66다1842)는 것과 사실심변론종결 당시의 시가를 기준으로 한다(68다1726)는 것이 있다. 이행지체를 이유로 하는 전보배상청구에 관한 97다24542의 사안과 판지는 다음과 같다.

사실관계 4.1.21 이행지체 전보배상 [97다24542]

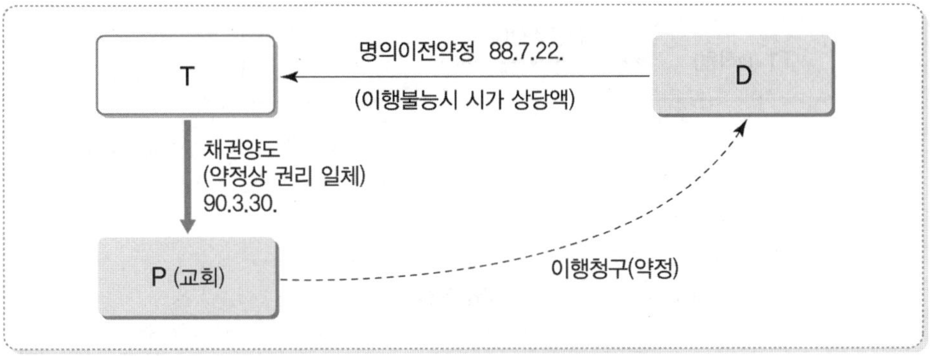

T가 1988.7.22. 학교법인의 운영에 관한 기득권을 포기하는 대신, D는 학교법인의 부동산을 3년 내에 T의 명의로 이전하고, 만일 이를 이행하지 못할 경우 그 시가상당액을 T에게 지급하기로 약정하고, T는 1990.3.30. 위 약정에 따른 이 사건 부동산에 관한 모든 권리를 P에게 양도했다. P는 1994.9.6. D에게 본래의 약정 이행을 최고했다. 그러나 D가 이행하지 않자 P는 1994.10.26. 부동산의 시가상당액을 청구하는 약정금청구 소송을 제기했다. 이 사건에서 쟁점은 이행지체를 이유로 하는 전보배상에서 손해액 산정기준이다.

이에 관해 원심은 "최고(1994.9.6.) 후 상당한 기간이 경과한 1994.9.16.경 D의 양도절차의 이행지체를 원인으로 한 전보배상청구권이 발생했고, 전보배상액은 위 최고일로부터 상당한 기간이 경과한 시점인 1995.2.8. 당시의 시가에 따라야 한다" 판시하였다. 그러나 이에 관해 대법원은 "위 최고 후 상당한 기간이 경과한 1994.9.16.경 D의 이 사건 부동산 양도절차의 이행지체를 원인으로 한 전보배상청구권이 발생했고, 그 배상액도 1994.9.16. 당시의 시가에 의하여 산정하여야 한다. 위 전보배상액 산정의 표준시기 무렵의 시가는 다소 하락(164천 → 162천)해 가는 추세인데도 불구 1995.2.28.경의 시가(162

천)로 배상액을 인정한 것은 D에게 오히려 유리한 결과를 초래했다" 판시하였다.

(2) 이행불능의 경우

이행불능 당시의 목적물의 시가를 기준으로 하고, 그 이후의 가격의 등귀는 특별한 사정으로 인한 손해이다. 그러므로 원칙적으로 채무불이행시를 기준으로 하고, 가격상승에 의한 전매이익은 393조 2항에 따라 처리한다(94다61359,61366).

(3) 이행거절의 경우

이행거절과 손해액산정기준시에 관한 2005다63337의 사안과 판지는 다음과 같다.

사실관계 4.1.22 이행거절과 손해액산정 [2005다63337]

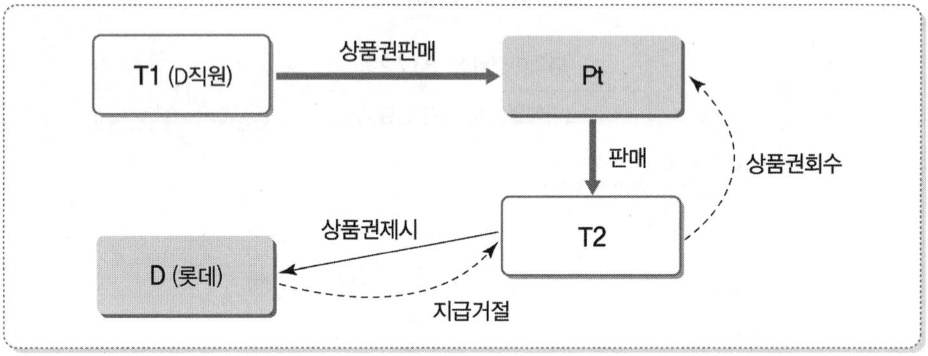

D의 대구 롯데백화점 지점장 T1(D직원)이 임의로 D발행의 상품권을 반출하여 직접 내지 유통업체를 통해 Pt를 비롯한 상품권 도소매업자들에게 정상적인 할인가보다 약 10% 저렴하게 판매했다. Pt는 구입한 상품권을 다른 중간판매상들인 T2에게는 구입가에 1% 내지 2%의 이윤으로(일반 소비자들에게는 약 10%의 이윤을 붙여) 판매했다. Pt로부터 상품권을 매수한 소비자들이 D에게 그 상품권을 제시하면서 상품권에 따른 제품의 제공을 요구하였으나 D가 해당상품권들이 도난품이라는 이유로 제품의 제공을 확정적으로 거절하였고, Pt가 중간판매상이나 소비자들로부터 상품권을 회수하여 소지하고 있다. 이 사건에서 쟁점은 채무자가 채무를 이행하지 아니할 의사를 명백히 표시했는지 여부의 판단기준과 채무자의 이행거절로 인한 채무불이행에서의 손해액 산정의 기준시점이다.

이에 관해 대법원은 기본적인 전제(법리)로 다음과 같이 판시하였다. "채무자가 채무를 이행하지 아니할 의사를 명백히 표시하였는지 여부는 채무이행에 관한 당사자의 행동과 계약 전후의 구체적인 사정 등을 종합적으로 살펴서 판단해야 한다. 채무자가 채무를 이행하지 아니할 의사를 명백히 표시한 경우에 채권자는 신의성실의 원칙상 이행기 전이라도 이행의 최고 없이 채무자의 이행거절을 이유로 ① 계약을 해제하거나 ② 손해배상을 청구할 수 있다. 그리고 이행지체에 의한 전보배상에 있어서의 손해액 산정은 본래의 의무이행을 최고한 후 상당한 기간이 경과한 당시의 시가를 표준으로 하고, 이행불능으로 인한 전보배상액은 이행불능 당시의 시가 상당액을 표준으로 할 것이다. 채무자의 이행거절로 인한 채무불이행에서 손해액 산정은 채무자가 이행거절의 의사를 명백히 표시하여 최고 없이 계약의 해제나 손해배상을 청구할 수 있는 경우에는 이행거절 당시의 급부목적물의 시가를 표준으로 해야 한다" 판시하였다.

Ⅲ. 손해배상에 관한 기타 문제

손해배상과 관련한 논의에서 남아 있는 문제를 간단히 살펴보자.

1. 손해배상액 조정을 위한 민법상 규칙

가. 과실상계 등

Ⅰ, Ⅱ에서 본 것 같은 방법으로 산출된 손해배상액에 대해, 감액하는 제도가 있다. 통상 드는 감액사유는 불법행위의 경우와 같이 과실상계와 손익상계이다.

과실상계는 공평한 요청으로부터 인정되는 제도이다. 이 점도 불법행위와 같지만, 채무불이행의 경우에는 계약에 의해 채권·채무관계가 발생하고 있는 것이므로, 당사자는 그것에 따라 결과의 실현에 협력할 의무를 진다(신의칙). 판례도 보증보험계약에서 보험자가 피보험자에게 보험금을 지급함으로써 보험계약자에 대한 구상권을 취득한 때에는 보증인에게 이를 지체 없이 통지하여 상환의무의 발생을 알려 줌으로써 지연손해의 확대를 방지할 신의칙상 의무가 있다고 한다(92다4345). 그런 까닭으로 의무위반행위가 손해의 발생·확대에 영향을 줄 수 있다고 보이는 때는 감액이 이루어진다. 이러한 채권자의 손해경감의무에 관해 판례를 통해 살펴본다. 용선계약이 해지되면 용선시장의 사정과 거래관행 등을 고려하여 용선계약에 투입이 예정된 선박을 위 선박의 최종항차 종료일 후 다른 곳에 정상적으로 용선하여 손해를 줄여야 하고, 그 후 다른 곳에 정상적으로 용선하여 줄 수 있는 시점까지의 합리적인 기간 동안의 손해가 손해배상의 범위가 된다(2003다12083).

구체적인 요건·효과이지만, 조문을 보면(396조) 과실상계는 반드시 행할 필요가 있는 것 같이 볼 수 있다(이를 참작하여야 한다라고 되어 있다). 여기서의 과실은 사회통념상, 신의성실의 원칙상, 공동생활상 요구되는 약한 부주의까지 포함한다

(94다61120).[113] 또한 손해배상액을 영으로 할 수도 있다고 본다(금액만이 아니고 책임의 유무도 들어 있다). 이에 반해 계약위반으로 청구하는 손해배상과 불법행위를 구별하는 이유는 없다고 하는 비판도 있지만, 규정이 이렇게 되어 있는 것은 알아둘 필요가 있다. 실무에서 운용된 사례를 보면 불법행위와는 달리 채무불이행에 관해서 과실상계가 문제로 된 사건은 여태까지 별로 많지 않다.

다음으로 손익상계인데, 이것은 채권자가 입은 손해는 전보되어야 하지만 피해자는 계약위반(가해적) 사태가 없었더라면 그가 놓여 있었을(가정적) 상태보다 더 나은 상태에 놓여서는 안 된다는 취지이다. 다수설과 판례(2002다33502)는 그렇지만 채무불이행과 상당인과관계 있는 이익에 한정된다고 한다. 따라서 도급인이 보수를 청구할 때 재료비 등을 공제하는 것, 사망에 의한 일실이익으로부터 생활비를 공제하는 것 등을 그 예로 들지만, 이것들은 손해의 산정과정 중에서 이루어질 수 있다. 그러므로 실무에서 문제로 되는 것은 채무불이행으로 되는 사실에 의해 채권자가 제3자로부터 금전급부를 받는 경우(중복전보로 불림)에 관한 취급과, 구체적으로 사회보장급부나 보험금 등을 다루는 것이지만, 이러한 것들은 주로 불법행위 부분에서 논해지는 것이 많은 문제이므로 그쪽으로 자세한 설명을 미루는 것이 보통이다. 한편 손익상계를 할 수 있는지에 관한 판단에 주의해야 할 것도 있다. 증권회사 직원이 고객의 계좌를 이용하여 고객의 위임 없이 임의로 주식거래를 함으로써 얻은 이득은 고객에게 귀속되는 것이고, 손익상계를 할 수 없다(2001다2129).

나. 배상자대위 등

배상자대위라는 것은 채권자가 채권목적물의 가액 전액을 배상받을 때에는 그 물건에 관한 권리는 채무자에게 이전한다는 것이다(399조). 이중이득을 피하는 취지인데, 어떤 의미에서는 손익상계와 뒤집힌 관계에 서는 것이라고 해도 좋다.

더욱 여기에 덧붙여서, 대상청구권에 관해 한마디만 언급해 둔다. 예를 들어 본다. 건물임대차계약에서 그 건물이 계약당사자에게 책임을 돌려야 하는 사유에 의하지 않고 소실했다고 하자. 이 경우 임차인은 목적물(건물)반환의무를 면하지만 만약 임차인 자신이 건물에 관한 화재보험에 들었다면 보험계약의 피보험자로 보험금을 받을 수 있다. 그러나 임차인은 건물의 반환의무를 면하면서 동시에 보험금도 받는데, 임대인은 자기 건물을 잃어버리고 아무런 보상을 받지 않는다는 것은 우습지 않은가. 그래서 이 보험금으로 임대인의 손해를 전보하도록 한다는 것이 대상청구권이다. 수용으로 인하여 토지소유권이전등기의무가 이행불능된 경우 토지수용보상공탁금도 대상청구권에 근거한 것이다(92다4581,4598). 독일 민법에는 규정이 있지만, 우리나라에서도 이것을 인정하여야 한다는 견해가 통설·판례이다. 참고로 학설은 대상청구권은 이행불능의 효과이고, 예외적으로 인정되는 보충적 구제수단이라고 한다. 바꾸어 말하면 채권자에게 속하여야 하는 것이라고 한다. 대상청구에 관한 92다4598의 사안과 판지는 다음과 같다.

사실관계 4.1.23 대상청구 [92다4598]

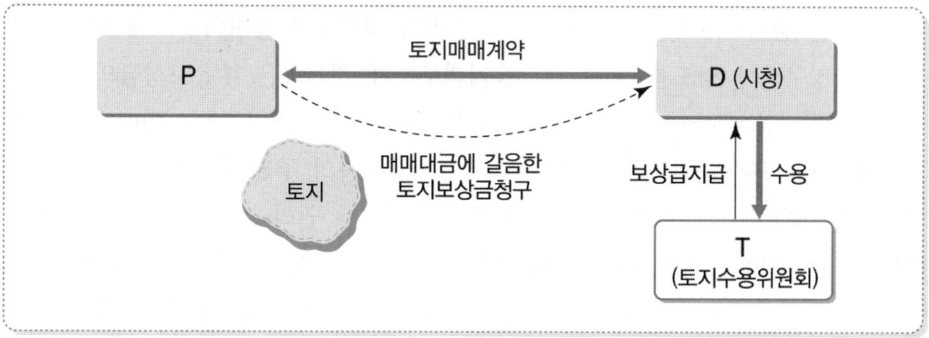

(1) P와 D 사이에 옐림복지타운의 진입도로에 편입되는 P의 토지에 관한 매매계약을 체결하였다. 목적물의 범위는 측량에 의하여 진입로 편입토지로 지적승인 및 고시된 면적을 기준으로 하되 측량기술상의 오차를 예상하여 그 범위 내에서 진입로 개설 후 실측평수에 따라 가감하기로 약정하였다. (2) T는 토지수용 후 D에게 보상금을 지급하였다. (3) P는 주위적청구로 이행불능 당시의 시가상당액에 의한 전보배상을, 예비적청구로 이 사건 토지가 수용됨으로써 D가 수령한 보상금의 지급을 구하였다.

이에 관해 대법원은 기본적인 전제(법리)로 다음과 같이 판시하였다. "우리 민법에는 이행불능의 효과로서 채권자의 전보배상청구권과 계약해제권 외에 별도로 대상청구권을 규정하고 있지 않으나 해석상 대상청구권을 부정할 이유가 없다."

위와 같은 판례의 취지를 살펴보면 대상청구를 하려면(대상청구의 요건) 채권자(원고)는 ① 물건 또는 권리의 급부를 목적으로 하는 채권이, ② 후발적불능으로, ③ 급부를 불능하게 하는 사정에 의하여, ④ 채무자가 불능으로 된 급부와 동일성이 있는, ⑤ 급부의 목적에 갈음하는 대상을 취득했다는 점을 입증하여야 한다(2003다35482). 대상청구의 대상으로 어떠한 것들이 있을까? 급부에 갈음하여 취득하게 되는 손해배상청구권이나 보험금청구권 또는 보상금청구권 '급부에 갈음하는 이익', 급부의 목적물을 법률행위(주로 계약)에 의하여 제3자에게 양도하고 그 대가로 취득한 반대급부 '거래행위에 기한 이익' 등을 들 수 있다. 대상청구권은 채권자가 청구하면 발생하는 채무자의 대상에 대한 권리를 채권적으로 대위할 수 있는 채권적청구권이므로 예컨대 위에서 든 수용보상금 자체가 등기청구권자에게 귀속되는 것은 아니다. 채권자가 입은 손해의 한도에서 반환을 청구할 수 있고, 손해배상청구권과의 경합관계에 있다(95다56910). 그러나 판례는, 매매의 목적물인 부동산이 수용 등으로 인하여 그 소유권이전등기의무가 이행불능이 된 경우 등기청구권자는 등기의무자에 대하여 대상청구권의 행사로서 등기의무자가 취득한 수용보상금청구권의 양도를 구하거나 등기의무자가 지급받은 수용보상금의 반환을 구할 수 있지만(95다56910 등), 이러한 대상청구권은 그 전제가 되는 매매계약이 유효하게 성립·존속하던 중에 매매계약상 등기의무자의 주된 의무인 소유권이전등기의무의 이행불능에 따라 등기권리자에게 주어지는 권리라 할 것이므로, 토지거래허가구역 내의 토지에 관한 매매계약으로서 아직 관할 관청의 허가를 받지 못한 관계로 미완성의 법률행위에 불과하여 소유권이전에 관한 물권적효력은 물론 채권적효력도 발생하지 아니하는 유동적무효 상태의 매매계약이 매매의 목적물인 부동산의 수용으로 인하여 객관적으로 허가가 날 수 없음이 분명해져 확정적으로 무효가 된 경우에는 특별한 사정이 없는 한 발생하지 아니한다(2008다54877)고 했다. 그리고 주의할 것이 하나 더 있다. 대상청구권을 행사하려면 상대방에 대하여 반대급부를 이행하여야 한다(95다6601). 한편 참고로 학설(통설)은 손해배상을 한 자의 배상자대위에 관하여 채권자의 보험금청구권은 배상자대위의 대상이 되지 않는다고 한다.[114] 그러므로 예컨대 건물의 임차인이 과실로 건물이 소실되어 임대인(소유자)에게 전보배상을 하더라도 임대인의 화재보험금청구권을 대위할 수 없다. 그러나 상법에 따른 보험자대위(상 622조)는 이와 다르다.

손익상계, 과실상계, 그리고 대상청구를 보험과의 관계를 중심으로 설명하면 아래와 같이 된다(도표 4.1.19).

도표 4.1.19 보험관계

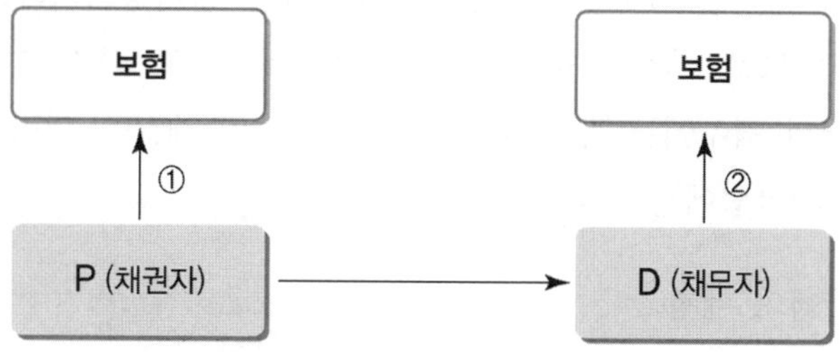

2. 손해배상액을 간략화하기 위한 규정

가. 금전채무의 특칙

손해배상액과 관련해서 금전채무에는 특칙이 있다(397조). 즉 배상액은 이자분에 한정되고, 그것은 법정이율을 원칙으로 한다(동조 1항). 금전채무불이행의 손해배상액의 약정이율이 법정이율보다 낮은 경우, 법정이율에 의하여 지연손해금을 정해야 하는지 여부에 관해 대법원은, 397조 1항은 본문에서 금전채무불이행의 손해배상액을 법정이율에 의할 것을 규정하고 그 단서에서 “그러나 법령의 제한에 위반하지 아니한 약정이율이 있으면 그 이율에 의한다”고 정한다고 되어 있는데, 이 단서규정은 약정이율이 법정이율 이상인 경우에만 적용되고, 약정이율이 법정이율보다 낮은 경우에는 그 본문으로 돌아가 법정이율에 의하여 지연손해금을 정해야만 하고, 우선 금전채무에 관하여 아예 이자약정이 없어서 이자청구를 전혀 할 수 없는 경우에도 채무자의 이행지체로 인한 지연손해금은 법정이율에 의하여 청구할 수 있으므로, 이자를 조금이라도 청구할 수 있었던 경우에는 더욱이나 법정이율에 의한 지연손해금을 청구할 수 있다(2009다85342)고 했다. 한편 채권자는 손해의 구체적인 내용에 불문하고 실제 손해가 그보다 적더라도 위와 같이 지연이자를 청구할 수 있다.[115] 금전채무불이행에서 채권자는 손해액을 입증할 필요가 없으나 반대로 입증해도, 그 이상의 금액을 얻을 수 없다(동조 2항). 참고로 학설은 채무자가 불가항력으로 채무를 이행하지 못한 때도 그 책임을 면하지 못한다고 한다.[116] 이처럼 처리하는 이유는 금전채권자가 입는 손해는 다종다양하여 간략화할 필요가 있다는 것과, 금전채무의 경우에는 불가항력이라도 면책되지 않는 요건이 엄격하므로 이것과 균형을 이루려는 것이라고 설명한다. 단지 고의에 의한 채무불이행의 경우에는, 실손해의 입증이 있다면 배상을 인정해야 한다는 견해가 유력하다. 외국법에는 그와 같은 입법예가 있다.

나. 손해배상액의 예정

당사자는 사전에 손해배상액을 미리 계약으로 정해둘 수도 있다. 이것을 손해배상액의 예정이라고 한다(398조). 이것도 손해배상을 간략화를 위한 제도이지만, 금액 결정방식에 의해, 다른 기능이 발생하는 점에 주의할 필요가 있다. 즉 있을 수 있는 실손해보다 더 큰 손해액을 배상한다고 계약으로 정한다면, 그것은 이행을 재촉하는 위약벌의 기능을 가지나, 반대로 실손해보다도 작은 손해액을 계약으로 정해두고 있다면, 그것은 책임제한을 하는 기능을 지닌다. 결국 손해손해액예정은 위약벌조항으로서도 책임제한조항으로서도 기능할 수 있다.

해석론상의 문제도 간단히 언급해 둔다. 첫째, 손해배상액예정조항이 있는 경우 법관은 이것을 적당히 감액할 수 있다는 재량규정이 있다(398조 1항). 본래 손해배상액의 예정은 계약자유의 원칙의 귀결이지만, 오늘날에는 그것이 공서양속위반이 되는 때는 별도로 처리되고 있다. 그 기준에 관해 판례는 채권자와 채무자의 지위, 계약의 목적 및 내용, 손해배상액을 예정한 동기, 채무액에 대한 예정액의 비율, 예상손해액의 크기, 당시의 거래관행, 실제의 손해액 등 모든 사정을 참작하여 사회관념에 비추어, 사실심의 변론종결시를 기준으로 하여 종합적으로 고려하여 감액할 수 있다고 한다(92다36212). 둘째, 해석에 관한 지침이 되는 규정이 있다(420조 3항, 4항, 5항). 이것들은 어디까지나 보충적해석을 하기 위해 만들어진 규정이기 때문에, 이행청구나 계약해제는 할 수 없고 손해배상예정액만 처리한다는 약정이나, 손해배상과는 다른 위약벌을 정한다는 약정도 그러한 취지인 것이 분명하다면 유효하다. 채무불이행으로 인한 손해배상액이 예정되어 있는 경우, 채무자가 자신에게 귀책사유가 없음을 주장·입증함으로써 그 지급책임을 면할 수 있는가? 참고로 학설은 긍정한다.[117] 판례는, 채무불이행으로 인한 손해배상액이 예정되어 있는 경우에는 채권자는 채무불이행 사실만 증명하면 손해의 발생 및 그 액을 증명하지 아니하고 예정배상액을 청구할 수 있고, 채무자는 채권자와 채무불이행에 있어 채무자의 귀책사유를 묻지 아니한다는 약정을 하지 아니한 이상 자신의 귀책사유가 없음을 주장・입증함으로써 예정배상액의 지급책임을 면할 수 있다. 그리고 채무자의 귀책사유를 묻지 아니한다는 약정의 존재 여부는 근본적으로 당사자 사이의 의사해석의 문제로서, 당사자 사이의 약정 내용과 그 약정이 이루어지게 된 동기 및 경위, 당사자가 그 약정에 의하여 달성하려고 하는 목적과 진정한 의사, 거래의 관행 등을 종합적으로 고찰하여 합리적으로 해석하여야 하지만, 당사자의 통상의 의사는 채무자의 귀책사유로 인한 채무불이행에 대해서만 손해배상액을 예정한 것으로 봄이 상당하므로, 채무자의 귀책사유를 묻지 않기로 하는 약정의 존재는 엄격하게 제한하여 인정하여야 한다(2006다9408)고 했다. 그러나 위약벌로서의 성질을 가진 손해배상의 예정에 관해 판례는, 단순 최저가 낙찰제에 의한 낙찰자결정방식에 따른 시설공사도급계약에 있어 예정가격의 100분의 85 미만에 낙찰받은 자는 예정가격과 낙찰금액의 차액을 차액보증금으로서 현금으로 납부하게 하고 채무불이행의 경우 차액보증금을 발주자에게 귀속시키기로 하는 약관조항은 차액보증금 약정이 위약벌로서의 성질을 가진 것으로서 손해배상의 예정에 관한 민법 제398조 제2항을 유추적용하여 그 액을 감액할 수는 없다(2000다56976)고 했다.

그러면 여기서 위에서 설명한 것을 좀 더 이해하기 위해 과다한 손해배상과 관련해서 눈을 돌려 약관의 규제에 관한 법률에 관해 살펴보자. 2000년 개정된 약관의 규제에 관한 법률(약관규제법)은, 상당한 이유 없이 사업자의 손해배상 범위를 제한하거나 사업자가 부담하여야 할 위험을 고객에게 떠넘기는 조항과 고의 또는 중대한 과실로 인한 법률상의 책임을 배제하는 조항을 무효로 하고(7조), 또한 고객에게 부당하게 과중한 지연손해금 등의 손해배상 의무를 부담시키는 약관조항은 무효로 하고 있다(제8조).

제2장 • 계약이행 실현을 향한 계약내용의 변경

지금까지의 우리는 계약의 이행에 관해서 임의의 실현(제1장), 강제에 의한 실현(제2장)이라는 2가지 국면에서 살펴보았다. 본장에서는, 말하자면 계약이행의 보충론으로서 채권이 임의로 실현되지 않는 상황에서, 바로 강제적인 수단으로 호소하는 것이 아니라 실현으로 향하여 짜낼(강구할) 수 있는 방책은 없느냐는 문제를 취급한다. 구체적으로는 우선 여기까지 다룬 형태에서는 취급하지 않았던 경개를 주제로 삼는다(제1절). 그리하여 그것과의 관계를 의식하면서 채무인수라는 문제에, 더욱이 그 연장선상의 제문제에 대해서 설명한다(제2절).

제 1 절 경 개

I. 개 관

1. 경개의 제도

경개란 채무의 중요한 부분을 변경함으로써 신채권을 성립하게 함과 동시에 구채권을 소멸시키는 계약이다(500조). 경개계약은 새로운 계약으로 민법전에서는 이것으로 구채권이 소멸하는 점에 착안하여, 채권의 소멸원인의 하나로 되어 있다.

경개는 신채권의 성립을 전제로 구채권을 소멸시키는 것이므로, 신채권이 성립하지 않을 때는 경개계약은 그 효력을 잃고 구채권은 소멸하지 않는다. 구체적으로 신채무가 불법원인 때문에 성립하지 않는 경우 신채무가 당사자가 알지 못하는 사정(예를 들면 이행불능의 경우)으로 성립하지 않는 경우 신채무가 취소된 경우(예를 들면 사기 · 강박의 경우)가 그 예인데, 민법은 이것을 주의적으로 규정하고 있다(504조).

경개에 의해 구채권이 소멸하면 구채권에 부수해 존재한 담보권도 소멸한다. 이것이 경개의 크나큰 결점이지만, 민법은 예외적으로 당사자는 경개계약에 의해 구채무를 담보하고 있던 질권·저당권을 신채무로 옮기는 것도 가능하다고 규정하고 있다(505조). 단지 제3자가 제공한 담보에 관해서는 그 자의 승낙을 필요로 한다(동조 단서).

2. 경개의 유형

경개에는 3가지 유형이 있다. 채무의 중요한 부분을 변경(교체)하는 것이 경개인데, 채무의 중요한 부분의 주요한 것으로서는 채무내용·채권자·채무자 3가지를 들 수 있기 때문이다.

(1) 채무내용을 변경하는 경개

이러한 형의 경개는 계약자유의 원칙에 비추어도 가능하다. 다만 계약유형에 의해서는 의문이 생기는 것도 없다는 의미는 아니다. 예를 들면 605조는 준소비대차에 관한 규정이다. 준소비대차란 기존의 금전채무 등(예를 들면 매매대금 채무와 같이 소비대차에 의하지 아니하고 금전 기타의 대체물을 지급할 채무)을 소비대차에 의한 채무로 변경하는 것이다. 변경한다는 표현을 사용한 것 같이, 이것은 일종의 경개임에 틀림없다. 605조에 특별한 규정이 두어진 것은 이렇게 교체될 때 현실로 금전이 수수되지는 않지만, 그래도 소비대차의 요물성에 저촉하지 않는다는 것을 보여주기 위해서다.

더욱 채무내용을 변경하는 경개와 대물변제의 이동(異同)에 관해서는 이전에 언급했는데, 거기에서는 계약의 유무라는 점에서 다르다고 서술하였다. 하나 더 덧붙여야 할 것은 대물변제가 이루어지면 그것으로 채무는 최종적으로 소멸하지만 경개의 경우에는 신채무는 여전히 존속한다는 점이 다르므로, 경개에서는 신채무가 성립하는 대신에 구채무가 소멸하는 데 지나지 않는다. 이 형식면에 착안하여 경개는 채권의 소멸원인이 된다는 것인데, 앞에서 서술한 대로 그 실질은 채무의 변경이나 다름없다. 반복하게 되지만 그와 같은 계약에 의한 변경에는 원칙상 문제는 없다.

(2) 채권자·채무자를 변경하는 경개

이러한 형의 경개는 어떤 것인가? 옛날 로마시대에는 이것들은 큰 의미를 가졌다. 채권의 동일성을 유지한 채 채권자가 교대하는(채권양도) 혹은 채무자가 교대하는 것(채무인수)이 인정되고 있지 않았기 때문이다. 그러므로 구채무는 소멸하게 하는 대신에 신채권자와 채무자 혹은 신채무자와 채권자와의 사이에 새롭게 채권을 성립시키는 것(경개)이 행해지지 않을 수가 없었다.

그러면 여기서 위에서 설명한 것을 좀 더 이해하기 위해 눈을 돌려 경개 규정의 존재의의에 관해 좀 더 자세히 살펴보자. 근대법에서 우선 채권양도가 승인되고, 이윽고 채무인수도 승인되었다. 그렇게 되면 경개에 의한 채권자·채무자의 변경에는 거의 의미가 없어진다. 판례도 기존채권이 제3자에게 이전된 경우 일반적으로 채권양도라고 한다(96다16612). 예를 들면 명문으로 채권양도·채권인수 쌍방을 인정한 독일민법에서는 경개에 관한 규정을 이제는 두고 있지 않다(채무내용을 변경하는 경개는 계약자유에 위임되고 있다). 그러나 일본법은 프랑스법과 함께 적어도 법전 수준에서는 채권양도만을 인정하는 단계에 머무르고 있다. 그래도 일본민법에서 채권자를 변경하는 경개는 불필요하고, 사실 이 종류의 경개는 새롭게 인정된 채권양도에 준하는 것으로서 규율되고 있다(502조). 그러나 일본 민법은 우리 민법과 달리 채무인수를 인정하는 규정은 두고 있지 않기 때문에, 일본 민법전상 채무자를 변경하는 경개에는 존재의의가 있다. 또한 판례·학설이 채무인수를 인정하다고 하더라도, 이를 규율할 때는 경개의 규정을 참조하는 것이 고려된다.

그러면 여기서 경개의 요건(사실)은 무엇인지에 관해 살펴보자. ① 소멸할 채무의 존재 및 그에 대한 처분제한(구채무가 존재하지 않거나 무효라면 경개도 무효), ② 신채무의 성립(채무가 원인의 불법 또는 당사자가 알지 못한 사유로 인하여 성립되지 아니하거나 취소된 경우 구채무가 소멸하지 않는다. 504조), ③ 채무구성요소의 변경이다. 다음은 효과를 볼 차례다. 구채무는 소멸하고 신채무가 성립하고(500조), 구채권이 소멸하면 구채권에 부수하여 존재하는 담보권도 소멸한다. 이것이 크나큰 결점이지만 민법은 예외를 인정한다. 그리고 당사자는 계약에 의해 구채무를 담보하고 있는 질권·저당권을 신채무로 이전하는 것이 가능하다(505조). 제3자가 담보를 제공한 경우에는 그의 승낙을 얻어야 한다(동조 단서).

Ⅱ. 경개의 기능

경개가 이상과 같은 것이라고 한다면, 실무에서 어떠한 기능을 다하는가? 채권자를 변경하는 경개에는 고유한 의미가 없다고 한다면, 채무내용을 변경하는 경개, 채무자를 변경하는 경개가 남는데, 모두 채권의 실현을 위한 채무내용의 변경으로서 이해할 수 있는 것은 아닌가? 2가지 종류의 경개에서 그 기능을 좀 더 상세히 살펴보아 둔다.

1. 채무의 경감

채무자가 변제기가 도래되어도 채무를 변제하지 않는 경우 채권자로서는 어떻게 하면 좋을까? 물론 강제집행도 고려되지만, 그것은 비용이 많이 들기도 하고, 또한 채무자의 재산이 부족한 때는 완전한 만족을 얻을 수 없다. '없는 소매는 흔들지 않는다'라는 속담처럼 채무자가 갑자기 돌변하면(태도를 바꾸어 뻣뻣하게 나오면, 정색하고 해볼테면 해보라고 나선다면), 채권자로서도 어떤 종류의 희생을 강요당하게 된다는 의미이다. 그렇다면 강행수단은 취하지 않고, 약간의 채무를 경감하게 해줘서 그 한도 내에서 채무자에게 임의로 계약이행을 재촉하는 편이 유리한 계책인 경우도 나온다.

변제기를 연장해 주는(약간 기다려준다) 것도 일종의 경감이지만, 한층 더 나가서 일부변제를 허락해준다(액수를 감한다)는 것도 생각된다. 경개에 의해 이런 것들을 실행할 수도 있지만, 일부러 경개를 하여 구채권을 소멸시킬 필요도 없이, 구채권을 유지한 채 기한의 이익을 다시 줄 수도 있다. 똑같이, 채권액을 감액하는 것도 경개에 의하지 않고 가능한가? 후자의 경우에는 채권 일부가 면제되었다고 말해도 좋다(506조).

2. 채무자의 변경

채무를 경감해 주는 정도에는 변제의 전망이 서지 않은 때도 적지 않다. 신속하게 채권회수의 손을 쓰지 않았기 때문에, 예상이 틀어지는 경우도 있을 것이다. 그래서 채권자로서는 재산 상황이 좋은 사람에게 남의 채무를 떠안게 해 주면 그것보다 더 좋은 것은 없다. 그 때문에 채무자를 변경하는 경개를 실행하는 것이 고려된다. 신·구 채무자 사이에 특별한 관계가 없다면, 남의 채무를 떠안게 해주는 것은 생각하기 어렵지만, 예를 들면 아이들의 채무를 부모가 떠안는다든가, 자회사의 채무를 모회사가 떠안는 것이 있을 수 있을 것이다.

이것은 제3자(부모나 친회사)가 채무자를 대신해서 스스로가 채무의 변제를 하는 것을 약속한다는 것이다. 물론 법적으로는 신채무자는 새로이 자신의 채무를 지는 것이지만, 실질적으로는 구채무를 제3자 변제로 소멸시키는 것을 약속한 것에 가깝다. 구채무자 쪽으로부터 보아도 대신해서 변제한다는 것에는 차이가 없다. 그러므로 채무자를 변경하는 경개는 채권자와 신채무자의 합의에 의해 가능하지만 구채무자의 의사에 반하여 할 수는 없다는 규정이 두어져 있다(501조). 469조과 비교해보기 바란다.

똑같은 것은 경개에 의하지 않고, 채무인수를 인정한다면 실현될 수 있다. 우리 민법과는 달리 일본 민법전에는 채권인수를 인정하는 규정은 없지만, 일본의 판례·학설은 일정한 요건을 토대로 이것을 인정하고 있다. 실무에서 경개가 가장 흔히 이용되는 예를 찾아본다면 국제거래라고 할 수 있다. 조선소에서 짓고 있는 선박에 관한 매매에서 선박의 매도인이 조선소(수급인)와 체결한 선박건조계약을 근거로 선박 매도인, 조선소, 선박 매수인의 3면계약(triparte contract)의 형식으로 된 경개계약(novation agreement)을 체결하고, 선박 매수인이 위 선박건조계약에서 발생한 선박 매도인(도급인)의 모든 권리·의무를 매수인에게 이전하게 하고 있다. 이 부분은 대단히 전문적인 해상법에 관한 지식이 필요한 것이므로 계약법 개설서인 본서에서는 이 정도로 마무리한다. 다음 채무인수에 관해 살펴본다.

제 2 절 채무인수

Ⅰ. 채무인수의 의의

1. 채무인수의 유형

채무인수는 채권 자체의 동일성을 유지하면서(구채권이 소멸하고 신채권이 성립하는 것이 아니라), 채무자가 변경(교대)되는 것을 목적으로 하는 계약이다(453조, 454조). 이에 반해 채권자가 변경(교대)되는 것은 채권양도였다. 전술한 것같이 일본 민법전에 채권양도를 승인하는 규정은 있으나 채무인수에 관한 규정이 없다(규정이 빠뜨려져 있다).[118] 판례 · 학설에 의하면 채무인수는 채무자의 의사에 반하지 않는 한 채권자와 인수인과의 사이에 채무를 인수하도록 하는 것으로서, 채무자의 변경에 의한 경개(501조)를 염두에 두고 있는 것을 엿볼 수 있다. 그러나 그 후에 독일법의 영향을 강하게 받아 이것과는 다른 사고방식을 취해서 오늘에 이르고 있다.

오늘날 채무인수는 통상 다음 2가지의 유형으로 구별되고 있다(도표 4.2.1).

도표 4.2.1 면책적채무인수

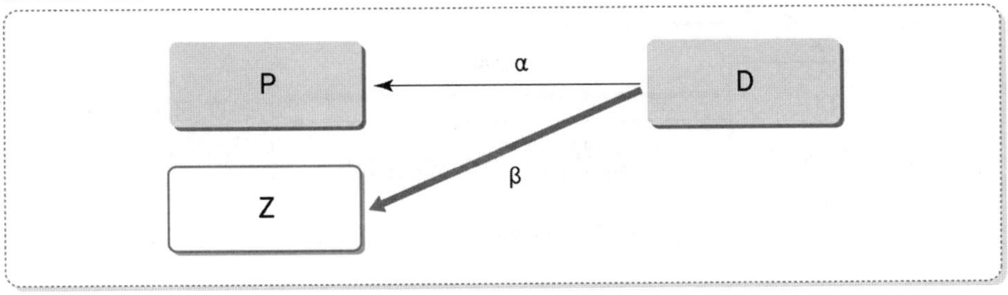

첫째 면책적채무인수로 불리는 것이다(도표 4.2.1). 이것은 종래의 채권 · 채무관계로부터 구채무자 P가 이탈(α)하는 것이다. P와 Z 사이의 계약만으로는 인정되지 않고 채권자 D의 관여가 필요하다. D의 채권 실현가능성은 채무자의 자력에 의존하고 있지만, 당초의 채무자에 대신하여 자력이 부족한 자가 채무자로 된다는 것을 D가 알지 못한다면 D의 기대를 현저하게 해치게 되기 때문이다. P, D와 Z의 3자가 삼면계약을 맺는 경우는 물론 P와 Z의 계약에 대해 D가 승인해주는 것도 좋다. 또한 D와 Z의 계약으로도 채무인수를 할 수 있다(이 경우 P의 의사에 반하는 것이 가능하냐는 문제는 남는다). 민법상 면책적채무인수의 요건으로 채권자의 동의가 필요하다(454조 1항). 채무를 인수할 자는 채권자에게 승낙 여부의 확답을 최고할 수 있다(455조 1항, 2항). 다음은 면책적채무인수의 효과이다. 채무인수로 채무인수인이 종래의 채무자에 갈음하여 채무자로 된다. 그러나 종래의 채무를 담보하는 저당권 등이 당연히 소멸하지는 않는다(96다27476)는 점에 주의할 필요가 있다. 그러면 여기서 잠깐 시야를 돌려 구채무자가 설정한 담보권(질권 · 저당권)의 운명은 어떻게 되는지에 관해 살펴본다. 참고로 학설(통설)은, 이들은 채무인수에도 불구하고 소멸하지 않는다고 한다. 그러면 구채무자의 채무를 담보하기 위하여 제3자가 담보를 제공하였거나 보증을 섰던 경우는 여기에 대한 예외인가? 물상보증인이 제공한 담보(질권 · 저당권)나 보증은 채무인수에 의하여 소멸한다(459조 본문). 그러나 보증인이나 물상보증인이 채무인수에 동의한 경우 소멸하지는 않는다(동조 단서).

면책적채무인수에 관한 96다27476의 사안과 판지는 다음과 같다.

사실관계 4.2.1 면책적채무인수 [96다27476]

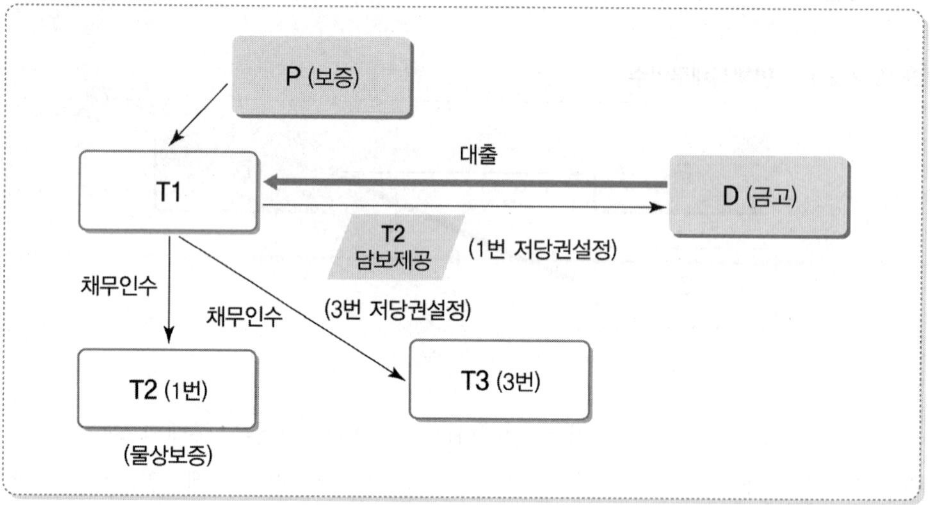

T1이 D로부터 대출받을 때 T2(물상보증인)가 담보를 제공하고, T2는 제1번 근저당권 피담보채무를, T3은 T2의 동의하에 제3순위 근저당권의 피담보채무를 인수했다. 이 사건에서 쟁점은 채무인수로 종래의 T1의 D에 대한 채무가 소멸하였으므로 저당권의 부종성의 결과 당연히 위 소멸한 채무를 담보하는 제1, 제3순위의 각 근저당권도 소멸하느냐이다. 채무인수로 물상보증인이 설정한 저당권의 채무자가 변경되는 경우 부동산등기법 57조에 따라 물상보증인의 승낙서를 첨부한 때에 한하여 저당권변경의 부기등기를 하게 되어 있다.

이에 관해 대법원은 기본적인 전제(법리)로 다음과 같이 판시하였다. "면책적채무인수는 채무의 동일성을 유지하면서 이를 종래의 채무자로부터 제3자인 인수인에게 이전하는 것을 목적으로 하는 계약으로서 채무인수로 인하여 인수인은 종래의 채무자와 지위를 교체하여 새로이 당사자로서 채무관계에 들어서서 종래의 채무자와 동일한 채무를 부담하고, 동시에 종래의 채무자는 채무관계에서 탈퇴하여 면책되는 것일 뿐 종래의 채무가 소멸하는 것이 아니다. 민법 제459조 단서에 규정된 채무인수에 대한 동의는 기존의 담보를 인수인을 위하여 계속시키는데 대한 의사표시를 의미한다. 물상보증인이 채무인수에 동의함으로써 소멸하지 아니하는 담보는 당연히 기존의 담보와 동일한 내용을 갖는 것" 이다.

둘째 병존적(중첩적 · 중복적)채무인수로 불리는 것이 있다(도표 4.2.2). 이것은 채무인수가 이루어져도 구채무자 P가 채권채무관계로부터 이탈하지 않는 것이다. 이때는 채무자 한 사람이 늘기만 하므로, D의 채권을 담보한 채무자의 자력이 느는 때는 있어도 줄어드는 것은 없다. 그러므로 병존적채무인수계약을 통해 이루어질 수 있다. 판례는 어느 쪽인지 분명하지 않다면 중첩적채무인수로 해석한다(2002다36228). 그렇다면 채무자와 병존적채무인수계약으로 채무자가 된 자 사이의 관계는 어떻게 되는가? 일본 최고재판소 판례는 병존적채무인수의 경우 구채무자 P와 인수인 Z는 연대채무의 관계에 선다고 하고 있다.[119] 한편 참고로 학설은 부진정연대채무로 해야 한다라는 이론(異論)도 있다. 진정한 연대채무와 부진정연대채무의 차이에 대해서는, 연대채무 부분에서 설명한다.

도표 4.2.2 병존적채무인수

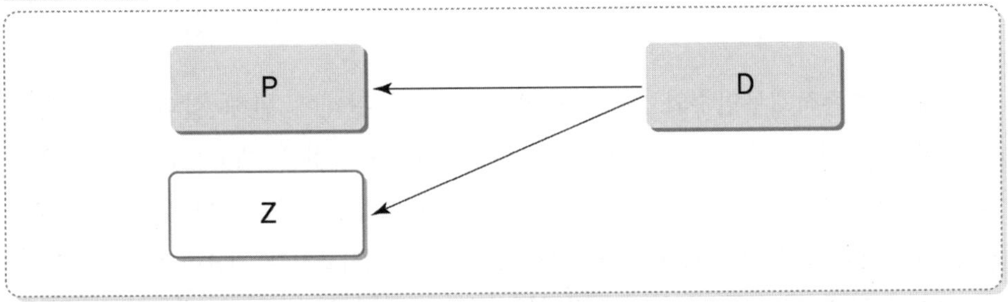

이상에 관해 2가지 점을 보충해 둔다. 첫째 어느 경우에도 채무는 그 성질상 이전이 가능하다는 것이 전제가 된다. 둘째 P와 Z 간의 면책적채무인수계약에 대해 채권자 D의 동의를 받지 않은 때도, 이것을 병존적채무인수로서는 유효하다고 할 수 있다(무효행위의 전환).

2. 채무인수와 이에 유사한 제도의 지위

다음으로 채무인수와 유사한 다른 여러 제도의 관계에 대해서 한마디 서술해 두고 싶다.

첫째, 채무인수(병존적채무인수와 면책적채무인수 참조)와 이행인수의 관계에 대해서 살펴본다. 이행인수도 역시 P와 Z 간의 계약으로 Z가 채권자 D에 대해 변제하기로 하는 것이지만, 이것과 채무인수의 큰 차이는 Z가 채권자 D에 대해 채무를 진다는 것은 아니라는 데 있다. Z는 D와의 관계는 어디까지나 Z가 제3자로서 D에게 변제하는 것일 뿐 채권자 D가 Z에게 직접 채권자로서 계약의 이행을 요구할 수 있다는 것은 아니다(도표 4.2.3).

도표 4.2.3 이행인수와 제3자를 위한 계약

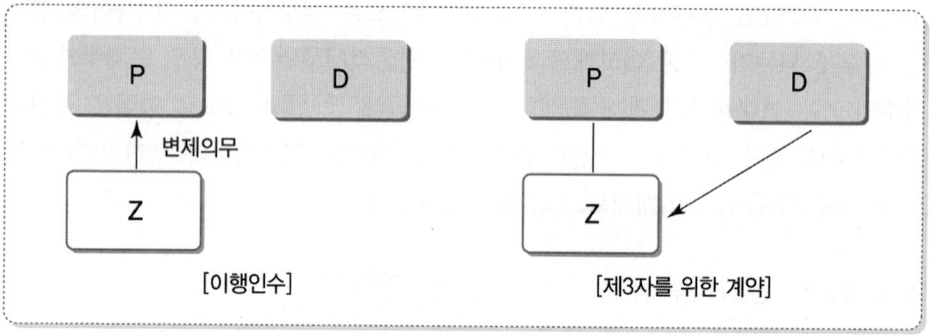

둘째는 병존적채무인수와 제3자를 위한 계약의 관계에 관해 살펴본다. P와 Z 간의 계약에 따라 병존적채무인수가 이루어진 때는 그것은 제3자를 위한 계약에 아주 가깝다. 참고로 학설은 이 유형의 병존적채무인수를 제3자를 위한 계약으로 구성하는 견해도 있다(그렇게 되면 제3자의 수익의 의사표시가 필요하게 된다). 그러나 D와 Z 간의 합의에 기한 병존적채무인수를 제3자를 위한 계약으로 구성할 수는 없다. 또한 제3자를 위한 계약(539조)에 관해서는 나중에 따로 설명한다.

셋째, 병존적채무인수와 연대보증의 관계에 관해 살펴보면 D와 Z 간의 합의에 기한 병존적채무인수는 오히려 연대보증에 가깝다(연대보증에 관해서는 뒤에서 다시 자세하게 설명한다). 한편 보증계약(주채무자가 이행하지 않을 때 이행할 의무를 지는 계약)은 주채무가 성립될 때 체결되는 것이 보통이겠지만, 주채무 성립으로부터 일정한 시간을 지나 보증을 해서는 안 된다는 규정도 없으므로, 양자의 한계는 애매하다. 물론 P와 Z 간의 계약에 따른 병존적채무인수는 연대보증과는 다르다.

Ⅱ. 확대적 채무인수론의 전개

1. 계약인수

이상과 같이 살펴보면 병존적채무인수를 인정하는 의미는 그다지 없다고 생각될지도 모르겠다. 확실히 법기술적으로 보면 이것을 다른 개념으로 환원할 수 없다는 의미는 아니다. 그러나 병존적채무인수는 면책적채무인수와 대비하여, 이와는 다른 채무인수일 수 있다는 것을 보여준다는 의미를 지니고 있다.

거듭 말하면 실은 면책적채무인수의 개념도 이와는 다른 개념과의 관계에서 나타난다. 연혁적으로 그것은 계약인수(혹은 계약상 지위 양도)라는 '현상'을 설명하기 위해 도입된 개념이었다. 계약당사자로서의 지위(예를 들면 매도인 · 매수인으로서의 지위와 임대인 · 임차인으로서의 지위)를 고스란히 계약에서 정해진 그대로 모든 것을 제3자에 이전시키는 것이 계약인수지만, 이것에 분석적으로 대처하기 위한 개념이 채무인수라는 개념이다.

결국 쌍무계약에서 계약당사자의 지위(예를 들면 매도인의 지위)를 분석하면, 거기에는 채권자로서의 지위(목적물인도청구권)와 채무자로서의 지위(대금지불의무)가 동시에 존재한다. 더욱이 이러한 계약으로부터 발생하게 되는 계약해제권이나 취소권도 그것에 붙어 있다. 바꾸어 말하면 계약인수란 채권양도+채무인수라고 생각하여, 계약을 체결하면서 각각의 요건을 갖추도록 하는 것이다. 그래서 채권도 채무도 양도되면, 그것에 동반하여 그들을 발생시킨 계약해제권 등도 이전한다고 생각한다. 일본 최고재판소 판례는 매도인으로서의 일체의 권리를 양수한 양수인 P의 계약해제권 행사에 관해 채무인수의 요건을 충족하지 않았다는 것을 이유로 계약인수를 부정[120]하고 있는데, 계약인수가 바로 이와 같은 사고방식에 서는 것이라고 말할 수 있지 않을까 생각된다.

이에 반해 아주 최근에는 현상으로서가 아니라 '법리'로서 계약인수를 구성하려고 하는 사고방식이 나타나고 있다. 이것은 계약인수=채권양도+채무인수라는 방식으로 계약인수를 분석적으로 생각하지 않고, 계약인수는 계약인수로서, 말하자면 총체적(일체적)으로 생각한다는 발상에 서 있는 것이다. 비교법적으로 이러한 접근방식은, 20세기 중반 이후에 성립한 이탈리아 민법전이나 포르투갈 민법전이 취하는 입장이라고 말하고 있다. 이들 나라에서는 채권 · 채무를 당사자로부터 분리하여 이른바 물처럼 취급하는 단계로부터, 계약 자체를 물처럼 취급하는 단계로 이행하는 법현상을 인정하고 있는 것이 아닌가 생각된다.

그런데 우리 민법 아래에서도 그와 같은 사고방식을 전개할 수는 없는가? 이 점은 더욱 검토가 필요하지만 여기서는 그것을 위한 문제해결의 단서가 되는 판례를 몇 개 들어둔다. 계약인수와 종전의 채권·채무 운명에 관한 2007다31990의 사안과 판지는 다음과 같다.

사실관계 4.2.2 계약인수 [2007다31990]

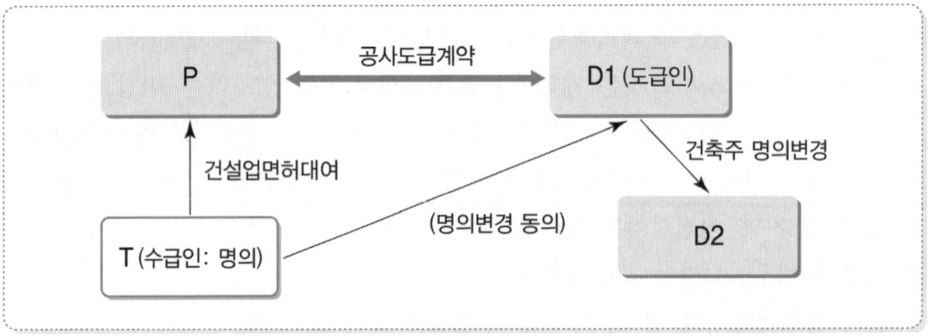

P는 D1과 건물신축공사도급계약을 체결했는데, 그 당시 P는 종합건설면허가 없어서 T 명의의 건설업면허를 대여받고 공사도급계약 체결시 수급인 명의는 T회사로 하되 P가 T로부터 일괄 하도급방식으로 정했다(공사대금도 T로부터 받음). T회사 동의아래 건축주 명의를 D1로부터 D2로 변경했다. 소송에서 D1은 자신이 T회사와 공사도급계약을 하였으나 건축주 명의를 D2로 변경함에 T의 동의하에 하면서 D2와 T 사이에 공사도급계약을 새로운 계약을 체결하였으므로 D1은 계약상의 도급인 지위에서 벗어났다고 주장했다. 이 사건에서 쟁점은 계약인수에서 양도인은 탈퇴하는지이다.

이에 관해 원심은 "D1은 여전히 위 계약상의 도급인으로서 공사대금을 지급할 채무를 부담한다. D2는 D1의 뒤를 이어 P와 도급계약을 체결함으로써 위 계약에 따른 D1의 채무를 병존적으로 인수한 것으로 봄이 상당하다." 그러나 이에 관해 대법원은 "Dt(D1+D2)(피고들)는 T를 계약의 당사자로 이해하고 이 사건 도급계약을 체결하였다고 봄이 상당하다. D1은 D2에게 이 사건 건축공사의 도급인의 지위를 양도하고, 수급인인 T 회사가 이에 동의하였으므로, D1은 이 사건 도급계약관계에서 탈퇴했다. 계약 당사자로서의 지위 승계를 목적으로 하는 계약인수는 계약상 지위에 관한 양도인과 양수인 사이의 합의와 나머지 당사자가 이를 동의 내지 승낙하는 방법으로도 할 수 있으며, 나머지 당사자가 동의 내지 승낙을 함에 있어서 양도인의 면책을 유보하였다는 등의 특별한 사정이 없는 한 양도인은 계약관계에서 탈퇴한다" 판시하였다.

임대인의 지위의 양도에 관한 일본 최고재판소 판례는 토지임대차에서 임대인이 토지를 양도한 때에 제3자가 임대인의 지위를 인수받았는데, 임차인이 자신의 승낙이 없었으므로 임대인의 지위양도는 무효라는 주장했던 사안에서 임대인의 의무는 임대인이 누구라도 임대차계약상 임대인의 이행방법이 다르지 않다고 전제하고, 이 지위의 양도는 오히려 임차인에게 유리하므로, 일반 채무인수의 경우와는 달리, 임차인의 승낙 없어도 충분하다고 판시하였다.[121] 참고로 학설은 이것을 더욱 일반화하여, 임대인의 지위와 같은 물건에 밀착한 지위에 관해서는 물건과 함께 이전하는 것을 원칙으로 하는 것이라는 주장도 나타나고 있다. 이와 같은 사고방식을 인정한다고 하면, 계약상의 지위는 꽤 '물'에 가깝게 된다.

일본 최고재판소 판례 하나는 골프클럽(golf club)에 관한 골프회원권의 양도에 관한 사안(도표 4.2.4)에서 회원권(채권적 계약관계)의 양도에는 채권양도에 준하여 제3자에 대한 대항요건으로서 확정일자 있는 통지・승낙이 필요하고 또 그것으로 충분하다고 하였다.[122] 지금까지 관행으로 해온 회원권 명의개서(클럽은 사전 심사를 한 뒤에 승인을 해 주는 절차를 마련함으로써, 회원으로서 부적절한 자를 배제한다)는, 클럽과의 관계에 필요한데 지나지 않는다는 것이다. 단지 종래의 골프장회원권 거래 실상을 고려한다면, 명의개서를 완료했다면 제3자가 대항요건의 결여를 주장하는 것은 신의칙상 허락되지 않는다고 하고(보충의견도 참조), 더욱이 명의개서의 완료도 독립한 대항요건이 될 수 있다고 하는 반대의견도 붙여져 있다. 골프회원권 양도의 대항요건을 법리상 어떠한 것으로 하느냐는 아직도 어려운 문제로 남아 있다. 왜냐하면 단순한 채권의 이전과 다르기 때문이다. 그러나 이것을 계약상의 지위의 이전으로 인정된다는 것을 전제로, 합리적인 대항요건이 있는 쪽이 모색되고 있다.

도표 4.2.4 골프회원권 양도

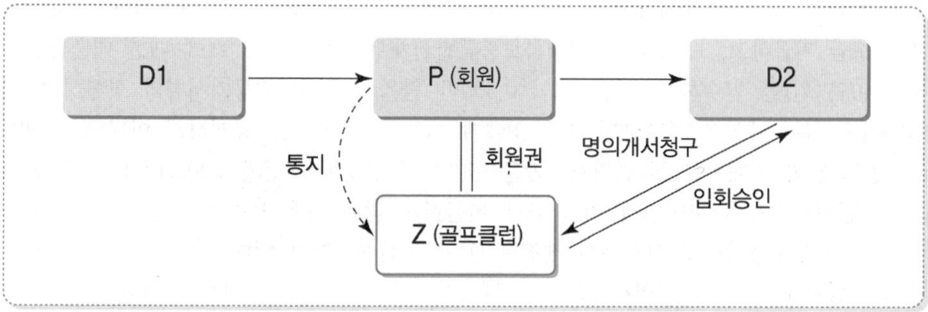

그리고 위 판결에서 다수의견과 같이 골프회원권 양도에서 당사자 간의 관계와 클럽에 대한 관계를 분리하여 생각하면 계약상의 지위인 골프회원권도, 당사자 간에는 그것 자체가 「물」이 된 것같이 권리이전을 할 수 있다는 것(주식의 경우와 대비하라)은 확인해 둘 가치가 있다.[123]

여기서 잠깐 시야를 돌려 앞에서 잠깐 설명한 이행인수에 관해 좀 더 자세히 살펴본다. 이행인수에서 채무자와 제3자 사이의 관계에서 이행인수인은 채무자의 채권자에 대한 채무를 이행하여야 할 의무를 채권자에게가 아니라 채무자에 대하여 부담한다는 점에 주의해야 한다. 예컨대 P와 Z 간의 합의에 의해 Z가 채권자 D에 대해 변제하기로 하는 것이지만, 채무인수와의 차이는 Z가 D에 대해 채무를 진다는 것은 아니다. 그러므로 D는 Z에 대해 Z의 채권자로서 이행을 요구할 수 있다는 의미가 아니다. 이행인수와 최고에 관한 2004다13083의 사안과 판지는 다음과 같다.

사실관계 4.2.3 이행인수와 최고 [2004다13083]

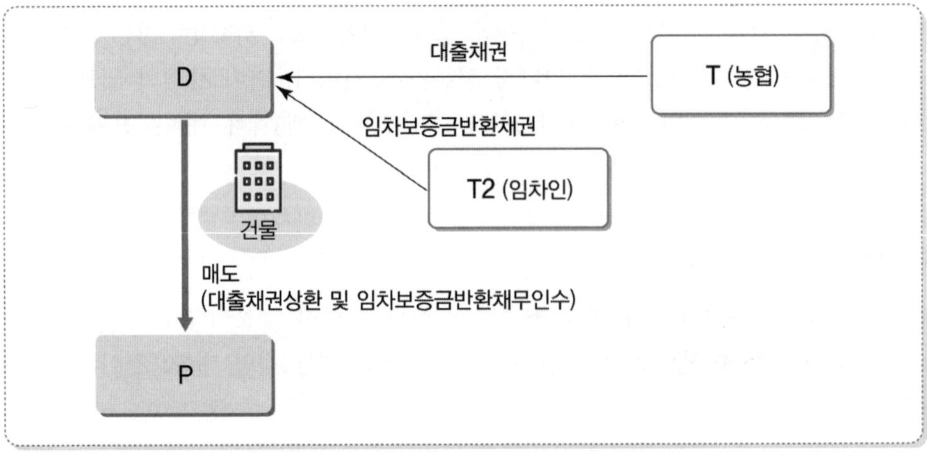

P와 D가 부동산매매계약(90억 1,500만 원)에 따라 부동산을 매수하면서 P는 계약금과 중도금 지급하고, T2에 대한 임대차보증금반환채무(10억 원)와 T1에 대한 대출금상환채무(40억 원)를 인수하고, 잔금 23억 6,500만 원을 소유권이전등기서류와 상환하여 지급하기로 하는 계약을 체결했다. D는 P에게 대출금상환채무를 공제하지 아니하고 계약금, 중도금 및 임대차보증금반환채무만을 공제하여 산정한 잔금을 2002.12.20.까지 현금으로 지급할 것을 최고하면서 기일 내에 완불하지 않는 경우 P에게 전적으로 위약책임이 있음을 통보했다. 이 사건에서 쟁점은 ① 부동산매수인이 매매목적물에 관한 근저당권의 피담보채무를 인수하면서 그 채무액을 매매대금에서 공제하기로 약정한 경우 매수

인은 매매대금에서 그 채무액을 공제한 나머지를 지급함으로써 잔금지급의무를 다하게 되는가? ② 부동산매매계약과 함께 이행인수계약이 이뤄진 경우 매수인의 손해배상채무 또는 구상채무가 매도인의 소유권이전등기의무와 동시이행 관계에 있는가이다.

이에 관해 대법원은 기본적인 전제(법리)로 다음과 같이 판시하였다. "부동산의 매매목적물에 관한 근저당권의 피담보채무를 인수하고 그 채무액을 매매대금에서 공제하기로 약정한 경우 이는 이행인수이다. 그러므로 매수인은 위 채무를 현실적으로 변제할 의무를 부담한다고 해석할 수 없으며, 특별한 사정이 없는 한 매수인은 매매대금에서 그 채무액을 공제한 나머지를 지급함으로써 잔금지급의무를 다하였다. 매매목적물에 관한 근저당권의 피담보채무를 인수한 매수인이 인수채무의 변제를 게을리함으로써 매매목적물에 관해 경매절차가 개시되고 매도인이 경매절차의 진행을 막기 위해 피담보채무를 변제한 경우 매도인이 이를 이유로 매매계약을 해제할 수 있다. 채무액을 초과하여 과다한 이행을 요구하는 이행최고 및 이에 터잡은 계약의 해제는 효력이 없다. 피담보채무액을 매매대금에서 공제하기로 한 약정은 채권자(농협)의 승낙이 있거나 특별히 그 채무를 면책적으로 인수하기로 약정했음을 인정할 자료가 없으므로 면책적채무인수가 아니라 이행인수이다. P의 T에 대한 대출금상환의무와 D의 소유권이전등기절차 이행의무는 동시이행관계에 있지 않다."

한편 이행인수와 병존적채무인수는 유사한 점이 많지만 이 둘을 어떻게 구분할 수 있는가? 부동산 매수인이 근저당채무 등 그 부동산에 결부된 부담을 인수하고 그 채무액만큼 매매대금을 공제하기로 약정하는 경우 그것은 채무인수인이 그 채무부담에 상응하는 대가를 얻을 때에는 특별한 사정이 없는 한 원칙적으로 이행인수가 아닌 병존적채무인수라고 한다(2007다54627).

그러면 여기서 위에서 설명한 것을 이해하기 위해 눈을 돌려 병존적채무인수와 제3자를 위한 계약의 관계는 어떤지에 관해 살펴보자. 예컨대 P와 Z 간의 합의에 근거하여 병존적채무인수가 이루어진 경우 제3자를 위한 계약에 가깝다. 한편 이 유형의 병존적채무인수를 제3자를 위한 계약으로 구성하는 견해도 있다. 단 수익의 의사표시가 필요하다(539조 2항). 그렇다면 우리 판례는 어떤 입장에 서 있을까? 제3자를 위한 계약의 판별기준에 관한 97다28698의 사안과 판지는 다음과 같다.

사실관계 4.2.4 제3자를 위한 계약 [97다28698]

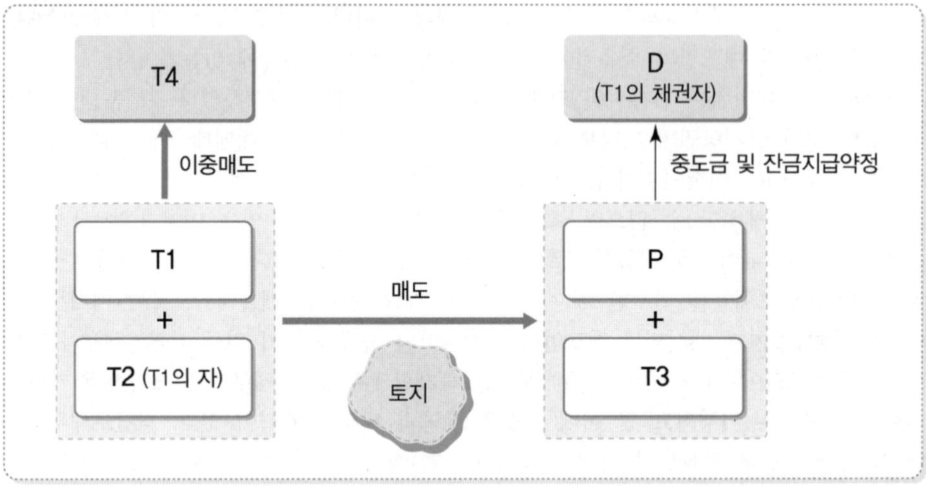

T1과 T2는 공동매수인 P와 T3에게 토지 중 1/2 지분을 매도(8.9억 원)하면서 계약금 1억 원 외 중도금 및 잔금(1992.3.31.기일)은 P가 D에게 직접 지급하기로 약정하고, 중도금 2.97억 원을 D의 구좌에 입금했다. 그러나 T1은 그 후 T4에게 이중매도하고 1992.8.7. 소유권이전등기까지 완료했다. 이중매도 직후 P는 그 사실을 알고 지급된 금원을 반환받을 목적으로 담보가치도 없는 T1 소유의 공주시 소학동 산 44 임야 15,471㎡ 및 5필지에 대하여 채권최고액 금 450,000,000원, 근저당권자를 P로 한 근저당권을 설정 받고, T1에게 그때까지 지급한 계약금 및 중도금에 해당하는 금액 390,000,000원인 약속어음을 교부 받았다(1993.11.20.경 부도남). 그래서 P는 위 계약을 해제하고 이미 지급한 계약금 및 중도금에 대해 부당이득반환청구를 했다. 이 사건에서 쟁점은 제3자를 위한 계약과 이행인수의 구별기준은 무엇이냐이다.

이에 관해 원심은 "① P는 위 중도금과 잔금을 지급하는 대신 이 사건 부동산 지분을 취득하고, P의 매도인들에 대한 위 중도금 및 잔금은 D에게 그 대금 상당의 금원을 지급함으로써 지급에 갈음하기로 하였고 ② T1의 D에 대한 채무는 P가 위와 같이 D에게 금원을 지급함으로써 일응 소멸하는 것이다. 그러므로 이 사건 매매계약은 P를 낙약자, 매도인들을 요약자, D를 제3자로 하여 P와 매도인들 사이에 위 ①의 보상관계 및 매도인들과 D 사이에 위 ②의 대가관계가 모두 존재하고, D로 하여금 P에 대하여 위 중도금 및 잔금에 대한 직접청구권을 행사할 권리를 취득케 하는 제3자를 위한 계약에 해당하고, 동시에 이 사건 약정은 P가 T1의 D에 대한 채무를 인수하는 병존적채무인수에도 해당한다" 판시하였다. 이에 관해 대법원은 기본적인 전제(법리)로 다음과 같이 판시하였다. "부동산을 매매하면서 매도인과 매수인 사이에 중도금 및 잔금은 매도인의 채권자에게 직접 지급하기로 약정한 경우 그 약정은 매도인의 채권자로 하여금 매수인에 대하여 그 중도금 및 잔금에 대한 직접청구권을 행사할 권리를 취득케 하는 제3자를 위한 계약인 동시에 병존적채무인수에도 해당한다. 제3자를 위한 계약과 이행인수의 판별 기준은 계약 당사자에게 제3자 또는 채권자가 계약 당사자 일방 또는 인수인에 대하여 직접 채권을 취득케 할 의사가 있는지 여부에 달려 있다. 구체적으로 계약체결의 동기, 경위 및 목적, 계약에 있어서의 당사자의 지위, 당사자 사이 및 당사자와 제3자 사이의 이해관계, 거래관행 등을 종합적으로 고려하여 그 의사를 해석하여야 한다." 대법원은 다음과 같이 적용하였다. "P는 이 사건 매매계약에 따른 잔금을 지급하지 못하게 되자 이미 지급한 계약금 및 중도금에 해당하는 금원을 회수하고자 T1로 하여금 이 사건 부동산을 제3자에게 매도하는 것을 허락함으로써 이 사건 매매계약을 합의해제 하였다고 볼 여지가 있다."

2. 계약결합

여기서 교과서 수준에서는 그다지 논의하지 않는 주제를 하나 취급해 둔다. 계약결합이라 부를 수 있는 일련의 현상에 관한 것이다(도표 4.2.5 · 6 · 7). 오늘날에는 IT산업의 발달과 활발한 상거래사회에서는, 당사자를 다르게 하는 한 복수의 계약이 상호 관련성을 가지면서 존재하는 것이 적지 않다. 예를 들면 다음과 같은 유형을 지적할 수 있다.

첫째, 어떤 물이 P로부터 D, D로부터 Z에게 차례로 이전하는 형태의 계약(①)이다(연쇄계약, 도표 4.2.5). 유통경로가 처음부터 설정되어 있고, 많은 경우에는 제조업자 P에 의해 통제되고 있다는 점에서, 단순한 전매와는 다르다. 둘째는, 계약의 일방 당사자 D의 권리 · 의무를 그자에 종속하는 하위의 자 Z가 대행하는 형의 계약(②)이다(하위계약, 도표 4.2.6). 하도급과 복위임 등 전형적인 예이지만 좁게는 전대차도 그 한 예이다(도급계약과 임대차계약에서 자세하게 본다). 셋째, 복수의 계약 배합에 의해 어떤 목적이 달성된다는 형태의 계약(③)이다(복합계약, 도표 4.2.7) 신용카드계약(고객 P가 가맹점 D에서 구입한 상품대금을 신용카드회사 Z가 대신 지급한다. 법률상으로 할부구매알선이라고 한다[124]) 등이 그 예이다(신용카드계약에 관해서는 나중에 따로 지면을 만들어 자세하게 설명한다).

도표 4.2.5 계약결합유형 A－① 연쇄계약

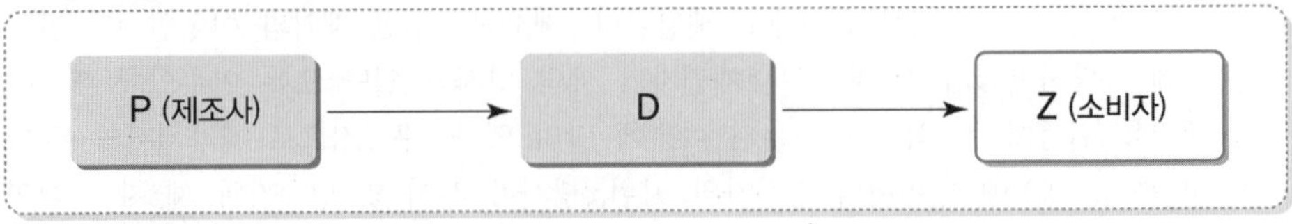

도표 4.2.6 계약결합유형 B－② 하위계약

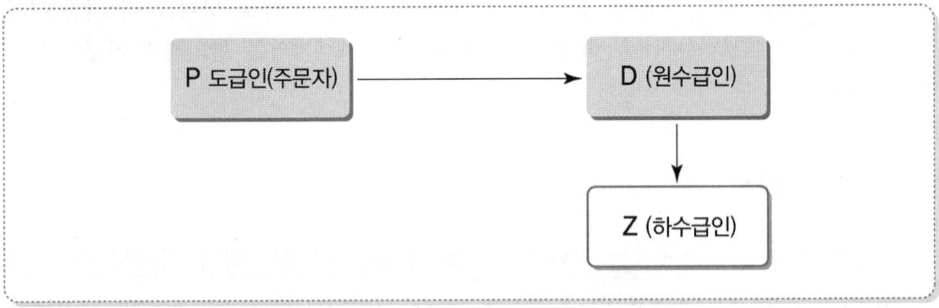

도표 4.2.7 계약결합유형 C－③ 복합계약

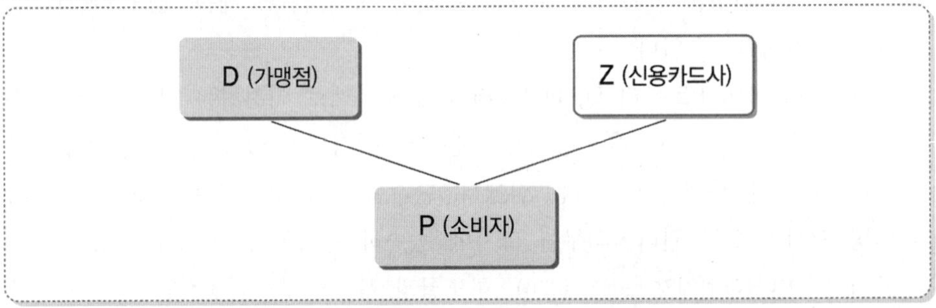

이것들은 각각 어떤 면에서 계약인수와 유사한 부분을 가지고 있다. ①의 경우에는 D의 매도인으로서의 지위가 Z에게 이전된다고 본다면, 제품에 하자가 있는 때 Z는 P에 하자담보책임 추궁을 할 수 있게 된다. ②의 경우에는 Z가 P에게 직접 하도급대금채권을 행사할 수 있고 또 Z가 제공한 재료로 건축된 가옥에 대한 P의 소유권 취득을 인정할 수 있는 길이 열린다. ③의 경우에는 D의 매도인으로서의 지위를 Z가 승계하고 있다고 생각하면 P는 D에 대한 항변을 가지고 Z에게도 행사할 수 있다고 생각할 여지가 있다.

그중에서도(특히) ①②에는 계약인수와 공통된 요소를 찾기가 쉽다. 다만 이들 경우에는 당사자의 합의에 따라 지위가 이전한다는 것보다도 이미 만들어진 계약결합의 구조에 따라서 지위가 이전한다고 설명해야 하고, 그 의미에서 계약의 '물'화가 더욱 더 진행하게 된다. ①②에 비교하면, ③은 다소 성질이 다르고, 이미 앞에서 서술한 설명보다도, 차라리(오히려) 2가지의 계약이 상호의존적 관계에 있다고 생각해야 한다고 본다(①②는 말하자면 직렬형결합이지만, ③은 병렬형결합이다). 그러나 원래는 독립된 2가지 계약이 구조적으로 결합되어 있으므로 그것들의 계약의 당사자의 범위를 넘어선 법률관계가 발생한다는 한도에서는, ③에도 ①②와 공통된 면을 간파하는 것이 가능하다. 여기서는 이 정도로 분석하는 데 그치지만 오늘날에는 계약인수를 넘어서, 이와 같은 현상에 접근할 필요도 있다는 것을 강조해 둔다. 마지막으로 조금 이론적인 정리를 해 둔다. 다음 도표를 보기 바란다(도표 4.2.8).

도표 4.2.8 도급계약에서 하수급인의 지위

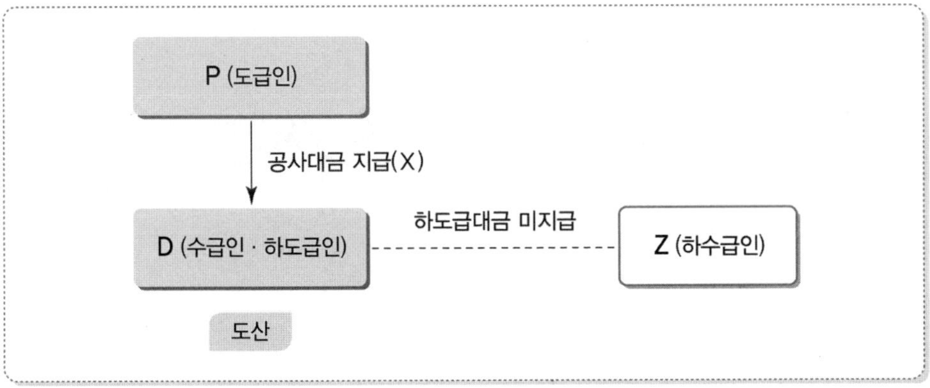

이상의 다양한 제도 중에서, 우리 민법전에 존재하는 것은 변제에 의한 대위·경개·채권양도 3가지이다. 역사적으로 전2자가 오래되고 채권양도는 새롭다. 채권양도는 전2자로부터 생겨났다고 해도 좋다. 그리고 한편으로는 채권양도, 다른 한편으로는 경개를 매개로 하여 채무인수라는 개념이 생겼고 우리나라에도 거의 정착했다. 그에 앞서 계약인수라는 개념이 있고, 이것도 점점 인정되어가고 있다. 더욱이 계약결합이라는 현상으로부터 새로운 법개념이 생겨날 가능성도 있다. 이와 같이 새로운 개념이나 제도는 기존의 개념·제도를 계단으로 하여 태어난 것이다. 그렇기 때문에 새로운 개념·제도의 이해에는 전제가 되는 개념·제도로 되돌아가 다시 한 번 생각할 필요가 있다. 다른 한편 일단 어떤 개념·제도가 정착하면, 옛 제도·개념은 필요하지 않거나 새로운 개념·제도에 종속하는 것이 있다. 경개는 어느새 실무에서는 거의 쓰이지 않는다고 보는 것이 옳고, 대위는 물론 채권양도에 의해 설명되고 있다. 대위·경개·채권양도에는 채권양도가 기본적인 제도로 여겨지는 것처럼 되고 있다.[125] 이상과 같은 제도 발전의 활력은 알고 가는 것이 좋다고 생각한다.

제 5 편

계약상 권리의 보호(보전)

제1장 채권의 상대성

제2장 계약상 권리에 관한 제3자의 침해(채권침해)

제3장 계약당사자의 책임재산의 보전

제1절 채권자대위권

제2절 채권자취소권(사해행위취소권)

제1장 • 채권의 상대성

이제까지 설명한 바와 같이(임의·강제를 묻지 않고) 채권의 실현을 꾀하기 위해 민법은 다양한 규정을 두고 있다. 어떤 의미에서는 그것들 또한 채권을 보호하는 것에 틀림이 없다. 그러나 지금부터 서술하는 채권의 보호란 (넓은 의미에서의) 제3자와의 관계에서의 채권자의 보호이다. 본래 채권은 채무자에 대한 인적인 권리이고, 제3자와는 상관이 없다. 그래서 본론에 들어가기에 앞서 제3자와의 관계에서 채권이 가지는 효력(채권의 효력이 영이라는 뜻), 즉 채권의 상대적 효력(상대효)에 관해 설명하고, 지금부터 취급하는 문제의 자리매김을 해두고 싶다. 상대효의 의미와 귀결로 나누어 생각해 보자(Ⅰ, Ⅱ).

Ⅰ. 채권의 상대성의 의미

1. 채권이 상대적인 것이란 무슨 의미인가?

이전에 물권과 채권의 구별에 대해 서술할 때, 물권의 배타성에 대해 채권의 비배타성, 물권의 절대성에 대해 채권의 상대성이라는 대비를 해 두었다. 그러나 이제부터 말하는 상대성은 이른바 넓은 의미에서의 상대성이고, 비배타성을 포함한 것으로 생각하고 싶다. 사실 양자는 밀접하게 연관되어 있다.

채권의 상대성(광의)의 의미를 조금 더 설명해 둔다. 물권은 물건에 대한 권리이다. 그러므로 어떤 권리가 물권이라면 하나의 물건에 대해 동일한 권리는 하나밖에 존재하지 않는다(일물일권주의). 그러나 채권은 사람에 대한 권리이기 때문에 같은 내용의 권리가 복수로 성립하는 것도 있을 수 있게 된다. 왜냐하면 물건은 아무런 의식이 없는 존재지만 인간은 그의 경제적 능력이 허락하는 한 다양한 형태로 다른 사람과 다양한 거래를 할 수 있기 때문이다. 예컨대 임차권과 같이 물건을 대상으로 한 권리라고 해도, 사람을 매개로 한 권리인 이상 같은 것이 된다.

이것은 이른바 권리의 객체인 물 또는 인(채무자)으로부터 본 얘기다.

그러면, 권리의 주체 측으로부터 보면 어떻게 될 것인가? 물권은 물에 대한 권리이고, 그것은 제3자에 대해 즉 넓게 세상에 대하여 주장할 수 있는 권리이다(대세효). 그러나 채권은 사람에 대한 권리이므로, 어떤 사람에 대해 권리를 가지고 있는 것을 다른 사람들에게 법 체계상 주장할 수 없다.

결국 채권은 간단히 성립하지만 그것은 세상으로 향해서는 주장할 수 없다. 감각적으로 표현하면 채권은 부드러운 권리, 물권은 엄격한 권리라고 표현할 수 있다. 이와 같은 채권의 성질(상대성)을 2가지 측면으로부터 조금 더 분석해 보자.

2. 상대성의 2가지 측면

가. 채권은 채무자의 의사에 의존한다(의존성)

채권이 사람에 대한 권리라는 것은 그것이 채무자의 의사에 의존한 것이라는 걸 의미하고 있다. 즉 채권의 실현여부는 오로지 채무자의 의사에 달려있고, 채권자로서는 계약의 이행을 촉구하고, 그리고 채무불이행이 있다면 채무자에 대해 강제수단(강제집행이나 해제)을 취할 수밖에 없다. 이처럼 생각하면 다음과 같은 결과가 생긴다는 것이다.

첫째, P(채권자)가 D(채무자)에 대하여 가지고 있는 것과 동일한 내용의 채권을 Z가 취득함으로써, P의 권리가 사실상 침해를 당했다고 해도, 그것이 D의 의사에 의한 것인 이상, D가 채무불이행 책임을 지는 것은 있어도, Z에게는 어떠한 책임이 생기는 것이 아니다. 결국 제3자 Z에 의해 P의 채권이 침해된다는 것이 있을리 없다는 것이다.

둘째, P의 채권은 채무불이행의 경우 그것이 금전채권이면 직접, 기타 채권이라도 최종적으로는 손해배상청구권이라는 형태로, 채무자 D의 재산을 경매에 부쳐 환가해서 배당을 얻는 방법으로 실현된다. 그래서 채무자 D가 채무를 변제하는 데에 충분한 재산(강제집행을 상정한 경우에 그 대상으로 되는 D의 전 재산을 책임재산이라 부름)을 가지고 있지 않은 처지에 놓이게 된다면, P의 채권은 회수불능으로 될 위험이 있게 된다. 따라서 P로서는 D가 책임재산을 감소시키지 않기를 바랄 것이다. 그러나 자신의 재산을 어떻게 사용하는가는 D의 자유이고, 채권자라는 것밖에는 P가 이러니저러니 말할 수 있는 처지가 못 된다.

나. 채권은 물에 대한 지배가능성이 희박하다(희박성)

채권이 사람에 대한 권리라고 하는 것은 그것이 물에 대한 강한 지배력을 가지지 않는다는 것을 의미한다. 이 의미는 더욱더 2가지로 나누어 생각할 수 있다. 하나는 채권의 목적물에 대한 물적지배가 간접적인 것에 머무른다는 것이다. 즉 채무자를 통해 지배한다는 것이다. 예를 들어 임차권은 물건의 이용에 관한 권리이기는 하지만 그것은 채무자에게 빌려주기를 구하는 권리이고 확실히 물건에 대한 직접적 권리는 아니다. 그렇다면 실제로는 빌려줘서 받을 수 있을지 여부는 채무자의 의사에 의존하는 것으로 된다. 결국 이것은 채권이 채무자의 의사에 의존한다는 사실의 이면에 지나지 않는다. 이것과는 별도로 또 하나는 채권의 경우에는 채무자의 재산일반에 대한 지배력이 약하다는 것이 중요한 것이다(일반재산이란 채무자의 재산 중 담보에 제공된 재산을 특정재산이라고 부르는 데 대한 반대말이다). 그러므로 다음과 같은 귀결이 생긴다.

첫째, 채무자가 재산을 유출하게 하는 것을 저지할 수 없다. 채무자가 처분한 재산에는 채권자의 손이 닿지 않는 것이다(채권자가 손을 댈 수가 없다). 둘째, 자신과 같은 지위에 선 채권자가 늘어남으로써, 상대적으로 책임재산이 줄어 가는 것도 저지할 수 없다. 결국 채권은 넓은 의미로는 사실상 채무자의 재산을 담보하고 있는 것임에도 불구하고, 그 재산의 귀추에 직접적으로는 관여할 수 없다.

이상의 2가지 측면은 표리관계에 있고 서로 겹치는 부분도 있지만, 겹치지 않는 부분도 있다.

3. 채권의 상대성에 대한 예외적인 제도

채권의 보호에 관해서 이하에서 다룰 주제는 채권침해, 채권자대위권, 사해행위 취소권, 법정담보물권 3가지이다. 이것들은 각각 제3자에 대한 보호, 채무자에 대한 보호, 다른 채권자에 대한 보호를 위한 제도로 평가 받고 있다는 것은 이전에 서술한 바대로이다. 이것과는 별도로 2에서 서술한 2가지 측면과의 관계에서 이것들이 위치를 차지하게 한다면 대략 다음과 같이 된다(도표 5.1.1).

우선 채권이라도 그 침해에 대해서는 일정한 보호를 해준다는 것이 오늘날의 사고방식이다. 또한 채권자는 일정한 요건에 기초하여 채권자대위권·채권자취소권을 적절히 이용함으로써 채무자의 실행하는 행위에 개입할 수 있다. 이것은 채권의 실현은 채무자의 의사에 의존한다는 원칙적인 사고방식에 대한 예외라고 평가할 수 있다.

도표 5.1.1 채권보호와 상대성극복

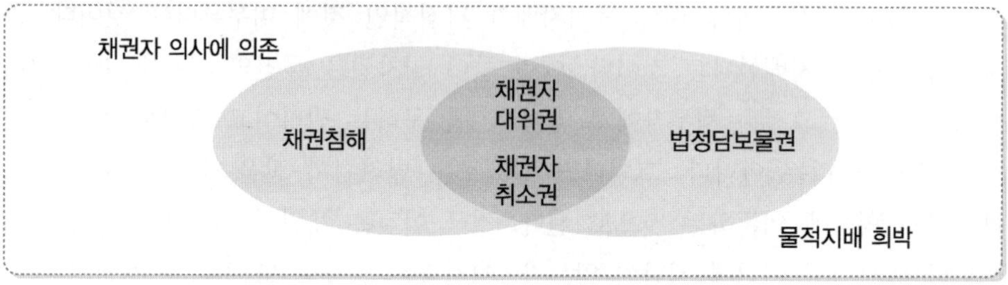

이것과는 별도로 채권자대위권·채권자취소권(사해행위취소권)은 채무자의 책임재산을 유지하기 위한 기능을 하는 것이다. 이에 반해 일정한 채권에 대해서 법이 부여하고 있는 유치권·선취특권은 특정한 물(재산)을 자기 채권의 담보로서 확보하는 것이다(유치권은 담보물권법을 논의할 때, 선취특권은 해상법을 논의할 때 깊게 다루어지므로 여기서는 더 이상 나아가지 않는다). 모두 채권의 물적지배를 강화하는 의미를 지니고 있다는 의미에서 원칙에 대한 예외를 이룬다고 말할 수 있을 것이다.

Ⅱ. 채권의 상대성의 귀결

Ⅰ.에서 서술한 바와 같이 원칙적으로 채권은 상대적인 효력밖에 가지지 않는다. 다음으로 그 결과로서 어떠한 것이 끌어내는지 보고자 한다.

1. 내용의 자유

우선 내용의 자유를 들 수 있을 것이다. 이전에도 설명했지만 채권에는 법정채권과 약정채권이 있다. 이 중에서 법정채권의 내용은 법률에 따라 결정되지만, 약정채권의 내용은 당사자가 자유롭게 정할 수 있다. 그러므로 약정채권은 계약으로부터 발생하지만 계약내용의 결정은 당사자가 자유롭게 결정할 수 있다는 의미이다.

계약내용결정의 자유는 통상 계약자유의 원칙의 중심을 이루는 것으로 파악될 수 있다. 이에 반해 물권에 대해서는 물권법정주의가 적용되고 있고, 이에 따르면 비록 계약에 의하더라도 마음대로 물권을 창설하는 것은 허락되지 않는다. 그러나 채권=자유, 물권=법정이라는 단순한 도식을 그려서 끝내버린다는 것은 아니다. 다음의 도표같이 몇 개의 수준으로 나누어서 생각할 필요가 있다(도표 5.1.2).

도표 5.1.2 채권 · 물권 · 혼인

	설정(관계)	권리의 구체적 내용		권리의 추상적 내용
		대상선정	효력	
채권	자유	자유	자유?	자유
물권	자유	자유	부자유	부자유?
혼인	자유	없음	부자유?	부자유

* ?는 자유인지 부자유인지 명확하게 구별할 수 없다는 뜻

이 도표로부터 알 수 있듯이 설정할 것인지 여부나 권리의 대상을 어떤 것으로 하는가 – 무엇을 얼마에 파는가, 무엇에 어떤 채권을 담보하는 저당권을 붙여야 하는가 등 – 에 관해서는 채권이든 물권이든 당사자가 이것을 결정할 수 있다(덧붙여서 말하면 혼인에 관해서도 결혼할 것인가 안 할 것인가, 누구와 결혼하는가는 자유이다). 그 의미에서 물권에 아주 자유의 요소가 없다는 것은 아니다.

그런데 권리의 효력과 유형에 대해서는 채권의 경우에는 자유로운데도 물권에서는 법으로 엄격하게 정해져 있는 것으로 생각되고 있고, 여기에 양자의 차가 있다고 말할 수 있다. 그러나 좁게 보면 채권에도 성질상 허락되지 않는 특약을 설정할 수 있고, 물권에도 관습법상의 물권이 몇 개가 인정되고 있다. 양자의 차는 여기에서도 겉보기만큼 크지는 않다(더욱 혼인의 경우 부부의 재산관계에 대해서는 부부 재산 계약을 체결하면 자유롭게 결정할 수 있다).

그러면 여기서 위에서 설명한 것을 이해하기 위해 눈을 돌려 자유가 제약되는 이유에 관해 좀 더 자세히 살펴보자. 여기서 주의해야 하는 것은 자유가 제약되는 이유가 채권과 물권에서 다른 것은 아니냐는 것이다. 당사자 간밖에는 효력이 발생하지 않는 채권에 대해서는, 그들이 어떠한 내용을 정한다고 해도 제3자에게는 관계가 없다. 계약의 경우 내용결정의 자유에 대한 제약은 사회질서의 관점으

로부터의 제약은 별론으로 한다면, 물론 당사자 간의 공평을 도모하기 위해 구해지는 것이다. 이것에 대해 물권의 경우에는 그 효력이 제3자에 미치기 때문에, 마음대로 권리의 내용이 변경되거나, 더욱이 새로운 형태의 물권을 창설하면 곤란하다. 단지 이것도 상대적인 구별이고, 실무에서 채권의 경우에도 특약의 제3자에 대한 효력(제3자효)이 문제로 되는 것이 많이 있고(이전에 설명한 상계・채권양도에 관한 특약을 참조), 물권의 경우에도 당사자 간에 있어서 내용의 공평이 문제로 되는 것도 있다(담보물권법에서 논의하는 양도담보・가등기담보에 있는 '독차지 조항'을 참조).

2. 채권은 공시가 필요 없다

다음으로 채권의 공시가 필요하지 않다(공시의 불요성)는 점을 들 수 있다. 채권의 경우에는 당사자 사이에만 효력이 있으므로, 어떠한 채권이 존재하는가를 세상에 알게 할 필요는 원칙적으로는 없다. 여기에 대해 물권의 경우에는 어떤 물건에 대해 어떠한 권리가 성립하고 있는가는, 그 물권에 관한 법률관계에 들어가고자 하는 자에게 큰 영향을 준다. 그래서 권리의 존재를 공시하는 제도(시스템)가 필요하게 된다. 바로 등기와 같은 것이다. 공시하는 경우에는 권리의 존재만이 아니라 내용도 명시되는 것이 바람직하지만 그렇게 하기 위해서는 내용은 가능한 한 획일화하는 편이 좋다.

이 점에서 공시의 문제와 내용의 문제는 서로 결부되어 있다. 단지 이상의 얘기도 상대적인 것이어서, 채권에서도 양도에 관해서는 그것 자체가 불완전하므로 다른 방법으로 공시가 이루어지고 있고, 물권에서도 후에 검토할 선취특권 등은 공시되지 않는다.

그렇다고 해도 (존재만이 아니고 내용도 포함하여) 공시가 이루어지고 있지 않은 것은, 채권의 효력을 제3자에 대해서도 인정해야 한다는 경우에 큰 장해가 된다. 이상의 논의 전제로서 이러한 것을 파악해 두는 편이 좋다.

제2장 • 계약상 권리에 관한 제3자의 침해(채권침해)

채무자 이외의 제3자에 의해 채권의 실현이 방해된 경우 채권자는 어떠한 대항 조치를 취할 수는 없는가? 채권의 상대성으로부터 본다면 이것을 인정하는 것은 곤란한 것처럼 보이는데, 민법전에도 관련 규정은 없다. 그러나 오늘날에는 손해배상과 방해배제청구가 논의의 대상으로 되고 있다(Ⅰ·Ⅱ). 차례로 살펴보자.

Ⅰ. 불법행위에 의한 손해배상

1. 판례의 승인

채권침해에 의한 불법행위의 성립을 부정하려고 하는 경우 중심적인 논거는 채권의 상대성에서 구해진다. 채권은 채무자에 대한 권리이고, 다른 자에 대해서 무언가를 청구하는 것이 가능하다는 것은 아니라는 것이다. 판례는 제3자에 의한 채권침해가 불법행위를 구성할 수 있지만 제3자의 채권침해가 반드시 언제나 불법행위가 되는 것은 아니고 채권침해의 태양에 따라 불법행위 성립여부를 구체적으로 검토하여 정하여야 한다고 했다(73다1244). 그러나 일본 최고재판소 판례는 채권침해에 의한 불법행위의 성립을 인정하였다.[1] 이 판결은 채권의 상대성을 인정하면서도 권리는 성질상 대세적 효력이 있다고 하고, 모든 자는 이것을 침해하지 않는다는 소극적 의무를 진다고 한 것이다(더욱 형사사건에서 손해배상이 문제로 되는 것은 2차대전 전에는 부대소송이라는 제도가 있었기 때문이다). 그러므로 제3자가 채무자의 책임재산을 감소시키는 행위를 함으로써 채권자로 하여금 채권의 실행과 만족을 불가능 내지 곤란하게 한 경우 채권침해에 해당한다고 할 수는 있겠지만, 그 제3자의 행위가 채권자에 대한 불법행위를 구성하려면 단순히 채무자 재산의 감소행위에 관여하였다는 것만으로는 부족하고 제3자가 채무자에 대한 채권자의 존재 및 그 채권의 침해사실을 알면서 채무자와 적극적으로 공모하였다거나 채권행사를 방해할 의도로 사회상규에 반하는 부정한 수단을 사용하였다는 등 채권침해의 고의·과실 및 위법성이 인정되는 경우라야만 한다(99다38699, 2005다25021).

이것에 의해 손해배상청구의 가능성은 인정되었다. 그러나 그것이 인정되는 것은 어떤 요건의 기초에 두고 있는 것이냐는 점은 분명히 하지는 않았다. 그러므로 요건의 구성은, 그 후의 판례·학설에 맡겨졌던 것이다.

그래서 그 후 일본 최고재판소 판례는 반드시 확실하지는 않지만 부동산 이중양도의 사안에 대해 제2매수인의 행위를 채권침해에 의한 불법행위로 구성하기 위해서는 악의만으로는 충분하지 않다고 한다.[2] 같은 맥락에서 부동산 사건은 아니지만 판례는 주권발행 전 주식의 양도인이 그 주식을 다시 제3자에게 이중으로 양도하고, 제2양수인이 주주명부상 명의개서를 받는 등으로 제1양수인이 회사에 대한 관계에서 주주로서의 권리를 제대로 행사할 수 없게 된 경우 양도인이 제1양수인에 대하여 불법행위 책임을 진다(2012다38780)고 했다. 또한 일본 최고재판소 판례는 채무자와 공모하여 그 일반재산(책임재산)을 감소시킨 행위는 불법행위가 된다고 했다.[3]

2. 학설의 구성

이상과 같은 판례에 영향을 주었던 것은 2차 세계대전 전 이래의 일본의 통설(我妻 외)이라고 하고 있지만, 이 견해는 다음과 같은 유형론을 주장하고 있다(도표 5.2.1).

도표 5.2.1 채권침해의 유형론

채권귀속침해	채권목적침해
① 준점유자의 변제수령	② 제3자의 단독으로 목적물 파괴
	③ 제3자가 채권자와 목적물 파괴

이 중에서 ① 준점유자의 변제수령, ② 제3자의 단독 목적물 파괴는 채권이 소멸하기 때문에 당연히 불법행위가 성립한다. 그러나 ③ 제3자의 채무자와 공동 목적물 파괴의 경우에서, 채권은 손해배상청구권으로서 존속하기 때문에, ①②와

똑같이 생각할 수 없다.[4] 그래서 ③에 관해서는 앞의 판례가 그렇다고 하듯이, 통모했다는 경우 등 특히 강한 위법성이 있는 경우에 한하여 불법행위의 성립을 인정해야 한다는 것이다.

참고로 학설은 최근 여기에 반대하는 견해가 유력하게 되고 있다. 요점은 다음 2가지에 있다고 생각된다. 하나는 판례·통설의 사고방식에서는 불법행위 성립의 범위를 지나치게 좁히는 것은 아닌가라는 것이다. 또 하나는 일본의 판례·통설은 노동자가 사고로 부상했기 때문에 노무의 제공이 불가능하게 된 예와 같은 간접손해나 다른 회사로부터 인재를 스카우트하는 것 등 중요한 유형을 고려하지 않고 있다는 것이다. 이들의 점을 고려하여 최근의 견해는 다음과 같이 말한다.[5] 우선 고의의 경우나 인신손해·인격적이익 침해의 경우에는 통상의 불법행위와 똑같이 처리한다. 다음 그 이외의 경우에는 계약관계의 존재에 대해서 인식가능성이 있다면 불법행위의 성립을 인정하고, 교사나 통모를 요구하지 않는다.

이처럼 생각한다면 이중양도의 제2매수인에게 불법행위책임을 지우는 사례가 증가하지만 그래도 좋다고 하는 판단이 거기에 존재한다. 종래 자유경쟁을 이유로 이중양도가 승인되어 왔지만, 물권법 수준에서는 어찌 되었든 간에, 채권법 수준에서는 제1양도가 성립한 이상은 이것을 존중할 의무가 생기도록 하여야 한다고 하는 것이다. 그렇지만 존재도 알지 못하는 계약(계약은 공시되어 있지 않다)에 배려하는 의무를 지우는 것은 타당하지 않기 때문에, 계약관계 존재의 인식가능성을 요건으로 요구할 필요가 있다는 것이다.[6]

Ⅱ. 채권에 기한 방해배제청구권

1. 판례의 승인

채권이 상대적인 것이라고 한다면, 채권침해에 대한 방해배제청구권을 인정하는 것은 고려되지 않는다는 의미이다. 그러나 일본 최고재판소 판례는 전용어업권을 임차하여 어업을 영위하는 자가 그 어장에서 무권한으로 어업을 행하는 자에 대해 금지청구를 했던 사안에서, 일정한 경우에는 손해배상에 그치지 않고 방해배제청구를 인정하는 자세를 보이고 있다. 이것은 권리의 성질로부터 당연히 인정되는 것이고, 물권인가 채권인가를 묻지 않는다고 하였다.[7]

이 판단의 틀은 대단히 넓은 사정(射程)거리를 가지고 있고, 모든 채권에 대해

방해 배제청구권이 인정되는 것처럼 보이지만, 과연 그렇게 되어야 하는가 또는 그럴 필요가 있는가는 검토를 필요로 한다.[8] 2가지 점을 서술해 둔다.

첫째는 채권 중에서 방해배제청구권을 인정할 필요가 있는 유형은 한정되어 있다는 것이다. 우선 인도채무에 대해서는 목적물의 소유권에 기초하여 방해배제청구권(물권적 청구권)이 인정된다면 충분한 경우가 많다. 예를 들면 구입한 부동산에 불법점거자가 있는 경우는 이렇게 처리할 수 있다. 다음으로 행위채무에도 급부가 일회에 한정되는 것에 대해서는, 방해배제를 인정해도 그다지 의미가 없다. 그렇게 되면 남은 것은 계속적인 급부를 대상으로 하는 행위채무로 된다. 임대차나 고용·위임 등이 그 전형적인 예이다. 등기된 임차권에는 용익권적 권능 외에 임차보증금반환채권에 대한 담보권적 권능이 있고, 임대차기간이 종료되면 용익권적 권능은 임차권등기의 말소등기 없이도 곧바로 소멸하나 담보권적 권능은 곧바로 소멸하지 않는다고 할 것이어서, 임차권자는 임대차기간이 종료한 후에도 임차보증금을 반환받기까지는 임대인이나 그 승계인에 대하여 임차권등기의 말소를 거부할 수 있다고 할 것이고, 따라서 임차권등기가 원인 없이 말소된 때에는 그 방해를 배제하기 위한 청구를 할 수 있다(99다67079). 사실 일본 최고재판소 판례에 나타난 사안의 대부분은 부동산 임대차에 관한 것이다. 그리고 일본 최고재판소 판례는 부동산 임대차에 관한 사안에서 대항력을 갖춘 (토지)임차권자는, 상대방이 이중임차인이든 불법점거자이든, 방해배제청구를 할 수 있다고 하는 판단을 하기에 이르고 있다.[9] 이것은 대심원이 세운 정식에 제한을 가하는 것이라고 말할 수 있다.

둘째는, 방해배제청구를 하기 위해서는 다른 제도나 법리를 채용하는 것이 가능한 예도 있다는 것이다. 하나는 점유소권이다(물권법 강의에서 자세히 설명하고 있다). 또 하나는 채권자대위권의 전용이라는 법리이다. 이것은 대위권 부분에서 상세히 설명하는데, P가 D로부터 부동산을 임차하고 있었는데, 그 사용을 Z가 방해하고 있는 경우 D가 Z에 대해 소유권에 기초하여 가지고 있는 방해배제청구권을 P가 D에 대신하여(대위하여) 행사할 수 있다는 사고방식이다. 그래서 이들의 제도·법리와 채권(임차권)에 기초하여 방해배제청구권의 관계를 어떻게 생각하는가가 문제로 된다.

2. 학설의 구성

이 문제에 관해서는 다음 2가지 점을 생각하지 않으면 안 된다. 하나는 판례가 말하는 것과 같이 대항력의 유무를 기준으로 하는 것의 당부이다. 또 하나는 점유소권이나 채권자대위권을 이용하는 것이 불가능한 경우(점유이전 전의 경우 상대방이 이중임차인이어서 임대인에 대해서는 이용권한을 주장할 수 있는 경우)의 처리방법이다. 이 2가지 점은 상호 연관되어 있다. 대항요건의 구비를 방해배제 요건으로부터 떼어낸다면 점유소권·대위권 행사에 의지하여야만 하는 경우는 없게 된다는 관계가 있기 때문이다.

이 문제에 대해 참고로 학설은 오늘날 대체로 다음과 같이 생각하고 있다. 우선 첫째는, 본질론이지만 부동산임차권은 채권일반과는 다르다는 것이 학설의 기본 인식이다. 현행법 아래에서 임차권은 채권으로서 구성되어 있지만, 입법 당시에는 이것을 물권으로서 취급하자는 논의도 있었고, 적어도 일반채권보다는 강한 효력을 지니는 것으로 생각되고 있었다. 또한 그 후의 주택임대차보호법에 의해 부동산임차권은 물권에 가까운 성질을 지니기에 이르고 있다(임차권의 물권화). 부동산임차권에 방해배제청구이 인정되는 것은 이 같은 사정에 비추어 본다면 정당한 것이지만, 그렇다고 하면 보호의 대상을 대항요건 있는 임차권으로 한정할 필요성은 없다. 둘째는, 균형론인데, 점유나 대항요건이 없어도 불법점거자에 대해 방해배제청구권을 인정하는 것이 좋다는 주장이다. 그러나 이중임차인에 대해서도 방해배제청구를 인정한다는 것은 의문이다. 이 경우에는 대항요건을 구비하여야 비로소 방해배제가 가능하다고 이해해야 한다. 여기서의 대항요건에 대해서는, 본래 의미에서의 대항요건이라고 하는 견해와 권리보호를 위한 요건으로서 대항요건을 차용하고 있다고 하는 견해가 있지만, 어느 쪽에 의하더라도 결론은 변하지 않는다.

결국 결론으로서 불법점거자에 대해서는 점유나 대항력도 없어도 방해배제청구가 가능하고, 다만 이중임차인에 대해서는 대항요건을 구비한 임차권자는 방해배제청구가 가능한 것으로 된다(점유소권+대위행사만으로 처리하는 것과 어떻게 되는가에 대해서는 각자 생각해 보고, 다른 것이 있는가 따져보자).

제3장 • 계약당사자의 책임재산의 보전

제2장에서는 제3자에 의한 채권침해에 대해 검토했는데, 여기에서는 채무자의 어떠한 행위(채무불이행 이외에 채무자의 적극적인 행위)에 대해 채권자에게 주어져 있는 채권자보호에 관해 설명한다. 채권자대위권과 사해행위취소권(채권자취소권)이 그것이다. 모두 채무자의 재산관리에 개입하는 권리를 채권자에게 주는 것이지만, 기능적으로는 책임재산의 보전을 가능하도록 하는 것이라고 말할 수 있다.

제 1 절　채권자대위권

우선 채권자대위권이란 어떠한 제도인가, 제도의 본래 모습과 판례에 의한 운용 상황을 개관하고, 오늘날 이것을 어떻게 봐야 하는가를 고찰한다(Ⅰ). 그 뒤에 요건효과의 각각에 대해 해석상 문제점을 검토한다(Ⅱ).

Ⅰ. 채권자대위권 제도의 이해

1. 채권자대위권의 원형

가. 채권자대위권제도의 취지와 연혁

앞장에서 서술한 것과 같이, 채권자가 자기의 권리의 실현을 위해, 최종적으로 의지할 수 있는 것은 채무자가 보유한 재산(책임재산)이다(도표 5.3.1). 따라서 채권자는 채무자의 재산상태에 커다란 관심을 품지 않을 수 없다. 그러나 채무자는 자기의 재산을 자유롭게 처분할 권한을 가지고 있기 때문에, 채무자가 채권을 가지고 있다는 것만으로 채권자는 채무자의 재산관리에 개입할 수 없는 것이 원칙이다.

도표 5.3.1 책임재산보전제도

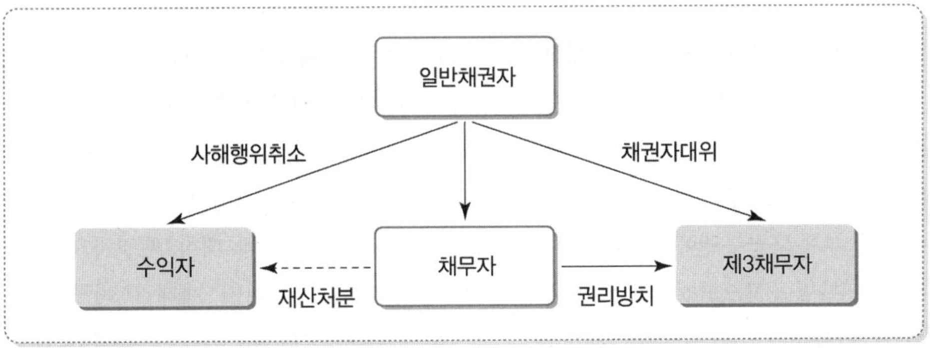

그런데 채무자가 자기 권리를 행사할 수 있는데, 이것을 방치하고 있는 경우에는 채권자가 채무자에 대신하여 권리행사를 하는 것을 인정해도 좋지 않느냐는 문제가 있다. 예를 들면 채무자 D가 다른 채무자(제3채무자) Z에 대해 채권을 가지고 있는 때, D 대신에 채권을 추심하는 것을 채권자 P가 자기 채권을 보전하는 목적이라면 P에게 인정해도 좋다는 것은 아닌가. 만약 이것을 인정한다면 D의 수중에 있는 재산은 증가하게 된다. 이것은 P가 D에 대해 강제집행을 한다고 할 때, P의 집행의 실효성을 높이는 데 도움이 된다. 그렇다면 강제집행의 전단계로서 책임재산을 확보하기 위해 D의 권리를 P가 대신해서 행사하는 것을 인정해야 하지 않느냐는 질문이 나올 수 있다. 이와 같은 생각에 기초하여 인정되고 있는 권리가 채권자대위권이다(404조).

그러면 여기서 위에서 설명한 것을 이해하기 위해 눈을 돌려 채권자대위권의 유래[10]에 관해 좀 더 살펴보자. 채권자대위권은 프랑스법으로부터 도입된 제도이지만, 프랑스법에 특유의 제도로서 독일과 스위스에는 존재하지 않는다. 이러한 특이성을 설명하는 데, 예전에는 프랑스에는 강제집행제도의 발달이 지연된 점에서 구해지고 있었다. 최근에는 관습법에서 유래한다고 설명되고 있는 것 같지만, 그 관습의 기원은 반드시 분명하지는 않다.[11] 프랑스에서 채권자대위권(간접소권이라 불린다)은 문자 그대로 책임재산의 보전을 위해 채무자를 대신하여 권리행사를 하는 권한을 채권자에게 주는 것이다. 이 권리가 행사되면 제3채무자로부터의 변제는 채무자에게 이루어지고, 그렇게 되면 당연히 채무자의 책임재산이 증가한다.

다시금 프랑스민법이 대위권을 어떻게 다루고 있는가에 관해 지적한 것은 곧 후에 서술하는 것같이, 우리나라에서는 채권자대위권 본래의 취지로부터 동떨어진 대위권 이용이 이루어지고 있는 것같이 되고 있기 때문이다.

나. 채권자대위권제도는 강제집행의 체계인가 채권자보호 실익인가

그런데 P가 D의 권리를 행사하기 위해서는 채권자대위권에 의하지 않아도 D의 권리를 압류함과 동시에 추심명령을 받고, 이를 바탕으로 추심금청구의 소(민집 238조, 249조 1항)를 제기할 수도 있다(도표 5.3.2). 채권자대위와 강제집행방법의 하나인 부동산청구권에 대한 압류(민집 244조) 및 제3채무자에 대한 채권자의 소에 관하여 특별규정(238조), 그리고 추심명령(229조 이하)과는 어떤 체계를 이루고 있는가? 어째서 이 같은 여러 제도가 혼합되어 있는가. 그 원인은 법제사에서 해답을 구할 수 있다. 대위권은 프랑스로부터, 추심소송은 독일로부터 각각 수입되어 우리 민사집행법에 그대로 병존하고 있는 것이다. 이 2가지 제도를 그대로 방치하는 것도 생각하지 않는 것은 아니지만, 체계적인 정합성(整合性, 무모순성)을 중시한다면 양자의 조정이 필요하게 된다. 이 문제를 처음으로 지적한 것은 일본의 민사소송법 교수 산케이 쇼가츠(三ヶ月章)였는데, 동 교수는 추심소송에의 일원화 방향이 바람직하다 하여 입법론으로서는 대위권 폐지, 해석론으로 가능한 한 대위권 적용 범위를 좁게 해석해야 한다고 주장하였다.[12]

도표 5.3.2 채권의 추심

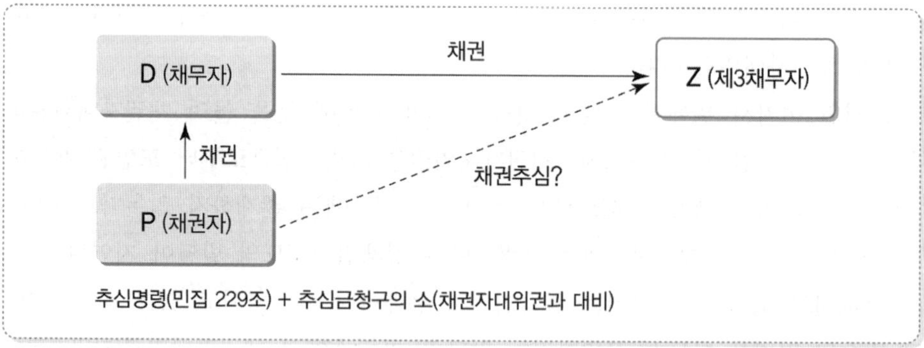

확실히 이것은 하나의 있을 수 있는 사고방식이지만, 다음 2가지 점에서 유의할 필요가 있다. 하나는 만일 채권자대위권과 추심소송의 기능이 완전히 일치한다고 해도, 대위권행사의 간편함은 채권자에게는 매력적인 것이다. 추심소송에 의한 경우에는 집행권원을 획득하기 위해 D에 대해 소송을 제기할 필요가 있지만, 대위권행사의 경우에는 이럴 필요 없다. 즉 채권자대위권의 행사는 집행권원의 존재를 필요로 하지 않으며 그 행사요건과 절차 등이 비교적 간단하다. 또 하나는 실은 대위권에는 고유한 장점도 있다는 것이다. 추심소송에서는 집행권원 획득을 위해 채무자 D에 대해 추심금청구소송을 제기하여야 하고, 취소권·해제권 등의 형성권을 행사할 수 없지만 대위권이라면 행사할 수 있는 권리는 취소권, 해제권, 환매권 등도 그 대상으로 된다. 예를 들면 매매의 목적물을 인도하지 않는 제3채무자가 있는 경우 대위권에 의한다면 계약을 해제하여 대금의 반환을 청구할 수 있다.

2. 채권자대위권 제도의 활용 현상

이상의 2가지 점은 대위권 본래의 제도의 취지에 입각해 보았을 때의 이야기이지만, 앞에서 한마디 말한 것같이 오늘날 우리나라 소송실무에서는 대위권이 보다 넓게 이용되고 있다. 그 결과 장점은 이상의 2가지 점에 한정되어 있지 않다. 그래서 대위권은 실제로 어떻게 이용되는 방식이 있는가? 그리고 그와 같은 이용은 어떠한 사고방식에 의해 법리적으로 정당화된 것인가.

가. 판례의 전개

판례에 나타난 채권자대위권의 이용확대는 전용형의 발생과 본래형의 변용이라는 2가지 국면으로 나누어 생각해 볼 수 있다.

(1) 전용형의 발생

채권자대위권은 채무자의 책임재산의 보전을 목적으로 하는 권리라는 이유로, 채권자가 대위권을 행사할 수 있기 위한 필요한 요건으로 채권자가 가진 채권이 본래부터 금전채권이거나 손해배상청구권으로 전화된 것이어야 한다(도표 5.3.3).

도표 5.3.3 채권자대위권 (본래형)

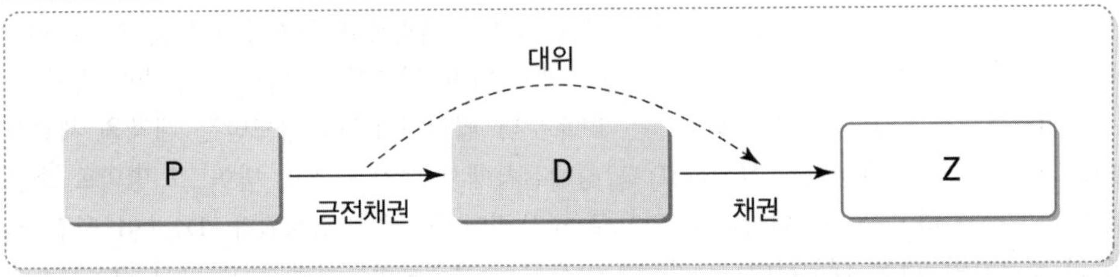

그러나 일본 최고재판소 판례는 2차 세계대전 전부터 일정한 요건이 충족된 경우에, 비금전채권의 실현을 위한 대위권행사를 인정하고 있다.

하나는 자기의 등기청구권에 기초하여 채무자의 제3채무자에 대한 등기청구권을 대위행사하는 경우[13]이다(도표 5.3.4).

도표 5.3.4 채권자대위권 (전용형 1)

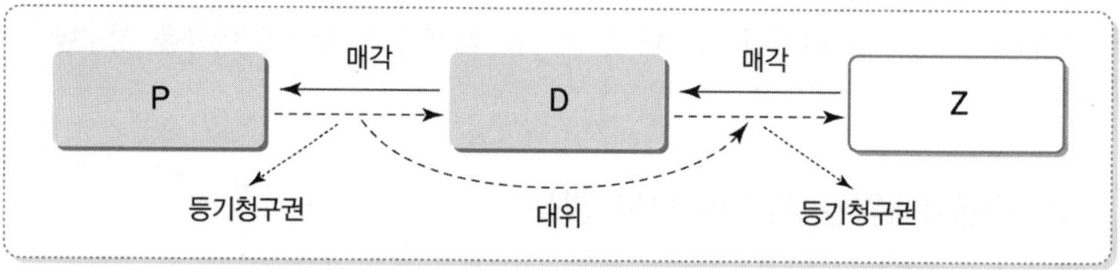

그렇다면 우리 판례는 어떤 입장에 서 있을까? 법정지상권을 가진 건물소유자로부터 건물을 양수하면서 지상권까지 양도 받기로 한 경우에 관한 84다카1131, 11323(전)의 사안과 판지는 다음과 같다.

사실관계 5.3.1 등기청구권 [84다카1131,11323(전)]

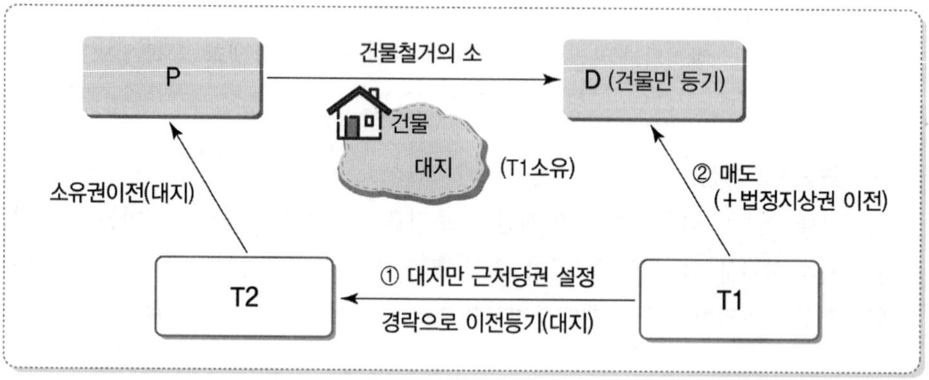

T1는 대지에 대하여만 T2와 근저당권설정계약을 체결하고 근저당권설정등기를 했다. D는 그 후 T1로부터 대지와 건물을 매수, 명도 받아 점유사용, 미등기 대지에 대해 소유권이전등기를 하고, 위 매매에서 D는 T1로부터 법정지상권을 양도받는 계약을 체결했다. 그 후 T2가 근저당권을 실행하고 그 경매절차에서 대지를 경락 받아 그 명의로 소유권이전등기를 하고, 이에 터잡아 P 앞으로 소유권이전등기를 경료했다. D는 이 사건 건물의 소유자인 T1을 대위하여 그 후 T1 앞으로 소유권보존등기를 하고 다시 같은 날 D

앞으로 소유권이전등기를 했다. 이에 P는 건물철거 소송을 제기했다.

이에 관해 대법원은 "법정지상권을 가진 건물소유자로부터 건물을 양수하면서 법정지상권까지 양도받기로 한 자는 채권자대위의 법리에 따라 전 건물소유자 및 대지소유자에 대하여 차례로 지상권설정등기 및 이전등기절차이행을 구할 수 있다" 판시하였다. 그 판결이유는 이 사건 대지에 대한 법정지상권을 취득할 지위에 있는 위 D에 대하여 P가 대지소유권에 기하여 건물철거를 구함은 지상권의 부담을 용인하고 또한 그 설정등기절차를 이행할 의무가 있는 자가 그 권리자를 상대로 한 청구라 할 것이어서 신의성실의 원칙상 허용될 수 없다는 것이다.

또 다른 하나는 자기의 임차권에 기초하여 채무자인 소유자의 방해배제청구권을 대위행사하는 경우[14]이다(도표 5.3.5).

도표 5.3.5 채권자대위권 (전용형 2)

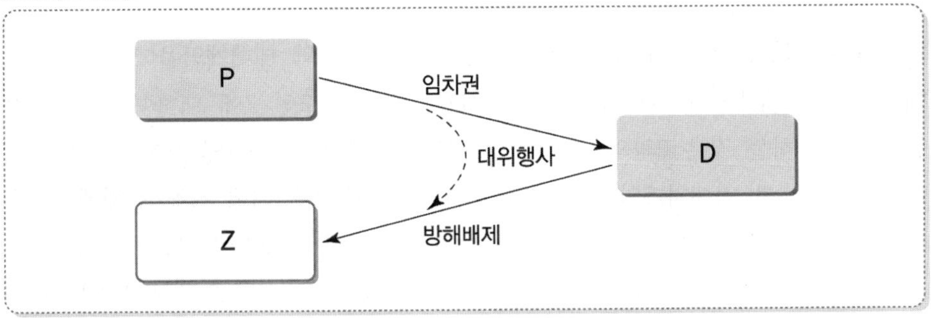

대위명도청구에 관한 88다카4253,4260의 사안과 판지는 다음과 같다.

사실관계 5.3.2 명도청구대위 [88다카4253,4260]

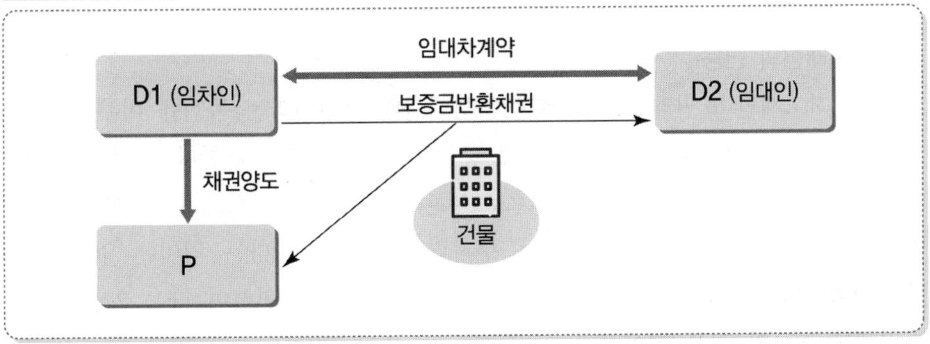

1984.9.10. D1과 D2는 임대차계약을 체결했다. 1985.9.9. 임대차계약은 묵시의 갱신되었다. P가 D1로부터 임차보증금반환채권을 양수하고 1986.1.11. D2에게 통지하였으나 D2가 D1에 대하여 명도청구를 해태했다. 이 사건에서 쟁점은 채권자대위권을 행사하는 경우 채무자의 무자력 요건과 P는 대위하여 D1에게 건물을 D2에게 명도할 것을 청구할 수 있는가이다.

이에 관해 대법원은 "D2는 D1에게 건물을 명도 받음과 상환으로 임차보증금을 P에게 지급할 의무가 있다. P는 채권자로서 채무자인 D2를 대위하여 D1에게 건물을 D2에게 명도할 것을 청구할 수 있다. P(채권자)가 D2(채무자)의 권리를 대위하여 행사하려면 무자력을 요건으로 하는 것이 통상이지만, 이 사건의 경우와 같이 채권자가 양수한 임차보증금의 이행을 청구하기 위하여 임차인의 가옥명도가 선이행되어야 할 필요가 있어서 그 명도를 구하는 경우 그 채권의 보전과 채무자인 임대인의 자력유무는 관계가 없는 일이므로 채무자의 무자력을 요건으로 한다고 할 수 없다" 판시하였다.

이것들은 채권자대위권의 전용이라고 불리고 있다.

참고로 학설은 예컨대 부동산의 매수인 P가, 자기와 매매계약을 맺은 직전의 매도인 D에 대해서가 아니라, D로부터 D에 대한 매도인 Z에 대하여 직접 이전등기청구를 하는 것은 P와의 계약이 없으므로 인정되고 있지 않고(전용형 ①에 대응), 임차인 P가 임대차계약의 당사자가 아닌 제3자 Z에 대해 직접 방해배제청구를 할 수 없는 경우가 있다(전용형 ②에 대응)는 것이 지배적인 해석론이다. 그래서 학설은 판례를 승인하고, 이것들의 경우에는 대위권의 전용으로 해결하는 것이 좋다는 견해가 유력하다. 그러나 같은 결론을 승인하면서 대위권의 전용은 편법이라고 하여, 각각의 문제의 해석론에 의해 처리해야 한다고 하는 반대견해도 있다. 어떻게 하든 지금 전용형이 존재한다는 인식은 공통이고, 본래형과는 구별하여 논의가 되고 있다.

(2) 본래형의 변용

일본 최고재판소 판례는 일찍부터 책임재산의 보전이라는 목적에 비추어, 대위권행사의 요건으로 채무자에게 변제에 충분한 자력이 없어야 한다는 것을 요건[15]으로 하고 있었다(이것을 무자력요건으로 부른다). 민법해석론으로서 이것은 보전하기 위하여로 읽히지만, 이 문언에는 무자력을 필요로 한다는 의미는 없었던 것 같다(프랑스법도 이것을 요구하지 않는다). 무자력요건에 관련하여 다음 2가지 점을 지적해둘 필요가 있을 것이다.

첫째로, 일본 최고재판소 판례는 채권자대위권 행사의 효과는 채무자에게 귀속하고 채권자에게는 귀속하지 않지만, 목적물의 인도에 관해서는 채무자가 수령을 거절하는 경우에 곤란하다는 이유로 채권자에게 직접 인도해 줄 것을 청구할 수 있다고 한다.[16] 이치상으로 채권자는 채무자의 대리인으로서 수령하는 것이고 채무자에 대해서 반환의무를 지겠지만, 목적물이 금전인 때는 채권자의 대위권의 행사로 채무자의 반환청구권과 채권자의 채권은 상계되어 버리고, 결과적으로 채권자는 우선적으로 채권회수(우선변제)를 도모하게 된다. 이것도 프랑스법과 다른 결론이지만 우리나라에서 채권자대위권의 장점은 이 점에 있다. 결국 대위권은 전체 채권자를 위한 책임재산의 보전을 위해 행사한다고 하는 것보다도, 특정 채권자에게 간단・편리한 채권회수 제도로 기능하고 있다(도표 5.3.6).

도표 5.3.6 대위권행사에 의한 채권의 회수

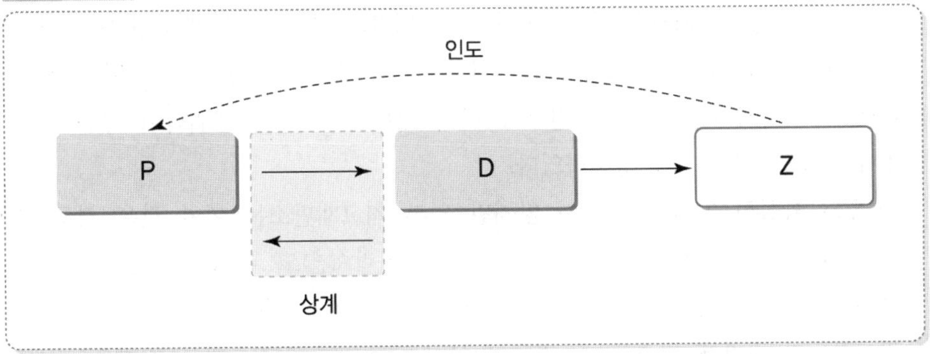

둘째로, 무자력요건에는 예외도 있다. 일본 최고재판소 판례는 책임재산의 보전과는 관련이 없는 전용형의 경우에는 무자력요건은 문제로 되지 않지만, 본래형이라도 무자력요건이 요구되고 있지 않는 경우가 있다고 했다.[17] 이 사건의 사실관계는 다음과 같다(도표 5.3.7).

도표 5.3.7 일본 최고재판소 판례 – 무자력요건을 요하지 않는 등기청구권 대위행사

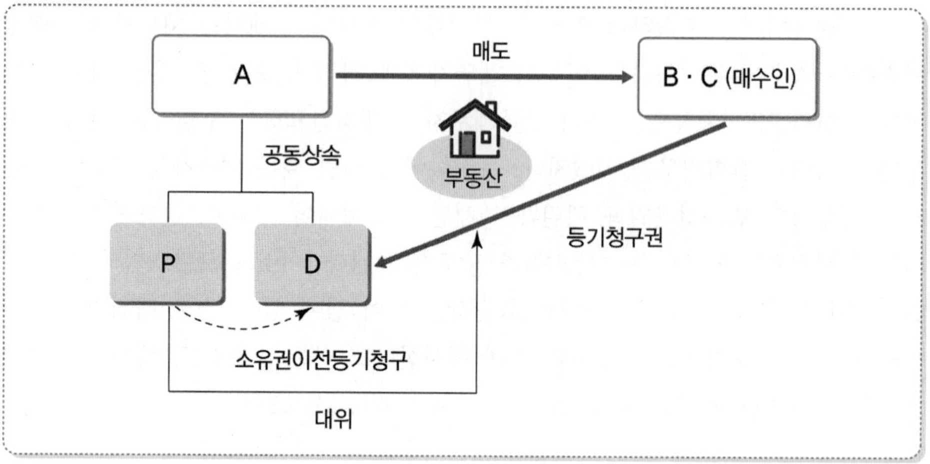

이 사건 부동산 매도인 A를 공동상속한 P와 D 중에서 D가 매수인 B, C에 대한 소유권이전등기의무를 이행하지 않기 때문에, P는 대금 청구를 할 수 없었다. 그래서 P는 매매대금채권을 보전하기 위해 매수인 B, C를 대위하여 공동상속인 D에게 소유권이전등기를 청구하였다.

이유는 확실히 기술되어 있지 않지만 일본 최고재판소는 이와 같은 경우에는 매수인 B, C의 자력은 문제가 되지 않는다(무자력요건)고 판시하고 있다. 참고로 학설은 그러나 이것은 매우 특수한 사건으로, P가 D에 대해 매수인 B · C에게 소유권이전등기 절차에 협력해 줄 것을 청구하는 권리를 인정한다는 방향으로 해결해야 한다는 견해도 있다. 그러나 여기서 주목하는 것은, 설령 본래형일지라도 무자력요건을 필요로 하지 않는다는 판결이 나타나고 있다는 것이다. 이 판결과 함께 많이 언급되는 판결로 最判昭 49.11.29. 民集 28券8号, 1670頁〈86〉을 거론해 둘 필요가 있다. 일본 최고재판소 판례는 교통사고의 피해자의 부모 P가, 보험회사 Z에 대해 가해자 D가 가지고 있는 임의보험의 보험금청구권을 대위행사한 사안에 관해 무자력요건을 요구하였다(도표 5.3.8).

도표 5.3.8 일본 최고재판소 판례 – 보험금청구권

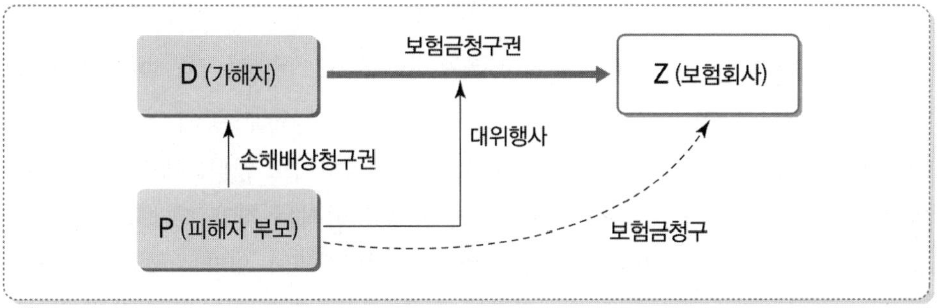

그렇지만 참고로 학설은 물론 이와 같은 사건이야말로 무자력요건을 빼야 한다고 하는 비판적 견해가 강하다. 더욱 이들 사건은 본래형에도 전용형에도 없는 것으로서, 확대형이라고 불리는 것도 많다.

나. 학설의 구성

이상과 같이 판례에 의한 채권자대위권의 이용확대는 현저하다. 전용형은 별론으로 하고 본래형만을 보아도, 본래의 대위권의 취지로부터 분리되어 운용되고 있다고 말하지 않을 수 없다. 이것을 어떻게 생각해야만 하는가. 참고로 학설은 채권자대위권 본래의 모습으로 돌아가야 한다는 견해[18]도 있다. 또한 반대로 판례의 동향을 더욱 적극적으로 밀고나가 무자력요건을 빼버릴 수 있다는 견해도 들린다. 최근에는 이 사이에서 판례의 현상을 가능한 한 합리적으로 설명하려고 하는 견해도 나타나고 있다.[19]

그러면 여기서 위에서 설명한 것을 이해하기 위해 눈을 돌려 최근의 학설에 대한 보충설명을 살펴보자. 본문에서 마지막으로 든 최근의 학설(포괄담보권설로 불린다)을 소개하면서 그 당부를 검토해 보자. 이 견해는 앞에서 소개한 판례에 의한 본래형의 변용을 적극적으로 승인한다. 첫째 대위채권자에게 우선변제가 인정되는 점을 일본법의 채권자대위권의 특색으로 생각할 수 있다(①)는 것이다. 둘째 그 때문에 우선 일본의 대위권은, 프랑스법에 있어서 대위권의 대응물인 간접소권이 아니라, 오히려 직접소권에 비교하여야 하는 것으로 파악할 수 있다(②)고 한다. 그래서 이 같은 직접소권이 인정되는 근거로, 채권자는 책임재산에 대한 권리(이것을 포괄담보권적인 것이라고 부르고 있다)를 가지고 있는 것을 들고 있다. 셋째, 더욱이 이와 같이 생각한다면 무자력요건은 그 원칙으로서 필요하지만 채권자

P의 권리와 채무자 D의 권리가 밀접한 관계를 가지는 경우에는 필요하지 않다(③)고 주장한다.

그러나 이상의 설명 중에서 최후의 결론 부분(③)은 정당한 것 같이 생각하지만 근거로 제시한 이유(②)는 난해하고, 직접소권·포괄담보 등의 복잡한 개념이 반드시 충분히 설명되어 있지 않고, 그 취지가 분명하지도 않다. 채권자는 채무자의 재산을 담보로 한다는 의미로 포괄적인 담보를 가지는 것과 같다고 하는 것은 그대로 이해할 수도 있지만, 거기에서 바로 우선변제권이 있다는 결론을 이끌어 낼 수는 없다. 또한 우선변제를 인정하는 것은 직접소권을 인정하는 것과 같다는 것도 그리 설득력이 없어 보인다. 그러나 직접소권을 인정하려면 거기에 충분할 만한 이유가 필요하지만 포괄담보이기 때문에 그러하다는 설명은 적합한 이유가 아니라고 생각된다.[20]

그러면 어떻게 해석해야 하는가. 우선 다음과 같이 생각하면 어떨까. 확대형에 관해서는 개별적 이유를 들어 그 정당성을 인정한다(예를 들면 보험사건은 두 채권 사이의 밀접한 관계가 있다는 것을 이유로 직접소권을 인정할 수 있다. 이것은 프랑스법의 직접소권과도 모순되지 않는 사고방식이다). 그래서 본래형에 대해서는 대위권행사 결과로 우선변제의 효력이 발생하는 것을 감안하여, 채무자의 이익 보호의 관점에서 무자력요건을 유지하여 균형을 유지해야 한다고 할 수밖에 없지 않는가 생각된다.[21]

Ⅱ. 채권자대위권 제도의 해석

제도의 본래의 취지와 현상에 관한 Ⅰ.에서의 설명을 전제로, 이하에서는 요건·효과에 대해서 설명한다.

1. 채권자대위권 행사의 요건

가. 채권자 쪽에 관한 요건

채권자 쪽의 요건에 관해서는 Ⅰ.에서 대강 언급하였다. 원칙적으로 대위권에 의해 보전되는 채권자 P의 채무자에 대한 채권(a채권. 피보전채권)은 금전채권이어야 한다(도표 5.3.9 참조). 그러나 이미 서술한 것같이 비금전채권에 대해서도 대위권이 전용되는 것이 있다. 예를 들면 토지거래허가구역 내의 토지를 매수한 자는 소유권이전등기 청구권에 근거해서 상대방에 대하여 토지거래허가신청절차에 협력할 것을 구할 수 있는 권리도 그 대상이다(95다22917). 피보전채권(a채권)은 채권자대위 행사의 대상이 되는 채무자의 제3채무자에 대한 채권(b채권. 대상채권)보다도 먼저 성립하고 있을 필요는 없다(이 점은 다음 절에서 설명할 취소권과 다르다). 그러나 a채권의 이행기가 도래하고 있을 필요가 있다. 이행기가 도래하여 비로소 채권자 자신의 채권(a채권) 실현을 위해 대위권에 의해 책임재산을 보전하는 것이 인정되고 있고, 그 이전에는 채무자 D의 재산관리에 간섭할 수 없는 것이 원칙이다. 404조 2항은 이행기 미도래의 경우에도 재판상의 대위라면 가능하다고 하고 있지만, 이것은 재판 외에서 대위권을 행사할 수 없다는 것을 가리키고 있다. 더욱 보존행위에 대해서는 이행기 전에 재판 외에서 대위하는 것도 가능하다(404조 2항 단서). 실무에서 중요하게 생각되는 요건으로는 채무자의 권리를 대신 행사하지 않으면 채무자의 재산이 감소하거나 증가되지 않고, 그 결과 채권의 변제를 받을 수 없게 될 우려가 있는 경우여야 한다(보전의 필요성).

도표 5.3.9 대위권행사의 요건

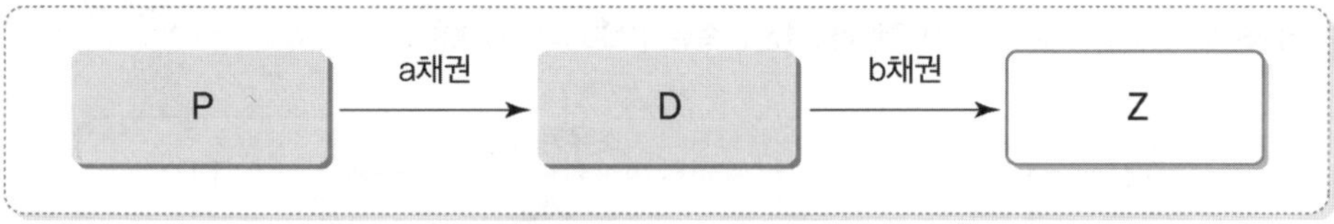

나. 채무자 쪽에 관한 요건

채무자 쪽의 요건은 2가지로 나누어 생각할 필요가 있다. 하나는 대위행사의 대상이 되는 D의 채권(b채권)의 속성이고, 또 하나는 D의 상황을 고려에 넣어 둘 필요가 있다는 점이다.

우선 D가 가진 b채권은 일신전속권이 아닐 필요가 요건으로서 제약이 있다(404조 1항 단서). 일신전속권의 대위행사가 인정되지 않는 이유는, 그 권리의 성질로 보아 타인에 의한 행사에 한데 잘 어울리지 않다는 것을 들고 있다. 여기에 대해 이와 같은 권리를 행사해도 책임재산의 보전에 도움이 되지 않는다는 설명도 있다. 나중의 설명은 친권이나 이혼청구권 등 친족법상의 권리에 대해서는 잘 들어맞는다. 판례도, 이혼으로 인한 재산분할청구권은 협의 또는 심판에 의하여 그 구체적 내용이 형성되기까지는 그 범위 및 내용이 불명확・불확정하기 때문에 구체적으로 권리가 발생하였다고 할 수 없으므로 이를 보전하기 위하여 채권자대위권을 행사할 수 없고, 위자료청구권을 피보전권리로 하는 경우에도 채무자의 무자력이 인정되지 아니하는 한 보전의 필요성이 있다고 할 수 없어 권리보호의 자격이 없다(98다58016)고 했다. 그러나 상속재산분할청구권이나 상속회복청구권 등 상속법상의 권리와 위자료청구권 등 재산법상의 권리는, 이것을 대위행사할 수 있다면 책임재산의 보전에는 도움이 된다. 그렇다고 한다면 책임재산의 보전에 도움이 되지 않으면 안 되는 권리이기 때문이라는 평가를 받아들일 필요가 생긴다. 이렇게 설명하면 앞의 설명과 그다지 달라지지 않는다고 말할 수 있다. 그런데 판례는, 유류분반환청구권은 그 행사 여부가 유류분권리자의 인격적 이익을 위하여 그의 자유로운 의사결정에 전적으로 맡겨진 권리로서 행사상의 일신전속성을 가진다고 보아야 하므로, 유류분권리자에게 그 권리행사의 확정적 의사가 있다고 인정되는 경우가 아니라면 채권자대위권의 목적이 될 수 없다(2009다93992)고 했다. 실무에서 일신전속권이냐 여부의 판단은 그리 쉽지 않다. 임대차계약상의 해지권의 대위행사에 관한 2006다82700의 사안과 판지는 다음과 같다.

사실관계 5.3.3 물권적 청구권과 일신전속권 [2006다82700]

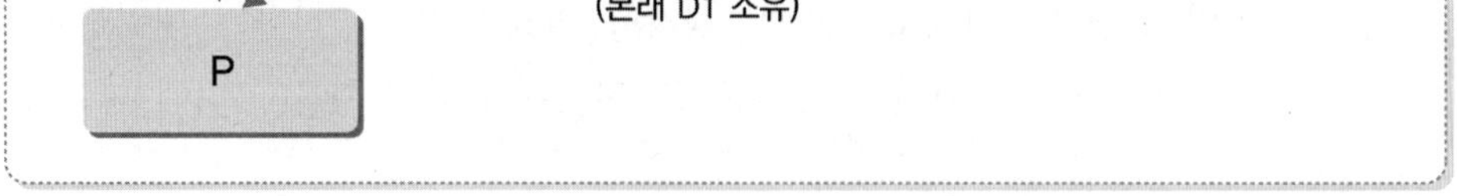

T1이 D1 소유이던 토지들과 그 지상 건물에 관하여 임의경매로 소유권을 취득했다. 그러나 미등기상태인 건물은 경매목적물이 아니어서 그 소유권을 취득하지 못했다. P는 다시 진행된 임의경매절차에서 다시 토지들과 그 지상 건물에 관하여 소유권을 취득했다(그러나 건물은 근저당권 설정자인 T1의 소유가 아니었기 때문에 그에 대한 소유권을 취득하지 못함). D2는 각 1998.9.1.부터, 1999.1.31.부터 기간을 각 12개월로 정하여, D1로부터 건물의 일부씩을 임차한 이래 현재까지 그 판시와 같은 부분을 점유하고 있다. 이에 P는 D2에 대한 퇴거청구를 했다. 이 사건에서 D2는 제366조에서 정한 법정지상권

을 취득하였으므로 P의 퇴거청구에 응할 수 없다고 항변했다.

이에 관해 원심은 "임대차계약상의 해지권은 이른바 행사상의 일신전속권으로서 채권자대위권의 목적이 될 수 없다" 판시하였다. 그러나 이에 관해 대법원은 "P의 위 건물에 관한 철거청구권은 토지들의 소유권에 기한 방해배제청구권으로서 물권적청구권에 해당한다. 물권적청구권도 채권자대위권에 관한 민법 제404조의 규정에 따라 행사할 수 있다. 임대인의 임대차계약 해지권은 오로지 임대인의 의사에 행사의 자유가 맡겨져 있는 행사상의 일신전속권에 해당하는 것으로 볼 수 없다" 판시하였다.

더욱 일본 최고재판소 판례는 최근 유류분반환청구권은 일신전속권에 해당한다고 보고 대위행사를 부정하는 것이 있다(最判平 13.11.22. 民集 55券6号, 1033頁〈90〉).

그러므로 일신전속권을 제외하는 것밖에 채권자대위권 행사의 대상이 되는 b채권에 제약은 없다. 대상이 되는 것은 채무자의 일반재산을 구성하는 모든 재산권이다. 취소권·해제권, 혹은 상계권의 행사, 소멸시효의 원용, 착오무효의 주장, 어느 것도 대위행사가 인정되고 있다(판례). 그러므로 채권자대위권(92다527), 채권자취소권(2005다73049), 토지거래허가구역 내의 토지매매에서 신청절차협력의무의 이행청구권(96다23825), 여객자동차운송사업면허권자의 명의변경을 구할 권리(2005다38843), 민법상 조합원의 조합탈퇴권(2005마1130) 등을 포함한다. 사해행위취소권과 대위행사에 관한 2000다73049의 사안과 판지는 다음과 같다.

사실관계 5.3.4 사해행위취소와 대위 [2000다73049]

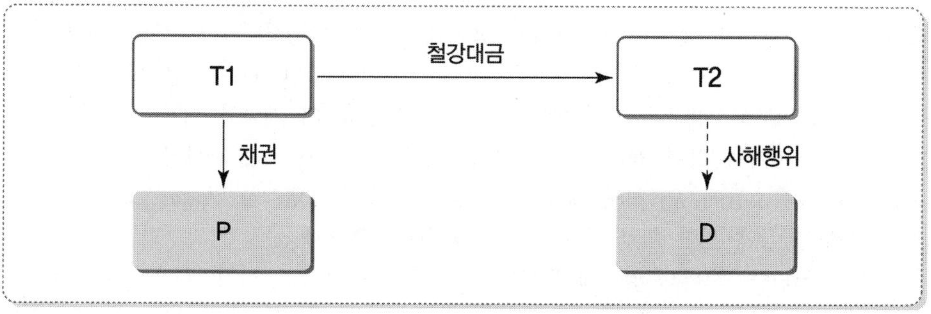

P는 T1에 대해 채권을 보유하고 있다. 그런데 T1이 1997.10.31. T2에 대해 50,595,254원의 철강대금채권을 보유하고 있었는데, T2는 D에게 처분했다. 이 사건에서 쟁점은 채권자취소권이 채권자대위권의 대상이 되는지 여부(채권자취소권에 대해서는 나중에 자세하게 설명한다)이다.

이에 관해 대법원은 "T1은 T2에 대하여 가지는 철강대금채권을 피보전권리로 하여

T2와 D 사이의 사해행위에 관한 채권자취소권을 행사할 수 있다. P는 T1의 T2에 대한 채권자취소권을 대위행사할 수 있다" 판시하였다.

또한 채권자대위권의 대위행사도 판례는 인정하고 있다. 방해제거청구권과 채권자대위권의 행사요건인 채권보전의 필요성을 인정하기 위한 판단 기준에 관한 99다38699의 사안과 판지는 다음과 같다.

사실관계 5.3.5 방해제거청구권 대위 [99다38699]

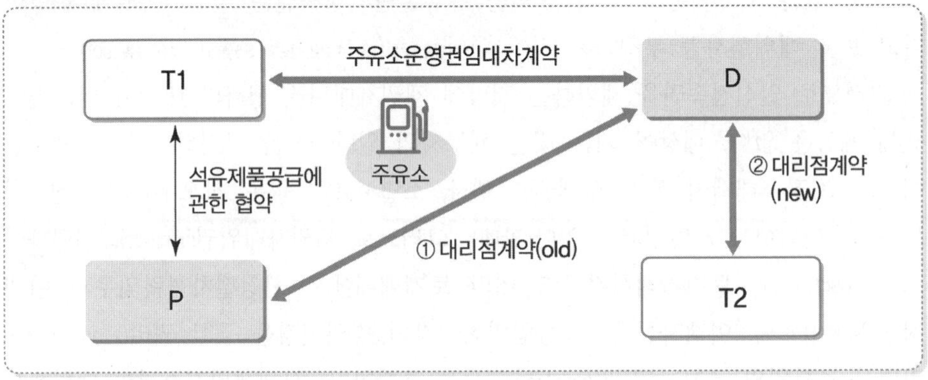

T1은 1992.2.17. D와 주유소(기흥) 신축에 관한 협약을 체결한 후 4.2. P로부터 금원을 대여받아 주유소(기흥)를 신축했다. D는 7.25. T1과 주유소 운영계약(제1차 운영계약)을 체결하고 그때부터 주유소를 운영하고, 다시 이를 잠정 연장하는 주유소 운영계약(제2차 운영계약)을 체결했다. P는 9.28. D와 대리점 계약을 체결한 후 자금압박으로 T2를 거래처로 확정했고, 위 대리점계약은 1995.9.27. 종료됐다. D는 같은 날(대리점계약 종료일) 9.27. T2와 새로운 대리점계약을 체결하였는데, 이 계약과 더불어 T1은 1995. 9.19. P와의 사이에 T1이 P에게 석유제품공급권을 부여하되, P는 자신이 생산하는 석유제품을 그 주유소들에 공급하며 계약기간은 각 주유소별 운영계약 기간까지로 하는 내용의 석유제품공급에 관한 협약을 체결했다. 그런데 공정거래 문제가 발생한 후, T1과 D는 1996.1.31. 주유소의 운영권에 관하여 기간은 2.1부터 1.31.까지, 석유제품 공급정유업체와 공급정유업체의 상표표시는 T1과 P 사이의 판결 결과에 따르기로 하는 주유소운영권 임대차계약(제3자 운영계약)을 체결했고, 그 후 D가 현재까지 주유소를 운영하고 있다. P는 T1에 대한 위 석유제품공급권 및 상표 표시권을 보전하기 위해 T1의 D에 대한 주유소운영권 임대차계약의 권리를 대위하여 주유소운영권자에게 관련된 시설의 철거나 상호·상표 등의 말소 및 석유제품의 판매금지를 청구했다. 이 소송에서 P는 'T1에 대하여 공급협약에 의하여 P의 상표를 표시하고 P의 석유제품을 공급할 권리가 있고,

T1은 D에 대하여 주유소운영권 임대차계약에 의하여 P의 상표를 표시하고 P의 제품 외에 다른 제품을 공급받지 않을 것을 청구할 권리가 있다.' D는 'P가 아닌 T2의 상호와 상표를 표시하고 석유제품을 공급받음으로써 P의 권리를 침해 받았다'고 주장했다.

이에 관해 원심은 "P의 T에 대한 피보전권리 및 T의 D에 대한 피대위채권은 모두 순차매도 또는 임대차에 있어 소유권이전등기청구권이나 명도청구권 등의 유형의 권리에 해당하지 아니하므로 채권자대위권 행사를 허용할 수 없다"고 판시하였다. 그러나 이에 관해 대법원은 기본적인 전제(법리)로 다음과 같이 판시하였다. "피보전채권이 특정채권이라 하여 반드시 순차매도 또는 임대차에 있어 소유권이전등기청구권이나 명도청구권 등의 보전을 위한 경우에만 한하여 채권자대위권이 인정되는 것은 아니다. 채권자가 보전하려는 권리와 대위하여 행사하려는 채무자의 권리가 밀접하게 관련되어 있고, 채권자가 채무자의 권리를 대위하여 행사하지 않으면 자기 채권의 완전한 만족을 얻을 수 없게 될 위험이 있어 채무자의 권리를 대위하여 행사하는 것이 자기 채권의 현실적 이행을 유효·적절하게 확보하기 위하여 필요한 경우(학설에서의 논의를 다시 한번 보기 바란다) 채권자대위권의 행사가 채무자의 자유로운 재산관리행위에 대한 부당한 간섭이 된다는 등의 특별한 사정이 없는 한 채권자는 채무자의 권리를 대위하여 행사할 수 있다."

한편 적어도 대위권 전용형에 관해서는 합리성이 있는 것처럼 생각된다.

다음 채무자 D의 상황에 관해서는 2가지 점이 문제로 된다. 첫째로 무자력요건인데, 이것에 관해서는 Ⅰ.에서 서술한 대로다. 반복하는 것이지만, 본래형에 관해서는 무자력요건을 유지함으로써 대위권행사를 허용하는 범위를 좁혀야 할 것이다. 전용형에 관해서는 그와 같은 전용을 인정한다면 무자력요건은 필요 없다. 앞에서 보았듯이 자기의 등기청구권에 기초하여 채무자의 등기청구권을 대위행사하는 경우와 자기의 임차권에 기초하여 채무자인 소유자의 방해배제청구권을 대위행사하는 경우도 가능하다. 확대형에 관해서는 직접소권이 인정되는 것 같은 경우에는, 역시 무자력요건은 필요 없다. 일본 최고재판소 판례[22]는 매매대금채권을 보전하기 위해 매수인 B, C를 대위하여 공동상속인 D에게 소유권이전등기를 청구한 사안(도표 5.3.7, 572면 참조)에서 이러한 문제는 대위권의 문제가 아니라 공동소송의 문제로서 처리했어야 할 것이다.[23] 둘째로, 채무자가 스스로 그의 권리를 행사하지 않고 있어야 한다. 채무자가 그의 권리행사에 착수한 이상, 그 행사가 부적절하거나 결과적으로 채권자에게 불리하더라도 채권자는 대위권을 행사할 수 없다. 일본 최고재판소 판례는 확실히 민법에 규정되어 있는 것은 아니지만, 채무자 D가 자기의 권리를 행사하고 있지 않는 것이 채권자대위권을 행사하는

데 필요한 요건이라고 했다.[24] D가 권리행사를 하지 않는 경우에, 비로소 P는 대위권을 행사할 수 있다. b채권의 권리자는 D이고 이것을 행사하는 것은 원칙으로서 D라고 생각하면 이러한 요건은 당연하다.

이제 채권자대위소송의 요건사실에 관해 정리해보자. 예컨대 채권자 P가 원고로 채무자 D의 제3채무자 Z에 대한 매매대금청구권에 관해 제3채무자 Z를 피고로 채권자대위소송을 제기한 경우를 상정해 보자(도표 5.3.10). 여기서 요건사실은 α대위권에 관한 요건사실과 β 대위의 대상이 되는 채무자의 권리에 관한 요건사실로 대별된다. 채권자대위소송에서 먼저 소송요건에 관해 P는 스스로 α의 존재를 주장·입증해야 된다(소송요건). 다음 소송물에 관한 β가 문제가 된다. 채권자대위권 발생요건으로서 대위의 기초가 되는 채권자의 채무자에 대한 채권발행원인, 본건에서는 매매대금채권의 발행원인사실(청구원인)과 채무자가 무자력이라는 사실과 채무자가 당해채권을 행사하지 않은 사실을 주장·입증해야 한다.

도표 5.3.10 채권자대위

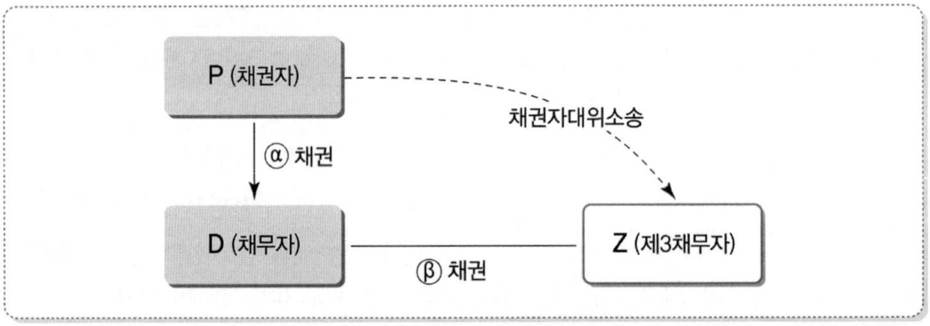

2. 채권자대위권 행사의 효과

가. 채권자대위권 행사의 방법과 범위

좁은 의미에서의 대위권행사의 효과를 설명하기 전에, 대위권행사의 방법과 범위에 대해서 언급해 두고 싶다.

우선 대위권은 채권자 자기(P)의 이름으로 행사되어야 하는 것으로 해석되고 있다(채무자 D의 대리인으로서가 아니다). 그러나 행사의 효과는 채무자 D에게 귀속한다고 해석되고 있는 점에 주의해야 한다. 더욱 대위권행사는 원칙적으로서 재판 외에서도 행사할 수 있다(이에 반해 사해행위취소권은 언제나 재판상 행사하지 않으면 안 된다).

일본 최고재판소 판례는 피보전채권(a채권) · 대상채권(b채권) 모두 금전채권인 때, 채권자 P가 b채권을 대위행사할 수 있는 것은 a채권의 액수에 한정한다고 해석한다.[25] 참고로 학설은 채권회수기능에 비추어보면 당연하다고 해석하는 견해도 있지만,[26] 책임재산보전이라는 관점에서 본다면 b채권 전체를 행사할 수 있어야만 한다고 해석하는 견해도 있다[27]. 전액에 대해 행사할 수 있다고 해석해야 한다고 생각하지만 P가 일부만을 행사하는 것을 방해할 수는 없다.

대위권행사의 상대방인 제3자(제3채무자) Z는 채무자 D에 대하여 대항할 수 있는 일체의 사유를 들어 채권자 P에게 대항할 수 있다. P가 행사하는 것은 어디까지나 D의 권리이기 때문에 이것은 당연한 귀결이다. 구체적으로는 상계나 합의해제 · 계약무효 등이 항변으로서 인정되고 있다(판례). 이것과는 달리 P가 담보권을 가지고 있는데도, 대위권을 행사하는 것은 권리남용이라는 주장을 Z가 할 수 있는 경우도 있을 것이다(이것은 대위권의 성격과는 관계없다).

마지막으로 판례는 P가 Z에 대해 직접 자기에게 인도를 요구할 수 있다는 것은 이미 서술한 바대로이다. 참고로 학설은 더욱 이 점에 관해서 최근의 학설 일부에서는 판례를 전제로 하면서도, 채권자대위소송의 판결이 확정되기까지는 다른 채권자에게도 당사자참가를 허락하고, 대위채권자와 참가채권자를 평등하게 취급함으로써, 실질적인 배당을 해야 한다는 견해도 나타나고 있다. 이러한 주장에 대해서는 더욱 검토할 필요가 있지만 주목할 가치가 있는 견해이다.

나. 채권자대위권 행사의 효과

좁은 의미의 채권자대위권 행사의 효과로서 주로 논의되고 있는 문제는 2가지이다.

첫째로, 대위권의 행사에 의한 채무자의 권리행사는 제한을 받느냐는 문제이다. 이 점에 대해 채무자에게 통지해야 하고(405조 1항), 재판상의 대위에 관한 절차를 정한 비송사건절차법 49조 1항은, 채권자의 대위신청이 있게 되면 법원은 직권으로 채무자에게 고지를 해야만 하고, 그리고 이 고지를 받은 채무자는 권리처분을 할 수 없다(처분권의 제한. 405조 2항). 채권자가 채무자를 대위하여 채무자의 제3채무자에 대한 권리를 행사하고 채무자에게 통지를 하거나 채무자가 채권자의 대위권 행사사실을 안 후에는 채무자는 그 권리에 대한 처분권을 상실하여 그 권리의 양도나 포기 등 처분행위를 할 수 없고 채무자의 처분행위에 기하여 취득한 권리로서는 채권자에게 대항할 수 없다. 그러나 채무자의 변제수령은 처분행위라 할 수 없고 같은 이치에서 채무자가 그 명의로 소유권이전등기를 경료하는 것 역시 처분행위라고 할 수 없으므로 소유권이전등기청구권의 대위행사 후에도 채무자는 그 명의로 소유권이전등기를 경료하는 데 아무런 지장이 없다(90다9407). 한편, 채권자가 채무자와 제3채무자 사이에 체결된 부동산매매계약에 기한 소유권이전등기청구권을 보전하기 위해 채무자를 대위하여 제3채무자의 부동산에 대한 처분금지가처분을 신청하여 가처분결정을 받은 경우에는 피보전권리인 소유권이전등기청구권을 행사한 것과 같이 볼 수 있으므로, 채무자가 그러한 채권자대위권 행사사실을 알게 된 후에 그 매매계약을 합의해제함으로써 채권자대위권의 객체인 부동산소유권이전등기청구권을 소멸시켰다 하더라도 이로써 채권자에게 대항할 수 없고, 그 결과 제3채무자 또한 그 계약해제로써 채권자에게 대항할 수 없다(2006다85921). 따라서 무효인 매매계약에 기하여 경료된 소유권이전등기의 말소등기청구권을 대위행사함에도 불구하고 무효인 매매를 추인하는 채무자의 제3자에 대한 권리를 소멸시키는 행위나 제3자에 대한 채권을 양도하는 행위는 제한된다(77다118). 또 채권자가 채무자를 대위하여 제3채무자의 부동산에 대한 처분금지가처분을 신청하여 처분금지가처분결정을 받은 경우 알게 된 이후에 그 부동산에 대한 매매계약을 합의해제도 할 수 없다(95다54167). 그러면 여기서 위에서 설명한 것을 이해하기 위해 눈을 돌려 제3자의 항변권에 관해 좀 더 자세히 살펴보자. 대위권 행사의 통지가 있기 전에 대위의 상대방은 채무자에 대한 항변사유(무효 또는 취소 등의 사유, 변제나 해제로 인한 채권의 소멸 등)를 가지고 대위행사하는 채권자에 대해서도 주장할 수 있다. 또 채권자 자신에게 직접 급부하도록 요구할 수도 있다. 그러므로 미등기건물을 매수하였으나 소유권이전등기를 하지 못한 경우 불법점유자에 대하여 직접 자기에게 명도할 것을 청구할 수 있다(79다1928). 채권자의 채무자에 대한 채권과 채무자의 채권자에 대한 인도채권이 상계적상에 놓여 있으면 상계도 할 수 있으므로 이때는 사실상의 우선변제(사실상의 우선변제권)를 받는 셈이다. 채권자대위권 행사 통지 후 제3채무자가 채무자의 채무불이행을 이유로 계약해제한 경우 대항가부에 관한 2011다87235의 사안과 판지는 다음과 같다.

사실관계 5.3.6 채권자대위권 행사 통지 후 제3채무자가 채무자의 채무불이행을 이유로 계약을 해제한 경우 [2011다87235]

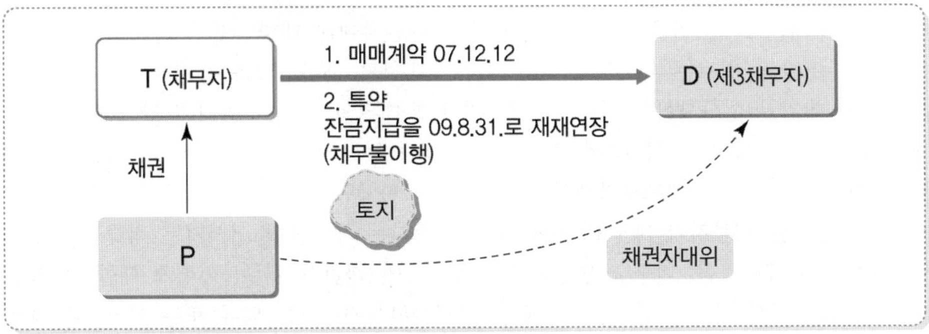

(1) T가 2007.12.12. D(제3채무자)와 이 사건 매매계약을 체결하면서 D에게 매매대금 잔금 14억 원과 별도로 양도소득세 상당액을 지급하기로 약정했다. (2) T는 2008.6.9. 매매대금 잔금 및 양도소득세 상당액의 지급기일이 도래하였는데도, 이를 지급하지 못하여 D로부터 2008.7.20.까지 지급기일을 연장받으면서 이를 지키지 못할 경우 계약금을 비롯한 모든 권리를 포기하기로 약정했다. (3) 그럼에도 불구하고 T는 그 후로도 매매대금 잔금 중 일부만 지급하였을 뿐 위 연장된 지급기일까지 매매대금 잔금과 양도소득세 상당액을 지급하지 못하여 2008.11.25. 변제기를 다시 2009.2.28.까지로 연장받으면서 위 변제기까지 이 사건 매매계약상 의무를 이행하지 아니하면 계약에 따른 모든 매수인의 권리를 포기하기로 약정하였고 이와 같은 내용을 2009.1.6. 상호간에 재차 확인했다. (4) T가 2009.2.25. D에게 이 사건 토지에 관한 매매대금 잔금은 모두 지급하였으나, 양도소득세 상당액은 지급하지 못하자 이에 T는 2009.2.25. 다시 양도소득세 상당액 지급기일을 2009.8.31.까지로 연장받으면서 D에게 위 지급기일까지 양도소득세 상당액을 지급하지 아니하면 이 사건 매매계약과 관련된 T의 모든 권리를 포기하고, T의 채무불이행으로 D가 입은 모든 손해도 보상하겠다는 내용의 각서를 작성해 줬다. (5) 그러나 T는 2009.8.31.까지도 D에게 이 사건 토지에 관한 양도소득세 상당액을 지급하지 못했다. 이 사건에서 쟁점은 채권자대위권행사 통지 후에 채무자의 채무불이행을 이유로 통지 전 체결된 약정에 따라 계약이 자동 해제되거나 제3채무자가 계약을 해제한 경우 제3채무자가 계약해제로써 채권자에게 대항할 수 있는지 여부이다.

이에 관해 원심은 “각서가 작성된 2009.2.25.에는 T가 D에게 최종적으로 2009.8.31.까지 이 사건 토지에 관한 양도소득세 상당을 지급하지 아니하면 그 채무불이행 자체로서 이사건 토지에 관한 매매계약을 실효시킨다는 특약을 한 것이다. 그러나 T는 2009.8.31.까지 이 사건 토지에 관한 양도소득세 상당액을 지급하지 못하여 위 계약은 실효되었다. T의 채무불이행으로 위 특약에 의하여 위 매매계약이 실효된 것을 가지고 채무자가 채권자대위권행사의 통지를 받은 후 에 D에게 소유권이전등기 청구권을 처분한 것으로 평가할 수 없다" 판시하였다. 그러나 이에 관해 대법원은 기본적인 전제(법리)로 다음과 같이 판시하였다. "민법 제405조 제2항은 '채무자가 채권자대위권행사의 통지를 받은 후에는 그 권리를 처분하여도 이로써 채권자에게 대항하지 못한다'고 규정하고 있다. 위 조항의 취지는 채권자가 채무자에게 대위권 행사사실을 통지하거나 채무자가 채권자의 대위권 행사사실을 안 후에 채무자에게 대위의 목적인 권리의 양도나 포기 등 처분행위를 허용할 경우 채권자에 의한 대위권행사를 방해하는 것이 되므로 이를 금지하는 데에 있다. 그런데 채무자의 채무불이행 사실 자체만으로는 권리변동의 효력이 발생하지 않아 이를 채무자가 제3채무자에 대하여 가지는 채권을 소멸시키는 적극적인 행위로 파악할 수 없는 점, 더구나 법정해제는 채무자의 객관적 채무불이행에 대한 제3채무자의 정당한 법적 대응인 점, 채권이 압류·가압류된 경우에도 압류 또는 가압류된 채권의 발생원인이 된 기본계약의 해제가 인정되는 것과 균형을 이룰 필요가 있는 점 등을 고려할 때 채무자가 자신의 채무불이행을 이유로 매매계약이 해제되도록 한 것을 두고 민법 제405조 제2항에서 말하는 '처분'에 해당한다고 할 수 없다." 이 사건에 들어가 대법원은 다음과 같이 적용하였다. "따라서 채무자가 채권자대위권행사의 통지를 받은 후에 채무를 불이행함으로써 통지 전에 체결된 약정에 따라 매매계약이 자동적으로 해제되거나, 채권자대위권행사의 통지를 받은 후에 채무자의 채무불이행을 이유로 D(제3채무자)가 매매계약을 해제한 경우 D(제3채무자)는 그 계약해제로써 대위권을 행사하는 채권자에게 대항할 수 있다."

채권자대위소송의 제3채무자가 채무자의 채권자에 대한 소멸시효완성의 항변을 원용할 수 있는가? 채권자가 채권자대위권을 행사하여 제3자에 대하여 하는 청구에 있어서, 제3채무자는 채무자가 채권자에 대하여 가지는 항변으로 대항할 수 없고, 채권의 소멸시효가 완성된 경우 이를 원용할 수 있는 자는 원칙적으로는 시효이익을 직접 받는 자뿐이고, 채권자대위소송의 제3채무자는 이를 행사할 수 없다 (2001다10151). 일본 최고재판소 판례는 재판 외의 대위권 행사에 관해서도, 채무자가 채권자로부터 통지를 받는 경우 혹은 채무자가 대위권 행사를 알게 된 경우에는 재판상 청구에서와 똑같이 해석해야 한다고 하고 있다.[28] 참고로 학설은 그러나 법원의 고지와 당사자의 통지를 동일시할 수 없다는 반대설도 있다(三ケ月).

둘째로, 채권자대위소송의 판결의 효력은 채무자에게 미치느냐는 문제이다. 실무에서 중요도가 높은 쟁점이다. 채무자 D가 소송에 참가한 경우 등에 판결효가 미치는 것은 당연하다는 입장에서, 채무자가 소송에 관여할 기회가 전혀 없는 채로 법원의 판결이 나온 경우에 어떻게 되는가. 일본 최고재판소 판례는 법정소송담당의 사고방식에 따라서 채무자에게도 판결의 효력이 미친다고 하고 있다.[29] 제

3채무자의 응소의 부담 등을 생각하면 이것으로 충분하다는 생각방식도 있을 수 있지만 참고로 학설은 이에 대해 반대론도 강하다.

그러면 여기서 위에서 설명한 것을 이해하기 위해 눈을 돌려 소송참가 · 법정소송담당에 관해 좀 더 자세히 살펴보자. 소송참가란 타인의 소송에 제3자가 자기의 이름으로 참가하는 것을 말한다. 보조참가 · 공동소송참가 · 독립당사자참가 등 몇 가지 형태가 있다[30]. 한편 소송담당이란 제3자가 권리의무를 가지는 본인에 대신하여(혹은 본인과 함께), 자기의 이름으로 당사자로 되는 것을 말하지만 그중에서도, 법률상 당연하게 행해지는 것을 법정소송담당, 피담당자의 의사에 기초한 것을 임의적 소송담당이라고 한다.

참고로 학설은 채권자대위권의 우선변제기능을 중시하는 최근의 견해에 따르면, 채권자에게 주어진 유리한 지위와 균형을 유지하기 위해, 이상 2가지 점에 대해서 어느 경우에도 판례에 반대하고, 대위권의 효력을 한정(상대화)해야 한다고 주장하고 있다.[31] 그러나 책임재산의 보전이라는 본래의 목적을 중심에 두고 생각하면 이와 같은 한정을 둘 필요는 없다고 생각된다. 채무자도 포함해서 권리관계를 확정하는 것이 바람직하지 않다고 할 이유는 없을 것이다. 단지 제2점에 관해서는 채무자에게 소송에 참가할 수 있도록 기회를 보전하는 방책을 강구하는 노력은 이루어져야 한다.

제 2 절 채권자취소권(사해행위취소권)

채무자의 책임재산을 보전하기 위한 제도로 채권자대위권에 이어서, 여기서는 사해행위취소권(채권자취소권이라고도 함. 또 구민법에서는 '폐파소권'으로 불리고 있었다)에 관해 설명한다. 대위권의 경우와 같이 우선 제도를 이해하기 위해 총론적인 설명을 한 뒤에(Ⅰ), 요건 · 효과에 관해 각론적인 설명을 한다(Ⅱ).

Ⅰ. 채권자취소권 제도의 이해

1. 채권자취소권 제도의 전제

가. 채권자취소권 제도의 취지

되풀이 하지만 원칙적으로 채무자의 책임재산에 관해 관리 · 처분의 권한을 가지는 것은 채무자 본인만이다. 그러나 책임재산의 보전을 위해 채권자가 채무자의 법률행위에 개입할 수 있는 경우가 예외적으로 존재한다. 그 하나가 채권자대위권이고, 또 하나가 사해행위취소권이다.

채권자대위권은 채권자가 채무자를 대신해 권리행사를 할 수 있도록 하는 제도이지만, 채권자취소권(사해행위취소권)은 채무자가 행한 행위의 효력을 부정하는(취소하는) 것을 인정하는 제도이다. 대위권은 채무자가 자신의 권리를 행사하는 것을 소홀히 할 때에 인정되지만, 취소권이 인정되는 것은 채무자의 행위가 채권자의 권리를 해치는(침해하는) 경우이다. 사해행위취소권이라는 호칭은 이것을 단적으로 가리키고 있다. 다른 말로 하면 양자는 채권자에게 각각 다음과 같은 권능을 인정하는 것이라고도 말할 수 있다. 즉 전자는 집행가능한 책임재산을 늘리는 권능, 후자는 책임재산을 감소하지 않도록 하는 권능이라고 말할 수 있다.

그러면 여기서 위에서 설명한 것을 이해하기 위해 눈을 돌려 책임재산을 '늘린다,' '줄지 않는다'의 의미에 관해 좀 더 자세히 살펴보자. 늘린다, 줄지 않는다는 표현은 어떤 종류의 평가를 포함하는 것이란 점에서 주의할 필요가 있다. 예를 들면 1,000만 원의 금전채권=1,000만 원의 금전으로 생각한다면, 금전채권을 대위행사하여도 책임재산을 '늘린다'는 것으로는 되지 않는다. 또한 5,000만 원의 부동산=5,000만 원의 금전으로 생각한다면, 부동산처분을 사해행위로 보고 취소하여도, 책임재산이 '줄지 않는다'는 것으로 되지 않는다. 본문과 같이 말할 수 있는 것은, 재산 가치에 대해 1,000만 원의 채권<1,000만 원의 금전, 5,000만 원의 부동산>5,000만 원의 금전이라는 평가가 이루어지고 있기 때문이다.

한편 법제사에서 사해행위취소권의 유래[32]에 관해 살펴본다. 사해행위취소권은 직접적으로는 프랑스법에서 유래된 제도이지만, 더욱 거슬러 올라가면 로마법의 파우루스 소권(actio pauliana)에서 유래한다(프랑스에서는 지금도 파우루스 소권이라 부르고 있다. 파우루스는 로마 법학자의 이름). 또 이것은 채권자대위권의 경우와는 다르고, 독일과 영·미에서도 같은 제도가 존재한다.[33]

앞에서 서술한 것과 같이 추심소송이 완비된 법 제도라고 하면, 본래의 의미에서의 대위권의 존재의의는 빈약하다고 말할 수 있다. 이 점에 대해 사해행위취소권에는 고유의 존재의식이 인정되고 있다. 채무자가 책임재산을 처분하려는 것을 사전에 저지하기 위해서는 압류나 가압류 혹은 처분금지의 가처분 등 민사집행법에 있는 강제집행제도를 이용할 수 있다. 그러나 이들 제도로는 일단 처분·양도가 이루어진 법률효과를 부정할 수 없다. 이 같은 효과는 파산법상의 부인권 행사[34]로 얻을 수 있지만(회 68조), 그렇게 하기 위해서는 파산절차를 개시할 필요가 있다. 그러므로 파산절차를 개시하지 않고 채무자의 처분행위를 부정할 수 있는 사해행위취소권에는 독자적 적용영역이 존재하는 것이다.[35]

더욱 여기에서 사해행위와 연속하고 있지만 다른 행위에 대해서도 언급해 두자. 그것은 재산은닉을 위한 위장행위이다. 예를 들면 채권자의 (강제)집행을 피하기 위해 채무자가 자기 소유의 부동산을 제3자에게 증여했다고 하자. 이때 증여는 허위표시이고 무효로 되므로 사해행위취소권을 행사한다는 말을 꺼낼 것까지도 없다(108조). 그러나 취소권이 필요한 것은 위장이 아니라 실제로 증여가 이루어진 때다. 이때 증여는 허위표시이고 무효로는 안 되지만, 사해행위에 해당한다면 채권자는 취소할 수 있게 된다는 의미이다. 이에 관한 판례를 살펴본다. 통정허위표시의 취소에 관한 97다50985의 사안과 판지는 다음과 같다.

사실관계 5.3.7 통정허위표시의 취소 [97다50985]

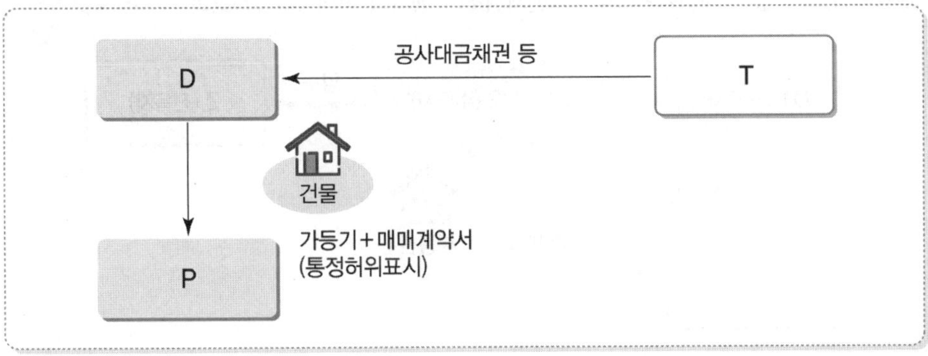

T가 D를 상대로 한 소송(공사대금 및 대여금)에서 승소판결을 받았다. D는 T가 미리 가압류하지 아니한 건물에 대한 강제집행을 피할 목적으로 P 앞으로 소유권이전청구권 보전을 위한 가등기를 했다. 이 사건 건물과 대지를 금 3억5백만 원에 P에게 매도한다는 매매계약서를 작성, 이를 근거로 1993.3.13. P앞으로 소유권이전등기를 경료했다(즉 통정의 허위의사표시로 매매계약을 체결).

이에 관해 대법원은 "P와 D 사이의 건물매매계약서 및 과지급 매매대금 및 미완성 부분 공사비 지급각서는 실제로 그에 따른 법률효과를 발생시킬 의도로 작성된 것이 아니라 T의 강제집행을 피하기 위한 수단으로 작성된 것이므로 통정허위표시에 기하여 작성된 것으로 무효이다. 채무자의 법률행위가 통정허위표시인 경우에도 채권자취소권의 대상으로 된다. 채권자취소권의 대상으로 된 채무자의 법률행위라도 통정허위표시의 요건을 갖춘 경우에는 무효이다" 판시하였다.

여기서 주제(point)는 제3자가 선의이더라도 사해의사가 있다면 채권자는 제3자를 상대로 취소권행사를 할 수 있다는 것이다.

나. 채권자취소권 제도의 공백

이상과 같이, 사해행위취소권의 제도취지는 일견 명료하지만 한 발을 내디디면 난문이 있다. 사해행위취소권은 누구를 상대로 행사되어야 하는가, 행사의 결과로서 어떠한 효과가 생기느냐는 실무에서도 중요한 문제이지만, 민법 전체적으로 볼 때 명확한 규정이 없고 해답이 명확하지 않다.

이들의 문제에 과거 어떻게 답했는가? 선례가 되는 중요한 판례로 알려진 일본 최고재판소 판례는 일본대심원연합부 판결(1911년, 明治 44년)[36]로서 사안은, 다음과 같고 그림으로 표시해 둔다(도표 5.3.11).

도표 5.3.11 일본 대심원연합부 – 채권자취소권 행사의 상대방과 그 효과

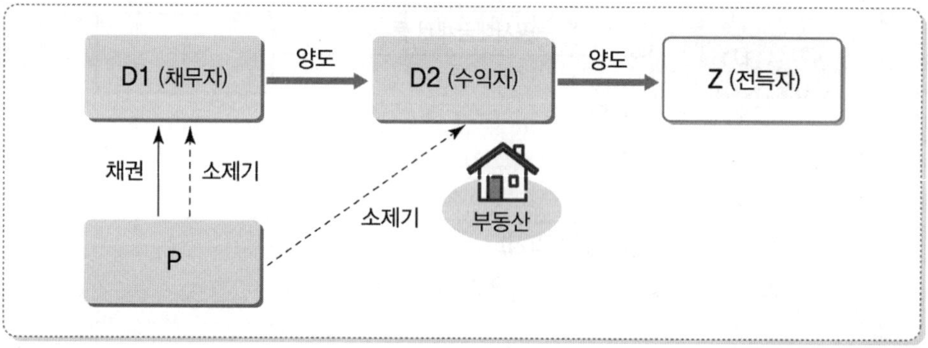

채권자 P는 채무자 D1, 수익자 D2를 상대로 사해행위취소소송을 제기했지만, 원심은 채권자가 전득자 Z를 피고로 하고 있지 않은 것과 취소만 구하고 회복을 구하지 않았다는 것을 이유로 이것을 각하했다. 일본 최고재판소는 채무자 D1에 관한 부분은 원심의 판단을 지지했지만, 수익자 D2에 관한 부분은 파기환송했다.

이 판결이 채택한 사고방식은 상대적취소이론으로 불리고 있고, 그 후의 판례·통설의 기초로 되고 있다. 그 판결내용은 이하의 3가지 점으로 정리할 수 있다. 첫째 406조의 취소권은, 채무자가 한 법률행위를 취소하고(취소만의 소도 좋다), 채무자의 재산상태를 당해 행위 이전의 상황으로 되돌리는 것이다(①). 둘째

406조의 취소권은 일반 취소권과는 달리 그 취소의 효과는 상대적이고, 당해 행위는 소송의 상대방에 대해서는 무효이지만 소송에 관여하지 않는 자에게는 유효한 채 그대로 있다(②). 셋째 소송의 상대방은 수익자 또는 전득자이고, 채무자의 재산이 전득자의 것이 되어 있는 때에는, 전득자에게 현물반환을 구하거나 수익자에게 가액배상을 구해도 좋다. 어느 경우에도 채무자는 피고로 되지 않는다(③).

이러한 사고방식은 이후도 답습되고 있고, 판례로서도 확립되고 있다. 또한 학설에도 이것을 지지하는 것이 많다. 그러나 학설에는 이것에 반대하는 것도 제법 있고, 이것에 대신할 다양한 사고방식이 제안되고 있다. 다음 학설이 행하고 있는 법률구성의 시도를 보도록 하자.

2. 채권자취소권에 관한 법률적 구성

가. 종래의 학설[37]

참고로 학설은 우선 1970년대까지의 학설의 상황인데, 이것은 2단계로 나누어 생각해볼 필요가 있다.

판례가 제시한 이론에 대해서 일찍부터 비판이 이루어졌다. 한편으로 취소권을 절대적인 효력을 지닌 형성권으로서 파악하고, 소송의 상대방을 사해행위의 당사자인 채무자, 수익자의 쌍방으로 해야만 한다고 주장하는 견해(형성권설)가 있다. 다른 한편 취소권의 목적은 일실한 재산의 회복으로서, 당해 재산을 현재 가진 자를 피고로 해야 한다는 주장도 있다(청구권설). 그러나 전자에 대해서는 취소 후에 다시 채무자가 가지는 반환청구권을 대위행사해야 되므로 번거롭다는 비판이 있고, 후자에 대해서는 취소함이라는 문언으로부터 크게 벗어난다는 비판이 있다. 그 때문에 이들의 견해가 통설화되지 않았고, 말하자면 양자의 중간을 가는 (그 의미에서 절충설이라고도 부름) 일본 최고재판소 판례의 견해를 지지하는 입장이 통설로 되었다. 그러나 통설의 지지는, 여기에서 어쩔 수 없다는 것이고, 적극적인 것은 아니었다. 여기까지가 제1단계이다.

이와 같은 학설 상황을 크게 뒤흔드는 견해가 1960년 전후에 등장한다. 독일법의 영향을 강하게 받은 이 견해는 후에 책임설이라 부르게 된다.[38] 책임설은 다음과 같이 서술하여 통설을 비판하였다. 판례가 취하고 있는 상대적취소의 이론에서는 채권자 P와 수익자 D2 사이에서는 채무자 D1 앞으로 회복된 재산에 대해 P가 강제집행할 수 있다는 것을 이론적으로 설명할 수 없다. 왜냐하면 취소의 효력은 채무자 D1에게는 미치지 않기 때문에, P와 D2 사이 이외에서는 당해 재산은 여전히 D2의 것으로 남아 있다. 이것을 채무자 D1의 것으로서 집행할 수 없는 것이라고 하는 것이다. 그래서 책임설은 취소권이란 일실재산을 채권자 P의 강제집행의 대상으로 졸라매는 효과를 발생시키는 형성권으로서(책임법적 무효라고 부르고 있다), 이 권리행사를 인정하는 판결에 있어서는, 당해 판결에 기초하여 수익자 D2나 전득자 Z에 대해서 직접 집행할 수 있다는 취지를 기재해야 한다고 한다(집행인용판결이라 부른다). 결국 취소권이 행사되어도, 일실재산은 채무자 D1의 수중에 되돌리는 것은 아니고 D1의 수중으로 되돌아가는 것이 아니라 D2 또는 Z의 수중에 남아있어서, 그냥 그 상태로 당해재산에 대한 채권자 P의 강제집행은 인정할 수 있다는 것이다(P의 저당권이 붙어 있던 부동산이 D1로부터 D2에게 양도된 경우와 비교하라). 이 견해는 이론적으로는 상쾌한 견해이고 매력적이었지만, 책임법적 무효, 집행인용판결이란 신기한 개념에 대한 위화감 때문에, 역시 통설로 되지 못하였다. 그러나 책임설의 등장으로 사해행위취소권을 둘러싼 이론이 활발하게 논의된 것은 확실하다.[39] 이것이 제2단계이다.

나. 최근의 학설

참고로 책임설의 문제 제기를 받은 새로운 학설이 등장하는 것은, 1980년대로 되어서부터이다. 논의의 방향은 3개로 나눠진다. 첫째는, 기존의 견해를 수정하고자 하는 방향이다. 예를 들면 통설에 서면서 일실재산의 채무자로의 복귀로 설명을 하려는 시도[40]와, 형성권설을 재평가하면서 두 번의 소송을 회피하려는 시도[41]가 나타나고 있다. 둘째는, 책임설과 같은 귀결을 다른 법률구성에 의해 실현하려는 방향이다. 406조는, 수익자 D2 또는 전득자 Z가 지닌 일실재산에 대해 직접집행할 수 있는 것 같은 소권을 채권자에게 부여한 것이고, 책임법적 무효라든가 집행인용판결이라는 특수한 개념을 원용할 필요는 없다는 견해[42]가 주창되기에 이르렀다(소권설).

이 중에서도 특히 제2의 견해는 매력적인 것이었지만, 책임설 측으로부터는 소권이라고 말하여 때우게 하는 것만은 아니라는 취지의 비판이 행해진다. 또한 소권설은 406조의 연혁적 연구를 기초로 하여 제창된 것이지만, 부산물로서 407조가 다른 채권자에 대한 판결효 확장을 위한 규정이라는 것을 분명히 하고 있고, 이것을 고려한 해석의 필요성을 설명하였다. 그러나 후에 서술하는 바와 같이 이것을 인정하면 판례로부터 크게 떨어져 나가는 것으로 된다.

그래서 셋째는, 소권설의 발상에 서면서 407조를 무시하고 판례와의 정합성을 유지하려는 방향, 다른 말로 하면 판례를 설명하기 위해 소권설을 이용하려는 방향으로 향한 시도가 나타나는 것으로 된다.[43)]

그러면 여기서 위에서 설명한 것을 이해하기 위해 눈을 돌려 최근의 학설에 관한 보충설명을 해 두자. 본문에서 마지막으로 거론한 학설(우선변제긍정설이라 부른다)은, 책임설·소권설에 입각하여 나온 견해이지만, 뒤에서 보는 것같이 채권자 P에게 우선변제를 인정하려는 강한 지향성을 지닌 점에서는, 책임재산의 보전이라는 성격 부여를 유지하려는 책임설·소권설과 날카롭게 대립하는 것에 주의할 필요가 있다. 그래서 이러한 기본적인 가치판단은 무엇에서 유래하는가는 반드시 명확하지는 않다.

확실히 책임설이나 소권설은 판례에서 크게 벗어나지만, 마지막 견해도 판례에서 벗어나지 않는다는 의미는 아니다. 오히려 가치판단의 수준에서는 판례·학설의 대세로부터 크게 벗어난다고 말해야 할지도 모르겠다. 그렇다고 한다면 책임설이나 소권설에 발은 내디딜 것인가 혹은 수정설을 시도하는 것 어느 쪽은 아닐 것이다. 그러나 지금 여기서 그 이상의 것은 확언할 수 없다.[44)]

다. 우리 민법규정

한편 현행 406조 1항은 명문으로 상대적무효설(병합설, 절충설)을 채택함으로써 입법적으로 해결했다. 즉 채권자는 채무자의 사해행위로 형성된 법률행위를 취소하고 원상회복을 구할 수 있다.

Ⅱ. 채권자취소권 제도의 해석

Ⅰ.에서 서술한 바와 같이 사해행위취소권 제도의 이해에 대해서는 더욱 검토해야 할 점이 많이 남아있다. 이하에서는 우선 판례에서 다루고 있는 것을 중심으로 요건·효과에 관한 문제를 고찰하고, 필요하다면 있을 수 있는 다른 사고방식에 언급하기로 한다.

1. 채권자취소권 행사의 요건

대위권의 경우와 같이 채권자 쪽의 요건과 채무자 쪽의 요건으로 나누어 살펴보자(도표 5.3.12 참조). 더욱 취소권에는 절차적인 요건도 부과되어 있지만, 편의상 이것은 채권자 쪽의 요건에 포함해서 다루기로 한다.

도표 5.3.12 취소권행사의 요건

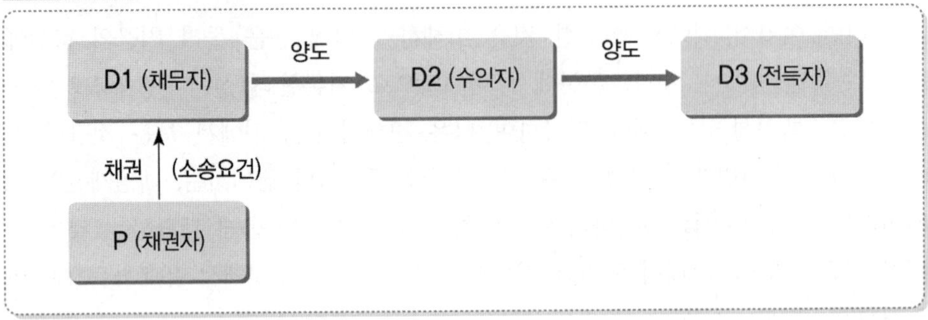

가. 채권자에 관한 요건

지금 서술한 것같이 실체적인 요건과 절차적인 요건이 있다.

(1) 채권자취소권행사에 관한 실체적인 요건

사해행위 당시에 채권자 P의 채권(피보전채권)이 성립해 있어야 하는 것이 필요한 요건이다(最判昭 33.2.21. 民集 12券2号, 341頁 외). 신용카드가입계약은 신용카드의 발행 및 관리, 신용카드의 이용과 관련된 대금의 결제에 관한 기본적 사항을 포함하고 있기는 하나 그에 기하여 신용카드업자의 채권이 바로 성립되는 것은 아니고, 신용카드를 발행받은 신용카드회원이 신용카드를 사용하여 신용카드가맹점으로부터 물품을 구매하거나 용역을 제공받음으로써 성립하는 신용카드매출채권을 신용카드가맹점이 신용카드업자에게 양도하거나, 신용카드업자로부터 자금의 융통을 받는 별개의 법률관계에 의하여 비로소 채권이 성립한다. 그러므로 단순히 신용카드가입계약만을 가리켜 여기에서 말하는 '채권성립의 기초가 되는 법률관계'에 해당한다고 할 수는 없다. 채무자가 채권자와 신용카드가입계약을 체결하고 신용카드를 발급받았으나 자신의 유일한 부동산을 매도한 후에 비로소 신용카드를 사용하기 시작하여 신용카드대금을 연체하게 된 경우, 그 신용카드대금채권은 사해행위 이후에 발생한 채권에 불과하여 사해행위의 피보전채권이 될 수 없다(2004다40955). 그러므로 피보전채권이 성립된 시기는 사해행위라고 할 수 있는 행위가 행하여지기 전이어야 한다. 그러므로 다른 채무의 원인이 되는 법률행위가 취소권을 행사하려는 채권자의 채권보다 앞서 발생하고, 그 이행으로 가등기를 경료한 경우 가등기는 채권자취소권의 대상이 될 수 없다(2000다43352). 이러한 요건을 두지 않으면 사해행위에 의해 채무자 D1의 책임재산이 감소했다고 해도, 그 감소한 재산을 전제로 P는 채권을 취득한 것이기 때문에, P는 사해행위에 의해 자기의 채권이 침해되었다고 말할 수 없기 때문이다(채권자대위권과 비교하라). 그러나 예외도 있다. 채권자의 보증채무 이행으로 인한 구상금채권이 채무자의 사해행위 당시 아직 발생하지 않았으나, 그 기초가 된 신용보증약정은 이미 체결되어 있었고 사해행위시점이 주채무자의 부도일 불과 한 달 전으로 이미 주채무자의 재정상태가 악화되어 있었던 경우는 비록 구상금 채권이 사해행위 당시에는 성립되지 않았어도 피보전채권이 될 수 있다. 판례를 더 보자. 채권성립에 관한 고도의 개연성(예외)에 관한 99다53704의 사안과 판지는 다음과 같다.

사실관계 5.3.8 고도개연성 진정명의회복 [99다53704]

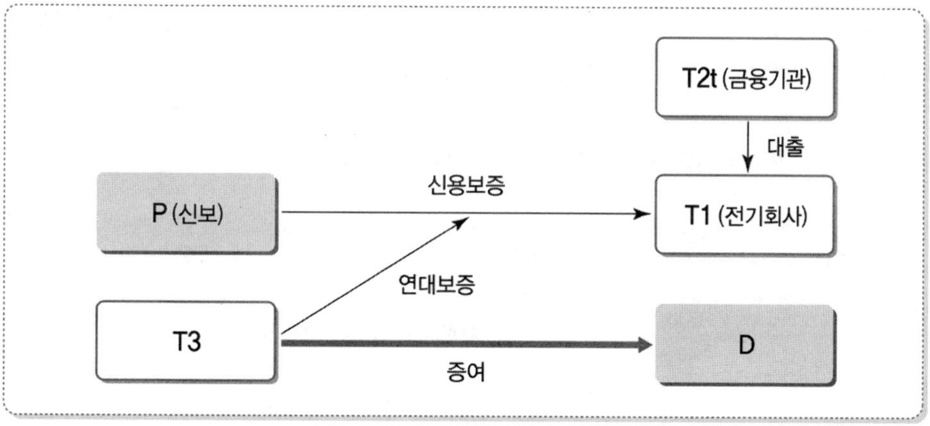

T1은 1993.11.5. P와의 사이에 T1이 T2t로부터 대출을 받음에 있어 P가 신용보증을 하는 신용보증약정 체결했다. 같은 날 T3은 T1이 위 신용보증약정에 기하여 P에게 부담하게 될 구상금채무를 연대보증했다. T1은 신용보증서에 따라서 1993.11.6. 서울신탁은행으로부터 금 1억 원, 1993.11.26. 한일은행으로부터 금 1억 5천만 원을 각 대출 받았다. 그러나 위 각 대출원리금을 변제하지 못한 상태에서 1994.10.15. 위 각 거래은행으로부터 거래정지처분을 받았다. P는 신용보증약정에 따라 1995.1.27. T1의 대출원리금을 대위변제(구상금채권 발생)했고, T3은 이전인 1994.9.21. D에게 유일한 적극재산인 부동산을 증여하여 소극재산이 그 적극재산을 초과했다. 이에 P는 증여계약의 취소로 인한

원상회복 방법으로 D 명의의 등기의 말소를 구하는 대신 D를 상대로 채무자인 T3 앞으로 직접 소유권이전등기절차를 이행을 청구했다. D는 '증여의 취소원인을 P가 1994.11.경 인지하였으므로 제소기간도과로 부적법하다'고 주장했다.

이에 관해 대법원은 기본적인 전제(법리)로 다음과 같이 판시하였다. "신용보증약정의 법률관계 발생, 부도로 인한 대위변제로 구상권 발생개연성이 상당하며 실제로 채권이 발생한 사실관계로 보아 채권자취소권 인정할 수 있다. '소제기기간 기준으로서 취소원인을 안 날'이란 사해행위로 채권자의 채권을 만족시킬 수 없다는 점을 안 날이다. P는 원심판결에서야 비로소 T3의 소극재산을 온전히 파악한 바 있으므로 제소기간은 도과하지 않았다." 그러므로 채무자가 보증인의 보증 하에 은행으로부터 대출받음에 있어 채무자의 보증인에 대한 구상채무에 대하여 연대보증 한 자가 연대보증 후 소유부동산을 제3자에게 증여하였는데, 증여계약 당시 채무자가 당해 대출금을 당초 변제기까지 변제하지 못하고 변제기를 연장하였을 뿐만 아니라 원금을 변제하지 못하고 있는 대출금도 많이 있었고 거래처의 부도로 인하여 막대한 손해를 보고 있었던 경우(97다34334)도 마찬가지라고 해석한다.

사해행위 당시 아직 성립되지 않은 채권이 예외적으로 채권자취소권의 피보전채권이 되기 위한 요건에 관한 2004다53173의 사안과 판지는 다음과 같다.

사실관계 5.3.9 채권발생 고도의 개연성 [2004다53173]

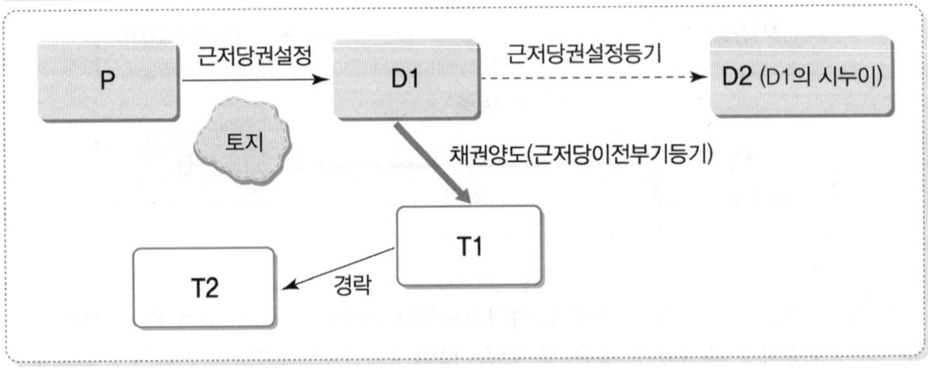

P는 처와 이혼을 고려하면서 재산분할을 대비하여 실제 채무없이 D1 앞으로 근저당권설정등기를 경료했다. D1은 자신의 채권자인 T1에게 채권양도를 원인으로 한 근저당권이전의 부기등기를 경료했고, T1은 위 근저당권에 기하여 임의경매신청을 하고 T2가 경락 받아 대금을 완납했다. D1은 2002.11.29. 소유권자인 P에게 위 경매처분된 위 토지를 매입하여 소유권이전등기해 줄 것을 무위 각서했다. D1은 2003.2.26. 자신의 시누이인 D2와 근저당권설정계약(채권최고액 5억 원)을 체결하고 2003.2.27. D2 앞으로 근저

당권설정등기를 해 주었다.

이에 관해 원심은 "D1의 각서상의 소유권이전등기의무의 이행기가 아직 도래하지 아니하였고 그 기한의 이익이 상실되었다고 볼 수도 없으므로 D1, D2 사이의 근저당권설정계약 체결 당시 P가 주장하는 손해배상채권은 아직 발생하지 아니하였고 그 성립에 관한 고도의 개연성이 있어 가까운 장래에 그 개연성이 현실화되었다고 볼 수도 없다" 판시하였다. 그러나 이에 관해 대법원은 기본적인 전제(법리)로 다음과 같이 판시하였다. "채권자취소권에 의하여 보호될 수 있는 채권은 원칙적으로 사해행위라고 볼 수 있는 행위가 행하여지기 전에 발생된 것임을 요한다. 그러나 그 사해행위 당시에 이미 채권성립의 기초가 되는 법률관계가 발생되어 있고, 가까운 장래에 그 법률관계에 터잡아 채권이 성립되리라는 점에 대한 고도의 개연성이 있으며, 실제로 가까운 장래에 그 개연성이 현실화되어 채권이 성립된 경우에는 그 채권도 채권자취소권의 피보전채권이 될 수 있다."

판례를 더 보자. 저당권설정 부동산에 관한 2005다65197의 사안과 판지는 다음과 같다.

사실관계 5.3.10 저당권설정 부동산 [2005다65197]

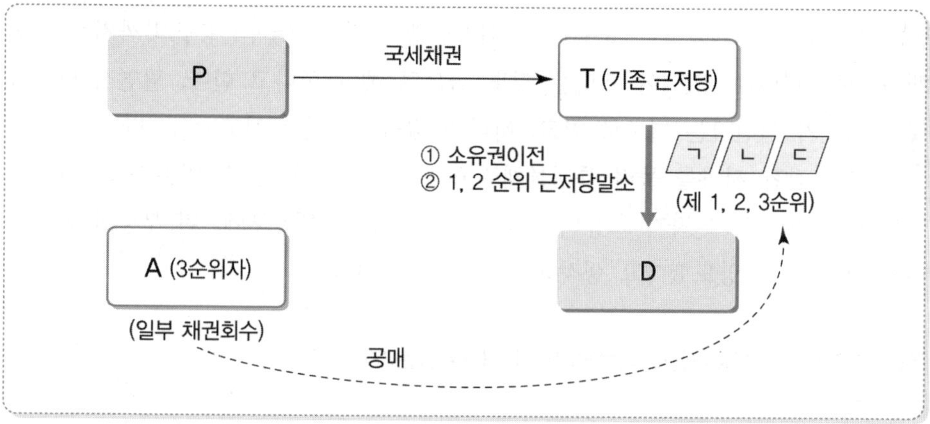

3개의 근저당권이 이미 설정되어 있던 T 소유의 부동산이 D에게 소유권이전됐고(사해행위) 그 후 D에 의하여 1, 2순위 근저당권이 말소됐다. 3순위 근저당권자가 저당권을 실행하여 피담보채권 31,808,707원 중 2천만 원을 회수했다. 그런데 P의 조세채권(2003. 11. 및 12.에 고지된 부가가치세+2000년 귀속 종합소득세)이 성립됐다.

이에 관해 대법원은 "사해행위 당시에 이미 채권 성립의 기초가 되는 법률관계가 발생되어 있고, 가까운 장래에 그 법률관계에 기하여 채권이 성립되리라는 점에 대한 고도의 개연성이 있으며, 실제로 가까운 장래에 그 개연성이 현실화되어 채권이 성립된 경우에는, 그 채권도 채권자취소권의 피보전채권이 될 수 있다(95다27905). 사해행위의 목적인 부동산에 수개의 저당권이 설정되어 있다가 사해행위 후 그 중 일부 저당권만이 말소된 경우 사해행위의 취소에 따른 원상회복은 가액배상의 방법에 의하여야 한다. 이때 배상하여야 할 가액은 그 부동산의 가액에서 말소된 저당권의 피담보채권액과 말소되지 아니한 저당권의 피담보채권액을 모두 공제한 금액이다" 판시하였다.

피보전채권의 성립에 관한 예외에 덧붙여서, 채권이 이행기에 있거나 채권액이 확정되어 있을 필요가 있는가. 일본 최고재판소 판례는 사해행위 당시에 채권이 존재하고 있기만 하면, 당해 채권은 보호받을 가치가 있다고 한다. 또 다른 문제는 피보전채권 그 자체에 관한 것이다. 금전채권이 가장 전형적인 피보전채권이다. 일본 최고재판소 판례는 채권자 P의 채권이 금전채권일 것을 필요로 하는가라는 점에 관해 사해행위 당시에 금전채권일 필요는 없다고 하고 있다.[45] 일본 최고재판소 판례는 이중양도의 제1 매수인이 제2의 처분을 사해행위로서 취소하는 것을 인정하였다(이 판결에 대해서는 효과 부분에서 한 번 더 언급한다). 참고로 학설은 그러나 판결을 받으면 곧 강제집행할 수 있다고 생각한다면(책임설과 소권설), 이행기도래 · 채권액확정을 요구하고, 취소권행사 당시(구두변론종결시)까지는 금전채권으로 전환되어 있어야 된다는 것도 필요로 해야 한다고 한다. 필연적으로 그렇게 되는가 어떤가는 별도로 하고, 하나의 있을 수 있는 사고방식이다.

여기서 잠깐 시야를 돌려 특정물채권도 피보전채권이 될 수 있는가에 관해 살펴본다. 예컨대 D가 자기 소유의 부동산을 P에게 매각한 후에, 위 부동산을 다시 T에게 이중으로 양도했다고 생각해 보자(도표 5.3.13).

도표 5.3.13 특정물채권도 피보전채권이 될 수 있는가?

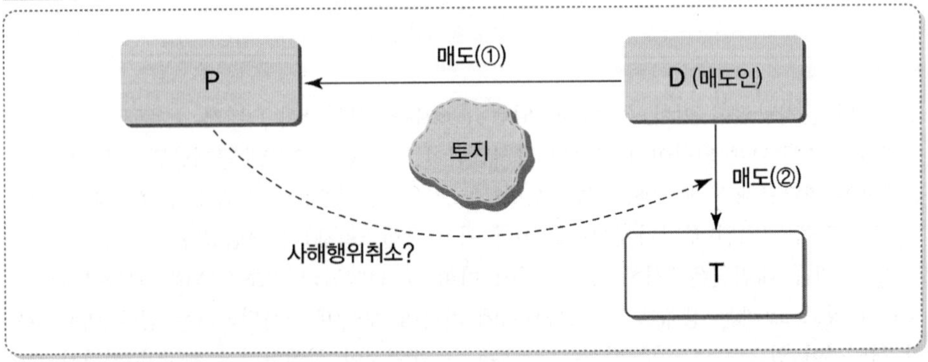

이러한 경우 매수인 P는 매도인 D에게 목적물 「인도청구권」을 가지고 있다. 이러한 특정물채권을 피보전채권으로 하여, D가 T에게 제2차로 위 부동산을 매도한 행위를 사해행위로 하여 취소권을 행사할 수 있는가. 즉 D가 자기 소유의 부동산을 P에게 매도하고 다시 같은 부동산을 T에게 이중으로 매도한 때, P는 그 부동산에 관한 소유권이전등기청구권을 피보전채권으로 해서 D와 T 사이의 매매계약을 사해행위라고 주장해서 이를 취소할 수 있느냐는 것이다.

먼저 매수인 P가 제2 매수인 T와의 관계에서, 목적물의 귀속관계(권리관계)를 다투고 있다고 한다면, 이와 같은 목적을 위해 채권자취소권을 행사할 수는 없다. 왜냐하면 물의 **소유권귀속**관계는 물권법의 법리(원리)에 의해 규율되어야 하고, 채권법상의 채권자취소권이 발동되는 것은 허용되지 않는다.[46] 대저 채권자취소권은 채권법상의 부인제도이지 목적물의 (소유권)귀속관계를 결정하는 원리는 아니기 때문이다(407조 참조).[47]

그러나 채권자 D가 당해 재산을 처분(예컨대, 채권자 T에게 대물변제하는 경우)하여 무자력으로 되고, P의 채권(특정물채권)이 D의 일반재산으로부터 금전적 만족(손해배상)조차도 얻지 못하는 경우라면 문제는 다르다. 특정물채권이라도 하더라도 그것이 실현되지 않을 때에는 손해배상채권으로 전화하는 것이므로, 그 손해배상을 청구하는 것(가치적 만족)을 전제로 하고, 또 그 범위 내에서만 일반채권자로서 채권자취소권을 행사하는 것이 부정되어서는 안 된다.[48] 일본 최고재판소 판례는 이것을 위에서 본 목적물의 귀속관계와 혼동하여 취소권 행사를 부정하였다가, 학자들로부터 비판을 받자 이러한 채권도 '궁극적으로 손해배상채권으로 변하는 것이므로, 채무자의 일반재산에 의해 담보되지 않으면 안 되는 것은 금전채권과 동일'하다고 하여 이러한 경우에는 취소권행사를 인정하였다.[49]

그렇다면 우리 판례는 어떤 입장에 서 있을까? 부동산의 이중양도로 인한 손배와 사해행위에 관한 98다56690의 사안과 판지는 다음과 같다.

사실관계 5.3.11 이중양도손배와 사해행위 [98다56690]

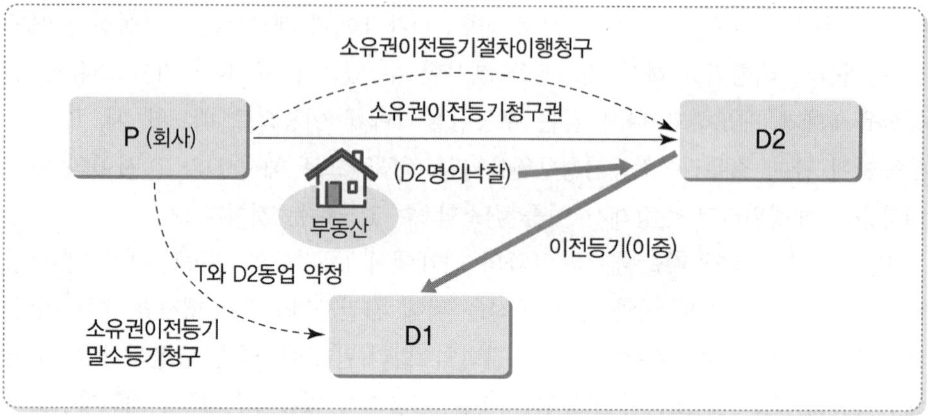

T와 D2는 동업하기로 하면서 경매진행중이던 부동산을 D2 명의로 낙찰 받기로 하여, P회사를 설립하면 부동산을 P회사 앞으로 이전하기로 약정했다. D2는 채무를 부담하고 있던 D1에게 채무변제를 위해 부동산에 관하여 매매를 원인으로 한 소유권이전등기를 경료했다. 이에 D2에 대하여는 P에게 양도약정을 원인으로 한 소유권이전등기절차 이행을, D1에 대하여는 D2에 대한 위 소유권이전등기청구권의 보전을 위하여 D2를 대위하여 D2에게 원인무효인 위 소유권이전등기의 말소등기절차를 이행할 것을 구했다. 이 사건에서 쟁점은 채권자취소권을 특정물에 대한 소유권이전등기청구권을 보전하기 위하여 행사할 수 있느냐이다.

이에 관해 원심은 "D2의 P에 대한 위 소유권이전등기의무는 D2가 D1에게 채무변제를 위하여 적법히 소유권이전등기를 경료함으로써 이행불능이 되었다. 따라서 P의 D2에 대한 청구를 기각하고 D1에 대한 소는 채권자대위권에 의하여 보전될 채권이 존재하지 않는다"고 해서 각하했다. 그러나 이에 관해 대법원은 "부동산을 양도받아 소유권이전등기청구권을 가지고 있는 자가 양도인이 제3자에게 이를 이중으로 양도하여 소유권이전등기를 경료하여 줌으로써 취득하는 부동산 가액 상당의 손해배상채권은 이중양도행위에 대한 사해행위취소권을 행사할 수 있는 위와 같은 피보전채권에 해당한다고 할 수 없다. 채권자취소권을 특정물에 대한 소유권이전등기청구권을 보전하기 위하여 행사하는 것은 허용되지 않으므로 부동산의 제1양수인(P)은 자신의 소유권이전등기청구권 보전을 위하여 양도인(D2)과 제3자(D1) 사이에서 이루어진 이중양도행위에 대하여 채권자취소권을 행사할 수 없다(95다1965)" 판시하였다.

왜 그런가? 첫째, 채권자취소권은 어느 채권자만이 아닌 총채권자를 위하여 채무자의 책임재산 감소를 방지하기 위한 제도(407조)이고 둘째, 이행불능에 따른 손해배상청구권은 이중양도 후에 발생했다. 그러나 특정채권이 금전채권으로 바뀐

후에 행하여진 사해행위에 대하여는 당연히 피보전채권으로 될 수 있다고 보아야 하지 않을까 싶다.

채권자취소권은 책임재산의 보전을 위해 행사하는 것이 원칙인데, 담보권부채권의 채권자는 취소권을 행사할 수 있는가.

참고로 학설(통설)은 충분한 물적 담보가 있는 경우에는 사해행위에 의해 채권자의 이익이 침해되는 것은 아니므로 취소권의 행사는 할 수 없다고 한다. 그렇다면 판례는 어떤 견해에 입각해 있을까? 우선변제권확보(채권최고액>채무액)에 관한 2000다21017의 사안과 판지는 다음과 같다.

사실관계 5.3.12 우선변제권확보 [2000다21017]

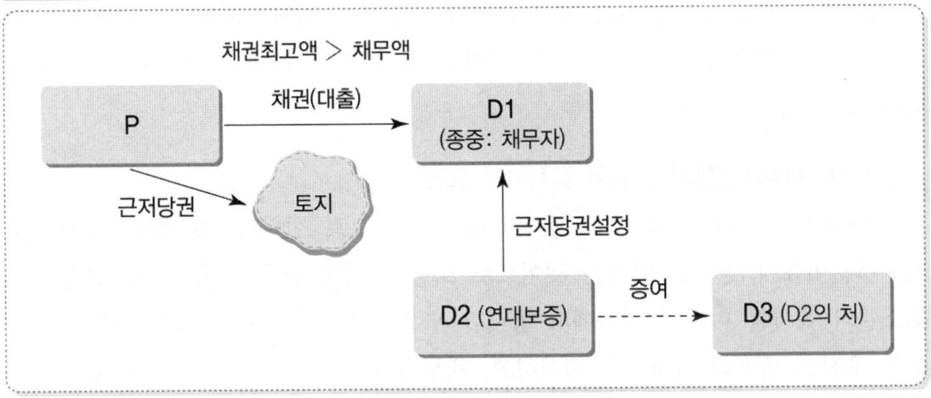

P는 D2의 연대보증으로 1993.11.22. D1에게 금 2억 원을 이자 연 27%(그 뒤 1994. 6.경부터 월 2.5%로 변경) 변제기 1994.5.21.로 정하여 대여했고, D1은 P 앞으로 그의 부동산에 관하여 채권최고액을 금 260백만 원으로 한 근저당권설정등기(1순위, 2순위)와 D1지분에 관하여 채권최고액 금 220백만 원으로 한 근저당권설정등기(3순위, 각 2순위)를 추가로 경료했다. 부동산(임야)에 대한 D2 지분 시가는 금 690,614,808원이다. 소송에서 P는 '증여계약은 사해행위로서 취소되어야 하고 이를 원인으로 한 D3(D2의 처)명의의 소유권이전등기는 말소되어야 한다.' 그리고 'D1(종중) 지분에 관하여 설정한 각 근저당권 채권최고액의 합계액이 증여 당시 대여금 채무의 원리금을 초과한다'라고 주장했다. 이 사건에서 쟁점은 채무 전액에 대하여 채권자에게 우선변제권이 확보되어 있는 경우 연대보증인이 자신의 유일한 재산을 처분한 행위가 사해행위에 해당하는지 여부이다.

이에 관해 대법원은 "주채무자 또는 제3자의 부동산에 대하여 채권자 앞으로 근저당권이 설정되어 있고, 그 부동산의 가액 및 채권최고액이 당해 채무액을 초과하여 채무 전액에 대하여 채권자에게 우선변제권이 확보되어 있다면, 연대보증인이 비록 유일한 재산을 처분하는 법률행위를 하더라도 채권자에 대하여 사해행위가 성립되지 않는다" 판시하였다.

따라서 물적 담보(가령 채무자 또는 제3자 소유의 부동산에 대한 근저당권. 물상보증의 경우에 달리 보는 입장도 있으나 그렇게 볼 것은 아니다)가 붙어 있는 채권의 경우 채권자에게 우선변제권이 확보되어 있는 범위 내에서는 채무자의 재산처분행위는 채권자를 해하지 않으므로 채권자취소권을 행사할 수 없다. 그러나 당해 채무액이 그 부동산의 가액 및 채권최고액을 초과하는 경우에는 그 담보물로부터 우선변제받을 금액을 공제한 나머지 채권액에 대하여만 채권자취소권이 인정된다(2002다41589). 그리고 주채무에 관하여 주채무자 또는 제3자 소유의 부동산에 대하여 채권자 앞으로 근저당권이 설정되어 있는 등으로 채권자에게 우선변제권이 확보되어 있는 경우가 아닌 이상, 주채무자의 일반적인 자력은 고려할 요소가 아니다(2003다13246).

(2) 채권자취소권행사에 관한 절차적인 요건

사해행위취소권은 소송으로 행사할 것을 요건으로 한다(406조 1항). 그 이유로 제3자의 이해에 영향을 미치는 것이므로 소송에 의해 단번에 판단해야 한다든가, 취소권의 행사를 다른 채권자에서 공시할 필요가 있다는 것을 들고 있다. 책임재산의 보전을 제도의 목적으로 해석하고, 채무자와 다른 채권자에게 판결효가 미치는 것을 인정하는 것이라면 이 설명에는 의미가 있지만, 다른 전제를 취하는 경우에는 이것으로 설명할 수 없다(대위권과 대비하라. 참고로 학설은 역사적 경위만으로는 설명할 수 없다는 견해도 있다[50]).

일본 최고재판소 판례는 더욱 반소로 소송에 대응할 수는 있지만 소송상 항변에 의한 행사는 할 수 없다고 하고 있다. 또한 채권자의 소송제기에는 취소원인을 안 날로부터 1년, 법률행위 있은 날로부터 5년이라는 2종류의 기간제한이 있다(406조 2항). 전자는 단기소멸시효, 후자는 제척기간으로 이해하는 것이 일반적이다. 법문에서 채권자가 '취소원인을 안 날'은 채무자가 채권자를 해함을 알면서 사해행위를 하였다는 사실을 알게 된 날이다. 그러므로 채권자가 채무자의 유일한 재산에 대하여 가등기가 경료된 사실을 알고 채무자의 재산상태를 조사한 결과 다른 재산이 없음을 확인한 후 채무자의 재산에 대하여 가압류를 한 때는 알았다고 볼 수 있다(2000다44348).

나. 채무자에 관한 요건

채무자 쪽 요건은 한층 더 채무자 D1의 행위에 관한 요건과 수익자 D2와 전득자 D3에 관한 요건으로 나누어진다(기호는 사실관계 5.3.12에 대응).

(1) 채무자에 관한 요건

채무자에 의해 사해행위가 있어야 한다는 것이 필요한 요건이다(406조 1항). 그러므로 채무자가 실행한 재산상의 법률행위("재산권을 목적으로 하는 법률행위")가 "채권자를 해"하여야 한다(406조 1항 본문). 반대해석으로 재산권을 목적으로 하지 않는 법률행위는 취소권의 대상으로는 되지 않는다. 사해행위에 해당하는지 여부를 판단할 때 객관적요건과 주관적요건이 문제가 된다고 설명해왔지만, 오늘날에는 양자는 따로따로 아니라 서로 연관해서 고려되는 것이라고 지적되고 있다. 그리고 사해행위 여부에 대한 판단시기는 처분행위 당시를 기준으로 한다. 그러면 우선 객관적요소·주관적요소의 쌍방에 관해 설명하고, 그 뒤에 구체적으로 어떻게 상관관계 판단이 이루어지고 있는가의 몇 개 예를 들겠다.

첫째, 객관적요소로 우선 채권자가 무자력으로 되는 것이 필요로 한다는 것(무자력 요건)을 서술해 둘 필요가 있다. 예를 들어 채무자 D1이 수익자 D2에게 재산을 증여해도 D1의 자력이 여전히 채무를 변제하는데 충분한 때는, 이 처분으로 P가 말참견할 필요가 없고 그 여지도 없다. 이 객관적 요건을 만족해야 비로소 사해행위로 될 수 있지만, 그 앞의 문제 즉 어떠한 행위가 사해성이 있는 행위로 평가되는가에 관해서는 구체적으로 살펴보아야 한다. 덧붙이자면 사해행위 당시 채무자가 채무를 변제하기에 충분한 자산을 가지고 있지 않아야 한다(채무초과상태에 이르거나 이미 채무초과상태가 심화되어야). 그리고 채무초과의 사실은 사해행위시에 존재하여야 하고, 채권자취소권 행사시(사실심 변론종결시)에도 존재하여야 한다. 그리고 되풀이하는 것이지만 사해행위가 될 수 있는 것은 법률행위에 한정되지 않는다는 것만을 서술해 둔다(예를 들면 변제와 채무승인 등도 포함된다).

더욱 법률행위에 관해서도 재산권을 목적으로 하지 않는 법률행위는 취소권의 대상이 되지 않는다(406조 2항). 혼인·이혼·양자결연(養子緣組)·상속포기 등 가족법상 행위가 그 대표적인 예이다. 그러므로 이혼에 따른 재산분할은 원칙적으로서 취소의 대상으로는 되지 않는다. 그러나 재산분할이 839조의3 제1항의 규정취지에 반하여 상당하다고 할 수 없을 정도로 과대하고 재산분할을 구실로 이루어진 재산처분은 취소대상이 된다(2000다63516). 이혼에 있어서 재산분할은 부부가 혼인 중에 가지고 있었던 실질상의 공동재산을 청산하여 분배함과 동시에 이혼 후에 상대방의 생활유지에 이바지하는 데 있지만, 분할자의 유책행위에 의하여 이혼함으로 인하여 입게 되는 정신적 손해(위자료)를 배상하기 위한 급부로서의 성질까지 포함하여 분할할 수도 있다. 재산분할의 액수와 방법을 정함에 있어서는 당사자 쌍방의 협력으로 이룩한 재산의 액수 기타 사정을 참작하여야 하는 것이 839조의2 2항의 규정상 명백하므로 재산분할자가 이미 채무초과의 상태에 있다거나 또는 어떤 재산을 분할한다면 무자력이 되는 경우에도 분할자가 부담하는 채무액 및 그것이 공동재산의 형성에 어느 정도 기여하고 있는지 여부를 포함하여 재산분할의 액수와 방법을 정할 수 있다. 재산분할자가 당해 재산분할에 의하여 무자력이 되어 일반채권자에 대한 공동담보를 감소시키는 결과가 된다고 하더라도 그러한 재산분할이 839조의2 2항의 규정 취지에 반하여 상당하다고 할 수 없을 정도로 과대하고, 재산분할을 구실로 이루어진 재산처분이라고 인정할 만한 특별한 사정이 없는 한 사해행위로서 채권자취소권의 대상이 되지 아니하고, 위와 같은 특별한 사정이 있어 사해행위로서 채권자취소권의 대상이 되는 경우에도 취소되는 범위는 그 상당한 부분을 초과하는 부분에 한정된다(2000다58804). 그런데 일본 최고재판소 판례는 최근에 들어와서 상속재산분할협의도 취소대상으로 될 수 있다고 한다.[51] 다른 한편 일본 최고재판소 판례는 상속재산분할에 관해 원칙적으로 취소의 대상으로는 되지 않는다고 하면서도, 그 상속재산분할이 상당성을 결여하고 재산분할을 구실로 과대한 재산처분이라고 인정되는 경우 등은 제외한다고 하였다. 일본 최고재판소 판례 중 상속재산분할에 관해 일반론을 제시한 것이 있고,[52] 예외적으로 사해행위에 해당한다고 한 예도 있다.[53] 따라서 이미 채무초과 상태에 있는 채무자가 상속재산분할협의를 하면서 자신의 상속분에 관한 권리를 포기하는 경우에는 사해행위가 된다(2007다29119). 가족법상의 행위이기 때문이라고 하는 이유로 일률적으로 딱 잘라 결론내리는 것이 아니라, 각 행위의 성질에 대한 검토가 필요하다.

둘째, 주관적요소로서는 채무자의 사해의 의사가 필요한 요건이라고 설명되어 왔다. 즉 채무자가 그의 법률행위에 의하여 "채권자를 해함을 알고"(채무자의 악의) 있어야 한다(405조 1항 본문). 그리고 사해의사 유무의 판단은 사해행위 당시를 기준으로 한다(4293민상86). 이에 덧붙여서 채무자의 악의에 대한 증명책임은 채권자가 진다(95다51908). 채무자가 채무의 내용에 따라 변제한 때도 사해행위가 될 수 있는가? 채무본지 변제와 사해의사 입증에 관한 2004다10985,10992의 사안과 판지는 다음과 같다.

사실관계 5.3.13 채무본지변제와 사해의사입증 [2004다10985,10992]

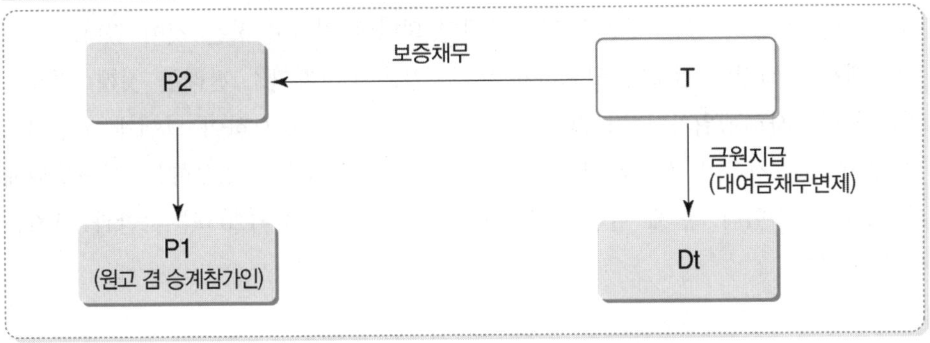

T는 P 등 다른 금융기관에 대해 보증채무(2600억 원)를 부담했다. 그런데 1997.9.8. Dt에 대한 50억2천5백만 원을 대여금채무(주장)에 각 변제해 주었다. P는 예비적 청구로 위 변제가 사해행위임을 이유로 그 취소를 구함과 아울러 원상회복청구했다(후에 금원지급행위를 취소하고 위 피고들에 대하여 각 지급받은 금원의 지급을 구함). P2 탈퇴로 P1이 원고 겸 승계참가인이 됐다. Dt는 '대여금채무에 대한 변제로서 위 각 금원이 지급된 것'이라고 주장했다.

이에 관해 대법원은 "채무자인 T가 특히 일부의 채권자인 Dt와 통모하여 다른 채권자를 해할 의사를 가지고 변제를 한 경우에는 사해행위에 해당한다. 그리고 달리 Dt가 선의의 수익자라는 점을 인정할 증거도 없다. 채무자가 특히 일부의 채권자와 통모하여 다른 채권자를 해할 의사를 가지고 변제를 하였는지 여부는 사해행위임을 주장하는 사람이 입증하여야 한다. 이는 수익자의 채무자에 대한 채권이 실제로 존재하는지 여부, 수익자가 채무자로부터 변제를 받은 액수, 채무자와 수익자와의 관계, 채무자의 변제능력 및 이에 대한 수익자의 인식, 변제 전후의 수익자의 행위, 그 당시의 채무자 및 수익자의 사정 및 변제의 경위 등 제반 사정을 종합적으로 참작하여 판단하여야 한다(2003다60822)" 판시하였다.

채무자의 사해의사란 무엇을 의미하는가. 사해의사라고 하기 위해서는 무자력을 인식하면 충분하지만 그래도 적극적인 해의(害意)가 필요하느냐는 의문이 제기된다. 결론을 말하면 이 점에 대해서는 사해행위 유형에 따라 각각 다르다는 것이다. 예를 들면 일본 최고재판소 판례는 변제나 대물변제에 관해서는 통모를 요구[54]하고 있지만 거기에서 변제 그 자체는 정당한 행위라는 판단이다. 그러므로 채무자가 채무초과의 상태에서 특정채권자에게 채무의 본지에 따른 변제를 함으로써 다른 채권자에 대한 변제자력이 없게 되었더라도 사해행위가 성립된다고는 볼 수 없다(2004다10985,10992). 한편 채무자의 처분행위 자체의 사해성이 높은 경우에는, 단순히 알고 있는 것만으로도 사해의 의사가 있다고 하는 것이 있다.

그래서 구체적인 검토가 필요하게 된다. 일본 최고재판소 판례는 첫째, 변제는 원칙적으로 사해행위가 되지 않지만, 일부의 채권자와 통모하여 그에게 우선적으로 변제하는 경우나 상당하지 않은 가격으로 대물변제한 경우에는 사해행위에 해당한다[55]고 했다. 변제 갈음한 채권양도에 관한 2003다1205의 사안과 판지는 다음과 같다.

사실관계 5.3.14 변제갈음 채권양도 [2003다1205]

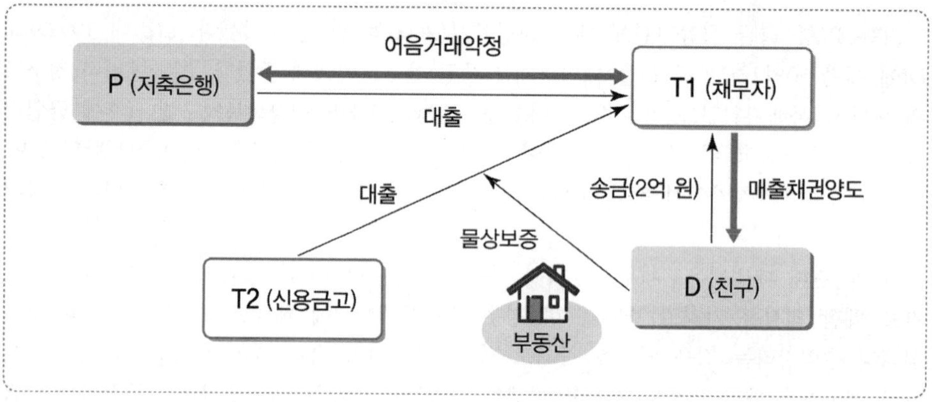

T1과 P는 1995.5.15. 어음거래약정을 체결했고, T1에 약속어음 할인의 방식으로 대출했으나, 약속어음은 지급기일에 모두 지급거절됐다. 같은 날 T1은 자신의 다른 회사들에 대한 매출대금 채권을 D에게 양도하고, 채무자들에게 내용증명 우편으로 양도의 통지했다. T1은 약 130여 억 원의 채무초과로 D는 T1로부터 채권을 양도받을 당시 T1로부터 대여금 채권이 존재했다. D는 T2의 부탁으로 1997.9.1. 5억 원, 11.27. 2억 원을 T1에게 송금했다. D는 1998.2.26.경 T1이 소외 신용금고로부터 10억 원을 대출받을 때 자신이 대표이사로 있는 소외 주식회사 소유의 대지와 건물을 담보로 제공하여 물상보증을 했다. 1998.7.8.경부터 이듬해 1.22.경 사이에 그 피담보채무의 원금과 그에 대한 해당 기간의 이자를 모두 T1에 대신하여 변제했다. D의 양수채권 추심액은 위 송금액 및 물상

보증에 따른 변제금 총액의 40%에 불과했다. 이 사건에서 쟁점은 변제에 갈음하여 다른 금전채권을 양도한 경우 사해행위의 성립여부이다.

이에 관해 원심은 "D는 이 사건 채권을 양도받을 당시 이미 채무초과 상태에 있던 T1과 통모하여 자신의 T1에 대한 대여금 채권을 우선적으로 회수하기 위하여 그 변제에 갈음하여 T1로부터 이 사건 채권을 양도받은 것으로 봄이 상당하다" 판시하였다. 그러나 이에 관해 대법원은 "D가 대물변제로 위 채권양도를 받아간 시점이 T1의 부도를 전후하여 근접한 시점이고 D가 T1의 이사를 역임한 바 있으며 T1의 대주주 및 대표이사와 절친한 관계에 있었다 하더라도 그러한 사정만으로 T1의 대표이사가 채무의 변제에 갈음하여 한 채권양도 행위를 채권자인 D와 통모하여 다른 채권자를 해할 의사를 가지고 한 사해행위로 단정하기는 어렵다. 채무자가 채무초과의 상태에서 특정채권자에게 채무의 본지에 따른 변제를 함으로써 다른 채권자의 공동담보가 감소하는 결과가 되는 경우에도 그 변제는 채무자가 특히 일부의 채권자와 통모하여 다른 채권자를 해할 의사를 가지고 변제를 한 경우가 아닌 한 원칙적으로 사해행위가 되는 것은 아니다. 기존 금전채무의 변제에 갈음하여 다른 금전채권을 양도하는 경우에도 이와 마찬가지다. 대물변제도 일부 채권자와의 통모가 있거나 이미 채무초과상태에 빠진 채무자가 특정부동산, 즉 유일한 부동산을 일부 채권자에게 대물변제로 넘겨주는 것은 원칙적으로 사해행위로 된다(2000다3262)" 판시하였다.

둘째, 재산처분은 무상양도 혹은 부당히 낮은 가격으로 처분하는 것은 사해행위가 될 수 있다. 유일한 재산을 무상양도한 2000다41875의 사안과 판지는 다음과 같다.

사실관계 5.3.15 유일한 재산 무상양도 [2000다41875]

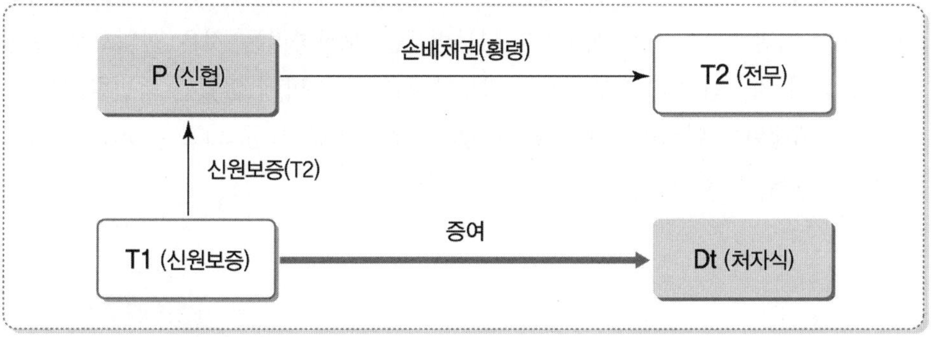

P가 T2를 전무로 채용하면서 T1은 1993.7.10. 동인에 대한 신원보증계약을 체결했다. T2가 조합대출금 횡령, 불법대출 행위를 한 후, T1은 1997.12.17. 자신의 유일한 부동산

을 Dt에게 증여했다. 소송에서 P는 'T2 증여행위를 사해행위'라고 주장했고, Dt는 그러한 의도가 전혀 없다고 했다(그리고 T2가 자신의 불성실한 사적을 알고 있기에 P도 바로 그 사실을 알고 T1에게 이를 통지하지 않은 것을 신원보증책임의 면제사유로 볼 수 있는가라는 점도 쟁점이었는데 이것은 다수당사자의 채권관계에서 다룸).

이에 대해 대법원은 "채무자가 유일한 재산을 무상으로 이전하면 사해행위는 성립하며 사해의사도 추정할 수 있기에 T2의 증여행위는 사해행위이며 수익자들(Dt)이 그에 대해 입증하여야 한다. 그리고 T2는 조합의 대표자나 임원이 아니라 간부직원에 불과하므로 조합전무가 그 사실을 알았다고 해서 조합이 바로 알 수 있는 것은 아니므로 T1에게 이를 통지 못한 것을 신원보증책임의 면제사유로 삼을 수 없다" 판시하였다.

셋째, 상당한 대가에 의한 처분이라도 경우에 따라 사해행위로 될 수 있다. 참고로 학설은 재산소유형태가 부동산에서 금전으로 바뀌는 것에 불과하다(다수설)는 주장과 이에 대한 반대설도 있다. 일본 최고재판소 판례는 특히, 부동산을 매각하여 금전으로 바꾼다는 것은 사해행위로 된다[56]고 하고 있다. 일본 최고재판소 판례는 그러나 예외를 인정하기도 했다.[57] 이러한 판례의 접근방식에는 부동산이 금전으로 바꾸어져도 재산이 감소한다는 것은 아니지만, 금전은 소비 · 은닉되기 쉽기 때문에 채권자가 강제집행을 성공시킬 가능성이 떨어진다는 판단이 있다. 따라서 책임재산의 보전을 판단할 때는 계수만의 문제만이 아니고 실질적인 집행가능성이 고려되고 있는 것에 주의하기 바란다. 이미 서술한 바와 같이, 이것은 대위권의 경우도 똑같이 말할 수 있다(금전채권을 가지고 있는 것보다도 금전 그것이 수중에 있는 것이 집행하기 쉽다).

넷째 일부의 채권자에의 담보제공은 원칙적으로 사해행위가 된다. 참고로 학설(다수설)은 채권자취소권이 채권자의 평등변제를 보장하려는 것은 아니므로 부정한다. 그러나 자금난으로 채무자에게 담보제공을 할 수밖에 없었던 특별한 사정이 있다면 사해행위가 아니라고 판단될 수 있을까? 특별한 사정 2000다25842의 사안과 판지는 다음과 같다.

사실관계 5.3.16 특별한 사정과 사해행위 [2000다25842]

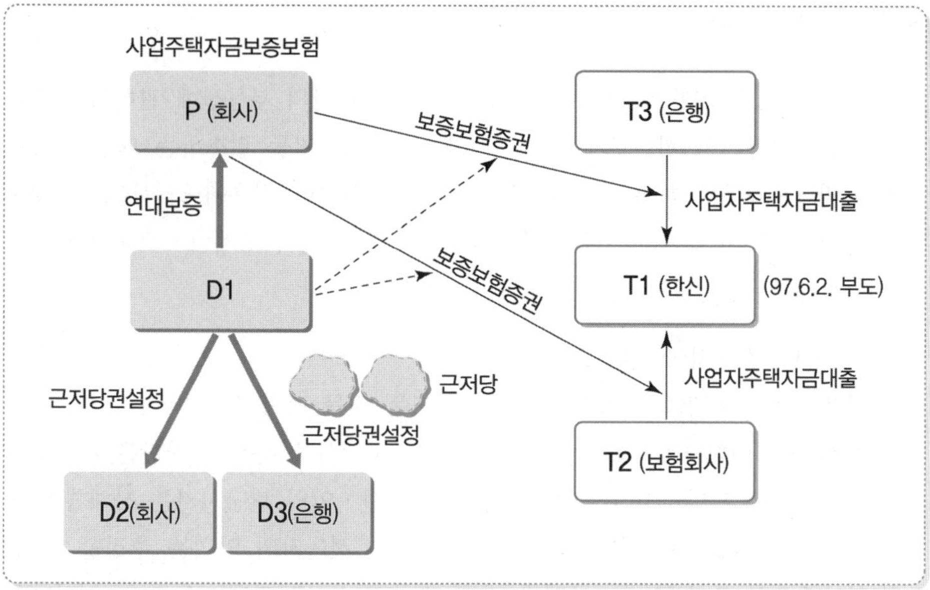

P는 T1이 T2로부터 사업자주택자금(30억 원)을 융자받으면서 1995.8.31. 사업자주택자금보증보험증권을 발행(가입금액 33억 원)했고, 위 보험증권에 기하여 T2는 같은 날 T1에게 대출했다. 또 P는 T1가 T3으로부터 사업자주택자금(40억 원)을 융자받음에 있어 1996.12.14. 사업자주택자금보증보험증권을 발행(가입금액 44억 원)했다. 위 보험증권에 기하여 T3은 같은 날 T1에게 대출했다. D1은 T1이 위 각 보증보험약정에 기하여 P에게 부담하게 되는 구상금 등 채무를 연대보증했다. T1은 1997.6.2. 최종 부도처리 됐다. 이에 P는 위 보증보험약정에 따라 1997.6.4. T2에게 대출원금 30억 원을, T3에게 잔존 대출원리금 3,985,534,247원을 각 대위변제했다. 그런데 D1은 채무초과 상태에서 1997.6.5. D2에게 2부동산에 관하여 채권최고액 금 10억 원인 근저당권설정계약을 체결하고, 1997.6.9. 등기를 경료했고, 1997.6.3. D3과 3부동산에 관하여 채권최고액 금 60억 원과 금 3억5천만 원인 2개의 근저당권설정계약을 체결하고, 1997.6.4. 등기경료했다. 1997.경부터 아파트 건설업체들의 부도로 난방 및 산업용 보일러의 수요가 격감되는 바람에 회사의 경영에 어려움이 생기면서 회사 운전자금이 부족하게 되어, 신규자금을 추가로 대출받아 회사의 운전자금을 마련하는 것이 회사의 경영상의 어려움을 해소하고 채무 변제력을 갖게 되는 최선의 방법이라고 생각하고 D1은 부득이 D3과 3부동산에 관하여 근저당권설정계약을 체결하고 금 5억 원을 대출받았다.

이에 대해 대법원은 "D1로서는 자금을 융통하여 사업을 계속 추진하는 것이 채권자들에 대한 최대한의 변제력을 확보하는 최선의 방법이라고 생각하고 자금을 융통하기 위하여 부득이 부동산을 중소기업은행에게 담보로 제공하고 그로부터 신규자금을 융통받았다. 그러므로 특별한 사정이 없는 한 D의 위 각 근저당권설정행위는 사해행위에 해당하지 않는다" 판시하였다.

이에 덧붙여, 수익자가 채무초과상태에 있는 채무자의 부동산에 관하여 설정된 선순위 담보가등기의 피담보채무를 변제하여 그 가등기를 말소하는 대신 동일한 금액을 피담보채무로 하는 새로운 담보가등기를 설정한 경우에도 특별한 사정이 인정된다고 한다(2003다19435). 일본 최고재판소 판례는 단지 생계비·교육비를 얻기 위한 담보제공 등 정당한 이유가 있다면 예외라고 했다.

(2) 수익자·전득자에 관한 요건

수익자 D2 또는 전득자 D3은 사해행위 또는 전득 당시 선의가 아니었다는 것이 필요한 요건이다(406조 1항 단서). 채무자의 사해의사 유무의 판단은 사해행위 당시를 기준으로 판단하지만 수익자·전득자의 선·악의 판단시기는 사해행위 또는 전득당시를 기준으로 한다(2007다74621). 수익자·전득자의 악의는 추정할 수 있느냐(선의에 관한 증명책임)는 문제에 관해 학설(통설) 및 판례(97다6711)는 사해행위의 객관적요건이 충족되면 수익자나 전득자의 악의가 추정된다고 보고 있다. 이에 관한 판례를 살펴본다. 수익자의 악의추정에 관한 2006다5710의 사안과 판지는 다음과 같다.

사실관계 5.3.17 수익자의 악의추정 [2006다5710]

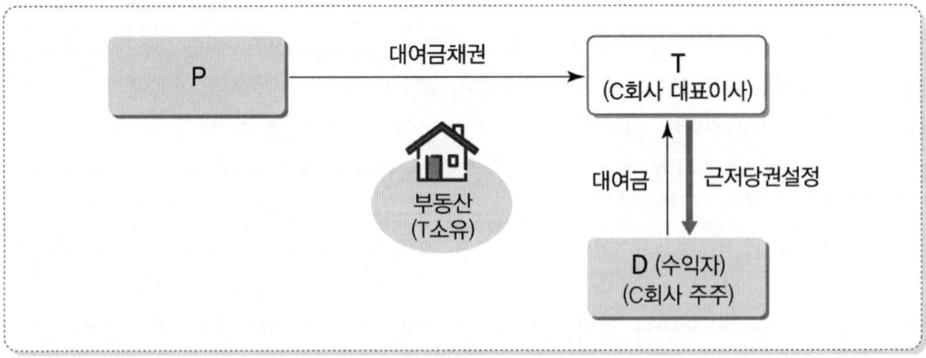

D는 전 직장동료 B의 소개로 C회사의 대표이사인 T(C회사 대표이사)에게 금원을 대여했으나 변제기가 지나도록 채무를 상환하지 못하자 D가 변제 독촉했다. T는 이미 채무초과 상태에 빠져 있으면서 D의 채권을 담보하기 위하여 그의 유일한 재산인 부동산

을 D에게 담보로 제공했다. 쟁점은 사해행위 경우 수익자의 악의 추정여부이다.

이에 대해 대법원은 "이미 채무초과 상태에 빠져 있는 채무자가 그의 유일한 재산인 부동산을 채권자들 중 1인에게 채권담보로 제공하는 행위는 다른 특별한 사정이 없는 한 다른 채권자들에 대한 관계에서 채권자취소권의 대상이 되는 사해행위가 된다. D는 C회사의 주주로서 회사의 재무상태에 관하여 상당한 경제적 이해관계와 이에 따른 각별한 관심을 가지고 있었을 것으로 보이고 친분이 있는 B가 감사로 재직하고 있었기 때문에 회사의 형편에 관하여 자주 문의하였을 것으로 보이는 등의 증거가 있다. 이것만으로 D의 선의를 입증하기에 부족하다. 그러므로 사해행위에 해당하는 경우 수익자의 악의는 추정되어 채권자는 법률행위를 취소하고 원상회복을 청구할 수 있다" 판시하였다.

참고로 학설(통설)은 수익자 악의 / 전득자 선의라면 수익자에 대하여 가액상환을 청구하거나 전득자에게 영향을 주지 않는 범위 내에서 재산의 반환을 청구할 수 있고, 한편 수익자 선의 / 전득자 악의라면 악의의 전득자를 피고로 하여 재산의 반환을 청구할 수 있다고 한다. 수익자와 전득자의 선의·악의 조합 유형(pattern)은 여러 가지가 있을 수 있지만, 일반적으로는 도표와 같이 고려되고 있다(D1~D3 기호는 도표 5.3.12(592면)와 대응).

도표 5.3.14 수익자(D2)·전득자(D3)의 선의·악의

D2=선의, D3=악의 경우, D3으로부터 D2로 담보책임추궁은 허용되지 않는다.

	D3=선의	D3=악의
D2=선의 D2=악의	취소 불성립 D2에 가액배상청구 可	D3에 언제든지 현물반환청구 可

2. 채권자취소권행사의 효과

가. 채권자취소권행사에 의한 취소의 효과

요건이 충족되면, 취소권을 행사한 채권자 P는 수익자 D2 또는 전득자 D3에 대해 사해행위에 의해 일실한 재산의 반환을 구할 수 있다. 부동산의 경우 실제로는 부동산등기와 금전의 인도가 중요하다. 이것들의 목적물을 현물로 반환하는 것(현물반환)이 불가능한 경우에만 가액배상을 구할 수 있다.

일본 최고재판소 판례는 취소 채권자는 직접 자신에게 인도해 줄 것을 요구할

수 있다고 한다.[58] 채무자에게 반환해야 하는 듯이 생각되지만, 채무자가 수령을 거부할 수도 있고, 또 무릇 채권자취소소송 판결의 효력(판결효)은 채무자에게 미치지 않으므로, 채무자는 인도를 받을 지위에 있지 않다. 그 결과 대위권의 경우와 같이 취소 채권자 P는 사실상의 우선변제를 받을 수 있다.

그러나 이러한 결론은 대위권의 경우보다도 수익자에게 부당하다는 비판이 있다. 다음과 같이 생각해보면 좋다. 채권자 P도 수익자 D2도 모두 채무자 D1에 대한 채권자이다(도표 5.3.12(592면) 참조). 현실적으로 보자. 여기서 D2는 D1의 자산 상황을 고려하여 목적물을 양도받음으로써 채권조기회수를 도모했다. 그 결과 P는 D1에 대한 권리행사 면에서 D2보다 뒤떨어졌으므로, 채권자취소권을 행사함으로써 D2에 우선하는 지위를 차지하는 것으로 된다. 결국 제일 먼저 처음으로 손을 대는 자(수익자 D2)가 아니라 오히려 두 번째로 손을 댄 자가 권리취득 싸움에서 우선하여 버린다는 결과가 된 것이다. 그래서 참고로 학설은 적어도 P와 D2 간에는 안분비례로 배분해야 한다는 견해도 유력하다. 그러나 일본 최고재판소 판례는 안분비례 사고방식을 인정하지 않고 있다.[59]

그러므로 여기서 잠깐 시야를 돌려 '근면한 채권자'가 무슨 의미가 있는지에 관해 살펴본다. 경합하는 채권자의 처리에 있어서는, 자기가 해야 하는 행위를 한 근면한 채권자를 보호해야 한다고 설명하는 견해가 있다.[60] 이 관점에 서 보면 제일 먼저 처음으로 행동을 한 자가 아니고, 두 번째의 자가 우선하는 결과로 되는 것은 타당하지 않다는 셈이 된다.

이상과는 달리 등기에 관해서 일본 최고재판소 판례는 채무자 앞으로가 아니라 취소채권자 P 자신에게 직접 등기하라고 청구할 수는 없다고 한다(最判昭 53.10.5. 民集 32券7号, 1332頁[II 17]〈103〉). 따라서 등기와 관련된 채권자취소 사건에서는 수익자 D2의 등기를 말소하고, 채무자 D1 명의로 등기가 복귀되면 취소채권자 P는 다시 집행할 수밖에 없다. 이러한 결론은 실무에서도 중요하다. 일본 최고재판소 판례는 이 한도에서는 407조의 취지를 남기고 있다. 그런데 이 일본 최고재판소 판례, 소화(昭和) 53년 10월 5일 판결 사건은 부동산 이중양도의 사안이었다. 일본 최고재판소는 앞에서 소개한 소화(昭和) 36년 7월 19일 판결을 원용하여 취소권행사 자체는 인정하나, 취소채권자 P의 등기청구는 배척한 것이다. 그 결과 사해행위로 이전된 등기는 채무자 D1의 편으로 되돌아가게 되지만, 그 후에 취소채권자 P가 D1을 상대로 소유권이전등기청구를 할 수 있는가. 부동산물권변동에 관한 성립요건주의의 취지에서 보면, 법률구성은 다소 어렵다. 그렇다면 판례는 어떤 견해에 입각해 있을까? 이미 자기 앞으로 소유권을 표상하는 등기가 되어 있었거나 법률에 의하여 소유권을 취득한 자가 진정한 등기명의를 회복하기 위한 방법으로는 현재의 등기명의인을 상대로 그 등기의 말소를 구하는 외에 "진정한 등기명의의 회복"을 원인으로 한 소유권이전등기절차의 이행을 직접 구하는 것도 허용된다(89다카12398(전)). 그러나 문제는 채권자 앞으로 소유권이전등기가 되어 있지 않았으므로 위와 같이 진정한 등기명의의 회복을 원인으로 한 소유권이전등기절차의 이행을 직접 구할 수는 없다.

이상 판례의 태도에 관해 살펴보았다. 참고로 학설은 특히 앞에서 책임설·소권설에 따라 위 사건을 평가해 보면, 앞에 든 채권자취소권행사의 요건 도표에서 등기이전이나 목적물을 채무자 D1 앞으로 인도하지 않고 D2 내지는 D3의 수중에 재산을 남긴 채로 강제집행을 할 수 있는 것이 된다. 그리고 P 이외의 채권자도 이 절차에 참가할 수 있게 된다(그렇다고 하더라도 D2는 참가할 수 없다. D2를 구하기 위해서는 변제를 사해행위로부터 떼어내는 방향으로 생각하는 것이 된다). 이에 반해 우선변제긍정설은, 현물반환이 아니라 가액배상을 원칙으로 하는 사고방식을 제시한다. 이것은 등기명의의 회복을 도모하지 않는 점에서 소권설에 합치하지만 소권설과는 달리 407조를 공문화하는 결과를 초래한다. 이 설에 의하면 P가 우선변제를 받는 경우(가액배상의 경우)가 판례보다 더 넓어지는 결과가 된다. 소권설을 살릴 수 있다고 말할 수 없는 것은 아니지만, 오히려 환골탈태하고 있다고 말해야 할 것이다.

나. 채권자취소의 범위

채권자취소권 제도의 목적은 취소채권자가 **구체적인 채권**을 보전하기 위한 것이다. 그렇다면 채권자취소의 범위도, 기본적으로는 채권액의 범위 내로 제한된다. 이러한 원칙을 고수한다면 실제로는 곤란한 문제도 생기고 있다.[61] 그리고 채권액은 사해행위 당시를 기준으로 평가한 액수이다. 수익자·전득자에게 피해를 줄 염려가 있으므로 채권자의 채무자사해행위 당시의 채권액을 표준으로 한다(2003다19572). 일본 최고재판소 판례는 채권자취소에 의해 회복된 목적물(내지 이익)이 가분인 경우(목적물 가분)에는, 취소채권자는 그 채권액의 범위 내에서만 취소할 수 있다(일부취소)고 했다.[62] 채권자대위권과 똑같이, 책임재산보전의 관점에서는 전부취소를 인정해야 할 것이다. 참고로 학설은 그와 같은 견해가 유력하다. 이에 반해 일본 최고재판소 판례는 목적물이 불가분인 경우에는 전부취소할 수 있다[63]고 했다.

그런데 전부취소하게 된다면 다음과 같은 문제가 발생한다. 저당권부 부동산의 양도가 사해행위로 되어 취소된 경우 목적물이 부동산이고 불가분이라는 점을 고수한다면 전부취소를 인정한다는 것으로 되는 모습이다. 참고로 학설은 저당권이 미치지 않는 부분(일반 채권자의 공동담보의 부분)만을 반환시키는 것이 조리에 맞지 않느냐는 의견도 있다. 그렇게 하지 않으면, 어떤 사정에 의해 저당권설정 등기가 말소된 경우 취소 채권자에게 예상 이상의 이익을 주는 것으로 된다는 것이다. 이것은 어려운 문제지만 경우에 따라 전부취소와 가액배상(일부취소)을 가려 쓰는 것으로 처리할 수밖에는 없지 않은가 생각된다. 이에 관한 판례를 살펴본다. 저당권이 설정된 부동산에 관한 2001다33734의 사안과 판지는 다음과 같다.

사실관계 5.3.18 저당권이 설정된 부동산 [2001다33734]

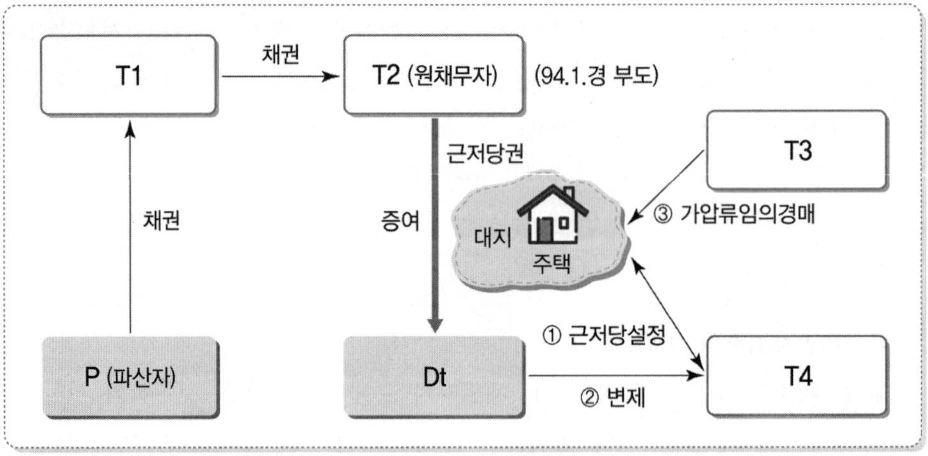

T1이 T2에게 채권을 보유(1994.1. 이전)하고 있었는데 1994.1. T2의 부도로 T2는 저당권이 설정된 대지를 Dt에게 증여했다(사해행위?). 대지에는 주택과 함께 공동으로 T4 명의의 근저당권이 설정되어 있다가 증여 이후에 Dt의 변제로 위 근저당권이 해지됐다. 제3채권자들인 T3이 1994.1.20. 1995.5.13. 대지에 대해 가압류 등을 한 후 임의경매신청하자 Dt가 대지에 대한 임의경매신청에 대하여 T3에게 변제한 후 저당권을 말소했다. 대지의 원심 변론종결 당시의 시가는 금 854,240,000원이나 법정지상권의 부담이 있는 사정을 감안한 시가는 금 597,968,000원이다. Dt는 본안전항변으로 P가 대지에 대한 증

여가 있었음을 알고 있었으므로 증여시로부터 1년 이상이 경과한 이후에 사해행위취소의 소를 제기하여 제척기간이 도과했다고 주장했다. 쟁점은 사해행위취소의 범위 및 효과 즉 Dt측 부담으로 이루어진 대지에 대한 저당권설정등기말소 부분에 대한 처리는 어떻게 해야 하느냐이다.

이에 대해 원심은 "법정지상권의 제한이 있는 이 사건 대지의 원심 변론종결 당시의 시가에서 위 근저당권설정등기 말소 당시 Dt가 실제로 변제한 피담보채무액 중 이 사건 대지가 부담하는 부분을 공제한 나머지 가액을 반환시키는 것이 공평하다" 판시하였다. 그러나 대법원은 "다른 채권자들인 T3의 가압류, 임의경매신청이 1994.1.20.~1995.5.13 사이에 있었고 1995.11.13. 낙찰되었음에도 P가 이 경매절차에 참가하지 아니한 사실에 비추어 볼 때 적어도 이 사건 제소일부터 1년 전까지는 증여사실을 알지 못하였다고 봄이 상당하다. 부동산에 관한 법률행위가 사해행위에 해당하는 경우에는 원칙적으로 그 사해행위를 취소하고 소유권이전등기의 말소 등 부동산 자체의 회복을 명하는 것이 원칙이다. 그러나t 저당권이 설정되어 있는 부동산에 관하여 사해행위가 이루어진 경우 사해행위는 부동산가액에서 저당권의 피담보채권액을 공제한 잔액의 범위 내에서만 성립한다. 사해행위 후 변제 등에 의하여 저당권설정등기가 말소된 경우 사해행위를 취소하여 그 부동산 자체의 회복을 명하는 것은 당초 일반 채권자들의 공동담보로 되어 있지 아니하던 부분까지 회복을 명하는 것이 되어 공평에 반하는 결과가 된다. 그러므로 그 부동산의 가액에서 저당권의 피담보채무액을 공제한 잔액의 한도에서 사해행위를 취소하고 그 가액의 배상을 구할 수 있을 뿐이다. 그리고 그와 같은 가액 산정은 사실심변론종결시를 기준으로 하여야 한다" 판시하였다.

판례를 더 보자. 근저당과 일부변제 2006다43620의 사안과 판지는 다음과 같다.

사실관계 5.3.19 근저당과 일부변제 [2006다43620]

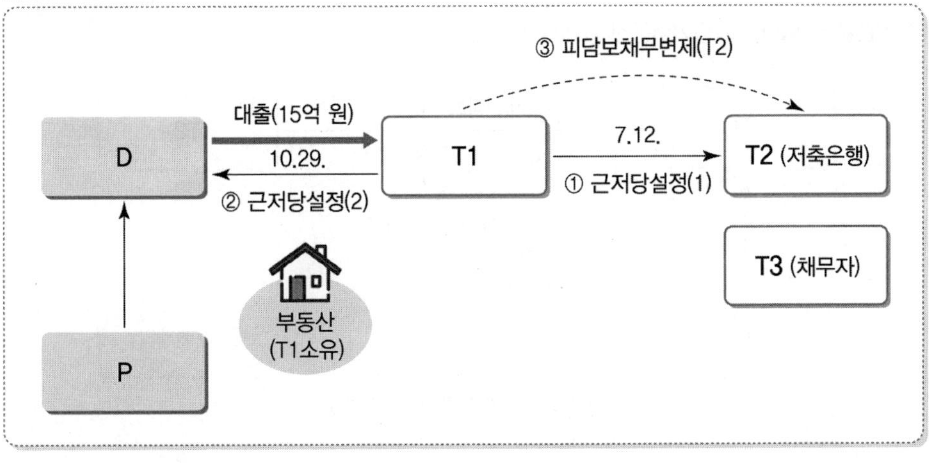

T1 소유의 부동산에 근저당권자 T2, 채무자 T3에 최고액 5억 원의 근저당권설정등기(1) 경료된 후, 채무초과상태에서 T1은 D로부터 15억 원을 차용하면서 최고액 20억 원의 근저당권설정등기(2)에서 T1은 차용한 돈 중 일부(4억 원)를 T2 명의의 근저당권(1)의 피담보채무를 변제했다. 쟁점은 근저당권설정계약 중 일부만이 사해행위에 해당하는 경우 원상회복의 방법이다.

이에 대해 원심은 "근저당권설정계약 중 이에 의하여 담보되는 차용금의 일부 금원으로 선순위 근저당권의 피담보채무를 변제한 부분을 제외한 나머지 부분에 대하여만 사해행위가 성립한다. 그 가액을 배상하라" 판시하였다. 그러나 대법원은 "사해행위의 취소에 따른 원상회복은 원칙적으로 그 목적물 자체의 반환에 의하여야 하고, 그것이 불가능하거나 현저히 곤란한 경우에 한하여 예외적으로 가액배상에 의하여야 한다. 근저당권설정계약 중 일부만이 사해행위에 해당하는 경우 그 원상회복은 근저당권설정등기의 채권최고액을 감축하는 근저당권변경등기절차의 이행을 명하는 방법에 의하여야 한다" 판시하였다.

저당권과 관련된 사건들은 세밀한 문제라서 앞서 본 것 이상으로 상세히 설명하지 않는다. 일본 최고재판소 판례는 사해행위 후에 변제에 의해 저당권이 소멸한 때에는, 사해행위의 대상으로 되었던 부동산의 가액으로부터 저당권의 피담보채권액을 뺀 잔액의 한도에서 매매 계약을 취소하고 가액배상을 명해야 한다고 하였다.[64]

사해행위로 인한 원상회복의 방법은 원물반환이 원칙이다. 그러므로 사해행위로 소유권이전등기 등 등기가 경료된 때는 그 등기를 말소하는 방법을 쓴다. 가등기와 관련된 원상회복 방법은 부동산등기법과 연관되어 있다. 이에 관한 판례를 살펴본다. 가등기부동산에 관한 2003다19435의 사안과 판지는 다음과 같다.

사실관계 5.3.20 가등기부동산 [2003다19435]

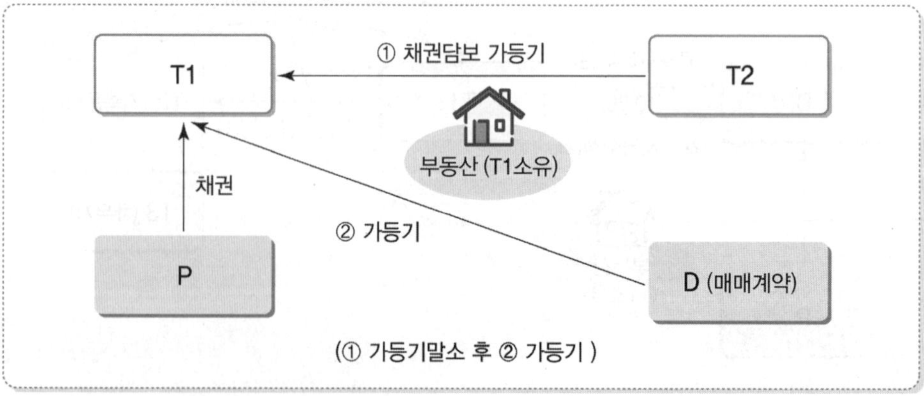

T2는 T1 앞으로 채권 담보 가등기를 경료(피담보채무액 금 1억3천만 원)했다. 1997.12. 29. D가 위 피담보채무를 변제하기로 하는 대신 향후 취득하게 될 구상금채권에 대한 대물변제의 목적으로 매매예약을 체결하고, 피담보채무를 변제했다. 1998.2.5. 위 가등기가 말소되자 같은 날 D 명의로 매매예약을 원인으로 한 소유권이전등기청구권 보전의 가등기를 경료했다. 쟁점은 매매예약에 기한 소유권이전등기청구권 보전을 위한 가등기를 경료한 경우 사해행위의 성립과 그 범위 및 가등기가 사해행위에 해당하는 경우 원상회복 방법은 무엇이냐이다.

이에 대해 대법원은 "사해행위가 성립되려면 채무자가 어떤 법률행위를 함으로써 채무자의 공동담보가 그 법률행위 이전보다 부족하게 되어야 하는 것이므로 수익자가 선순위 담보가등기를 말소시킨 후 그 부동산에 관하여 매매예약을 하고, 그에 기하여 소유권이전등기청구권보전의 가등기를 경료한 경우에는 그 부동산의 가액에서 피담보채무액을 공제한 잔액의 범위 내에서 사해행위가 성립한다. 가등기가 사해행위로서 이루어진 경우 그 매매예약을 취소하고 원상회복으로서 가등기를 말소하면 족하고, 가등기 후에 저당권이 말소되었다거나 그 피담보채무가 일부 변제된 점 또는 그 가등기가 사실상 담보가등기라는 점 등은 그와 같은 원상회복의 방법에 아무런 영향을 주지 않는다(99다20612)" 판시하였다.

저당권부 부동산이 양도된 후 경매에 의하여 매각된 때와 같이 사해행위 이전 상태로 복귀하는 것이 불가능한 예외적인 경우에는 가액상환을 할 수 있다. 그러므로 판례는 건축 중인 건물 외에 별다른 재산이 없는 채무자가 D에게 책임재산인 위 건물을 양도하기 위해 D 앞으로 건축주명의를 변경해주기로 약정하고, 건축주명의가 D앞으로 변경된 후 D가 건물을 완공하여 사용승인을 받고 소유권보존등기까지 마친 사안에서, "채권자의 사해행위취소 및 원상회복청구가 인정되면, 수익자 또는 전득자는 원상회복으로서 사해행위의 목적물을 채무자에게 반환할 의무를 진다. 만일 원물반환이 불가능하거나 현저히 곤란한 경우에는 원상회복의무의 이행으로서 사해행위 목적물의 가액상당을 배상하여야 하는데, 여기서 원물반환이 불가능하거나 현저히 곤란한 경우는 원물반환이 단순히 절대적, 물리적으로 불가능한 경우가 아니라 사회생활상의 경험법칙 또는 거래상의 관념에 비추어 채권자가 수익자나 전득자로부터 이행의 실현을 기대할 수 없는 경우를 말한다(2016다279206)"고 했다. 판례에서 들고 있는 그 밖의 예로는 선의의 전득자가 저당권을 취득한 경우(2003다40286), 저당권부 부동산이 양도된 후 변제에 의하여 저당권이 소멸한 경우(2001다64547)에는 가액상환을 할 수 있다.

그러면 여기서 위에서 설명한 것을 이해하기 위해 어떠한 경우에 가액상환을 해야 하는지에 관해 좀 더 자세히 살펴보자. 저당권이 실행되거나 말소된 경우에 많음을 본다. 판례에 나타난 것들을 보면, 수익자가 경매절차에서 채무자와의 사해행위로 취득한 근저당권에 기하여 배당에 참가하여 배당표는 확정되었으나 채권자의 배당금지급금지가처분으로 인하여 배당금을 현실적으로 지급받지 못한 경우에는 수익자가 취득한 배당금지급청구권을 채무자에게 반환해야 하고(97다8687), 사해행위가 채권자에 의하여 취소되기 전에 이미 수익자가 배당금을 현실로 지급받은 경우는 수익자 또는 전득자가 배당 또는 변제로 수령한 금원 중 채권액 상당을 상환해야 하며(2004다9398), 사해행위인 저당권설정계약에 기하여 당해 부동산이 낙찰되어 대금이 완납되고, 저당권설정등기가 말소된 경우에는 수익자가 받은 배당금을 반환해야 한다(2004다67806).

그러면 여기서 위에서 설명한 것을 좀 더 자세히 이해하기 위해 눈을 돌려 사해행위가 되는 피담보채권액은 어떻게 산정해야 하는지에 관해 살펴보자. 근저당설정부동산지분처분시 사해행위가 되는 피담보채권액에 관한 2012다5643의 사안과 판지는 다음과 같다.

사실관계 5.3.21 근저당설정부동산지분처분시 사해행위가 되는 피담보채권액 [2012다5643]

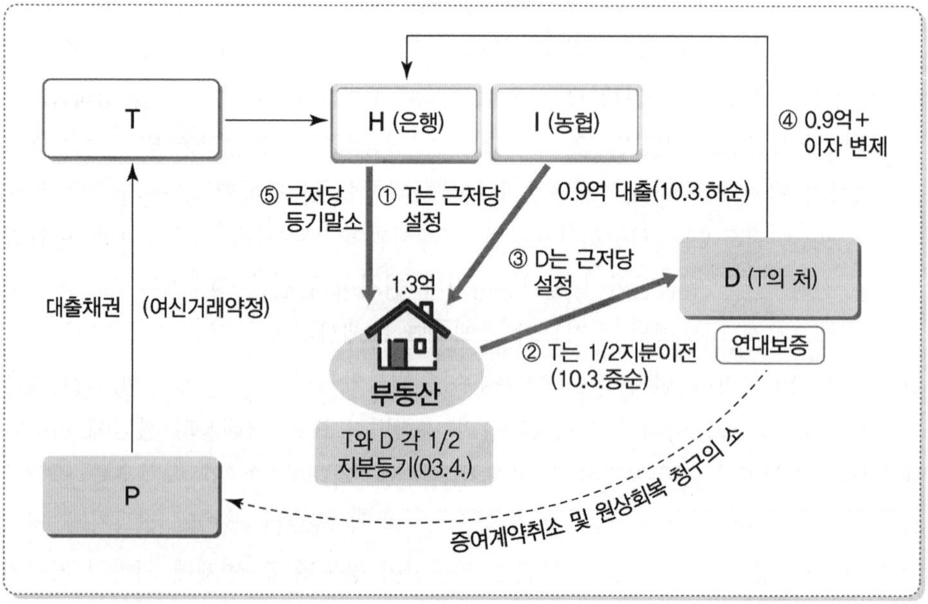

(1) T와 D는 2003.4.2경 이 사건 부동산에 관하여 각 1/2지분씩 소유권이전등기를 마쳤다. 같은 날 T는 위 부동산 전체에 대하여 채무자 T, 채권자 H은행, 채권최고액 1억 3,000만 원으로 하는 근저당권설정등기를 하였다. P는 T에게 2007.11.30. 신용카드계약을, 2008.5.20.경 1억 원 등 2회(2008.10.7. 등)에 걸친 여신거래약정을 함에 있어서, D는 위 각 약정에 대하여 연대보증하였다. (2) T는 2010.3.5.경 채무초과 상태에서 자신의 유일한 재산인 위 부동산 중 1/2지분을 D에게 증여하는 계약을 체결하고, 2010.3.16. 소유권이전등기도 마쳐 주었다(당시 부동산 시가는 1억5,000만 원으로 평가되었다). (3) D는 2010.3.15.경 위 P로부터 대출받은 대출금 변제를 위하여 이 사건 부동산에 관하여 I에게 근저당권을 설정하여 주고 9,000만 원을 대출받아, 같은 날 H은행에 원금 9,000만 원 및 이자를 변제하고, 이 사건 근저당권설정등기를 말소하였다. (4) 말소 당시 P의 T에 대한 피담보채권액은 이자 포함 9,000여만 원이다. P는 T가 그의 처인 D에게 이 사건 지분을 증여한 것은 사해행위에 해당하므로 이 사건 증여계약의 취소와 함께 원상회복을 구했다. 이에 대해 D는 D에게 증여한 위 부동산 중 1/2 지분에 관하여 H은행 근저당권의 말소 당시 주채무자가 T이고, D는 연대보증인이자 물상보증인으로서 변제자대위에 의해 구상권을 행사할 수 있는 지위에 있으므로 피담보채권액은 잔존채권액 9,029만7,813원 전액이 된다. 그런데 이는 위 부동산 중 1/2 지분의 시가 7,500만 원을 초과하므로 T의 증여는 사해행위에 해당하지 않는다고 항변하였다. 이 사건에서 쟁점은 시가를 넘는 금액의 저당권이 설정된 채무자의 공유부동산 중 지분이 처분된 경우 설정된 저당권 금액을 공유지분 비율만큼 나눠서 담보가치가 있는지를 판단해야 하는지 여부 즉 저당권이 설정되어 있는 공유 부동산의 지분 처분행위가 사해행위에 해당하는지를 판단함에 있어서 지분 가액에서 공제할 피담보채권액이 전액인지, 공유지분의 비율에 따라 나눈 금액인지이다.

이에 관해 원심은 "D와 T의 공유인 부동산에 관하여 근저당권이 설정된 경우에는 특별한 사정이 없는 한 피담보채권액은 각 공유지분의 비율에 따라 분담되는 것으로 봄이 상당하고, D가 위 증여계약 이후 변제하여 소멸시킨 근저당권의 피담보채권액의 2분의 1 상당액이 원심 변론종결 당시를 기준으로 한 위 지분의 시가에 미치지 못하므로 이 사건 증여계약은 사해행위에 해당한다. D가 양도한 목적물에 담보권이 설정되어 있고 그 피담보채권액이 목적물의 가격을 초과하고 있는 때에는 당해 목적물의 양도는 사해행위에 해당하지 않는다(2001다15613). 위와 같이 사해행위가 되는지 여부에 대한 판단을 함에 있어서 D와 제3자인 T의 공유인 부동산에 관하여 근저당권이 설정된 경우에는 특별한 사정이 없는 한 피담보채무는 각 공유지분의 비율에 따라 분담되는 것으로 봄(안분설)이 상당하다(2002다39715)" 판시하였다.

그러나 이에 관해 대법원은 "사해행위취소의 소에서 채무자가 수익자에게 양도한 목적물에 저당권이 설정되어 있는 경우 그 목적물 중 일반채권자들의 공동담보에 제공되는 책임재산은 피담보채권액을 공제한 나머지 부분만이다. 그러나 그 피담보채권액이 목적물의 가액을 초과할 때는 당해 목적물의 양도는 사해행위에 해당한다고 할 수 없다. 수 개의 부동산에 공동저당권이 설정된 경우 책임재산을 산정함에 있어 각 부동산이 부담하는 피담보채권액은 특별한 사정이 없는 한 민법 제368조의 규정 취지에 비추어 공동저당권의 목적으로 된 각 부동산의 가액에 비례하여 공동저당권의 피담보채권액을 안분한 금액이라고 보아야 한다(2003다39989). 그러나 그 수 개의 부동산 중 일부는 채무자의 소유이고 다른 일부는 물상보증인의 소유인 경우에는, 물상보증인이 민법 제481조, 제482조의 규정에 따른 변제자대위에 의하여 채무자 소유의 부동산에 대하여 저당권을 행사할 수 있는 지위에 있는 점 등을 고려하여야 할 것이다. 그렇다면 그 물상보증인이 채무자에 대하여 구상권을 행사할 수 없는 특별한 사정이 없는 한 채무자 소유의 부동산에 관한 피담보채권액은 공동저당권의 피담보채권액 전액으로 봄(전액설)이 상당하다(2007다78234). 이러한 법리는 하나의 공유부동산 중 일부 지분이 채무자의 소유이고, 다른 일부 지분이 물상보증인의 소유인 경우에도 마찬가지로 적용된다" 판시하였다.

수 개의 부동산 일부가 물상보증인의 소유인 경우 481조·482조의 규정에 의한 물상보증인의 변제자대위권은 사해행위로 주장되는 법률행위 성립 이전에 이미 그 기초가 형성된 것이다.

채권자취소권의 요건을 갖춘 여러 명의 채권자가 동시에 또는 시기를 달리하여 사해행위취소 및 원상회복청구의 소를 제기한 경우 법원은 어떻게 처리해야 하는가? 채권자취소권의 요건을 갖춘 각 채권자는 고유의 권리로서 채무자의 재산처분 행위를 취소하고 그 원상회복을 구할 수 있는 것이므로 여러 명의 채권자가 동시에 또는 시기를 달리하여 사해행위취소 및 원상회복청구의 소를 제기한 경우 이들 소가 중복제소에 해당하지 아니할 뿐만 아니라, 어느 한 채권자가 동일한 사해행위에 관하여 사해행위취소 및 원상회복청구를 하여 승소판결을 받아 그 판결이 확정되었다는 것만으로는 그 후에 제기된 다른 채권자의 동일한 청구가 권리보호의 이익이 없게 되는 것은 아니고, 그에 기하여 재산이나 가액의 회복을 마친 경우에 비로소 다른 채권자의 사해행위취소 및 원상회복청구는 그와 중첩되는 범위 내에서 권리보호의 이익이 없게 된다(2003다19558). 여러 명의 채권자가 사해행위취소 및 원상회복청구의 소를 제기하여 여러 개의 소송이 계속중인 경우에는 각 소송에서 채권자의 청구에 따라 사해행위의 취소 및 원상회복을 명하는 판결을 선고하여야 하고, 수익자(전득자를 포함한다)가 가액배상을 하여야 할 경우에도 수익자가 반환하여야 할 가액을 채권자의 채권액에 비례하여 채권자별로 안분한 범위 내에서 반환을 명할 것이 아니라, 수익자가 반환하여야 할 가액

범위 내에서 각 채권자의 피보전채권액 전액의 반환을 명하여야 한다(2007다84352).

한편 가액상환은 다른 채권자가 없다면 그 가액으로부터 자기채권의 만족을 얻을 수는 있다는 효과가 있다. 가액상환으로 발생하는 문제점은 수익자 또는 전득자도 상계할 수 있느냐이다. 수익자가 채권자취소에 따른 원상회복으로서 가액배상을 할 때 채무자에 대한 채권자로서 채무자에 대하여 가지는 자기의 채권으로 상계할 수 없다. 왜냐하면 다른 채권자의 이익을 무시하는 결과가 되기 때문이다(99다63183).

채권자취소권 행사의 효과가 미치는 범위는 모든 채권자의 이익을 위하여 그 효력이 있다(407조). 그러나 사해행위 이후의 채권자는 포함하지 않는다. 이러한 효과로 수익자·전득자의 지위에는 어떠한 영향을 받느냐의 문제가 있다. 그들 사이의 원인계약에 기한 권리는 포함되지 않는다. 그러므로 채권자들 중 1인의 사해행위(담보를 제공하거나 대물변제)취소소송 제기에 의하여 그 취소와 원상회복이 확정된 경우 수익자는 그의 채권이 사해행위 당시에 그대로 존재하고 있었거나 또는 사해행위가 취소되면서 그의 채권이 부활하게 되면 407조의 채권자에 포함되지 않는다(2003다15907). 그러므로 채권자가 사해행위의 취소와 함께 수익자 또는 전득자로부터 책임재산의 회복을 명하는 사해행위취소의 판결을 받은 경우 취소의 효과는 채권자와 수익자 또는 전득자 사이에만 미치므로, 수익자 또는 전득자가 채권자에 대하여 사해행위의 취소로 인한 원상회복 의무를 부담하게 될 뿐, 채권자와 채무자 사이에서 취소로 인한 법률관계가 형성되거나 취소의 효력이 소급하여 채무자의 책임재산으로 복구되는 것은 아니다(2012다47548,47555). 채권자취소판결로 채권자가 우선변제를 받을 권리는 없지만 대위수령을 할 수 있고(2007다84352), 다른 채권자가 배당참가를 안 하는 경우 상계로 사실상 우선변제를 받을 수 있다.

마지막으로 채권자취소권 행사의 효력은 모든 채권자에게 절대적효력이 있는지에 관해 살펴본다. 판례 및 통설은 채무자 및 취소의 상대방으로 되지 않은 수익자 또는 전득자에 대한 관계에서는 법률행위(사해행위)가 유효하게 존속하므로 취소소송의 당사자 사이에서만 무효가 된다고 한다(상대효). 그렇다면 판례는 어떤 견해에 입각해 있을까? 사해행위취소의 상대효에 관한 89다카35421의 사안과 판지는 다음과 같다.

사실관계 5.3.22 사해행위취소의 상대효 [89다카35421]

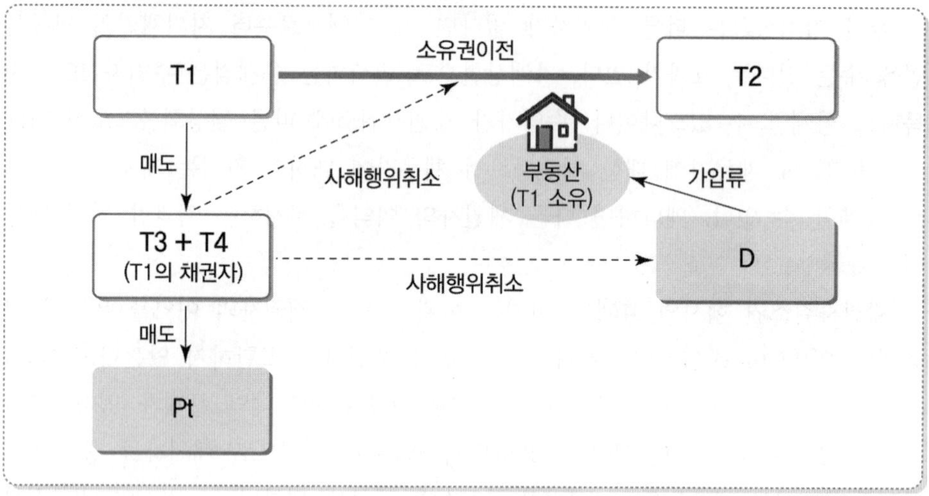

T1 소유의 부동산에 관하여 1980.10.20. T2 명의의 소유권이전등기가 경료됐고, 1981. 3.12. D를 채권자로 하는 가압류 등기가 경료됐다. T3은 T1과 T2 사이의 매매계약의 취소와 T2 명의의 소유권이전등기의 말소와 D 명의의 가압류등기의 말소를 구하는 소송을 제기했다. 소유권이전등기의 말소소송만 1984.5.24. 승소하고 가압류부분은 패소했다. 이 사건에서 쟁점은 채무자와 수익자 사이의 부동산매매계약이 사해행위라는 이유로 취소되어 그 소유권이전등기가 말소된 경우 그 이전에 이루어진 수익자의 채권자가 한 가압류의 효력은 어떠한가이다.

이에 관해 대법원은 "사해행위의 최소는 상대적 효력밖에 없어 특단의 사정이 없는 한 가압류의 효력이 당연히 소멸되는 것은 아니다"고 판시하였다.

또 이러한 사해행위취소의 상대적 효력에 의하면, 원고의 피고에 대한 청구의 원인행위가 사해행위라는 이유로 원고에 대하여 사해행위취소를 청구하면서 독립당사자참가신청을 하는 경우(독립당사자참가는 타인 사이에 민사소송이 제기되어 법원에 계속된 경우 제3자가 원고와 피고를 상대로 소송당사자로 소송에 참가하는 것이다. 민소 79조 참조. 자세한 논의는 민사소송법 강의를 참조하기 바란다), 독립당사자참가인의 청구가 그대로 받아들여진다 하더라도 원고와 피고 사이의 법률관계에는 사해행위취소의 상대적 효력으로 아무런 영향이 없기 때문에 그러한 참가신청은 사해방지참가의 목적을 달성할 수 없으므로 부적법하다(2012다47548,47555).

여기서 마지막으로 잠깐 시야를 돌려 대위권·취소권과 관련된 곤란한 점에 관해 살펴본다. 대위권・취소권 정리에 대신하여, 2가지 제도에 관한 논의가 왜 얽히고설켜 있는지에 대해 한마디 해두고 싶다. 그 원인은 여러 가지로 생각되지만, 대위권・취소권의 제도적 취지를 살리려는 절차가 잘 정비되지 않았다는 것이 크다. 그 때문에 제도를 변용할 수밖에 없는 것이다. 그러면 왜 절차정비가 불충분한가? 물론 절차법이 프랑스식이 아닌 것도 이유의 하나일 것이다. 그러나 프랑스에서도 대위권・취소권에 대해 실효적인 절차적 후속이 이루어지고 있다는 의미도 아닌 것 같다.[65] 그렇다면 절차가 애매하여 실효성이 의문인 제도라고 해도 대위권・취소권에 더욱 존재의식을 인정하는가 그렇지 않은가라는 점에서, 프랑스와 독일・일본・우리나라와의 사이에는 차이점이 있다고 생각된다.

프랑스의 경우 극단적으로 말하면 절차가 불명료하기도 하고 실효성에 문제가 있어도 실체법 수준에서 존재의의가 인정되면 그것으로 좋다고 하는 사고방식이 있다. 사실 대위권・취소권에 대해서는 예방적 효과가 있다고 설명되는 것이 많다. 다른 말로 하면 민법은 재판규범으로서 파악되기 이전에, 사람들이 따라야 하는 행위규범으로서 파악되고 있는 것이다. 그런데 마지막까지 따지지 않으면 만족하지 않는 쪽이 독일, 실익이 어디에 있는가를 마음에 두는 것이 우리나라이고, 독일・우리나라에서는 프랑스와 같이 추상도가 높은 수준에서 제도적 취지를 문제로 삼아 끝내 버릴 수는 없다.

그렇다고 하더라도 이처럼 말했다고 해서, 프랑스는 비실용적이고 독일・우리나라는 실용적이라고 말하는 것은 아니다. 물론 이 경우는 어떻다, 저 경우는 어떻다고 세세한 부분을 따지기도 하고, 결과로서 어떤 기능을 달성하는가를 생각하는 것은 중요하지만 제도가 지닌 이념을 이해하여 그 당부를 문제로 한다는 자세도 다른 의미에서 중요하다. 이 점에 있어서 프랑스법은 더욱 더 배워야 할 필요가 있다. 단지 대위권・취소권에 관한 논의의 분규는 프랑스에서라면 그만큼 문제가 되지 않는 제도의 불완전성에서 유래한다는 것이라고 말할 수는 없지 않은가 생각한다.

제 6 편

계약상 의무(채권)의 확보

제1장 계약상 의무이행을 위한 인적 담보
제1절 보증계약
제2절 연대채무

서설 – 채권자평등의 원칙[1)]

이제부터 검토할 것은 채권확보를 위한 담보에 관해서이다. 본론에 들어가기에 앞서 "채권자평등의 원칙"을 설명하고 나서(Ⅰ), 그것과 관련하여 "담보"가 무엇인지를 생각해보기로 한다(Ⅱ).

Ⅰ. 채권자평등의 원칙의 지위

1. 채권자평등의 원칙의 의미

채권자평등의 원칙이라는 말이 있지만, 이것을 정한 규정이 따로 있는 것은 아니다. 다만 일본 구민법(明治 23년 법률 제28호) 채권담보편의 1조 2항에는 규정이 있었는데, 그것은 다음과 같이 되어 있었다. "채무자의 재산이 모든 의무를 변제하는 데에 부족하지 않은 경우에는 그 가액은 채권의 목적, 원인, 태양(態様)의 여하와 날짜의 전후에 구애받지 않고 그 채무액의 비율에 따라서 각 채권자에 안분(按分)한다. 단 그 채권자의 사이에 우선할 정당한 원인이 있는 경우에는 이러한 제한을 받지 않는다." 이러한 규정은 책임재산에 관한 1조 1항과 함께 프랑스법에서 유래한 것이지만, 현대 민법전의 기초과정에 있어서 삭제되었다. 삭제의 취지는 명백하지 않지만 그 후에도 의용민법(依用民法) 기초자들이 원칙에 언급하고 있는 것을 보면, 이것을 부정하는 취지가 아니라 당연하므로 민법규정으로 넣지 않았다는 취지였다고 생각된다. 그러나 잘 생각해보면 이것은 반드시 당연하다고 볼 수 없다. 이 원칙을 인정하기 위해서는 다음과 같은 사고의 수순을 밟지 않으면 안 된다.

우선 출발점은 채권의 상대성(비배타성)이다. 물권의 경우에는 비배타성이 있는 목적물과 권리가 1 대 1로 대응하지만 채권의 경우에는 그러한 대응관계가 존재하지 않는다. 따라서 채무자가 책임재산의 총량을 넘는 채무를 부담하는 일이 일어날 수 있다. 바꾸어 말하면 책임재산과 채권의 결합이 희박하다. 이렇게 되면 모든 채권이 변제를 받을 수 없게 되는 사태가 생긴다. 이것이 논의의 전제이다.

그렇지만 이 전제 자체를 의심하는 것이 불가능한 것은 아니다. 보통 금융거래에서 책임재산 이상으로 대여되지 않는다는 제도를 구상하는 것도 생각할 수 있기 때문이다. 사실상 이에 근접한 것은 소비자금융에서 많이 볼 수 있다. 금융기관에는 소비자에 관한 신용정보가 축적되어 있으므로, 변제받는 것이 걱정되는 채무자에게는 빌려주지 않는 것이 일정한도에서 가능하게 되었다.

그러나 돈을 빌려줄 당시 충분한 신용정보가 없는 경우 혹은 대여 당시 충분했던 책임재산이 후에 감소한 경우 등에는 채무초과가 발생할 수도 있다. 그렇게 된 경우에는 어떻게 되는가. 생각할 수 있는 규칙은 채권발생의 원인으로 우열을 정하는 방식(선취특권은 이것에 따른다), 시간의 선후로 우열을 정하는 방식(저당권은 성립 날짜가 아닌 등기의 날짜이므로, 이것에 따른다) 따위가 있을 수 있다. 그러나 일반채권에 관해서는 이러한 규칙들을 원용하지 않고(구민법의 전게 조문은 이것을 명백히 말하고 있다), 평등하게 다루려는 사고방식을 취한 것이다. 다시금 말하지만 평등이라고 말해도 여러 가지 평등이 있을 수 있다. 단순한 사람 수로 나누는 것도 생각할 수 있지만, 여기서 원용하고 있는 평등은 채권액에 따른 비례적인 평등이다.

2. 채권자평등의 원칙이 미치는 범위

이상과 같은 내용의 "채권자평등의 원칙"이 존재한다고 해도 그 원칙이 적용되는 범위를 확정할 수 없다면, 그 의의를 이해했다고 말하기 어렵다. 몇 가지의 국면을 나누어서 원칙의 적용 여부를 살펴보고자 한다.

가. 자발적 계약이행의 경우(평시)

우선 채무가 임의로 변제된 경우부터 시작하자. 복수의 채권자가 존재하는 경우로서, 어느 채권자에게 변제하고 어느 채권자에게는 변제하지 않는가는 기본적으로는 채무자의 의사에 맡겨져 있다. 가령 채권자 P와 채권자 D가 채무자 Z에 대해 각 1,000만원의 채권을 가지고 있다고 하자. Z는 P에게는 변제했지만 D에게는 변제하지 않았다고 하더라도, D는 채권자평등의 원칙을 원용해서 500만원은 자신에게 건네줄 것을 주장할 수 없다. 기껏해야 변제가 사해행위에 해당한 때는 취소권을 행사할 수 있을 뿐이다. 또한 P와 D의 채권이 동일한 목적물에 관한 특정물채권인 경우(부동산의 이중양도와 같은 경우)에는 P와 D의 우열은 등기의 선후에 따라 결정되지만, 어느 쪽에 등기를 하는가는 1차적으로는 Z의 의사에 달려 있다(이전등기를 청구하는 소송은 가능하지만 그러한 경우에는 먼저 판결을 받아 등기를 얻는 자가 이기게 된다).

나. 계약위반으로 인한 강제이행의 경우(비상시)

다음으로 강제집행이나 도산의 경우를 생각해보자. 채권자평등의 원칙이 의미가 있는 것은 사실은 이러한 국면에 있어서라고 할 수 있다. 그렇다곤 하지만 절차에 참가하지 않은 채권자에게는 변제되지 않는 것이므로, 평등이라고 해도 그것은 절차에 참가한 자들 사이에서만의 평등을 의미한다.

이상과 같이 채권자평등의 원칙의 적용 범위는 그리 넓지 않다고 말할 수 있다. 그러나 강제집행·파산과 같은 극한적인 상황에는 일정한 절차를 밟는 한, 채권자가 평등하게 취급된다는 것은 그런대로 큰 의미가 있다. 이러한 단계에 이르면 다른 채권자의 관계에 따라서(관계 때문에), 자기의 채권이 완전하게 만족을 얻을 수 없는 경우가 발생하기 때문이다.

Ⅱ. 채권자평등의 원칙의 회피-담보의 설정

1. 담보의 의의

채권자평등의 원칙은 채무자에 충분한 재산이 없는 경우에는 얼마 안 되는 재산을 모두에게 조금씩 나누어 손실을 서로 부담하는 사고방식(손실분담)이다. 이것은 어떤 의미에서는 공평한 원칙이지만, 매우 불안한 원칙이기도 하다. 자신과 파이를 나누는 채권자가 얼마나 많이 나타나는가는 알 수 없기 때문이다. 채권을 가지는 측(많은 경우에는 금전을 빌려주는 쪽)으로서는 변제를 받지 못하는 위험을 예측할 수 없다. 그러한 점에서 채권자로서는 어떻게든 채권의 회수를 확실히 하는 방책을 강구하고 싶다고 생각하게 된다. 그러기 위해서 이용할 수 있는 것이 담보라는 수단이다. 담보에는 심리적인 면과 물질적인 면이 있다.

앞에서 서술한 것처럼 채권자로서는 임의로 변제를 받는 것이 최고이다. 그렇게 된다면 채권자평등원칙도 보통은 문제가 되지 않는다. 그래서 우선 임의변제를 촉구하기 위해서 담보를 설정해두는 방법을 생각해볼 수 있다. 여기서 중요한 것은 갚지 않으면 곤란한 채무자의 심리적 사정에 호소하는 것이므로, 그렇게 하기 위해서는 반드시 값이 나가는 물건이 필요한 것은 아니다. 결혼반지를 맡겨도 좋고, 대학의 성적표를 맡겨도 좋다. 혹은 친인척이나 회사 상사의 전화번호를 알아

두는 것도 유효할지도 모른다. 바로 뒤에 서술할 보증인 따위는 이러한 기능이 있다. 그렇다고는 하지만 막상 채무불이행의 경우에, 담보를 이용해서 우선하여 채권을 회수(우선변제)하기 위해서는 값이 나가는 물건(또는 확실히 돈을 지불해 줄 수 있는 사람)을 압류해 둘 필요가 있다(또 역으로 값이 나가는 물건을 압류해 두는 것으로서 변제를 하지 않으면 안 된다고 느끼는 면도 있다). 여기서 담보는 실로 채권자평등의 원칙의 적용을 받는 것을 회피하려는 것이라고 말할 수 있다.

2. 담보의 종류

이미 서술할 곳에서 시사한 바와 같이 담보에는 물적담보와 인적담보가 있다. 선취특권과 질권 · 저당권 따위와 같이 목적물에 붙어 다른 채권자에 우선하여 변제를 받을 수 있는 권리를 취득하는 것이 물적담보이다. 이에 반해 연대채무 · 보증과 같이 채무자 이외의 자에게 채무자와 함께 채무를 부담하게 하는 것이 인적담보이다(도표 6.1.1).

도표 6.1.1 인적담보

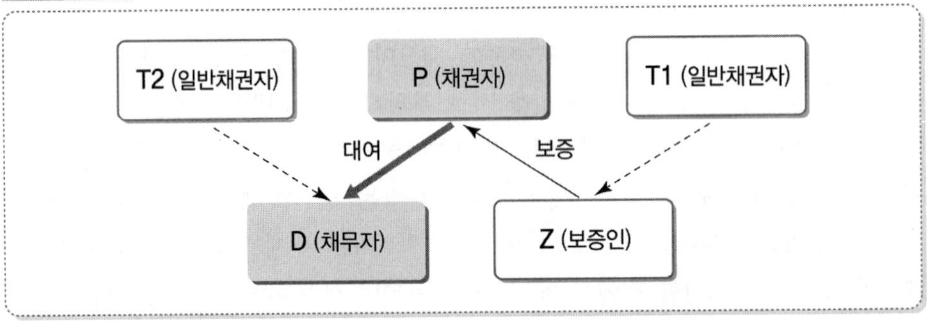

이 중에서 물적담보는 채권자평등의 원칙의 예외를 이루는 것으로서 평가하고 있다. 채권자평등의 원칙은 물적담보 없는 일반 채권자 사이에서 적용되는 원칙이고 담보권자에게는 적용되지 않는다(구민법 채권담보편 1조, 2항 단서). 오히려 담보권자의 우선권이 먼저이고 우선권의 대상이 되지 않는 남은 재산에 대해서 채권자평등의 원칙의 사고방식이 취해진다고 이해하는 편이 좋다.

이것에 대해서 인적담보는 채권자평등의 원칙과는 차원을 달리한다. P가 D에 금전을 빌려주고 Z를 보증인으로 하였다고 하자(기호는 도표 6.1.1과 대응한다). 이

때 Z의 일반채권자 T1과 비교해서 P는 아무런 유리한 지위에 서 있지 않다. 그러나 D의 일반채권자 T2와 비교한다면 D의 책임재산에 대해서는 평등의 원칙에 서 있으면서, Z의 책임재산도 믿을 수 있다는 의미에서는 P는 유리한 지위를 가진다.

결국 책임재산이 증가하진 않지만 우선적 지위를 확보하는 것이 물적 담보, 지위는 변하지 않지만 책임재산을 증가시키는 것이 인적담보라고 말할 수 있다. 채권자평등을 회피한다고 말하더라도 회피의 방식은 차이가 있는 것이다.

제1장 • 계약상 의무이행을 위한 인적 담보

본장은 인적담보에 관한 설명으로 들어간다. 구체적으로는 보증채무와 연대채무에 관한 것이다.

제 1 절　보증계약

우선 보증이란 무엇인가, 보증인의 지위는 어떠한 것인가에 대해 일반적인 설명을 한다(Ⅰ). 그 다음에 몇 가지 유형의 특수한 보증을 다룬다(Ⅱ). 그리고 마지막으로 보증채무 이행 후의 구상관계에 얽힌 여러 문제(Ⅲ), 마지막 부분은 다소 어렵지만 계약법 중에서 채권총론 부분에서 마지막으로 어려운 부분이라고 생각하여 씨름해 주길 바란다.

Ⅰ. 보증계약에 관한 일반적인 검토

1. 보증계약이란 무엇인가?

가. 보증계약의 기능

보증계약이란 채무자에 갈음하여(대신하여) 채무를 이행하는 것을 미리 약속하는 계약이다. 이와 같은 약속을 하는 자를 보증인, 보증인이 지는 채무를 보증채무라 한다. 또한 보증의 대상으로 되는 채무를 주채무라고도 부른다(도표 6.1.2).

도표 6.1.2 계약에서 보증당사자의 법률관계

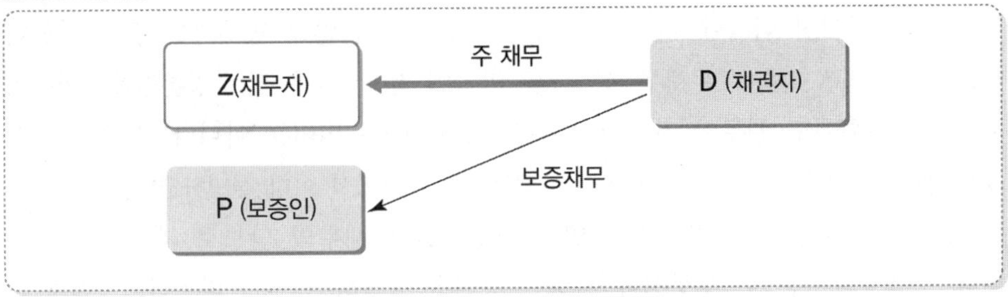

보증이 이루어짐으로써 주채무자 Z가 채무를 이행하지 않으면, 채권자 D는 보증인 P에 대해 보증채무의 이행을 구할 수 있다. P가 임의로 보증채무를 이행하지 않을 때에는 강제집행도 가능하다. 물론 D는 Z에 대해서도 강제집행을 할 수 있다는 것은 말할 필요도 없다. 다른 말로 하면 주채무의 담보로서, D는 Z의 책임재산에 더하여 P의 책임재산도 믿을 수 있다는 의미이다(기호는 도표 6.1.2와 대응). 여기에 덧붙이자면 넓은 의미의 인적보증(광의의 보증)은 연대채무(뒤에서 자세하게 살펴본다)와 앞에서 본 병존적(중첩적)채무인수를 포함한다. 이와 같이 채무자의 수를 늘려서 책임재산의 범위를 늘림으로써 채무의 변제를 확실하게 하는 것이 인적담보이지만, 보증이 전형적인 인적담보인 것은 이상의 설명으로부터 분명하다. 실제 주채무자에게 값이 나가는 물적 담보가 없을 때는 물론 물적 담보가 있는 경우에도(인적담보는 설정도 실행도 간단하기 때문에) 채권자가 채무자에 대해 보증인을 세우는 것을 요구하는 것은 흔하게 이루어지고 있다. 한편, 보험 중 보증보험은 피보험자와 어떠한 법률관계를 가진 보험계약자(주계약상의 채무자)의 채무불이행으로 인하여 피보험자(주계약상의 채권자)가 입게 될 손해의 전보를 보험자가 인수하는 것을 내용으로 하는 손해보험이다. 그런데 보증보험은 비록 보험에 해당되지만 형식적으로는 채무자의 채무불이행을 보험사고로 하는 보험계약이나 실질적으로는 보증의 성격을 가지고 보증계약과 같은 효과를 목적으로 하는 것이므로, 보증보험계약은 주계약 등의 법률관계를 전제로 하고 보험계약자가 주계약에 따른 채무를 이행하지 아니함으로써 피보험자가 입게 되는 손해를 약관의 정하는 바에 따라 그리고 그 보험계약금액의 범위 내에서 보상하는 것이고, 그 성질에 반하지 않는 한 민법의 보증에 관한 규정이 보증보험계약에도 적용된다(2004다20265).

그러면 여기서 잠깐 멈춰서 보증과 유사개념과의 대비에 관해 살펴본다. 보증은 미리 이루어진 약속에 기초한 것이지만, 약속하지 않고 변제하는 것도 가능하다(제3자 변제로 된다). 주채무 성립 후 약속에 의한 경우에는 병존적채무인수가 된다. 이 경우에도 채무자 자신의 채무가 없어진다는 의미는 아니다. 이것이 없어지는 것은 면책적채무인수이다(이상은 채무인수 부분에서 이미 설명하였다).

더욱 보증인이 되면 자기의 책임재산 전부를 주채무의 담보로 제공하는 것이 된다. 그러므로 특정한 부동산에 관해 저당권을 설정하는 것과 다르다. 그렇지 않고 어떤 특정한 부동산(재산)에 저당권을 설정하는 것도 있는데(주채무자의 채무를 피담보채권으로서), 이것을 물상보증이라고 부르고 있다. 물상보증에는 보증과 유사한 면이 있다. 더욱이 자기의 채무를 위해 저당권을 설정한 부동산을 Z로부터 양수한 제3취득자는 Z가 채무를 이행하지 않으면 채권자가 저당권을 실행해 버리기 때문에, 결과적으로 물상보증인과 같은 지위에 서게 된다. 그렇다고 한다면 제3취득자에게도 보증인 유사한 면이 있다(이것들을 일괄하여 담보제공자라고 부르는 논자도 있다).

나. 보증계약

보증은 보증계약으로 성립한다. 여기서 주의해야 하는 것은 계약 당사자와 계약의 법적 성질이다.

(1) 보증계약의 당사자

우선 주의해야 하는 것은 보증계약의 당사자는 보증인 P와 채권자 D다. 금융거래에서 많은 경우 주채무자 Z의 부탁으로(의뢰로) P가 보증인으로 되는 것을 승낙하지만 D에 대해서 보증인으로서의 의무를 지겠다는 내용의 보증계약을 체결하는 것은, P와 Z가 아니라 여전히 P와 D이다. 물론 Z의 의뢰에 따라서(응하여) P는 보증인이 된다(D와 보증계약을 맺음)는 관계도 계약이 틀림없다. 그리고 주채무자가 보증인에게 보증을 위탁한 때(보증위탁계약)는 보증이 아니고 주채무자과 제3자 사이의 계약이다. 주채무자가 보증인의 사자 혹은 대리인으로서 채권자와의 사이에 보증계약을 체결한 때이다(64다1264). 그러나 이러한 P와 Z 간의 계약은 보증계약이라고 부르지는 않는다.

(2) 보증계약의 법적 성질[2)]

다음으로 보증계약의 법적 성질이다.[3)] 보증계약은 주된 채무를 발생시키는 계약과는 별개의 계약이고, 그 목적은 주된 채무를 담보하는 것이다. 따라서 보증채무의 연체이율에 관한 특별한 약정이 있으면 그에 의하고 주채무에 관한 약정 연체이율이 당연히 보증채무에 적용되는 것은 아니다(2001다29803). 그렇기 때문에 주된 채무가 성립하지 않으면 보증계약도 성립하지 않고, 또한 주된 채무가 소멸하면 보증계약도 소멸한다(부종성). 또 주된 채무가 이전하면 보증채무도 그에 동반하여 이전한다(수반성). 채권양도에 관해 주된 채권의 이전에 관하여 채권양도의 대항요건을 구비하면 충분하고 보증채권에 관하여 대항요건을 갖출 필요가 없다(2002다21509). 보증계약의 이와 같은 성질은 그 효력에 영향을 미치지만, 보증계약의 효력에 대해서는 다시 다음 항에서 설명한다.

보증계약의 법적 성질에 관해서는 보증계약으로 보증인이 채권자로부터 보수를 얻는 것이 아니라는 점에도 주의할 필요가 있다. 결국 보증계약은 무상계약이다(물론 보증계약의 체결을 위탁하기 위해 Z가 D에게 금전의 지급하는 경우도 있다. 그러나 일반 계약에 있어서는 Z와의 인간관계에 기초하여, 무상으로 보증인이 되는 경우가 많다). 보증계약의 계약법에서 지위는 어떠한가? 참고로 입법례로는 프랑스, 독일, 스위스는 전형계약의 하나로 계약법 중에 규정하고 있다.

(3) 보증계약 방식의 요구

이와 같은 보증계약의 무상성을 고려해 본다면, 보증계약 성립인정은 신중하게 이루어져야 할 필요가 있다. 실제로 독일이나 프랑스에서는 법률·판례에 의해 보증계약의 성립에 계약서를 요구하고 있다. 우리나라에서도 증여계약에 대해 실질적으로 서면이 요구되고 있는 것을 생각하면 구두로 한 보증계약의 인정에는 신중함이 요구되고, 묵시적 보증계약의 성립 등은 인정해서는 안 되는 것으로 되어 있다[4)]. 이러한 사고방식을 받아서, 2016년 2월 4일 개정 민법(2015.2.23.)이 시행됨에 따라 보증은 보증인의 기명날인 또는 서명이 있는 서면에 의하여 그 보증의 의사가 표시되어야 효력이 발생한다고 규정하여 보증계약은 이른바 요식계약이 되기에 이르렀다(428조의2 참조). 보증에 관한 특별법으로는 2008년 제정[5)]되고 2016년 시행된 보증인 보호를 위한 특별법(보증인보호법)이 있다. 중요한 내용은 다음과 같다. 일반인이 아무런 대가 없이 호의(好意)에 의해 보증하는 경우 보증은 그 의사가 보증인의 기명날인 또는 서명이 있는 서면으로 표시되어야 효력이 발생하고(보증인보호법 3조 1항), 금융기관이 채권자로서 보증계약을 체결할 때는 채무자의 채무관련 신용정보를 보증인에게 제시하고 그 서면에 보증인의 기명날인이나 서명을 받아야 한다(보증인보호법 8조 1항). 그리고 금융기관이 그 요구에 따르지 아니하는 경우에는 보증인은 그 사실을 안 날부터 1개월 이내에 보증계약의 해지를 통고할 수 있다(보증인보호법 8조 4항). 아울러 보증계약을 체결할 때에는 보증채무의 최고액을 서면으로 특정하여야 하며 이는 보증기간을 갱신할 때에도 그러하다(보증인보호법 4조).

그러면 여기서 위에서 설명한 것을 이해하기 위해 눈을 돌려 보증의사의 존부는 어떻게 판단해야 하는지에 관해 좀 더 자세히 살펴보자. 이에 관한 판례를 살펴본다. 판례는 당사자가 거래에 관여하게 된 동기와 경위, 그 관여 형식 및 내용, 당사자가 그 거래행위에 의하여 달성하려는 목적, 거래의 관행 등을 종합적으로 고찰하여 판단하여야 할 당사자의 의사해석 및 사실인정의 문제로 보증의사의 존재나 보증범위는 이를 엄격하게 제한하여 인정하여야 한다고 했다(98다39923,2000다2566). 그러나 보증계약을 체결하면서 채무자의 신용상태를 고지할 신의칙상의 의무는 없다(64다1264).

한편 채무자와 제3자 사이에 보증위탁계약이 있는지 여부는 보증계약의 성립과는 관계가 없고 구상권의 범위에 영향을 주는 데 불과하다(441조 이하). 따라서 주채무자와 보증인 사이에 체결된 보증위탁계약이 무효라도 보증계약의 효력에는 영향이 없고, 주채무자와 제3자 사이에 제3자가 주채무의 이행을 하여야 하는 것으로 계약했더라도 이는 보증위탁계약(이행인수계약)에 불과하고 그것만으로 보증계약은 성립하지 않는다.

그러면 여기서 잠깐 눈을 돌려 주채무계약의 보증계약에 영향에 관해 살펴본다. 주채무를 발생시킨 계약에 취소원인이 존재하는 경우에도 보증인은 주채무자가 가지는 취소권을 행사할 수 없다. 왜냐하면 140조에 의해 취소권자는 한정되어 있고 보증인은 취소권자가 아니기 때문이다. 다만 보증인은 취소권을 가지는 동안 보증채무의 이행거절은 할 수 있다(435조). 채무의 발생원인이 되는 법률행위가 취소에 의하여 주채무가 실효가 되면 보증채무도 당연히 소멸하지만 보증채무의 부종성을 배제하는 예외규정(436조)을 두고 있다. 그러나 이에 관해 부종성의 이론에 반할 뿐만 아니라 보증한 자의 의사해석으로서도 지나친 것으로 불합리하다는 비판이 있다.

금융거래에서 사채업자의 대부 문제가 금융거래에 영향을 미치고 있다. 이에 관해 살펴본다. 보증계약을 둘러싼 최근 사건으로서 사채업자(대부업자)에 의한 대부의 문제가 있다. 중소자영업자 등에 대해 고리로 융자하는 소위 사채업자대부에서는, 물적 담보를 요구되지 않는 대신 보증인을 세울 것을 요구한다. 이때 대부의 대상으로 되는 사업과 관계가 희박한 친족이나 친구 · 지인이 보증인으로 되거나 또한 보증계약에 관한 충분한 설명을 하지 않고 근보증계약이 이루어진 경우가 많다. 이러한 보증계약을 둘러싸고 여러 가지 문제가 생기고 있고, 대중매체(매스미디어)에서도 요란하게 다루어졌다. 그 결과 2002년 제정된 대부업 등의 등록 및 금융이용자 보호에 관한 법률(대부업법)이 2017년 4월 개정되었고, 이 개정으로 보증계약을 체결하는 경우에 대부업자, 계약자, 대부금액, 대부이자율 등이 적힌 보증계약서 및 그 보증의 대상이 되는 대부계약의 계약서 사본을 보증인에게 교부해야 하는 등 보증인의 지위가 강화되기에 이르렀다(동법 6조 1항). 이러한 개정 전후로부터 하급심에서는 보증계약이 효력이 다투어진 예도 나타나게 되었다(거의 모든 재판 예에 있어서는 보증인의 책임이 부정 내지는 제한되고 있지만, 계약의 불성립 · 착오 · 신의칙 등, 결론을 이끌어내는 법률구성은 꼭 같지는 않다).

2. 보증계약에서 보증인의 지위

가. 보증인의 의무

보증인은 주채무자가 채무를 이행하지 않았을 때, 이것을 이행할 의무를 진다(428조). 보증인이 지는 보증채무의 범위는 보증계약과 보증채무의 부종성에 의하여 정해진다. 보증인이 지는 채무의 내용은 주채무와 동일하다고 이해되고 있다. 대충 생각하면 그대로이지만, 세밀히 생각하면 몇 가지 문제가 있다. 3가지 문제를 들어 둔다.

첫째, 주채무가 비대체적인 채무인 경우(작위채무의 경우)에, 엄밀히 말하면 동일한 채무를 보증인이 지는 것은 불가능하다. 이때는 보증채무는 성립하지 않는다고 생각할 여지도 있지만, 보증인이 붙여진 취지에서 말하면 주채무자 자신에 의한 이행이 아니래도 좋다고 생각되는 경우에는, 보증채무는 성립한다고 이해할 수 있다. 더욱 주채무는 금전채무인 것이 많은데, 이 점은 실제로는 그다지 문제가 되지 않는다.

둘째, 주채무가 금전채무인 때는 보증채무는 주채무의 이자·위약금 등을 포함한 것으로 이해된다(429조 1항). 그렇지만 이것과 다르게 정할 수 있고, 보증채무의 대상으로부터 이자·위약금을 제외하는 것은 물론 반대로 보증채무에 대해서만 주채무에는 붙어 있지 않는 위약금을 정할 수도 있다(429조(보증채무의 범위), 447조 2항).

셋째, 주채무만이 아니라, 주채무발생의 원인이 된 계약이 해제된 경우의 손해배상의무나 원상회복의무도 보증의 대상으로 되느냐는 문제가 있다. 이 점에 관해서 예전에는 주채무와의 동일성의 유무라는 기준으로 생각하는 견해가 유력했지만, 오늘날에는 당사자 의사의 해석에 따른다는 사고방식이 지배적으로 되고 있다. 판례는 손해배상의무만이 아니고(이것이 보증의 대상으로 되는 것에는 이전부터 이론이 없었다), 원상회복의무도 보증의 대상으로 된다고 한다(71다1474). 계약해제의 효과에 관하여 청산관계설의 견지에서 본래의 채무와 해제의 효과로서 발생한 채무 간에 동일성이 유지되므로 뒤의 채무도 보증하게 된다. 일본 최고재판소 판례는 이 사고방식에 따라 손해배상의무만이 아니라 원상회복의무도 보증의 대상으로 된다고 하고 있다.[6] 그렇지만 손해배상의무가 보증의 대상으로 되는 점에는 이전부터 이론이 없었다.

이상과 같이 당사자의 의사에 기초한 미세한 조정은 이루어졌지만, 주채무를 담보한다는 보증채무의 성질로 보아, 주채무보다도 무거운 보증채무는 주채무와 같은 정도에 이르기까지 경감되는 것으로 되어 있다(448조). 주채무는 1,000만 원인데, 보증채무의 채무액을 2,000만 원으로 정하고, 1,000만 원을 넘는 부분은 무효가 된다고 해버린다는 의미이다(청산의무와 공통되는 사고방식을 볼 수 있다).

그러면 여기서 위에서 설명한 것을 이해하기 위해 눈을 돌려 430조와 429조 2항·449조의 관계에 관해 좀 더 자세히 살펴보자. 보증채무를 주채무의 한도로 감축하는 430조는, 보증채무의 부종성과 친화적인 규정이다. 이에 대해 보증채무에만 위약금 기타 손해배상액을 붙일 수 있다고 하는 429조 2항, 주채무가 제한능력을 이유로 취소할 수 있다는 것을 알면서 보증이 이루어진 때에는, 이것을 독립된 채무담보가 된 것으로 추정하는 436조는 보증이 주채무에 대한 독립성을 가진 경우가 있다는 것을 보여주고 있다. 양자의 간에는 긴장·모순이 있는 듯이 보이지만, 우선 전자가 원칙인 것에 대해서 후자가 예외적으로 인정되는 경우가 있다고 이해하면 좋다. 그렇다면 판례는 어떤 견해에 입각해 있을까 판례는 부동산매매계약과 함께 이행인수계약이 이루어진 경우 보증인은 매도인이 매수인의 인수채무 불이행으로 말미암아 또는 임의로 인수채무를 대신 변제하여 매수인이 매도인에게 부담하게 되는 손해배상채무 또는 구상채무에 대하여도 보증채무를 부담하고(2000다18578), 신용보증대상인 '대출과목'이 '할인어음'이라고 기재되어 있고, "업체 간에 당해 업체의 사업목적에 부합되고 경상적 영업활동으로 이루어지는 재화 및 용역거래에 수반하여 발행된 상업어음(세금계산서가 첨부된)의 할인에 대하여 책임을 진다"는 특약사항이 기재되어 있는 사안에서 금융기관이 상업어음 할인이라는 방법에 의하여 실시하는 대출, 즉 상업어음할인대출을 그 보증 대상으로 한다고 했다(2006다36981). 보증채무는 주채무 한도로 감축된다는 점에 주의할 필요가 있다.

여기서 잠깐 시야를 돌려 일부보증 또는 부분보증의 경우에는 어떻게 처리해야 하는지에 관해 살펴본다. 여기에는 채권자에 대한 일정금액이 지불되면 이를 주채무자가 지불한 경우라도 보증책임을 소멸시키는 형(변제담보형), 주채무자가 채무의 일부를 변제하더라도 잔존채무가 보증한도액을 초과하면 보증인은 그 한도액 전액에 대하여 책임을 지는 형(출재액 한도형), 주채무 중 일정금액은 반대채권의 존재 등으로 그 변제가 확실시되기 때문에 그 부분을 제외한 나머지 주채무 금액 중 일부금액에 대하여 보증하는 형(잔존액형)을 생각할 수 있다. 참고로 학설(통설)은 당사자의 의사가 분명하지 아니할 때는 출재액 한도형의 형태라고 추정하여야 한다. 나아가서 주채무와 보증채무의 차액을 넘지 않는 주채무자의 일부변제가 보증채무에 영향을 미치는지에 관해 판례는 주채무와 보증채무의 차액을 넘지 않는 주채무자의 일부변제가 보증채무에 아무런 영향을 미치지 못한다고 했다(2001다59071). 그 이유는 첫째 변제충당이라고 하는 것은 채무자와 채권자의 관계, 이익을 고려하기 위한 것일 뿐 보증채무자의 이익을 고려하는 것은 아니고 둘째 보증액에 대하여는 감소하지 않는다고 하는 것이 당사자의 의사나 거래관념에 부합한다. 셋째, 1개의 채무에 대한 일부보증의 경우와 계속적 보증이나 근보증에 있어 일부보증의 경우와 달리 볼 이유가 없기 때문이라고 한다.

나. 보증인의 채권자에 대한 항변

보증인의 항변을 설명하기 전에 채권자는 보증인에게 어떤 청구를 할 수 있는지 본다. 채권자는 보증계약에 따라 주채무자와 보증인에 대하여 따로따로 또는 동시에 채무의 전부나 일부의 이행을 청구할 수 있다(이행청구). 또 주채무자 및 보증인이 파산선고를 받은 때에도 채권의 전액에 관하여, 각 파산재단에 대하여 파산채권자로서 권리를 행사할 수 있다(회 428조, 429조). 이에 대해 보증인은 주채무자가 가지는 항변권을 가지고 채권자에게 대항할 수 있다(433조 1항). 주채무자가 항변권을 포기하여도 그것은 보증인에게는 효력이 없다(433조 2항).

보증인은 채권자의 이행청구에 대해, 다음 2종류의 항변을 할 수 있다.[7]

첫째, 주채무의 부존재를 이유로 하는 항변이다(부종성에 기초한 항변). 한마디로 부존재라 해도 다양한 경우를 생각할 수 있다. 하나는 주채무의 불성립·무효·취소·해제의 경우이다(435조). 그 결과 주채무자가 취소권·해제권·해지권을 가지고 있는 경우에 보증인은 이행거절권이 있다. 왜냐하면 보증인이 주채무자가 취소권을 행사하기 전의 부동적인 상태에서 보증채무의 이행이 청구될 수 있다고 한다면 이는 타당치 못한 결론이 되기 때문이다(435조). 그러나 단지 제한능력자의 채무라는 것을 알면서 보증한 경우에는, 보증인은 주채무자와 독립된 채무를 지는 것으로 이해된다(436조). 그 결과 이 경우에 제한능력은 항변 이유로 할 수 없다는 것과 같다. 또 하나는 채무소멸의 경우이다. 주채무자에 의한 변제나 상계는 물론 항변 사유가 되지만, 특히 상계에 관해서는 주채무자가 아닌 보증인이, 주채무자가 채권자에 대해 가지는 채권에 의한 상계의 의사표시를 하는 것도 허용되고 있다(433조). 이러한 항변권을 허용하는 것은, 상계할 수 있는 듯한(상계가 가능한 듯한) 채권을 주채무자가 가지고 있다면, 우선 주채무자가 상계해야 한다는 데 이유가 있다(434조). 이에 관한 판례를 살펴본다. 보증인의 상계권에 관한 2000다16251의 사안과 판지는 다음과 같다.

사실관계 6.1.1 보증인의 상계권 [2000다16251]

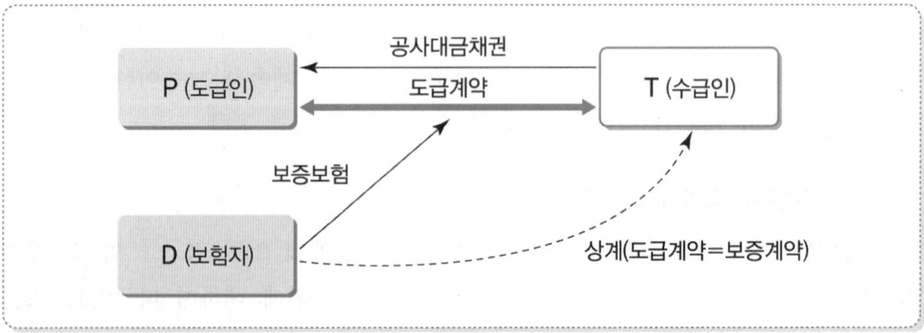

P는 T와 양재동 터파기공사 하도급계약을 체결했다. T의 채무불이행이 발생하고 1996. 9.5. 부도가 나자 이에 P는 위 하도급계약 해지하고 직접 공사를 했다. D는 피보험자인 P에게 지급해야 할 이행(계약)보증채무를 T가 P에 대해 가지는 도급계약(방배동 공사)상의 공사잔대금채권(자동채권)과 상계했다.

이에 관해 대법원은 기본적인 전제(법리)로 다음과 같이 판시하였다. "이행보증보험의 보험자는 민법 제434조를 준용하여 보험계약자의 채권에 의한 상계로 피보험자에게 대항할 수 있고, 그 상계로 피보험자의 보험계약자에 대한 채권이 소멸되는 만큼 보험자의 피보험자에 대한 보험금지급채무도 소멸된다."

참고로 학설은 '상계로 대항할 수 있다(434조)'의 의미에 관해 주채무자의 채권자에 대한 상계권을 보증인이 행사할 수 있다는 의미로 해석한다(다수설. "보증인은 채권자의 이행청구시 그 이행을 거절할 수 있을 뿐"이라고 해석하는 견해도 있다). 판례는 채권자가 주채무자에 대하여 상계적상에 있는 자동채권을 상계처리하지 아니하였다 하여 이를 이유로 보증인이 보증채무의 이행을 거부할 수 없으며 나아가 보증채무자의 책임이 면책되는 것도 아니라고 했다(86다카1340). 또한 주채무의 시효소멸도 항변사유로 된다. 보증채무에 대하여 소멸시효가 완성된 후 보증인이 보증채무에 대한 시효이익을 포기한 경우 시효이익 포기 전 혹은 후에 주채무에 대해서도 소멸시효가 완성된 때 보증인은 주채무에 대한 시효의 이익을 원용하여 부종성에 의한 보증채무의 소멸을 주장할 수 있는지 여부는 채권자에 대한 보증인의 관계, 보증인의 의사의 해석 등을 고려하여 보증채무의 소멸 여부를 판단하여야 한다. 단지 채권자로서는 주채무자에 대해 시효를 중단하면, 보증인에 대해서도 그 효력은 미친다(440조 1항).

둘째, 보증인에게 속한 고유 항변도 있다. 최고의 항변, 검색의 항변으로 불리는 2가지 항변이 그것이다. 모두 다 우선 채무자를 상대로 한다는 항변이고, 보증채무는 주채무가 이행되지 않은 경우에 대비한다는 성질에 의한 것이다(보충성에 기초한 항변). 최고의 항변이란 보증인에게 청구하기 전 주채무자에게 우선 청구하라고 하는 항변이다(437조). 그리고 검색의 항변이란, 주채무자를 상대로 한(주채무자에로의) 청구가 이루어진 후에도, 주채무자에게 자력이 있고 또 집행이 쉬운 경우에는 우선 채무자에 대해 강제집행할 것을 요구하는 항변이다(437조). 이것들의 2가지 항변에도 불구하고 주채무자에 대한 최고·집행을 게을리 한 경우에는, 바로 최고·집행을 하지 않음으로써 주채무자로부터 변제를 얻을 수 없었던 부분에 대해서는, 보증채무는 소멸한다(438조).

다. 보증인의 주채무자에 대한 구상권

보증인이 채권자에 대해서 변제한 경우에는 주채무자에 대해 구상을 할 수 있다. 특별한 규정이 없어도, 부탁(위탁)을 받은 보증인에 관해서는 위임계약에 기초하여(위임의 경우의 비용상환청구권에 해당한다) 위탁을 받지 않은 보증인에 관해서는 -위탁을 받지 않고 P와 D 간의 합의만으로 보증인으로 되는 것도 이론상은 가능- 사무관리에 의해 각각 구상할 수 있다는 의미이다. 그러나 법률관계를 명확히 하려고 민법은 각각의 경우에 대해 특별규정을 두고 있다(441조, 444조). 더욱 어느 경우에도 구상권을 보전하려면 채무자에게 변제하겠다는 취지의 통지를 할 필요가 있다(445조 1항 → 426조). 이중지급을 피하는 취지이다.

위탁받은 보증인은 일정한 경우에는 보증채무 이행 전에 미리 구상권을 행사(사전구상권)할 수 있다(442조). 주채무자도 또한 변제를 하는 취지의 통지를 할 것을 필요로 한다(445조 2항). 구상권의 범위에 관해 제약을 받지 않는다(444조)는 점에서, 부탁받지 않는 보증인과 비교하여 유리한 지위를 지닌다.

구상에 관해서는 다양한(여러 가지) 어려운 문제가 남아 있지만, 그 문제들에 관해서는 Ⅲ.에서 다시 설명하기로 하고, 일반적인 설명은 이상으로 마친다.

Ⅱ. 특수한 보증계약

1. 근보증계약

일반 보증은 일개의 채무를 담보하기 위한 보증이다. 그러나 일정한 범위에 속하는 불특정채무를 담보하기 위한 보증도 가능하다. 이것이 근보증이다. '근'이라는 말이 나타내는 바와 같이 근저당과 똑같이 피담보채권이 증감변동한다는 의미이다. 이것은 계속적계약관계(거래)에 있어서 생기는 채무를 보증하기 위해 이루어지는 신용보증과, 임차인·근로자의 임료·손해배상 채무를 보증하기 위한 보증으로 나누어진다. 더욱 계속적보증이라든가 신원보증이라는 용어가 사용되고 있지만, 용어의 상호관계는 다음과 같다(도표 6.1.3).

도표 6.1.3 근보증 유형

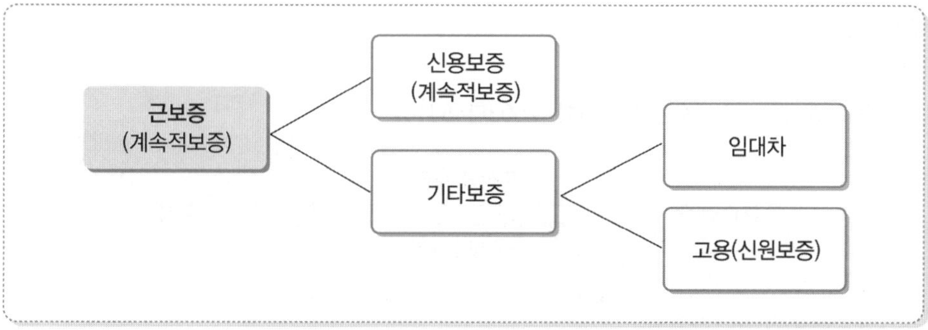

근보증의 경우 일반보증보다 더 많고 늘어나는 경향에 있는데, 보증인의 지위는 대단히 불안정하다. 그중에서도 신용보증의 경우에는 액수가 커질 가능성이 있고, 또 신원보증이 인적 관계에 기초하여 보증인으로 된 경우가 많은 사정이 있으므로 문제는 더 크다. 그래서 판례와 특별법에 의해 다음과 같은 조치가 강구되고 있다. 신원보증법이 그 예이다. 근보증에 보증인의 책임이 한정되는 한정근보증도 있다. 한정근보증은 특정한 종류의 거래계약을 한정적으로 열거하고 그 거래계약과 관련하여 발생하는 채무를 피보증채무로 하는 것으로, 판례는 피보증채무의 범위란에 일정한 약정에 기한 채무가 기재되어 있는 때에는 그 범위에 속하는 채무만이 근보증인의 책임으로 인정된다고 했다(2004다34134). 일본 최고재판소 판례는 우선 신용보증에 관해 한도액·보증기간 규정이 없어도, 거래통념에 따른 제한이 있다고 해석하고 있다. 근보증에서도 보증한도액은 당사자의 의사 해석의 문제이다. 판례는 보증을 하게 된 동기와 목적, 피담보채무의 내용, 거래의 관행 등 제반 사정에 비추어 당사자의 의사가 계약문언과는 달리 일정한 범위의 거래의 보증에 국한시키는 것이었다고 인정할 수 있는 경우에는 그 보증책임의 범위를 당사자의 의사에 따라 제한하여 새겨야 한다고 했다(94다10337). 그리고 보증인의 부담할 주채무의 액수가 보증당시 예상하였거나 예상할 수 있었던 범위를 훨씬 상회하고, 주채무 과다 발생의 원인이 채권자가 주채무자의 자산상태가 현저히 악화된 사실을 쉽게 알거나 중대한 과실로 알지 못한 탓으로 이를 알지 못하는 보증인에게 아무런 통보나 의사타진 없이 고의로 거래규모를 확대하여 비롯되는 등 신의칙에 반하는 사정이 존재하면 보증한도액을 제한할 수 있다(2005다35554, 35561). 그러면 신의칙에 반하는 사정은 어떠한 경우에 인정될 수 있는가? 이에 관한 판례를 살펴본다. 연대보증과 신의칙에 관한 2003다45410의 사안과 판지는 다음과 같다.

사실관계 6.1.2 연대보증과 신의칙 [2003다45410]

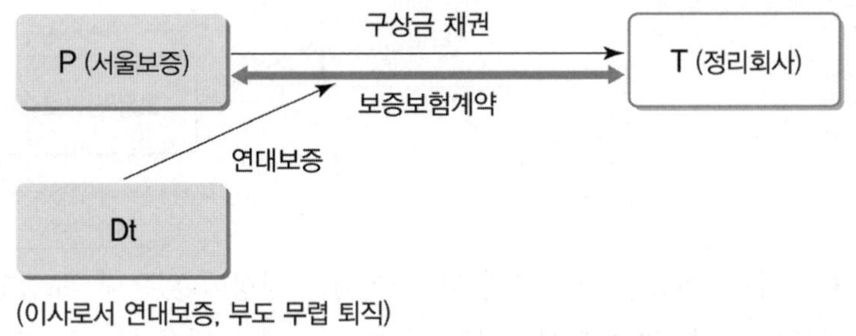

P가 1995.1.4.부터 1.16.까지 사이에 정리절차 개시 전 T와 보증보험계약을 체결했다. Dt는 이사의 지위에서 부득이 연대보증을 할 수밖에 없었고, 회사부도 무렵 퇴직하였다. 보증보험계약에 기한 구상금채무의 담보로 제공받은 무기명 정기예금증서, 양도성 예금증서, 국·공채 등을 매각처분하여 17억 여원을 대위변제금의 회수에 충당하고도, 변제충당으로 소멸한 구상금채권을 정리채권으로 신고했다. 이 사건에서 쟁점은 특정채무에 대한 보증책임도 신의칙으로 제한할 수 있느냐이다.

이에 관해 원심은 "Dt는 이사의 지위에서 부득이 연대보증을 할 수밖에 없었고, 회사부도 무렵 퇴직하였다(그리고 인가·확정된 회사정리계획상 원금의 출자전환과 관련하여 일정기간 후 전환가액 상당의 가치를 보장하되, 다만 이자는 모두 면제하는 것으로 되어 있는데, P도 이에 동의함). 한편 P가 1997.12.5.경까지 보증보험채무를 모두 이행하였음에도 불구하고 그로부터 약 3년이 지나서야 구상금청구의 소를 제기했다. 여러 사정을 감안할 때, 신의칙상 피고들의 책임을 25% 범위 내로 제한함이 상당하다" 판시하였다. 그러나 이에 관해 대법원은 "채권자와 채무자 사이에 계속적인 거래관계에서 발생하는 불확정한 채무를 보증하는 이른바 계속적보증의 경우뿐만 아니라 특정채무를 보증하는 일반보증의 경우에 있어서도, 채권자의 권리행사가 신의칙에 비추어 용납할 수 없는 성질의 것인 때에는 보증인의 책임을 제한하는 것이 예외적으로 허용될 수 있다. 그러나 달리 기록을 살펴보더라도, 신의칙에 비추어 연대보증인인 Dt의 책임을 제한할 정도의 특별한 사정이 인정되지 아니한다" 판시하였다.

주채무에 기간이 정해지지 않은 때 보증기간을 어떻게 보아야 하는가? 신용보증계약과 여신계약 쌍방에 기간의 정함이 없는 경우 판례는 사회통념상 그 보증을 계속 존속시키는 것이 상당하지 않다고 볼 수 있는 경우에는 상대방인 채권자에게 신의칙상 묵과할 수 없는 손해를 입게 하는 등의 특별한 사정이 없는 한 보증인에게 그 해지권이 인정된다. 그러나 상당한 기간이 경과하였다는 사정만으로 바로 그 해지권이 발생한다고 할 수 없다고 했다(99다8353). 다음은 계속적계약관계에서 근보증인은 계약관계가 끝날 때까지 보증인으로서 책임을 지느냐의 문제에 관해 생각해 보자. 계속적보증과 해지에 관한 99다8353의 사안과 판지는 다음과 같다.

사실관계 6.1.3 계속적 보증과 해지 [99다8353]

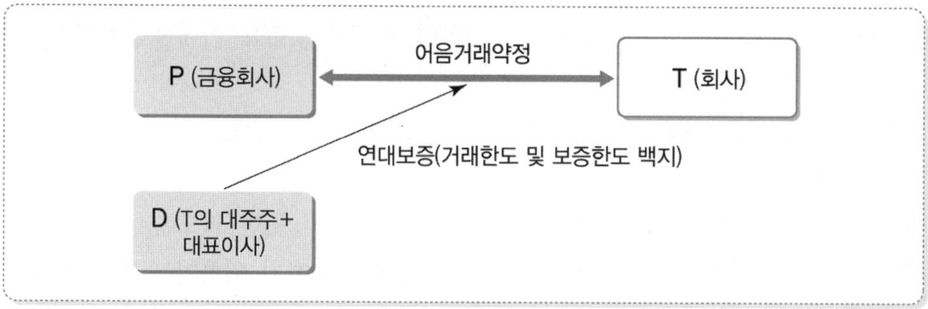

P와 T 사이 어음거래약정과 이에 대한 D의 연대보증계약을 체결했다. 거래한도액란과 보증한도액란이 각 백지였다. 어음거래약정에 부수하여 작성한 이사회 입보결의서의 차입한도액란 등이 공란이고 기한을 정하지 않고 그 거래한도액을 P가 정한 40억 원으로 하되 장차 P가 관련 법률과 내부규정, T의 신용도 등에 의하여 이를 증감하는 경우 그에 따른다고 했다. 이 사건에서 쟁점은 보증기간과 보증한도를 명시하지 않은 계속적 보증계약에서 연대보증인의 책임범위이다.

이에 관해 대법원은 기본적인 전제(법리)로 다음과 같이 판시하였다. "계속적보증의 경우 연대보증 당시에 연대보증인이 예상할 수 있는 증액 범위 내에서만 그의 개별적 동의 없이 증액된 거래한도에 따라 보증책임을 부담하기로 한 것으로 봄이 상당하다. 계속적보증의 경우 상당한 기간이 경과했다는 사정만으로 바로 해지권이 발생한다고 할 수 없다. 연대보증인은 보증 이후 주채무자의 거래한도가 증액될 때까지 주채무자의 대주주로서 대표이사 또는 이사의 지위에 있었고, 거래한도 증액도 연대보증인이 예상할 수 있는 범위 내에 있었기 때문에 증액에 관해 사전동의가 있었다고 볼 수 있다. 따라서 신의칙에 의한 보증책임의 경감을 인정할 수 없다" 판시하였다.

다음 보증인이 보증계약을 체결한 후 계속적계약관계가 사회경제적 환경이 악화된 때 어떻게 되는가? 일본 최고재판소 판례는 보증기간 규정의 유무에도 불구하고, 주채무자의 자산의 악화, 거듭된 계약불이행에 의해 신뢰관계가 상실된 경우에는 보증인에게 사정변경에 의한 보증계약해지권을 인정하고 있다.[8] 우리 대법원의 판례도 회사의 이사라는 지위에 있었기 때문에 부득이 회사와 은행 사이의 계속적 거래로 인한 회사의 채무에 연대보증인이 된 자가 그 후 회사로부터 퇴직하여 이사의 지위를 상실하게 된 때 사정변경에 의한 해지권을 인정했다(92다2332). 이러한 결론에 이른 것은 채권자로서는 이와 같은 상태에 있는 경우에야말로 보증인을 의지할 수 없다는 의미이므로, 보증인에게 사정변경에 의한 해지권을 인정한다는 것은 채권자는 가장 어려운 상황에 부닥쳐 있음에도 불구하고 보증인을 믿지 말고 오히려 채무자와의 거래 자체를 끝내야 한다는 거래사정에 관한 채권자의 결단이 필요하다는 것을 보여준다.

한편 위와 같은 판례에도 불구하고, 2015년 개정된 민법은 근보증에 관한 명시적 근거 규정을 신설하여 소위 포괄근보증이라 불리는 불확정 다수의 채무에 대한 보증의 유효성을 인정하면서도 보증인이 예상하지 못한 과도한 책임을 부담하는 결과를 방지하는 취지에서, 이러한 근보증이 유효하기 위하여는 반드시 서면으로 채무의 최고액을 서면에 특정하여야 한다는 요건을 부가하였다(428조의3). 추가로 보증계약 체결 전에 발생한 채무에 대해서도 보증책임이 미치느냐는 문제가 있다. 참고로 학설은 특별한 의사표시가 없는 한 보증계약체결 이전에 발생한 채무에 대해 보증인은 책임을 지지 않는다고 한다. 한편 판례는 일반적으로 계속적거래의 도중에 매수인을 위하여 보증의 범위와 기간의 정함이 없이 보증인이 된 자는 특별한 사정이 없는 한 계약일 이후에 발생되는 채무뿐 아니라 계약일 현재 이미 발생된 채무도 보증하는 것으로 보는 것이 상당하다고 했다(94다41485).

다음으로 신원보증에 관해서는 1957년 제정되고 2009년 일부 개정된 신원보증법이 규제한다. 이 법률로 보증기간에 최장 2년의 제한이 가해지고(신원보증법 3조), 보증인에게 계약해지권이 보장되는 것과 더불어(신원보증법 5조), 보증인이 지는 책임이나 금액(액수)의 결정에 관해 법원에 넓은 재량권이 인정되고 있다(신원보증법 6조 3항). 더욱 동법 6조는 계약내용에 관해서 법관에게 광범위한 규제 권한을 인정할 수 있도록 하고 있고, 이것은 계약법의 기초 이론으로부터 보아 주목해둘 만한 것이다. 더욱이 일본 최고재판소 판례는 신원보증채무의 상속성을 부정하고 있다(大判昭 18.9.10. 民集 22巻948号, 948頁).

한편 임금에 관한 근보증 문제도 있다. 우리 민법에는 관련 조항이 없지만 일본은 2004년 민법개정으로 임금 등 근보증계약에 관한 4개 조가 민법에 추가되었다.[9)]

여기서 마지막으로 잠깐 멈춰서 보증인의 사망에 의한 보증채무의 상속성에 관해 살펴본다. 보증인으로서의 지위(기본적 보증채무)를 상속인이 승계하는가에 관해 보증한도액이 정해진 계속적보증계약의 경우에는 승계하지만 보증기간과 보증한도액의 정함이 없는 계속적보증계약의 경우는 보증인의 지위가 상속인에게 상속되지 않는다. 왜냐하면 책임이 미치는 범위가 극히 광범위하고, 오직 계약체결의 당사자의 인적 신용관계를 기초로 하는 것이기 때문이다(2000다47187).

2. 연대보증

주채무자와 보증인 사이에 연대관계가 있는 보증을 연대보증이라고 한다(413조). 이 경우 보증인은 최고의 항변, 검색의 항변을 갖지 않는다(437조). 또한 이때는 연대채무에 관한 규정이 준용되지만 실제로 의미가 있는 것은, 연대보증인에 대한 시효중단의 효력이 주채무자에게도 미친다는 점이다(421조→414조). 이 점에 관해서는 연대채무를 설명할 때 자세하게 살펴본다.

최고·검색의 항변이 없는 것은 채권자에게는 편리하지만 실제 금융거래에서는 연대보증이 선호되고,[10)] 단순한 일반보증은 거의 이용되지 않는다. 그러므로 연대보증은 실무에서 중요도가 높다. 그러나 어느 쪽 보증인가 불명확한 경우에는 보증계약의 성립에 대한 것과 똑같이 보증인에게 유리한 해석, 즉 단순보증으로 해석해야 한다.[11)]

3. 공동보증

보증에 관해 채무자가 복수인 때, 복수의 보증인이 보증계약을 맺는 때가 많다. 채무자가 복수인 때에 관한 설명은 생략하고, 채무자에 대해 보증계약을 체결한 자들이 복수인 경우(공동보증이라고 한다)에 관해서만 살펴본다. 공동보증에서는 급부가 불가분이지 않고, 또한 보증인 간에 전액변제의 특약이 없다면 각 보증인은 평등한 비율로 분할된 채무에 대해서만 변제책임을 진다(439조). 즉 공동보증인은 주채무액을 균등한 비율로 분할한 부분에 관한 보증채무를 부담하는 것이 원칙이다(448조 1항). 이것을 분별의 이익이라고 부른다. 그러나 다음과 같은 때는 예외이다. ① 주채무가 불가분인 경우, ② 보증인 사이에 각자가 전액을 변제한다는 특약(연대의 특약)이 있는 경우(보증연대), ③ 공동보증인 각각이 주채무자와 연대하여 채무를 부담할 때(연대보증)는 분별의 이익이 인정되지 않는다(448조 2항).

분별의 이익이 없는 때는 채무전액을 변제한 공동보증인은 다른 공동보증인에게 자기가 변제한 부분(부담부분)에 관해 구상할 수 있다(448조 1항→425조). 또한 공동보증에서는 공동보증인이 분별의 이익이 있으므로 자기가 변제해야 할 부분(부담부분이라고 한다)을 넘어서 변제한 때는 부탁을 받지 않은 보증인과 같은 규칙에 따라 다른 공동보증인에게 구상할 수 있다(448조 2항→444조). 채무전부가 아니라 일부 보증을 한 보증인이 수인이 있는 때 각 일부 보증인의 보증한도액 합계액이 주 채무액에 못 미치는 경우에도 공동면책이 인정되는가? 이에 관한 판례를 살펴본다. 보증보험계약에서 보험자와 주된 계약의 보증인에 대해 공동보증인간의 구상권에 관한 민법 규정이 적용되는지 여부에 관한 2000다55089의 사안과 판지는 다음과 같다.

사실관계 6.1.4 공동보증 [2000다55089]

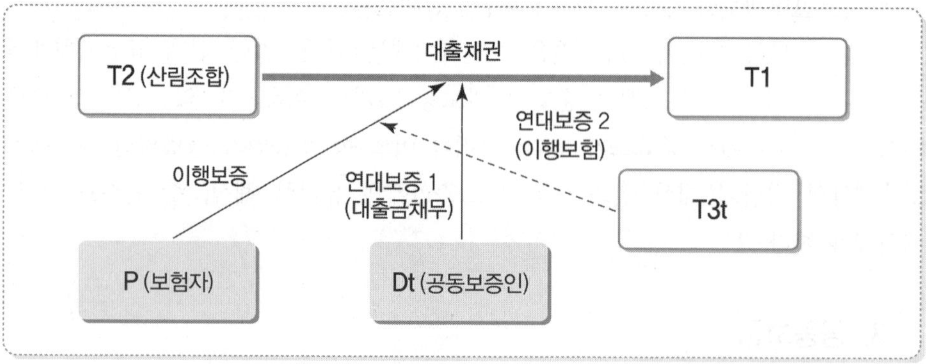

T2는 T1 앞으로 대출함에 있어서, P는 T1이 대출원리금을 상환하지 아니하여 T2가 입을 손해를 담보하기 위해 이행보증보험계약을 체결하고, Dt는 대출금채무에 대해 연대보증을 했고(연대보증 1), 보증보험에 가입한 후 T3은 이행보험계약상의 T1의 채무이행을 연대보증을 했다(연대보증 2). T1이 대출금을 상환하지 않아 P는 T2 보험금 지급했다. 이에 P는 Dt에게 구상금청구를 했다. 이 사건에서 쟁점은 보증보험자와 주계약 보증인 사이의 관계이다.

이에 관해 대법원은 기본적인 전제(법리)로 다음과 같이 판시하였다. "보증보험계약과 주계약에 부종하는 보증계약은 계약의 당사자, 계약관계를 규율하는 기본적인 법률규정

등이 상이하여 보증보험계약상의 보험자를 주계약상의 보증인과 동일한 지위에 있는 공동보증인으로 보기는 어렵다. 공동보증인 사이의 구상권에 관한 민법 제448조가 당연히 준용되지 않는다".

여기서 잠깐 시야를 돌려 위에서 설명한 공동보증에 관한 법리와 비교해서 건설공제조합의 하자보수보증과 주계약상 보증과의 관계에 관해 살펴본다. 그런데 판례는 건설공제조합이 조합원으로부터 보증수수료를 받고 그 조합원이 다른 조합원 또는 제3자와의 도급계약에 따라 부담하는 하자보수의무를 보증하기로 하는 내용의 보증계약은 그 계약의 구조와 목적, 기능 등에 비추어 볼 때 그 실질은 의연 보증의 성격을 가진다. 따라서 건설공제조합과 주계약상 보증인은 채권자에 대한 관계에서 채무자의 채무이행에 관하여 공동보증인의 관계에 있다고 보아야 할 것이므로, 그들 중 어느 일방이 변제 기타 자기의 출재로 채무를 소멸하게 하였다면 그들 사이에 구상에 관한 특별한 약정이 없다 하더라도 민법 제448조에 의하여 상대방에 대하여 구상권을 행사할 수 있다고 했다(2005다37154(전)).

Ⅲ. 보증인의 구상과 변제자 대위[12]-변제에 의한 대위

1. 변제에 의한 대위문제의 상황

변제에 의한 대위에 관한 기본적 구조에 대해서는 변제를 논의할 때 간략하게 설명했고, 공동저당에 관한 특수한 문제는 담보법에서 저당권을 논의할 때 각각 설명하는 것이 보통이다. 공동저당을 둘러싼 문제는 담보법 강의로 미룬다. 그러므로 구상과 변제자 대위문제를 취급하는 것은 두 번째가 된다. 보증에서 구상권과 변제자 대위의 문제를 다루는 것은 이 문제를 둘러싼 최근의 논의가 주로 보증과의 관련해서 전개되고 있고, 또 보증과 관련해서 설명해야만 하는 쟁점이 여럿 있기 때문이다. 실무에서도 보증인의 대위변제로 구상권이 발생함으로써 발생되는 문제점이 중요한 부분으로 떠오르고 있다. 기본적인 문제는 곧 후에 다루기로 하고, 우선 발생된 문제상황을 이해하기 위한 예비지식으로서 2가지 점에서 간단히 설명한다.

첫째, 앞에서 판례를 보면서 잠깐 보았듯이 보증과 관련해서, 변제에 의한 대위가 집중적으로 논의되는 것같이 된 배경에는 신용보증기금, 기술보증기금[13]이라는 정부출연기관이 존재하는 것을 알아두면 좋다. 관련된 특별법으로는 신용보증기금법, 기술보증기금법이 있다. 신용보증기금은 담보능력이 미약한 기업의 채무를 보증하게 하여 기업의 자금융통을 원활히 하고, 신용정보의 효율적인 관리·운용하기 위해 설립됐다(신용보증기금법 1조). 채권자는 대통령령이 정하는 사유가 발생한 때에는 기금에 대하여 그 보증채무의 이행을 청구할 수 있고(29조 보증채무의 이행), 기금이 보증채무를 이행한 때에는 그 채권자는 지체 없이 기금이 구상권을 행사함에 필요한 모든 서류를 기금에 송부하고 그 구상권행사에 적극 협조하여야 한다(30조 구상권의 행사). 채권자 중 대통령령이 정하는 자는 일정한 경우에 해당하는 경우[14]에는 지체없이 그 뜻을 기금에 통지하여야 한다(31조 채권자의 의무). 신용보증기금은, 사업으로서 신용보증을 하는 단체이지만(중소기업금융지원 정책의 일환이다) 이와 같은 보증을 개인보증에 대해 기관보증이라 부르고 있다(더구나 신용보증기금이라는 단적인 호칭도 있다). 개인보증의 경우에 보증인은 일반적으로 주채무자 쪽 사람이고, 채권자에 대해서는 약한 처지에 있다. 그러나 기관보증의 경우에는, 주채무자와는 독립된 조직이 등장하는 의미에서 자기의 이익을 지키기 위한 궁리가 전개된다. 실제로 신용보증기금에 의해 체결되는 보증계약에는 여러 가지 특약이 삽입되고, 그 효과가 소송에서 다투어진 것이 이 문제의 발전의 계기로 되었다.

둘째, 최근 제기된 새로운 문제의 대부분은 민법에는 분명하게 한 규정이 없고, 또 학설도 충분히 논의하고 있지 않은 문제였다는 점에도 주의를 요한다. 이와 같은 문제에 관해 일본 최고재판소 판례는 꽤 적극적으로 판례법의 형성에 나섰다. 그러므로 이것들에 대한 설명의 주요한 부분은, 판례를 기초한 것이라는 점을 확인해 두고자 한다.

구체적인 문제는 여러 가지 있지만, 편의상 대위권자와 채무자·채권자의 관계, 대위권자 상호관계로 나누고 설명한다(이하 사실관계 6.1.5~7과 도표 6.1.4(655면), 6.1.5(656면) 및 6.1.6(657면) 참조. 여기서 말하는 대위권자는 대위해야 하는 자라는 의미이지만, 앞에서 서술한 것 같이 담보제공자라고 바꾸어 말할 수도 있다). 더욱 지면 관계로 아주 세부적인 문제는 다루지 않는다.

2. 대위권자와 채무자·채권자의 관계

가. 대위권자와 채무자와의 관계

대위권자와 채무자와의 관계에 관해서는 다음과 같은 2가지 문제가 있다.

(1) 구상권 행사의 범위

(가) 구상의 범위

변제자 대위의 전제로, 우선 구상권의 존재를 생각하지 않으면 안 된다. 구상권은 채권자에 대해서 변제한 경우 발생한다. 먼저 변제자대위의 요건을 살펴본다. 첫째, 채권자의 출재로 채권의 만족이 있어야 한다. 둘째, 변제자의 채무자에 대한 구상권이 존재해야 한다. 셋째, 변제에 관한 정당한 이익의 존재 또는 채권자의 승낙이 있어야 한다. 한편 민법에 규정이 없지만 위임(위탁)을 받은 보증인에 관해서는 위임계약(687조, 688조)에 기초하여(위임의 경우의 비용상환청구권에 해당한다) 위임을 받지 않은 보증인에 관해서는－위임을 받지 않고 채권자와 보증인 사이의 합의만으로 보증인으로 되는 것도 이론상은 가능하다－사무관리(739조) 법리에 의해 각각 채무자에게 구상할 수 있다. 민법에는 대위권자의 속성에 따라 구상권의 내용을 정한 규정이 많은데, 예를 들면 부탁을 받은 보증인의 경우에는 이미 설명한 441조가 관련 규정이다. 또 구상권은 과실 없이 변제 기타의 출재(면책행위)로 주채무를 소멸하게 한 때(441조 1항)에 발생한다.

그리고 441조 2항에 의해 준용되는 425조 2항에 의해 구상의 범위가 정해져 있다. 구상의 범위는 연대채무자의 구상권의 범위와 같다(441조 2항→425조 2항). 이것은 보증보험계약 관계에서 주로 문제가 되고, 보증계약 후에 채권자가 주채무자에게 허락한 기한으로는 보증인에게 대항하지 못한다(442조 2항).

(나) 구상권 행사의 제한

한편 이러한 구상권이 제한되는 때가 있다. 민법규정을 중심으로 살펴본다. 첫째, 보증인이 면책통지를 하지 아니한 때다. 주채무자가 채권자에게 대항할 수 있는 사유가 있는 때에는 이 사유로 보증인에게 대항할 수 있고, 그 대항사유가 상계일 때에는 상계로 소멸할 채권은 보증인에게 이전한다(445조 1항). 주채무자가 이 사실을 모르고 채권자에게 이중으로 변제하거나 기타 유상의 면책행위를 한 때에는 주채무자는 자기의 면책행위의 유효를 주장할 수 있다(445조 2항). 둘째, 주채무자가 면책통지를 하지 아니한 때다. 보증인이 이 사실을 모르고 채권자에게 변제 기타 유상의 면책행위를 한 때에는 보증인은 자기의 면책행위의 유효를 주장할 수 있다(446조). 신용보증기금이 구상금 채무의 보증인에게 그 구상금 주채무자의 부도사실이나 신용보증기금의 대위 변제 사실을 통지할 의무가 있는지 여부에 관한 2002다14853의 사안과 판지는 다음과 같다.

사실관계 6.1.5 확정채무연기 + 미통지 [2002다14853]

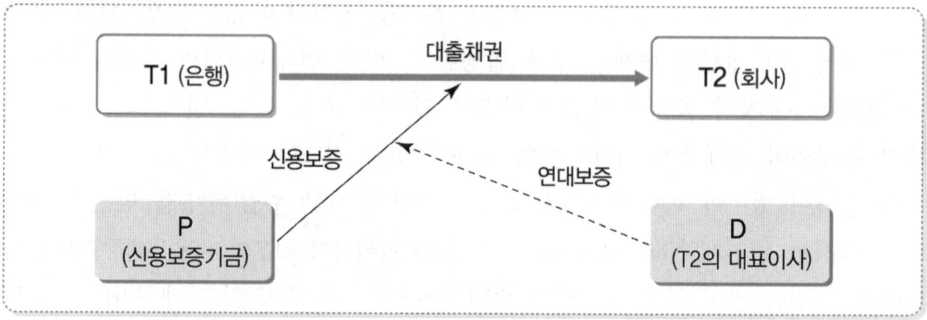

T2가 T1로부터 대출을 받음에 있어서 P는 신용보증을 하였고, P의 구상금채무에 대하여 D 등이 연대보증했다. T2는 변제기 도래 후 대출금의 일부만 상환하고 변제기 및 신용보증기한을 연기하였으나, 결국 연체하여 P는 연대보증인인 D등에 별도의 통지 없이 대위변제했다. 소송에서 D는 '피보증채무의 이행기 연장에 대해 동의가 없었으므로 보증채무부담의무가 없다', 'P가 대위변제시 연대보증인에게 통지하지 않음으로써 부담하게 된 지연이자 등의 채무는 면제하여야 한다'고 주장했다.

이에 관해 대법원은 기본적인 전제(법리)로 다음과 같이 판시하였다. "채무가 특정되어 있는 확정채무에 대하여 보증한 연대보증인으로서는 자신의 동의 없이 피보증채무의 이행기를 연장해 주었느냐의 여부에 상관없이 그 연대보증채무를 부담한다. 신용보증기금이 신용보증계약상의 구상금 채무를 보증한 자에게 그 구상금 주채무자의 부도사실이나 신용보증기금이 대위 변제한 사실을 통지하여야 할 법률상의 의무가 없다. 그 통지가 없음으로 인하여 그 즉시 구상금을 변제하였더라면 부담하지 아니하였을 지연이자 상당의 부담이 늘어났다 하더라도 보증인은 그 지연이자 상당의 채무를 면할 수 없다."

이 판결은 기술신용보증기금에 관해서는 기술신용보증기금법이 우선 적용한다는 점을 확인해 주고 있다. 보증인이 구상권을 행사하기 위해 주채무자에게 통지해야 하는데도 불구하고 보증인이 사전 통지 없이 이중의 면책행위를 한때 구상의 범위는 어떻게 되는가? 주채무자와 보증인 모두 미통지에 관한 95다46265의 사안과 판지는 다음과 같다.

사실관계 6.1.6 쌍방미통지 [95다46265]

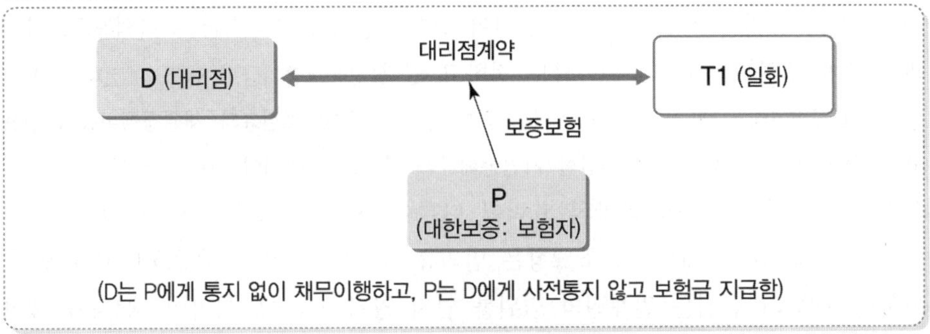

D는 T1과 대리점계약을 체결하고 P는 D의 T1에 대한 채무불이행을 보험사고로 하는 보증보험계약(손해보험계약)을 체결했다. D는 자신의 T1에 대한 채무불이행이 발생하였다가 그 후에 채무를 이행했으나 그 사실을 P에게 통지하지 않았다. 자기의 행위로 면책행위를 하고도 그 면책 사실을 수탁보증인인 P에게 통지하지 아니하고 있던 중에 그 사실을 모르고 있던 P가 D에게 사전통지를 게을리 하고 T에 보험금지급을 했다. 소송에서 D는 'P에 대한 구상금청구에 대해 P가 통지하지 않고 보험금을 지급하였다' 항변했다.

이에 관해 대법원은 "제446조는 같은 법 제445조 제1항의 사전통지를 하지 아니한 수탁보증인까지 보호하는 취지의 규정은 아니므로 P가 D에게 통지하지 아니하고 T1에게 변제한 행위는 446조에 의하여 보호받을 수 없다. 이중변제의 기본원칙으로 돌아가 먼저 이루어진 D의 면책행위가 유효하고 나중에 이루어진 P의 면책행위는 무효로 보아야 하므로 P는 D에게 구상권을 행사할 수 없다. 그러므로 P는 자기의 면책행위의 유효를 주장하여 D들에게 구상할 수 없다" 판시하였다.

다음 위탁(부탁) 없는 보증인의 구상권에 관해 본다. 민법규정을 보면 주채무자는 의사에 반하지 않고 보증인이 된 자에 대해 그 당시에 이익을 받은 한도에서 배상해야 하고(444조 1항), 부탁을 받지도 않고 또 그의 의사에 반하여 보증인이 된 자에 대해서는 현존이익의 한도에서 배상하여야 한다(444조 2항). 그러나 부탁을 받지 않고 보증인이 된 자는 사전구상권이 없다(442조 참조)는 점에 주의해야 한다. 그러나 수탁보증인과 마찬가지로 일정한 경우에 통지를 하여야 한다(445조).

(다) 변제자대위로 인한 구상채권의 범위

변제자대위의 효과로 보증인은 구상권의 범위 내에서 원채권자의 채권 및 담보권을 행사할 수 있다(482조 1항). 그러나 425조 2항은 출재 연대채무자의 구상권의 범위(425조 1항, 2항)로 면책된 날 이후의 법정이자 및 피할 수 없는 비용 기타 손해배상을 정하고 있다. 이자로 법정이자를 정하고 있다. 그러나 이러한 민법 규정은 신용보증기금의 특약으로 수정되어 있다. 즉 신용보증기금은 특약으로 이것과 다르게 정하고, 아울러 위약금도 정하고 있다(신용보증기금법 34조. 예컨대, 신용보증약정서(개별거래-근보증용) 10조는 신용보증기금이 지급한 보험료와 채권집행비용과 신용보증기금이 정한 율을 곱하여 계산한 지연손해금을 함께 지급하여야 한다고 되어 있다). 구상권의 범위에 관한 이 특약의 효력이 다투어졌던 것으로 변제에서 살펴보았던 일본 최고재판소 판례는 425조 2항은 임의규정으로서 특약은 유효하다고 하면서, 아울러, 대위의 범위는 원채권의 범위를 넘지 않기 때문에, 특약이 제3자를 해하는 것은 아니라고 판시했다.[15] 참고로 학설의 대부분도 이 사고방식을 지지하고 있다.

(2) 사전구상권

채무자와의 관계에서 또 하나 사전구상권에 관한 문제가 있다(신용보증기금법 30조. 예컨대, 신용보증약정서(개별거래-근보증용) 6조는 주채무자가 신용보증기금이 신용보증한 주채무를 그 이행기일까지 전부 이행하지 아니하거나, 폐업하였거나 3개월 이상 계속하여 영업을 하지 아니한 때 등 13개 사유가 발생한 경우 신용보증기금은 이들에게 통지나 최고 없이 사전구상할 수 있다고 되어 있다). 보증인이 가지는 사전구상권의 법적 성질(사후구상권과 같은 것인가 다른 것인가-시효에 영향을 준다)이 무엇이냐는 문제가 있다. 그렇지만 여기서는, 보증인이 아니라 물상보증인에게는 사전구상권이 인정되지 않는다는 문제를 들어 둔다. 이 문제에 관해 일본 최고재판소 판례는 물상보증인의 사전구상권을 부정하고 있다.[16] 이러한 결론에 대한 이유는 무엇인가? 저당권의 경우에는 실행해 보지 않으면 액수가 분명히 나타나지 않는다는 실제상의 문제도 있지만, 물상보증인의 경우에는 위탁을 받지 않았기 때문에 지금 실행되지 않으면 구상권이 발생하지 않는다는 이론상의 이유가 중시되고 있다. 참고로 학설은 단지 위탁은 있다고 이해하는 등 판례에 반대하는 것도 적지 않다.

나. 대위권자와 채권자와의 관계

다음으로 대위권자와 채권자의 관계이다. 여기에서도 2가지 문제를 들어 둔다.

(1) 채권의 일부에 대한 대위변제

채권의 일부에 대한 대위변제(일부대위)가 이루어진 때는, 변제자는 그 비율에 따라 대위할 수 있다(483조). 단, 대위자의 권리행사 방법이나 내용에는 문제가 있다. 예전의 일본 최고재판소 판례는 대위자가 단독으로 저당권을 행사할 수 있다고 인정하고 있었다(大決昭 6.4.7. 民集 10券7号, 535頁[II 40]〈161〉). 참고로 학설은 그 후 그 저당권행사는 채권자와 공동으로 하지 않으면 안 되고, 또한 채권자와 대위자 중 채권자가 먼저 배당을 받는다는 사고방식이 강하게 되고 있다. 그 배후에는 변제로 인한 대위권은 채권자가 만족하는 것을 전제로 하는 권리이므로, 채권자의 이익을 훼손해서는 안 된다는 사고방식이 깔려 있다. 그러나 일본 최고재판소 판례의 태도가 반드시 분명하지 않으므로, 은행실무에서는 특약으로 일부대위를 배제하고 있는 것이 금융거래에서 볼 수 있는 현상이다(최근에는 또한 대위권자의 지위를 강화해야 한다고 하는 논의도 있다).[17]

(2) 채권자의 담보보존의무

변제에 의한 대위를 할 자의 이익을 보호하기 위해, 채권자에게 담보보존의무가 부과되어 있다. 예를 들면 채권자는 보증인의 자력이 충분하다고 생각하여 저당권을 포기하였다고 한다면, 채무자에 갈음하여(대신하여) 변제한 보증인은 구상권을 확보하는 수단이 될 수 있었던 저당권을 잃게 된다. 이와 같은 경우에는 담보가 보존되어 있으면 대위자가 면할 수 있었던 손실분에 대해서, 대위자(여기서는 보증인)는 책임을 면할 수 있다(485조). 이에 관한 판례를 살펴본다. 채권자보존의무에 관한 97다1013의 사안과 판지는 다음과 같다.

사실관계 6.1.7 채권자 담보보존의무 [97다1013]

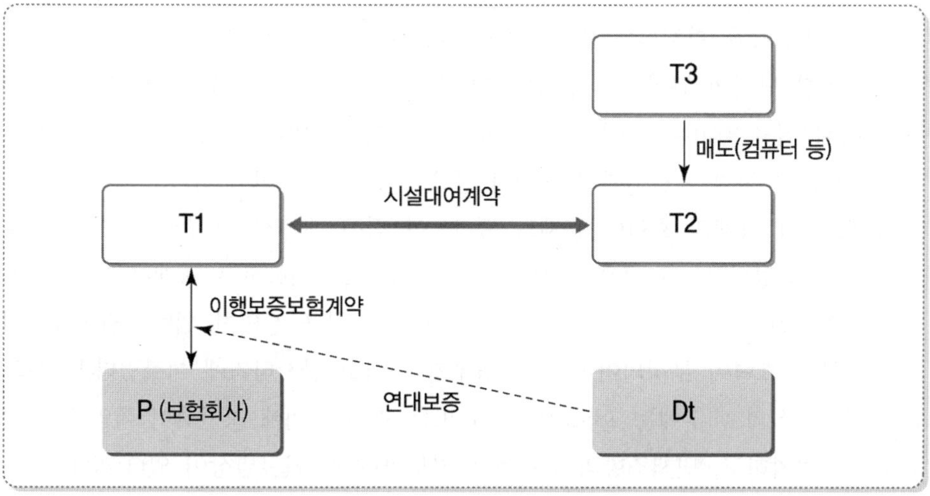

(1) T1이 T2와 소외 T3이 매도하는 컴퓨터 등에 대한 시설대여계약(주계약: 임대차 계약이라고 되어 있다)을 체결하였다. (2) 여기에 T1이 Dt의 연대보증 아래 P와 피보험자를 T2, 보험가입금액은 금 293,700,000원으로 하는 이행(지급)보증보험계약을 체결하였다. 이것 외에 장차 주계약 체결 후 주 계약의 임대료 산정 기준금액과 임차물건의 실제액과의 차액으로 체결 후 T3으로부터 교부 받아 회사자금 등으로 유용하는 양해계약을 체결하였다. T1이 임대료의 지급을 각 지체하자 T2는 시설대여계약을 해지하였다. (3) 이 사건에서 Dt는 다음과 같이 면책항변하였다. ① P는 T1의 리스료 연체와 T1의 리스계약해지(보험사고) 후 T1로부터 임대물건처분계획서까지 징구였다. 그러므로 P에게 부여된 보험자대위(상 682조)권을 적절하게 행사할 수 있었음에도 불구하고 이를 행사하지 않았다. ② T1로 하여금 처분계획서대로 리스물건을 회수, 처분하도록 촉구함으로써 권리보전, 손해의 방지 또는 경감을 위한 조치 등을 강구하였어야 했는데, 이러한 조치도 전혀 강구하지 아니함으로써 결국 리스물건이 분실되었다.

이에 관해 원심은 "이 사건 주계약이 T1의 책임 있는 사유로 말미암아 적법하게 해지됨으로써 이 사건 주계약에 따른 T1의 채무 이행을 보증한 P가 이 사건 보험계약에서 정한 바에 따라 T2에게 보험금을 지급한 이상, 특별한 사정이 없는 한 Dt는 위 구상금 채무의 주채무자인 T1, 나머지 연대보증인들과 연대하여 P에게 위 보험금 상당액 중 이미 P가 나머지 연대보증인들로부터 2회에 걸쳐 지급받은 판시 금액을 공제한 나머지 구상원리금 217,104,641원과 그 중 원금에 대한 약정 지연손해금을 지급할 의무가 있다" 판시하였다. 그러나 이에 관해 대법원은 "담보기능지분을 취득한 리스보증보험의 보험자가 그 실현을 위한 적절한 조치를 취하지 아니하여 리스물건이 멸실된 경우 리스이용자의 보험자에 대한 구상채무를 보증한 보증인은 보험자가 위 담보기능지분을 취득할 당시의 교환가치 상당액만큼 면책된다" 판시하였다.

법정대위권자가 면책되는 범위는 어느 시점을 기준으로 할 것인가? 판례는 담보를 상실할 당시의 교환가치 상당액이라고 한다(2001다36283). 채권자의 담보보존의무에 관해 금융거래(은행)실무는, 이것을 면제하는 특약(담보보존의무 면책특약)을 하고 있다. 이 특약을 둘러싸고 아래와 같은 논의가 전개되고 있다.

첫째, 특약 자체의 효력이 문제로 됐다. 이 점에 대해서 옛 판례는 이것을 유효로 하고 있었지만, 그 후의 학설은 특약의 효력을 제한하는 견해가 점차 유력하게 되어 왔다. 그리고 일본 최고재판소 판례는 최근 신의칙 위반 · 권리남용에 의해 특약의 효력이 부정되어야 하는 경우가 있다고 판시하기에 이르렀다.[18] 이와 같은 사고방식의 배후에는 485조의 고의 또는 과실 문언에 착안하여 특약을 면책조항으로 파악하고, 면책조항의 효력을 따져보아야 한다는 발상이 있다(일반적으로 경과실 면책은 인정되지만 고의·중과실 면책은 인정되지 않는다는 사고방식이 유력하다).

둘째, 특약의 원칙적 유효성을 전제로, 특약의 제3자에 대한 효력이 문제로 되었다. 우선 일본 최고재판소 판례는 제3취득자로부터 (권리를 취득한) 양수인에 대해, 담보보존의무위반의 효과로(대위자가 향수한다) 면책이 확정적으로 발생하므로, 양수인은 이것을 승계한다, 즉 보증인은 제3취득자에게도 면책 주장을 할 수 있다[19]고 하였다(도표 6.1.4 좌도). 이것을 이어 받아, 물상보증인으로부터 (권리를 취득한) 제3취득자(양수인)에 대해서도 면책약관의 효력이 미치는지에 관해 일본 최고재판소 판례는 담보보존의무 면제특약이 이루어져서 그것이 유효한 때는 특약의 당사자인 물상보증인에게는 면책의 효과가 발생하지 않으므로(면제특약이 있으므로 담보보존의무가 발생하지 않고, 그 효과인 면책이 생기지 않음) 양수인도 또한 면책의 효과를 향수할 수 없다[20]고 하였다(도표 6.1.4 우도).

도표 6.1.4 일본 최고재판소 판례 – 담보보존의무와 면제특약

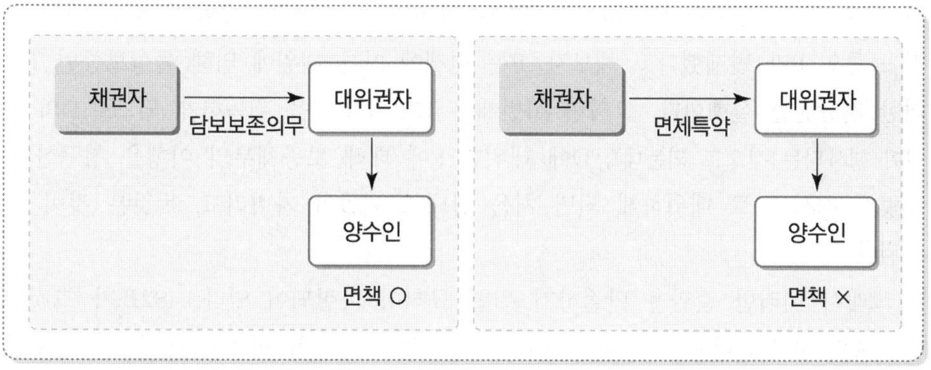

3. 대위권자 사이의 상호관계

가. 대위자들 사이의 대위 비율에 관한 규칙

채무자를 대신하여 채무를 변제한 결과, 채권자를 대위할 수 있는 자가 복수인 경우 이러한 복수의 대위권자 상호관계는 어떻게 조정되면 좋은가. 이것이 이하에서 다룰 문제이다. 우선 어떤 문제가 발생하는가를 확인해 보자. 예를 들어 보증인 P, 채권자 D(거기에다 채무자 Z)에다 물상보증인 T가 있다는 경우를 생각해 보자(도표 6.1.5).

도표 6.1.5 대위자 상호간의 관계 (1)

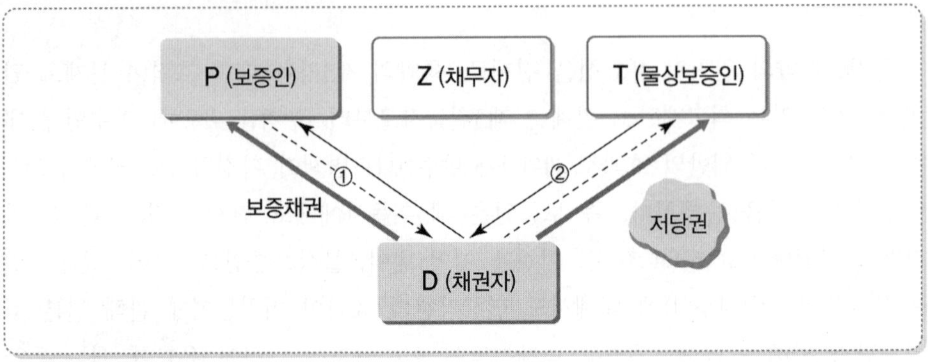

이러한 사례에서 보증인 P가 변제한다(① 점선)고 한다면 P는 채무자 Z에 대한 구상권을 획득하고, 이것을 확보하기 위해 채권자 D를(에게) 대위할 수 있다(481조). 그 결과 D가 가진 담보, 즉 물상보증인 T가 부담하는 저당권을 실행할 수 있게 된다. 똑같이 T가 변제한 때(② 실선)는 T는 채권자 D를 대위할 수 있고, D가 가진 담보, 즉 P가 부담하는 보증채무의 이행을 청구할 수 있게 된다. 이제 가령 보증인 P가 변제했다고 해보자. P는 변제에 따른 대위에 의해 물상보증인 T에 대한 저당권을 실행한다. 그러면 이번에는 T가 구상권을 취득하게 되므로(D의 채권이 행사되는 것으로 되는데), D에 대위한 P에 대해 보증채무의 이행을 청구한다. 이렇게 해서 서로 대위하게 되면 처음 상태로 되돌아 가버리고, 똑같은 것이 순환된다.

그래서 이러한 순환을 단절하기 위한 규칙이 마련되어 있다. 482조가 그것이다(보증인 사이에 대해서는 448조→444조). 우선 일람표를 만들어 대위자들 상호관계를 보여준 후에 추가로 간단히 설명한다(도표 6.1.6).

도표 6.1.6 대위자 상호간의 관계 (2)

상대방 / 변제자	보증인	물상보증인	제3취득자
보증인	→448조 (§425~§427)	④ 인원수비율 (482조2항5호)	① 전액대위 (1호)
물상보증인	④ 인원수비율 (482조2항5호)	③ 가액비율 (4호)	① 전액대위
제3취득자	② 대위 안 함 (482조2항2호)	② 대위 안 함	③ 가액비율 (3호)

대위권자(담보제공자)로 생각되는 자들은 이전에도 건드렸던 바와 같이 보증인, 물상보증인, 제3취득자이다. 그렇다면 이들 사이의 상호관계는 3×3의 9가지의 유형이 생각되지만, 482조는 이것을 4동아리(그룹)로 처리하고 있다.

첫째, 변제자＝보증인 / 상대방＝제3취득자인 때다. 이때는 전액대위가 가능하다(482조 1호). 또 그렇게 하기 위해서는 반드시 대위의 부기등기가 필요하다(담보권이 소멸하고 있다면 제3취득자가 오신하는 것을 피하게 하기 위함). 법문의 '미리'는 부기등기의 시기 문제인데, '보증인의 변제 후 제3자가 권리를 취득하기 전'이다(통설). 한편 제3취득자는 채무자와 동일한 지위에 있다.

즉 제3취득자는 채무자와 똑같은 지위에 서서 보증인의 대위를 전면적으로 받는다. 관련 규정은 없지만 변제자＝물상보증인, 상대방＝제3취득자의 경우도 위와 똑같이 이해되고 있다.

둘째, 변제자＝제3취득자 / 상대방＝보증인인 경우다. 이 경우에는 대위가 생기지 않는다(482조 2호). 즉 제3취득자는 보증인에 대하여 채권자를 대위하지 못한다(482조 2항 2호). 왜냐하면 제3취득자는 담보권이 존재함을 알고 부동산을 취득한 것이므로 특별히 보호할 필요가 없기 때문이다. 여기서는 첫째 형이 뒤집혀 있다. 이유도 같다. 따라서 변제자＝제3취득자, 상대방＝물상보증인에 대해서도 같다.

셋째, 변제자·상대방이 동시에 물상보증인 또는 제3취득자인 경우(제3취득자와 보증인, 물상보증인들 간의 관계이다)다. 이때는 모두 다 부동산 가액에 따라 대위할 수 있다(482조 3호, 4호). 이에 덧붙여서 제3취득자 중의 1인이 변제한 경우에 변제자는 각 부동산의 가액에 비례하여 다른 제3취득자에 대하여 채권자를 대위한다(482조 2항 3호). 물상보증인이 수인인 경우에는 그중 1인이 변제한 경우에도 같다(482조 2항 4호).

넷째, 변제자·상대방의 한편이 보증인이고 다른 편이 물상보증인인 경우(물상보증인과 보증인 간의 관계)다. 사람 수(머리수)에 따라서 대위할 수 있다(482조 5호 본문). 단지 물상보증인이 복수인 때는 그 부담부분은 가액에 의해 배분한다(482조 5호 단서). 마지막 경우의 계산 예를 들어둔다(도표 6.1.7. 채무액 3,000만 원으로 한다).

도표 6.1.7 보증인 vs. 물상보증인(채무액 3,000만 원)

물상보증인 1, 보증인 2	물상보증인 2, 보증인 1
사람수 → 각자 1,000만 원	사람수 → 보증인 1,000만 원 물상보증인 2,000만 원
어느 누가 전액변제 ↓ 타에게 1,000만 원 대위	물상보증인 사이 ↓ 부동산가액에 비례
	부동산A: 6,000만 원 부동산B: 2,000만 원 ↓ 3 : 1 = 1,500만 원 500만 원

이상이 규칙이지만 3가지 점 정도를 보충한다. 첫째로, 위에서 말하는 제3취득자는 채무자로부터 목적부동산에 관하여 소유권, 지상권, 지역권 등을 취득한 제3취득자에 한정된다(그러므로 제2순위로 저당권을 취득한 자와 같이 담보물권을 취득한 자는 포함되지 않는다)고 이해하는 견해가 유력하다. 물상보증인으로부터 목적 부동산을 취득한 제3취득자는 물상보증인과 동일시해야 한다. 둘째로, 공동저당이 얽힌 경우 대위자 상호관계에 관해서는 368조와 482조가 모두 적용되는 문제가

생긴다(이러한 대위자 상호관계에 대해서는 담보법 중 저당권을 설명한 부분을 살펴볼 필요가 있다). 셋째로, 보증인과 물상보증인과의 자격(보증인 겸 물상보증인)을 아울러 가진 자가 존재하는 경우에 어떻게 할 것인가라는 문제가 있다. 이 마지막 문제에 관해 일본 최고재판소 판례는 2중 자격자를 1인으로 보고 사람 수를 세고(最判昭 61.11.27. 民集 40券7号, 1205頁〈160〉), 그런 다음에 대위할 범위를 사람 수로 나누는 것으로 한다(결국 보증인 일인으로 수를 센다)는 계산방법을 보이고 있다. 이러한 접근방식에 대해 참고로 학설은 이론적 근거가 희박하다는 비판도 있지만 이론상으로 옳다는 것보다는 실제상 단순함이 중시되어야 하고, 판례가 굳어지면 그것으로 좋다는 견해도 유력하다.

나. 대위비율에 관한 특약

이상의 규칙(ruel)을 특약으로 변경할 수 있는가(도표 6.1.8). 예를 들면 D가 Z에 대해 가지는 1억 원의 채권을 담보하기 위해, P가 보증인으로 되는 것과 더불어, 물상보증인 T 소유의 부동산에 저당권이 설정되었다고 하자. 법정 규칙에 따르면(482조 5항, 6항도 참조) 대위비율은 사람 수로 계산하게 되므로, 보증인 P는 전액을 갚아도, T에 대해서는 5000만 원 분(보증인과 물상보증인 두 사람이므로 채권을 둘로 나눈 것)밖에는 대위할 수 없다. 그런데 금융거래 실무에서 신용보증기금은 물상보증인(채무자와 인적 관계가 깊다)과의 사이에 특약을 맺고, 보증인 P의 물상보증인 T에 대한 대위는 전액, 반대로 T → P의 대위는 영(zero)으로 약정하기도 한다.

도표 6.1.8 대위비율에 관한 특약

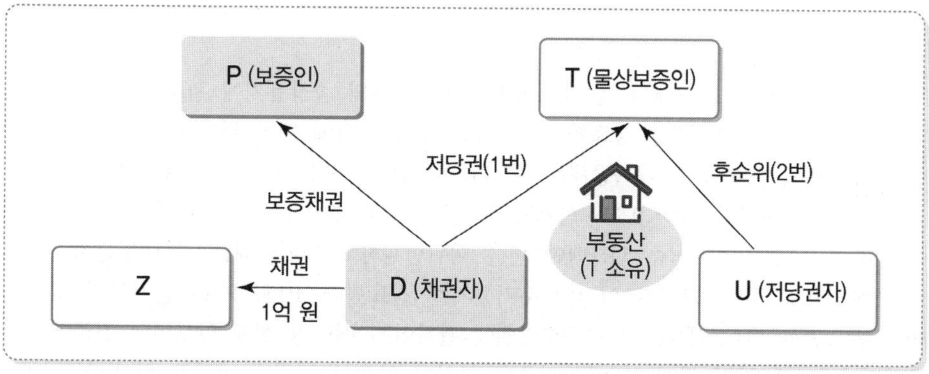

이러한 특약은 당사자 사이에서는 유효하다 해도, 제3자에게도 이 특약으로 대항할 수 있는 것인가? 앞의 예에서 물상보증인 T 소유의 부동산에 관해 후순위저당권자 U가 있었다고 하자(피담보채권 1억 원, 부동산의 가치는 1억 5,000만 원이라고 하자). 만약 특약이 유효하다면 U가 회수할 수 있는 금액은 5,000만 원뿐이지만, 특약이 무효라면 U는 1억 원 전액을 회수할 수 있게 된다(특약에 따르면 물상보증인 T는 보증채무자 P에게 대위할 수 없다고 되어 있다). 결국 특약의 유·무효는 후순위저당권자인 U에게 큰 영향을 미친다. 다르게 말하면 특약에 의해 후순위저당권자의 이익이 침해되는 것처럼 보인다.[21] 그렇다면 판례는 어떤 견해에 입각해 있을까? 우선변제특약 2000다37319의 사안과 판지는 다음과 같다.

사실관계 6.1.8 우선변제특약 [2000다37319]

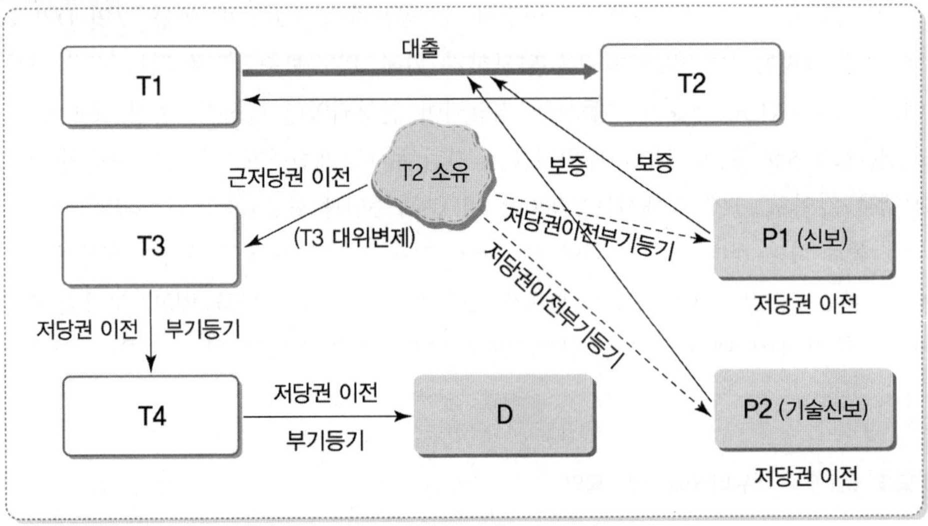

T1은 1994.10.21. T2에 돈을 대여하면서 T2 소유의 공장용지에 관해 근저당권(채권최고액 12억 원)설정등기를 경료했다. P1, P2는 T2의 T1에 대한 위 대여금채무를 각 보증했고, P1은 1995.8.24. 대여금채무 중 45.8백 원을 대위변제하고, 대위변제금 상당의 근저당권을 이전받아 1995.9.21. 근저당권 일부이전의 부기등기를 경료했다. 한편 P2는 1995.8. 31. 대여금채무 중 54.1백만 원을 대위변제하고 대위변제금 상당의 근저당권을 이전받아 1995.9.26. 그 일부이전의 부기등기를 경료했다. P1과 P2는 근저당권 일부를 이전 받으면서 T1에 대하여 '위 근저당권에 관하여는 배당일 현재 양도인의 잔존채권을 우선변제받기로 하고 잔여가 있는 경우에 한하여 양수인이 변제 받기로 한다'라는 채권

자 우선회수특약을 했다. T3은 1995.12.15. T2의 위 대여금 채무 잔액 11억 원을 대위변제하고 근저당권을 이전 받아 1996.11.6. 그 부기등기를, T4는 1996.11.6. T3으로부터 근저당권을 양도받아 1996.11.7. 그 부기등기를, D는 1997.3.20. T4로부터 근저당권을 양도받아 1997.3.21.자로 그 부기등기를 경료했다.

이에 대해 원심은 “T3이 T2의 T1에 대한 위 대여금 채권의 잔액을 대위변제하고 T1로부터 그 채권과 이 사건 근저당권 일부를 양도받아 채권자인 T1을 대위하게 되었다 하더라도 그것만으로 T1의 채무자 T2에 대한 권리나 담보권 외에 일부 대위변제자인 P1 P2에 대한 이 사건 우선변제특약에 따른 권리까지 당연히 대위하거나 이전받게 된다고 볼 수는 없다”고 판시하였다. 이에 대해 대법원은 “배당은 이 사건 근저당권에 대한 위 부기등기의 전후에 따라 P2, P1, D의 순서로 이루어져야 할 것이다. 부동산등기법 제6조 제1항 단서에서 ‘부기등기 상호간의 순위는 그 전후에 의한다’고 규정되어 있지만 이는 ‘동일한 부동산에 관하여 등기한 권리의 순위는 법률에 다른 규정이 없는 한 등기의 전후에 의한다’는 제5조 제1항의 내용을 보충하는 것에 지나지 않는다. 채권의 일부에 대하여 대위변제가 있는 때에는 대위자는 민법 제483조 제1항에 의하여 그 변제한 가액에 비례하여 채권자의 권리를 행사할 수 있으므로, 수인이 시기를 달리하여 채권의 일부씩을 대위변제하고 근저당권 일부 이전의 부기등기를 각 경료한 경우 그들은 각 일부대위자로서 그 변제한 가액에 비례하여 근저당권을 준공유하고 있다. 근저당권을 실행하여 배당함에 있어서는 다른 특별한 사정이 없는 한 각 변제채권액에 비례하여 안분배당하여야 할 것이다” 판시하였다.

그러나 일본 최고재판소 판례는 482조 5호는 보충규정에 지나지 않고, 보증인은 특약의 효력을 제3자에 대해서도 주장할 수 있다[22]고 판시했다. 위 판결이유는 확실히 사실문제로 본다면 후순위저당권자인 U는 불이익을 입지만, 공동저당에 관한 368조 2항과는 달리, 482조 5호는 후순위저당권자를 적극적으로 보호하는 취지를 포함하는 것은 아니라고 한다. 더욱 이러한 논의는, 근저당권의 존재 및 채권최고액(사안은 근저당에 관한 것이었다)은 공시되어 있고, 채권자 D가 그것을 넘어서 권리행사를 하는 것은 아니기 때문에, 후순위저당권자로서는 이 채권최고액(극도액)의 한도까지의 권리행사는 각오해야 한다는 실질적인 판단에 의해 보강되었다.

참고로 학설은 이러한 판단으로 확실히, 근저당의 경우에는 그와 같이 말할 수 있을지 모르지만, 보통저당의 경우를 생각하면 피담보채권이 감소됨에 따라 저당권이 미치는 부분도 줄어든다는 의미이므로, 양자를 똑같이 생각할 수는 없지 않느냐는 유력한 비판도 있다. 그렇지만 일본 최고재판소 판례는 구상권의 범위에 대해서 사용한 이론 즉 특약으로 구상권의 범위=피담보채권의 범위를 정할 수 있다는 법리[23]를 적용시킨다면, 이 경우에도 저당권의 피담보채권은 감소하지 않는다고 볼 수도 있다.[24] 그러나 이것에 대해서는 482조 5호는 원채권(저당권의 피담보채권)에 의해 담보된 구상권의 범위를 정한다고 보는 것도 가능하다. 그렇다면 원채권·담보권의 행사는 그 한도에서만 가능하다는 데 머무르기 때문에, 특약에서 그 범위를 확장하는 것은 이상하다. 그렇다면 결국 482조 5호의 의의를 실질적으로 어떻게 보는가에 따라 판단이 나누어지게 된다.[25][26] 미묘한 문제이지만 일반론으로서 임의규정은 표준적인 규칙을 정해두고, 보통 사람들이 그것을 전제로 행동한다고 생각되는데 그것으로부터 벗어난 결정을 하는 데는 어느 정도 합리적인 이유가 필요하다고 해야 될 것이다. 물론 당사자 간 합의에 의해 결정하였다는 것은 당사자 사이의 합리성을 추측하게 하지만 제3자와의 관계에서는 별도로 합리성을 판단할 필요가 있지 않은가 생각된다.[27]

제 2 절 연대채무

연대채무에 관해서는 그 자체를 설명할 필요가 있는 것은 물론이고(Ⅰ), 관련된 문제로서 연대채무 외에 몇 가지 문제를 건드릴 필요가 있다(Ⅱ).

Ⅰ. 연대채무의 고유한 문제

1. 연대채무의 의의

가. 연대채무의 기능

연대채무란 채권자가 복수의 채무자를 상대로 청구할 수 있는 채무로 이때 청구는 1인에 대해서 해도 되고 전원에게 동시 또는 순차적으로 해도 좋고, 전부이행을 청구해도 일부이행을 청구해도 좋다(414조). 이상의 정의로부터 채무내용은 동일하고(전원에게 동시에 청구가능하기 때문), 또한 가분(일부의 이행이 가능하기 때문)이라야 한다. 실제로 대부분의 연대채무는 금전채무이다.

복수의 사람들이 채권·채무를 가지는 경우 분할채권·분할채무로 된다는 것이 민법의 원칙이다(408조). 예를 들면 900만 원의 채무를 A, B, C 3인이 부담하는 경우 이 원칙에 따르면, 각자 300만 원씩의 채무를 지는 것이 된다. 따라서 3인 중에 1인이 변제를 게을리 해도, 채권자는 다른 채무자에게 그 자의 부담액 300만 원을 넘어서 청구할 수는 없다. 그런데 A, B, C의 채무가 연대채무라면, 채권자는 A, B, C 누구에 대해서도 채권전액인 900만 원을 청구할 수 있다(물론 각자로부터 900만 원, 합계 2700만 원을 얻을 수 있다는 의미는 아니지만). 가령 3인 중 1인이 임의변제에 따르지 않는 경우에는 남은 2인에게 청구할 수도 있다. 이와 같이 연대채무에는 채무를 담보하는 기능이 있다.

그러나 고유 의미의 연대채무는 실제로 실무에서 그다지 중요한 것이 아니다. 이유는 다음과 같다. 우선 첫째, 인적담보로서는 보증이 채권자에게 유리하므로 이것을 사용하는 편이 많다(실제로는 연대보증이 많다). 둘째, 공동사업을 운영하는 사람들이 공동으로 채무를 부담한다고 하는 경우(보증과 같이 주종의 구별이 없는 경우)도 있지만, 이것들의 경우에는 조합 혹은 권리능력 없는 사단이라고 보고, 그것들의 법리에 따라 처리해야 하는 경우가 많다. 셋째, 법률의 규정에 의해 연대채무가 발생하게 되는 경우도 있지만, 그것들의 대부분은 고유의 의미에서의 연대채무가 아니고, 후에 서술할 부진정연대채무라고 해석되고 있다. 이상의 점은 고유의 의미에서의 공유가 실제로는 적다는 것과 비슷하다(⇒ 공유에 관해서는 재산법 강의를 참조하기 바란다). 실용적 관점은 별문제로 하고, 이론적으로는 연대채무는 여러 가지 어려운 문제를 포함하는 흥미 깊은 제도라고 말할 수 있다. 여기서는 그리 상세히 다루지 않지만 어떠한 문제가 있느냐는 것만을 소개해 준다.

연대채무에는 다양한 형이 있지만 수인이 연대로 보증인이 될 때 연대채무가 발생한다. 한편 보증인이 주채무자와 연대하여 채무를 부담할 것을 채권자와 보증계약을 체결한때 연대보증채무가 성립한다. 한편 상사보증은 언제나 연대보증이라는 특칙이 있다(상 57조 2항). 연대보증에서도 보증인이 누구인가가 문제된 때가 있다. 명의허용연대보증인에 관한 2002다47631의 사안과 판지는 다음과 같다.

사실관계 6.1.9 명의허용연대보증인 [2002다47631]

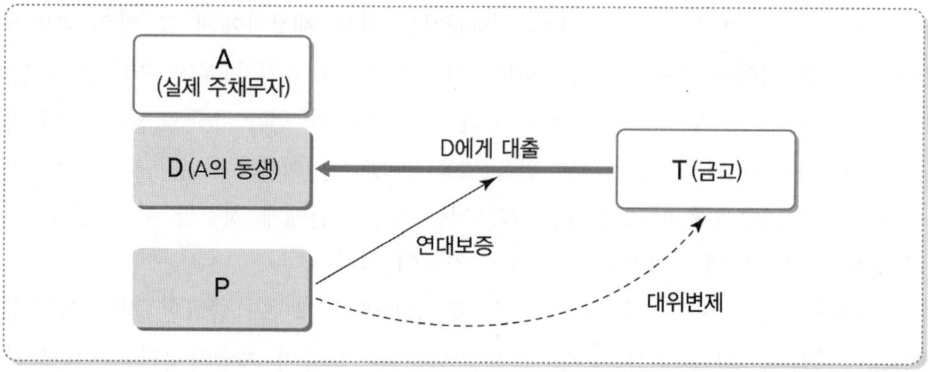

실제 주채무자는 A임에도 불구하고 D는 T1로부터 대출 받으면서 자신의 명의를 사용하도록 허락했고, T1도 이러한 사정을 알고 대출했다. P, B, C, D는 A의 부탁으로 T1과 연대보증계약 체결했고, P는 A의 부도 후 비로소 주채무자가 A인 것을 알게 되었고, 그 후 T1에 대위변제했다. 소송에서 D는 A의 요구에 따라 인감증명 맡겼을 뿐 누가 연대보증인지 몰랐다고 주장했다. 이 사건에서 쟁점은 진정한 계약당사자와 구상의무자이다.

이에 관해 원심은 "D는 이 사건 대출의 구체적인 내용이나 누가 연대보증인인지에 대하여 아무것도 알지 못하였고, T1도 D에 대하여 대출금 회수를 시도하지 아니하였다면, D는 이 사건 대출약정에 있어서 단순히 그 명의만 빌려준 형식상 주채무자에 불과하고, A를 위하여 보증인이 될 의사가 있었다고 인정되지도 아니하므로, D는 그 연대보증인인 P가 대위변제한 금원에 대하여 구상의무를 전혀 부담하지 않는다. D는 A의 친동생으로, 대출금 역시 D가 주채무자로 되어 있는 종전의 어음할인대출금 채무를 대환하기 위한 것이었다" 판시하였다. 그러나 이에 관해 대법원은 "D의 남편이 A가 경영하는 제재소에서 일을 하고 있었다. 보증의사 여부를 판단하는 데 있어서 구체적인 대출금액과 대출기간을 알아야만 한다고 보기는 어렵다. 경험칙상 T2의 동생인 D가 인감도장을 건네줄 때 T2가 금융기관으로부터 차용하는 대출금에 대하여 보증할 의사가 있었다. 자신의 명의를 사용하도록 한 제3자는 연대보증인이 제3자가 실질적 주채무자라고 믿고 보증을 하였거나 보증책임을 이행하였다면 그와 같이 믿은 데에 제3자에게 귀책사유가 있는 경우에는 연대보증인에 대하여 주채무자로서 전액 구상의무를 부담한다. 다만 P는 D가 실질적 주채무자가 아님을 알고서 연대보증책임을 이행한 것이므로 D는 주채무자로서 전액의 구상의무는 부담하지 아니한다. 그러나 명의자인 제3자 D가 실질상의 주채무자를 연대보증한 것으로 인정할 수 있는 경우에는 D는 연대보증인 P에 대하여 공동보증인 간의 구상권 행사 법리에 따른 구상의무를 부담한다" 판시하였다.

그러므로 대법원은 구상의무자는 실질적 주채무자이지, 형식적 주채무자가 아니라고 했다. 따라서 P는 D가 아니라 A에게 구상권을 행사해야 한다고 했다.

한편 금융거래 실무에서는 부동산 담보와 함께 연대보증인을 세우는 예가 많다. 이때 연대보증인의 책임범위는 부동산담보범위로 제한될 수 있는가? 계속적 보증계약에 있어서 보증인의 책임 범위와 그 제한에 관한 98다8776의 사안과 판지는 다음과 같다.

사실관계 6.1.10 담보한도액제한 [98다8776]

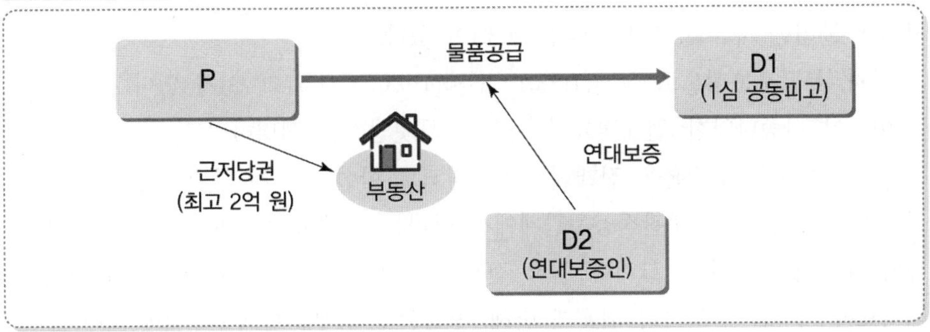

P는 D1과 물적 담보(근저당. 채권최고액 2억 원)의 한도 내에서 거래함을 원칙으로 하고, 계약기간도 1년 단위로 연장할 수 있도록 하는 판매계약을 체결하고, D는 연대보증했다. 채무규모가 담보 한도인 금 2억 원을 훨씬 넘어 급격히 증가하였음에도 판매계약을 종료하거나 추가로 담보를 제공받는 등의 조치를 취하지 아니한 채 거래를 계속하여 그 채무액이 금 6.2억 원에 이르렀고, P는 D에게 내용을 통지하지 않았다. 이 사건에서 쟁점은 계속적 보증계약에 있어서 연대보증인의 책임을 채권자와 채무자 사이의 원칙적 거래한도로 제한할 수 있느냐이다.

이에 관해 대법원은 "연대보증책임은 이 사건 판매계약의 내용과 거래 규모의 변동 상황, D에 대한 통지의 결여 및 D가 위와 같은 채무액의 증가사실을 알았다면 최초 계약기간(1년) 만료 후 연대보증을 해지할 수 있었던 점 등 제반 사정을 참작할 때에 신의칙상 이를 제한함이 타당하고, 그 범위는 이 사건 판매계약 당시의 원칙적인 담보한도인 금 2억 원 한정함이 상당하다" 판시하였다.

나. 연대채무의 법적 성질론[28]

문제는 절대적효력 사유라고 불리는 효력이 인정되고 있다는 것에서 시작된다. 연대채무자의 한사람에게서 발생한 사유는 다른 연대채무자에게 영향을 미치지 않는 것이 원칙이다(423조). 무릇 연대채무자 중 한 사람에 대해 채무가 성립하지 않았어도 다른 채무자의 채무에는 영향을 주지 않는다(415조). 이것을 상대적 효력이라 부른다. 그러나 그 예외로서 다른 채무자에게 영향을 미치는 절대적효력이 인정되는 경우로 민법은 7가지를 규정하고 있다(416조~422조). 그런데 이 절대적 효력 사유에는 서로 성격이 다른 것이 포함되어 있다.

첫째, 성질상 당연히 절대적인 효력이 있는 것들로 변제(규정 없음) · 상계(418조) 등이 있다.

둘째, 일체형으로 채권자에게 유리한 사유로 이행의 청구(416조)가 있고, 채권자에게 불리한 사유로 경개 · 혼동(420조)이 있다.

셋째, 부담부분형으로 상계(418조) · 면제(419조) · 시효(421조)가 있다.

이같이 다종다양한 절대적효력 사유가 무엇인가를 설명하려고 오래전부터 학설은 연대채무의 성질론을 전개해 왔다. 참고로 학설은 크게 구별하면 연대채무의 근거를 채무자 간의 주관적공동관계에서 구하는 견해와 상호보증에서 구하는 견해가 제시되고 있다.[29] 그러나 결국 전자는 일체형(채무 전체에 영향을 준다)의 절대적효력 사유는 설명하기 쉬운데 반해, 후자는 부담부분형(부담부분에 대해서만 영향을 준다)의 절대적효력 사유는 설명하기 쉽지만, 각자의 반대형의 것은 반드시 충분하게 설명할 수는 없다.

그런데 최근 연대채무 규정은 어떤 특정 형의 연대채무를 염두에 둔 것은 아니라는 사고방식이 설명되는 것처럼 되고 있다. 어느 형에 적용되어야 하는 규정과 그렇지 않은 규정을 나누면 좋다는 것이다. 이러한 사고방식은 그 자체로서는 정당한 것을 포함하고 있다. 의용민법 기초자 자신도 연대채무의 규정이 그대로 딱 맞아 떨어지지 않는 형이 있다는 것을 인정했다. 그러나 그렇다고 하더라도 기초자는 표준형에 꼭 들어맞는 것으로 규정을 두었다고 한다면, 그 표준형으로서 어떠한 것을 상정했는가를 더욱 탐구하여야만 한다.

이상의 논의는 비록 이론적인 시각이지만 실제로 그만큼 합리적인 결과를 가져다주지 않는다는 의미는 아니다. 그것은 연대채무의 규정을 한 조(세트)로 적용할 필요는 없다는 해석지침을 이끌어내 주기 때문이다. 이러한 생각에 따라 연대채무규정을 적용할 때는, 계약에 구체적으로 나타난 연대채권채무 · 관계의 목적이나 계약실체를 고려해 넣어 유연한 해석을 함으로써 정당화된다. 즉 연대채무라는 문제의 특수성을 이유로 적어도 이 문제에 대해서는 전후법학의 특징을 보여

주는 이익고량론(利益考量論)의 수법이 정당화된다.[30]

2. 연대채무의 효력

앞에서 서술한 것같이 고유 의미의 연대채무가 생기는 것은 꽤 어렵다. 그러나 연대채무를 진다고 하는 약정(연대채무부담계약)이 이루어진다면 그 계약의 효력으로서 연대채무의 효과가 생기는 것은 물론이다. 연대채무의 효과에 대해서 이하 간단히 봐보는 것으로 하자(이하에서 연대채무자는 P1~P3, 채권자를 D로 한다. 채무액은 총액 900만 원이다).

가. 채권자와 연대채무자 사이의 관계

채권자와 연대채무자 간의 기본적인 효과에 관해서는 앞에서 설명한 바와 같다. 즉 채권자 D는 연대채무자 P1~P3의 한 사람 또는 전원에게 순차적 또는 동시에 전액 또는 일부의 변제를 청구(이행청구)할 수 있다(414조). 연대채무자 1인에 대해 생긴 사유는 다른 자에게 영향을 미치지 않는 것이 원칙이지만, 변제·대물변제·공탁에 의해 채무가 소멸한 경우에는 그 효력은 모든 채무자에게 미친다. 앞에서 설명했듯이 주채무자에게 생긴 사유는 절대적효력이 있다. 예컨대 어느 연대보증인에 대한 채권자 수령지체는 다른 연대보증인에 대한 관계에서도 효력을 갖는다(422조). 상계도 같지만, 이에 관해서는 특별 규정이 있다(418조 1항. 그리고 2항도 참조). 바꾸어 말하면 연대보증인에게 생긴 사유는 어느 연대보증인의 변제·대물변제·공탁·상계와 같이 채권을 만족하게 하는 사유만 모든 채무자에게 영향을 미친다.

지금 서술한 원칙에 대한 예외로서 절대적효력 사유가 설계되어 있다는 의미이지만, 이들 중에서 이행의 청구(416조)는 시효중단의 효력(421조(소멸시효의 절대적효력))을 생기게 하므로, 절대적효력 사유는 채권자 D에게 유리하게 작용한다. 그러나 그것 이외는 채권자 D에게 불리하다. 그런 까닭에 앞에서 서술한 일반적 지침에 따라 절대적효력 사유를 개별적으로 떼어낼 수 있는 경우는 없는지 여부가 검토되고 있다.

구체적으로 특히 면제에 대해 상대적면제·일부면제라는 문제가 논의되고 있다. 상대적면제는 예를 들면 채권자 D가 연대채무자 P1에 대해서 면제하지만 그 효력은 다른 연대채무자 P2나 P3에 대해서는 그 면제의 효력이 미치지 않는 면제이다. 보통 채권자 D는 그렇게 생각하고 있고, 그렇다면 그와 같은 효과를 생기게 해도 좋다는 의미이다. 어느 연대채무자를 면제를 한다는 것은 연대채무자 P1에게만 청구하지 않겠지만 다른 연대채무자 P2, P3에게는 청구한다는 취지이고, P1의 부담부분을 빼고 P2, P3에게도 600만 원밖에 청구하지 않는다는 취지는 아니냐는 의미이다. 한편 일부면제란 연대채무자 P1에 대해 채권전액이 아니라, 예를 들면 300만 원을 면제한다는 것이다. 판례는 이렇게 채권자의 연대보증인 1인에 대한 채권포기, 그 채무의 일부 또는 전부의 면제의 효력에 관해 주채무자나 다른 연대보증인에게는 효력이 미치지 않는다고 한다(94다37202). 판례는 연대보증인이 주채무자의 채무 중 일정 범위에 대하여 보증을 한 경우에 주채무자가 일부변제를 하면, 특별한 사정이 없는 한 일부변제금은 주채무자의 채무 전부를 대상으로 변제충당의 일반원칙에 따라 충당되고, 연대보증인은 변제충당 후 남은 주채무자의 채무 중 보증한 범위 내의 것에 대하여 보증책임을 부담한다(2016다2840). 일본 최고재판소 판례는 오래전부터 일부면제의 경우 전액면제에 비례한 비율로 면제의 효력이 생긴다고 했다(부담부분 300만×1/3=100만 원). 그러나 앞의 상대적 무효의 사고방식을 채택한다면, 이 경우에도 다른 연대채무자 P2나 P3에게는 채권전액을 청구할 수 있다고 해석한다.

이상과 같이 개별적인 절대적효력 사유를 제약한다는 것은 아니고, 일괄하여 절대적효력 사유를 제외하는 것도 생각되고 있지만, 그것은 부진정연대채무에 관한 문제가 되므로, 이 부분은 항을 바꾸어 설명한다.

나. 채무자 사이의 상호관계-연대채무의 대내적 효력

채권자에게 변제한 연대채무자는 다른 연대채무자에 대해 그 부담부분에 대응하여 구상할 수 있다(425조 1항). 부담부분은 연대채무자간의 특약에 의해 정해지지만, 특약이 없다면 원칙적으로 평등하게 구상이 이루어진다. 그러면 어느 연대채무자가 전부가 아니라 일부만 변제하여 다른 채무자도 공동면책되게 한 때 다른 연대채무자를 상대로 구상권을 행사할 수 있는가? 연대보증인들 사이의 내부관계에서는 연대보증인 각자가 자신의 분담금액을 한도로 일부 보증을 한 것과 같이 볼 수 있어서 그 분담금액 범위 내의 출재에 관한 구상관계는 주채무자만을 상대로 해결할 것을 예정하고 있는 반면, 연대채무자들 사이에서는 연대채무자 각자가 행한 모든 출재에 관하여 다른 연대채무자의 공동부담을 기대하는 것이 보통이다. 그리하여 민법은 연대보증인 중의 한 사람이 공동면책을 이유로 다른 연대보증인에게 구상권을 행사하려면 '자기의 부담부분을 넘은' 변제를 하였을 것을 그 요건으로 규정하였으나(448조 2항), 연대채무자 중의 한 사람이 공동면책을 이유로 다른 연대채무자에게 구상권을 행사하는 데 있어서는 그러한 제한 없이 '부담부분'에 대하여 구상권을 행사할 수 있는 것으로 규정하고 있다(425조 1항). 따라서 연대채무자 사이의 구상권행사에 있어서 '부담부분'이란 연대채무자가 그 내부관계에서 출재를 분담하기로 한 비율을 말한다고 봄이 타당하다. 그 결과 변제 기타 자기의 출재로 일부 공동면책되게 한 연대채무자는 역시 변제 기타 자기의 출재로 일부 공동면책되게 한 다른 연대채무자를 상대로 하여서도 자신의 공동면책액 중 다른 연대채무자의 분담비율에 해당하는 금액이 다른 연대채무자의 공동면책액 중 자신의 분담비율에 해당하는 금액을 초과한다면 그 범위에서 여전히 구상권을 행사할 수 있다(2013다46023). 한편 연대보증인 가운데 한 사람이 채무의 전액이나 자기의 부담부분 이상을 변제하였을 때 다른 보증인 중 이미 자기의 부담부분을 변제한 때는 그 사람에 대해 구상할 수 없다(93다4656). 앞에서 본 것 같이 절대적효력 사유에는 부담부분에 대해 효력이 발생하는 것이 있는데, 이 부담부분은 채권자에게도 아주 중요한 의미를 갖는다. 참고로 학설은 그 때문에 채권자가 알 수 없는 부담부분의 특약을 채권자에게 대항할 수 없다는 견해가 유력하다(단지 오래된 일본 최고재판소 판례는 지·부지를 묻지 않는다). 더욱 구상권의 행사에는 통지가 필요하다(426조).

구상에 대해서도 면제에 관한 문제가 있다. 면제만이 논의되는 것은 이것이 실제 중요하기 때문일 것이다. 또한 민법 규정의 귀결과 당사자의 의식에 간격이 있다는 사정도 작용하고 있을 것이다. 우선 전제되는 문제부터 설명해 보자. 연대채무자 P1이 변제를 하여 다른 연대채무자 P2와 P3에 대해 구상권을 행사했지만, P2가 무자력인 때는, P2의 부담부분은 P1과 P3이 그 부담부분에 따라 부담하게 된다(427조). 앞의 사례에서는 300만 원을 2로 나눈 150만 원씩을 부담하는 것이므로, P1이 P3에게 구상 가능한 것은 450만 원이 된다. 더욱 채권자 D는 연대채무자의 1인(예를 들면 P3)에게 연대의 면제를 해 줄 수도 있다. 한편 채권자가 어느 연대채무자를 '연대의 면제'하면, P3은 자기의 부담부분에 대해서만, 분할채무를 지게 된다. 이 경우에는 P3이 P1과 분담해야 하는 P2의 무자력에 관해서는 채권자 D가 대신하여 이것을 부담하게 된다(427조). 참고로 학설은 그렇지만 이와 같은 결과는 채권자의 의도에 반하는 경우가 많으므로, P1에게는 부담부분 이상은 청구하지 않는다는 의사가 있다는 것을, 연대의 면제가 있었다고 간단하게 인정해서는 안 된다는 비판도 강하다.

Ⅱ. 연대채무와 관련된 문제

1. 부진정연대채무

민법전이 상정하는 절대적효력 사유를 구비한 본래의 의미에서의 연대채무 외에, 절대적효력 사유는 없고 따라서 담보적 효력이 강한 연대채무가 존재한다. 그렇지만 절대적효력이 없다고 말해도, 변제 등 연대채무의 성질상 당연한 것은 그대로 절대적효력을 인정해야 한다. 또 절대적효력은 생기지 않는다는 것이 원칙이지만, 때에 따라서는(당사자의 의사에 의해) 절대적효력이 생기는 것도 있다. 일본 최고재판소 판례는 면제에 관한 원칙을 서술한 것[31]이 있고, 예외를 서술한 것[32]도 있다.

이와 같은 성질을 가진 연대채무를 부진정연대채무(독일법의 용어) 혹은 전부의무(프랑스법 · 구민법의 용어)라고 부르고 있다.[33] 이것은 계약에 따라 발생하는 진정한 의미의 연대채무와 구별하여 붙여진 이름이라고 해도 좋다. 구체적으로 예컨대 사용자책임을 지는 사용자와 가해자의 의무(756조), 공동불법행위의 가해자의 의무(760조)가 여기에 해당하는 것으로 되어 있고, 실무에서도 이것들이 매우 중요하다. 일본 최고재판소 판례는 사용자책임을 지는 사용자와 가해자의 의무가 부진정연대채무관계에 있다고 했다.[34]

그러면 여기서 눈을 돌려 과연 부진정연대채무(전부의무)의 필요성이 있는지에 관해 좀 더 자세히 살펴보자. 당사자의 계약관계에 기초한 진정한 의미의 연대채무의 경우에는, 채권자의 청구에 절대적효력이 인정되어도 적합하지 않다고 말할 수 없는 데 대해, 계약관계가 존재하지 않아 의사소통이 곤란한 자들 사이에도 같은 효력을 인정하는 것은 타당하다고 말할 수는 없다. 부진정연대채무라는 개념이 필요하게 된 이유의 하나는 바로 이 점에 있다.[35]

더욱 부진정연대채무에는 연대채무자들 사이에 부담부분이 없으므로 구상이 생기지 않는다(연대채무자들 사이에 이에 관한 무슨 합의가 있을 수 없다)고 하지만 필연적으로 그렇게 해석해야 할 이유가 없다. 그러나 불법행위 실무에서는 공동불법행위의 가해자 사이에 구상을 인정하는 것으로 판례상 확립되어 있다.

부진정연대채무를 둘러싼 문제는, 이론상 · 실제상으로 불법행위와 관련에서 논의되는 것이 많기 때문에 자세한 설명은 불법행위법에서 다루는 것이 보통이므로 여기서는 이 정도의 설명으로 마무리한다.

2. 다수당사자의 채권 · 채무 관계

민법전의 체계 가운데에는, 연대채무는 다수당사자의 채권 · 채무관계의 일종으로서 규정되어 있다(교과서에도 다수당사자의 채권관계로 설명한다). 그래서 다수당사자의 채권 · 채무관계 중 연대채무 이외의 것에 대해서도, 한마디만 건드려(언급해) 둔다.

다수당사자의 채권 · 채무 관계는 분할채권 · 분할채무로 되는 것이 원칙인 것은 앞에서도 설명했다(408조). 이에 대한 예외로 민법전은 연대채무 외에, 불가분채권 · 불가분채무에 관한 규정을 두고 있다(409조~412조). 성질 혹은 합의에 의해, 1인의 채권자가 전부를 행사해야 하는 채권, 1인의 채무자가 전부를 이행해야 하는 채무가 불가분채권 · 불가분 채무이다. 그러므로 건물의 공유자가 공동으로 건물을 임대하고 보증금을 수령한 경우 특별한 사정이 없는 한 그 임대는 각자 공유지분을 임대한 것이 아니고 임대목적물을 다수의 당사자로서 공동으로 임대한 것이고 그 보증금반환채무는 성질상 불가분채무에 해당된다(98다43137).

이와 관련하여 연대채무와 달리 연대채권은 어떤지 살펴본다. 이론상 연대채권이 있을 수 있다. 민법전의 기초자들은 연대채권의 가능성을 승인한다고는 했지만, 실례가 적을 것이라는 이유로 민법에 명시적인 규정을 두지 않았다. 그러나 예를 들면 외국에서 인정되고 있는 부부연명예금 –부부가 모두 예금주로 공동으로 예금한 때 남편도 아내도 예금의 전부 혹은 일부를 단독으로 예금을 인출할 수 있다(채권을 행사하는 것이 가능하다)– 을 우리나라에서도 이러한 공동예금을 인정한다면 이것은 연대채권이 될 것이다.[36] 은행거래에서도 공동으로 예금하는 예가 많이 있다.

제 7 편

특수한 계약

제1장 특수한 매매계약·매매에 유사한 계약
제1절 서　　론
제2절 특수한 매매계약
제3절 매매에 유사한 계약
제2장 매매 이외의 민법상 전형계약
제1절 비권리이전형계약
제1항 임대차계약 – 용익물권 포함
제2항 소비대차계약 등 – 신용형계약
제3항 고용 · 청부 · 위임 등 – 서비스제공형계약(역무형계약)
제2절 조합 등–조직형계약
제3절 증여 · 사용대차 등 – 호의형계약

제1장 • 특수한 매매계약·매매에 유사한 계약

제1절 서 론

제2편에서는 매매계약을 중심으로 계약의 성립, 효력, 그리고 제3편에서는 계약의 이행에 관해 살펴보았고, 그래서 계약위반에 따른 계약해제에 관하여 설명했다. 거기에서 설명한 것들은 매매에 적합한 것들이었다. 매매가 계약에서 가장 기본적인 형태이기 때문이기도 하다. 그러나 한마디로 매매라고 말해도 그중에는 여러 가지 종류가 있다. 그래서 일정한 종류의 매매에만 관련된 원칙이 존재하고 있다. 그러므로 여기에서는 독립된 또 하나의 편을 만들어 이들에 관해 살펴본다. 다음 매매계약의 이른바 전용이라고 말하여야 하는 계약에 대해서도 생각해 본다(제2절). 마지막으로 어떤 의미에서 매매와 흡사한 계약에 대하여 편의상, 매매에 관한 설명과 더불어 다루어보고자 한다(제3절). 이상과 같이 3개의 테마를 취급하고, 차차 매매의 본래 모습으로부터는 이탈하고 있는 것이라고 하는 점에 주의해 두길 바란다.

제2절 특수한 매매계약

Ⅰ. 특수한 매매계약의 주체와 대상

매도인 P가 매수인 D에 대하여 어떤 물건의 소유권을 이전한다(그래서 대금을 받는다)는 것을 보통 매매계약이라고 부른다. 일반적으로 매매를 말하는 경우 매도인 P나 매수인 D가 어떠한 사람인가, 목적물은 어떠한 것인가에 대해서는 특별히 다루지 않았다. 그러나 매매계약의 주체·대상이 어떠한 것인가에 따라 특별하게 취급하여야 할 필요가 있는 때도 있다. 주체에 대해서는 특히 당사자 일방이 소비자인 경우에, 대상에 대해서는 특히 부동산을 목적물로 하는 경우에 있어서 각각 보충설명이 필요하다.

먼저 당사자 쌍방이 기업인 경우 결국 기업 간의 거래(상사매매)에 대해서도 특별한 원칙이 있지만 그들의 중요한 것은 상법에 정해져 있다(상 67조~70조 등). 그러므로 여기에서는 상사매매 전반에 대해서 다루는 것은 아니다.[1] 다만 상사매매 중에서 계속적매매라고 부르는 것에 대해서는 반드시 상법에서만 규율되고 있다는 의미는 아니므로 여기에서 다루어 두고자 한다.

1. 소비자거래

소비자거래 중 할부판매・방문판매에 대해서는 그 판매방법의 특수성에 착안하여 특별법(할부거래에 관한 법률, 방문판매 등에 관한 법률)이 제정되어 있다. 그중에서 할부판매에 대해서는 그 특수성이 매매와 합쳐서 신용공여(신용제공)가 이루어지고 있다. 이 부분에 대해서는 신용형계약으로서의 소비대차 등과 합쳐서 나중에 검토한다. 여기서는 또 하나의 소비자거래 중 방문판매에 대해서 간단히 설명하고자 한다.

전형적인 방문판매는 판매회사의 판매원이 자택 등을 방문하여 그의 영업소 등에서 상품 등의 구입을 권유하는 것이다(현재 특별법의 적용범위가 이 외에도 미친다. 방문판매 등에 관한 법률 2조 1항 참조). 이와 같은 방법의 계약체결에는 다음과 같은 문제가 발생하기 쉽다. ① 돌연한 내방에 의하여 권유돼서 고객 측에게 해당상품에 대한 지식이 결핍되어 있다(정보격차). ② 권유가 자택 등에서 이루어지기 때문에 상대방을 만나지 않고 되돌려 보내지 않는 한 교섭을 끝내는 것이 가능하지 않기 때문에 강인한 권유에 대하여 소비자가 거절하는 것이 어렵게 되어버리고 만다(교섭력격차). ③ 소비자거래(사업자와 소비자와의 거래)에 대해서 이와 같은 경향은 많든 적든 인정될 수 있고, 방문판매에서 그것이 두드러진 모습으로 눈에 띄고 있다.

가. 방문판매규제의 개요

그런데 방문판매 등에 관한 법률(방문판매법, 1976년 방문판매 등에 관한 법률 제정, '88년 '96년 '99년에 개정,[2] 나아가서 2002년, 2004년, 최근 2018년에도 개정)에 의하여 방문판매에 대해서는 일정한 조치가 강구되었다. 더욱 상술한 취지에서도 방문판매법은 매수인이 사업자인 경우에는 적용되지 않는다(방문판매법 3조 1호).

그러면 상세한 것은 소비자법 강의로 넘기기로 하고[3] 방문판매법이 취하고 있는 조치 중 중요한 것을 열거해보자. ① 정보제공자 계약서교부의무(동 7조 1항 및 2항). 이것에는 소비자에게 재화 등의 명칭은 물론이고 거래에 관한 약관에 관해 설명함으로써 정보제공의 의미가 있다. 사업자에게는 일정의 정보제공의무가 부과되어 있다는 뜻이다. 이러한 의무를 위반할 경우 무효가 되는가에 대해서는 의문이 있지만 가사 무효가 되지 않는다고 하여도 후술하는 바와 같은 효과가 있다. ② 거짓 또는 과장된 사실표시, 계약체결강요행위 금지(동 11조 1항)다. 여기에는 부당권유규제의 의미가 있다. 여기에 위반된 경우에 무효로 되는가는 문제이다. ③ 청약철회제도(동 8조)가 인정되어 있다. 이것은 아무런 이유 없이 계약의 구속을 잘라버리는 권리이다. ①②가 사전규제인 데 반해 ③은 일단 체결된 계약의 효력을 부정하는 것이라고 하는 형태에서 소비자보호를 도모한 사후적 규제이다. 7조 2항의 계약서를 받은 날부터 14일 이내라면 이 권리를 행사할 수 있다(즉 계약서교부의무위반은 쿨링오프 기간부 진행이라고 하는 제제를 수반함). 그 밖에 위약금규제(동 10조)도 규정되어 있다.

그러면 여기서 눈을 돌려 먼저 방문판매법과 소비자기본법에 관해 좀 더 자세히 살펴보자. 방문판매법은 전술한 바와 같이 수차에 걸친 개정에 의하여 적용범위도 비교적 광범위하게 되어 있고, 소비자계약에 관한 특별법으로서는 중요한 위치를 차지하고 있다. 그러나 거기에도 모든 소비자계약에 적용된다는 의미는 아니다(3조 적용 범위). 또 악질적인 사업자는 적용범위를 벗어나서 계약을 교묘하게 궁리하는 것이다. 그래서 소비자계약 일반에 적용될 특별법의 제정이 요망되고 있다. 이러한 요망에 부응하는 형태로 2006년에 소비자기본법(2018년 개정)이 제정되었다. 동법은 민법의 일반법리의 영향을 받음과 동시에 법기술 면에서는 방문판매법을 바탕으로 하고 있기 때문에(특히 부실표시나 계약체결강요행위의 금지 등), 방문판매법의 내용을 숙지함으로써 소비자기본법에 관한 이해를 더욱 높일 수 있다(소비자기본법에 대해서도 소비자법 강의를 참조하기 바란다).

나. 청약철회제도

이 중에서 가장 주목할 가치가 있는 것은 청약철회(cooling-off)제도이다. 이

제도의 법적 성질에 대해서는 특수한 해제권을 부여한 것이라고 설명하는 견해가 있지만, 계약의 완전한 성립을 늦추게 하는 것이라고 설명하는 견해도 있다. 단순한 합의를 하였다는 것만으로 계약이 성립한다고 하는 것은 반드시 우리나라 국민의 계약의식에 합치하지 않는다. 현재 우리가 알고 있는 계약은 서구 선진국에서 태어난 제도이기 때문이다. 특히 방문판매와 같이 반은 억지로 합의를 성립시켰다고 할 때는 '너무 빠른 계약의 성립'이라는 문제가 현재화한다. 그렇게 생각한다면 나중의 견해도 설득력이 있다. 방문판매의 경우 합의에 더 추가하여 일정한 기간의 경과가 있으면 비로소 계약이 성립하는 것으로 보는 의미이다. 그러나 기능적으로 본다면, 청약철회(쿨링오프)제도는 착오 · 사기 · 강박에는 해당하지 않는 것 같은 미약한 의사의 하자에 대하여 소비자를 구제한다고 하는 의미가 있다고 말할 수 있다.

2. 부동산거래

부동산거래에는 동산의 거래와는 다른 특색이 있다. 하나는 거래대상의 각각이 개성적인 것이 있고 그 성질에 대한 평가가 곤란하다는 것이다(복잡성). 또 하나는 일반적으로 꽤 고액거래가 된다(고액성). 그 결과 한편으로 부동산거래에 있어서도 소비자거래와 똑같이 정보격차의 문제를 무시할 수 없다. 그래서 일본의 택지건설거래업법에는 방문판매와 유사한 보호가 건설업자와 거래하는 고객에 대하여 주고 있다. 특히 정보제공에 대해서는 업자에게 중요사항설명의무가 부과되어 있다.[4] 다른 한편 부동산거래에서는 고도의 신중성이 요구되므로 계약이 성립되기까지는 시간이 걸리는 것이 많게 된다. 그 때문에 다른 거래와 비교하여 계약교섭단계의 중요성이 특히 커지게 된다. 예약, 계약금 등도 중요하다고 하여 부동산거래에서 사용되고 있고, 그 밖에도 가계약(명칭은 다양)을 하는 경우도 많다는 것도 특징적이다.

그러나 이러한 가계약에 대해서는 몇 가지의 문제가 있다. 하나는 가계약 단계까지는 갔지만 본계약이 성립하지 않았던 경우 당사자는 상대방에 대하여 어떠한 책임을 지느냐는 문제이다. 이것은 이전에 설명한 성실교섭의무 위반의 문제이다. 또 하나는 어떤 합의가 본계약인가 가계약인가, 그렇지 않으면 그 이전의 합의인가 하는 문제이다. 본계약이라고 한다면 소유권이전의 효과가 발생한다는 의미이지만, 가계약이전이라면 그렇게 말할 수 없다. 결국 이것은 소유권이전시기에 관한 문제인 것이다. 종래의 논의에서는 계약성립시보다 소유권이전시기를 뒤로 물리려고 시도되었지만, 그러면 말하고 있는 계약성립시에, 과연 본 계약이 성립한다고 하는 말할 만하게 어울릴 정도로 성숙된 합의가 있었다고 말할 수 있는 것인가. 이 점을 어떻게 해석하든지 간에 부동산거래에서는 어떠한 단계의 과정을 거쳐서 최종적으로 계약성립에 이르렀다는 인식은 오늘날에도 일반적으로 승인되기에 이르렀다고 말해도 좋을 것이다. 이것을 그림을 그려서 내걸어 둔다(도표 7.1.1).

도표 7.1.1 부동산거래에서 계약체결과정과 구속력

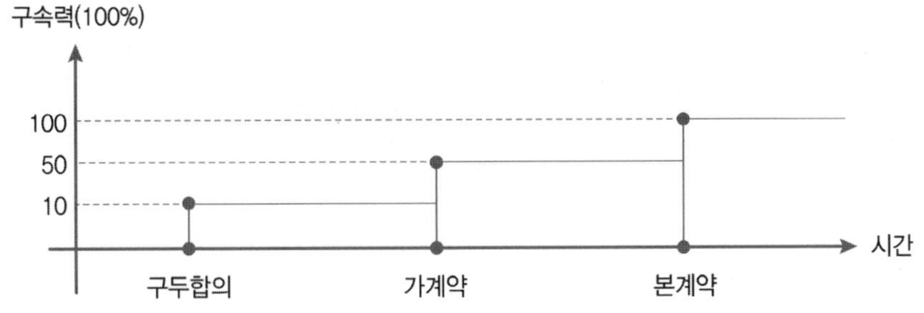

그런데 대상으로서의 특수성은 채권매매에 관해서도 다루는 것이 좋을지도 모른다. 그러나 이것에 대해서는 449조 이하에서 채권양도에 관한 규정이 있다는 것을 지적하는 것으로 마무리한다.

3. 계속적계약

매매가 기업 사이에 이루어지는 경우 그것이 일회에 한정(단발적계약이라고 부른다)한다는 거래는 오히려 적다. 같은 기업을 상대로 몇 번 같은 종류의 매매계약을 체결하는 것이 보통일 것이다. 예를 들면 수퍼마켓이 어떤 상품을 구입하는 경우 구입할 때마다 일일이 계약내용을 변경한다고 하는 것은 거래비용 등을 고려한다면 효율적이지 않다. 그래서 원칙으로서 같은 업자로부터 여러 번 구입한다. 그렇다면 양 당사자 사이에는 1회만의 계약을 넘어서 계속적 거래관계가 생기게 된다.

이처럼 기업 간 거래에는 계속적거래가 많지만 그 계속성의 정도는 다양하다.

어떤 경우에는 일정 기간의 계속적인 거래를 보증하는 계약(기본계약이라고 부른다. 이러한 일회만의 계약은 개별계약이라고 부른다)을 주고받는 것도 있겠지만 그러한 것만이 아니고 사실상 거래가 계속되는 경우도 있을 것이다(도표 7.1.2). 또 일방 당사자의 상대방 당사자에의 의존도에도 정도의 차가 있다. 현대백화점과 진로가 거래하고 있는 경우에는 상호의존도는 그다지 크지는 않다고 할지 모른다. 그러나 예컨대 현대자동차와 그 부품 공급업체와의 거래의 경우(하도급의 경우), 부품 공급업체는 대부분을 현대에 납품하고 있는 것이 많다. 이러한 경우에는 의존도가 지극히 높다.

도표 7.1.2 계속적거래계약의 구조

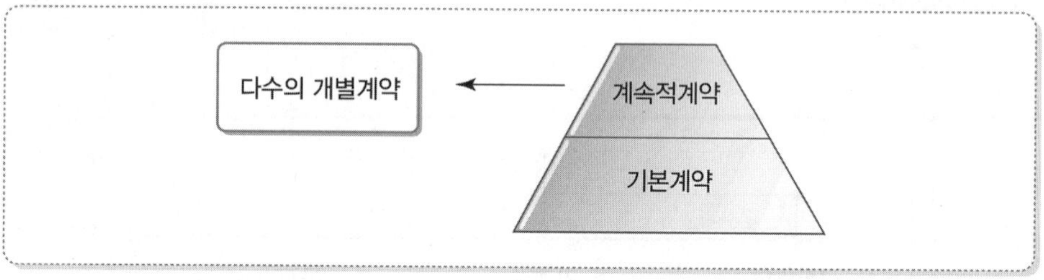

더욱 계속적계약의 경우 특히 일방의 상대방에의 의존도가 큰 거래의 경우에는 이런저런 문제가 발생한다. 구체적으로 우위기업에 의한 일방에 대한 매수 횡포나 지급지연 등이 생긴다. 한편 우위기업에 의한 일방적인 거래종료가 특히 큰 문제로 된다. 예컨대 현대의 거래가 중단된 부품 공급업체의 존립자체가 위태로워질 것이다.

전자의 문제에 대해서는 우리나라에서 하도급거래 공정화에 관한 법률(하도급법) 등으로 규제가 되고 있지만, 후자의 문제에 대해서는 특별한 규제가 존재하지 않는다. 다만 최근에는 계속적거래의 해소에 대하여 일정한 제한을 두어야 한다는 주장이 강해지고 있다.

또 계속적매매에 대하여 생각하는 경우에는 다음의 두 가지 문제와 연관에도 주의할 필요가 있다. 하나는 민법전이 정하고 있는 계속적계약 유형(임대차나 고용 등)에 있어서 제도·법리와의 연관이다. 해약의 제한 등은 공통된 문제이므로 이들의 계약유형에 관한 규정이 참고될 것이다. 또 하나는 머지않아 설명하지만 조직형계약과의 연관이다. 부품 하도급이라고 하는 것은 말하자면 현대자동차를 예를 들면 자사 내의 부품제조부분을 외부의 독립회사로 하여금 계약에 의하여 제조하게 하여 최종조립을 끝내는 것이라고 말할 수 있다. 이와 같은 조직화를 위한 계약유형으로서는 조합이 있다. 그 밖에 대리점계약이나 가맹업계약 등도 중요하다. 이들 계약에 의하여 생기는 문제 중 경업금지의무나 비밀보지의무 등은 계속적 매매에는 없다는 의미는 아니다. 그러므로 여기에서 유형을 넘어 횡단적인 검토가 필요할 것이다.

Ⅱ. 매매계약 목적의 특수성

매매계약은 그것에 의하여 목적물의 소유권을 이전하게 하는 것이 가능한 계약이다. 그래서 통상 소유권이전은 매매계약 목적 그것이다. 그러나 소유권이전을 별도의 목적을 위한 수단으로 정하는 것도 불가능하지 않다. 그래서 매매의 형식과 함께 행하여지고 있다는 것도 없지 않다. 결국 어떠한 목적실현을 위해 소유권이전을 하는 것이 가능한 매매계약을 이용하는 것이 행하여지고 있다는 것이다.

실제에 닥쳐서 어떤 목적을 위하여 매매의 형식을 취하여 목적물의 소유명의를 이전한다고 하는 것은 예부터 있었다. 그 법적 수단도 여러 모로 개발돼 왔다. 민법전에도 그것을 가리키는 규정이 남아있다. 이들을 단서로 하면서 이러한 특수한 매매에 대하여 검토하기로 해보고 싶다.

우선 미리 한마디 해두면, 이들은 매매 그 자체는 아니다. 물론 그중에는 실질적으로도 매매라고 말하여도 좋은 것이 포함되어 있지만 상당한 부분은 실질적으로는 매매라고 말하기가 어렵고, 매매는 임시 이용된 형식에 지나지 않는다. 그러므로 어떤 것에 있어서는 그 실질에 걸맞은 입법이 되기에 이르렀다. 다만 입법이 된 것이나 되지 않는 것도 소유권이전이라고 하는 수단이 이용되고 있다는 점에서는 매매와 공통된다는 것은 확실하다.

1. 담보를 위한 소유권 이전

먼저 채권담보를 위한 매매 내지는 소유권이전이 이용되고 있다. 이들을 보고 가자.

① 첫 번째 형식은 민법전에 규정되어 있는 환매이다(590조 이하). 환매에는 일종의 해제권유보특약이 있지만 그 내용에 대해서는 일정한 규제가 가해지고 있다.

즉 환매특약의 대상은 부동산이고(590조) 그 권리행사기간에 대해서는 최장 5년이라는 제한이 있고(591조) 등기를 하면 특약을 제3자에게 대항할 수 있게 되어 있다(592조). 이 특약은 금융을 위해 오래전부터 이용되고 있다. 즉 A가 B로부터 자금을 융통하는 경우 자기가 소유하고 있는 부동산을 B에게 매도하고, 대금상당액의 금전을 얻는다. 그래서 일정기간(환매기간) 내에 대금+비용을 B에게 변제함으로써, 매도된 부동산을 되돌려 받는다. 만약 변제가 없는 경우에는 B는 부동산의 소유권을 취득한다. 이상의 조작에 의하여 B는 안심하고 A에게 돈을 빌려줄 수 있다는 의미이다. 이러한 경우 부동산의 소유권이전은 B의 대금채권의 회수를 보증한다(담보한다)는 의미를 가지고 있다.

민법전 기초자는 예부터 행하여지고 있었던 환매를 용인하지 않을 수 없었지만, 이것을 가능한 한 제한하고자 생각하여 왔다. 그 의도는 규정의 이곳저곳에 인정되어 있는데(590조, 591조 등), 실제로 이러한 민법전 기초자의 의도는 실현되지 않았다.

② 두 번째 형식은, 말하자면, 거래 실무에서는 여러 제한이 있는 불편한 환매에 대신하여 재매매의 예약이라고 하는 방법으로 동일한 목적달성이 될 수 있었기 때문이다. P로부터 D에게 부동산을 매각한다. 여기까지는 환매와 똑같지만, 환매특약이 없이 매매와 동시에 D로부터 P에게의 매매(재매매)의 예약을 하여 둔다. 그리하여 P는 D에게 대금상당액 플러스 알파를 변제하면 예약환결권(가등기가 가능)을 행사할 수 있다고 약정하여 두는 것이다. 판례가 이러한 것을 유효하다고 하였기 때문에 결국 환매에 대한 규제는 참탈되어 버린 것이 되었다.

이상은 매매의 틀 안에 있는 것이지만(대금은 법적으로는 돈으로 지급된다), 매매의 틀을 넘어선 것도 존재한다.

③ 세 번째 형식은 양도담보인가 대물변제의 예약인가로 부르는 것이 그것이다. 즉 양도담보라고 하는 것은 D로부터 자금을 빌린 P가 담보로 자기 소유의 부동산(동산도 가능)의 소유권을 D에게 이전(양도)한다, 그래서 만약 P가 변제하면 P는 D로부터 소유권을 되찾게 하는 것이다. 이 경우 소유권이전(양도)의 대가로서 금전의 수수가 이루어진다는 의미는 아니다. 대금은 대여금, 소유권이전은 소유권이전, 각각 법적으로는 독립하여 이루어지는 것이다. 그러므로 D의 대금채권은 언제나 존재한다. 따라서 예컨대 부동산이 멸실되었다고 하여도 채권은 남아있다는 이점이 있다. 또 이 소유권이전에는 대금지급이 수반되지 않기 때문에 이것은

매매는 아니라고 하는 것이다. 양도담보는 물권법 중 담보법에서 상세하게 설명하고 있다.

여기에 대하여 ④ 네 번째 형식으로 대물변제예약은 다음과 같은 것이다. P가 D로부터 자금을 빌린다. 그 때 P 소유의 부동산에 대하여 대물변제(466조. 물건을 인도하여 변제에 갈음한다)의 예약을 하고 이 예약완결권을 가등기한다. 이 경우에는 자금을 빌리는 시점에서는 소유권이전이 되지 않는다. 기일에 변제되지 않는 경우 비로소 D가 예약완결권을 행사하여 부동산의 소유권을 취득하는 것이 된다. 여기에는 등기비용(등록면허세)이 싸다고 하는 이점이 있다. 이러한 대물변제예약에 대하여는 1978년에 가등기담보법이라는 특별법이 제정되어 규제가 추가되는 것 같고, 현재에는 가등기담보라고 불리고 있다. ①②와 ③④를 간단히 대비하면 도표에서 보는 바와 같다(도표 7.1.3).

도표 7.1.3 담보목적 소유권이전의 분류

	종류	계약형식	소유권이전(→)	채권유무
①	환매	매매＋특약(환매)	D	×
②	재매매의 예약	매매＋예약(재매매)	D	×
③	양도담보	소유권이전＋특약	D	○
④	가등기담보	대물변제예약 소유권이전	P	○

2. 재산관리를 위한 소유권 이전

소유권이전은 재산관리를 위하여 이루어지는 것도 있다. 다음 이것에 대하여 보고 가는 것으로 하고 싶다.

어떤 물건(예컨대 가옥)의 소유권을 가지고 있는 자는 사용 · 수익하는 것은 물론이고 처분하는 것도 가능하다(211조). 결국 자기가 그 가옥을 사용하는 외에 그것을 타인에게 임대하여 임료를 얻기도 하고 타인에게 매각해 버려서 대금을 얻기도 하는 것이 가능하다는 의미이다. 그러나 집주인으로서 임료를 얻으려면 추심을 해야 하고 수선의무도 부과되는 번거로움이 있다. 팔아버리면 그러한 번거로움이 없지만, 받은 돈은 잘 쓰이지 않고 금방 없어진다.

가. 신 탁

귀찮을 것 없이, 일정한 돈이 호주머니에 들어왔다고 하는 의미는 괜찮을 것이다. 이러한 요청에 부응하기 위하여 하나의 수단으로서 상대방에게 소유권을 이전해버리고, 그 재산관리를 해 주는 것으로서 일정한 돈을 정기적으로 받는 것으로 약정할 수 있다. 예컨대 불치의 병으로 죽음의 잠자리에 든 사람이 어린 자식의 장래를 생각하여 자기의 재산을 동생에게 양도한다. 그 대신에 자식들의 양육비 지출을 부탁하였다고 하는 예를 들 수 있다.

이처럼 어떤 일정한 목적을 위해서 목적물의 소유권이전을 통해 그 물건의 관리를 위탁하는 계약을 신탁이라고 한다. 신탁에 대해서는 신탁법이라고 하는 특별법이 있고, 신탁법이 신탁계약의 당사자 권리·의무관계를 규율하고 있다.[5] 신탁을 이용하면 재산의 수익을 정기적으로 건네받는 것도 가능하고 또 자신이 아니라 제3자(앞에서 든 예로서 자기의 자식들)에게 그 이익을 건네받도록 하는 것도 가능하다(이익을 자신이 받는 경우를 자익신탁(①), 제3자에게 받도록 하는 경우를 타익신탁(②)이라고 부른다). 또 소유권을 이전하는 사람을 신탁자 또는 설정자(P), 이것을 양수하여 관리하는 자를 수탁자(D), 이익을 받는 사람을 수익자(T, 설정자 또는 제3자 쌍방이 있을 수 있다)라고 부른다(도표 7.1.4). 신탁은 금융거래에서 중요한 지위를 차지하고 있다. 자세하게는 신탁법 또는 금융법 강의에서 설명하고 있다.

도표 7.1.4 신탁계약의 당사자

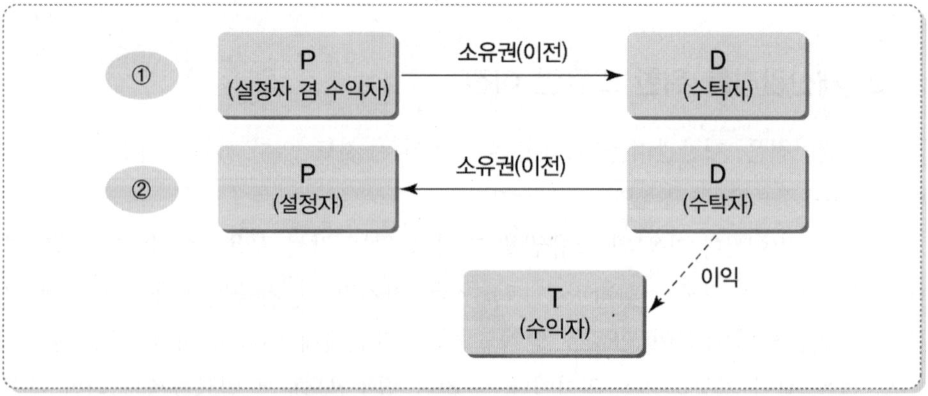

그런데 신탁은 소유권이전과 재산관리가 일체로 되는 계약이지만(그렇지만 신탁

설정은 유언으로도 가능),[6] 신탁기능의 일부를 실현하기 위한 수단이 민법전 중에 없다는 의미는 아니다. 그들에 대해서도 보고 가는 것으로 해보자.

나. 종신정기금

우선 종신정기금에 대하여 민법전은 1개의 독립한 계약유형으로 설정하고 있다. 725조는 일방당사자가 상대방 당사자나 제3자에 대하여, 정기적으로 금전 등을 급부하는 계약을 종신정기금이라고 정의하고 있고, 이 금전 등의 출처에 대해서는 언급하지 않고 있다. 그러므로 여기에는 무상 종신정기금도 포함된다. 그러나 실제로 고려되는 것은 유상 종신정기금계약이다(727조). 727조는 유상의 경우를 상정하고 있다. 특히 유럽에서는, 매매대금을 정기금으로 하여 지급하는 것이 이용되어 왔다. 이 연혁을 중시한다면, 종신정기금은 매매에 부수하는 조항으로서 취급돼도 이상한 것은 아닐 것이다. 그 밖에 연금형보험 등도 종신정기금의 일종으로서 생각될 수 있다.

그렇다고 한다면 여태까지는 그다지 사용되지 않았던 종신정기금도 고령화사회에 있어서는 활용 가능성이 있을지도 모르겠다. 실제로 자치단체 등에는 고령자로부터 부동산을 양수받아서, 대가로서 정기금을 지급하는 제도도 구상되고 있다(리버스 모기지(Reverse mortgage)[7]라고도 부르고 있다).

또 민법전의 종신정기금의 특징은 정기금이 지급되는 것은 상대방이 생존하는 중에 한정된다는 점이다. 따라서 상대방이 장기간 생존하면 지급 총액이 고액이 되지만, 일찍 사망하면 저액에 머무르는 것이 된다. 어느 정도의 액수가 지불되는 가는 죽어서 보지 않으면 안 된다. 이처럼 급부내용이 우연에 좌우되는 계약을 사행계약이라고 부르고 있다.

다. 제3자를 위한 계약

다음 제3자를 위한 계약에 대하여 언급하여 둔다. 신탁의 경우 그리고 이제 막 서술한 종신정기금의 경우 수익자는 반드시 계약자가 아니라도 좋았다. 즉 제3자를 수익자로 하는 계약이 가능하게 되었다는 것이다. 일반적으로 이러한 계약을 제3자를 위한 계약이라고 부르고 있고, 민법전은 계약의 효력에서 약간의 규정을 두고 있다(539조~542조). 일반으로, 계약에 등장하는 3인의 관계자를 그림과 같이 부르고 있다(도표 7.1.5).

도표 7.1.5 제3자를 위한 계약의 당사자

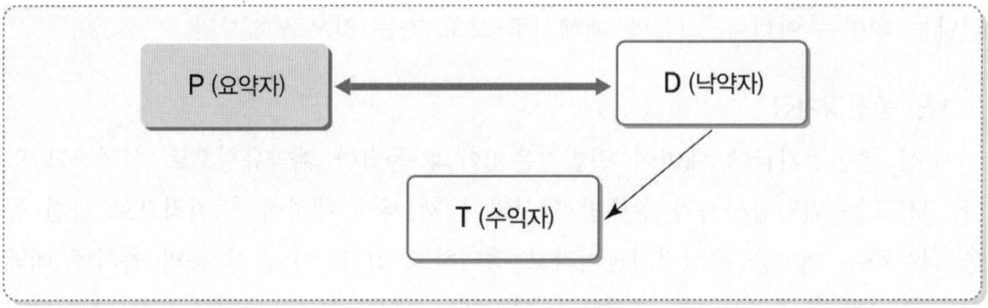

민법전은 제3자를 위한 계약을 할 수 있는 것으로 하고 있고(539조), 수익자 T가 낙약자 D에 대하여, 수익의 의사표시를 하면, 수익자인 T의 권리가 발생하고(539조 2항), 그래서 이 권리는 D에 대한 직접의 권리이며(539조 1항), 계약당사자 P・D는 이제와서는 이것을 변경할 수 없게 된다(541조).

이와 같은 취급에 있어서 독자는 특히 변하고 있다고 생각되지 않을지도 모르겠지만, 계약의 효력은 당사자 사이 밖에서는 생기지 않는다(계약의 상대방이라고 한다)는 관념이 오래전부터의 사고방식이었던 점에 대하여, 이것은 하나의 예외가 되는 것이다. 그러므로 제3자를 위한 계약이 인정되는 데에는 시간이 걸렸다. 예를 들면 프랑스에서는 19세기 후반에 보험계약의 발달과 더불어서, 차츰 판례가 이를 인정하는 것 같았다. 그와 같은 동향을 받아 우리나라법은 이것을 인정하는 조문을 두었다고 생각된다.

제 3 절 매매에 유사한 계약

마지막으로 매매와 유사한 계약에 대하여 간단히 설명해 두고 싶다.

Ⅰ. 교 환

먼저 교환이다(596조). 교환은 권리이전형계약의 원형이다. 역사적으로 먼저 물물교환이 있고, 거기에서부터 매매가 생겨났다는 것이지만, 오늘날에는 교환은 미미한 존재가 되어 매매가 중요한 유형이 되고 있다. 다만 오늘날에도 교환이 없어져버렸다는 의미는 아니다. A가 B가 각각 가지고 있는 토지를 교환한다고 합의하는 것이 때로는 일어날 수 있을 것이다.

또 아파트를 건축한 경우에, 지주로부터 토지를 제공받아서 그 가격에 맞는 공간을 제공한다고 하는 등가교환방식이 이용되는 것도 있지만, 이것은 엄밀한 의미에서의 교환인가 아닌가는 검토가 필요하다.

Ⅱ. 화 해

다음으로 화해에 대해서도 한마디 해둔다. 화해는 분쟁을 종결시키기 위한 계약이나(731조), 화해라고 말하려면 서로의 양보가 필요하다. 일방이 어느 부분을 주고 상대방이 어느 부분을 준다. 결국 쌍방이 어떠한 권리 · 이익을 포기함으로써(교환하여), 분쟁을 종결시킨다고 하는 것이 화해이다. 예를 들면 P가 D에게 1,000만 원을 건네주었다. 여기에 대해 P는 빌려주고, D는 받았다고 주장하고 있는데, D가 500만 원을 돌려준다고 화해하는 경우 P는 500만원 분의 대금채권의 주장을 포기하고, D는 빌린 돈(차용금)이 없다는(zero) 주장을 포기하여 500만 원으로 인정한다고 서로 양보하는 것이 이루어지는 것이다. 그렇다면 거기에는 일종의 교환이 있다고 볼 수도 있을 것이다. 다만 이것은 어디까지나 일종의 교환이고, 교환 그것은 아니다. 그러나 이상의 설명에서부터 화해는 유상계약이라고 말할 수 있다.

또한 화해의 효과에 대하여는 보통 불법행위 부분에서 설명하고 있다. 여기에서는 이 정도로 마무리 한다.

제2장 • 매매 이외의 민법상 전형계약

제 1 절 비권리이전형계약

앞에서는 권리이전형계약, 특히 매매와 유사한 계약에 관해 설명했다. 이 장에서는 그 밖의 계약에 관해 봐보고 싶다.

그 이외의 계약의 중심을 이루는 건 비권리이전형계약이다. 여기서 말하는 비권리이전형계약이란 유상・거래형의 계약이라는 점에서 권리이전형계약과 같지만, 간단히 말하자면 양도한다는 것이 아니라 빌려준다는 계약이다. 무릇 빌려준다고 하지만 무엇을 빌려주는지에 따라서 나눠서 생각해 볼 필요가 있다. 이미 설명한 대로 본서에는 사용형, 신용형, 역무형의 세 가지로 나뉘어 있지만, 이것은 각각 물건을 빌려준다, 돈을 빌려준다 그리고 도와준다는 형식이다.

이 같은 세 가지 유형의 계약 중 먼저 사용형계약부터 검토하고 싶다. 구체적으로 임대차계약에 관해 설명한다. 임대차의 성립(Ⅱ), 효력(Ⅲ)이라고 하는 기본적인 부분에서 시작해서, 임대차의 종료(Ⅳ), 제3자와의 관계(Ⅴ)라는 임대차에 특징적인 부분으로 나아간다. 또 이것들 본론 부분의 전후에, 임대차란 무엇이냐는 서론적인 설명(Ⅰ)으로부터 시작해서 특별법인 주택임대차보호법에 관한 설명을 할 필요가 있다(Ⅵ).

제 1 항 임대차계약―용익물권 포함

Ⅰ. 임대차계약의 의의

1. 임차권과 그 이외의 권리

한마디로 물을 빌린다라고 해도 무엇을 빌리는가 또 어떤 조건으로 빌리느냐에 따라 계약관계가 달라진다. 우선 목적물에 관해 동산을 빌리느냐, 부동산을 빌리느냐에 따라 큰 차이가 생긴다. 동산의 대차는 이전에는 그렇게 중요하지 않았지만 최근에는 리스(lease), 렌탈(rental) 등으로 불려, 꽤 중요한 것이 되고 있다. 단 그중에서 리스는 신용제공의 한 수단으로 사용되고 있는 것이 많아서(파이낸스 리스(finance lease)라고 불린다), 이것에 대해선 신용형계약을 설명하면서 간단하게 다루기로 한다. 그 이외의 동산임대차(이른바 렌탈)에 관해서도 아울러 거기에서 설명한다.

가. 임차권과 지상권 · 전세권의 대비

부동산의 대차에 관해선, 법적으로 두 가지 수단이 있는 것에 주의해 주길 바란다. 첫째는 임대차계약이다. 이것이 앞으로 다룰 주제이다. 임대차계약에 의하면, 토지도 건물도 빌릴 수 있다. 다른 하나는 토지에 관해 지상권을 설정한다는 방법도 생각해 볼 수 있다. 임대차란 무엇인가? 임대차에 관해 618조에 정의되어 있다. 임대차는 목적물이 비대체물이 원칙이다. 다만 대체물도 소비하지 않으면서 이를 사용 · 수익하고 반환하는 때는 임대차가 성립할 수 있다. 임대차는 계속적 계약관계이다. 그러므로 차임증감청구권(628조)과 차임연체에 의한 해지권(640조)을 규정하고 있다. 임대차는 어디까지나 임대인에 대한 권리인 채권이다. 이 부분에 관해서는 뒤에서 다시 한 번 자세히 살펴본다.

한편 지상권이란 공작물(건물)을 세우기 위해 토지에 설정되는 권리이다(279조). 지상권과 토지임차권을 비교할 때 사용 · 수익권과 매수청구권이 인정되는 것은 동일하지만 ① 물권과 채권, ② 등기의 효력, ③ 지료(地料)의 성질 · 존속기간 등에서 양자의 차이가 있다. 지상권에 관한 자세한 사항은 담보법 강의에서 자세히 터득하기 바란다. 영소작권이란 구민법상 영소작료를 지불하고 다른 사람의 농지를 경작 또는 목축을 할 수 있는 권리이다. 물권적 강행성을 가지고 있었기 때문에 지주의 마음대로 일방적 처리를 할 수 없는 제약이 가해졌다. 지상권은 물권(용익물권)이므로, ① 제3자에게 양도할 수 있고(282조), 양도가능성을 당연한 전제로 한 다음에 (설정행위에 의한 제한을 하기 위해서의 규정), 또 ② 등기하면 제3자에게도 대항할 수 있는 강력한 권리이다.[8] 덧붙여 ③ 권리의 존속기간도 길게 되어 있다(280조도 참조). 다른 한편 전세권(leasehold right)과 임차권은 무엇이 다른가? 전세권은 전세금을 지급하고 타인의 부동산을 점유하여 그 부동산의 용도에 좇아 사용 · 수익하는 용익물권이다(303조). 전세권자는 직접 권리의 목적이 된 부동산을 지배할 수 있고, 제3자에 대하여도 언제나 대항할 수 있다. 그리고 전세권자는 양도 · 임대 · 전전세(轉傳貰)할 수도 있다. 경매권과 우선변제권을 행사할 수 있다. 전세권에 대한 상세한 설명은 담보법을 공부해 터득해 주기 바란다. 지상권이나 전세권과 비교하여, 임대차계약에 의해 토지를 사용하는 권리인 임차권은 채권으로 구성되어 있고, ① 자유롭게 양도 · 전대할 수 없고(629조), ② 대항력도 당연히 주어지지 않는다(621조).

민법전의 기초자는 장기(20년 이상)의 대차는 물권이라고 하는 지상권 · 영소작권으로, 중기(20년 이하)의 대차는 채권인 임차권으로, 각각 규정하면 부동산 거래현황을 반영하고 있다는 생각을 가지고 있었던 것 같지만, 실제로는 지주 측이 강력한 권리인 지상권 · 영소작권을 싫어했기 때문에, 대부분의 대차는 임대차계약에 의해 이루어지고 있었던 것으로 보인다. 그렇게 되면, 먼저 말했던 두 가지 점(①~②)에서, 임차인은 불리한 지위에 놓일 수밖에 없다. 그래서 부동산임대차에 관해선(건물임대차도 포함해서), 임차인의 권리도 보호하기 위한 정책적인 조치와 함께 법적으로도 판례나 특별법(주택임대차보호법 · 농지법)에 의해 다루어지게 되었다. 다만 그동안 최장 20년으로 제한된 건물임대차 존속기간(651조)이 폐지되면서 앞으로는 당사자 간 합의로 임대차 기간을 정할 수 있게 됐다. 그 결과 오늘날 부동산임대차법은 민법전의 규정으로부터 꽤 떨어진 내용을 가지기에 이르렀다.[9)]

이상에서 말한 임차권과 지상권 · 전세권의 서로 다른 점을 정리하여 표시해 두자(도표 7.2.1).

도표 7.2.1 지상권 · 전세권 · 임차권

분류	① 양도가능성	② 대항력	③ 존속기간
지상권(279조)	○	○	장기
전세권(303조)	○	○	중단기
임차권(618조)	×	×(등기한 경우 제외)	단기

나. 무상의 대차 · 비배타적인 대차

이상에 대해 두 가지 점을 보충해 놓자.

첫째, 무료로 물을 빌리는 것도 가능하다. 이것은 사용대차라고 불리지만, 이것에 대해서는 호의형계약으로서, 증여 등과 함께 나중에 별도로 살펴본다.

둘째, 토지의 사용을 목적으로 하는 용익물권에는 지상권, 전세권 외에, 지역권, 입회권이 있다. 지역권이란 타인의 토지를 자기의 토지의 편익을 위해 사용하는 권리이다(291조). 예를 들어 통행지역권 등이 대표적인 예이다. 상린관계에 의한 주위토지통행권(219조)이 법정권리이고, 최소한의 내용만 갖고 있지 않은 것에 대조하여, 통행지역권은 약정에 의해 등기함으로서 설정되는 물권이며, 그 내용은 공서에 반하지 않는 한 자유롭게 결정할 수 있다. 입회권이란 관습적인 권리로서 마을의 사람들이 산에 들어가서 뗄나무를 줍거나(장작을 패거나) 풀을 베거나 하는 권리이다. 산의 소유권이 마을에 있을 경우에는 공유에 준하고(일본 민법 263조), 마을에 없을 경우에는 지역권에 준하여(일본 민법 294조) 취급하지만 일단 관습이 적용되는(입회관행은, 일찍이 법사회학자가 좋아해서 연구한 주제이었다) 것으로 오늘날에는 입회권은 소멸하는 경향에 있다.

2. 부동산에 관한 임대차 법제도의 발전

먼저 말했던 대로, 부동산에 관한 임대차법은 판례와 특별법에 의해 커다란 변화를 가져왔다. 그 내용에 대해선 Ⅱ. 이하의 본론에서 설명하지만 그 전에 부동산 임대차법의 발전의 양상에 관해 아주 간단하게 개관을 해두자.

구민법전은 기초자의 하나인 부아소나드(Boissonade)[10]의 사고방식을 반영해서 임차권을 물권으로 했었지만, 이것에 대한 반대가 강력하여, 현행 민법전은 임차권의 효력을 대단히 약한 것으로 규정했다. 이것은 당시의 지주와 소작인, 집주인과 세입자 등의 관계를 반영한 것이었다고 말할 수 있겠다.[11]

가. 토지임대차 · 주택임대차

하지만 19세기 말부터 20세기 초에 걸쳐서 진행한 자본주의의 발달에 수반하는 지가상승을 배경으로, 지주가 그 토지소유권을 제3자에 양도하는 형식을 써서 임차인을 내쫓는 것을 도모하는 사태가 발생하는 양상이 되었다. 물론 임차권에 관한 등기를 해놓고 있다면 임차인은 토지의 양수인에 대해서도 그 권리를 주장할 수 있지만, 임차권등기에는 지주의 동의가 필요하기 때문에, 많은 경우에는 등기를 하는 것은 불가능했다. 그렇게 된다면, 임차인은 양수인의 명도청구에 굴복할 수밖에 없게 되었다(매매는 임차권을 파괴한다). 그래서 1909(明治 42)년 일본에서는 구 건물보존법이 제정되어, 임차한 토지(借地)상의 건물에 대한 등기(건물소유자가 단독으로 할 수 있다)가 되어 있다면, 그 건물의 대지(부지: 敷地)의 임차권은 대항력을 가지게 되었다. 이것은 큰 진보였다. 하지만 이 법률에 의하면, 기간만료 경우의 명도를 저지하는 것은 불가능했다.

6·25 사변을 거쳐 1970년대 경제개발이 진전되자 농촌에서 도시로의 노동력 유입이 왕성해져, 주택임대차(借家)의 수요가 매우 증가한 관계로 영세한 국민이 사는 주택(건물)임차권의 보호가 큰 문제가 되었다. 그래서 임차인의 보호와 임대차 기간의 문제로 전환됨에 대한 대응과 발맞춰, 1981년 주택임대차보호법이 제정되었다.

더해서, 경제개발의 여파로 도시화가 가속되어 심각한 주택난이 찾아 왔다. 1채의 집에 몇 쌍의 가족이 살고, 고액의 집세가 상당히 여러 번 지급되지 못하게 된 것이 큰 문제가 되었다. 그래서 양도·전대나 임료 미지급을 이유로 하는 집주인의 임대차 계약을 해지하는 독단을 제한하는 판례이론이 전개되었다.[12] 한편 주택문제 이외에 영세한 자영업자를 보호하는 문제도 대두되었다. 따라서 자영업자가 사업을 하기 위해 영업용으로 건물을 임차하는 경우 그 사업자를 보호하기 위해 2001년 상가건물임대차보호법을 제정하였다. 이와 같은 임차권강화의 움직임은 임차권의 물권화야말로 근대소유권법의 발전 방향이라는 일부의 학설에 의해 강하게 지지되었다고 말할 수 있다.

나. 농 지

농지에 관해서도 제2차대전 후 여러 가지의 문제가 존재했다. 그러므로 오랜 기간에 걸쳐서 소작법의 제정이 검토되었지만 결국 실현에 도달하지는 못했다. 1949년 6월 21일 제헌국회에서는 농민에게 농지를 적절히 유상분배함으로써 자영농 육성과 농업생산력 증진으로 인한 농민생활의 향상목적으로 농지개혁법이 제정되었다. 농지개혁법에 의한 농지 매수·분배사업은 미군정의 귀속농지 매각사업과 함께 대한민국 농지개혁의 주요 사업 중 하나였다. 그리고 현재에는 농지

임대차에 관해서는 농지법에 의해 규제가 늘어나기에 이르렀다.

이상으로 비교적 최근까지의 부동산에 관한 임대차법의 역사를 살펴봤지만, 여기에는 임차권강화라는 큰 흐름이 있었다고 말할 수 있다. 단 1990년대에 들어와서부터는 반대의 흐름도 생기고 있지만, 이것에 대해서는 Ⅳ.에 설명하는 것으로 하자.

이상의 개관을 전제로 이하에 임대차에 관한 구체적인 문제를 차례로 살펴보자. 또 그렇게 하면서 농지임대차에 관해서는 중요도가 덜하므로 생략하고, 토지와 주택 · 건물임대차만을 다루기로 한다.

Ⅱ. 임대차계약의 성립

임대차계약은 사용 · 수익을 하게 한다는 점과 차임을 지급한다라는 점에 관한 합의가 있으면 성립된다(618조). 매매계약과 같이 임대차계약도 낙성계약이고 계약서의 작성이나 물건의 인도는 필요한 요건이 아니다. 하지만 실제 거래에서는 계약 체결시에 계약서가 작성되고, 또는 어떤 종류의 금전 수수가 되는 것이 보통이다.

1. 임대차계약서의 작성

우리법에서 임대차는 낙성계약으로 되어 있지만, 이것은 비교법적으로는 보기 드물다. 하지만 이와 같은 낙성계약으로 규율되어 있는 것은 우리 민족의 계약준수의식이 반드시 높았기 때문이 아니다. 즉 구두계약도 약속은 약속이니까 지키지 않으면 안 된다는 의식이 지배적이었다는 뜻이 아니다(그와 같은 의식은 일부의 계층에는 존재했지만). 그런 것이 아니라 임대차에 관해 계약서를 교환하는 것 같은 남남처럼 서먹서먹한 관계를 설정하는 것은 서로에게 호감을 사지 못했다고 하는 것이 실태라고 말할 수 있다. 이러한 모습은 서구 사회에서 시민들의 계약에 대한 의식과는 사뭇 다르다고 할 수 있다. '본체(大家)라고 한다면 부모와 다름없다'라고 하는 표현도 있는 것과 같이 정에 치중하는 사회에서, 임대차는 의사적인 친자관계와 같은 지배－복종의 관계로 시작되고, 당사자의 권리의무를 명백하게 한다는 발상이 약했다는 점을 들 수 있다.[13)]

하지만 오늘날은 대부분의 임대차에서, 계약의 성립에는 계약서 작성이 동반된다. 이것은 대부분의 임대차는 부동산에 관한 계약이므로 부동산매매와 비슷한 현상이다. 일용품의 매매 등과는 달리, 부동산에 관한 임대차에서는 목적물의 가액이 고가이고, 임대료의 액은 꽤나 고액이다. 또 매매와 같은 거래시장에서 계약과 동시에 곧바로 이행이 끝나 버리는 것이 아니라, 계약당사자 관계는 계속적인 것이 된다(계속적계약관계). 그 때문에 계약서를 교환하여 양 당사자의 권리의무를 명백하게 해두는 것이 중요하다. 또 오늘날에는, 임대차에서 부동산중개업자의 중개에 의한 계약이 늘어나고 있는 것도, 계약서작성을 추진하는 요인으로 되어 있다.

2. 임대차계약에서 금전의 수수

부동산에 관한 임대차계약에서 계약성립과 동시에 임대차보증금·권리금이라고 불리는 금전이, 임차인으로부터 임대인에게 넘겨지는 것이 보통이다. 이것들은 계약성립의 요건이 아니고, 계약보증금과 같은 것도 아니다. 다음으로 이것들 금전의 성격에 관해 봐보자.

가. 임대차보증금

임대차보증금이란 지료채무, 차임채무 등 임차인이 임대인에게 지는 채무를 담보하기 위해, 임차인으로부터 임대인에게 교부되는 금전이다. 따라서 임대차계약이 종료된 시점에 임대인은 미지급된 채무가 있다면 이것을 공제할 수 있지만, 잔액은 임차인에게 반환하지 않으면 안 된다. 임차보증금이 담보하는 채무의 범위에 관해 일본 최고재판소 판례는 임대차종료 후 명도 시까지 생긴 모든 채무를 임차보증금으로부터 공제의 대상으로 할 수 있다[14]고 하고 있다. 단, 명도 전에 소유자가 바뀐 경우 임차보증금은 신소유자에는 승계되지 않는다고 하고 있다. 그러나 이러한 판단에 대해서 신소유자가 임대인으로서의 지위를 승계하는 때는, 임차보증금도 승계[15]된다고 한다. 반대로 일본 최고재판소 판례는 임대인의 승낙을 얻어 임차인이 교체되는 때는, 임차보증금은 승계되지 않는다고 했다.[16]

나. 상가임대차계약에서 권리금

상가건물임대차에서 기존 임차인이 새로이 들어오는 임차인에 대하여 보증금·월세와는 별도로 지급해 줄 것을 주장하는 일종의 '프리미엄'으로 권리금이 수수되는 것이 보통이다. 기존 점포가 보유하고 있는 고객과 영업방식을 그대로 이어받는 대가로 지급하는 돈을 뜻한다. 바꾸어 말하면 임대차 목적물인 상가건물에서 영업을 하는 자 또는 영업을 하려는 자가 영업시설·비품, 거래처, 신용, 영업상의 노하우, 상가건물의 위치에 따른 영업상의 이점 등 유형·무형의 재산적 가치의 양도 또는 이용대가로서 임대인, 임차인에게 보증금과 차임 이외에 지급하는 금전 등의 대가를 말한다(상가건물임대차보호법 10조의3). 그러나 일본 최고재판소 판례는 권리금은 임차보증금과 달리 임대차 종료시에 반환되지 않는 것으로 보고 있다.[17] 권리금은 장소적 이익·영업상의 이익 등의 대가라고 정의되어 있다.

이것 외에 건설협력금이라고 불리는 금전이 수수되는 경우도 있다(最判昭 51.3.4. 民集 30券2号, 25頁).

Ⅲ. 임대차의 효력

임대차계약에 따라서 당사자는 어떠한 의무를 지는가. 임대인의 의무, 임차인의 의무로 나누어 설명한다.

1. 임대인의 의무

가. 임대차목적물을 임차인에게 사용·수익하게 할 의무

임대인의 중심적 의무는 임차인이 임대차 목적물을 사용·수익하게 한다는 의무이다(618조, 623조). 구체적으로 임대인은 임차인에게 목적물을 인도하지 않으면 안 된다. 또한 제3자가 임대인의 사용이익을 방해할 때에는 이것을 배제하지 않으면 안 된다.

사용·수익의 내용에 관해서는 654조가 준용하는 610조에 의해, 계약 또는 목적물의 성질에 의해 결정되는 용법에 따르는 것이 필요하다고 되어 있다. 따라서 임대차계약으로, 민법규정과 다르게 사용·수익의 방법을 정할 수도 있다. 예를 들어 주택임대차의 경우에는 동물을 기르면 안 된다고 하는 방식이다(단 결혼하면 퇴거해야 한다는 특약의 효력에는 문제가 있다). 토지임대차의 경우에 자주 이루어지는 특약으로서, 증·개축금지특약이 있다. 이것은 존속기간이나 매수청구권과도 관련되어 있다(주택임대차의 경우 집주인의 승낙 없이 증·개축을 행하면 용법위반이 된다).

나. 임대차목적물의 수선 · 비용상환 의무

임대차기간 중의 목적물의 유지·관리는 임대인이 부담한다. 구체적으로 일단 임대차계약이 성립되면, 임대인은 계약에 따라 임대차목적물수선의무를 진다(624조 1항). 예를 들어 비치된 에어컨이 고장난 경우 그 수리는 임대인이 하지 않으면 안 된다. 이 의무의 이행을 위해 임대인이 필요한 행위를 하는 것을 임차인은 거절할 수 없다(624조 2항). 즉 임대인이 임차물의 보존에 필요한 행위를 하는 경우 임차인은 이를 거절하지 못한다(624조). 또 다른 예를 들면 임대인이 고용한 수리인이 임차인이 거주하는 방에 들어가는 것을 허용하지 않으면 안 된다는 것이다(단 625조에 주의). 더욱이 임차인은 임차목적물을 수리할 필요가 있는 때는 그러한 사실을 임대인에게 알릴 의무를 진다(634조). 그러나 임대인이 임차인의 의사에 반하여 보존행위를 하는 경우 이로 인하여 임대차의 목적을 달성할 수 없는 때 임차인은 임대차계약을 해지할 수 있다(625조). 이에 관해 판례는 임차인의 수선의무 부담범위(96다28172)에 관해 파손 또는 훼손이 임차인이 계약에 의하여 정해진 목적에 따라 사용·수익할 수 없는 정도의 것인 경우 임대인에게 수선의무가 발생(94다34692)하고, 또 임차물의 통상적인 수선·관리 의무는 임차인에게 있다고 했다(89도703).

임대인에게 수선의무가 있다고 해도, 실제로는 임차인이 수선을 해버리는 경우도 적지 않다. 그 경우 들어간 비용에 관해 임차인은 임대인에게 그 비용을 상환청구를 할 수 있다. 특히 목적물의 유지·보존에 필요한 비용(필요비)의 경우에는, 곧바로 상환청구를 할 수 있다(626조 1항). 여기서 필요비란 임차목적물(점유물)을 보존하는 데 지출한 금액 기타 공과금, 수리비 등을 말한다. 이러한 것을 전세권자와 대비(309조, 310조)해 보라. 그러나 임차인이 임차한 건물에서 임차인의 영업을 하기 위하여 개인의 편익을 위해 임차물에 지출한 비용은 임차건물에 지출한 비용이 아니다(93다25738). 그리고 임차인은 6월 내에 행사하여야 하고(654조, 617조), 이것은 제척기간이다.

반면에 목적물의 개량을 위해 지출된 비용(유익비)에 대한 취급은 필요비와 조금 다르게 처리된다. 이와 같은 비용도 203조 2항의 규칙(룰)에 따라서 상환이 가능한 경우도 있지만, 그것은 임대차계약이 존재하지 않은 경우에 관한 규칙이고, 필요에 따라서는 법원이 다시 한 번 상당한 기간을 줄 수 있다고 되어 있다(626조

2항). 여기서 말하는 유익비는 임차물의 객관적가치를 증가시키기 위하여 지출한 비용(626조 2항 전단)으로 임대차계약이 종료된 시점에 그 가액의 증가가 현존한 때 지출한 금액 또는 증가액 중의 하나를 청구할 수 있다(626조 2항 후단). 비용상환청구권에는 목적물 반환시부터 6월 이내라는 기간 제한이 있지만(654조→617조), 법원에 의한 기간부여가 된 경우에는 정해진 기간부터 6월 이내 기간을 기산하는 것이다. 이것은 임차물에 관한 채권(320조 1항)이 되므로 임차인은 유치권을 행사할 수 있다(320조). 이러한 권리는 실무에서 임대차계약이 종료되거나 제3자와의 관계에서 분쟁이 일어났을 때 가끔 발생하고 중요도가 높다. 더욱이 수선의무·비용상환의무에 관한 규정은 임의규정이므로, 특약에 의해, 수리는 임차인의 부담으로 하는 것도 가능하다. 이것은 임대차거래에서는 흔히 볼 수 있다. 임대차계약서에 '임차인이 임차건물을 증·개축하였을 때에는 임대인의 승낙여부를 불문하고 그 부분은 무조건 임대인의 소유로 귀속한다' 또는 '임차인은 임대차계약이 종료한 때 임차인에게 임차목적물을 원상으로 회복하여 인도한다' 등의 조항에 관해 판례는 임차물에 증축될 부분의 원상복구를 약정한 경우 이는 증축을 위해 지출한 유익비의 상환청구권을 배제하는 특약이라고 해석한다(94다20389,20396). 그러나 참고로 학설은 유익비상환청구권의 경우에 그 포기특약을 제한할 필요성이 훨씬 크기 때문에 652조를 유추 적용하여 사전에 포기할 수 없다는 부정설도 있다.

2. 임차인의 의무

가. 임차인의 차임지급의무

임차인의 중심적의무는 차임(임대료)지급의무이다(618조). 차임지급시기에 관해 민법은 월말에 지급(차임지급후불의 원칙)하는 것으로 규정해 놓고 있지만(633조), 계약으로 이것과 다른 합의를 해도 무방하다. 그리고 이에 관해 약정이 없으면 관습에 의한다(106조). 건물임대차의 경우 실제로는 전달의 차임이 많다. 차임의 구체적인 금액에 관해서는 당사자가 합의로 자유롭게 결정해도 좋다. 단 예외로 차임감액에 관한 규정이 몇 개 두어져 있다. 먼저 농지에 관해선 흉작에 대처하는 규정으로서, 628조가 두어져 있다(해지도 가능). 단 이 규정은 오늘날에는 농지법 23조에 의해 수정되어 있다. 그 외의 경우(차가 등의 경우)에 대해선 목적물의 일부멸실 때에 차임감액을 인정하는 627조가 있다(동조 2항으로 해지도 가능).

나. 임차인의 임차목적물반환의무

임차인의 또 하나의 의무는, 임대차계약이 종료된 시점에 목적물을 반환(임차목적물반환의무)하는 것이다. 빌린 물건을 반환하는 것은 당연한 것이지만, 민법규정으로는 654조에 의해 준용되는 613조 1항이 근거가 된다. 이때 임차인은 목적물을 원상으로 되돌려서 반환(임차목적물원상회복의무)하지 않으면 안 된다(654조→615조). 이와 관련해서 임차인은 임차물을 반환할 때까지 선량한 관리자의 주의로 목적물을 보관할 의무(374조)와 임대인에 대한 통지의무(634조)를 진다. 이러한 의무를 위반한 때 임차인은 어떠한 의무를 지게 되는가? 어떤 때 불법행위가 성립되고, 임차인이 받은 이익을 부당이득으로 반환해야 하는가?

먼저 이해를 돕기 위해 불법행위, 부당이득 그리고 계약을 구분해 보자. 불법행위는 고의·과실로 위법하게 타인에게 손해를 가하는 행위(고의나 과실에 의하여 타인의 권리를 침해함으로써 손해를 발생시키는 행위)로 발생하고, 부당이득(741조)은 어떠한 특정한 사건에 의해 발생하며 계약은 법률행위적 '의사표시'에 의하여 생긴다는 점을 구별할 수 있다. 참고로 학설은 임대차계약이 종료된 이후에도 여전히 임차인이 임차목적물을 계속 점유하고 있는 경우에는 불법행위책임 및 부당이득반환의무가 생긴다. 즉 임차인이 그 점유로 인하여 실질적인 이득을 얻고 있다면 부당이득으로 반환하여야 한다고 한다(실질적 이익론). 한편 임대차계약에서 임대인이 임차인에게 급부한 것은 '목적물의 일시적인 이용 허용' 또는 '이용가능성'이다. 임차인이 이용가능성을 살려서 실제로 경제적 효과를 얻을 것 등을 임대인이 책임져야 하는 것은 아니라는 견해도 있다(급부부당이득론). 그러면 두 견해를 어떻게 평가해야 할까? 임차인이 동시이행항변권과 같은 인도거절권능을 가지고 있는 경우에는 임차목적물의 점유자체가 바로 동시이행항변권의 행사방법으로서 인정될 수도 있다. 그러므로 임차인의 부당이득반환의무를 인정하기 위해서는 실질적인 이익유무를 검토하여 결정하여야 한다. 부당이득반환은 임차인이 계속 점유할 권능이 있는지 여부에 따라서 결정되고, 이는 213조 단서의 '점유할 권리'에 대한 문제로 환원된다. 이에 관해 판례는 임대차계약이 종료된 후 임차인의 임차물반환의무와 임대인의 연체차임 기타 손해배상금을 공제하고 남은 임차보증금반환의무는 동시이행의 관계에 있으므로 임차인이 동시이행의 항변권에 기하여 임차물을 점유하고 사용·수익하는 것은 불법점유가 되지 않는다. 그러나 임차인이 사용·수익으로 인하여 실질적으로 얻은 이익이 있다면 부당이득으로서 이를 반환하여야 한다고 했다(87다카2114,2115,2116). 이 밖에 임차인이 지는 의무는 어떤 것이 있을까? 통상 임대차계약에서 임차목적물이 사용에 예상되는 정도 이상으로 손상되어 있는 경우에는 손해배상의무를 진다(실제로는 임차보증금과 상계된다). 또 임차인이 가지고 들어 온 부속물(가구나 조명기구) 등은 임차목적물을 반환할 때 수거하지 않으면 안 된다. 단 물리적으로 목적물에 부착하고 있는 것(벽지나 페인트, 승낙을 얻어 증·개축한 부분)에 관해선 소유권은 임대인에 부속하는 것이 되어(부합), 그 결과 임차인은 앞에서 말한 비용상환청구권을 행사하게 된다. 이러한 미세한 문제들도 임대차거래에서 다툼의 여지가 많은 부분들이다.

다. 임차인의 보증금반환청구권(임대인의 보증금반환의무)

먼저 임차보증금은 무엇인가? 앞에서 잠깐 설명했듯이 임차보증금은 차임채무, 목적물의 멸실·훼손 등으로 인한 손해배상채무 등 임대차에 따른 임차인의 모든 채무를 담보하기 위하여 임차인 또는 제3자가 임대인에게 교부하는 금전 기타의 유체물이다. 이와 관련하여 임차보증금의 법적성질은 무엇인지 살펴본다. 참고로 학설은 임대차관계의 종료시 혹은 목적물반환시 임차인의 반대채무가 없음이 주장·입증되면 비로소 임대인의 보증금반환채무가 발생한다고 정리된다(정지조건부 반환채무를 수반하는 금전소유권이전설. 통설). 다음 언제 임차보증금을 반환해야 하는지에 관해 종료시설, 명도시설, 절충설로 나뉘어져 있지만, 판례는 임차물반환시까지 임차인의 모든 채무를 공제한 잔액이 있을 것을 조건으로 하는 권리라고 했다(77다1241(전)). 그러면 여기서 위에서 설명한 것을 이해하기 위해 눈을 돌려 임차보증금과 관련해서 실제 소송에서 누가 무엇을? 주장·입증해야 하는지에 관해 좀 더 자세히 살펴보자. 임대인은 '임차보증금에서 그 피담보채무를 공제한 나머지만을 임차인에게 반환할 의무'가 있고, '그 피담보채무인 연체차임, 연체관리비 등을 임차보증금에서 공제하여야 한다'는 주장을 해야 하고, 임차인은 '발생한 채권이 변제 등의 이유로 소멸'하였는지에 대해서 주장·입증해야 한다. 임대차보증금과 관련해서 실무에서 많이 볼 수 있는 사례는 차임채권의 양도·압류 및 추심명령·전부명령이 있는 경우이다. 이때 임차물 반환시까지 변제되거나 추심되지 않은 차임은 당연히 보증금에서 공제될 수 있느냐는 문제가 생긴다. 임차물반환시까지 변제되거나 추심되지 않은 차임은 당연히 보증금에서 공제될 수 있는가? 차임은 당연히 보증금으로부터 공제된다(공제설. 판례도 같다. 2004다56554).

그러면 여기서 위에서 설명한 실무에서 문제되는 것을 이해하기 위해 눈을 돌려 전부명령과 추심명령에 관해 좀 더 자세히 살펴보자. 추심명령은 채무자의 제3채무자에 대한 금전채권이 압류된 경우 민법상의 대위절차(404조) 없이 압류채권자가 압류채권의 지급을 받을 수 있는 권한을 부여하는 집행법원의 명령을 말한다(민집 229조). 제3채무자와 채무자에게 송달해야 하고, 제3채무자에 대한 송달이 있으면 추심명령의 효력이 생긴다(같은 법 229조 4항 · 227조 3항). 원칙적으로 압류채권의 전액에 미친다(같은 법 232조). 그러나 집행법원은 채무자의 신청에 의하여 압류채권자를 심문하여 압류액을 그 채권자의 요구액에 제한하고, 채무자에게 그 초과액의 처분과 영수를 허가할 수 있다. 한편 전부명령은 채무자의 제3채무자에 대한 금전채권이 압류된 경우 지급에 갈음하여 채권을 그 액면만큼 압류채권자에게 이전시키는 집행법원의 명령을 말한다(민집 229조). 추심명령과는 달리 전부채권을 그 액면만큼 채권자에게 이전하기 때문에 제3채무자가 무자력인 경우의 위험을 채권자가 부담하지 않으면 안 된다. 그러나 전부채권 전부를 다른 채권자에 우선하여 변제받을 수 있다. 그 결과 차임채권이 소멸하게 된 양수인 또는 전부채권자는 임대인에 대하여 부당이득 또는 담보책임을 물어야 한다. 임차보증금은 압류 및 전부의 대상이 될 수 있다는 데 이론이 없다. 압류 및 전부명령이 미치는 범위는 임대인의 채권이 발생하는 것을 해제조건으로 하여 임차물반환시까지 발생한 임대인의 채권을 공제한 잔액이다(87다카1315).

3. 임대인과 임차인의 권리 · 의무 관계의 조정

이상 설명한 바와 같이 임대차계약의 당사자의 권리 · 의무의 내용은, 기본적으로 당사자가 계약으로 결정할 수 있다. 그리고 내용이 일단 결정된 이상 이것을 변경할 수 없다. 물론 새로운 합의로 임대차계약의 내용을 변경하는 것도 가능하지만 그와 같은 합의는 그리 간단히 이루어지지 않는다. 특히 지위가 약한 입장에 있는 임차인의 측의 희망은 받아들여지기 어렵다. 그래서 몇 개의 점에 대해, 당사자의 권리의무의 조정을 법원에 맡기고 있다.

첫째, 토지임대차에서 계약조건의 변경 · 증개축에 관해서는 당사자의 협의가 성립되어 있지 않은 경우 법원의 허가를 구할 수 있다. 이와 관련해서 토지임대차계약 중에는 보통 '토지임대인의 승낙'이 없이 기존 건축물의 증개축(增改築)을 할 수가 없게 되어 있는 소위 무단개축금지의 특약이 있는 경우가 있다. 또 나중에 설명하겠지만 임차권의 양도 · 전대는 임대인의 허락 없이는 불가능하다(629조).

둘째, 목적물반환의무에 관련하지만 토지임차인이 임차한 토지 위에 세운 건물 등 지상물, 건물임차인이 임차한 건물에 붙인 창고 등(부속물이라 불림)에 관해 각각, 매도인에 대한 매수청구권이 인정되고 있다(지상물 · 부속물매수청구권청구권. 643조, 283 2항). 이것은, 건물 등의 보존이 사회경제적으로 이익이라는 점을 헤아려 임차인의 투하자본의 회수를 확보하는 취지라고 되어 있다.

그러면 여기서 눈을 돌려 먼저 토지임차인이 임차한 토지에 건립한 건물 등 지상물과 관련해서 토지임차인의 지상물매수청구권을 좀 더 자세히 살펴보자(643조). 이것은 임대차기간의 만료에 의하여 종료되는 경우에만 인정되는 권리다(94다34265). 그러나 건물소유자인 토지임차인에게 인정되는 권리이므로 지상물을 양도한 토지임차인 또는 이를 양수한 건물소유자에게는 인정되지 않는다(93다6386). 매수청구권행사로 임대차 토지상의 지상물에 대한 매매(형성권)가 성립하게 된다. 그리고 법문에서 말하는 '상당한 가액'이란 지상물 자체의 가격 외에 지상물의 위치, 주변토지의 여러 사정 등을 종합적으로 고려하여 매수청구권 행사 당시 지상물이 현재하는 상태에서 평가된 시가이고, 건물에 근저당권이 설정되어 있는 때에는 채권최고액이나 피담보채무액을 공제한 금액이 매수가격이 되는 것은 아니다(2002다46003,46027,46010). 한편 판례는 매수청구권행사 후 임차지 점유는 부당이득이 되고, 약정임료와 실제임료 사이에 현격한 차이가 있는 경우 실제임료가 부당이득금이 된다고 한다(99다60535). 그러나 임대차기간의 만료 후 임대인이 임차지를 제3자에게 양도한 때에는 앞에서도 언급했듯이 임차지의 구소유자에 대하여 매수청구권이 인정되지 않는다(93다59717,59724). 그리고 643조에 위반한 약정으로서 임차인에게 불리한 것은 무효이다(652조). 따라서 임대대차기간의 만료 후 임차인이 지상건물을 철거하기로 약정한 때에는 매수청구권의 사후포기로서 효력이 있다.

다음으로 건물임차인의 부속물매수청구권에 관해 살펴본다. 이것은 건물 기타 공작물(이하 건물)의 임차인이 그 사용의 편익을 위하여 임대인의 동의를 얻어 이에 부속한 물건이 있는 때 생기고(646조 1항), 또 매수청구권의 객체가 되려면 임차인의 소유에 속하고, 건물의 구성부분이 아닌 독립성이 있는 물건이어야 한다(92다41627). 이 권리는 임대차의 종료시점에 발생하는데 토지임차인의 지상물매수청구권과 다른 점이다. 한편 임차인의 채무불이행(차임연체, 무단양도, 무단전대 등)에 의한 해지의 경우에도 부속물매수청구권이 생기느냐는 문제가 있다. 참고로 학설

(다수설)은, ㉠ 제646조는 '임대차의 종료시'라고만 규정하여 643조가 '임대차의 기간이 만료한 경우'라고 규정하고 있는 것과 달리 임대차계약의 종료원인을 제한하지 않고 있다. ㉡ 지상물매수청구권은 임차인에게 임대차계약의 갱신청구권이 있음을 전제로 하는 것인 반면 부속물매수청구권은 그렇지 않기 때문에 부속물매수청구권의 경우에 지상물매수청구권의 경우처럼 임대차계약의 종료원인을 제한할 필요가 없다는 근거로 인정한다. 그러나 이에 관해 판례는 매수청구권을 인정하지 않는다(2003다7685). 건물임차인의 부속물매수청구권 역시 형성권이다. 또 646조는 강행규정이다(652조). 이와 관련하여 임차보증금과 임료를 저렴하게 해 주는 대신 임차인이 부속물에 대한 매수청구권을 포기한 경우(92다24998,25007) 그리고 건물임차인의 비용을 들여 증축한 부분을 임대인의 소유로 귀속시키기로 하는 약정은 임차인에게 불리한 것이 아니라고 한다(94다44705,44712).

셋째, 차임에 대해선 증감청구권이 인정되고 있다(차임증감청구권이라고 불린다. 628조). 한편 상가건물임대차에서는 상가건물임대차보호법으로 인정하고 있다. 계속적 토지사용이 상당한 장기에 걸쳐 있기 때문에 이 동안에 임차건물에 관한 조세, 공과금, 그 밖의 부담의 증감이나 기타 경제사정의 변동으로 인하여 약정한 차임이 상당하지 않게 될 때가 있으므로 차임증감청구권을 인정한다(상가건물임대차보호법 11조). 지가의 상승 등에 의해, 또는 근처와 비교하여 차임인 상당히 부당하게 된(불상당한 것이 된) 때는 당사자는 지대 또는 차임의 증감청구권을 행사할 수 있고, 이 권리는 형성권이며 의사표시에 의해 효과가 생기는 것으로 되어 있지만 의사표시를 하는 사람이 일방적으로 증감액을 결정하는 것은 아니다. 구체적으로 증감에 관한 교섭이 이루어지 않을 경우 먼저 조정이 이루어지지만,[18] 조정이 이루어지지 않은 때는 최종적으로 법원이 나서서 타당한 차임액을 결정해 주는 것으로 되어 있다(628조). 그리고 627조는 편면적강행규정이다. 나아가서 민법은 장래에 발생할 차임의 증감청구권을 인정하고 있다(628조).

이상과 같이 계약 당초에 있어서 의무내용을 어떻게 결정하는가는 당사자의 자유에 속하는 것이지만, 계약계속 중 발생한 사정변화에 부응하여 계약내용을 수정한다는 단계에는, 법원이 개입하는 장면이 늘어나고 있는 것이 주목된다. 말하자면 들어가는 것은 자유지만 안에 들어가면 제약이 있다라는 것으로 되어 있다. 그렇지만 이와 같은 법원에 의한 수정은, 민법전에 전혀 포함되어 있지 않았던 것이 아니었다는 것도 잊어선 안 된다. 한편 이러한 차임증감청구권은 임차물의 일부가 임차인의 과실 없이 멸실 기타 사유로 인하여 사용·수익할 수 없게 된 경우 임차물 전부의 사용·수익이 불능인 경우에도 생긴다(627조 1항, 627조~628조). 차임의 증감과 관련해서 판례는 임대인이 일방적으로 차임을 인상하는 데에 대해 임차인이 이의를 할 수 없다고 하는 약정은 628조에 위반하는 것으로 효력이 인정되지 않는다고 했다(92다31163,31170). 그리고 차임증가를 배제하는 특약이 있는 때 그것을 특약을 그대로 유지시키는 것이 신의칙에 반한다고 인정될 정도의 사정변경이 있을 경우에는 형평의 원칙에 의하여 임대인에게도 차임증가청구권을 인정한다(96다34061). 차임에 관한 임대인·임차인의 이해관계를 합리적으로 조정하기 위한 것이다. 그래도 법원의 개입으로 계약내용결정의 자유가 움직이는(작동하는) 범위가 좁아져 간다는 것은 확실하다. 이 경향은 임차권의 존속기간, 제3자와의 관계를 놓고(관계에 있어서) 한층 더 현저해진다.

이것들의 점에 대해선 이하에서 검토한다.

Ⅳ. 임대차계약의 종료

1. 기간만료·해지신청에 의한 계약의 종료

가. 임대차계약 존속기간

이미 설명했던 대로 임대차계약의 존속을 보장하고 임차인의 지위를 안정시키는 것이, 주택임대차보호법·상가건물임대차보호법 제정의 하나의 목적이었다. 이하에서는 현재 어떤 제도로 되어 있을까를 봐보기로 한다. 출발점으로서 먼저 민법 규정을 본다. 기간을 결정하는 규정으로 651조 임대차의 존속기간은 지상권과 비교해서 20년을 초과할 수 없다고 규정하여 이것을 넘는 것은 20년으로 단축되는 것으로 되어 있었다. 그러나 동조는 헌법재판소 결정으로 삭제되었다. 그러므로 임대차기한에 관한 상한제한은 없어진 셈이다.

(1) 토지임대차

보통 토지에 관한 임차권의 경우에도 위에서 보듯이 621조는 헌법재판소 결정으로 삭제되었으므로 토지임대차 기한에 관한 상한제한도 없어진 셈이다.

(2) 주택임대차와 상가건물임대차

이에 관해서는 주택임대차계약과 상가건물임대차계약을 설명하면서 자세히 본다.

나. 임대차계약의 종료

임대차계약 기간의 만료 또는 임대차계약의 해지 의사표시로, 임대차가 종료된다는 것이 민법의 사고방식이다. 그렇지만 민법에는 묵시적갱신에 관한 규정이 두어져 있고, 묵시적갱신 후에는 기간의 정함이 없는 임대차가 된다고 되어 있다(639조). 이에 이어서 기간의 약정이 없는 임대차의 해지권(639조 1항 단서)을 인정하고 있다. 이것을 묵시적갱신의 의제로 부른다. 이러한 묵시적갱신이 되기 위해서는 임대차기간이 만료한 후 임대인이 상당한 기간 내에 이의를 하지 아니한 경우(639조 1항 본문) 임차인이 임차물을 계속 사용·수익하고 있어야 한다(묵시적계약갱신의 요건). 한편 차임의 인상을 요구한 때는 이의제기를 한 것이다. 판례는 임차지상 건물의 철거소송을 제기한 때도 이의제기로 본다. 이때 제3자가 제공한 담보도 소멸(639조 2항)하는데 이에는 인적담보도 포함한다(76다951).

하지만 주택·상가 임대차에 관해서는 주택임대차계약과 상가건물임대차계약을 설명하면서 자세히 본다.

(1) 토지임차인의 임대차계약 갱신청구권

건물 기타 공작물의 소유 또는 식목, 채염, 목축을 목적으로 한 토지임대차의 경우(643조, 283조 1항)에도 임대차계약의 갱신이 인정되고, 임대인이 임차인의 갱신청구를 거절할 경우 즉 임대차계약갱신의 청약에 대하여 승낙을 하지 않을 경우(643조, 283조 2항)에는 임차인에게 지상물매수청구권이 인정된다. 즉 건물의 소유를 목적으로 한 기간의 약정 없는 토지임대차계약을 임대인이 해지함으로써 임대차가 종료하여 임차인이 임대인에게 토지를 인도하여야 하는 법률관계라면, 임차인은 임대인에게 계약갱신청구의 유무에 불구하고 건물매수청구권을 행사하여 건물대금의 지급을 구할 수 있다(94다51178). 취지는 임차인으로 하여금 그 소유의 지상물의 잔존가치를 회수가능하게 하면서, 이를 통해 임대인에게 토지임대차의 갱신·존속을 간접적으로 강제하는 방법으로 멀쩡한 지상물이 철거됨으로 인한 국민경제적 낭비를 회피하기 위함이다.

(2) 주택임대차와 상가건물임대차

기간이 정해진 주택임대차에 관해 역시 법정갱신의 제도가 있고 기간 만료의

6개월 전부터 1개월 전까지의 기간에 갱신거절을 통지하지 않으면, 종전의 계약과 동일한 조건으로 2년의 임대차로 본다(주택임대차보호법 6조).

그리고 상가건물임대차의 경우에도 임차인은 주택임대차와 같이 임대차기간이 만료되기 6개월 전부터 1개월 전까지 사이에 계약갱신을 요구할 수 있고 다른 점은 임대인의 갱신거절에는 정당한사유가 필요하다(상가건물임대차보호법 10조 1항). 임차인의 계약갱신요구권은 최초의 임대차기간을 포함한 전체 임대차기간이 5년을 초과하지 아니하는 범위에서만 행사할 수 있다(동법 10조 2항). 그러나 임차인이 3기의 차임액에 해당하는 금액에 이르도록 차임을 연체한 때 등 5가지 사유가 있는 경우에는 거절할 수 있다(상가건물임대차보호법 10조(계약갱신 요구 등) 1조 1호~6호). 여기서도 표를 표시해두자(도표 7.2.2).

도표 7.2.2 주택 · 상가 임대차 존속보장

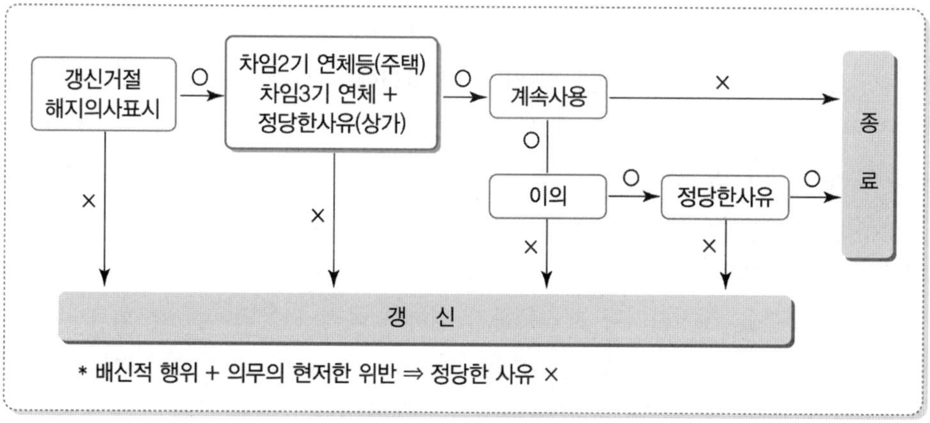

이상으로부터 알 수 있듯이 기간만료 또는 해지의사표시에 의해 임대차계약을 종료하게 할 수 있는지 여부는 상가건물임대차에서는 주로 정당한사유의 유무에 달려 있다고 말할 수 있다. 그래서 이 점에 대해서는 조금 설명한다.[19] 정당한사유는 예로부터 임대인의 명도청구의 가부를 결정하기 위한 요건으로 여겨져 왔다. 의용민법에서는 '스스로 …… 사용하는 것을 필요로 하는 경우 기타 정당한사유'라는 표현이 채택되어 있고, 한편 자기사용의 필요가 특별한 취급을 받는가와 같이 보이며, 다른 한편 그 이외의 사정으로서 무엇이 고려되어야 되는가는 명확하지 않았다. 실제로 일본 최고재판소 판례는 정당한사유는 당사자 쌍방의 사정을 비교고량(比較考量)하여 모든 사정을 종합적으로 판단[20]해야 한다고 하고 있다. 이 판결은 임차인의 사정을 어디까지 고려할 수 있는가에 대해 판단하고 있다.

그런데 의용민법을 근거로 한 일본 최고재판소 판례는 정당한사유를 판단하는 하나의 요소로서, 임대인이 임차인에게 지급되는 퇴거비의 제공을 고려해왔다. 일본 최고재판소 판례는 위와 같이 퇴거비를 고려하고, 그 액수에 대해서는 일정의 범위 내에서 법원이 결정할 수 있다[21]고 했다. 또한 일본 최고재판소 판례는 임대차계약 해지의 의사표시 후에 제시된 퇴거비의 금액도 고려할 수 있다[22]고 판단하고 있다. 또한 역으로 임대차계약갱신을 할 때 임차인으로부터 임대인에 대해 갱신료라고 불리는 금액이 지급되는 것이 많다고 하는 것도 여기서 설명해두자. 일본 최고재판소 판례는 갱신료[23]에 관해서 다루고 있다.[24]

그렇다면 주택·상가건물임대차보호법은 어떻게 처리하고 있는가? 구체적으로 상가건물임대차보호법은, ① 임차인이 3기의 차임액에 해당하는 금액에 이르도록 차임을 연체한 사실이 있는 경우, ② 임차인이 거짓이나 그 밖의 부정한 방법으로 임차한 경우, ③ 서로 합의하여 임대인이 임차인에게 상당한 보상을 제공한 경우, ④ 임차인이 임대인의 동의 없이 목적 건물의 전부 또는 일부를 전대(轉貸)한 경우, ⑤ 임차인이 임차한 건물의 전부 또는 일부를 고의나 중대한 과실로 파손한 경우, ⑥ 임차한 건물의 전부 또는 일부가 멸실되어 임대차의 목적을 달성하지 못할 경우, ⑦ 임대인이 다음 각 목의 어느 하나에 해당하는 사유로 목적 건물의 전부 또는 대부분을 철거하거나 재건축하기 위하여 목적 건물의 점유를 회복할 필요가 있는 경우를, 정당한사유를 판단하는 기준으로 제시하고 이러한 사정들이 재판요소로서 제시되기에 이르렀다(상가건물임대차보호법 10조). 한편 주택임대차보호법은 관련 규정을 두지 않고 법원의 판단에 맡기는 것으로 하고 있다.

2. 그 이외의 이유에 의한 임대차 계약의 종료

기간만료 또는 해약의 의사표시 이외의 이유로 어떤 경우에 임대차계약이 종료되는지에 관해서도 봐보자.

가. 임차인의 채무불이행

첫째로, 임대인이 임차인의 채무불이행을 이유로 계약을 해지함으로써 임대차가 종료된다. Ⅱ.에서 본 임차인의 의무의 무엇에 관한 불이행, 예를 들어 차임미

지급 또는 용법 위반 등이 있던 경우에는 임대인은 채무불이행에 의한 해지할 수 있다. 하지만 실무에서 재판이론에 의해, 임대인의 해지권에는 일정의 제한이 걸려 있다. 일본 최고재판소 판례는 임차인의 지위를 보호하기 위해, 당사자간의 신뢰관계를 파괴할 정도가 아닌 경미한 채무불이행이 있는 때는, 임대인의 해지권의 행사는 신의칙상 허용되지 않는다. 일본 최고재판소 판례는 임차인의 증개축금지 특약위반에 대해, 이러한 사고방식을 채택한 것[25]이다. 일본 최고재판소 판례는 비록 차임 미지급, 4개월 분의 차임체납이 있었지만, 비용상환청구권과의 상계가 가능했던 사례에서도 위와 같은 사고방식을 보여주었다.[26] 이것을 일반적으로 임대차계약에서 '신뢰관계파괴이론' 등으로 부르고 있다. 일본 최고재판소 판례는 또한 이 이론에 의해 일반적으로는 유효해야 한 무최고해제조항의 효력도 제한적으로 해석하고 있다.[27] 일본 최고재판소 판례는 다만 반대로 채무불이행의 태양이 현저히 나쁜 경우에는, 본래 필요한 최고할 필요도 없이 해지하는 것도 인정하고 있다.[28] 그러한 의미에서 신뢰관계파괴 이론은 임대인에 유리하게 움직인다는 점도 없지는 않다.

나. 임대차 목적 건물의 멸실

둘째로, 주택·건물임대차에 관해서는 목적물이 멸실한 때도(예를 들어 화재에 의해 소실한 경우 등), 이행불능으로 임차권이 소멸한다. 이것은 위험부담의 문제이다. 그러나 임차인에게 책임이 없다는 점을 임차인이 입증하지 못한 때도 위험부담의 문제가 되는가? 임차건물 화재에 관한 80다508의 사안과 판지는 다음과 같다.

사실관계 7.2.1 임대차 목적물의 멸실(화재)과 임차인의 책임 [80다508]

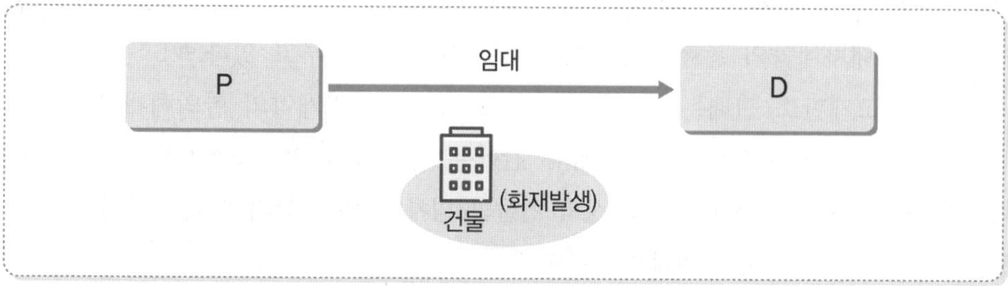

P가 D에게 남문빌딩 2층 목조합판 칸막이 사무실 중 하나를 임대한 후 해당 사무실

에 원인불명의 화재가 발생했다. 그러나 D는 이 사건 화재의 발생이 피고의 책임질 수 없는 사유에 기인한 것이라거나 위 사무실의 보존에 관하여 선량한 관리자의 주의의무를 다하였다는 점에 관하여 아무런 입증을 하지 못했다.

이에 관해 대법원은 "임차인은 임대차 종료시에 목적물인 임차물을 반환할 채무를 부담하는 것이므로 그 인도시까지 선량한 관리자의 주의를 다하여 이를 보존하여야 한다. 그 임차물인 건물이 화재로 인하여 소실됨으로서 임차인의 건물반환의무가 이행불능이 된 경우 임차인은 그 이행불능이 자기가 책임질 수 없는 사유에 인한 것이라는 입증을 다하지 못하면 그 이행불능으로 인하여 생긴 손해배상책임을 면할 수 없다" 판시하였다. 나아가서 임차인이 임대인 소유 건물의 일부를 임차하여 사용·수익하던 중 임차 건물 부분에서 화재가 발생하여 임차 건물 부분이 아닌 건물 부분(이하 '임차 외 건물 부분'이라 한다)까지 불에 타 그로 인해 임대인에게 재산상 손해가 발생한 때, 임차인이 보존·관리의무를 위반하여 화재가 발생한 원인을 제공하는 등 화재 발생과 관련된 임차인의 계약상 의무 위반이 있었음이 증명되고, 그러한 의무 위반과 임차 외 건물 부분의 손해 사이에 상당인과관계가 있으며, 임차 외 건물 부분의 손해가 그러한 의무 위반에 따른 통상의 손해에 해당하거나, 임차인이 그 사정을 알았거나 알 수 있었을 특별한 사정으로 인한 손해에 해당한다고 볼 수 있는 경우라면, 임차인은 임차 외 건물 부분의 손해에 대해서도 390조, 393조에 따라 임대인에게 손해배상책임을 부담하게 된다(2012다86895,86901(전)).

다. 기타 임대차계약 종료

그 외, 임대차계약의 종료에 관련된 문제를 두 가지 언급해 놓겠다.

첫째는, 임차인의 사망의 경우이다. 그러나 임대차는 임차인의 사망에 의해 종료하지 않고 상속인에 승계된다(614조는 준용되지 않는다). 더욱이 상속인은 없지만 내연의 배우자나 사실상의 양자가 있는 경우에는 주택(거주용건물)의 임대차에 한정해서, 임차인(차가인)과 그 주택에서 가정공동생활을 하던 사실상의 혼인관계에 있는 자에 의한 승계가 인정되고 있다(주택임대차보호법 9조). 일본 최고재판소 판례는 또 임대차계약의 종료로 남아있는 문제에 대해 다루고 있다.[29]

일본 최고재판소 판례는 또 다른 하나로, 토지임대차계약의 합의해제의 경우에 관해 앞에서도 설명했던 대로, 당사자 간에는 유효하게 임대차계약을 합의해제할 수 있지만 제3자(전차인이나 차지상의 건물의 임차인)에는 합의해제를 가지고 대항할 수 없다고 하는 것이 판례이론이다.[30]

V. 임대차와 제3자

1. 임차권의 양도 · 전대[31)]

지상권과 달리 임차권은 민법 규정상으로 채권이므로, 임대인의 승낙이 없는 한, 양도 · 전대를 할 수 없다(629조). 여기서 임차권의 양도란 임차인의 지위를 양도하는 것(①)이고, 전대란 임차인의 지위를 유지(保持)하면서 목적물을 다시금 제3자에게 빌려주는 것(②)을 말한다(도표 7.2.3). 이하에서는 (승낙을 얻은)적법한 양도 · 전대와 (승낙이 없는)위법인 양도 · 전대로 나눠서, 관계자의 권리 · 의무에 관해 살펴본다.

도표 7.2.3 임차권 양도(①)와 전대(②)

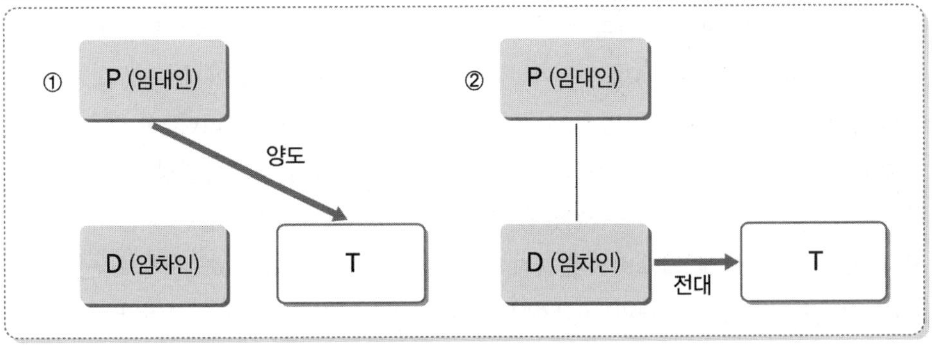

가. 적법한 임차권 양도 · 전대

(1) 임대인의 승낙을 받은 임차권 양도

임대인의 승낙이 있다면 임차인에 의한 양도 · 전대는 적법하다. 그러므로 적법한 전대를 하려면 임차인은 임대인의 동의를 받아야 한다(629조 1항)는 것이 원칙이다. 판례는 임대차계약이 원래 당사자의 개인적신뢰를 기초로 하는 계속적법률관계임을 고려하여 임대인의 인적 신뢰나 경제적 이익을 보호하여 이를 해치지 않게 하기 위한 것이라고 한다. 임차인이 임대인의 동의 없이 제3자에게 임차물을 사용 · 수익시키는 것은 임대인에게 임대차관계를 계속시키기 어려운 배신적 행위가 될 수 있는 것이기 때문이다(2009다101275). 따라서 임차인이 임대인의 동의 없이 제3자에게 임차물을 사용·수익하게 하는 것은 이러한 신뢰관계를 깨는 것이 된다. 전대에서 임대인동의 여부는 임차권양도계약 또는 전대계약의 중요한 요소를 구성한다. 따라서 이를 숨기는 것은 사기에 의한 의사표시가 될 수 있다(94다41003).

적법한 양도·전대가 된 때, 그 후의 당사자 사이의 법률관계는 어떻게 될까. 예컨대 임대인 P가 임차인 D에게 토지를 빌려주고, D가 이 임차권을 전차인 T에게 양도한 경우를 상정해보자(도표 7.2.3 ①). 임차권양도에서는 D의 임차권은 T에게 이전되기 때문에, 이후 임대차는 P·T 간에 존속하는 것이 되고, D는 계약관계에서 이탈하는 것이 된다. 이에 반해 임차인 D가 다시 임차한 토지를 T에게 전대한 때(도표 7.2.3 ②)는, 임대인 P·전차인 T 간에는 비록 직접적인 계약관계는 없지만, 630조 1항에 의해 T는 직접 P에 대해 임차인으로서의 의무를 지는 것이 된다(임대인 보호). 즉 P는 T에 대해서 차임 청구를 할 수 있다. 다만 D의 차임분을 넘는 청구는 할 수 없다(P·D 간의 차임 10만 원, D·T 간의 임료 12만 원의 경우 10만 원의 한도까지만 청구가 가능). 또 P·D의 계약은 없어지지 않기 때문에, 여전히 P는 D에 대해서 차임을 청구할 수 있다(630조 2항). 그러나 전대인에게 지급해도 임대인에게 대항 못한다(630조 1항 후단). 또 전대는 임차권양도와 달리 임차인의 지위가 유지되면서 목적물을 다시금 제3자에게 임대하여 주는 것이므로 전차인은 임대인에게 필요비·유익비 상환청구를 할 수 없고 또 전차보증금의 반환을 청구할 수 없다(임대인과 전차인 사이 임대차계약의 부존재). 그러나 토지임대차에 관해서는 특별한 규정이 있는데, 토지전차인에게는 전대차계약갱신청구권과 지상물매수청구권이 있고(644조), 건물전차인은 부속물매수청구권이 있다(전차인 보호. 647조).

(2) 임대차계약의 해지와 전차인의 지위

임대인은 임차인이 동의 없이 임차권을 양도하거나 전대한 때는 임대차계약을 해지할 수 있다(629조 2항). 그러나 판례에 따르면 임대인의 동의 없는 임차권의 양도라 하여도 당해 행위가 임대인에 대한 배신적 행위라고 볼 수 없는 특별한 사정이 있는 경우라면 해지권이 발생하지 않는다(92다45308). 그렇다면 여기서 말하는 특별한사정은 무엇인가? 판례는 임차권의 양수인이 임차인과 부부로서 임차건물에 동거하면서 함께 가구점을 경영하고 있는 경우를 든다(92다45308). 임대인 P·임차인 D 간의 합의해지는 전차인 T에게 영향을 주지 않는 것은, 이미 설명한 대로다. 즉 합의로 계약을 종료한 경우에도 전차인 권리는 소멸하지 않는다(전차인 보호. 631조). 또 635조 내지 637조에 의하여 임대차계약해지의 경우에는 전차인에게 통고하여야 한다(638조 1항). 그리고 해지는 일정한 기간이 경과하여야 효력이 발생한다(638조 2항, 635조). 판례는 임대차가 기간만료, 임차인의 채무불이행에 의한 해지 등으로 소멸하면 전차권도 소멸한다고 했다(90다카24939). 일본 최고재판소 판례는 임차인 D의 채무불이행에 의한 해지의 경우에는 전차인 T는 그가 가진 전차권(비록 전차인 T가 당초에 임대인 P의 승낙을 얻고 있었다 해도)을 가지고 이제는 더 이상 P에게 대항할 수 없다[32]고 했다. 그리고 전차인의 과실로 임차물이 훼손된 경우 전차인은 전대인의 이행보조자로서 그의 과실은 임대인의 과실이 된다(이행보조자설). 그러므로 전차인의 과실로 발생한 손해에 대해 임차인이 책임을 진다. 그러나 임대인의 동의 있는 전대차의 경우는 다르게 해석할 수밖에 없다. 임차인은 전차인의 선임·감독에 과실이 없는 한 책임을 지지 않는다. 그리고 일본 최고재판소 판례는 임대인 P가 전차인 T에게 임차목적물의 명도청구를 한 때, T는 명도의무를 지는 것과 동시에 이후, 목적물의 사용수익에 관해 손해배상의무 또는 부당이득반환의무를 지는 한편 임차인 D·전차인 T 사이의 전대차계약은 이행불능으로 종료한다[33]고 해석하고 있다.

나. 위법한 임차권 양도·전대의 효력

(1) 임대인의 승낙을 받지 않은 임차권 양도

참고로 학설(다수설)은, 임대인의 동의 없이도 임차인과 전차인(양수인) 사이의 임대차효력은 발생하고, 다만 양수인·전차인은 임차권을 취득하지만 양수인·전차인은 임차권의 취득을 임대인에게 주장할 수 없다고 한다. 따라서 임대인의 동의는 임차권양도·전대의 대항요건이다. 판례도 같은 취지이다(85다카1812). 그 결과 임대인에게 대항할 수 없는 양수인·전차인은 임차인의 권한을 대위행사할 수도 없다(84다카188). 그러나 판례는 대항요건이 없어도 채무자에 대한 관계에서는 사실상 채권이전의 효력을 인정하고 있다(2005다41818). 임대인의 승낙이 없이 양도·전대가 이루어진 때는 그것은 임대차계약의 해지원인이 된다(629조 2항). 판례는 그러나 임차인이 비록 임대인으로부터 별도의 승낙을 얻지 아니하고 제3자에게 임차물을 사용·수익하도록 한 때도, 임차인의 당해 행위가 임대인에 대한 배신적 행위라고 할 수 없는 특별한 사정이 인정되는 경우에는 임대인은 자신의 동의 없이 전대차가 이루어졌다는 것만을 이유로 임대차계약을 해지할 수 없다고 했다(92다45308, 2005다64255 등). 양수인·전차인은 취득한 임차권을 임대인에게 주장할 수 없으므로 양수인·전차인의 점유는 임대인에 대하여는 불법점유이다. 그렇다면 임대인은 제3자인 전차인·양수인에게 손해배상청구 또는 부당이득반환청구를 할 수 있는가? 무단전대에 관한 2006다10323의 사안과 판지는 다음과 같다.

사실관계 7.2.2 임차권 양도와 무단전대 [2006다10323]

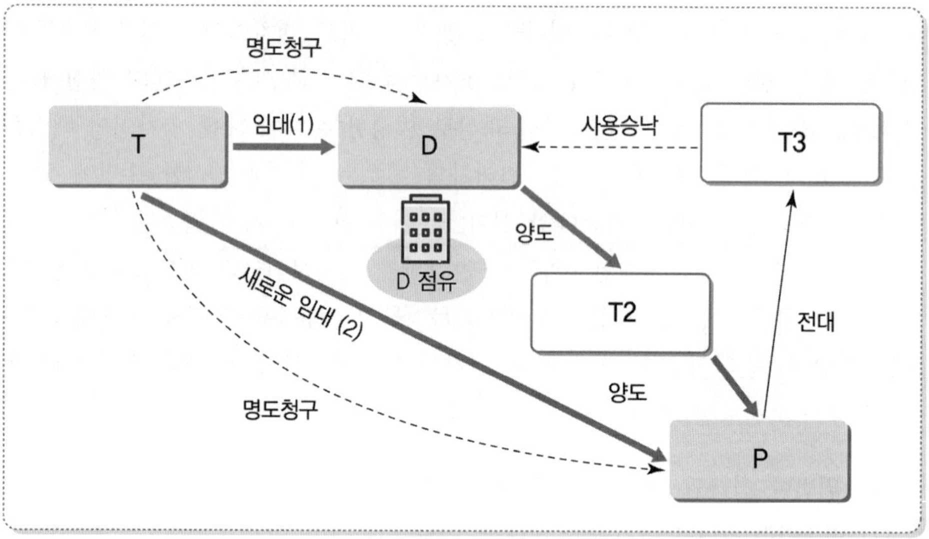

D는 2002.5.22. T1로부터 공장을 임차(임차보증금 6천5백만 원, 월차임 650만 원, 기간 2002.11.22.까지)했다. 공장임차권은 D에서 7.8. T2로, 다시 7.19. P에게로 순차적으로 양도됐다. 그 후 P는 2002.7.19. T1과 9.19.자로 소급해서 새로운 임대차계약(임차보증금 6천5백만 원, 월차임 650만 원, 기간 2002.12.31.까지)을 체결했다. P와 T3 사이에 전대차계약(전대차보증금 3천만 원, 월차임 550만 원, 기간 2003.3.18.까지)을 체결했다. D는 T3의 허락을 받고 공장을 점유·사용하고 있다. T1은 P 및 D를 상대로 공장 명도청구소송을 제기해서, 2003.7.경 D로부터 공장을 반환 받고, 2002.7.19.부터 2003.5.18.까지 P가 연체한 10개월간의 차임 6천5백만 원을 임차보증금에서 공제했다. 이에 대해 P는 D에 대하여 공제당한 임차보증금을 포함하는 부당이득반환을 청구했다(∵ D가 공장을 점유할 권원 없이 공장을 점유·사용함으로써 차임 상당의 이익을 얻고, 이로 인하여 자신이 T3으로부터 차임을 지급받지 못하고, 그 결과 임차보증금에서 차임 상당을 공제 당하는 손해를 입었다). 이 사건에서 쟁점은 임대인은 자신의 동의를 받지 않고 임차인이 임차물을 전대한 경우 전차인에게 불법점유를 이유로 임차물반환청구, 손해배상청

구 또는 부당이득반환을 청구할 수 있는가 그리고 임대인은 자신의 동의를 받지 않고 임차물을 전차한 전차인에 어떠한 권리를 갖느냐이다.

이에 관해 원심은 "P는 T3에게 공장을 전대하였음에도 불구하고 T3나 T3의 승낙하에 점유하고 있는 D로부터 월차임을 전혀 지급받지 못한 상태에서 소유자인 T1에 의하여 임차보증금 6천5백만 원 전액을 2002.7.19.부터 2003.5.18.까지 10개월간의 연체차임으로 공제당함으로써 동액 상당의 손해를 입었고, D는 2003.7.경까지 공장을 점유하여 운영함으로써 그 차임 상당의 이익을 얻었다" 판시하였다. 그러나 이에 관해 대법원은 "임차인이 임대인의 동의를 받지 않고 제3자에게 임차권을 양도하거나 전대하는 등의 방법으로 임차물을 사용・수익하게 하더라도, 임대인이 이를 이유로 임대차계약을 해지하거나 그 밖의 다른 사유로 임대차계약이 적법하게 종료되지 않는 한 임대인은 임차인에 대하여 여전히 차임청구권을 가지고 있다. 임대차계약이 존속하는 한도 내에서는 제3자에게 불법점유를 이유로 한 차임상당 손해배상청구나 부당이득반환청구를 할 수 없다" 판시하였다.

하지만 일본 최고재판소 판례는 일반적인 채무불이행의 경우와 같이, 이와 같은 임대차계약에서의 특수한 채무불이행에 대해서도, 임대인의 해지권에 대해서 일정의 제약을 부과하고 있다. 여기서도 신뢰관계파괴이론이 채용되고 있다. 오히려 시간적인 순서로 보면 먼저 양도・전대에 관해 신뢰관계파괴이론이 채용되었다. 저명한 일본 최고재판소 판례는 신뢰관계파괴 법리를 처음으로 보여주었다.[34] 참고로 학설은 한편 제2차 대전 후의 주택난시대에 있어서 거주의 보장이라는 실제상의 요청과 다른 한편으로는 양도・전대의 제한에 대한 이론적인 의문, 이 양자가 어우러져 이와 같은 재판이 이끌어져 나왔다고 설명하고 있다. 그리고 이 판결을 계기로 이후 신뢰관계파괴이론은 기타의 해지원인에도 영향을 미치게 되었다는 뜻이다.[35] 거기서 보이는 기본적인 사고방식 자체는 오늘날까지도 유지되고 있다고 말해도 좋다. 하지만 구체적인 판단기준은 종전 직후와 오늘날은 다른 것일 수도 있다는 것은 인정되어야 한다. 예를 들어 옛적의 하급심판결 등에는 꽤 장기간에 걸쳐서 차임을 지급하지 않아도 신뢰관계는 파괴되지 않았다는 것도 있었지만, 오늘날은 더 이상 이와 같은 판결은 간단히 말할 수 없겠다.

(2) 임차권에 대한 양도담보권의 설정

임차한 토지 지상의 건물에 대한 양도담보에 관해 살펴보자. 일본 최고재판소 판례는 이 양도담보권(양도담보는 담보법의 일환이므로 재산법・담보법 강의를 참조해 주기 바란다)에 관해 양도담보권자 P가 아니라 양도담보설정자(토지임차인＝건물소유자) D가 이어 받아 계속해서 그 건물을 사용하고 있고, 그 대지의 사용상황에 변화가 없었던 때는, 임차권에 대한 양도담보권의 설정은 629조에서 말하는 양도·전대에는 해당하지 않는다고 해왔다.[36] 하지만 일본 최고재판소 판례는 그 후 양도담보권자가 건물의 사용수익을 하는 때는, 대지의 사용주체가 바뀌게 되므로 신뢰관계가 파괴되었다[37]고 말할 수밖에 없게 됐다고 판시했다.

2. 임차권의 대항력

임차권의 대항력도 지상권과는 달리 채권의 성질로 원칙적으로 대항력이 부여되어 있지 않다(임차권의 대항력). 여기서 대항력이란 임차인이 임차건물의 양수인, 임대할 권리를 승계한 자, 기타 임차건물에 관하여 이해관계를 가진 자에 대하여 임대차의 내용을 주장할 수 있는 법률상의 권능을 의미한다. 그러나 622조는 건물의 소유를 목적으로 하는 토지임대차는 이를 등기하지 아니한 경우에도 임차인이 그 지상건물을 등기한 때에는 제3자에 대해 대항력을 가지는 것으로 하고 있다. 일본 최고재판소 판례는 이러한 지상건물에 관한 등기[38]에는 임대인의 협력이 필요하다[39]고 했다. 등기를 갖춘 임차권은 소유권을 취득한 제3자(양수인)에 대한 대항력이 있다는 점은 성질상 당연하다. 제한물권 또는 이에 준하는 권리(대항력 있는 임차권)를 취득한 제3자(기타 제3자)에 대한 대항력 있는 부동산임차권은 다른 권리에 우선한다. 다만 판례는 건물을 소유하는 토지임차인의 보호를 위하여 건물의 등기로써 토지임대차 등기에 갈음하는 효력을 부여하는 것일 뿐이므로 토지임차인이 지상건물을 등기하기 전에 제3자가 토지에 대하여 제한물권 취득 등기를 한 때 나중에 지상건물을 등기하더라도 제3자에 대하여 토지임차권을 대항하지 못하여 토지임차권은 소멸한다고 했다(2000다65802,65819). 그러나 실제로는 이러한 등기가 거의 이루어지고 있지 않다. 하지만 이미 설명한 대로 주택임대차보호법(3조의3), 상가건물임대차보호법(6조) 등의 법률에 의해 임차인이 쉽게 법원의 명령으로 대항요건을 구비할 수 있을 만한 제도가 설계되어 있다.[40]

가. 임대차계약의 제3자에 대한 대항요건

임차한 토지에 관해서는 임차한 토지상의 건물의 등기(622조[41])가 경료되어 있어야 하고, 임차한 주택·건물에 관해서는 인도(점유)가, 각각 임차권의 대항요건으로 되어 있다(주택임대차보호법 3조 1항. 상가건물임대차보호법 3조). 즉 임차한 토지에 관해서는 임차한 토지상에 건물을 소유하고, 그 건물에 관해 등기를 갖추었다면 임차한 주택건물에 관해선, 현재 임차인이 그 집에 살고 있다면, 각각 대항요건을 구비하고 있는 것이 된다. 이것들 규정에 따라 대항요건의 구비는 굉장히 쉬워졌다. 하지만 그럼에도 불구하고 대항요건이 구비되지 않는 경우도 있다.

(1) 토지임차권의 대항력

먼저 임차한 토지의 경우에 발생하는 문제를 본다(도표 7.2.4).

도표 7.2.4 임차권의 대항력과 소유자 · 지번의 상이

	실제	등기
① 지번	79번지	80번지
② 소유자	갑	을(가족)

우선 첫째, 건물등기의 지번이 다를 경우(실제론 79번지에 있는데 건물등기부에는 80번지로 되어있는 경우)에도 대항력이 인정될 수 있느냐(①)가 문제가 되었지만, 일본 최고재판소 판례는 지번이 다를 경우에도 대항력을 긍정했다.[42] 다소 지번이 빗나가 있어도 건물의 종류, 구조, 상면적(床面積) 등의 기재와 맞춰봐서, 전체로서 건물의 동일성을 인식할 수 있다면, '등기를 가진 건물'이라고 말해도 좋다고 해석하고 있다. 둘째로, 다음 타인명의의 등기가 있는 경우(토지임차권자의 가족 등의 명의의 등기가 있는 경우)는 어떤가(②)가 다투어졌지만, 일본 최고재판소 판례는 토지임차권자의 가족(을) 등의 명의의 등기가 있는 경우에는, 대항력을 인정하지 않는 입장을 취했다.[43] 토지거래를 하는 자는 보통 그 토지상의 건물의 등기명의인이 임차권을 가지고 있는지 여부를 조사하는 것이 보통이므로, 등기명의인과 토지임차인이 일치해 있을 필요가 있다고 생각했던 것이다. 하지만 참고로 학설은 이 판결에는 비판이 강하다.[44] 일단 건물이 서 있다면, 토지임차권은 있을 것이라고 생각해서 행동해야만 한다[45]고 말한다.

두 번째 판결(타인명의의 등기가 있는 경우)의 당부는 결국 토지의 양도인에 관해 토지임차인에게 어느 정도의 조사의무를 부과하느냐는 관점에 달려 있다. 이 점에 대해서는 민법을 놓고 봤을 때 '등기부일변도부터 현지주의 가미로'라는 방침의 전환이 이루어졌다고 평가하는 것을 고려해 둘 필요가 있다(622조에서 말하는 등기는 건물멸실 후 그 토지 위에 푯말을 세워 놓으면 일정기간은 대항력은 사라지지 않는다고 했다). 그렇다면 등기명의인의 불일치의 경우에도 조금 더 실제 권리관계를 조사할 의무를 부과해도 좋다고 말할 수 있는 것이 아닌가 싶다. 더욱이 민법은 그 '지상건물을 등기한 때에는 제3자에 대하여 임대차의 효력이 생긴다'라는 표현으로 되어 있는 것도, 이와 같은 해석론의 지지가 될 수 있겠다.[46)]

단 일본 최고재판소 판례는 학설의 비판을 전혀 무시하고 있는 것은 아니다. 이미 대항력이 인정되지 않는다고 해도 토지의 양수인의 건물철거 · 토지인도청구는 권리남용이 되는 경우가 있다[47)]는 것은 인정하고 있다.

(2) 주택 · 상가건물 임대차의 대항력

다음 주택 · 상가건물 임대차의 경우에는 어떠한 문제가 있는지 살펴본다.

상가건물임대차는 그 등기가 없는 경우에도 임차인이 건물의 인도와 부가가치세법 8조, 소득세법 168조 또는 법인세법 111조에 따른 사업자등록신청을 하면 그 다음 날부터 제3자에 대하여 효력이 생긴다(상가임대차보호법 3조(대항력 등)).[48)]

주택임대차에서는 임차인(賃借人)이 주택의 인도(引渡)와 주민등록을 마친 때에는 그 다음 날부터 대항력이 있다(주택임대차보호법 3조(대항력 등)).

이와 같은 대항요건의 구비로 권리관계의 우선열후(優先劣後)가 결정되는 것은 주로 임차인과 신소유자 간의 권리관계이다(도표 7.2.5 ①). 하지만 임차권의 이중설정의 경우(도표 7.2.5 ②)에도 같은 규칙에 의해 처리된다. 소유권의 경우 이중양도와 대비되어야만 하는 것은 후자이지만, 임차권의 대항력이 문제가 되는 국면으로서 중요한 것은 바로 전자이다. 마찬가지로 대항력이라고 해도 소유권과 임차권과는 문제의 국면에 어긋남이 있는 것에 대한 주의가 필요하다. 주택임차권의 대항문제는 실무에서도 중요도가 매우 높다. 나중에 따로 자세하게 살펴본다.

도표 7.2.5 임차권의 대항요건의 두 가지 분류

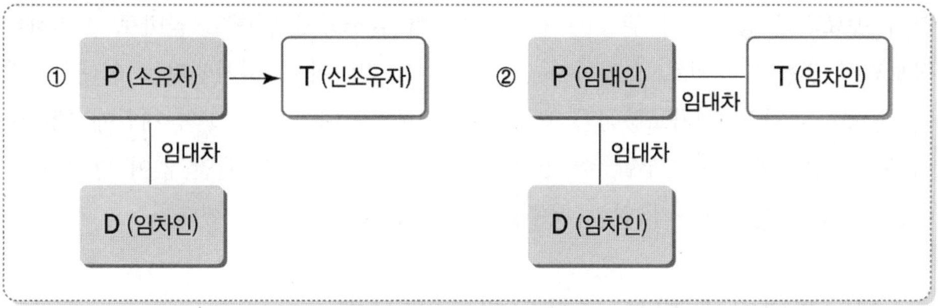

나. 임차권에 기한 불법점거자에 대한 방해배제

임차인과 제3자와의 관계로 그 밖에 불법점거자와의 관계가 문제가 되지만, 임차권이 채권으로 머물러 있으므로 어떠한 문제가 있는지 살펴본다. 임차인은 다음의 방법으로 방해배제를 할 수 있는 것은 확실하다. 첫째로, 소유자인 임대인에 부탁해서 방해배제를 받는 것(소유자에게는 물권적청구권이 있고, 또한 임차인에 대해 목적물을 사용수익하게 할 의무가 있기 때문에, 가능)이다. 둘째는, 임차인 자신이 점유소권을 행사하는 방법이 있다(204조).

하지만 첫 번째 방법은 임대인이 도와주기까지 기다리지 않으면 실현되지 않고, 두 번째 방법은 점유개시 전에는 이용할 수 없다. 임차권에 기한 방해배제청구권에 관해 판례는 대항력이 있는 부동산임차권이 침해된 경우 인정한다(99다67079). 그래서 일본 최고재판소 판례는 세 번째 방법으로서, 임차인은 임대인인 소유자의 방해배제청구권을 대위해서 행사할 수 있도록 하고 있다.[49] 이것은 채권자대위권(404조)이라는 제도를 사용한 것이지만, 엄밀히 말하면 그 요건을 만족하지 못하므로(본래는 대위되는 자 -여기서는 임대인- 의 무자력이 요건이 된다), 말하자면 대위권을 전용한 것이라고 말해야만 한다. 이와 같은 기교적인 구성을 사용하지 않고, 직접 임차인에게 방해배제청구권을 인정하는 것은 불가능한 것인가. 참고로 학설은 이와 같은 주장을 하는 것도 있다. 이 점에 대해서는, 채권에는 그와 같은 권능은 인정되지 않는다는 것이 전통적인 사고방식이었다. 하지만 일본 최고재판소 판례는 대항요건을 구비하고 있는 임차권은 말하자면 물권화한 임차권이므로, 불법점거자에 대해 방해배제청구를 인정해도 좋다고 해석해서 임차인에게 여기까지 인정하고 있다[50]고 해석할 수 있다. 한편 대법원은 등기된 임차권에는 용익권적 권능 외에 임차보증금반환채권에 대한 담보권적 권능이 있고, 임대차기간이 종료되면 용익권적 권능은 임차권등기의 말소등기 없이도 곧바로 소멸하나 담보권적 권능은 곧바로 소멸하지 않는다고 할 것이어서, 임차권자는 임대차기간이 종료한 후에도 임차보증금을 반환받기까지는 임대인이나 그 승계인에 대하여 임차권등기의 말소를 거부할 수 있고, 따라서 임차권등기가 원인 없이 말소된 때에는 그 방해를 배제하기 위한 청구를 할 수 있다(99다67079)고 했다.

Ⅵ. 특별법에 따른 주택임대차의 보호

1. 주택임대차보호법 개관

가. 주택임대차보호법과 민법과의 관계

주택임대차의 경우에도 임대인의 의무(623조, 626조), 임차인의 파산과 해지통고(637조), 차임연체에 따른 임대인의 해지(640조), 임차인의 부속물매수청구권(647조), 무단 양도·전대에 따른 임대인의 해지(629조 2항) 등 민법 규정이 적용된다. 그러나 주택임대차보호법은 주택임대차의 존속기간을 보호하고 또 주택임대차에 대항력과 우선변제력을 보장하기 위해, 특별한 규정을 두어 주택임차인을 보호하고 있다. 이하에서 자세하게 살펴본다.

나. 주택임대차보호법의 적용범위

주임법은 주거용 건물('주택')의 전부 또는 일부의 임대차뿐만 아니라, 주택의 일부가 주거 외의 목적으로 사용되는 경우에도 적용된다(주택임대차보호법 2조). 주거용의 여부는 임대차계약 체결시를 기준으로 공부상의 표시에 구애받지 않고(85다카1367), 주택의 구조, 일상생활 영위여부 등을 종합적으로 고려하여 합목적적으로 판단한다(87다카2024). 미등기주택은 어떤가? 미등기주택도 나중에 그 주택에 대하여 소유권보존등기가 경료되면, 적용되고 우선변제권도 인정된다(2001다39657). 또 대항요건을 갖추면 대항력을 갖는다(86다카164). 그러나 일시사용을 위한 주택의 임대차에는 적용되지 않는다(주택임대차보호법 11조). 원칙적으로 법인인 임차인에게는 주임법이 적용되지 않지만 대통령령으로 정하는 법인으로서 전세임대주택을 지원하는 법인이 주택을 임차한 경우에는 예외적으로 대항력과 우선변제력에 관한 규정(주택임대차보호법 3조 2항, 3조의2 등)이 준용된다. 한편 주임법은 주택에 관해 등기하지 아니한 전세계약(채권적 전세계약)에도 준용된다(주택임대차보호법 12조). 그러므로 주택임차인은 나중에 전세권설정등기를 하더라도, 대항요건과 우선변제요건을 구비하고 있으면 주택임대차보호법에 의한 보호를 받을 수 있다(93다10552). 나아가서 임대차계약서와 전세권설정계약이 당사자, 목적물 및 보증금액(전세금액) 등에서 동일성이 인정된다면, 전세권설정계약서가 첨부된 등기필증상의 등기관의 접수인은 임대차계약서상의 확정일자로 본다(2001다51725).

다. 임대차기간의 보장

주택임대차에서 기간은 임차인에게 매우 중요하다. 그러므로 기간의 정함이 없거나 기간이 2년 미만인 임대차의 기간은 2년으로 된다(법정의제. 주택임대차보호법 4조 1항). 다만 임차인은 2년 미만으로 정한 임대차기간의 유효를 주장할 수 있다(주택임대차보호법 4조 1항 단서)(95다22283). 임대차계약의 갱신에 관해서도 주택임대차보호법은 특별한 규정을 두고 있다. 즉 임대인이 임대차기간 만료 전 6월부터 1월까지 갱신거절의 통지를 아니하거나, 계약조건을 변경하지 아니하면 갱신하지 아니한다는 뜻의 통지를 하지 아니한 경우에는, 그 기간이 만료된 때에 전임대차와 동일한 조건으로 다시 임대차한 것으로 본다(법정갱신. 주택임대차보호법 6조 1항). 법정갱신이 인정되면 임대차기간은 2년이 되고(주택임대차보호법 4조 1항), 다만 임차인은 언제든지 계약해지를 할 수 있다(주택임대차보호법 6조의2 1항). 임차인의 해지는 임대인이 그 통지를 받은 날로부터 3월이 경과하면 효력이 발생한다(주택임대차보호법 6조의2 2항). 그러나 이러한 법정갱신의 특권은 임차인이 2기의 차임을 연체하거나 기타 임차인으로서의 의무를 현저히 위반한 경우에는 적용되지 않는다(주택임대차보호법 6조 3항). 일반임대차(639조 1항)와 주택임대차가 다른 점은 임대인이 임대차기간 만료 전에 미리 갱신거절 등의 통지를 하지 않으면 법정갱신이 인정되지만, 임차인이 현저한 임차물보관의무의 위반이 존속된 경우 법정갱신이 부정된다는 것과 법정갱신이 있더라도 임대차기간이 2년으로 의제된다는 점 그리고 그럼에도 불구하고 임차인에게만 해지권이 주어진다는 점이다.

라. 주택임차권의 법적 성질

주택임차권에 대항력과 우선변제력이 인정되지만, 이것이 바로 물권 또는 담보물권이 변하는 것은 아니다. 다만 우선변제력을 이유로 주택임차권이 법정담보물권적 성격을 갖거나 부동산담보권에 유사한 권리이지만, 여전히 채권계약으로서의 기본적 성질을 갖는다(2004다69741).

2. 주택임차권의 대항력

가. 대항력을 갖추기 위한 요건

주택임차인이 제3자에 대해 자기 권리를 주장할 수 있다는 것은 매우 중요하다. 이 부분은 실무에서 중요도가 매우 높다. 제3자에 대한 효력, 즉 대항력을 갖추려면 임차인은 주택의 인도[51]와 주민등록(전입신고)을 마쳐야 한다(주택임대차보호법 3조 1항). 주택인도와 주민등록은 임차권 공시기능을 하므로 중요한 요건이 된다. 구체적으로 살펴보자. 주민등록은 임차인이 전입신고를 한 때에 한 것으로 본다(주택임대차보호법 3조 1항 단서).[52] 그리고 점유개정으로 인도받아 임대차가 성립한 경우 종전의 주민등록은 소유권변동시부터 임차권 공시기능을 수행한다(99다59306). 점유보조자가 주민등록절차를 마친 경우는 어떤가? 판례는 예컨대 배우자, 아들(점유보조자)의 주민등록도 점유주의 주민등록으로 본다(87다카14). 또 임차인이 퇴거한 날로부터 주민등록법상의 전입신고기간 내에 전차인·양수인에 의한 전입신고가 되면, 임차인은 전차인·양수인의 점유와 주민등록으로 임대차의 대항력을 계속 유지할 수 있고(87다카2509), 임차인이 임대인의 승낙을 받아 처음부터 임차주택을 전대하는 경우에도 마찬가지다. 그리고 소유자, 임차인 또는 전차인의 지위에서 임차인이 종전부터 주택을 점유하고 주민등록을 하고 있었던 경우 기존의 점유와 주민등록도 임차인의 새로운 임대차의 대항요건이 될 수 있다. 다만 대항력을 발생하는 시기가 일반의 임대차의 경우와 다르다. 판례에 의하면 주택인도와 주민등록은 대항력의 존속요건이므로(86다카1695) 임대차종료시까지 존속하여야 한다. 그러나 임차인이 주민등록을 옮기거나 주택의 점유를 상실하면 상실한다. 비록 임차인이 나중에 다시 전입신고를 하더라도, 임대차는 대항력을 회복하지 못하고, 그 때부터 대항력을 가지게 될 뿐이다(97다43468). 그러나 주민등록이 임차인의 의사에 의하지 않고 이전된 경우에는, 나중의 전입신고로 임대차는 원래의 대항력을 유지할 수 있다.

언제 대항력이 발생하느냐(주택임차권의 대항력 발생시기)는 임차주택 양수인과의 우선순위 다툼에서 매우 중요하다. 원칙적으로 주택인도와 주민등록을 마친 날의 익일, 정확히 말하면 대항력은 익일 오전 0시에 발생한다(주택임대차보호법 3조 1항. 99다9981). 따라서 주택인도와 전입신고가 함께 이루어진 날 당일 또는 주택인도와 주민등록 중 어느 하나가 나중에 이루어진 날 당일 제3자(양수인)에게 소유권이전등기가 넘어 가면, 임차인은 그에게 대항하지 못한다. 한편 임차할 주택에 대한 기존의 소유자, 임차인 또는 전차인으로서의 점유와 주민등록이 새로운 임대차의 대항요건이 되는 경우 구체적으로 대항력의 발생시기는 다음과 같다.

첫째, 점유개정에 의하여 주택의 종전 소유자가 임차인이 되는 경우에는, 소유권변동이 있는 날로부터 비로소 종전의 주민등록이 처음으로 임대차관계를 공시하기 때문에 종전의 주민등록은 소유권이 변동한 날의 익일부터 대항력을 갖는다(99다59306). 이러한 대항력 발생시기의 문제는 실무에서 경매와 관련해서 다툼이 많다. 이에 관한 판례를 살펴본다. 낙찰과 주택임대차에 관한 99다59306의 사안과 판지는 다음과 같다.

사실관계 7.2.3 임차권의 대항력 발생시기 [99다59306]

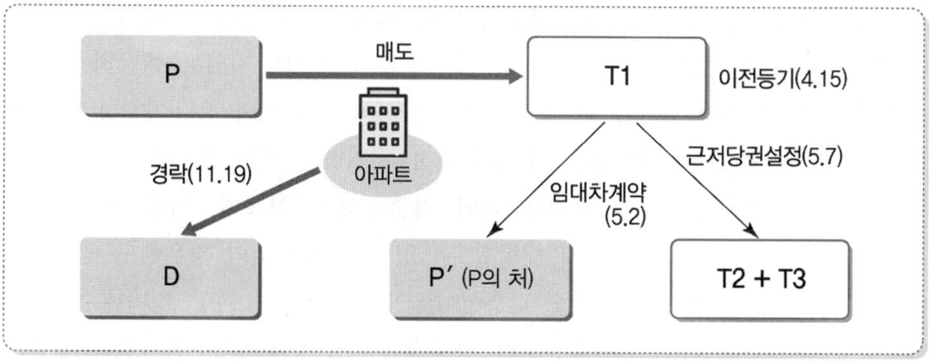

P는 1996.5.초 아파트를 T1에게 매도하고, 매매대금 일부를 임차보증금으로 대체하기로 약정했다. T1은 1995.4.15. 위 아파트에 관하여 자기 앞으로 소유권이전등기를 경료하고, 같은 달 12일 주민등록상의 전입신고를 마친 후 자기 처인 P′등과 함께 거주하여 왔다. 그 후 T1은 1996.5.2. P′와 임대차계약 체결했다. 1996.5.7. T2 앞으로 소유권이전등기가 경료됐고, T3와 T4를 근저당권자로 하는 근저당권자설정등기가 경료됐다. 이후 아파트는 근저당권자의 임의경매신청에 의해 D에게 경락되고, 1997.11.19. 낙찰대금 완납했다. 이에 P는 D에게 임차보증금을 반환해달라는 전부금반환청구소송을 제기했다. 이 사건에서 쟁점은 경락으로 소멸되는 선순위 저당권보다 나중에 등기되었거나 대항력을 갖춘 주택임차권자(P)가 경락인(D)에게 대항할 수 있는지 여부이다.

이에 관해 대법원은 "주민등록이 주택임대차의 대항요건이 되는 적법한 공시방법이 되기 위해서는 P로부터 T1로 소유권이 이전되어야 하므로, 1996.5.8. 비로소 임차인으로서 대항력을 갖춘 것이다. 1996.5.7. 설정된 근저당권이 낙찰로 인하여 소멸하였으므로 임차권 역시 소멸하게 되어 임차인은 낙찰자인 D에 대해 임차권의 효력을 주장할 수 없다. P의 처 P′의 주민등록은 주택에 관하여 T1 명의의 소유권이전등기가 경료되기 전에는 주택임대차의 대항력 인정의 요건이 되는 적법한 공시방법으로서의 효력이 없고 T1 명의의 소유권이전등기가 경료 된 날에야 비로소 P′와 T1 사이의 임대차를 공시하는 유효한 공시방법이 된다. 주택임대차보호법 제3조 제1항에 의하여 유효한 공시방법을 갖춘 다음날인 T1 명의의 소유권이전등기일 익일부터 임차인으로서 대항력을 갖는다" 판시하였다.

둘째, 전차인의 점유와 전입신고는 전차인의 주민등록은 이미 임대차를 공시하는 기능을 가지고 있으므로 임차인인 전대인이 임대인으로부터 소유권이전등기를 받는 즉시 대항력을 취득한다(2000다58026,58033).

셋째, 주민등록은 있으나 대항력이 없는 종전 임차인과 낙찰자가 임대차계약을 체결하는 경우에도 같은 이유로 낙찰자가 매각대금을 납부하여 소유권을 취득하는 즉시 임대차는 대항력을 취득한다. 경매에서 임차인의 지위는 대단히 불안한 처지에 있을 수 있다. 그러므로 임차주택에 관하여 경매(임의경매+강제경매)가 실시될 경우 임차인은 임차주택을 대상으로 하는 저당권설정등기, 가압류·압류등기, 소유권이전등기청구권의 보전을 위한 처분금지가처분등기·가등기보다 먼저 대항요건을 갖추어야 낙찰자에게 대항할 수 있다. 체납처분의 경우에도 임차인은 압류등기시보다 앞서 대항요건을 갖추어야(국세징수법 47조 1항), 경매매수인에게 대항할 수 있다. 그리고 일반채권자가 강제경매를 신청한 경우 임차인은 압류의 효력발생시기(경매개시결정의 송달시 또는 경매신청기입등기시: 민집 83조 4항)에 앞서 대항요건을 갖추어야 한다.

나. 주택임차권 대항력의 내용[53)]

임차주택을 매매, 증여, 신탁, 상속, 경매, 공용징수 등에 의하여 소유권을 취득한 제3자(양수인)는 대항력이 있는 임차인에 대하여 임대인의 지위를 승계한 것으로 본다(주택임대차보호법 3조 3항). 그러나 양도담보권자는 종국적으로 소유권을 취득한 자가 아니므로, 양수인의 법적 지위를 가지지 않는다. 임대인은 반드시 임차물의 소유자가 아니라도, 임차인이 대항요건을 갖춘 경우에는 임차물의 소유자인 명의신탁자(95다22283), 소유권이전등기를 하지 아니한 매도인(2007다38908,38915), 그리고 그 양수인에 대하여서도 대항력을 갖는다. 양수인이 임대인의 지위를 승계하므로, 보증금반환의무도 법률상 당연히 양수인에게 이전된다. 그 결과 양도인(종전 임대인)은 보증금반환의무를 면한다(86다카1114. 99다15122).[54] 주택양수인의 제3채무자의 지위 승계에 관한 2011다49523(전)의 사안과 판지는 다음과 같다.

사실관계 7.2.4 양수인의 제3채무자 지위 승계 [2011다49523(전)]

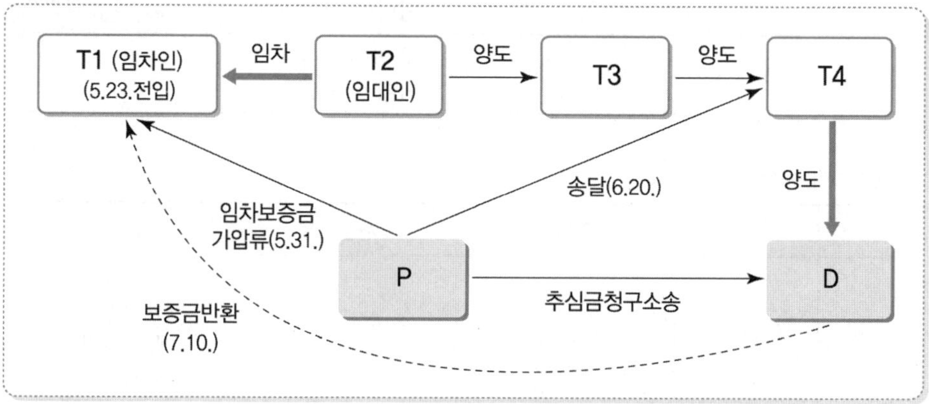

(1) T1은 2002.4.7. T2로부터 주택을 임대차보증금 3,000만 원으로 정하여 임차한 다음 2002.5.23. 전입신고를 하고 거주했다. (2) T3이 2002.11.11. T2로부터, T4가 2003.11.3. 다시 T3으로부터 주택의 소유권을 순차로 이전 받아 임차인에 대한 임대인의 지위도 순차로 승계했다. (3) P는 2005.5.31. 가압류채무자를 T1, 제3채무자를 T4로 하여 T1의 T4에 대한 임대차보증금반환채권에 대하여 채권가압류결정(여주지원)을 받았고, 그 결정이 2005. 6.20. T4에게 송달됐다. (4) D는 2007.8.2. T4로부터 주택의 소유권을 이전 받아 임대인의 지위를 승계한 후, 2007.10.10. 임대차계약이 종료함에 따라서 T1에게 임대차보증금 3,000만 원을 반환했다. (5) 그 후 P는 T1에 대하여 구상금청구소송(서울중앙지법)을 제기하여 승소판결을 받고, 위 확정된 판결을 집행권원으로 하여 2009.11.26. 채무자를 T1, 제3채무자를 D로 하여 위 가압류를 본압류로 이전하는 채권압류 및 추심명령을 받았고, 그 명령이 2009.11.30. D에게 송달됐다. 사실관계를 정리해 본다(1)~3)).

1) 소외 T1~T4의 지위

	일시	관계인	사실관계	비고
①	02.4.7.	T2 ⇒ T1	임대차계약체결	T1: 임차인
②	02.11.11.	T2 ⇒ T3	1차 소유권이전 및 임대인 지위승계	
③	03.11.3.	T3 ⇒ T4	2차 소유권이전 및 임대인 지위승계	

2) 원고 P의 가압류

	일시	관계인	사실관계	비고
④	05.5.31	P	채권가압류결정	가압류 채무자: T1(임차인) 제3채무자: T4(소유자)
⑤	05.6.20.	법원	제3채무자 T4(소유자)에 송달	여주지원

3) 원고 P의 소제기

	일시	관계인	사실관계	비고
⑥	07.8.2.	T4 ⇒ D	3차소유권이전 및 임대인 지위승계	
⑦	07.10.10.	D ⇒ T1	임대차보증금 반환	
⑧	09.11.26.	P	채권압류 및 추심명령	채무자: T1(임차인) 제3채무자: D
⑨	09.11.30	제3채무자(D)	송달	
⑩		P ⇒ 법원	소송제기	서울중앙지법

이에 소송에서 P는 'D는 주택임대차보호법에 따라 T4로부터 주택을 양수함으로써 T1에 대한 임대인의 지위를 승계하였으므로, 가압류결정의 효력은 D에게 미치고 이를 토대로 한 채권압류 및 추심명령은 적법하다. 따라서 D는 가압류결정 후 이루어진 T1에 대한 임대차보증금의 지급으로 P에게 대항할 수 없다'고 주장했다. P는 청구원인으로 추심권자인 P에게 주택의 임대차보증금 중 19,552,605원과 이에 대한 지연손해금을 지급할

의무가 있다고 주장했다. 이 사건에서 쟁점은 주택임차인의 구소유자에 대한 임대차보증금반환채권에 관한 가압류결정의 효력이 주택임대차보호법에 따라 임대인의 지위를 승계한 신소유자에게도 미치느냐이다.

이에 관해 원심은 "가압류결정은 그 대상이 T1의 'T4'에 대한 임대차보증금반환채권으로 특정되어서 당해 채권자인 P, 채무자인 T1, 제3채무자인 T4 사이에만 효력이 있다. T4가 가압류결정을 송달받은 후 임대차목적물인 주택을 D에게 양도하여 D가 주택임대차보호법에 따라 T4로부터 T1에 대한 임대인의 지위를 승계하였다고 하더라도 D는 T4의 특정승계인에 불과할 뿐, 포괄승계인이라고 볼 수 없다. 가압류결정은 가압류대상인 T1의 'T4'에 대한 임대차보증금반환채권이 소멸됨으로써 그 효력을 상실하였고, 제3자인 D에 대하여 그 효력이 미치지 않는다" 판시하였다. 원심의 판결이유는 다음과 같다. ① 채권가압류에서 제3채무자는 가압류채권을 특정해 주고 가압류의 직접적인 영향을 받기는 하지만 보전처분의 당사자는 아니다. ② 채권가압류가 제3채무자에게 도달되어 효력이 발생하면 제3채무자는 채권자에게 채무자에 대한 가압류채권의 지급 등으로 대항할 수 없으나 가압류채권의 발생원인인 법률관계에 대한 처분까지 구속하는 효력은 없다. ③ 제3채무자는 가압류 이후 위 법률관계를 해지 등으로 종료하고 가압류채권이 소멸되었다는 사유를 들어 채권자에게 대항할 수 있고, 이에 따라 채권가압류결정은 실효될 수밖에 없다(98다17930). ④ 주임법상의 대항력을 갖춘 후 주택의 소유권이 이전되어 그 양수인이 임대인의 지위를 승계하는 경우에는 임대차보증금반환채무도 부동산의 소유권과 결합하여 일체로서 이전하므로 양도인의 임대차보증금반환채무는 소멸한다(86다카1114). ⑤ 임차인의 임대차보증금반환채권이 가압류된 경우라도 제3채무자인 임대인이 임대차목적물인 주택의 소유자로서 이를 제3자에게 매도할 권능은 그대로 보유한다(2005다23773). ⑥ 임차인의 전소유자에 대한 임대차보증금반환채권이 가압류된 사실을 모르고 임차인에게 임대차보증금을 반환한 주택양수인에게 위 가압류의 효력을 유지시켜 그 후 추심명령을 얻은 가압류채권자에게 이중지급을 하게 하는 것은 가혹하다. 그러나 이에 관해 대법원은 "[다수의견] 주임법 제3조 제3항은 같은 조 제1항이 정한 대항요건을 갖춘 임대차의 목적이 된 임대주택의 양수인은 임대인의 지위를 승계한 것으로 본다고 규정하고 있다. 이는 법률상의 당연승계 규정으로 보아야 하므로, 임대주택이 양도된 경우에 양수인은 주택의 소유권과 결합하여 임대인의 임대차 계약상의 권리·의무 일체를 그대로 승계하며, 그 결과 양수인이 임대차보증금반환채무를 면책적으로 인수하고, 양도인은 임대차관계에서 탈퇴하여 임차인에 대한 임대차보증금반환채무를 면하게 된다. 나아가 임차인에 대하여 임대차보증금반환채무를 부담하는 임대인임을 당연한 전제로 하여 임대차보증금반환채무의 지급금지를 명령 받은 제3채무자의 지위는 임대인의 지위와 분리될 수 있는 것이 아니므로, 임대주택의 양도로 임대인의 지위가 일체로 양수인에게 이전된다면 채권가압류의 제3채무자의 지위도 임대인의 지위와 함께 이전된다. 임차인의 임대차보증금반환채권이 가압류된 상태에서 임대주택이 양도되면 양수인이 채권가압류의 제3채무자의 지위도 승계하고, 가압류권자 또한 임대주택의 양도인이 아니라 양수인에 대하여만 위 가압류의 효력을 주장할 수 있다" 판시하였다. 대법원의 논거는 임대주택이 양도되었음에도 불구하고 양수인이 채권가압류의 제3채무자의 지위를 승계하지 않는다면 가압류권자는 장차 본집행절차에서 주택의 매각대금으로부터 우선변제를 받을 수 있는 권리를 상실하게 되는 중대한 불이익을 입을 수 있다는 것이다.[55]

여기서 주제(point)는 주임법 제3조 제3항의 '임대인의 지위 승계'의 범위를 어디까지 볼 것이냐이다. 주임법상 대항력을 갖춘 임차인의 임대차보증금반환채권이 가압류된 상태에서 임대주택이 양도된 경우 "임대주택의 양도가 가압류에 미치는 효력"은 어떠한가? 즉 양도에도 불구하고 가압류의 제3채무자는 여전히 주택양도인(종전 소유자)인가 또는 양도로 인하여 제3채무자의 지위가 주택양수인에게 이전하는가? 양수인이 종전 임대인이 임대차계약상 가졌던 지위를 그대로 승계한다고 보면 임차보증금반환채권의 가압류의 제3채무자 지위도 그대로 승계하는 것이 타당하다. 그러나 양도인이나 임차인이 가압류 사실을 묵비할 경우 임차보증금을 반환한 양수인을 어떻게 보호할 것인가의 문제가 대두된다. 다수의견에 따르면, 종전의 관행대로 임차보증금채무를 떠안고 주택을 매수한 양수인은 임차보증금을 지급한 후에도 그 임차인의 채권자가 양수인의 주택 양수 전에 이미 임차보증금반환채권을 가압류하여 두었다면 그 채권자에게 다시 임차보증금을 지급하여야 하는 상황에 처하게 된다. 이 경우 채권의 준점유자에 대한 변제의 법리를 고려해 볼 수 있다(470조). 다만 채권의 준점유자에 대한 변제라고 주장입증하기 위해서는 양수인이 선의, 무과실이어야 한다. 그러므로 임차보증금반환시 양도인 및 임차인에게 임차보증금지급 제한사유가 있는지를 충분히 확인할 필요가 있을 것이다. 그러나 거래계에서는 이러한 확인절차가 제대로 지켜지지 않고 있는 것으로 보인다.

여기서 잠깐 멈춰서 차임에 관한 특약의 효력이 이전되는지에 관해 살펴본다. 이것도 당연히 양수인에게도 효력이 있다. 한편 임차권의 양도와 임대물의 전대에 대한 특약은 어떤가? 이것도 양수인에게 그대로 이전된다. 임대차의 종료(기간의 만료 또는 해지) 후 임대인이 임차주택을 제3자에게 양도하더라도, 임차인이 보증금을 반환받을 때까지 대항력 있는 임대차는 존속한다(주택임대차보호법 4조 2항).

3. 주택임차권의 우선변제력

가. 우선변제권의 법적 성질

임차인에게 보증금반환청구권에 관한 우선변제권이 부여되어 있다(주택임대차보호법 3조의2, 3조의3 5항, 3조의4). 이러한 우선변제권은 임차권의 대항력과는 또 다른 권리이다. 그 결과 대항력이 없어 임차권이 소멸하는 중간임차인도 대항요건과 확정일자를 갖추었으면 후순위저당권자나 채권자보다 우선하여 보증금을 변제받을 수 있게 되었다. 이러한 주택임차권은 법정담보물권적 성질을 갖거나 부동산담보권에 유사한 권리가 되는 셈이다(92다30597, 2004다26133(전)). 그러나 일반 임차인에게는 경매청구권이 없고 또 우선변제권은 보증금반환청구권이라는 특정의 채권을 담보하는 것이라는 점에서 우선변제권이 있는 주택임차인의 지위는 우선특권이 있는 담보권자에 가깝다. 주택임차권에게 주어진 우선변제를 받을 수 있도록 한 제도는 실무에서도 중요도가 매우 높다. 실무에서 이 부분은 민법, 주택임대차보호법, 민사집행법이 함께 적용되고, 경매에서 어느 채권자, 담보권자가 얼마를 받아 가느냐를 결정할 때 중요한 지위를 점하고 있다.

나. 우선변제권의 성립요건

가장 중요한 첫째 요건은 임대차의 대항요건과 임대차계약서상 확정일자를 갖추어야 한다(주택임대차보호법 3조의2 2항).[56] 확정일자는 임대차계약서 체결 자체를 확정일자 있는 증서로 하는 것이 아니라 체결된 임대차계약서에 받으면 된다. 그러면 임차인이 경매절차 중 주민등록을 옮기거나 점유를 상실한 경우에도 우선변제권을 인정해야 하는가? 즉 대항요건은 언제까지 존속해야 하는가? 참고로 학설은 경매개시결정기입등기시설, 배당요구시설, 배당요구종기설, 매각대금납입시설, 배당기일설 등이 대립하고 있다. 판례는 배당요구종기시설을 취하고 있다(95다44597). 민사집행법에 의한 경매 또는 국세징수법에 의한 공매가 있을 경우(체납처분 일체. 수의계약에 의하여 환가가 이루어지는 경우도 포함), 임차인에게 후순위권리자 기타 채권자와의 관계에서 우선변제가 인정된다. 지방세법 기타의 법률(산업재해보상보험법, 의료보험법, 국민연금법)에 국세징수법이 준용되어 체납처분이 이루어지는 경우에도 임차인의 우선변제권이 인정된다.

다음 두 번째 요건으로서 임차인이 보증금을 반환받기 위해서는 임대차 관계가 종료돼야 한다. 그러나 임차인의 사전 동의 없이 임차주택이 경매되는 경우에는 공평의 원칙 및 신의성실의 원칙을 근거로 임대차의 승계를 원하지 않는 임차인은 매각기일 전까지 배당요구(우선변제청구)를 함으로써, 임대차계약을 해지하여 이를 종료시킬 수 있다(94다37646).[57] 한편 임차인이 경매법원에 배당요구를 하였다는 사실만으로 곧바로 임대차관계가 종료되지 않고, 임차인의 배당요구사실을 임대인에게 통지하여 그 통지가 임대인에게 도달하면 임대차계약해지의 효력이 발생한다(97다28407). 그러므로 임대차계약해지의 효력이 발생(94다37646)하므로, 해지의 유예기간을 정한 636조 · 635조 2항 1호는 적용되지 않는다. 그리고 낙찰자에 대항력이 있는 임차권은 소멸하지 않는다. 이하에서는 이러한 권리를 행사하는 데 필요한 요건을 살펴보자.

다. 우선변제권 행사의 요건

우선변제권을 행사하기 위한 첫 번째 요건으로 임차인은, 임차권은 등기부에 공시되지 않아 경매법원이 우선변제권이 있는 임차인의 존재를 알 수 없으므로, 배당요구를 하여 자신의 권리를 행사하여야 한다(민집 88조). 즉 임차인이 우선변제를 받으려면 경매법원에 배당요구를 하거나, 체납처분청에 우선변제권의 행사를 신고하여야 한다. 배당요구를 하지 않아 우선변제를 받지 못한 임차인은 나중에 후순위권리자를 상대로 부당이득반환청구를 할 수 없다(98다12379)는 점을 명심해야 한다. 그리고 배당요구의 시한은 배당요구종기이다(민집 84조 1항).

다음 두 번째 요건으로 임차인은 주택을 양수인(경매에서 소유권을 취득한 낙찰자)에게 인도하여야 한다(주택임대차보호법 3조의2 3항). 실무에서 임차인의 보증금을 수령 절차는 우선배당된 보증금을 보관하고 있는 경매법원이나 체납처분청에 양수인으로부터 받은 주택명도확인서를 제출하는 것이다(93다55241).[58]

라. 우선변제권의 내용

(1) 저당권자와 동일한 지위

실무에서 비록 임차권은 채권이지만 일정한 요건을 갖춘 임차권에 주어진 우선변제를 받을 수 있는 권리는 물권인 다른 담보권이나 기타 특별법 등으로 최우선변제를 받을 수 있는 자 사이에 우열관계가 쟁점으로 떠오른다. 임차인은 우선변제에서 저당권자와 동일한 취급을 받는다. 다만 임차인은 최종 3월분의 임금, 최종 3년간의 퇴직금 및 재해보상금(근로기준법 37조 2항)과 당해세(임차주택에 대하여 부과된 국세 · 지방세 및 그 가산금: 국세기본법 35조 1항 3호, 지방세법 31조 1항 4호)보다 후순위로 변제받는다. 그 밖의 경우는 우선변제요건을 갖춘 시기와 담보물권설정등기시기(저당권, 가등기담보권, 전세권), 압류 · 가압류의 등기시기, 당해세가 아닌 세금의 법정기일을 기준으로 우선순위를 결정한다. 우선순위를 결정하는 때는 언제인가? 대항요건을 갖춘 날의 익일을 기준으로 결정한다(97다22393). 예를 들면 확정일자를 받고 나서 대항요건을 갖춘 때는 임차권의 대항력은 익일 0시부터 효력을 발생하므로 대항요건을 갖춘 날에 저당권등기가 있으면 저당권자가 우선한다. 수인의 임차인 사이의 우선순위는 우선변제요건을 갖춘 시기를 기준으로 한다. 그러면 이하에서는 저당권자, 가처분 · 가압류채권자들과의 우선순위에 관해 살펴본다.

먼저 임차인과 수인의 저당권자 사이의 우선순위는 어떻게 결정되는가? 예컨대 임차인이 우선변제요건을 갖춘 날의 후일에 2번 저당권과 3번 저당권이 설정된 때는, 임차인과 저당권자들[59]은 모두 동순위로 채권액에 비례하여 평등하게 배당(안분배당이라고 부른다)을 받는다. 한편 임차인이 우선변제요건을 갖춘 날보다 가압류 · 압류 · 처분금지가처분의 등기가 먼저 된 때, 임차인은 압류채권자에 대하여 우선변제권이 없고 동시에 압류채권자도 우선변제권이 없으므로, 가압류채권자 · 압류채권자와 임차인은 안분배당을 받는다.

(2) 우선변제의 대상이 되는 목적물과 임대차 존속

앞에서도 서술했듯이 우선변제권은 보증금반환청구권이라는 특정의 채권을 담보하기 위해 인정되고 그 결과 대상은 임대차목적이 되는 물건이다. 따라서 우선변제의 대상이 되는 목적물은 대지를 포함한 주택(건물과 대지는 동일인 소유)의 환가액이다(주택임대차보호법 3조의2 2항). 건물의 환가액에서만 우선변제를 받는 건물전세권자와 비교하면, 임차인이 더 강한 보호를 받는 셈이다.

대지와 건물이 동시에 저당권이 설정되거나 압류된 것이어야 하는지는 명확하지 않지만 동시에 저당권이 설정된 대지와 건물이 따로 경매가 되더라도 임차인은 대지의 환가액으로부터 우선변제를 받을 수 있다(96다7595). 경매절차에서 보증금이 전부 변제되지 않는 한, 대항력 있는 임대차는 보증금의 잔액의 범위에서 존속한다(주택임대차보호법 3조의5 단서).

마. 임차인의 경매청구권 유무

대항요건과 확정일자를 갖추더라도 임차인은 우선변제권만 있을 뿐 경매권청구권이 없다. 이 점이 주택임차권이 담보물권과 가장 큰 차이점이다. 그러나 임차인이 보증금반환청구소송을 제기하여 승소판결(집행권원이 된다)을 받고 이를 근거로 강제경매신청은 할 수 있다. 주택임대차보호법은 민사집행법 41조의 적용을 배제(주택임대차보호법 3조의2 1항)하므로 임차인은 주택의 인도 또는 인도의 제공을 하지 않고서도 강제경매를 신청할 수 있어서 이런 점에서 주택임차권은 대항력과 우선변제력을 유지할 수 있다.

4. 소액임차인의 최우선변제권

가. 소액임대차의 성립요건

임차보증금이 법이 정하는 소액인 임차인('소액임차인')은 그 보증금의 일정액('소액보증금')에 관해 최우선적으로 변제(최우선변제권) 받을 수 있다(주택임대차보호법 8조). 그러나 이러한 제도에 문제점이 없는 것은 아니다. 이것은 선순위담보권자의 권리를 해치고, 주택의 담보가치를 하락시키고, 가장소액임차인의 위장 전입을 조장할 우려가 있기 때문이다.

소액임차인이 최우선변제를 받으려면 경매신청의 등기(경매개시결정의 기입등기)가 있기 전에 임차인으로서 대항요건을 갖추어야 한다(주택임대차보호법 8조 1항 후단). 그러나 소액임차인은 임대차계약서에 확정일자를 갖출 필요는 없다. 이것은 경매신청의 등기 후 배당 전에 가장소액임차인(허위로 임대차계약을 체결한 자)이 출현하는 것을 방지하기 위한 것이다. 그러나 경매신청 후 경매기입의 등기 전에 가장소액임차인이 위장전입하는 것은 방지할 수 없다. 실무에서 보면 임대인과 임차인이 허위계약서를 작성하여 소액보증금에 대하여 배당요구를 하는 때가 적지 않다. 그러므로 이해관계인은 배당이의의 소를 제기하여 허위계약서 작성 사실을 증명함으로써 경매법원은 허위 임차인에 대한 배당을 배제할 수 있다. 한편 소액전차인은 임대인과 전차인 사이에는 직접 임대차계약이 체결되어 있지 않았으므로 보호받지 못한다. 임차권등기가 경료된 주택을 임차한 소액임차인에게도 우선변제권이 인정되지 않는다(주택임대차보호법 3조의3 6항).

소액보증금을 정하는 기준은 주택가액(대지의 가액도 포함한다)의 1/2의 범위 내에서,[60] 대통령령으로 정한다.[61] 행정구역의 변경이 있는 경우에는 임대차 종료 당시의 해당지역을 기준으로 하고, 소액임차인의 여부는 배당시를 기준으로 한다. 합의(갱신)에 의하여 보증금이 감액되면 소액임차인이 될 수 있지만, 반대로 합의에 의하여 보증금이 증액되면 소액임차인이 될 수 없다.

나. 소액임차권의 행사요건과 그 내용

임차보증금 수령 전 주택인도를 규정하고 있는 규정(주택임대차보호법 3조의2 3항)이 소액임차인의 최우선변제권에는 준용되지 않고 있으나(주택임대차보호법 8조 2항), 임차인이 경매로 낙찰받는 매수인으로부터 교부받은 주택명도확인서를 우선 배당된 보증금을 보관하고 있는 경매법원으로부터 수령할 수 있다.

소액임차인은 수도권정비계획법에 의한 수도권 중 과밀억제권역에서는 1천600만 원, 광역시(군지역과 인천광역시는 제외)에서는 1천400만 원, 기타 지역에서는 1천200만 원을 최우선적으로 변제받는다(주택임대차보호법 시행령 3조 1항). 소액보증금은 담보물권, 전세권, 가등기담보권자, 사용인의 우선특권(상 468조), 국세 및 지방세(당해세도 마찬가지이다)보다 취우선하여 변제된다(최우선변제). 소액보증금의 일정액은 최종 3월의 임금, 최종 3년의 퇴직금과 재해보상금(근로기준법 37조 2항)과 동순위로 변제된다. 또 수인의 소액임차인은 동순위로 변제된다. 한편 소액보증금이 주택가액의 2분의 1을 초과하는 경우에는 2분의 1에 한하여 우선변제권이 있다(주택임대차보호법 시행령 3조 2항). 여기서 주택가액은 매각대금이 아니라, 매각대금에서 경매비용을 제한 금액이다(2001다8974). 소액보증금은 대지환가액에서도 우선변제를 받을 수 있다(주택임대차보호법 8조 2항, 3조의2 2항). 임차주택과 대지가 함께 경매될 필요는 없다. 나대지만 경매되는 경우에도 임차인이 경매신청의 등기 전에 대항요건을 갖추고 있으면 대지환가액에서도 우선변제를 받을 수 있다.

5. 대항력과 우선변제권의 상호관계

가. 대항력과 우선변제권을 겸유할 수 있는지 여부

임대차기간이 종료된 경우 대항력을 갖춘 임차인은 경매절차에 참가하여 우선변제를 받아야 하는가, 낙찰자에게 대항력을 행사하여 보증금을 반환받아야 하는가? 아니면 대항력과 우선변제권을 모두 주장할 수 있는가?[62] 대항력 이외에 우선변제권도 인정하면, 낙찰자와 채무자·채권자에게 예측하지 않은 손해를 발생시킬 수 있다. 낙찰자가 임차인의 우선변제권을 확인한 경우에도 여전히 문제가 있다. 첫째, 임차인이 우선변제권을 행사하지 않을 경우 낙찰자는 장차 지급하여야 할 보증금을 고려하여 매수가격을 낮게 책정하게 된다. 그러나 임차인이 우선변제를 요구하면 배당금에서 임차보증금을 반환받게 되므로, 경매절차의 종료로 특별한 사정이 없으면 임차인은 임차목적물을 반환해야 한다. 이렇게 되면 낙찰자는 이익이 되지만 배당을 받게 될 채무자·채권자는 임차보증금만큼 손해를 보게 된다. 둘째, 임차인이 우선변제권을 행사할 경우 낙찰자는 매수가격을 높게 책정하게 된다. 만일 배당요구를 한 임차인이 배당요구를 철회하게 되면,[63] 낙찰자가 손해를 보고 채무자·채권자는 이익을 보게 된다. 낙찰자는 이러한 불안정한 지위에 놓여 있지만 그럼에도 불구하고 판례는 임차인은 대항력과 우선변제력을 겸유하여, 두 가지 권리 중 하나를 선택할 수 있다고 한다(86다카466·468·469). 주택임차인의 대항력과 우선변제권과의 관계에 관한 86다카2076의 사안과 판지는 다음과 같다.

사실관계 7.2.5 임차인의 대항력과 우선변제권 [86다카2076]

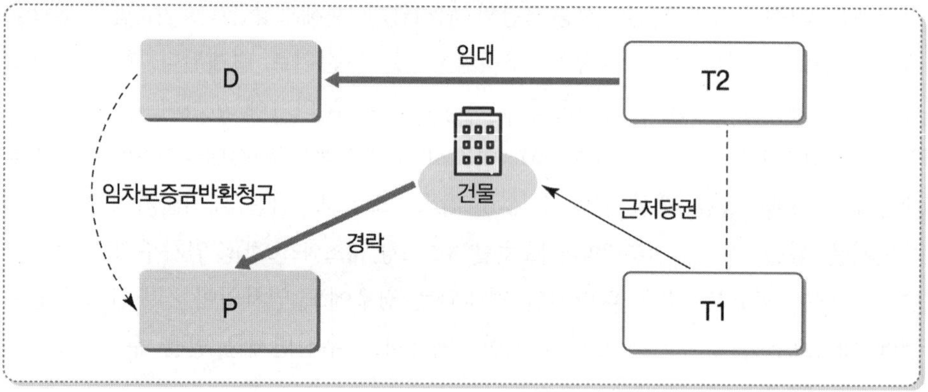

D는 T2와 임대차계약을 체결하여 건물에 거주했다(1980.8.15. 인도, 9.2 전입). T2는 이미 2.4. 건물에 관하여 T1에게 근저당권을 설정했다. T1이 근저당권을 실행하여 경매를 통해 소유권이 경락받은 P에게 이전됐다. 이에 D는 P에게 임차보증금을 반환해 줄 것을 청구했다.

이에 관해 대법원은 기본적인 전제(법리)로 다음과 같이 판시하였다. "주택임대차보호법 소정의 요건을 갖춘 임차인은 임차인의 보호를 위한 동법의 취지에 비추어 볼 때, 임차주택의 양수인에게 대항하여 보증금의 반환을 받을 때까지 임대차관계의 존속을 주장할 수 있는 권리와 소액의 보증금에 관하여 임차주택의 가액으로부터 우선변제를 받음과 동시에 임차목적물을 명도할 수 있는 권리를 겸유하고 있다. 이 두 가지 권리 중 하나를 선택하여 행사할 수 있다고 보아야 하고, 임차인이 경매절차에서 배당요구신청을 하였다가 이를 취하하였다 하여 이를 그 권리의 포기라고 볼 수 없다" 판시하였다.

나. 우선변제권을 행사한 대항력 있는 임차인의 지위

임차인이 우선변제권을 행사하였으나 임차보증금을 완전히 변제받지 못한 경우 경매로 낙찰받은 매수인에게 임차권의 존속을 주장할 수 있는가.[64] 이런 문제는 대항력 있는 임차인이 보증금의 전액을 변제받지 못한 경우 대항요건을 갖춘 소액임차인이 일부만 우선변제 받은 경우[65] 대항력 있는 임차인이 임차보증금의 증액분에 대하여 우선변제를 받지 못한 경우 등에 생긴다. 이에 관한 판례를 살펴본다. 제2경매시 우선변제에 관한 2005다21166의 사안과 판지는 다음과 같다.

사실관계 7.2.6 제2차 경매와 우선변제권 [2005다21166]

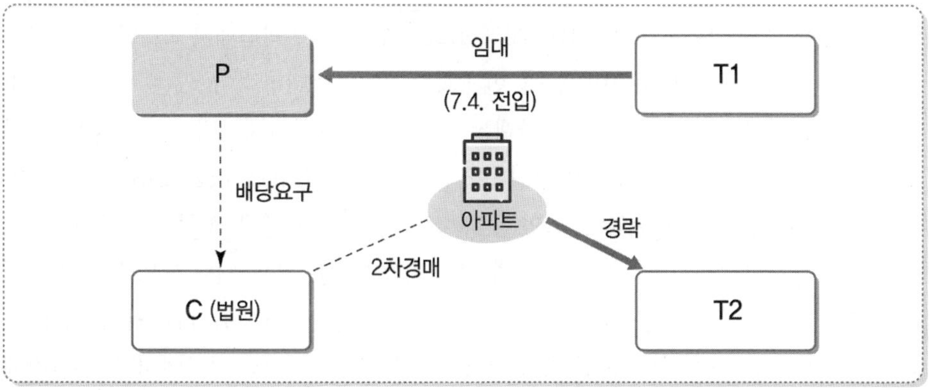

P는 T1과 아파트에 관한 임대차계약을 체결하고 1995.3.22. 전입신고를 마치고 7.4. 임대차계약서에 확정일자를 부여받았다. P는 채권자(임차보증금반환 청구권에 대한 확정판결로 강제경매신청을 한 것으로 보인다)로서 위 아파트에 관한 강제경매(광주지방법원. 제1경매)를 신청한 후 배당요구를 하였으나, P가 확정일자를 부여받은 날 이전에 설정된 선순위 권리자들이 배당할 금액을 모두 배당받은 결과 P는 위 배당절차에서 임차보증금을 전혀 회수하지 못하였다. 위 경매절차에서는 T2가 이 사건 아파트를 낙찰받았다. 그러나 1차경매에서는 배당을 받지 못했다. P는 또다시 이 사건 아파트에 대한 강제경매를 신청하였으나(광주지방법원. 제2경매) 위 법원은 원고가 위 제1경매에서 우선변제권을 행사하였으므로 제2경매에서는 우선변제권이 있는 임차인으로서 배당받을 수 없다고 보아 P를 최후순위 권리자로 인정했다.

이에 관해 대법원은 기본적인 전제(법리)로 다음과 같이 판시하였다. "우선변제권이 제1경매절차의 종결(낙찰)에도 불구하고 여전히 존재하는지에 관하여 주택임대차보호법상 대항력과 우선변제권의 두 가지 권리를 겸유하고 있는 임차인이 우선변제권을 선택하여 제1경매절차에서 보증금 전액에 대하여 배당요구를 하였으나 보증금 전액을 배당받을 수 없었던 때에는 낙찰인에 대항하여 보증금을 반환받을 때까지 임대차관계의 존속을 주장할 수 있을 뿐이고, 임차인의 우선변제권은 제1경매의 낙찰로 인하여 소멸하는 것이므로, 제2경매절차에서 우선변제권에 의한 배당을 받을 수 없다. 임차인은 주택임대차보호법상의 대항력과 우선변제권의 두 가지 권리를 함께 가지고 있다. 그렇지만 우선변제권을 선택하여 제1경매절차에서 보증금 전액에 대하여 배당요구를 하였으나 보증금 전액을 배당받을 수 없었던 때에는 경락인에게 대항하여 이를 반환받을 때까지 임대차관계의 존속을 주장할 수 있을 뿐이다. 임차인의 우선변제권은 경락으로 인하여 소멸하는 것이므로 제2경매절차에서 우선변제권에 의한 배당을 받을 수는 없다."

임차인이 임대차가 종료된 후에 경매에서 우선변제권을 행사하였느냐 아니면 경매진행 중 배당요구를 하여 임대차를 종료하면서 우선변제권을 행사(96다53628)했느냐 여부는 묻지 않는다. 그런데 2002.1.26. 개정된 주택임대차보호법(주택임대차보호법 3조의5 단서)은 보증금이 전액 변제되지 아니한 대항력이 있는 임차권은 소멸하지 않는다고 규정하고 있다. 판례는 종전부터 주택임대차법 4조 2항을 근거로 우선변제권을 행사한 임차인의 대항력을 긍정하였다(96다53628, 93다39676). 다만 임차주택 전부를 사용·수익하고 있는 대항력 있는 임차인은 보증금의 일부가 배당금으로 확보된 상태에서 낙찰자에게 주택의 인도를 거부하는 경우에도 적정임료 상당액 중 배당받지 못한 보증금에 해당하는 부분을 제외한 나머지 금액에 대해 부당이득으로 반환하여야 한다(98다15545). 보증금의 일부에 대하여서만 우선변제를 받거나 전혀 우선변제를 전혀 받지 못한 대항력 있는 임차인은 나중에 임차주택에 대한 경매절차에서 또 우선변제권을 행사할 수 있는가? 판례는 종전에는 주택임대차법 4조 2항을(98다2754), 현재는 신설된 주택임대차보호법 3조의5 단서를 근거로(2005다21166), 우선변제권을 행사를 할 수 없다고 하고 있다. 이는 임차인은 잔액보증금의 범위 내에서 임대차가 존속하여 사실상 잔액보증금을 우선적으로 변제받을 수 있음을 고려한 것이라고 할 것이다.

6. 주택임차권의 등기

가. 임차권등기명령신청

임대차가 종료된 후 보증금을 반환받지 못한 임차인은 임차주택의 소재지를 관할하는 지방법원 등에 임차권등기명령신청을 할 수 있다. 임차인은 임차권등기명령의 신청 및 그 집행에 관련된 비용을 임대인에게 청구할 수 있다(주택임대차보호법 3조의3 8항). 1999.3.1. 이후 제621조 제1항에 의하여 등기절차가 이루어진 경우에도 임차권등기명령에 의하여 등기된 경우와 동일하게 대항력과 우선변제력이 인정된다(주택임대차보호법 3조의4 1항, 3조의3 5항, 부칙 3조).

나. 임차권등기를 한 임차인의 지위

임차권등기가 경료되면, 임차권은 대항력과 우선변제권이 인정된다(주택임대차보호법 3조의3 5항 본문, 3조의4 1항).[66] 대항력과 우선변제력이 있는 임차인이 621조 1항에 의하여 임차권등기를 하는 경우에는(주택임대차보호법 3조의4 2항), 주민등록을 마친 날, 임차주택을 점유한 날, 확정일자를 받은 날을 기재하여야(주택임대차보호법 3조의4 2항), 종전의 대항력과 우선변제력이 존속하게 된다. 한편 대항력과 우선변제력이 없더라도 임차권을 등기한 임차인은 등기를 한 날부터 대항력과 우선변제력을 취득한다. 이 점이 대항요건을 갖춘 임차인이 대항요건을 갖춘 익일부터 대항력을 갖는 것(주택임대차보호법 3조 1항)과 다른 점이다. 또 등기된 임차권은 임대차가 종료되면 임차인의 배당요구를 불문[67]하고 우선변제가 이루어진다(민집 148조 4항). 이것이 주택임대차보호법상 대항요건과 우선변제요건을 갖춘 임차인이 배당요구를 하여 우선변제권을 행사하여야 하는 것과 다른 점이다. 임차인이 보증금의 전액을 변제받지 못한 경우에는 임대차는 존속한다(주택임대차보호법 3조의5 단서). 임차권등기가 경료된 주택을 임차한 임차인에게는 소액보증금의 일정액에 대한 최우선변제권이 인정되지 않는다(주택임대차보호법 3조의3 6항).

7. 대항력 있는 임차권이 있는 주택 양도인의 담보책임

임대차 목적 주택의 매수인(또는, 낙찰자)는 대항력 있는 임차권으로 인하여 매수한 주택을 사용·수익할 수 없는 데에 대하여 매도인에게 제575조의 담보책임을 추궁할 수 있다. 매수인이 대항력 있는 임차권이 없다고 믿었으나 임차인의 과실 없이 전입신고가 회복되거나 임차권등기가 불법말소 된 후 회복되었다면 매수인은 선의이다. 경매의 경우 매각물명세서의 기재와 매각기일의 공고에 의하여 대항력 있는 임대차가 공시된다(민집 105조, 106조). 그러나 다음과 같은 경우 매수인의 선의가 인정된다. 대항력 있는 임차권이 매각물명세서 기재가 누락되거나 공고에서 누락되거나, 우선배당을 신청한 임차인이 배당요구를 철회하거나, 우선변제를 다 받을 것으로 예상한 임차인이 우선변제를 다 받지 못하거나, 매각대금납부기일 전에 임차인 또는 채무자가 제1순위의 저당채무를 변제하여 대항력 있는 임대차가 존속[68]하는 경우에도 매수인의 선의가 인정된다. 매수인은 매각대금을 납부하기 전까지는 나중에 대항력 있는 임차권을 알게 된 경우 매각허가결정을 취소할 수 있다(민집 127조). 그러한 기회를 갖지 못한 매수인만 담보책임을 물을 수 있다. 담보책임의 효과에 대해서는 해당 부분을 참조해 주기 바란다.

Ⅶ. 상가건물의 임대차

1. 상가건물임대차보호법 개관

상가건물임대차보호법은 상가건물(3조 1항에 따른 사업자등록의 대상이 되는 건물)의 임대차(임대차 목적물의 주된 부분을 영업용으로 사용하는 경우를 포함한다)에 대하여 적용된다. 그중 주요한 것들은 주택임대차의 경우와 비슷하듯이 임대차기간의 보장(상가건물임대차보호법 9조), 대항력(상가건물임대차보호법 3조), 보증금의 우선변제(상가건물임대차보호법 8조), 소액보증금의 최우선적 변제(상가건물임대차보호법 14조), 상가건물임차권의 등기(상가건물임대차보호법 6조, 7조)이다.

상가건물임대차는 그 등기가 없는 경우에도 임차인이 건물의 인도와 부가가치세법 5조, 소득세법 168조 또는 법인세법 111조에 따른 사업자등록을 신청하면 그 다음 날부터 제3자에 대하여 효력이 생긴다(상가건물임대차보호법 3조 1항). 주택임대차와 다른 점은 주민등록이 아니라 사업자등록을 지표로 사용한다는 것이다. 그리고 목적물의 양수인에게 대항할 수 있고, 임차건물의 양수인(그 밖에 임대할 권리를 승계한 자를 포함한다)은 임대인의 지위를 승계한 것으로 본다.

2. 상가건물임차권의 존속기간

기간을 정하지 아니하거나 기간을 1년 미만으로 정한 임대차는 그 기간을 1년으로 본다. 다만 임차인은 1년 미만으로 정한 기간이 유효함을 주장할 수 있다(상가건물임대차보호법 9조 1항). 임대차가 종료한 때도 임차인이 보증금을 돌려받을 때까지는 임대차관계는 존속하는 것으로 본다(상가건물임대차보호법 9조 2항). 임차인이 임대차기간이 만료되기 6개월 전부터 1개월 전까지 사이에 계약갱신을 요구할 경우 임대인은 정당한 사유 없이 거절하지 못한다(상가건물임대차보호법 10조 1항). 그러나 임차인이 3기의 차임액에 해당하는 금액에 이르도록 차임을 연체한 사실이 있는 경우 등 7개 사유가 있을 때에는 계약갱신을 요구할 수 없다. 한편 현행 상가건물임대차보호법은 상가건물임차인이 계약갱신요구권을 행사할 경우 최초의 임대차기간을 포함하여 “5년”을 초과할 수 없도록 하여 임차인이 영업을 안정적으로 계속하기 어렵다는 주장이 지속적으로 제기되는 가운데 2018년 일부개정으로 상가건물임차인이 계약갱신요구권을 행사할 수 있는 기간을 “10년”까지로 확대했다(상가건물임대차보호법 10조 2항). 또 임대인이 준수하여야 하는 권리금 지급 방해행위 금지기간을 임대차기간이 끝나기 3개월 전부터 종료 시까지로 제한하고 있다. 그러나 이에 대해서는 임차인의 권리금 회수기회 기간이 짧다는 지적이 있었다. 2015년 개정으로 일반상가 임차인에 대한 권리금 회수 기회는 보장됐지만 대다수의 영세상인이 영업하고 있는 전통시장은 포함되지 않았다. 또 임대인의 권리금 지급 방해행위 금지기간을 임대차 종료 6개월 전부터로 확대함으로써 임차인의 권리금 회수기회를 보다 강화했다(상가건물임대차보호법 10조의4 1항).

제 2 항 소비대차계약 등 – 신용형계약

본 항에서는 권리비이전형의 계약을 세 가지로 나눠서 설명하고 있다. 본 항의 Ⅰ.에서는 제1유형＝이용형계약으로서, 임대차에 대해서 이야기했지만, 여기에서는 제2유형＝신용형계약을 다룬다. 민법전에 정해진 유형으로서는, 소비대차계약－돈을 빌려주는 계약－ 이 이에 해당하지만(Ⅰ), 이것과 나란히 특별법이나 판례에 의해 규율되어 있는 중요한 계약유형이 존재하므로 그것들도 포함해서 검토하고 싶다(Ⅱ).

더욱이 신용은 민법의 개념은 아니지만 상대방을 신뢰하여, 그 채무의 이행을 장래로 미루는 것이라고 생각해도 좋을 것이다. 그리고 실제로 여기서 말하는 채무는 금전채무인 경우가 대부분이므로, 이행기까지 지불을 유예해서 자금의 이용을 허락한다는 기능을 가진 것이 된다. 즉 신용을 준다(신용공여·여신이라고도 부른다)란 경제적인 의미로는 돈을 빌려준다는 것이지만, 그것은 법적으론 반드시 돈을 빌려준다는 계약에 의해 실현되는 것은 아닌 점에 주의할 필요가 있다.

Ⅰ. 소비대차 – 신용형계약의 기본형

좁은 의미(법적인 의미)로 돈을 빌려주는 계약인 소비대차부터 봐보자. 이 계약에 대해서는 민법전의 규율이상으로, 특별법에 의한 규제가 더 중요하다.

1. 민법전의 규율

가. 소비대차계약의 성립과 효력

우선 성립에 대해서. 소비대차는 한쪽의 당사자(借主)가 종류·품질·수량이 같은 것을 돌려주는 것을 약속하여, 상대방(貸主)으로부터 목적물을 받음으로써 성립한다(598조). 여기서 중요한 것은 다음의 두 가지이다. 첫째로, 소비대차는 그 물 자체를 돌려주는 계약은 아니라는 것이다. 빌린 물건 자체는 써버리기 때문에, 동종·동질·동량의 물건을 돌려주면 된다. 그 때문에 동종·동등·동량의 것이 존재할 만한 물이라면, 금전이외로도 목적물로 하는 것이 가능하다(예를 들어 쌀. 예전에는 쌀을 빌려서 수확 후에 돌려준다는 것이 있었다). 하지만 실제로 중요한 것은 금전의 대차인 것은 말할 것까지도 아니다. 둘째로, 소비대차의 성립에는 목적물의 현실수수가 필요하다는 것이다. 다시 말해 소비대차는 적어도 법전상은 낙성계약이 아니라 요물계약이다.[69] 기존 채권·채무의 당사자가 그 목적물을 소비대차의 목적으로 하기로 약정하는 때가 가끔 보인다. 이러한 약정을 어떻게 해석해야 하는가? 경개나 준소비대차는 모두 기존채무를 소멸케 하고 신채무를 성립시키는 계약인 점에 있어서는 동일하지만 경개에 있어서는 기존채무와 신채무와의 사이에 동일성이 없는 반면, 준소비대차에 있어서는 원칙적으로 동일성이 인정된다는 점에 차이가 있다. 기존채권·채무의 당사자가 그 목적물을 소비대차의 목적으로 할 것을 약정한 경우 그 약정을 경개로 볼 것인가 또는 준소비대차로 볼 것인가는 일차적으로 당사자의 의사에 의하여 결정되고 만약 당사자의 의사가 명백하지 않을 때에는 의사해석의 문제이지만 특별한 사정이 없는 한 동일성을 상실함으로써 채권자가 담보를 잃고 채무자가 항변권을 잃게 되는 것과 같이 스스로 불이익을 초래하는 의사를 표시하였다고는 볼 수 없으므로 일반적으로 준소비대차로 보아야 한다(89다카2957).

다음으로 효과에 대해서 본다. 여기서도 두 가지에 주의가 필요하다. 첫째로, 요물계약인 소비대차에서는 대주에게는 특히 큰 의무가 남아 있지 않는다는 것이다.

물론 대주는 목적물을 차주에 교부하지 않으면 안 되지만, 이것을 이행한 지점에 비로소 계약이 성립하므로, 성립후에 이 의무가 남는 것은 없다. 소비대차에 있어서 장래에 향하여 의무를 지는 것은 차주뿐이다(엄밀히 말하면 대주도 담보책임은 진다(602조)). 이같이 한쪽 당사자만이 의무를 지는 계약을 편무계약이라 부른다(반대개념 쌍무계약).[70] 둘째로, 차주의 의무이지만 차주는 계약종료 시에 목적물(동종·동등·동량의 것)을 반환하는 의무를 진다(598조). 하지만 이자의 지불은 반드시 필요하지 않는다. 돈을 빌린 경우에는 반드시 이자를 붙여서 돌려주는 것이 아니라, 이자 없이 빌리는 것도 가능하다. 물론 이자에 대한 합의를 하는 것도 가능하지만 계약성립에 이자를 지급하는 약속이 필요한 것은 아니다. 민법전은 무이자의 소비대차 쪽을 원칙으로서 하고 있는 것이다.

(1) 낙성적 소비대차계약의 가부

그런데 이상의 요건·효과에 관하여서는, 이자를 지급하는 소비대차는 낙성계약으로 해야만 하는 것은 아니지 않느냐는 문제가 있다. 이와 같은 요청은 실무·이론의 쌍방부터 들려오고 있다.

일본 최고재판소 판례는 소비대차계약의 실무상의 문제를 다루고 있다.[71] 실무에서는 보통 금융기관이 금전을 빌려주는(대부하는) 경우 공정증서의 작성이나 저당권을 설정한 후에 금전의 교부가 이루어지고 있다. 그렇다고 한다면 증서작성시 또는 저당권설정시에는, 그것들에 대응하는 채권은 아직 성립되지 않은 채로, 그것들은 부존재의 채무를 전제로 하는 것이라는 것이 되어버리는 것처럼 된다(이것은 실제로 사용되는 것이지만, 수령방법을 정하고, 수령보다도 전에 작성되는 것이 예정되어 있다. 더욱이 이 계약에 적용되는 약관이 게시되어 있다). 일본 최고재판소 판례는 이 난점을 회피하기 위해, 합의와 목적물의 수수와는 엄밀히 동시에 이루어질 필요는 없다[72]고 함으로써 계약성립시기의 특정에 융통성이 있는 것으로 파악된다(합의시에 시작하여 목적물수수에 의해 완성한다고 생각함으로써, 먼저의 비판은 적절하지 않다고 하였다).

더욱이 이론적인 관점에서는 낙성성은 유상성과 결부되어 인정되어 온 것이므로, 유상의(이자부의) 소비대차에 대해서는 합의만에 의한 계약의 성립을 인정해도 된다고 설명되고 있다.[73] 해석론으로서는, 민법전의 규정은 무이자소비대차에 한

해 타당하다는 축소해석을 하는 것이 된다. 더욱이 599조에 의해 소비대차의 예약이 인정되므로, 낙성의 소비대차를 인정해도 이상하지 않는 것도, 아울러 논거로 되어 있다.

(2) 특정대출(융자)한도계약[74]

기업이 금융기관부터 융자를 얻을 때에, 1회마다 심사를 거친 다음 계약을 체결하는 것은 번거롭다. 그래서 미리 일정한 대출한도를 설정한 후에, 그 범위 내에 있다면 기업의 요구에 따라 자동적으로 융자해 주는(빌려주는 의무를 진다. 그 대신에 수수료를 징수한다)약정이 이루어지게 되었다. 이것을 특정대출한도계약(코미트먼트라인계약 : commitment line contract : 特定融資枠契約)이라고 부르고 있다. 기업들은 미래의 자금수요를 예측해 융자의 상한선을 설정할 수 있기 때문에 부실경영의 위험을 그만큼 줄일 수 있는 장점이 있다. 이 계약에 대한 수수료는, 이자제한법·대부업 등의 등록 및 금융이용자 보호에 관한 법률(대부업법)에 있어서의 이자에 해당하는지 여부에 대해 의문이 있었지만, 2016년 개정으로 상기 두 개의 법률의 적용제외로 하는 것이 정해졌다(대부업법 8조 2항). 이상과 같은 성질로 봐서 특정대출한도계약은 요물계약일 수는 없지만, 이와 같은 계약의 존재가 법률에 의해 승인된 것은, 소비대차의 요물성과 관련지어서도 흥미 깊다.

나. 소비대차 기간의 종료

기간에 대해서는 당사자가 합의에 의해 자유롭게 결정해도 좋다. 기간이 결정되어 있다면, 그 만료 시에 차주(借主)는 목적물을 반환할 의무를 지는 것이 된다(387조 1항). 또한 기간의 정함을 하지 않아도 상관없지만, 그 경우 대주(貸主)는 상당한 기간을 정하여 반환의 최고를 하는 것이 가능하다(603조). 기한의 정함이 없는 채무의 변제기에 관한 일반규정은 387조 3항이고, 이 규정에 의하면, 청구에 의해 기한이 도래하는 것이 된다. 예를 들어 매매대금의 경우에는 이 규정이 적용된다. 하지만 소비대차의 경우 빌린 직후에 돌려달라고 한다면 계약을 체결한 의미가 없다. 따라서 빌린 것에 의미가 있는 것 같은 일정한 기간을 지난 후가 아니라면 반환청구는 할 수 없다. 이것이 603조의 취지이다. 그렇다고 하더라도 차주(借主)는 원칙으로서 언제든지 반환이 가능하다(603조 2항). 단 이자부소비대차의 경우에는, 대주(貸主)에게 이자전액을 지불하는 것이 필요하다고 되어 있다(153조 2항 참조). 더욱이 합의에 의해 기한의 이익 상실조항이 들어가 있을 수도 있는

데, 이것은 실제로 굉장히 중요하다(153조 참조). 예를 들어 할부변제의 경우 일회라도 변제를 게을리 한 경우에는 기한의 이익을 잃는다(전액을 즉각 돌려주지 않으면 안 된다)라는 조항이 들어가 있는 것이 많다.

2. 소비대차에 대한 특별법에 의한 규제

먼저 서술한 대로 민법전에서는 무이자소비대차가 원칙이다. 하지만 실제로는 소비대차는 거의 이자부소비대차이다. 그래서 이자의 문제가 중요한 문제로서 나온다.

가. 이자제한법[75)]

이자에 관한 규제는 민법상에는 존재하지 않는다. 하지만 이자제한법이라는 특별법에 의해, 이자는 일정한 율로 제한되어 있다(이자제한법 2조). 구체적으로는 다음과 같이 되어 있다. 계약상의 최고이자율은 연 25퍼센트를 초과하지 아니하는 범위 안에서 대통령령으로 정한다. 2018.2.8.부터 법정최고금리가 24%로 인하되었다. 더욱이 지연손해금에 대해서는, 법원은 당사자가 금전을 목적으로 한 채무의 불이행에 관하여 예정한 배상액을 부당하다고 인정한 때에는 상당한 액까지 이를 감액할 수 있다(이자제한법 6조).

이것에 대해서는 다음의 세 가지 점을 보충해 둘 필요가 있다. 첫째로, 여기서 말하는 이자는 실질적인 의미의 이자이다. 명목의 여하를 묻지 않고(이자제한법 4조), 그리고 이자를 미리 뗀 경우(예를 들어 5만 원을 빌리는데 1만 원이 이자로서 미리 공제된 경우)에는, 현실의 수령액(4만 원)을 원본으로서 계산한다(이자제한법 3조. 이율은 약정된 20%가 아니라 25%로 계산된다). 둘째로, 제한초과이자도 임의로 지급한다면 지급한 경우에는 초과 지급된 이자 상당금액은 원본에 충당되고, 원본이 소멸한 때에는 그 반환을 청구할 수 있다. 셋째로, 제한초과이자를 받는 것은 민사상·형사상 위법이다. 형사규제로서 이자제한법은 제한최고이자율을 초과하여 이자를 받은 자는 벌금에 처한다는 조항을 두고 있다(이자제한법 8조).[76)]

이상의 제2점, 제3점은 다음을 의미한다. 즉 적어도 규정상으로 이자제한법의 규제를 초과하는 이자라도, 상대가 지불해 버리고 만다면 이것을 받아도 초과 지급된 이자 상당금액은 원본에 충당된다. 샐러리맨금융과 같은 고리의 융자가 행해지는 것은 이 결과이다. 이러한 민사 위법·형사 적법의 영역을 '회색지역'(grey zone)이라고 부르고 있다.

나. 대부업 등의 등록 및 금융이용자 보호에 관한 법률

하지만 일본 최고재판소 판례는 실제로 종전의 이자제한법의 명문의 규정에도 불구하고, 초과이자에 대해서 반환청구를 인정[77]한다는 입장을 취했다. 이것은 소비자금융업자(당시는 서민금융이라 불렸었다)에게는 가혹한 것이었다. 소비자금융업자는 어찌해서든 반격을 꾀하고 싶다고 원했다.

그 기회는 2002년에 실현되었다. 당시 소비자금융이 사회문제가 되어 있었기 때문에, 말하자면 소비자금융법으로 대부업 등의 등록 및 금융이용자 보호에 관한 법률(대부업법)이 제정되었다. 소비자금융이란 개인 신용을 바탕으로 신용대출, 할부금융, 주택 대출 서비스 등을 제공하는 대출전문 금융서비스로 대부업의 일종이다. 은행 등 제도권 금융기관을 이용할 수 없는 고객, 즉 급전이 필요할 때 신용도가 낮아 어쩔 수 없이 고금리 사채를 쓰거나 카드대출(카드론, 현금서비스)을 주로 받는 사람들을 주요 대상으로 삼고 있다. 결국 소비자금융에 관한 두 개의 법은 소비자금융업자에 대해서 엄격한 규제를 거는 대신에 구미가 당기는 부분도 남긴다는, 말하자면 '채찍과 사탕'의 입법이었다는 것이 된다.

Ⅱ. 소비대차계약의 파생형

후반은 소비대차 이외의 신용형계약을 봐보자. 지면 관계로 극히 간단히 다루는 것으로 해서 마치겠다. 자세히는 소비자법이나 상행위법의 개설서를 참조해 주면 좋다.

1. 할부거래 – 신용매도형여신

가. 할부거래(할부매매)의 의의

신용공여에는 매주(賣主)형여신(매매)과 대주(貸主)형여신(소비대차)이 있다(도표 7.2.6). 매주형여신은 쉽게 말하자면, 물건을 팔고 「대금의 지급을 기다려준다」는 것이다. 예를 들어 술집이나 쌀집으로부터 외상으로 재화를 사서(외상거래), 월말에 하나로 정리해서 외상대금을 지급하는 것도 이에 해당한다. 그러므로 물건을 팔고 그 대금은 일정한 기간이 지난 후 받는다면, 그 기간 동안 매수인에게 여신하는 것이다('신용매도형'이라고 하자).

도표 7.2.6 제휴형 신용공여

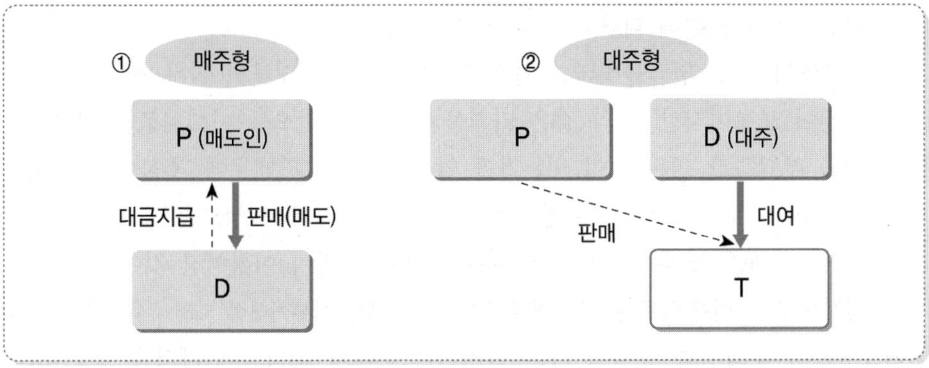

이것이 여신의 하나라는 점을 다음으로부터도 알 수 있다. P가 D에게 어떤 상품을 팔아, 대금은 월말에 지급해도 좋다고 약정한다. 이런 매주형여신에 대해서, P가 T에게 어떤 상품을 팔고, 동시에 T는 D로부터 월말기한으로 돈을 빌려, 그것으로 대금을 지급해주는 것으로 약정한다. 즉, 물건을 매수한 자(T)에게 다른 자(D)가 필요한 자금을 빌려주는 것이다('신용매수형'이라고 하자). 이 두 가지는 실질적으로는 같은 것이지만, 후자는 소비대차임에 틀림없다.

그러면 여기서 위에서 설명한 것을 이해하기 위해 눈을 돌려 준소비대차에 관해 좀 더 자세히 살펴보자. 본문에 설명한 두 가지의 사이에, 대금은 빌린 것으로 한다는 방법도 가능하다. 이같이 여태까지 존재한 채무(여기서는 대금채무)에 대해 이것을 돈을 빌린 것으로 바꾸는 것은 간혹 이루어진다(예를 들어 변제기가 다른 대금채무를 하나의 금전채무로 뭉친다 등). 이와 같은 계약을 준소비대차로 부르고 있다(605조).

그런데, 신용매도형여신 가운데 할부판매에 대해서는 거기서부터 생기는 문제에 비추어 봐서, 할부거래에 관한 법률(할부거래법 2017.11.28. 일부개정)에 의한 규제가 있다.

나. 할부거래에 대한 규제 내용

할부거래법에 의한 할부판매에 대한 규제의 내용을 봐보자. 우선 주의해야 하는 것은 할부거래법은 모든 매주형여신을 규제대상으로 하고 있지는 않는다는 것이다. 거기서의 할부판매란 대금을 2개월 이상에 걸쳐, 한편 3회 이상에 분할하여 지불한다는 것을 말한다(할부거래법 2조 1항 1호). 즉 월말일괄지급(月末一括支給)이라는 듯한 여신은 할부판매에 해당되지 않는다. 왜 여기서 말하는 할부판매만이 규제되는 것인가에 관해 다음과 같은 사정이 있다.

할부판매의 경우 현금불(現金拂)가격에 금리분 등을 덧붙인 할부판매가격이 설정되는 것이 보통이지만, 이와 같은 가격을 나타낸 것만으로는 실제로는 얼마만큼의 금리를 부담하고 있는 것이 되는가를 알 수 없다. 그 때문에 '후불이니까 괜찮아'라는 것이 쉽게 물건을 사는 경향으로 이어진다. 그래서 정보를 제대로 제시하고, 필요한 규제를 늘리는 필요가 있다는 것으로 입법이 이루어진 것이다.

구체적으로는 한쪽으로는 계약체결전의 정보제공(할부거래법 5조), 서면주의(할부거래법 6조)가 부과됨과 동시에 다른 한편 계약해제나 위약금에 제약을 두고 있다(할부거래법 11조). 후자에 대해서도 조금 더 보충하자면 사업자측으로부터의 해제에는, 14일 이상의 최고기간이 필요로 되어 있고(544조의 상당한 기간의 하한을 법정한 것이 된다), 위약금에 대해서는 당해상품의 할부판매가격을 상한으로 하는 것과 같이, 상품이 반환되는 경우에는 할부 가격에 상당하는 가격을 공제하는 것으로 하고 있다(할부거래법 12조). 더욱이 계약철회가능기간(냉각기간: cooling-off)의 규정도 설계되어 있지만(할부거래법 8조. 계약서를 받은 날로부터 7일), 이것은 할부임과 동시에 점포 외에의 판매의 경우에만 인정된다.

2. 신용카드계약 – 제휴형여신

가. 제휴형여신 유형

신용형의 계약으로서 더욱이 여태까지 설명한 신용매도형여신과 신용매수형여신의 중간에 해당하는 계약형태가 존재한다. 곧 뒤에서 서술하겠지만 그것들에는 몇 가지의 유형이 있지만, 그 중간형태의 공통된 특징은 소비자와 제휴관계에 있는 신용제공자(대주)가 여신을 준다는 점에 있다.

먼저 실제로 존재하는 대표적인 계약유형을 소개하고, 그 다음에 문제점에 대해서 검토하자.

첫째로, 일반적으로 신용카드계약이라 불리는 것이 있다(도표 7.2.7). 이것은 법률상은 선불식할부계약알선이라고 불리고 있다(할부거래법 2조 1호~4호). 신용카드란 이를 제시함으로써 반복하여 신용카드가맹점에서 다음을 제외한 사항을 결제할 수 있는 증표(證票)로서 신용카드업자(외국에서 신용카드업에 상당하는 영업을 영위하는 자를 포함함)가 발행한 것을 말한다(여신전문금융업법 2조 3호 및 여신전문금융업법

시행령 1조의2 1항, 신용카드업법 2조 1호). 예컨대 신용카드가맹점 P가 신용카드회원 Z에게 상품을 판매하고, 신용카드업자 D가 그 대금을 P에게 먼저 상품대금을 지급하고, Z는 D에게 D가 P에게 선대(先貸)한 돈의 지급한다는 것이다. 카드를 사용하는 것(종합할부구매알선)과 사용하지 않는 것(개품할부구매알선)이 있다.

도표 7.2.7 중간형 제휴형여신

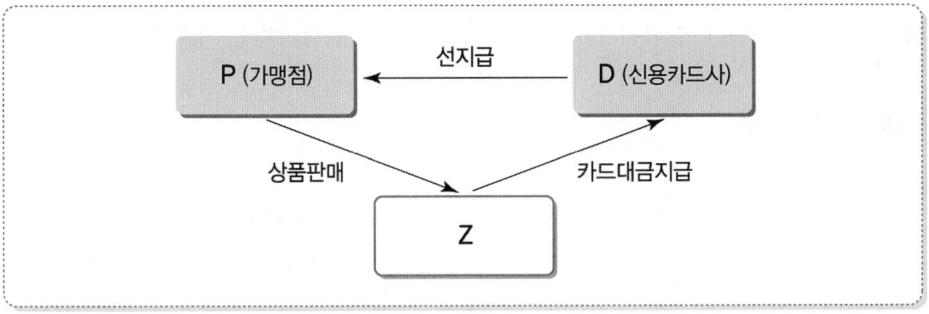

둘째로, 약간 넓은 의미로 신용(credit)에 포함되는 것으로서, 법률상 신용판매라고 불리는 것이 있다(할부거래법 2조, 도표 7.2.8). 소비자가 재화를 구매하고자 하나 구매자금이 부족한 경우에 소매업자의 보증을 받아 금융기관으로부터 돈을 빌려 거래하는 방식으로서 정해놓은 할부기간에 따라 물건을 구매한 후 카드사가 대금을 분할납부하는 제도이다. P가 Z에게 상품을 판매하고, 그때에 대금지급을 위해 D부터 금전을 빌린 Z의 보증인이 된다는 것이다(이 경우에도 대금상당액은 D부터 P에게 직접 지급된다).

도표 7.2.8 선불식 할부계약알선(신용카드 계약)

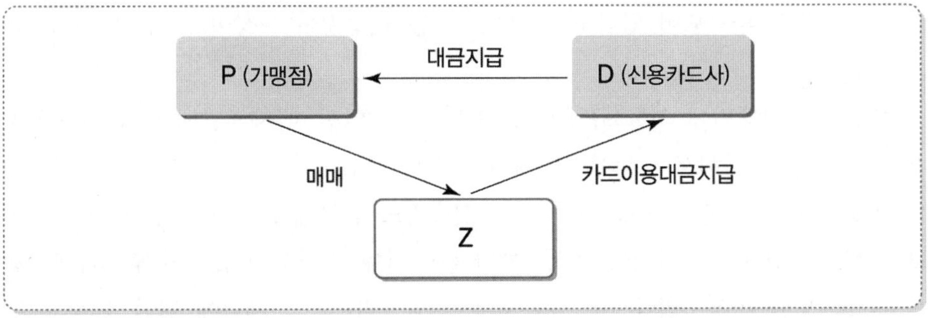

셋째로, 어떤 의미로는 신용이라고 말할 수 있는 것으로서 리스(lease: 임대차)

라고 불리는 것이 있다(도표 7.2.9). 이것은 어떤 물건을 사용료를 받고 타인에게 빌려주는 일, 즉 임대(일반적으로 장기간의 임대를 이른다)의 하나이다.[78] 리스에는 제정법에 의한 법규제가 걸려 있지 않고(단 판례에 의한 규제는 이루어져 있다), 따라서 이 명칭도 법률상의 명칭은 아니다. Z는 P가 판매하는 상품을 얻어 사용하고 싶지만, 현금으로 구입하기를 희망하지 않는 경우 첫째·둘째의 방법 이외에, 리스형식으로 이용할 수 있다. 즉 Z가 리스회사 D에게 P로부터 상품을 구입하게 하여, 이것을 D부터 빌려서 D에게 리스료(임료)를 지급한다는 형태를 취한다.

도표 7.2.9 리스

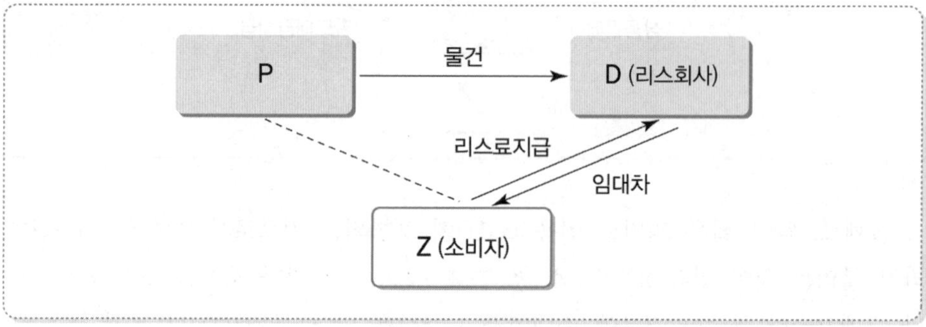

나. 신용카드계약과 리스계약의 문제점

이상과 같은 계약형태는 세 당사자 각각에게 이익을 가져다 준다(P는 자신이 여신해줄 필요가 없고, D는 고객을 찾는 수고가 절약되고, Z는 쉽게 여신을 받을 수 있다). 그 때문에 이 모두가 현저한 발전을 봤다. 하지만 법적인 문제점도 없지는 않다. 특히 D에 의해 작성된 계약서(약관)가 사용되기 때문에, Z의 권리는 반드시 언제나 충분히 확보되어 있다고는 말할 수 없다는 것이 현상이다. 구체적으로 봐 가보자.

우선 할부거래법에 의한 규제가 걸린 할부구매알선, 론제휴판매에 대해서 살펴본다. 이것들에 대해서는 할부판매에 대해서도 똑같이 신용카드 할부계약 체결전의 정보 제공의무(할부거래법 5조, 23조), 신용카드 할부계약서 작성 및 발급의무(할부거래법 6조 1항)가 부과되어 있고, 계약철회 가능 기간도 채용되어 있다(할부거래법 24조). 또한 할부구입알선에 대해서는 해제·위약금의 제한에 관한 규정도 두어져 있다(할부거래법 25조). 하지만 다음과 같은 큰 문제가 있다. 그것은 항변의 대항이라 불리는 문제이다.

(1) 항변의 대항(접속)

예를 들어 신용카드로 물건을 산 경우를 생각해보자. Z는 P로부터 상품을 구입한다. 그리고 카드로 대금을 지급한다. 카드로 지급한다는 것은 신용카드사 D · 신용카드회원인 소비자 Z 간에 묶여져 있는 신용카드계약(할부구매알선)에 의해, D가 P에게 지급하고, 그 후 정해진 결제기일에 Z에 대해 청구를 한다는 것이다(도표 7.2.10). 이 경우에 가령 계약후 1주간에 이루어질 예정의 상품배달이 이루지지 않았다고 해보자. 이 경우 어떻게 되는 것인가.

일찍이 신용카드사 D는 다음과 같이 주장하고 있었다. 상품인도 유무는 P와 Z 간의 문제이고 D와 Z 간의 계약과는 아무런 관계가 없다. 즉 Z는 대신 낸 돈을 지불하라. 하지만 Z의 입장에서는 이것은 이해가 안 된다. 만약 Z가 할부판매로 상품을 구입했다고 한다면, 인도의무 미이행 부분에 대해서는 분할불의 대금의 지급을 거부하는 것이 가능할 것이다(동시이행의 항변).

도표 7.2.10 D(신용카드사)의 주장

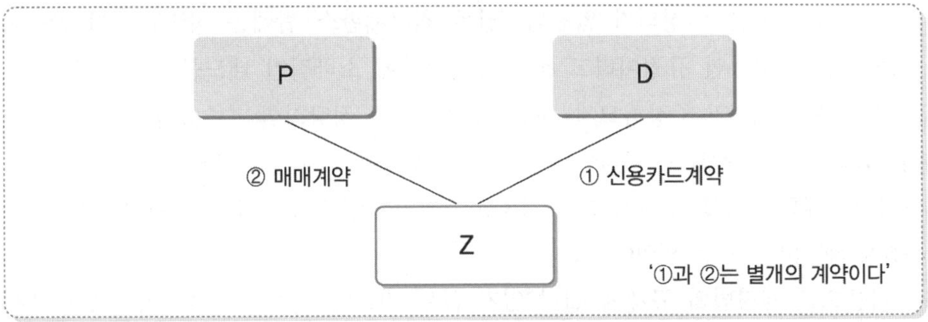

그렇지만 P가 여신기능을 따로 떼서 D에게 분담하게 한 것에 의해, 이와 같은 주장이 불가능해진 것은 이상하지 않는가. 이것이 Z측의 주장이다(도표 7.2.11). 쌍방의 주장을 표시하자면 다음 도표에서와 같이 된다.

도표 7.2.11 Z(소비자)의 주장

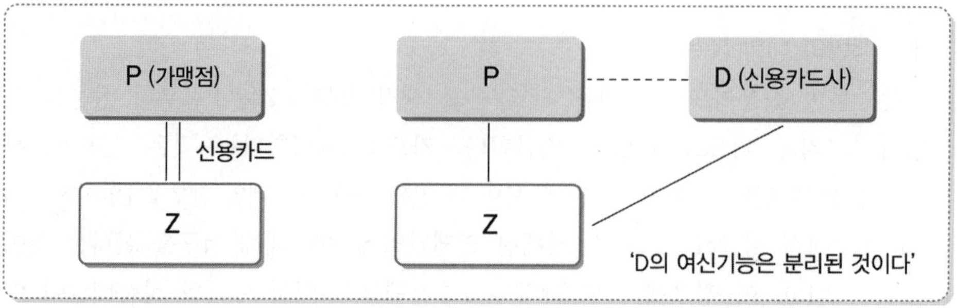

그래서 일본의 하급심은 1980년경부터 다양한 법률구성에 의해 Z측의 이와 같은 주장(항변의 대항)을 인정해 왔다. 그리고 2010년 제정된 할부거래법은 16조를 두어, 할부구매알선에 대해서는 항변의 대항을 인정하고 있다. 이때에 규정이 만들어진 것은 할부구매알선에 대해서만 해당되고, 론(loan)제휴판매는 규제의 대상이 되지 않았다. 하지만 일본에서는 1999년의 할부판매법개정으로, 론(loan)제휴판매에 대해서도 항변의 대항을 인정하기에 이르렀다(할부판매법 29조의4 2항→30조의4). 또한 이 규정에서 인정되는 것은 항변의 대항까지이고, 이미 지급한 대금의 반환청구 등은 인정되지 않는다. 일본 최고재판소 판례는 하지만 방문판매법 30조의4를 창설적인 규정이라고 하여, 그 주장에 소극적인 태도를 보였다[79]. 참고로 학설은 현재 그 주장하고자 하는 확장적용을 정당화할 수 있을 만한 이론의 개발압력을 받는 상황에 있다[80](신용카드계약과 같이 밀접한 관계에 있는 복수의 계약의 상호관계를 생각할 때에는, 그 밀접성을 효과의 수준으로도 반영돼야만 한다는 이론. 복합계약론이라 불리는 영역이다).

다음으로 제정법의 규제에 걸려 있지 않는 리스에 대해 봐보자. 리스에 대해서는 항변의 대항에 대응하는 문제는 다음과 같은 형태로 나타난다. 리스계약의 경우 P(공급자)·Z 간에는 계약은 없고 D(리스회사)·Z(리스이용자) 간의 계약은 임대차의 형식을 취하고 있으므로(도표 7.2.9), 가령 P로부터 인도가 없어도, Z는 P에 대해 물건의 인도청구를 할 수 없다. 그 실질을 봐본다면, Z는 P부터 상품을 구입한 것에 가까운 입장에 있으므로, 이와 같은 청구가 불가능하다는 것은 이치에 맞지 않는다. 하지만 Z는 임대차계약을 근거로 D에 대해서는 사용하게 하라고 청구하는 것은 가능할 것이다. 그런데 D는 이와 같은 의무는 지지 않는다는 특약을 계약에 집어넣고 있는 것이 보통이다. 그렇게 된다면 Z는 누구에게도 청구할 수 없게 되어버린다. 그래서 어떻게든 P에게의 직접청구를 인정하려고 한다는 해석이 시험되어지고 있다(D의 P에 대한 권리를 양수하고 있다 등).

(2) 담보리스와 진성리스

리스에 대해서는 그 밖에 여러 가지 문제가 있지만 생략하고, 신용을 위한 리스(리스회사 측으로부터 본다면 담보리스. 융자할 때 담보로서의 리스로, 이것을 금융·리스라고 부르는 것이 많다)와 본래의 물(本物)의 동산임대차(진성리스)와의 구별에 대해서 건드려 놓자. 한마디로 말해버리면 담보리스(파이넌스리스)라고 하는 것은 목적물의 사용가치를 차주 Z가 다 써버리고 그 대가를 지불하는 것이다. 즉 실질적으로 Z(리스이용자)가 소유권을 취득한 것과 마찬가지의 것이 된다. 이것에 대해서 진성리스라는 것은 그와 달리 사용가치의 일부만을 얻는 것이다. CD나 비디오테이프를 3일 빌렸다고 해서 그 물건의 존재가치가 없어지는 것은 아니다. 최근에는 이것을 렌탈(rental)이라 부르는 것이 많다. 그리고 이것에는 민법의 임대차법이 수정 없이 들어맞는 것이 된다. 그렇다고 하지만 실제로는 약관이 사용되어 있어 민법의 규칙이 수정되는 것이 많을 것이다. 리스계약에 관한 95다51915의 사안과 판지는 다음과 같다.

사실관계 7.2.7 **리스(렌탈)계약과 임대차계약 [95다51915]**

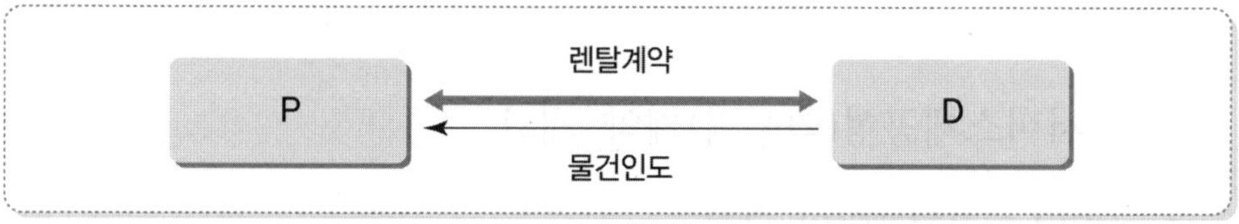

P는 D과 다음과 같은 렌탈계약을 체결하였다. D는 물건인도시 물건이 정상적인 성능을 갖추고 있는 것을 담보하고(6조 1항), P가 물건 인도인수확인서를 발급하였을 때 물건의 상태 및 성능이 정상적인 것을 확인한 것으로 간주하며(6조 2항), P가 물건의 멸실 및 훼손책임을 지며(7조, 8조), 중도해지되면 D가 물건의 조정렌털료를 P로부터 지급받는다(사실상 물건 취득자금과 그 이자 기타 비용을 회수). '컴퓨터 장비를 본래의 기능대로 사용·수익하지 못하게 되었으므로 채무불이행이다(이행불능). 하자담보책임을 제한하는 규정(6조, 7조)과 위험을 P에게 전가하는 규정(8조)은 무효이다(약관규제법위반)'라고 주장하여 렌털계약을 해제하고 보증금반환을 청구하였다. 이 사건에서 쟁점은 (1) 시설대여(리스)의 법적성질?(임대차계약인가?) (2) P의 계약의 해제주장은 적법한가이다.

이에 관해 원심은 "① P가 D와 아무런 관여 없이 직접 물건 공급자로부터 상품 소개

및 자문을 받아 협상으로 렌털물건을 선정하고 물건가격을 비롯한 거래조건을 결정하고, ② 물건의 멸실·도난 등의 경우에도 P가 위험부담을 인수하며, ③ (중도)계약해지의 경우 D가 그 물건의 조정렌털료를 P로부터 지급받는다(사실상 물건 취득자금과 그 이자 기타 비용을 회수함). ④ 이에 P가 별다른 이의 없이 물건 인도인수확인서를 발급하였다. ⑤ 사업자의 담보책임을 배제, 제한하거나 담보책임에 따르는 고객의 권리행사요건을 가중하는 조항에 해당하지 않는다. 그러므로 이 사건 렌탈계약은 물적 금융리스(Finance Lease)계약이다" 판시하였다. 이에 관해 대법원은 "원심판단은 정당하다" 판시하였다.

제3항 고용·청부·위임 등 – 서비스제공형계약(역무형계약)

비권리이전형계약의 제2유형으로서 신용형계약에 이어, 제3유형인 서비스제공형계약(역무형계약)을 다루기로 한다. 역무란 사람의 행위이고, 역무형계약이란 간단히 말하면, 무언가의 형태로 손을 빌려주는 계약이라고 말할 수 있다. 이와 같은 것을 서비스(service)계약이라 부르기도 한다.

아래에서는 민법전에 규정이 두어진 고용·청부·위임 세 가지의 계약을 중심으로 검토를 해나가지만, 우선 이것들의 계약에 대해서 먼저 개관을 한 뒤에(Ⅰ), 해석론상의 문제점에 대해서 추가로 검토한다. 또한 기본적인 것을 우선 언급하는 것으로 하고(Ⅱ), 차츰 특수한 문제나 어려운 문제는 뒤로 돌려 다루는 것으로 한다(Ⅲ, Ⅳ).

Ⅰ. 서비스제공형(역무형)계약 개관

1. 서비스제공형계약의 유형

가. 개 관

서비스제공형(역무형)의 계약으로서 민법전은 고용·청부·위임·임치 4종의 계약에 관한 규정을 두고 있다. 그중 임치는 다른 3종에 비해 역무의 내용이 특정되어 있다. 즉 물건을 맡는다(보관한다)는 것에 특화된 계약이다(693조). 그리고 임치는 실제로 유상으로 영업으로서 하는 경우가 많다. 영업으로서의 창고업이 그것이고, 상법 597조 제2절 창고영업 이하에 규정이 있고, 특별법으로 창고업법이 있다. 그 때문에 민법상의 계약으로서는 다른 세 가지에 비해 중요성이 덜하다. 그래서 이하에 대해서는 임치를 빼고 보다 일반적이고 중요한 세 가지의 계약–

고용・청부・위임에 대해 중점을 두어 설명해 나가는 것으로 하고 싶다. 우선 각각 어떤 것인가를 설명하고 그 뒤에 상호 상위(相違)에 대해서 생각하는 것으로 한다.

나. 소비임치계약

임치의 변종(variation)으로 수탁자에게 수탁물의 소비가 허용되는 경우가 있는데 소비임치라 불린다(702조). 그 법률관계는 소비대차와 유사하므로, 소비대차의 모든 규정이 준용되어 있다(701조).

단 임치의 성질로서(698조 참조), 반환의 시기를 정하지 않으면 임치인은 언제든지 반환청구를 할 수 있다(699조 2항). 이 점에서 소비대차의 경우(603조 1항)와 차이가 있다.

소비임치의 예로서는 은행예금을 들 수 있다. 은행예금의 법률관계에 관해서는 약관에 의해 정해져 있는 부분이 많지만, 좀 더 검토를 필요로 하는 문제도 있다. 예를 들어 최근 판례에 나타난 것으로서는 잘못 입금한 것에 관한 것이 있다.[81] 일본 최고재판소 판례는 P가 잘못해서 타인(T1)의 구좌에 입금해버린 경우에도 구좌명의인(T1)과 은행(T2) 사이에 납입금액상당의 보통예금계약이 성립한다[82]고 판시했다. 사안은 T1의 채권자 D가 당해예금에 대해 강제집행하는 것을, 납금의 뢰인 P가 이것을 저지할 수 있는지 여부가 쟁점이었고, 최고재판소는 P의 제3자 이의의 소를 배척하고, P는 T1에 대한 부당이득반환청구만을 할 수 있는 것이라고 했다(도표 7.2.12).

도표 7.2.12 일본 최고재판소 판례 – 잘못 입금한 구체적 사례

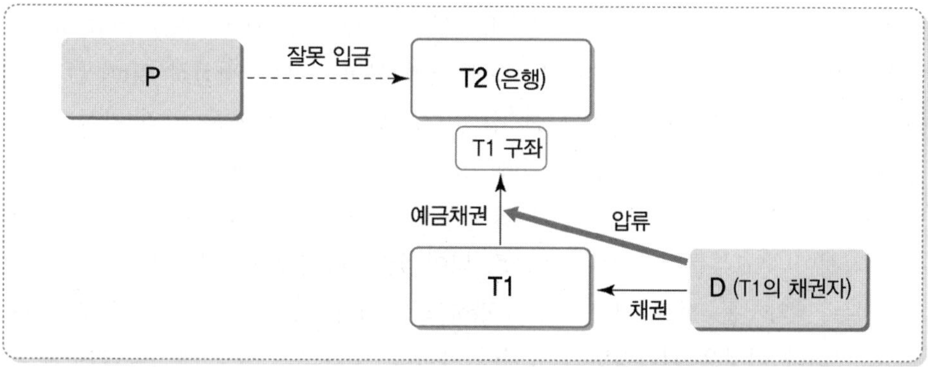

2. 서비스제공형계약 유형

가. 고용고약

고용은 한쪽(근로자, 노동자)이 노무에 복역하는 것을 약속하고, 다른 쪽(사용자)이 이것에 보수(임금)를 지급할 것을 약속하는 계약이다(655조). 즉 고용계약은 유상계약인 동시에 낙성계약이며 합의만으로 성립된다. 그리고 노동자는 노무제공의무를, 사용자는 임금지급의무를 각각 지는 것이 된다. 민법전에는 고용계약에 대해 임금지급기간에 관한 규정이나 계약기간 그리고 해약의 의사표시에 관한 규정 등(658조~661조)이 두어져 있다. 하지만 이것들의 점에 대해서는 근로기준법(제2장 근로계약, 제3장 임금) 등의 특별법에 의한 규제가 이루어져 있고, 민법전의 규정이 적용되는 부분은 거의 없다. 더욱이 근로기준법에는 근로시간에 관한 규제도 이루어져 있고(제4장), 또한 연소자 · 여성에 관한 보호규정도 두어져 있다(제5장, 제6장의2). 또한 근로계약에 관한 규제는 노동조합에 관한 규제 등과 더불어, 오늘날에는 노동법이라는 독자적인 법영역을 형성하기에 이르렀다. 그 때문에 근로기준법에 의한 규제의 상세에 대해서는 노동법의 강의에 맡기고 싶다.[83] 그렇기는 하지만 판례에 의해 민법적인 대응이 이루어지는 약간의 문제 –구체적으로는 안전배려의무 · 해제권남용이라는 두 가지의 법리– 에 대해서는 뒤에서 건드리는 것으로 하고 싶다(노동법의 강의에서도 다루어질 수 있을 것이다).

나. 도급계약

도급은 한쪽(수급인)이 어떤 일을 완성하는 것을 약속하고, 다른 쪽(도급인)은 그것에 대해 보수를 지급한다는 것을 약속함으로써 성립되는 계약이다(664조). 완성해야 할 일은 유체물의 제작 또는 유체물의 가공(변경) 내지 수선(수리) 등 '유체적인 일'의 완성과 노무의 제공을 통해 어떤 무형적 또는 정신적 일(작품)과 같은 '비유체적인 일'의 완성으로 나눌 수 있다. 즉 채무의 내용은 일의 완성이라는 '결과'이다. 도급계약도 유상인 동시에(또는) 낙성계약이며, 합의만으로 성립된다. 단 특별법으로서 건설업법이나 하도급거래 공정화에 관한 법률(하도급법)은 서면 등의 작성이나 교부를 요구하는 것으로 되어 있다(하도급법 3조).[84] 건설공사도급계약에서는 계약서를 서로 교부하여 보관하도록 되어 있다(건설산업기본법 22조 2항 참조). 그러나 이것은 계약성립의 요건이 아니다. 수급인은 일을 완성할 의무를 지지만, 일의 내용이 물건의 제작인 경우에는 완성물의 인도의무도 이것에 포함된다. 이것에 대해 도급인는 보수지급의무를 진다. 보수의 지급기간에 대해서 665조는 일이 인도를 필요로 하는 경우는 인도와 동시(665조 1항 본문)에, 인도를 요하지 않는 경우는 일을 완성한 후 지체없이(665조 1항 단서) 지급하도록 규정하고 있지만, 이것은 임의규정이다.

분양계약에서 중도금지급기일을 '1층 골조공사 완료시'로 정한 2005다38546의 사안과 판지는 다음과 같다.

① P가 2001.9.10. D의 분양대행업자인 T1과의 사이에, D 및 T2 공동명의로 건축중이던 안산시 고잔지구 13블럭 상가를 합계 3억 5,890만 원에 분양받기로 하는 계약을 체결함에 있어, 계약금 5,000만 원은 계약시에, 1차 중도금 5,000만 원은 1층 골조공사 완료시에, 2차 중도금 5,000만 원은 5층 골조공사 완료시에, 잔금 2억 890만 원은 준공시에 각 지급하기로 하되, P가 분양대금의 납부지정일로부터 15일 이상 지체하였을 때에는 최고 등의 절차 없이 일방적으로 해약할 수 있고 이때 분양대금 중 계약금은 피고에게 귀속되고, 중도금 및 잔금 납부를 납부기일까지 납부치 못하였을 때에는 연체일수에 연리 18%의 연체료를 가산하여 납부하기로 약정하고, 그 계약금으로 5,000만 원을 지급했다. ② 위 신축건물에 대하여 2001.11.30.경 1층 바닥 콘크리트 타설작업이 완료되고, 2001.12.2.경 철근 콘크리트 보수작업 및 1층 바닥 먹작업과 석고가와 제작 등의 작업 후 며칠간의 마무리 작업이 진행되고 나서, 위 공사현장의 현장소장으로부터 1층 지붕 콘크리트 타설작업일을 통보받은 T1은 위 건물 1층 지붕 콘크리트 타설을 마친 직후 원고에게 전화로 14일 내에 중도금을 지급할 것을 통보하였고, 2001.12.15. 위 건물 2층 바닥 슬라브 작업을 했다. ③ 그러나 P가 중도금을 제때에 지급할 수 없고 지급 가능한 날짜도 예정할 수 없다며 무작정 기다려 달라고 하자, D는 2001.12.19. P에게 같은 달 26.까지 중도금을 납입하여 달라는 내용증명우편을 발송하였고, 그럼에도 불구하고 P가 이를 이행하지 않자 다시 2001.12.28. 공사현장의 사진을 첨부하여 2002.1.4.까지 중도금을 납입하여 달라고 최고하면서 만일 그 때까지 이를 이행하지 않을 경우에는 위 분양계약을 해지하겠다는 내용증명우편을 발송하였으며, P가 위 기일까지 중도금을 납입하지 않자 2002.1.5. P에게 위 분양계약을 원고의 계약위반으로 해약한다는 취지의 내용증명우편을 발송했다.

이에 관해 대법원은, 채무이행시기가 확정기한으로 되어 있는 경우에는 기한이 도래한 때로부터 지체책임이 있으나, 불확정기한으로 되어 있는 경우에는 채무자가 기한이 도래함을 안 때로부터 지체책임이 발생한다고 전제한 후, 이 사건 중도금 지급기일을 '1층 골조공사 완료시'로 정한 것은 중도금 지급의무의 이행기를 장래 도래할 시기가 확정되지 아니한 때, 즉 불확정기한으로 이행기를 정한 경우에 해당한다고 할 것이므로, 중도금 지급의무의 이행지체의 책임을 지우기 위해서는 1층 골조공사가 완료된 것만으로는 부족하고 채무자인 원고가 그 완료 사실을 알아야 한다고 했다.

한편 일의 진행 정도에 따라 보수를 분할지급하기로 특약한 도급계약에서 수급인이 중도에 공사를 그만 둔 경우 선급특약이 있다면 그에 따라야 한다(84다카856). 그 밖에 하자담보와 665조(보수의 지급시기)의 해제권에 관한 중요한 규정이 있지만, 이것들에 대해서는 뒤에서 문제점을 중심으로 설명한다.

더욱이 건설공사도급계약의 경우에는 약관(특히 민간건설공사 표준도급계약서, 건설업종 표준하도급계약서)이 달성하고자 하는 역할이 중요하다. 위험부담이나 하자담보책임에 관한 수정(민간건설공사 표준도급계약서 31조)이 이루어짐과 동시에 보수에 대해 변경을 인정하는 조항(건설업종 표준하도급계약서 32조, 33조)이 두어져 있는 것이 주목된다.

도급계약은 고용계약(655조~663조)과 구별된다. 고용계약에는 근로기준법, 파견근로자보호 등에 관한 법률, 임금채권보장법, 최저임금법, 남녀고용평등법 등(노동관계법)이 적용된다. 그리고 사용자책임(756조)은 도급에서는 제한적으로 인정된다(757조 단서). 위임계약은 원칙적으로 무상계약(686조 1항 참조)으로 언제든지 위임계약을 해지(689조)할 수 있는 데 반해 도급에서는 도급인만이 일방적인 해제권을 가지는 것(673조)과 구별된다.

다. 위임계약[85)]

위임은 한쪽(위임인)이 법률행위 또는 기타 사무의 처리를 위탁하고, 다른 쪽(수임인)은 이것을 승낙하는 것에 의해 성립되는 계약이다(680조). 고용 · 도급과 같이 위임도 또한 낙성계약이며 함의만으로 성립된다. 무엇보다 위임도 도급과 같이 특별법에 의해 서면교부의무가 과해지는 것이 있다(부동산거래의 중개에 대해 부동산중개업법의 규정이 있다. 부동산중개업법 16조의3).[86)] 또한 고용 · 도급과 달리, 보수의 지급이 계약의 성립요건으로 되어 있지 않다. 보수를 특약하는 것은 가능하지만(686조 1항), 어디까지나 특약에 의한 것이고 이것은 법전상으로는 무상이 원칙이라는 것을 나타내 주고 있다.

위임계약이 성립하면, 수임인은 사무처리의 의무를 진다. 그때 수임자는 선량한 관리자의 주의를 기울이지 않으면 안 된다(681조). 이 주의의무의 수준은 다양한 사정을 고려하여 결정되지만 의뢰받아서 타인의 사무를 처리하는 것에 어울리는(걸맞은) 수준의 주의의무인 것은 확실하고 자기재산과 동일한 주의(695조)로는 부족하다. 또한 수임자는 위임자에 대해서 보고의무 기타의 의무를 진다(683조~685조). 더해서 수임자는 위임종료 후에도 일정기간 사무처리를 계속할 의무를 지는 경우가 있다(691조).

이것에 대해 위임인은, 특약이 있다면 보수지급의무를 진다(686조). 하지만 소비대차의 경우와 같이 오늘날에는 유상위임이 대부분일 것이다. 명시의 특약이 없어도 묵시의 특약에 의해 보수의 합의가 이루어졌다고 봐야 할 경우가 많다. 일본 최고재판소 판례는 변호사보수에 관해 명시의 특약이 없어도 묵시의 특약에 의해 보수를 지급해야 한다[87]는 것을 인정하고 있다. 또한 위임인은 비용선급의무·비용상환의무를 진다(687조, 688조).

위임에 대해서는 앞에서 언급한 주의의무의 정도의 문제, 그리고 해지권의 문제(689조)가 중요하지만 이것들에 대해서는 문제점으로 따로 항을 만들어 나중에 검토한다.

3. 고용·도급·위임 계약의 상호 비교

다음으로 이상의 세 유형의 다른 점과 같은 점(異同)을 확실히 하기 위해 몇 가지의 점에서 대비해 보고 싶다.

가. 세 유형 계약의 상호 대비

우선 세 유형을 서로 대비해보자.

(1) 고용과 도급·위임–종속계약인가 독립계약인가

고용도 도급·위임도 역무를 제공하는 계약이지만, 그중 고용은 사용자의 지시에 따라 이루어지는 역무제공이다(노무에 복종하다라는 표현에 주의). 즉 고용계약에 있어서는 사용자와 노동자 사이에 지배－종속이라는 관계가 인정된다. 이것에 대해 도급계약·위임계약에 있어서는 수급인 또는 수임자는 자기의 책임으로 역무의 제공을 한다. 즉 이 사람들은 도급인 또는 위임자에 대한 독립성을 유지하고 있다. 그러므로 도급인은 일을 하기위해 필요하다면 이행보조자(또는 이행대행자)도 사용할 수 있다.

그런데 고용과 수급인·위임을 구분하는 의의는 어디에 있는가. 오늘날 고용이 되면 원칙적으로 근로기준법이 적용된다. 즉 노동자에게는 법률에 따른 일정한 보호가 주어진다는 것이다. 이 점이 가장 중요하다. 이것과는 달리 노동자의 불법행위에 대해서는 사용자는 책임을 지지만, 위임자는 책임을 지지 않는 점도 다르다(756조). 사용자책임은 불법행위 부분에서 설명한다(그러므로 여기서는 더 이상 들어가지 않는다. 또한 757조도 참조. 수급인의 불법행위에 대해 도급인이 책임을 지는 것도 있을 수 있다는 점에서, 도급은 위임보다도 독립성이 조금 낮다).

(2) 도급과 위임-결과인가 행위인가

그렇다면 도급과 위임과는 어떻게 다른가. 수급인 · 수임인은 둘 다 도급인 · 위임인에 대해 독립된 관계에 서지만, 양자는 각각 상대방에 대해 지는 의무의 내용은 같지 않다.

도급의 경우에는 '일의 완성'이 필요하지만 위임의 경우에는 '사무처리'가 요구된다. 도급의 경우 어디까지나 수급인은 일을 완성할 의무가 있고,[88] 결과가 동반되지 않는다면 의미가 없다. 즉 수급인은 완성한 일을 도급인에게 인도할 의무(목적물 인도의무)가 있다. 수급인은 신축한 건물을 점유하고 있고, 그 건물에 관해 생긴 공사대금채권이 있다면 공사대금을 받을 때까지 건물을 유치할 권리(건축공사 수급인의 유치권)가 있다(95다15202,16219). 이에 반해 위임의 경우에는 위임인을 위해서 어떤 행위를 한다는 것이 요점이고, 반드시 좋은 결과가 보증되어 있다는 것이 아니다.

예를 들어 작업 도중, 수급인에게 책임을 돌려야 하는 이유에 의해 목적물이 멸실해버려도 수급인은 의무를 벗어나지 못한다. 다시금 일을 완성시키는 것이 가능한 이상 완성의무는 소멸하지 않는다. 이행불능이 되면 위험부담의 문제가 되지만 수급인은 보수청구를 할 수 없다(537조). 일이 완성되기 전에 목적물이 멸실 · 훼손되었으나 일의 완성이 여전히 가능한 경우에도 수급인의 일 완성의무는 존속하고, 쌍방 모두에게 책임이 없는 사유로 목적물이 멸실 · 훼손된 경우에도 여전히 부담한다. 그러나 도급인의 귀책사유로 목적물이 멸실 · 훼손된 경우에는 약정보수 전액을 청구할 수 있다(538조 1항). 한편 쌍방 모두에 귀책사유가 없다면 채무자부담의 원칙(537조)이 적용되므로 수급인은 보수지급청구권을 상실한다. 일을 완성한 후 인도전 목적물이 멸실 · 훼손된 경우에는 도급인의 수취가 없으면 수급인은 채무를 완료한 것이 되지 않는다. 도급인에게 인도하기 전에 양 당사자의 귀책사유 없이 목적물이 멸실 · 훼손한 경우 일의 완성이 여전히 가능하다면 보수증액에 관한 권리는 없이 수급인의 일 완성의무는 존속된다. 반대로 일의 완성이 불가능하면 수급인이 반대급부 위험을 부담하므로 보수지급청구권을 상실한다. 단 약관에 의한 수정이 도모되고 있다.

이것에 대해 위임의 경우 수임인의 책임으로 돌려야 하는 이유에 의해 그 이행이 도중에 끝난 경우에는 이미 이룬 이행에 따라 보수를 청구할 수 있다(686조). 부동산업자에게 부동산의 매각을 의뢰하였는데, 팔 수 없었다는 것과 같은 사정에 이른 경우 그때까지 해주었던 사무에 대해서는 보수를 지불하지 않으면 안 된다. 더욱이 수임인은 선량한 관리자의 주의를 다해 행위를 한다면 그것으로 의무를 다해냈다는 것이 된다. 기대되는 결과가 실현되지 않아도(예를 들어 변호사의 소송승소, 의사의 수술성공, 가정교사의 수험 학교 합격 등), 이 의무만 다했다고 하면 채무불이행은 되지 않는다.

나. 다른 계약유형과의 대비

다음으로 다른 계약유형과 비교해 보자.

(1) 도급계약과 매매계약

이상의 구별과 발맞춰서 도급계약과 매매계약의 구별에 대해서도 살펴보자. 이 점에 대해서는 이전부터 말하자면 제작물공급계약은 도급인가 매매인가가 논해지고 있다. 제작물공급계약이란 자신의 주변에 손이 미치는 곳에 있는 재료를 사용해 물을 제작하여 그것을 공급한다는 계약이다. 여기에는 ① 물건의 제작・주문, ② 수급인의 재료, ③ 제작물의 인도, 즉 제작물소유권이전이라는 세 가지 요소가 포함되어 있다. 그러므로 이것의 법적성격이 무엇인지에 관해 논의가 있다.[89] 물을 제작한다는 점에는 도급에 가깝지만, 재료가 제작자가 갖고 있고 그것으로 만든 완성품이 건네진다는 점에는 매매에 가깝다. 판례는 이것은 주문을 받아 자기의 재료를 사용하여 "물건"을 제작하고 이를 주문자에게 공급하는 것으로 적용법률은 대체물에 관해서는 매매에 관한 규정이 적용되고 부대체물에 관해서는 도급에 관한 규정이 적용된다(94다42976)고 했다.

어느 쪽인가에 의해 생기는 차이는 두 가지 점이다. 하나는 도급과 매매는 하자담보책임의 내용에 차이가 있다는 것이다. 즉 하자담보책임에 관한 580조를 적용해야 되는지 도급에 관한 667조 이하의 규정을 적용해야 하는지 길이 달라진다. 다른 하나 도급의 경우에는 중도에의 해지가 가능하다는 것이다(이상 두 점에 대해서 후술한다). 자동차용 탄소강 주강에 관한 88다카31866의 사안과 판지는 다음과 같다.

사실관계 7.2.8 수급인의 하자담보책임 [88다카31866]

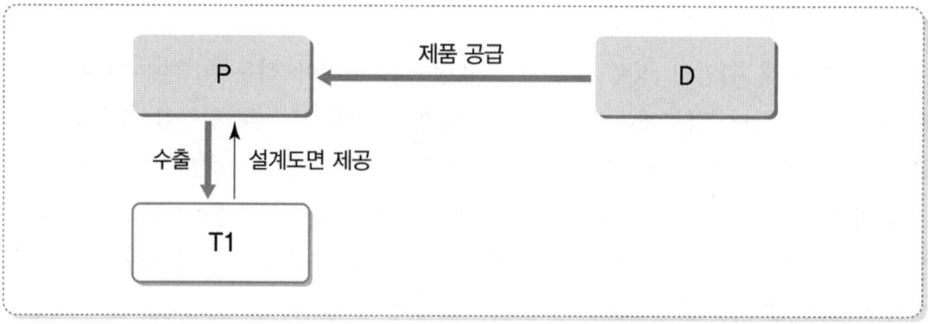

P는 외국회사(T1)로부터 자동차용 탄소강 주강의 매도청약을 받고 T1회사가 제공하는 설계도면에 따라 제품을 만들어 위 회사에 수출하기로 약정했다. P는 1982.7.1.경 D와 위 설계도면에 따라 D로부터 제품을 제작공급받기로 하는 계약을 체결하고 그때부터 1984.2.10.까지 사이에 계속하여 D로부터 위 제품을 공급받았다. P는 생산된 제품을 트럭제조업체인 T1회사에 판매했다. 그러나 1984.1.11.경 D가 생산한 위 부품의 중요한 구조적 결함이 발견했다. D가 위 설계도면 및 표준규격에 따르지 아니한 제작의 결과로 인한 하자임이 판명됐다. P는 상품수출대금 78,171,720원(미화 94,800불)을 T1로부터 지급받지 못하게 된 손해를 배상하라는 소를 제기했다.

이에 관해 원심은 "이 사건 제품의 수급인으로서 D는 P에게 그 제품의 하자로 인하여 P가 지급받지 못하게 된 수출대금 상당의 손해를 배상할 책임이 있다" 판시하였다. 그러나 이에 관해 대법원은 "D 소유의 재료를 사용하여 특수하게 만든 자동차부품을 공급하고 위 수입거래선 외에는 이를 타에 매각처분하기가 불가능한 경우에는 당해 물건의 공급과 함께 그 제작이 계약의 주목적이 되어 도급계약이다. 수급인의 하자담보책임은 무과실책임이므로 민법 제580조 제1항 단서의 조항이 적용될 여지가 없다. 하자발생 및 그 확대에 가공한 P의 잘못(과실)을 참작하여 손해배상의 범위를 정함이 상당하다. 민법 제670조의 하자담보책임에 관한 제척기간은 재판상 또는 재판 외의 권리행사기간이다. 수령한 원물이 멸실 등으로 반환할 수 없게 되었을 때에는 예외적으로 그 가격을 반환하여야 한다" 판시하였다.

참고로 학설은 제작물공급계약은 매매도 도급도 아닌 독자적 계약이라는 견해도 유력하지만 다만 독자적 계약이라는 것만으로는 문제는 해결되지 않는다. 최근에는 제작단계에는 도급, 공급단계에는 매매의 규정을 적용하면 된다고 설명하는 견해도 유력하다.

(2) 원형으로서의 서비스제공계약

그런데 매매도 포함해 생각하면 다음과 같이 보는 것도 가능하다.[90] 위임에는 순수하게 행위만이 인수되는 것에 대해 도급은 일을 완성할 의무가 있다. 그러므로 도급은 일의 실현이라는 결과도 포함하고, 더욱이 매매에서는 물건의 인도(소유권이전)라는 결과만이 채무의 내용으로 되어 있다. 이와 같이 도급·매매로 흘러갈수록 행위보다도 결과에 중요도가 두어지는 것이 된다. 하지만 도급이나 매매라도 행위(일을 한다는 행위나 물을 인도한다는 행위)가 필요하지 않다는 것은 아니다. 그렇게 된다면 오히려 모든 계약에는 행위가 필요하지만 그것에 어떤 것을 더해서(플러스 알파) 결과실현이 더해진 계약유형이 존재한다고 생각해야 할지도 모른다. 이것을 서비스제공계약의 원형이라고 부르자. 즉 계약의 원형은 작더라도 이론상은 역무형이라고 보는 것이 가능한 것이다.

그렇다면 이 원형이라는 것은 위임인가. 지금까지의 설명으로는 그렇게 느껴지겠다. 하지만 실제는 그렇지 않겠다. 이미 설명한 대로 위임계약에 의해 수임인에게는 꽤나 고도의 의무가 부과된다. 이 의무는 모든 계약에 인정되는 것이 아니라, 위임이라는 당사자의 신뢰관계에 의존한 계약에 있어서만 인정된다. 그렇다면 위임도 이론상의 원형에서부터 나온 파생물로서 이해해야 할 것이다. 그러면 계약의 원형을 기둥으로 삼고, 객관적으로 행위가 독립적인가 아닌가, 반드시 결과물이 제공되어야 하는가, 주관적으로 당사자의 신뢰관계는 꼭 필요한가라는 잣대로 서로 비교해 보는 것도 유익하다(도표 7.2.13).

도표 7.2.13 고용 · 도급 · 위임의 관련성

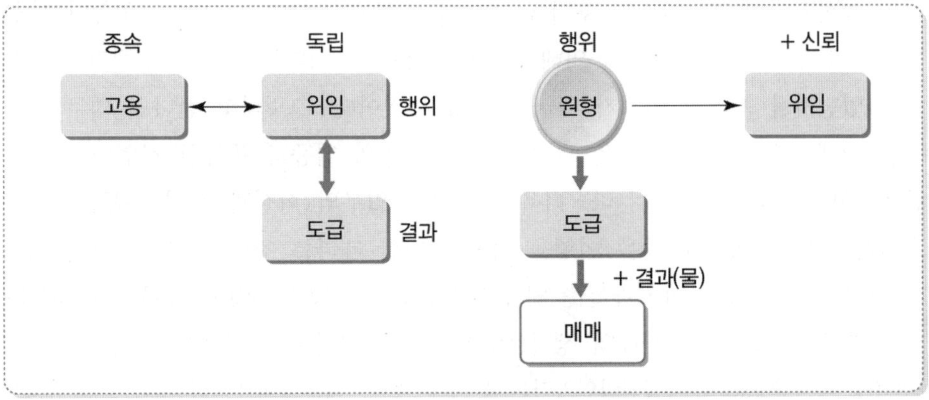

Ⅱ. 고용 · 도급 · 위임 계약 기본형의 문제점

고용 · 도급 · 위임에 연관된 문제점을 책임과 관련되는 것과 종료에 관련되는 것으로 나눠서 살펴보자.

1. 계약상의 책임

가. 안전배려의무

안전배려의무는 주로 고용계약에서 사용자의 의무로서 판례에 의해 발전되어 온 것이다. 사용자는 자신의 지배하에 노동에 종사하는 노동자의 안전을 확보하기 위해 물적환경 · 인적환경을 조정할 의무가 있다. 일본 최고재판소 판례는 당사자가 국가와 자위대 관리(自衛官)라는 특수한 사안이었지만, 당해사안을 넘어 넓게 안전배려의무를 인정하고, 그것을 신의칙상의 부수의무라고 했다.[91]

부수의무로서 안전배려의무를 인정하는 이점은 당초 두 가지 점에 있다고 생각되어 왔다. 하나는 시효의 점이다. 불법행위에 기초한 손해배상청구의 경우 3년의 단기시효 기간이 장해가 되는 경우가 있다(766조). 위에서 든 자위대 사건에 관한 일본 최고재판소 판례는 사고 후 4년에 제소된 사안에서 불법행위의 주장은 인정하지 않았다.[92] 하지만 채무불이행이라면 시효는 10년이 된다(162조 1항). 다른 하나는 증명의 경감이라는 점이다. 불법행위라면 상대방의 과실의 증명이 필요하지만 채무불이행이라면 입증책임은 상대방에게 있게 된다(고의 · 과실이 없었다는 것의 입증이 요구된다). 390조에 이와 같은 정함이 있지는 않지만, 종전보다 이와 같이 해석되어 왔다. 하지만 후자에 대해서는 실제로 그다지 장점이 없었다고 설명하고 있다. 그 후의 판례에 의해 P는 D(사용자)가 어떠한 의무를 구체적으로 지고 있었던가를 특정할 필요가 있다고 되었던 것이다. 그렇다고 한다면 의무의 내용을 세세하게 나타내는 것은 그 대부분이 과실의 입증과 동등한 작업이므로 입증의 부담은 경감되지 않는다. 더욱이 최근의 일부의 학설과 같이 채무불이행의 요건을 채무의 내용에 좇은 이행을 하지 아니한 때라는 것만을 요구한다면 채무의 내용이란 별로 고의 · 과실을 입증할 필요는 없지만, 무엇이 채무의 내용인가의 입증은 필요하므로 판례의 생각(사고) 방식은 당연한 귀결이라는 것이 된다[93] (이전에 하자담보는 무과실책임인가라는 문제에 대해, 채무불이행책임 자체가 직접적으로는 과실을 문제로 하지 않는 책임이라고 설명한 것이 있지만, 이것은 이상과 같은 의미이다).

더욱이 다음의 두 점을 보충해둔다. 첫째로, 안전배려의무는 고용 이외의 계약에도 인정된다. 여객운송 등에는 안전배려의무는 부수의무라기보다도 중심적 의무라고 말해야만 하겠다. 실제의 판례로서는 학교사고가 많다는 것도 덧붙여 두자. 둘째로, 고용에 대해서는 산업안전보건법과 근로기준법 중 안전 및 위생 부분에서, 사업자에 대해서 다양한 개별적 의무가 부과되어 있다(산업안전보건법 5조).

나. 도급계약에서 하자담보책임

(1) 도급계약에서 하자담보책임 개관

도급의 경우의 하자담보책임에 대해 설명해 두자. 매매의 경우와 다른 점은 다음의 여러 가지 점이다. 첫째로, 하자는 숨은 것에 한정되어 있지 않다(667조 1항). 여기서 도급에서의 하자는 기대한 일정한 성상을 완전하게 구비하지 않은 불완전한 것을 의미하고, 재료의 하자, 작업(설계 및/또는 시공)의 하자, 기능의 하자, 법률의 하자, 미시공의 하자 등 다양하다. 채무불이행 차원에서 하자는 약속된 계약내용에 합치하지 않은 것으로 용도에 적합하지 않거나 그 가치에 미치지 못하는 경우에 생긴다. 판례는 하자손해와 그 하자로 말미암은 후속손해를 구별하고, 후자에 관해서는 수급인의 귀책사유를 요건으로 하는 일반 채무불이행책임(390조)으로 처리하고 있다. 둘째로, 하자보수청구권이 인정된다(667조). 셋째로, 도급인 제공의 재료, 도급인의 지시에서 유래한 하자에 대해서는 수급인은 책임을 지지 않는다(669조, 수급인). 넷째로, 토지공작물에 대해서는 해제권에 제한이 추가됨과 동시에(671조 단서), 기간에도 특칙이 설계되어 있다(670조).

(2) 도급인의 하자보수에 갈음한(대신하는) 손해배상청구권

도급인은 하자보수에 갈음한 손해배상을 청구할 수 있다(667조 2항). 판례는 공사도급계약의 목적물인 건물에 하자가 있어 이로부터 화재가 발생한 경우 그 화재 진압시 사용한 물이 유입됨으로써 훼손된 부분을 복구하는 데 드는 비용은 '하자보수비'로 그 손해배상을 청구할 수 있다(96다4442)고 했다. 도급인이 하자제거에 과다한 비용이 소요되는 경우는 예외로 한다(667조 1항 단서). 하자가 중요하지 아니하면서 동시에 그 보수에 과다한 비용을 요하는 경우는 하자로 인하여 입은 손해배상만을 청구할 수 있다(97다54376). 일본 최고재판소 판례는 하자보수에 갈음한 손해배상청구권과 수급인의 보수채권과는 동시이행의 관계에 서지만, 이 경우에 도급인은 보수채권의 전액에 대해 동시이행을 주장할 수 있다고 했다.[94] 양 채권은 금전채권이므로, 최종적으로는 상계(492조)에 의해 결제되지만(이것에 의해 양 채권은 대등액에 대해 소멸하고, 보수가 감액되는 것과 같은 결과가 된다), 배상액의 확정에 대해 당사자의 합의가 이루어지기까지는, 도급인은 (상계 후에 남는 보수채권에 대해) 이행지체의 책임을 지지 않는다는 것이다. 더욱이 상계가 이루어지면 손해배상청구권은 거슬러 올라가 소멸하지만(493조 2항), 동시이행의 관계에 있었던 것의 효과도 거슬러 올라가 잃게 되는 것은 아니다. 일본 최고재판소 판례는 상계에 관해 도급인이 잔액보수채권에 대해 이행지체의 책임을 지는 것은 상계의 날의 익일부터라고 한다.[95]

(3) 도급계약의 불완전이행과 표준약관 검토

이 중 첫째 점, 둘째 점이 중요하지만 첫째 점에 대해서는, 이와 같은 사고방식과 불완전이행(채무불이행의 한 유형으로 여겨진다)과의 구분이 이루어지지 않게 된다. 그래도 좋다고 하는 견해도 유력하지만 매매의 경우와 같이, 수령 후에 숨긴 하자에 대한 책임이라고 해석해야만 한다고 보는 견해가 있다. 하자담보책임의 존재의의를 생각한다면 후자를 취해야만 하지 않을까 생각한다. 둘째 점에 대해서는, 이미 설명한 대로 매매에 대해서도 하자수보청구권을 인정하는 견해가 유력하다. 그렇다고 한다면 차이는 거의 없는 것이 된다.

더욱이 하자담보에 대해서도 약관의 규정이 중요하다. 약관에는 기간을 단축함과 동시에 도급인에게 검사의무를 부과(건설업종 표준화도급계약서 24조)하는 등으로 하자에 압박을 가하고 있다. 전자에는 약간 문제가 있지만, 후자는 하자담보의 성질로부터 본다면 타당하다.

그러면 여기서 위에서 설명한 것을 이해하기 위해 눈을 돌려 주택법 · 건설산업기본법에 의한 하자담보책임의 특칙[96]에 관해 좀 더 자세히 살펴보자. 주택법은 2005년 개정으로, 결함주택문제 등에 대응하기 위해 주택성능등급표시제도[97] 등을 도입했고(주택법 39조), 동시에 건설산업기본법에 따른 건설업자인 경우 하자담보책임에 관한 특칙을 정해 두었다.[98] 즉 건설공사의 목적물이 벽돌쌓기식구조 · 철근콘크리트구조 · 철골구조 · 철골철근콘크리트구조나 그 밖에 이와 유사한 구조로 된 것인 경우에는 건설공사의 완공일과 목적물의 관리 · 사용을 개시한 날 중에서 먼저 도래한 날로부터 10년의 범위에서, 그 밖의 구조로 된 것인 경우에는 건설공사의 완공일과 목적물의 관리 · 사용을 개시한 날 중에서 먼저 도래한 날로부터 5년의 범위에서 공사의 종류별로 정해진 기간 이내에 발생한 하자에 대해서 담보책임이 있다(건설산업기본법 28조 1항 및 건설산업기본법 시행령 별표 4).

2. 고용 · 도급 · 위임계약의 종료

가. 고용계약에서의 해고권남용

(1) 해고권 남용

집을 잃은 사람이 어찌할 바를 모르는 것 같이, 직업을 잃은 사람은 길거리를 헤맨다. 그래서 임대차계약과 같이, 고용계약에 대해서도, 그 계속을 보장하는 법리가 발전하고 있다. 우선 근로기준법은 민법전의 규칙에 수정을 가해, 병기 · 부상으로 요양 중의 사람이나 임산부에 대한 해고에 제한을 과함과 동시에(근로기준법 23조 2항), 해고예고기간을 30일로 연장하고 있다(근로기준법 26조 본문).[99] 하지만 이와 같은 보호만으로는 노동자에게는 충분하지 않다. 해고 그 자체를 제한하는 법리가 필요한 것이다.

그와 같은 법리는 판례에 의해 확립되었다. 일본 최고재판소 판례는 해고권남용이론이라고 불리는 사고방식으로 문제를 해결했다. 이 이론에 의하면 객관적으로 합리적인 이유를 결여한 사회통념상 시인할 수 없는 경우에는 해고권의 행사는 권리의 남용이 되어 허용되지 않는다고 한다.[100] 일본 최고재판소 판례는 더욱이 해고권남용이론을 채용내정의 취소에 관해서도 적용했다.[101]

(2) 근로기준법 의한 명문화

근로기준법 23조에서 "사용자는 근로자에게 정당한 이유 없이 해고... (이하 "부당해고 등"이라 한다)를 하지 못한다"고 규정하여 해고권남용이론은 명문화되기에 이르렀다.

(3) 해고기간 중의 임금 – 위험부담과의 관련

여기서 해고권의 행사가 부정된 경우에 뒤처리에 대해서도 건드려 놓자. 구체적으로 앞서 위험부담에서 뒤로 미룬 문제를 여기에서 언급하고 싶다. 문제는 다음과 같은 것이다. 해고가 되어 노동자가 취업을 계속하지 못하게 되었지만 후에 이 해고가 무효가 된다면, 임금청구권은 어떻게 되는가. 근로자가 채무를 이행할 수 없게 된 것은 사용자의 책임으로 돌려야 하는 사유에 의한다는 것이 된다. 따라서 근로자는 임금청구권을 잃지 않는다(537조 2항). 그렇다고 하더라도 근로자가 노동의 제공을 하지 않았던 시기 중에 다른 일에 대해서 수입을 얻었던 경우에는, 그만큼은 상환의 대상이 된다(537조 2항 후단). 일본 최고재판소 판례는 하지만 이 상환은 평균 임금의 4할 한도에서만 할 수밖에 없다고 하고 있다.[102] 이것은 근로기준법 46조 1항 본문의 휴업수당의 제도의 취지를 원용한 것이라고 말할 수 있다(다른 일에 대해서 수입을 얻었다 해도 최저 7할은 지불하라 - 상환은 3할까지 - 라는 규정).

나. 도급 · 위임 계약의 중도해제 · 해지

도급 · 위임에 대해서는 중도해지에 관한 규정이 있다. 고용에 대해서도 민법전에는 같은 규정이 있지만(661조), 이것은 실제로는 기능하고 있지 않다는 것은 이미 본 바대로이다. 여기서는 도급 · 위임의 중도해제 · 해지에 대해서 차례대로 봐 가는 것이 어떨까 생각한다.

(1) 도급계약의 중도해제 · 해지

도급에 대해서는 도급인은, 일의 완성 전이라면 언제든지, 손해를 배상하여 계약을 해제할 수 있다(중도해제)는 규정이 두어져 있다(673조). 이것은, 도급인이 바라지 않는 듯한 일을 일부러 완성시킬 필요는 없다는 점에서 만들어진 규정이다. 하지만 수급인에게는 보수의 상당하는 액수의 배상이 주어지지 않으면 안 된다. 판례는 P가 D로부터 청주시 '○○○○노인복지타운'을 신축하는 공사 중 토공사와 부대토목공사('이 사건 공사')를 47억 3,000만 원(부가가치세 포함)에 도급받고 가시설공사를 진행하다가 중단하여 P가 D를 상대로 공사대금청구소송 제기한 사안에서, 건축공사도급계약이 수급인의 채무불이행을 이유로 해제된 때 해제될 당시 공사가 상당한 정도로 진척되어 이를 원상회복하는 것이 중대한 사회적 · 경제적 손실을 초래하고 완성된 부분이 도급인에게 이익이 되는 경우에 도급계약은 미완성부분에 대하여만 실효되고 수급인은 해제한 상태 그대로 건물을 도급인에게 인도하며, 도급인은 특별한 사정이 없는 한 인도받은 미완성 건물에 대한 보수를 지급하여야 하는 권리의무관계가 성립한다고 했다(2014다11574(본소), 2014다11581(반소)). 판례는 태만이나 과실로 인하여 얻지 못한 소득 및 일의 완성을 위하여 준비하여 둔 재료를 사용하지 아니하게 되어 타에 사용 또는 처분하여 얻을 수 있는 대가 상당액은 당연히 손해액을 산정함에 있어서 공제된다(2000다37296,37302)고 했다. 도급계약으로 진행된 일이 중도에 중단되면 어떻게 되는가? 첫째, 도급계약의 중도해지로 청산을 어떻게 해야 하는가. 판례는 이미 완성된 부분의 원상회복이 중대한 사회적·경제적 손실을 초래할 뿐만 아니라, 그 부분이 도급인에게 이익이 되는 때에는 도급계약은 미완성 부분에 대해서만 계약이 실효한다고 했다(85다카1751, 96다43454). 둘째, 기성고 문제는 어떻게 처리해야 하는가. 판례는 앞에서 소개한 노인복지타운 사건에서 건축공사도급계약이 중도해제된 경우 도급인이 지급하여야 할 보수는 특별한 사정이 없는 한 수급인이 공사를 중단할 당시를 기준으로 이미 완성된 부분에 들어간 공사비에다 미시공 부분을 완성하는 데 들어갈 공사비를 합친 전체 공사비 가운데 완성된 부분에 들어간 비용이 차지하는 비율을 산정하여 확정하여야 한다(88다카32470,32487, 2014다83890)고 했다. 공사도급계약의 해제 또는 해지 등으로 수급인이 도중에 선급금을 반환하여야 할 사유가 발생한 경우, 별도의 상계 의사표시 없이 미지급 기성공사대금은 선급금으로 충당되는가? 공사도급계약에서 수수되는 이른바 선급금은 자금 사정이 좋지 않은 수급인으로 하여금 자재확보·노임지급 등에 어려움이 없이 공사를 원활하게 진행할 수 있도록 하기 위하여 도급인이 장차 지급할 공사대금을 수급인에게 미리 지급하여 주는 것으로서, 구체적인 기성고와 관련하여 지급된 공사대금이 아니라 전체 공사와 관련하여 지급된 공사대금이고, 이러한 점에 비추어 선급금을 지급한 후 계약이 해제 또는 해지되는 등의 사유로 수급인이 도중에 선급금을 반환하여야 할 사유가 발생하였다면, 특별한 사정이 없는 한 별도의 상계의사표시 없이도 그 때까지의 기성고에 해당하는 공사대금 중 미지급액은 선급금으로 충당되고 도급인은 나머지 공사대금이 있는 경우 그 금액에 한하여 지급할 의무를 부담하게 되나, 이때 선급금의 충당 대상이 되는 기성공사대금의 내역을 어떻게 정할 것인지는 도급계약 당사자의 약정에 따른다. 대법원은 공사도급계약에 편입된 공사계약일반조건 제43조 제1항에서 도급인이 하수급인에게 하도급대금을 직접 지급해야 하는 경우를 규정하고, 제44조 제5항에서 계약이 해제 또는 해지된 경우 수급인은 미정산 선급금 등을 반환하여야 하고 도급인은 위 금액과 기성공사대금을 상계할 수 있다는 내용을 규정하면서, 그 단서에서 "다만, 제43조 제1항의 규정에 의하여 하도급대가를 직접 지급하는 경우 하도급대가의 지급 후 잔액이 있을 때에는 이와 상계할 수 있다"고 규정하고 있는 사안에서, 도급인이 하도급대금을 직접 지급하는 사유가 발생한 경우에는 이에 해당하는 금원은 선급금 충당의 대상이 되는 기성공사대금의 내역에서 제외하기로 하는 예외적 정산약정을 한 것으로 보아야 하고, 위 공사계약일반조건 제44조 제5항 단서에 의하여 설정된 미정산 선급금의 충당에 대한 예외적 정산약정은 구 하도급거래 공정화에 관한 법률(2005.3.31. 법률 제7488호로 개정되기 전의 것) 제14조에 의하여 하수급인에게 하도급대금을 직접 지급할 사유가 인정되는 범위 안에서는, 도급인으로 하여금 미정산 선급금이 기성공사대금에 충당되었음을 이유로 하수급인에게 부담하는 하도급대금 지급의무를 면할 수 없다(2007다31211)고 했다. 이 해제권의 행사에 의해 도급인이 절약할 수 있는 것은, 이후 일에 필요한 비용의 부분에 한정된다(해제에 의해 절약된 비용이 있다면 그만큼 배상액으로부터 공제된다).

(2) 위임계약의 중도해지

위임에 대해서는 당사자 쌍방이 언제라도 계약을 해지할 수 있다는 규정이 두어져 있다(689조 1항). 단, 상대방의 입장이 불리한 시기에 해지하는 경우에는, 원칙적으로 그 손해를 배상하지 않으면 안 된다(689조 2항). 도급의 경우에 비교하면, 더욱 넓게 해지가 인정되어 있다는 것을 알 수 있겠다. 이와 같은 규정이 두어진 이유로는 위임은 특별한 신뢰관계를 기초로 하는 것이기 때문에, 그 신뢰관계가 손상된 이상 중도 해지를 인정해야 한다고 해석하고 있다. 그러나 오히려 더 설득력 있는 이유는, 민법전의 위임이 무상계약을 원칙으로서 구성되어 있다는 점에서 해답을 얻을 수 있는 듯이 생각된다. 그렇다면 유상위임의 경우에 이 정도의 구속력으로 괜찮은 것인가는 의문이다.[103] 무언가의 방법으로 해지권에 제한을 가할 수 있을까. 판례는 D가 P에 행정소송을 위임하면서 보수로 '최종 승소 환급되는 경우에만 환급가액에 대해 2.5%의 금액'을 지급하기로 약정하였는데, 항소심 소송 진행 중 P의 귀책사유를 이유로 위임계약을 해지한 사안에서, D는 약정 보수 중에서 위임계약의 해지 당시까지 P가 수행한 사무처리에 상당한 보수를 지급할 의무가 있다(2013다32673)고 했다.

일본 최고재판소 판례는 이와 같은 사고방식을 간접적으로 보여주었는데 민법 689조의 적용을 수임인이 위임인의 이익을 위해서만 사무처리를 하는 경우에 한하여, 수임인의 이익도 목적으로 하는 경우에는 689조의 적용이 없다[104]고 한 것이다. 그러나 그렇다면 전혀 중도해지를 인정하지 않아도 좋은가. 일본 최고재판소 판례는 이 점에 대해서 어쩔 수 없는 경우에는 689조의 적용은 더욱 있을 법하다는 태도를 보였다.[105] 일본 최고재판소 판례는 더 나아가서 위임인이 해지권을 포기한 경우 이외는 위임인은 위임계약을 해지할 수 있다. 단 손해배상은 필요하다[106]는 입장을 취하기에 이르렀다. 마지막 입장은 도급에서 중도해지의 경우에 가까운 것이라고 말할 수 있다.

다. 기타 문제

(1) 도급 · 위임계약의 종료 사유

계약종료에 관한 그 외의 문제를 두 가지 추가해두고 싶다.

첫째로, 고용이나 위임의 경우 그 해지의 효과는 장래에 향하여 소멸한다는 것이다. 즉 여태까지의 계약관계는 유효한 관계라는 것이다. 이것은 임대차의 경우도 같다(658조, 689조). 계속적계약의 성질에 의해 이렇게 이해하는 것이 타당할 것이다(여태까지의 관계를 없게 하여 청산할 필요는 없다).

둘째로, 고용 · 도급에는 사용자 · 도급인의 파산이 해지원인으로 되어 있고(663조, 674조), 위임에서는 위임인 · 수임인의 사망 · 파산, 그리고 수임인의 후견개시의 심판이 종료원인으로 되어 있다(690조). 각각 도리에 맞는 이유가 있다. 전자는 보수를 지불하지 않는 위험을 피한다. 후자는 당사자의 신뢰관계의 기초가 없어졌다는 것이다.

(2) 사망 후 · 능력상실 후의 위임

여기서 최후의 점에 관계되는 가장 최근의 문제를 다루어 보고 싶다. 그것은 위임인의 사망에 의해 종료하지 않은 위임을 생각할 수는 없느냐는 문제이다. 만약 이와 같은 위임이 가능하다면, 자신의 사망 후의 재산의 처리를 생전에 위임할 수 있다(물론 유언을 하여 유언집행자를 정하는 것은 가능하지만 그것보다도 간편하다).

더욱이 위임인의 사망뿐만 아니라 능력상실에 의해서도 위임은 종료하는 것이라는 견해도 있지만, 이 사고방식에 의하면 능력상실 후에도 계속하도록 하는 위임을 하는 것은 불가능한가 하는 것도 문제가 될 수 있다. 만약 그것이 가능하다면, 법정의 후견제도를 사용하지 않고서도, 위임에 의해 장래의 능력상실에 준비하는 것이 가능하다고 하는 것이 된다. 하지만 사망 후 · 능력상실 후의 어느 쪽에 대해서도 위임인의 진의를 확보할 수 있지만, 수임인을 누가 감독할 것이냐는 문제도 있어서, 이것은 그것만큼 간단하지 않다고 말할 수 있다.

새로운 성년후견제도에서는, 능력상실 시에는 법원이 선임한 감독인이 붙여진다는 새로운 위임계약(임의후견계약)이 창설되었다. 흥미 깊은 계약유형이지만 법원의 감독을 붙여서 이행되는 계약의 출현이 계약법이론에 어떠한 영향을 주는가는 앞으로 연구를 더 해야 하는 문제이다.[107]

이상 도급과 위임을 대비하는 형태를 가지고 설명을 해왔지만, 두 가지의 계약유형의 특징을 도표로 간단하게 나타내둔다(도표 7.2.14).

도표 7.2.14 도급과 위임

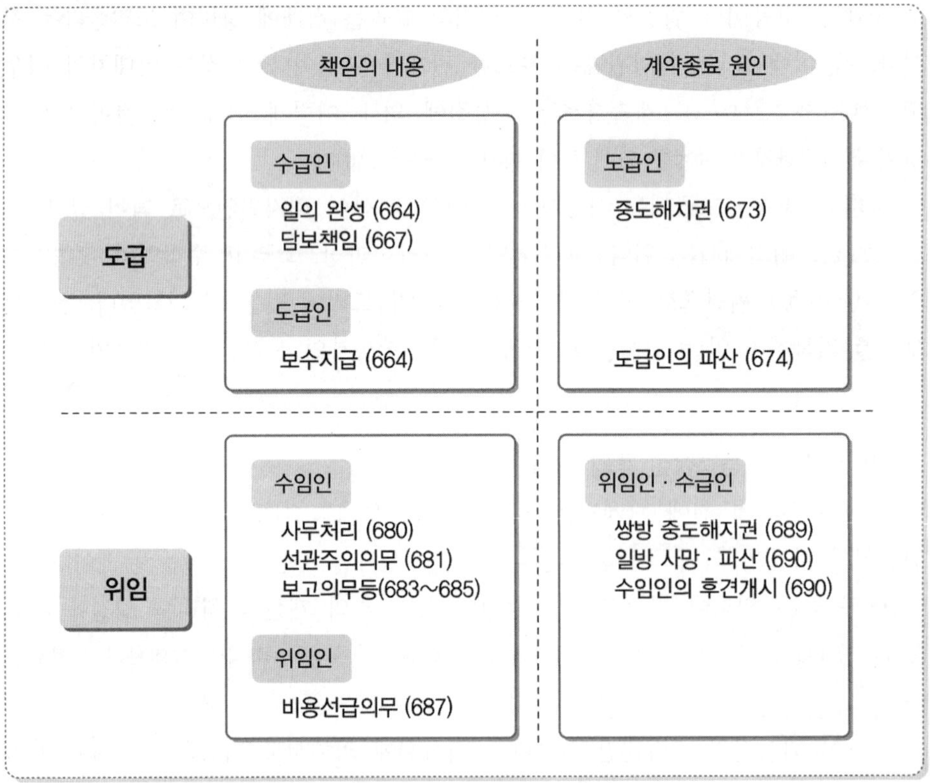

Ⅲ. 서비스제공형계약의 파생형의 문제점

여기서 언급되는 문제는 서비스제공계약 중 특수한 성질을 가진 것에 관계되는 것이다.

1. 다수당사자 사이의 계약

가. 하도급계약

도급계약의 이행을 위해 수급인이 보조자를 사용하는 것은 적지 않다. 이것이 하도급이다. 하도급계약과 관련해 하수급인을 보호하기 위해 제정된 특별법으로 하도급거래 공정화에 관한 법률과 건설산업기본법이 있다는 것도 유의할 필요가 있다. 수급인은 자금력과 사업규모, 시장지배율 및 교섭력 등에서 우열이 분명하여 지배·복종의 관계가 형성되기 쉬운 것이 거래현실이므로 부당·불공정한 하도급거래를 방지하기 위해 하수급인에 대한 공사대금의 지급을 보증해야 한다(하도급법 13조의2 1항 1문). 일정한 경우 하수급인의 요청에 따라 도급인은 하도급대금을 하수급인에게 직접 지급할 수도 있다(동법 14조). 또 건설공사의 전부 또는 대통령령이 정하는 주요부분의 대부분을 다른 건설업자에게 하도급을 할 수 없다(건설산업기본법 29조 1항). 현저히 부당한 하도급의 경우 도급인(건설공사의 발주자)은 하수급인의 변경요구권과 계약해지권을 갖는다(동법 31조). 그런데 하도급계약으로 도급인 P, 수급인 D에 더해서 하도급인 Z가 계약관계 안에 들어옴으로써 몇 가지의 문제가 생긴다. 하나는 Z의 행위에 대해서 D는 어떠한 책임을 지는가라는 문제이다. 이 문제는 이행보조자의 과실이라 불리고 있으며, 교과서에서는 채권총론에서 논의된다(단순한 채무불이행의 연장선상에 논의된다). 여기서는 문제의 소재를 지적함에 그치고, 깊은 논의에는 들어가지 않는다. 다른 하나의 문제는 여기서 설명해두고 싶은 문제이다. 그것은 완성한 물건의 소유권의 귀속에 관련된 문제이다.

나. 도급에서 목적물 소유권의 귀속 문제

실은, 도급에서 소유권귀속의 문제는 두 당사자 간에도 문제가 되지만 세 당사자가 되면 이야기는 한층 더 복잡해진다. 우선 두 당사자부터 생각해보자. 이 문제에 대해서 이전에 유력했던 것은, 재료의 제공자가 누구냐에 따라 소유권의 귀속이 결정된다는 사고방식이었다(가공구성=소유권구성). 구체적으로는 도급인이 재료를 제공하고 있으면 목적물의 소유권은 자동적으로 도급인에게 귀속된다. 하지만 주재료의 소유권자가 주재료로 완성된 목적물의 소유권을 원시취득한다. 그러므로 수급인이 도급계약에서 재료제공자인 경우에는 그 소유권은 우선 수급인에게 귀속된 후에 도급인에게 이전된다고 여겨지고 있었다(259조 1항 본문 참조). 판례는 따라서 건물과 같은 부동산이라면 수급인이 자기의 재료와 노력으로 건물을 건축한 경우에는 원칙적으로 수급인이 건물의 소유권을 원시취득(80다1014)하고, 외적으로 당사자가 특약으로 달리 정하거나 기타 특별한 사정이 있는 경우에 한하여 도급인이 신축된 건물의 소유권을 원시취득(91다34790)한다고 했다. 하지만 이것은 당사자의 의사에 반하는 것이지 않은가라고 비판되어 점차, 당사자의 의사를 중시한다는 사고방식이 유력하게 되었다(계약구성). 일본 최고재판소 판례는 전통적인 사고방식에 서면서 특약을 인정[108]한다는 방법을 취하고 있지만, 실질적으로는 계약구성의 쪽으로 한발 디디고 나간 것이라고 말할 수 있을 것이다. 그러므로 원칙적으로 소유권의 귀속은 당사자 사이의 특약에 따른다.

그럼 다음으로 세 당사자의 경우이다. 문제는 도급인 P는 수급인 D에 공사대금을 지불했지만 D로부터 Z에 하도급대금이 지급되지 않은 사이에 D가 도산해버린 경우에 분명히 드러난다. P와 Z가 목적물에 대해 서로 소유권을 주장하는 사태가 생기는 것이다(도표 7.2.15).

도표 7.2.15 도급인의 대금지급 후 하도급인(수급인)의 대금미지급

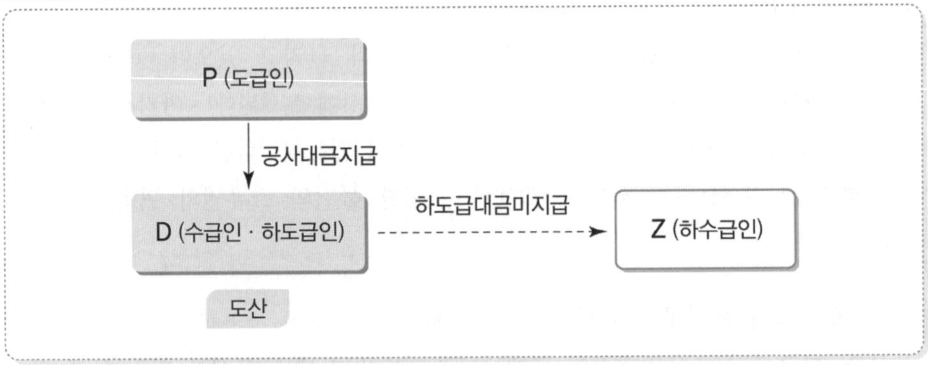

일본 최고재판소 판례는 이 점에 관해서는 P · D 간의 특약에 의해 소유권이 도급인 P에 귀속되는 경우에는, 이 특약의 효력은 Z에게도 미쳐 P는 Z와의 관계에서도 소유권을 취득한다고 했다.[109] 이 판결에 의해 세 당사자의 경우에도 계약구성이 관철되어야 한다는 사고방식이 나타난다고 말할 수 있다.

이것으로 문제는 일단락된 듯하다고 생각되는 것이 있지만, 다음과 같은 이론상의 문제가 또한 남아 있다. 그것은 어째서 P와 D의 계약에 하수급인 Z가 구속되느냐는 문제이다. 일본 최고재판소 판례는 "하도급계약은, 그 성질상 원도급계약의 존재 및 내용을 전제로, 원수급인의 채무를 이행하는 것을 목적으로 하는 것이므로, 하수급인은, 도급인과의 관계에서는, …… 원청부인과 다른 권리관계를 주장하여 얻는 입장에 있지 않기 때문이다"라고 설명하고 있다.[110] 이것은 원도급계약, 하도급계약의 관련성을 전제로 해서 하도급계약의 내용을 원도급계약에 의해 규율하고자 하는 것이지만, 거기에는 복합계약론의 사고방식이 모습을 드러내고 있다고 볼 수 있다. 그 의미로 지금부터 검토되어야 하는 흥미 깊은 판결이라고 말할 수 있다. 일본 최고재판소 판례는 할부구매알선에 관해 같은 취지로 해석했다.[111]

다. 여행계약

(1) 여행계약의 의의와 법적 성질

민법전에 여행계약이라는 유형은 정해져 있지 않았다. 그러나 사회생활상은 이와 같은 계약이 존재하고 있다(더욱이 독일법에는 민법전에 규정이 신설되어 있다). 또 여행계약은 여행사와 같이 여행주최자가 단체를 모집하여 실행하고 있는 단체여행의 경우 계약취소 거부, 여행지의 안전사고, 일정·숙박지 임의 변경, 추가요금(팁 등) 부당청구, 현지 소규모여행사의 횡포 등 다수의 피해사례 등 법적 분쟁이 많이 제기되어 왔다. 그러므로 민법은 독립된 전형계약으로 8개의 조문을 신설했다(2016.2.4.부터 시행). 통상 여행계약에는 수배(手配)여행과 주최(主催)여행, 기획여행이 있고, 각각 그 법적 성질이 다르다고 말해지고 있다.

수배여행은 여행자의 위탁에 기초하여, 여행자가 운송·숙박 등의 여행 서비스의 제공을 받을 수 있듯이, 여행업자가 대리 등을 인수하는 것이다. 이것은 법적으로는 위임의 일종이라고 생각된다. 이것에 대해 주최여행이란 여행업자가 미리 여행계획을 수립하고, 이것에 참가하는 여행자를 모집해서 실시하는 것이지만, 그 법적 성질에 대해서는 다툼이 있다. 하나의 사고방식은 이것도 계획에 따라서 여행이 가능하도록 수배하는 것을 인수한 것에 불과하다는 것이다. 즉 주최여행도 위임이라는 사고방식이다. 업계의 표준약관은 이 입장을 취하고 있다. 하지만 다른 하나의 사고방식으로서 여행업자는 계획대로 여행이 가능한 것을 도급하고 있다고 생각하는 것도 가능하겠다. 이것은 주최여행은 도급이라는 사고방식이라는 것이 된다.

어느 쪽의 사고방식을 취할 것인가에 의한 차이는 다음과 같은 점에 나타난다. 예를 들어 현지의 여행업자를 통해 수배한 버스승차 중의 여행사고에 대해서 여행업자는 책임을 지느냐고 말한 문제에 대해서 위임설이라면 책임이 없고, 도급설이라면 책임이 있다는 결론이 이끌어지기 쉽다. 더욱이 여기서도 여행자 P, 여행업자 D 이외의 제3자 Z가 개재하고 있기 때문에 문제가 생기는 것에 주의해 두었으면 한다(여기서 설명한 구체적인 문제는 전에 설명을 생략한 이행보조자의 문제라고 말할 수 있다).

(2) 여행계약의 효력

(가) 여행주최자의 급부의무

여행계약은 여행주최자가 여행 관련 용역을 제공하고 여행자는 그 대가로 대금을 지급하는 계약이다. 여행주최자는 여행자에게 여행계약에 따라 운송, 숙박, 관광 그 밖의 여행 관련 용역을 제공하여야 한다(674조의2). 여행계약의 부수의무로서 여행자의 안전을 배려하여야 할 신의칙상의 주의의무도 부담한다(98다25061).

(나) 여행주최자의 담보책임

민법은 여행계약을 신설하면서, 여행계약은 여행이라는 무형적 결과의 실현을 한다는 점을 고려하여 따로 여행의 하자에 대한 담보책임을 규정하였다(667조~672조). 여행계약은 유상계약으로서 그 담보책임은 당사자의 귀책사유를 묻지 않는 법정의 무과실책임이다. 그리고 여행자는 위의 담보책임상의 권리를 여행기간 중에도 행사할 수 있으나 계약에서 정한 여행 종료일부터 6개월 내에 이를 행사하여야 한다(674조의8).

① 하자시정청구권

여행에 하자가 있는 때에는, 그 시정에 과다한 비용이 들거나 시정을 합리적으로 기대할 수 없는 것이 아닌 한, 여행자는 여행주최자에게 하자의 시정을 청구할 수 있다(674조의6). 이 청구는 즉시 시정할 필요가 있는 경우가 아니면 상당한 기간을 정해서 하여야 한다(674조의6 3항).

② 대금감액청구권

여행자는 시정청구, 감액청구를 갈음하여 손해배상을 청구하거나 시정청구, 감액청구와 함께 손해배상을 청구할 수 있다(674조의6 1항).

③ 손해배상청구권

여행자는 시정 청구나 감액청구에 갈음하거나 함께 손해배상청구를 할 수 있다(674조의6 3항).

④ 여행계약 해지권

여행자는 여행에 중대한 하자가 있는 경우에 그 시정이 이루어지지 아니하거나 계약의 내용에 따른 이행을 기대할 수 없는 경우에는 계약을 해지할 수 있다(674조의7 1항). 계약을 해지하면 해지한 때부터 여행계약은 그 효력을 잃는다(550조). 따라서 여행 중에 해지한 때에는 해지 이전의 급부 부분은 유효하고, 해지 이후부터 여행이 종료할 때까지의 부분에 대해서는 여행주최자의 대금청구권은 소멸한다(674조의7 2항). 계약을 해지하더라도 여행주최자는 해지로 인해 필요하게 된 조치를 할 의무를 진다. 특히 계약상 귀환운송 의무가 있는 경우에는, 여행자가 여행의 어느 중간 지점에 남아 있게 된 사정은 여행의 하자로 인해 초래된 것이므로, 여행주최자는 여행자를 귀환운송할 의무를 부담한다. 이 경우 상당한 이유가 있는 때에는 여행주최자는 여행자에게 그 비용의 일부를 청구할 수 있다(674조의7 3항). 그러나 현재의 표준약관에 의하면 여행사의 귀책사유에 의하지 않는 한 여행자가 추가비용을 부담하는 것으로 되어 있다.

(다) 여행자의 의무

여행자는 여행에 대한 대가로서 대금을 여행주최자에게 지급하여야 한다. 그 대금은 약정한 시기에 지급하여야 하고, 그 시기의 약정이 없으면 관습에 따르고, 관습이 없으면 여행의 종료 후 지체 없이 지급하여야 한다(674조의5). 여행계약이 도급과 유사한 점에서, 도급에서의 보수 지급시기와 그 내용을 같이 한 것이다.

(라) 여행계약의 종료

민법은 여행계약에 특유한 종료 원인으로서 여행 개시 전의 계약해제, 부득이한 사유로 인한 계약해지를 들고 있다. 여행계약은 그 체결 후 상당한 기간이 지나 시작되는 경우가 많고, 그 사이 여행을 할 수 없는 사정이 발생하는 수가 있으므로 여행자는 여행을 시작하기 전에는 언제든지 계약을 해제할 수 있다(674조의3). 다만 그로 인해 여행주최자가 입게 된 손해에 대해서는 여행자가 배상하여야 한다. 또 부득이한 사유가 있는 경우에는 여행자나 여행주최자는 계약을 해지할 수 있다(674조의4 1항 본문). 다만 그 사유가 당사자 한쪽의 과실로 인하여 생긴 경우에는 상대방에게 손해를 배상하여야 한다.

2. 비대등자 사이의 계약

가. 소비자계약

(1) 서비스계약(봉사계약)

최근의 소비자문제의 한 가지로서 역무형의 계약에 관련된 문제를 들 수 있는 것이 있다. 여기에는 보습학원·외국어학원 또는 전신미용 응접실(에스테틱 살롱: esthétique salon) 등을 둘러싼 분쟁이 늘고 있다는 사정이 있다. 이것들의 계약도 역시 위임의 일종이다. 영어를 지껄일 수 있게끔 하는 것, 피부를 아름답게 하는 것 자체는 의무내용이지는 않다. 그것은 그것으로도 좋지만, 반드시 영어를 말할 수 있다 또는 반드시 피부가 아름다워지는 것은 없더라도, 도대체 사업자는 얼마만큼의 것을 소비자에게 해주는가. 이때 소비자는 사전에 알기 어렵다. 그 이유는 이것들의 계약에 의해 급부되는 것이, 눈에 보이는 유형의 물이 아니라, 눈에 보이지 않는 무형의 봉사(service)라는 점에 있다. 소비자는 이상의 역무의 경우에는 그 내용을 확인한 후에 계약하는 것이 어려운 것이다.

그래서 이것들의 계약에 대해서는 한편으로, 계약내용의 고지가 필요하다고 말해지고 있다. 다른 한편 이와 같은 계약에는, 봉사(서비스)를 받아보지 않으면 좋고 나쁨을 알 수 없기 때문에, 상대방을 길게 계약에 구속하는 것은 타당하지 않다는 것도 지적되고 있다. 참고로 학설은 특히 후자에 대해서는 중도해지를 인정해야만 한다는 견해가 유력하고, 많은 견해는 그 논거로서 위임의 중도해지에 관한 689조를 원용한다. 그 결론은 타당하다고 생각되지만 논거에 대해서는 의문이 있다. 유상위임 일반에 대해서 689조로부터 이탈하는 것이 추세인 오늘, 이 규정을 빌리는 것이 아니라, 실질적인 논거에 의해 중도해지를 인정해 나가야 할 것이다. 물론 그것을 형식으로서는 689조에 다가서는 것이 좋지만, 본래의 689조의 취지와는 다르다는 것은 확실히 자각한 편이 좋다. 하지만 최종적으로는 입법으로 해결해야만 하는 문제인 것처럼 생각될 수 있다.

(2) 특정 단속적 역무 제공계약[112)]

위에서 설명한 바와 같은 분쟁은 계속적·반복적 용역제공에서 일어나고 있다. 이에 대처하기 위해 방문판매법이 개정되었고, 특정 계속적 역무 제공계약이 동법의 규제대상에 추가되어 있다(동법 제3장의 2 '특정 계속적 역무 제공'의 장 신설,

1999.10.22. 시행). 현시점에는 전신미용 응접실, 외국어학원, 가정교사, 보습학원의 4종류가 문제가 된다.

나. 전문가계약[113)]

역무형의 계약에 대해서는 일방당사자가 소비자라는 것을 고려하는 것과 발맞춰 타방당사자가 전문가이기 때문이라는 것을 고려해야만 하는 경우도 있다. 일방의 능력이 열악하다는 것이 아니라 타방의 능력이 높기 때문이라는 것이 문제가 된다는 것이다.

구체적으로는 의사나 변호사 등 지적 · 전문적인 직업에 종사하는 사람의 책임이 문제가 되고 있다. 자격제도가 정립되어서 관련 단체(대한변호사협회, 의사협회)가 직업적 규율을 하고, 사회에서도 높은 정도의 존경 · 신뢰가 부여되고 있는 전문가는 그 계약상대방에 대해서 높은 정도의 책임을 져야만 하지 않는가 싶다.

최근 의료사고가 많이 발생하고 있어서 의료계약이 주목을 끌고 있다. 의료계약은 환자가 의사 또는 의료기관('의료인')에게 진료를 의뢰하고 의료인은 질병의 치료 등을 위하여 모든 의료지식과 의료기술을 동원하여 환자를 진찰하고 치료할 의무를 부담하고 이에 대하여 환자는 보수를 지급할 의무를 지는 것을 약정함으로써 성립된다(2009다17417(전)).

그런데 같은 높은 정도의 책임을 진다(의무)고 해도, ① 의뢰자의 의사를 중시하여 설명의무를 무겁게 보는 입장과 ② 어떤 경우에는 의뢰자의 의사에 관계없이 일정한 행위를 하는 것이 요구된다는 입장이 있을 수 있다. 의사의 경우 충분한 이해(informed consent)[114)]론 또는 수혈거부 · 안락사 등과도 얽혀 어려운 문제이지만, 중요한 문제이다. 판례는 의료계약 당시에는 진료의 내용 및 범위가 개괄적이고 추상적이지만, 이후 질병의 확인, 환자의 상태와 자연적 변화, 진료행위에 의한 생체반응 등에 따라 제공되는 진료의 내용이 구체화되므로, 의료인은 환자의 건강상태 등과 당시의 의료수준 그리고 자기의 지식경험에 따라 적절하다고 판단되는 진료방법을 선택할 수 있는 상당한 범위의 재량을 가진다. 그렇지만 환자의 수술과 같이 신체를 침해하는 진료행위를 하는 경우에는 질병의 증상, 치료방법의 내용 및 필요성, 발생이 예상되는 위험 등에 관하여 당시의 의료수준에 비추어 상당하다고 생각되는 사항을 설명하여, 당해 환자가 그 필요성이나 위험성을 충분히 비교해 보고 그 진료행위를 받을 것인지의 여부를 선택하도록 함으로써 그 진료행위에 대한 동의를 받아야 한다(2009다17417(전))고 했다.

또한 의사의 책임에 대해서는 의료과오의 문제가 있지만 이것은 불법행위법에서 쟁점이 되는 것이 많다. 어째서 채무불이행이 아니라 불법행위로 되는 것이냐는 점에 대해서는 불법행위 부분에서 생각하는 것이므로 여기서는 더 이상 논의하지 않는다.

Ⅳ. 계약위반과 손해배상

채무불이행에 대한 세 가지의 구제(이행강제 · 해제 · 손해배상) 중 손해배상의 요건 · 효과를 결정하는 것은 390조이다. 이 규정에 관해서는 앞에서 자세하게 다루었지만, 해제와 같이 손해배상이 인정되는 것을 생각하면서(일반론으로서 548조 3항), 본장에 있어서도 한마디 해 두는 편이 좋겠다.

390조는 불이행(채무의 내용에 좇은 이행을 하지 아니한 때)이 있다면 배상청구가 가능하다고 규정되어 있다. 문제는 계약위반이란 무엇이며 손해란 무엇인가이다.

1. 계약위반(채무불이행)

불이행에 대해서 이전에는 지체 · 불능 · 불완전이행의 삼분론으로 설명되는데, 이것들의 불이행에 귀책사유가 추가될 필요가 있다고 여겨지고 있었다(단 채무자가 귀책사유 없는 것을 입증). 하지만 오늘날에는 채무의 내용에 좇은 이행이 있었는가 없었느냐는 판단만으로 결정해야만 한다는 사고방식이 유력하게 되어 있고, 본서에도 후자의 사고방식으로 이 문제를 설명을 해왔다. 후자의 사고방식이라면 당사자 간에 어떠한 채무가 발생했는가가 문제이고, 불이행+귀책사유라는 2단계의 판단은 필요 없게 된다.

예를 들어 보자. 매매의 경우에는 물건의 인도(소유권이전)가 채무내용이므로 약속대로 물건이 인도되지 않는다면, 그것으로 채무불이행책임이 생긴다. 인도가 없는 것에 대해 귀책사유가 있는가 없는가는, 이행불능의 경우를 제외하고 독립된 요건으로서는 문제가 되지 않는다. 이것에 대해 위임 등의 경우에는 어떤 특정한 역무의 제공이 채무내용이 된다. 약속한 역무의 제공이 이루어지지 않으면 불이행책임이 발생하지만 이 경우에는 어떠한 장면에서 어떠한 행위를 해야만 했던가가 문제가 된다. 즉 채무의 이행이 이루어졌는가 아닌가의 판단에 있어서는, 채무자의 태양이 문제가 된다는 것이 된다. 그 의미로는 과거의 용어법에서 말한 곳의 귀책사유가 필요하게 된다.

2. 손 해

가. 신뢰이익과 이행이익

손해에 대해서는 일반으로는 신뢰이익과 이행이익으로 대비되어, 채무불이행의 경우에는 이행이익이 배상되어야 한다고 여겨지고 있다. 이행이익이란 이행이 이루어진다면 얻을 수 있는 이익이다. 예를 들어 매매의 경우에는 대금지급이 이행되지 않으면, 매수인은 이 매매계약에서 얻을 수 있었으리라는 이익을 포함한 대금전액의 청구가 가능하다(해제하여 상품을 돌려받는 경우에는 그 분을 뺀다). 어떤 상점이 10만 원에 사들인 것을 고객에게 12만 원에 팔았다고 한다면, 12만 원의 청구가 가능하다. 이 경우 어느 단계에서 불이행이 생겨도 같아서, 반드시 모든 이익(全利益)을 얻을 수 있다. 이것에 대해 위임 등의 중도해지의 경우에는 그 시점까지의 이익이 얻어지는 것에 멈춘다. 단, 이 경우에도 비용만이 아닌 모든 이익(비용+보수)이 얻어지는 것이며, 배상되는 것은 이행이익이다.

나. 도급의 경우의 사고방식

도급계약의 중도해지의 경우는 약간 미묘해서, 매매에 가까이 하는 사고방식과 위임에 가까이 하는 사고방식이 있을 수 있다. 전자라면 완성을 상정한 이행이익이 얻어지지만(장래 분의 절약가능한 비용만 뺀다), 후자라면 얻어지는 것은 해지시까지의 이행이익만이 된다(장래 분에 대응하는 지출완료의 비용은 신뢰이익으로서 얻어진다). 민법 기초자는 미이행분에 대해서는 이행이익이므로 다른 공사를 인수하여 받는 것을 얻어야만 하는 이익을 공제한 것을 청구할 수 있다는 것으로 생각하고 있었다. 여기에서는 자세한 설명은 생략하지만 이것은 두 가지의 견해의 어느 쪽으로부터도 정당화할 수 있는 서술이다. 그렇게 된다면 오히려 이행이익·신뢰이익의 구분을 재검토해야만 하는 것일지도 모른다. 학설에는 이 이분법을 버리고, 무엇을 배상대상으로 하는가를 생각하면 충분하다는 것도 있다(제4편 참조). 이상의 설명을 조합하면 다음 도표와 같이 된다(도표 7.2.16). 다만 손해배상의 요건에 관해서는 제4편 제2절에서 자세하게 살펴보았으므로 다시 되풀이하지 않고 그 효과에 관해서 정리해 보자.

도표 7.2.16 서비스제공형계약에서의 손해배상의 효과

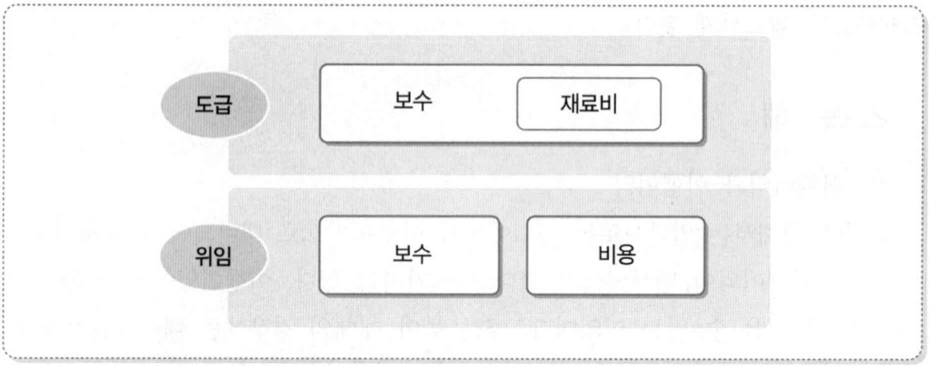

제2절 조합 등 – 조직형계약

여태까지 봐온 계약은 권리이전형(매매 등), 비권리이전형(임대차, 소비대차, 위임·도급 등)의 쌍방을 포함하여, 두 당사자(경우에 따라서 세 당사자)가 그 개인적 이익을 위해 거래를 한다는 것이었다. 이것에 대해, 계약에는 조직을 형성하여 공통의 이익을 실현하는 유형도 존재한다.

여기서 말하는 조직이 무엇인가에 대해서는 좀 더 생각할 필요가 있지만, 우선(일단) 구체적인 계약유형을 본 후에 이 문제를 생각하는 것으로 하자. 우선 민법전이 규정하고 있는 계약유형인 조합을(Ⅰ), 그리고 민법전에는 규정이 없지만 조직적 계약에 가까운 성질을 가진 몇 가지의 계약을(Ⅱ), 순서대로 봐보자.

Ⅰ. 조직형기본계약으로서의 조합

1. 조합계약의 의의

조합은 각 당사자(2명 이상)가 출자를 하여 공동사업을 경영하는 것을 약속함으로써 성립하는 계약이다(703조 1항). 출자는 조합을 설립함에 있어서 사업을 경영하기 위한 자본으로서 노무라도 좋지만, 당사자는 반드시 무언가를 출자하지 않으면 안 된다. 그 의미로 조합계약은 쌍무계약·유상계약이다. 단 (공동)사업 목적에는 제한이 없고, 영리사업 외에 비영리사업을 영위하는 것도 가능하다. 또한

이익이 올려진 경우에는 그것을 조합원끼리 분배한다. 손실에 대해서도 같다. 그리고 특히 정함이(결정이) 없는 경우에는 그 비율은 출자의 비율이다(711조).

조합에는 어떠한 것이 있는가. 예를 들어 도시개발의 일환으로서 대치동청실지구아파트재개발조합이나 아파트관리조합 등 또는 특별법의 규율대상이든가 생활협동조합 등이 일상에 친근한 예이다. 또한 학기말에 보고서(리포트)를 쓰는 데에 A군과 B양이 돈을 서로 내놓아서 컴퓨터를 산다는 것도, 조합이라고 봐야 하는 경우가 많다(통상 이것은 공유의 예로 여겨지지만, 실제로는 워드프로세서의 쓰임 방식 등에 대해서 사전에 합의가 있다는 것이 많겠다. 그렇다고 한다면 간단한 공유라고 하기보다는 조합에 가깝다). 또한 A군과 B양이 일제히 아이를 양육하기 위해, 한쪽이 수업을 빼먹고(sabotage) 육아를 하고 다른 쪽이 아르바이트로 분유값을 번다는 계약도 조합이라고 할 수 있다. 더욱이 여러 학생의 단체·서클 등에도 조합이라고 부를 수 있는 것이 있겠다(무언가의 목적과 출자가 있는 경우. 목적도 재산도 없다면 사람이 모여 있기만 하는 것). 이외에는 예를 들어 건설회사의 공동기업체(○○조·××조 공동기업체라고 한 표시를 본 적이 있을 것이다) 등도 조합에 해당한다. 영국과 미국에서는 합명회사를 일반조합(General Partnership, GP)이라고 부른다.

여기까지 봐온 대로 조합에는 어떤 목적을 위해, 사람이 모여 있다는 면과 재산을 가지고 있다는 면이 있다. 사람의 모임이라는 면에서는 조합과 사단법인(또는 권리능력 없는 사단)과의 관계가 문제가 된다.[115]

또한 재산의 면에는 물권법상 공유와의 관계가 문제가 된다. 이것들의 문제에 대해서는 조합계약의 효력과의 관계로 생각해 나가는 것으로 하고 싶다.

그럼 효력이 어떤가에 대해서인데, 그것은 이와 같은 조합계약에 의해 당사자는 어떤 법률관계에 서 있는가라는 것, 다른 표현으로 하자면 거기에 어떠한 조직이 생겨 나타나는 것인가라는 것밖에 없다. 이 문제에 대해서는 항을 바꿔서 설명하는 것으로 하자.

가. 조합과 사단법인

종래는 조합과 사단법인은 서로 별개의 것이라고 생각되어 왔다. 즉 조합은 계약에 의해 성립하는 것에 대해, 사단법인은 합동행위에 의해 성립된다. 또한 조합은 조합원 상호의 말하자면 수평의 관계임에 대해, 사단법인은 사단과 사원의 말하자면 수직의 관계라는 것으로 여겨져 왔다(도표 7.2.17). 이것에 대해 조금 전까지는 조합 중 법인격을 취득한 것이 사단법인이라고 보는 견해가 제시되기에 이르러 있다.

도표 7.2.17 조합과 사단법인의 구조(종전의 견해)

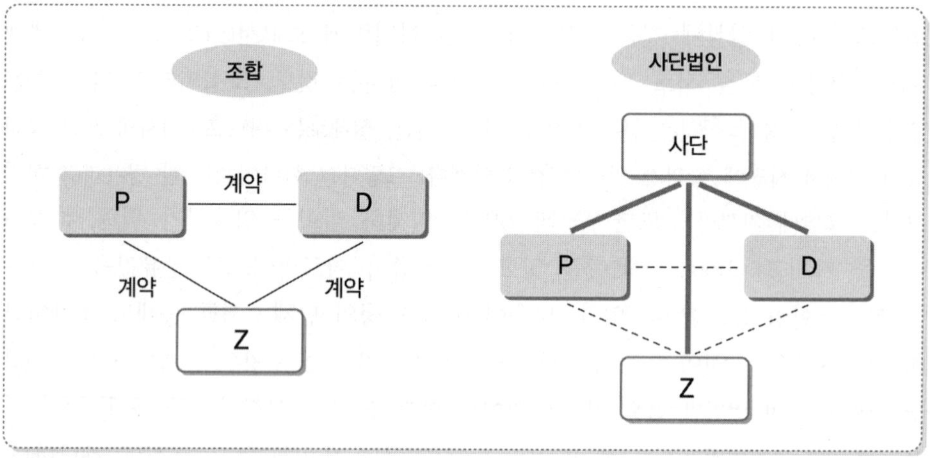

나. 최근의 입법에 있어서 조합의 이용

최근의 특별법에는 조합계약은 투자를 위한 기구(scheme)나 아파트재건축을 위해 설립된 기구 등으로서 이용되는 것이 주목된다. 전자에 관해서는 중소기업투자활성법 · 벤처기업육성에 관한 특별조치법이 제정되어 있고 후자는 도시 및 주거환경정비법이 규율하고 있다.

2. 조합계약의 상호법률관계

조합계약은 공통의 목적을 위해서 출자하는 계약이지만, 목적달성을 위해서는 누군가가 업무를 집행할 필요가 있다. 또한 그러기 위해서 출자하고 있는 것이지만, 이것에 의해 조합재산이 생기게 된다. 그래서 조합계약에 의해 생기는 당사자 간의 법률관계를 생각함에 있어서는 업무집행과 조합재산의 두 가지로 분리하여 봐보는 것이 좋겠다.

가. 조합사무의 집행

조합의 사무집행은 과반수로 결정한다(706조 1항). 미리 사무집행 조합원을 결정해 둘 수도 있지만 －이 점에서 공유의 경우와 다르다. 이와 같은 사전 합의의 존재가 상정되어 있지 않는 것이 물권법상의 공유이다－, 그 경우에도 내부에서의 의사결정은 과반수에 의한다(706조 2항). 단 통상사무(일상적인 단순한 업무)에 대해서는 각 조합원 또는 각 사무집행자가 단독으로 할 수 있다(706조 3항).

이상의 내부적 의사결정에 따라서 대외적인 행위를 하는 경우 민법상의 조합에는 법인격이 부여되지 않으므로 특별법상의 조합은 특별법에 따라서 법인격을 취득할 수 있는 것도 있다(아파트재건축조합 · 신용협동조합 · NPO 등). 조합자체가 주체가 되어 (법률)행위를 할 수는 없다. 사무집행권한을 가진 자가 다른 조합원 전원을 대리하여 행위를 하는 것이 된다. 그 경우 조합명 또는 조합명＋직함을 표시하는 것이 인정되고 있다(A조합이사장 B로 표시하면 족하고, 조합원전원의 이름을 쓸 필요는 없다). 똑같은 방법으로 소송도 가능하다고 여겨지고, 조합체가 합유등기를 하거나 조합원들 명의로 각 지분에 관하여 공유등기를 할 수 있다. 이 점에서 권리능력 없는 사단과 같다.

나. 조합재산의 처분 · 변경

조합의 재산은 조합원의 합유로 된다(704조). 합유물을 처분 또는 변경함에는 합유자 전원의 동의가 있어야 한다(272조). 구체적으로 조합원의 지분처분이 제한되어 있고, 분할청구권도 제한되어 있다(706조). 조합재산의 경우 그 처분 · 변경에 관한 행위는 조합의 특별사무에 해당하는 업무집행이므로 조합재산의 처분 · 변경은 업무집행자가 없는 경우에는 조합원의 과반수로 결정하고, 업무집행자가 수인 있는 경우에는 그 업무집행자의 과반수로써 결정하며, 업무집행자가 1인만 있는 경우에는 그 업무집행자가 단독으로 결정한다. 이것은 조합의 조직으로서의 계속성을 보장하는 규정이라고 말할 수 있다. 조합원은 일정한 요건이 갖추어지면, 조합 탈퇴를 할 수 있을 뿐이다(716조). 판례는 P와 D가 주점의 내부시설을 개수하고 P 명의로 사업자등록을 한 후 주점영업을 하여 발생되는 이익 중 40%를 P에게 배당하여 주기로 약정하고, 약정에 따라 P가 기존 시설물 철거비, 내부시설공사비 등으로 합계 금 36,383,200원을 지출하여 출자하였으나 P가 출자하기로 한 금액에 관한 이견으로 다툼이 발생해서 동업관계는 주점 영업이 개시되기도 전에 사실상 결렬된 사안에서 조합원이 두 사람인 조합관계에서 그 중 1인이 탈퇴하면 조합관계는 해산됨이 없이 종료되고 청산이 뒤따르지 아니하며 조합원의 합유에 속한 조합재산은 남은 조합원의 단독소유에 속하고(95다22511,22528), 출자의무를 이행한 조합원이 동업관계에서 전적으로 배제된 채 나머지 조합원이 당초의 업무를 처리해 온 경우 부득이한 사유로 인한 해산청구를 할 수 있고, 출자의무를 이행한 조합원은 탈퇴로 인한 계산으로서 자기가 출자한 금원의 반환을 구할 수도 있다(90다카26300)고 했다. 일본 최고재판소 판례는 더욱이 조합에서 탈퇴를 전혀 인정하지 않는 약정은 무효로 하고 있다.[116] 그 경우에도 조합은 금전으로 투자금의 환급을 할 수 있다. 조합사업에서 사용하고 있는 동산·부동산을 빼앗겨서는(가지고 가게 해서는) 곤란하다는 것이 그 이유이다. 이것도 계속성 유지를 위한 규정이다. 더욱이 탈퇴에는 제명에 의한 탈퇴도 있다. 제명에는 전원동의(본인을 제외한다)가 필요하다(718조).

채권·채무는 어떤가. 우선 조합이 가진 채권(조합채권)에 대해서이지만, 이것은 조합재산에 속하고 조합이 행사한다. 채무자는 조합의 청구에 대해서 조합원에 대해 채권으로 상계할 수 없다(715조). 조합이 지는 채무(조합채무)에 대해서는, 조합에 대한 청구(전액)도 조합원에 대한 청구(비율. 712조)도 함께 할 수 있다. 즉 조합원의 책임은 비율(711조)에 따르기는 하지만 무한책임을, 거기에다가 보충적이지 않고 병존적으로 진다. 이 점에서 주주나 유한회사의 사원과 다르다. 하지만 책임이 보충적인가 병존적인가는 다르지만, 무한책임이라는 점에서는 합명회사의 사원과 그다지 다르지 않다.[117] 또 조합원의 개인채권자는 조합재산을 담보로 잡을 수는 없다고 생각되고 있다(273조 1항의 해석으로서, 거기서의 처분에는 개인채권자의 압류(714조)도 포함되는 것으로 여겨지고 있다). 이 점에서도 법인과 차이가 없다.

Ⅱ. 조직형계약의 파생형

다음으로 조직적 성질을 다소 가진 것처럼 보이는 최근 문제되고 있는 새로운 형태의 계약에 대해서 봐보자. 우선 구체적인 예를 들고, 다음으로 조직성이라는 것에 대해서 생각해보고 싶다.

1. 구체적 사례

가. 가맹사업계약[118]

가맹사업계약에서 독점판매권(프랜차이즈: franchise)은 가맹사업거래의 공정화에 관한 법률(가맹사업법) 2조에서 가맹계약이라고 정의하고 있다.[119] 독점판매시스템에서는 가맹본부(가맹사업자, 프랜차이저: franchiser)라고 불리는 사업자 P가 가맹점(가맹희망자, 프랜차이지: franchisee)이라고 불리는 사업자 D 사이에, P가 자기의 상표(상호)나 경영의 기법(기술, 노하우)을 사용하여 상품의 판매 등의 사업을 행하는 권리를 D에게 주고, 이것에 대해서 D는 일정의 대가를 지불한다는 계약이다(도표 7.2.18). 프랜차이즈는 프랑스어로 '특권을 주다'라는 뜻이다. 지금은 특정 프랜차이저(가맹기업)가 다수의 영업점(직영, 가맹 모두 포함)을 두는 방식을 취하는 형태를 뜻한다. 전형적인 가맹점체인(프랜차이즈체인: franchise chain)으로서는 각종의 햄버거 가게(버거킹)나 편의점(세븐일레븐)을 머리에 떠올려 주면 좋다.[120]

도표 7.2.18 가맹사업계약의 구조

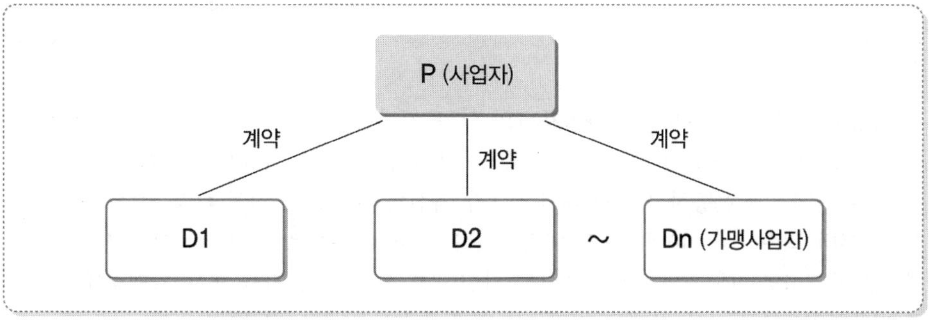

예를 들어 대학정문 앞에 어제까지 선비주점이라는 개인상점이 영업하고 있었지만 그다지 팔지 못하여 F마트라는 이름의 사용을 허락받아서, F마트용의 상품을 진열하는 것으로 하였다. 그 대신에 모회사에게 권리금과 매상의 몇 퍼센트(%)를 지불한다. 이것이 독점판매권계약이다. 이 계약에서 D로서는 P의 신용이나 기법을 빌릴 수 있다는 이점이 있고, P로서는 영업은 D에 맡기고 상품개발 등에 집중할 수 있다는 이점이 있으므로, 서로 대단한 발전을 보이고 있다. 독점판매권계약의 특징은 자본을 달리하는 독립된 사업자가 상호협력하여 동일한 자본기업과 유사한 경영을 함으로써 이익을 창출해내는 것이다. 한편 우리나라 프랜차이즈는 대부분이 요식업에 치우쳐 있다.

하지만 가맹사업계약에 문제가 없는 것은 아니다. 영업이 잘된다면 좋지만 그렇지 않은 경우 한편, P의 부당권유가 문제가 된다. P가 수행한 개점 전의 수요 예측 등에 문제는 없었다 등이 다툼의 예이다. 또 다른 문제는 가맹본부가 그 공급거래의 당사자가 되느냐이다. 이에 관한 2016다238212의 사안과 판지는 다음과 같다.

사실관계 7.2.9 가맹사업계약 구조 [2016다238212]

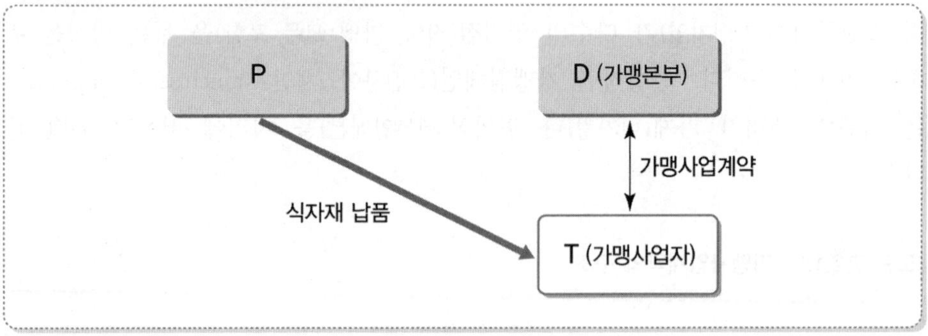

가맹본부(사업자) D가 가맹사업자 T와, T가 직접 D의 지사 또는 가맹점으로부터 주문을 받고, D가 선정한 P 등 식자재 제조·생산업체로부터 식자재를 납품받아 D의 지사 또는 가맹점에 운송하고, 물품대금은 T가 자신의 책임으로 직접 D의 지사 또는 가맹점으로부터 회수한 후 판매이익의 일정 비율을 D에게 수수료로 지급하기로 하는 내용의 계약을 체결하였는데, P가 D의 이행보조자인 T를 통해 D의 지사 또는 가맹점에 식자재를 납품하였으므로 D를 상대로 미지급된 물품대금의 지급을 청구했다.

대법원은 가맹사업법은 가맹사업의 특수성을 고려하여, 일정한 경우 가맹본부가 가맹점에게 원재료 또는 부재료를 특정한 거래상대방(가맹본부 포함)과 거래하도록 강제하는 것을 허용[121]하고 있지만 그러한 사정만으로 가맹본부가 그 공급거래의 당사자가 되거나 공급거래 자체에 따른 어떠한 책임을 부담하게 되는 것은 아니라고 했다. 다른 한편 P와 D의 계약이 중도에서 종료되어 버려도, 계약에 의해 D에는 이후 몇 년 동안 경업금지의무가 부과되는 것이 보통이다. 하지만 그러한 의무를 무제한으로 부과하는 것이 타당한지 아닌지도 쟁점이 된다.

나. 회원계약

스포츠클럽, 리조트클럽 등, 회원제 모임(club)이 최근에는 늘고 있다. 회원제 클럽은 크게 나눠서 예탁금회원제과 법인회원제·주주회원제가 있다. 여기서 드는 것은 전자의 경우이다. 예탁금회원제는, 경영주체인 P사에게 회원 D가 예탁금을 맡김으로써 회원이 된다는 형태이다. 하지만 D는 이것에 의해 P사의 재산에 대해서 지분을 가지는 것은 전혀 아니다. 예탁금회원제(預託金會員制) 골프장에 있어 골프회원권이란 법률적으로 골프장시설의 우선적인 이용권과 예탁금반환청구권을 주요한 내용으로 하는 계약에 기초한 채권적 권리이다. 그렇기 때문에 D의 이용권은 어디까지나 P사와의 계약에 근거한 것이라는 것이 된다(도표 7.2.19).

도표 7.2.19 예탁금회원제 클럽

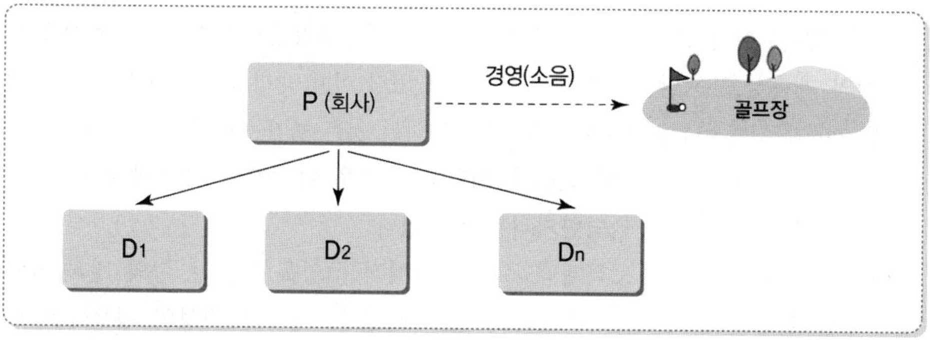

이러한 종류의 클럽, 특히 골프클럽에 대해서는 1990년대의 초반에 큰 사회문제가 일어났다. 즉 회원을 지나치게 늘려 경기를 할 수 없는 클럽이 발생했다.[122] 여기서는 다음의 점에 대해서만 살펴보기로 한다. 그것은 회원규약은 단체규약이 아니라, 계약의 일방당사자가 설정한 규약에 불과하다는 것이다. 일본 최고재판소 판례는 그렇기 때문에 이사회가 규약 변경을 하여 예탁금의 거치기간을 늘여도, 회원은 그것에 구속되지 않는다고 했다.[123]

2. 조직형계약에 의한 조직성

마지막으로 조직성에 대해서 조금 생각해보자.

조직형계약의 전형인 조합계약에 있어서는 한편으로는 조직의 계속성이 유지될 수 있도록 하는 기구(메커니즘: mechanism)가 존재했다. 또한 조합재산의 독립성도 확보되어 있고 그 면에도 조직성이 강했다. 더욱이 조직의 의사결정에 관해서는 다수결제가 채용되어 있고, 조합원 스스로 반대해도 조합의 행위에 의해 구속된다. 이상과 같이 조합계약은 조직의 계속성·독립성, 또한 조직의 자율성을 꾀할 수 있는 것이다. 이것은 사단법인과 비교해도 특히 손색이 없는 것이라고 말할 수 있다. 여담이지만, 이것은 권리능력이 없는 사단의 개념의 필요성에 의문을 품게 만드는 계기도 된다. 이 개념은 단체명의로 등기를 인정해야 한다는 주장을 인도하는 것 이외에는 그다지 실익을 가져다주지 않았다고도 말할 수 있다. 물론 민법이 정한 공익법인의 경우에는 구성원의 유한책임이 인정되고 있지만, 이것은 모든 법인에 인정되는 효과는 아니다(법인인 합명회사에는 인정되지 않는다).[124)]

이와 같은 강도의 조직성을 갖지 않아도, 다소 조직적인 성질을 가진 계약은 있을 수 있다. 이미 소개한 프랜차이즈 계약 등은 경업금지의무를 부과함으로써, 사업체의 계속성을 꾀할 수 있다고 말할 수 있다(어떤 대리점에 참가한 이상, 일정기간은 제멋대로 빠져나와 혼자서 같은 영업을 하는 것은 불가능한 것으로 한다). 거기서의 문제는 조합만큼 강고한 결합을 지향하는 것은 아님에도, 일면에서 이와 같은 구속을 부과하는 것이 타당한가라는 것이었다.

더욱이 회원계약 또는 보험계약과 같이 단체적 구성을 취하는 형의 것과 계약적 구성을 취하는 형의 것이 존재하는 경우도 있다. 계약적 구성의 경우에는 단체에 대해 적합한 규율은 당연히는 꼭 들어맞지는 않는다. 하지만 이와 같은 계약에는 적어도 일방당사자로서 다수인이 상정되어 있다는 점에 의해 필요하게 되어 있는 규율이 없는 것은 아니다. 예를 들어 먼저 말한 듯이 골프클럽의 규약변경은 당사자를 구속하지 않는다고 설명했지만, 계약이기 때문에 절대로 이렇게 될 수밖에 없다는 것도 아니다. 보험계약에 대해서는, 그 (위기)단체적 성질(동일한 위험을 바탕으로 한 다수인이 단체를 구성하고, 그 구성원의 몇 사람에 대해 위험이 발생한 경우 그 손실을 구성원이 공동하여 충족한다는 성질) 때문에 보험료증액을 허용하고 있었다(기존의 계약에도 적용된다). 그러나 이 규정이 폐지된 취지도 포함하여, 신중한 검토가 필요하다.[125)]

이상과 같이 한마디로 조직성이라고 말해도, 거기에는 정도의 차가 있다. 이전에 설명한 대로 매매 중에도 계속적매매에 대해서 보자면, 거기에는 일정의 조직성을 발견하는 것이 가능하다. 하지만 그것에 관계없이 조합계약과 같이, 조직형성을 목적으로 하는 계약유형이 존재하는 것도 또한 확실하다. 거래형과 조직형이라는 대비는 가능하지만 이것들은 이념형이고 실제로는 중간적 유형도 있다. 이렇게 양방향을 잡아둘 필요가 있다.

이상을 정리하여 도표로 표시해 둔다(도표 7.2.20).

도표 7.2.20 거래와 조직에 의한 계약의 분류

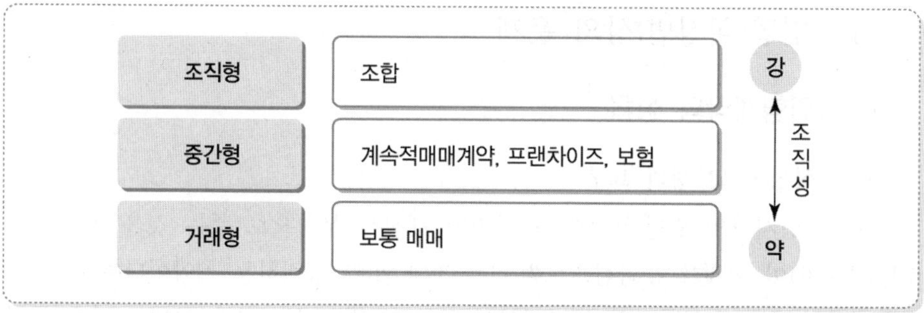

제 3 절 증여 · 사용대차 등 – 호의형계약

제1절에서는 거래형의 계약에 대해, 제2절에서는 조직형의 계약에 대해 각각 설명했다. 거래형에 있어서도 조직형에 있어서도, 당사자는 상호 무언가의 급부를 교환이 있다고 하였다. 그러한 의미로 이것들의 계약은 기본적으로는 유상계약이다. 무엇보다 소비대차나 위임 등에는 무상인 것도 있었지만, 그것들은 별로 중요하지 않은 존재임에 불과하고, 거기에서도 중요한 것은 유상인 것이었다. 이것에 대해 본절에서 다루는 것은 무상계약 즉 일방당사자만이, 반대급부를 얻지 않고 급부를 행한다는 계약이다. 이와 같은 계약은 법적으로는 일방당사자의 호의에 기반을 둔다.

이 호의형계약으로서 민법전에 규정이 두어져 있는 것은 증여(권리이전형)와 사용대차(권리비이전형)이다.

이하 이 두 가지의 계약유형을 염두에 두고 호의형계약의 특징에 대해서 생각해 나가고 싶다. 먼저 설명한 바와 같이 소비대차, 위임 등에 대해서도 무상의 것이 있을 수 있지만, 그것들에 대해서는 특히 건드리지는 않겠다.

순서로서는 우선 실정법인 민법상의 문제에 관해서 설명하고(Ⅰ), 계속해서 이론적인 문제에 대해서 추가로 검토한다(Ⅱ).

Ⅰ. 민법(실정법)상의 문제

1. 호의형계약의 성립

가. 요식성 · 요물성의 요구

증여는 당사자의 일방(증여자)이 자기의 재산을 무상으로 주는 것을 약속하고, 타방(수증자)이 이것을 수락함으로써(하는 것에 의해) 성립하는 계약이다(554조). 이것뿐이라면 증여계약도 또한 낙성계약인 듯이 보인다. 하지만 이것에는 다음과 같은 제약이 걸려 있다. 그것은 서면에 의하지 않은 증여는 이행완료가 아닌 다음에는 취소할 수 있다. 즉 완전한 구속력은 가지지 않는다는 제약이다(555조). 구두의 증여로 미이행한 것은 취소하여, 엄밀히는 철회가 가능하다는 것은 역으로 말하면 철회할 수 없는 증여란, 서면에 의한 증여이든가 이행완료의 증여라는 것이라는 것이 된다. 즉 방식의 구비나 물건의 인도의 어느 쪽이 없는 한, 증여는 철회 가능한 것이다. 이것은 실질적으로는 증여를 요식 또는 요물의 계약으로 했다는 것과 변함이 없다.

그럼에도 불구하고 증여를 형식적으로는 낙성계약으로 한(기술적으로는 의무를 벗어나기 위해서는 철회라는 의사표시를 요하는 것으로 했다) 이유는 무얼까.[126] 사회에서 거짓말 발뺌하는 식의 말은 비겁하다고 생각하고 있다는 점이다. 구체적으로는 일상적인 조그만 증여는 사회적으로 중요한 의미를 가진다는 것이다.[127]

더욱이 이것은 유럽전래의 계약자유의 원칙의 의미에서 꼭 들어맞는다(정합적이다)는 것이었다. 한 번 계약했는데 뒤에 가서 그것을 부정하는 것은 되도록 인정해서는 안 된다. 그렇기 때문에 계약의 효력을 부정하는 것과 같은 규정을 지나치게 설치해서는 안 된다. 그렇기 때문에 우리민법전은 전체적으로 자유방임주의적인 음조(tone)를 가진 것이라고 여겨지고 있다(공서양속위반의 범위 등 당초는 대단히 좁았다). 그리고 이것은 산업정책에는 좋은 형편이었다(거래의 안전을 확보할 수 있었기 때문).[128]

더욱이 서면은 반드시 계약서가 아니어도 된다. 예를 들어 농지소유권이전허가 청구권이나 법원의 조정조서 등이어도 좋다. 더욱이 일본 최고재판소 판례는 A가 B로부터 양수한 부동산을 D에게 증여한다는 경우에, A가 양도인 B에 대해, D에게 등기를 이전하는 것을 요구한 내용증명우편도 서면에 해당한다[129]고 하고 있다. 이 판결은 증여에 서면이 요구된다는 이유도 설명하고 있지만, 이 점에 대해서는 뒤에 살펴보자. 더욱이 이행이란 주로 인도이지만, 동산의 경우 이것은 점유개정 등이어도 좋다. 부동산의 경우에는 인도나 등기의 한쪽이 있으면 된다. 일본 최고재판소 판례(最判昭 40.3.26. 民集 19券2号, 526頁〈23〉)는 등기완료이지만 인도는 미완료라는 경우에도 이행완료라고 하고 있다.

사용대차 쪽은 한쪽(차주, 借主)이 무상으로 사용수익을 한 뒤에 반환하는 것을 약속하고, 다른 쪽(대주, 貸主)으로부터 물건을 수취하는 것에 의해 성립되는 것으로 되어 있고(609조), 요물계약이라는 것은 명확하다.

이상과 같이 호의형의 계약에 대해서는 정면으로부터 정한 규정의 유무에 관계없이 요식성 또는 요물성이 요구되고 있다.

나. 증여계약의 철회

그런데 증여에 관해서는 민법전이 규정한 경우(구두의 증여, 이행 전의 증여의 경우) 이외에도 철회가 인정되는 경우가 있지 않느냐는 것이 논의되고 있다(도표 7.2.21). 만약 그와 같은 것이 인정된다고 한다면 현재의 규정 이상으로 증여계약의 구속력은 약해지는 것이 된다.

도표 7.2.21 증여계약의 철회 구조

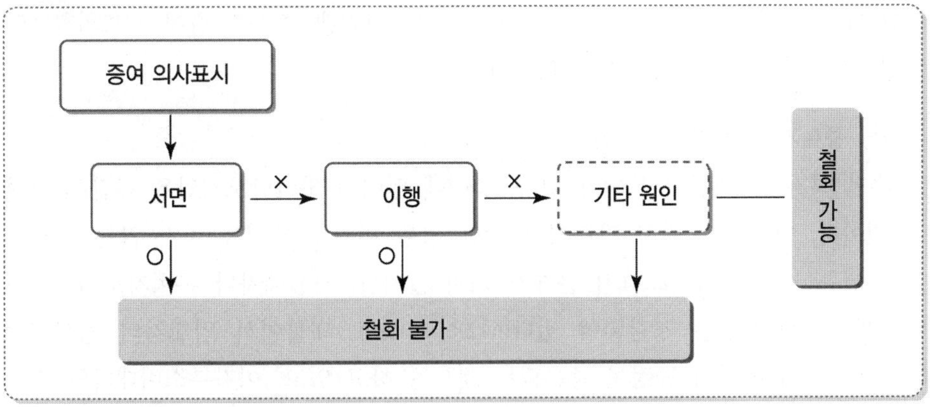

이 점을 비교법적으로 보자면 다음과 같은 입법 예가 있다. 즉 수증자에게 망은(忘恩)행위가 있던 경우(독일, 프랑스), 증여에 의해 증여자의 생계유지가 곤란하게 된 경우(독일), 증여 후의 증여자에게 아이가 생긴 경우(프랑스) 등에 철회가

인정되고 있다. 현행 민법상 증여를 받은 수증자가 증여자에 대한 부양의무를 이행하지 않거나 증여자에 대한 범죄를 저지른 때에는 증여계약을 해제할 수 있도록 하고 있지만 이미 증여가 이뤄진 재산에 대해서는 해제의 효력이 미치지 않도록 하고 있다. 참고로 학설은 새로운 철회사유, 특히 망은행위에 의한 철회를 인정해야만 한다고 주장하고 있는 것이 많다. 또한 일본 지방법원 판례는 망은행위에 의한 철회를 인정하고 있다.[130] 다만 2심과 최고재판소는 당해증여는 부담부증여(561조)라는 인정에 입각해서, 부담의 불이행을 이유로 하는 해제를 인정한다고 했다.[131]

이와 같은 철회권을 정면으로부터 인정하기 어려운 것은 그 해석론상의 설명이 어렵기 때문이다. 참고로 학설은 부담부증여 외에 수유결격(1004조)·해제조건(147조) 등 의제적인 사실인정에 의해 처리하는 것과, 단적으로 신의칙·조리 등에 의해 처리하려고 하는 것이 있지만, 어느 쪽도 어려운 구성이다. 보다 근본적인 문제에 돌아가서 이것을 정당화하는 이론을 수립할 필요가 있다고 생각된다.

2. 호의형계약의 효력

물론 증여의 경우에는 증여자가 재산권이전의무를, 사용대차의 경우에는 대주가 목적물을 사용·수익할 수 있도록 하는 의무를 진다. 수증자나 차주는 이것에 대한 대가의 지불을 할 필요가 없다(편무계약). 그런데 효력의 점에는 호의형계약의 특색은 책임이나 종료에서 나타난다.

가. 증여자의 하자담보책임

우선 하자담보책임이 문제가 된다. 증여에 있어서 하자담보책임은 대단히 가벼운 것이다. 알고 있으면서 알리지 않았던 경우 이외는 책임을 지지 않는다(559조 1항). 더욱이 실제로는 그다지 문제가 되지 않지만, 사용대차나 무이자소비대차에 있어서도 담보책임은 경감되어 있다(612조, 602조). 덧붙여서 임대차의 경우에는 654조에 의해 매매의 규정이 준용되는 것으로 하고 있고, 이자부소비대차의 경우에도 무이자의 경우와는 다른 규칙이 적용된다(612조 1항).

나. 증여자가 전혀 담보책임을 지지 않는 경우[132]

증여자가 하자를 알고 있었다고 해도 담보책임을 지지 않는 경우도 있을 수 있다. 수증자가 하자가 있는 것을 알고서 증여를 받고 있는 경우 또는 아는 것이

기대되는 경우 등이 이것에 해당하겠다. 결론자체는 타당하다고 해두고, 이와 같은 경우를 어떻게 설명하는가에 대해서는, 더욱 검토해야 하는 문제가 남아 있다.

다. 무상계약에 있어서의 주의의무의 정도

이전에 건드린 대로 무상임치에 대해서는 수치인(수탁자)의 주의의무는 자기의 재산에 대한 것과 동일한 주의면 된다고 되어 있다(695조). 이것도 유상임치라면 선량한 관리자의 주의가 요구되는 것이 된다(374조). 증여 · 사용대차의 문제는 아니지만 무상계약에 있어서 책임경감의 중요한 일례이므로 부언해 둔다.

3. 호의형계약의 종료

다음으로 사용대차의 존속기간이 문제가 되는데, 사용대차의 경우의 존속보장은 임대차에 비해서 극히 가볍다. 첫째로, 기간을 정한 경우에 대해서는 갱신은 없고 기간만료와 동시에 계약은 종료된다(613조 1항). 둘째로, 기간을 정하지 않은 경우에는 대주의 반환청구는 넓게 인정되어 있고 예고기간도 없다(613조 2항, 3항). 더욱이 사용대차는 차주의 사망에 의해서도 종료된다(614조).

Ⅱ. 호의형계약에 관한 이론

이상이 실정법상 제도의 설명이지만 이어서 조금 이론적인 설명을 하고 싶다. 그것은 무상계약이란 어떠한 것인가에 관련되지만, 이것은 동시에 계약이란 무엇인가, 계약은 어째서 구속되는가(계약의 구속력)라는 문제이기도 하다. 그러한 의미에서 이하의 설명은 계약법에 대한 일단의 정리이기도 된다.

1. 무상계약의 기능

우선 증여 · 사용대차라는 대표적인 호의형계약에 대해서 그 기능을 봐보자.

가. 증여계약

증여는 다양한 장면에서 이루어진다. 세모(歲暮)와 같은 일상적인 선물은 원활한 교제를 위해서 이루어지고 있다. 이것들은 호의로 지탱되고는 있지만, 그 배후에는 인간관계의 상호보상(互酬)의 관계가 있고, 사회학적으로 보자면 반대급부가 없지도 않다. 이것에 대해서 공익단체에의 기부·모금응모 등은 전혀 반대급부가 없는 증여라고 말할 수 있다.

이와 같은 증여와 나란히 중요한 것은 친족간 등에서 이루어지는 증여이다. 이렇게 말해도 할아버지가 손자에게 주는 새해 선물 등이 아닌, 예를 들어 학자금·결혼자금·주택자금 등으로서 부모가 자식에게 주는 뭉치 금액의 금전 등이 중요하다. 이것들은 기능적으로는 상속을 앞서 받는다는 성격을 가진다. 그리고 법률의 수준에서도 이것들의 수증재산(受贈財産)은 일정한 경우에는 상속분에 포함하여 취급된다(1008조, 1113조).

사람은 죽을 때 즈음 자신의 재산을 처분하지만 증여 또는 유증(이것은 단독행위-상대방의 승낙이 없어도 유효, 단 1041조에 의해 포기는 가능)이라는 수단을 사용하는 것도 가능하지만 이와 같은 처분을 하지 않으면 민법의 규칙(룰)에 따라서 유산은 배분되는 것이 된다. 역으로 말하자면 법정상속의 규칙과 다른 분배를 하기 위해 증여나 유언이 쓰일 수 있는 것이 된다.

증여의 경우에는 이와 같은 상속보완적인 기능이 대단히 중요하다. 프랑스 법계의 나라에는 증여는 유산과 더불어 상속법의 일부를 구성하는 것으로서 취급되어 있지만, 이것을 잘 반영한 처리라고 말할 수 있겠다.

나. 사용대차계약

사용대차 또는 무상의 위임·임치 등은, 가족 또는 친척·지인 등의 사이에서 이루어지는 것이 많다. 그것은 완전히 호의로부터 나오는 것도 있지만, 무언가의 의도(기대)가 있는 것도 있다. 어느 쪽이라고 해도 법적으로는 무상인 것으로서 취급된다.

여기서 주의해야 할 점은 계약으로서 의식적으로 체결되지 않은 경우에도, 이것들 계약이 성립하고 있다고 여겨지는 것이 있다는 것이다. 예를 들어 부모의 토지에 자식이 집을 짓고 살고 있는 경우 토지사용권에 대해서 명시의 합의가 없다고 하는 경우가 적지 않다. 그 경우에 자식의 토지사용권을 설명하기 위해 이것을 사용대차라고 말한다. 또한 근처의 아이를 맡은 경우 계약이라는 의식이 그다지 없겠지만, 계약을 관념한다고 한다면 위임(정확히는 준위임)이라는 것이 될 것이다(물건이 아니므로 임치는 안 된다. 693조 참조). 그러면, 일상적·사실적인 호의관계를 계약으로서 구성하는 것의 의미는 어디에 있는 것인가. 이것은 무상계약에는 어떠한 정도의 법적보호가 주어지는가라는 문제이고, 그것은 동시에 계약이란 무엇인가, 계약의 구속력이란 어떠한 것인가라는 문제이다.

2. 무상계약의 법적보호

가. 유상계약과의 대비[133)]

여태까지 몇 번 정도인가 건드려왔던 대로, 무상계약의 법적보호의 정도는 유상계약에 비해서 낮다.

성립의 단계(수준)로 보자면 유상계약이 원칙으로서 낙성계약으로 이루어지는 것에 대해, 무상계약은 요식계약 · 요물계약이라고 여겨진다. 합의만으로 계약으로서의 구속력을 인정하기에는 불충분한 것이다. 그러면 어째서 유상계약이라면 합의만으로 계약은 성립하는 것인가. 먼저 언급한 증여에 관한 어떤 판례는 증여의 경우 '증여자는 경솔한 의사표시를 하기 쉽다', 그리고 '명료하게 의사표시를 시킬 필요가 있다'는 이유로 서면이 요구된다고 하였다. 그러면, 유상계약의 경우에는, 경솔한 의사표시는 없고, 또한 의사표시를 명료히 시킬 필요는 없는가. 이 점에 대해서는 다음과 같이 생각해야 할 것이다.

(1) 반대급부의 부재

요점(포인트)은 유상계약의 경우에는, 반대급부(대가)가 존재한다는 점에 있다. 매도인이 소유권이전의무를 지는 것은 대금이라는 반대급부를 얻기 때문이다. 아무런 반대급부가 없는 경우에 비하자면 이 경우의 처분행위에는 일반적으로 봐서 합리적인 이유가 있고, 그 의사표시의 존재도 반대급부의 구속의 존재에 의해 지시된다. 합의만으로 계약은 성립한다고 말하고 있지만, 사실은 배후에는 그것을 지지하는 경제적인 대가관계가 존재하고 있는 것이다. 그러한 의미에서 계약은 객관적인 존재기반을 가지고 있는 것이다.

무상계약의 경우에는 이와 같은 반대급부가 결여되어 있다. 거기서부터 합의의 불안정성 · 불확실성이 나온다는 것이다. 그 때문에 방식 내지 물건의 인도라고 했던 객관적인 요소에 의해, 계약의 존재를 명확하게 하는 것이 필요하게 된 것이다.

(2) 계약목적의 고려

그런데 유상계약의 경우에는 일방당사자가 급부하는 이유는 타방당사자가 제공하는 반대급부에 있다는 것이지만, 무상계약의 경우에는 어떠한가. 증여자는 어떠한 이유도 없이 증여하는 것인가. 반대급부가 없다고 하는 것은 바로 무언가의 이유도 없이 급부가 행해지는 것을 의미하는 것은 아니다. 거기에는 무언가의 이유가 있다. 한마디로 호의라고 하지만 그 배후에는 무언가의 인간관계가 존재하는 것이 적지 않다(그렇다고 하더라도 순수한 추상적인 호의도 존재하지 않는 것은 아니지만). 다만 이 인간관계는 구체적인 대가로서 파악될 수 있는 것은 아니므로, 법은 이것을 시야의 밖에 두어 계약으로서는 대가가 없는 무상의 것으로 취급하는 것이다.

(3) 무상행위의 기초이해

하지만 그래도 또한 이 관계는 그 일부는 법적 고려의 대상으로 할 수 있고, 그렇게 되어야 하는 것은 아닌가 생각된다. 참고로 학설은 망은행위 등에 의한 수증철회를 인정해야 한다는 주장을 하고 있다

그때의 이론구성으로서 증여의 목적(내용으로서는 중요한 동기)을 조정하고, 그것이 결여된 경우에는 증여는 그 기초를 잃는다고 생각한다는 방향이 지향되어야 하는 듯이 생각한다. 이것은 때마침, 유상계약에 있어서 상대방의 반대급부가 결여된 경우에는 계약은 그 기초를 잃어 실효되는 것과 대비하여 생각하는 것이 가능하다. 이상과 같은 사고 방식을 기반으로 하기 위해서는, 프랑스 법 또는 구민법이 갖고 있었던 원인(cause)이라는 개념 −계약상의 채무를 근거로 삼는 개념으로, 쌍무계약에 있어서는 반대급부의 존재가 원인이라고 된다−을 다시금 불러 돌이킨다는 작업이 유익하다는 듯이 생각된다(도표 7.2.22).[134]

도표 7.2.22 채무원인으로 본 유상계약 · 무상계약

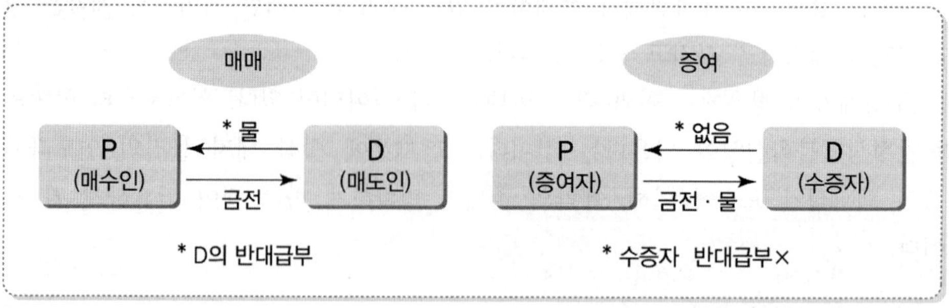

유상계약인 매매에서 매수인 P의 채무의 원인(매매대금의 지급)은 매도인 D의 반대급부(물건의 인도)와 서로 연계되어 있다. 반면에 증여에서는 증여자 P의 채무의 원인은 어떤 중요한 동기일 뿐이다.

이와 같은 이론은, 증여를 시작으로 하는 무상계약에, 현재의 그것보다도 확실한 윤곽을 부여하는 것이 되는 것은 아닌가라고 생각된다.

성립의 수준에 깊게 들어갔지만, 효력 단계에 대해서도 확인해 두자. 효력의 수준에서도 무상계약의 구속력은 낮은 데 머물러 있다. 그것은 책임의 정도, 존속보장의 정도 등에서 단적으로 나타나 있었다. 어쨌든 성립했다고는 말하더라도 무상계약은 반대급부가 존재하지 않는 계약이다. 그 구속력은 약한 것일 수밖에 없다. 하지만 그래도 어느 정도의 효력은 인정해두자. 인정하고 싶다는 곳에 어떤 약속을 무상계약으로서 인정하는 의미가 있다.

나. 단순한 약속과의 대비

무상계약의 보호의 정도는 유상계약에 비하자면 낮다고 말하기는 했지만, 그래도 일정한 보호가 주어진다는 것은 확실하다. 그 의미로 무상계약이라고 해도 계약에 지나지 않는다. 단순한 약속과는 다른 것이다.

도표 7.2.23 계약과 단순한 약속

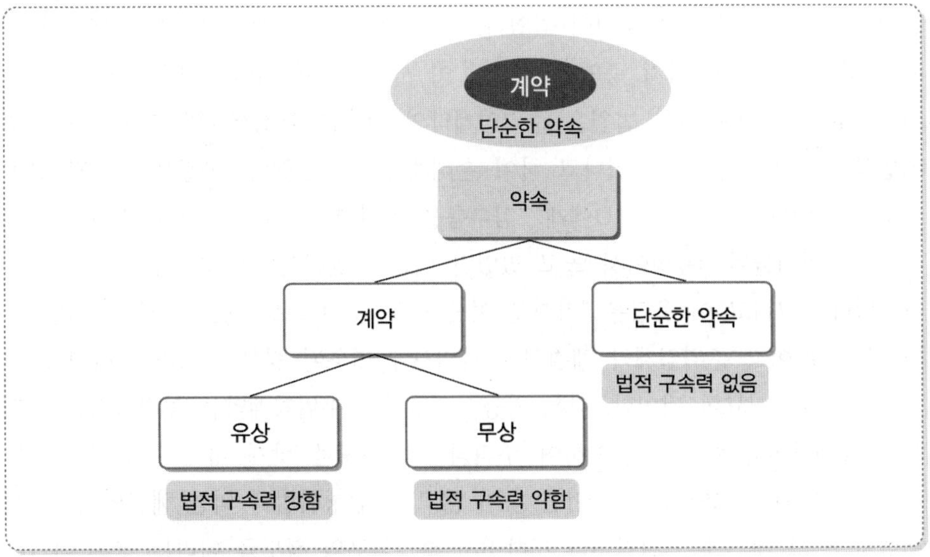

약간 당돌하지만 여기서 계약의 정의에 대해서 언급하고 가고 싶다. 몇 가지의 정의가 존재한다. 독일풍의 정의는 두 개 이상의 의사표시에 의해 구성되는 법률행위라고 하고, 프랑스풍의 정의는 법적 구속력을 가진(권리의무의 발생·이전·변경의 원인이 된다) 약속이라고 하는 것이다. 전자는 유증과 같은 단독행위와 계약과를 구별하기 위한 정의이고, 거기에서 계약의 상위개념은 법률행위이다. 이것에 대해 후자는 계약과 단순한 약속과의 구별을 위한 정의이며, 여기서는 계약의 상위개념은 약속 일반이다(도표 7.2.23). 한편 영미 계약법에서 계약은 보다 구체적이다. 계약은 권리나 행위가 법적인 대가로 교환되는 약정이다.[135]

자, 이상의 이야기로부터 계약과 단순한 약속의 경계를 어떻게 생각하는가라는 문제가 나온다. 관념적으로는 약속에 법적인 보호가 주어지는지 여부에 의해 양자가 구별되는 것이 된다. 연출가와 아는 사이인 여배우가 그와의 데이트의 시간에 찾아오지 않는 것은 약속위반에 불과하고, 법적인 제재는 받지 않지만 무대의 개연시간에 오지 않는 것은 계약위반이고 손해배상을 받아낼 수 있다. 이것이 단순한 약속과 계약의 차이라고 하는 것이다.

(1) 이웃(隣人)소송

하지만 양자의 한계는 실제로는 애매하다. 특히 무상계약과 단순한 계약은, 경우에 따라서는 종이 한 장 차이다. 일본 지방법원의 판례는, 예를 들어 이웃(隣人)소송이라 불리는 유명한 사건이 있었다. P의 아이 A와 D의 아이 B가 D의 집 근처에 있는 저수지에 빠져 죽었다는 것이 이 사건의 전말이었다. P로부터 D에 대한 손해배상청구에 대해 법원은 준위임계약의 성립을 부정했지만, D에는 불법행위법상의 주의의무위반이 있다고 하여 손해배상을 인정했다. 판결은 다음과 같이 인정하고 있다. "P는 …… D에게, '심부름을 가니까 잘 부탁한다'는 취지를 알렸고, D도 아이들이 두 명이서 놀고 있었기 때문에 괜찮을 것이라 하여 이것을 받아들였다." 그리고 이 응답은 "가까운 이웃 인연(친분)으로 이웃으로서의 호의로부터 나온 것"이고 준위임계약 체결의 효과의사에 기초된 것은 아니라고 하였다.[136]

이 판단은 미묘한 것이다. 다른 가능성으로서는 준위임계약을 인정하지만 그것이 무상계약이라는 것을 감안하여 주의의무의 정도를 낮게 하는 것도 생각해볼 수 있다. 법원은 그와 같은 판단을 하지 않고, 불법행위법에 의한 해결의 길을 선택했지만, 그 배후에는 위임이라고 하면서 주의의무의 정도를 내리는 것은 어렵다는 감각이 있었을 수도 있다.[137] 만약 적절한 무상계약의 이론이 확립되어 있다면 법률구성은 별도의 것이 되었을 가능성도 없지는 않다.

(2) 자연채무

계약과 단순한 약속의 경계에 관련된 문제로서는, 다른 하나 자연채무라고 불리는 문제가 있다. 자연채무란 채무자가 이행한다면 상대방은 그것을 채무이행으로서 받아도 되지만, 스스로 적극적으로 소송에 호소하여 청구할 수는 없다는(하는 것은 불가능하다는) 채무가 있다고 여겨지고 있다(우리나라에는 도덕상의 채무 등으로도 불린다). 일본 최고재판소 판례는 예를 들어 2차 세계대전 전에 유명한 커피점(café) 丸玉사건이 있다. 커피점의 여직원에게 가게를 갖게 해주겠다고 말한 듯한 약속을 했지만, 그것은 상대의 관심을 사기 위한 약속이고, 소송으로 청구할 수 있는 것은 아니라는 것이다.[138)]

(3) 사무관리나 심리유보에의 착안

본문에 소개한 듯한 사건을 별도의 법리로 처리하는 것도 불가능하지는 않다. 우선 이웃소송의 사건에 관해서는 위임계약이 성립했는가 아닌가라는 이분법으로 생각해야 되는 것은 아니라, 준계약으로서의 사무관리에 의해 처리하는 것을 시사하는 견해도 있다.[139)] 일본 최고재판소 판례는 또한 자연채무의 사건에 관해 심리유보로 처리[140)]하고 있다.[141)] 더욱이 계약교섭과정론을 꺼내들어 본 계약이 성립했다고는 말할 수 없다고 했던 구성도 생각할 수 있다. 어느 쪽이든 법적 구속력을 주어야만 할 약속이라고 말할 수 있는지 어떤지는 일률적으로 결정할 수 있다는 의미는 아니다. 더욱이 유상계약과 무상계약의 경계와도 닮은 듯한 어려운 문제가 있다(매매와 부담부증여의 구분. 이것에 대해서는 발들이지 않는다). 하지만 그래도, 유상계약-무상계약-단순 약속이라는 3분류에는 역시 여기에도 이념형으로서의 의미가 있다는 것은 언급해둘 필요가 있다.

(4) 재산교환법

후반은 약간 어려운 말이 됐지만 유상계약과 무상계약의 사이에는 큰 차이가 있다는 것을 알아차려주면 좋다. 그리고 그 차이는 반대급부의 존부에 있다는 것, 계약의 구속력을 의사만으로 설명하는 견해에는 한계가 있다는 것, 이것들도 중요한 점이다.[142)] 계약법은 의사실현법으로서가 아닌 재산교환법으로서 파악되어야 한다.

지금까지 민법총칙, 채권총론, 채권각론(법정채권을 제외)을 재구성한 계약법에 관해 부족하지만 기본원리와 판례소개로 대강 마무리했다. 그러나 총론적인 문제 중 아직 설명하지 않은 문제도 몇 가지 남아 있다(비전형계약론, 청구권경합론, 계약자유론 등). 이것들은 지면 관계로 생략하고 다음 기회에 또 다른 책에서 추가로 설명한다. 아울러 「우리계약법」의 자매서로서 「재산법(물권법)」도 이어서 선보일 예정이다.

주

제1편 계약 일반론

1) 양창수 · 김재형, 3면.
2) 양창수 · 김재형, 4면.
3) 양창수 · 김재형, 4면.
4) 불이행의 효과가 있는 해제와 이행강제 손해배상은, 정리하여 논하는 편이 기능적이므로, 그와 같은 구성을 채용한 개설서도 나타나 있다(北川(Ⅲ), 潮見(總論Ⅰ), 양창수 · 김재형 등). 본서에서도 손해배상에 대해서는 필요한 범위에서 간단히 언급하고 있다.
5) 양창수 · 김재형, 6면.
6) 정도의 차는 있고, 많은 개설서가 비전형계약을 끌어들여 취급하고 있는데, 특히, 적극적인 것은 北川(Ⅳ), 潮見(總論Ⅰ) 등(北川은 계약각론 부분을 법률유형, 현실유형으로 이분하여, 후자를 비전형계약에 해당한다고 하고 있다).
7) 양창수 · 김재형, 8면.
8) 매매 등의 기원에 대해 廣中 · 星野, 23-26頁, 45-46頁 참조.
9) 內田(Ⅱ), 23頁 이하에는 계약총론에서 매매에 관한 대부분의 설명을 많이 차지하고 있지만, 본서에서는 매매에 계약총론을 끌어오고 있다. 鈴木(債權), 127頁 이하에서는 매매에 계약총론을, 338頁 이하에서는 소비대차에 계약총론을, 저마다 합쳐서 설명되어 있다.
10) 로마법 대전은 당시 가장 인기있던 교과서인 가이우스의 법학제요를 기본으로 작성한 법학제요(Institutiones), 울피아누스의 저술이 주로 인용된 학설법 백과사전인 학설휘찬(Pandekten), 성문법인 로마 황제의 칙령, 이렇게 크게 세 가지로 구성되어 있다. 학설휘찬이 핵심이고, 이것을 이해하기 쉽게 입문서로 만든 것이 법학교과서인 법학제요다.
11) 大村(Ⅰ), 17頁.
12) 大村敦志, 「消費者のための契約法入門」, 國民生活, 1996은 대략 여기에 대응하는 부분에 대해, 일반 시민을 대상으로 해설한 것이다.
13) 大村(Ⅰ), 21頁.
14) 大村(Ⅰ), 25頁.
15) 大村(Ⅰ), 26頁.
16) 양창수 · 김재형, 26면.
17) 大判昭 19.6.28. 民集 23券, 387頁[17][15].
18) 熟度에 대해서는 鎌田熏, 「不動産賣買契約の成否」, 判タ 484号(1983) 참조.
19) 大判昭 19.6.28. 民集 23券, 387頁[17][15].
20) 最判昭 36.4.20. 民集 15券4号, 774頁[23]〈62〉.
21) 最判昭 33.7.1. 民集 12券11号, 1601頁[22][20]〈50〉.
22) 특히 소비자계약에 대해 오늘날에는 이것과는 별도의 사고방식에 입각하여야 한다고 설명하는 것으로, 大村(消費).
23) 착오에 관한 판례의 전개에 대해서는 森田宏樹, 「民法 95조」, 民法典の百年Ⅱ. 학설의 전개에 대해서는 中松纓子, 「錯誤」民法講座 1을 참조.
24) 大村(Ⅰ), 51頁.
25) 大村(Ⅰ), 51頁.
26) 大村(Ⅰ), 52頁.
27) 大判大 6.2.24. 民錄 23輯11号, 284頁〈51〉.
28) 大村(Ⅰ), 52頁.
29) 생산녹지지역이란 국토의 계획 및 이용에 관한 법률에 의한 용도지역 중 하나로 주로 농업적인 생산을 위해 개발을 유보할 필요가 있는 지역을 말한다. 생산녹지지역 안에서는 4층 이하의 단독주택 등을 건축할 수 있다. 한편 도시계획지역의 임야는 대체로 녹지지역으로 분류되고, 다시 세분화되고 있는데 보전녹지, 생산녹지, 자연녹지지역으로 구분된다.
30) 大判大 3.12.15. 民錄 20輯, 1101頁〈46〉.
31) 舟橋純一, 「意思表示の錯誤」, 九州大學十周年法學論文集(1937年); 川島武宜, 「『意思欠缺』と『動機錯誤』」, 同, 民法解釋學の諸問題(弘文堂, 1949年, 初出, 1938年).
32) 大村(Ⅰ), 53頁.
33) 大村(Ⅰ), 53頁.
34) 예컨대 大判昭 32.12.19. 民集 11券13号, 2299頁[19][17].
35) 예컨대 北川(I), 157-160頁.
36) 大村(Ⅰ), 54頁.
37) 大村(Ⅰ), 54頁.
38) 大村(Ⅰ), 54頁.
39) 大村(Ⅰ), 55頁.

40) 大村(Ⅰ), 55頁.
41) 大村(Ⅰ), 55頁.
42) 大村(Ⅰ), 55頁.
43) 大村(Ⅰ), 57頁.
44) 大村(Ⅰ), 57頁.
45) 大村(Ⅰ), 58頁.
46) 大村(Ⅰ), 58頁.
47) 소비자계약법에 대해서는 별책 NBL 54号, 「消費者契約法-立法への課題」(商事法研究會, 1999年)을 참조.
48) 大村(Ⅰ), 59頁.
49) 곽윤직·김재형, 210, 214; 김증한·김학동, 227; 백태승, 174, 민법주해(Ⅱ), 256(박영식 집필); 이은영, 361.
50) 형법 199조.
51) 예를 들어 마약단속법 12조 1항 "마약은, 누구도, 수입, 수출, 제조, 제재, ..., 양도, 양수, 교부, 시용, 소지, 또는 폐기해서는 안 된다"와 동법 64조 이하의 벌칙을 참조. 전자가 금지규정, 후자가 처벌규정이다.
52) 일본의 穗積陳重, 富井政章, 梅謙次郎의 3명.
53) 大村(Ⅰ), 62頁.
54) 大村(Ⅰ), 63頁.
55) 大村(Ⅰ), 64頁.
56) 양창수·김재형, 674.
57) 곽윤직·김재형, 215.
58) 大村(Ⅰ), 64頁.
59) 我妻榮.
60) 我妻榮, 「判例より 見たる『公の秩序善良한 風俗』」, 同, 民法硏究Ⅱ(有斐閣, 1966年, 初出, 1923年). 최근 교과서에는 星野(Ⅰ); 鈴木(民總) 등. 또한 새로운 관점에서 분류한 것으로서는 山本敬三, 「民法 90條」, 民法典 百年Ⅱ(後揭書 所取)가 있다.
61) 末弘嚴太郞, 「法令違反行爲の法律的效力」, 同, 民法雜考(日本評論社, 1932年, 初出, 1929年).
62) 大村(Ⅰ), 67頁.
63) 大判昭 19.10.24. 民集 23券, 608頁[16].
64) 大村(Ⅰ), 67頁.
65) 예를 들어 最判昭 35.3.18. 民集 14券4号, 483頁〈41〉 등이 있다.
66) 또 어떤 규정이 단속규정인가 효력규정인가는 사안마다 바뀔 수 있다는 견해도 있다(鈴木(民總), 143頁).
67) 大判昭 9.5.1. 民集 13券, 875頁〈39〉.
68) 大村(Ⅰ), 68頁.
69) 大村(Ⅰ), 68頁.
70) 長野地判昭 52.3.30. 判時 849号, 33頁〈35〉.
71) 最判昭 61.11.20. 判時 1220号, 61頁[14]〈36〉.
72) 最判昭 56.3.24. 民集 35券2号, 300頁[15][13]〈43〉.
73) 大村(Ⅰ), 68頁.
74) 大村(Ⅰ), 68頁.
75) 最判昭 39.1.23. 民集 18券1号, 37頁.
76) 最判昭 52.6.20. 民集 31券4号, 449頁.
77) 最判平 9.9.4. 民集 51券8号, 3619頁〈42〉.
78) 最判昭 61.11.20. 民集 40券7号, 1167頁〈33〉.
79) 大村(Ⅰ), 69頁.
80) 大村敦志, 「取引と公序」, 同, 契約法から 消費者法へ(東京大出版會, 1999年, 出初, 1993年); 山本敬三, 「取引關係における 公法的規制と私法役割」, 1087号, 1088号(1996年)(後揭書에 收錄) 등.
81) 大村(Ⅰ), 70頁.
82) 大村(Ⅰ), 70頁.
83) 大村(Ⅰ), 70頁.
84) 大村(Ⅰ), 70頁.
85) 最判昭 42.11.16 民集 21券9号, 2430頁.
86) 大村(Ⅰ), 71頁.
87) 중앙지방법원 2004.8.5. 선고 20003나56006 판결.
88) 最判昭 40.9.10. 民集 19券6号, 1512頁〈49〉.
89) 最判平 元.12.14. 民集 43券12号, 2051頁〈34〉.
90) 大村(Ⅰ), 84頁.
91) 大判昭 7.10.26. 民集 11券, 1920頁[41][39]〈92〉.
92) 大村(Ⅰ), 84頁.
93) 大村(Ⅰ), 87頁.
94) 大村(Ⅰ), 87頁.
95) 大村(Ⅰ), 87頁.
96) 양창수·김재형, 653.
97) 最判昭 55.9.11. 民集 34券5号, 683頁

〈54〉.
98) 곽윤직 · 김재형, 235.
99) 最判昭 44.5.27. 民集 23券6号, 998頁〈55〉; 最判昭 49.9.26. 民集 28券6号, 1213頁[21][19]〈56〉 참조.
100) 大判昭 17.9.30. 民集 21券, 911頁[52][52]〈130〉.
101) 近江幸治, 「民法講義 I(民法總則)」, 成文堂, 204.
102) 大村(I)7, 99頁.
103) 大村(I), 99頁.
104) 大村(I), 100頁.
105) 最判昭 31.12.28. 民集 10券12号, 1613頁.
106) 最判昭 45.7.24. 民集 24券7号, 1116頁〈61〉.
107) 最判昭 45.7.24. 民集 24券4号, 266頁.
108) 最判昭 45.9.22. 民集 24券10号, 1424頁[24][22]〈58〉.
109) 大村(I), 101頁.
110) 大村(I), 101頁.
111) 大村(I), 101頁.
112) 最判昭 45.9.22. 民集 24券10号, 1424頁[24][22]〈58〉.
113) 最判昭 57.7.1. 民集 36券6号, 891頁〈187〉. 이것은, 애초부터 진짜 권리자가 등기를 하는 것이 불가능하다는 입회권이라는 권리에 관하는 것으로, 이와 같은 경우에는 94조 2항의 유추적용의 여지는 없다고 했다.
114) 大村(I), 101頁.
115) 大村(I), 101頁.
116) 또한 일본에서는 에도시대에 내제(內齊)(당사자간 화해)가 장려되어, 막부는 사인의 소송을 그다지 적극적으로 받아들이지 않았다.
117) 양창수 · 김재형, 115면.
118) 양창수 · 김재형, 110면.
119) 윤진수, "계약 해석의 방법에 관한 국제적 동향과 한국법," 「민법논고 I」, 2007, 244면.
120) 양창수 · 김재형, 110면.
121) 양창수 · 김재형, 114면.
122) 양창수 · 김재형, 110면.
123) 양창수 · 김재형, 111면.
124) 最判昭 45.10.22. 民集 24券11号, 1599頁〈95〉.
125) 最判平 6.5.31. 民集 48券4号, 1029頁[40]〈96〉.
126) 「民法判例百選 I 總則物權編」, 有斐閣, 第7版, 42頁.
127) 大村(I), 112頁.
128) 大村(I), 112頁.
129) 大村(I), 112頁.
130) 大村(I), 112頁.
131) 大判大 10.6.2. 民錄 27輯, 1038頁[18][16]〈44〉.
132) 星野英一, 「編纂過程からみた 民法拾遺」, 同, 民法論集第1卷(有裵閣, 1970年, 出初, 1966年). なお, 星野(I) 32-35頁も 參照.
133) 最判昭 59.9.18. 判時 1137号, 51頁.
134) 最判昭 50.2.25. 民集 29券2号, 143頁〈177〉 등.
135) 內田貴, 「現代契約法の新たな展開と一般條項」, 同, 契約の時代(岩波書店, 2000年, 出初, 1993年).
136) 最判昭 61.3.17. 民集 40券2号, 420頁〈98〉.
137) 最判平 元.12.21. 民集 43券12号, 2209頁.
138) 最判平 10.6.12. 民集 52券4号, 1087頁〈111〉.
139) 最判昭 30.11.22. 民集 9券12号, 1781頁〈122〉.
140) 最判昭 56.6.16. 民集 35券4号, 763頁〈120〉.
141) 最判昭 62.10.8. 民集 41券7号, 1445頁〈121〉.
142) 最判平 6.2.22. 民集 48券2号, 441頁[46][45]〈119〉.
143) 最判平 5.3.26. 民集 47券4号, 3201頁.
144) 最判昭 44.11.27. 民集 23券11号, 2251頁.
145) 最判昭 34.2.20. 民集 13券2号, 209頁[44]〈108〉.
146) 最判昭 45.7.24. 民集 24券7号, 1177頁.
147) 最大判昭 38.10.30. 民集 17券9号, 1252頁[54]〈107〉.
148) 最判平 11.4.27. 民集 53券4号, 840頁.
149) 判例에 대해, 山本豊, 「民法 145條」, 民法典の百年Ⅱ 참조.
150) 大判明 43.1.25. 民錄 16輯, 22頁.
151) 大村(I), 125頁.
152) 最判平 11.10.21. 民集 53券7号, 1190

頁[41].
153) 最判平 2.6.5. 民集 44券4号, 599頁.
154) 最判平 4.3.19. 民集 46券3号, 222頁[42]〈101〉.
155) 最判昭 35.6.23. 民集 14券8号, 1498頁.
156) 大村(Ⅰ), 127頁.
157) 最大判昭 41.4.20. 民集 20券4号, 702頁[43][43]〈103〉.
158) 最判昭 51.5.25. 民集 30券4号, 554頁[2][14]〈2〉.
159) 星野(Ⅰ), 249-253頁. 또 松久三四彦, 時效制度 民法講座 I도 參조.
160) 大村(Ⅰ), 129頁.
161) 星野英一, 「時效に關する 覺書」, 同, 民法論集 第4卷(有裴閣, 1978年, 出初, 1969-73年).
162) 양창수 · 김재형, 166면.
163) 양창수 · 김재형, 171면.
164) 4294민상192에서, 외견상 사자에게 어떠한 권한이 있는 것 같은 표시 내지 행동이 있어서 상대방이 그를 믿었고 또 그 믿음에 정당한 이유가 있다면 표현대리가 성립한다(4294민상192).
165) 양창수 · 김재형, 169면.
166) 양창수 · 김재형, 172면.
167) 양창수 · 김재형, 174면.
168) 양창수 · 김재형, 175면.
169) 大判昭 7.6.6. 民集 11券, 1115頁〈64〉.
170) 양창수 · 김재형, 188면.
171) 近江(Ⅰ), 256-257頁.
172) 近江(Ⅰ), 256-257頁.
173) 最判昭 42.4.20. 民集 21券3号, 697頁〈65〉.
174) 大村(Ⅰ), 142頁.
175) 양창수 · 김재형, 189면.
176) 김증한 · 김학동, 408면; 이영준, 484면.
177) 近江(Ⅰ), 258; 最判昭 42.4.20. 民集 21券3号, 697頁〈65〉. 대리행위가 성립하기 위해서 필요한 대리의사는 직접 본인에게 행위의 효과를 생기게 하고자 하는 의사가 존재하면 충분하고, 본인의 이익을 위해 한다는 의사는 존재할 필요가 없다(大隅 裁判官).
178) 大村(Ⅰ), 142頁.
179) 三島武宜, 「民法總則」, 有斐閣, 1965, 123頁; 伊藤進, "ドイツにおける 代理權濫用理論", 「法學論叢」 49券5号, 103頁 이하.
180) 鈴木(民總), 230-231頁; 內田(Ⅰ), 143-144頁.
181) 大村(家族), 109頁 이하 참조.
182) 最判平 4.12.10. 民集 46券9号, 2727頁[36][33]〈66〉.
183) 116조 단서의 의의에 대해, 四宮 · 能見, 331-332頁 참조.
184) 安永正昭, 「表見代理」 民法講座1; 佐久間毅, 「民法109條の表見代理(1)～(3完)」, 法學論叢 144券2号, 3号, 6号(1998-99年, 同, 「民法110條の表見代理(1)～(3完)」, 民商法雜誌 119券6号, 120券1号, 2号(1999年).
185) 最判昭 62.7.7. 民集 41券5号, 1133頁[37][34]〈81〉.
186) 最判昭 35.10.21. 民集 14券12号, 2661頁〈67〉.
187) 最判昭 46.6.3. 民集 25券4号, 455頁[28][62]〈72〉.
188) 양창수 · 김재형, 211면.
189) 最判昭 39.5.23. 民集 18券4号, 621頁〈69〉.
190) 最判昭 41.4.22. 民集 20券4号, 752頁[26][24]〈70〉.
191) 곽윤직 · 김재형, 281면.
192) 양창수 · 김재형, 221면.
193) 양창수 · 김재형, 219면.
194) 양창수 · 김재형, 217면.
195) 양창수 · 김재형, 217면.
196) 最判昭 45.7.28. 民集 24券7号, 1203頁[27][25]〈78〉.
197) 大村(家族), 65頁 이하 참조.
198) 大村(Ⅰ), 163頁.
199) 最判昭 44.12.18. 民集 23券12号, 2476頁[33][30]〈77〉.
200) 大村(Ⅰ), 163頁.
201) 大村(Ⅰ), 163頁.
202) 양창수 · 김재형, 221면.
203) 大村(Ⅰ), 164頁.
204) 最判昭 43.10.17. 民集 22券10号, 2188頁〈59〉.
205) 大村(Ⅰ), 165頁.
206) 大村(Ⅰ), 165頁.
207) 最判昭 43.10.17. 民集 22券10号, 2188頁〈59〉.
208) 大村(Ⅰ), 165頁.
209) 最判昭 40.6.18. 民集 19券4号, 986頁

〈82〉.

210) 最判昭 37.4.20. 民集 16券4号, 955頁〈85〉.

211) 곽윤직 · 김재형, 285; 김증한 · 김학동, 460. 반대설로 김상용, 618.

212) 곽윤직 · 김재형, 285. 반대설로 김증한 · 김학동, 460.

213) 大村(Ⅰ), 168頁.

214) 加騰雅信, "無權代理と他人物賣買 相續履行不能 轉換說提示のために,"「民事硏修」386号(1989년).

215) 大村(Ⅰ), 168頁.

216) 大村(Ⅰ), 169頁.

217) 最判平 5.1.21. 民集 47券1号, 265頁[39][36]〈83〉.

218) 大村(Ⅰ), 169頁.

219) 양창수 · 김재형, 247.

220) 北川(I), 40-41 頁.

221) 最判平 6.9.13. 民集 48券6号, 1263頁〈90〉.

222) 곽윤직 · 김재형, 103; 고상룡, 134.

223) 大判昭 8.1.31. 民集 12券, 24頁〈8〉.

224) 最判昭 44.2.13. 民集 23券2号, 291頁[6][5]〈9〉.

225) 大判昭 7.10.26.

226) 大村(Ⅰ), 176頁.

227) 이러한 표현은 內田(Ⅰ), 99頁에서 사용되고 있다.

228) 외국인의 권리능력을 제한하는 규정은 외국인토지법 4조나 특허법에 잔존하고 있다.

229) 四宮 · 能見, 27-28頁.

230) 加藤一郞,「同時死亡の推定」, 同, 民法における論理と益衡量(有斐閣, 1974年, 初出, 1958年).

231) 河上正二,「イノック・アーデン(Enoch Arden, 이녹 아든)考-失踪宣告の取消しと婚姻」, 星野古稀 日本民法學の形成と課題 · 上(1996年).

232) 北川(I), 103頁.

233) 인공생식에 대해서는 大村(家族), 210頁 이하 참조.

234) 모자보건법 14조 1항, 장기이식법 6조 3항.

235) 출입국관리법 33조.

236) 주민등록법 22조-24조, 26조.

237) 물건(物件)이란 대한민국, 일본, 독일 등 일부 대륙법계에서 법률상 물권 또는 소유권의 객체를 나타내는 개념으로 그 주체인 인(자연인 또는 법인)의 반대개념이다.

238) 민사집행법 43조 이하, 122조 이하 등.

239) 最判昭 61.12.16. 民集 40券7号, 1236頁[13][11]〈29〉.

240) 內田(Ⅰ), 349-350頁.

241) 北川(I), 103頁.

242) 권리의 객체에 관한 이론의 의의와 그 보충의 필요성을 설명하고 있는 것으로 北川(I), 101頁; 四宮 · 能見, 155-156頁. 또한 四宮 · 能見, 157頁은 이전 민법전이 무체물을 포함하는 물건 개념을 가질 수 있었다는 것을 지적하고 그 현대적인 의미에 주목하고 있다.

243) 田村

244) 四宮 · 能見, 158-160頁이 비교적 상세하다.

245) 장기이식에 관한 법률 7조, 45조 3조.

246) 그러나 혈액관리법이 존재한다(동법 3조 참조).

247) 西原道雄,「生命侵害 · 障害における損害賠償額」, 私法 27号(1965年), 同,「損害賠償額の法理」, ヅュリスト 381号(1967年).

248) 교과서로는 星野(Ⅰ), 89-90頁.

249) 最判昭 61.6.11. 民集 40券4号, 872頁[4][3].

250) 우리 경제의 성장과 사회의 발전에 따라 공익법인의 수도 증가하거니와 그 규모도 커지고 있는 실정에 있고, 사립학교법에 의한 학교법인, 종교, 언론과 기타 특별법에 의해 설립된 법인을 제외한 민법에 의한 공익법인은 자선, 장학 등 공익활동으로 사회에 공헌하는 바가 크다고 하겠으나 공익법인에 대하여는 국가의 면세조치, 공과금 면제 등 여러 가지 혜택이 주어지므로 설립자가 이를 사적 목적에 이용함으로써 공익법인을 통한 각종 탈법행위가 이루어져 도리어 사회에 폐해를 끼치는 사례도 없지 않다. 그러므로 민법상의 공익법인의 설립허가제, 감독관청에 의한 검사, 감독권, 설립허가의 취소 등의 규제만으로는 새로운 양상의 공익법인의 공익성을 유지시키기가 극히 어려운 실정이므로 공익법인에 관하여 민법에 대한 특례규정을 마련함으로써 사법자치의

원칙아래 공익성을 보장하여 그 본래의 목적사업에 충실하게 하려는 목적으로 제정되었다.

251) 星野(Ⅰ), 119-121頁.

252) ②, ③과 관련해서 四宮・能見, 88-89頁 및 138頁 참조.

253) 四宮・能見, 95-96頁은 더욱 나아가서 공익성과 비영리성은 차원이 다른 것이고 공익성과 영리성을 대치하는 것을 적절하지 못하다고 지적하고 있다.

254) 노동조합법 6조, 농업협동조합법 4조, 신용협동조합법 7조 등

255) 最大判昭 45.6.24. 民集 24券6号, 625頁[9][7]〈16〉.

256) 北川(I), 68頁; 四宮・能見, 91頁; 內田(Ⅰ), 212頁은 역사적인 의의는 인정한다.

257) 입법의 경위 및 신법의 내용에 대해 山田誠一,「一般社團法人及び一般財團法人に關する法律について」, みんけん 590号(2006)에 해설이 있다. 또 더욱 상세하게는 新公益法人制度硏究會 編, 一問一答公益法人關聯3法(商事法務(2006年)).

258) 최근의 동향을 보여주는 것으로 能見先久 等,「團體論・法人論の現代的課題」, NBL 767号(2003年) 참조.

259) 법인의 법률행위에 대해 河內宏,「民法43條, 53條-55條」, 民法典の百年Ⅱ, 법인의 불법 행위에 대해 前田達明,「法人の不法行爲」, 民法講座1을 참조.

260) 大判昭 16.3.25. 民集 20券, 347頁 등.

261) 最判昭 27.2.15. 民集 6券2号, 77頁〈11〉 등.

262) 소비자생활협동조합법 4조 참조.

263) 실제로는 명문규정에 의하여 인정되고 있다. 소비자생활협동조합법 10조 1항 4호, 26조의3 참조.

264) 最判昭 41.4.26. 民集 20券4号, 849頁[8]〈13〉, 最判昭 44.7.4. 民集 23券8号, 1347頁[83][6]〈14〉.

265) 最判昭 51.4.23. 民集 30券3号, 306頁〈15〉.

266) 最判昭 60.11.29. 民集 39券7号, 1760頁[34][31]〈21〉.

267) 신용협동조합법 40조 1항. 조합은 조합원의 이용에 지장이 없는 범위에서 대통령령으로 정하는 바에 따라 조합원이 아닌 자에게 제39조제1항에 따른 조합의 사업을 이용하게 할 수 있다. 이 경우 “조합원”은 “비조합원”으로 본다. 이 규정은 단순한 단속규정하다고 푼다면 거래 자체의 효력에는 영향이 생기지 않는다.

268) 最判昭 34.7.14. 民集 13券7号, 960頁[32]〈76〉.

269) 最判昭 45.6.24는 유명한 사건이다.

270) 最判昭 44.7.4, 最判昭 51.4.23.

271) 最判昭 39.10.15. 民集 18券8号, 1671頁[10][8]〈23〉.

272) 最判昭 48.10.9. 民集 27券, 1129頁[11][9]〈27〉.

273) 最判昭 32.11.14. 民集 11券12号, 1943頁〈25〉.

274) 大村(家族), 224頁 이하 참조.

275) 聖野英一,「いわゆる權利能力なき社團について」, 同, 民法論集 第1卷, 有裵閣(1970年, 初出, 1967年).

276) 內田(Ⅰ), 213-219頁이 상세하다. 또한 鈴木(民總), 66頁, 107-108頁; 四宮・能見, 100-101頁 참조.

277) 最判平 16.11.5. 民集 58券8号, 1997頁.

278) 最判平 18.3.17. 民集 60券3号, 773頁.

279) 最判昭 44.2.27. 民集 23券2号, 511頁〈22〉.

제 2 편 계약의 성립

1) 예전에 일본의 경우는 계약의 상소(常素), 우소(偶素)의 둘로 나누어져 왔다(상소란 보통은 합의된 내용, 우소란 특별히 합의된 내용을 의미한다).

2) 北川(Ⅳ), 19-20頁 참조.

3) 星野(Ⅳ), 31-32頁. 또 內田(Ⅱ), 38頁은 현실로 문제가 되는 것은 아마도 없다고 하고 있다.

4) 528조와의 관계에서, 미국법의 미러이메지룰 및 그에 기도한 서식의 다툼에 대해 內田(Ⅱ), 31-32頁 참조. 법의 흠결이 있지만 실제로는 아마도 문제가 되지 않는다고 하고 있다.

5) 五十川直行, 「いわゆる事實的契約關係理論について」, 法學協會雜誌 100卷6号(1983年) 참조.

6) 大村(Ⅱ), 22頁.

7) 2002년 개정이전 독일민법 306조, 스위

스 채권법 20조.

8) 양창수 · 김재형, 65면.

9) 我妻(各論上), 38頁 이하; 星野(Ⅳ), 51頁.

10) 本田純一, 「契約締結上過失の理論について」, 現代契約法體系(1), 有裵閣(1983年). 또 丹谷峻, 「契約成立と責任」, 一粒社(第2版, 1991年); 藤田壽夫, 「表示責任と契約法理」, 日本評論社(1994年)도 참조.

11) 東京地判昭 53.5.29. 判時 925号, 81頁〈5〉이 대표적인 예다.

12) 最判昭 59.9.18. 判時 1137号, 51頁[4]〈4〉. 이윽고 최고재판소에서도 판결이 나타났다.

13) 最判昭 59.9.18. 判時 1137号, 51頁[4]〈4〉.

14) 東京地判昭 53.5.29. 判時 925号, 81頁〈5〉.

15) 吉田豊, 「手付」, 民法講座5; 橫山美夏, 「民法 557條(手附)」, 民法典の百年Ⅲ.

16) 最判昭 24.10.4. 民集 3券10号, 436頁[47]〈25〉.

17) 이 문제에 대해서는 廣中 · 星野, 50-52頁, 116頁도 참조.

18) 最大判昭 40.11.24. 民集 19券8号, 2019頁〈26〉.

19) 最判平 5.3.16. 民集 47券4号, 3005頁[48].

20) 最判平 6.3.22. 民集 48券3号, 859頁.

21) 大村(Ⅲ), 28頁.

22) 도산장면의 취급에 대해 鈴木(債權), 162-164頁(해제), 302-303頁(동시이행의 항변).

23) 개설서로 상세한 설명을 하고 있는 것은 星野(Ⅳ), 13-17頁; 北川(Ⅳ), 143-152頁 등.

24) 소비자계약법에 대해서는 落合 등을 참조.

25) 廣中 · 星野, 55-56頁 등을 참조.

26) 해제의 제도취지에 대해 星野(Ⅳ), 69頁.

27) 最判昭 49.9.2. 民集 28券6号, 1152頁[60]〈11〉.

28) 곽윤직 · 김재형, 63면; 김기선, 62면; 김주수, 104면; 김증한 · 김학동, 72면; 황적인, 112면.

29) 內田(Ⅱ), 58頁의 표를 참조.

30) 곽윤직 · 김재형, 64면; 김증한 · 김학동, 75면; 김형배, 150면; 이은영, 155면; 김기선, 63면; 김상용, 88면.

31) 最判昭 41.3.22. 民集 20券3号, 468頁〈12〉.

32) 東京地判平 2.12.20. 判時 1389号, 79頁〈13〉.

33) 半田吉信, 「危險負擔」, 民法講座 5. 또 법사 · 비교법에 대해 小野秀誠, 「危險負擔の硏究」, 日本評論社(1995年)도 참조.

34) 大村(Ⅱ), 43頁.

35) 最判昭 30.10.18. 民集 9券11号, 1642頁[1]〈15〉의 사안은 이러한 어려운 사정을 다루었다.

36) 김형배, 165면; 김상용, 92면; 황적인, 118면; 이은영, 188면.

37) 最判昭 24.5.31. 民集 3券6号, 226頁〈14〉가 리딩케이스이다.

38) 鈴木(債權), 235頁. 금일에도 법정책임설에 입각. 다만 담보책임이 그대로 타당한 장면은 "거의 없다"라고 하고 있다(同, 250-251頁).

39) 개설서로서는 星野(Ⅳ), 133-135頁; 北川(Ⅲ), 138-142頁.

40) 三田宏樹 교수 등에 의함(森田宏樹, 「契約責任の歸責構造」, 有裵閣, 2002).

41) 最判平 4.10.20. 民集 46券7号, 1129頁〈39〉.

42) 最判平 13.11.27. 民集 55券6号, 1311頁〈40〉.

43) 最判大 14.3.13. 民集 4券, 217頁〈36〉과 最判昭 36.12.15. 民集 15券11号, 2852頁[53]〈37〉.

44) 最判昭 36.12.15. 民集 15券11号, 2852頁[53]〈37〉.

45) 最判大 14.3.13. 民集 4券, 217頁〈36〉.

46) 大村(Ⅱ), 50頁.

47) 最判昭 33.6.14. 民集 12券9号, 1492頁〈38〉.

48) 大村(Ⅱ), 50頁.

49) 最判昭 57.1.21. 民集 36券1号, 71頁[51]〈33〉.

50) 大村(Ⅱ), 51頁.

51) 最判平 13.11.27. 民集 55券6号, 1380頁〈34〉.

52) 最判昭 41.9.8. 民集 20券7号, 1329頁〈29〉.

53) 大村(Ⅱ), 54頁.
54) 笠井修, 「保證責任 契約法理論」, 弘文堂, 1999 참조.
55) 最判昭 36.12.15. 참조.
56) 最判昭 33.6.14. 참조.

제 3 편 계약의 이행

1) 潮見(總論Ⅰ), 195頁 이하에 상세함.
2) 이 점에 대해서는 磯村哲, "Impossibilium ulla abligation 原則の形成とその批判理論", 石田文次郎 還暦・私法學の諸問題(1), 有裴閣(1955)를 참조.
3) 만약 정보의 어떤 특정한 항목이 지정되지 않은 채 전달되었다면, 처리 프로그램은 그 항목에 대해 미리 정해놓은 디폴트 값을 사용한다. 그러므로 계약에서 미리 정해지지 않은 사항은 민법의 임의규정에 정해진 것을 적용하는 것이다.
4) 곽윤직・김재형, 채권총론, 98면; 김상용, 452면; 김증한, 355면; 황적인, 현대민법론Ⅲ, 7면.
5) 김용한, 508면; 김주수, 368면; 이은영, 100면.
6) 양창수・김재형, 297면, 298면.
7) 平井, 178頁; 潮見(總論Ⅰ), 52頁 참조.
8) 最判昭 30.10.18. 民集 9券11号, 1642頁[Ⅱ1]〈65〉.
9) 近江(Ⅳ), 31頁.
10) 最判昭 35.6.24. 民集 14券8号, 1528頁.
11) 最判昭 30.10.18. 民集 9券11号, 1642頁[Ⅱ1]〈65〉.
12) 近江(Ⅳ), 32頁.
13) 大村(Ⅲ), 14頁
14) 전자로서는 星野(Ⅲ), 14頁 등. 후자로서는 平井, 27頁.
15) 最判昭 36.6.20. 民集 15券6号, 1602頁.
16) 1년 이상 이자가 지급되지 않았을 때 발생한 이자를 원본에 집어넣는 것을 인정하는 규정이 두어져 있다. 예를 들면 연 1할의 이자로 10만 원 빌린 경우 복리로 계산하면, 1년째 끝에는 이자 일만 원이 원본에 산입되어 원본은 11만 원이 되고, 2년째의 끝에는 원리합계액이 12만 1,000원이 된다. 1,000원은 말하자면 이자가 이자를 낳은 금액이다.
17) 이 문제에 대해 廣中, 95頁 이하 참조.
18) 大村(Ⅲ), 18頁.
19) 대금업법 42조의2.
20) 주는 채무, 하는 채무는 일본의 我妻박사에 의해 도입되었다. 그 후 일본의 平井교수는 이것을 인도채무・행위채무로 다시 정식화했다.
21) 平井, 20頁.
22) 일본의 川島박사에 의해 도입되었다.
23) 大村(Ⅲ), 20頁.
24) 平井, 163-164頁.
25) 똑같이 鈴木祿弥교수는 상속에 대해 상속과정과 상속인으로 나누어 설명하고 있다(鈴木(相續)을 참조).
26) 平井, 162頁에 두루 미친(자상하고 빈틈없는) 정리가 되어 있다.
27) 이 점에 대해서는 早川眞一郎, 「民法 492條」, 民法典の百年 Ⅲ을 참조.
28) 구체적인 적용에 대해서는 平井, 168-169頁을 참조.
29) 最判昭 35.12.15. 民集 14券14号, 3060頁〈154〉.
30) 內田貴, 「民法Ⅲ(債權總論・擔保物權)」, 東京大學出版會, 第2版, 2004, 94.
31) 이 점에 대해 神田孝二, 「受領遲滯」, 民法講座 4를 참조.
32) 곽윤직・김재형, 102면.
33) 김상용, 217면; 김증한・김학동, 174면; 김형배, 302면; 이은영, 402면.
34) 最判昭 40.12.3. 民集 19券9号, 2090頁〈71〉.
35) 最判昭 46.12.16. 民集 25券9号, 1472頁[Ⅱ 9]〈70〉.
36) 平井, 175頁; 內田(Ⅲ), 95-96頁.
37) 大村(Ⅲ), 32頁.
38) 大村(Ⅲ), 32頁.
39) 대물변제와 경개의 구별은 미묘하다. 현대화어 이전에는 변제에 대신하여 행해진 당좌수표의 발행은 경개에 해당한다고 되어 있지만(구 513조 2항 후단), 대물변제에 해당한다고 이해를 받아서 이 규정은 삭제되었다.
40) 공탁의 법적 성질에 대해서는 平井, 213頁을 참조.
41) 공탁법 10조 참조.
42) 內田(Ⅲ), 37-39頁; 平井, 190-191頁 참조.

43) 이 점에 대해 前田, 445-446頁 참조.
44) 中舍寬樹, 「表見的債權者と弁濟」, 民法講座 4; 河上正二, 「民法 478條」, 民法典の百年 Ⅲ을 참조.
45) 이 점에 대해 來栖三郎, 「債權 準占有と免責證券」, 民商法雜誌 33券4戶(1956년) 참조. 교과서로는 淡路, 522-523頁 참조.
46) 平井, 193頁은 민법 478조는 「일반조항적기능」을 하는 것 같이 되었다고 평한다.
47) 最判昭 41.10.4. 民集 20券8号, 1565頁〈144〉. 하급심에는 다수.
48) 近江(Ⅳ), 311頁.
49) 最判昭 37.8.21. 民集 16券9号, 1809頁〈142〉.
50) 來栖.
51) 大村(Ⅲ), 45頁.
52) 이러한 입장에서는 위조된 영수증소지자 등은 부정된다.
53) 近江(Ⅳ), 311頁.
54) 最判昭 61.4.11. 民集 40券3号, 558頁[Ⅱ37]〈143〉.
55) 最判昭 41.10.4. 民集 20券8号, 1565頁〈144〉와 最判昭 37.8.21. 民集 16券9号, 1809頁〈142〉을 참조.
56) 近江(Ⅳ), 313頁.
57) 最判平 5.7.19. 判時 1489号, 111頁[Ⅱ 39]〈147〉이 이 문제를 취급하는 것이다.
58) 大村(Ⅲ), 47頁.
59) 最判平 5.7.19. 判時 1489号, 111頁[Ⅱ 39]〈147〉.
60) 大村(Ⅲ), 47頁.
61) 자동차 운전석 앞에 있는 계기반.
62) 近江(Ⅳ), 313頁.
63) 近江(Ⅳ), 313頁.
64) 最判平 15.4,8. 民集 57券4号, 337頁〈148〉.
65) 近江(Ⅳ), 313頁.
66) 最判平 5.7.19. 判時 1489号, 111頁[Ⅱ 39]〈147〉.
67) 最判昭 48.3.27. 民集 27券2号, 376頁〈149〉.
68) 近江(Ⅳ), 313頁.
69) 最判昭 59.2.23. 民集 38券3号, 445頁〈145〉.
70) 大村(Ⅲ), 48頁.
71) 最判平 15.2.21. 民集 57券2号, 95頁〈152〉.
72) 最判平 9.4.24. 民集 51券4号, 1991頁[Ⅱ 38]〈146〉.
73) 大村(Ⅲ), 315頁.
74) 大判大 7.12.7. 民錄 24輯, 2310頁은 절대적이라고 해석하고 변제자가 나중에 진정한 채권자가 아니라는 것을 눈치채더라도 변제자로부터 준점유자에 대한 부당이득반환청구는 인정되지 않는다고 판시하였다.
75) 我妻(總論), 281頁; 奧田, 511頁(변제의 효과는 확정적으로 생기지 않고 채권자가 원용한 경우 등에 확정적으로 된다고 한다).
76) 鈴木(債權), 358頁; 平井, 104頁, 186-187頁.
77) 最判昭 63.7.1. 判時 1287号, 63頁[Ⅱ 36].
78) 그 이유에 대해 平井, 202-203頁.
79) 近江(Ⅳ), 324頁.
80) 近江(Ⅳ), 324頁.
81) 近江(Ⅳ), 325頁.
82) 平井, 204頁.
83) 最判昭 59.5.29. 民集 38券7号, 88頁[Ⅱ 41]〈159〉.
84) 最判昭 59.2.23. 民集 38券3号, 445頁〈145〉.
85) 어음법 11조, 수표법 14조.
86) 近江(Ⅳ), 354頁.
87) 平井, 223頁; 內田(Ⅲ), 248頁이 드는 예.
88) 大村(Ⅲ), 59頁.
89) 最判昭 49.6.28. 民集 28券5号, 666頁이 리딩케이스지만, 最判昭 54.9.7. 判時 954号, 29頁〈171〉도 이것을 답습하고 있다.
90) 最判昭 54.9.7. 判時 954号, 29頁〈171〉.
91) 826조, 833조.
92) 974조. 민사집행법 246조 1항 1호, 생활보호법 30조.
93) 민사집행법 246조 1항 1호, 근로기준법 43조.
94) 近江(Ⅳ), 364頁.
95) 鈴木(債權), 430頁 이하에 상세한 설명이 있다.
96) 近江(Ⅳ), 364頁.
97) 伊藤進, 「差押と相殺」, 民法講座 4.

98) 近江(Ⅳ), 360頁.
99) 近江(Ⅳ), 360頁.
100) 近江(Ⅳ), 360頁.
101) 最大判昭 39.12.23. 民集 18券10号, 2217頁〈166〉.
102) 이러한 견해를 변제기선후기준설(제한설Ⅱ)이라고 하고 있다. 近江(Ⅳ), 361頁.
103) 近江(Ⅳ), 362頁.
104) 最大判昭 45.6.24. 民集 24券6号, 587頁[Ⅱ 43]〈165〉.
105) 最判昭 50.12.8. 民集 29券11号, 1864頁〈167〉. 단지 3 대 2로 근소한 차.
106) 平井, 231-232頁; 內田(Ⅲ), 258-259頁 등.
107) 담보권적 구성설(제한설Ⅲ)이라고 부른다(近江(Ⅳ), 366頁).
108) 大村(Ⅲ), 67頁.
109) 最判平 7.7.18. 判時 1570号, 60頁이 그것이다.
110) 最大判昭 45.6.24. 民集 24券6号, 587頁[Ⅱ 43]〈165〉.
111) 內田(Ⅲ), 267-270頁; 平井, 233-234頁의 설명을 참조.
112) 平井, 129頁은 채권의 유통보호를 위한 법기술이라는 관점에서 물권과 대비하고 있다.
113) 더욱 平井, 152-156頁 참조.
114) 最判昭 45.4.10. 民集 24券4号, 240頁〈119〉.
115) 민사집행법 155조, 154조, 165조.
116) 민사집행법 159조, 160조.
117) 最判昭 52.3.17. 民集 31券2号, 308頁〈121〉.
118) 最判平 9.6.5. 民集 51券5号, 2053頁[Ⅱ 29].
119) 內田(Ⅲ), 210頁; 平井, 127頁도 참조.
120) 內田(Ⅲ), 202-203頁의 설명을 참조할 것. 또 平井, 133頁 注(1)도 참조.
121) 어음법 17조, 수표법 22조.
122) 最判昭 42.10.27. 民集 21券8号, 2161頁〈135〉.
123) 最判昭 42.10.27. 民集 21券8号, 2161頁〈135〉.
124) 最判昭 42.10.27. 民集 21券8号, 2161頁〈135〉.
125) 最判昭 42.10.27. 民集 21券8号, 2161頁〈135〉.
126) 最判平 4.11.6. 判時 1454号, 85頁[Ⅱ 31]〈137〉도 이 방향을 따른다
127) 확정일자란 증서에 대하여 그 작성한 일자에 관한 안전한 증거가 될 수 있는 것으로 법률상 인정되고 당사자가 나중에 변경하는 것이 불가능한 일자를 말한다(대법원 1988.4.12. 선고 87다카2429 판결 등).
128) 平井, 151頁에 의함.
129) 小川秀樹, 電子公證制度の創設 ついて, ジュリスト1183号(200年).
130) 공증인법.
131) 大連判大 3.12.22. 民錄 20輯, 1146頁〈122〉.
132) 最判昭 49.3.7. 民集 28券2号, 174頁[Ⅱ 32]〈126〉.
133) 最判昭 55.1.11. 民集 34券1号, 42頁〈127〉.
134) 近江(Ⅳ), 281頁.
135) 近江(Ⅳ), 281頁.
136) 大村(Ⅲ), 83頁.
137) 最判平 5.3.30. 民集 47券4号, 3334頁[Ⅱ 33]〈128〉에 주목할 필요가 있다.
138) 最判昭 55.1.11. 民集 34券1号, 42頁〈127〉.
139) 大村(Ⅲ), 84頁.
140) 近江(Ⅳ), 284頁.
141) 横山長,「判批」金法 733号, 14頁.
142) 動産及び債權の讓渡の對抗要件に關する民法の特例等に關する法律.
143) 어음법 · 수표법, 창고증권 · 화물상환증 · 선하증권에 관한 상법 규정 이외에 일반적인 규정으로서 상법에도 참조.

제 4 편 계약위반과 손해배상

1) 大村(Ⅲ), 91頁.
2) 大村(Ⅲ), 92頁.
3) 가정법원은 양육비를 정기적으로 지급할 의무가 있는 사람("양육비채무자")이 정당한 사유 없이 2회 이상 양육비를 지급하지 않은 때 정기금 양육비 채권에 관한 집행권원을 가진 채권자("양육비채권자")의 신청에 따라 양육비채무자에 대하여 정기적 급여채무를 부담하는 소득세원천징수의무자("소득세원천징수의무자")에게 양육비채무자의 급여에서 정기적으

로 양육비를 공제하여 양육비채권자에게 직접 지급하도록 명할 수 있다(가소 63조의2 1항).

4) 이행명령이란 가정법원의 판결·심판·조정조서·조정에 갈음하는 결정 또는 양육비부담조서에 따라 금전의 지급 등 재산상의 의무, 유아의 인도(引渡)의무 또는 자녀와의 면접교섭허용의무를 이행해야 할 의무자가 정당한 이유 없이 그 의무를 이행하지 않는 때 당사자의 신청에 의해 가정법원이 일정한 기간 내에 그 의무를 이행할 것을 명하는 것이다(가소 64조 1항).

5) 일본에서는 2003년 실현된 담보·집행법제 개정의 준비단계에서는, 금전채무인 양육비 등에 대해서도 간접강제를 넓게 인정하는 방향으로 개정이 검토되었지만, 그 폐해(근친 등에 의한 입체(立替: 돈을 대신 치르는 것)를 겨누어 간접강제를 이용하는 것 등)에 대한 불안 때문에 실현에 이르지 않았다(단지 압류의 대상과 범위에 대해, 몇 가지 개정이 이루어지고 있다). 그러나 그 후에도 검토는 계속되었고, 부양의무에 기초한 금전채무의 강제집행은 간접강제에 의해 실현할 수 있다는 취지의 제안이 이루어졌고, 2004년 개정에 의해 민사집행법 167조의15(扶養義務等に係る金錢債權についての間接强制), 167조의16(扶養義務等に係る定期金債權を請求する場合の特例)에 규정을 두기에 이르렀다.

6) 北川(Ⅲ), 148頁은 이 입법에 이른 독일법화를 민법규정의 개조로 표현한다.

7) 大村(Ⅲ), 53頁.

8) 大村(家族), 170頁 등.

9) 大決昭 5.9.30. 民集 9劵, 926頁〈72〉.

10) 大判昭 10.4.25. 新聞 3835号, 5頁.

11) 近江(Ⅰ), 187頁.

12) 淡路, 51-57頁.

13) 內田(Ⅰ), 49頁.

14) 일본의 俵万智에 '『신부가 되어라』라니 캔츄하이(カンチュハイ) 2편으로 이야기 해버려도 좋아'라는 노래가 있었는데, 이 정도로는 약속이 있었다고 해도 또 그것이 농담이 아니라고 해도, 법적으로 보호되어야 하는 '약혼'이라고는 말할 수 없을 것이다(大村(Ⅲ), 53頁).

15) If it is found that (i) the promisor is under an absolute duty to perform, and (ii) this absolute duty of performance has not been discharged, then this failure to perform in accordance with contractual terms will amount to a breach of contract.

16) 大村(Ⅲ), 102頁.

17) 곽윤직·김재형, 76면; 김증한·김학동, 74면; 김상용, 100면; 김형배, 150면.

18) 양창수·김재형, 350면. 상세하게는 平井, 45-47頁 참조.

19) 양창수·김재형, 349면.

20) 곽윤직·김재형, 98면; 김증한·김학동, 109면; 이은영, 236면.

21) 大村(Ⅲ), 103頁.

22) 大村(Ⅲ), 103頁.

23) 이 문제에 관한 외국법에 상황에 대해서는 淡路, 87-90頁, 최근의 학설상황에 대해서는 같은 책 93-107頁 참조.

24) 양창수·김재형, 372면.

25) 김상용, 139면; 김형배, 226면; 이은영, 239면.

26) 변호사법 1조, 의료법 16조 1항 참조.

27) 大判大 10.11.22. 民錄 22輯, 1978頁 등.

28) 大判大 14.2.27. 民錄 4劵, 97頁 등.

29) 예를 들면 일본에서 일어난 관동대지진의 경우에는 그렇다.

30) 大判昭 2.2.26. 新聞 2680号, 14頁.

31) 平井, 81頁; 內田(Ⅲ), 148頁; 星野(Ⅲ), 58頁도 참조.

32) 김형배, 152면; 김상용, 137면.

33) 大村(Ⅲ), 111頁.

34) 大村(Ⅲ), 111頁.

35) 大村(Ⅲ), 111頁.

36) 독일민법 278조 참조.

37) 大村(Ⅲ), 111頁.

38) 落合 외에 平井, 84頁 이하. 또 星野(Ⅲ), 64-65頁도 참조.

39) 奧田, 126頁 이하; 平井, 62頁.

40) 곽윤직·김재형, 84면; 김형배, 160면.

41) 김상용, 112면; 김증한·김학동, 85면; 고상룡, "이행보조자의 과실", 법률연구(연세대) 3집, 1983, 72면.

42) 곽윤직·김재형, 84면; 황적인, 67면.

43) 大判昭 4.6.19. 民集 8劵, 675頁.

44) 近江(Ⅳ), 70頁.

45) 大村(Ⅲ), 113頁.
46) 森田宏樹, 「契約責任の歸責構造」, 有斐閣, 1963 외에 北川(Ⅲ), 30頁; 潮見(總論Ⅰ), 294頁.
47) 最判昭 58.5.27. 民集 37劵4号, 477頁[Ⅱ 3]〈75〉.
48) 양창수·김재형, 383면.
49) 양창수·김재형, 383면.
50) 독일 민법은 근로계약에서 사용자는 노동 장소·시설·노무관리 등을 설정 유지함에 있어서, 생명·건강에 대한 위험으로부터 피용자를 보호할 의무를 부과하고 있다(618조 참조).
51) 潮見(總論Ⅰ), 94頁은 안전배려의무는 내용면에서 문제를 파악하기 위해 사용되어야 하는 것이고, 구조면에서 독자성을 가진다는 의미는 아니라고 지적한다.
52) 最判昭 50.2.25. 民集 29劵2号, 143頁[Ⅱ 2]〈74〉.
53) 最判平 3.4.11. 判時 1391号, 3頁은 그 예이다.
54) 最判昭 56.2.16. 民集 35劵1号, 56頁〈77〉.
55) 最判昭 50.2.25. 民集 29劵2号, 143頁.
56) 양창수·김재형, 71-72면.
57) 最判昭 59.9.18. 判時 1137号, 51頁[Ⅱ 4].
58) 平井, 55頁.
59) 潮見(總論Ⅰ), 539頁은 유해하기까지 하다고 말한다.
60) 潮見(總論Ⅰ), 539頁 이하는 계약준비교섭단계에서의 행위규범이라고 큰 항목을 두고 상세하게 검토하고 있다.
61) 廣中·星野, 348-349頁을 참조.
62) 이것을 언급한 뒤에, 3유형은 그런대로 편리하다는 지적도 있다(內田(Ⅲ), 86-87頁).
63) 새로운 시점에서부터 이 점을 검토한 것으로서, 森田修, 「解除行使の方法と債務轉形論 (1)~(3完)」, 法學協會雜誌 116卷7~9号(1999年).
64) 最判昭 31.12.6. 民集 10劵12号, 1527頁〈19〉을 참조.
65) 最判昭 30.11.22. 民集 9劵12号, 1781頁〈21〉이다.
66) 最判昭 51.2.13. 民集 30劵11号, 1頁.
67) 星野·平井·能見, 108頁.
68) 近江(Ⅴ), 99頁.
69) 內田(Ⅱ), 98頁 참조.
70) 近江(Ⅴ), 97頁.
71) 近江(Ⅴ), 97頁.
72) 最判平 3.11.19. 民集 45劵8号, 1209頁〈94〉.
73) 最判昭 38.12.24. 民集 17劵12号, 1720頁[72]〈93〉.
74) 鈴木(債權), 775-776頁.
75) 北村實 「解除の效果」 民法講座 5. 또 최근에는 이와 같은 논의의 필요는 없다고 하는 견해도 유력하다(鈴木祿弥, 「債權法講義」, 創文社, 4訂版, 2001, 161-162頁. 內田貴, 「民法Ⅱ(債權各論)」, 東京大學出版會, 1997, 102頁 등)
76) 大判昭 13.9.30. 民集 17劵, 1117頁.
77) 最判平 8.11.12. 民集 50劵10号, 2673頁[45]〈20〉.
78) 最判昭 30.10.7. 民集 9劵11号, 1616頁.
79) 最判平 8.11.12. 民集 50劵10号, 2673頁[45]〈20〉.
80) 最判昭 38.2.21. 民集 17劵1号, 219頁〈55〉.
81) 일본에서도 1920년대에, 勝本正晃에 의해 이 사고방식이 도입되어, 사정변경의 원칙이라고 불러졌다.
82) 大判昭 19.12.6. 民集 23劵, 613頁〈8〉.
83) 最判平 9.7.1. 民集 51劵6号, 2452頁〈44〉.
84) 新戶地伊丹地判昭 63.12.26. 判時 1319号, 139頁〈9〉.
85) 大判大 7.8.27. 民錄 24輯, 1658頁[Ⅱ 6]〈79〉.
86) 平井, 96-97頁.
87) 內田(Ⅲ), 160頁.
88) 大村(Ⅲ), 123頁.
89) 곽윤직·김재형, 122면; 김상용, 154면; 김형배, 238면; 김증한·김학동, 126면; 이은영, 264면; 황적인, 134면; 於保不二雄, 「債權總論」, 有斐閣, 新版, 1972, 135頁.
90) 곽윤직·김재형, 113면; 김상용, 155면; 近江(Ⅳ), 114頁.
91) 平井, 56頁.
92) 近江(Ⅳ), 115頁.
93) 近江(Ⅳ), 115頁.
94) 內田(Ⅲ), 160頁.
95) 大村(Ⅲ), 124頁.

96) 近江(Ⅳ), 124頁.
97) 후키마루(富喜丸) 사건(大連判大 15.5.22. 民集 5券, 386頁).
98) 大村(Ⅲ), 125頁.
99) 最判昭 37.11.16. 民集 16券11号, 2280頁〈81〉, 最判昭 47.4.20. 民集 26券3号, 520頁[Ⅱ 8].
100) 最判昭 47.4.20. 民集 26券3号, 520頁[Ⅱ 8].
101) 大村(Ⅲ), 125頁.
102) 大村(Ⅲ), 125頁.
103) 最判昭 28.12.18. 民集 7券12号, 1446頁[Ⅱ 7]〈80〉.
104) 最判昭 36.4.28. 民集 15券4号, 1105頁.
105) 最判昭 30.1.21. 民集 9券1号, 22頁〈84〉.
106) 교과서로는 北川(Ⅲ), 167頁.
107) 교과서로는 平井, 103頁.
108) 近江(Ⅳ), 125頁.
109) 일본의 平井교수 이론.
110) 近江(Ⅳ), 126頁.
111) 內田(Ⅲ), 164頁 이하.
112) 近江(Ⅳ), 128頁.
113) 곽윤직 · 김재형, 126면; 김용한, 219면; 김주수, 168면.
114) 양창수 · 김재형, 466면.
115) 곽윤직 · 김재형, 127면; 김주수, 166면; 김증한 · 김학동, 42면; 김형배, 187면. 그러나 김상용, 200면; 김용한, 221면은 입증하면 가능하다고 한다.
116) 김용한, 60면; 김주수, 58면; 현승종, 61면.
117) 곽윤직 · 김재형, 129면; 김상용, 200면; 김용한, 221면; 김주수, 172면.
118) 또한 일본 민법 기초자는 채무인수를 부정하는 취지였다. 그런데 일본 최고재판소 판례는 상당히 이른 시기부터 채무인수가 가능한 것을 승인하고 있고, 학설도 이것을 지지하고 있다. 초기의 일본 최고재판소 판례로서는 大判大 10.5.9. 民錄 27輯, 899頁이나 大判大 14.12.15. 民集 4券, 710頁이 알려져 있다.
119) 最判昭 41.12.20. 民集 20券10号, 2139頁[Ⅱ 34]〈139〉.
120) 大判昭 5.3.29. 新聞 3112号, 15頁.
121) 最判昭 46.4.23. 民集 25券3号, 388頁[Ⅱ 35]〈140〉.
122) 最判平 8.7.12. 民集 50券7号, 1918頁〈141〉.
123) 大村(Ⅲ), 142頁.
124) 할부판매법 2조 3항.
125) 大村(Ⅲ), 144頁.

제 5 편 계약상 권리의 보호(보전)

1) 大判大 4.3.10. 刑錄 21輯, 279頁[Ⅱ 21].
2) 最判昭 30.5.31. 民集 9券6号, 774頁.
3) 大判昭 18.12.14. 民集 22券, 1239頁.
4) 大村(Ⅲ), 156頁.
5) 吉田邦彦, 「債權侵害論 再考」, 有裵閣, 1991 외에 平井, 119頁 이하.
6) 大村(Ⅲ), 156頁.
7) 그 출발점이 되는 것은 大判大 10.10.15. 民錄 27輯, 1788頁.
8) 大村(Ⅲ), 157頁.
9) 最判昭 28.12.18. 民集 7券12号, 1515頁[Ⅱ 22]〈109〉 등.
10) 淡路, 233-237頁.
11) 平井, 256頁.
12) 三ケ月章, 「わが國の代位訴訟 取立訴訟の特異性と判決の主觀的範圍」, 兼子一還曆, 裁判法 諸問題(中)(有裵閣, 1969), 同, 「取立訴訟と代位訴訟の解釋論的 · 立法論的調整」, 法學協會雜誌 91卷1號(1974年) 참조.
13) 大判明 43.7.6. 民錄 16輯, 537頁[Ⅱ 11]〈87〉.
14) 大判昭 4.12.16. 民集 8券, 944頁[Ⅱ 12]〈88〉.
15) 大判明 39.11.21. 民錄 12輯, 1537頁.
16) 大判昭 7.6.21. 民集 11券, 1198頁; 大判昭 10.3.12. 民集 14券, 482頁〈91〉.
17) 最判昭 50.3.6. 民集 29券3号, 203頁[Ⅱ 10]〈89〉가 그 예이다.
18) 전술한 일본의 민사소송법 학자인 三ケ月.
19) 교과서로는 平井, 260頁 이하.
20) 大村(Ⅲ), 167頁.
21) 大村(Ⅲ), 167頁.
22) 最判昭 50.3.6. 民集 29券3号, 203頁[Ⅱ 10]〈89〉.
23) 大村(Ⅲ), 169頁.
24) 最判昭 28.12.14. 民集 7券12号, 1386

頁.
25) 最判昭 44.6.24. 民集 23巻7号, 1079頁〈92〉.
26) 平井, 269頁.
27) 奥田, 264頁; 星野(Ⅲ), 101頁도 동취지.
28) 大判昭 14.5.16. 民集 18巻, 557頁. 더욱 最判昭 48.4.24. 民集 27巻3号, 596頁도 동지.
29) 大判昭 15.3.15. 民集 19巻, 186頁.
30) 차례로 민사소송법 71조, 79조, 82조.
31) 平井.
32) 淡路, 268-274頁.
33) 영국은 1570년 엘리자베스법을 제정했다. 여기에 사해행위로 규정된 사해의 개념과 Twyne's Case에서 채용된 badges of fraud의 개념은 나중에 미국법에 큰 영향을 미쳤다. 미국은 1918년 「통일사해행위취소법(Uniform Fraudulent Conveyance Act: UFCA」을 제정한 후 1985년 「통일사해거래취소법(Uniform Fraudulent Transfer Act: UFTA」의 대폭 수정을 거쳐 2014년 「통일취소거래법(Uniform Voidable Transaction Act: UVTA」으로 명칭을 변경하고 약간 수정되었다(장정호, 채권자취소권에 관한 연구, 창원대학교 박사학위 논문, 2014년).
34) 미국법의 특징은 파산법상의 부인권과 밀접한 관련을 가지고, 파산법상 부인권에 관한 해석이 채권자취소권에 관하여도 원용될 수 있는 여지가 많다는 점이다.
35) 부인권에 관해서는 鈴木(債權), 196頁 이하에 설명이 있다.
36) 大連判明 44.3.24. 民錄 17輯, 117頁[Ⅱ 13]〈102〉.
37) 鈴木(債權), 188頁 이하; 淡路, 277頁 이하 등의 정리를 참조.
38) 일본의 中野, 下森.
39) 大村(Ⅲ), 177頁.
40) 일본의 奥田.
41) 일본의 前田.
42) 일본의 佐藤, 平井.
43) 교과서로는, 平井, 292頁 이하.
44) 大村(Ⅲ), 178頁.
45) 最大判昭 36.7.19. 民集 15巻7号, 1875頁[Ⅱ 14]〈94〉.
46) 近江(Ⅳ), 165頁.
47) 近江(Ⅳ), 165頁.
48) 近江(Ⅳ), 166頁.
49) 大判昭 36.7.19. 民集 15巻7号, 1875頁.
50) 平井, 288頁.
51) 最判平 11.6.11. 民集 53巻5号, 898頁[Ⅱ 16]〈100〉.
52) 最判昭 58.12.19. 民集 37巻10号, 1532頁.
53) 最判平 12.3.9. 民集 54巻3号, 1013頁〈101〉.
54) 最判昭 48.11.30. 民集 27巻10号, 1491頁〈95〉.
55) 最判昭 48.11.30. 民集 27巻10号, 1491頁〈95〉.
56) 最判平 4.2.27. 民集 46巻2号, 112頁[Ⅱ 18]〈105〉.
57) 最判昭 41.5.27. 民集 20巻5号, 1004頁〈97〉은 예외를 인정했다.
58) 大判大 10.6.18. 民錄 27輯, 1168頁.
59) 最判昭 46.11.19. 民集 25巻8号, 1321頁[Ⅱ 20]〈107〉.
60) 星野(Ⅲ), 122頁.
61) 近江(Ⅳ), 163頁.
62) 大判大 9.12.24. 民錄 26輯, 2024頁 등.
63) 最判昭 30.10.11. 民集 9권巻11号, 1626頁.
64) 最判平 4.2.27. 民集 46巻2号, 112頁[Ⅱ 18]〈105〉.
65) 大村(Ⅲ), 184頁.

제 6 편 계약상 의무(채권)의 확보

1) 鈴木祿弥, "『債權者平等の原則』論序說," 法曹時報 30巻9号(1978年); 田中裕康, 『債權者平等の原則』の意義-債權者平等と債權平等性, 法曹時報 54巻5号(2002年).
2) 淡路, 378-382頁.
3) 平井, 303-304頁.
4) 星野(Ⅲ), 175頁; 平井, 305頁.
5) 이 법은 보증에 관하여 민법에 대한 특례를 규정함으로써 아무런 대가 없이 호의(好意)로 이루어지는 보증으로 인한 보증인의 경제적·정신적 피해를 방지하고, 금전채무에 대한 합리적인 보증계약 관행을 확립함으로써 신용사회 정착에 이바지함을 목적으로 한다.

6) 最大判昭 40.6.30. 民集 19券4号, 1143頁[Ⅱ 24]〈112〉.
7) 平井, 310-312頁에 각종의 항변이 정리되어 있다.
8) 最判昭 39.12.18. 民集 18券10号, 2079頁[Ⅱ25]〈117〉.
9) 임금 등 근보증계약이란, 일정한 범위에 속하는 불특정의 채무를 담보하는 보증계약(근보증계약)으로, 그 채무의 범위에 속하는 금전의 대부(貸渡) 또는 수표의 할인을 받음으로써(받는 것에 의해) 부담하는 채무(대금 등 채무가 포함되는 것을 가리킨다(일본 민법 465조의2 1항, 이하 모두 일본 민법이다). 대금 등 채무가 포함되어 있다면 충분하고, 이것과 함께 다른 채무가 당해 근보증의 피담보채권으로 되고 있어도 좋다. 대금 등 근보증에 관해서는 ① 최고한도액을 정하는 것이 효력요건이고(465조의2 2항), ② 원본확정기일을 정한 경우에는 계약체결일로부터 5년을 경과하는 날까지의 일로 하는 것이 필요하고(5년을 경과한 날보다도 후의 날을 정한 경우에는 그 정함은 무효) 원본확정기일의 정함이 없는 경우(기일의 정함이 무효의 경우를 포함)에는 계약체결일로부터 3년이 경과하는 날을 기일로 하는 것으로 되었다(465조의3 1항, 2항). 또한 원본확정기일은 당사자의 합의에 의해 변경하는 것도 가능하지만 변경일로부터 5년을 경과하는 날보다도 후의 일을 정한 경우에는, 당해변경은 원칙적으로 무효로 된다(465조. 3항 본문 단서는 예외를 정하고 있다). 더욱 전술한 것 같이 근보증에 한하지 않고, 모든 보증계약이 요식계약으로 되었지만(466조 2항), 대금 등 근보증의 경우에는, 최고한도액 및 원본확정기일에 관해서도 서면으로 기재하지 않으면 무효로 된다(465조의2 2항, 465조의3 4항). 이렇게 한 규정을 두어진 것은 자연인인 근보증인을 보호하기 위해서이고, 보증인이 법인인 것을 제외하고라고 되어 있다(465조의2 1항 괄호). 단지 보증인이 법인이어도 보증인의 주채무자에 대한 구상권에 대해 보증인이 자연인인 경우에는, 이 자연인인 보증인에게 일정한 보호가 주어져 있다는 것에 주의할 필요가 있다(465조의5).
10) 그러나 2018년 4월 2일부터 중소기업의 공공기관 대출보증에 관해 연대보증을 요구할 수 없도록 하고, 아울러 은행에서 대출할 때도 연대보증을 폐지하도록 하고 있다.
11) 平井, 320-321頁, 332頁.
12) 山田誠一, "求償と代位", 「民商法雜誌」 107卷2号(1992).
13) 기술보증기금법에 의해 설립된 정부출연기관으로서 기술혁신형 기업에 기술보증 및 기술평가를 중점지원하여 기업의 기술경쟁력을 제고하고 나아가 우리경제의 지속적인 성장동력 창출의 일익을 담당하고 있는 기술금융 전문지원기관이다.
14) 1. 주된 채권채무 관계가 성립한 때, 2. 채무의 일부 또는 전부가 소멸한 때, 3. 채무자가 기한의 이익을 상실한 때, 4. 채무자가 채무를 이행하지 아니한 때, 5. 기타 보증채무에 영향을 미칠 우려가 있는 사유가 발생한 때.
15) 最判昭 59.5.29. 民集 38券7号, 885頁[Ⅱ 41]〈159〉이다(이 사건에서 이자 11%, 위약금 18.25%로 되어 있었다).
16) 最判平 2.12.18. 民集 44券9号, 1686혈頁[Ⅱ 42]〈144〉.
17) 大村(Ⅲ), 350頁.
18) 最判平 2.4.12. 金法 1255号, 6頁.
19) 最判平 3.9.3. 民集 45券7号, 1121頁.
20) 最判平 7.6.23. 民集 49券6号, 1737頁〈162〉.
21) 大村(Ⅲ), 354頁.
22) 最判昭 59.5.29. 民集38券7号, 885頁[Ⅱ 41]〈159〉.
23) 最判昭 59.5.29. 民集 38券7号, 885頁[Ⅱ 41]〈159〉.
24) 大村(Ⅲ), 355頁.
25) 大村(Ⅲ), 355頁.
26) 大村(Ⅲ), 355頁.
27) 大村(Ⅲ), 355頁.
28) 淡路, 340-346頁.
29) 일본 민법(明治 29년 4월 27일 법률 제89호)의 기초위원들은 오쿠노 겐이치(奧野健一)·와가쓰마 사카에(我妻 榮)·나카가와 젠노스케(中川善之助)이다. 일본 민법 기초자의 하나인 부아소나드(Boissonade) 사고방식이었다. 星野(Ⅲ), 160頁; 淡路, 323-324頁 참조.
30) 大村(Ⅲ), 358頁.

31) 最判昭 48.2.16. 民集 27巻1号, 99頁.
32) 最判平 10.9.10. 民集 52巻6号, 1494頁[Ⅱ 26]〈111〉.
33) 星野(Ⅲ), 171頁; 平井, 347頁은 이 용어를 채용하고 있다.
34) 最判昭 45.4.21. 判時 595号, 54頁이 있다.
35) 鈴木(債權), 465頁.
36) 大村敦志, 「夫婦連名債權の法的性質」, 同, 消費者・家族と法(東京大學出版會, 1999年) 참조.

제 7 편 특수한 계약

1) 상세하게는 예컨대 江頭憲治郎, 「商取引法」, 弘文堂, 第3版, 2002年을 참조.
2) 규제대상이 이제는 방문판매(매매)의 틀에 적합하지 않았던 것을 보여준다. 이 점에 대하여 北川(Ⅳ), 45頁의 상황인식도 참조.
3) 소비자법에 대해서는 예를 들면 大村(消費)을 참조.
4) 택지건설거래업법 35조 重要事項の說明等.
5) 신탁법에 대해서는 예를 들면 新井誠, 「信託法」, 有裵閣, 第2版, 2005年; 能見先久, 「現代信託法」, 有裵閣, 第2版, 2004年을 참조.
6) 신탁법 2조.
7) 미국에서 62세 이상 은퇴 시니어들이 매달 지출에 대한(월 페이먼트를 위한) 수입이 없기 때문에 소유한 주택의 홈에퀴티를 미리 융자받아 사용하고 평생을 매달 지출(월 페이먼트)의 부담 없이 살던지, 아니면 살던 중간에 집을 팔아서 그동안 안낸 이자를 계산해서 정산하는 상품으로 연방주택청(FHA)이 보증하는 주택융자 상품이다.
8) 부동산등기법 3조 2호・3호 참조.
9) 借地借家法에 대해 星野(借); 加藤一郞.
10) Boissonade, Gustave Emile. 프랑스의 법학자(1825~1910). 파리 대학에서 법률학을 강의하고 있던 중 일본 정부의 초청으로 1873년 도일(渡日)하여, 일본 정부의 고문으로서 일본의 입법 사업이나 법학 교육에 크게 공헌하였다. 자연법의 입장에 서서, 구 형법・치죄법(治罪法)을 입안. 민법도 만들었으나 반대자가 많아 1895년 쓸쓸히 귀국하였다.
11) 大村(Ⅱ), 89頁.
12) 大村(Ⅱ), 90頁.
13) 大村(Ⅱ), 90頁.
14) 最判昭 48.2.2. 民集 27巻1号, 80頁〈65〉.
15) 最判昭 44.7.17. 民集 23巻8号, 1610頁.
16) 最判昭 53.12.22. 民集 32巻9号, 1768頁[61]〈66〉.
17) 最判昭 43.6.27. 民集 22巻6号, 1427頁〈67〉.
18) 민사조정법 25조의2, 24조의3.
19) 鈴木祿弥, 「債權法講義」, 創文社, 4訂版, 2001, 563-573頁에 상세히 서술되어 있다.
20) 最判昭 58.1.20. 民集 37巻1号, 1頁[58]〈57〉등.
21) 最判昭 46.11.25. 民集 25巻8号, 1343頁〈56〉.
22) 最判平 3.3.22. 民集 45巻3号, 293頁〈58〉.
23) 最判昭 59.4.20. 民集 38巻6号, 610頁[62]〈68〉.
24) 일본의 경우에는 이와 같은 구법하의 상황을 이어받아, 신법에는 정당한 사유의 내용을 보다 자세히 규정하는 개정이 이루어졌다.
25) 最判昭 41.4.21. 民集 20巻4号, 720頁[59]〈60〉.
26) 最判昭 39.7.28. 民集 18巻6号, 1220頁〈59〉는 그의 예이다.
27) 最判昭 43.11.21. 民集 22巻12号, 2741頁〈63〉 사건을 참조.
28) 最判昭 27.4.25. 民集 6巻4号, 451頁〈61〉은 현저한 사용위반의 예, 最判昭 50.2.20. 民集 29巻2号, 99頁〈62〉는 현저한 부수의무위반의 예이다.
29) 最判昭 42.2.21. 民集 21巻1号, 155頁[65]〈69〉 참조.
30) 最判昭 38.2.21. 民集 17巻1号, 219頁〈55〉 참조.
31) 原田純孝, 「賃借權の讓渡・轉貸」, 民法講座 5, 同, 「民法 612條(賃借權の無斷讓渡, 無斷轉貸)」, 民法典の百年Ⅲ.
32) 最判昭 36.12.21. 民集 15巻12号, 3243

頁.

33) 最判昭 9.2.25. 民集 51券2号, 398頁[63]〈64〉.

34) 最判昭 28.9.25. 民集 7券9号, 979頁〈52〉.

35) 大村(Ⅱ), 105頁.

36) 最判昭 40.12.17. 民集 19券9号, 2159頁.

37) 最判平 9.7.17. 民集 51券6号, 2882頁〈54〉.

38) 부동산등기법 156조도 임차권의 설정, 전대의 등기에는 임대인, 임차인, 차임액, 차임지급시기, 존속기간, 양도전대의 허용여부 등이 기재되도록 규정하고 있다.

39) 大判大 10.7.11. 民錄 27輯, 1378頁 참조.

40) 임차권등기명령 절차에 관한 규칙이라는 대법원규칙이 있다.

41) 일본의 건물보호에 관한 법률의 규정을 본받아서 우리 민법은 622조에서 건물의 소유를 목적으로 하는 토지임대차에서 비록 임차한 토지에 관한 등기가 없다 하더라도 건물에 대한 등기한 하면 대항력이 발생하는 것으로 규정하였다.

42) 最大判昭 40.3.17. 民集 19券2号, 453頁〈51〉.

43) 最大判昭 41.4.27. 民集 20券4号, 870頁〈50〉.

44) 大村(Ⅱ), 106頁.

45) 最大判昭 41.4.27. 民集 20券4号, 870頁〈50〉의 소수의견(田中)을 참조.

46) 大村(Ⅱ), 106頁.

47) 最判昭 38.5.24. 民集 17券5号, 639頁〈49〉.

48) 2015.5.13.에 개정된 상가임대차보호법이 시행되었다.

49) 最判昭 29.9.24. 民集 8券9号, 1658頁.

50) 最判昭 28.12.18. 民集 7券12号, 1515頁[22].

51) 주택의 인도는 현실인도(188조 1항)와 간이인도(188조 2항)뿐만 아니라, 점유개정(189조 1항. 98다32939) 또는 반환청구권의 양도(190조)에 의해서도 이루어질 수 있는데, 임차인이 주택의 인도를 받는다는 것은 주택을 점유하는 것을 의미한다.

52) 전입신고를 하면 주민등록표가 구거주지로부터 신거주지로 송부되어 주민등록표가 정리된다. 주민등록표가 정리될 때 전입신고일이 기재되는데, 대항력은 전입신고일을 기준으로 한다.

53) 여기서는 양수인에 대한 대항력만 검토한다.

54) 판례는 전세물이 양도된 경우에도 전세금반환채무가 신소유자에게 이전되는 것으로 본다(대법원 2000.6.9. 선고 99다15122 판결).

55) 소수의견은 다음과 같다. 임대주택의 양도에 따른 임대차관계의 이전이 발생하기 전에 임차인의 채권자가 신청하여 임대차보증금반환채권이 압류 또는 가압류된 경우에는 주임법 제3조 제3항에 기초한 실체법상 권리변동에도 불구하고 압류 또는 가압류에 본질적으로 내재한 처분금지 및 현상보전 효력 때문에 당사자인 집행채권자, 집행채무자, 제3채무자의 집행법상 지위는 달라지지 않는다. 우리의 민사집행법은 금전채권에 대한 집행에서 당사자의 처분행위에 의한 제3채무자 지위의 승계라는 관념을 알지 못하며 오로지 압류 또는 가압류의 처분금지효력을 통하여 집행채권자로 하여금 당사자의 처분행위에 구애받지 않고 당초 개시하거나 보전한 집행의 목적을 달성할 수 있게 할 뿐이다. 비록 임대주택의 양도에 따른 임대인 지위의 승계가 주임법 제3조 제3항에 기초한 법률상 당연승계라고는 하나 이는 명백히 임대주택에 관한 양도계약 당사자의 처분의사에 기초한 것으로서, 다수의견은 결국 당사자의 처분행위로 인하여 집행법원이 이미 발령한 가압류명령 또는 압류명령의 수범자와 효력이 달라질 수 있다고 보는 셈인데, 우리 민사집행법이 이를 용인하고 있다고 볼 어떠한 근거도 없다. 다수의견에는 여러 가지 문제점이 있어 이에 동의할 수 없고, 상속이나 합병과 같은 당사자 지위의 포괄승계가 아닌 주택양수도로 인한 임대차보증금반환채무의 이전의 경우 이미 집행된 가압류의 제3채무자 지위는 승계되지 아니한다고 해석함이 타당하다.

56) 임대차계약서에 확정일자를 갖추는 방법에는 4가지가 있다. 첫째, 공증인사무소, 법무법인 또는 공증인가합동법률사무소 등 공증기관에서 임대차계약서를 공정증서로 작성하는 방법, 둘째, 임대차계약서

에 공증기관의 확정일자인을 받는 방법, 셋째, 임대차계약서에 법원이나 등기소, 동사무소에서 확정일자인을 받는 방법, 넷째, 주민등록전입신고를 하면서 임대차계약서를 제출하여 확정일자인을 받는 방법이 있다.

57) 1999.3.1. 개정 전 주택임대차보호법 3조의2 1항 단서는 "다만 임차인이 당해 주택의 양수인에게 대항할 수 있는 경우에는 임대차가 종료한 후가 아니면 보증금의 우선변제를 청구하지 못한다"고 규정하였다. 그러나 당시 판례(대법원 1996.7.12. 선고 94다37646 판결)는 이미 임대차 존속 중의 주택임차인도 임대차를 해지하여 우선변제를 받을 수 있다고 하였다.

58) 이러한 이유로 임차인의 주택인도의무가 보증금반환의무보다 선이행되어야 하는 것은 아니다(대법원 1994.2.22. 선고 93다55241 판결).

59) 다만 저당권자 사이에서는 우선순위가 있으므로, 2번저당권자가 우선배당을 받은 후에 3번저당권자가 배당을 받는다.

60) 하나의 주택에 임차인이 2인 이상이고, 그 각 보증금중 일정액의 합산액이 주택의 가액의 2분의 1을 초과하는 경우에는 그 각 보증금중 일정액의 합산액에 대한 각 임차인의 보증금중 일정액의 비율로 그 주택의 가액의 2분의 1에 해당하는 금액을 분할한 금액을 각 임차인의 보증금중 일정액으로 본다(시행령 3조 3항).

61) 행정구역별 기준: 소액임차인은 보증금이 수도권정비계획법에 의한 수도권 중 과밀억제권역은 4천만 원 이하 광역시(군지역과 인천광역시는 제외)는 3천500만 원 이하 기타의 지역에서는 3천만 원 이하인 임차인을 말한다(시행령 4조).
인적 기준: 2인 이상의 임차인이 가족공동생활(사실혼, 양친자관계 등)을 하는 경우에는 1인의 임차인으로 보아 보증금을 합산한다(시행령 3조 4항). 2명의 임차인이 임차계약을 체결한 후, 혼인하여 사는 것은 이에 해당하지 않는다.

62) 임대차 존속 중인 임차인이 경매절차에서 배당요구를 하여 임대차를 해지한 경우에는, 이미 우선변제권을 행사한 것이므로 본문의 문제가 발생하지 않는다.

63) 대항력이 있는 임차인이 전액변제를 받지 못한다고 판단할 경우 배당요구를 철회하면 나중에 임차주택의 양수인에게 보증금 전액을 변제받을 수 있다.

64) 경매에서는 최저입찰가격이 보증금에 못 미칠 경우에는 잉여의 가망이 없음을 이유로 경매절차를 취소하기 때문에(민집 102조), 본문의 문제는 사실상 잘 발생하지 않는다. 그러나 체납처분의 경우에는 그러한 절차가 없어서 위의 문제가 발생할 수 있다.

65) 소액임차인은 확정일자가 최우선이냐, 확정일자가 늦어 우선변제에 있어서 후순위이냐 또는 확정일자가 없어 우선변제권이 없느냐를 불문한다.

66) 이미 대항력 및 우선변제력인 인정된 임차권은 이를 계속 유지할 수 있을 뿐만 아니라, 등기 이후 대항요건(점유 및 주민등록)을 상실하더라도 대항력 또는 우선변제력을 상실하지 않는다(주택임대차보호법 3조의3 5항 단서).

67) 배당요구가 필요 없는 것은 임대차가 부동산등기부상에 공시되기 때문이므로, 만일 임대차등기가 경매개시결정기입등기(압류효력발생시기)보다 나중에 이루어진 경우에는, 배당요구가 필요하다.

68) 대법원 2003.4.25. 선고 2002다70075 판결.

69) 입법의 경위나 로마법 이래의 역사에 대해 廣中·星野, 105頁, 108-110頁.

70) 이자부소비대차는 쌍무계약이라는 견해도 있다(鈴木(債權), 375頁; 北川(Ⅳ), 51-52頁 등).

71) 大判昭 11.6.16. 民集 15券, 1125頁 〈45〉.

72) 大判昭 11.6.16. 民集 15券, 1125頁 〈45〉.

73) 廣中俊雄, 「消費貸借を 要物契約とした 民法の規定について」, 同, 「契約法の理論と解釋」(創文社, 1992年. 初出, 1957年).

74) 여기에 대해서는 潮見(各論Ⅰ), 334頁 이하 참조.

75) 大河純夫, 「利息の制限」, 民法講座 5. 또 小野秀誠, 「利息制限法と公序良俗」(信山社, 1999年)도 참조.

76) 이자제한법위반 사건에서 벌금 5,000,000원을 선고한 사건으로는 대전지법 2015.10.14. 선고 2015고단2537 판결이 있다.

77) 最大判昭 43.11.13. 民集 22巻12号, 2526頁[56].
78) 리스이용자가 선정한 특정 물건을 리스회사가 취득하거나 대여 받아 리스이용자에게 일정기간 사용하게 하고, 그 기간 동안 정기적으로 일정대가를 분할하여 지급받는 제도로 리스기간 종료 후의 물건의 처분에 관하여는 당사자의 약정으로 정하는 물적금융제도이다.
79) 最判平 2.2.20. 判時 1354号, 76頁〈46〉.
80) 大村敦志, 「基本民法 II(債權各論)」, 有裵閣, 2005, 124頁.
81) 森田宏樹, 「振込取引の法的構造」; 山本敬三, 「振込委託契約と仕向銀行の責任」 참조. 이상은 모두 中田裕康=道桓內弘人 編, 「金融取引と民法法理」, 有斐閣, 2000年에 수록되어 있음.
82) 最判平 8.5.26. 民集 50巻5号, 1267頁〈81〉.
83) 민법의 개설서로서 노동법의 생성에 대해 비교적 상세하게 설명한 것은 廣中·星野, 246-248頁; 星野(Ⅳ), 243-246頁 등.
84) 건설업법 20조, 하도급법 3조.
85) 岡孝.「委任」. 民法講座 5, 同, 「651條(委任の解除)」, 民法典の百年Ⅲ.
86) 부동산중개업법 16조의3, 16조의4.
87) 最判昭 37.2.1. 民集 16巻2号, 157頁〈79〉.
88) 양창수·김재형, 272면.
89) 곽윤직·김재형, 채권각론, 252면; 김기선, 254면; 김주수, 381면; 김증한·김학동, 498면; 김형배, 661면.
90) 沖野眞已, 「契約原型としての役務提供契約 概念」 (上)(下), NBL 583号(1995-96年).
91) 最判昭 50.2.25. 民集 29巻2号, 154頁[2]〈71〉.
92) 最判昭 50.2.25. 民集 29巻2号, 154頁[2]〈71〉.
93) 大村(Ⅱ), 135頁.
94) 最判平 9.2.14. 民集 51巻2号, 337頁〈74〉.
95) 最判平 9.7.15. 民集 51巻6号, 2581頁.
96) 潮見(各論Ⅰ), 236頁 이하 참조.
97) 성능(Performance)이란 목적 또는 요구에 대응해 물건이 발휘하는 능력을 의미한다.
98) 건설산업기본법은 건설공사의 종류별로 하자담보책임기간을 정하고 있다.
99) 일본노동기준법 19조, 20조도 같은 취지이다.
100) 最判昭 54.4.25. 民集 29巻4号, 456頁 등.
101) 最判昭 54.7.20. 民集 33巻5号, 582頁 등.
102) 最判昭 37.7.20. 民集 16巻8号, 1656頁.
103) 廣中俊雄, 「民法解釋方法に 關する 十二講」, 有裵閣, 1997, 290頁.
104) 大判大 9.4.24. 民錄 26輯, 562頁.
105) 最判昭 43.9.20.判時 536号, 51頁.
106) 最判昭 56.1.19. 民集 35巻1号, 1頁[67]〈80〉.
107) 星野(Ⅳ), 679-689頁, 특히 689頁 참조.
108) 最判昭 46.3.5. 判時 628号, 48頁〈72〉.
109) 最判平 5.10.19. 民集 47巻8号, 5061頁[66]〈73〉이 중요하다.
110) 最判平 5.10.19. 民集 47巻8号, 5061頁[66]〈73〉.
111) 最判平 2.2.20. 判時 1354号, 76頁〈46〉과 비교하라.
112) 潮見(各論Ⅰ), 280頁 이하 참조.
113) 三井健編, 「專門家の責任」, 日本評論社, 1993年 참조.
114) 의사가 환자에게 진료의 목적·내용을 충분히 설명하여 납득시킨 다음 치료하는 일이다. 인폼드 컨센트는 1947년 뉘른베르크 강령을 통해 도입된 이후 의료소송에서 하나의 법리 개념으로 발전되었으며, 오늘날에는 법제적 개념을 넘어 의료·연구 등의 현장에서 대상자 안전과 보호를 위한 행동지침으로서 정착되었다. 국내에서도 인폼드 컨센트가 연구 및 의료현장에서 두루 사용되고 있으나 그 성질과 가능성에 대해서는 논쟁이 존재한다.
115) 星野(Ⅳ), 305-306頁 참조. 또 北川(Ⅳ), 99頁도 참조.
116) 最判平 11.2.23. 民集 53巻2号, 193頁〈85〉.
117) 상법 168조의6, 가맹사업 진흥에 관한 법률 2조, 가맹사업거래의 공정화에 관한 법률 2조.
118) 北川(Ⅳ), 114-116頁; 內田(Ⅱ), 28頁을 참조.
119) 표준가맹계약서는 가맹사업법 및 업종 특성 등을 고려하여 법 위반을 최소화하고

계약서 작성시 편의를 제공할 목적으로 보급하는 표준계약서로서, 공정거래위원회는 이 표준가맹계약서의 사용을 권장하고 있다.

120) 미국에서는 1851년, 싱어 재봉틀 회사의 판매상 시스템에서 유래해서, 1890년에는 코카콜라 보틀링이 시작했다. 1910년에는 포드, 제너럴모터스가 판매권을 유통시켰고, 1920년에는 석유회사가 개인 주유소를 전환프랜차이징으로 했으며, 1924년에 최초의 프랜차이즈 레스토랑 A&W 루트 비어가 설립되었다.

121) 가맹사업법 12조 1항 2호·2항, 가맹사업거래의 공정화에 관한 법률 시행령 13조 1항 [별표 2] 2항 (나)목.

122) 그러므로 일본에서는 특별법이 제정됨에 이르렀다(골프회원권법: ゴルフ場等に係る會員契約の適正化に關する法律). 이 법으로 설명의무의 문제 등에 대해서는 수당이 이루어졌다.

123) 最判昭 61.9.11. 判時 1214号, 68頁.

124) 大村(Ⅱ), 157頁.

125) 보험법학에 있어서는 단체성의 강조는 타당하지 않다고 한다(山下友信, 「保險法」, 有斐閣, 2005年, 62-64頁).

126) 의용민법전의 기초자들이 의거하고 있던 무사계급에는 한번 말한 것은 번복되지 않는다. 즉 무사에게 이언(二言)은 없다, 거짓말발뺌 하는 말(허언둔사: 虛言遁辭)은 비겁하다는 의식이 있었다는 것 등이 영향을 주게 되었다고 여겨진다(大村(Ⅱ), 162頁).

127) 來栖三郎, 「契約法」, 有斐閣, 19743, 245-248頁, 同, 「日本の贈與法」, 比較法學會 編 贈與の硏究(有斐閣, 1958年); 池田淸治, 「民法 550조」, (贈與の取消) 民法典の百年Ⅲ도 참조.

128) 大村(Ⅱ), 162頁.

129) 最判昭 60.11.29. 民集 39券7号, 1719頁[46]〈22〉.

130) 最判昭 53.2.17. 判タ 360号, 143頁〈24〉의 1심판결로 東京地判昭 50.12.25. 判時 819号, 54頁.

131) 最判昭 53.2.17. 判タ 360号, 143頁〈24〉.

132) 潮見(各論Ⅰ), 53頁, 192頁.

133) 廣中俊雄,「民法解釋方法に 關する 十二講」, 有裵閣, 1997은 유상·무상을 계약법의 기초개념으로 한다. 본서도 이러한 사고방식을 따르고 있지만, 실제로는 유상·무상의 중간으로 말해야 하는 계약이 존재한다는 것도 또한 확실하다(위임에 대해 星野(Ⅳ), 281頁 참조)

134) 大村(Ⅱ), 169頁.

135) 임홍근,「금융투자영어사전」, 2014, 305면.

136) 津地判昭 58.2.25. 判時 1083号, 125頁.

137) 大村(Ⅱ), 170頁.

138) 大判昭 10.4.25. 新聞 3835号, 5頁〈1〉.

139) 加藤, 6頁.

140) 東京高裁昭 53.7.19. 判時 904号, 70頁〈2〉.

141) 內田(Ⅰ), 49頁.

142) 大村(Ⅱ), 171頁.

판례색인

우리나라

4286민상149 53, 54
4287민상77 220
4290민상762 326
4293민상86 602
4294민상251 157
63다493 102
64다1264 632, 634
65다44 158
65다2445 138
66다615(전) 140
66다1174 308
66다1842 523
67다466 515
67다2160 47
68다999 191
68다1726 523
70다466 102
70다2038 71
70다2449 332
71다352,353,354 126
71다940 221
71다1474 489, 636
71다1995 493
71다2048 435
72다163 308
72다2161(전) 69
73다1244 559
74다208 256
74다1557 141
75다533 105
75다2324 197
76다951 704
76다983 127, 133
76다1437 223
77가합259 76
77다118 582
77다1241,1242(전) 305, 699
78다226 102
78다481,482(전) 252
78다719 50, 53
79다483(전) 92
79나3851 47
79다1928 582
79다2151 169
80다508 707
80다1014 770
80다1362 339
80다1403 207
80다1475 111, 204
80다2077 201
80다3231 132
81다1349 160
81다카1110 492, 493
82다카200 410, 412
82다카499 251
83다548 180, 197
83다카1489(전) 177
84다카188 711
84다카856 754
84다카1131,11323(전) 568
85다카1367 718
85다카1491 9
85다카1751 765
85다카1812 711
86나3612 171
86다카164 718
86다카466 · 468 · 469 732
86다카1004 165
86다카1114 723, 725
86다카1340 639
86다카1695 720
86다카2076 732
86다카2788 126
87다카14 720
87다카1315 700
87다카1814 432
87다카2024 718
87다카2114,2115,2116 699
87다카2238 169
87다카2509 720
87다카2641 330
87다카2803(전) 422
88다카4253,4260 569
88다카12803 231
88다카13219 191
88다카15949 118
88다카31507 51
88다카31866 486, 757
88다카32470,32487 765
89다카2957 738
89다카12398(전) 611
89다카32606 144
89다카35421 619
89도703 696
90다9407 582
90다15433 331

90다19930 304
90다카7460 50
90다카23899 298
90다카24939 711
90다카26300 782
91다3802 126
91다3994 190
91다8821 254
91다11308 50
91다14116 311
91다15584 170
91다17092 143
91다24564 257
91다29972 515
91다32466 168, 216
91다33070(전) 514
91다34790 770
91다39429 371
91다43107 158
92다527 577
92다2332 644
92다3670 139
92다4345 525
92다4581,4598 527
92다7795 497
92다14786 77
92다24998,25007 702
92다25946 332, 485
92다30597 727
92다31163,31170 703
92다33176 9
92다35899 143
92다35930 480
92다36212 530
92다37727 332
92다41559 9
92다41627 701
92다45025 301
92다45308 710, 712
92다47861(전) 141
93다951(전) 457
93다2629,2636(병합) 120
93다4656 669
93다4908,4915,4922 118, 288
93다6386 701
93다10552 719
93다11203,11210 307
93다24223(전) 436, 438
93다24810 48
93다25738 696
93다32200 381
93다32668 119
93다37328 322
93다39676 734
93다40522 75
93다43590 471
93다46742 289
93다55234 92
93다55241 728
93다55487 48
93다59717,59724 701
94다2169 513
94다4912 122
94다6680 167
94다10337 641
94다12074 205
94다16083 367
94다20389,20396 697
94다20617 209
94다21542 226
94다23920 321, 329
94다25964 51
94다31969 70
94다34265 701
94다34432 70, 75
94다34692 696
94다35930 480
94다37202 668
94다37646 728
94다38182 513
94다41003 710
94다41485 644
94다42976 9, 757
94다44705,44712 702
94다51178 704
94다61120 525
94다61359,61366 518, 524
95다1965 598
95다5929 456
95다6601 528
95다7932 9
95다12446 144
95다14190 301
95다15202,16219 756
95다22283 719, 722
95다22511,22528 782
95다22917 575
95다25138,25145 484
95다27905 596
95다29130 118
95다37087 43
95다44597 727
95다46265 650
95다51908 603
95다51915 9, 749
95다54167 582
95다56910 528
96다4442 761
96다7595 729
96다11747(전) 372, 373
96다14364,14371 9
96다14616 456, 505
96다16612 534

96다18281 418
96다22648 428
96다23825 577
96다27476 537, 538
96다28172 696
96다34061 703
96다35590,35606 479
96다39455 459
96다43454 765
96다47302 343
96다47586 489
96다53628 734
96다54942 202
97다1013 653
97다3828 186, 193
97다6711 608
97다8687 616
97다12211 126
97다13023 58
97다22393 729
97다22676 144
97다24542 523
97다28407 728
97다28698 545
97다30066 486
97다30257 481
97다34334 594
97다36965,36972 88
97다42823 127
97다43468 720
97다44737 50
97다45532 157
97다50985 587
97다53762 183
97다54376 761
97다54604,54611 308
97스4 226
98다2754 734
98다8776 665
98다10925 471
98다12379 728
98다13754,13761 307, 308
98다15545 734
98다17930 725
98다18506 297, 325
98다18988 202
98다20059 387
98다20714 9
98다25061 343, 344, 772
98다39923 634
98다42356 125
98다43137 671
98다43175 486, 488
98다46877 199
98다47542,47559 306
98다51077,51084 468, 469
98다53899 304
98다56690 597
98다58016 576
99다4634 298
99다8353 643
99다15122 723
99다15184 457
99다20612 615
99다30718 78
99다38613 74
99다38699 560, 578
99다40418 285
99다47501 307
99다49064 65
99다52817 418
99다53704 593
99다59306 720, 721
99다60535 701
99다62074 290
99다63183 619
99다67079 562, 717, 718
99므1855 139
2000다584 495
2000다2627 425
2000다3262 605
2000다8533 295
2000다9123 486
2000다13887 427
2000다16251 638
2000다18578 295, 637
2000다21017 599
2000다22850 456
2000다23433 494
2000다25842 606
2000다30554,30561 325
2000다36118 305
2000다37296,37302 764
2000다37319 660
2000다41875 605
2000다43352 593
2000다43819 412
2000다44348 600
2000다47187 645
2000다47361 456, 512
2000다51650 27, 290
2000다55089 646
2000다55904 372
2000다56976 531
2000다58026,58033 722
2000다58804 602
2000다63516 602
2000다65802,65819 714
2000다73049 577
2001다2129 343, 526
2001다2426 394
2001다6053,6060,6077 480
2001다8974 731
2001다10151 584

2001다15613 617
2001다19097 255
2001다22833 514
2001다29803 633
2001다32120 118
2001다33734 612
2001다36283 654
2001다38593 353
2001다39657 718
2001다44291 169
2001다44338 469
2001다48781(전) 132
2001다51725 719
2001다52506 402, 403
2001다52568 358
2001다59071 637
2001다64547 615
2001다73626 180
2001다79013 311, 312, 366
2001다82507(전) 509
2002다1178(전) 67
2002다2539 490
2002다11151 330
2002다12871,12888 376
2002다14853 650
2002다21509 633
2002다23598 511
2002다32301 284
2002다33502 526
2002다36228 539
2002다39715 617
2002다40456 423
2002다41589 600
2002다43370 304
2002다46003,46027,46010 701
2002다46492 290
2002다47631 663
2002다51586 322, 511
2002다59481 415
2002다63275 471
2002다64780 264
2002다65189 330
2002다70075 317
2002두1823 230
2003다1205 604
2003다7685 702
2003다12083 525
2003다12717 494
2003다13246 600
2003다15907 619
2003다17927,17934 141
2003다19435 608, 614
2003다19558 618
2003다19572 611
2003다20190 324
2003다22042 376
2003다22561 438
2003다24215 124
2003다33004 493, 494
2003다34045 258
2003다35482 527
2003다39989 618
2003다40286 615
2003다44370 420
2003다45410 642
2003다60297,60303,60310, 60327 222
2003다60822 603
2004다5389 385
2004다8210 301
2004다9398 616
2004다10985,10992 603, 604
2004다11582 458
2004다13083 544
2004다20265 631
2004다24106,24113 309
2004다26133(전) 727
2004다27488,27495 77
2004다29279 432
2004다31302 502
2004다34134 641
2004다37775(전) 263
2004다37904 501
2004다40955 592
2004다43824 44
2004다44506 471
2004다48515 284
2004다50426(전) 70, 80
2004다53173 454, 594
2004다56554 699
2004다67011 496
2004다67653 417
2004다67806 616
2004다69741 720
2004다71881 148
2005나15057 216
2005다5812,5829,5836 283
2005다13288 51
2005다21166 733, 734
2005다23773 725
2005다25021 560
2005다29474 455
2005다32159(전) 81
2005다35554,35561 641
2005다37154(전) 647
2005다38843 485, 577
2005다39211 477
2005다39594 289
2005다41818 711
2005다49799 471
2005다53705,53712 497
2005다58656 · 58663 305
2005다63337 524

2005다64255 712
2005다65197 595
2005다71659,71673 216
2005다73049 577
2005다75897 511
2005마1130 577
2006다5710 608
2006다9408 531
2006다10323 712
2006다26328 · 26335 486
2006다32159(전) 69
2006다35865(전) 140
2006다36981 637
2006다43620 613
2006다43651 148
2006다44791 383
2006다56015 372
2006다64573 262
2006다69479,69486 481
2006다74693 373
2006다82625 511
2006다82700 576
2006다85921 582
2007다8464,8471 311
2007다29119 602
2007다31211 766
2007다31990 542
2007다37394,37400 262
2007다38908,38915 722
2007다54627 545
2007다66088 127
2007다74621 608
2007다78234 618
2007다84352 619
2008다15438 266
2008다45828(전) 119, 389
2008다54877 528
2008다58367 94
2008다73731 168
2008마109 394
2009다12399 375
2009다16643 124
2009다17417(전) 775, 776
2009다20475,20482 89
2009다35743 102
2009다82244 77
2009다85342 529
2009다93992 576
2009다101275 709
2010다8310 419
2010다23425 89
2010다60950 235
2011다30871 159
2011다49523(전) 723
2011다87235 582
2011다101599 363
2012가합40337 258
2012다5643 616
2012다38780 560
2012다47548,47555 619, 620
2012다72582 330
2012다86895,86901(전) 708
2012다202819(전) 149
2013다32673 766
2013다46023 669
2013다49381 259
2013다207538 89
2014다11574(본소), 2014다11581(반소) 764
2014다28886 329
2014다32458 138
2014다83890 765
2014다228440 141
2015다78703 327
2016다2840 668
2016다3201 164
2016다35833(전) 130
2016다238212 784
2016다279206 615
2017다3499 172
2017다231249 71
2017다275447 469
2018다22008(전) 142

일본

大判明 42.4.15. ······ 495

大判大 4.3.24. 民錄 21集, 439頁<94> ······ 124

大判大 7.10.3. 民錄 24集, 1852頁<47> ······ 48

大判大 10.6.2. 民錄 27集, 1038頁[18][16]<44> ······ 128

大判大 14.3.13. 民集 4券, 217頁<36> ······ 327

大決昭 6.4.7. 民集 10券7号, 535頁[Ⅱ 40]<161> ······ 653

大判昭 8.10.13. 民集 12券, 2520頁 ······ 144

大判昭 18.9.10. 民集 22券948号, 948頁 ······ 644

大判昭 19.6.28. 民集 23券, 387頁[17][15] ······ 27

大連判昭 19.12.22. 民集 23券, 626頁[35][32]<80> ······ 196, 198

最大判昭 32.6.5. 民集 11券6号, 915頁<156> ······ 368

最判昭 33.2.21. 民集 12券2号, 341頁 ······ 592

最判昭 33.6.14. 民集 12券9号, 1492頁 ······ 48

最判昭 36.12.15. 民集 15券11号, 2852頁[53]<37> ······ 327

最大判昭 39.11.18. 民集 18券9号, 1868頁<66> ······ 355

最判昭 40.3.26. 民集 19券2号, 526頁<23> ······ 789

最大判昭 41.4.20. 民集 20券4号, 702頁[43]<103> ······ 146

最判昭 41.10.4. 民集 20券8号, 1565頁<144> ······ 389

最判昭 42.10.27. 民集 21券8号, 2110頁<99> ······ 144

最判昭 43.8.20. 民集 22券8号, 1692頁 ······ 331

最大判昭 43.11.13. 民集 22券12号, 2526頁[Ⅱ 56]<67> ······ 355

最判昭 44.11.25. 民集 23券11号, 2137頁<68> ······ 355

最判昭 45.9.22. 民集 24券10号, 1424頁[24][22]<58> ······ 109, 114

最判昭 48.7.19. 民集 27券7号, 823頁[Ⅱ 27]<120> ······ 418

最判昭 48.12.14. 民集 27券11号, 1586頁<100> ······ 144

最判昭 51.3.4. 民集 30券2号, 25頁 ······ 695

最判昭 53.10.5. 民集 32券7号, 1332頁[Ⅱ 17]<103> ······ 610

最判平 8.1.26. 民集 50券1号, 155頁<35> ······ 330

最判平 8.3.19. 民集 50券3号, 615頁<17> ······ 245

最判平 9.12.18. 民集 51券10号, 4241頁 ······ 235

最判平 10.7.17. 民集 52券5号, 1296頁[37]<84> ······ 213

最判平 13.11.22. 民集 55券6号, 1033頁<90> ······ 577

사항색인

ㄱ

가격변동 516, 520
가격상승 509
가계약 678
가동능력 234
가등기 683
가맹본부(가맹사업자, 프랜차이저: franchiser) 783, 784
가맹사업계약 782
가맹사업자 784
가맹점(가맹희망자, 프랜차이지: franchisee) 783
가압류결정의 효력 724
가압류를 본압류로 이전하는 채권압류 및 추심명령 723
가압류의 제3채무자 726
가압류채권자 · 압류채권자 729
가액상환 609, 619
가장소액임차인의 위장 전입 730
가족관계등록부 228
가족관계에 관한 법률행위 95
가족법상의 행위 602
간접강제 446, 448
감사 251
값을 올려가는 경매 278
값이 내려가는 경매 278
강제집행방법 358
강제집행을 하지 않는다는 특약(강제집행특약) 449
강제통용력이 있는 통화 352
강한 인간상 61
강행법규(강행규정) 67
개별계약 680
개별약정 298
개별약정우선의 원칙 297
객관적가치 697
객관적 사실(간접사실) 102
객관적 사정 193
객관적 해석 118
갱신거절 705
갱신료 706
거래 553
거래관행(관습) 299, 300, 414
거래보호(안전) 166
거래상의 관념 615
거래 안전(동적 안전) 189, 205
거래의 일반적인 경험칙 52
거래통념 641
거래형 8
건물등기의 지번이 다를 경우 715
건물매매계약 587
건물신축공사도급계약 542
건물의 소유권 770
건물의 환가액 729
건물임대차 697
건물임대차계약 526
건물임차인의 부속물매수청구권 701
건설공사 도급계약 754
건설공사도급계약 752
건설공제조합의 하자보수보증 647
건설업종 표준하도급계약서 754
건축공사 수급인의 유치권 756
검사의무 762
검색의 항변 639
견련성 295, 303
결과 752, 756
결과채무 358
경개 532
경개계약(novation agreement) 532, 536

경개 규정의 존재의의 534
경매(임의경매+강제경매) 722
경업금지약정 77
경업금지의무 474, 497, 786
경제적 질서 69
경험칙 128
계속적거래 644, 679
계속적계약 767
계속적계약관계 640, 643, 689, 694
계속적매매 680
계속적매매계약 369
계속적·반복적 용역제공 774
계속적법률관계 709
계속적보증 642, 643
계속적보증계약 645
계속적인 급부를 대상으로 하는 행위채무 562
계약(법률행위) 11, 115, 152, 793
계약각칙 5
계약강제이행의 요건 449
계약갱신요구권 737
계약결합 547, 549
계약과 단순한 약속의 경계 796
계약과 유사한 관계(특별한 사회적 접촉의 관계) 472
계약관계 존재의 인식가능성 561
계약교섭의 부당파기 285
계약교섭의 중도좌절 473
계약구성 770
계약구속력의 원칙 18
계약금 288
계약내용결정의 자유 556
계약내용규제이론 66
계약내용의 가능성 33
계약내용의 고지 774
계약내용의 타당성 63
계약내용의 확정성 33
계약법(law of contract) 3, 8, 797
계약법의 대원칙 14
계약보증서 59
계약 본래의 목적 496
계약상 의무 299, 320, 345, 470
계약상의 부수의무 462
계약상의 지위 543
계약상의 채권을 양수한 자 494
계약상의 최고이자율 741
계약상 주된채무 498
계약서 25, 274
계약서교부의무 677
계약시설 510
계약에 따른 이행의 전형 515
계약에서의 합의 25
계약에서 정해진 확정된 채무의 내용 512
계약에 정해진 의무내용 461
계약위반(채무불이행, Breach of Contract) 447, 450, 475, 481
계약위반(채무불이행)으로 발생한 손해 514
계약으로부터 발생하는 채무의 내용 293
계약으로부터의 이탈자유(교섭이탈의 자유) 287
계약을 무효로 선언할 수 있는 근거 130
계약을 체결하기 위한 교섭단계 280
계약의 강제이행제도 444
계약의 개정(수정) 96
계약의 경쟁체결 278
계약의 구속력 116
계약의 내용을 이루는 본질적 사항 290
계약의 목적 316
계약의 목적 달성 498
계약의 목적을 달성할 수 없는 경우 328
계약의 묵시적 합의해제 501
계약의 밀접관련성 499
계약의 본질적 부분 27
계약의 본질적 요소 273, 477
계약의 성립 24
계약의 성립 시점 277
계약의 성립요건 16
계약의 유효요건 16
계약의 이행과정에 관한 미세조정을 위한 규정 19
계약의 일부무효 80
계약의 일부해제 499
계약의 정의 796

계약의 주변부분 · 부수부분 273, 297
계약의 중도파기 284
계약의 중심부분 · 핵심부분 273
계약의 중요부분의 착오 36
계약의 진정한 당사자 122
계약의 철회권 174
계약의 해석 121, 130, 347, 350
계약의 해소 · 청산 487
계약의 효력 156
계약의 효력귀속 155
계약의 효력에 관한 문제 115
계약이행 131
계약이행시 520
계약인수 541, 542, 549
계약인수=채권양도+채무인수 541
계약자유의 원칙 18, 294
계약적 구성 786
계약적합성의 결여 324
계약정의의 원리 78
계약조건의 변경 · 증개축 700
계약조항 297
계약차원 452
계약책임 286, 321
계약책임설(신통설) 319, 320
계약책임의 확장 465
계약철회가능기간(냉각기간: cooling-off) 744
계약체결 교섭단계 280
계약체결단계 272
계약체결 방식의 자유 25
계약체결상의 과실이론 283, 287
계약체결의 자유(체약의 자유) 26, 280
계약총칙 5
계약해석 117, 346, 521
계약해제시 520
계약해제 의사표시 479
계약해제의 소급효 제한 493
계약해제 전의 제3자 492
계약해제효과 504
계약해지권 644
고용계약 752, 754, 760
고지의무 284
고지의무 위반 284
고유 의미의 연대채무 663
고의의 불법행위에 의한 손해배상채권 402
골프장입회계약 499
골프클럽의 규약변경 786
골프회원권 785
골프회원권의 양도 543
공급거래의 당사자 784
공동대리 162
공동면책 669
공동보증 645
공동상속 572
공동저당권 618
공동저당권의 피담보채권액 618
공사계약일반조건 765
공사대금 312
공사도급계약 312, 411, 489, 761, 765
공사도급계약의 해제 또는 해지 765
공서양속 65, 66
공시 558
공신력 428, 430
공신력설 427
공신의 원칙 106
공익법인 242
공익법인제도 248
공취력 449
공탁 371
공탁금환급청구권 438
공탁물지급청구권 373
공탁소 371
공탁제도 372
공평의 원칙 307, 308, 436
과다한 위약금조항 89
과다한 이행최고 481
과다한 이행최고에 터잡은 계약해제의 효력 481
과실 202, 231, 301, 302, 464, 525
과실상계 525
과실수취권 301
과실의 증명책임 472
관계 755

관습 697
관습법 131, 132
관습에 따른다 130
관습에 의한 보충 130
관습에 의한 해석 130
광의의 계약법 3
교섭의 곤란성 297
교섭이탈의 자유 287
교환 686
교환가치 509
교환이론 116
구두계약 693
구두변론종결시 521
구두의 제공 291, 351, 366
구상권 393, 648
구상권의 범위 395
구성원의 유한책임 786
구체적손해설 514
국민주택채권 490
국유잡종재산 105
권리관계의 우선열후(優先劣後) 716
권리금 694, 695
권리남용 금지의 원칙 126
권리남용 · 신의칙위반설 166
권리능력 224
권리능력 없는 사단 261, 663
권리능력 없는 사단의 재산관계 262
권리보호의 이익 618
권리보호의 자격 576
권리소멸설 149
권리실효의 원칙 139, 483
권리외관 429
권리(채권)의 요소 23
권리이전형 8
권리이전형계약 307, 686
권리하자에 관한 책임 317
권한을 넘은(권한유월) 표현대리 181, 185
귀속재산 53
귀책사유 182, 183
귀책사유의 존부에 대한 증명책임 513
규범(rule) 19
규범적 판단 461
규범적 해석 118, 120
그림자금융 357
근로계약에 관한 규제 752
근로계약의 종료 276
근로(노동)문제 77
근면한 채권자 610
근보증 640, 644
근보증계약 635
근저당권설정계약 568, 594, 614
근저당권설정계약서 173
근저당권설정등기의 채권최고액 614
근저당권 일부이전의 부기등기 394, 660
금반언의 원칙 126, 211
금융거래 439, 635, 659, 684
금융리스(Finance Lease) 750
금전채권 352, 596
금전채무 447, 464, 529, 636, 737
금전채무불이행 529
금지규정 64
급부 513
급부교환 787
급부변경권 352
급부부당이득 486
급부부당이득론 698
급부부당이득 반환의 법리 487
급부의무 342, 471
급부의 적합성 459
기간의 계산 134
기간제한 326
기계지급 시스템 388
기관보증 648
기만적 방법 62
기명날인의 착오 43
기명채권 427
기법(테크닉) 114, 133
기본계약 158, 680
기본대리권 183, 185, 195, 200
기본재산 248, 251
기부채납 52
기산일 135

기성고 765
기성공사대금 765
기성부분 312
기술보증기금 647
기초적 내부관계 158
기한 123
기한의 이익 상실 407
기한의 이익 상실조항 740
기한의 이익 포기 408
기한의 정함이 없는 채무 308, 363
기한의 정함이 없는 채무의 변제기 740
기획여행계약 344

ㄴ

낙성계약 273, 788
내연 264
내용의 착오 43, 45
내용증명우편 433, 434
넓은 의미의 계약자유의 원칙 26
넷팅(netting) 415
노동계약 472
논거(주문에 붙여진 판결 이유) 185
뇌사 227

ㄷ

다른 물건으로부터의 분리 352
단기소멸시효제도 138
단독행위 12
단속규정 68
단순한 약속 795
단체 240
단체재산에 대해 지분 266
단체재산의 독립성 263
단체적 구성 786
담보리스(파이넌스리스) 749
담보물권의 후순위저당권자 144
담보보존의무 653
담보보존의무 면제특약 655
담보보존의무 면책특약 654
담보제공자 632
담보책임 316
담보책임과 착오 327
담보책임의 면제 330
당사자간의 신뢰관계 707
당사자 사이의 특약 770
당사자 쌍방의 책임 없는 사유 313
당사자의 신뢰관계 759
당사자의 의사 353, 738
당사자의 의사의 합치(합의) 15
당사자의 진정한 의사 53
당사자참가 581
당연상계 398
당좌계정차월약정 410
당좌예금 390
대리 20, 152
대리구조 155
대리권 157
대리권남용행위 167
대리권 부존재 175
대리권소멸 후의 표현대리 182
대리권수여표시 181, 183
대리권 수여표시에 의한 표현대리 181
대리권을 수여하는 계약 161
대리권을 수여했다는 표시(대리권수여표시) 185
대리권의 남용 163
대리권의 묵시적 수여 160
대리권의 범위(대리인의 권한의 내용) 158
대리권의 수여 157, 158
대리권의 유무 177
대리권의 존부 158
대리권의 존재 157, 158
대리 기구(mechanism) 159
대리에 관한 현명주의 166
대리의 기능 153
대리의 요건 156
대리의 타인효 155
대리의 효과 156
대리인 154
대리인과 본인의 내부관계 162

대리인의 권한 158, 188
대리점계약 122, 578, 651
대리제도 179
대리행위의 하자 유무 157
대물권 338
대물변제 370, 605
대물변제의 예약 424, 683
대부업(貸付業) 356
대상청구 520, 521
대상청구권 311, 527
대세적 효력 559
대세효 554
대위 717
대위권의 전용 570
대위권행사의 방법 580
대위권행사의 상대방인 제3자(제3채무자) 581
대위변제 393
대위의 부기등기 657
대위의 효과 395
대위하여 행사하려는 채무자의 권리가 밀접하게 관련 579
대위행사 569
대인권 338
대체물 349
대체적행위채무 448
대체집행 446
대출한도 740
대표권제한 258
대항력 714, 735
대항력과 우선변제권의 두 가지 권리를 겸유하고 있는 임차인 734
대항력 있는 임차권 714
대항불능 103
대항요건 339
대항요건주의 431
대항하지 못한다 102
도급 752
도급계약 752, 758
도급계약과 매매계약의 구별 757
도급계약에서 재료제공자 769
도급계약의 중도해지 777
도급에서 소유권귀속 769
도급인 762
도달주의 277
도래 575
독립적보조자 468
독립한 법률행위 157
독일법학 64
독일의 행위기초론 502
독점금지법위반 78
독점판매권(프랜차이즈: franchise) 782
독점판매권계약 783
독점판매권계약의 특징 783
동기 795
동기의 불법 97
동기의 착오 44, 51, 52, 53, 56
동시사망의 추정 225
동시이행의 관계 762
동시이행의 항변 304
동시이행의 항변권 368, 401
동시이행항변권을 행사하기 위한 본질적 요건 304
동시이행의 항변권을 행사하기 위한 요건 304
동업관계 781
동적 안전 56
동종 · 동질 · 동량 738
등기 492
등기권리증 72, 187
등기된 임차권 562
등기 · 등록 432
등기를 갖춘 임차권 714
등기부상의 권리자 203
등기사항부존재증명서 218
등기신청행위 185
등기하지 아니한 전세계약(채권적 전세계약) 719

ㄹ

렌탈(rental) 689, 749
렌탈계약 749
론(loan)제휴판매 746, 748

리딩케이스(선례가 되는 주요한 판례) 200
리스(lease: 임대차) 689, 745
리스료 746
리스보증보험 654
리스크 310

ㅁ

마약매매계약 68
만료일 135
망은(忘恩)행위 789
망은행위에 의한 철회 790
매각물명세서 736
매도인의 고지의무 462
매도인의 귀책사유 505
매도인의 배임행위 71
매매계약 12, 34, 478, 480, 482, 527, 583
매매계약상 의무 583
매매계약의 내용의 중요부분 50
매매계약의 주체·대상 675
매매는 임대차를 깬다 427
매매는 임차권을 파괴한다 692
매매목적물에 관한 근저당권 544
매매법(the sale of goods act) 8
매매예약 615
매매예약성립 요건 287
매수인의 선의 736
면책약관 512
면책적채무인수 537, 632
면책적채무인수의 요건 537
면책적채무인수의 효과 537
면책조항 386
면책조항의 적용제한 387
면책통지 649
명목적인 가치 353
명목주의 353
명백한 이행거절 368
명시적 의사표시 279
명예 235
명예권 235
명의대여 183
명의신탁 70, 93
명의신탁자 722
명인방법 230
모델(전형) 110
모순행위금지설 211
목적물반환의무 701
목적물의 개성 314
목적물의 동일성 349
목적물의 인도 571
목적물의 현실수수 738
목적물 인도청구권 597
목적을 위한 행위 256
무과실 요구설 418
무과실책임 326
무권대리 160, 163
무권대리의 추인 172
무권대리인 160
무권대리인의 법률행위 168
무권대리인의 법률행위의 효과 175
무권대리인의 본인상속 208
무권대리인의 책임을 묻기 위한 요건 175
무권리자 100
무권리자의 처분 174
무기명채권 233, 417
무단개축금지의 특약 700
무단전대 712
무상계약 349, 633, 793
무상계약에 있어서 책임경감 791
무상계약의 구속력 795
무이자소비대차 739
무자력요건 570, 572, 573, 579
무제한설 410, 412
무최고해제조항 500
무형의 봉사(service) 774
무효 84
무효원인 87
무효·취소의 예외 101
무효행위의 전환 95
묵시의 특약 755
묵시적 169
묵시적갱신 704

묵시적 보증계약 633
묵시적 승인 111, 204, 207
묵시적 의사표시 279
묵시적인 방식 148
묵시적인 합의 375
물(物) 22, 230
물건의 인도 349, 788
물건의 하자에 관한 책임 317
물권계약 3
물권법의 법리(원리) 597
물권법정주의 557
물권양도 417
물권의 설정·이전 314
물권적청구권 92, 488, 577, 717
물권적효과설 492
물권화한 임차권 717
물상보증 632
물상보증인 144, 392, 618, 657, 658
물상보증인의 사전구상권 652
물적담보 628
물적손해 403
물적지배 555
물품공급계약 363
미등기주택 718
미성년자 216
미완성 건물에 대한 보수 764
민간건설공사 표준도급계약서 754
민법상 비영리법인 241
민법상의 표현대리제도 205
민법에 의한 공익법인 248
민법총칙 10
민사조정법에 의한 조정신청 141
밀접관련성 97
밀접불가분한 관계에 있는 2개의 계약 499
밀접한 관계 574

ㅂ

반대급부(대가) 792, 793
반대채권(자동채권) 412
반대채무의 이행제공 367
반대해석 601
반사회질서적인 조건 또는 금전적 대가 74
발신주의 277
발신주의가 원칙 278
방문판매 676
방식의 구비 788
배당금지급청구권 616
배당요구 143, 421, 728, 732
배당요구종기시설 727
배당이의의 소 730
배상자대위 526
배신적 행위 709
배신행위 163
배임행위 72
배임행위에 적극 가담 73
배타성 338
115조 단서 166
115조 유추적용설 167
백지위임장 185, 188, 197
107조 단서 164
108조 2항의 유추적용 109
법기술 63, 339
법령위반행위효력론 67
법률상 당연한 법정대리인 217
법률상 이해관계를 갖게 된 제3자 102
법률상의 이해관계 392
법률상태의 외관 180
법률적불능 456
법률적 장애 325
법률행위 10, 11
법률행위 부수 부분 18
법률행위에 관한 기본대리권 188
법률행위 요소의 착오 53
법률행위의 구성요소 40
법률행위의 구속력 41
법률행위의 구조 16
법률행위의 내용의 중요부분의 착오 51
법률행위의 목적인 권리의무의 내용 76
법률행위의 성립 과정상 불법 75
법률행위의 유효요건 63
법률행위의 중요부분의 착오 48, 59

법리(법률이론) 133, 196, 203
법의 창조 114
법의 해석 114
법인 21, 237
법인격부인 268
법인본질론 245
법인식의 자료 58
법인의 권리·의무 253
법인의 권리능력 253
법인의 목적 253
법인의 불법행위능력 254
법인의 의사결정 250
법인의 인격권 245
법인재산의 독립성 240
법적용 114
법정갱신 719
법정과실 231
법정대리 153, 202
법정대리권 187
법정대리인 216
법정대위 393
법정상계 406, 413
법정소송담당 584
법정이율 354, 529
법정지상권 568, 613
법정채권 342
법정채무 342, 346
법정책임 322
법정책임설(구통설) 319, 369
법정추인 86
법정충당의 규칙 376
법정해제권 474
법정해지권 504
법학 57
법해석 114, 521
법화 352
변제공탁 371, 438
변제기 376, 408, 422
변제기 기준설 412
변제의 비용 364
변제의 이익 376
변제의 제공 291, 313, 365
변제자대위 394
변제자대위의 요건 649
변제자의 선의·무과실 386
변제제공설 349
변제제공의 효과 369
변제책임 437
변제청구 435
변제충당 374
변제충당문제 374
변제충당의 순서 375
변제할 정당한 이익 393, 394
병존적(중첩적·중복적)채무인수 539, 545, 632
병존적채무인수와 연대보증의 관계 540
병존적채무인수와 제3자를 위한 계약의 관계 540
보고의무 755
보수지급의무 753, 755
보수지급청구권 757
보전의 필요성 575
보조개념의 사용 470
보존행위 575
보증계약 630, 631
보증계약의 당사자 632
보증계약의 무상성 633
보증금반환채권 425
보증금반환청구권에 관한 우선변제권 727
보증보험 631
보증보험계약 525, 631, 642, 651
보증위탁계약 634
보증의사의 존부 634
보증인 144, 658
보증인 겸 물상보증인 659
보증인의 상계권 638
보증채무 603, 631
보증채무의 부종성 634, 635, 636
보증채무의 상속성 645
보충규정 300
보충규칙(rule) 505
보충적 해석 119, 530

보통실종 226
보통예금 390
보험계약 122
보험계약자대출 390
보호금품청구권 403
보호사유 182
보호의무(안전배려의무) 343
복대리 162
복리 355
복수의 대위권자 상호관계 655
복합계약 547
복합계약론 748, 771
복합형표현대리 196
본래형 579
본안전항변 612
본인과 상대방의 이해조정 182
본인에의 효과불귀속 175
본인의 무권대리인상속 208
본인의 이익 161
본인의 이익을 도모할 의사 163
부관 124
부기등기 661
부담 295
부담부분 646, 668, 669
부당계약체결 473
부당권유 784
부당권유규제 677
부당・불공정한 하도급거래 769
부당이득 90, 698, 701
부당이득반환의무 698
부당이득반환청구 390
부당이득반환청구권 90, 488
부당한 계약조항 80
부대체물 349, 757
부대체적작위채무 448
부동산 230, 518
부동산 가액 658
부동산거래 517, 678
부동산거래에서의 채무불이행 509
부동산등기 104
부동산매매계약 544
부동산사업자 522
부동산에 관한 매매계약 49
부동산에 관한 임대차 694
부동산의 권리변동 203
부동산의 이중매매 71
부동산의 이중양도 213, 560, 610
부동산임차권 563
부동산 중개수수료 81
부득이한 사유로 인한 해산청구 782
부부별산제 200
부부연명예금 671
부부의 재산적 독립 200
부분보증 637
부속물 701
부수의무 471, 772
부수의무위반 496
부수적 주의의무 343
부수적채무 498
부실등기 203
부실등기를 신뢰한 제3자 114
부아소나드(Boissonade) 691
부양료 403
부작위에 의한 기망행위 284
부재자 222
부적법 620
부진정연대채무 539, 663, 670
분별의 이익 645
분양계약 497, 753
분양대행업자 753
분할청구권 781
불가항력 316, 463
불공정한 법률행위 70
불능 464
불법원인급여 91
불법점거에 의한 불법행위 140
불법점거자에 대해 방해배제청구권 563
불법점유 698, 712
불법점유를 이유로 한 차임상당 손해배상 청구 713
불법조건 125
불법행위 60, 698

불법행위책임 287
불안의 항변 308
불완전이행 323, 456, 459
불완전이행과 담보책임과의 관계 460
불특정물 314, 327
불특정채무 640
불확정기한 124, 363, 754
비권리이전형 8
비권리이전형계약 688
비금전채권 574
비금전채권의 실현을 위한 대위권행사 568
비대체적인 채무 635
비쌍무계약 305
비영리민간단체 246
비영리활동 246
비용상환청구권 697
비용채권 376
비(非)자연성(人爲性) 338
비전형계약 7
비조합원 256

ㅅ

사기 37
사기에 의한 의사표시 43
사단법인 243
사단법인의 사원의 지위 255
사단형 단체 265
사무집행 조합원 780
사법질서 75
사실관계 117
사실상의 대리 220
사실상의 우선변제(사실상의 우선변제권) 582, 610
사실상의 이해관계 394
사실상의 채무불이행 443
사실상태의 존중 149
사실설 515
사실심의 변론종결시 517
사실유형 454
사실인 관습 128, 132
사실인 관습의 해석 128
사실인정 172
사실적 계약관계 220, 279
사실적인과관계 452
사실적인과관계론 452, 454
사실행위 188
사업자등록신청 716
사업자의 부당한 권유행위 62
사업체의 계속성 786
사용대차 691, 789, 792
사용료 746
사용이익 486
사용자와 노동자 사이 755
사용형계약 688
사원 250
사원총회 250
사자 155
사적자치의 원칙 174
사적자치의 확장 153
사전구상권 407
사전통지 651
사정변경에 의한 보증계약해지권 644
사정변경으로 인한 계약해제 503
4중양도 436
사채업자대부 635
사칭대리인 384
사해의사 602, 603, 606
사해행위 601
사해행위로 인한 원상회복의 방법 614
사해행위 여부에 대한 판단시기 601
사해행위의 피보전채권 592
사해행위취소권의 유래 586
사해행위취소소송 588
사해행위취소의 상대적 효력 620
사행계약 685
사회적 상당성 65
사회적 접촉관계를 근거로 인정되는 안전 배려의무 471
사회적 정의관념 402
사회적 타당성 66
3당사자에 의한 상계예약 414

3면계약(triparte contract) 536, 537
393조 2항의 예견가능성 510
상가건물임대차 694, 702, 716, 736
상가건물임차인 737
상계 397
상계가능시 398
상계권남용 415
상계금지특약 402, 404, 407, 422
상계기대 400
상계약정 조항 407
상계에 관한 약정 407
상계예약 407, 414
상계의 담보적 기능 406
상계의사표시 765
상계적상 399, 400
상계제도 398
상당인과관계설 507
상당한 가액 701
상당한 기간 480, 523
상당한 대가에 의한 처분 606
상대무효 88
상대방에 대한 무권대리인의 책임 176
상대방의 선의·무과실 191
상대방의 승낙 112
상대방의 악의 또는 과실 189
상대방의 예견(인식)가능성 54
상대방의 요건(보호사유) 191
상대방의 인식가능성 54
상대적면제 667
상대적취소 589
상대적취소이론 588
상대적 효력 620
상속보완적 기능 792
상속인 225
상속재산분할청구권 576
상속재산분할협의 602
상속회복청구권 576
상업어음할인대출 637
상호대리권 201
상호보증 666
상호의존도 680
상호의존성 295
샐러리맨금융 741
생명보험계약 65
생산녹지 51
생식자(生殖子) 234
서면 788
서면에 의하지 않은 증여 788
서명의 위조·변조 383
서명의 착오 43
서민금융 742
서비스 358
서비스(service)계약 750
서비스제공계약의 원형 759
서비스제공형계약(역무형계약) 750
선관주의의무 255, 348, 351
선급금 765
선급특약 754
선량한 관리자의 주의 708, 757
선량한 관리자의 주의의무 255
선물환(先物換)계약 353
선박건조계약 536
선불금 명목의 채권 77
선불식할부계약알선 744
선의 101
선의·무과실 175, 189, 386
선의·무과실 판단 기준시점 390
선의·무중과실 418
선의에 대한 입증책임 102
선의의 매수인 301
선이자공제 356
선이행 129, 307, 309
선이행관계 305
선취특권 556
선택채권 357
설명의무 344, 775
성년자 217
성년후견제도 767
성립상 견련성 296
성실교섭의무 287
성실한 교섭의무 281
성실한 채무자 410

소권설 590
소극적손해 516
소극적 유효요건 82
소급효 85, 103
소멸시효 136, 149
소멸시효완성의 요건 136
소멸시효완성의 항변 584
소멸시효의 기산점 139
소멸시효의 원용 143
소멸시효의 원용권자 143
소멸시효의 효과 136
소비대차 738, 743
소비대차계약 93
소비임치 751
소비자금융 356, 626, 742
소비자금융업자 742
소비자문제 76
소비자보호 677
소송담당 585
소송물 580
소송법설 149
소송상 화해절차 141
소송요건 580
소송을 제기하지 않는다고 하는 특약 (불소구특약) 449
소송참가 585
소액보증금 731
소액임차인 730
소액전차인 730
소액채권 423
소유권 136, 315
소유권을 방해할 권리 333
소유권이전 294
소유권이전등기의 말소등기소송 105
소유권이전등기청구권 598
소유권이전등기청구권보전의 가등기 493
소유권이전등기청구권의 대위 582
소유권이전시기 315
소유권이전청구권 보전을 위한 가등기 587
소유자의 방해배제청구권 569
소의 이익 142
소프트웨어계약 9
속임수(사술) 220
손실보전 약속 78
손실분담 627
손익상계 526
손해 514
손해개념의 종류 516
손해경감의무 522
손해배상방법 513
손해배상범위의 단계 515
손해배상법체계 505
손해배상액산정기준시 522
손해배상액예정조항 530
손해배상액의 예정 530
손해배상예정액 489
손해배상의 요건 451
손해배상의 일반적인 요건 452
손해배상의 효과 505
손해배상채권 597
손해산정의 기준시 509
손해에 관한 금전적 평가 514
손해에 관한 금전적 평가의 단계 515
손해와 인과관계 506
손해의 금전적평가 452
손해의 발생·확대 525
손해의 법적평가 514
손해확대 461
수권결정 448
수권행위(授權行爲) 157
수급인의 귀책사유 761
수급인의 일 완성의무 756
수급인의 채무불이행 764
수급인의 하자담보책임 758
수단채무 358
수동채권 398
수량지시매매 331
수량지정매매 330
수량초과 332
수령의무 368
수령지체 308
수령지체의 효과 369

수배여행 771
수비(守秘)의무 344, 474
수익의 의사표시 545, 686
수익자 608, 684
수익자·전득자의 선·악의 판단시기 608
수정란매매 65
수정해석 298
수증자 789
수증재산(受贈財産) 792
수취증서(영수증) 378
수탁자 684
숙박계약 343, 471
숨은 하자 324
승낙 275
시기 125
시민사회 246
시설대여(리스)의 법적성질 749
시장가격 515
시효 134, 135
시효완성 146
시효의 중단·정지 137
시효이익의 원용 138
시효이익의 포기 138, 147
시효제도의 존재이유 147, 149
시효 중단을 위한 재소 142
신뢰관계 161, 766
신뢰관계파괴이론 707, 713
신뢰이론 116
신뢰이익 490, 516
신뢰이익의 배상 328
신용보증 641
신용보증기금 647
신용보증기금의 특약 652
신용을 위한 리스 749
신용카드가맹점 745
신용카드가입계약 592
신용카드계약(할부구매알선) 744, 747
신용카드사 747
신용카드이용계약 222
신용카드회원 745, 747
신용형계약 737
신원보증계약 605
신원보증채무의 상속성 644
신의성실의 원칙(신의칙) 126, 148, 569
신의칙상 의무 525
신의칙상의 부수의무 760
신의칙상의 주의의무 344, 772
신의칙에 반하는 사정 641
신체를 침해하는 진료행위 775
신탁 684
신탁자 684
실손해 530
실용주의(pragmatism) 244
실종선고 226
실종선고의 취소 226
실질적 의미의 계약법 13
실질적 이익론 698
실질적인 배당 581
실질적인 이득 698
실질적 주채무자 664
실체법설 149
심리유보 30
심리유보의 모델 164
쌍무계약 295, 308, 351, 367
쌍무계약의 상호의존성 304
쌍방대리 162
쌍방에 공통하는 동기의 착오 51

ㅇ

아파트관리조합 779
아파트재개발조합 779
악의 내지는 중과실 166
악의의 매수인 332
악의의 양수인 429
악의 제3자 대항불가설 418
안분배당 661
안분비례 610
안전배려의무 471, 760
안전배려의무에 대한 입증 472
안전배려의무의 제3자효 473
안전배려의무의 존재이유 472

안전에 관한 주의의무 469
안정성확보 의무 472
압류 후에 성립한 채권 408
압류 후에 제3자로부터 취득한 채권 408
압류명령 379
압류의 경합 380
압류의 처분금지효 379
압류채권자 380
약관 297, 762
약정상계 407, 413
약정채권 342, 556
약정채무 342, 346
약정해제권 474
양도금지특약 413, 417, 418, 422
양도담보 682
양도양수협약서 426
양수인 상호간의 관계 439
양육비 직접지급명령제도 446
어음 363
어음거래약정 604
여객운송 761
여객운송계약 471
여신거래약정 617
역무제공 755, 776
연대보증 43, 202, 599, 607, 645, 646
연대보증계약 643, 664
연대보증인이자 물상보증인 617
연대의 특약 646
연대채권 671
연대채무 645, 662
연대채무부담계약 667
연대채무의 성질론 666
연대책임 199
연령계산 135
연쇄계약 547
영리법인 241
영・미법상의 계약위반으로 인한 구제 505
영미의 목적부도달 502
영상물제작공급계약 9
영수증 391
영업에 관한 채무 364
예견가능성 507, 508, 511, 517, 518
예금거래기본약관 420
예금계약 166
예금계약의 당사자 118
예금담보대출 386
예금담보부대출 389
예금명의자 389
예금자인정 389
예방조치 448
예약 287
예약완결권 287, 480, 683
예약환결권 682
예창기계약 96
예탁금회원제 784
548조 1항 단서에서 말하는 제3자 492
온라인화 434
옵션권 287
완전물급부청구권 329
완전물급부청구권의 행사에 대한 제한 329
완전배상주의 507
완전이행설 349
완전한 권리 493
완전한 소유권이전의무 295
완전한 이행 349
외관이론 180
외형에 대한 신뢰의 보호 법리 180
요건사실 193, 580
요물계약 273, 738, 789
요식계약 273, 633
용익물권 689
우선변제 735
우선변제권 394, 574, 599, 600
우선변제권을 행사한 임차인의 대항력 734
우선변제권이 있는 주택임차인의 지위 727
우선변제긍정설 591, 611
우선변제특약 660
우선적으로 채권회수(우선변제) 571
우선특권 727
우선협상대상자 278
우위기업 680
운용이익 486

원도급계약, 하도급계약의 관련성 771
원물(元物) 231
원물반환 486, 615
원물반환의 원칙 486
원본채권 354
원본충당 후의 이자계산 356
원상회복의 동시이행 485
원상회복의무 159, 483
원시적 불능 283, 346, 347
원시취득 770
원용 138
원용권의 상실 147
원용권의 제한 146
원인(cause) 794
원인된 법률관계 158
월권대리 195
위법성의 정도 92
위약계약금 288, 289
위약금 652, 744
위약벌조항 530
위임계약 157, 754, 759, 767
위임장 158
위임장의 교부 185
위임장의 수신인 188
위자료청구권 576
위탁(부탁) 없는 보증인의 구상권 651
위험부담 370, 487, 707, 754, 756, 763
위험이전 370
위험통제(Risk Control) 415
유동적무효 88, 528
유럽계약법원칙(PECL) 117
유류분반환청구권 576
유상위임 766
유익비 696
유익비의 상환청구권을 배제하는 특약 697
유추 164
유추적용 200, 330
유추해석(적용) 108
유치권 556, 697
유효성 15
유효한 변제 377, 379
은행거래법 408
은행여신거래 기본약관(가계용) 407
은행예금의 법률관계 751
은행의 선의 · 무과실 390
응소 141
의료계약 462, 775
의무(채무) 13, 294
의무위반 163
의사교환(통신, 커뮤니케이션) 25
의사교환을 통한 합의 24
의사능력 215
의사실현에 의한 계약성립 279
의사의 부존재 44
의사의 설명의무 471
의사의 완전성 35
의사의 의료과오 462
의사의 의무 359
의사의 희박성 297
의사이론 116
의사주의 28, 41
의사표시 40
의사표시에 갈음하는 판결 448
의사표시의 동기 42
의사표시의 하자 44
의사표시의 합치 27
의사표시이론 40
의용민법 625
이념 621
이론의 역할 62
이사 250
이사의 권한 255
이의를 보류하지 아니한 승낙 428
이의를 보류하지 않는 승낙 427
이의를 보류하지 않은 승낙 433
이의제기 704
이자부소비대차 741
이자의 약정 70
이자채권 354
이중매도 546
이중변제 380
이중양도 431, 435

이중이득 526
이중임차인 563
이중자격 208
이중지급 725
이중지급의 위험 306
이해관계를 가진 자 98
이해상반행위 167
이행거절 370
이행거절권 638
이행거절로 인한 채무불이행 524
이행기 362, 575
이행대행자 467, 469
이행대행자의 과실에 대한 책임을 묻기 위한 요건 469
이행명령 446
이행보조자 162, 467
이행보조자의 과실 769
이행보조자의 책임과 사용자책임 469
이행불능 314, 351, 455, 476, 479, 520, 711
이행불능에 의한 해제 481
이행불능전환설 212
이행상 견련성 295, 303
이행상의 견련관계 484
이행에 필요한 행위 351
이행의 장소·일시 300
이행의 착수 288, 289
이행이익 490, 491, 516, 777
이행이익의 배상 328, 490
이행인수 540, 545
이행인수에서 채무자와 제3자 사이의 관계 544
이행지체 307, 457, 464, 520
이행지체로 인한 계약해제권 482
이행지체를 원인으로 한 전보배상청구권 523
이행지체를 정당화하는 사유(위법성 조각사유) 457
이행지체에 의한 전보배상에 있어서의 손해액 산정 525
이행청구 212
이행행위 289
이혼으로 인한 재산분할청구권 575
인가주의 252
인감도장(실인) 187, 229
인격권 235
인격적이익 침해 561
인공생식 227
인공임신중절 227
인도채무 358, 446, 455
인수 538
인수채무 불이행 482
인식귀속 156
인신손해 403, 561
인적담보 631
인플레이션 502
일괄청산 397
일물일권주의 232, 553
일반적인 거래관행 52
일반조합(General Partnership, GP) 779
일반조항 67
일반조항화 193
일반채권 626
일방적인 거래종료 680
일본 구민법(明治 23년 법률 제28호) 625
일부면제 668
일부무효 355
일부변제 374
일부보증 637
일부청구 141
일상가사대리권 199
일상가사채무 199
일상가사행위의 대리 202
일상적·사실적인 호의관계 792
일신전속권 575
일신전속성 576
일실한 재산의 회복 589
일의 완성 752
일조방해 140
임금채권양도 421
임금청구권 764
임대인에 대한 배신적 행위 710, 711
임대인의 동의 711
임대인의 동의 없는 임차권의 양도 710

임대인의 지위 승계 726
임대인의 지위의 양도 543
임대인의 해지권 707
임대인인 소유자의 방해배제청구권 717
임대차계약 570, 688, 690, 693, 712, 721, 732, 733, 748
임대차계약서상 확정일자 727
임대차계약의 갱신 704, 706, 719
임대차계약해지 711, 728
임대차보증금 694
임대차보증금반환채권 723, 725
임대차보증금반환채무의 지급금지를 명령 받은 제3채무자의 지위 725
임의규정(임의법규) 68, 117, 299, 347, 375
임의대위 394
임의변제 627
임의보험의 보험금청구권을 대위행사 572
임의후견 219
임의후견계약 219, 768
임차권등기명령신청 735
임차권양도 710
임차권양도·전대의 대항요건 711
임차권에 기한 방해배제청구권 717
임차권에 대한 양도담보권의 설정 714
임차권의 대항력 714
임차권의 물권화 563, 692
임차권의 양도 709
임차권의 이중설정 716
임차목적물반환의무 698
임차물의 보존에 필요한 행위 696
임차물이 훼손된 경우 711
임차보증금 305, 699
임차보증금반환채권에 대한 담보권적 권능 718
임차보증금반환채권의 가압류의 제3채무자 지위 726
임차보증금반환청구의 소 318
임차보증금의 법적성질 699
임차인과 수인의 저당권자 사의의 우선순위 729
임차인의 건물반환의무 708
임차인의 계약갱신요구권 705
임차인의 부당이득반환의무 698
임차인의 수선의무 부담범위 696
임차인의 의무 706
임차인의 임대차보증금반환채권이 가압류된 경우 725
임차인의 채무불이행 706
임차인의 해지 719
임차한 토지 지상의 건물에 대한 양도담보 713
임치 750
임치계약 371
입증책임 359
입찰매각 75
입회권 691

ㅈ

자금공여자 389
자기계약 162
자기집행의무 162
자동차사업면허권 485
자동채권 398
자동채권의 변제기 400
자산유동화 439
자연녹지 개발제한구역 51
자연인 22, 224
자연적 해석 118, 120
자연채무 449
자익신탁 684
잠정적인 대항수단 303
장기매매 65
장래채권 417
재단법인의 기본재산 251
재매매의 예약 682
재산관리인 223
재산권 136, 294
재산권을 목적으로 하지 않는 법률행위 601
재산분할 601
재산상의 법률행위 601
재산은닉을 위한 위장행위 587

재산적손해 514, 516
재판규범 621
재판상의 청구 140, 141
재판 외의 청구 142
저당권변경의 부기등기 538
저당권부활 430
저작권 234
저축예금계좌 383
적극적손해 516
적법한 공시방법 721
적법한 전대 709
전대(轉貸) 706, 709
전대차계약 712
전대차계약갱신청구권 710
전득자 106, 588, 608
전매계약 518
전매이익 509
전문가 775
전보배상 456, 459
전부명령(轉付命令) 380, 421, 700
전부무효 89
전부변제 374
전부취소 612
전세권(leasehold right) 689
전세권설정계약 719
전속계약 9
전액면제 668
전액변제 645
전원합의체 147
전자거래 229
전자공증제도 433, 434
전자문서 434
전자화문서 434
전차권 711
전차보증금 710
전차인 470
전차인의 과실 711
전차인의 점유와 전입신고 722
전형적인 계약(전형계약) 6
절대무효 88
절대성 338
절대적불확지공탁 372
절대적효력 666, 667, 670
절충설 589
절충적상당인과관계설 507, 516
점유개정 721
점유보조자 720
점유소권 562, 717
정관 250
정기예금 390
정당한사유 705, 706
정당한 이유 189, 200
정당한 이유를 판단하는 시기 193
정당한 이유의 입증책임 190
정당한 이익 393
정당화할 만한 객관적인 사정 202
정보제공의무 677
정산할 의무 438
정신적 제약(정신상의 장해) 217
정적 안전 57
정지조건 124
정지조건부 기한이익 상실 457
정지조건부 상계예약 407
제3자 98
제3자를 보호하는 규정 180
제3자를 위한 계약 546, 685
제3자 보호 32
제3자 보호규정 491
제3자 보호 법리 202
제3자에 대한 대항요건 433
제3자에 의한 채권침해 559
제3자와의 관계에서의 채권자의 보호 553
제3자의 변제 392
제3자의 중대한 과실 419
제3채권자 379
제3채무자 무자력 421
제3취득자 144, 632, 657, 658
제도간경합문제 462
제왕조항 67
제작물공급계약 757
제작물소유권이전 757
제조물책임 329

제척기간 139, 326, 600
제한 295, 766
제한능력자 214, 215, 216, 218, 638
제한능력자의 법정대리인 167
제한능력자의 보호 217
제한배상주의 507
제한설 410, 432
제한종류채권 350
제한초과이자 741
제한초과이자의 반환청구 355
조건 123
조건성취 124
조기상환수수료율 357
조리상의 일반원칙 284
조직성 786
조직의 계속성·독립성 785
조직형계약 680
조합 663, 778
조합계약 778, 780
조합원의 개인채권자 782
조합원의 지분처분 781
조합원 이외의 자에 의한 이용(원외 이용) 256
조합원 총유에 속하는 재산의 처분 180
조합의 특별사무 781
조합재산 780
조합채권 782
조합채무 782
조합형 단체 265
존속상 견련성 296, 314
종기 125
종류매매 329
종류채권 350
종류채권의 목적물의 특정 351
종류채권의 특정에서 필요한 행위 352
종물 231
종신정기금계약 685
종전 교회의 재산 263
종중재산의 분배 70
주거용 건물('주택') 718
주관적공동관계 666
주관적 해석 118
주된급부의무 307
주된채무 497
주된채무의 위반 453
주무관청 242
주물 231
주민등록 720
주민등록표 228
주변적인 계약조항 274
주소 228
주요사실 178
주요사실에 대한 주장·입증책임 17
주위적청구 527
주주 250
주채무에 대한 시효의 이익 639
주채무자 632
주채무자의 일부변제 637
주최여행 771
주택명도확인서 731
주택성능등급표시제도 762
주택의 매각대금으로부터 우선변제를 받을 수 있는 권리 726
주택임대차 695
주택임대차의 대항요건 721
준소비대차 533, 738, 743
준위임계약 796
준칙주의 252
중간법인 246
중간영역(gray zone) 450
중개수수료 69
중과실 37, 156, 419
중대한 계약위반 477, 498
중대한 과실 258, 420
중도해지 774
중복전보 526
중복제소 618
중심적의무 496
중요도가 높은 계약 28
중요사항설명의무 678
증개축금지특약위반 707
증권적채권 440
증권회사에 의한 손실보장계약 78

증약계약금 288
증여 788
증여계약 633, 788
증여에 있어서 하자담보책임 790
증여자에 대한 부양의무 790
지급명령의 신청 141
지급유예(모라토리엄) 354
지명채권 233
지배·복종 관계 769
지배-종속 755
지불유예령(모라토리엄) 464
지상권 689
지역권 691
지연배상 308
지연손해금 741
지적재산권(무체재산권) 233
지참채무 351
직접강제 446
직접효과설 492
진료채무 359
진성리스 749
진실한 권리자 203
진의의 합치 28
진정한 의미에서의 이행보조자 467
진정한 의사 121
진정한(참) 채권자 383
집합채권양도예약 423
집행공탁 371
집행권원 567
집행력 449
집행인용판결 590
징계해고 77

ㅊ

차액설 514, 516
차임에 관한 특약의 효력 726
차임증가를 배제하는 특약 703
차임증감청구권 702
차임(임대료)지급의무 697
착오 36
착오에 있어서 표의자의 '중대한 과실'의 의미 50
착오의 요건 36
채권 338, 649
채권가압류결정 411, 723
채권목적물 526
채권성립에 관한 고도의 개연성 593
채권성립의 기초가 되는 법률관계 595
채권압류의 본질적 효력 380
채권양도 416, 417
채권양도금지특약의 효력의 제한 421
채권양도담보 422
채권양도의 대항요건 394
채권양도의 대항요건에 관한 특례 439
채권양도의 무인성 429
채권양도의 제3자에 대한 대항요건 439
채권양도의 통지 160, 424, 425
채권의 공시 558
채권의 목적 513
채권의 비배타성 553
채권의 상대성(광의) 553
채권의 상대적 효력(상대효) 553
채권의 소멸원인 533
채권의 양도가능성(유통성) 424
채권의 유동화 423
채권의 이중양도 385, 433
채권의 임의실현 361
채권의 임의실현 수단 422
채권의 재산성 424
채권의 제3자에 대한 효력 339
채권의 준점유자 381, 384
채권의 준점유자에 대한 변제 382, 384, 726
채권자대위권 556, 564, 565, 586
채권자대위권 발생요건 580
채권자대위권의 우선변제기능 585
채권자대위권의 유래 565
채권자대위권의 이용확대 567
채권자대위권의 장점 571
채권자대위권의 전용 562, 570
채권자대위권 행사의 효과 571
채권자보호 564

채권자보호의 필요성 148
채권자설 510
채권자의 손해경감의무 525
채권자의 승낙 394, 425
채권자의 의무의 성질 368
채권자의 협력 365
채권자주의 310
채권자지체 313, 352
채권자취소권(사해행위취소권) 556, 586
채권자취소권의 요건을 갖춘 여러 명의 채권자 618
채권자취소권 행사의 효과가 미치는 범위 619
채권자취소권 행사의 효력 619
채권자취소의 범위 611
채권자평등의 원칙 625, 626
채권증서(차용증 등) 378
채권차원 452
채권·채무 337
채권추심 423
채권침해에 대한 방해배제청구권 561
채권침해에 의한 불법행위 560
채권침해에 의한 불법행위의 성립 559
채무내용의 보증 293
채무법 341
채무불이행설 369
채무불이행시 518
채무불이행시설 510
채무불이행에 의한 손해배상의 요건 453
채무불이행의 요건 760
채무불이행의 판단 과정(process) 464
채무불이행책임(계약책임) 368, 466, 776
채무소멸의 입증책임 378
채무 없는 책임 450
채무의 내용(급부내용) 461
채무의 내용에 좇은 이행 392, 459, 776
채무의 본래의 내용 521
채무의 본지에 따른 변제 604
채무의 성질 392, 401, 445
채무의 승인 146
채무이행거절 367
채무이행시기 753
채무인수 536
채무자를 변경하는 경개 535
채무자사해행위 당시의 채권액 611
채무자설 510
채무자에 대한 일반 채권자 144
채무자위험부담주의 311
채무자의 고의·과실 451
채무자의 귀책사유 477
채무자의 면책사유 463
채무자의 무과실책임 469
채무자의 변제수령 582
채무자의 악의 602
채무자의 의사 554
채무자의 이행지체로 인한 지연손해금 529
채무자의 재산일반 555
채무자의 채무관련 신용정보 634
채무자의 책임 있는 사유 456
채무자의 책임재산 585
채무자주의 310
채무초과 601
책임설 589
책임원인발생시설 517
책임 있는 사유에 대한 입증책임 463
책임재산 555, 564, 625
책임재산보전 581
책임재산에 대한 권리 573
책임재산의 보전 570, 571, 586
책임제한조항 530
처분권 416
처분권의 제한 581
처분권한 191
처분행위 174
천재지변 316
철회 277
청구권 340
청구권설 589
청산관계 492
청산관계설 492
청약 275, 284
청약의 구속력 276
청약의 유인 281, 284

청약의 효력발생시기 276
청약철회(cooling-off)제도 677
체계적인 정합성(整合性, 무모순성) 566
체납처분 722
초일반조항 79
초일불산입의 원칙 134, 135
총회 250
최고 142, 479, 523
최고권 174, 222
최고의 항변 639
최우선변제 731
최우선변제권 730
추단되는 의사 118
추심금청구의 소 566
추심명령(推尋命令) 380, 566, 700
추심소송 586
추심위임 379
추심채무 351
추인 86, 163, 169, 174, 209
추인거절 174
추인된 계약 168
추인의 의사표시 168
추정 146
추정설 149
출자 778
출자의무 782
출자자의 유한책임 240
출재액 한도형 637
충분한 이해(informed consent)론 775
충실의무 162
취득시효 135, 149
취소 84, 277
취소권자 86
취소원인 87, 634
취소의 의사표시 86
취학계약 472
치료비 359
친권남용 164
친권자에 의한 대리권의 남용 168
친권자의 미성년자에 대한 이해상반행위 167
친권자·후견인의 대리권과 그 남용 167
친족법상의 권리 575
침해부당이득 486, 488

ㅋ

컴퓨터단말기에 의한 계약 280

ㅌ

타익신탁 684
타인명의의 등기 715
타인물건의 매매 213, 332
타인효 156
탈일반조항 79
태아 225
턴키계약 9
토지거래허가구역 내의 토지에 관한 매매계약 528
토지구획정리사업 519
토지매매계약 503
토지임대차 695
토지임대차계약 700
토지임대차계약의 합의해제 708
토지임차권 714
토지임차인의 지상물매수청구권 701
통모 112, 604, 605
통상 갖추어야 할 품질 324
통상사무 781
통상손해 508, 509
통정허위표시 587
통정허위표시의 무효를 대항할 수 없는 제3자 207
통합형 표현대리 198
통행지역권 691
퇴거비 706
투자를 위한 기구(scheme) 780
특별법에 의한 사단법인 242
특별사정에 대한 예견가능성 511
특별손해 508, 509
특별실종 226
특별한 사정 507, 518

특별한 사정에 의한 손해 520
특수한 담보책임 319
특약의 제3자에 대한 효력 655
특정대출한도계약(commitment line contract) 740
특정물 314, 320, 348, 522
특정물 교의(Dogma) 320
특정물의 인도 364
특정물채권 596, 597
특정후견 217, 218
특허권 234
특허장 252

ㅍ

파산법상의 부인권 587
파우루스 소권(actio pauliana) 586
판결선고시 522
판결시설 517
판결에 이르게 된 논거(판결이유) 208
판결에 이른 논리 200
판결효 584
판덱텐(Pandekten) 11
판례 133
판례법의 지위와 역할 133
판례의 변경 147
편면적강행규정 702
편무계약 295, 739
포괄담보권설 573
폭리행위 70
폰뱅킹(phone-banking; telebanking) 387, 388
표시의 착오 43, 45
표시주의 28, 30
표시행위 42
표시행위에 의하여 부여한 객관적인 의사 120
표준적인 계약내용 347
표준적인 내용 117
표현대리 160, 176, 177, 194
표현대리 성립 183
표현대리 성립요건 182
표현대리유추설 167
표현대리의 성립 177
표현대리 창설 198
표현법리 180
표현상속인 381
표현예금자 389
표현채권자 380
품질 350
프랑스법 접근방식 466
프랑스의 불예견론 502
피담보채무 538
피성년후견인 217
피압류채권(수동채권) 412
피용자적 보조자 468
피한정후견인 217
필요비 696

ㅎ

하도급계약 769
하도급대금채권 548
하수급인 769
하위계약 547
하자 761
하자담보책임 317, 754, 762
하자담보책임의 특칙 762
하자보수비 761
하자보수청구 329
하자보수청구권 761
하자 있는 의사표시 455
학교법인의 기본재산처분행위 180
학교법인의 재산의 처분 180
학생의 단체 · 서클 779
학설의 과제 57
학설휘찬(Pandekten) 11
한정근보증 641
한정후견 217
할부구입알선 746
할부판매 676, 743
합동행위 779
합명회사 779

합유등기 781
합의 24, 129
합의의 범위 34
합의의 불안정성 · 불확실성 793
합의의 숙도 28
합의의 심도 27
합의해제 501
항변 17
항변의 대항 748
해고권남용이론 763
해산사유 252
해약계약금 288
해약금 289
해제권유보조항 500
해제권의 불가분성 483
해제를 원인으로 하는 말소등기 495
해제범위의 축소와 확대 499
해제에 의한 손해배상 490
해제의 법률구성 492
해제의 의사표시 483
해제조건 124
해제조건부 발신주의 278
해지권 643, 766
행사 717
행사상의 일신전속권 577
행위 11
행위규범 621
행위능력제도 215
행위의 객관적 성질 167
행위의 중요도 187
행위채무 358, 392, 401, 421, 446, 456
허가주의 252
허위의 계약 113
허위의 등기 111
허위의 외관 203
허위표시 31, 587
현금지급기(CD기) 386
현명 159
현상인도의무 349
현실의 제공 291, 366
현저한 임차물보관의무의 위반 719
현존이익 94, 222, 488, 651
혈액 234
협의의 계약법 4
협의의 무권대리 179
협의취득 323
형성권 480, 567, 589
형성권설 589
호의 792
호의형계약 691, 787
혼동 399
혼합계약 7
혼합공탁(변제공탁+집행공탁) 373
화재보험금청구권 528
화해 687
확대손해 329, 511
확대손해발생 460
확정기한 362
확정일자 431, 432
확정일자부증서 433
확정일자 있는 내용증명우편 436
확정일자 있는 통지 · 승낙 433, 434
환매 681
환지청산금 278
회사 241
회사의 정치헌금 245
회원권 명의개서 543
회원규약 785
효과의사(진의) 42, 61
효력규정 68
효력규정과 단속규정의 구별 69
후견등기시항 217
후발적불능 347, 527
후순위저당권자 394, 661
휴업손해 509
휴업수당 764

저자약력

■ 진 홍 기

서울대학교 법과대학 졸업
서울대학교 대학원 졸업(법학석사)
사법연수원 수료(16기)
University College London 졸업(Master of law)
오사카대학교 법과대학(대학원) 초빙교수
Duke Law School 객원교수
(사)한국재정법학회 회장(역임)
(사)은행법학회 부회장
(사)한국경영법률학회 이사
법무법인 충정 Partner 변호사
현, 건국대학교 법학전문대학원 교수

우리계약법

2019년 2월 25일 초판 인쇄
2019년 2월 28일 초판 1쇄 발행

저 자 진 홍 기
발행인 배 효 선

발행처 도서출판 法 文 社

주 소 10881 경기도 파주시 회동길 37-29
등 록 1957년 12월 12일/제2-76호(윤)
전 화 (031)955-6500~6 FAX (031)955-6525
E-mail (영업) bms@bobmunsa.co.kr
(편집) edit66@bobmunsa.co.kr
홈페이지 http://www.bobmunsa.co.kr
조 판 법 문 사 전 산 실

정가 42,000원 ISBN 978-89-18-09228-7